THE ARMENIAN GENOCIDE

VOLUME **1** DOCUMENTATION
TOME **1** DOCUMENTATION
BAND **1** DOKUMENTATION

INSTITUT FÜR ARMENISCHE FRAGEN

THE ARMENIAN GENOCIDE. DOCUMENTATION. VOLUME 1
© 1987 Institut für Armenische Fragen e. V.,
Steinsdorfstraße 20, D-8000 München 22,
Telefon (089) 296096 · Telex 528053 armen d

Alle Rechte vorbehalten
Auslieferung/Distribution: Buchhandel-Service Dietrich Prehl,
Schleißheimer Straße 401, D-8000 München 45,
Telefon (089) 3141160
ISBN 3-923510-22-5 · Printed in Germany

ENIAN GENOCIDE

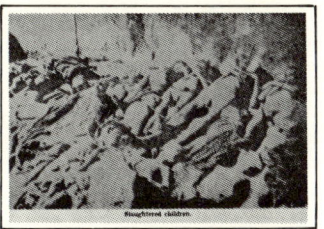

Map of the Armenian Genocide 1915

LEGEND

- →→ MAJOR ROUTES OF DEPORTATIONS
- →•→○→○ STATIONS OF REFUGEE CARAVANS
- ◉ HEADQUARTERS FOR DEPORTATIONS & MASSACRES
- ● ROUTES OF CONCENTRATION OR CEMETERIES OF THE DEPORTEES
- ● ONE MM OF DIAMETER REPRESENTS 5000 PERSONS
- ▨ CAUCASUS ARMENIA
- ▨ AREAS WHICH ESCAPED MASSACRES
- —·— FRONTIERS OF TURKEY
- ······ BOUNDARIES OF THE ARMENIAN REPUBLIC

ND DEMAND

IL 24

CTIMS OF THE FIRST GENOCIDE OF THE 20th CENTURY

THE ARMENIAN GENOCIDE

To my dear Anna!

After the massacres of the Armenians by the turks, little was known to the world. Documents were destroyed by the turks. Recently the "Institut for the Armenian Question" in Munich decided to publish a complete documentation from archives kept in many countries.

This is the first volume. A sad reading, but a necessary book.

July 31st 1988 Munich

With love Manie

Publisher's Foreword

At the beginning of the XX century the Armenian people suffered a tragedy of gigantic proportions. The Armenians living in the western part of their country became the victims of a genocide which claimed the lives of one and a half million of them, while the survivors were driven out of regions where the Armenian people had lived for more than three milleniums. There are abundant documents and eye-witness accounts about this previously planned crime. A part of these have already been published, another part remain locked up in the archives of various countries and organizations, while still another part has already been destroyed by those who are trying to wipe out this chapter of shame from the annals of the history of their country. In addition to these documents there are still surviving witnesses of the tragedy. The importance of this collection of all available documents and other evidences appears to grow up for a number of reasons of which we want to cite a couple.

1. The political orientation of the Armenians, viewed from all angles, hinges on the Armenian genocide. As long as this Genocide is not condemned, free from all political bias, by the entire civilized world, the humiliated national pride of the Armenians cannot rest. It must succeed in piercing the wall of silence surrounding the Armenian genocide.

Each new generation offers its own way to achieve the aim of recognition of the Armenian Genocide, but each time the compilation of documentation regarding the Genocide stands at the beginning of the way. One of these generations must finally assume the task of bringing together all available documents, including those that remain hidden, in order to bring to an end a work, the conclusion of which has already been inexcusably delayed for almost eight decades.

The lack of an as complete a compilation of documents as possible must not only be considered as a political and historical omission, but must be also looked at in the light of its negative psychological effect on the Armenian intelligentsia, who, chained as it were to genocide which has not yet been condemned, takes no interest in contemporary progressive movements, always in the belief that in order to live with the living, one must first lay one's dead to rest. It is also not by mere chance that the source of dissidence in Soviet Armenia is not so much the principle of human rights, but to a much greater degree, the demand for a condemnation of the Genocide.

2. The present Turkish government, like all its predecessors since the Genocide, either denies the very existence of a Genocide or interprets it as an usual armed conflict in which both sides suffered casualties.

To propagate this view, Turkey utilizes its entire state apparatus, attempting at the same time to exert its influence on public opinion as well as on international organizations and missions. The Armenian people and its friends cannot and will not confront this State Propaganda by means of a corresponding anti-propaganda but only with stark historical facts, free from any political tint.

The present compilation was originally planned as an encyclopedia in which all the material and evidence related with the Genocide would be systematically presented in accordance with a certain principle. Unfortunately a clear and feasible method for this systematization could not be worked out. The main problem is that up to now all relevant documents for this multi-volume compilation are not yet available. Consequently it would be impossible to insert documents obtained later in their proper places, and would render the publication of supplementary volumes necessary. To avoid this inconvenience, it was decided to make each volume dependent on the receipt of the documents and to arrange the compilation accordingly.

We wish to take this opportunity to express our deep gratitude to all those who have supported us morally and financially in achieving the publication of this compilation and above all the Armenian Revolutionary Federation, whose Committees for the Armenian Question must be considered as the real publishers of this work.

At the same time we want to express our grateful recognition to Prof. Dr. Ermacora who, as Chairman of the Committee for the Rights of the Armenian People for many long years, has done an enormous amount for these rights.

All wishes and comments connected with the present compilation will be received with gratitude and will be treated with due consideration in the following volumes to be published.

And finally, after the death in 1982 of the great friend of our Institute Torgom Maroukhian, the learned Council of our Institute decided to dedicate its next book to his memory. Therefore, in accordance with our decision, we dedicate this volume to the memory of the unforgettable Torgom Maroukhian, who had devoted his entire life to the service of his people.

INSTITUTE FOR ARMENIAN PROBLEMS

Avant-propos de L'Editeur

Au début du XXe siècle le peuple arménien vécut une immense tragédie. Les Arméniens de l'Ouest furent victimes d'un génocide au cours duquel devaient être exterminés un million et demi d'Arméniens, le reste de la population étant chassé par la force des terres qu'elle occupait depuis 3000 ans.

Les documents et les témoignages concernant ce crime prémédité sont nombreux. Certains d'entre eux ont déjà été publiés, d'autres sont toujours conservés dans les archives de divers Etats ou organisations, d'autres enfin ont été détruits par ceux qui voulaient faire disparaître toute trace de cette page honteuse dans l'histoire de leur pays.

Outre ces documents, plusieurs témoins de cette tragédie sont encore en vie.

L'établissement d'un recueil de tous les documents et témoignages existant sur le génocide arménien est important pour plusieurs raisons. Parmi celles-ci nous en retiendrons deux:

1. Le génocide des Arméniens constitue l'un des axes principaux autour duquel évolue la pensée politique arménienne. Tant que ce génocide ne sera pas officiellement condamné sans aucun préjugé politique par le monde civilisé, les Arméniens, dont le sentiment national est blessé, mettront tout en œuvre pour briser la conspiration du silence qui entoure le génocide.

Chaque nouvelle génération propose une nouvelle manière de lutter pour la reconnaissance du génocide arménien, mais toutes commencent toujours par rassembler des documents sur le génocide. Une de ces générations se devait, enfin, de rassembler tous les documents existant sur le sujet, y compris ceux qui restent cachés, et parachever un travail qui se poursuit avec une lenteur inexcusable depuis bientôt 80 ans.

L'absence d'un recueil de documents relativement complet constitue non seulement une lacune du point de vue politique et historique, mais elle a aussi une influence psychologique négative sur l'intelligentsia arménienne, car, enchaînée, pour ainsi dire, par le problème d'un génocide qui n'a pas été reconnu, elle ne participe pas aux mouvements progressistes contemporains, considérant qu'avant de vivre parmi les vivants, il faut d'abord enterrer les morts. Et ce n'est pas par hasard que le mouvement dissident en Arménie soviétique s'est développé non point sur le terrain des droits de l'homme, mais plutôt sur l'exigence de la condamnation du génocide.

2. Le gouvernement turc actuel, comme tous les gouvernements au pouvoir en Turquie depuis le génocide, nie les faits du génocide dans leur ensemble, ou bien présente celui-ci comme une série de heurts violents ayant fait des victimes des deux côtés.

Pour propager cette idée, la Turquie a mobilisé tout son appareil d'Etat, essayant d'agir tant sur l'opinion publique mondiale que sur les organisations et délégations internationales. Contre cette propagande d'Etat, le peuple arménien et ses amis n'ont ni la possibilité ni le désir d'opposer une contre-propagande; ils ne peuvent qu'exposer les faits historiques bruts, dépourvus de toute coloration politique et parlant d'eux-mêmes.

Le présent recueil fut d'abord envisagé sous la forme d'une encyclopédie, dans laquelle devaient être présentés de manière systématique tous les documents et témoignages sur le génocide arménien. Cependant, la mise au point d'une méthode systématique de présentation de ces documents apparut bientôt difficile. Le problème est que nous ne sommes pas en possession actuellement de tous les documents, qui devraient figurer dans un ouvrage comprenant plusieurs tomes. Par suite, chaque document nouvellement acquis n'aurait pu prendre place dans le nouveau tome en préparation, mais dans un supplément aux tomes déjà parus.

Afin d'éviter cet inconvénient, il fut décidé que chaque nouveau tome inclurait les documents acquis au fur et à mesure depuis la publication du dernier volume. En outre, il fut décidé que tous les documents et témoignages seraient présentés dans leur langue originale.

Nous profitons de cette occasion pour exprimer notre profonde reconnaissance à tous ceux qui nous ont aidé matériellement et moralement à établir le présent recueil, en premier lieu à la Fédération révolutionnaire arménienne dont les Comités pour la question arménienne sont en fait les éditeurs du présent ouvrage. Nous exprimons aussi notre profonde gratitude au Professeur Dr. Felix Ermacora qui, depuis de nombreuses années, se trouve à la tête du Comité de défense des droits du peuple arménien et fait beaucoup pour la défense de ces droits.

Toutes remarques ou observations concernant le présent recueil seront accueillies avec reconnaissance et il en sera tenu compte lors de la publication des tomes suivants.

Un dernier mot. En 1982, après le décès de Torgom Marukhyan, un grand ami de notre Institut, le conseil scientifique de l'Institut décida de dédier à sa mémoire le prochain livre qu'il publierait. Fidèles à notre promesse, nous dédions le présent ouvrage à la mémoire de l'inoubliable Torgom Marukhyan, qui consacra toute sa vie à son peuple.

L'Institut des problèmes arméniens

Vorwort des Herausgebers

Am Beginn des 20. Jahrhunderts wurde das Volk der Armenier von einer Tragödie größten Ausmaßes heimgesucht. Die im Westen ihres Territoriums lebenden Armenier wurden Opfer eines Völkermordes, in dessen Verlauf eine und eine halbe Million unter ihnen den Tod fanden und die Überlebenden gewaltsam aus einem von ihnen seit drei Jahrtausenden bewohnten Gebiet ausgesiedelt wurden.

Es gibt eine Fülle von Dokumenten und Zeugnissen über dieses mit Vorsatz durchgeführte Verbrechen. Zum Teil sind sie bereits veröffentlicht worden, zum Teil werden sie weiterhin in den Archiven verschiedener Länder und Organisationen unter Verschluß gehalten, ein weiterer Teil schließlich, ist bereits von jenen vernichtet worden, die versuchen, dieses Kapitel der Schande aus den Annalen der Geschichte ihres Landes zu streichen.

Neben diesen Dokumenten gibt es noch immer lebende Zeugen der Tragödie. Die Bedeutsamkeit einer Sammlung aller verfügbaren Dokumente und Zeugnisse über den Armenischen Völkermord erscheint aus einer Vielzahl von Gründen zu erwachsen. Wir wollen zwei hiervon anführen:

1. Der Armenische Völkermord ist als jene Achse zu sehen, um die sich vornehmlich das politische Denken der Armenier dreht. Solange dieser Völkermord nicht von der gesamten zivilisierten Welt, frei von politischer Voreingenommenheit, verurteilt wird, kann der verletzte Nationalstolz der Armenier nicht ruhen, bis es ihm gelingt, den Kokon des Schweigens zu durchdringen, mit dem der Armenische Völkermord umgeben ist.

Jede neue Generation bietet eigene Wege an, auf denen man das Ziel, die Anerkennung des Völkermordes, erreichen könne, doch jedesmal steht am Beginn des Weges das Zusammentragen der Dokumentation des Genozids. Einer dieser Generationen muß es schließlich obliegen, eine Zusammenfassung aller verfügbaren Dokumente zu erstellen, wie auch jener, die unter Verschluß gehalten werden, um damit die Arbeit zu Ende zu führen, die sich bereits, unverzeihlich, acht Jahrzehnte hinzieht.

Das Fehlen einer möglichst vollständigen Sammlung von Dokumenten muß nicht nur als ein politisches und historisches Versäumnis bewertet, sondern auch in seiner negativen psychologischen Wirkung auf die armenische Intelligentsia gesehen werden, die, gleichsam an einen nicht verurteilten Völkermord gekettet, keinen Anteil an fortschrittlichen Bewegungen der heutigen Zeit nimmt, immer in dem Glauben verharrend, daß man, um mit den Lebenden zu leben, erst seine Toten bestatten muß. Es ist auch kein Zufall, daß das Dissidententum im sowjetischen Armenien weniger auf der Grundlage der Menschenrechte entstand, als vielmehr aus der Forderung der Verurteilung des Völkermordes hervorgegangen ist.

2. Die gegenwärtige türkische Regierung, wie bereits ihre seit dem Völkermord zur Macht gekommenen Vorgängerinnen, streitet die Tatsache des Völkermordes entweder ganz ab oder stellt ihn als einen gewöhnlichen bewaffneten Zusammenstoß dar, bei dem auf beiden Seiten Opfer zu beklagen waren.

Zur Verbreitung dieser Ansicht setzt die Türkei ihre gesamte staatliche Maschinerie ein und versucht gleichermaßen auf die öffentliche Meinung als auch auf internationale Organisationen und Vertretungen Einfluß zu nehmen. Dieser Staatspropaganda kann und will das armenische Volk und seine Freunde nicht mit entsprechender Gegenpropaganda entgegentreten, sondern lediglich mit nackten historischen Tatsachen, die frei von jeglicher politischer Färbung für sich selbst sprechen.

Die vorliegende Sammlung war ursprünglich als eine Enzyklopädie gedacht, in der sämtliche Dokumente und Zeugnisse des Völkermordes, nach einem bestimmten Prinzip systematisiert werden sollten. Leider konnte ein klares, ausführbares Prinzip dieser Systematisierung nicht erarbeitet werden. Das Problem besteht darin, daß zur Zeit nicht alle relevanten Dokumente für diese mehrbändige Sammlung verfügbar sind. Folglich wäre es unmöglich, später beschaffte Dokumente in dem dafür vorgesehenen Band aufzunehmen und es müßte mit Ergänzungsbänden zu bereits veröffentlichten gearbeitet werden. Um dieser Unbequemlichkeit zu entgehen, entschied man sich, jeden Band in Abhängigkeit vom Eingang der Dokumente und ihrer Bearbeitung zusammenzustellen.

Bei dieser Gelegenheit möchten wir all jenen unsere tiefempfundene Dankbarkeit aussprechen, die uns moralisch und finanziell bei der Erstellung der vorliegenden Sammlung unterstützt haben, allen voraus die Armenische Revolutionäre Föderation, deren Komitee für Armenische Fragen als eigentliche Herausgeber dieser Sammlung anzusehen sind.

Gleichzeitig möchten wir Prof. Dr. Ermacora unsere dankbare Anerkennung aussprechen, der als langjähriger Vorsitzender des Komitees für die Rechte des Armenischen Volkes sehr viel für eben diese Rechte getan hat.

Alle Wünsche und Anmerkungen im Zusammenhang mit der vorliegenden Sammlung werden dankbar entgegengenommen und bei der Ausgabe der folgenden Bände zur Berücksichtigung kommen.

Und ein Letztes: Nach dem Hinscheiden des großen Freundes unseres Instituts, Torgom Maroukhian, im Jahre 1982, hat der wissenschaftliche Rat des Instituts beschlossen, das nächste Buch seinem Gedenken zu widmen. In Erfüllung unseres Versprechens widmen wir diesen Band dem Andenken des unvergeßlichen Torgom Maroukhian, der sein ganzes Leben seinem Volk geweiht hatte.

INSTITUT FÜR ARMENISCHE FRAGEN

Foreword by Prof. Dr. Felix Ermacora

We have here a collection of documents and extracts from books, brochures and newspaper reports, concerning the "Armenian Question" – a question which has been constantly recurring since 1890, and which affected the position of the Ottoman Empire within the international community at that time. The "Armenian Question" undoubtedly reached its peak in the year 1915, when, for whatever reasons, the deportation of the Armenians from their ancestral homeland was planned and then actually carried out. The telegram of 2nd June, 1915 from the German Imperial Consulate in Erzerum to the German Embassy in Constantinople (page 308) is very significant, in that it acknowledges the deportation of the Armenians together with all its consequences. This telegram explained, among other things, that the deportation was tantamount to "massacres", "as, due to the absence of any means of transport, barely half the people will reach their destination alive, and this may result in not only the destruction of the Armenians but also of the whole country". This information addressed to the German Embassy from another official German authority meant that deportation had to be understood as massacre, and indicated the destruction of the Armenian people and of the country.

This telegram is central to all the documents which at the end of the 19th century made the beginning of the Armenian Question recognizable and which signalized the painful apex of a people's fate in the years 1915/16. The author of these lines is not an historian by profession but a scholar of public law and a practicioner concerned mainly with the application of international human rights and their assessment. The publication of these documents and reports is, in his opinion, shattering evidence of an historical event which urgently requires legal evaluation. When, in the U.N., a sub-committee of the U.N. Human Rights Commission for the Prevention of Discrimination and Protection of Minorities[1] was dealing with a study investigating the criminal nature of genocide[2] (on the basis of international law) the first reporter dealing with this topic felt compelled to describe the "Armenian Question" of 1915 as the first genocide in Europe of this century[3]. Not only the Turkish representatives but also the representatives of their then allies created a storm about this precedent-setting example in order to see it eliminated from the U.N.-document. Their efforts have met with varying degrees of success since 1974. In any case, the document which was supposed to report on the topic of genocide has not been adopted up to the present day, not least because the Armenian case as an example of genocide has not been unanimously recognized as such within the U.N. body. It was said that the first reporter on this topic had consulted only "pro-Armenian literature"; Dr. Lepsius

---

[1] This sub-committee is made up of experts, not government representatives, whose function is to carry out a kind of fundamental research in human rights-related questions.

[2] Progress Report in U.N. Doc. E/CN. 4/Sub. 2/L. 583.

[3] This is found in Para. 30 of the draft report.

was said to have been a great propagandist of the "Armenian Question" or Wegner and the others were said to have merely based their work on, and adopted, his conclusions.

The documentation presented here, which, the author regrets, is not supported by Austrian records, is however capable of providing the reader with a very impressive picture of all materials furnishing essential facts on the "Armenian Question". The actual legal evaluation of these facts is left to the reader, wether he be a layman or a specialist. Up to now I have not hesitated to describe as Genocide the events of 1915 as presented to the German speaking reader, even if this fact of international law was not as clear in 1915 as it is today thanks to the Convention against Genocide of 9 December 1948 (U.N. General Assembly, Resolution 260 A [III]), a convention which was also ratified by Turkey. According to international law which applied to "civilized nations" at the time of the Armenian Question in 1915, the events were not considered as genocide in the technical sense, but they did contradict the generally recognized rules of international law, which even then imposed human rights limitations on the behavior of sovereign powers. The Nuremberg verdict of 1946 against the Principal War Criminals, as they were designated, provides a clear basis from which to draw this conclusion. Here it says that "crimes against humanity, even if they had not been established in written law at the time of the creation of the Nuremberg Court Statute, were an expression of the international law in existence at the time of the statute's creation" – and here I would add – an expression of the general legal principles also forming part of the generally recognized rules of international law at the time the Armenian Question arose!

The documents presented here must lead one to conclude that the events which constituted the Armenian Question in 1915 contradicted general international law at that time and according to modern day international law fulfilled the conditions amounting to the legal fact of genocide.

But here I must insert a critical remark: During the course of almost 7 decades, as Armenia's friends put forth material substantiating their cause and supporting the genocide theory, the Turks remained for the most part silent. It was only recently, as the Armenian Question became acute in the U.N. (where it was mentioned as a historical example) that a kind of national pride arose among the Turkish leaders of today[1], who certainly cannot be made responsible for the events of past centuries or for those of 1915. In their view, the Turkish people should not be subjected to the stigma of genocide supposedly committed by earlier generations. Turkish historians, legal experts, diplomats and politicians began to offer "contrary proof". These Turkish historians and legal experts did their work well! Regarding the 1880's and '90's they made public a documentation which in turn contained 557 Ottoman

---

[1] This is openly expressed before the U.N. in one of the documents submitted by the Turkish government: E/CN. 4/Sub. 2/1985/49 of August 26th, 1985, passed on to the above-mentioned subcommittee. Here the Turkish government presents documents and arguments intended to support its case.

documents,¹ in order to present the Ottoman side of the story. In this way, it was reasoned, the events comprising the 19th century "Armenian Question" could be assessed more completely. Of course the documentation is authentic. Beyond this, however, there are also polemical writings – above all those published in German, English and French² by the scholar Türkkaya Ataöv, Professor of Political Science at the University in Ankara – which attempt to prove that "pro-Armenian" sources are falsified.

These writings, however, cannot get around the facts, namely, that by state decree the deportation of the Armenian population from its ancestral homeland actually did take place; and that in the course of this mass deportation the Armenian people were made to pay a heavy toll in blood. The more recent writings from Turkish sources do not dispute these facts, but they do attempt to develop a theory of justification as to why such events came to pass. The guilty are sought, and those who inflicted pain are charged for their actions. The national ermergency existing during the state of war at that time, when Turkey found itself – along with the Central Powers – aligned against the Allied Forces, is invoked as justification. These arguments may all be correct. It may also be true that today's Armenian community in Turkey is provided with over 30 schools, 65 churches, 3 cemeteries, 17 charitable and cultural organizations, 2 daily newspapers, and more. But the international legal facts of that time remain untouched by these arguments, for there can be no justification of any kind for a situation resembling genocide. It is neither possible nor permissible to justify genocide in terms of international law.

A modern concept of genocide, however, includes not only bare facts, but also a subjective element of guilt: acts of genocide must be committed intentionally with the will to destroy a group, either entirely or partially. This does not mean that one intends to exterminate a group throughout the entire world, regardless of where its members may live. Rather it means that one wishes to destroy a group in a particular – albeit territorially smaller – area of jurisdiction. The science of international criminal law must still come to terms with this issue.³

I am convinced that the collection of documents under discussion, dealing with the "Armenian Question" in the 19th and 20th centuries, makes an important contribution to the sharpening of world conscience (which, after 1915, did not make itself noticeable as it does today, in the form of public hearings, private tribunals and private indictments). It offers material which should enable us to explain, in a

---

¹ Bilal N. Sismir (Ed.), *Documents Diplomatiques Ottomans, Affaires Arméniennes*, vol. I (1886–1893), Ankara 1985, and *British Documents on Ottoman Armenians*, vol. II (1880–1890), Ankara 1983.

² See, for example, the brochure entitled, *"The Armenian Problem in Nine Questions and Answers"*, published by the Institute for Foreign Policy in Ankara, 1982.

³ On the basic issue of genocide see Ch. Bassiouni, *International Criminal Law. A Draft International Code*, Alfen 1980, p 72 ff. On the Armenian Question see Sh. Toriguian, *The Armenian Question and International Law*, Beirut 1973; also see the recent arguments presented by the Turkish side against the "intention theory", for example in the U.N.- document cited above in footnote 1, p. 12.

scientific manner, how the "Armenian Question" – once an historical fact – is to be evaluated, both in its historical context and today. The material should also be able to assist the appropriate U.N. bodies (should they continue their efforts to finally conclude the prepared study on genocide) in deciding whether or not they will cite the "Armenian Question" as the first 20th century example of genocide in Europe.

Vienna/Innsbruck, May 1986

Préface du Prof. Dr. Félix Ermacora

Voici un recueil de documents, d'extraits de livres, brochures et dépêches de journaux se rapportant à la «question arménienne». C'est une question qui s'est constamment posée après 1890 à propos de la situation de l'empire ottoman au sein de la communauté internationale de l'époque. Elle atteignit sans doute son point culminant en 1915 lorsque, quoiqu'en ait été la raison, il fut question de déporter les Arméniens de leur patrie héréditaire et que, de fait, ils le furent. Le télégramme du consulat impérial d'Allemagne d'Erzeroum, daté du 2 juin 1915 et adressé à l'ambassade d'Allemagne à Constantinople (p. 308), est particulièrement révélateur et montre clairement qu'il s'agissait bien d'une déportation, avec toutes les conséquences qui en découlaient. Ce télégramme indiquait entre autres que la déportation équivalait à un «massacre», car, disait-il, «faute de moyens de transport à peine la moitié des personnes déportées pourront atteindre vivantes leur lieu de destination et cela devrait non seulement causer la ruine des Arméniens, mais aussi celle du pays tout entier». Cette information officielle destinée à l'ambassade d'Allemagne voulait dire que l'on égalait transfert et massacre et que l'on considérait ce transfert comme devant amener la ruine des Arméniens et de leur pays.

Ce télégramme est au centre de l'ensemble des documents qui permettent de retracer les origines de cette question à la fin du XIXᵉ siècle et, pour les années 1915 et 1916, signalent le douloureux point culminant du destin d'un peuple. L'auteur de ces lignes n'est pas un historien. Il est plutôt spécialiste du droit public et s'occupe surtout du problème de l'application des droits de l'homme. Pour lui, la publication des documents que voici constitue un témoignage bouleversant d'un événement historique qui demande à être examiné sous son aspect juridique. Lorsqu'à l'ONU la Sous-Commission de la Commission des droits de l'homme pour la prévention de la discrimination et la protection des minorités[1] entreprit de définir le génocide en droit pénal international[2], le premier rapporteur de la question n'hésita

---

[1] Cette Sous-Commission est un organe composé de spécialistes et non de représentants des Etats, qui est appelé à se consacrer à l'étude des questions fondamentales relatives au problème des droits de l'homme.

[2] Progress Report dans UN Doc. E/CN. 4/Sub. 2/L. 583.

pas à voir dans la «question arménienne» de 1915 le premier génocide de notre siècle en Europe[1]. Les représentants de la Turquie et de ses alliés du moment s'élevèrent avec véhémence contre ce précédent, faisant tout pour en supprimer la trace dans les documents de l'ONU. Ce à quoi ils sont parvenus avec plus ou moins de succès depuis 1974. En tout cas, jusqu'à aujourd'hui, le document qui devait être consacré à la question du génocide n'a pas encore été adopté. Tout d'abord parce que l'accord n'a pu se faire en commission sur le cas arménien comme exemple de génocide. Ensuite parce qu'on a prétendu que le premier rapporteur de la question s'appuyait seulement sur une «littérature pro-arménienne», et que le Dr. Lepsius était le grand propagandiste de la «question arménienne», ou bien que Wegner et les autres, partant de lui, n'avaient retenu que sa présentation des faits.

La présente documentation qui, je le regrette, n'utilise pas les archives autrichiennes, parvient cependant à donner au lecteur un aperçu impressionnant de la documentation essentielle sur la «question arménienne». Le soin de porter un jugement de droit sur les faits y est laissé au lecteur, qu'il soit juriste ou non. Pour ma part, je n'ai jamais hésité à qualifier de génocide les événements de 1915 bien que la notion d'atteinte au droit des peuples ne fut pas encore classifiée avec autant de clarté comme elle l'est actuellement sur la base de la Convention contre le génocide de décembre 1948 (Assemblée générale de l'ONU, résolution 260 A/III) concernant les crimes contre l'humanité. Une convention qui a aussi été ratifiée par la Turquie. Selon le droit international en vigueur au moment de la «question arménienne» en 1915 parmi les «nations civilisées», les événements en question ne furent pas reconnus comme génocide au sens juridique du terme; mais ils étaient en tout cas en contradiction avec les règles généralement reconnues du droit international qui imposait déjà aux gouvernants des limites destinées à la sauvegarde des droits de l'homme. Le jugement de Nuremberg contre ce qu'on appela les principaux criminels de guerre en 1946 constitue ici une base solide pour tirer une telle conclusion. Il y est dit, en effet, que «les crimes contre l'humanité, alors même qu'ils n'avaient pas encore été inscrits dans la loi au moment de l'établissement du statut de la cour de Nuremberg, émanaient déjà des principes du droit international existant au moment de l'établissement de ce statut», et j'ajoute ici: émanaient déjà des principes généraux de droit qui faisaient partie intégrante du droit des peuples à l'époque de la question arménienne.

Sur la base des documents du présent recueil, on doit conclure que ce qui constitua la «question arménienne» en 1915 allait à l'encontre des principes généraux du droit international de l'époque et qu'en droit international moderne les faits en question constituent un génocide.

Cependant, je dois faire ici une remarque: tandis que, durant les derniers 70 ans, les amis de l'Arménie présentaient leur documentation en faveur de leur cause et de la thèse du génocide, les Turcs gardèrent généralement le silence. Depuis peu de temps seulement, alors que la question arménienne se pose aux Nations Unies

---

[1] Voir le paragraphe 30 de ce projet de rapport.

de façon aiguë en tant que cas d'espèce, ce débat a suscité de la part des gouvernements turcs d'aujourd'hui, qui ne peuvent certes êtres tenus responsables des événements du siècle passé et de l'année 1915, une réaction d'orgueil national[1]. Selon eux, le peuple turc ne doit pas être blâmé pour un génocide que d'autres générations auraient commis. Depuis, les historiens, les juristes, les diplomates et les hommes politiques turcs se sont mis à produire des «contre-preuves». Les historiens et les juristes turcs ont bien travaillé! Ils ont, pour les années 80 et 90 du siècle passé, rendu publique une documentation comprenant 557 documents ottomans[2] parlant pour la partie ottomane. En conséquence, les événements qui constituèrent la «question arménienne» au XIXe siècle ont pu être appréciés d'une façon plus complète. Il s'agit là, certes, d'une documentation authentique. Mais elle s'accompagne aussi d'écrits polémiques récents, en particulier ceux d'un spécialiste de la faculté des sciences politiques d'Ankara, le professeur Türkkaya Ataöv, publiés en Allemand, en Anglais et en Français[3], et dont le but est de prouver les falsifications des sources «pro-arméniennes».

Pourtant ces écrits ne peuvent éviter les faits, à savoir qu'il y a vraiment eu déportation de la population arménienne de sa patrie héréditaire par décision officielle et que cette déportation en masse du peuple arménien a imposé à celui-ci un tribut élevé qu'il a payé au prix de son sang. Les textes les plus récents provenant de sources turques ne contestent pas ces faits. Mais ils essaient de trouver des raisons de justifier ce qui s'est passé. On recherche des coupables, on impute la dureté des décisions prises à la dureté des temps. L'état d'urgence résultant de l'état de guerre dans lequel se trouvait alors la Turquie au côté des Puissances Centrales contre les Alliés sert aussi de justification. Il se peut que ces arguments soient justifiés. Il peut être vrai aussi que la communauté arménienne en Turquie dispose aujourd'hui de 30 écoles, de 65 églises, de 9 cimetières, de 17 organisations de bienfaisance et associations culturelles, et de 2 quotidiens. Cependant ces arguments laissent de côté le point principal de la question de droit international soulevée en son temps par les faits. Or pour une situation telle qu'un génocide, il ne peut y avoir de justification d'aucune sorte. Le génocide ne peut et ne doit pas être justifiable en droit international.

Toutefois un concept moderne du génocide ne présuppose pas seulement des faits bruts. Il y faut encore un élément subjectif de faute: pour présenter le caractère d'un génocide, les actes accomplis doivent l'être avec l'intention d'exterminer un groupe en totalité ou en partie. Il ne s'agit pas ici de vouloir exterminer un groupe où que se trouvent ses membres de par le monde, mais un groupe localisé dans une zone

---

[1] Celle-ci se manifesta publiquement aux Nations Unies dans un document présenté par le gouvernement turc à la Sous-Commission et dans lequel celui-ci présente ses arguments en faveur de sa thèse (E/CN. 4/Sub. 2/1985/49 du 26 août 1985).

[2] Bilal N. Sismir (ed.): *Documents Diplomatiques Ottomans, Affaires Arméniennes*, vol I (1886–1893), Ankara 1985 et *British Documents on Ottoman Armenians*, vol, II (1880–1890), Ankara, 1983.

[3] Voir par exemple la brochure publiée par l'Institut des sciences politiques d'Ankara sous le titre: *«Le Problème arménien sous forme de neuf questions et réponses»*.

juridique même de dimension réduite. Les spécialistes du droit pénal international devraient se pencher sur ce problème[1].

Je suis convaincu que le présent recueil de documents sur la «question arménienne» aux XIXe et XXe siècles aidera à éclairer la conscience internationale qui ne se manifestait pas en 1915 comme aujourd'hui sous forme de conférences, d'accusations isolées ou collectives et de tribunaux privés. Ce recueil offre une documentation qui devrait aider à clarifier scientifiquement comment la «question arménienne», jadis un fait historique, aurait dû être alors jugée en droit et devrait l'être aujourd'hui. Cette documentation devrait pouvoir aider aussi les instances compétentes des Nations Unies (dans la mesure où elles entendent terminer leur rapport sur le génocide) à décider si elles présenteront ou non la «question arménienne» comme le premier exemple d'un génocide en Europe au XXe siècle.

Vienne/Innsbruck, mai 1986

---

[1] Sur la question principielle du génocide voir: Ch. Bassiouni, *International Criminal Law. A Draft International Code*, Alfen, 1980, p. 72 et suivantes. Sur la question arménienne, voir: Sh. Toriguian, *The Armenian Question and International Law*, Beirut, 1973. Sur les arguments avancés du côté turc, voir par exemple le document mentioné dans la note 1, p. 16.

Vorwort von Prof. Dr. Felix Ermacora

Hier liegt nun eine Sammlung von Dokumenten und von Auszügen aus Büchern, Broschüren, Zeitungsmeldungen vor, die sich auf die „armenische Frage" beziehen. Sie war seit dem Jahre 1890 eine immer wiederkehrende Frage, die die Stellung des osmanischen Reiches in der Völkergemeinschaft der damaligen Zeit betraf. Ihren Höhepunkt erreichte die „armenische Frage" zweifellos im Jahre 1915, als die Armenier aus ihrer angestammten Heimat – aus welchen Gründen auch immer – deportiert werden sollten und auch tatsächlich deportiert worden sind. Das wiedergegebene Telegramm des deutschen Kaiserlichen Konsulats Erzerum vom 2. Juni 1915 an die deutsche Botschaft in Konstantinopel (Seite 308) ist besonders kennzeichnend, weil die Aussiedlung der Armenier in diesem Telegramm mit allen ihren Konsequenzen erkannt worden ist. Dieses Telegramm erklärte unter anderem, daß diese Aussiedlung gleichbedeutend mit „Massakres" sei, „da mangels jeglicher Transportmittel kaum die Hälfte ihren Bestimmungsort lebend erreichen wird, und dürfte nicht nur den Ruin der Armenier, sondern [des] ganzen Landes nach sich ziehen". Diese für die deutsche Botschaft bestimmte Information einer anderen amtlichen deutschen Stelle bedeutete, daß man Aussiedlung mit Massaker gleichsetzte und diese Aussiedlung als den Ruin der Armenier und des Landes bezeichnete.

Dieses Telegramm steht in der Mitte jener Dokumente, die für die armenische

Frage am Ausgang des 19. Jahrhunderts ihren Beginn erkennbar machen und für die Jahre 1915/16 den leidvollen Höhepunkt eines Volksschicksales signalisieren. Der Verfasser dieser Zeilen ist seinem Berufe nach kein Historiker, er ist als Wissenschaftler dem öffentlichen Recht verschrieben und als Praktiker vor allem mit der Anwendung internationaler Menschenrechte und deren Beurteilung befaßt. Für ihn ist die Ausbreitung der vorliegenden Dokumente und Berichte ein erschütterndes Zeugnis eines historischen Vorgangs, der zur rechtlichen Beurteilung drängt. In den Vereinten Nationen, als man sich in der Unterkommission der UN-Menschenrechtskommission zur Verhinderung der Diskriminierung und zum Schutz der Minderheiten[1] in einer Studie mit der Untersuchung des völkerstrafrechtlichen Tatbestandes des Völkermordes befaßte[2], hatte der sich mit diesem Thema befassende erste Berichterstatter sich dazu veranlaßt gesehen, die „armenische Frage" des Jahres 1915 als den ersten Völkermord in Europa während dieses Jahrhunderts zu bezeichnen[3]. Gegen dieses Beispiel sind die Vertreter der Türkei, aber auch die Vertreter ihrer damaligen Verbündeten Sturm gelaufen, um diese Beispielsetzung aus dem UNO-Dokument eliminiert zu sehen. Das ist – seit 1974 – auch mit unterschiedlichem Erfolg geschehen. Jedenfalls ist das Dokument, das über die Frage des Völkermordes berichten sollte, bis heute nicht verabschiedet. Nicht zuletzt deshalb, weil das armenische Beispiel als Beispiel des Völkermordes in diesem UN-Gremium nicht einhellig als solches anerkannt worden ist. Es hieß zunächst, daß der erste Berichterstatter zu diesem Thema nur „pro-armenisches Schrifttum" heranziehe; Dr. Lepsius sei der große Propagandist der „armenischen Frage" gewesen, oder Wegner und die anderen hätten von diesen ausgehend nur deren Faktenfeststellungen übernommen.

Die vorliegende Dokumentation, die sich – und das bedauert der Verfasser dieser Zeilen – nicht auf österreichische Archivalien stützt, ist aber imstande, dem Leser ein sehr eindrucksvolles Bild über jene Materialien zu verschaffen, die wesentliche Fakten zur „armenischen Frage" liefern. Die eigentliche rechtliche Beurteilung dieser Fakten wird dem Leser und, wenn er ein Fachmann ist, dem rechtskundigen Leser, überlassen. Ich habe mich bis jetzt nicht gescheut, die Fakten des Jahres 1915, die dem deutschsprachigen Leser unterbreitet wurden, als Völkermord zu deuten, obgleich dieser Tatbestand des Völkerrechts im Jahre 1915 noch nicht so klar war, wie er es heute aufgrund der Konvention gegen den Völkermord vom 9. Dezember 1948 (UN-Generalversammlung, Resolution 260 A [III]) ist. Eine Konvention, die auch die Türkei ratifiziert hat. Nach dem Völkerrecht, das zur Zeit der „armenischen Frage" im Jahre 1915 unter den „zivilisierten Nationen" gegolten hat, wurden die Vorgänge noch nicht als Völkermord im technischen Sinne angesehen, aber sie standen jedenfalls im Widerspruch zu den allgemein anerkannten Regeln des Völkerrechts, die souveränem Handeln schon damals menschenrechtliche Schranken aufer-

---

[1] Diese Unterkommission ist ein aus Fachleuten und nicht aus Staatenvertretern zusammengesetztes Organ, das berufen ist, eine Art Grundlagenforschung in Menschenrechtsfragen zu betreiben.

[2] Progress Report in UN Dok. E/CN. 4/Sub. 2/L. 583.

[3] Das findet sich im § 30 dieses Berichtsentwurfes.

legten. Hier bildet das Nürnberger Urteil gegen die sogenannten Hauptkriegsverbrecher vom Jahre 1946 eine klare Grundlage, um diesen Schluß zu ziehen. Denn es heißt dort, daß auch „Verbrechen gegen die Menschlichkeit, auch wenn sie zum Zeitpunkt der Schaffung des Statuts für den Nürnberger Gerichtshof noch nicht positiviert worden waren, Ausdruck des zur Zeit der Schaffung des Statuts bestehenden Völkerrechts waren" und – hier ergänze ich – der allgemeinen Rechtsgrundsätze, die Bestandteil der allgemein anerkannten Regeln des Völkerrechts auch zur Zeit der Entstehung der armenischen Frage gewesen sind!

Die vorgelegten Dokumente müssen zu dem Schluß führen, daß das, was im Jahre 1915 die „armenische Frage" ausmachte, dem allgemeinen Völkerrecht der damaligen Zeit widersprochen hat und nach modernem Völkerrecht die Bedingungen erfüllte, die den Tatbestand des Völkermordes ausmachen.

Aber ich muß eine kritische Bemerkung anbringen: Während die Freunde Armeniens im Lauf von fast 7 Jahrzehnten ihr Material für ihre Sache und die Unterstützung der Völkermordtheorie vorlegten, hatten die Türken weitgehend geschwiegen. Erst heute, als in den Vereinten Nationen die Armenienfrage nur um der Erwähnung eines historischen Beispiels willen dort akut geworden ist, regte sich wohl unter den türkischen Regierungen der Gegenwart, die gewiß nicht für die Ereignisse des vergangenen Jahrhunderts und des Jahres 1915 verantwortlich gemacht werden können, eine Art Nationalstolz[1]: Das türkische Volk soll nicht dem Makel ausgesetzt werden, daß andere Generationen Völkermord begangen hätten. Nun begannen türkische Historiker und Juristen, Diplomaten und Politiker, sich zu engagieren, um „Gegenbeweise" anzutreten. Die türkischen Historiker und Juristen haben gut gearbeitet! Sie haben für die 80er und 90er Jahre des vergangenen Jahrhunderts eine Dokumentation der Öffentlichkeit übergeben, die ihrerseits 557 ottomanische Dokumente vorlegt[2], um die ottomanische Seite zu Wort kommen zu lassen. Damit sollten die Ereignisse, die die „armenische Frage" im 19. Jahrhundert ausmachten, umfassender gewürdigt werden können. Das ist gewiß eine authentische Dokumentation. Darüber hinaus gibt es aber auch Streitschriften der Gegenwart, die vor allem von einem Gelehrten der Fakultät für politische Wissenschaften in Ankara – Professor Türkkaya Ataöv – in deutscher, englischer und französischer Sprache herausgegeben wurden[3], um Falsifikationen „pro-armenischer" Quellen nachzuweisen.

Um Fakten kommen diese Schriften aber nicht herum, nämlich, daß es die Aussiedlung der armenischen Bevölkerung aus ihrer angestammten Heimat aufgrund staatlicher Anordnung tatsächlich gegeben hat und daß im Zuge dieser Massenaus-

---

[1] Dies kommt vor den Vereinten Nationen ganz öffentlich in einem von der türkischen Regierung vorgelegten Dokument zum Ausdruck: E/CN. 4/Sub. 2/1985/49 v. 26. August 1985, das der oben erwähnten Unterkommission zugeleitet worden ist. Hier unterbreitet die türkische Regierung Dokumente und Argumente, die ihre These stützen sollen.

[2] Bilal N. Sismir (Hrsg.), *Documents Diplomatiques Ottomans, Affaires Arméniennes*, vol I (1886–1893), Ankara 1985 und *British Documents on Ottoman Armenians*, vol II (1880–1890), Ankara 1983.

[3] Siehe z. B. die vom Institut für Außenpolitik in Ankara 1982 herausgegebene Broschüre „*Das Armenienproblem in neun Fragen und Antworten*".

siedlung das armenische Volk einen hohen Blutzoll leisten mußte. Die neueren Schriften aus türkischer Feder bestreiten diese Fakten nicht. Aber sie versuchen, eine Rechtfertigungstheorie zu entwickeln: Rechtfertigung, warum es zu diesen Vorgängen kam. Schuldige werden gesucht, Schmerzhaftes wird Schmerzhaftem aufgerechnet, der nationale Notstand des damaligen Kriegszustandes, in dem sich die Türkei gemeinsam mit den Mittelmächten gegen die Alliierten befand, wird zur Rechtfertigung herangezogen. Das mögen alles richtige Argumente sein. Es mag auch richtig sein, daß die armenische Gemeinde in der Türkei heute über 30 Schulen, 65 Kirchen, 3 Friedhöfe, 17 Wohltätigkeits- und Kulturvereine, 2 Tageszeitungen u. ä. verfüge. Aber mit diesen Argumenten wird an das Prinzipielle eines seinerzeitigen völkerrechtlichen Tatbestandes nicht gerührt. Denn für eine völkermordähnliche Situation gibt es keine wie immer geartete Rechtfertigung. Völkermord kann und darf als Faktum völkerrechtlich nicht rechtfertigbar sein.

Zu einem modernen Völkermordbegriff zählen jedoch nicht nur nackte Tatsachen, sondern zählt auch ein subjektives Schuldelement: Völkermordhandlungen müssen in der Absicht begangen sein, eine Gruppe als Ganzes oder zum Teil ausrotten zu wollen. Das bedeutet nicht, eine Gruppe, wo immer ihre Angehörigen leben mögen, in der ganzen Welt vernichten zu wollen, sondern es bedeutet, eine Gruppe in einem, wenn auch territorial kleinerem, Jurisdiktionsbereich zerstören zu wollen. Die internationale Strafrechtswissenschaft hätte sich mit dieser Frage auseinanderzusetzen[1].

Ich bin überzeugt, daß die vorliegende Dokumentensammlung über die „armenische Frage" im 19. und 20. Jahrhundert ein wichtiger Beitrag zur Schärfung des Weltgewissens – es hatte sich nach 1915 nicht, wie heute, in Form von öffentlichen Hearings, privaten Tribunalen und privaten Anklagen bemerkbar gemacht – ist. Es bietet Material dafür, um auf wissenschaftliche Weise zu klären, wie die „armenische Frage" – einst ein historisches Faktum – damals und heute rechtlich zu beurteilen ist. Das Material müßte auch den zuständigen Gremien der Vereinten Nationen, wenn sie sich weiter bemühen, die vorbereitete Studie über den Völkermord endlich abzuschließen, helfen können zu entscheiden, ob sie die „armenische Frage" als erstes Beispiel eines Völkermordes in Europa im 20. Jahrhundert anführen oder nicht.

Wien/Innsbruck, Mai 1986

---

[1] Zur grundsätzlichen Frage über den Völkermord siehe Ch. Bassiouni, *International Criminal Law. A Draft International Code*, Alfen 1980, S. 72 ff., zur armenischen Frage Sh. Toriguian, *The Armenian Question and International Law*, Beirut 1973, siehe aber auch die Argumente, die neuerdings gegen die „Absichtsthese" von türkischer Seite vorgebracht werden, beispielsweise in dem in Fußnote 1, S. 19 zitierten UN-Dokument.

Article 61 of the Treaty of Berlin, 1878:

The Sublime Porte undertakes to carry out without further delay, the ameliorations and reforms demanded by local requirements in the provinces inhabited by the Armenians, and to guarantee their security against the Circassians and Kurds.

It will periodically make known the steps taken to this effect to the Powers, who will superintend their application.

Article 61 du Traité de Berlin de 1878:

La Sublime Porte s'engage à réaliser, sans plus de retard, les améliorations et les réformes qu'exigent les besoins locaux dans les provinces habitées par les Arméniens et à garantir leur sécurité contre les Circassiens et les Kurdes.

Elle donnera connaissance périodiquement des mesures prises à cet effet aux puissances qui en surveilleront l'application.

Artikel 61 des Berliner Vertrages, 1878:

Die Hohe Pforte übernimmt die Verpflichtung, ohne weiteren Verzug die durch locale Bedürfnisse in den von den Armeniern bewohnten Provinzen erforderlichen Verbesserungen und Reformen ins Werk zu setzen und den Armeniern Sicherheit vor Kurden und Tscherkessen zu garantieren.

Sie wird die in dieser Richtung gethanen Schritte in bestimmten Zeitabschnitten den Mächten bekannt geben, die ihr Inkrafttreten überwachen werden.

Genocide: The deliberate and systematic destruction of a racial, religious, political, or ethnic group. The word, from the Greek *genos*, meaning "race", "nation", or "tribe", and the Latin *cide*, meaning "killing", was coined after events in Europe in 1933–45 called for a legal concept to describe the deliberate destruction of large groups. Despite many historical incidents of genocide and the modern case of the massacre of Armenians by the Turks at the outbreak of World War I, there had been no attempt until after World War II to construct a legal framework through which the international community could deal with cases of mass extermination of peoples.

In 1946, under the impact of revelations at the Nürnberg and other war-crimes trials, the General Assembly of the United Nations affirmed that "genocide is a crime under international law which the civilised world condemns, and for the commission of which principals and accomplices are punishable". In 1948 the General Assembly approved the Convention on the Prevention and Punishment of the Crime of Genocide, which went into effect in 1951.

The fact that under the convention genocide is a crime whether it is committed in time of peace or of war distinguishes it from the "crimes against humanity", defined by the International Military Tribunal at Nürnberg as acts committed in connection with crimes against peace, or war crimes. Under the terms of the convention, "genocide means any of the following acts committed with intent to destroy, in whole or in part, a national, ethnical, racial, or religious group, as such: (a) Killing members of the group; (b) Causing serious bodily or mental harm to members of the group; (c) Deliberately inflicting on the group conditions of life calculated to bring about its physical destruction in whole or in part; (d) Imposing measures intended to prevent births within the group; (e) Forcibly transferring children of the group to another group." Conspiracy, incitement, attempt, and complicity in genocide are also made punishable. Perpetrators may be punished whether they are constitutionally responsible rulers, public officials, or private individuals. They may be tried by a competent tribunal of the state in which the act was committed or by an international penal tribunal whose jurisdiction has been accepted by the contracting parties.

In the years following the convention, no court of international criminal jurisdiction materialized. But one of the results of the convention has been the establishment of the principle that genocide, even if perpetrated by a government in its own territory, is not an internal matter ("a matter essentially within the domestic jurisdiction") but a matter of international concern. Any contracting state may call upon the United Nations to intervene and to take such action under its Charter as it considers appropriate for the prevention and suppression of acts of genocide. *See also* Nürnberg trials.

The New Encyclopaedia Britannica.
Founded 1768. 15th Edition.
Volume 5.

Génocide *(de géno – et cide)*: Extermination systématique d'un groupe humain, national, ethnique, racial ou religieux.

Encycl. Dr. intern. Le génocide est considéré par le droit international comme un crime, défini et condamné par la Convention pour la prévention et la répression du crime de génocide, adoptée à l'unanimité par l'assemblée générale de l'O.N.U. le 9 décembre 1948. Est considéré comme génocide tout acte portant atteinte à l'intégrité physique ou mentale, ou aux droits fondamentaux (mais non culturels), d'un ou plusieurs individus appartenant à «un groupe national, ethnique, racial ou religieux» que l'on veut «détruire, en tout ou partie (...) comme tel»: tuer des membres de ce groupe, leur infliger des souffrances physiques ou mentales graves, imposer délibérément au groupe des conditions de vie calculées pour entraîner sa destruction physique totale ou partielle, lui imposer des mesures de prévention des naissances, transférer de force des enfants de ce groupe à un autre. Peut être coupable de génocide aussi bien un particulier qu'un État. C'est aux Nations Unies qu'il revient, sur requête d'un État contractant, de prendre les mesures appropriées pour prévenir un génocide ou y mettre fin. Le crime de génocide est imprescriptible (convention adoptée par l'Assemblée générale de l'O.N.U. en 1968).

Hist. Le génocide le plus massif du XX s. est celui qui a été exercé par le régime nazi sur les Juifs (...)

Un autre génocide fut celui des Arméniens par les Turcs. (...)

Grand Dictionnaire Encyclopédique Larousse.
Tome 5.

Genocid (grch. lat. Gruppenmord): Völkermord, die Vernichtung nationaler, rassischer, religiöser oder durch ihr Volkstum bestimmter Gruppen: Tötung, körperliche und seelische Schädigung, Minderung der Lebensbedingungen, Verhütung der Vermehrung, beruht sozialpsychologisch auf der Daseinskonkurrenz gegensätzl. Gruppen im gleichen Lebensraum, verbunden mit mangelnder Entwicklung des sittl. Bewußtseins oder Rückfall auf primitive Reaktionsstufen.

Im Abkommen der Vereinten Nationen über die Verhütung und Bestrafung des Völkermordes vom 9. 12. 1948 wurde G. als international zu ächtendes Verbrechen erklärt. (...)

Brockhaus Enzyklopädie.
Siebzehnte, völlig neubearbeitete Auflage des Großen Brockhaus.
Siebenter Band.

This being a faithful reproduction of the respective documents, the original transliteration of proper and geographical names has been retained. Thus, different spellings of the same name may occur.

En reproduisant exactement les textes des documents originaux, nous avons conservé les translittérations des noms propres et géographiques tels qu'ils figurent dans ces documents. Ainsi, on trouvera quelquefois des formes différentes d'un même nom.

Bei der getreuen Wiedergabe der jeweiligen Originaldokumente wurden auch die Transliterationsformen von Eigen- und Ortsnamen beibehalten. Daraus ergeben sich hie und da voneinander abweichende Schreibweisen desselben Namens.

Note collective adressée à la Porte

Constantinople, le 7 septembre 1880

Monsieur le Ministre,

Les Soussignés ont reçu la note en date du 5 juillet dernier, par laquelle la Sublime Porte a répondu au paragraphe de leur communication du 11 juin, relatif aux améliorations et aux réformes administratives que le Gouvernement ottoman s'est engagé, par l'article LXI du Traité de Berlin, à introduire dans les provinces habitées par les Arméniens. Une étude attentive de ce document leur a prouvé que les propositions formulées par le Gouvernement ottoman ne répondent ni à l'esprit ni à la lettre de cet article. Les Puissances représentées par les Soussignés n'ignorent pas que le Gouvernement ottoman a envoyé deux Commissions dans les provinces habitées par les Arméniens; mais elles ont des raisons de penser que ces missions n'ont abouti à aucun résultat, et la Porte, contrairement aux obligations résultant pour elle de l'article LXI, s'est abstenue de les porter à leur connaissance.

Rien ne prouve qu'une amélioration quelconque ait été introduite dans l'administration de la justice. De nombreux rapports consulaires établissent, au contraire, que la situation actuelle, au point de vue de l'indépendance des Tribunaux civils ou criminels est aussi peu satisfaisante, sinon pire, que par le passé.

En ce qui concerne la gendarmerie et la police, la note du 5 juillet affirme que la Porte a invité plusieurs officiers spéciaux à présenter des projets de réforme de ces deux services. Les Puissances n'ont pas eu connaissance de ces deux projets, et le Gouvernement ottoman n'est même pas en état d'affirmer qu'ils lui aient été présentés.

Les Soussignés ne sauraient donc admettre que la réponse de votre Excellence ait donné la moindre satisfaction aux plaintes formulées dans leur note du 11 juin. Ils se croient d'ailleurs d'autant plus autorisés à réduire à leur juste valeur les efforts tentés à ce point de vue par le Gouvernement ottoman, que la Porte, à en juger par cette même réponse, se rend évidemment un compte moins exact de la situation et des obligations que lui impose le Traité de Berlin.

Les termes mêmes dans lesquels la Sublime Porte a cru pouvoir s'expliquer sur les crimes commis, ou signalés comme ayant été commis, dans les provinces habitées par les Arméniens, prouvent qu'elle se refuse à reconnaître le degré d'anarchie qui règne dans ces provinces, et la gravité d'un état de choses, dont la prolongation entraînerait, selon toute vraisemblance, l'anéantissement des populations chrétiennes dans de vastes districts.

La note du 5 juillet ne formule aucune proposition sérieuse tendant à mettre un terme aux excès des Circassiens et des Kurdes. Il est cependant à craindre que ces excès ne puissent être prévenus par l'application des lois communes. Des mesures de rigueur exceptionnelles peuvent seules mettre un terme à des violences qui, sur plusieurs points des provinces désignées par l'article LXI, sont un perpétuel danger pour les biens, l'honneur et la vie des Arméniens.

Par l'article LXI du Traité de Berlin, la Porte s'est engagée «à réaliser sans plus de retard les améliorations et les réformes qu'exigent les besoins locaux dans les provinces habitées par les Arméniens». Les Soussignés ont le regret de constater que les réformes générales indiquées par la note du 5 juillet ne tiennent aucun compte des «besoins locaux» que signale l'article précité. Les Puissances accueilleront sans doute avec satisfaction l'introduction de larges réformes dans toutes les parties de l'Empire ottoman; mais elles tiennent avant tout à l'entière exécution du Traité de Berlin, et elles ne peuvent admettre que la Porte se considère comme libérée des engagements qu'elle a contractés de ce chef en proposant une réorganisation dans laquelle ne figure aucune des réformes spéciales stipulées au profit des provinces spécifiées par ce même Traité. Le caractère particulier de ces provinces étant, d'ailleurs, la prédominance de l'élément chrétien, dans des districts d'une grande étendue, toute réforme qui ne tiendrait pas compte de ce fait ne saurait aboutir à un résultat satisfaisant.

(...) Il est inutile d'ajouter que si cette plus grande indépendance des valis est partout désirable, elle est absolument nécessaire dans les provinces habitées par les Arméniens. Les Puissances, en un mot, convaincues de l'insuffisance des propositions du Gouvernement ottoman, pensent qu'il y a lieu de tenir un compte plus sérieux des besoins locaux constatés dans ces mêmes provinces de donner une plus grande extension aux deux grands principes d'égalité et de décentralisation, de prendre des mesures plus efficaces dans l'organisation de la police, et la protection des populations molestées par les Circassiens et les Kurdes, de définir enfin la durée et l'étendue des pouvoirs des gouverneurs généraux. A ce prix, mais à ce prix seulement, pleine satisfaction peut être donnée aux droits et aux espérances créés par l'article LXI du Traité de Berlin.

La Porte cherche, il est vrai, à diminuer la portée de cet article, en s'appuyant sur le chiffre de la population arménienne, et en général, de la population chrétienne, comparée à celui de la population totale. La proportion indiquée par la note diffère tellement de celle que donnent d'autres renseignements que les Puissances ne sauraient l'accepter comme exacte.

Le tableau ci-joint de la population arménienne, dressé par les soins du Patriarcat, montre l'écart énorme qui existe entre ces différentes appréciations. La note du 5 juillet n'indique d'ailleurs que la proportion des musulmans aux chrétiens. Les Puissances désireraient avoir communication des données sur lesquelles est basé ce calcul, et elles croient indispensable de faire prendre dans le plus bref délai par une Commission impartiale dont la formation sera ultérieurement déterminée, le chiffre approximatif des musulmans et des chrétiens habitant les provinces désignées par l'article LXI.

Il faut qu'il soit bien entendu que la Porte acceptera les résultats de ce recensement opéré dans des conditions incontestables d'impartialité, et qu'elle en tiendra compte dans l'organisation des dites provinces.

Il est très probable du reste qu'en procédant sur cette base, la nécessité de donner satisfaction à toutes les exigences locales entraînera le remaniement des limites géographiques actuelles des différents vilayets.

La Porte ne saurait d'ailleurs s'autoriser des délais qu'entraîneront les opérations de recensement projeté pour ajourner l'exécution des mesures présentant un caractère d'urgence.

Il est de toute nécessité de réaliser, sans perte de temps, les réformes destinées à garantir la vie et la propriété des Arméniens; de prendre immédiatement des mesures contre les incursions des Kurdes; d'appliquer sans délai la nouvelle combinaison financière, de mettre provisoirement la gendarmerie sur un pied plus satisfaisant; de donner surtout aux gouverneurs généraux un pouvoir plus stable et une responsabilité plus étendue.

Les Soussignés, à titre de conclusion, appellent une fois de plus l'attention de la Porte sur ce fait essentiel, que les réformes à introduire dans les provinces habitées par les Arméniens doivent, aux termes des engagements qu'elle a contractés par un acte international, être conformes aux besoins locaux, et s'accomplir sous la surveillance des Puissances.

Les Soussignés, etc.

	Signé:	
	Hatzfeldt	Corti
	Novikow	Tissot
	Goschen	Calice

Marcel Léart: La Question Arménienne à la lumière des documents.
Paris 1913, Annexe E, p. 32–37.

The Shadow of the Kurd

The presentation to both Houses of Parliament, in January 1891, of a further "Correspondence respecting the conditions of the populations of Asiatic Turkey," and a discussion on the condition of the Christian races, raised by Mr. Bryce, Mr. Leveson-Gower, Mr. Stevenson, and others, on the Vote on Account on March 16, in the House of Commons, are evidences that this unpalatable subject is still attracting the attention of the Government and the country. What is known as the "Armenian Question," which ought to include a "Nestorian Question," has come somewhat more to the front in the last twelve months, owing to certain occurrences in Constantinople and Erzeroum, the increased activity of the Armenian Committees in London and other European cities, and the large scale on which a migration of Armenians from Turkish into Persian territory has been contemplated, and all but carried out. (...)

In giving a few of my own experiences and impressions during a journey of two and half months through Kurdistan in the late autumn and early winter of 1890, I must ask the reader to believe that I crossed the Perso-Turkish frontier without any knowledge of, or interest in, the "Armenian Question," that so far from having any special interest in the Armenians, I shared the common prejudice against them, that I was not corresponding with any newspaper or magazine, that I belong to no political party, that I was in ignorance of the Erzeroum troubles and other recent complications, and that the sole object of my journey by a little traversed route from Urmi to Van was to visit the Patriarch of the Nestorian Church, and Kochanes, his residence, one of the stations of "The Archbishop of Canterbury's Mission to the Assyrian Christians," and to add certain Alpine plants to my collection. So far as I am able to judge, I entered Turkey as a neutral and impartial observer. (...)

Beyond the frontier the journey became risky. A horse of mine was taken, but was restored. Three robberies were committed that day, October 15, on the road from Merwana to Marbishu. Persian muleteers would not pass that way at any price, and my loads were taken by a Kurd, who was afraid to travel with Christians except in full daylight. On that first day the air was thick with rumours, some of them well founded. 1460 sheep had been driven off from Marbishu under circumstances which were then under investigation; thirty fat sheep, which the people were going to barter for winter food, were taken on the morning of my arrival; and in the afternoon I met a party of armed Kurds driving off some of the Marbishu cattle. On that day's march I had from two to eight armed guards from one village to another, and people joined my caravan for the sake of the protection implied by the presence of a British subject. (...)

It was averred to me by a man in authority, who offered to produce the official returns on the subject, that 15,000 sheep were driven off from the Gawar plain between June 1 and October 18, 1890, chiefly by the Harikis, a tribe of Kurdish nomads. The Mutessarif of Julamerk was in Diza in order to effect the capture of Abdurrahman Bey, and his brother Shahin, Kurdish Chiefs, whose habit it is to descend from their hill-fortresses, and plunder the villages on the plain. This Mutessarif was spoken of very highly by the people throughout the district, and, in the course of a long interview, I was very favourably impressed with him. It was further stated that he came not only to capture the two Beys, but to inflict chastisement of a severe kind on these predatory Harikis.

The people said, further, that ten days previously the soldiers at his disposal were reinforced by twenty horsemen of the Bey of Bagirikah, and twenty of Bajiragha, a chief of the Kurdish tribe of Durski, and that they had encountered the two brothers, who fled to a cave near Orisha, and defended themselves there. Their capture seemed imminent, when the ammunition of the soldiers became exhausted, and on appealing to their commanding officer, he refused to serve out any more. The allegation was that the marauding Beys gave him a sum equal to £15 to secure their escape after a feigned attack. They fled to the Jelu ranges, and the Harikis and their spoil entered mountains into which the soldiers could not follow them, on their way to their winter quarters.

On this plain and elsewhere the domestic animals, in spite of guards, *who dare not fire*, are driven off at night. Other property is either taken by violence in the day-time or by what is called "demand." In the latter case, the servants of a Kurdish chief enter a house and demand some jars of oil or *roghan* (clarified butter), women's ornaments, a jewelled dagger, a good foal, or a Kashmir shawl, under certain threats, or they show the owner a bullet and claim the valuables, saying that a bullet through the head will be his fate if he either refuses to give them up, or informs any one of the demand.

In this way (among many other instances) the headman of – had lost last year five valuable shawls, such as descend from mother to daughter, four coats of silk brocade, and 300 *krans* in silver. In the last two years, ten and fifteen loads of wheat have been taken from him, and four four-feet jars, filled with oil and *roghan*. Four hundred and fifty sheep have also been taken from him by violence, and the night I lodged in his house, 53 of the village sheep, most of which were his, in spite of guards and dogs, were driven off from his yard, leaving him with but fifteen. I was awoke by the disturbance, and as it was a light night, saw that the Kurds who attacked the sheepfold were armed with modern guns. (...)

According to the latest estimates, the number of Nestorian Christians under Turkish rule is over 80,000. They are chiefly in the *vilayet* of Van, and in the *sandjak* of Hakkiari. It is less common for the Rayahs to own the village lands than to be the dependants or serfs of a resident Kurdish *agha* or master. In either case their condition is miserable, for they have *practically* no rights which a Kurd or Turk is bound to respect. In some of their villages, as has been stated with regard to Gawar, they are now absolutely without the means of paying taxes, and are but scantily supplied with the necessaries of life, though their industry produces abundance. There can be no possible doubt that the local authorities always side with the Kurds against the Christians, and connive at their oppressions and outrages.

A remark of Vice-Consul Devey in a dispatch to Colonel Chermside (Turkey No. 1, 1889, p. 51) is sufficiently explanatory of the attitude of most of the local Governments. Referring to a well-known and serious affair, he writes: "There can be no doubt that the Mosul Government... rather led the Kurds to believe, *though without committing themselves to any overt act or declaration*, that they were at liberty to attack the Nestorians." (...)

After many difficulties, owing to the insecurity of the route, and the objection of the Julamerk muleteers to travel by it, I rode in five days to Van, not by Bashkala, but by a mountain road, on which are several Christian villages, such as Kotranes, Merwanen, and Khanjarak. On the way, on two occasions, parties of Kurds thought that my caravan would prove an easy prey, but my *Zaptich* escort showed great pluck, and drove off four times their number. The Kurds evidently do not wish to come into collision with the Government. An attack was made as it was growing dark by several well mounted Kurds, each armed with two guns, and a number of other weapons. They rode in among the mules as if to drive them off singly, and obviously did not see the Government uniform till they were actually among us. It, and the Snider rifles, had an immediate effect, and they rode off, leaving me to consider how far the Porte has the power (if it had the will) to repress them, by placing strong military posts in the disturbed districts. Beyond Kasrik Kala we met some muleteers, who, an hour before, had been attacked and robbed of their mules, saddles, blankets, and outer clothing.

The villages of Kotranes and Khanjarak had suffered severely. At Khanjarak, a wretched Armenian village, where people seemed in abject terror, twenty-three sheep were driven off by an armed party of Kurds the night I was there. Kotranes is one of the villages in which the peasants have had considerable trouble about their lands, and have only partially got rid of an unjust claim upon them by paying what is for them a crushing ransom. The hamlets of Upper Berwar, of which Kotranes is one, are all suffering from the Kurds. (...)

The region through which I travelled from Van, in a northwesterly direction, is peopled by Kurds, Armenians, and Turks, the Turks being in a very small minority. A recent official estimate of the population of the Vilayet of Van gives the nationalities as follows: – Kurds, 175,000; Armenians, 140,000; Turks, 20,000; but another element has to be taken into consideration, namely, 80,000 Nestorians, chiefly in the *sandjak* of Hakkiari. Turkish statistics must be received with great caution and even distrust, especially when they deal with races, but if these are even approximately correct, they show that the Christians of this Vilayet are entitled to consideration, as being in a majority of 25,000.

Journeying to Bitlis, through the mountain ranges on the south shore of Lake Van, and the exquisitely beautiful valleys which open upon it, in company with Dr. Reynolds, of Van, who bears upon his head and face enduring marks of the brutal ferocity of the notorious and now banished Moussa Bey, – the aspect of things was better than among the Syrian population, though the Armenians complained of robbery with violence as being of common occurrence. It was noticeable that in each village the sheepfold into which the village sheep are driven at sunset was guarded till sunrise by from six to eight men, a heavy burden on peasants whose taxation should ensure them efficient protection. At the beautifully situated village of Ghazit shots and volleys were fired during the night, and there was a general alarm, but no actual attack.

In the city of Bitlis, where religious fanaticism runs very high, and in which the Kurdish population is estimated at 20,000, there are both Gregorian and Protestant Armenian communities in an extreme minority. There is a large garrison of well-equipped and soldierly looking men, and the new Vali, Raouf Pasha, by acting with some decision in cases of wrong, has succeeded in producing a much-increased feeling of security among the Christians in Bitlis itself and its immediate neighbourhood, but in the *sandjak* of Moush in the Vilayet of Bitlis the state of things last November was very serious indeed. The Christian villages of the Moush Plain were robbed till there was nothing left to take, and outrages worse than robbery had occurred, with considerable loss of life, following on a series of deeds of rapine committed in the summer of last year, to which reference is made in detail on consular authority in the *White Book* previously quoted. In July Her Majesty's Consul for Kurdistan wrote as follows: –

"I have the honour to inform you that the movement among the Kurdish population, reported in my despatch of the 19th July, continues.

"At this time of the year the Armenian peasantry usually suffers more or less at the hands of the Kurds, but at present numerous reliable reports of attacks and pillage reach me from all directions of the Vilayet of Erzeroum, and from the *Sandjak* of Moush in the Bitlis Vilayet, and are of a nature to indicate a state of general insecurity and lawlessness in those parts."

In August, in accordance with instructions from Mr. Clifford Lloyd, Vice-Consul Devey proceeded to Bitlis and Van, to investigate and report upon the condition of affairs, especially in the Moush Plain. He was unable "to give any account in detail of all that has taken place, for to do so would have entailed investigation which it would have been undesirable to enter upon." He writes:

"During this journey I ascertained there have been of late an unusual number of crimes of violence and aggression on the part of Kurds plundering Armenians, and I also heard of one or two cases in which Armenians had been offenders.

"The districts where most outrages had occurred were immediately round about Bitlis, at the group of Armenian villages situated in Moush Plain, twenty miles east of the town and close to Moussa Bey's family residence, and in villages lying to the north and west of Moush town also; in the former case resident Kurds of Billek and Khuit were the aggressors, and in the last named, nomads, the Bodikanli and the Bekiranli, who came from Diarbekir this year despite a protest by the Mutessarif; again, there were several cases in Bulanik – one or two being on a large scale – and others in the vicinity.

"The Armenians generally seemed to be in a state of abject terror, afraid for their lives."

After stating that the Governor had acted with decision, and that a new departure had been taken, in the shooting of five Kurds who formed part of a large body caught in the act of driving off the sheep of a Christian village, he alludes to a story of an event which occurred at Vartennis, on the Moush plain, of which various versions are current. This collision between Kurds and Armenians occurred on July 13.

In the middle of November, two pastors of the Reformed Armenian Church came to see me, saying that there was a great desire on their part, as well as on that of the Christians of – and –, that the version of the story which follows should be written from their dictation, and should be placed in the hands of Mr. Clifford Lloyd. They were prepared, they said, to vouch for its accuracy in all important details, and they allowed their names and addresses to be given. A European of education and high character testified to their integrity and intimate knowledge of the circumstances, and acted as interpreter, and I wrote down the narrative as it was given to me.

"A bride, married a year before, was being taken from Mooshakir to Vartennis to visit her father's house, according to custom. Five men from Vartennis were taking her thither. About half-way, while passing through a Kurdish district, a number of Kurds came upon them, asking that the bride should be given up to them. They were led by Hassan Mo, an ally of Moussa Bey in his crimes of violence. These Beys had committed crimes in Vartennis, in seducing girls, &c., and the villagers had complained of them. The men with the bride besought them to let them pass on, and some of the Kurds have admitted this. Hassan Mo replied, 'Long since have I desired to get hold of you, and do you think by beseeching you'll get free?'

"Then he seized the bridle of the bride's horse, and tried to drag it away. The bride, as is the custom, was adorned with all her coins and ornaments. The Armenians tried to hold the horse back. As they were struggling, one of the Kurds fired and killed an Armenian on the spot. When he was shot, another said, 'They're killing us, let us fire back'; so they fired, killing two Kurds, and wounding Hassan Mo in the knee. One of themselves was also wounded. In the skirmish the bride got away, and galloped her horse home. Then the Kurds left them, and the Armenians, afraid of the consequences of having defended themselves, ran away, and hid in the hills. When the news of the affray, and that the Armenians had killed some Kurds, reached Moush,

800 soldiers, in three sections, and 4 guns, were sent against Vartennis, which numbers 150 houses.

"When the people heard that the soldiers were coming, they sent away as many of the women as they could. The first section of the soldiers came upon them at night, the two others were held as reserves on the road. The Vartennis people, to defend themselves from the Kurds, had stationed round the village guards, with their old-fashioned guns, of which, in July, they had still a few. The soldiers had for a guide an Armenian, who, fearing these guards would fire on them taking them for Kurds, cried out, 'Brothers, it's we, and these are soldiers,' on which the officer in command beat him, and said, 'Why did you give this notice?' hoping that they would be fired on, and thus have an excuse for destroying Vartennis. The soldiers then surrounded the village, so that none should escape. They bound all the adult males, despoiled the village, outraged some of the women, whom they robbed of their ornaments, and drove sixty-five bound men into Moush. As they came thither they met the other divisions of soldiers, and as they drew near the town the whole Moslem population came out to kill the prisoners, but the soldiers protected them, and lodged them safely in prison. Afterwards they sold the ornaments of which they had despoiled the women in other villages.

"When they came to trial, the sixty-five prisoners pleaded that, except the wounded man who was with them, they had had no part in the affray, the others having fled to the mountains. The Government said that the 'bride' was a man in disguise, who had been stirring up the people. In reply, the bride's father-in-law, the *reis* of Mooshakir, said he could produce some Kurdish chiefs who were guests at his house when the bride was taken away, and they gave evidence that they were present when the woman and her escort left the house. This charge consequently broke down. After imprisoning them for some time, they let twenty-two of the poorer men go, and a few days ago [Nov. 12] they liberated twenty-six more. The remaining seventeen are imprisoned for fifteen years, the most severe sentence the Turkish law can inflict. Sixty of the best fields in Vartennis are unharvested at this day. Among the prisoners who are sentenced so severely, the wounded man is the only one who had any part in the affray.

"Vartennis was sorely harassed before this happened. Two of its men had been secretly killed by the Kurds, one while he watered his fields after the Erzeroum riot, the other was a teacher whom they were trying to rob, and he defended himself, and they wounded him; and he afterwards died of his wounds. As before God we are speaking the truth."

"Following upon this", Mr. Clifford Lloyd's report says, "there were attacks by different parties of Kurds upon various villages in the plain, cattle were plundered, and some fifteen Armenians lost their lives, though the Governor of Bitlis had no knowledge, he said, of more than three." It appears that it was owing to the representations made by Mr. Devey that many of the Vartennis men were released from prison. In his report he says, "the actual disturbances lasted only a few days, and consisted of bands of armed Kurds going about on foot and plundering Armenian villages, in a few instances killing and wounding where they met with resistance. Subsequent inquiries led me to believe that the degree of disorder was excessive, but of very short duration; probably fifteen or twenty Armenians have been killed individually, or have disappeared within the past four weeks in those districts, and once the figure was set so high as fifty."

This report was made on August 19, 1890, and there is no doubt that in consequence of some vigorous action on the part of some *zaptiehs*, and the temporary patrolling of the district, the "excessive" disorder ceased. Three months later (and it is impossible to discredit the mass of concurrent testimony on the subject) the villages of the Moush Plain were in a state of what by an established euphemism is called "disorder", and that of a chronic kind. In plain English, Christians were being "killed individually," general lawlessness prevailed, caravans were stopped and robbed, travelling was for Armenians absolutely unsafe, sheep and cattle were driven off, and outrages which it would be inexpedient to narrate were perpetrated. The villages have been reduced to extreme poverty by the carrying off of their domestic animals, the pillage, and in some cases the burning of their crops, and the demands made upon them at the sword's point for every article of any value, while at the same time they were squeezed for the taxes which they had been deprived of the means of paying. Hassan Mo and Orzogh Bey were spoken of as being among the greatest oppressors of that unhappy region. (...)

It cannot be said that the "disorders" which I have attempted to describe are confined to small localities and are created by "peculiar local circumstances." From the Persian frontier a few miles from Urmi, along a more or less travelled route of several hundred miles, there was generally speaking no security for life, property, or traffic, and on the other side of Erzeroum, even up to the vicinity of the Russian frontier, on the Passin Plain, and in the district of Alashgird, things were, if possible worse. Shortly before my journey every Christian village in the Passin Plain was plundered, and *at least* 20 horses, 31 asses, 2,282 sheep, and 754 head of cattle, nearly the whole pastoral wealth of the people, were carried off by the Kurds, while the Moslem villages were exempt from their attacks. In the Alashgird valley, the Kurds perpetrated similar crimes, killed at least three Christians, and burned the crops they could not carry away. Regarding the wretched district of Alashgird, which so lately as in December was enduring terrible sufferings, the Consul-General wrote:

> "My information leads me to believe that the condition of the Alashgird Valley is one of extreme gravity. I had a long conversation with the Governor-General yesterday regarding these events, and his Excellency informed me that he had now troops in the locality, and that he was making every effort both to arrest the Kurds concerned and to recover the property carried away. At the same time, he was unable to inform me that more than 'three or five' Kurds had been arrested for this extensive brigandage, or that the property plundered had been recovered and restored, though he assured me that his efforts were being directed to both ends. His Excellency, however, did not seem to me to realise the gravity of such a state of anarchy existing in his province, and as these events have been taking place during the last month within a few hours' march of Erzeroum, where there is a large garrison and every means of immediately restoring order, I cannot place confidence in whatever measures are being adopted. There is a want of foresight and earnestness displayed in all matters connected with the protection of the Christian people which is difficult to reasonably account for."

(...) Great hardships are inflicted in the collection of the taxes, but these are inseparable to a great extent from the system on which the country is governed, and Moslems to some extent are exposed to them. *The cruel wrong inflicted upon the Christians is, that taxes are demanded from them which the Kurds have left them without the means of paying.* In many cases they are squeezed all but dry, as their nearly empty stables, granaries, and sheepfolds silently testified. Taxation from our point of view is very heavy, and the increase in the military exemption tax during the last twenty years has come to press very severely on Christian families which are blessed with many boys, but neither among Syrians nor Armenians were complaints made of the taxation except in that one particular. The invariable and reasonable complaint was that they were heavily taxed, and had *no protection from the Kurds*, and practically none from the law as administered in Kurdistan.

The complaints of the villagers north and west of Lake Van were that they were mercilessly beaten when they failed to produce money for the taxes. They alleged, with great unanimity, that it was usual for the *zaptiehs* to tie their hands behind their backs; plaster their faces with fresh cow-dung, or throw pails of cold water at their eyes, tie them to the wooden posts of their houses, and beat them severely. In the village of – it was asserted that the *zaptiehs* had tied twenty defaulters together, and had driven them barefooted round and round over the thistles of a threshing-floor, flogging them with their heavy riding-whips. (...)

Certain Kurdish Beys had been called to Erzeroum, ostensibly for purposes of remonstrance on their conduct, but had been allowed to enter the city with parties of armed followers. From Erzeroum they went to Erzingian, where, from the hands of Zeki Pacha, the commander of the Fourth Army Corps, they received commissions constituting them officers of irregulars, Bashi-Bazouks, or militia. The results of this step need to be watched with great anxiety. The Christians regard it as a menace, involving the greatest peril; the Kurds themselves appear to think that it gives them licence to maraud, for these Beys, after receiving their commissions, went through the Christian quarters of the bazaars of Erzingian, making gestures of cutting throats, and saying to the Christian merchants, "Your time has come now; hitherto we have not had the co-operation of the Government, but we have it now."* It is to be believed that the Porte, in giving these commissions, acted in good faith, under the idea of bringing the Beys and their wild followers under the conditions of military discipline, but on the spot it was regarded as a most dangerous experiment.

The air at Erzeroum was dark with rumours of robbery and outrage, many bearing the rigid investigations to which they were subjected by the foreign Consuls, others dissolving during the process, while for murders of well-known Christians no arrests were made. Trade among the Armenians was suffering, for those whose transactions were with Kurdish districts dare not, for fear of their lives, collect their debts. Arrests of Christians, on what turned out to be frivolous and worthless pretexts, were constantly made, and the Government either was, or affected to be, in constant dread

---

* The statement as to the words used by the Beys rests on the authority of a European of high character who was in Erzingian at the time.

of an insurrectionary rising among the Armenians. From the country districts the accounts were so very bad that one of the ablest and most enlightened of the European Consuls remarked indignantly: "It's no longer a question of politics, but of humanity," "Next to the depredations of the Kurds," wrote Mr. Clifford Lloyd some months before things became so bad as they were in the early part of last winter, "the constant searching of Armenians' houses, the arrest and imprisonment of individuals for long terms – often for life, for having books in their possession containing references to the past history of Armenia, constitute a grave abuse of power by the Turkish authorities, and a source of wide-spread suffering to the people." In another despatch he sums up the condition of things in Kurdistan thus: "In a country such as this is, lawlessness is to be expected; but unfortunately in nearly every instance armed and ungoverned Kurds are the aggressors, and unarmed and unprotected Armenian Christians the victims."

The recent White Book, from which these quotations are made, contains matter of very great importance. It is needless to go further than its pages for confirmation of the facts which underlie the "exceeding bitter cry" which issues from Turkish Armenia, and the feebler wail from the Nestorian valleys. Its special value is that, while dispelling some of the inventions which have been put forward, it gives, in the sobriety of official language, facts so stern, that on any but British official authority I should have hesitated to accept them; and presents, on the whole, a darker picture of oppression and wrong, and a heavier indictment against the mal-administration of Kurdistan, than I ever heard from Armenian lips. The force of the indictment is enhanced by the fact that the late Mr. Clifford Lloyd, Mr. Devey, and our other consular officials, have been not only on courteous but often on friendly terms with the Imperial authorities, and that these heavy charges against the administration are made in the interests of truth alone, and often at a considerable sacrifice of personal feeling.

It must be borne in mind that very great difficulties beset our Consuls in their investigations. To some extent their inquiries must be made through officials who are continually untrustworthy, and who on all occasions are anxious to hush up inquiry, and to put the best aspect on the matter which has demanded it. In many cases persons who have made serious complaints back out altogether when they are pressed for evidence; in others the mere making an inquiry may involve those in peril and loss who have already suffered severely; and in all there is the necessity of shielding informants from serious consequences, of which we in the West have no conception.

Beyond expressing the belief that the creation of strong military posts, under vigorous and capable officers, in the disturbed districts would be a wise measure, I do not attempt to offer any opinion as to what might be done in Armenia. The Minute of Her Majesty's Consul-General for Kurdistan, written late last autumn, the most important parts of which follow, contains suggestions very carefully thought out, grounded upon an intimate acquaintance with facts: –

MINUTE

It is admitted by every one that a change is necessary in the system of government now being applied to the Christian population of Kurdistan – *i. e.*, the Armenian people. Their sufferings at present proceed from three direct causes: –

1. The insecurity of their lives and properties owing to the habitual ravages of the Kurds.

2. The insecurity of their persons, and the absence of all liberty of thought and action (excepting the exercise of public worship).

3. The unequal status held by the Christian as compared with the Mussulman in the eyes of the Government.

As regards No. 1, putting aside isolated instances of depredation, there has been pillage on the most extensive scale, with much slaughter, by Kurds in various parts of Armenia during the past few months, as will be observed from my despatches dated the 21st August and the 1st October, 1890. This year the record is an exceptionally large one, but the position of the defenceless Armenian peasantry with reference to the Kurds, who are all armed, varies only in degree, and, looked at from any point of view, is one calling for immediate relief.

There are two courses open to the Turkish Government in its desire to protect its Armenian subjects: one to actually and completely subjugate the Kurds by force of arms; and the other to adequately protect the Armenian peasants from Kurdish aggression.

The former would entail a large expenditure of money, and in all probability bring about a general massacre of those for whose benefit it was undertaken. Many reasons exist for not suggesting this course, not the least of which is that, under any circumstances, the Turkish Government could not be induced to adopt it. It is, however, the first duty of every Government to protect its subjects, and in this instance duty and self-interest both demand it. The Armenian peasantry are unable at present to pay their taxes owing to the ravages of the Kurds, and from the same cause are reduced to such a state of discontent that they are willing even to forsake their homes, and it is said also their religion, if relief could thus be obtained.

A better organised force of police than exists, supported by judiciously placed detachments of troops, would afford all the desired protection, provided the officers responsible were satisfied of the intentions of the Government. Much would depend upon the personal characters of the Governors-General, who, while being held responsible for the adequate protection of the inhabitants of their provinces, should be given full executive liberty of action in providing it, which at present they do not possess. A Governor-General has no power to move troops without orders from Constantinople, but the duty devolving upon him renders it necessary to give to him this power, with whatever restrictions it may be thought necessary to impose from a military point of view. I am of opinion that this question of protecting the Armenian peasantry from the attacks of the Kurds is of much greater importance than any other, and that, if the Christians were shielded from the ever-existing apprehension of being pillaged and killed, they would become a comparatively contented and prosperous people. Though all sections of the Armenian people are ever desirous of bringing their grievances to the knowledge of her Majesty's Consul, yet during the past year I have had no serious complaints, excepting in connection with the disturbances in Erzeroum, which were not directly due to Kurdish aggression. In the Valley of Alashgird, for instance, where there was much distress this spring, and whence an attempt to emigrate to Persia was made on a large scale, the Turkish officials discerned a revolutionary movement, and their consequent acts gave legitimate cause for much discontent. But the Christians, having been reduced to a state of poverty by the action of the neighbouring Kurds in plundering and burning their harvest with impunity, were unable to pay their taxes or to provide for the following season's agricultural requirements, and no attempt being made by the Government to punish the Kurds, or to afford protection against them in the future, some hundreds of persons started for Persia, where they had made arrangements to be received, but were arrested on the frontier by Turkish officials and brought back to their homes. All the Christians asked for was protection, but this was the one thing the Turkish Government failed to provide. Time was offered for the payment of taxes due, and loans of money for the purchase of seed, but notwithstanding my advice given on the subject repeatedly, no protection was afforded, the answer always being that authority for the movement of troops had not been received from Constantinople. The result is that this summer the valley has been again overrun by the Kurds, who here, as in other parts of Kurdistan, openly declare that their action meets with the approval of the Turkish Government. I am fully justified in recording my opinion that during the past year, had the Armenian peasantry been given security to life and property, their grievances in the provinces would not have been of that serious nature which now attracts to them the attention of Europe.

As to the second ground of complaint above mentioned, I need not go into any detail to show that the Turkish Government gives no liberty of person to the Armenians, and denies them any freedom of thought or action. In my despatch dated the 28th June 1890, I fully explained the policy being locally adopted in this respect. I believe that the idea of revolution is not entertained by any class of the Armenian people in these provinces, whatever may be the aims of those outside them. An armed revolution is, besides, impossible. Discontent or any description of protest is, however, regarded by the Turkish Local Government as seditious, and a policy such as I described in my despatch alluded to is pursued, depriving the Armenian subject of every liberty to his person, and for which no justification exists. This materially aggravates the existing discontent, and produces a feeling of animosity between Mussulman and Christian which would otherwise die out, or which would at least lie dormant. A policy, on the other hand, of trust and conciliation would bring forth, in my opinion, results highly conducive to the interests of the Ottoman Empire, for among its subjects there are none more capable of contributing to its financial resources than the Armenian people.

The third cause is the inequality of justice and consideration shown to the Christian inhabitants of this country, both by the executive Government and by the law officers. This is well known to every one conversant with the condition of Kurdistan, but as an instance I may mention the fact that in all crimes of violence of which the Christians have been the victims during the past year in the province of Erzeroum no one has been punished, nor, with very few exceptions, has any effort been even made to bring the offenders to justice...

I see no reason to doubt that if the equitable policy I so strongly recommend be approved of by her Majesty's Ambassador and the Marquis of Salisbury, and adopted by the Porte, the influence of the British Government will be adequate to its proper local application.   Signed: CLIFFORD LLOYD
Erzeroum, October 2, 1890

The question as to the duty of England in the way of bringing pressure to bear upon a friendly Power as to the fulfilment of her treaty obligations to her Christian subjects naturally arises; but on this I will not touch. I had the honour of laying some of the foregoing statements, as well as my impressions of the state of Kurdistan, before the Grand Vizier, and from what I heard on the best authority, as well as from that interview, I think that there is reason to believe that both he and his Majesty the Sultan are anxious to place the Christian subjects of Turkey in a better position. As a mere matter of policy, a change is essential, for the outrages to which the Christian peasantry are being subjected gives the so-called "Armenian agitation"* its most

---

* Was there ever a people of any stamina or calibre that would not "agitate" under similar circumstances? Though a few of the younger spirits may be dazzled by a dream of autonomy, the sober Armenians of the Turkish cities aim only at "administrative reform." Can we, whose rights and liberties are won, condemn the upward struggles of one of the most capable and inextinguishable races on earth?

forcible *raison d'être* in the eyes of Europe, and is producing stagnation in trade and a dwindling of the Imperial resources in one of the fairest portions of the empire.

The question presses, however, and anxiety is not action. It must be remembered that the fires of Islam, though they may smoulder, are never quenched, and that any move made by the Sultan and his ministers in the direction of giving protection and justice to the Christians of Kurdistan must inevitably be confronted, not only by the aroused religious fanaticism of the Kurds, but by that of the *sheikhs* and *mollahs* who surround the throne. A friendly but firm and united pressure on the part of the Signatory Powers seems the only way of aiding the Sultan's Government (supposing it to be in earnest) to overcome this opposition, and to enable it to repress the Kurds, protect the Christians, and fulfil its treaty obligations.

We, who retire to rest in our police-protected homes, in a land in which government exists but for the good of the governed, and law, with its sublime impartiality, is a terror only to evil-doers – in which the poor are free from taxation, and all alike enjoy the fruits of their industry, and the protection of their rights and liberties – can form no conception of such a reign of terror as exists in Armenia, and of what is meant to thousands of our fellow-Christians by THE SHADOW OF THE KURD.

ISABELLA L. BISHOP

Isabella L. Bishop: The Shadow of the Kurd.
The Contemporary Review, New York, London, May/June 1891.

★

M. P. Cambon, Ambassadeur de la République française à Constantinople, à M. Develle, Ministre des Affaires étrangères

Péra, le 1ᵉʳ avril 1893

L'Ambassadeur d'Angleterre a reçu de son Gouvernement des instructions assez pressantes à l'effet de réclamer en faveur des Arméniens un régime plus équitable. Il estime également que ces derniers sont traités avec trop de rigueur et il a déjà fait dans leur intérêt des démarches verbales auprès de la Sublime Porte.

D'après ce qu'on m'assure, le Gouvernement Impérial aurait délégué le Gouverneur d'Angora, Abeddin Pacha, ancien Ministre des Affaires étrangères, à Césarée, et Djemal Pacha à Marsivan pour soumettre la question à un examen approfondi et adresser un rapport à la Porte.

P. CAMBON

Ministère des Affaires étrangères.
Documents diplomatiques. Affaires arméniennes.
Projets de reformes dans l'Empire Ottoman. 1893–1897.
Paris 1897, Numéro 2, p. 8–9.

★

M. P. Cambon, Ambassadeur de la République française à Constantinople, à M. Casimir-Perier, Président du Conseil, Ministre des Affaires étrangères

Péra, 20 février 1894

Un haut fonctionnaire turc me disait il y a deux ans: La question d'Arménie n'existe pas, mais nous la créerons. La prédiction s'est réalisée. La question arménienne existe aujourd'hui. Depuis plus d'un an l'Arménie proprement dite et les provinces voisines sont le théâtre d'événements graves: nos Consuls nous transmettent chaque semaine la nouvelle d'arrestations, de collisions sanglantes entre les Arméniens et l'autorité. La Porte, dans une récente circulaire à ses Ambassadeurs, avouait que le sang avait coulé à Yuzgat, et le Grand-Visir reconnaissait dernièrement que l'Arménie était pour la Porte la plus grave préoccupation. Les Turcs sont en train de rouvrir la question d'Orient du côté de l'Asie.

Le moment semble venu de noter très brièvement les étapes parcourues pendant ces dernières années, pour mesurer l'importance des événements actuels et pour déterminer avec précision la position prise par les Puissances intéressées dans la question arménienne.

Votre Excellence connaît l'importance militaire et politique de l'Arménie. Les montagnes inaccessibles qui la hérissent séparent en deux tronçons et isolent complètement les deux parties musulmanes de l'Empire ottoman, la Mésopotamie et l'Anatolie.

L'article 61 du traité de Berlin intéressait l'Europe au sort des chrétiens d'Arménie et le traité de Chypre en 1878 reconnaissait la nécessité de «l'amélioration du sort des Arméniens». A cette époque, le réveil de la nationalité arménienne ne s'était pas encore produit; l'idée de l'indépendance arménienne n'existait pas, ou, si elle existait, c'était seulement dans l'esprit de quelques lettrés, réfugiés en Europe.

La masse souhaitait simplement des réformes et ne rêvait qu'une administration régulière sous la domination ottomane.

L'inaction de la Porte a découragé les bonnes volontés des Arméniens. Les réformes promises n'ont pas été exécutées. Les exactions des fonctionnaires sont restées scandaleuses; la justice n'a pas été améliorée, la création de régiments Kurdes Hamidiés, soi-disant destinés à surveiller les frontières, n'a pas été autre chose que l'organisation officielle du pillage aux dépens des chrétiens arméniens. Ce n'est pas là, il est vrai, une situation particulière à l'Arménie. D'un bout à l'autre de l'Empire, les Grecs, les Albanais, les Arabes se plaignent du manque de justice, de la corruption des fonctionnaires et de l'insécurité de la vie. Mais l'importance politique de l'Arménie attirait spécialement sur ses habitants l'attention des Puissances et il devenait facile d'exploiter pour le compte des Arméniens une situation qui est celle de tous les sujets de l'Empire.

C'est vers 1885 qu'on entendit parler pour la première fois en Europe d'un mouvement arménien. Les Arméniens dispersés en France, en Angleterre, en Autriche, en Amérique s'unirent pour une action commune: des Comités nationaux se formèrent, des journaux, organes des revendications nationales, se publièrent en français et en anglais; très habilement, les uns et les autres s'attachèrent à dénocer les méfaits de l'administration turque. Par là, on signalait à l'Europe la violation par les Turcs du traité de Berlin.

La propagande arménienne tâcha d'abord de gagner la France à sa cause, et fit appel à ce qu'on nomme «ses sentiments chevaleresques». On publia quelques articles de revues, on organisa des banquets, on prononça des discours, on manifesta sur la tombe de Lusignan à Saint-Denis. La France, il faut le reconnaître, n'y comprit rien et ne s'intéressa point à des gens qui lui parlaient du mont Ararat, de Noé et des Croisades.

Les Arméniens trouvèrent à Londres meilleur accueil. Le Cabinet Gladstone attira les mécontents, les groupa, les disciplina; il leur promit son appui. Dès lors, le Comité de propagande s'établit à Londres où il prit ses inspirations.

Il fallait faire pénétrer dans la masse de la population arménienne deux idées très simples, l'idée de la nationalité et l'idée de la liberté.

Les Comités se chargèrent de les répandre; les Turcs, par leur système inintelligent de persécutions et d'exactions, se chargèrent de les faire valoir. Peu à peu, ils se sont rendus odieux et insupportables à des populations qui s'étaient accoutumées à leur esclavage, et comme s'il ne leur suffisait pas de provoquer ce mécontement, les Turcs se sont plu à les grossir en traitant les mécontents révolutionnaires et les protestations de complots.

A force de dire aux Arméniens qu'ils complotaient, les Arméniens ont fini par comploter; à force de leur dire que l'Arménie n'existait pas, les Arméniens ont fini par croire à la réalité de son existencee, et ainsi, en quelques années, des sociétés secrètes se sont organisées, qui ont exploité, en faveur de leur propagande, les vices et les fautes de l'Administration turque, et qui ont répandu, à travers toute l'Arménie, l'idée du réveil national et d'indépendance.

Le terrain une fois préparé, il ne manquait plus qu'un prétexte ou un encouragement pour que le mouvement se dessinât. Ce prétexte ou, si l'on veut, cet encouragement, les Arméniens le trouvèrent dans la nomination, au poste de Catholicos, de Monseigneur Kirimian, ancien patriarche arménien de Constantinople, exilé à Jérusalem à cause de son patriotisme.

Mes dépêches de l'année dernière vous ont tenu au courant des événements de Césarée et de Marsivan (janvier 1893), des arrestations qui suivirent, du procès d'Angora (Mai-Juin), de l'exécution de cinq condamnés (Juillet). Par sa rigueur, la Porte consacrait un mouvement qui compte à présent ses martyrs; par son entêtement à maintenir en Arménie un véritable régime de terreurs, arrestations, assassinats, viols, etc., elle semble prendre plaisir à hâter les événements. Il y a 15 jours, des troubles si graves ont éclaté à Yuzgat, qu'on parle, à la Porte même, de 500 victimes. A Sivas, notre Consul semble craindre une explsion prochaine. Et ainsi, quand le mouvement aura gagné tous les villages et que les autorités auront achevé d'exaspérer, par leurs exactions, une population inoffensive, tout d'un coup, d'Alep à Trébizonde et d'Angora à Erzeroum, pourront se produire des événements qui amèneront probablement l'intervention de l'Europe.

Voilà quelle est, au début de 1984, l'état exact de la question arménienne: Quelles solutions peut-on proposer ou prévoir à cet état de trouble? Une Arménie indépendante? Il n'y faut pas songer. L'Arménie ne forme pas, comme la Bulgarie ou la Grèce, un état limité par des frontières naturelles ou défini par des agglomérations de population. Les Arméniens sont disséminés aux quatre coins de la Turquie, et dans l'Arménie proprement dite, ils sont partout mélangés de musulmans. Ajoutez que l'Arménie est déjà morcelée entre la Turquie, la Perse et la Russie et qu'au cas, fort improbable, ou, à la suite d'une guerre, l'Europe proposerait la création d'une Arménie, il serait presque impossible de fixer l'orientation du nouvel état.

Même difficulté si l'on se demande d'établir une province privilégiée jouissant d'une demi-autonomie. Où commence, ou finit l'Arménie? Reste la promesse de réformes. Mais on sait ce que vaut en Turquie ce genre de promesses.

Pour introduire une réforme il faudrait d'abord tout réformer. Quant aux améliorations de détail qui auraient peut-être satisfait les Arméniens il y a dix ans, il est à craindre qu'ils ne s'en contentent plus maintenant.

Il n'y a donc pas de solution possible à la question arménienne, elle restera ouverte et les Turcs ne feront que l'envenimer par leur mauvaise administration et leur inertie. De temps en temps, un accès de brutalité éveillera des plaintes plus vives ou excitera des rébellions; la Presse européenne finira par se saisir de ces incidents sans cesse renouvelés, l'opinion publique en pays chrétien se prendra de compassion pour les persécutés, le mouvement restreint aujourd'hui à l'Angleterre et aux Etats-Unis gagnera les autres nations chrétiennes, le traité de Berlin sera remis sur le tapis et une intervention s'imposera. Sera-ce demain? sera-ce dans plusieurs années? nous ne pouvons déterminer aucune date.

Ce qu'on peut dire, c'est qu'en Turquie les situations les plus étranges se maintiennent très longtemps: il faut seulement s'attendre tous les jours à les voir craquer et ne pas s'en étonner.
P. CAMBON

Ministère des Affaires étrangères.
Documents diplomatiques. Affaires arméniennes...
Numéro 6, p. 10–13.

★

Da: Gli Armeni e Zeitun

(...) Mi asterrò dal narrare tutte le ingiustizie, le oppressioni e le provocazioni che il Governo ottomano fece in Armenia prima delle stragi di Sassun; come mi asterrò dal racconto particolareggiato delle stragi che seguirono a quelle, incominciando da Costantinopoli nel settembre del 1895 e giungendo come punto di sosta, e non come termine, alla stessa città nell' agosto dell' anno decorso (1896). Esistono già parecchi volumi su ciò, e non vorrei far perdere ai lettori il loro tempo nella lettura di cose che hanno già lette. Chi vuole consultare quei volumi, farà bene di scegliere i migliori e i più importanti; ne sono autori il missionario americano D. Green, gl'inglesi Malcolm

MacColl e Wintle, il tedesco Lepsius, i francesi Charmetan e Clemenceau, lo svizzero Godet. E leggerà pure con profitto il giornale *Armenia* che si pubblica da otto anni in Londra, diretto dal dotto ed illustre patriota armeno, il prof. Minas Tcheraz, nonchè gl'importanti articoli di Dillon pubblicati dalla *Contemporary Review*. Mi terrò ad una narrazione succinta delle stragi di Sassun, che furono la solenne negazione delle promesse consacrate nel trattato die Berlino. Farò poi l'enumerazione dei massacri dell'autunno nell'anno 1895, che furono un'altra solenne negazione delle riforme sanzionate e pubblicate. E dirò infine con la scorta della storia, quali furono, a mio credere, i fattori, almeno i principali, dell' esterminio armeno; la natura del campo, sul quale essi operarono, e la causa della ferocia e crudeltà nell'esecuzione. Incomincio col cedere la parola al signor Dillon, che dice: «Durante i 17 anni trascorsi dal 1878 non facemmo alcun passo serio per mettere un termine al brigantaggio, agli oltraggi, alle torture ed agli assassinii che tutta la cristianità si accordava con noi nel considerare come lo stato *normale* delle cose. Ma la nostra sfortunata azione e la nostra inazione furono causa che immediatamente e fatalmente essi piombassero sulle dimore e sui casolari di centinaia di migliaia di Cristiani, uomini e donne, e li cacciassero in esilio, li chuidessero in luride prigioni, li sottomettessero ad ogni possibile specie di oscenità, di oltraggi, di morte. Noi toccammo una piaga come se fosse a Londra, e con ciò aprimmo le porte dell'inferno nell'Asia minore; lasciammo scatenate legioni di nemici sotto aspetto umano, i quali si diedero a torturare ed esterminare le loro povere vittime.

«I Turchi, incoraggiati per la connivenza durante 17 anni dell' unica Potenza che possedeva un formale diritto d'intervenire in favore degi Armeni, e confidando che la nazione inglese consentisse nella politica di pieno esterminio apertamente e ripetutamente proclamata, organizzarono un massacro generale dei Cristiani di Sassun. La ragione particolare di questa misura violenta trovasi nella circostanza che, in quella parte dell'intera contrada, vivono i più arditi e i più valorosi della popolazione armena. I preparativi furono fatti con cura ed in modo evidente. Il progetto fu noto a tutti e da tutti esaminato. Un lungo rapporto fu diretto dall'abate di Musc, Karakanian, al rappresentante inglese a Erzerum, informandolo di quel piano disumano, provando la sua reale esistenza e facendo appello al popolo d'Inghilterra affinchè salvasse i suoi fratelli Cristiani. Ma la cortesia internazionale ci vietava di mescolarci nei domestici affari di una potenza amica, e il massacro accadde com'era stato annunziato.»

Nel mese di maggio del 1893 un agitatore per nome Damatian fu arrestato nelle vicinanze di Musc. Il Governo aveva sospettato che i villaggi di Talvorigh dessero ricovero a simili agitatori, e mandò tosto ordini ad alcuni capi Kurdi di aggredire il distretto, dichiarando che assumeva l'intera responsabilità per gli omicidii, dei quali si renderebbero colpevoli, e promettendo loro tutto il bottino. Era la prima settimana di giugno e non era trascorso gran tempo, dacchè Damatian era stato tradotto in Bitlis, quando i Kurdi Bakranli cominciarono a raccogliersi sotto Talvorigh. Tosto che gli abitanti dei villaggi videro che i Kurdi si agglomeravano sempre più di giorno in giorno sino al numero di parecchie migliaia, sospettarono i loro disegni e si prepararono. Dopo otto giorni avvenne un combattimento nel quale gli Armeni, favoriti dalla posizione, recarono molte perdite ai nemici. Più di cento Kurdi vi lasciarono la vita, sei Armeni soltanto furono uccisi. I Kurdi si sentirono vinti e non osarono rinnovare l'attacco nel corso dell'estate. In conseguenza di ciò il Governatore generale annunziò che gli Armeni erano in rivolta e partì con truppe e con due pezzi da campagna per Musc. Assediò la regione vicina a Talvorigh. Ebbe un colloquio con alcuni capi, e domandò loro perchè non si sottomettevano al Governo e non pagavano le tasse. Quei capi gli risposero che essi non erano ribelli al Governo, ma che non potevano pagare due volte le tasse, al Governo, cioè, ed ai Kurdi. Il colloquio non ebbe alcun risultato, e l'assedio fu continuato sino alla caduta delle nevi. All'arrivo della primavera fu dato ordine ai Kurdi di parecchie tribù di attaccare i villaggi di Sassun, ed in pari tempo furono colà spedite truppe da Bitlis e da Musc. Gli ordini generali erano di sterminare i ribelli. È un fatto molto significante, che le truppe presero con loro dieci muli carichi di petrolio. I villaggi furono nuovamente assediati. Accadde che i Kurdi rubarono alcuni buoi. I proprietarii di questi animali, seguendone le traccie, giunsero sino alle tende dei Kurdi. Trovarono che uno dei loro buoi era stato macellato. Chiesero la restituzione degli altri, e non avendo potuto ottenerla, si ritirarono, e di lì a poco tornarono con altri compagni. Una zuffa ebbe luogo, nella quale furono uccisi due o tre da ambo le parti. I Kurdi corsero tosto al governatorato di Musc e annunziarono che tutta la regione era invasa da Armeni e da soldati stranieri. Il Governo, senza porre tempo in mezzo, mandò a prender truppe da ogni luogo, ne raccolse da 8 a 10 reggimenti. Anche i Kurdi si riunirono in numero di circa 20,000; e cinquecento individui della cavalleria kurda irregolare andarono a Musc. Dapprima furono messi in azione i Kurdi e si tennero celati i soldati. Gli abitanti dei villaggi, obbligati a combattere, e credendo di aver a fare soltanto coi Kurdi, li respinsero in diversi attacchi. Allora i Kurdi mostrarono di non voler continuare nell'opera distruggitrice senza l'appoggio dei soldati. Una parte delle truppe fu vestita col costume kurdo e diede loro aiuto nei combattimenti con buoni risultati. Piccole compagnie di truppe entrarono in parecchi villaggi, dicendo che venivano per proteggerli. Furono alloggiate in mezzo alle case. Venuta la notte, si alzarono ed uccisero gli abitanti che dormivano; uomini, donne, fanciulli. Cosi cominciò la campagna di esterminio, che durò circa 23 giorni, o piuttosto dalla metà di agosto alla metà di settembre dell' anno 1894.

Riproduciamo una parte del rapporto del Viceconsole inglese Hallward, datato da Musc, 9 ottobre 1894: «Nell'anno passato, il Valì di Bitlis convocò alcuni dei capi di questi villaggi, ma essi non andarono perchè S. E. Hassan Tahsin Pascià era notissimo per la sua abilità nel trarre profitto dalla «questione armena.» Credo che non siavi un solo benestante armeno in Bitlis e in Musc, che non sia stato imprigionato o minacciato di carcere, sempre sotto l'accusa di sedizione e con lo scopo di estorcergli moneta. Gl'individui convocati, temendo un trattamento uguale, preferirono di restare nelle loro case. Pare che Sua Eccellenza ne fosse sdegnato, e prendendo l'occasione di alcuni attriti avvenuti fra Kurdi ed Armeni nell'anno scorso, mandò, nella metà del passato mese di giugno, un battaglione di soldati in quel distretto, dicendo che faceva ciò per proteggere gli Armeni. Nello stesso tempo uno Scech kurdo, per nome Mehemet, fu condotto dal territorio di Diarbekir a Musc e incaricato di raccogliere un gran numero di tribù kurde, che conformemente all'incarico si concentrarono nel passato mese di luglio nel distretto di Talori. Il battaglione dei soldati era stato per circa sei settimane in relazioni pacifiche con gli abitanti dei villaggi; quando verso il principio di agosto accadde che alcuni Kurdi Bekiranli di Diarbekir rubarono parecchi animali da uno dei villaggi; ed avendo gli Armeni tentato di ricuperarli, ne seguì un piccolo combattimento, nel quale due o tre furono uccisi e feriti da ambo le parti. Dopo di ciò i Kurdi andarono a Musc per presentare i loro reclami al Governo, e dissero che tutti gli Armeni erano sollevati ed armati e che vi erano in mezzo a loro degli stranieri che li eccitavano alla rivolta. Dicesi che il comandante delle truppe facesse un rapporto nell'istesso senso.

«Il Valì allora chiese molti rinforzi di truppe che gli furono spediti da Erzingian, Karput, Diarbekir, Erzerum e Van. Appena queste truppe apparvero sulla scena, gli Armeni si arresero alle medesime sulla promessa di protezione contro i Kurdi. Dopo ciò le truppe intrapresero il massacro di coloro che si erano arresi e di chiunque cadeva sotto le loro mani, uomini, donne e fanciulli. Saccheggiarono tutt' i beni che potevano trasportare e poi incendiarono le case. Dicesi che l'opera del massacro e del saccheggio durò diversi giorni, e che circa 25 villaggi furono quasi interamente distrutti. I Kurdi rapirono gran quantità di pecore e di buoi, ma non parteciparono ai massacri in una linea molto estesa. Dicesi ch'essi rapirono un certo numero di ragazze e molte altre furono rapite dai soldati. Le chiese furono saccheggiate o bruciate e le vesti dei preti e gli ornamenti delle chiese furono pubblicamente venduti al mercato di Musc. Ho sentito che spaventevoli atrocità furono commesse; come seppellire uomini viventi, farli saltare in aria con polvere da cannone, ecc. Una donna di Talori mi disse che trenta persone erano state sepolte vive dai soldati, ed ho sentito ripetere la stessa cosa in diversi luoghi; ma non sono in grado di appurare la verità di questi racconti, nè mi è possibile valutare il numero dei morti. Però, da quanto ho sentito, mille o più persone debbono essere state uccise. Vidi un vecchio che andò vagando per circa tre settimane sulle montagne insieme a un piccolo fanciullo, e prese alla fine rifugio in un monastero. Era del villaggio di Gheliguran; era ricco e nella sua casa erano 40 persone di famiglia. Egli non sapeva nulla di certo sulla sorte di ciascuna di esse, tranne il fanciullo ch'era con lui; ma supponeva che la maggior parte dovevano essere stati uccisi. In un'altra occasione sentii parlare di sei, gli unici salvati di una famiglia di cinquanta. Nella città rimangono soltanto poche donne e fanciulli in uno stato die estrema miseria. Altre sono in alcuni villaggi della pianura ed alcune si rifugiarono presso i Kurdi di Sassun; altre si aggirano su per i monti, e gli Armeni che abitano colà hanno paura di receverle nelle loro case.»

Lo stesso signor Hallward scriveva il 6 del mese di novembre i seguenti particolari:

«Il generale che venne da Erzingian lesse un firmano imperiale, che autorizzava la punizione degli abitanti dei villaggi ed esortava i soldati a non mancare al loro dovere. Dicesi che da principio i soldati si mostrarono ricalcitranti e contrari all'incarico ricevuto, ma che in seguito i loro ufficiali li eccitarono a forza di minaccie; e l'opera di distruzione e di carneficina fu consumata senza misericordia, nè distinzione di età o di sesso. Un gran numero di notabili, capitanati da un prete, vennero presso l'ufficiale comandante, portando in mano le ricevute delle tasse pagate in prova della lora fedeltà verso il Governo, e supplicarono che avesse misericordia di loro. Furono circondati ed ammazzati sino all' ultimo. A Gheliguran un certo numero di giovani ebbero le mani e i piedi legati, furono coricati in linea, poi ricoperti con gran quantità di legna e bruciati vivi.

«In un altro villaggio un prete e parecchi notabili furono catturati e fu loro promessa la libertà se rivelavano dove gli altri erano fuggiti. Rivelarono, ma furono ammazzati. Al prete misero una catena attorno al collo, e lo tiravano in opposte direzioni, così che egli era per rimanere strangolato; finalmente conficcarono diverse baionette nel suolo con la punta in su e lo lanciarono in aria; l'infelice cadde sulle baionette e morì. Gli uomini di un altro villaggio fuggirono con le loro donne e i fanciulli in una grotta, dove rimasero per parecchi giorni; i più deboli fra essi morirono di fame; i superstiti, scoperti infine dai soldati, furono ammazzati con la baionetta, ch'era l'arma principalmente adoperata dovunque.

«Una sessantina di giovani, donne e ragazze, furono condotte dentro una chiesa, dove fu ordinato ai soldati di fare quel che volevano di esse, e poi di ammazzarle. E l'ordine fu eseguito.

«Un certo numero delle più belle fu messo in disparte e invitate ad accettare l'islamismo e maritarsi con Turchi. Rifiutarono e furono in conseguenza uccise.

«Il petrolio, portato da Bitlis, fu adoperato per bruciare le case insieme cogli abitanti. Un soldato raccontava in Bitlis, com' egli aveva in una data circostanza visto un piccolo bambino sfuggire dalle fiamme ed esservi respinto da un altro soldato. Si usò anche di bruciare i cadaveri.

«Dicesi che molte altre disgustanti barbarie furono commesse, come quella di sventrare donne incinte, fare in pezzi i fanciulli, ecc. ecc., ma i fatti già narrati serviranno come esempi del metodo col quale fu condotta questa campagna di esterminio.

«La scena finale ebbe luogo nella valle di Talvorigh, dove un gran numero di uomini, donne e fanciulli erasi riunito. Furono circondati da Kurdi e soldati. Dapprima la massa fu diradata a colpi di fucile. Il rimanente poi fu spacciato a colpi di spada e di baionetta. L'operazione durò circa 23 giorni, cioè dal 18 di agosto sino al 10 settembre. Fu incominciata dalle guarnigioni di Bitlis e Musc, che furono gradualmente rinforzate da altre truppe del 4° corpo d'armata.»

I Kurdi uccidevano con palle e pugnali, ma i soldati si divertivano con le torture. Alcuni furono ammazzati con le forbici. Erano tagliuzzati, o si aprivano loro le vene del collo. Altri furono segati; altri ebbero la lingua sradicata, gli occhi strappati e parecchie dita recise prima della morte. Vi furono testimoni che videro uomini e donne cosi mutilati, distesi a terra per due o tre ore prima di morire.

Vi fu chi vide un sergente turco legare un vecchio armeno a due o tre rami con la testa in giù e poi lentamente tagliarlo in due per mezzo di una scure. Vide i soldati che torturavano il prete Ohannes di Semal e il prete Der Arakol. I loro occhi erano stati strappati, ed essi metevano spaventevoli grida e imploravano dai soldati che ponessero termine alle loro pene. Ma i soldati li obbligarono a ballare, ed essi ballavano e gridavano per il dolore. Dopo ciò i soldati li uccisero a colpi di baionetta. Quando i morti furono esaminati, si trovò il corpo del prete Ohannes che aveva una corda intorno al collo. Gli occhi erano stati strappati, il naso, le orecchie e le labbra erano state tagliate, la pelle del capo era stata scorticata dai due lati. «Scommetto con voi dieci *cirek*, che con un sol colpo della mia scimitarra io taglio il collo di quattro bambini cristiani,» gridava un soldato turco. «Scommettiamo,» risposero sei o sette dei suoi compagni. Quattro bambini cristiani vengono tosto strappati dalle braccia delle loro madri in mezzo a grida ed a supplicazioni strazianti. Sono disposto l'uno sull'altro così da toccare guancia su guancia, e testa su testa. Quindi lo scommettitore si avvicina con la sua scimitarra ben affilata, palpeggia il collo del fanciullo soprastante per poter bene misurare il colpo, inalza l'arme e con un rapido colpo seguito da un celere piegarsi indietro, produce un rivo di sangue, che scorre fra i piccoli tronchi convulsi e le insanguinate teste rotolate al suolo.

Narreremo anche l'episodio del monte Andok, ed un altro che resterà memoria gloriosa per le donne armene finchè l'eroismo avrà ammiratori. Parecchie migliaia di Armeni si erano rifugiati sul monte Andok che trovasi al sud di Musc. I Kurdi furono colà inviati per attaccarli; ma per 10 a 15 giorni non riuscirono ad avvicinarsi. Anche i soldati diressero contro quella massa di rifugiati il fuoco dei loro cannoni da montagna e fecero alcune vittime. Finalmente gli assediati ch'erano rimasti per parecchi giorni senza cibo, si avvidero che le loro munizioni erano esaurite. Le truppe riuscirono quindi a guadagnare la sommità del monte senz'alcuna perdita, e colà arrivate, non lasciarono una persona in vita. Finito il massacro, i morti e quelli che respiravano ancora furono gettati dentro grandi fosse, che dopo alcuni mesi, quando furono visitate dai consoli, tramandavano un puzzo insopportabile.

Le donne di un villaggio difesero la loro posizione per 24 ore contro gli assedianti; ma finalmente dovettero cedere al numero superiore. Avevano appena lasciato il loro campo quando si videro circondate da ogni lato. La loro condizione era terribile. Molte trasportavano i loro bambini sul proprio dorso, mentre i bambini più grandicelli si tenevano accanto alle loro mamme durante la battaglia. Si avvidero tosto che non era possibile di aprirsi, combattendo, la via fra le file dei nemici. Allora la moglie di Grgo montò sopra una rupe e gridò: «Mie sorelle, voi dovete scegliere fra due cose: o cadere nelle mani di questi Turchi e dimenticare i vostri mariti, le vostre famiglie, la vostra santa religione e abbracciare la fede musulmana ed esser disonorate, o dovete seguire il mio esempio.» Con queste parole, tenendo il maggiore dei suoi bambini sulle braccia, si precipitò dalla rupe nell'abisso. Fu seguita da una seconda, da una terza, da una quarta donna: senza che un grido si udisse, l'un corpo cadde dopo l'altro. Gl'infelici bambini seguivano come agnelli l'esempio delle madri: bentosto il burrone fu cosparso di cadaveri. L'eroina che fu la prima a slanciarsi giù dalla rupe, si chiamava *Sciake*, ed il suo nome è degno che sia noto in ogni angolo di Europa.

Fra le diverse recensioni in lode della presente opera, pubblicate su giornali stranieri, ci è grato riprodurre quanto scrisse il primo fra i profughi armeni per scienza e per patriottismo, il prof. Minas Tchéraz, direttore del giornale *L'Arménie*, autore di parecchie opera di gran valore, che accompagnò Lord Salisbury al Congresso di Berlino ed ebbe parte importante nella formazione dell'artticolo 61 del Trattato.

La recensione fatta dal prof. Tchéraz che è il più competente fra i dotti in Europa per giudicare le diverse materie condensate nei due volumi, ci è vanto e ricompensa sufficiente.
ANATOLIO LATINO (E. V.)

GLI ARMENI E ZEITUN

(Dal *Journal L'Arménie*, n.° 112, 1° febbraio 1898)

Tel est le titre d'un magnifique ouvrage en deux volumes, récemment publié à Florence par la maison R. Bemporad e figlio, 7, via del Proconsolo. Les deux volumes ne coûtent que 10 francs, mais forment un vrai trésor de notions utiles relatives à l'Arménie et à la Cilicie.

Qui pourrait être le mystérieux auteur de cette œuvre, remarquable sous tant de rapports? Il signe «Anatolio Latino,» ce qui n'est évidemment qu'un nom de guerre, et se déguise en simple pélerin. Sa parfaite connaissance de la politique européenne en général et des affaires de Zeytoun en particulier, pourrait le faire prende pour M. E. Vitto, consul d'Italie à Alep et qui a si dignement représenté à Zeytoun les gouvernements italien, allemand et austro-hongrois. Mais «Anatolio Latino» est plus qu'un diplomate. C'est un linguiste consommé, un historien distingué, un écrivain de race, un poète enthousiaste, un patriote de l'école de Manin et de Mazzini, et parlant cette langue si mélodieuse et si sonore qui mériterait d'être la langue universelle, au lieu d'être le bel idiome de la belle Italie!

Le premier volume, qui est orné d'une carte de l'Arménie et de la Cilicie, commence par une touchante dédicace de l'auteur à la compagne de sa vie, une dame supérieure qui l'a encouragé à écrire 700 pages en faveur d'un peuple opprimé. Dans sa longue et éloquente introduction, «Anatolio Latino» plaide avec une chaleur méridionale la cause arménienne, et confond dans un sublime élan son amour pour l'Italie délivrée et sa pitié pour l'Arménie asservie. (...)

Après une étude ethnographique sur les Arméniens, les Turcomans, les Kurdes, les Circassiens et les Lazes, dont les portraits typiques ornent la dernière partie du volume, «Anatolio Latino» parle de l'article 61 du traité de Berlin, des efforts de la diplomatie européenne pour améliorer le sort des Arméniens de Turquie, du massacre des Sassouniotes, de l'intervention anglo-franco-russe, et des boucheries arméniennes.

Le chapitre suivant nous offre une étude approfondie de l'esprit et des dogmes de l'Islam. Peu d'Européens ont traité le sujet avec une si prodigieuse compétence. On voit bien que l'auteur connaît à fond l'arabe, a minutieusement examiné le Coran et longtemps vécu au milieu des populations mahométanes.

Le quinzième et dernier chapitre commence par une citation de Renan:

«L'Orient moderne est un cadavre. Il n'y a pas eu d'éducation pour l'Orient; il est aujourd'hui aussi peu mûr pour les institutions libérales qu'aux premiers jours de l'histoire. L'Asie a eu pour destination d'avoir une ravissante et poétique enfance et de mourir avant la virilité. On croit rêver quand on songe que la poésie hébraïque, les Moallacat et l'admirable littérature indienne ont germé sur ce sol aujourd'hui si mort, si calciné. La vue d'un Levantin excite en moi un sentiment des plus pénibles quand je songe que cette triste personnification de la stupidité ou de l'astuce nous vient de la patrie d'Isaïe et d'Antara, du pays où l'on pleurait Thammus, où l'on adorait Jéhovah, où apparurent le mosaïsme et l'islamisme, où prêcha Jésus!»

L'auteur ajoute que Renan eût changé d'avis s'il avait vu le réveil actuel du peuple arménien et l'agitation de la Jeune Turquie. Il mentionne, à cette occasion, les humbles efforts du directeur de *L'Arménie* avec une bienveillance si cordiale que nous nous faisons un devoir de lui exprimer publiquement notre gratitude. Il mentionne également les services rendus par nos confrères arméniens et par les philarmènes étrangers. Il raconte ce que Boghos Bey Youssoufian, Artin Pacha Tcherakian et surtout Nubar Pacha Nubarian ont fait pour civiliser l'Egypte, et en conclut qu'une Arménie autonome ne manquerait pas d'Arméniens capables de l'administrer. Ce noble penseur soutient que l'Italie est le seul pays qui puisse aider les Arméniens sans arrière-pensée politique ou financière, et termine par un magnanime appel à sa patrie en faveur de la résurrection de l'Arménie.

Le second volume est presque entièrementt consacré à cette ville qui porte un nom arabe, mais une auréole tout arménienne: Zeytoun. «Anatolio Latino» y parle longuement de son voyage de Constantinople à Zeytoun. Il devient beaucoup plus intéressant, en sa qualité de témoin oculaire et auriculaire. Il produit les photographies du *takhteravan* dont il s'est servi pour son voyage, et des villes d'Aïntab, de Marasch et de Zeytoun qu'il a visitées. Il nous fournit de précieuses informations sur l'Arménocilicie, et décrit les tueries dont elle fut récemment le théâtre. Son âme garibaldienne bondit d'enthousiasme à la vue de Zeytoun. «Je te salue, s'écrie-t-il, héroïque ville de Zeytoun!» Et il raconte avec sa verve italienne la vie chevaleresque des héros et des martyrs du Monténégro arménien.

Le vaillant publiciste nous montre toutes les phases de la dernière insurrection de Zeytoun, fomentée par les Hentchakistes. Il admire le courage d'Aghassi, de Hratchia, d'Abah et de Mleh, généraux improvisés dont les portraits illustrent cette partie de l'ouvrage, avec le portrait d'un groupe d'insurgés zeytouniotes, braves combattants qui firent trembler les futurs conquérants de la Thessalie. Il traduit en beaux vers italiens les chansons populaires d'Oulnia, littérature fière et sonore, digne d'une race de preux.

Le P. Salvatore da Cappadocia, martyr italien dont les Turcs mêlèrent le sang avec celui des martyrs arméniens, remplit l'avant-dernier chapitre du volume, orné d'un beau portrait de cet homme dévoué. Le onzième et dernier chapitre nous révèle la patriotique indignation de Der Mesrob, et l'auteur se tait, après avoir lancé une dernière malédiction à la tête de ce siècle d'égoïsme.

Et nous, nous nous taisons, en bénissant encore une fois cet Italien de cœur et de génie qui nous console de la lâcheté de l'Europe et de la barbarie des Turcs. Puisse son ouvrage, traduit dans toutes les langues, résonner comme un coup de clairon à travers la Chrétienté endormie, et la pousser enfin au secours d'un peuple innocent, plus torturé que les criminels de l'enfer de Dante Alighieri! Puisse la Liberté pénétrer un jour au cœur d'Oulnia, en répétant le cri de l'illustre philarmène italien:

Ti saluto, eroica città di Zeitun

Anatolio Latino (Errico Vitto, Italian Consul at Aleppo): Gli Armeni e Zeitun. Firenze 1899, Vol. 1, p. 311–321. + Introd., p. 1–4.

★

M. Meyrier, Vice-Consul de France à Diarbékir, à M. Hanotaux, Ministre des Affaires étrangères

Diarbékir, le 5 octobre 1894

J'apprends que des troubles ont éclaté dans le vilayet de Bitlis, près de Mouch, à la suite d'une tentative de soulèvement qui aurait été faite par les Arméniens de cette contrée dans les premiers jours du mois de septembre. Environ 3,000 de ces derniers se seraient réunis dans la montagne d'Antok Dagh ou Dalverig et se seraient mis ouvertement en rebellion contre la domination du sultan. Ils auraient été poussés à cet acte de désespoir par les vexations sans nombre dont ils sont l'objet de la part des Kurdes et même des fonctionnaires turcs.

Le mouvement aurait été, dit-on, préparé de longue main par la Société de Hentchak, dont le siège est actuellement à Tiflis, après avoir été à Londres et à

Athènes, et qui a pour but de poursuivre l'indépendance de l'Arménie. C'est au mot d'ordre donné par cette société que les insurgés auraient obéi pour faire cette démonstration qui, du reste, n'aurait abouti qu'à un échec et à des scènes de cruauté dont le récit est parvenu jusqu'ici, malgré les efforts des autorités pour ne laisser rien transpirer des événements qui se sont passés.

Sur un ordre venu de Constantinople, le commandant du 4ᵉ corps d'armée à Erzindjian s'est rendu sur les lieux, à la tête d'une force assez considérable dont le nombre s'élèverait à près de 15,000 hommes et serait composée de troupes regulières, d'un contingent fourni par les tribus kurdes des environs et d'un certain nombre d'Hamidiés (troupes irrégulières) requis par le Vali de Bitlis. Après plusieurs attaques infructueuses, il est parvenu à se rendre maître des rebelles qui se sont, paraît-il, défendus en désespérés. On m'assure que, cernés de tous les côtés par un cordon de soldats qui enveloppaient la montagne, les Arméniens ont été poursuivis à outrance et massacrés sans merci. Très peu d'entre eux auraient pu s'échapper; on parle de 1,500 morts, et quelques personnes, qui se disent bien informées, affirment que ce chiffre est encore plus élevé.

Après avoir anéanti ces malheureux, les Kurdes et les Hamidiés se sont portés sur les villages arméniens situés au bas de la montagne et les ont pillés et incendiés. On dit qu'ils se sontt livrés à toutes sortes d'atrocités sur la population chrétienne du pays, tuant les vieillards et les enfants, enlevant les filles et allant jusqu'à couper le ventre des femmes enceintes: environ 7,500 personnes auraient péri, 30 villages auraient été brûlés et 400 femmes enlevées. On rapporte ce fait que 200 de ces dernières, délivrées par de Muchir, auraient tenté de se noyer pour ne pas survivre à leur déshonneur. En somme, la terreur règne dans le pays.

Ces événements ont eu leur contre-coup sur la frontière du vilayet de Diarbékir, près de Slivan, où plusieurs villages ont été pillés et incendiés par les Kurdes. Le chef de la gendarmerie a été envoyé avec un fort détachement de gendarmes et on assure qu'à l'heure actuelle tout est rentré dans l'ordre.

Par contre, grâce à l'énergie et à la bonne administration du Gouverneur général, Souri Pacha, notre province jouit d'une tranquillité presque absolue; les habitants sont naturellement paisibles et travailleurs, et chrétiens et musulmans vivent entre eux en assez bonne harmonie. Quant aux Arméniens, en particulier, ils se bornent à participer de leur bourse à la défense de leur cause, mais ils sont peu disposés, en général à payer de leurs personnes. Nous n'avons donc, il faut l'espérer, pas à craindre dans ce vilayet des excès de la nature de ceux que je viens de signaler.

Du reste, je dois dire, en terminant, que les renseignements qui précèdent m'ont été fournis par plusieurs voyageurs, venus de la province voisine, qui ont eu plus ou moins à souffrir de cet état de choses, et qu'il m'a été impossible de les contrôler. Il y a donc lieu de ne les accepter qu'en faisant la part des exagérations provenant naturellement de l'intérêt qu'ont dans la question les personnes qui me les ont donnés.

MEYRIER

Ministère des Affaires étrangères. Documents diplomatiques.
Affaires arméniennes... Numéro 10, p. 15–16.

From: The Armenian Crisis in Turkey

A..., Oct. 31, 1894

We have word from Bitlis that the destruction of life in Sassoun, south of Moosh, was even greater than was supposed. The brief note which has reached us says: "Twenty-seven villages annihilated in Sassoun. Six thousand men, women, and children massacred by troops and Kourds. This awful story is just beginning to be known here, though the massacre took place early in September. The Turks have used infinite pains to prevent news leaking out, even going to the length of sending back from Trebizond many hundreds from the Moosh region who had come this way on business." This massacre was ordered from Constantinople in the sense that some Kourds having robbed Armenian villages of flocks, the Armenians pursued and tried to recover their property, and a fight ensued in which a dozen Kourds were killed. The slain were "semi-official robbers," *i. e.*, enrolled as troops and armed as such, but not under control. The authorities then telegraphed to Constantinople that Armenians had "killed some of the Sultan's troops." The Sultan at once ordered infantry and cavalry to put down the Armenian rebellion, and they did it; only, not finding any rebellion, they cleared the country so that none should occur in the future.

Certified Evidence of the Massacre in Sassoun

We, the undersigned, by examination and comparsion, have satisfied ourselves that the following statements are verbatim reports, written under the dates which they bear, by American citizens who have spent from six to thirty years in Eastern Turkey. We have examined also the fact that they are written from six different cities from one hundred to two hundred miles apart, but forming a circle about the centre in which the massacres occurred. For the personal safety of the writers the names of the places cannot now be made public. They are independent reports from a country where refugees and returned soldiers of the Sultan speak of what they know. We have the utmost confidence in these statements and regard them worthy the belief of all men.

In the name of a suffering humanity we urge the careful perusal of these statements, and recommend that all readers take measures to make the indignation of an outraged Christian world effectually felt. We deprecate revolution among these helpless Turkish subjects, but bespeak cordial co-operation in bringing to bear upon Turkey the force of the righteous condemnation of our seventy millions of people.

FREDERIC T. GREENHALGE
Governor of Massachusetts

FRANCES E. WILLARD
President National W. C. T. U.

SAMUEL J. BARROWS
Editor Christian Register

GEO. C. LORIMER
Pastor Tremont Temple, Boston

WILLIAM E. BARTON
Pastor Shawmut Church, Boston

EDWARD EVERETT HALE
Pastor New South Congregational Church, Boston

<table>
<tr><td>H. M. Jewett
Ex. U. S. Consul, Sivas, Turkey</td><td>Isabel Somerset
Lady Henry Somerset</td></tr>
<tr><td>Mary A. Livermore
Author and Lecturer</td><td>Cyrus Hamlin
Founder of Robert College</td></tr>
<tr><td>Alpheus H. Hardy</td><td>Wm. Lloyd Garrison</td></tr>
<tr><td>Francis E. Clark
Pres. United Society Christian Endeavor</td><td>I. J. Lansing
Pastor Park Street Church, Boston</td></tr>
<tr><td>Julia Ward Howe
Author and Lecturer</td><td>Joseph Cook
Author and Lecturer</td></tr>
<tr><td>Francis A. Walker
Pres. Mass. School of Technology</td><td>Wm. E. Russell
Ex-Governor of Massachusetts</td></tr>
<tr><td>A. E. Pillsbury
Ex-Attorney-General of Massachusetts</td><td>Jonathan A. Lane
Pres. Boston Merchants' Association</td></tr>
</table>

Frederick Davis Greene: The Armenian Crisis in Turkey. New York 1895, Doc. No. 4, p. 1–5, 12.

★

From: The Armenian Crisis in Turkey

[The following extract is from a personal letter written by one whose name would be immediately recognized by every reader were we at liberty to make public use of it. The writer is a person of broad influence; but for the present, owing to facts which we are not at liberty to relate, he cannot take a public stand. He will probably be heard from yet.]

F…, Nov. 10, 1894

The massacre which took place a few weeks ago – I do not know the exact date – occurred in the district of Talvoreeg which lies between Moosh and Diabekir. It is an Armenian district, comprising thirty or forty villages, surrounded by Kourds.

Last year some of the Armenians there armed themselves and resisted the Kourds, who are constantly making raids on their villages and carrying off their property. The Governor sent some soldiers, who killed a few Armenians and received a medal from the government for having wiped out a great rebellion. This year there are said to haven been ten or fifteen revolutionists among these Armenians. A Kourdish chief in order to get out of some difficulties that he had gotten into with the government set the ball rolling by carrying off some cattle belonging to certain of the Armenians. The Armenians endeavored to recover the cattle, and a fight followed, in which two Kourds were killed and three were wounded. The Kourds immediately carried their dead to Moosh, laid them down at the government house, reporting that Armenian soldiers were overrunning the land, killing and plundering them.

This furnished the government with the desired excuse for collecting soldiers from far and near. The general is said to have worn on his breast an order from Constantinople, which he read to the soldiers, commanding them to cut down the Armenians root and branch, and adjuring them if they loved their Sultan and their government they would do so. A terrible massacre followed. Between five and ten thousand Christians are said to have been butchered in a most terrible manner. Some soldiers say a hundred fell to each one of them to dispose of; others wept because the Kourds did more execution than they.

No respect was shown to age or sex. Men, women, and infants were treated alike, except that the women were subjected to greater outrage before they were slaughtered. The women were not even granted the privilege of a life of slavery. For example, in one place three or four hundred women, after being forced to serve the vile purposes of a merciless soldiery, were taken to a valley near by and hacked to pieces with sword and bayonet. In another place about two hundred women, weeping and wailing, knelt before the commander and begged for mercy, but the blood-thirsty wretch, after ordering their violation directed the soldies to dispatch them in a similar manner. In another place a large company, headed by the priest, fell down before the officers saying they had nothing to do with the culprits, and pleading for compassion, but all to no purpose – all were killed. Some sixty young brides and more attractive girls were crowded into a little church in another village, where, after being violated, they were slaughtered, and a stream of human blood flowed from the church door. To some of the more attractive women in one place the proposition was made that they might be spared if they denied their faith. "Why should we deny Christ," they said, and pointing to the dead bodies of their husbands and brothers before them, they nobly answered, "We are no better than they; kill us too," – and they died.

After the above-mentioned events the Governor attempted to persuade and compel the Armenians to sign a paper thanking the Sultan and himself that justice had been done to the rebels!

Frederick Davis Greene: The Armenian Crisis in Turkey.
New York 1895, Doc. No. 7, p. 25–27.

★

M P. Cambon, Ambassadeur de la République française à Constantinople, à M. Hanotaux, Ministre des Affaires étrangères

Péra, le 14 novembre 1894

Les incidents sanglants dont la province de Bitlis a été le théâtre sont loin d'être oubliés malgré les efforts du Gouvernement ottoman pour les tenir cachés. Grâce à l'éloignement des régions où les massacres se sont produits et à l'absence sur les lieux d'agents étrangers, la Porte est parvenue à laisser planer un certain doute sur l'exactitude des rumeurs qui sont arrivées jusqu'aux ambassades à Constantinople. La provenance incertaine de ces nouvelles faisait hésiter à les accepter sans contrôle; leur gravité exceptionnelle méritait toutefois d'autres explications que les négations dans lesquelles la Porte s'est obstinée à se renfermer, et d'autres mesures que l'inertie dans laquelle elle est restée.

Les renseignements recueillis par notre agent à Diarbékir concordent à peu de choses près avec ceux qui ont été reçus à l'Ambassade britannique.

L'Ambassadeur d'Angleterre est décidé à faire poursuivre une enquête; M. Shipley, drogman de l'Ambassade, est parti hier pour Erzeroum où il est allé faire une gérance du Consulat; mais il ira plus loin dans l'intérieur, et il a en réalité pour mission de se rendre un compte exact des faits reprochés aux troupes turques. Le colonel Chermside, attaché militaire, doit partir également sous peu de jours et se rendre dans la province de Bitlis où il poursuivra une enquête analogue. C'est le réveil probable de la question arménienne dans des conditions particulièrement inquiétantes pour le Gouvernement turc.

Le Sultan m'a fait demander mon avis. Je lui ai fait répondre qu'il y avait certainement des réformes à introduire dans l'Administration en Arménie, des actes coupables à réprimer, particulièrement de la part des régiments Hamidiés, son autorité souveraine à restaurer, son Gouvernement à faire sentir. Qu'il n'avait rien à craindre de l'enquête des agents anglais si lui-même se hâtait d'en confier une à des hommes considérables, respectés, jouissant de sa confiance et d'une autorité suffisante pour faire rentrer dans l'ordre les coupables, remettre les gens et les choses à leur place.

J'ai lieu de croire que mes collègues ont été également consultés et qu'ils ont tous fait entendre les mêmes conseils. M. de Nélidow a répondu dans les mêmes termes que moi. L'Ambassadeur d'Autriche, à qui j'ai fait connaître ma manière de voir, m'a dit: «Nous pensons tous de même».

L'unanimité de ces sentiments chez les représentants des grandes puissances ne peut manquer de produire une impression sur le Sultan; il fera sans doute un effort dans le sens indiqué par tous, mais sa tentative sera très vraisemblablement insuffisante, et les effets en seront tout au moins de peu de durée. S'il met la main sur des hommes assez énergiques pour rétablir l'ordre et prendre de sages mesures, il ne trouvera pas les fonctionnaires civils ou militaires qu'il faudrait pour administrer avec équité; quelque incomplet que puisse être le résultat d'un pareil effort il devrait être tenté, car c'est le seul moyen pour le Sultan de faire marquer un nouveau temps d'arrêt à une question qui devient chaque année plus aigüe. P. CAMBON

Ministère des Affaires étrangères.
Documents diplomatiques. Affaires arméniennes...
Numéro 11, p. 16–17.

★

From: The Armenian Crisis in Turkey

B..., Nov. 16, 1894

Last year the Talvoreeg Armenians successfully resisted the attacks of the neighboring Kourds. The country became very unsettled. This year the government interfered and sent detachments of regular soldiers to put down the Armenians. These were assisted by the Kourdish *Hamediéhs* [organized troops]. The Armenians were attacked in their mountain fastnesses and were finally reduced by the failure of supplies, both of food and ammunition. About a score of villages were wiped out of existence – people slaughtered and houses burned.

A number of able-bodied young Armenians were captured, bound, covered with brushwood and burned alive. A number of Armenians, variously estimated, but less than a hundred, surrendered themselves and pled for mercy. Many of them were shot down on the spot and the remainder were dispatched with sword and bayonet.

A lot of women, variously estimated from 60 to 160 in number, were shut up in a church, and the soldiers were "let loose" among them. Many of them were outraged to death and the remainder dispatched with sword and bayonet. A lot of young women were collected as spoils of war. Two stories are told. 1. That they were carried off to the harems of their Moslem captors. 2. That they were offered Islam and the harems of their Moslem captors, – refusing, they were slaughtered. Children were placed in a row, one behind another, and a bullet fired down the line, apparently to see how many could be dispatched with one bullet. Infants and small children were piled one on the other and their heads struck off. Houses were surrounded by soldiers, set on fire, and the inmates forced back into the flames at the point of the bayonet as they tried to escape.

But this is enough of the carnage of death. Estimates vary from 3,000 to 8,000 for the number of persons massacred. These are sober estimates. Wild estimates place the number as high as 20,000 to 25,000.

This all took place during the latter part of August and [early part of] September. The arrival of the commander-in-chief of the Fourth Army Corps put a stop to the carnage. It is to be noted that the massacres were perpetrated by regular soldiers, for the most part under command of officers of high rank. This gives this affair a most serious aspect. (...)

Frederick Davis Greene: The Armenian Crisis in Turkey.
New York 1895, Doc. No. 5, p. 13–14.

★

M. Bergeron, Consul, chargé du Vice-Consulat de France à Erzeroum, à M. Hanotaux, Ministre des Affaires étrangères à Paris

Erzeroum, le 24 novembre 1894

Dans un rapport en date du 31 août dernier, j'avais cru devoir signaler à Votre Excellence l'inquiétude qui régnait dans les esprits au sujet des événements qui se passaient dans le canton de Sassoun, où l'on venait d'envoyer une quantité de troupes assez considérable pour réprimer un mouvement qui venait d'éclater, disait-on, parmi les habitants de cette région. Ces nouvelles se trouvent confirmées par les renseignements que j'ai reçus depuis lors.

Vers le commencement de l'été, des Kurdes nomades tombèrent à l'improviste sur les Sassounlis, leur tuèrent un homme et se livrèrent au pillage.

Des représailles suivirent de près cette razzia.

Les Kurdes portèrent plainte auprès des autorités contre les Sassounlis.

Sur un ordre adressé au muchir Zéki Pacha, commandant le 4ᶜ corps d'armée à Erzindjian, plusieurs escadrons Hamidiés (6,000 cavaliers, dit-on) et une dizaine de bataillons d'infanterie, en tout 12,000 hommes ont été dirigés sur le Sassoun.

Ce fut alors que se produisirent les événements qui ont ému l'opinion publique:

Le corps expéditionnaire pénétra dans le canton de Kavar, limitrophe de celui de Sassoun et habité uniquement par des Arméniens: la population tout entière des trois premiers villages fut passée au fil de l'épée et le feu mis à toutes les maisons. Affolés par ces atrocités, les habitants des vingt-trois autres villages dont se compose le canton de Kavar prirent la fuite avec leurs familles et se réfugièrent en partie à Sassoun; le plus grand nombre se dirigea vers Diarbékir; mais presque tous ces malheureux furent massacrés par les Hamidiés lancés à leur poursuite.

Attaqués à leur tour, les Sassounlis se défendirent avec énergie pendant près d'un mois; mais ils durent livrer leurs vilages les uns après les autres. Les villages furent détruits, les habitants massacrés; un très petit nombre de ces malheureux aurait pu trouver le salut dans la fuite. On parle de milliers de victimes et à l'heure actuelle le Sassoun ne serait plus qu'un monceau de ruines.

Si ces faits sont réels, quels sont donc les véritables ordres qui ont été donnés pour réprimer les troubles de Sassoun? La troupe aurait-elle pu se livrer à de tels actes sans y avoir été, sinon encouragée, du moins autorisée tacitement? Et sur qui doit retomber la responsabilité, d'une aussi sanglante répression? Pourquoi le Gouvernement a-t-il gardé constamment le plus grand mystère, sur tous ces événements? Pourquoi tous les fonctionnaires semblent-ils avoir reçu comme mot d'ordre de ne point parler des faits qui viennent d'avoir lieu? Et juste à cette époque, pour donner le change à l'opinion publique, les journaux de Constantinople annonçaient que le Muchir Zéki Pacha venait de faire une tournée d'inspection et de visiter les dépôts de la cavalerie Hamidié. A son retour de Mouch, où il était arrivé d'ailleurs au moment où tout était terminé, il recevait de S. M. le Sultan l'ordre du Liakat.

Le Vice-Consul anglais à Van s'était rendu dernièrement à Mouch et à Bitlis pour essayer de pénétrer dans le Sassoun, afin de se rendre compte *de visu* de la situation exacte de la contrée. A. Mouch et à Bitlis, les autorités le firent surveiller de si près par la police qu'il ne put communiquer, pour ainsi dire, avec personne. Lorsqu'on apprit son intention de se rendre à Sassoun, on établit immédiatement des cordons sanitaires sur plusieurs points, afin de l'empêcher de passer, et force lui fut, en présence de tous ces obstacles qui se dressaient devant lui, de rebrousser chemin et de rentrer à Van.

Que conclure de toutes ces précautions prises par les autorités et quel intérêt peut bien avoir le Gouvernement à interdire l'entrée du Sassoun si rien d'extraordinaire ne s'y est passé? Une telle mesure laisse le champ libre à toutes les suppositions.

Dequis le mois dernier, un revirement vient de se produire dans la politique du Gouvernement qui avait jusqu'à ce jour fermé les yeux sur tous les méfaits commis à chaque instant par les Kurdes et par les Hamidiés.

A la suite probablement d'une entente entre le Vali et le Muchir du 4ᵉ corps, entente qui n'a dû avoir lieu que sur un ordre spécial venu de Constantinople, Émin Bey, colonel de la gendarmerie, accompagné d'un lieutenant-colonel de l'armée, a été envoyé à la tête de deux escadrons de cavalerie régulière pour s'emparer des chefs kurdes les plus entreprenants et les plus redoutés dans la contrée, avec ordre de les ramener morts ou vivants.

Après avoir poussé des reconnaissances dans différents centres kurdes et opéré plusieurs arrestations, Émin Bey et la troupe viennent de rentrer à Erzeroum. Cette expédition, qui a dû jeter un certain trouble parmi les Kurdes, semble avoir ramené, pour le moment, quelque sécurité dans le vilayet. A. Bergeron

---

Ministère des Affaires étrangères.
Documents diplomatiques. Affaires arméniennes...
Numéro 13, p. 18 – 19.

★

The Armenians and the Porte

A conference of the Armenians of London and their friends was held yesterday at the offices of the Anglo-Armenian Association to consider what steps should be taken in view of Lord Kimberley's refusal to propose international Consular action at Sassoun. Mr. F. S. Stevenson, M. P., presided (...)

The Chairman expressed his deep regret at the shocking occurences at Sassoun, which he was informed, on high authority, were not confined to that region. The details which had reached this country were meagre, but he could not agree with Lord Kimberley that a Turkish commission was a satisfactory way of dealing with the oppressions and atrocities which had arrested the attention of the people of Europe. Sad as were the Sassoun horrors, they were the result of the apathy and indifference of the Powers to the failure of the Porte to execute any of the reforms prescribed by the 61st Article of the Treaty of Berlin. He entirely concurred with the following letter received from Canon MacColl, who, he regretted, was unable to be present: –

The Residence, Ripon, Nov. 23.

My dear Mr. Stevenson, – I am very sorry that I cannot be at your meeting on Tuesday. The points which I should like to press on the meeting are the following: –
"1. In almost every massacre of the kind lately perpetrated in Armenia the Porte is responsible either directly or indirectly. I make this assertion from an intimate knowledge of the methods of Turkish administration. (...)"

The Times, London 28. 11. 1894.

★

From: The Armenian Crisis in Turkey

No. 8

[From another city to which soldiers returning brought details of what they had done.]

E..., Dec. 6, 1894

The Armenians, oppressed by Kourds and Turks, said, "We can't pay taxes to both Kourds and the government." Plundered and oppressed by the Kourds, they resisted them; there were some killed. Then false reports were sent to Constantinople that the Armenians were in arms, in rebellion. Orders were sent to the Mushire [Commander-in-chief] at Erzingan to exterminate them root and branch. The orders read before the army collected in haste from all the chief cities of Eastern Turkey was: "Whoever spares man, woman, or child is disloyal."

The region was surrounded by soldiers of the army and twenty thousand Kourds also are said to have been massed there. Then they advanced upon the centre, driving in the people like a flock of sheep, and continued thus to advance for days. No quarter was given, no mercy shown. Men, women, and children shot down or butchered like sheep. Probably when they were set upon in this way some tried to save their lives and resisted in self-defense. Many who could fled in all directions, but the majority were slain. The most probable estimate is fifteen thousand killed, thirty-five villages plundered, razed, burnt.

Women were outragend and then butchered; a priest taken to the roof of his church and hacked to pieces; young men piled in with wood saturated with kerosene and set on fire; a large number of women and girls collected in church, kept for days, violated by the brutal soldiers, and then murdered. It is said the number was so large that the blood flowed out of the church door. Three soldiers contended over a beautiful girl. They wanted to preserve her, but she too was killed.

Every effort is being made and will be made to falsify (excuse the blots – emblematic of the horrible story) the facts and pull the wool over the eyes of European governments. But the bloody tale will finally be known, the most horrible, it seems to me, that the nineteenth century has known. As a confirmation of the report, the other day several hundred soldiers were returning fom the seat of war, and at a village near us one was heard to say that he alone with his own hand had killed thirty pregnant women. Some who seem to have some shame for their atrocious deeds say: "What could we do, we were under orders?"

Frederick Davis Greene: The Armenian Crisis in Turkey.
New York 1895, Doc. No. 8, p. 27 – 29.

★

The Crime at Sassoun...

"The crime at Sassoun lies primarily at the door of England. It is one of the many disastrous results of that 'peace with honor' which the English government, represented by Lord Beaconsfield, claimed to have brought back from Berlin in 1878. Why was it that the Armenians at Sassoun were left as sheep before the butcher? Why was it that the sultan and his pashas felt themselves perfectly free to issue what order they pleased for the massacre of the poor Armenians? The answer is, unfortunately, only too simple. It is because England, at the Berlin Congress, and England alone – for none of the other powers took any interest in the matter – destroyed the security which Russia had extorted from the Turkish government at San Stefano, and substituted for the sterling guarantee of Russia the worthless paper money of Ottoman promises." (...)

The Westminster Gazette, 12. 12. 1894.

★

From: The Armenian Crisis in Turkey

B..., Jan. 5, 1895

The horrible stories are only being confirmed. It is said that unborn babes were cut from their quivering mothers and carried about on spear tops. The Turks themselves now see that they went a step too far, and they are feeling the awful tension of suspense as much as the Christians. However, the pitiless collection of taxes is causing fearful suffering.

Frederick Davis Greene: The Armenian Crisis in Turkey.
New York 1895, Doc. No. 13, p. 34.

★

The Armenian Question

Paris, Jan. 20

The following intelligence has been received here from Constantinople regarding the Armenian Inquiry Commission: – "In Spite of the severity of the winter which has enveloped the whole of Anatolia with a thick covering of snow, the Armenian Inquiry Commission is courageously pursuing its task and allows itself to be deterred by no difficulties. On the 12th inst., after a halt of five days, the Turkish members of the Commission and the three European delegates, Mr. Shipley, Great Britain; M. Vilbert, France; and M. Prejevalsky, Russia, started for Mush, where they expected to arrive about the 17th or 18th.

The distance from Erzeroum is only 105 miles, but the country traversed is so mountainous as to be difficult at all times, and at this season of the year almost impracticable. On arriving at Mush the Commission will be almost on the scene of the worst of the alleged atrocities, as Sasun is only 11 miles distant, and even in Mush itself the members of the Commission will be able to interrogate a great number of persons who, without being able to speak of their own knowledge of the occurences at Sasun, have heard of them, seen and conversed with eye-witnesses, and collected a mass of interesting details." – Reuter.

Vienna, Jan. 19.

The following trustworthy advices have been received from Constantinople, bearning the date of yesterday evening: – The new Armenian Patriarch, Mgr. Izmirlian, continues to display a most independent attitude towards the Imperial Government. Recently he had an audience of the Sultan to present his respects on his election to the Patriarchate. Instead of addressing his Majestry in the customary formal manner, expressing satisfaction at the benefits enjoyed by the Armenians under the beneficent sway of the Sultan, the Patriach made the following speech to the Sovereign: –

"Sire, – By the goodness of God and the choice of the Armenian nation, I have become Patriarch of the Armenians. Your Majesty has confirmed the election, and I beg to express my thanks for this confirmation, and for the audience which your Majesty has granted to me. Sire, according to my free conscience, I will fulfil the duties which devolve on me towards my Church and my nation. I pray that God may preserve you unshaken on the glorious throne of your ancestors."

The Sultan, who was surprised by the speech of the Patriarch and even interrupted him before he had finished, said to him curtly: – "I have heard enough about yourself. Try to be a loyal servant and tell your Armenians to remain quiet." (...)

The persistent refusal of the Porte to allow any foreign journalists to travel in Asia Minor, and in particular to go to Sasun, has produced a very bad impression in diplomatic circles, as unfavourable conclusions are drawn from it as to the state of affairs in the Asiatic provinces of Turkey, for it is argued that if there were nothing to conceal the reports of impartial observers on the spot should be welcome. The policy of the Porte in this respect is interpreted as a fresh indication that the result of the Comission of Inquiry will be negative. – Reuter.

The Times, London, 21. 1. 1895.

★

From: The Armenian Crisis in Turkey

B..., Jan. 25, 1895

Eight to ten thousand breaths gone out is about enough, but the form beggars description. Some impaled, some buried alive, some burned in houses with the help of kerosene, pregnant women ripped up, children scized by the hair to have the head lopped off as if it were a worthless bud, hundreds of women turned over to the vile soldiery with sequence of terrible slaughter.

Frederick Davis Greene: The Armenian Crisis in Turkey.
New York 1895, Doc. No. 15, p. 37.

★

M. P. Cambon, Ambassadeur de la République française à Constantinople, à M. Hanotaux, Ministre des Affaires étrangères

Péra, le 21 février 1895

Divers télégrammes de M. Vilbert m'ont fait sommairement connaître le résultat des témoignages recueillis jusqu'ici par la Commission d'enquête. Après s'être efforcés de ne citer et de n'entendre que des témoins stylés et chapitrés par avance, les Commissaires ottomans ont dû, sur les instances des Délégués étrangers, écouter la déposition d'un Arménien, nommé Erko, habitant le village de Chenik. Son témoignage paraît marquer un point de départ nouveau dans les recherches de la Commission d'enquête et établir déjà la réalité des événements du Sassoun. Ses déclarations confirmées par les nommés Sako et Tavo, peuvent se résumer ainsi: la fuite des Arméniens sur la montagne d'Antok a été causée par l'attaque des villages des Chenik, Sémal et Gueliguzan; les troupes turques et les Kurdes, après avoir incendié ces trois localités et massacré les vieillards, les femmes et les enfants, ont poursuivi les hommes valides dans la montagne, tuant tous ceux qui tombaient entre leurs mains. Le prêtre du village de Sémal qui s'était rendu au camp turc pour se livrer au général, a été massacré avec tous ceux qui l'accompagnaient. Des excès et des atrocités de tout genre ont été commis par les soldats. Les cadavres des Arméniens se trouvent amoncelés dans des fossés du village de Gueliguzan.

Les dépositions de ces témoins offrant quelques contradictions, les Délégués étrangers ont réclamé de la Commission qu'elle se transportât à un village situé à trois heures de Mouch, et où ont été, paraît-il, relégués des Arméniens échappés aux massacres. Les Commissaires ottomans s'y étaient refusés sur de vains prétextes; nous avons dû, M. de Nélidow, sir Philip Currie et moi, insister auprès de la Porte pour que la requête de nos Délégués fût admise. Nous avons également signalé à Said Pacha que des cheiks kurdes, qui ont joué un rôle important dans les affaires du Sassoun, se disposaient à quitter Diarbékir pour aller en pèlerinage à la Mecque, afin d'échapper à la Commission d'enquête, et nous avons réclamé leur comparution.

De divers côtés, du reste, nous arrivent des renseignements qui montrent qu'en dehors même du district de Sassoun une persécution sourde se poursuit partout contre les Arméniens de la part des autorités.

Ministère des Affaires étrangères.
Documents diplomatiques. Affaires arméniennes...
Numéro 36, p. 36.

★

M. P. Cambon, Ambassadeur de la République française à Constantinople, à M. Hanotaux, Ministre des Affaires étrangères

Péra, le 4 avril 1895

Le Délégué français à la Commission d'enquête sur les Affaires arméniennes m'a fait connaître son impression touchant les résultats produits jusqu'ici par les travaux de la Commission. M. Vilbert insiste sur les difficultés que rencontrent les Délégués européens dans l'accomplissement de leur mission. Il est évident que les Commissaires ottomans cherchent à écarter les vrais témoins des événements de Sassoun et prétendent n'instruire que sur des documents officiels et sur des témoignages émanant de fonctionnaires ou de personnes ayant des attaches avec l'autorité.

Toutes sortes de raisons nous ont amenés, dès le début, à n'accepter qu'avec réserves les dépositions de gens intéressés à innocenter les Turcs ou gagnés à leur cause par les promesses ou les menaces.

Il a fallu toute la fermeté et toute la bonne entente des trois Délégués pour déjouer ce plan et obtenir l'audition de paysans, témoins des incidents le l'été dernier.

M. Vilbert estime déjà, sans préjuger l'état des travaux ultérieurs de la Commission, que l'on peut considérer comme acquis que les villages de Chenik, Sémal et Gueliguzan ont été attaqués par les troupes turques et les Kurdes nomades, les maisons incendiées, les paysans poursuivis et massacrés, et que les familles de ces trois villages, aujourd'hui décimées, se trouvent éparpillées dans plus de quatre-vingt localités.

Ces faits sont assez graves pour établir, d'ores et déjà, la responsabilité du Gouvernement ottoman et la participation des troupes turques aux massacres de Sassoun.

Parmi les dépositions recueillies par la Commission figurent celles de plusieurs prêtres arméniens. Les Turcs ont attaché une grande importance à leurs témoignages et font grand bruit des accusations portées par les membres du clergé eux-mêmes contre les Arméniens. Le Patriarche s'en est ému et a remis aux Ambassades de Russie, d'Angleterre et de France, une note sur ces différents prêtres.

Il en résulte que, dequis longtemps, ils étaient connus du patriarcat et considérés comme de mauvais prêtres. L'un d'eux même avait jadis tiré un coup de revolver sur Mgr Kirimiau, aujourd'hui catholicos d'Etchmiadzin, mais avait été pardonné «par faiblesse», dit-on au Patriarcat, par le prédécesseur du catholicos actuel.

Tandis que la Commission travaille lentement et péniblement, le Consul d'Angleterre a recueilli à Erzeroum même divers témoignages d'habitants du Sassoun, échappés du district.

Le Consul de Russie a aussi entendu plusieurs témoins des incidents. Enfin, M. Scudamore, correspondant du *Standard*, qui se trouve à Erzeroum, a interrogé un sergent turc actuellement libéré du service, qui faisait partie des troupes envoyées au Sassoun, sous le commandement d'un certain colonel Ismail Bey. Son récit, bien que contenant sur les atrocités commises des détails qu'il semble bien difficile de croire, renferme cependant des déclarations dont l'accent paraît être vrai.

Le *Daily News* du 21 mars a publié cet émouvant récit dont l'horreur a causé une vive impression chez les amis des Arméniens en Angleterre.

Depuis lors, M. Scudamore a entendu, en présence du Consul d'Italie, un nouveau témoin également ancien sergent d'infanterie.

Il résulte des déclarations de ce nouveu témoin des événements, que le colonel Ismail Bey, le surlendemain du jour où il arriva de Mouch aux environs de Chenik pour prendre le commandement des troupes, assembla ces dernières, et, accompagné d'un officier représentant le maréchal Zekki Pacha, s'avança et fit donner lecture, par son secrétaire, d'un *firman du Sultan*, disant que les Arméniens étaient en révolte contre Sa Majesté et qu'il fallait les punir avec du sang pour servir d'exemple aux autres. Puis, le colonel Ismail Bey a fait un discours enjoignant aux soldats de détruire les villages par le feu et de passer les rebelles au fil de l'épée, ajoutant qu'ils pouvaient faire tout ce qu'ils voulaient, à condition de détruire tout ce qui vivait. Tel était l'ordre du Sultan.

Il paraît bien difficile que des faits aussi précis soient de pure invention.

De mon côté, j'ai reçu d'un de nos compatriotes établis à Constantinople le texte d'une conversation fort intéressante recueillie par lui de la bouche d'un Arménien échappé des massacres du Sassoun avec sa femme, son enfant et un compagnon.

Ces détails confirment la réalité des massacres et des atrocités commises par les troupes turques et les Kurdes. Cette déposition paraît véridique, du moins dans son ensemble et contient sur les causes des événements, les rapports des Kurdes et des Arméniens et la situation actuelle des ces derniers, des indications fort intéressantes.

En attendant, les travaux de la Commission se poursuivent à Mouch; nous avions pensé qu'il serait peut-être utile qu'elle se transportât, dès à présent, dans le district de Sassoun et visitât notamment les villages de Chenik, Sémal et Gueliguzan. Nos Délégués nous ont répondu que les routes étaient encore impraticables; que, du reste, ils estimaient que leurs travaux à Mouch pouvaient encore durer jusqu'à la fin de ce mois, et qu'alors le voyage au Sassoun serait possible.

Le drogman du vice-consulat de France à Erzeroum est arrivé à Mouch le 25 mars, et nous espérons, mes Collègues et moi, que nos Délégués auront pu, dès ce moment, exercer un contrôle plus efficace sur les interrogatoires.

Dans le reste de la Turquie d'Asie, la situaation a continué a être assez troublée, depuis les dernières informations que j'ai adressées à Votre Excellence. Le ramazan, qui réveille chaque année le fanatisme des musulmans, y était sans doute pour une bonne part, car une accalmie se manifeste depuis la fin du bairam. P. CAMBON

Ministère des Affaires étrangères.
Documents diplomatiques. Affaires arméniennes...
Numéro 41, p. 41 – 42.

★

The Armenian Question

Constantinople, May 31.

Up to midday to-day the Porte had still made no reply to the scheme of reforms for the Armenian provinces of the Empire presented by the British, French, and Russian Ambassadors. The situation is becoming somewhat strained. The approaching arrival of the British Mediterranean Squadron at Beyrout is the subject of much comment and has created a deep impression in political circles. (...)

The satisfaction demanded by the British, French, and Russian Ambassadors for the insult offered by the police at Mush to the European delegates on the Armenian Commission of Inquiry includes an apology to be made by the Vali of the province, and to be conveyed to the European delegates through the intermediary of the Mutessarif of Mush, the dismissal of the Chief of the Gendarmerie and of the Commandant of Police, and the punishment of the head gendarme concerned in the affair.

It is maintained in official circles that the English newspaper correspondent arrested in Armenia and imprisoned at Van is an Armenian. The British Vice-Consul at Van has been instructed by the British Embassy here to see the prisoner and make inquiries into the matter.

June 1.

Said Pasha, Minister for Foreign Affairs, yesterday communicated to Sir Philip Currie, on behalf of the Sultan, an undertaking that the reply of the Porte to the Note embodying the scheme of Armenian reforms presented by the British, French, and Russian Ambassadors, should be given before the Bairam festival. The reply is, therefore, expected to-day or to-morrow. A similar communication was made to M. Cambon and M. de Nelidoff, the French and Russian Ambassadors.

It is now believed that the Powers will secure the acceptance of the proposed reforms with perhaps a few modifications, which will, however, not affect the principle of the scheme.

The Porte has not yet replied to the demand of the three Powers for satisfaction on account of the affront offered to the delegates of the Armenian Commission at Mush.

Most of the Armenians who were arrested in connexion with the demonstration lately held to celebrate the 50th anniversary of the Armenian hospital in Stamboul have been released. – Reuter.

Varna, June 2.

Letters received here from the interior, dated April and May, speak of persecution and maltreatment of the Armenians in the vilayet of Erzeroum. The Armenian population in Bitlis and the adjacent provinces fear that serious events may occur if the foreign delegates leave Mush before a satisfactory state of things has been established. – Reuter.

The Times, London, 3. 6. 1895.

★

The Armenian Question

Constantinople, June 7.

The decision of Great Britain, France, and Russia in regard to the situation created by the unsatisfactory nature of the Porte's reply to their memorandum and project of Armenian reforms is expected to be received here about the middle of next week. (...).

Advices fom Bitlis state that a number of refugees from the Sasun district are in great distress at that place, and that many of them are in a famished condition. An urgent appeal for immediate help is made to the charitable public. Sixty-five families are stated to have already died of hunger. (...)

The Times, London, 10. 6. 1895.

★

M. P. Cambon, Ambassadeur de la Republique française à Constantinople, à M. Hanotaux, Ministre des Affaires étrangères

Thérapia, 16 août 1895

M. Vilbert vient de rentrer à Constantinople après avoir rempli la mission qui lui avait été confiée par Votre Excellence.

Je suis heureux de pouvoir rendre ici le meilleur témoignage du zèle et du soin consciencieux avec lesquels il s'est acquitté de cette difficile mission.

Sa qualité de Français lui a valu de tenir la plume pour ses collègues et d'être le principal rédacteur des comptes rendus des séances de la Commission et du Rapport collectif qu'ils ont préparé pour leurs Gouvernements.

Votre Excellence trouvera, ci-joint, la copie de ce dernier document et de ses annexes.

Le Rapport collectif des Délégués est conçu en termes très modérés: ils ont tenu à montrer la plus grande impartialité en n'y insérant que les faits établis sur des preuves incontestables et ils ont volontairement omis tous les autres malgré la certitude morale à laquelle ils avaient pu arriver.

Obligés de se débattre au milieu d'une foule d'assertions mensongères et d'obstacles de toutes sortes, ils n'ont voulu retenir que ce qu'ils ont pu vérifier. Aussi leurs conclusions, quelque adoucies qu'elles aient dû forcément être, n'en sont pas moins une condamnation formelle des procédés turcs.

En insistant sur les conditions défavorables dans lesquelles l'enquête s'est poursuivie, les Délégués laissent entendre implicitement qu'ils n'ont pu découvrir qu'une faible partie de la vérité.

Nous ne devons cependant pas regretter d'y avoir pris part puisque ses résultats, bien qu'incomplets, prouvent péremptoirement que les plaintes des Arméniens sont justifiées.

P. CAMBON

ANNEXE A LA DÉPÊCHE DE CONSTANTINOPLE DU 16 AOÛT 1895

Rapport Collectif
des Délégués consulaires adjoints
à la Commission d'enquête sur
l'affaire de Sassoun

Mouch, le 28 juillet 1895

A la suite des événements dont la région de Sassoun, dépendant des sandjacks de Mouch et de Gueudj, vilayet de Bitlis, avait été le théâtre, pendant l'été de l'année 1894, le Gouvernement impérial ottoman décida l'envoi sur les lieux d'une commission chargée d'y procéder aux enquêtes nécessaires et obtint des Puissances représentées à Erzeroum l'autorisation pour leurs consuls de se faire représenter par des délégués auprès de ladite commission.

Elle était composée de S. Exc. Chéfik Bey, président; Djelal Bey, Madjid Bey, du général Tewfik Pacha et Eumer Bey, membres, ce dernier ayant cessé ses fonctions le 29 janvier, par suite de sa nomination au poste de Vali *ad interim* de Bitlis.

Les délégués du Consul de France, du Consul général de Russie et du Consul de la Grande-Bretagne à Erzeroum étaient: MM. Vilbert, Prjevalsky et Shipley.

Ils ont l'honneur d'exposer ci-dessous les résultats de l'enquête; mais ils croient indispensable de tracer auparavant une rapide esquisse du pays où les événements se sont déroulés, de déterminer ensuite les rapports unissant les populations indigènes arménienne et kurde pour passer, en dernier lieu, à l'examen des événements eux-mêmes et à l'appréciation des questions qui en découlent: existence d'une révolte, réalité de massacres et fixation de responsabilités.

APERÇU DU PAYS

Dans la partie sud et sur la lisière de la plaine arrosée par le Kara-Sou, un des affluents du Mourad-Sou (Euphrate oriental) et au pied d'une chaîne de montagnes bordant cette plaine du côté sud-ouest se trouve bâtie la ville de Mouch, chef-lieu du sandjak du même nom, dépandant du vilayet de Bitlis.

Les diverses parties de cette chaîne portent le nom général de montagnes de Mouch, diverses parties situées auprès de la ville même sont appelées Kourtik-Dagh, Hatchera-sou-sevvsar (Pierres noires): leurs versants sud et sud-ouest, opposés à la plaine, se réunissent par l'intermédiaire d'une série de hauteurs, de moindre éléva-tion, au grand massif de l'Antok-Dagh et de Tsovasar, forman ainsi une série de vallées et de ravins qu'arrosent les sources du Batman-sou, c'est là que sont situés les villages arméniens de Kavar, Shatak et Talori.

Dans une de ces vallées qui contournent ensuite l'Antok-Dagh du côté nord-ouest et à sa partie supérieure se trouvent Chenik, Sémal et Aliau, distants l'un de l'autre d'une-demi-heure et de trois à trois heures et demie de Mouch; également dans la partie supérieure, d'une seconde vallée, passant au sud-ouest de l'Antok-Dagh et entre cette dernière montagne et celle de Tsovasar, on rencontre les six villages de Shatak, Kop, Guermar, Iritsank, Tapik, Kiagashin, Chouchamerg; puis Agpi, Hetuik sur les flancs du Tohvasar Dagh; enfin en face d'Agpi et dans un ravin transversal, Gueliguzan, compris dans les villages Kavar et séparé de Chenik et Semal par des hauteurs nommées Kempru Chérifhan et Tchai, qui rattachent l'Antok-Dagh aux montagne de Mouch, c'est par ces hauteurs que passent les sentiers reliant Chenik, Semal à Gueliguzan.

Plus loin que ce dernier village et qu'Agpi, dans la direction du sud-ouest, les ravins que forment les contreforts très escarpés et boisés de l'Antok-Dagh renferment les villages d'Ergat, Tsorir, Spogank, les quartiers qui composent Talori, nommés Dawalik, Pourt, Hosnoud, Hartk, Hakenauk, Kholovik, Halornik, Talori même dit Ekoudaun, dit Perin-Kiegh, puis Ichkhantzoq dit Akechesser, Sévit, Ingouzuak et les quartiers qui dépendent de ces divers villages: le plus éloigné est celui de Talori, dont les quartiers, situés à une ou deux heures l'un de l'autre, sont à cinq ou six heures de Gueliéguzan, et auquel il est relié par deux chemins: l'un direct par la montagne et passant par le ravin de Gueliésan et Afkart, l'autre par le ravin d'Aghi, Hetuik et Spagank.

Les villages de Kavar Chenik, Sémal, Gueliguzan, dont Alian n'est qu'un quartier, dépendent du Caza de Mouch, les villages de Shatak, Agpi, Hetink, Spagank, Tsorir, Ergart, de celui de Sassoun.

On trouvera au supplément, et tel qu'il résulte des renseignements fournis par l'enquête, le détail approximatif du nombre de maisons et d'habitants que cette région renferme.

RELATIONS DE LA POPULATION ARMÉNIENNE ET KURDE

L'ensemble du pays dont il vient d'être donné un rapide aperçu présente des terrains fertiles, de riches pâturages propices à l'élève d'un nombreux bétail, et, du côté de Talori même, se rencontrent des minerais de fer, exploités par les villageois qui fabriquaient et fournissaient aux régions environnantes les ustensiles de travail nécessaires.

La population arménienne qui habite cette partie du vilayet de Bitlis est entourée par une grande quantité de villages kurdes du côté de Sassouni, Khian et Kaulp: en été, venant de la direction de Diarbékir, Silivan, aux montagnes ci-dessus énumérées: Tsovasar, Antok et Kourtik-Dagh, pour y paître leurs troupeaux, arrivent les tribus semi-sédentaires kurdes dont les deux principales sont les Bekrali et les Badikanli, composées de nombreuses subdivisions kabilé qui portent des noms différents.

Grace au groupement des villages arméniens, à la configuration même du sol et, d'autre part, aux rivalités existant entre les Kurdes eux-mêmes, les habitants de Kavar et de Talori avaient pu, jusqu'ici, se maintenir sur le pied de bonnes relations avec leurs voisins et visiteurs kurdes: ils vivaient, selon l'expression d'un témoin, comme des frères de terre et d'eau, et les difficultés qui s'élevaient entre eux, occasionnées par des vols de bétail tour à tour emporté et repris, finissaient toujours par être tranchées au gré des parties intéressées.

Il est juste d'ajouter que si les relations de Kurdes à Arméniens présentaient un caractère satisfaisant, c'est que de longue date ceux-ci, pour trouver aide et protection, en cas de besoin, auprès des aghas kurdes, leur payaient, proportionnellement à leurs ressources, une redevance annuelle connue sous le nom de halif et consistant à leur remettre une certaine partie de tout ce qu'ils récoltent, des têtes de bétail, de l'argent en nature, en y ajoutant des effets d'habillement, des instruments aratoires, etc... Quand un paysan arménien marie sa fille, son agha perçoit, sous le nom de hala, la moitié de la somme versée, selon les habitudes du pays, par le fiancé aux parents de la future.

Chaque village ou chaque maison dépend d'un ou de plusieurs aghas qui regardent ces diverses perceptions comme un droit de propriété, au point qu'ils se le transmettent par voie d'héritage ou par vente à l'amiable.

Si l'Arménien refuse de payer pour un motif quelconque, l'agha l'y contraint par la force en lui volant son bétail ou en lui causant quelque dommage; les aghas des villages de Kavar et de Talori étaient principalement les aghas kurdes de Sassoun (Kharzan).

Telle est, du moins, la façon dont les Arméniens, avec une unanimité presque absolue, ont présenté le hafir; mais il convient d'ajouter que des témoignages eux-mêmes il résulte que les exigences de ce tribut, si elles s'appliquent aux gens de Talori et de Khian, étaient beaucoup plus faibles à Guelieguzan, Sémal et Chénik, dont un habitant dit que le hafir n'était pas payé.

Les Kurdes et leurs aghas, entendus par la Commission d'enquête, déclarent ne même pas connaître le mot de hafir et sa signification, affirment qu'un pareil tribut a cessé d'exister depuis une cinquantaine d'années et expliquent la perception opérée par certains aghas sur les Arméniens comme une redevance due par l'exploiteur du sol au propriétaire du fonds.

Néanmoins, le fait que le hafir existait jusque dans ces dernières années est prouvé par la déclaration du nommé Taleb Effendi, un des agents de l'autorité à Mouch, qui, chargé de fréquentes missions dans ces pays, doit être au courant et qui parle dans sa déposition d'un Kurde s'étant rendu, il y a deux ans, à Talori, dit-il textuellement, «pour y percevoir le hafir».

Lex explications données à cet égard par une communication officielle, émanant du Conseil administratif de Mouch et qui n'a été lue, qu'en partie d'ailleurs, dans la séance de la Commission en date du 7 juin 1895, ne sauraient être considérées comme probantes et présentent un caractère d'indépendance absolue.

Dans les trois ou quatre dernières années, les relations entre les villages arméniens en question et les Kurdes commencèrent à prendre un caractère d'hostilité qu'il est permis d'attribuer à deux causes:

D'une part, chez les Kurdes, la propagande religieuse de leurs cheiks, réconciliant entre elles les tribus jusqu'alors en mésintelligence et leur interdisant toute querelle motivée par la protection qu'elles exerçaient, à l'encontre des uns des autres, sur les Arméniens; d'autre part, l'agitation causée parmi ceux-ci par des hommes tels que Damadian, leur représentant leur sujétion aux Kurdes comme une sorte d'esclavage contre lequel ils ne trouvaient aucune protection auprès du Gouvernement, et les poussant à secouer le joug; l'année 1893, donne une preuve de cet état d'hostilités ouvertes dans l'attaque combinée des tribus kurdes sur Talori.

C'est sur ces entrefaites qu'au printemps de 1894, un Arménien, nommé Hamparsoum-Boyadjian, originaire du vilayet d'Adana et ayant fait des études de médecine à Constantinople et à Genève, arriva dans la région de Talori, prenant, pour n'être pas reconnu, le nom de Mourad; accompagné d'une bande armée parmi laquelle se trouvait un ancien compagnon de Damadian, avec lequel il s'est d'ailleurs rencontré, parcourait les villages de la région et ceux de Kavar pour y exercer la médecine, à ce qu'il prétend, et engager les Arméniens à se délivrer des mauvaises coutumes de hafir, hala, qui les assujettissaient aux Kurdes. Mais ni lui, ni aucun de ses cinq compagnons, à qui il avait donné des fusils de guerre et des munitions, n'ont pu expliquer de façon plausible leur séjour dans les montagnes, et la déposition de l'un d'eux fait comprendre que s'il était sorti de la voie droite, c'est à la suite de l'oppression dont soit sa famille, soit lui-même, avaient eu à se plaindre de la part des Kurdes.

Presque tous les témoins arméniens nient connaître même le nom de Mourad: les Kurdes, ou les témoins ayant des attaches officielles, ne parlent de lui que par ouï-dire; dans ces circonstances, l'enquête ne présente pas les données nécessaires pour se rendre un compte parfaitement exact de ses faits et gestes; tout ce qu'il est permis de conclure, c'est qu'il visitait les régions de Kavar et de Talori, où il avait sa résidence principale, ainsi que les villages environnants, se promenant avec ses compagnons, mais rarement dans les montagnes, et donnant, comme il le reconnaît lui-même, des conseils touchant directement les rapports d'Arméniens à Kurdes; d'après le nommé Tono de Talori, en effet, il engageait les premiers à rendre dent pour dent aux seconds et à ne pas payer leurs impôts au Gouvernement pour attirer son attention.

En outre, le contenu du cahier trouvé sur Mourad lui-même, composé de pièces de vers patriotiques en arménien, exposant les agissements de ce dernier, encore que ces écrits ne soient pas de Mourad, les notes au crayon, entre autres, qu'il reconnaît être de sa main, et qui sont le début d'une lettre relatant le commencement des événements de 1894, prouvent indubitablement qu'aussi bien que Damadian, Mourad est venu dans ces pays avec un but politique caché et en essayant de provoquer des rencontres entre les Arméniens et les Kurdes.

D'ailleurs, ces excitations ne paraissaient guère avoir eu pour résultats, acquis par l'enquête, que l'incident d'Aktchesser au mois de juin 1894, et d'où le caïmakam de Koulp, qui y était allé pour percevoir les impôts et arrêter quelques individus, fut obligé de se sauver, et de plus, quelques méfaits qui auraient été commis par les Arméniens sur les Kurdes.

Un grand nombre d'accusations de différents genres: vols, meurtres barbares, viol, etc. ont été soulevées contre les premiers; le détail, ainsi que le degré de confiance qu'elles méritent s'en trouvera consigné dans le Supplément, chapitre II.

Les soussignés doivent reconnaître comme ayant été réellement commis, pendant l'été de 1894, le vol de deux bœufs du nommé Ahmé Ahmo de Medran, le meurtre de deux Kurdes, l'un d'Inckau et l'autre de Karikâu.

L'attaque sur les tentes du nommé Hassan Chaouki.

Et le 28 juillet (V.S.) 1894 sur celles des Kurdes Télikauli, habitant Mouch, cette dernière provoquée par des querelles antérieures au sujet du bétail volé et repris.

Ces attentats paraissent avoir eu pour auteur la bande des compagnons de Mourad qui devaient être, en réalité, plus nombreux que les cinq hommes arrêtés avec lui, et parmi lesquels se trouvaient, selon toute vraisemblance, quelques Arméniens de Kavar et de Talori. Ces faits dans leur ensemble, le dernier surtout, où trois musulmans furent tués ou blessés, ne pouvaient manquer, grossis et exagérés, d'exciter chez les Kurdes une agitation que rend visible la déposition de Hichman Agha, disant qu'un Kurde Telikauli courut chez les Bekrauli pour leur exposer la situation critique qui leur était faite par des Arméniens, et la déclaration de Cherko, agha des Bekrauli, expliquant que si les Bedikauli prirent part aux combats qui suivirent, ce n'était pas pour aider aux Bekrauli, leurs ennemis de la veille, mais pour venger tous les méfaits dont eux-mêmes avaient eu à souffrir de la part des Arméniens.

Quoi qu'il en soit, les Kurdes se rassemblèrent a Kavar et à Talori, et surtout dans ce dernier endroit leur mombre paraît avoir été considérable: à quelle influence déterminante doit-on l'attribuer? Les données de l'enquête ne permettent de rien affirmer, des déclarations isolées, d'après lesquelles ce rassemblement aurait été causé par les excitations des agents de l'autorité, dont le cheikh Mehement de Zeilau aurait été l'intermédiaire, ne pouvant être regardées comme suffisantes dans un cas aussi important, et da présence à Gueliguzan de celui-ci, le premier des cheikhs kurdes, quoique affirmée par quelques témoignages, ne paraissant pas prouvée.

A la suite de l'agitation qui s'était produite parmi des Kurdes, les Karikauli veulent attaquer les Arméniens, mais ils en sont empêchés par l'intervention des troupes régulières, détachées au nombre de deux compagnies, l'infanterie à Merguemouzan, situé à trente minutes de Chenik. Il est à noter que cette alerte devait forcément obliger les Arméniens à prendre leurs précautions contre la possibilité d'attaques ultérieures.

Peu de temps après, les Bekrauli, au nombre de 60 à 80 environ, se rendent avec leurs aghas Omer et Cherko audit campement de Merguemouzan et, à leur retour, tombent sur Chenik et Sémal, dont les habitants se retirent sur les hauteurs de Kemphru Cherifhan, de Tchaï, ainsi que les gens d'Aliau qui se réunissent à eux, et les combats commencent entre Kurdes et Arméniens; c'était le 1ᵉʳ août (v. s.) 1894.

Après deux jours de luttes pendant lesquels les Bekrauli reçoivent des secours des Badikauli, les Arméniens se dirigent vers Gueliguzan et l'Antok-Dagh, où ils avaient auparavant envoyé leurs familles; le fait qu'ils réussirent à emmener femmes, enfants, troupeaux et une partie de leurs effets, prouve que le départ avait commencé un peu avant les luttes elles-mêmes, comme en témoignent plusieurs dépositions.

Quant aux gens de Gueliguzan qui envoyèrent, eux aussi, leurs familles à la montagne, ils étaient restés dans leur village, pour le protéger contre les attaques des Kurdes qui avaient brulé Chenik et Sémal.

Les affirmations des Kurdes eux-mêmes, ou des témoins n'étant pas libres de toute attache, présentent la rencontre des Arméniens avec les Bekrauli et les Bedikauli comme une attaque des Arméniens descendus de l'Antok-Dagh, où ils s'étaient réunis depuis le commencement de juillet. Cette attaque aurait eu lieu sur la première partie des Kurdes Bekrauli, venant à leurs pâturages d'été, d'après une version, ou, d'après une seconde version, sur les Kurdes Bekrauli allant porter plainte aux troupes de Merguemouzan.

Or, à en croire les Bekrauli eux-mêmes, ils prirent l'année dernière, pour se rendre aux pâturages, la route de Sassoun, qui passe par le Tsovasar Daghi; dans ces conditions, il est impossible qu'ils aient pu être attaqués à Tchaï, situé dans une direction absolument opposée, et séparé de ladite route par la grande et profonde vallée d'Agpi.

En admettant la seconde hypothèse, fournie également par les Bekrauli, à savoir qu'ils auraient été attaqués au moment où ils allaient porter plainte à Merguemouzan, leurs pâturages étant sur la montagne de Mouch, du côté de Shatak, il est également impossible qu'ils aient pu être attaqués à Tchaï où, d'après la plupart des leurs dépositions, le combat eut lieu, attendu que cet endroit, situé entre Chénik, Sémal et Gueliguzan se trouve en dehors de la route, que, dans ce cas, ils eussent été obligés de suivre.

Pas une seule déposition arménienne, excepté celle de Girbo, fils de Manouk, de Chenik, qui n'offre d'ailleurs aucune vraisemblance, n'autorise à croire que les Arméniens n'aient, dès le commencemet de juillet, évacué leurs villages et se soient rassemblés à l'Antok-Dagh dans un but de révolte.

Nadir Agha, il est vrai, dit avoir vu déjà au mois d'avril quelques maisons de Sémal abandonnées par leurs habitants.

Le Caïmacam de Sassoun affirme que, le 2 juillet, les villageois commençaient à gagner l'Antok-Dagh, et son secrétaire, Ali Effendi, dit n'avoir vu alors aucun habitant de ce village; cependant, ce même Caïmakam, se rendant à la même époque à

Chenik, pouvait, en moins de cinq minutes, faire amener devant lui les nommés Kirko, Erko, les chefs du village, représentés parmi les hommes les plus séditieux et comme faisant toujours partie des bandes coutumières d'agressions contre les Kurdes. Sali Agha, le 7 ou le 9 juillet, dit avoir trouvé Chenik et Sémal déserts, et d'après Masroullah Agha, à ce même mois, Gueliguzan était vide de ses habitants.

Cependant, Pani Agha, lieutenant de zaptiés, passant par Kavar le 12 juillet, dit avoir vu Chenik et Sémal encore habités.

Le 30 juillet, soit un jour avant la rencontre avec les Bekrauli, Medjid-ou-Bachi, caporal de zaptiés, se rend de Merguemouzan dans ces deux villages pour le ravitaillement des troupes, ce qui prouve que ce jour-là, lui qui se trouvait an campement situé à trente minutes de distance de Chemik, et qui était en contact journalier avec les villageois, n'avait aucune connaissance de leur départ.

De plus, Tavo, de Sémal, affirme qu'à cette même date, qui coincide avec celle de l'arrivée du chef de bataillon de zaptiés Feozi Effendi, le gens de Sémal étaient au village et propose d'interroger à ce sujet ledit Medjid-ou-Bachi, affecté au service de la Commission; mais, malgré la demande des soussignés, elle n'a pas procédé à leur confrontation et à l'interrogatoire immédiat du second.

Enfin, le fait que Jeogi-Effendi pouvait faire comparaître sans retard devant lui un des chefs de Chenik; que deux ou trois zaptiés obtenaient, sans la moindre difficulté et sans avoir à se plaindre en aucune sorte de la conduite des Arméniens qui déclaraient le rendre par déférence à l'autorité, le bétail enlevé lors des représailles qu'ils exercèrent sur les Télikauli, en se bornant à porter plainte contre ceux-ci, prouve surabondamment que cedit jour du 30 juillet, les Arméniens de Chenik, pas plus que de Sémal, d'ailleurs, n'étaient ni en révolte contre le Gouvernement, ni éloignés sur l'Antok-Dagh; il est possible aussi qu'à l'arrivée du chef de bataillon les hommes de Chenik, parmi lesquels courait le bruit qu'ils étaient firmauli (rebelles) et craignaient d'être arrêtés à la suite de cette même rixe avec les Telikauli, se soient sauvés, mais non loin du village d'où ils ne seraient certainement pas partis au moment même où commençaient les révoltes.

En ce qui concerne Gueliguzan, à l'exception de la déclaration ci-dessus rappelée, le plus grand nombre des autres et la lettre (Voir Supplément, chap. III) trouvée sur Mourad démontre que, jusqu'au 12 ou 14 août, le village était encore occupé par les Arméniens.

De ces premiers combats entre les Kurdes et les Arméniens, les motifs et les détails tels qu'ils sont donnés par trois Kurdes de Gueliguzan, un de Spagank, l'Arménien Girbo précité, présentent de telles contradictions et les déclarations même de ces individus offrent un tel caractère d'invraisemblance que les soussignés ne sauraient les prendre en considération. Un récit du même genre ayant été répété par le cheikh Méhement, de Zeilau, forcément renseigné sur les événements de l'année dernière, l'importante situation religieuse de celui-ci devrait être garante de la véracité de cette version; mais, en la rééditant, le cheikh, à de nombreuses reprises, a déclaré, d'après ouï-dire, ne pas être caution des bruits courants. Ces réserves réitérées ne peuvent que jeter les plus graves soupçons sur le récit dont le cheikh se contente d'être l'écho.

Au moment où ces combats eurent lieu, quelle fut la conduite des deux compagnies de troupes régulières chargées de maintenir l'ordre dans cette partie du pays et campées à Merguemouzan, à une demi-heure de distance de Chénik? Elle a reçu deux explications: d'une voix presque unanime, les villageois accusent les soldats d'avoir, réunis aux Kurdes, participé à l'attaque dont Chénik et Sémal auraient été l'objet; mais le commandant de ces troupes, le capitaine Hadji-Moustapha-Effendi, nie connaître l'existence des combats, affirmés par ses dépositions des Kurdes et Arméniens qui y prirent part, et dit seulement qu'un matin il apprit que, pendant la nuit, une partie des Bakrauli avait été assaillie par les Arméniens, le neveu d'Omer-Agha tué, et, ajoute-t-il, «son cadavre mutilé, apporté au camp».

Des Bekrauli et les Bedikauli, eux aussi, nient que les troupes se soient mêlées aux combats et disent que, cernés par les Arméniens, ils se trouvèrent dans l'impossibilité de donner aucun avis aux soldats de Merguemouzan.

Cependant les soussignés ne sauraient accepter cette explication, attendu que les Badikauli, dont les pâturages se trouvent du même côté de Chenik que le campement, purent recevoir la nouvelle du combat et, au nombre d'une centaine, à les en croire, venir se joindre aux Bekrauli.

En outre, le chef du détachement qui ajoutait foi, comme le prouvent sa déposition et celle de Jeogi-Effendi, aux bruits répandus auparavant, suivant lesquels les Arméniens étaient dans l'intention d'exterminer les soldats qu'il commandait à Merguemouzan et qui, sur ces entrefaites, avaient été portés à un bataillon, ce qu'il a toujours caché, devait être forcément amené à prendre des mesures de précaution et de surveillance qui auraient dû lui permettre d'être informé, de ce qui se passait aux alentours et, en particulier, de la lutte assez importante, par suite du nombre des combattants, engagée à proximité de son propre campement.

Pour ces différents motifs, les soussignés, prenant en considération que l'accusation portée contre les troupes de Merguemouzan d'avoir participe à l'attaque des Kurdes émane des Arméniens seuls, ne peuvent la considérer comme absolument prouvée, mais en admettant qu'en réalité elles se soient abstenues, le fait avancé et reconnu par lui d'être resté dans l'inaction, lors d'événements graves et proches, qu'il ne pouvait pas ne pas connaître, condamne la conduite du chef des troupes aussi gravement que si elles eussent pris une part directe à l'action.

Les événements ci-dessus racontés, l'incident d'Aktchesser, quelques attaques sur des Kurdes et en dernier lieu sur des Telikauli, joints aux bruits que des Arméniens voulaient même se porter sur les troupes de Merguemouzan, qu'une de leur bande était dans l'intention de tuer le Caïmakam de Sassoun à Shatak, enfin la lutte avec les Kurdes Bekrauli et le départ subséquent des Arméniens sur l'Antok-Dagh, tout cela réuni à la présence parmi eux de Mourad et de ses compagnons, laquelle n'était pas un secret pour des autorités, fut considérée par elles comme une révolte ouverte contre le Gouvernement, qui décida l'envoi de troupes dans le but de disperser les rebelles et de s'emparer de leur chef Mourad et de ses acolytes.

Quelques bataillons furent concentrés à Mouch et un détachement sous le commandement du colonel Tewfik Bey, qui reçut les instructions directes du muchir du IVe corps d'armée Zeki Pacha, et qui se trouva ensuite sous les ordres d'Edhem Pacha, commandant militaire de Mouch, fut organisé. Il se composait de:

2 bataillons et un quart d'infanterie ;

1 peloton de dragons avec 2 canons de montagne plus une trentaine de zaptiés.

Parti de Mouch le 13 août (v. s.), ce détachement alla se réunir près de Chenik aux deux compagnies campées à Merguemouzan, qui quelques jours auparavant avaient été renforcées et atteignaient un bataillon.

Ce que firent et ce que devinrent les Arméniens, depuis leur fuite sur l'Antok-Dagh jusqu'au jour où le détachement quitta Mouch, n'a pas été parfaitement éclairci.

La lettre trouvée dans les papiers de Mourad et qui lui était adressée de l'Antok-Dagh par le prêtre Ohannès de Sémal, Kirko fils de Mossé de Chenik et Ohan fils de Nigo, permet de conclure que, pendant une période de douze jours à dater du commencement des événements, soit de 1er ou le 2 août, les Arméniens ne cessèrent de lutter avec les Kurdes, dont ils restèrent vainqueurs ; mais que, le onzième jour, épuisés par les combats précédents, ils durent vers le soir céder aux attaquants Husseindsik, quartier de Gueliguzan, puis Gueliguzan même ; que le village fut ensuite brûlé ; leur situation était alors désespérée.

En même temps, de la déposition de Tewfik Bey et de quelques autres, il résulte que le 14 août (v. s.) le détachement quittant Chenik de bon matin et arrivé le même jour à Gueliguzan eut en route une rencontre qui se borna à un échange de coups de fusil, et qu'en atteignant Husseindsik, les Arméniens qui occupaient le village en furent délogés après un court combat. Est-ce le même que celui dont fait mention la lettre précitée ? Ce document, qui mérite foi complète, étant donné les circonstances où il a été écrit, parle d'un combat qui durait jusqu'au soir ; que ce même soir Gueliguzan était brûlé et que les Arméniens étaient près d'être anéantis.

Le colonel, au contraire, ne mentionne qu'un échange de coups de fusil, affirme qu'à son arrivée le village était déjà brûlé, et toutes les autres dépositions viennent à l'appui de cette dernière assertion.

D'autre part, les muletiers chrétiens qui étaient avec les troupes, niant, à l'encontre des autres dépositions, avoir entendu des coups de fusil, en route vers Gueliguzan, beaucoup d'autres témoignages confirmant que le combat qui eut pour suite l'incendie de ce village dura jusqu'au soir.

On est autorisé à croire que les deux combats ne'étaient pas le même, que Gueliguzan fut evacué et incendié avant l'arrivée du détachement et à douter que celui-ci y ait eu réellement une rencontre avec les villageois. Cette même lettre prouve, en outre, que le lendemain de la lutte racontée par elle, les Arméniens, dont la position était des plus critiques, commencèrent à se diviser ; l'ensemble de leurs dépositions démontre que les causes de leur fuite de l'Antok-Dagh furent dues à la seule arivée des troupes, sans qu'il ressorte clairement qu'il y ait eu attaque de la part de ces dernières et que c'est le jour où ils se sauvèrent que fut écrite la lettre en question. Elle parle de douze jours de combats. Avec qui les soutinrent-ils ? Les Kurdes unanimement nient s'être trouvés là et affirment qu'après les rencontres, dans le voisinage de Sémal, à Tchaï-Dagh, ils avaient regagné leurs villages, obéissant à la peur. Les Arméniens, avec une unanimité aussi parfaite, affirment les avoir eus pour adversaires ; deux même, habitant Gueliémansour, Tato et Manouk, restés en dehors des événements, disent s'être enfuis de crainte des Kurdes armés qui passaient près d'eux ; et les Kurdes témoins de l'attaque sur Emin ben Kasso de Rechk, qui en fixent la date au 15 août environ, certifient de la sorte qu'à cette date les Kurdes n'avaient pas encore quitté leurs pâturages, ce qui résulte également de la déclaration de Mirzo ben Ali Kurde Badikauli (procès-verbal 29).

Quant au colonel et à Moustapha Effendi, ils nient la présence des Kurdes sur le lieu des événements, mais sans pouvoir expliquer où ils se trouvaient à l'époque : Hichman Agha fait la même déclaration et va même, pour dissimuler la venue au camp de Mollah Omer, jusqu'à inventer une histoire de capture par les troupes de 11 hommes de Talori.

Ces dénégations intéressées de la part des Kurdes,

Ce manque d'explication de la part des officiers,

Ce récit mensonger de Hichman Agha, et les affirmations unanimes des Arméniens se réunissent pour prouver qu'en réalité ils eurent bien les Kurdes pour adversaires.

Une fois le détachement arrivé à Gueliéguzan, le 14 août, à en croire le colonel, les événements qui se déroulèrent sur l'Antok-Dagh sont empreints de la plus grande incertitude.

Tous les Arméniens disent qu'ils étaient en fuite, poursuivis par les Kurdes, les soldats ou les zaptiés, repoussés par les habitants des villages d'alentour qui craignaient de s'exposer au même sort, et que cette situation ne prît fin qu'à l'arrivée du Muchir et à la nouvelle qu'ils étaient pardonnés et qu'ils n'avaient plus rien à craindre.

De toutes les autres dépositions, il résulte que les Kurdes n'auraient pas été là, que l'action du détachement se borna à un séjour inactif de trois jours à Gueliéguzan, dont la cause aurait été le besoin de se ravitailler, puis à une marche sur Talori avec arrêt d'un jour à Afkart et une légère rencontre d'une heure environ avec les brigands arméniens dans le ravin de Gueliesan ; il en résulte également qu'il y avait deux jours que le détachement était à Talori quand, à force de recherches et sur les indications de gens amenés par Mollah Omer, la caverne où se cachaient Mourad et ses compagnons ayant été découverte, ceux-ci furent obligés de se rendre.

Ces mêmes dépositions déclarent qu'à Talori, il ne s'est passé aucun autre incident, affirmant d'une façon générale que les habitants après avoir brûlé leurs maisons s'étaient enfuis à l'Antok-Dagh pour se disperser ensuite et que les soldats venus à Talori n'y trouvèrent plus personne dans les quartiers incendiés et déserts.

A en croire au contraire les rares dépositions arméniennes, entendues sur ce point, c'est devant une attaque des Kurdes, rassemblés en grand nombre sous les ordres de Kalil-Bechiri et Paposi Guendjo, que les habitants de Talori s'enfuirent de leurs quartiers dont les maisons furent brûlées et où ils revinrent ensuite en partie après le départ des Kurdes.

Ils se sauvèrent de nouveau en apprenant l'arrivée des troupes qui coïncida avec un retour offensif des premiers Kurdes auxquels s'étaient joints les Bekrauli, Khiauli, Kotauli et Bozinli.

Trois des quartiers de Talori restés intacts, Hosnoud, Holovit et Dawalik auraient alors été incendiés par les soldats et les Kurdes réunis.

L'enquête au sujet des événements de Talori doit être considérée comme ayant été faite par la Commission d'une façon très insuffisante: elle a consisté presque exclusivement dans la déposition des prisonniers amenés de Bitlis et dont les dépositions ne peuvent pas être regardées comme indépendantes les unes des autres.

Néanmoins, des témoignages mêmes du prêtre Stépan, de Dawalik, de Gopé, de Mezré, que l'on ne saurait soupçonner de partialité pour les Arméniens, ainsi que de ceux des gens de Kavar, il ressort que les habitants de Talori n'étaient pas, comme on le prétend, réunis en masse sur l'Antok-Dagh, qu'ils ne brûlèrent pas eux-mêmes leurs propres maisons et ledit prêtre Stépan va jusqu'à dire qu'il ne croit pas jusqu'à présent que Talori ait été incendié!

Il ressort, en outre, des déclarations dudit Gopé de Mezré et du serkis Hartink, que les habitants de leurs deux villages, quoique ne s'étant pas joints à Mourad, s'enfuirent eux-mêmes avec leurs familles, et le second attribue cette fuite au rassemblement des Kurdes.

On est donc autorisé à conclure que les événements, qui se déroulèrent à Talori, n'avaient pas le caractère de simplicité que lui prête la première des deux versions, et que la réalité se rapproche davantage de la thèse arménienne représentant le pays comme complètement incendié et ruiné.

En ce qui concerne la question des agissements des troupes depuis leur départ de Mouch, même jusqu'à la prise de Mourad, à Talori, qu'il est permis de regarder comme marquant la fin de l'affaire de Sassoun, les soussignés doivent faire remarquer que, comme il appert clairement des dépositions du colonel Tewfik Bey et de son subordonné Hadji Moustapha Effendi, aucun pas ne fut fait par le premier, commandant supérieur responsable, pour tâcher d'entrer en contact avec les populations arméniennes de Kavar et de Talori et tenter d'obtenir, sans verser le sang, la pacification du pays et la remise de Mourad, ses deux seuls objectifs, s'il faut l'en croire lui-même.

Comme les soussignés ont tenté de le démontrer plus haut, la présence des Kurdes sur le lieu des événements, au moment où les troupes s'y trouvaient elles-mêmes, doit être considérée comme prouvée: en niant le premier de ces faits, le colonel avoue ainsi n'avoir pris aucune mesure pour les éloigner et se priver de leur concours. En outre, si son principal but, à ce qu'il prétend, était de s'emparer des bandes des brigands et de leur chef, le mode de procéder qu'il dit avoir adopté est des moins explicables; il reconnaît à la fois que le chef des brigands devait se trouver parmi les bandes qui attaquent les troupes à deux reprises différentes, à Guéliguzan et à Gueliésan, qu'aucun obstacle ne pourrait leur barrer passage et il ne prend aucune mesure, soit pour entourer ces bandes, soit pour leur couper la route: au contraire, il reste pendant trois jours inactif à Guéliguzan, défendant même, dit-il, aux soldats de traverser le ravin pour aller du côté de l'Antok-Dagh: il ne poursuit pas davantage ses agresseurs à Gueliésan, et s'arrête également deux jours à Afkart, leur donnant ainsi tous les moyens d'échapper à sa poursuite.

En réalité, les Kurdes, bloquant les Arméniens, comme cela est représenté dans beaucoup de leurs dépositions, leur avaient ôté toute facilité de retraite. Même dans ce cas, le devoir du colonel était d'envoyer de petits détachements avec la mission de tâcher de s'emparer de Mourad et tout au moins de faire des prisonniers, grâce aux renseignements desquels il aurait pu être éclairé sur l'endroit où se cachaient les Arméniens et prendre les mesures propres à amener leur reddition.

Le cononel lui-même avoue qu'à son arrivée à Talori, le jour même et le lendemain, il envoya, dans un but de recherches, des détachements dans les différents quartiers ; il est évident qu'il aurait dû agir de la sorte auparavant.

Mais, contrairement à sa déclaration et tel que cela résulte de celle de Mariane et Sino d'Agpi, de Stépan et de Serkis de Guéliguzan, témoignages qui peuvent être considérés comme indépendants les uns des autres, pendant que le gros du detachement se rendait à Talori, par Gueliésan et Afkart, des soldats y allaient par la route d'Agpi et Hetink et il y eut de leur part poursuite des Arméniens dans le ravin de Guelieresh, sur les pentes de Tsovasar Dagh, pendant qu'il y avait poursuite sur d'Antok-Dagh même et à Gueliésan, comme le prouvent de nombreuses dépositions arméniennes.

Malgré la déclaration de Tewfik Bey, de Moustapha Effendi, du lieutenant des zaptiés Hussein Agha et de trois muletiers musulmans, produite devant la Commission par l'intermédiaire du même Moustapha Effendi, la durée du séjour du détachement à Guéliguzan pendant trois jours seulement les 14, 15 et 16 août ne saurait être considérée comme établie.

La nommée Maino, de Chenik, des muletiers chrétiens, au contraire, disent formellement que les troupes campèrent à Gueliguzan pendant six jours et le calcul du nombre de jours vient à l'appui de cette affirmation ; l'enquête a fourni trois dates certaines :

Le 14 août, arrivée du détachement à Gueliguzan ;

Le 23 août, prise de Mourad, date indiquée par lui-même.

Les soussignés, s'étant adressés en vain à la Commission, pour en obtenir cette date, puisée dans les documents officiels dressés à l'époque même des événements, n'en ont reçu que celle du 22 août comme résultant de la déposition du colonel.

Mourad étant un homme intelligent, instruit et cette date étant trop importante pour qu'il ne puisse pas la remarquer, trop récente pour qu'il puisse l'oublier, les soussignés, en l'absence d'autres renseignements, doivent la regarder comme vraie.

Enfin, le 1er septembre, interrogatoire des prisonniers de Talori à Sémal, en présence du Muchir Zekki Pacha : indication donnée par la Commission d'après des sources officielles.

L'un des compagnons de Mourad dit qu'ils restèrent au campement à Talori pendant cinq jours, et il résulte de la déposition du nommé Attam que c'est le cinquième jour de leur séjour à Sémal qu'ils furent interrogés.

Enfin, le Colonel dit que c'est le troisième jour après l'arrivée des troupes à Talori que Mourad fut capturé.

Toutes ces indications rapprochées les unes des autres permettent de dresser le tableau suivant :

14 août. Arrivée du détachement à Gueléguzan.

15, 16, 17 et 18 août. Cinq jours de séjour à Gueléguzan.

19 août. Départ du détachement de Gueléguzan.

20 août. Halte à Afkart.

21 août. Arrivée à Talori.

23 août. Capture de Mourad.

24, 25, 26 et 27 août. Pendant ces cinq jours, Mourad et ses compagnons restent à Talori.

28 août. Arrivée de Mourad et de ses compagnons à Sémal, les détachements restant à Talori.

29, 30 et 31 août. Quatre jours à Sémal avant l'interrogatoire des prisonniers.

1er septembre. Interrogatoire des prisonniers à Sémal.

Ce tableau, s'il est exact, démontre que le détachement n'a pas pu rester moins de cinq jours à Talori, et, en admettant que l'arrêt à Afkart d'une journée ne soit pas sérieusement démontré, Medjid Effendi disant que les troupes n'y passèrent qu'une nuit, le séjour total des troupes à Guelèguzan ne sera pas inférieur à 6 jours.

Il est nécessaire d'ajouter que ce comput est en contradiction avec les dépositions des muletiers musulmans, disant que les troupes sont restées à Talori sept jours.

D'autre part, ce dernier laps de temps ne concorde pas avec les déclarations de Tewfik Bey et de Moustapha Effendi, d'après lesquelles le séjour des troupes à Talori semble n'avoir pas duré moins de neuf jours, ce qui ressort également du même tableau.

Les soussignés s'empressent d'ajouter que, s'ils ont cru devoir insister sur le détail de cette question de date, c'est qu'elle présente une importance capitale pour la question de reddition des Arméniens au camp de Gueléguzan et qu'elle donne, en même temps, une preuve du caractère confus et embarrassé des dépositions émanant des agents de l'autorité, dont les déclarations ne présentent pas plus de garanties que celles des autres témoins.

En résumé, les événements, tels qu'ils se dégagent avec difficulté des données très approximatives de l'enquête, se présentent de la façon suivante:

Dans ces dernières années, les relations entre les Arméniens de Kavar et de Talori et les Kurdes s'étaient sensiblement altérées; un agitateur politique, Hamparsoun Boyadjian, dit Mourad, en profite pour former une bande qui se livre à quelques méfaits sur les Kurdes; ceux-ci excités se rassemblent, tombent sur les Arméniens et les combats commencent.

Le Gouvernement, considérant la conduite des Arméniens comme une révolte ouverte, envoie des troupes qui les dispersent et s'emparent de Mourad.

La question de la résistance que les Arméniens auraient opposée aux troupes à Gueléguzan et à Gueliesan n'a pas été suffisamment éclaircie: dans le premier de ces deux endroits, comme on l'a expliqué plus haut, il est probable que les Arméniens avaient évacué le village avant l'arrivée du détachement; dans le second, il n'est pas possible de dire s'il y a eu résistance en masse ou quelques cas de résistance isolée.

Le fait que les Kurdes se trouvaient avec les troupes et que ceux-ci n'ont rien fait pour les éloigner peut être considéré comme prouvé.

Il reste à examiner si les Arméniens étaient en réalité en révolte contre le Gouvernement, si la répression a été proportionée à la gravité du mouvement et, dans le cas où elle aurait dépassé les bornes de l'humanité: à qui incombent les responsabilités?

Les preuves citées à l'appui de l'existence d'une révolte sont les suivantes:

La propagande de gens, tels que Damadian et Mourad;

La formation de bandes armées depuis le commencement du mois de mai 1894;

L'état d'hostilité ouverte les agents du Gouvernement se traduisant par l'incident d'Aktchesser, l'attentat sur le Caïmakam de Sassoun à Kiagashin, l'expulsion des Zaptiés par les habitants d'Agpi et de Hatink; le refus, datant de quinze ou vingt ans, opposé par les gens de Talori, d'admettre des employés sur leur territoire et de payer leurs impôts;

La préparation de la poudre et sa distribution, ainsi que celle du plomb;

Le rassemblement des Arméniens sur l'Antok-Dagh, d'où ils descendaient pour molester et attaquer les Kurdes, l'incendie mis par eux-mêmes à leurs propres villages;

La résolution d'exterminer les soldats campés à Merguemouzan,

Et enfin leur attaque sur les troupes impériales à Gueléguzan et à Gueliésan.

On ne peut nier l'existence d'une propagande, ni la présence de Mourad avec ses compagnons parmi les gens de Kavar et de Talori et la participation des premiers aux combats soutenus par les Arméniens.

Quant à l'hostilité des agents contre les agents du Gouvernement, l'incident d'Aktchesser peut être regardé comme prouvé, mais non pas dans les conditions où il a été présenté.

Le refus opposé par 7 ou 8 quartiers de Talori, de 70 ou 80 maisons, d'après les sources officielles, de payer leurs impôts au Gouvernement, ne fait, en admettant qu'il soit établi, que démontrer l'insouciance des autorités locales ou leur faiblesse dans ces régions où la population est kurde en majorité, et ne prouve pas l'esprit révolutionnaire des habitants qui versaient un tribu aux Kurdes.

En ce qui concerne la question des munitions, l'obligation dans ces pays pour les bergers d'être armés, la crainte de voir se renouveler une attaque semblable à celle opérée par les Kurdes en masse en 1893, et où les Arméniens ne devaient compter que sur eux-mêmes, expliquent et la présence des armes que les Arméniens portaient toujours sur eux, et la possibilité d'un approvisionnement plus considérable de poudre.

Leur rassemblement sur l'Antok-Dagh avait eu pour motif les attaques des Kurdes comme cela a été mentionné plus haut: les méfaits commis contre eux doivent être attribués à la bande de Mourad et le principal, l'incident avec les Telikauli du 28 juillet, fut provoqué par les Kurdes eux-mêmes.

Tous ces faits ne démontrent nullement que les Arméniens aient été en révolte ouverte à la fin de juillet 1894. On a voulu voir dans une pièces trouvées sur Mourad un programme politique à l'appui de cette accusation, mais il ressort clairement de son contenu que ces notes présentent le canevas d'un récit des événements eux-mêmes et si la revolte avait commencé à se faire jour trois mois auparavant, si la situation avait été telle qu'elle ressort du télégramme du Mutessarif de Guendj du 3/15 mai, et des dépositions officielles des Agents du Gouvernement, quelle explication donner de la conduite des Autorités qui, ni en mai, ni en juin, ni en juillet, ne prenaient aucune mesure en face d'un etat de choses aussi grave et aussi accentué.

L'accusation, ridicule en soi, portée contre les Armeniens d'avoir brûlé leurs propres villages, leurs bergeries, etc..., ne s'appuyant que sur des ouï-dire, les dépositions des témoins qui se disent témoins oculaires sont tellement contradictoires et invraisemblables que les soussignés sont obligés de la repousser comme ne méritant aucune considération: et en la supposant un seul instant fondée, est-il possible d'admettre, ce que personne n'a osé prétendre, d'ailleurs, que cette population de rite arménien-grégorien particulièrement attachée à sa religion, comme tous les chrétiens du rite orthodoxe, soit allée jusqu'à profaner et saccager ses églises et à les mettre dans l'état que les soussignés ont constaté eux-mêmes?

Ils doivent donc considérer les accusations des Arméniens comme fondées et voir dans les Kurdes et les soldats les auteurs de l'incendie des villages entiers.

Enfin, si pour apprécier la nature des premiers combats des Arméniens avec les Kurdes, on fait entrer en ligne de compte l'inaction, si ce n'est la participation des troupes de Merguemouzan à ces combats, l'absence de toute démarche de l'autorité, soit pour les empêcher, soit pour venir au secours des paysans attaqués, le bruit qu'il y avait un ordre de les exterminer dont se seraient servis les Kurdes pour extorquer des sommes d'argent aux villageois de Kavar, la vue de leurs maisons détruites, on comprend qu'il ne soit plus resté aux Arméniens qu'une ressource, celle de défendre leur vie et celle de leur famille.

A l'arrivée du détachement des troupes à Gueléguzan, ils commencèrent à s'enfuir; les condition de la rencontre qui s'y serait produite, ainsi que celle de Gueliésan, sont restées mystérieuses, d'autant plus que le nombre de soldats tués ou blessés, qui aurait pu venir à l'appui de l'existence des combats allégués, est indiqué par le seul Tewfik Bey dont les déclarations ne sauraient être regardées, en l'espèce, comme probantes, les autres dépositions relatives aux victimes faites parmi les troupes régulières ayant gardé le caractère le plus indéterminé.

Toutes les raisons qui viennent d'être énumérées autorisent donc les soussignés à répéter que les données fournies par l'enquête ne prouvent pas que les Arméniens de Kavar et de Talori soient entrés en révolte contre le Gouvernement.

En venant aux mesures qui furent prises pour réprimer ce que l'on considérait comme tel, il est nécessaire de rappeler en premier lieu que rien ne fut fait pour aboutir par voie de conciliation et qu'aucune trace n'existe de précautions adoptées en vue de sauvegarder la vie des femmes et des enfants qui, de l'aveu de tous, étaient avec les Arméniens sur l'Antok-Dagh; des nombreux témoignages de ces derniers, il résulterait que, pendant les événements, un nombre considérable d'hommes, de femmes et d'enfants périrent, les uns tués par les soldats, Kurdes et Zaptiés réunis, les autres morts de peur, de privations, les autres ayant disparu dans la panique causée par les poursuites dont ils furent l'objet, quelques-uns aussi laissés dans les maisons où ils auraient été brûlés et d'autres enfin massacrés avec le prêtre Ohannés, de Sémal, au camp de Gueléguzan.

Si l'on admet la version suivant laquelle le combat n'ayant duré que deux jours près de Sémal, entre Arméniens et Kurdes, aurait été suivi de la disparition immédiate de ceux-ci, l'action des troupes s'étant ensuite bornée à repousser à coups de fusil les deux attaques de Gueléguzan et de Gueliézan, toutes les accusations des Arméniens doivent être regardées comme mensongères et leurs pertes, ne portant que sur les hommes ayant pris part à ces trois rencontres, comme très minimes.

Les soussignés cependant, pour les causes expliquées ci-dessus, ne peuvent se rallier à cette manière de voir et sont obligés de croire qu'en réalité les Arméniens, hommes, femmes et enfants ont été, pendant ces événements, l'objet de poursuites répétées de la part des soldats, Kurdes et Zaptiés, qui blessaient ou tuaient, sans distinction d'âge ou de sexe, tous ceux qui leur tombaient sous la main; et, point à noter, à l'exception des onze villageois de Talori, il n'y a pas eu un seul prisonnier.

Le fait de ces meurtres ressort de très nombreux témoignages arméniens, concordant les uns avec les autres et donnant le nom des victimes: quant à leur nombre, en l'absence de tout état civil régulier, et des mesures sérieuses prises pour reconstituer les populations de Kavar et de Talori, il est impossible de le fixer d'une manière même approximative; d'autant plus que les Arméniens eux-mêmes, en fuite et dispersés, indiquent comme morts des gens qui n'ont que disparu, comme ayant été tués d'autres qui succombèrent aux suites et aux conséquences des événements; il n'en est pas moins vrai qu'une certaine quantité de personnes a péri, et les soussignés ne peuvent, sur ce point, que renvoyer au supplément (chap. IV) où seront indiqués les noms de ceux qui sont donnés comme tels.

Y a-t-il eu à cette époque des actes de cruauté révoltante commis, tels que la mutilation barbare d'une femme enceinte? Les témoignages à ce sujet étant isolés, comme celui de la femme de Chenik, ou s'appuyant sur des ouï-dire comme celui du vicaire de Gunndj, et, étant donné l'exagération apportée par un grand nombre d'Arméniens dans leurs déclarations, les soussignés ne croient pas possible de se prononcer à cet égard.

Quant aux vieillards et aux enfats qui auraient été brûlés dans l'incendie des maisons, les déclarations à ce sujet de Tavo de Sémal, de Savo et de Khaté de Chenik n'ont pas été confirmées; mais il est hors de doute que quelques vieillards, des infirmes et des enfants sont restés dans les villages arméniens au moment où ils furent abandonnés par leurs habitants, comme le prouve en particulier, pour Gueléguzan, la lettre du prêtre Ohannès, de Sémal, ci-dessus mentionnée.

Une des plus graves accusations portées contre les troupes régulières est celle du massacre par elles, et de l'enfouissement au camp de Gueléguzan d'une partie des habitants de Sémal qui seraient venus pour s'y rendre, conduits par leurs prêtres, et du viol des femmes qui y aurait été commis.

Les soussignés n'ont rencontré au cours de l'enquête, de la part de la Commission, que la plus visible répugnance à élucider cette question, une des plus importantes de toutes.

Seules, quatre femmes de Sémal ont été entendues, l'une même ne voulait plus répondre le second jour de son interrogatoire.

La Commission a refusé d'écouter, à ce sujet, soit la femme Anna de Chenik, soit les muletiers arméniens qui se sont trouvés au camp et, avant même d'être allée à Gueléguzan et d'y avoir examiné les fosses, qu'on disait renfermer des restes de victimes, elle se prononçait sur leur origine en déclarant que si ces fosses étaient trouvées avec des ossements, il était très probable que ceux-ci avaient été réunis et apportés par les Arméniens eux-mêmes.

Dans ces conditions, l'enquête ne dispose que de peu de témoignages oculaires, ceux-ci émanant, pour la plupart, de gens s'étant présentés d'eux-mêmes ou de leurs parents et qu'il sera toujours facile d'accuser d'un accord ou d'une préparation antérieure; mais, dans ce cas, le premier devoir de la Commission eut été de ne rien négliger pour faire la lumière et de s'entourer de plus grand nombre de témoignages possibles. Les soussignés doivent déclarer qu'elle n'a pas agi ainsi. Comme cela a été dit plus haut, la lettre signée par le prêtre Ohannès prouve, qu'après l'abandon de Gueléguzan par les Arméniens qu'il est permis de fixer au 12 ou 13 août et par conséquent avant l'arrivée du détachement, la situation des Arméniens sur l'Antok-Dagh était désespérée et que leur dispersion avait déjà commencé.

Des dépositions des nommés Tavo, Simo, Egho, Ossep, des deux femmes nommées Marian et Dilo, tous de Sémal, il résulte que leur dit prêtre, avec une partie de ses villageois, gagna Gueléguzan pour s'y rendre aux troupes, quelques jours après être restés en fuite.

Tavo, dont la présence parmi les gens allant au camp est d'ailleurs très douteuse et Marian, femme de Cherko, disent le lendemain.

Les autres témoins, au contraire, disent approximativement cinq ou six jours.

Ce dernier chiffre concorde du reste avec les dates fournies par les muletiers arméniens qui fixent la reddition des fuyards à la fin de leur séjour à Gueléguzan lequel, d'après eux, dura six jours.

Maintenant, il apparaît clairement que si les troupes n'étaient restées à Gueléguzan que trois jours, toutes les accusations portées contre elles à l'occasion des excès dont elles s'y seraient rendues coupables s'écrouleraient d'elles-mêmes. Seulement l'enquête n'établit pas qu'elles n'y aient séjourné que ce laps de temps, mais au contraire cinq ou six jours comme les soussignés pensent l'avoir démontré plus haut.

D'autre part, la mort du prêtre Ohannès n'a reçu aucune explication satisfaisante. Le prêtre Parsegli le dit tué par des Kurdes au moment où il feignait d'aller faire sa soumission aux troupes à Merguemouzan, mais cette information n'émanait pas de Tavo, ce que celui-ci a déclaré lui-même. Tous les efforts du prêtre Parsegli pour prouver ses relations avec ledit Tavo ayant échoué, l'affirmation de Rechid de Gueléguzan et Girbo fils de Manouk de Chenik, le disant tué dans le combat de Gueléguzan trouve son démenti dans la lettre même signée par le prêtre Ohannès et postérieure au combat. De plus, le colonel Tewfik Bey lui-même n'a pu nier l'existence de bruits relatifs à ce qui s'était passé à Gueléguzan.

Or, les gens de Mouch et des villages d'alentour déclarent n'en avoir aucune connaissance, quelques-uns des gens de Sémal sont allés jusqu'à dire ne pas connaître le nom du prêtre de leur leur propre village et ignorer son sort.

Ces explications contradictoires et mensongères, d'une part, ces dénégations, de l'autre, viennent à l'appui de l'accusation au lieu de servir à la détruire. Enfin, elle trouve sa pleine confirmation dans la découverte de fosses à Gueléguzan, existant effectivement derrière la maison de Bedo, l'une, en particulier, entourée d'ossements humains: l'état actuel des fosses s'explique par les détails très vraisemblables que contiennent les dépositions arméniennes à ce sujet et relatifs aux exhumations postérieures qui y ont été pratiquées et aux dégats commis par les bêtes sauvages; d'ailleurs l'Enquête elle-même ne renferme pas un mot d'une autre explication sur l'origine de ces fosses.

Enfin toutes ces considérations réunies permettent, malgré les recherches volontairement insuffisantes de la Commission, d'affirmer, en dépit des dénégations formelles de Tewfik Bey, et de Hadj Mustapha Effendi, que l'accusation du massacre à Gueléguzan, par les troupes, du prêtre Ohannès de Sémal et d'Arméniens est fondée; le nombre des victimes peut être fixé à une quarantaine; les détails du massacre lui-même restant empreints d'obscurité.

Le fait de la séparation, lors de la venue au camp, des hommes d'avec les enfants et les femmes, le viol de ces dernières, se présentent dans les mêmes conditions que le massacre auquel ils sont intimement liés; ajouter foi à la première de ces accusations, c'est ajouter foi à la seconde. Il est du reste nécessaire de faire observer que des contradictions existent au sujet des sentinelles, soldats ou zaptiés, qui entouraient les femmes et se seraient ensuite portés sur elles à des actes déshonorants.

Si l'on considère les résultats de tous les événements, les trois villages de Kavar, Chemik, Sémal, Gueléguzan, le district entier de Talori, Agpi, Hetink, Spagank, avec leurs dépendances, ont été dévastés et la presque totalité des habitants sans maisons, sans ressources, obligés de s'éloigner, les uns, du côté de Diarbékir, les autres, avec le concours partial des autorités répartis dans les villages arméniens de la plaine qui pendant l'hiver les ont nourris.

La ruine absolue d'une région ne peut jamais être considérée comme une répression proportionnée au châtiment même d'une révolte; à plus forte raison dans le cas actuel le seul crime pour les Arméniens d'avoir abrité, voire caché, Mourad et sa bande, quelques actes de brigandage isolés sur la personne des Kurdes ou d'insoumission à l'égard des autorités, une légère résistance possible contre les troupes impériales et dans des conditions restées non éclaircies ne sauraient-elles aucunement justifier l'état de misère auquel gens et pays se trouvent réduits.

L'absence de mesures destinées à prévenir une pseudo-révolte qui se serait dessinée depuis le mois de mai pour empêcher ensuite la lutte des Arméniens et des Kurdes, et les pertes de tous genres qui en furent la conséquence, fait peser sur les autorités locales civiles et militaires une égale responsabilité. La conduite des troupes à Merguemouzan est et demeure inexplicable, étant donné ce qui s'est passé sous leurs yeux, et ne peut pas plus être excusée que les agissement du détachement venu ensuite, aucune mesure n'ayant été adoptée, soit pour protéger les femmes et les enfants, soit pour faire revenir les Arméniens à leurs villages, ce soin n'ayant été pris qu'après la venue du Muchir Zekki-Pacha.

L'enquête n'ayant pas porté sur les agissements des autorités elles-mêmes, leurs relations entre elles, et sur les instructions données ou reçues à ce sujet, il ne paraît pas possible aux soussignés d'aborder la question de responsabilités personnelles.

Les données du présent rapport ayant été fournies exclusivement par l'enquête, les soussignés ne sauraient, en terminant, se dispenser d'exposer rapidement les conditions dans lesquelles elle a eu lieu.

CONDITIONS DE L'ENQUÊTE

La Commission, composée comme il est dit ci-dessus, a tenu cent six séances du 24 janvier au 16 juillet 1895 et entendu 190 témoins, qu'il est possible de répartir de la façon suivante:
 23 agents de l'autorité civile ou ayant des attaches avec elle;
  2 officiers de l'armée régulière;
  6 membres du clergé arménien;
 61 Kurdes;
  2 Arméniens de Mouch;
 78 Arméniens de Khavar;
 18 Arméniens de Khian;
mais de ce grand nombre de témoignages la majeure partie ne présente qu'une très faible valeur: les agents de l'autorité civile ou militaire, les membres du clergé arménien, les deux Arméniens de Mouch, donnent de longs détails sur la propagande révolutionnaire qui aurait été faite dans de pays par l'agitateur Mourad et ses prédécesseurs et sur les méfaits commis par les Arméniens, mais évitent de parler de l'affaire de Sassoun, et quelques-uns d'entre eux font même des déclarations mensongères à ce sujet.

D'un autre côté les Arméniens de Kavar et de Talori, niant pour la plupart connaître Mourad même de nom, passent sous silence, soit par peur ou pour tout autre motif, les agissements du premier et de ses compagnons, tout ce qu'ils craignent pouvoir ensuite leur être reproché, luttes avec les Kurdes et les troupes régulières.

Les Arméniens de Khian, ainsi qu'un certain nombre de témoins venus de ce côté, répètent d'une façon générale un récit identique dans des termes identique, l'un même, Recho, fils de Boghos, de Keguervan, se donnant comme Kiahia, sans l'être; Pollo, fils d'Avédis, comme Kiahia de Nédran, qui ne renferme que deux maisons arméniennes; Boghos, fils de Khazar, de Gueliémansour, comme membre du Conseil des anciens, et personne ne l'y connaît, toutes circonstances faisant douter de l'identité des personnes qui comparaissent.

La plupart de ces témoins ayant été choisis par l'intermédiaire des autorités de Koulp et de Guendj que la Commission d'enquête avait invitées à lui envoyer des personnes ayant connaissance des événements, ce mode de comparaître ne pouvait en aucune façon être garant de la sincérité de leurs déclarations.

Des 78 Arméniens de Khavar,
 35 sont de Chenik,
 15 –   de Sémal,
 11 –   de Gueléguzan,
  1 est de Spagnak,
  2 sont de Agpi,
  3 –   de Talori,
plus 11 prisonniers faits dans ce dernier endroit, et dont les témoignages ne sauraient en conséquence être regardés comme indépendants l'un de l'autre.

83

La comparaison de ces chiffres démontre que les événements de Talori, dont la Commission, en dépit des suggestions des soussignés, à toujours refusé de rechercher l'origine possible et les motifs dans les faits de 1893, ont été, pour ainsi parler, laissés de côté par elle, que son attention s'est portée particulièrement sur le village de Chenik alors que les allégations relatives aux faits qui se seraient passés à Guéléguzan même, entre Guéléguzan et Talori, et à Talori, auraient dû attirer et retenir ses principaux efforts.

De ces 78 Arméniens, à l'exception de ceux d'entre eux venus de leur plein gré et de ceux appelés pour vérifier leur existence, le choix à appartenu aux autorités locales, et pendant leur séjour ils se trouvaient sous la surveillance et à la disposition de la police. C'est un zaptié qui rencontre au bazar Girbo et Khatcho, fils de Manouk de Chenik, et qui les amène devant la Commission. A plusieurs reprises, les soussignés ont attiré l'attention de la Commission, auprès de laquelle l'accès à toujours été difficile, sur l'intérêt qui se présentait pour la recherche de la vérité à se mettre en contrat direct avec la population et à ne laisser de la sorte aucun intermédiaire, ancune influence, s'interposer entre elle-même et les témoins que la Commission avait à entendre. Mais les soussignés doivent constater que leurs efforts dans ce sens sont toujours restés infructueux, et ils étaient cependant justifiés: le mouktar d'Alvarindj reçoit de la Commission l'ordre d'amener directement devant elle un réfugié de Spagank qui se trouvait dans son village; il en est empêché par la police ainsi que cela ressort des procés-verbaux: cette ingérence va jusqu'à s'exercer dans le local même de la Commission où des témoins sont soit menacés, soit intimidés par les agents de l'autorité employés à son service.

Dès le début de l'enquête la Commission avait établi deux catégories: l'une de suspects, accusés, l'autre de témoins, ou informateurs, entre les personnes qu'elle entendait, distinction contre laquelle les soussignés n'ont pas manqué de protester, et qui s'est fait sentir jusque dans le mode même d'interrogatoire des personnes ayant comparu.

Dans ces conditions, il est compréhensible que l'enquête, malgré sa durée et le nombre des témoins entendus, n'ait fourni relativement qu'une faible quantité de résultats certains et sa continuation, d'ailleurs, étant donnée la façon dont elle n'a cessé d'être menée, n'aurait pas permis d'espérer une découverte plus large de la vérité.

Mouch, le 20 juillet 1895

M. PRJEWALSKY
A. S. SHIPLEY
VILBERT

Supplément au Rapport Collectif des Délégués consulaires adjoints à la Commission d'enquête sur l'affaire de Sassoun

CHAPITRE Ier

Nombre de maisons et des habitations des villages arméniens de Kavar et de Talori

En l'absence d'état civil régulier, de recensement officiel méritant foi complète et vu les données insuffisantes de l'enquête à cet égard, il paraît très difficile de déterminer le nombre exact de maisons et d'habitants des villages ayant eu à souffrir des événements.

Le tableau suivant fournit les seuls chiffres qu'il ait été permis de recueillir.

	MAISONS	ÉTABLES	GRANGES
Chenik	38	48	53
Semal	48	84	26

Chiffres communiqués par la Commission d'après les sources officielles, l'enquête ne fournissant rien à ce sujet, sauf la déposition du nommé Hebo (p.-v., n° 779) qui donne pour Chenik plus de 200 maisons, chiffre évidemment très exagéré.

Guelégnenim, 6 à 7 maisons (Tato n° 62).

Gueléguzan même, 80 à 85 maisons arméniennes et 4 maisons kurdes.

Dans les quartiers qui en dépendent:

	MAISONS OU BERGERIES
Husseiendstik Mezressi	35
Kchochok	10
Gueliesan	10
Aretchik	20
Kharipchau	20
Mikhitar	12
Guevasar	8
Alian	30
Belovar	15

Chiffres fournis à la Commission par le secrétaire du village, nommé Dikran, lors des recherches à Gueléguzan; d'après chiffres officiels fournis par la Commission, ce village contient 87 maisons, 110 étables et 9 granges.

Talori même (dit Exoudun, dit Verin Kiegh).

Dawalik
Gourh
Hartk
Hosnoud } D'après la communication officielle du mutes larif de Guendj, Talori et ses quartiers comprendraient 67 maisons et 278 habitants.
Hakmand
Halorink
Kholovit

D'autres dépositions permettent de fixer le nombre des maisons de Talori de 8 à 10 maisons par quartier:

	MAISONS	ÉTABLES ET BERGERIES	GRANGES
Spagnak	12	6	"
Tsorir	"	"	"
Ergart	9	5	"
Hetink	16	7	2
Agpi	27	16	"

Chiffres donnés par la Commission. D'après Simo (procès-verbal, n° 81), Agpi comprendrait 30 à 35 maisons et environ 40 étables, granges, etc. Des maisons, 8 ou 10 seraient restées intactes.

Et le quartier qui en dépend: Daghvernik, 3 ou 4 maisons. (Mariam, procès-verbal, n° 46.)

Aktchesser, 20 maisons. (Mollah Omer, n° 96.)

D'après le nommé Tono, de Talori (n° 72), dont sur ce point la déposition est unique, les villages des Khedank, Gueliresh, Tehui, Kirdamank, Kheuzau, Kirtanokh, Norgank, Rizilquardir, Ardegouk, Ingouznagh, Levit, Hernik et quelques autres auraient été brûlés.

Ce tableau, qui comprend à la fois les chiffres officiels et ceux résultant des dépositions de l'enquête, permet d'évaluer à un minimum de 450 à 500 maisons le nombre des maisons des villages ci-dessus énumérés.

Si l'on prend pour moyenne, comme les données de l'enquête y autorisent, le chiffre de 10 personnes par maison, on arrive à un total de 4,500 à 5,000 âmes pour la population des villages précités.

Toute cette population, à la suite des événements, a eu ses maisons brûlées, sans compter les morts, s'est trouvée sans ressources et dispersée de différents côtés.

CHAPITRE II

Actes de voies de fait, de meurtres, de brigandage et d'illégalité que les Arméniens ont été accusés d'avoir commis pendant l'été de 1894

D'après un grand nombre de témoins entendus par la Commission, les Arméniens de Kavar et le Talori, obéissant aux conseils et aux instigations de Mourad, auraient, dès le début du printemps de 1894, formé des bandes armées qui se seraient livrées à une série de crimes de tout genre contre les Kurdes et auraient même commis certains délits d'insoumission à l'égard du Gouvernement ainsi que d'autres actes ayant été considérés par celui-ci comme des préparatifs à la révolte.

L'examen des actes ci-dessus mentionnés constitue le contenu de ce chapitre.

A. – Actes de vol, brigandage et meurtre contre les Kurdes

a) Vol des effets des kurdes Badikauli, Mého et Temo, emportés de la maison de Girbo de Chenik.

Il résulte des dépositions des nommés Youssouf ben Ali, Mehemet ben Haidar et Péto ben Tako de Kouhislam (procès-verbaux 54-55), que le 5 mai 1894 ils rencontrèrent, près de Gueliéguénim, une bande d'Arméniens armés ayant à leur tête, Kirko, Moukhtàr, de Chenik, Ils virent, en même temps, des bêtes de somme chargées d'effets et le même jour ils apprirent à Gueliémansour que lesdits effets qui appartenaient aux kurdes Badikauli, Meho et Temo, avaient été enlevés de la maison de Girbo, de Chenik.

Il convient de faire observer que, de tous les Badikauli et les habitants de Gueliémansour entendus devant la Commission, pas un seul n'a mentionné ce vol et que le susdit Péto, fils de Tako, des témoins ci-dessus mentionnés, a donné à ce sujet des dépositions contradictoires. Girbot fils de Manouk (procès-verbal 65) qui, ainsi qu'on peut en conclure dans la déposition du Caimakam de Koulp (procès-verbal 66), est le Girbo dans la maison duquel le vol a été commis, n'y a fait aucune allusion, quoiqu'il ait montré beaucoup d'empressement à attribuer d'autres méfaits aux Arméniens.

Dans ces conditions, le fait même du vol d'effets de Temo et de Meho ne peut pas être regardé comme prouvé.

Quant à la rencontre près de Gueliéguénim d'une bande composée de 40 Arméniens en armes ayant Kirko à leur tête, l'enquête ne donne pas d'indices directs qui appuient ou qui infirment les déclarations à ce sujet de trois habitants de Kouhrislam: elles pourraient trouver une confirmation indirecte dans l'attaque à laquelle cette même bande se serait portée à cette même place cinq jours plus tard, soit le 10 mai, sur une caravane se rendant à Mouch, mais, comme il sera démontré, ci-dessous cette attaque elle-même paraît douteuse.

L'apparition d'une bande armée ayant le Moukhtar de Chenik à sa tête, après l'annonce que disent en avoir fait à Gueliémansour par Youssouf, Mehemet et Péto, devait infailliblement attirer l'attention des habitants de ce village, cependant treize d'entre eux entendus devant la Commission n'en ayant fait aucune mention, l'existence même de cette bande ne doit pas être considérée comme démontrée.

b) Attaque sur une caravane de porteurs se rendant à Mouch.

D'après les déclarations de cinq Kurdes interrogés par la Commission (p. v. 58) une attaque aurait eu lieu le 10 mai à Gueliéguenim sur une caravane de porteurs se rendant à Mouch, 40 charges de blé enlevées, 4 Musulmans blessés dont l'un serait mort quelques jours après. Plainte à ce sujet fut portée à Mouch le 11 mai (p. v. 59).

Quoique des dispositions aient été prises sur le papier pour la poursuite des gens accusés, l'absence de suites effectives données à l'affaire, malgré la gravité des déclarations des plaignants, tendrait à démontrer que les renseignements pris par les autorités locales ne vinrent pas à l'appui des accusations formulées dans la plainte et que l'attaque en question n'eut pas lieu dans les conditions exposées, pas plus qu'elle n'eut les conséquences alléguées par les requérants.

Une plainte datée aussi du 11 mai 1894 et lue dans la séance du 5 février 1895 confirme cette supposition: elle parle également d'une attaque par les Arméniens de Chenik au nombre de 15, parmi lesquels Kirko, sur les habitants des mêmes villages de Djaks et Tiaks, auxquels appartiennent les cinq témoins ci-dessus mentionnés; 15

87

charges de blé auraient été enlevées. Deux des signataires de cette seconde requête portent le même nom que ceux de deux des cinq témoins en questions, l'un des individus présents ayant éprouvé à donner son vrai nom un embarras qui fut partagé par ses compagnons.

La Commission n'a pas fait d'enquête au sujet de cette attaque, se bornant à entendre les plaignants, et sans nier la réalité du fait lui-même que démontre la plainte portée en son temps, il y a lieu de considérer comme restées obscures les conditions dans lesquelles cette attaque aurait eu lieu.

c) L'enlèvement des moutons de Dervich Agha de Khochekan et la blessure faite alors à son fils Ibrahim qui en serait mort ensuite.

L'enquête à ce sujet ne possède que la déclaration de Dervich Agha lui-même (p. v. 27). Cette attaque, si elle s'est produite, ne pouvait pas rester ignorée, d'autant plus qu'elle aurait pu être regardée comme un acte de vengeance des Arméniens contre Dervich Agha qui avait pris une part directe à l'arrestation de Damadian; cependant Omer ben Pourto seul (p. v. 30) qui en aurait entendu parler, Taleb Effendi (p. v. 12) qui donnait sa déposition en se rapportant à des notes écrites ne citent pas cette affaire parmi la longue série de crimes qu'il impute aux Arméniens.

L'absence de plainte en son temps de la part de Dervich Agha qui, il le déclare lui-même connaissait les agresseurs et possédait des témoins de l'incident, ne permet pas d'accorder foi à son récit, car, malgré l'explication qu'il donne de son silence, il pouvait toujours espérer que les autorités, ou ses services, donneraient toutes les suites voulues à sa plainte.

L'enquête à ce sujet n'a pas été poursuivie par la Commission.

d) Le viol et le meurtre barbare, environ le 10 juin 1894, de Iledo, femme de Moussa Abdoullah, de Molla-Meleki.

Ce crime forme le sujet des dépositions du mari de la victime (p. v. 65) et d'Ahmet ben Recho (p. v. 67). Le caïmakan de Koulp (p. v. 66) confirme le fait de la remise d'une enquête y ayant trait et Ali de Gueleguzan (p. v. 68), parent de la victime, a entendu parler de ce meurtre quelques jours avant les événements de l'Antok-Dagh.

Taleb Effendi (p. v. 12) dans sa déposition cite également le meurtre barbare de Hedo, femme de Moussa, mais il ajoute que le mari lui-même fut tué, et il place ce double assassinat parmi les événements de l'année 1893, le regardant comme une cause des combats qui se produisirent cette même année entre Kurdes et Arméniens.

Ni Réchid (p. v. 24), ni Mehmed (p. v. 69), les parents de la femme tuée, en énumérant les actes de violence dont les Arméniens se seraient rendus coupables à l'égard des Kurdes, ne font aucune mention de cet incident qui, s'il avait eu vraiment lieu, ne pouvait échapper à leur attention. De plus, il est difficile d'admettre que le vol de deux boeufs chez le nommé Ahmo ben Ahmé de Nederan ait pu provoquer une plus grande impression sur les Kurdes qu'un meurtre qui aurait été commis dans des circonstances aussi barbares. Cependant le vol de ces boeufs a trouvé une mention dans presque chaque déposition faite par un Kurde ou Arménien de Khian ou Koulp devant la Commission, tandis que pour le meurtre en question les seules dépositions sont celles ci-dessus mentionnés.

L'absence d'enquête à ce sujet et en son temps, reconnue par le caïmakam de Koulp lui-même, est avec le récit, invraisemblable en soi, que fait le mari de la victime, une raison sérieuse qui donne à douter que cette accusation contre les Arméniens soit fondée.

En conséquence, les sousignés ne sauraient regarder cet incident comme un des faits acquis devant la Commission.

e) La déclaration unique et très indéterminée de Nadir Agha (p. v. 13), au sujet de l'enlèvement par les Arméniens d'une femme kurde qui après avoir subi de mauvais traitements aurait été relâchée au bout de deux jours, ne présente pas les données voulues pour arriver à une concluion quelconque.

f) Meurtre barbare, près de Gueliéguenim, d'un Kurde, dont le cadavre aurait été apporté au camp de Merguemouzan, entre les 14 et 17 juillet (p. v. 5).

Cette allégation n'a pas été confirmée, ni par les dépositions du capitaine Moustapha Effendi, (p. v. 9), ni par celle de Medjid ou Bachi (p. v. 5) dont la conversation avec un soldat et niée ensuite par Medjid lui-même, aurait fourni l'occasion du rapport qui a trait à cet incident.

g) Le meurtre par les Arméniens du fild d'Amo, Kurde de Khochekan, et dont le cadavre écorché, d'après le capitaine Moustapha Effendi, aurait été amené au camp, n'a pas été mentionné dans une seule déposition devant la Commission, qui cependant a entendu un très grand nombre de Kurdes, Badikauli et autres. Seul Serkis, fils de Hamza (p. v. 42), du village de Haptk près Talori, dit d'une façon indéterminée que les Arméniens non seulement tuaient les Kurdes mais encore écorchaient les victimes.

Dans ces circonstances, l'accusation dont il s'agit ne peut pas être considérée comme prouvée.

h) Le meurtre, au commencement du mois de juin, du Kurde Temich ben Mehemet et mutilation du cadavre.

Le nommé Ressoul ben Merdjo (p. v. 20) est venu de lui-même devant la Commission porter plainte à ce sujet, mais, se bornant à de simples dénonciations, n'a fourni aucune preuve à l'appui des accusations qu'il a jetées sur les Arméniens.

Aucun des trois Kurdes de Guelieguzan (p. v. 24, 68, 69) ne fait allusion à ce meurtrre, quoique, d'après Ressoul lui-même, ce seraient les Kurdes de Guelieguzan qui, les premiers, lui en auraient fait part.

Les dépositions des trois Kurdes de Djadjas, voisins du village où demeurait la victime, accusent le fait seul du meurtre, mais ne désignent pas les auteurs (p. v. 69).

De plus, à en croire Ressoul, il résiderait de façon permanente à Djadjas et par conséquent aurait vu lui-même le cadavre mutilé. Mais il résulte des dépositions de Dervich Agha (p. v. 27) que ledit Ressoul habite Mouch depuis longtemps et qu'il a participé avec son frère Némo à la prise de Damadian.

Dans ces circonstances, en admettant le fait même d'un meurtre dont l'existence d'ailleurs n'a pas été suffisamment démontrée, aucune preuve n'est avancée que ce meurtre ait été commis par les Arméniens.

89

i) Le meurtre de Sélim (p. v. 20) qui, d'après les dépositions de son fils Abdullah, aurait eu lieu au mois de juillet 1894 a été commis en réalité en 1893 pendant les événements de Talori, ce qui résulte de la déposition dudit Abdullah lui-même rapprochée de celle de Taleb Effendi (p. v. 12).

La Commission n'a pas poursuivi l'enquête sur cet incident.

j) L'attaque sur le Kurde Mehemed de Tapik.

k) L'enlèvement des bestiaux chez Akoben Abro.

l) L'attaque sur Moussa ben Sado.

m) Le meurtre d'un Kurde dont environ 150 moutons furent enlevés (p. v. 5, 69, 72, 24).

Chacune de ces quatre accusations ne repose que sur des dépositions uniques et indéterminées qui ne permettent de formuler une conclusion.

n) L'enlèvement, par une bande d'Arméniens armés, de deux boeufs appartenant à Ahmo ben Ahmé, du village de Nederan, forme le sujet de dépositions nombreuses, indépendantes les unes des autres, parmi lesquelles les principales sont celles d'Osman ben Talo, Arakel, fils de Tavo, Ali ben Abdo (p. v. 59), Julave ben Abdo (p. v. 60), Tato et Serko (p. v. 62, 63).

Il en ressort de façon incontestable que ce vol a eu lieu et qu'il était le fait d'une bande armée d'Arméniens qui se retirèrent ensuite vers l'Antok-Dagh. Mais il est à noter que lesdites dépositions relatives à la poursuite par les Kurdes des Arméniens ravisseurs démontrent que les Arméniens de Chenik, Semal et Gueliéguzan n'étaient ni au moment de l'enlèvement même, ni immédiatement après réunis sur l'Antok-Dagh.

o) Le meurtre barbare de Hussein ben Kalo du village d'Inekan.

D'après le récit du capitaine Moustafa Effendi (p. v. 9), ce fut le cadavre mutilé d'un homme de Kian habitant dans le voisinage de Merguemouzan qui fut apporté au camp; la victime qui était allée sur l'Antok-Dagh chercher deux boeufs qu'elle avait perdus y fut assassinée.

Arakel fils de Yavo (p. v. 59), Tato (p. v. 62), disent avoir entendu parler par les Kurdes, partis à la recherche des boeufs d'Ahmo Ahmé du meurtre d'un Kurde d'Inekan. Osman ben Talo, Ali ben Abdo, Gulavé ben Abdo, Maksoud ben Hassan, Salih ben Omer, Mamo ben Temo, (p. v. 59, 60, 65) confirment le fait du meurtre et du transport du cadavre mutilé à Merguemouzan.

En examinant toutes ces dispositions, on voit que tous ces témoins parlent du même fait; Sako (p. v. 17) a entendu dire par les Zaptiés au temps des événements mêmes, qu'un cadavre mutilé avait été au camp. Dans ces circonstances, le fait doit être considéré comme prouvé; attendu qu'il résulte des dépositions précitées que c'était au moment de la poursuite par les Kurdes de la bande d'Arméniens qui avaient enlevé les boeufs d'Ahmo-Ahmé, il est possible que cet homme ait été tué par elle.

Quant au récit de Gulavé ben Abdo (p. v. 66) qui, se disant témoin oculaire, a donné, les plus minutieux détails des actes de cruauté révoltante qu'il aurait vu commettre par les Arméniens il ne convient pas d'y ajouter foi, car ce même Gulavé ben Abdo ayant, d'après sa propre déclaration, accompagné le cadavre jusqu'au camp de Merguemouzan, il est impossible qu'il n'ait pas donné ces détails avec les noms des assassins, soit à ses compagnons, soit au capitaine Moustapha Effendi. Étant donné les contradictions très sérieuses existant entre la déposition de ce dernier et celle des autres témoins relativement aux conditions dans lesquelles la mort dudit Kurde aurait eu lieu, les circonstances environnant cet incident restent très vagues et n'ont pas été suffisamment éclairées par l'enquête.

p) Le meurtre du Kurde Sibo Karikauli ben Kasso.

On doit considérer le fait du meurtre de cet homme, confirmé même par Attam (p. v. 77), comme prouvé.

En ce qui regarde les auteurs de l'attentat et les détails, on ne saurait prendre au sérieux les dépositions de Hazo de Spagank (p. v. 70) et Julave ben Abdo (p. v. 60), et, en l'absence de témoignages directs, considérer cette dernière question comme élucidée par l'enquête.

Toutefois, la disparition de Sibo ben Kasso sur des terrains situés près de villages arméniens, les déclarations des villageois qui nient en avoir aucune connaissance, alors que les dires du susdit Attam prouvent que ce fait ne pouvait être ignoré d'eux; la présence enfin, parmi les Arméniens, de la bande de Mourad, donne lieu, de fortement soupçonner les Arméniens du meurtre dont il s'agit.

q) Attaque sur les tentes de Hassan Chaouki (p. v. 90) accompagnée d'un vol de bétail, deux hommes ayant été blessés.

Cette attaque mentionnée aussi fréquemment dans les dépositions entendues que celle ayant eu pour résultat l'enlèvement des deux boeufs d'Ahmo Ahmè es les meurtres de deux Kurdes d'Inékan et de Karikan est confirmée par la déposition de Hassan Chaouki lui-même et par celle de Tato de Guéliémansour (p. v. 62), qui de plus affirme que cet incident même aurait été la cause des rencontres entre les Kurdes et les Arméniens. Étant donné les dépositions unanimes au sujet de cette attaque, elle doit être admise comme s'étant réellement produite et les auteurs comme étant des Arméniens.

r) Attaque sur les tentes de Emin ben Kasso.

D'après Emin ben Kasso lui-même (p. v.28), Mirzo ben Ali et Salih ben Ali (p. v. 29), cette attaque aurait eu lieu environ le 15 août aux pâturages nommés Chen, près de Chenik et Semal, et aurait été suivie par l'enlèvement d'environ 300 moutons, par la mort de 4 Kurdes et la blessure de 3 autres.

Des dépositions de Suleyman ben Mollah Ahmet et Ahmo ben Mehemet (p. v. 72), il résulterait, au contraire, que cette attaque aurait eu lieu au mois de juillet.

Si l'on prend en considération la situation dans laquelle se trouvaient les Arméniens, le 15 août, sur l'Antok-Dagh et de plus l'endroit où l'attaque alléguée aurait eu lieu, c'est-à-dire près de Chenik, du côté opposé à l'Antok-Dagh, on doit la regarder comme impossible et, étant donné que les Kurdes nient avoir soutenu aucun combat avec les Arméniens, sauf les deux seuls jours à Tchaï, il est très probable que la perte d'hommes attribuée par Emin ben Kasso à l'incident en question n'ait été qu'un résultat des combats qui eurent lieu pendant la première moitié d'août.

Si, au contraire, l'attaque avait eu lieu au mois de juillet, comme prétendent les témoins Suleyman et Ahmo précités, il est alors inexplicable qu'un accident entraînant des conséquences aussi graves n'ait été l'objet d'aucune mention dans les autres témoignages kurdes et qu'Omer ben Pourto (p. v. 30), si bien renseigné, n'en ait pas même entendu parler.

s) L'attaque sur les tentes d'Amo Meho de Latchekan aux pâturages de Kourtik-Dagh, à deux heures de distance du village de Chenik et Semal.

Les plus minutieux détails au sujet de cette attaque ont été donnés par Amo Meho lui-même (p. v. 28), mais, quoique très graves, n'ont trouvé de confirmation que dans quatre témoignages Badikauli (p. v. 71-72).

L'affaire en question, à ce qu'affirmait le plaignant, se serait passée à Kourtikdagh, mais, dans ce cas, elle n'aurait pu rester ignorée du capitaine Moustapha Effendi; cependant, ni celui-ci, ni les autres Kurdes qui énumèrent les méfaits arméniens, n'en font mention, et le capitaine, aussi bien que ces derniers, sont absolument muets au sujet des cadavres mutilés des trois Kurdes qui, à en croire Ahmo, auraient été apportés à Merguemouzan.

Cet incident ne doit pas être pris plus en considération que le précédent.

t) L'enlèvement du bétail de Tarho Oglou Kurde d'Inekan.

Il résulterait des dépositions y relatives (p. v. 38-49-59-66-67-91) que ce vol aurait été commis par une bande d'Arméniens des villages de Kavar et de Talori. A cette accusation, les Arméniens répondent simplement par des dénégations et les récits kurdes se contredisent eux-mêmes sur quelques points.

Étant données les exagérations et les inventions remarquées dans le récit de semblables attaques, il ne paraît pas possible, sans nier que celle-ci ait eu lieu, de se prononcer à son endroit, surtout si l'on prend en cousidération que les deux principaux témoins de l'incident, Sophi Mehemet et Suleyman de Guedorni (p. v. 70), donnent ensuite un récit tout à fait invraisemblable au sujet de la question suivante, savoir:

u) La perception des Arméniens, pendant deux années, sur des Musulmans d'argent et de produits agricoles à titre de redevances pour l'église arménienne.

Étant donnée la situation respective des Kurdes et des Arméniens dans le pays, les premiers étant les maîtres, on doit considérer cette accusation, qui porte non sur un cas isolé de brigandage mais s'étend à une période de deux années, comme une pure invention, ayant toute l'apparence d'avoir été imaginée pour servir de contrepoids aux déclarations des Arméniens relatives au *hafir* que les Kurdes percoivent d'eux.

v) La conversion au christianisme opérée de force par Mourad sur trois Kurdes de Guelieguzan et sur la famille de Hazzo de Spagank.

Cette accusation, malgré les récits circonstanciés mais pleins de contradictions et d'invraisemblance, dont elle est l'objet de la part d'Ali, Meho, de Gueléguzan et

Hazo de Spagank (p. v. 68-69-70), confirmée d'après ouï-dire par Taleb Effendi, ne présente rien qu'une calomnie.

Ces faits sont inadmissibles si l'on songe aux conditions du pays, le district où ces concessions auraient été opérées étant à proximité immédiate de Mouch et entouré par des villages kurdes où les soi-disant victimes auraient pu aisément se réfugier.

x) Le meurtre de Hadji Agha Kurde Bekrauli, dont le cadavre mutilé aurait été apporté au camp de Merguemouzan.

D'après le capitaine Moustafa Effendi (p. v. 9-80), Hadji Agha aurait été tué pendant l'attaque des Arméniens sur les Bekrauli, venant à leurs pâturages d'été, mais toutes les autres dépositions à ce sujet, y compris celles des Bekrauli eux-mêmes, ne confirment ni le fait de mutilation du cadavre ni celui du combat dans les conditions relatées par le capitaine Moustapha Effendi. Seul, Cherko, agha des Bekrauli (p. v. 87), déclare que les cadavres de trois Kurdes tués pendant le premier jour de la lutte avaient été mutilés par les Arméniens, mais il nie que les Bekrauli aient eu des relations avec les troupes de Merguemouzan, tandis que de son côté le capitaine qui les commandait nie avoir eu connaissance d'un combat ayant duré deux jours entre les Arméniens et les Kurdes. Vu ces contradictions évidentes et les exagérations démontrées plus haut de mutilation de cadavres par les Arméniens, on ne peut considérer cette accusation comme digne de foi.

y) Obstruction pour les musulmans, du fait des Arméniens, de routes directes de Khian à Mouch pendant deux ans.

Les dépositions à ce sujet de Salihagha Ressoul, Dervich Agha, Salih ben Zoro, Medjid Effendi et Temo (p. v. 14-20-27-28-49-51) sont de simples allégations insuffisamment appuyées sur des faits probants.

z) L'attaque sur les Kurdes Telikauli le 28 juillet (v. s.) 1894 (p. v. n°s 47-9-12-13-14-17-20-30-38-41-51-59-73-74-75-98).

Les nombreuses dépositions à ce sujet, tant arméniennes que kurdes, établissent le fait d'une telle attaque de la part des gens de Chenik et accompagnée de la mort de trois Kurdes, et ne different que sur les motifs : les Arméniens les trouvent dans un vol de bétail commis d'abord par les Kurdes tandis que les autres dépositions attribuent l'attaque aux excitations de Mourad et à l'état de révolte où se trouvaient alors les Arméniens. Mais le fait qu'elles restituèrent par égard pour le Gouvernement le bétail enlevé à cette occasion en se bornant à se plaindre des Velikauli aux agents des autorités venus à Chenik, ainsi que leur attitude à l'égard de ces mêmes agents montrent bien que cette attaque n'avait pas le caractère révolutionnaire qu'on lui a prêtée et n'était que le résultat d'une dispute entre les deux parties intéressées.

Quant à l'accusation de viol de femmes à cette occasion portée contre les Arméniens, elle émane du seul Simonen Oglou (p. v. 78) qui en aurait fait part à Fevzi Effendi, mais n'a pas été confimée par celui-ci, euvoyé spécialement pour examiner l'incident et ne saurait être acceptée sur l'affirmation unique dudit Simonen Oglou.

z') Les paroles injurieuses proférées par les bandes arméniennes contre la religion musulmane. Ce fait a été signalé dans beaucoup de dépositions, les témoins ajoutant qu'en même temps les Arméniens criaient le nom de Mourad, comme celui de leur chef, et Mourad lui-même n'a pas nié que la chose fût possible, vu les habitudes du pays.

Quoique les témoignages relatifs à cette accusation émanent d'un seul côté, on peut admettre que des injures aient été proférées par les Arméniens au cours de leurs rixes avec les Kurdes.

B. – Actes d'insoumission des Arméniens à l'égard du Gouvernement et autres agissements considérés par celui-ci comme préparatoires à la révolte

a) Attaque sur le caïmakam de Koulp au village d'Aktchesser, environ le 20 juin (v. s.) 1894.

Le récit fait à ce sujet par le caïmakam lui-même, et confirmé par la déposition des gens de sa suite (p. v. 66-67), ne paraît que peu vraisemblable, attendu qu'une réunion de plusieurs centaines d'Arméniens armés de Kavar et de Talori joints à ceux d'Aktchesser même, attaquant un agent du Gouvernement du rang de caïmakam, n'aurait pas pu ne pas être considérée comme un acte de révolte ouverte. Cependant, malgré la gravité du cas, on ne voit pas qu'une mesure quelconque ait été prise à la suite de ce grave incident, ce qui permet de penser qu'il était de proportions beaucoup plus modestes que celles qui lui ont été attribuées par le caïmakam.

D'autre part, comme il ressort du commencement d'une lettre prise sur Mourad qu'il y eut une opposition réelle de la part des villageois à l'arrestation-de leurs chefs, le fait en question ne peut être regardé autrement que comme un acte d'insoumission envers les agents du Gouvernement.

Aucun des habitants d'Aktchesser n'ayant été appelé devant la Commission, l'enquête ne présente qu'un côté de la question.

b) Attaque affirmée par le caïmakam de Sassoun comme ayant été méditée contre sa personne à Kiagashin (p. v. 52).

L'enquête ne présente aucune déposition indépendante de celle du caïmakam lui-même et aucun habitant du village de Kiaghashin n'ayant été produit devant la Commission malgré la demande des délégués, ceux-ci ne peuvent regarder ce fait comme établi, d'autant plus que le caïmakam ne posait ses propres affirmations que sur la simple information d'un de ses agents.

c) Expulsion de Chenik de Fevzi Effendi, commandant de gendarmerie, envoyé à l'occasion de la rixe entre les habitants de ce village et les Kurdes Telikauli et alléguée par Auton Effendi vicaire de l'évêque catholique de Mouch (p. v. 43).

Cette accusation n'a pas été confirmée par Fevzi Effendi même. Les déclarations du prêtre Parsegh disant que des agents du Gouvernement tels qu'Ali Effendi, Taleb Effendi et autres envoyés pour donner des conseils aux villageois de Kavar et de Talori auraient été chassés par ces derniers n'ont pas trouvé davantage de confirmation dans les dépositions faites devant la Commission, Taleb Effendi lui-même ayant nié s'être rendu dans ces districts pendant l'été 1894.

d) Refus par les habitants de Talori d'admettre chez eux pendant quinze ans les agents de l'autorité.

La déposition à ce sujet de Medjid Effendi et du caïmakam de Koulp (p.-v- 49, 66), ce dernier allant jusqu'à affirmer qu'à cause de cette conduite il n'a pu envoyer des agents pour constater l'état des villages détruits de Talori, est en absolue contradiction avec la déposition de Mahmoud ou Bachi (p.-v. 75) qui affirma que, pendant son service comme gendarme, il passait par Talori sans être aucunement inquiété par les Arméniens.

Mais, en admettant que le fait avancé fût vrai, il faudrait en voir la cause dans la situation générale du pays et ne pas rejeter la faute sur les Arméniens vu leur situation au milieu des Kurdes et leur faiblesse numérique.

e) Attaque méditée par les Arméniens sur les troupes de Merguemouzan.

La plupart des dépositions à cet égard ne reposent que sur des ouï-dire, et le capitaine Moustapha Effendi se basant uniquement sur les informations reçues d'un certain Kurde de Sassoun par l'intermédiaire d'un zaptié, le fait de préméditation d'une attaque sur les soldats ne présente que le caractère d'une simple rumeur.

Les déclarations relatives à ce sujet des témoins Réchid, Ali et Hazo (p. v. 23, 69, 70), vu leur caractère invraisemblable et contradictoire, ne peuvent pas être considérée comme fournissant un appui quelconque à l'accusation, d'autant plus que leur présence parmi les Arméniens sur l'Antok-Dagh est des plus douteuses.

f) Refus des habitants d'Agpi et Hetnik de payer leurs impôts en 1894.

Cette accusation a été portée par le seul caïmakam de Sassoun (p. v. 52), et l'enquête n'a pas été faite à ce sujet. Simo d'Agpi (p. v. 81) a nié le fait.

g) Introduction de poudre et de plomb à Talori (p. v. 49, 53, 69, 75.)

L'enquête en fournit deux cas: l'un constaté par les agents secrets de Medjid Effendi, l'autre vu par des gens de Khian qui auraient rencontré une bande avec les porteurs des munitions en question. En dépit des affirmations des témoins précités, les conditions dans lesquelles ils ont comparu devant la Commission et les détails de leur récit ne permettent pas de le considérer comme vraisemblable.

h) Enfouissement des effets, ustensiles de ménage, etc., au printemps de 1894 de la part des gens de Kavar et présenté dans de nombreux témoignages comme préparatoire à la révolte.

Les Arméniens ont expliqué cette habitude, d'ailleurs ancienne, par la crainte du vol des Kurdes venant dans leurs environs à leurs pâturages d'été.

CHAPITRE III

Pièce trouvée sur Mourad au moment de son arrestation

Notre estimé compagnon Mourad,

Nous avons reçu la lettre en question et l'avons accueillie avec beaucoup d'affection et si tu demandes pour nous, il ne nous reste plus rien, parce que voilà douze jours qu'il y a combat sur nous, et, grâce à la faveur du Seigneur, c'est nous qui sommes les vainqueurs ; mais hier matin le combat a commencé de toutes parts, il y a eu attaque sur nous ; il s'est emparé de Husseintzik, et le soir il est entré dans le village et mis tout en cendres.

Aujourd'hui au matin il a marché sur nous de tous les points de l'Antok, et peu s'en est fallu qu'il ne nous détruisît complètement. Voilà pourquoi en prenant avec lui la plus grande partie des habitants de Gueléguzan, Der-Bedros (le prêtre) s'est, à notre insu, dirigé vers Sassoum, c'est pour cela que nous n'avons trouvé autre moyen que l'envoi de deux ou trois femmes auprès d'eux ; un peu est retourné. Nous ignorons encore le nombre des gens tués, seulement le nombre des femmes et de petits enfants ont été brûlés dans les maisons, beaucoup de personnes sont perdues.

Signé : KERKO MOSSEYAN ; OHAN NICAYAN ;
D. OHANNÈS, prêtre

(Au dos de la lettre)

A présent nous ignorons ce qui arrivera, il peut se faire que jusqu'au soir ça tourne autrement et qu'il nous passe au fil de l'épée.

CHAPITRE VI

Victimes des événements de Sassoun

Les témoignages des Arméniens à ce sujet ne permettent pas d'établir la quantité même approximative des pertes subies par eux et des conditions exactes dans lesquelles elles se sont produites. Étant donné la dispersion qui a été la conséquence des événements, les tendances de quelques Arméniens, logiques d'après leur point de vue, à attribuer aux événements mêmes la mort des gens qui n'ont fait que succomber postérieurement aux suites et, de plus, les détails évidemment imaginaires fournis par quelques-uns, il est presque impossible d'espérer pouvoir dresser un tableau véridique.

Seul le plus grand nombre des témoins de Chenik permet une évaluation plus rapprochée de la vérité. Quant aux autres villages et en particulier ceux de Talori, l'enquête ne donne que des indications isolées. Néanmoins l'aspect général de tous les témoignages rend évident le fait que, pendant les événements, il y a eu meurtre d'hommes, de femmes et d'enfants, et les essais de la Commission pour en restreindre le chiffre, donné en particulier par les habitants de Chenik, n'a abouti qu'au résultat de faire découvrir un nombre plus élevé des victimes.

Ci-dessous la liste comprenant les noms des gens de tout âge et de tout sexe dont le meurtre a été déclaré devant la Commission et les circonstances dans lesquelles il aurait eu lieu.

Numéros	Noms des victimes	Circonstances de leur mort. D'après les témoignages	Noms des témoins	Numéros des procès-verbaux
		I. DU VILLAGE DE CHÉNIK		
1	Artin, frère d'Erko.	Tué par les soldats pendant la fuite vers Passour, d'après Erko; Serkis le dit tué; mais ignore par qui.	Erko ...... Serkis	7 10
2	Tarten, 3 ans.	Tué, d'après Erko dans le ravin de Guelié-Hengueri par les soldats. La mort des deux fils d'Artin est confirmée par des dépositions de la nommée Maïmo, mais elle leur donne les noms de Tartan et de Simo. Serkis confirme la mort d'Aram pendant la fuite, mais nie l'existence de Tartan.	Erko ...... Serkis ..... Maïmo.....	7 10 55
3	Aram, 1 an, fils dudit Artin.			
4	Maïram.	Serkis nie que ces membres de sa famille aient été tués et affirme que sa femme Maïram et ses deux filles Chouchan et Aïvan sont mortes après leur retour à Chénik; il nie l'existence d'un enfant d'un an qu'on dit être mort. Maïmo Mardiros, frère de Serkis, et Rebé, femme dudit Mardiros, confirment le meurtre de Maïram et de ses deux filles Chouchan et Hamé.	Erko ...... Serkis ..... Maïmo..... Mardiros ... Rebé	7 10 55 78 78
5	Chouchan, 6 ans.			
6	Aïnan, 3 ans.			
7	? 1 an, femme et trois filles de Serkis, fils de Tartan et neveu du susdit Erko.			
8	Bédros, 7 ans, fils de Mardiros, frère du susdit Serkis.	Erko nomme ce Bédros comme fils de Serkis, mais comme on voit des dépositions de Maïmo, ainsi que celles de Mardiros et de sa femme Rebé, Bédros est le fils de ces deux derniers. D'après les dépositions des parents de ces deux enfants, Bédros et Migreditch ont été abandonnés pendant la fuite de l'Antok-Dagh au moment de l'arrivée des soldats mêlés aux Kurdes, et on les a plus revus.	Erko ...... Serkis ..... Mardiros ... Rebé	7 10 78 78
9	Migreditch, frère du précédent, 2 ans.			
10	Chouchan, 40 jours, fille de Sako.	D'après Sasko, elle aurait été abandonnée dans le village au moment de la fuite, mais les dépositions d'Erko, fils de Kalo, Toué, fils de Miko, et de Mariam, femme de Sako lui-même, montrent que Sako n'a jamais eu d'enfants.	Sako ...... Erko ...... Toué ...... Mariam	17 56 56 91
11	Kourki-Jiuro.	D'après Sako, Manouchké était la fille d'Erko, frère de Mardo, et les deux enfants auraient été abandonnés à l'Antok pendant la fuite. D'après Mardo, père de ces enfants, Manouchké à été abandonnée dans le village et Kourki tué par les soldats. Le meurtre de ce dernier est confirmé par Toué, fils de Mirko, mais ce même Toué nie l'existence de Manouchké et Erko, fils de Kalo, affirme que Manouchké était morte deux ans auparavant; il nie en outre l'existence de Kourki.	Sako ...... Toué ...... Erko ...... Mardo	17 56 56 54
12	Manouchké, enfants de Mardo, fils de Kalo et neveu dudit Sako.			

Numéros	Noms des victimes	Circonstances de leur mort. D'après les témoignages	Noms des témoins	Numéros des procès-verbaux
13	Artin, fils de Bédo.	Rendé, femme d'Artin, affirme le meurtre de ces cinq personnes en attribuant la mort des hommes aux soldats, mais ignore par qui ont été tuées les autres, elle n'en a vu que les cadavres. Maïmo confirme le meurtre de ces cinq personnes. D'après Artin, Artin, fils de Bedo et Girbo, son fils, auraient été tués à Gueliésan.	Rendé . . . . . Maïmo . . . . . Artin . . . . . . Hazé	63 65, 63 et 66 26 81
14	Girbo, fils dudit Artin.			
15	Gulé, femme dudit Girbo.			
16	Chouchan, fille de ces deux derniers.			
17	Mardo, fille de Saak, oncle dudit Artin.			
18	Manouk, fils dudit Girbo.	Les dépositions d'Artin au sujet de la mort de Manouk ne sont pas confirmées par la déposition de Rendé, grand-mère dudit Manouk et à sa place elle donne comme morte Chouchan (n° 16 de la présente liste).	Artin . . . . . . Rendé	26 63
19	Migro, 2 ans, fils de Bédros, fils d'Artin.	Bédros dit que ces deux enfants ont été abandonnés sur l'Antok-Dagh, mais Boghos, son frère, affirme que Nouré est morte après le retour au village. Artin dit l'abandon de Garabet et Chouchan son petit-fils et sa petite-fille. Mais Garabet donné comme fils de Bédros est vivant et Merké n'avait pas de fille nommée Chouchan, ce qu'on voit des dépositions de Bédros et de Boghos. Il est donc évident qu'Artin s'est trompé de noms et que ces deux petits enfants, restés au milieu des soldats à l'Antok Dagh, sont Apré et Hamenik.	Bédros . . . . . Boghos . . . . Artin	53 66 26
20	Nouré, 3 ans, fille de Merké, frère dudit Bédros.			
21	Apré, frère de Nouré.			
22	Hanemik, fille dudit Bédros.			
23	Toué, fils de Nigro.	Tués ensemble d'après Hebo par les soldats accompagnés par les Kurdes pendant la fuite.	Maïmo . . . . . Sako . . . . . . Hébo	55 et 66. 17 79
24	Avédis, fils dudit Toué, 5 ou 6 ans.			
25	Ossep, fils de Kéchich.	Tué pendant la fuite	Maïmo	55 et 66.
26	Djoré, fils de Kasso.	Tué pendant la fuite de Chénik	Sako . . . . . . Erko	17 56

Numéros	Noms des victimes	Circonstances de leur mort. D'après les témoignages	Noms des témoins	Numéros des procès-verbaux
27	Djoré, fille de Hébo, femme de Gourdjo, fils de Mossie.	Tuée à Keupru Chérif han pendant le combat	Maïmo..... Girbo ..... Hébo	55 et 66. 65 79
28	Chavé, fille de Sako, fils de Fesné et femme de Mardo, fille de Mossé.	Tuée pendant la fuite à l'Antok Dagh. D'après Hébo s'est jetée avec d'autres femmes dans un précipice.	Maïmo..... Erko ...... Hébo	55 et 66. 56 79
29	Kirko, fille de Mossé, moukhtar de Chénik.	Tué par les Kurdes pendant la fuite de l'Antok-Dagh	Hatcho .... Maïmo.....	16 55 et 66.
30	Artin, fils de Kasso. —	Les deux tués, d'après Artin, à Guéliésan	Hébo ...... Maïmo..... Artin	79 55, 63 et 66 26
31	Migro, fils d'Agop.			
32	Girbo, fils de Touo.	Tué à Guéliésan	Sako	17
33	La mère de Kasar, fils de Boghos.	Tuée par les balles d'hommes du Gouvernement pendant la fuite de l'Antok Dagh.	Artin ...... Khazar	26 33
34	La fille de Manouk, fils de Nigo, de 8 ans.	Disparue pendant la fuite l'Antok Dagh	Manouk	37
35	Khazar, fils de Serko, mari de Maïmo.	Tué par les soldats, d'après Maïmo	Maïmo..... Girbo	55 et 66 65
36	Garabet, de 11 ans, fils de Maïmo.	Massacré, d'après la première déposition de Maïmo qu'elle a rétractée ensuite en disant qu'il avait succombé par la peur pendant les événements, puis enfin qu'il est mort après le retour au village.	Maïmo.....	55, 66 et 91
37	Ohannès, fils de Lucig. —	Tué par les soldats d'après Khazé, sa belle-sœur, et jeté dans les fosses. Ses enfants ont été tués par les soldats.	Maïmo..... Khazé	55 et 66 58
38	Artin —			
39	Moucho, enfants dudit Ohannès.			

Numéros	Noms des victimes	Circonstances de leur mort. D'après les témoignages	Noms des témoins	Numéros des procès-verbaux
40	Artin, fils d'Aram.	Tués pendant les événements	Maïmo.....	55, 63 et 66
41	Migro, fils d'Ové.			
42	Mardiros, fils d'Agop.			
43	Serkis, fils d'Ohannès.	Tués par les soldats sur l'Antok Dagh	Maïmo..... Garamet ... Garabet	55 76 76
44	Hampa, son fils de 6 ans.			
45	Ohan, 4 ans.			
46	Tarté, 5 ans. enfants de Garabet, fils d'Ohannès.			
47	Gabaret, fils d'Ohannès.	Tué pendant les événements. Un homme du nom de Garabet, fils d'Ohannès, s'est présenté dans la séance du 26 avril (p. v. 76), mais de sa déposition, ainsi que de celle du Kiaïib Michaïl, il résulte qu'il a un homonyme dont le sort est ignoré.	Maïmo..... Garabet .... Michaïl	55 76 76
48	Mamouk, fils d'Artin.	Tué pendant les événements. Erko, fils de Kalo, cite un enfant de ce nom comme tué; Mamouk, fils d'Artin et de Rendé et mari de Bulbul, est vivant. D'après les documents, un Manouk, fils d'Artin, est mort depuis longtemps. Maïmo rétracte sa déposition au sujet de la mort de Manouk (p. v. 91).	Maïmo..... Erko ...... Rendé ..... Khoté	55 et 91 56 63 67
49	Khazar, fils de Récho.	Tué près de Guéléguzan	Sako ...... Erko ...... Toué ...... Migro	17 56 56 56
50	Hairo, enfant, fils de Mariam et de Kiragos, fils de Recho.	Arraché par les zaptiés, pendant la fuite, des mains de sa mère et jeté par terre.	Maïram	57
51	Migreditch, fils d'Ohannès, un enfant.	Tué pendant les événements	Erko	55
52	Bedros, fils de Mardiros et de Khaté.	Tué pendant les événements	Haté	57

Numéros	Noms des victimes	Circonstances de leur mort. D'après les témoignages	Noms des témoins	Numéros des procès-verbaux
53	Aïvan.	Abandonnés, au moment de la fuite au village, dans la maison qui a été brûlée ensuite.	Haté	57
54	Abgar, enfants d'Artin, fils de Serké.			
55	Eghassab.			
56	Archak, enfants de Manouk, fils d'Artin.			
57	Tarté, fille de Khazzé et de Touo, fils de Loueig.	Abandonné au village	Hazzé	58
58	Serkis, fils d'Artin et d'Aïvan.	Disparu pendant les événements	Maïmo..... Aïvan	55 58
59	Tarté.	Une disparue pendant les événements, l'autre morte de peur après le retour.	Maïmo..... Toué	63 63
60	Hunevé, filles de Migro, fils de Miko.			
61	Serkio, fils d'Avé.	Tué pendant les événements	Maïmo..... Attam	66 66
62	Melko, fils de Mardiros.	Tué pendant les événements	Maïmo.....	66
63	Tarté, femme de Girko fils de Kalo.	Perdue pendant la fuite de l'Antok Dagh à l'arrivée des soldats et des Kurdes.	Bédros	78
64	Nazar,	D'après la mère Mariam, tués pendant les événements. Artin, fils de Giro, nie avoir eu des enfants nommés Girbo et Avédis et affirme que Nazar n'est mort qu'en automne. La mère, interrogée une seconde fois, confirme sa première déposition en ajoutant que c'est par peur que son mari a nié avoir eu ces deux enfants.	Mariam .... Artin	58 et 91 81
65	Girbo.			
66	Avédis, enfants de Mariam, fille de Gossé et d'Artin, fils de Giro.			
67	Mardiros.	Tués pendant les événements	Erko ...... Sako	7 17
68	Mardo.		Haté	57
69	Kiragos, 1 au fils de Hébo	Abandonné par sa mère pendant la fuite	Hebo	74
70	Hampo, 2 ans.	Abandonnés par leur mère pendant la fuite	....	"

Numéros	Noms des victimes	Circonstances de leur mort. D'après les témoignages	Noms des témoins	Numéros des procès-verbaux
71	Guélivar, nouveau-né, enfants d'Aro, fils de Serkis.			
72	Migreditch, fils de Merké, fils de Aro.	Abandonné par sa mère pendant la fuite.........	....	74
73	Sako, fils de Témo.	Vieillard resté au village et tué	Hébo......	79
74	Hatcho, fils de Serkis.	De 74 à 102, sont donnés par la nommée Maïmo comme tués; mais, dans ses interrogatoires subséquents, elle déclare qu'elle n'est pas sûre du meurtre de ces gens. Parmi eux se trouve Nazar, fils d'Artin, donné comme un enfant par Mariam (p. v. 58) et Guiro (n° 11 de cette liste). Un Mardiros, fils de Nigo, a été entendu dans la séance du 8 mars (p. v. 37 et 91). Maïmo s'est rétractée à son sujet. Erko, dans sa déposition (p. v. 7), ne dit rien de la mort de sa propre femme Ogdé. D'après le moukhtar de Kizil Agateh, une Kebé, femme d'Artin, se trouverait dans ce village.	....	"
75	Simo Artin.			
76	Migro Avé.			
77	Ohannès Mossé.			
78	Ohan Osman.			
79	Nazar, fils de Artin.			
80	Tartau, fils de Mardo.			
81	Ghazar Gourdjo			
82	Kirko Nigo.			
83	Mardiros Nigo.			
84	Giuro Mardo.			
85	Stepo Djevé.			
86	Khazar Khéchich.			
87	Kirko Pollo.			
88	Artin Mardiros.			
89	Miko.			
90	Guiro Boghos.			
91	Aïvan, fille de Ballé, femme de Récho.			

Numéros	Noms des victimes	Circonstances de leur mort. D'après les témoignages	Noms des témoins	Numéros des procès-verbaux
92	Hatché femme de Merké.			
93	Mariam fille de Marko, femme de Girbo	Un enfant du nom de Khazar, fils de Gourdjo, a été amené devant la Commission (p. v. 79).	....	79
94	Merké, fils de Giuro.			
95	Hatché, femme d'Ohan.			
96	Hatché.	Fille de Stepo, femme de Mardo	....	"
97	Saro.	Femme d'Ohannès	....	"
98	Ogdé.	Fille de Kiragos, femme de Gourdjo...........	....	"
99	Hamé.	Fille de Mardo	....	"
11	Chemé.	Fille d'Ohan	....	"
101	Rebé.	Femme d'Artin	....	"
102	Ogdé.	Fille de Serko, femme d'Erko................	....	"
103	Erko, fils de Kalo.	Du n° 103 jusqu'au n° 110 inclusivement, étaient cités par Maïmo comme tués; tous ont été produits devant la Commission, excepté la nommée Bulbul qui a été grièvement blessée pendant les événements, comme il résulte de la déposition de sa belle-mère Rendé. Le nommé Attam, fils d'Ové, est également blessé.	....	"
104	Migro Miko.			
105	Bédo Kalo.			
106	Bulbul, fille de Mardo et femme de Manouk.			
107	Rendé, fille de Kourki et femme d'Artin, fils de Bedo.			
108	Kazé, fille de Récho, femme de Migro.			
109	Attam, fils d'Ové.			
110	Boghos, fils d'Artin.			

Numéros	Noms des victimes	Circonstances de leur mort. D'après les témoignages	Noms des témoins	Numéros des procès-verbaux
111	Mariam, fille de Merké, femme de Girbo.	Citée par Maïmo peut être par erreur pour Gullé, fille de Merko et femme de Girbo (n° 15).	Mariam	58 et 91
112	Artin, fils de Fiuro.	Cité comme mort par sa femme, mais produit ensuite devant la commission et reconnu comme vivant.	Mariam	81
113	Boghos, fils de Mardo, fils de Saak.	Tué pendant les événements, d'après sa mère	Artin	81
114	Chouchau, fille dudit Mardo.	Tête coupée	Hazzé	"

II.
DU VILLAGE DE SÉMAL

1	Ohannès, neveu de Suko de Chénik.	Tué au camp de Guéléguzan, avec le prêtre Ohannès	Sako	17
2	Boghé.	*Idem*	Tavo	19
3	Khatcho, fils de Mardo	*Idem*	Mariam	62
4	Manouk	*Idem*	. . . .	"
5	Attam, fils dudit Katcho.	*Idem*	Ossep	64
6	Serko.	*Idem*	Egho	32
7	Mardo	*Idem*	Simo	31
8	Garabet	*Idem*	. . . .	"
9	Manouk, fils de Tartan	*Idem*	Egho	32
10	Cherko, fils d'Ohannès	*Idem*	Chahbaz . . .	43
11	Stépan	*Idem*	Mariam	61
12	Ohannès	*Idem*	*Idem*	61
13	Firo, fils dudit Cherko.	*Idem*	*Idem*	61
14	Boghos, fils de Tartan.	*Idem*	*Idem*	61
15	Tartan, fils de Vartan.	*Idem*	*Idem*	61

Numéros	Noms des victimes	Circonstances de leur mort. D'après les témoignages	Noms des témoins	Numéros des procès-verbaux
16	Gabriel, frère d'Ossep.	*Idem*	Ossep	64
17	Toué, fils de Hébo.	*Idem*	Mariam	63
18	Boghos, fils d'Artui.	*Idem*	Dilo	61
19	Toro, de 15 ans.	*Idem*	*Idem*	61
20	Kirkor, frère de Boghos, enfant.	*Idem*	*Idem*	61
21	Le prêtre Ohannès.	Tué au camp de Guéléguzan avec le prêtre Ohannès	Dilo	61
22	Ovast, jeune garçon.	Blessé au camp de Guéléguzan, d'après sa propre déclaration.	Ovak	25
23	Heneghine, de 5 à 6 ans, fille de Hatcho, frère de Tavo et père d'Ossep.	Abandonnée au village. D'après Ossep, Heneghine, sa sœur, aurait été trouvée morte sur la poitrine de son père, à Guéléguzan.	Tavo ...... Ossep	19 64
24	Noubar, leur parente, très vieille.	*Idem*	....	"
25	Bédros, de 8 à 9 ans.	*Idem*	....	"
26	Mano, enfant, fils du cousin de Tavo.	Tué à coups de baïonnette sur l'Antok Dagh	Tavo	19
27	Ardesch, de 4 à 6 ans, fils de Boghé, frère de Tavo.	Tué pendant la fuite par les soldats	Ossep ..... Tavo	64 19
28	Setrak, autre fils dudit Boghé.	Tué pendant les événements	Ossep	64
29	Setrak, de 2 ans, petit-fils de Mariam, qui n'est pas parente de Tavo.	Jeté par sa mère, à Guéléguzan, et mort de peur	Mariam	61

Numéros	Noms des victimes	Circonstances de leur mort. D'après les témoignages	Noms des témoins	Numéros des procès-verbaux
30	Archak, garçon de 4 ans.	D'après Tavo, tués près de Hazzo, par les soldats. Mariam, leur mère, n'a pas été interrogée directement à leur égard, mais dans ses réponses aux questions générales sur les massacres pendant la fuite de l'Antok Dagh, elle n'en a pas parlé.	*Idem* ...... Tavo	62 19
31	Mermère. fille de 6 ans, enfants du frère de Tavo Korké et de Mariam.	*Idem*	....	"
32	Ossep, un des parents de Tavo, son enfant a été pris par un lieutenant des Zaptiés.	Tué pendant les événements, d'après Tavo. Ossep, entendu devant la commission, n'est pas marié; ce n'est donc pas de lui que Tavo a voulu parler.	Tavo ...... Ossep	19 64
33	Cherko	Tué sur la montagne du Tchaï pendant la fuite du village	Simo	31
34	Ohan, fils de Stépan.	*Idem*	Egho	32
35	Toué, fils de Hetcho.	*Idem*	Chahbaz ...	43
36	Toré, femme d'Aré, une très vieille.	Restée au village au moment de la fuite	Simo	31
37	Une autre très vieille femme dont Simo ignore le nom.	Restée au village au moment de la fuite. C'est peut-être Noubar citée par Tavo (n° 24).	....	"
38	Merké, fils de Séfer.	Tué pendant les événements	....	"
39	Serkis-d'Aroutin.	*Idem*	....	"
40	Hébo, oncle de Simo.	*Idem*	....	"
41	Khasar	*Idem*	....	"
42	Le fils du prêtre Ohannès, de 5 ou 6 ans.	Abandonné à Guéliéguzan	....	"

Numéros	Noms des victimes	Circonstances de leur mort. D'après les témoignages	Noms des témoins	Numéros des procès-verbaux
43	Katé, femme du grand oncle Égho.	Abandonnée au village .... Probablement la même que Toré, femme d'Aré (n° 36).	Egho	32
44	Aré, oncle d'Égho.	Tué pendant les événements	....	"
45	Boghos, frère d'Erk.	Tué à Guelie-Heugueri par les soldats pendant la fuite	Egho	32
46	Bédros, fils d'Erko.	Idem	....	"
47	Oskian, fils dudit Bédros.	Idem	....	"
48	Toué, parent d'Erko.	Idem	....	"
49	Le fils de ce Toué, âgé de 2 ans.	Tué à Guélie-Hengueri par les soldats pendant la fuite	Egho	32
50	Merké, oncle d'Égho.	Idem	....	"
51	Sako, parent d'Egho.	Idem	....	"
52	Gulé, femme dudit Sako.	Idem	....	"
53	La fille de ces derniers, nommée Make.	Idem	....	"
54	Melko.	A disparu pendant les événements	....	"
55	Kazar, frère d'Égho.	Idem	....	"
56	Manouk, frère de Stepan.	D'après les morceaux d'habits, Stepan pense avoir trouvé leurs cadavres dans un ravin près de Gueleguzan.	Stepan	32
57	Khazar.	Idem	....	37
58	Artiu, fils dudit Manouk.			
59	Arakel.	Mort de peur pendant la fuite	Asatour	39
60	Parsegh, de 4 à 5 ans, fils d'Asatour.	Idem	Idem	"

Numéros	Noms des victimes	Circonstances de leur mort. D'après les témoignages	Noms des témoins	Numéros des procès-verbaux
61	Touo, père de Serkio.	Disparu pendant les événements	Serkis	49
62	Mardo, mari de Zéri, fille de Mardiros d'Agpi.	Son cadavre, mutilé, a été trouvé entre Kiaghoshim et Chouchamerg	Mariam	46
63	Chero.	Tués pendant le combat. Des gens de ce nom ayant été précédemment mentionnés, on ne saurait dire si ce sont les mêmes ou des homonymes (p. 1 et 19). Sans pouvoir citer les noms, on dit qu'environ une vingtaine d'enfants et vieillards auraient été abandonnés dans le village et y auraient péri :	Stepo	50
64	Tartan.			
65	Katchou.			
	Tavo.			
	Deux	Dans la maison du nommé Touné.		
	Deux	Dans la maison du nommé Chahgoudan.		
	Deux	Dans la maison du nommé Hébo-Ohan.		
	Trois	Dans la maison du nommé Artin.		
	Trois	Dans la maison du nommé Chabegor-Khazar.		
	Deux	Dans la maison des nommés Manouk-Khazar.		

III.
DU VILLAGE DE GUÉLIÉGUZAN

Numéros	Noms des victimes	Circonstances de leur mort. D'après les témoignages	Noms des témoins	Numéros des procès-verbaux
1	Un vieillard, oncle de Serko.	Tué pendant la fuite du village	Serko	25
2	Les fils de Serko.	Disparu pendant la fuite	"	"
3	Récho, fils d'Erko.	Tué par les soldats dans le ravin de Guéliésan	Stepan	50
4	Migro, et	*Idem*	Réhau	57
5	Toué, fils de Perho.	*Idem*	Serko	25
6	Serkis, fils d'Aro.	*Idem*	Réhau	57
7	Hénan, fils de Giro.	*Idem*	Serko	25

Numéros	Noms des victimes	Circonstances de leur mort. D'après les témoignages	Noms des témoins	Numéros des procès-verbaux
8	Son frère, âge de 7 ans.	Idem		
9	Mardo, fils d'Erko et cousin de Serko.	Idem		
10	Un enfant de 7 ans, frère d'Asatour.	Idem	Serko	25
11	Hario, fils de Tartau.	Idem		
12	Ono, fils de Chiko.	Idem		
13	Hafsé, femme de Serko fille d'Avo.	Serko a vu son cadavre		
14	Une autre Hafsé, fille de Nouré et femme d'Avo.	Idem	Serko	25
15	Une autre femme, de nom inconnu	Idem		
16	Serkis, et	Tué à Guéliésan		
17	Khazar, oncles de Kiragos.	Idem	Kiragos	25
18	Cheme, fille de Serko, femme de Giurbo, mère de Khazar et de Gopé.	Abandonnée et tuée à Guéliéguzan	Stépau	50
19	Chemé, femme d'Ohan, mère d'un autre Khazar, qui a été tuée, très âgée.	Idem	Idem	50

Numéros	Noms des victimes	Circonstances de leur mort. D'après les témoignages	Noms des témoins	Numéros des procès-verbaux
20	Tartau, également très âgée.	*Idem*	*Idem*	50
21	Nazé, mère de Medjido	Tuée pendant la fuite du village	Kirajor .... Medjo	25 27
22	Serkis et	Tué à Pambouk-Tarlassi par les soldats et les Kurdes mêlés.	Manouk	34
23	Khazar, deux cousins de Manouck, fils de Hebo.	*Idem*	*Idem*	34
24	Touo, fils de Saro.	Tué près d'Agpi pendant la poursuite des soldats ...	Saro	36
25	Sa femme, Maïro	*Idem*	Kepo	47
26	Serkis et	*Idem*	Bédros	47
27	Abraham, leurs enfants.	*Idem*	*Idem*	47
28	La fille de Bédros, fils de Hatcho.	Tuée dans la forêt par une balle quand les soldats et les Kurdes étaient mêlés.	*Idem*	36
29	Khazar, fils de Tartan.	Tué par les soldats dans le ravin de Guéliéresh		
30	Khazar, fils de Ogué.	*Idem*		
31	Giuro, fils de Kévo.	*Idem*	Stépau	50
32	Mardo, fils de Balo.	*Idem*		
33	Mardo, fils d'Erko.	*Idem*		
34	Serkis, fils de Stépau.	Tué près de Hatink	"	"
35	Artin, âgé de 6 ans.	Tué d'après Réhau par les soldats ou zaptiés ou hommes du Gouvernement	Rehau	50
36	Chouchou, âgé de 8 ans, enfants de Rehan.	*Idem*	*Idem*	50

Numéros	Noms des victimes	Circonstances de leur mort. D'après les témoignages	Noms des témoins	Numéros des procès-verbaux
37	Nazé, femme de Polo, fils de Mardo.	Tuée pendant les événements	Idem	50
38	Le prêtre Bédros.	Tué au combat de Guéliéguzan d'après Girbo, mais cette explication de la mort du prêtre Bédros est fausse, comme le prouve la lettre du prêtre Ohannès, trouvée parmi les papiers de Mourad..	Girbo	65
39	Le fils de Hatcho.	Blessé	Serko	25
40	Le nommé Assatour.	Idem	Idem	25

IV.
DU VILLAGE D'AGPI
«Deux témoins entendus»

Numéros	Noms des victimes	Circonstances de leur mort. D'après les témoignages	Noms des témoins	Numéros des procès-verbaux
1	Misro, mère de Boghdé vieille femme.	Abandonnée et tuée dans le village	Mariani	46
2	Temé, mère de Bédros, vieille femme.	Idem	"	"
3	Avo, fils de Toro, âgé de 7 à 8 ans.	Tué pendant les événements	"	"
4	Aro, fils de Mardo.	Agé de 4 à 5 ans, et tué d'après Mariani pendant les événements; Simo dit qu'il y a un Aro dans la plaine de Mouch	Simo	81
5	Tartau.	Tué à Guéliéresh par les soldats et les Kurdes.....	Idem	81
6	Mosse.	Idem	Idem	81
7	Hébo, fils de Mossé et frère de Simo.	Idem	Idem	81
8	Kevo, fils de Hetcho et neveu de Simo.	Idem	Idem	81
9	Toué, fils de Manouk.	Tué pendant les événements	Simo ...... Mariani	81 46
10	Hamo.	Tué d'après Mariani pendant les événements, mais d'après Simo seraient actuellement au village ...	Simo	46
11	Miro, fils de Khasso.	Idem	Mariani	46

Numéros	Noms des victimes	Circonstances de leur mort. D'après les témoignages	Noms des témoins	Numéros des procès-verbaux
12	Boghos, fils de Hanaro.	Tué pendant les événements	*Idem*	46
13	Kirko, fils de Kiragos.	Tué d'après Mariani, mais d'après Simo se trouverait au village	*Idem*	46
14	Mardiros, fils de Saak.	Tué d'après Mariani pendant les événements, Simo ne connaît pas de tels noms	*Idem*	46
15	Hatcho, fils de Maïré.	*Idem*	*Idem*	46
16	Bédré, fils de Khosso.	*Idem*	*Idem*	46
17	Melkbom, fils de Mardiros.	Tué pendant les événements	*Idem*	46
18	Koumar, vieille femme.	Tuée dans le village et mutilée	*Idem*	46
19	Khatcho, fils de Manouck.	Vieillard tué dans le village	*Idem*	81
20	Gopé, aveugle.	*Idem*	*Idem*	46
21	Kirko, fils de Simo.	Blessés	*Idem*	46
21	Artin, fils de Korké et neveu de Simo.	*Idem*	*Idem*	81

V.
DU VILLAGE DE SPAGANK
« Un témoin. »

Numéros	Noms des victimes	Circonstances de leur mort. D'après les témoignages	Noms des témoins	Numéros des procès-verbaux
1	Erko, mari de Maké.	Tué par les soldats à coups de baïonnette au village et pendant la fuite	Maké	20
2	Artin, âgée de 12 ans.	*Idem*	*Idem*	20
3	Kirkor, âgé de 9 ans.	*Idem*	*Idem*	20
4	Khatchadour, âgé de 4 ans, 3 fils de Maké.	*Idem*	Gaspard	74
5	Khazar,	Enfant de Maké, disparus pendant les événements, Maké ne les a pas révus	Maké	20

Numéros	Noms des victimes	Circonstances de leur mort. D'après les témoignages	Noms des témoins	Numéros des procès-verbaux
6	Saro,	*Idem*	Maké	20
7	Avanos,	*Idem*	"	"
8	Agop	*Idem*	"	"
9	Khazo, enfant en bas-âge de Maké.	Mort plus tard à Alvarendj	"	"
10	Cherko	Tué par les kurdes Bezieli que commandait Achour	Gaspard	75

VI.
DE TALORI
«4 témoins et 11 prisonniers».

Numéros	Noms des victimes	Circonstances de leur mort. D'après les témoignages	Noms des témoins	Numéros des procès-verbaux
1	Khatcho, fils de Migro.	Tué par les soldats et les Kurdes mêlés	Migro	41
2	Gaspar,	*Idem*	*Idem*	41
3	Aré, frères de Migro.	*Idem*	*Idem*	41
4	Khate, femme de Serkis et belle-sœur de Migrs.	Tuée à coups de pierres	*Idem*	41
5	Kévo, fils desdits Khaté et Sorkis.	*Idem*	*Idem*	41
6	Agop, fils de Bedjo, enfant de 4 ans.	Tué par les Kurdes de Mollah-Omer	Boghos .... Touo	75 73
7	Gaspard, fils de Bédros, de Karmauk.	Tué pendant la fuite par les Kurdes de Papori Guendji	Boghos .... Tono	75 73
8	Kero, de Pourh.	Tué par les mêmes Kurdes	Khatcho ...	82
9	Varté, femme de Péré.	Tuée par les Kurdes Belekhi	*Idem*	82
10	Keinc, père de Boghos.	Tué dans les montagnes pendant les événements ...	Boghos	75
11	Abro, frère de Boghos.	*Idem*	*Idem*	75

Numéros	Noms des victimes	Circonstances de leur mort. D'après les témoignages	Noms des témoins	Numéros des procès-verbaux
12	Artin	Tué près de Spagank	Attam	77
13	Borghos, frère de Mirgo.	Blessé	Migro	41
14	Stépan, fils de Merké neveu de Migro.	*Idem*	*Idem*	41

Ministère des Affaires étrangères.
Documents diplomatiques. Affaires arméniennes...
Numéro 86, pp. 95–135.

★

The Condition of Armenia

A pretty story is told of a little girl, who, fearing to lie in bed in the dark, begged her mother not to take the candle away until sleep should render it needless. "What are you afraid of, darling?" asked the strong-minded parent. "Of darkness," was the reply. "But remember, dear, that God ist here in the room with you, and God is light itself. He will stay with you all night to keep you company." The silence that followed this dogmatic announcement seemed to show that the intended effect had been produced, until it was softly broken by the sweet voice of the child: "Then, please mamma, take God away and leave the candle."

The attitude of the Armenian population in Turkey towards the humane peoples of Western Europe who, to fiendish tortures and bloody massacres, hopefully oppose well-timed expressions of righteous indignation and moral sympathy, offers considerable analogy to the frame of mind of that untutored child. "We can dispense with your sympathy and pity if only you guarantee us security for life and property." So reasons the grateful Armenian. The impartial outsider, acquainted with the horrible condition of country and people, would naturally go a step further, and fearlessly affirm that the expression of sympathy at public meetings, followed, as in England, by supine inactivity, is not merely inferior to effective material aid, but is positively disastrous. Formerly the Turks disliked the Armenians, and the blood-bath of Sassoun offers a fair indication of the vehemence of their feeling. At present, after the wanton humiliation inflicted upon them by the European friends of their victims, they loathe the very name of Armenia, and deem no cruelties sufficient to satisfy their outraged self-love. The Vali (Governor-General) of Erzeroum, when the foreign consuls of that city lately brought an unusually crying case of injustice to his notice, told the Dragomans that Turkish Government and the Armenian people stood to each other in the relation of husband and wife, and that outsiders who felt pity for the wife when her husband maltreated her, would do wisely and well to abstain from interfering. And the remark is quite true, *if the pair are to go on living together;* for the brutal husband can always choose his own time and place to vent his feelings on his helpless mate. And this is what is being actually done in Turkish Armenia. Under the eyes of the Russian, English, and French delegates at Moush, the witnesses who had the courage to speak the truth to the representatives of the Powers were thrown into prison, and not a hand was raised to protect them; and at the present moment, within a stone's throw of the foreign consuls and missionaries, loyal Armenians are being hung up by the heels, the hair of their head and beards plucked out one by one, their bodies branded with red-hot irons and defiled in beastly ways that can neither be described nor hinted at in England, their wives dishonoured in their presence, and their daughters raped before their eyes. And all that the philanthropic English nation has to offer these its *protégés,* is eloquent indignation and barren sympathy. (...)

In the year 1891 the Sublime Porte fearing serious dangers from the promised introduction of reforms into Armenia, and from the anticipated hostility in war time of the Christians living in provinces bordering upon Russia, resolved to kill two birds with one stone, and created the so-called Hamidieh cavalry, composed exclusively of Koords. It was an application of the principle, on which rebels and rioters throw open the prison doors and invite convicts to rob and kill the members of the upper classes. The plan as propounded by some of the highest officials of the Empire was that the Armenians were to be driven out of the border lands, such as Alashkerd, their places to be taken by Mohammedans, that their numbers in all the five provinces were to be so considerably reduced that the need of special reforms for them should pass away, and that in case of war the Koords should act as a counterweight to the Cossacks.

This plain policy of extermination has been faithfully carried out and considerably extended from that day to this, and unless speedily arrested, will undoubtedly lead to a final solution of the Armenian problem. But a solution which will disgrace Christianity and laugh civilisation to scorn. The enlisted Koords were left in their native places, exempted from service, supplied with arms, invested with the inviolability of ambassadors, and paid with the regularity characteristic of the Sublime Porte. And they fulfilled their mission with scrupulous exactness: robbing rich Armenians, looting houses, burning corn and hay, raiding villages, lifting cattle, raping young girls of tender age, dishonouring married women, driving away entire populations, and killing all who were manly or mad enough to attempt to resist. Armenians are now among the poorest and most wretched people on the globe.

Perhaps the Turkish authorities did not foresee, nor Turkish justice approve, these results? The authorities not only expected them, but aided and abetted, incited and rewarded those who actually committed them; and whenever an Armenian dared to complain, not only was he not listened to by the officials whom he paid to protect him, but he was thrown into a fetid prison and tortured and outraged in strange and horrible ways for his presumption and insolence.

The massacre of Sassoun itself is now proved to have been the deliberate deed of the representatives of the Sublime Porte, carefully planned and unflinchingly executed in spite of the squeamishness of Koordish brigands and the fitful gleams of human nature that occasionally made themselves felt in the hearts even of Turkish soldiers.

To complain, therefore, of the insecurity of life and property in Armenia, so long as the country is irresponsibly governed by the Sublime Porte, is as reasonable as it would be for a soldier to object to the great danger to life and limb from the enemy's bullets during a sanguinary engagement. The result complained of is precisely the object aimed at, and its completeness the most conclusive proof of the efficiency of the means employed. An eminent foreign statesman who is commonly credited with Turcophile sentiments of uncompromising thoroughness, lately remarked to me in private conversation that Turkish rule in Armenia might be aptly described as organised brigandage, legalised murder, and meritorious immorality. (...)

Justice in all its aspects is rigorously denied to the Armenian. The mere fact that he dares to invoke it as plaintiff or prosecutor against a Koord or a Turk is always sufficient to metamorphose him into a defendant or a criminal, generally into both, whereupon he is invariably thrown into prison. In such cases the prison is intended to be no more than the halfway-house between relative comfort and absolute misery, the inmates being destined to be stripped of all they possess and then turned adrift. But what the prison really is cannot be made sufficiently clear in words. If the old English Star Chamber, the Spanish Inquisition, a Chinese opium den, the ward of a yellow fever hospital, and a nook in the lowest depths of Dante's Hell be conceived as blended and merged into one, the resulting picture will somewhat resemble a bad Turkish prison. Filth, stench, disease, deformity, pain in forms and degrees inconceivable in Europe, constitute the physical characteristics: the psychological include the blank despair that is final, fiendish, fierce malignity, hellish delight in human suffering, stoic self-sacrifice in the cultivation of loathsome vices, stark madness raging in the moral nature only – the whole incarnated in grotesque beings whose resemblance to man is a living blasphemy aigainst the Deity. In these noisome dungeons, cries of exquisite suffering and shouts of unnatural delight continually commingle; ribald songs are sung to the accompaniment of heartrending groans; meanwhile the breath is passing away from bodies which had long before been soulless, and are unwept save by the clammy walls whereon the vapour of unimagined agonies and foul disease condenses into big drops and runs down in driblets to the reeking ground. (...)

I am personally acquainted with scores of people who have passed through these prison mills. The stories they narrate of their experience there are gruesome, and would be hard to believe were they not amply confirmed by the still more eerie tales told by their broken spirits, their wasted bodies, and the deep scars and monstrous deformities that will abide with them till the grave or the vultures devour them. There is something so forbiddingly fantastic, and wildly grotesque in the tortures and outrages invented by their gaolers or their local governors that a simple unvarnished account of them sounds like the ravings of a diseased devil. But this is a subject upon which it is impossible to be explicit.

The manner in which men qualify for the Turkish prison in Armenia can be easily deduced from what has already been said. The possession of money, cattle, corn, land, a wife or daughter, or enemies, is enough. We are shocked to read of the cruelty of brutal Koords who ride to a village, attack the houses, drive off the sheep, seize all the portable property, dishonour the women, and return leisurely home, conscious of having done a good day's work. We call it a disgrace to civilisation, and perhaps the qualification is correct. But bad as it sounds, it is a mercy compared with the *Turkish* methods, which rely upon the machinery of the law and the horrors of the prison. A man whom poverty, nay, hunger, prevents from paying imaginary arrears of taxes, who declines to give up his cow or his buffalo as backsheesh to the Zaptiehs, who beseeches them to spare the honour of his wife or his daughter, is thrown into one of these dungeons, which he never leaves until he has been branded with the indelible stigma of the place. (...)

The Plan of Extermination is obviously working smoothly and well. The Christian population is decimated, villages are changing hands almost as quickly as the scenes shift in a comic opera, and the exodus to Russia and the processions to the churchyard are increasing. This is not the place to give a list of *islamised* villages, but a typical case may help to convey an idea of the process that is going on even now. In the province of Alashkerd, which borders upon Russia, there are five villages to the east of Karakilisse, named respectively, Khedr (or Kheter), Mangassar, Djoodjan, Ziro and Koopkheran. These villages Eyoob Pasha sent his sons to occupy. Koords of the Zilanlee tribe, they are all officers in the Hamidieh corps. General Eyoob has three sons, Rezgo Bey, Khalid Bey, and Yoossoof Bey, and the gallant officers with their followers set out last spring and took the villages for themselves. There were about 400 Armenian houses there at the time, or, say roughly, some 3,000 Christian inhabitants. There is not one there to-day. (...)

E. J. Dillon: The Condition of Armenia
The Contemporary Review, New York, London, August 1895.

★

M. P. Cambon, Ambassadeur de la République française à Constantinople, à M. Hanotaux, Ministre des Affaires étrangères

Thérapia, le 30 septembre 1895

Des Arméniens en nombre assez considérable, qui paraissaient tous d'humble condition, ont fait aujourd'hui une manifestation aux environs de la Sublime Porte. En marchant vers la Porte et dans le trajet, on tua un agent de police qui s'était glissé dans le rassemblement. Attaqués aussitôt par des agents et des gendarmes à pied et à cheval, ils ont été dispersés, aprés une rencontre sanglante, dans toutes les parties de la ville.

La répression a été impitoyable.

Les mollahs ont pris parti contre les Arméniens et se sont répandus dans la ville arrêtant eux-mêmes et maltraitant avec des paroles de mort ceux qu'ils rencontraient.

Les arrestations se pratiquent en masse. Tout individu soupçonné de'être Arménien est appréhendé et maltraité.

Le Sultan a fait prendre des dispositions militaires autour de Yldiz.

On doit considérer la manifestation arménienne comme absolument réprimée, mais on ne peut savoir encore si, sous l'influence des Mollahs, la population musulmane de Stamboul ne se livrera pas à quelques excès contre les chrétiens.

P. CAMBON

Ministère des Affaires étrangères.
Documents diplomatiques. Affaires arméniennes...
Numéro 93, p. 139 – 140.

★

Rioting and Bloodshed in Constantinople

Constantinople, Oct. 1.

Particulars received to-day concerning the sanguinary encounter which occured yesterday between the police and a body of Armenians, who had assembled in Stambul with the object of making a demonstration, show that the affair was of a most grave character.

Besides the conflict already reported, encounters accured at two other points in the vicinity of the Sublime Porte. The number of dead and wounded is not yet accurately known, but ten or 11 persons are stated to have been killed and 40 wounded. About 500 arrests were made. While the fighting was going on the police did not make use of their arms, although the rioters, who were armed, offered a most stubborn resistance.

The Armenians, on being arrested, were thrown to the ground, disarmed, beaten, and then bound. One Armenian, after being arrested, was knocked down with blows from a bludgeon, and then shot dead by the gendarmes. Near the Porte another Armenian was on the point of being seized by two mounted non-commissioned officers of the gendarmerie, when some shots were fired from the crowd, which at this point was composed of young students, with the result that the two officers fell dead, while other gendarmes were wounded. Eight Armenians are also stated to have been killed within the precincts of the Ministry of Police. Tranquility was not restored until late at night. Towards the evening a large number of Softas, armed with heavy sticks, assembled in the At-Meidan and made a demonstration against the Armenians, whom they threatened to massacre. The police, however, dispersed them after some trouble.

The Porte and the palace were greatly alarmed by these disturbances, and the Council of Ministers assembled to discuss the situation. (...)

The Porte yesterday addressed a telegraphic circular to its representatives abroad couched in the following terms: – "At the instigation of certain agitators, bands of Armenians assembled to-day around the Patriarchate, but, thanks to the measures taken by the police, they were dispersed and order was restored."

This morning the Armenian Patriarchate is surrounded by troops, and the Koum Kapou quarter is almost in a state of siege. (...)

There is no doubt that demonstrations had long been prearranged by the Armenians, and in evidence of this it may be noted that the representatives of foreign Powers recently received anonymous letters informing them that the Armenian population intended to make a pacific demonstration against Turkish authority. Copies of a formal protest, couched in moderate and inoffensive language, were sent to some of the Embassies, with the intimation that the orginal document was about to be forwarded to the Grand Vizier. The police were warned of the intention of the Armenians, and at once took steps for preventing the proposed demonstration.

The Armenians, however, assembled in the Koum Kapou Cathedral and the vicinity, to the number, it is estimated, of between 2,000 and 3,000, for the purpose of attending the Celebration of the Cross. On the conclusion of the service, which was conducted by the Patriarch, some 20 Armenian ladies, natives of Van, Bitlis, and Erzerum, advanced towards the Patriarch and presented him with a petition, setting forth the intolerable position of the Armenian inhabitants in the Turkish provinces, and declaring that the present state of affairs could be borne no longer. The document concluded by begging the Patriarch to summon the faithful to go en masse to the Porte and submit a petition for the prompt enforcement of the proposed reforms in Armenia.

The Patriarch, after reading the protest, turned towards the congregation and exhorted the Armenians not to make any demonstration, as in doing so they would be breaking the laws of the country. He prayed them to remain calm and to trust implicitly in himself, assuring that his endeavours were always directed towards the welfare of the Armenian nation. The Patriarch, however, had no sooner concluded his address than the crowd broke out into cries, "We have had enough; we have made up our minds, and we want liberty or death!"

The Patriarch then withdrew, and the Armenians attempted to form in procession with the intention of marching to the Porte. They were prevented from doing so by the police, and therefore dispersed down different streets in order to reassemble at an arranged point. There they were addressed by Major Servet Bey, the Aide-de-Camp of the Minister of Police, who was at the head of a body of gendarmes. He called upon the demonstrators to disperse and to leave their petition with him.

This only had the effect in incensing the Armenians further. Shouts of protest were raised and several shots were fired against the gendarmes. The Major fell dead and several of his men were wounded. The firing was followed by scenes of tumultous disorder, and hand-to-hand fighting took place between the crowd and the police, the former trying to force their way through the ranks of the gendarmes, who drove them back and made many arrests.

(...)

Washington, Oct. 2

Mr. Terrell, the United States Minister in Constantinople, has telegraphed as follows to Mr. Olney, Secretary of State: – "On Monday several hundred Armenians marched on the Porte, professedly to ask for the redress of their grievances. The Patriarch tried to prevent it. A conflict ensued between the Armenians and the police, in which probably 60 Turks and Armenians, including a Turkish major, were killed. Many were wounded. The Armenians carried pistols. Yesterday several more were killed. Last night 80 were killed and several hundred were imprisoned. The Porte had notice of the demonstration, which they say was organized by the leaders of the Hunchagist revolutionists, whom they captured. Much terror exists. I think the Porte will be able to resist the fanaticism." – Reuter.

The Times, London, 3. 10. 1895.

★

M. P. Cambon, Ambassadeur de la République française à Constantinople, à M. Hanotaux, Ministre des Affaires étrangères

Thérapia, le 2 octobre 1895

Je résume, d'après des témoins oculaires, les incidents d'hier et d'aujourd'hui: hier matin de nombreux groupes d'Arméniens se sont dirigés vers Koum-Kapou et vers le tombeau du Sultan Mahmoud. Plusieurs ont été dispersés en route par la police. Après un essai infructueux pour entraîner le Patriarche et un conflit de courte durée avec la gendarmerie, le groupe de Koum-Kapou s'est cantonné derrière l'église du patriarcat. Celui du Sultan Mahmoud, fort de deux mille hommes environ et mené par un prêtre, s'est acheminé vers la Porte entre dix et onze heures. Arrêté par un détachement de gendarmerie commandé par un major, il voulut passer outre aux sommations de cet officier qui a donné l'ordre de charger et de tirer. Les Arméniens ont riposté, le major a été tué; une quinzaine de gendarmes et une soixantaine d'Arméniens ont été blessés.

L'attroupement dispersé, les Arméniens ont été traqués toute la journée par les agents de police et les mollahs armés pour la plupart de bâtons et de revolvers. On signale plusieurs actes de sauvagerie et de pillage. Ces désordres ont duré toute la nuit.

On a encore tué et blessé des Arméniens ce matin à Stamboul et même à Galata; le corps du major tué hier a été promené aujourd'hui dans toute la ville escorté par des mollahs. Un millier de personnes, hommes et femmes, se sont réfugiées au patriarcat et refusent jusqu'à présent d'en sortir. On procède à des centaines d'arrestations; tous les Arméniens récemment amnistiés sont recherchés.

Le Ministre de la police avoue 30 morts et 520 blessés, mais ces chiffres sont très inférieurs à la réalité.
P. CAMBON

Ministère des Affaires étrangères.
Documents diplomatiques. Affaires arméniennes...
Numéro 96, p. 141.

★

Renewed Rioting in Constantinople

Constantinople, Oct. 2

Last evening there was a renewal of rioting and bloodshed in different parts of Constantinople. The principal scene of disorder was Stambul, where the Softas, or Mahomedan theological students, and the Mahomedan population chased and bludgeoned every Armenian whom they met in the streets. It is reported that 50 persons were killed in this way.

During the night a mob of Softas and Turks attacked the house of an Armenian in the Kasim Pasha quarter of Pera, and afterwards a café, where some 20 Armenians were assembled. It is stated that they were all killed with blows from heavy sticks. The police did not appear on the scene. (...)

The conduct of the Armenians in going armed to take part in the demonstration, which, according to their previous announcements, was to be a pacific one, is almost universally condemned. Their partisans, however, reply that the demonstrators had declared their resolve to defend themselves if they were attacked. As regards the underlying causes of the rioting, the general opinion is that the affair was organized by the Armenian Revolutionary Committee. Revolvers and knives, all of the same pattern, were seized by the police.

That preparations for a fight were likewise made on the other side appears to be demonstrated by the fact that the Softas and Mahomedans who took part in the disturbances were armed with bludgeons of the same form and type. It is surmised that the Softas and their fellows were provided beforehand with handy cudgels. The interposition of the Mahomedan religious element in a matter which is in great part political lends especial gravity to the present situation.

Among the indirect causes to which the Armenian outbreak is assigned are the long delays which have characterized the negotiations between the Powers and the Porte on the question of reforms, and have increased the irritation and despair of the Armenians. On the other hand, the view prevailing and plainly expressed in Turkish official circles is that the present troubles are the outcome of the agitation in Europe, and particularly in Great Britain, in favour of the Armenian Christians.

The present critical position of affairs engrosses the attention of the Ambassadors, who met today at the Austro-Hungarian Embassy to confer with one another. The German gunboat Loreley, which is regularly stationed here, was to have gone for a cruise, but has been ordered to remain at the disposal of the Embassy.

It is known, so far, that five Armenians were killed after being arrested on Friday. This has excited great indignation.

With regard to the death of Major Servet Bey, eye-witnesses affirm that the Armenians did not use their revolvers until after that officer had given orders to the police to fire. The tumult when Servet Bey fell was indescribable. The police charged into the midst of the crowd, each with a revolver in one hand and a sword in the other.

According to the police report, 20 persons were killed and 80 wounded on the two sides on Monday.

The Times, London, 4. 10. 1895.   ★

M. P. Cambon, Ambassadeur de la République française à Constantinople, à M. Hanotaux, Ministre des Affaires étrangères

Thérapia, le 6 octobre 1895

Les Arméniens s'obstinent à rester dans les églises, leurs magasins sont fermés et nos renseignements font prévoir de nouvelles manifestations.

Ce matin des placards apposés dans Stamboul et arrachés aussitôt par la police, invitaient les Musulmans à en finir avec les «Giaours».

Les colonies européennes témoignent de vives inquiétudes.

Les représentants des six grandes Puissances se sont réunis aujourd'hui et ont adopté un projet de note verbale dont le texte est ci-joint et qui sera remise demain à la Porte.

Nous exprimons nos appréhensions, nous demandons au Gouvernement ce qu'il compte faire pour calmer les esprits et nous conseillons certaines mesures.

En même temps, pour rassurer nos colonies, nous avons décidé de faire reprendre leur mouillage d'hiver à nos stationnaires qui sont encore à Thérapia et à Buyuk Dere.

P. Cambon

ANNEXE À LA DÉPÊCHE DE CONSTANTINOPLE DU 6 OCTOBRE 1895

Note Verbale adressée à la Sublime Porte par les Représentants des Grandes Puissances à Constantinople

Thérapia, 6 octobre 1895

En présence des événements dont la ville de Constantinople a été le théâtre depuis cinq jours, les Représentants des Grandes Puissances ont dû se préoccuper des conséquences qui pourraient résulter de la durée de cet état de trouble.

Il existe au sein de la population arménienne de la Capitale une excitation et une inquiétude qui ne paraissent pas se calmer. Quelle que soit la cause à laquelle on puisse les attribuer, il semble qu'au lieu de diminuer elles ne fassent qu'augmenter chaque jour. Aussi, d'après le bruit public, il est à craindre qu'on n'assiste à de nouveaux incidents.

En outre, l'inquiétude causée par les mesures prises contre les Arméniens qui n'étaient pas mêlés au mouvement, les arrestations en masse, les sévices dont plusieurs ont été l'objet ont déterminé nombre d'entre eux à se réfugier dans les églises dont ils ne veulent pas sortir, s'ils n'obtiennent des garanties sérieuses pour leur liberté et leur vie. Il est évident que la prolongation d'un pareil état de choses ne peut qu'augmenter l'agitation des esprits et constitue une cause permanente de conflits.

Un fait grave surtout est à noter, c'est qu'à la suite de la dispersion de la manifestation de lundi dernier, un grand nombre d'individus n'appartenant ni à la police, ni à l'armée, des softas, des Kurdes, établis à Constantinople, de simples particuliers sans mandat, se sont armés, ont poursuivi les Arméniens et se sont livrés, même contre des chrétiens appartenant aux autres communautés, à des agressions de tous genres. On signale de leur part de nombreuses attaques aux propriétés et des faits de pillage et de meurtre. L'autorité, loin de mettre un terme à leurs excès, a tout l'air de les avoir encouragés. Quelques Ambassades ont pu enregistrer des sévices subis par plusieurs de leurs nationaux. (...)

Quelque répréhensibles que puissent être les actes accomplis par les manifestants, de pareils procédés ne sauraient être excusés.

En outre, la police elle-même a gravement méconnu les devoirs d'équité et de modération qui s'imposent aux représentants de la force publique. Tous les témoignages concordent à démontrer qu'elle a pratiqué les arrestations sans mesure, sans contrôle et sans aucune vérification de l'identité des personnes. Un grand nombre de passants inoffensifs ont été appréhendés et jetés en prison sous le simple prétexte qu'ils étaient ou paraissaient Arméniens. La police s'est livrée sur les détenus à des excès de tous genres. Partout ils ont été victimes des plus mauvais traitements, de coups et blessures et plus d'une fois les agents ont tué des prisonniers sans défense.

La Sublime Porte conviendra que tous ces faits sont de nature à causer la plus grande émotion parmi les colonies européennes établies à Constantinople. Ils autorisent à penser que si cette situation se prolongeait, la sécurité publique serait gravement et irrémédiablement compromise et que l'agitation, en s'étendant, pourrait gagner les provinces de l'Empire.

Les Représentants des Puissances se voient dans l'obligation de demander à la Sublime Porte quelles mesures elle a prises pour calmer l'inquiétude et l'agitation qui se sont emparées des populations musulmanes et arméniennes, prévenir ainsi le retour des lamentables incidents de ces jours derniers et mettre les chrétiens et les colonies étrangères à l'abri d'éventualités périlleuses.

Ils ont aussi le désir de prêter leur concours au Gouvernement ottoman afin de rétablir de part et d'autre la tranquillité dans les esprits. Ils pensent que des enquêtes immédiates sur les événements dont Constantinople vient d'être le théâtre, sur l'état des prisons, sur la conduite des agents de police et des gendarmes, et que la mise en liberté des nombreux prisonniers contre lesquels ne s'élève aucune charge sérieuse, seraient les meilleurs moyens de calmer l'agitation actuelle.

Ils sont prêts à assister et à seconder le Gouvernement impérial dans ses enquêtes et à lui transmettre toutes les informations qu'ils ont pu recueillir.

Ils ne doutent pas que la Sublime Porte ne prenne enfin les mesures nécessaires pour mettre un terme à un état de choses dont la conscience européenne ne manquerait pas de s'indigner s'il devenait évident que l'inaction de l'autorité encourage de regrettables passions.

Les Représentants des Grandes Puissances estiment qu'il est urgent d'aviser aux moyens d'assurer à la population chrétienne de la capitale une sécurité que les faits cités plus haut, et tant d'autres, ont si gravement compromise depuis quelques jours.

Ils ont la ferme confiance que le Gouvernement impérial, soucieux de démontrer que son esprit de justice et son autorité peuvent exercer une action efficace dans des circonstances aussi graves, les mettra promptement en mesure de rassurer leurs Gouvernements respectifs au sujet d'événements qui préoccupent à juste titre l'opinion publique et qui ne manqueront pas de soulever en Europe la plus vive émotion.

Ministère des Affaires étrangères.
Documents diplomatiques. Affaires arméniennes...
Numéro 101, p. 143-145.

★

The Constantinople Riots

Constantinople, Oct. 4

There have been no fresh disturbances here since yesterday, and tranquility has been maintained. The military continue to patrol the streets and arrests are still being made. The day before yesterday there was an encounter between Kurds and Armenians in the Bechiktache quarter of this city, during which several on both sides were injured. The police, however, arrived on the spot, and after making a few arrests succeeded in restoring order. Later on during the night a number of Softas and a mob of Mahomedans endeavoured to break through the cordon of troops surrounding the Turkish quarter, but were prevented from doing so, several of them being jilled by bayonet thrusts and others being arrested. (...)

The opinion prevails that the number of killed during the disturbances on the Ist and 2nd inst. is larger than at first stated. In this connexion it is remarked that only 21 dead bodies were conveyed to the Armenian Patriarchate in spite of the fact that existing regulations require all dead bodies to be immediately delivered up to the various ecclesiastical authorities. It is therefore believed that many of the dead have been got rid of surreptitiously.

According to intelligence received here from Trebizond an attempt has been made to assassinate the military commander of Trebizond and Bahri Pasha, ex-Governor of Van, who was on his way to Constantinople. Two Armenians fired at the two Turkish officials and seriously wounded them. The would-be assassins escaped. (...)

October 5.

(...)
Up to yesterday 80 bodies, those of 79 men and one woman, the latter horribly mutilated, had been registered as victims of the massacres on Monday and Tuesday nights. All the bodies bear terrible wounds, some having over 20 knife cuts besides bullet marks. Others are so fearfully battered with bludgeons that they are unrecognizable. All accounts of the riots concur in stating that a number of victims were thrown into the sea, and up to the present none of the bodies of the Armenians massacred in Kassim Pasha quarter have been recovered.

On the turkish side, so far as known, only one officer and two subalterns of the gendarmery were killed and a few gendarmes wounded in Monday's disturbances. It is currently reported that the coffin containing the remains of Servet Bay was paraded in the Turkish quarters in order to excite the people to revenge.

Another massacre took place the night before last, when the Mahomedan labourers at the Dolma-Bagtché gasworks at Pera killed 21 Armenian comrades working in the same establishment. It is to be noted that the murdered men were Catholic Armenians and therefore had no connexion with the Koum Kapou demonstration.

The position of the Armenian refugees in the churches remains the same, and their number has even been augmented. About 100 women and children took refuge today in the garden of the British Embassy, where they are being provided for. Nearly all the Armenian shops are still shut and arrests continue, business being at a standstill. (...)

The Times, London, 7. 10. 1895.

★

Aus: Armenien und Europa

(...) In dem Distrikte Lu-Schehri wurde bei dem Massacre am 29. Oktober an die Kirche des Fleckens Indises, in welche sich Greise, Frauen und Kinder geflüchtet hatten, Feuer angelegt, und alle diese Unglücklichen kamen in den Flammen um. Ebenso wurde die armenische Schule des Ortes angezündet (...)

Dr. Johannes Lepsius: Armenien und Europa.
Eine Anklageschrift wider die christlichen Großmächte
und ein Aufruf an das christliche Deutschland.
Berlin 1897, S. 204.

★

M. P. Cambon, Ambassadeur de la République française à Constantinople, à M. Berthelot, Ministre des Affaires étrangères

Péra, le 4 novembre 1895

Les représentants des six grandes Puissances se sont réunis pour échanger leurs informations et leurs vues. Ils considèrent tous la situation comme très inquiétante. L'anarchie qui règne dans les provinces n'a plus de rapport avec l'agitation arménienne. Le fanatisme musulman est déchaîné et, dans les parties de l'empire où il n'y a pas d'arméniens, on signale une grande effervescence. Ce mouvement est encouragé par l'inertie des autorités ottomanes et par la complicité de certains personnages de l'entourage du sultan. Les Ambassadeurs sont convenus d'entretenir individuellement, le Ministre des Affaires étrangères, de lui rappeler, par l'exemple des événements de Syrie en 1860, qu'une pareille anarchie ne peut durer impunément, et de lui déclarer qu'ils en réfèrent à leurs Gouvernements, qui seront obligés de se concerter si la Porte ne prend immédiatement des mesures efficaces.

Les représentants des six Puissances sont également convenus d'appeler l'attention de leurs Gouvernements sur la gravité de la situation et de les prier d'échanger leurs vues pour leur donner, autant que possible, des directions identiques.

Indépendamment de la communication générale convenue avec mes collègues, j'ai adressé aujourd'hui à la Porte la note ci-jointe en copie, sur les événements de Diarbékir.

J'envoie également à Votre Excellence la copie des télégrammes que j'ai échangés avec notre vice-consul à Diarbékir.

P. CAMBON

1re ANNEXE À LA DÉPÊCHE DE CONSTANTINOPLE DU 4 NOVEMBRE 1895

M. P. Cambon, Ambassadeur de la République française à Constantinople, à S. Exc. Saïd-Pacha, Ministre des Affaires étrangères

Péra, 4 novembre 1895

Il y a déjà plusieurs semaines, j'ai signalé à la Sublime Porte un certain état d'agitation qui commençait à se manifester à Diarbékir. Après avoir, depuis plusieurs mois, insisté à différentes reprises sur l'insuffisance d'Aniz-Pacha, Vali intérimaire de la province, j'apprenais que ce fonctionnaire venait d'être confirmé dans ce poste et que le premier acte de son administration avait été de contraindre, sous la menace, les chefs des communautés chrétiennes à signer un télégramme exprimant à S. M. I. le Sultan leurs remerciements pour la nomination du nouveau Vali.

La violence faite ainsi à leurs chefs avait soulevé la juste indignation des chrétiens de la ville et ceux-ci ayant envoyé une protestation à leurs patriarches, les évêques avaient, de leur côté, adressé à ces derniers un télégramme où ils expliquaient les circonstances à la suite desquelles ils avaient été forcés de signer l'adresse imposée par le Vali.

L'Autorité ottomane crut pouvoir arrêter arbitrairement l'envoi des communications adressées aux partriarches, entretenant ainsi, de parti pris, une juste indignation parmi les communautés chrétiennes.

Ce n'est que le 12 octobre que l'Ambassade put, à la suite d'observations présentées à la Sublime Porte, faire savoir aux membres des Communautés chrétiennes que leurs télégrammes, jusqu'alors interceptés, seraient le jour même remis aux patriarcats et rassurer ainsi les esprits.

Dès cette époque, les renseignements qui m'étaient parvenus me forçaient à attirer la sérieuse attention de la Sublime Porte sur les menées des musulmans. Deux d'entre eux tiraient, le 8 octobre, deux coups de revolver sur l'évêque jacobite. Notre agent constatait une effervescence croissante chez les Musulmans et l'autorité convoquait sans motif, à Diarbékir, les officiers des Hamidiés dont je n'ai plus besoin de signaler le triste rôle dans les événements dont le territoire ottoman à été le théâtre depuis plusieurs mois. Chaque jour, des achats inusités d'armes et de munitions étaient faits par les Musulmans.

Les choses en étaient là lorsque, le 30 octobre, le Vice-Consul de France télégraphiait à l'Ambassade que plusieurs réunions composées des personnages les plus influents de la contrée, au nombre desquels se trouvaient le cheikh de Zeilan et son fils, déjà si gravement compromis dans les massacres de Sassoun, avaient eu lieu chez un certain Djémil Pacha, ancien Gouverneur dans le Yemen; les projets les plus sinistres contre les chrétiens y avaient été discutés. Les Musulmans déclaraient ouvertement leur intention de «se venger», disaient-ils, des chrétiens. Ils avaient adressé à S. M. le Sultan un télégramme de protestation contre les mesures de réformes administratives prises à l'égard de certains vilayets d'Anatolie et se déclaraient résolus, au cas où la réponse attendue ne serait pas satisfaisante à leur gré, à attaquer les chrétiens le surlendemain vendredi.

Bien que ces projets fussent publiquement annoncés, Aniz Pacha feignait de n'y attacher aucune importance et, comme s'il avait voulu mieux endormir encores les chrétiens, assurait au Vice-Consul de France qu'il répondait de la tranquillité du côté des Musulmans.

L'événement a néanmoins malheureusement prouvé combien étaient exactes les informations rapportées au Vali par l'agent du Gouvernement français. Il prouve péremptoirement aussi combien est fausse la prétention qu'a la Sublime Porte d'imputer aux Arméniens le rôle de provocateurs. Dans plusieurs circonstances déjà, aux observations de l'Ambassade, la Sublime Porte a répondu que, d'après les informations des Valis, les Arméniens avaient envahi les mosquées et attaqué les Musulmans les armes à la main. Bien que la Sublime Porte sache mieux que personne combien cette allégation est mensongère, l'Ambassade proteste formellement contre une accusation qui prétend détourner de leurs véritables auteurs la responsabilité des sanglants événements dont la ville de Diarbékir, après tant d'autres, vient d'être le théâtre.

Votre Excellence sait déjà comment des bandes de Kurdes de la campagne sont entrés dans la ville et, aidés de la population musulmane, ont massacré les Chrétiens de tous côtés, pillé et incendié le marché.

Le massacre a duré toute la journée de vendredi, de samedi et de dimanche. Le

Vice-Consul de France, malgré les avertissements donnés au Vali, a pu, à grand' peine, obtenir une garde de zaptiés pour le Consulat et l'établissement des Pères capucins. Plus de 500 chrétiens poursuivis par les assassins se sont réfugiés dans sons domicile, fuyant une mort certaine.

De nouvelle bandes de Kurdes sont signalées aux abords de la ville et l'autorité, loin de prendre des mesures, encourage les passions musulmanes.

Non contente d'avoir, en quelque sorte, favorisé le fanatisme et les projets des Musulmans en s'abstenant de prendre par avance les mesures que réclamait le Vice-Consul de France, elle laisse les soldats et les zaptiés se mêler aux assassins et aux pillards. Notre agent, M. Meyrier, a vue de ses fenêtres, depuis deux jours, les représentants de la force armée faire cause commune avec la pire populace et se ruer sur les Chrétiens.

C'est avec peine que je me vois, Monsieur le Ministre, dans l'obligation de signaler des faits aussi graves, et malheureusement appuyés sur des preuves irréfutables. Votre Excellence conviendra qu'ils ne sont que trop bien faits pour soulever l'indignation générale. Quelque regret que je puisse avoir à constater combien la responsabilité des autorités est engagée dans ces lamentables événements, il est de mon devoir de protester contre l'inertie coupable et la complicité de la Sublime Porte elle-même dans les massacres prémédités qui viennent d'avoir lieu et dont sont victimes, non seulement des Arméniens, mais des chrétiens de tous rites.

La présence à Diarbékir d'un Représentant de la France et d'un établissement de religieux capucins placés sous notre protectorat impose au Gouvernement de la République des devoirs et des droits qu'il entend exercer, et, au cas où le Gouvernement impérial ne se déciderait pas à prendre les mesures nécessaires et efficaces pour punir les coupables et réprimer les passions musulmanes malheuresement trop encouragées, le Gouvernement de la République serait obligé d'aviser au moyen de faire respecter les chrétiens partout menacés et dont un grand nombre sont, par le droit des traités, placés directement sous sa protection.

P. CAMBON

2ᵉ ANNEXE À LA DÉPÊCHE DE CONSTANTINOPLE DU 4 NOVEMBRE 1895

M. Meyrier, Vice-Consul de France à Diarbékir, à M. P. Cambon, Ambassadeur de la République française à Constantinople

Diarbékir, 31 octobre 1895, 9 heures du matin

Les Musulmans ont adressé au Sultan un télégramme de protestation contre les réformes dont copie a été remise au vali, et ils ont décidé, dit-on, si la réponse n'est pas satisfaisante, de mettre immédiatement, c'est-à-dire demain vendredi, leurs projets de vengeance à exécution. Les Chrétiens sont dans une crainte extrême, ils ont fermé le marché hier de meilleure heure ; ils appréhendent de l'ouvrir aujourd'hui. Ils sont convaincus qu'une action énergique et immédiate de la part du Gouvernement peut seule les sauver.

Malgré cela le vali m'a assuré hier soir qu'il ne craignait rien du côté des

Musulmans, et que si les Chrétiens restaient tranquilles, il peut répondre de l'ordre dans tout le vilayet.

La situation est très grave. MEYRIER

3ᵉ ANNEXE À LA DÉPÊCHE DE CONSTANTINOPLE DU 4 NOVEMBRE 1895

M. Meyrier, Vice-Consul de France à Diarbékir, à M. P. Cambon,
Ambassadeur de la République française à Constantinople

Diarbékir, 2 novembre 1895, 4. h. 30 du matin, arrivée 8. h. 30 du matin

La ville est à feu et à sang. MEYRIER

IVᵉ ANNEXE À LA DÉPÊCHE DE CONSTANTINOPLE DU 4 NOVEMBRE 1895

Péra, 2 novembre 1895, 9. h. 15 du matin

M. P. Cambon, Ambassadeur de la République française à Constantinople,
à M. Meyrier, Vice-Consul de France à Diarbékir

La protection du Consulat et de l'établissement catholique est-celle assurée par le vali? Si elle ne l'est pas, faites réquisition énergique. Donnez à tous l'exemple du sang-froid.

Sur la communication de vos précédents télégrammes, le Grand-Vizir avait promis de prendre des dispositions pour le maintien de l'ordre. En attendant l'arrivée des troupes, bornez-vous à assurer la sécurité de nos établissements et de nos nationaux et protégés.

Faites-moi savoir d'urgence d'où est venue la première provocation. Les Arméniens seuls sont-ils menacés? P. CAMBON

Vᵉ ANNEXE À LA DÉPÊCHE DE CONSTANTINOPLE DU 4 NOVEMBRE 1895

M. P. Cambon, Ambassadeur de la République française à Constantinople,
à M. Meyrier, Vice-Consul de France à Diarbékir

Péra, 2 novembre 1895, midi

Le Grand-Vizir prétend que le conflit est né d'une invasion des mosquées par les Arméniens. Est-ce vrai?

L'ordre a été donné par le Grand-Vizir au vali d'assurer votre protection et celle des Capucins. P. CAMBON

VIᵉ ANNEXE À LA DÉPÊCHE DE CONSTANTINOPLE DU 4 NOVEMBRE 1895

M. Meyrier, Vice-Consul de France à Diarbékir, à M. P. Cambon, Ambassadeur de la République française à Constantinople

Diarbékir, 2 novembre 1895

Depuis plusieurs jours les musulmans préparaient ce massacre, ils l'ont mis à exécution de leur plein gré et sans provocation. L'invasion de la mosquée par les Arméniens est de pure invention. Le massacre a duré toute la journée et ne semble pas près de finir.

MEYRIER

VIIᵉ ANNEXE À LA DÉPÊCHE DE CONSTANTINOPLE DU 4 NOVEMBRE 1895

M. P. Cambon, Ambassadeur de la République française à Constantinople, à M. Meyrier, Vice-Consul de France à Diarbékir

Péra, 2 novembre 1895; 9 heures du soir

Je communique toutes vos dépêches au Grand-Vizir. Aussitôt que vous le pourrez, rendez-vous chez les Pères avec quelques zaptiés pour les rassurer. Continuez à me tenir au courant.

P. CAMBON

VIIIᵉ ANNEXE À LA DÉPÊCHE DU 4 NOVEMBRE 1895

M. Meyrier, Vice-Consul de France à Diarbékir, à M. P. Cambon, Ambassadeur de la République française à Constantinople

Diarbékir, 3 novembre 1895; 3 h. 40 du soir, arrivée 11 h. du soir

Je vois de chez moi les soldats, zaptiés et kurdes en grand nombre qui tirent sur les chrétiens.

MEYRIER

IXᵉ ANNEXE À LA DÉPÊCHE DE CONSTANTINOPLE DU 4 NOVEMBRE 1895

M. P. Cambon, Ambassadeur de la République française à Constantinople, à M. Meyrier, Vice-Consul de France à Diarbékir

Péra, 4 novembre 1895; 2 heures du matin

Vous pouvez dire à votre vali que sa tête me répond de la vôtre. Je viens de le déclarer au Grand-Vizir.

P. CAMBON

Xe ANNEXE À LA DÉPÊCHE DE CONSTANTINOPLE DU 4 NOVEMBRE 1895

M. P. Cambon, Ambassadeur de la République française à Constantinople, à M. Meyrier, Vice-Consul de France à Diarbékir

Péra, 4 novembre 1895, 10 heures du matin

Sur la communication de vos derniers télégrammes, le Grand-Vizir m'a affirmé cette nuit que les instructions données au vali étaient telles que votre sécurité et celle des religieux ne couraient aucun risque.

Jes suis bien heureux de vous savoir momentanément hors de danger.   P. CAMBON

Ministère des Affaires étrangères.
Documents diplomatiques. Affaires arméniennes...
Numéro 118, pp. 165–170.

★

M. P. Cambon, Ambassadeur de la République française à Constantinpole, à M. Berthelot, Ministre des Affaires étrangères

Péra, le 15 novembre 1895

Les religieux de Malatia ont dû abandonner leur établissement qui a sans doute été saccagé; ils sont d'ailleurs sains et saufs.

A Sivas, les désordres ont recommencé.

Notre Consul a signalé cinq cents tués le 12 novembre, et six ce matin.

Le pillage a été complet; les établissements religieux catholiques ont été respectés jusqu'ici.   P. CAMBON

Ministère des Affaires étrangères.
Documents diplomatiques. Affaires arméniennes...
Numéro 136, p. 179.

★

Da: Gli Armeni e Zeitun

Le notizie che dopo i massacri avvenuti in questa città ci pervennero da fonti diverse, erano contradittorie. Desideravo di raccoglierle sulla faccia del luogo e da persone per condizione sociale, per probità ed imparzialità scevre da qualsiasi sospetto d'inesattezza. Mi rivolsi ad esse, e gentilmente appagarono il mio desiderio. Credo opportuno trascrivere nella loro integrità le due relazioni fattemi da due personaggi di Aintab, notevoli per virtù e per lealtà.

Prima Relazione

Nel giorno 16 del mese di novembre del passato anno accadde una sollevazione generale dei Musulmani in questa città simultaneamente in diversi rioni e senz'alcuna causa apparente. Si vedeva che lo scopo di essa era di massacrare tutti i Cristiani indistintamente. Va notato che in questa sollevazione era notevole lo sforzo apparente di preservare da danni i bambini e le donne. Dopo che il massacro ebbe durato per un certo tempo nei mercati e nelle vie, la plebe, ch'erasi sempre più ingrossata, si diede al saccheggio; e così, parve per un momento che il primitivo scopo, cioè l'eccidio, fosse stato dimenticato. Ma i più notabili dei Musulmani, che vi avevano preso una parte attiva sin dal principio, arringarono la folla e dissero che bisognava continuare il massacro, perchè i beni, dopo uccisi i loro possessori, non potevano appartenere che agli uccisori. È un fatto certissimo che durante tutta la sollevazione la plebe operò sempre e dovunque sotto la direzione delle autorità. I soldati mostrarono, come corpo organizzato a tutela dell'ordine, la più grande indifferenza, e come individui si unirono alla plebe e le portarono l'aiuto de' loro fucili e delle loro baionette contro i Cristiani. Nell'assalto dato alle abitazioni una resistenza energica fu opposta soltanto in rari casi, e rarissimi furono gli assalitori musulmani uccisi. I Musulmani dicono che furono uccisi dei loro più di 30; ma è accertato che il loro numero non passò i 15. Quando l'attacco fu diretto contro il quartiere cristiano della città, la resistenza fu tenace, perchè questi Cristiani avevano avuto tempo di chiudere e asserragliare le porte delle loro case e prepararsi alla difesa. Il saccheggio delle botteghe e l'incendio delle case, dov'era stata fatta resistenza, richiesero molte ore; e così passò la maggior parte del tempo che era stato fissato per le stragi, come dimostrano parecchi incidenti.

Dopo aver versato tanto sangue, la plebe era così eccitata, che non fu possibile richiamarla specialmente dai punti, dove aveva incontrato resistenza; cosicchè mentre l'attacco generale cessò verso mezzogiorno, il saccheggio continuò sino a notte avanzata. Una gran parte delle cose rubate fu trasportata nelle case di alti funzionari del Governo.

Pare che, nel far l'esame dei risultati ottenuti nel primo giorno, fosse trovato ch'essi erano inferiori al programma della distruzione completa dei Cristiani. E fu allora deciso di fare il giorno dopo un massacro supplementare. Infatti di buon'ora nel giorno seguente la plebe riprese l'opera nefanda del giorno innanzi; ma i soldati, questa volta trattenevano la plebe indemoniata, senza per altro tirare su di essa un solo colpo di fucile. Alle ore 11 ant. monstrandosi la truppa affatto inoperosa e la plebe essendo ingrossata coll'arrivo di migliaia di contadini, che correvano in masse verso la città, l'attacco fu rinnovato in diversi quartieri cristiani. I Cristiani però erano ben preparati, e tennero fronte agli assalitori: così l'attacco fu vano in alcuni quartieri. Furonvi alcune case cristiane saccheggiate e bruciate, ed alcuni Cristiani uccisi; ma il saccheggio del secondo giorno fu inferiore al primo. Da quel tempo vi sono stati sempre parziali attacchi, parziali omicidii e parziali saccheggi, e la plebe ha chiesto ai suoi direttori, noti per fanatismo anticristiano, il permesso di condurre a fine l'opera incominciata. Ha fatto pure il tentativo d'invadere e riattaccare i quartieri cristiani;

ma senza i soldati l'hanno sempre trattenuta e persuasa a tornarsene indietro. È degno di menzione come, durante i fatti narrati, parecchi Musulmani fecero i maggiori sforzi e con sicuro pericolo personale per difendere alcune case cristiane e salvare la vita a parecchi. Più di 1,500 Cristiani, che avevano cercato rifugio nelle moschee, nei *kan* e nelle case dei Musulmani, furono trattenuti come prigionieri per più di due settimane, senza che alcuna accusa potesse farsi contro di essi. Poi furono rilasciati alla spicciolata, ed in loro vece furono tratti in arresto i notabili Cristiani senza sapere di che fossero incolpati. In pari tempo il Governo ordinò ai Cristiani di consegnare le loro armi e di tenere aperte le porte dei loro quartieri, che sarebbero custodite dai soldati. Nessun Musulmano fu disarmato. I Cristiani consegnarono le armi, ed i Musulmani furono penosamente disillusi, perchè speravano che fra le medesime se ne trovassero delle moderne. Un numero considerevole di fucili, pistole, e vecchie spade fu così raccolto dalle autorità. Da quel momento si fecero dai Musulmani molti tentativi, che fallirono, per potere accusare i Cristiani di atti di violenza. I soldati ed altri scaricavano fucili davanti alcune case cristiane, e poi accusavano di ciò gli abitanti ch'erano immediatamente arrestati. Intanto nessun Cristiano può uscire senz'aver seco una guardia, e parecchi di essi quantunque accompagnati da guardie, riceverono colpi di fucile. Nessun Cristiano può attendere al suo lavoro e procacciarsi i mezzi per vivere. Serie preoccupazioni e timori fondati dominano gli animi.

Nel tempo del massacro furono uccisi 280 Cristiani, dei quali abbiamo in apposita lista i nomi. Furono feriti 212, furono bruciate 25 case, e fra queste alcune delle più belle della città. Le case saccheggiate furono 441 e le botteghe saccheggiate 817. Oggi cirva 3,500 persone vivono di carità, ed il numero diverrà maggiore, se lo stato attuale continua. Gli Armeni hanno istituito un Comitato di soccorso, ed essi fanno quanto è possibile a vantaggio dei sofferenti; ma i loro mezzi sono insufficienti al bisogno.

Debbo aggiungere, che, tornata la quiete, l'autorità domandò indirettamente di formulare e presentare una dichiarazione comprovante l'efficace e buona amministrazione governativa durante i disordini. I Cristiani rifiutarono; ma con la pressione e con le minaccie, il governo fece sottoscrivere un documento che afferma avere egli ristabilito l'ordine nella città.

Dopo i massacri, 150 feriti cristiani e un ferito musulmano furono ammessi nell'ospedale della missione americana. Parecchi di essi hanno molte ferite fatte con scuri, con coltelle da macellaio, con baionette e con palle di fucile. Un povero Cristiano che aveva 17 ferite fu trascinato per le strade con una corda legata ai piedi e fu lasciato come morto sopra un letamaio. Curato poi affettuosamente, fu salvato: un fanciullo ferito fu trovato dai soldati mentre i cani gli leccavano le ferite. I soldati dissero: – Lasciamolo solo, perchè i cani lo mangeranno e ci risparmieranno il fastidio di finirlo... – Così fecero, ed il fanciullo deve la sua vita ai cani. I cadaveri erano o bruciati con petrolio, o gettati in vecchie cave di pietra. Molti furono raccolti in una vecchia distilleria che fu incendiata. Di tutti i morti, dopo i massacri, tre solamente furono sepolti nel cimitero: gli altri ebbero sepoltura o accanto alle chiese o nei cortili delle loro case.

Seconda Relazione

Verso la fine del mese di settembre dello scorso anno, un corriere straordinario, scortato da alcuni *zaptieh*, dopo avere consegnato alle autorità di Aintab un plico, partiva immediatamente alla volta di Beregik, Orfa, Diarbekir, ecc., ecc. In quel tempo gli animi dei Cristiani erano rivolti verso l'Europa nell'aspettativa delle famose riforme; perciò nessuno si fece caso di quel corriere straordinario. È pure degno di nota un alttro fatto accaduto prima dei disordini. Alcuni misteriosi personaggi venuti da Costantinopoli, vestiti a guisa di *khogia* musulmani, si videro per parecchi giorni entrare ed uscire dalle case dei grandi di Aintab; dopo scomparvero, e solo due o tre giorni prima del massacro riapparvero di nuovo.

Quali ordini segreti portasse il primo e quale fosse lo scopo della venuta dei secondi nessuno lo sa. Chi allora sospettò di qualche imbroglio fu deriso come falso profeta. Gli orribili avvenimenti del mese di novembre forse erano la conseguenza degli ordini segreti mandati per mezzo del misterioso corriere. Chi mai può credere che il massacro di Aintab sia avvenuto a caso o in seguito alla rivolta di Zeitun? Se così fosse, in che modo si spiegherà che Diarbekir, Beregik, Orfa e tante altre città lontane da Zeitun e senz'alcuna relazione con quel paese, si sollevarono e massacrarono senza motivo i Cristiani? Communque sia, ecco in breve come accadde la strage dei poveri Cristiani di Aintab.

Il giorno 16 novembre verso le ore 7 del mattino, da ogni parte della città si sentì il formidabile grido: *Allah Akbar* (Dio è grandissimo). È inutile dire che la strage era già cominciata. Successe tosto una fuga generale dei Cristiani che si trovavano nelle strade o nei *bazar* o nelle botteghe. Chi fuggiva verso i *kan*, chi alla propria casa ed altri poi storditi restavano immobili; altri disperati s'introducevano nelle case dei Turchi. Non era passato un quarto d'ora che già tutte le strade erano ingombre e piene di bande di demonii armati con ogni sorta di orribili e micidiali strumenti. Tutti erano provvisti, chi di fucile, chi di spada, chi di coltello, chi di scure e chi, in mancanza di meglio, di un grosso bastone. A capo di ogni banda si trovavano alcuni soldati del reggimento dei *redif* di Aintab; pronti a difenderli coi loro fucili Martini nel caso che i Cristiani avessero osato resistere. Vano timore, perchè questi si fecero scannare come agnelli senza neppur pensare ad'opporre la benchè minima resistenza. L'unico mezzo di difesa fu di chiuder bene le porte di casa; ma qual portone, fosse pure di ferro, poteva resistere ai colpi formidabili delle accette e dei picconi di quei furibondi? Le parti più forti in un attimo andavano in ischeggie e in frantumi. E poi il petrolio non era forse pronto per incenerire porte e case? Dare la scalata alle case per essi era l'affare di un momento. Introdottisi dentro, guai a coloro che vi si trovavano! Vi sono dei fatti talmente raccapriccianti, che la penna rifugge dal descriverli e i capelli si drizzano in testa al solo pensarvi. Vecchi decrepiti, teneri fanciulli, giovani robusti, nessuno trovò misericordia; nessuno si potè liberare da quelle mani crudeli. Alcuni furono messi in pezzi, alcuni mutilati, altri decapitati; altri poi restavano abbattuti sotto gl'inumani e spietati colpi di quei grossi bastoni. Finalmente, molti furono bruciati vivi colle proprie case. Le donne poi... che orrore! Abbrevio perchè non ho il coraggio di dire tutto; dirò solamente che dal mattino fino a notte avanzata, non fu altro che strage e saccheggio. Se mai nelle bolgie infernali vi sono dei giorni come il 16 novembre di Aintab, disgraziato colui che vi andrà!

Un Europeo, benchè vissuto per molti anni tra questa gente, non si può fare un'idea del Musulmano fanatico, senz'averlo visto scannare un povero Cristiano e beverne il sangue! Eppure, quello che a noi sembra crudeltà e ferocia, per essi è un'opera di gran merito presso Dio. Se non l'avessi visto, non lo crederei: prima di dare l'assalto non obliavano le solite oblazioni e preghiere. I villani poi dei paesetti vicini ad Aintab vollero anch'essi partecipare a tanto buona e santa opera. Fervorosi come se andassero al pellegrinaggio della Mecca, preceduti da bandiere, armati con ogni specie di armi, al suono di barbari strumenti, come uno stuolo di cavallette, accorsero alla distruzione dei *giaur*. Nel giorno 17 novembre più di 20 mila fra Kurdi, Circassi, villani ed Arabi, si adunarono nei dintorni della città aspettando il momento stabilito per gettarsi tutti d'un colpo all'assalto. Negli orti vicini all'ospizio di Terrasanta il loro numero era di circa 6,000.

Tutta quella gente, dalla mattina sino al mezzogiorno, si agitava, si contorceva, e di tanto in tanto mandava urli maledetti. Finalmente, tutto in un tratto, cessarono le grida. Ognuno dal posto ove si trova rivolge al cielo le sue fervorose preghiere. Pregano, e dopo con quanto hanno di forza nella gola danno il formidabile grido: *Allah Akbar!*

Il governo cercò di opporsi a questo assalto, non per proteggere l'ordine o i Cristiani, ma per timore che quella massa di forsennati avesse fatto anche man bassa sui Musulmani e sui loro beni. Ad ogni modo tale opposizione fu provvidenziale, perchè se quell'assalto avesse avuto luogo, non sarebbe rimasto un solo Cristiano per piangere sulle rovine di Aintab.

Ma come mai il governo, che con soli 20 soldati pose argine a quella moltitudine nel 17 novembre, ora, disponendo di 2,000 soldati, non riesce a mantenere l'ordine e proteggere i Cristiani?

Nel 19 novembre si cominciò a dar sepoltura ai cadaveri, che da tre giorni ingombravano le case, le botteghe e le strade. Coi miei occhi ho visto gli onori funebri resi a quei mutilati ed irriconoscibili corpi. Per mezzo di una corda legata ad un piede o ad un braccio, quei corpi erano trascinati nelle vicine campagne, nei pozzi, nei letamai. I cani, sino a giorni fa, si disputavano ancora i resti.

Darò, terminando, le cifre degli uccisi, dei feriti, delle case e botteghe saccheggiate e di quelle bruciate. Moltissime famiglie, sia per paura, sia perchè forzate, abbracciarono l'Islamismo, seimila persone domandano oggi in Aintab il pane in elemosina per non morire di fame.

I Cristiani massacrati nella città di Aintab furono 500, ed i feriti 300. Le botteghe saccheggiate furono 1,000, le bruciate 6, le case saccheggiate 500 e le bruciate 9.

Anatolio Latino (Errico Vitto, Italian Consul at Aleppo):
Gli Armeni e Zeitun.
Firenze 1899, Vol. 2, p. 38–45.

★

The Constantinople Massacre and its Lesson

I have been challenged by a few English journals to reconcile my defence of the persecuted Armenians with the recent Armenian demonstration in Constantinople and its attendant horrors. "It can scarcely be denied, even by Canon MacColl," says the *Saturday Review* of October 5, "that the Armenians were responsible for the recent riots in Constantinople, and for the consequent loss of life." I do deny it most emphatically; nor do I consider myself refuted by the rejoinder which the Reviewer makes to the answer which he is good enough to put into my mouth. "The Canon," he proceeds, "will of course say that the Armenians rose against intolerable oppression; but as both their lives and property are secure, at least in Constantinople, we find in the recent disturbances another proof of Armenian cunning." If the writer were as well acquainted with Turkey as I am he would know that the life and property of a Christian subject of the Sultan are safe nowhere in the Ottoman Empire. For him there is no justice even in Constantinople. His life, property, honour are ever at the mercy of the meanest Mussulman who may chose to assail them. He can never prove that he has been wronged, for his evidence is inadmissible against a Mussulman. Nor, if he could prove it, would it make the smallest difference; for although the rayah has some theoretical rights under Mussulman rule, these rights are of no sort of use to him, since he can never enforce them, and the violation of them is not punishable by law. The sacred law of Islâm forbids the murder of a rayah who has paid the yearly ransom for the right to live, and is otherwise innocent; but it declares at the same time that if, nevertheless, a true believer should deliberately kill a rayah the murderer is not to be punished in any way. And he never is punished. Let the reader calmly reflect on the significance of the following extract from a report sent to the Foreign Office by one of the ablest and most experienced of our consuls in Turkey:

"Whitin my experience of twenty-five years in Turkey I have not known a single instance in which a Mussulman has been condemned to death for the murder of a Christian upon purely Christian evidence."

Purley Christian evidence is inadmissible, and a Muslim will not give evidence in favour of a Christian against a true believer; nor, as I have just explained, would it be of any use if he did. The plain truth is that Mussulman rule over non-Mussulman subjects is so abnormally iniquitous, so utterly repugnant to natural justice, that people are exceedingly slow to believe that such wickedness can exist under a Government which has its metropolis in Europe, and which the Christian Powers treat as if it were a civilised State. The very enormity of its offences against the primary conditions of civilised life is thus its strongest panoply against the indignant retribution of Christendom. If Christian Europe only realised that the government of Turkey is, in literal fact, an organised brigandage, under the cruel yoke of which the fairest and richest regions of the globe lie desolate, and human life has for centuries "groaned and travailed in pain together until now," it would soon put an end to the disgrace of allowing a horde of barbarians like the pashas and effendis of Stamboul to keep the civilised world in perpetual turmoil by the incorrigible infamy of their rule. And yet a slight exercise of the reasoning faculties ought to teach even the dullest of understandings that there is not a scintilla of exaggeration in my description of Turkish administration. Consider one illuminating fact. In spite of the Sultan's magniloquent prattle about his "independence," the Porte has been shorn for centuries of one of the most essential attributes of sovereign power. The States of Christendom, great and small, old and new, are so convinced of the incurable iniquity and corruption of Turkish rule and administration that they will not entrust the life, honour, or property of any of their subjects to Turkish justice or probity. They have in Turkey their own courts of justice, in which alone their subjects can be tried. They have also their own post-offices, because they have no faith in the honesty of Turkish officials. Christendom has thus for centuries put the stigma of incorrigible barbarism on the Sultan of Stamboul and his Government. (...)

It requires no great penetration to understand that a Government which cannot be trusted to deal justly with the lives, property, and honour of the meanest subjects of Powers which are strong enough to protect their subjects even against the chicanery and brutality of Turkish officials, ought still less to be trusted to rule over populations which are absolutely at the Sultan's mercy; their normal condition being one of cruel and degrading slavery. Yet there are still among us, though they are a rapidly dwindling band, some who really believe that the Armenians and other non-Mussulman subjects of the Porte ought to be loyal to a ruler and a Government which deny them the elementary rights of humanity. These defenders of the Turk forget that in the mutual relations of human life duties are reciprocal. A Government which, so far from protecting its subjects in the secure enjoyment of their rights, is itself the *fons et origo malorum*, the prime transgressor against liberty and justice, and the corrupter of civic life, has no claim on the loyalty of those subjects, and ought not to receive it. Secret conspiracy, and insurrection when possible, are not only natural and inevitable in Turkey; they are the perennial right and the sacred duty of the rayahs. Lenght of tenure can never consecrate a brigand's rule, for time does not run against the primordial rights of humanity.

In Constantinople, therefore, as elsewhere in the Sultan's dominions, the Armenians are slaves, having no security for life, property, or honour, as the events of the last few weeks have shown to demonstration. But it is true that the Armenians of Constantinople enjoy more security than Christians in the interior, thanks to the presence of foreign ambassadors and the contiguity of fleets of ironclads. Still, the Armenians of Constantinople have grievances enough of their own to justify them in going by deputation to present a perfectly loyal petition of the Sultan. It is true, however, that it was not so much on their own behalf as on behalf of their kin in Armenia and other provinces that the Armenians of Constantinople organised their demonstration. Was that a crime? The Armenians would indeed deserve all the scorn which has been so wantonly and cruelly flung at them, if selfish regard for their own ease and comfort had made them obtuse to the sufferings of their brethren elsewhere. Surely any one with a spark of chivalry in his nature would admire them all the more for risking liberty and life in the forlorn hope of achieving some measure of deliverance for their brethren and sisters who are still enduring torture, dishonour, and death at the hands of the Sultan's soldiers and servants. (...)

In a Blue Book on "Religions Persecution in Turkey," published in 1875, I find the following facts attested by her Majesty's Ambassador and Consuls in Turkey. The Porte "definitely refused" to permit the establishment of Christian schools; prohibited the publication of the Bible in the Turkish language; and in direct violation of the Hatti-humayoun of 1856, the children, not only of Mussulmans, but of Pagan parents as well, can never be recognised as Christians, even if they have been baptized in infancy. "The law," said the Grand Vizier, "did not recognise such men as Christians at all, but as Mohammedans." The controversy arose out of the case of some young men, the sons of heathen converts to Christianity. These young men had been baptized in infancy, but when their parentage was found out they were imprisoned and put to the torture fo force them to conform to Islâm. It was in vain that the British *chargé d'affaires* appealed to the promise of complete religious liberty solemnly given by the Sultan in the Hatti-humayoun. The Grand Vizier merely wondered at the obtuseness which could not see the invalidity of promises extorted from the Sultan's necessity, and blandly explained that any interpretation of the Hatti-humayoun which conflicted with the law of Islâm must be a wrong interpretation. By the law of Turkey the children of non-Christian parents can never become Christians.

But that was twenty years ago, and things may have improved since then? Things never improve in Turkey, except under coercion from one or more of the Great Powers. Left to itself, the progress is always from bad to worse. This could be proved in detail if space permitted; but it is not necessary. I will take official evidence, published this year in a document entitled: "Violations of the Hatt-humayoun, a Paper prepared at the request of Sir Philip Currie, British Ambassador of the Sublime Porte."

Although the building of places for public worship is by the sacred law of Islâm forbidden to Jews and Christians, the authorities, from 1856 to 1891, winked at meetings for worship in private houses. In the latter year the local authorities prohibited this scanty privilege; and in January 1892 an Imperial Edict was published, "decreeing the suppression of worship and schools not formally authorised and found to be without permits after a stipulated delay." This decree, however, was not at once strictly enforced. It was a feeler to test the forbearance of the Powers. There being no protest from any quarter against this outrageous violation of the solemn promise of toleration given by the Porte in the Hatti-humayoun, in 1894 the celebration of divine worship in private houses was peremptorily forbidden, on the ground that "every place where a Christian says his prayers is reckoned as a church, and a church cannot exist without an Imperial firman." One of the results of this decree is thus described in the document prepared under the auspices of the British Ambassador:

"At this moment congregations of from 150 to 300 Protestants are prohibited from worship in places which have been recognised as their meeting-houses during 10 to 20 years: at Fatza in the province of Trebizond, Inetzing and Aghn in the province of Harpoot, Kir Shehir in the province of Angora, and Osmaniye in the province of Adana, to say nothing of the case of congregations in Sidon and Gedik Pasha in Constantinople."

The opening of Christian schools afer the Crimean War was also winked at till 1892, "when the Government suddenly commenced to suppress Christian schools." In the same year, 1892, another decree was issued closing all Government employment to all who are educated in other than Government schools – that is, virtually, to all but Muslims. (...)

"In 1886 a book called the 'Mudafaa', and in 1892 another called 'Resalei Hamidie,' were published at Constantinople. Both of these books were full of the most scurrilous attacks on Christianity and of the most contemptuous epithets applied to those who profess that religion. *The authors of those works were decorated by H. I. M. the Sultan, and many efforts were made to give the books the widest possible circulation.* Since that time, especially in 1892 and 1893, the Turkish newspapers of the capital have contained article after article which have thrown opprobrium upon the Christian religion. These articles have been published with the approval of a censorship that by law must decide beforehand whether an article may be published. But at the same time Christians have been rigorously prohibited from making in Turkish any answer to statements maliciously false concerning Christianity, by which these works have sought to excite the contempt and hatred of the Mohammedan populace towards their Christian neighbours."

Let the reader carfully note the last sentence in this "Paper, prepared at the request of Sir Philip Currie, British Ambassador to the Sublime Porte," for the information of Lord Kimberley, in the spring of this year. It exhibits the Sultan at the head of a crescentade against Christianity, fomenting and disseminating "most scurrilous attacks on Christianity" and Christians, and decorating the authors of those attacks, which have for their object "to excite the contempt and hatred of the Mohammedan populace towards their Christian neighbours." I shall show presently that the recent massacres at Constantinople were part and parcel of this deliberate policy of organised fanaticism, which is at the beck and call of the craven tyrant of Yildiz Kiosk, and simply does his bidding. The exigencies of space will not permit me to do more than give an few typical examples of the hell upon earth in which the helpless Christians of Armenia are condemned to live. The British Consul at Erzeroum writes in 1891:

"A band of thirty mounted police which were on the march were billeted for the night in a small Armenian village of ten houses, a few hours' distant from Bitlis. Four of them were quartered in the house of a young married Armenian. Overhearing them discussing plans against his wife's honour, he secretly sent her to the house of a neighbour. When the zaptiehs learnt this they ordered him to send for her, and, on his refusing to do so, beat him most cruelly. He fled to a neighbour's house, but, two days later, died from the effects of the ill treatment which he had received. Four doctors, three of them Turks, the other a Christian, examined the body, and the latter had the courage, in the fase of the opinions given by the others, to certify to the real cause of death.

"In the houses where the other zaptiehs were quartered their designs against the female members of family were carried out without resistance."

Resistance was in truth impossible, for the police were armed, and the Armenians are not allowed to possess arms. That is one of the daily incidents of the hospitality tax. The women of the Christian subjects of the Sultan are at the mercy of the

Mussulman police, soldiery, roving dervishes, and common tramps, who are all entitled to three days' gratuitous hospitality. Hardly any Christian woman escapes dishonour.

The British Vice-Consul at Van writes:

"I learn that, on the 7th ultimo, a son of the Bitlis Ali Bey, accompanied by several zaptiehs, who were Circassians, and numbered forty, went to an Armenian hamlet, Hormuz, and passed the night at the house of a certain Kachik; this man was maltreated for taking measures to protect his honour, and died."

The British Consul at Erzeroum reports as follows:

"From the plain of Erzeroum, also, come many stories of ill-treatment of Christians. At Setaouk some Mussulmans forcibly entered the house of an Armenian, with the design of outraging his daughter. Failing in this, they violated his wife."

"Fifteen days ago Hussein, with his nephew, entered by night the house of an Armenian, named Caspar, in Patnoss, with the intendtion of carrying off Caspar's daughter-in-law, a very beautiful young woman. The inhabitants of the house cried out for help, on which Hussein drew his revolver and fired, killing the woman on the spot."

This Hussein Agha was Mudir – *i. e.*, Governor – of Patnoss in Armenia. The dry catalogue of his hideous atrocities and crimes fill a page and a half of a folio Blue Book. "He carried off over 2600 Sheep, nine horses, many cattle, and property of all sorts. He set fire to nine villages, killed ten men, and cut off the right hands, noses, and ears of eleven more, some of which could, if necessary, be produced as witnesses." "A year ago Hussein carried off and ravished five Christian girls from Patnoss." In a dispatch to Lord Salisbury the British Ambassador denounces this man as "a monster," and Lord Salisbury laid the dispatch "befor the Queen." This "monster," remember, filled the responsible post of Governor of a district where his word was law. Was any serious attempt made to punish him, or even stop his career of outrages? None. "Protected as he is supposed to be by the authorities," says the British Consul, "no one dares to raise a voice against him. Such is the terror that he now inspires that the Murakhass (Bishop) of Alashgird has fled to Bayazid."

The British Ambassador, by Lord Salisbury's instructions, denounced this notorious criminal to the Grand Vizier, and he was thereupon invited to visit the Sultan at Constantinople as a mark of special honour, and promoted to the rank of a pasha and the command of a regiment of the Kurdish cavalery which the Sultan was then organising, and on which he bestowed the singular favour of bearing his own name, "the Hamidie" – "the King's Own," as we should say.

The reader will remember that it was in the year 1892 that the Imperial decrees were published against education and Christian worship even in private houses. In the previous year the Sultan began to form his force of 30,000 Kurdish cavalery, whom he officered with the most notorious brigands and cirminals in Kurdistan – Hussein Agha among them. Representatives from the different regiments of these cut-throats were invited to visit the Sultan at Constantinople, where he had them fêted with every token of favour. On their return to Armenia they "openly state," says the British Consul at Erzeroum, "that they have been appointed to suppress the Armenians, and that they have received assurances that they will not be called to answer before the tribunals for any acts of oppression committed against Christians".† When everything was ready the Kurds were let loose on the helpless Christians, and the world was horrified by the masacres of Sassun, the rumour of which filtered through the cordon of troops and police with which the Sultan surrounded Armenia, and was revealed in all its horrors months afterwards by the enterprise of English jounalists.

On discovering that his carefully prepared massacres came to light even in remote Armenia, the Sultan has adopted another method of "diminishing" the Armenians, and driving the survivors out of their ancestral home. The Kurds have been told to pasture their cattle in the meadows and cornfields of the Armeniens. I state the following facts on the authority of Reuter's agent, whose impartiality has been generally acknowledged. He spent some months in Armenia this year, travelling about in disguise, and came to see me on his return last July. Wherever he went he saw the Kurds' cattle, tendet by their herds, browsing in the fields of the Armenians, and was told by the Armenians that they durst not remonstrate or complain. The crops having been thus destroyed, the next thing was to rob the Armenians of their cattle and household goods. A year's taxation was demanded in advance. The wretched Christians pleaded poverty through the ruin of their crops. The tax-gatherer answered: "You must pay at once." "Then give us a little time," implored the Christian, "till we can sell some of our cattle." The tax-gatherers, who are also the police, retorted by seizing all their cattle and household goods, and putting them up to auction: the neighbouring Kurds having been previously informed of the fact, while the Christians were forbidden to bid for their own property, which, after this sham sale, was divided between the Kurds and police. Thousands of Armenians have been thus reduced to feeding on roots and grasses for months, and crowds of them have perished from starvation and diseases bred by the garbage with which they have been endeavouring to keep soul and body together. Reuter's agent, a gentleman of independent means, and belonging to no political creed or party, showed me a sample of the cakes on which the starving Armenians had been feeding. It was a boiled concoction of roots, leaves, and grasses, and looked like a piece of concrete. "I went to Armenia," said this gentleman, "with my sympathies rather in favour of the Turks. I have come back with my blood boiling against their fiendish inhumanity. If the English people only realised the true state of the case they would not endure it for a week."

It was announced last summer that the Sultan had generously contributed £ 2,000 for the relief of the surviving inhabitants of the villages destroyed by his own troops acting under his orders; the officer who presided over the massacre having afterwards been decorated by his humane Majesty. What the Sultan really did was to send orders to the Governor of the district to find the money. The Governor, knowing how to please his master, taxed the Armenian Christians for the amount of his Majesty's generous contribution, not a shilling of which went back to the Armenians. Truly a Turkish way of helping the needy and getting credit for benevolence!

The facts which I have thus placed before the reader point to the inevitable conclusion that the Sultan has been engaged for some years in laying his plans for the partial extermination and total degradation of the Armenians. He began by making war upon their schools and religious freedom. Education opens and enlarges the mind, and Christianity is a religion of hope, of progress, and of redemption. Intellectual development was therefore put under ban, and the preaching of the "Good News" of Christianity was sternly forbidden. But the Armenians had made considerable progress in education and in the aspirations for freedom which education inspires, before their oppressors had realised the fact. They must, therefore, be taught a lesson. Hence the formation of 30,000 plundering and murdering Kurds into a cavalry force, bearing the Sultans's name, and officered by brigand chiefs, with a mission from the Sultan "to suppress the Armenians" without any fear of punishment" for any acts of oppression committed against the Christians." Hence the massacre of Sassun, and the recent massacres of Constantinople and Trebizond. Hence the persecution by torture, imprisonment, exile, and death of the intellectual leaders of the nation – schoolmasters and schoolmistresses, professors, physicians, ecclesiastics. Kill the aspirations of the Armenians by a reign of terror, by the death and expatriation of their leaders and educators and by the confiscation of books, thus driving them back into the barbarism which comes of ignorance and helplessness under the dominion of armed force: there you have in a nutshell the explanation of the Sultan's dealings with the Armenians for the last few years. Their demonstration in Constantinople was quite legal and quite pacific. Even if the fatal shot which killed the officer of police was fired from an Armenian revolver, was that an excuse for delivering the whole Armenian colony – men, women, and children – to three day's carnage? Was it any excuse for the murder by the police within their barrack-yard of thirty helpless prisioners? Armenians only were killed – a fact to which a Turk called the attention of the Correspondent of the *Standard* as a clear proof that it was not a case of fanaticism, but of a carefully planned massacre. The subsequent massacre of more than 400 Christians at Trebizond was marked by the same careful discrimination. "The mob did not touch any but orthodox Armenians, leaving even the shops of Catholic Armenians.† Only two persons outside the Armenians were killed." The orthodox Armenians are not in communion either with the Pope or with the Russion Church, and were therefore considered safe game. A heavy responsibility is laid on the Governments of France and Russia for having by their heartless diplomacy given currency to this impression. It is evident that very few of the Armenians in the Constantinople demonstration were armed. Armed men do not allow themselves to be bludgeoned and stabbed to death with impunity. The allegation that the Armenians were responsible for the massacres is disposed of by the damning fact that only three Turks were killed – by whom there is no evidence so show – while the number of the Armenians slain is known to have amounted to hundreds, including men, women and children, who had nothing to do with the demonstration. (...)

Malcolm MacColl: The Constantinople Massacre and its Lesson.
The Contemporary Review, New York, London, November 1895.

★

Da: Gli Armeni e Zeitun

Anche a Marasc volli che i passati massacri mi fossero narrati da testimonii oculari e degni di fede. Mi rivolsi alle persone più rispettabili per ogni titolo nelle tre divisioni cristiane del paese. Ed ebbi tre relazioni: l'una da un Protestante, l'altra da un Cattolico, e la terza da un Armeno-gregoriano. Ho pure nella mia importante collezione di memorie, lettere e statistiche relative ai miei studii sulla questione armena, la lista nominale di tutte le vittime dei massacri in Marasc. Ma mi astengo dal pubblicarla, come ho dovuto rinunziare a pubblicare altri documenti, per non accrescere la mole del presente lavoro.

Prima Relazione

Da più di un anno i rapporti tra la popolazione cristiana e musulmana in Marasc erano tesi. Divennero specialmente aspri durante la prima settimana dell'anno passato, e nuovamente quando i Musulmani tenevano segreti conciliaboli e dicevasi che preparavano un massacro generale dei Cristiani. Questi, furono presi da molta paura; e parecchi dei loro giovani giravano armati segretamente di rivoltelle e di coltelli. Un sentimento generale prevaleva fra essi, ed era che dovessero provvedersi di armi, non per attaccare, ma per difendere la loro vita in caso che fossero attaccati. Posso dire con certezza che una gran parte della popolazione cristiana si condusse secondo questo sentimento, e fece i suoi preparativi per la difesa. Intanto è degno di nota che, giunto il momento dell'attacco, non fecero alcuna resistenza. La situazione ebbe una crisi nel 25 ottobre. Due giorni prima un Turco fu pugnalato, dicesi, da un Cristiano, per via; morì a causa della ferita ricevuta e fu sepolto nel giorno 25. I suoi amici, tornando a casa dal funerale, attaccarono parecchi Christiani nel *bazar*. Questo fu il segnale di un fuggi-fuggi di tutti i Cristiani, che abbandonarono le botteghe, le scuole e si rifugiarono nelle loro case, dove rimasero chiusi per più di tre settimane. Durante questo tempo, le autorità non presero alcun provvedimento per ristabilire l'ordine. Circa 40 Cristiani furono uccisi in giorni diversi; 45 case furono saccheggiate; in ogni giorno, i Cristiani, che si avventuravano a percorrere le vie, erano battuti specialmente dai soldati. Molte vigne ed oliveti furono distrutti e circa 100 Cristiani imprigionati. La scusa che il Governo dava, era che gli Armeni si erano armati con l'intenzione di sollevarsi e far causa comune coi Zeitunli.

Ed intanto, anche ammettendo che vi fosse tale proposito, nessun segno esteriore, nessun indizio venne a provarlo. Nessun soccorso fu inviato a Zeitun nè di uomini, nè di denaro. La missione americana chiese che le fossero accordate alcune guardie di polizia per garantirla contro possibili danni, ma non le fu concesso. Cominciava a credersi che il pericolo fosse finito, quando il 18 di novembre avvenne un massacro generale. L'unico accenno fu un lieve disordine accaduto nella sera del 17, ma di nessuna importanza. Il fatto principale, per quanto concerne il massacro, ch'è come il riassunto di tutto, è ch'esso fu sorvegliato dal *Mutessarif*, il quale percorreva a cavallo le vie col pretesto di proteggere i soldati e gl'innocenti Cristiani, ma in realtà per animare e dirigere il massacro.

L'eccidio e il saccheggio furono in generale e principalmente compiuti dai soldati, che percorrevano in disordine e alla spicciolata la città. Essi erano Arabi. Il loro modo di agire era in generale di chiamare gli abitanti delle case a venir fuori ed arrendersi. E quando questi venivano fuori e si arrendevano, erano subito fucilati.

Gli abitanti Musulmani si unirono allora ai soldati per portar via tutte le cose mobili, che potevano prendere, e rompere quelle che non potevano essere asportate. Il massacro cominciò alle ore 7 del mattino e continuò sino alla sera. Nove decimi dei beni dei Cristiani passarono durante questo tempo nelle mani dei Musulmani. Le donne e i fanciulli musulmani presero parte al saccheggio. In quel giorno furono ammazzati 610 Cristiani, nel qual numero erano comprese 50 donne e fanciulli. Le donne perirono principalmente o fra le fiamme delle loro case incendiate, o tentando inutilmente di salvare i loro mariti e figli. A quanto pare, l'ordine era stato dato di non toccare le donne. Furono incendiati 146 fabbricati, comprese 2 chiese gregoriane e il collegio teologico dei protestanti. Dal 18 novembre a tutt'oggi si calcola che 300 persone sieno morte per ferite o per malattie cagionate dal massacro. Il giorno dopo della strage il Governo si adoperò con energia e con apparente sincerità per ristabilire l'ordine e la calma nella città. Tranne poche eccezioni, nessuna bottega fu saccheggiata, e i mercanti cristiani continuarono dopo quel giorno i loro affari. Molti dei principali Cristiani furono imprigionati nel giorno del massacro e dopo. Il loro numero ascende a circa 300. Essi furono sottoposti ad ogni specie di torture: ricevevano bastonate su tutte le parti del corpo, e da 100 a 600 colpi. Lo strumento usato per percuoterli era fatto con fili ritorti del telegrafo. S'incendiavano i loro capelli e le loro barbe; s'introducevano nel loro corpo dei pali sino a forare gl'intestini; si metteva loro in bocca escrementi umani; erano pure sottoposti all'oltraggio dei sodomiti. E molte di queste torture furono usate per obbligare i prigionieri a segnare una dichiarazione, colla quale si affermava, che un complotto erasi formato fra i Cristiani per attaccare le moschee, uccidere i Turchi, ecc., ecc. Molti, indeboliti dalle torture sottoscrissero l'infame documento; altri sopportarono le torture senza cedere per non mentire. Appena giunse la notizia dell'arrivo della missione consolare, queste torture furono sospese. Si calcola che circa 10,000 Cristiani sono ridotti alla miseria. Furono pochi in Marasc coloro che abiurarono la loro fede religiosa: appena 30 persone, per salvare la vita, accettarono di essere Musulmani; ma dicesi che parecchi di essi furono fucilati dopo di esser divenuti Musulmani.

È evidentissimo che il massacro fu ordinato dal Governo: i Cristiani non avevano fatto nulla. Per tre settimane stettero rinchiusi nelle loro case; non opposero alcuna resistenza: furono uccisi come pecore. I Turchi dicono che tre soldati furono fucilati, ma ciò merita conferma.

Seconda Relazione

Nel giorno 23 ottobre dell'anno scorso avvenne una disputa sanguinosa fra alcuni Turchi e alcuni Armeni. Un Cristiano ed un Turco furono feriti: il Turco morì nel giorno 25. La sua morte irritò molto i Turchi, i quali ritornando dal suo seppellimento, minacciarono di ammazzare cento Cristiani per un Musulmano. Gli Armeni, in seguito ai fatti di Sassun e all'intervento delle potenze europee, speravano nelle riforme. Dopo che un dispaccio ufficiale, venuto da Costantinopoli con l'assicurazione delle dette riforme fu pubblicato ufficialmente in Marasc nel giorno 24 ottobre, i Cristiani, in generale, gioirono; i Turchi si mostrarono dapprima indifferenti. Gli Armeni, qualche mese prima di tale pubblicazione, si sforzavano di procacciarsi delle armi e prepararsi collo scopo di difendersi contro attacchi presentiti. Dopo la pubblicazione del telegramma delle riforme, i Turchi cominciarono a mormorare e a lamentarsi. Disordini serii e tali da destare molta inquietudine cominciarono a mostrarsi dalla parte dei Musulmani. Essi, armati di armi diverse, percorrevano i quartieri e le strade, e cercavano un motivo per attaccare i Cristiani. E infatti si ebbero a deplorare alcuni morti e alcuni feriti. Nonostante i vivi reclami diretti dal Governatore, lo stato delle cose peggiorò sempre, e l'autorità nulla fece per migliorarlo.

Nel giorno 25 ottobre, il signor Garabed Topalian, uno dei notabili protestanti di Marasc, tornava dalla sua campagna in città, e strada facendo fu ammazzato con un colpo di fucile da soldati, e mutilato. Il suo cadavere rimase per due giorni in quel punto dove il delitto era stato commesso. Nel giorno 26 ottobre i Turchi del quartiere Karamanli attaccarono i Cristiani del medesimo quartiere, li batterono, ne ferirono gravemente parecchi e s'impadronirono d'ogni loro avere. Il Governo mandò alcuni gendarmi per calmare il quartiere. I gendarmi completarono l'opera dei Turchi, e dopo condussero in prigione tutt'i Cristiani feriti, che sono sempre detenuti. Non uno dei Musulmani fu arrestato. Nei giorni 27 e 28 ottobre molti Cristiani che si trovavano a villeggiare nelle loro case di campagna, udite le notizie dei fatti avvenuti in città, si affrettarono a tornare in Marasc. Al loro arrivo nei pressi della città alcuni furono uccisi, altri battuti o gravemente feriti; tutti spogliati di quanto avevano indosso.

Nello stesso giorno verso il mattino, una grande folla composta di Turchi e di Kurdi si raccolse sulla collina in faccia al quartiere Sceker-Deré, battendo il tamburo per aumentare il loro numero con altri facinorosi e piombare sul detto quartiere. Finalmente giunsero i gendarmi che dispersero quella folla, la quale rimesse ad un altro giorno l'esecuzione del suo progetto.

Dal 29 ottobre sino al 3 novembre i Turchi continuarono a ricercare, ferire, battere i Cristiani che incontravano nei quartieri o per le vie. Così i Cristiani si videro costretti a rinchiudersi nelle loro case e non ne uscirono più, nemmeno per procurarsi il nutrimento. Tutte le chiese e tutte le scuole furono chiuse dal giorno 24 ottobre.

Nel 2 novembre verso sera, giungeva nella nostra città Mustafa Pascià Ramzi, Generale di divisione, e uscirono ad incontrarlo tutt'i notabili Musulmani. I notabili Cristiani non potevano fare altrettanto, rinchiusi com'erano nelle case per timore dei Turchi.

Il 3, essendo giorno di domenica, e sperando che la venuta del Generale di divisione contribuirebbe al ristabilimento dell'ordine, alcuni Cristiani, desiderosi di respirare un po' d'aria, uscirono dalle loro case; ma appena furono sulle vie, vennero aggrediti, battuti, feriti, e da 20 a 25 trucidati. Nel giorno seguente il Generale di divisione convocò nel *Konak* tutt'i capi delle due religioni e i notabili della città. Li ricevè separatamente, cioè in una volta i Cristiani e in una volta i Musulmani. Ai Cristiani tenne il seguente discorso: «Sono qui venuto per ordine die S. M. il Sultano con lo scopo di calmare il paese. Vi dichiaro innanzi tutto che S. M. ama tutt'i suoi sudditi ugualmente, senza distinzione di religione, e desidera sempre la loro tranquillità e prosperità. Non crediate che per alcuni Armeni, che misero disordini nelle sue province, si possa togliere a S. M. una delle dette province che fanno parte dell'Impero ottomano da sei secoli. Perciò v'invito a sottomettervi a S. M. e a fare scomparire ogni cagione che possa turbare la pace generale del paese. Se voi volete, datemi un documento che manifesti il vostro desiderio e che sia sottoscritto da voi tutti. Io ho chiesto la medesima cosa ai Musulmani.»

La parte cristiana redasse un documento, come pure la parte musulmana, e furono consegnati al Generale. Egli insistè affinchè tutti aprissero le loro botteghe, i loro magazzini, e che le chiese pure fossero riaperte. E a garanzia della vita dei Cristiani fece pubblicare da appositi banditori la pace e la calma del paese. I Cattolici, in generale, prestarono fede alle promesse di sicurezza. Gli Armeni-gregoriani e i Protestanti non ebbero fiducia in esse. Così la circolazione e la riapertura delle botteghe non fu generale. Intanto i fatti hanno dato ragione agli Armeni-gregoriani e ai Protestanti, perchè i Musulmani, malgrado la sicurezza pubblica, promessa e pubblicata dal Governo, continuarono a girare giorno e notte, armati sino ai denti, per i quartieri e le vie della città, continuando ad attaccar brighe nei *bazar* coi Cristiani, a batterli e a ferirli. Quei pochi Cristiani che osarono portare un'arme, o dire una parola, o fare un gesto di resistenza per difendersi dai continui attacchi dei Musulmani, furono severamente puniti, immediatamente condotti in prigione e vi rimangono anche oggi.

Tale stato di agitazione e di fermento durò sino al 17 novembre. Nell'intervallo di questi giorni i Musulmani, e particolarmente i notabili Said Bey, Kadri Bey, Mustafa Effendi, Hassan-Kadi Zadè, Mahmud Effendi, Kara-Kugiuk Zadè, Ali Ciukador Oglu, Khalil Effendi Mazman Zadè; e i grandi funzionari del Governo, cioè Abd-il-Uahab, governatore (*Mutessaref*), il capo della contabilità, Ziver Pascià comandante della piazza, e Mustafa Ramzi Pascià Generale di divisione, volendo annientare i Cristiani di Marasc, tennero una segreta adunanza, nella quale fu redatto un processo verbale, che conteneva i motivi del massacro da operarsi. Il processo verbale fu segnato da 64. Tredici soltanto si rifiutarono a sottoscriverlo. Erano addotti in quel processo verbale mille futili pretesti, e fra gli altri era detto che i Cristiani eransi rinchiusi nelle loro case unicamente per tirar fucilate dalle finestre sui Musulmani. Questo documento fu spedito per telegrafo a Costantinopoli.

La risposta fu circa del tenore seguente: «Contro chiunque si serve delle armi e turba la sicurezza pubblica bisogna servirsi delle armi per correggerlo.» In base a quest'ordine supremo fu presa la deliberazione di operare il massacro, che'ebbe principio in uno dei quartieri della città il 17 novembre.

All'alba del 18, all'insaputa di tutt'i Cristiani, soldati e gendarmi, accompagnati da Musulmani della città, da Kurdi e da Circassi chiamati a questo fine, furono contemporaneamente distribuiti nei quartieri cristiani. Una volta giunti al loro posto di combattimento, cominciarono l'esterminio. Sfondavano le porte delle case con le scuri, fucilavano, sgozzavano in un modo barbaro, crudele ed atroce, non risparmiando i fanciulli e le donne. Non uno dei Cristiani tirò un colpo di fucile. Rubarono quanto trovarono: gioielli, mobili, abiti, provviste, di modo che ai poveri superstiti non rimase che l'abito che indossavano. Quelli che riuscirono a fuggire, o a nascondersi in angoli sconosciuti della casa, o a ricoverarsi presso vicini, o amici Musulmani, o corrompere gli assalitori con una grande somma di denaro, furono i soli salvati.

Quei furibondi incendiarono parecchie case coi loro abitanti: il quartiere Scekardara fu quasi tutto bruciato. Chi cercava di uscire per sfuggire all'incendio, era immediatamente fucilato dai soldati, che avevano tirato un cordone intorno al quartiere incendiato. Il massacro durò sino al tramonto del sole, cioè per circa 10 ore.

Furono ammazzati 575 Armeni-gregoriani, 127 Protestanti, 120 Cattolici, in tutto 822 Cristiani. Furono saccheggiate 1,543 case, bruciate 200. Mancano oggi del pane quotidiano 7,900 Cristiani. Quasi tutte le case di campagna e le vigne dei Cristiani sono state distrutte. E fu fortuna che quella onda di malfattori cedesse alle attrattive del saccheggio. Così costoro perderono molto tempo, che se fosse stato tutto impiegato in fare strage, non sarebbe rimasto in Marasc un solo Cristiano in vita.

I notabili, dei quali citammo i nomi, assistettero da lontano al massacro con l'istessa curiosità e indifferenza con la quale si assiste a una rappresentazione teatrale; e non mancavano di rivolgere a quelle orde di forsennati parole di lode e d'incoraggiamento e consigli di cessare dal saccheggio e completare la carneficina.

Stanche del lavoro fatto durante tutto il giorno, presero il riposo meritato. Fu soltanto dopo alcuni giorni, che succedendo a quel breve senso di sazietà provato nella sera del 18, nuovo desiderio di strage e di rapina, si mostrarono dolenti di non aver finito l'opera. Il Governatore fece circolare nei giorni seguenti gendarmi e soldati nei diversi quartieri per mantenere l'ordine pubblico.

Dopo il massacro, molti Cristiani furono arrestati e messi in prigione per semplici calunnie dei Musulmani. Alcuni furono accusati di aver tirato colpi di fucile, altri di aver mandato uomini a Zeitun per combattere contro i Musulmani; questo di aver corrispondenza con paesi esteri, quello di appartenere alla Società «Ingiak», tutte calunnie e null'altro! Molte ragazze cristiane furono rapite. Sino ad oggi continuano le oppressioni, le minaccie di una seconda carneficina, le violenze per fare abbracciare l'Islamismo o per estorcere somme di denaro a coloro che vogliono liberarsi da calunnie. I cadaveri delle vittime rimasero per parecchi giorni dispersi nelle vie, o furono gettati nei letamai, o sepolti in modo indecoroso.

I funzionarii del Governo e i notabili musulmani, per avere in mano documenti che giustificassero il massacro per delitti inventati a carico dei Cristiani, fecero dei processi verbali (*mazbata*) in tutta segretezza, e tentarono con le più atroci violenze di farli sottoscrivere ai Cristiani arrestati da due mesi, che già sono in numero di circa 300.

L'uno di questi processi verbali è del tenore seguente: «Noi sottoscritti dichiariamo che tutt'i Cristiani di Marasc, capi di religione e notabili delle tre comunità, Cattolica, Armena e Protestante, sono stati unanimi e d'accordo a ribellarsi contro l'Impero ottomano e a massacrare i Musulmani.»

Chiunque dei prigionieri si rifiuta di sottoscrivere i detti processi verbali, subisce atrocità inaudite e torture indescrivibili. Due o tre fra essi, malgrado che le cose asserite siano false, ebbero la debolezza di sottoscrivere per evitare le insopportabili torture.

Gli altri ebbero il coraggio, sino ad oggi, di rifiutare la loro firma e soffrirono ogni specie di tortura. Due di essi sono già morti e sotterrati segretamente: tutti gli altri sono in uno stato deplorevole e mezzo morti per le torture patite. I maltrattamenti che soffrono i prigionieri sono l'essere astretti a servizii vilissimi, l'esser battuti in ogni parte del corpo con fruste fatte coi fili del telegrafo sino a 800 colpi! e altre torture impossibili a raccontarsi, senza violare le leggi del pudore e della convenienza sociale.

In quanto ai villaggi che trovansi nelle vicinanze di Marasc, il Governo tenne il medesimo sistema seguito a Marasc, ma con aumento di crudeltà e di barbarie, specialmente a Fernuz, dove tre battaglioni di soldati, coadiuvati da un gran numero di Kurdi e di Circassi, massacrarono, incendiarono, saccheggiarono senza lasciare un essere vivente, un arnese non rubato, una pietra sopra pietra. Gendarmi e soldati, accompagnati da contadini musulmani, da Kurdi e Circassi, piombarono su 37 villaggi cristiani; massacrarono circa 3,700 persone; e dopo aver preso ogni cosa, dettero alle fiamme quei villaggi. I Cristiani che poterono sfuggire alla strage, si ricoverarono a Zeitun; gli altri, donne e fanciulli, circa 600, furono condotti a Marasc per vivere a carico della comunità cristiana, impotente a provvedere a tanti bisogni. Molte contadine furono rapite dai soldati e dagli altri Musulmani.

Nei villaggi di Jenige-Kalé, Donkalé e Mugiuk Deresi, tre case appartenenti ai Padri Francescani furono saccheggiate e incendiate.

Due Padri con un laico fuggirono a Zeitun. Il Padre Salvatore, dopo essere stato per tre volte invitato dai soldati ad abiurare la fede cattolica, ebbe la fortuna di professare tre volte Gesù Cristo e morire d'una morte crudele per ricevere la corona del martirio.

Parliamo alquanto del villaggio di Zeitun.

Il Governo, volendo rinforzare la sua guarnigione a Zeitun, vi mandò il 26 ottobre un corpo di cavalleria. Questa, giunta che fu vicino al villaggio d'Alabasc, fu attaccata dagli abitanti e distrutta. Dopo ciò gli Alabascli corsero a Zeitun per assediare la caserma.

Gli abitanti di Alabasc fecero causa comune con quelli di Zeitun. Tutti erano da lungo tempo ridotti alla disperazione per le vessazioni del Governo, che giungeva talvolta a vendere all'incanto i loro migliori animali a qualche franco, per imposte non pagate; tutti erano impressionati per le atrocità commesse a Marasc e nei dintorni contro i Cristiani, e temevano di essere, un giorno o l'altro, esposti ad ugual sorte. Assediarono la caserma che conteneva 500 soldati. Costoro, dopo aver combattuto inutilmente contro gli abitanti di Alabasc e di Zeitun per 48 ore, decisero di arrendersi. Zeitun prese i soldati come prigionieri di guerra; occupò la caserma e s'impossessò di quanto vi si conteneva. Dopo questa occupazione, Zeitun portò soccorso ad alcuni villaggi cristiani attaccati dai Musulmani, e mise questi in fuga. Attaccò i loro villaggi, li saccheggiò e incendiò, e uccise tanti Musulmani quanti furono i Cristiani trucidati. Intanto il Governo, informato di quanto accadeva, affrettò i suoi preparativi di guerra per inviare a Zeitun 24 battaglioni, 12 cannoni, da 30 a 35 mila fra Kurdi, Circassi e contadini musulmani. La guerra cominciò il 14 dicembre e durò circa 30 giorni. Zeitun si difese coraggiosamente ed ebbe poche perdite; non più di 30 a 40 uccisi. L'esercito ne ebbe delle maggiori, parecchie centinaia di soldati furono uccisi, oltre un gran numero di feriti e di malati per la cattiva stagione.

Durante la guerra ebbero luogo trattative fra le due parti combattenti per conchiudere la pace, ma senz'alcun resultato, perchè le condizioni imposte dalla Turchia erano inaccettabili. Esse erano: 1° Arrendersi e consegnare la caserma, i soldati e le loro armi; 2° Consegnare i rivoluzionarii; 3° Consegnare le proprie armi.

Zeitun non avendo fiducia nel Governo e temendo un eccidio come quello di Marasc, chiese l'intervento delle potenze europee. Cosi la guerra cessò, e si attese questo intervento e i suoi risultati.

Intanto alcuni abitanti di Zeitun commisero la sciocchezza di uccidere una gran parte dei soldati prigionieri, appena furono fatti consapevoli delle atrocità commesse dai Musulmani in Marasc e nei dintorni.

I Musulmani, furiosi per l'intervento europeo, formulano una petizione a S. M. il Sultano, sottoscritta da tutt'i notabili, nella quale chiedevano di emigrare, se Zeitun dovesse sopravvivere. Questa petizione fu spedita per telegrafo.

Il villaggio di Derekeny, vicino a quello di Fendagiak, aveva, per richiesta del Governo, consegnate le sue armi con promessa di protezione contro qualsiasi attacco. Invece, i turchi di Marasc con contadini turchi e con Circassi l'assalirono, saccheggiarono ed uccisero dodici persone e ne ferirono sette.

Terza Relazione

I Cristiani vivevano da lungo tempo abbastanza tranquilli a Marasc, quando nel 21 ottobre dell' anno passato si seppe che due gendarmi erano scomparsi nelle vicinanze di Alabasc, villaggio del *Kaimakamlik* di Zeitun. Questa notizia accrebbe l'inimicizia e l'odio dei Musulmani contro i Cristiani. Due giorni dopo si trovò ferito nella strada il figlio di un Turco per nome Gumleksis, antico arnese di galera. I Turchi imputarono quest'atto ad alcuni Armeni, e si seppe che tenevano conciliaboli e si preparavano a massacrare gli Armeni, se il ferito venisse a morte. Queste voci cagionarono molta commozione fra i Cristiani, e nel 25 ottobre i capi religiosi e i notabili furono invitati al Governatorato. Il *Mutessarrif* fece loro sapere che aveva ricevuto un telegramma da S. M. il Sultano nel quale si annunziava essere stato il progetto di riforme accettate, e che le medesime sarebbero subito attuate; che d'ora in poi tutte le classi vivrebbero in piena uguaglianza senz'alcuna distinzione. Mentre il *Mutessarrif* comunicava questa buona notizia e ordinava ai presenti di renderne consapevoli tutte le comunità, e dava a tal uopo parecchie copie del messaggio Imperiale; i capi religiosi e i notabili fecero allusione al fatto del ferito Gumleksis; esposero i loro timori e pregarono il pascià *Mutessarrif* di mettere sotto la sorveglianza della polizia tre cattivi soggetti Musulmani, che avevano preso parte al consiglio dei sediziosi. Il pascià promise e gl'intervenuti si ritirarono. Nel giorno stesso uno dei tre sediziosi fu arrestato e si fece in modo che anche gli altri due fossero arrestati; ma dopo un'ora fu messo in libertà, e la sua apparizione nelle vie risvegliò le ansie dei Cristiani. Il ferito Gumleksis morì nella notte. La mattina dipoi si vide una gran folla di Musulmani armati percorrere tutte le vie di Marasc. L'autorità, informata di ciò, mandò il luogotenente di gendarmeria Dewisc Agha, che disperse i sediziosi e ordinò loro di posare le armi. Il morto fu trasportato e sotterrato nel cimitero vicino alla città. I Cristiani, che avevano saputo quanto era successo e che i Musulmani si erano armati, furono in grande agitazione. Una turba di Musulmani tornando dal cimitero, andò al *bazar*; e là un Turco, parente dell'ucciso e per nome Dudukgi Oglu Godè Mohammed, attaccò lite con un cristiano chiamato Bubusc Oglu Vanès; lo battè ripetutamente e lo ferì. Altri Cristiani furono nello stesso tempo maltrattati, percossi e feriti. E intanto Dudukgi Mohammed, ch'era il capo dei perturbatori, gridava ai Musulmani: «Perchè non agite?» I Cristiani presi da spavento dinanzi a questa eccitazione si affrettarono a chiudere le loro botteghe e a rincasare. I Turchi pure chiusero le loro botteghe e saccheggiarono, durante il tumulto, alcune botteghe di Cristiani. E mentre l'autorità avrebbe potuto ristabilire l'ordine, arrestando i Turchi che avevano battuto e ferito i Cristiani e saccheggiate le loro botteghe, fece arrestare i Cristiani ch'erano stati battuti e feriti, e che tuttora grondavano sangue. Ciò fatto, l'autorità inviò banditori pubblici per la città, i quali annunziarono che l'ordine era ristabilito e invitavano tutti a riaprire i loro magazzini. Intanto i sediziosi Musulmani, armati di sciabole, di pugnali, di pistole e di randelli, percorrevano le vie in gruppi di dieci e di venti. Battevano e ferivano tutti i Cristiani che incontravano, e l'autorità locale assisteva indifferente a simili fatti. Ciò accrebbe il terrore e lo stupore dei Cristiani. Alcuni di loro furono nello stesso giorno e nel giorno dopo feriti ed uccisi nelle vigne e nelle vicinanze della città, senza che gli assassini fossero ricercati o arrestati. Inoltre i soldati, i *redif*, e gli abitanti musulmani arrestavano, battevano e conducevano in prigione ogni Cristiano che osasse uscire. Questo stato di cose durò nove giorni, entro i quali giunsero a Marasc alcuni battaglioni di *redif* e il Generale di divisione Mustafa Ramzi Pascià. I Cristiani sperarono che la presenza di Mustafà Ramzi Pascià gioverebbe al ritorno della sicurezza e dell'ordine; ma avvenne il contrario. Nel dopopranzo del giorno seguente, ch'era una domenica, si sentirono colpi di fucile in diversi punti della città. A coloro che domandavano cosa fosse, i vicini Turchi rispondevano: «Si fa l'esterminio degl'Infedeli.» Non si può descrivere il terrore dei Cristiani in quel giorno, e lo stato dei poveri malati e delle donne incinte. Questo durò da due a tre ore, e si seppe poi che da 40 a 50 persone erano state uccise. Coloro che vollero investigare la causa di questo macello, ebbero per risposta che alcuni Cristiani, i quali si trovavano in una fabbrice d'acquavite al sud della città, avevano fatto fuoco e ferito alcuni Circassi e Kurdi e che ciò aveva provocato il massacro. In realtà i Cristiani ignorano se questa asserzione sia vera o no. Ma, ammesso che sia vera, soltanto i colpevoli dovevano essere puniti. Quindi non si sa perchè tante persone estranee al fatto e che si trovavano in altri punti lontani della città, siano state uccise. Dopo due giorni l'autorità locale chiamò a sè i capi religiosi e i notabili cristiani, e fece comprendere, che i Musulmani non avevano più fiducia nei Cristiani. Chiese quindi garanzie che questi non turberebbero in alcun modo la pace pubblica. I capi religiosi e i notabili, che conoscevano le buone intenzioni dei correligionarii di Marasc e che giammai questi avrebbero commesso alcun disordine, diedero le maggiori garanzie possibili. Ciò non di meno i Musulmani continuavano a percorrere armati le vie e a ferire i Cristiani che osavano uscire di casa. E l'autorità locale non faceva nulla per impedirli. I Cristiani, atterriti, sempre più vivevano ritirati in casa. L'autorità ordinò per mezzo di pubblici banditori di aprire le botteghe. I Cristiani non osarono di farlo. Ciò durò sino al giorno di lunedì 18 novembre. In quel giorno, di buon mattino, molti Musulmani della città e dei villaggi, ed un gran numero di *redif*, armati tutti di fucili Martini e guidati da gendarmi, che l'autorità aveva destinato per indicare le case cristiane, si diressero a tutti i quartieri. Abbattevano le porte delle case a colpi di scure, la folla penetrava e gridava agli abitanti: «Arrendetevi, arrendetevi.» Tutti coloro che si arresero o che furono trovati in qualche angolo della casa, furono barbaramente sgozzati. A nulla valevano le preghiere e i lamenti di quegl'infelici: nessuna pietà albergava nel petto degli sgozzatori; ogni casa cristiana fu convertita in una carneficina. Tutti dai 10 anni in su, e anche vecchi di 100 anni, furono ammazzati appena visti. Le stragi durarono dal mattino sino alla sera: circa 1,000 donne diventarono vedove e più di 4,000 fanciulli dei due sessi si trovarono orfani la sera di quel giorno nefasto. Circa 1,500 case furono saccheggiate, e più di 200 ridotte in cenere. Molte donne che si erano interposte per salvare i genitori, i fratelli, i mariti o i figli, furono uccise o ferite. Le donne e i fanciulli delle case incendiate e saccheggiate giacevano la sera sul lastrico delle vie, non avendo altra veste che la camicia. Nel giorno stesso, e nel giorno dopo, i cadaveri di tutti questi martiri furono trascinati per una corda legata ai piedi, e gettati nelle cloache e nei letamai. E la folla gridava: «Sono cadaveri di cani!» Dopo esser rimasti in quei luoghi per due o tre giorni, cadaveri già mezzi divorati dai cani, furono sotterrati nell' istesso quartiere sotto un leggiero strato di terra. Oltre i fucili furono adoperati per le uccisioni pugnali, sciabole, accette e pezzi di pietra. E ciò che tocca più il cuore, è che una parte delle vittime furono sgozzate come agnelli sotto gli occhi medesimi dei loro cari. Ai preti armeni invece di sgozzarli o finirli tutti in un tratto, furono tagliate prima le braccia e le gambe, poi il membro virile che si poneva a dileggio nella loro bocca. Riempivano poi di materie fecali il loro berretto ecclesiastico, e così lo rimettevano sulla testa di quegli sventurati. Gl'impiegati del Governo e gli ufficiali dell' esercito assistevano a queste atrocità spettatori impassibili; e non solo non fecero nulla per arrestarli, ma parecchi di loro aizzavano gli assassini. E quando dopo alcuni giorni i Cristiani superstiti cominciarono a uscir di casa e vollero sapere il motivo di quei massacri, i Musulmani risposero che si era saputo, che appena i battaglioni dimoranti a Marasc sarebbero partiti per Zeitun, i Cristiani, armati di fucili, volevano massacrare i Musulmani. Ma tale asserzione è falsa, perchè è provato e risulta dai documenti ufficiali esistenti presso il Governo, che sino al giorno delle stragi tutte le volte che la gendarmeria o la polizia entrarono in una casa cristiana, sia per cattura, sia per perquisizione, non trovarono resistenza, nè scoprirono armi o strumenti per una rivolta. Ed infatti, se i Cristiani avessero avuto fucili presso di loro, nel tempo che la folla degli assassini, borghesi e soldati, si condensava attorno alle case, quante migliaia di Musulmani non sarebbero morti? È dunque una pura menzogna, che l'autorità inventò a discarico suo, della truppa e della plebaglia che le furono complici. Gli stessi Musulmani, che furono attori nel terribile dramma, raccontano che fra le 1,500 case cristiane, che sono state aperte con violenza, appena *405* hanno osato di resistere; e che soltanto in una casa fu trovato un fucile Martini, che venne poi consegnato al Comandante pascià. Ma ammettiamo che tale notizia dell' armamento dei Cristiani e delle loro cattive intenzioni fosse realmente corsa, perchè l'autorità, invece di procedere a un massacro generale, non mandò un solo gendarme a perquisire le case dei Cristiani? Chi avrebbe osato disobbedire? La verità è, che le porte delle case cristiane sono state rotte a colpi di scure; che i Cristiani sono stati uccisi a colpi di fucile, o sgozzati con sciabole, pugnali, scuri e altre armi; che la più piccola resestenza non fu fatta da essi che morirono come muoiono i montoni al macello; che le case furono interamente saccheggiate; che nulla fu lasciato alle vedove ed agli orfani; che parecchie case furono bruciate con gli abitanti che vi erano dentro; che le stragi e i saccheggi durarono undici ore; che le autorità civili e militari assistevano con la gaiezza, con la quale si assiste ad una rappresentazione teatrale gradita. Migliaia di Cristiani sono rimasti per due giorni senza un tozzo di pane; e l'autorità nulla fece a loro vantaggio, perchè voleva che la fame finisse l'opera dei giorni precedenti. I Turchi proposero ai Cristiani sfuggiti al massacro di farsi musulmani, e li minacciarono di nuove stragi in caso di rifiuto. La maggior parte si fece musulmana per paura, si mise il turbante bianco e andò alla moschea a pregare coi Musulmani. Ma in seguito il Governo avendo notificato che l'islamismo dei Cristiani in simili circostanze non sarebbe accettabile, i Musulmani non hanno più fatta pressione sui convertiti, che ripresero la loro prima religione. E come ultimo rimedio allo stato degl'infelici che non avevano di che vivere, una parte fu accolta nella chiesa degli Armeni cattolici, un'altra nel convento di Terra Santa, ed una parte presso il signor Khirlakian. E così questa povera gente trova il pane quotidiano nel ricovero dato dalla chiesa Armena cattolica, dal convento Latino, dal signor Khirlakian e nelle copiose elemosine dei missionarii americani e dei consoli qui arrivati.

Per quattro giorni soltanto l'autorità locale fece distribuire 300 dramme di pane a ciascun povero; ma al quinto giorno la carità turca era esaurita. Il Governo pretende che nè il saccheggio nè l'incendio dovevano aver luogo a Marasc, e che esso fu impotente a impedirli. Ma tutti sanno a Marasc, perfino le pietre, che non solo le stragi, ma anche il saccheggio e gl'incendii cessarono al segnale dato dall' autorità col suono di una tromba militare. L'*Iradé* imperiale diceva: «Coloro che avranno ricorso alle armi saranno puniti con le armi.» Ma i Cristiani di Marasc non hanno usato le armi neppure per difendersi da coloro che li sgozzavano. Perchè dunque furono usate le armi contro di essi? Alcuni giorni dopo il massacro fu nominata dal Governo una commissione di funzionarii con l'ordine di raccogliere e restituire gli oggetti rubati. Ne fu restituita soltanto la centesima parte. Tutti gli oggetti rubati furono depositati presso i notabili Musulmani dei diversi quartieri e nelle moschee. Quando le persone derubate andavano in quei luoghi e ripetevano le cose loro, si davano invece cose di nessun valore. Per gli oggetti di valore il sistema adottato era il seguente. Quando la persona l'aveva riconosciuto come suo, le si diceva di tornare il giorno dopo. Allora l'*Effendi*, udita la richiesta, gridava: «Ma cosa ne so io? tutti vengono a prendere oggetti qui, e accade che si dà all'uno quello che appartiene all'altro.» E simulava così che l'oggetto riconosciuto e promesso il giorno precedente era stato per isbaglio dato a qualche altro. Invece gli *Effendi* si appropriavano gli oggetti di valore. L'autorità tutto sapeva, e senza darsi pena di far rispettare i suoi ordini, chiudeva come al solito gli occhi. Così tutta la ricchezza dei Cristiani di Marasc è andata nelle mani dei soldati e dei Musulmani della città e dei dintorni. Il Governo pretende che vi fosse una società rivoluzionaria, detta degl' «*Ingiak*» e che questa avesse affiliati in Marasc, una cassa con molto danaro, ed avesse pure munizioni di guerra. Ma se l'autorità sapeva ciò, perchè non arrestò i colpevoli, conoscendoli, o perchè non ne fece ricerca, ignorandoli? Era questa una ragione per massacrare tutto un popolo?

Anatolio Latino (Errico Vitto, Italian Consul at Aleppo):
Gli Armeni e Zeitun.
Firenze 1899, Vol. 2, p. 87–106.

★

M.P. Cambon, Ambassadeur de la République française à Constantinople, à M. Berthelot, Ministre des Affaires étrangéres

Les insurgés arméniens de Zeitoun encore. Leur ville est devenue le refuge de tous les chrétiens de la région de Marache at d'Alexandrette échappés aux massacres.

Le jour ou, faute d'approvisionnements, les insurgés mettront bas les armes, une population de trente à quarante mille âmes dont quatre mille à peine forment l'armée de l'insurrection, sera livrée à tous les excés du vainqueur.

La Porte a fait récemment aux Ambassadeurs des communications d'après lesquelles les habitants de Zeitoun, sommés de se rendre avec promesse d'un traitement équitable, auraient refusé faute de confiance dans les promesses des autorités turques.

Les patriarches arméniens, grégorien et catholique, ont réclamé notre intervention pour éviter une catastrophe sanglante.

Les Ambassadeurs, réunis aujourd'hui, sont tombés d'accord pour demander à leurs Gouvernements l'autoristation d'offrir leurs bons offices à la Porte et de lui conseiller amicalement de les accepter en vue de rétablit la paix.

Cette intervention officieuse servirait la Porte, qui ne voit pas sans appréhension durer la résistance, et elle serait accueillie avec reconnaissance par la population chrétienne.

Nos Consuls à Alep ou leurs délégués pourraient au besoin se rendre sur les lieux pour amener une composition acceptable et en assurer l'exécution.

Je vous serais obligé de me donner d'urgence l'autorisation d'agir dans ce sens avec tous mes collègues.   P. CAMBON

Ministère des Affaires étrangères.
Documents diplomatiques. Affaires arméniennes...
Numéro 169, p. 192.

Report of British Vice-Consul Fitzmaurice to Sir Phillip Currie*

Urfa, 16. 3. 1896

(...) "On Saturday night (the 28th of December, 1895) crowds of Armenian men, women and children took refuge in their fine cathedral, capable of holding some eight thousand persons. They administered the sacrament, the last sacrament, as it proved to be, to eighteen hundred souls, recording the figure on one of the pillars of the church.

"Those remained in the cathedral overnight, and were joined on Sunday by several hundred more, who sought the protection of a building which they considered safe from the mob-violence of the Musulman even in his fanaticism. At least three thousand individuals were congregated in the building when the mob attacked it. They first fired in through the windows, then smashed in the iron door, and proceeded to massacre all those, the majority on the ground floor being men. Having thus disposed of the men, and having removed some of the young women, they rifled the church treasure, shrines, and ornaments to the extent of some four thousand pounds (Turkish – $ 17,600), destroying pictures and relics, mockingly calling on Christ now to prove Himself a greater prophet than Mohammed.

"A huge, partly stone, partly wooden, gallery, runing round the upper portion of the cathedral, was packed with a shrieking and terrified mass of women, children and some men.

"Some of the intruders jumping on the raised altar platform, began picking off the latter with revolver shots, but as this process seemed too tedious, they bethought themselves of a more expeditious method employed against those who had hidden in the wells. Having collected a quantity of bedding and the church matting, they poured some thirty cans of kerosene upon it and then set fire to the whole. The gallery beams and wooden frame work soon caught fire, whereupon, blocking up the staircases leading to the gallery with similar inflammable material, they left the mass of struggling human beings to become the prey of the flames.

"During several hours the sickening odor of roasting flesh prevailed in the town; and even to-day, two months and a half after the massacre, the smell of charred remains in the church is unbearable.

"At 3.30 P.M. at the Moslem afternoon prayer, the trumpet again sounded, and the mob drew off from the Armenian quarter. Shortly afterward the Mufte and other notables, preceded by music, among which were brass military instruments, went round the quarter annoucing that the massacre was at an end, and that there would be no more killing of Christians.

"No distinction was made between Gregorians, Protestants, and Roman Catholics, whose churches, also, were rifled. The thoroughness with which some of the work was done may be understood from the fact that one hundred twenty-six Armenian families have been absolutely wiped out, not even a woman or a baby

---

* Mr Fitzmaurice was sent to Urfa to make an investigation of the massacre. (The Editor).

remains. (…) After very close and minute inquiry, I believe that close on eight thousand Armenians perished in the two days' massacre, between 2,500 and 3,000 of whom were killed or burned in the cathedral. I should not, however, be at all suprised if nine thousand or ten thousand were subsequently found to be nearer the mark."

Blue-Book, Turkey, No. V., 1896.
Correspondence relating to the Asiatic Provinces of Turkey.

★

M.P. Cambon, Ambassadeur de la Republique française à Constantinople à M. Berthelot, Ministre des Affaires étrangères

Péra, le 3 janvier 1896

La Sublime Porte a réclamé aujourd'hui les bons offices des Ambassadeurs pour faire cesser la résistance de Zeitoun. Elle a annoncé la suspension des hostilités pour nous permettre d'exercer notre médiation.

Ce recours aux Puissances s'explique par le bruit probablement fondé d'un échec des troupes ottomanes.

Nous avons prescrit imméditement à nos Consuls à Alep de se concerter sur les mesures propres à amener un arrangement et de se mettre en rapport avec les insurgés.

D'aprés les renseignements officiels reçus d'Alep, on aurait, entre le 28 décembre et le 1er janvier, massacré 900 chrétiens à Orfa. Ce chiffre devrait être doublé d'après les informations officieuses. Les capucins d'Orfa sont jusqu'à présent sains et saufs.

Biredjik sur l'Euphrate a été incendié; on ignore le nombre des victimes.

P. CAMBON

Ministère des Affaires étrangéres
Documents diplomatiques. Affaires arméniennes…
Numéro 174, p. 194.

★

Armenia: An Appeal

The time has come for every reasoning inhabitant of these islands deliberately to accept or repudiate his share of the joint indirect responsibility of the British nation for a series of the hugest and foulest crimes that have ever stained the pages of human history The Armenian people in Anatolia are being exterminated, root and branch, by Turks and Kurds – systematically and painfully exterminated by such abominable methods and with such fiendish accompaniments as may well cause the most sluggish blood to boil and seethe with shame and indignation.

For the Armenians are not lawless barbarians or brigands; nor are the Turks and Kurds the accredited torch-bearers of civilisation. But even if the *rôles* of the actors in this hideous drama were thus distributed, an excuse might at most be found for severity, but no pretext could be discovered for the slow torture und gradual vivisection employed by fanatic Mohammedans to end the lives of their Christian neighbours. If, for instance, it be expedient that Armenians should be exterminated, why chop them up piecemeal, and, in the intervals of this protracted process, banter the agonised victims who are wildly calling upon God and man to put them out of pain? Why must an honest, hard-working man be torn from his bed or his fireside, forced to witness the violation of his daughter by a band of all-pitiless demons, unable to rescue or help her, and then, his own turn come, have his hand cut off and stuffed into his mouth, while a short sermon is being preached to him on the text, "If your God be God, why does He not succour you?" at the peroration of which the other hand is hacked off, and, amid boisterous shouts of jubilation, his ears are torn from his head and his feet severed with a hatchet, while the piercing screams, the piteous prayers, the hideous contortions of the agonising victim intoxicate with physico-spiritual ecstasies the souls of the frantic fanatics around? And why, when the last and merciful stroke of death is being dealt, must obscene jokes and unutterable blasphemies sear the victim's soul and prolong his hell to the uttermost limits of time, to the very threshold of etenity? Surely, roasting alive, flaying, disembowelling, impalling, and all that elaborate and ingenious aggravation of savage pain on which the souls of these human fiends seem to feast and flourish, have nothing that can excuse them in the eyes of Christians, however deeply absorbed in politics. (...)

In the first place, we refused to recognise the Treaty of San Stefano, and to allow the Christian subjects of the Sultan to owe the boon of humane treatment to Russia's policy or generosity. We insisted on delivering them back, bound hand and foot, to their rabid enemies, undertaking, however, to undo their fetters later on. But the "later on" never came. Oppression, persecution, incredible manifestations of savagery, characterised the dealings of the Turks with Christians, but we closed our eyes and shut our ears until the Porte, encouraged by our connivance, organised the wholesale massacres of Sassoon. Then, for the first time, we interfered, striking out a line of action whitch we knew must prove disastrous if not completely successful, and without first assuring ourselves that we could and would work it out to a favourable issue. And the result was what was feared from the first. We acted as a surgeon might who, about to perform a dangerous operation, should lay the patient on the table, probe the wound, cut the flash, and just when the last and decisive manipulation was needed to save the life of the sufferer, should turn away, and leave him to bleed to death.

These are reasons why we, and we more than other people, are responsible for the misery of the Armenians. (...)

Our consuls forwarded exhaustive reports, the Press published heartrending details, Armenian ecclesiastics presented piteous appeals – all of them describing deeds more gruesome and nefarious than those which in patriarchal days brought down fire from heaven upon Sodom and Gomorrah. But we "pigeon-holed" the consularreports, pooh-poohed the particulars published by the Press, or charcterised them as a tissue of gross exaggerations, and ignored the petition of the priests. (...)

If a detailed description were possible of the horrors which our exclusive attention to our own mistaken interests let loose upon Turkish Armenians, there is not a man within the kingdom of Great Britain whose heartstrings would not be touched and thrilled by the gruesome stories of which it would be composed.

During all those seventeen years written law, traditional custom, the fundamental maxims of human and divine justice were suspended in favour of a Mohammedan saturnalia. The Christians by whose toil and thrift the empire was held together, were despoiled, beggared, chained, beaten and banished or butchered. First their movable wealth was seized, then their landed property was confiscated, next the absolute necessaries of life were wrested from them, and finally honour, liberty, and life were taken with as little ado as if these Christian men and women were wasps or mosquitoes. Thousands of Armenians were thrown into prison by governors like Tahsin Pasha and Bahri Pasha, and tortured and terrorized till they delivered up the savings of a lifetime, and the support of the helpless families, to ruffianly parasites. Whole villages were attacked in broad daylight by the Imperial Kurdish cavalry without pretext or warning, the male inhabitants turned adrift or killed, and their wives and daughters transformed into instruments to glut the foul lusts of these bestial murderers. In a few years the provinces were decimated, Aloghkerd, for instance, being almost entirely "purged" of Armenians. Over 20,000 woe-stricken wretches, once healthy and well-to-do, fled to Russia or to Persia in rags and misery, deformed, diseased, or dying; on the way they were seized over and over again by the soldiers of the Sultan, who deprived them of the little money they possessed, nay, of the clothes they were wearing, outraged the married women in presence of their sons and daughters, deflowered the tender girls before the eyes of their mothers and brothers, and then drove them over the frontier to hunger and die. Those who remained for a time behind were no better off. Kurdish brigands lifted the last cows and goats of the peasants, carried away their carpets and their valuables, raped their daughters, and dishonoured their wives. Turkish tax-gatherers followed these, gleaning what the brigands had left, and, lest anything should escape their avarice, bound the men, flogged them till their bodies were a bloody, mangled mass, cicatrized the wounds with red hot ramrods, plucked out their beards hair by hair, tore the flesh from their limbs with pincers, and often, even then, dissatisfied with the financial results of their exertions, hung the men whom they had thus beggared and maltreated from the rafters of the room and kept there to witness with burning shame, impotent rage, and incipient madness, the dishonouring of their wives and the deflowering of their daughters, some of whom died miserably during the hellish outrage.

Stories of this kind in connection with Turkish misrule in Armenia have grown familiar to English ears of late, and it is to be feared that people are now so much accustomed to them that they have lost the power of conveying corresponding definite impressions to the mind. The more is the pity. It is only meet that we should make some effort to realise the sufferings which we have brought down upon inoffensive men and women, and to understand somewhat of the shame, the terror, the despair that must take possession of the souls of Christians whose lives are a martyrdom of such unchronicled agonies, during which no ray of the life-giving light that plays about the throne of God ever pierces the mist of blood and tears that rises between the blue of heaven and the everlasting grey of the charnelhouse called Armenia.

It should be remembered that these statements are neither rumours nor exaggerations concerning which we are justified in suspending our judgment. History has set its seal upon them; diplomacy has slowly verified and reluctantly recognised them as established facts, and religion and humanity are now called upon to place their emphatic protest against them on record. The Turks, in their confidential moods, have admitted these and worse acts of savagery; the Kurds glory in them at all times; trustworthy Europeans have witnessed and described them, and Armenians groaned over them in blank despair. Officers and nobles in the Sultan's own cavalry regiments, like Mostigo the Kurd, bruit abroad with unpardonable pride the story of the long series of rapes and murders which marked their official careers, and laugh to scorn the notion of being punished for robbing and killing the Armenians, whom the Sublime Porte desires them to exterminate. Nay, it was the Armenians themselves who were punished if they complained when their own relatives or friends were murderd. And they were punished, either on the charge of having cruelly done their own parents, sisters, children to death, or else on suspicion of having killed the murderers, who, however, were always found afterwards living and thriving *in the Sultan's employ*, and were never disturbed there. Three hundred and six of the principal inhabitants of the district of Khnouss, in a piteous appeal to the people of Englang, wrote:

> "Year by year, month by month, day by day, innocent men, women and children have been shot down, stabbed, or clubbed to death, in their houses and their fields, tortured in strange fiendish ways in fetid prison cells, or left to rot in exile under the scorching sun of Arabia. During that long and horrible tragedy no voice was raised for mercy, no hand extended to help us... Is European sympathy destined to take the form of a cross on our graves?"

Now the answer has been given. These ill-starred men might now know that European sympathy has taken a different form – that of a marine guard before the Sultan's palace to shield him and his from harm from without while they proceed with their orgies of blood and lust within. These simple men of Khnouss might now know and wonder at this – if they were still among the living; but most of them have been butchered since then, like the relatives and friends whose lot they lamented and yet envied. (...)

Those among them who refused to denounce their friends, or consent to some atrocious crime, were subjected to horrible agonies. Many a one, for instance, was put into a sentry-box bristling with sharp spikes, and forced to stand there motionless, without food or drink, for twenty-four and even thirty-six hours, was revived with stripes whenever he fell fainting to the prickly floor, and was carried out unconscious at the end. It was thus that hundreds of Armenian Christians, whose names and histories are on record, suffered for refusing to sign addresses to the Sultan accusing their neighbours and relatives of high treason. It was thus that Azo was treated by his judges, the Turkish officals, Talib Effendi, Captain Reshid, and Captain Hadji Fehim Agha, for declining to swear away the lives of the best men of his village. A whole night was spent in torturing him. He was first bastinadoed in a room close to which his female relatives and friends were shut up so that they could hear his cries. Then he was stripped naked, and two poles, extending from his armpits to his feet, were placed on each side of his body and tied tightly. His arms were next strechted out horizontally and poles arranged to support his hands. This living cross was then bound to a pillar, and the flogging began. The wips left livid traces behind. The wretched man was unable to make the slightest movement to ease his pain. His features alone, hideously distorted, revealed the anguish he endured. The louder he cried, the more heavily fell the whip. Over and over again he entreated his tormentors to put him out of pain, saying: "If you want my death, kill me with a bullet, but for God's sake don't torture me like this!" His head alone being free he, at last, maddened by excruciating pain, endeavoured to dash out his brains against the pillar, hoping in this way to end his agony. But this consummation was hindered by the police. They questioned him again; but in spite of his condition, Azo replied as before: "I cannot defile my soul with the blood of innocent people. I am a Christian." Enraged at this obstinacy, Talib Effendi, the Turkish official, ordered the application of other and more effective tortures. Pincers were fetched to pull out his teeth; but, Azo remaining firm, this method was not long persisted in. Then Talib commanded his servants to pluck out the prisoner's moustachios by the roots, one hair at a time. This order the gendarmes executed, with roars of infernal laughter. But this treatment proving equally ineffectual, Talib instructed his men to cauterise the unfortunate victim's body. A spit was heated in the fire. Azo's arms were freed from their supports, and two brawny policemen approached, one on each side, and seized him. Meanwhile another gendarme held to the middle of the wretched man's hands the glowing spit. While his flesh was thus burning, the victim shouted out in agony, "For the love of God kill me at once!"

Then the executioners, removing the red hot spit from his hands, applied it to his breast, then to his back, his face, his feet, and other parts. After this, they forced open his mouth, and burned his tongue with red hot pincers. During these inhuman operations, Azo fainted three several times, but on recovering consciousness maintained the same inflexibility of purpose. Meanwhile, in the adjoining apartment, a heartrending scene was being enacted. The women and the children, terrified by the groans and cries of the tortured man, fainted. When they revived, they endeavoured to rush out to call for help, but the gendarmes, stationed at the door, barred their passage, and brutally pushed them back.*

---

* The above description is taken literally from a report of the British Vice-Consul of Erzeroum. Copies are in possession of the diplomatic representatives of the Powers at Constantinople. The scene occured in the village of Semal *before* the massacres, during the *normal* condition of things.

Nights were passed in such hellish orgies and days in inventing new tortures or refining upon the old, with an ingenuity which reveals unimagined strata of malignity in the human heart. The results throw the most sickening horrors of the Middle Ages into the shade. Some of them cannot be described, nor even hinted at. The shock to people's sensibilities would be too terrible. And yet they were not merely described to, but endured by, men of education and refinement, whose sensibilities were as delicate as ours.

And when the prisons in which these and analogous doings were carried on had no more room for new owners, some of the least obnoxious of its actual inmates were released for bribe, or, in case of poverty, were expeditiously poisoned off.

In the homes of these wretched people the fiendish fanatics were equally active and equally successful. Family life was poisoned at its very source. Rape and dishonour, with nameless accompaniments, menaced almost every girl and woman in the country. They could not stir out of their houses in the broad daylight to visit the bazaars, or to work in the fields, nor even lie down at night in their own homes without fearing the fall of that Damocles' sword ever suspended over their heads. Tender youth, childhood itself, was no guarantee. Children were often married at the age of eleven, even ten, in the vain hope of lessening this danger. But the protection of a husband proved unavailing; it merely meant one murder more, and one "Christian dog" less. A bride would be married in church yesterday and her body would be devoured by the beasts and birds of prey to-morrow – a band of ruffians, often officials, having within the intervening forty-eight hours seized her and outraged her to death. Others would be abducted, and, having for weeks been subjected to the loathsome lusts of lawless Kurds, would end by abjuring their God and embracing Islam; not from any vulgar motive of gain, but to escape the burning shame of returning home as pariahs and lepers to be shunned by those near and dear to them for ever. Little girls of five and six were frequently forced to be present during these horrible scenes of lust, and they, too, were often sacrificed before the eyes of their mothers, who would have gladly, madly accepted death, ay, and damnation, to save their tender offspring from the corroding poison. (...)

Such, in broad outline, has been the *normal* condition of Armenia ever since the Treaty of Berlin, owing at first to the disastrous action und subsequently to the equally disastrous inaction of the British Government. The above sketch contains but a few isolated instances of the daily commonplaces of the life of Armenian Christians. When these have been multiplied by thousands and the colours duly heightened, a more or less adequate idea may be formed of the hideous reality. Now, during all those seventeen years, we took no serious step to put an end to the brigandage, rapes, tortures, and murders which all Christendom agreed with us in regarding as the *normal* state of things. No one deemed it his duty to insist on the punishment of the professional butchers and demoralisers, who founded their claims to preferment upon the maintenance of this inhuman system, and had their claims allowed, for the Sultan, whose intelligence and humanity it was the fashion to eulogise and admire, decorated and rewarded these faithful servants, making them participators in the joy of their lord. Indeed, the utter perversion of the ideas of justice and humanity which characterised the views of European Christendom during the long period of oppression and demoralisation has at last reached such a pitch that the Powers have agreed to give the Sultan a "reasonable" time to *re-establish once more the normal state of things*.

The Turks, encouraged by the seventeen years' connivance of the only Power which possessed any formal right to intervene in favour of the Armenians, and confident that the British nation was a consenting party to the policy of sheer extermination which was openly proclaimed again and again, organised a wholesale massacre of the Christians of Sassoon. The particular reason for this sweeping measure lay in the circumstance that the Armenian population in that part of the country consisted of the hardiest, bravest, and most resolute representatives of the race, and that their proportion to the Mohammedans there was more than twice greater than elsewhere. The systematic Turkeries which had impoverished and depopulated the other less favoured districts were consequently of little avail in Sassoon; therefore, a purgative measure on a grandiose scale was carefully prepared, for a whole year before, by Imperial officials, whose services the Sultan has since nobly requited.

The preparations were elaborate and open. The project was known to and canvassed by all. A long report was addressed by the Abbot of Moush, Kharakhanian, to the British representative at Erzeroum, informing him of this inhuman plan, proving its real existence, and appealing to the people of England to save their Christian bretheren. But international comity forbade us to meddle with the "domestic affairs of a friendly Power," and the massacre took place as advertised. Momentary glimpses of the blood-curdling scenes, as described by Turkish, Kurdish, and Armenian eye-witnesses, have since been vouchsafed us; not by the Government, which "pigeon-holed" the reports of its consuls, but by the Press. And in these dissolving views we behold long processions of misery-stricken men and women, bearing witness to the light invisible to them, as they move onward to midnight martyrdrom amid the howls of their frantic torturers. The rivulets were choked up with corpses; the streams ran red with human blood; the forest glades and rocky caves were peopled with the dead and the dying; among the black ruins of once prosperous villages lay roasted infants by their mangled mothers' corpses; pits were dug at night by the wretches destined to fill them, many of whom, flung in while but lightly wounded, awoke underneath a mountain of clammy corpses, and vainly wrestled with death and with the dead, who shut them out from light and life for ever.

It was then that our present Ambassador at Constantinople took action and displayed those remarkable gifts of energy and industry to which the Prime Minister lately alluded with pride. It was owing to his enlightened initiative and indefatigable perseverance that the unfortunate Armenians. . . . But what, ask the Armenians, have we to feel grateful for? What act of clemency, what deed of humanity, do we owe to British intervention?

The British Ambassador, however, did his best. He prosecuted inquiries, studied reports, made energetic representations to the Sultan, and at last carried the appointment of a Commission of investigation. An excellent result, apparently, and the beginning of much else. Yes, but on one condition – viz., that the British Government, before beginning this arduous work, saw its way to bring it to a successful issue, and, having irritated the Turks and Kurds to fury against the Armenians by this foreign intervention, were resolved not to abandon the Christians to the mercies of the Mohammedans without foreign protection. Otherwise it was only too clear that our tardy action would turn out to be a piece of inexcusable inhumanity. This view was expressed and maintained at the time by some of the leading organs of our Press. But the Government went its way unheeding. Yet while the Commission of Inquiry was still sitting at Moush the deeds of atrocious cruelty which it was assembled to investigate were outdone under the eyes of the delegates. Threats were openly uttered that on their withdrawal massacres would be organised all over the country – massacres, it was said, in comparison with which the Sassoon butchery would compare but as dust in the balance. And eleborate preparations were made – ay, openly made, in the presence of consuls and delegates – for the perpetration of these wholesale murders; and in spite of the warnings and appeals published in England nothing was done to prevent them.

In due time they began. Over 60,000 Armenians have been butchered, and the massacres are not quite ended yet. In Trebizond, Erzeroum, Erzinghan, Hassankaleh, and numberless other places the Christians were crushed like grapes during vintage. The frantic mob, seething and surging in the streets of the cities, swept down upon the defenceless Armenians, plundered their shops, gutted their houses, then joked and jested with the terrified victims, as cats play with mice. As rapid whirling motion produces apparent rest, so the wild frenzy of those fierce fanatical crowds resulted in a condition of seeming calmness, composure, and gentleness which, taken in connection with the unutterable brutality of their acts, was of a nature to freeze men's blood with horror. In many cases they almost caressed their victims, and actually encouraged them to hope, while preparing the instruments of slaughter.

The French mob during the Terror were men – nay, angels of mercy – compared with these Turks. Those were not insensible to compassion; in these every instinct of humanity seemed atrophied or dead. In Trebizond, on the first day of the massacre, an Armenian was coming out of a baker's shop, where he had been purchasing bread for his sick wife and family, when he was surprised by the raging crowd. Fascinated with terror, he stood still, was seized, and dashed to the ground. He pleaded piteously for mercy and pardon, and they quietly promised it; and so grim and dry was the humour of this crowd that the trembling wretch took their promise seriously and offered them his heartfelt thanks. In truth they were only joking. When they were ready to be serious they tied the man's feet together, and taunted him, but at first with the assumed gentleness that might well be mistaken for the harbinger of mercy. Then they cut off one of his hands, slapped his face with the bloody wrist, and placed it between his quivering lips. Soon afterwards they chopped off the other hand, and inquired whether he would like pen and paper to write to his wife. Others requested him to make the sign of the cross with his stumps, or with his feet, while he still possessed them, while others desired him to shout louder that his God might hear his cries for help. One of the most active members of the crowd then stepped forward and tore the man's ears from his head, after which he put them between his lips, and then flung them in his face. "That Effendi's mouth deserves to be punished for refusing such a choice morsel," exclaimed a voice in the crowd, whereupon somebody stepped forward, knocked aut some of his teeth, and proceeded to cut out his tongue. "He will never blaspheme again," a pious Moslem jocosely remarked. Thereupon a dagger was placed under one of his eyes, which was scooped clean out of its socket. The hideous contortions of the man's discoloured face, the quick convulsions of his quivering body, and the sight of the ebbing blood turning the dry dust to gory mud, literally intoxicated these furious fanatics, who, having gouged out his other eye and chopped off his feet, hit upon some other excruciating tortures before cutting his throat and sending his soul „to damnation," as they expressed it. These other ingenious pain-sharpening devices, however, were such as do not lend themselves to description.

In Erzeroum, where a large tract of country, from the lofty mountains of Devi Boyen to the Black Sea shore, has just been laid waste and completely purged of Armenians, similar scenes were enacted. The vilayet of Van, the town of Hassankaleh, and numerous other places have been deluged with blood, and polluted with unbridled lust. A man in Erzeroum, hearing the tumult, and fearing for his children, who were playing in the street, went out to seek and save them. He was borne down upon by the mob. He pleaded for his life, protesting that he had always lived in peace with his Moslem neighbours, and sincerely loved them. The statement may have represented a fact, or it may have been but a plea for pity. The ringleader, however, told him that that was the proper spirit, and would be, condignly rewarded. The man was then stripped, and a chunk of his flesh cut out of his body, and jestingly offered for sale: "Good fresh meat, and dirt cheap," exclaimed some of the crowd. "Who'll buy fine dog's meat?" echoed the amused bystanders. The writhing wretch uttered piercing screams as some of the mob, who had just come from rifling the shops, opened a bottle, and poured vinegar or some scid into the gaping wound. He called on God and man to end his agonies. But they had only begun. Soon afterwards, two little boys came up, the elder crying, "*Hairik, Hairik*, save me! See what they've done to me!" and pointed to his head, from which the blood was streaming over his handsome face, and down his neck. The younger brother – a child of about three – was playing with a wooden toy. The agonising man was silent for a second and then, glancing at these, his children, made a frantic but vain effort to snatch a dagger from a Turk by his side. This was the signal for the renewal of his torments. The bleeding boy was finally dashed with violence against the dying father, who began to lose strength and consciousness, and the two were then pounded to death where they lay. The younger child sat near, dabbling his wooden toy in the blood of his father and brother, and looking up, now through smiles at the prettily-dressed Kurds, and now through tears at the dust-begrimed thing that had lately been his father. A slash of a sabre wound up his short experience of God's world, and the crowd turned its attention to others.

These are but isolated scenes revealed for a brief second by the light, as it were, of a momentary lightning flash. The worst cannot be described. And, if it could be, no description, however vivid, would convey a true notion of the dread reality. At most of these manifestations of bestial passion and delirium the Sultan's troops, in uniform, stood by as delighted spectators when they did not actually take an active part as zealous executioners. (...)

It cannot be too clearly stated nor too widely published that what is asked for is not the establishment of an Armenian kingdom or principality, not a "buffer State," not even Christian autonomy in any sense that might render it offensive or dangerous to any of the Powers of Europe; but only that by some *efficacious* means the human beings who profess the Christian religion in Anatolia and who professed and practised it there for centuries before the Turks or Kurds were heard of, shall be enabled to live and die as human beings, and that the unparalleled crimes of which for the past seventeen years they have been the silent victims, shall speedily and once for all be put a stop to.

What serious hope is there that the lot of the Armenians will be bettered in the future? The question of the promised reforms has already ceased to be actual. The Grand Vizier, explaining lately his reasons for not publishing the Sultan's recent undertaking to better the condition of the Christians, alleged, and very truly alleged, that the present Commander of the Faithful bad brought no new factor into the question that needed to be published or made known. "His Imperial Majesty," he said, "made exactly the same kind of promise, respecting the same kind of reforms, as his illustrious predecessor seventeen years ago." Exactly; and it will have precisely the same kind of results. The Christian Powers of Europe will see to this, and England's duty is admittedly to follow the Powers. Continental jurisconsults have just given it as their conscientious opinion that any special reforms for the Armenians would necessarily involve a grave violation of the rights of man and of the law of God; and the jurisconsults ought to know. If this be so, the sensitive Sultan will naturally shrink from such lawlessness and godlessness and piously shelve the reforms. The reason given by these conscientious jurisconsults is intelligent enough: because to favour any one class of the population – say the Christians – to the exclusion of the others, would be to foster race hatred, to rouse religious fanaticism, and to unchain the most furious passions that now lie dormant (?) in the Mohammedan breast. They would strongly recommend – would these learned spokesmen of the Christian Powers – the introduction of wide-reaching reforms for *all* Turkish subjects, were it not that insuperable objections render even such a course absolutely impossible; for, in the first place, the Powers have no right to interfere in favour of the Sultan's *Mohammedan* subjects, who in this case would be mainly concerned; in the second place, the Turks and Kurds themselves desire no such reforms, are, in fact, opposed to their introduction; in the third place, they are utterly unripe for them; and, in the fourth place, general reforms for all would necessarily prove as disastrous as special reforms for Armenian Christians, because the Armenians, as the most intelligent and only self-disciplined element of the population, would profit by the improvements to obtain political preponderance for themselves. Things had better, therefore, remain as they are, with the wholesale butcheries left out; that is to say, the *normal* condition of things must be re-established, which in a very few years will solve the Armenian Question by exterminating the Armenians.

And England – Christian, moral England – apparently endorses this view, and seeks to persuade herself that by combining with the Powers to carry it out, she will have discharged all her duties, general and special, to the Christians whom she solemnly promised to protect. Is it right and proper to acquiesce even by silence in such unqualifiable conduct as this? Have the tender humanities of the teachings of Jesus no longer any virtue that can pass into our souls and move us to condemn in emphatic terms the abominations which are even now turning the lives of our brothers and sisters in Armenia into tortures and their horrible deaths into the triumph of the most ferocious malignity that ever lurked in the abysses of the human heart?

If any Englishman in any walk of life, be he a Cabinet Minister or a Yorkshire boor, had been appealed to for help by the wretched woman whose little girl was outraged to death in her presence, after she had been dishonoured in the presence of her daughter, and her husband had been killed before the eyes of both, would he have taken much time to reflect before accoding it? Had he witnessed the living quivering Christian's flesh being offered for sale as "fresh dogs' meat," while the wretched man's children, whom he loved more than life, stood opposite him, the one with cloven skull asking for help, the other innocently plashing with his wooden toy in the red pool fed by his father's blood, would he have suspended his judgment until Continental Christians told him what opinion he should hold concerning these fiendish ferocities? Yet these are the deeds which, in thousands and tens of thousands, are being perpetrated, while we rejoice and thank God that at last all Europe is unanimous – unanimous in its resolve to shield the *Turks*, the doers of these deeds, from harm.

If there still be a spark of divinity in our souls, or a trace of healthy human sentiment in our hearts, we shall not hesitate to record our vehement protest against these hell-born crimes, that pollute one of the fairest portions of God's earth, and our strong condemnation of any and every line of policy that may tend directly or indirectly to perpetuate or condone them. E. J. DILLON

E. J. Dillon: Armenia: An Appeal.
The Contemporary Review, New York, London, January 1896.

★

M. P. Cambon, Ambassadeur de la République française à Constantinople, à M. Berthelot, Ministre des Affaires étrangères

Péra, le 25 janvier 1896

J'ai l'honneur d'adresser ci-joint á Votre Excellence un tableau contenant le récit résumé des événements dont l'Asie-Mineure a été le théâtre en 1895.

Ce travail a été établi, par les six Ambassades, d'après les rapports qui leur ont été envoyés par leurs Consuls respectifs. Ces rapports ont été examinés en commun et confrontés, et de leur comparaison est sorti le présent Tableau.

Il ne contient donc que des informations soigneusement contrôlées, et sur lesquelles les Agents des six Puissances se sont trouvés d'accord, et n'a point la prétention d'être un travail complet. Dans un grand nombre de localités, trop éloignées des centres où résident les Consuls pour que ceux-ci aient pu recueillir des renseignements de première main, se sont passés des événements similaires á ceux dont les agents des Puissances ont été les témoins. Faute de pouvoir contrôler efficacement les informations de source privée, nous avons dû nous abstenir de les relater.

D'autre part, ce travail, forcément sommaire, ne saurait donner la physionomie de ces tristes événements. Nous avons tenu à les relater sous la forme la plus simple et à faire œuvre de pure statistique.

De plus, ce document, que nous tenions à remettre à la Sublime Porte afin de répondre par avance aux communications fantaisistes qu'elle nous fait sur les incidents dont nos agents sont les témoins oculaires, a été terminé dans les premiers jours de janvier, et comme nous avions résolu de le faire imprimer, pour éviter un interminable travail de copie, il est forcément incomplet, chaque jour le courrier nous apportant de nouveaux détails sur des événements déjà anciens.

Pour toutes ces raisons, il ne faut voir dans le Tableau ci-joint qu'une parcelle de la vérité.

Comme je le disais plus haut à Votre Excellence, nous avons convenu, mes collègues et moi, d'en remettre un exemplaire à la Sublime Porte et d'en adresser plusieurs copies à nos Gouvernements, en attirant leur attention sur ce fait important qu'il résume l'opinion concordante des Représentants des grandes Puissances à Constantinople sur des faits que la presse et la Sublime Porte ont contribué à travestir, en les exagérant parfois ou en les atténuant de parti pris.

P. CAMBON

ANNEXE À LA DÉPÊCHE DE CONSTANTINOPLE DU 25 JANVIER 1896
ÉVÉNEMENTS DE 1895 EN ASIE MINEURE

Localités	Dates	Morts	Blessés	Récit des événements. Leurs causes	Attitude de la population et des autorités
				VILAYET DE TRÉBIZONDE	
Trébizonde	3 oct.	"	"	Bahri-Pacha ex-vali de Van, et Hamdi-Pacha, général commandant la subdivision militaire, sont légèrement blessés de deux coups de feu attribués à des Arméniens.	
	4–5 oct.	"	"	Une vive agitation est causée parmi	L'attitude du vali a été

Loca-lités	Dates	Morts	Bles-sés	Récit des événements. Leurs causes	Attitude de la population et des autorités
	8 oct.	600 environ dont 20 musul-mans	"	les musulmans par la nouvelle des troubles survenus à Constantinople le 30 septembre. Dans la soirée du 4, 3,000 musulmans en armes, venus en partie des villages voisins, pénètrent dans la ville et attaquent les quartiers chrétiens. D'après le vali, le point de départ des incidents est une querelle privée entre Arméniens et Turcs, mais le fait qu'une partie des manifestants musulmans étaient venus du village situé à plusieurs heures de distance de Trébizonde prouve une préméditation évidente de leur part. Du reste, les musulmans avaient fait dans la journée des achats considérables d'armes au bazar et avaient également tenté de s'emparer d'un dépôt d'armes. Les Consuls font immédiatement une démarche auprès du vali, revenu en ville de la campagne, au cours de la manifestation. Vers midi, une panique se produit dans toute la ville et des coups de feu retentissent de toutes parts. L'enquête des Consuls démontre qu'aucune provocation n'est venue des Arméniens. La ville était dans le calme, lorsque, sur un signal donné par un coup de trompette, l'émeute commença. Elle cessa également, vers 3 heures, sur un signal analogue. Tous les Arméniens surpris dans les rues sont massacrés. Les assassins pénètrent aussi di force dans les boutiques, tuent les marchands et pillent les marchandises. Seules, par suite d'un mot d'ordre évident, les habitations des étrangers sont épargnées. 150 personnes se sont réfugiées au Consulat de Russie. Tous les autres consulats ont aussi donné asile aux fugitifs poursuivis par des assassins. L'établissement des Frères de la doctrine chrétienne en a recueilli plus de 2,000 jusqu'au 15 octobre. Plus de 60 Arméniens se sont réfugiés à bord du paquebot russe et ont pu avec peine échapper aux poursuites acharnées des bateliers qui cherchaient à les tuer avant qu'ils fussent arrivés à bord.	satisfaisante, celle des autorités militaires tardive et hésitante. Le fait indiqué par les autorités comme origine des incidents paraît inexact. La querelle a eu lieu entre musulmans seuls. Au signal donné, les mahonadjis lazes du port ont couru à leurs embarcations pour y chercher leurs armes. En maints endroits des soldats ont été surpris assistant les assassins et les pillards. Des officiers supérieurs ont été vus faisant charger des objets pillés sur des voitures et les faisant porter chez eux. Le pillage a été toléré jusqu'au soir. Le 10 seulement, 150 hommes de troupe, promis par le vali depuis le 5, arrivent de Rizé. La Cour martiale, instituée pour rechercher les auteurs des crimes du 8 octobre, s'est bornée à donner des conseils aux musulmans. Quant aux Arméniens, ils ont été arrêtés en masse, sous prétexte de les soustraire aux entreprises des musulmans. Huit ont été condamnés à mort, et 24 à
	24 nov.		"	Une menace de nouveaux troubles a été dissipée assez rapidement.	

Loca-lités	Dates	Morts	Bles-sés	Récit des événements. Leurs causes	Attitude de la population et des autorités
	24 nov.	107	"	Plus de 1,500 Arméniens, dans le mois qui a suivi les troubles, se sont embarqués pour la Russie. Les pertes matérielles sont évaluées à 200,000 livres sterling (environ 5 millions de francs). Depuis, la confiance n'a pu renaître. La ville est ruinée au point de vue économique et les chrétiens demeurent à juste titre très inquiets. Les Grecs de la campagne émigrent en nombre. Parmi les villages pillés de la région de Trébizonde; on peut citer ceux de *Mala*, 50 morts; *Bujuk-Samorouk-Sou*, 18 morts et *Zefanos*, 13 morts.	plusieurs années de prison.
Gumuch-Hané	25 oct.	100 Arméniens et quelques Grecs	"	Les musulmans ont massacré les Arméniens de la localité et des villages environnants. Avant de procéder au massacre, les musulmans, réunis sur la place publique, ont séparé les Arméniens des autres chrétiens et ont fait ranger ceux-ci de leur côté, afin de ne pas les confondre avec leurs victimes, désignées d'avance.	
Gumuch-Hané (*suite*)	26 oct.	"	"	Les villages de la région: *Hassoun, Armoudan, Zommara, Pingian, Agovannes, Iban, Toretz, Sarindick, Edzbeder, Agrokouz, Ihunlik* ont été pillés.	
Samsoun	7 déc.	"	"	Le village de *Kabadjeviz* est envahi par la bande du brigand *Kaïkdjioglou*. Quelques Arméniens sont tués, le reste se réfugie dans la campagne.	
	13 déc.	"	"	Une panique se produit à *Samsoun*, surtout parmi les Grecs. Le muttesarif rétablit le calme assez rapidement.	
Aghdja-Guney	14–15 déc.	"	"	A *Aghda-Guney*, localité du Caza de *Tcharchamba*, Sandjak de *Samsoun*, les rédifs envoyés pour protéger les villages de la région contre les brigands se livrent à toute sorte d'excès contre les habitants, pillent leurs maisons, dévalisent l'église arménienne, profanent les objets du culte en présence du prêtre, qu'ils ont lié avec des cordes, et déclarent qu'ils continueront à traiter les Arméniens de la même façon tant qu'ils ne se convertiront pas à l'islamisme.	

VILAYET D'ERZEROUM

Erzeroum	6 oct.	"	"	Deux Arméniens sont tués dans la ville. Ce meurtre et la nouvelle des	Bien qu'au commencement d'octobre, les pa-

Loca-lités	Dates	Morts	Bles-sés	Récit des événements. Leurs causes	Attitude de la population et des autorités
				troubles survenus à Trébizonde, le 5 et le 8, causent une vive inquiétude parmi les Arméniens. – Le 28, les musulmans pillent le village de *Tiflik* près d'Erzeroum. Dans les derniers jours du mois, une quarantaine de villages arméniens du caza de *Terdjan* sont saccagés et incendiés. Les habitants sont massacrés en grand nombre. On peut citer notamment les villages de :	trouilles aient été renforcées, l'autorité, en dépit des efforts faits par les Consuls pour obtenir des mesures propres á calmer la population et désarmer les musulmans, ne s'est guère occupée que d'arrêter des Arméniens. La population turque se préparait cependant au grand jour en vue d'un massacre. La participation ouverte des officiers et des soldats au massacre et au pillage a été constatée par les Consuls. Les troubles n'ont été arrêtés qu'une fois les boutiques complètement saccagées et leurs habitants massacrés ; les meurtres et le pillage ont continué toute la nuit du 30 au 31 octobre et la nuit suivante dans les quartiers isolés. Ce n'est qu'après ces faits que les autorités se sont occupées du soin des blessés et des gens sans ressources et de la recherche des objets volés. Dans la suite, 200 Turcs et Lazes pillards ont été arrêtés, et l'autorité affirme en avoir fait fusiller plus de 100. Mais le chef kurde Hussein Pacha Haideranli, mandé pour rendre compte de sa conduite, n'est pas traduit devant le Conseil de guerre, bien que les charges les plus graves pèsent sur lui. Quant aux rédifs, convoqués dans la suite, ils sont animés du plus mauvais esprit et ils déclarent que, s'ils doivent partir pour obéir aux ordres du
		15	"	*Pakaridji*: 200 maisons pillées. Les habitants qui échappent au massacre sont de force convertis à l'islamisme.	
		8	"	*Poulk*: 80 maisons pillées. Les habitants épargnés sont obligés de se faire musulmans.	
		30	"	*Pirij*: 120 maisons pillées. Les habitants épargnés sont obligés de se convertir à l'islamisme. Les seuls villages arméniens épargnés du caza sont: *Karakoulak, Maugh, Hoghegh*.	
	30. oct.	400 12 turcs	"	Le massacre des Arméniens à Erzeroum commence à midi, le pillage des maisons et des boutiques dure jusqu'au soir. De nombreux villages aux environs de la ville sont saccagés. En dehors des 400 victimes constatées par les Consuls, un grand nombre d'autres Arméniens ont disparu. De nombreux blessés sont transportés à l'ambulance établie chez les Frères de la doctrine chrétienne. 1,500 boutiques et quelques centaines de maisons ont été pillées.	
	3 nov.	"	"	Nouveaux troubles. Quelques victimes arméniennes.	
	25 nov.	"	"	Une panique se produit au cours de laquelle un Arménien est tué et 10 blessés.	
	10 déc.	"	"	Nouvelle panique, mais sans effusion de sang.	
Passen	27–28 nov.	140	"	Le monastère de *Hassankalé* est pillé et incendié, l'évêque et les habitants massacrés, sauf un. 14 autres villages du caza sont pillés. Les villages épargnés sont: *Delibala*: qui a résisté; *Kamazor*, qui a payé une rançon de 20 somars de blé et 10 livres turques; *Dodoveran*, qui a payé une rançon de 16 somars de blé; *Ichgon*, qui a payé une rançon de	

Loca-lités	Dates	Morts	Bles-sés	Récit des événements. Leurs causes	Attitude de la population et des autorités
Ova	27 et 28 nov.	2	"	30 livres turques. Parmi les villages pillés dans ce caza, on peut citer: *Youzveren, Ekebad, Chihou, Krtabaz, Yagan, Keupru Keui, Tordun, Errtew.* Les villages suivants de ce caza ont été pillés et incendiés: *Tchinck*, complètement saccagé.	Sultan, il leur faudra auparavant *nettoyer* le pays de tous les chrétiens.
		"	"	*Arzati*, complètement saccagé.	
		"	"	*Dinarikom*, complètement saccagé.	
		2	"	*Umudum*, complètement saccagé. L'église a été incendiée; le prêtre et un autre Arménien ont été tués.	
		"	"	*Keghakhor*, complètement saccagé.	
		"	"	*Gheritchk*, complètement saccagé.	
		"	Plusieurs	*Gherdjengoz*, complètement saccagé.	
		4	"	*Tevnik*, complètement saccagé. L'église pillée; le prêtre et trois Arméniens tués.	
		5	"	*Ocni*, complètement saccagé. L'église pillée; le prêtre et trois Arméniens tués.	
		"	"	*Badishen*, complètement saccagé.	
		"	Plusieurs	*Pelour*, complètement saccagé.	
		"	"	*Itledja*, les maisons des Arméniens riches ont été saccagées.	
		"	"	*Abelhendi*, complètement saccagé.	
		3	"	*Salazzor*, complètement saccagé.	
		2	"	*Tarkouni*, complètement saccagé.	
		1	"	*Komk*, complètement saccagé. L'église pillée et le prêtre tué.	
		"	"	*Sengarig*, complètement saccagé.	
		"	"	*Guez*, complètement saccagé.	
		"	"	*Rabat*, complètement saccagé.	
		"	"	*Ukdazor*, complètement saccagé.	
		1	1	*Katchga-Vank*, complètement saccagé. L'archimandrite blessé et un Arménien tué.	
		"	Plusieurs	*Sengoutli*, complètement saccagé.	
		"	"	*Soouk Tchermak* a évité le pillage en payant une rançon de 120 livres turques.	
Erzindjian	21 oct.	Plusieurs centaines	400	Des troubles et des massacres d'Arméniens ont éclaté à la suite, dit l'autorité, du meurtre d'un Mollalt par les Arméniens. – D'après les sources officielles, 75 Arméniens auraient été tués. – Les Consuls évaluent le nombre des victimes à plusieurs centaines dont 7 Musulmans.	
Baïbourt	27 oct.	650 700	"	Une bande armée de musulmans à cheval, commandée par un déserteur,	Les Autorités ont laissé faire les émeutiers

Loca-lités	Dates	Morts	Bles-sés	Récit des événements. Leurs causes	Attitude de la population et des autorités
				Tchaldaroglou, venant de Surméné (caza du Sandjak de Trébizonde), ravage de fond en comble les villages des environs de Baïbourt. Plus de 650 Arméniens ont péri dans la ville; dans les villages toute la population mâle a été massacrée. Plus de 165 villages ont été dévastés. Ceux de *Narzahan* et de *Loussoukli* ont été particulièrement éprouvés.	et leur responsabilité est gravement engagée. On a constaté que beaucoup de musulmans possédaient des armes empruntées à la troupe; des soldats ont participé au massacre et au pillage.
		"	"	M. Bergeron, Consul de France à Erzeroum, qui, retournant en France en congé, a parcouru le pays, a trouvé la région entre Baïbourt et Gumuch-Hané (vilayet de Trébizonde) complètement dévastée. En passant près de Narzahan, il a vu enfouir dans une fosse une centaine de cadavres d'Arméniens. Les routes étaient sillonnées de bandes de femmes et d'enfants, errant sans asile, ni nourriture, ni vêtements. Plusieurs villages ont du embrasser l'islamisme pour échapper à la destruction.	
Kighi	14 oct.	"	"	Neuf villages sont pillés dans le caza.	
	16 oct.	"	"	La ville est assiégée par les Kurdes.	
	23 oct.	"	"	Un massacre d'Arméniens a lieu dans la ville.	
Bayazid	.....	Près de 500			
				VILAYET DE BITLIS	
Bitlis	25 oct.	Près de 800	"	Au sortir de la mosquée, les Turcs attaquent les Arméniens sans provocation aucune de la part de ceux-ci. Le massacre a commencé et a cessé au signal du clairon. D'après les Consuls, le nombre des morts s'élève à près de 800. D'après les autorités ottomanes, il ne serait que de 169, dont 39 musulmans. Le nombre des blessés serait de 150, dont 130 musulmans. On signale dans la ville et dans les villages un grand nombre de conversions à l'islamisme.	
Sassoun et Talory	10 nov.	"	"	Un certain nombre de villages arméniens de la région sont pillés. On peut notamment citer le village de *Ichkentsor* qui a été complètement saccagé et dont les habitants ont été massacrés.	
Mouch	15 nov.	"	"	Une vingtaine d'Arméniens sont	La responsabilité des

171

Loca-lités	Dates	Morts	Bles-sés	Récit des événements. Leurs causes	Attitude de la population et des autorités
Seert	19 nov.	"	"	massacrés les musulmans. Les troubles sont rapidement réprimés par le mutessarif de Mouch, Feham Pacha. Un village aux environs de Seert est attaqué et pillé par les musulmans. A *Chabakehour*, tous les Arméniens survivants au massacre se sont vus obligés de devenir musulmans.	menaces de massacres et de troubles survenus, retomberait sur le cadi de Mouch. Ce n'est que par l'énergie et le zèle du mutessarif et du mufti que la ville a été sauvée d'un désastre complet.
	Déc.	"	"	Les musulmans massacrent un nombre considérable de chrétiens chaldéens et arméniens. Beaucoup de maisons habitées par des Syriens et des Jacobites sont pillées. Un grand nombre de villages des alentours, habités par des Syriens, des Chaldéens et des Jacobites sont détruits. On peut citer notamment ceux de: *Mar Yacoub, Berké, Telmechar, Beincof*.	L'Autorité use de tous les moyens pour forcer les Arméniens à signer une déclaration constatant que ce sont eux qui ont provoqué les troubles. L'Autorité n'est pas intervenue malgré la présence des troupes.

VILAYET DE VAN

Van	......	"	"	*Adeljevas*. – 18 villages pillés par les Kurdes Haïderanii, sous le commandement d'Emin et Tamir Pachas. – Au village d'*Arrin*, 9 personnes sont tuées. – A *Ardjist*, le monastère de Mézopé est pillé par Hassan Agba, père d'Émin Pacha. – A *Pani*, 2 hommes et une femme sont tués et dix villages des environs pillés. 160 villages situés autour du lac de Van dans les vilayets de Van et de Bitlis sont pillés du 1er au 20 novembre. Le nombre des victimes paraît avoir été moins considérable que dans les vilayets voisins.	
	25 oct.	"	"	*Seraï*, chef-lieu du caza de Mahmoudié, dans le Sandjak de Hekkiari, notamment, a été pillé le 12 novembre par les Kurdes, sous le commandement de Houssein Bey Takouri, kaïmakam des Hamidiés. *Bachkalé, Gargon, Sparghird, Shattak, Khoshab, Bergeri, Elbak* ont été pillés. – 10,000 personnes sont dans un état de dénuement complet. A *Khizan*, quelques Arméniens ont pu se sauver en acceptant l'islamisme. Ils auraient été contraints de tuer leurs parents qui refusaient de devenir musulmans.	
Van (Suite)	10 nov.	"	"	*Boguz-Kessen* et *Hazira* ont été pillés par des Kurdes, ainsi que *Der-*	

Loca-lités	Dates	Morts	Bles-sés	Récit des événements. Leurs causes	Attitude de la population et des autorités
	10 nov.	"	"	men, où l'attaque a été conduite par les Hamidiés sous le commandement d'Achmed Khan, de la tribu de Chemski Dedim. *Haigatsor* est pillé. Le chef notable arménien d'Azvasashen a été tué. *Lamazguird* a été attaqué quatre fois par les Kurdes.	
		6	"	A *Mikhnir*, 6 Arméniens ont péri.	
		"	"	A *Marmied*, une jeune fille ayant été enlevée, un Arménien s'est hasardé à faire des remontrances à ce sujet: il a été tué.	
		"	"	*Arshag* est attaqué par les Kurdes, qui sont repoussés par les soldats; quelques Kurdes sont tués.	

VILAYET DE MAMOURET-UL-AZIZ

Loca-lités	Dates	Morts	Bles-sés	Récit des événements. Leurs causes	Attitude de la population et des autorités
Kharpouth	10 et 11 nov.	Plus de 500	"	Les Kurdes et les musulmans attaquent les quartiers arméniens et massacrent les habitants. Le Supérieur de la mission des Capucins a failli être tué. La mission américaine est détruite et un grand nombre de chrétiens survivants se voient obligés de se convertir à l'islamisme. Plus de 60 villages, situés aux environs de Kharpouth, sont dévastés. D'après une communication du vali d'Erzeroum aux Consuls, le nombre des morts serait de 92 dont 12 musulmans. Les hospices dirigés par les Capucins sont remplis de blessés. Une caravane de 200 Arméniens, renvoyés d'Adana à Karpouth, leur pays d'origine, est attaquée par des Kurdes qui en tuent 193. Les gendarmes, au lieu de les protéger, prennent part au pillage. Il est impossible de préciser le nombre des localités dévastées et des Arméniens disparus. Mais il résulte de l'ensemble des informations parvenues aux Consuls que toute la région a été ravagée. Le chiffre de la population chrétienne étant fort élevé dans cette région, on peut craindre que le nombre des victimes en soit très considérable.	Les officiers et les soldats prennent part au butin. Les Kurdes prétendent être de connivence avec l'Autorité; celle-ci finit par comprendre qu'elle doit agir, mais trop tard, et comme les officiers, les soldats et les gendarmes ont pris part au pillage, elle n'ose sévir contre personne.
Arabkir	1er/5 nov.	2,800	Un très grand nombre	Les Kurdes et les Turces en armes se jettent sur les chrétiens et saccagent la ville. D'après les renseignements offi-	Après les premiers jours, des bandes de Musulmans venus de le cam-

173

Localités	Dates	Morts	Blessés	Récit des événements. Leurs causes	Attitude de la population et des autorités
				ciels le nombre des victimes serait de 260, dont 60 musulmans. D'après les renseignements consulaires, le pillage et l'incendie ont duré 10 jours. Plusieurs églises ont été profanées; 2,400 maisons environ ont été pillées; 2,800 Arméniens environ ont péri. Les femmes et les enfants survivants sont réduits à la misère. Le village voisin d'*Ambarga* a vu tous ses habitants massacrés sauf 3; 60 maisons y ont été saccagées. Au village de *Chenig*, il ne reste que 6 habitants. Tous les autres villages de la plaine sont plus ou moins ravagés.	pagne, se sont joints à ceux de la ville. Après la fin des incendies, la police a fait des perquisitions et tous les hommes échappés au massacre, ont été incarcérés. – On n'a pas de nouvelles de leur sort. L'Autorité a fait distribuer du pain aux malheureux pendant quelques jours, puis a cessé ce secours.
Eghin	8 nov.	"	"	Les Kurdes de Dersim attaquent le village de *Gamaragab*. 300 maisons sont saccagées et un quartier de 31 maisons complètement incendié. Les habitants sont en partie massacrés. Le reste a dû embrasser l'islamisme. *Eghin* même a été épargné en payant aux Kurdes une rançon de 1,500 Ltq.	
Eghin (Suite)	8 nov.	"	"	*Abou-Cheikh* a été épargné en payant aux Kurdes une rançon de 200 Ltq. A *Pingoian*, 250 maisons ont été pillées. A *Armadan*, 130 maisons ont été pillées. A *Lidjh*, 220 maisons ont été pillées. A *Simara*, 80 maisons ont été pillées. A *Teghoud*, 140 maisons ont été pillées. A *Mouchechgak*, 160 maisons ont été pillées. A *Narver*, 60 maisons ont été pillées. Les habitants de toutes ces localités ont été en partie massacrés. Ceux qui n'ont pu s'échapper ont dû se convertir à l'islamisme.	
Malatia	29 oct.	"	"	Une première alerte se produit et les Arméniens se réfugient chez eux. Les nouvelles des massacres dans la région contribuent à entretenir le trouble pendant les jours suivants.	
	4, 5, 6 7, 8 et 9 nov.	300	"	Les Kurdes et les Turcs se jettent sur les Chrétiens, et pendant six jours les massacres et le pillage continuent. Les Arméniens se réfugient dans les églises pour fuir le pillage et l'incendie. Les Capucins catholiques sont maltraités et frappés. Leur maison, leur école et leur	Pendant 24 heures le mutessarif laisse le massacre et le pillage continuer. Le 5 au soir seulement, il fait dire à l'évêque arménien catholique que, si

Localités	Dates	Morts	Blessés	Récit des événements. Leurs causes	Attitude de la population et des autorités
				église sont brûlées. D'abord transportés le lendemain soir, avec une foule d'Arméniens catholiques, dans une grande caserne, ils y demeurent 3 jours et 3 nuits dans une chambre sans nourriture. Leurs pertes s'élèvent à 120,000 francs. Le nombre des morts est estimé à 3,000 au moins, dont beaucoup de femmes et de jeunes gens. Un nombre assez considérable est forcé de se convertir à l'islamisme. Toutes les maisons arméniennes sont brûlées. Les maisons et l'église orthodoxe du village de Gumuch-Meidan sont saccagées. Dans le village de Mamcha, 30 maisons ont été pillées.	ses fidèles veulent être protégés, ils doivent livrer leurs armes; ce n'est qu'après qu'il consent à les faire évacuer sur la caserne. Le 6, il fait de même pour les 3,000 Arméniens grégoriens réfugiés à l'église de la communauté. Le 9 novembre seulement, il fait passer les Pères dans la maison d'un musulman.
				VILAYET DE DIARBEKIR	
Diarbekir	1er nov.	Armén. grég. 1,000 cath. 10 Syriens orth. 150 cath. 3 Chaldéens 14 Grecs 3 Protestants 11 1,191 Maisons pillées Boutiques pillées et incendiées Pertes matérielles: 2,00,000 Ltq.	250 11 11 1 9 3 1 286 1,701 2,448	Les Kurdes de la campagne entrent dans la ville le matin et, unis aux Musulmans, pillent le marché, l'incendient, puis massacrent les chrétiens de tous rites. Les soldats, les zaptiés et les Kurdes s'unissent pour tirer sur les chrétiens. Le carnage dure 3 jours. Les Turcs affirment que les Chrétiens ont provoqué le massacre en pénétrant dans les mosquées et en tuant des Musulmans. Cette affirmation est absolument erronée. Le 30 octobre, le Consul de France signalait plusieurs réunions tenues chez un certain Djémil Pacha et auxquelles assistaient le cheikh de Zeilan et son fils (déjà compromis dans le massacre de Sassoun). Les projets les plus sinistres contre les Chrétiens y avaient été discutés. Des placards avaient été apposés sur les murs des mosquées. Les Musulmans, mal informés sur la teneur des réformes décidées par S. M. le Sultan, avaient envoyé au Sultan un télégramme de protestation et annonçaient leur intention de se venger des Chrétiens le vendredi 1er novembre, au cas où la réponse ne serait pas satisfaisante. La	Aniz Pacha, vali intérimaire, affiche une hostilité ouverte contre les Chrétiens. Confirmé dans le poste de vali au commencement d'octobre 1895, il débute par les irriter et semer la discorde entre les fidèles et le clergé, en forçant celui-ci à signer un télégramme remerciant le Sultan de lui avoir définitivement confié le poste de vali. Des troubles sérieux faillirent éclater au sein des communautés religieuses qui reprochaient amèrement à leurs chefs spirituels la faiblesse dont ils avaient fait preuve en face du vali. Au Consul de France qui lui signalait l'agitation inquiétante des Musulmans, le vali affirme qu'il ne craint rien de leur part et qui'il répond de l'ordre.

Loca-lités	Dates	Morts	Bles-sés	Récit des événements. Leurs causes	Attitude de la population et des autorités
Diar-bekir (Suite)	28 nov.	"	"	préméditation était donc évidente de leur part et la panique des Chrétiens justifiée. On remarquait, en outre, depuis quelques temps une excitation insolite parmi les Musulmans qui faisaient des achats considérables d'armes et de munitions. Plus de 700 Chrétiens se réfugièrent au Consulat de France; cinq fois les Kurdes voulurent attaquer la maison consulaire, mais sans succès. De nouveaux troubles éclatent pendant la nuit et sont assez vite réprimés. Toute la région des alentours a été dévastée par les Kurdes; on estime à 30,000 le nombre de ceux qui ont vu leur familles décimées et leurs villages détruits. En dehors des morts dont les cadavres ont été retrouvés, beaucoup d'Arméniens ont péri dans les flammes et un grand nombre de corps ont été jetés dans l'incendie par ordre de l'Autorité 1,000 Chrétiens de la ville, et 1,000 villageois qui travaillaient en ville ont disparu. 119 villages du Sandjak sont pillés et incendiés.	Au cours du massacre, le cinquième jour, il refusait encore au Consul de France d'envoyer une garde pour l'intérieur du convent des Capucins. Pour rétablir l'ordre, il fait désarmer les Chrétiens, mais par contre laisse les Musulmans armés. Il supprime à la communauté arménienne, qui a 400 familles à nourrir, les quelques secours accordés par le Gouvernement, parce que l'évêque a refusé de signer un télégramme reconnaissant la culpabilité des Arméniens.
	31 déc.	"	"	L'agitation recommence parmi les Kurdes, et une forte panique se produit parmi les chrétiens.	Abdullah-Pacha, Commissaire impérial, et le commandant militaire font rentrer les Kurdes dans l'ordre.
Mardin	7 nov.	"	"	La ville est en grand danger, mais évite le massacre. Toute la région est dévastée. Le grand village arméno-catholique de *Telelarmen* est complétement saccagé. Ses habitants se réfugient à Mardin. Le village grec-orthodoxe de *Pakoz*, contenant cent familles avec le prêtre, se voit obligé de se convertir à l'islamisme.	

VILAYET DE SIVAS

Loca-lités	Dates	Morts	Bles-sés	Récit des événements. Leurs causes	Attitude de la population et des autorités
Sivas...	......	"	"	La question des réformes administratives à introduire en Asie-Mineure a particulièrement agité le vilayet de Sivas, où l'élément arménien est important et riche. Dès le commencement de novembre, des nomades Kurdes du vilayet de	Le vali rassemble 1,000 rédifs et 100 zaptiés auxiliaires, mais ne peut obtenir de la Porte les autorisations lui permettant de prendre les mesures efficaces.

Localités	Dates	Morts	Blessés	Récit des événements. Leurs causes	Attitude de la population et des autorités
				Trébizonde envahissent le vilayet de Sivas et, unis aux Musulmans, pillent et brûlent des villages arméniens. On signale dès cette époque un certain nombre de victimes à *Kara-Hissar. – Zara. – Divreghi. – Derendée. – Soucheri.*	
	12 nov.	Environ 1,500	"	A midi, une fusillade commence dans la ville. Jusqu'à 3 heures, les massacres et le pillage durent. L'émeute, un peu calmée le 13, reprend le 14. Le nombre des victimes se monte à environ 1,500. Toutes les boutiques appartenant aux Arméniens sont pillées et le petit commerce qu'ils détiennent est en entier ruiné. Le soir du massacre, les muezzins, du haut des minarets, appelaient la bénédiction d'Allah sur le carnage. On a remarqué que les derviches excitaient particulièrement les Musulmans au massacre. Beaucoup de meurtres isolés et clandestins ont été commis les jours suivants dans la ville. La plupart des victimes ont été frappées à coup de hache et de barres de fer.	Les soldats de garde envoyés un peu tardivement au Vice-Consulat de France murmuraient hautement d'être ainsi empêchés de participer, comme leurs coreligionnaires, au massacre et au pillage.
	3 oct.	"	"	Une nouvelle alerte se produit. Dans un rayon de 10 kilomètres autour de la ville, une foule de villages arméniens ont été détruits et les habitants massacrés. Le nombre des victimes ne peut pas être fixé. Tous les moyens sont employés pour obliger les Chrétiens à signer des déclarations dans lesquelles les Arméniens sont représentés comme les provocateurs, et à dénoncer leurs coreligionnaires.	Le vali se rend au bazar et parvient à calmer l'effervescence des musulmans. L'autorité fait faire des perquisitions dans les maisons musulmanes pour rechercher les objets volés, mais elle charge de cette mission un certain *Selin Oglou* qui s'est particulièrement distingué dans le pillage des villages voisins.
Guru	12 nov.	Plus de 100	"	La ville, assiégée par 2,000 Kurdes qui ne sont, affirme-t-on, que des rédifs déguisés, contient 4,000 Arméniens. Après quatre jours de résistance, la ville est prise. 1,000 Arméniens réfugiés dans leur église auraient déposé leurs armes et auraient été épargnés. On ne peut citer le nombre des Arméniens massacrés; cependant des nouvelles officielles parvenues à Sivas permettent d'affirmer qu'il a été très considérable. Le 28 novembre, 1,200 cadavres gi-	

Localités	Dates	Morts	Blessés	Récit des événements. Leurs causes	Attitude de la population et des autorités
Chabin Kara-Hissar Charki	27, 28 29 oct. 1er nov.	Plus de 3,000 dans la région	"	saient encore dans les rues, sans sépulture. 1,000 maisons arméniennes ont été brûlées, 500 ont été pillées; les églises l'ont été également. 150 femmes ou jeunes filles ont été enlevées par les Kurdes. Des scènes de pillage et de massacres se produisent dès la fin d'octobre. Le 1er novembre plus de 2,000 personnes se trouvaient réfugiées dans l'église arménienne-grégorienne. Obligées de se rendre, elles ont été massacrées. Les femmes et les enfants n'ont pas été épargnés. On estime à plus de 3,000 les personnes qui ont été massacrées dans la région de Chabin-Kara-Hissar-Charki; les femmes, les jeunes filles et les enfants ont été en grand nombre violés et tués. Près de 30 villages ont été saccagés. Parmi les plus éprouvés on peut citer *Enderès, Bousseyr, Anerli, Tamzara, Sirdik, Pourk, Sis, Moucheïnotz, Azpouter, Anergue, Tsiferi, Oeghin, Armoutdagh*. 40 à 50 p. 100 de la population arménienne a péri.	
Tokat	15 nov.	"	"	Des bandes de pillards essaient de pénétrer dans *Tokat*; elles sont repoussées par la troupe. – Mais 150 Arméniens soupçonnés de faire partie des comités secrets sont arrêtés. Tous les villages environnants dans la plaine de *Ard-Ova* sont brûlés et pillés. Les pillards, lorsqu'ils ne pouvaient emporter toutes les provisions trouvées dans les maisons arméniennes, répandaient sur elles du pétrole afin de les rendre inutilisables pour ceux qui survivraient au massacre.	Le commandant militaire a fait preuve d'une réelle énergie pour assurer la protection de la ville. Les imams et les troupes ont participé au massacre. Le mutessarif Békir-Pacha a fait preuve d'une grande énergie dans la répression des désordres causés par les Musulmans, en dépit de la résistance d'Edhem-Bey, commandant des rédifs, et des menaces de ses coreligionnaires.
Zileh	28 nov.	200	"	Un massacre a eu lieu dans cette localité. 200 Arméniens ont péri et 300 maisons ont été pillées.	
Amassia	15 et 26 nov.	1,000 environ	"	Les Musulmans attaquent les Arméniens, pillent les maisons et les boutiques et massacrent les Chrétiens. Tous leurs établissements, 5 compris les	

Loca- lités	Dates	Morts	Bles- sés	Récit des événements. Leurs causes	Attitude de la population et des autorités
Marsi- van	15 nov.	150	500	moulins et les chantiers, sont saccagés. D'après les données officielles, il n'y aurait eu que 80 victimes. D'après les informations des Consuls, leur nombre se monterait à un millier. Le *Yeschil Irmak*, notamment, charrie un grand nombre de cadavres. Une foule de Musulmans se jette sur les Chrétiens; 150 Arméniens sont tués, 500 environ sont blessés. Les maisons et les boutiques, au nombre de 400, sont pillées. Les assassins ont même emporté les vêtements des morts, dont les cadavres restaient nus dans les rues, sans sépulture.	Les soldats ont participé au massacre et au pillage. Le caïmakam a essayé de forcer les Pères jésuites à signer une dèclaration affirmant que la provocation était venue des Arméniens.
Khavza	12 nov.	10	"	Des désordres se produisent, au cours desquels 10 Arméniens sont tués et les boutiques tenues par les Chrétiens, pillées.	
Vézir- Keupreu	Déc.	200	"	Des troubles éclatent dans cette localité. Les chiffre des victimes parmi les Arméniens, que les renseignements officiels fixent à 38, serait, d'après les informations des Consuls, de plus de 200. 300 maisons sont pillées.	
				VILAYET D'ALEP	
Alep	......	"	"	Au mois de septembre, la présence d'émissaires arméniens est signalée dans le vilayet et cause une certaine agitation dans les populations musulmane et chrétienne. Leur action demeure, du reste, sans grand effet sur les villageois arméniens qui les invitent à quitter le pays. L'annonce des réformes décidées par S. M. le Sultan, et qui (faute d'être publiées) sont interprétées par les Arméniens comme leur conférant des privilèges nouveaux et par les Musulmans comme les subordonnant aux Chrétiens et ne s'appliquant pas à eux, excite les esprits et anime les unes contre les autres les populations de religions differentes. D'autre part, la conduite des rédifs convoqués pour assurer le maintien de l'ordre contribue à le troubler. Ils disent ouvertement que, puisqu'on leur fait quitter leurs foyers, on doit les laisser libres de piller et de supprimer les Chrétiens.	Si les démarches des Consuls auprès des Arméniens contribuent à ramener le calme dans les esprits, celles qu'ils font auprès des autorités sont accueillies avec une indifférence notoire. Elles échouent devant l'optimisme voulu du vali, Hassan-Pacha, l'impuissante bonne volonté de quelques rares fonctionnaires, la tolérance ou la complicité des autres. Ce n'est que lorsque tout erst fini que l'autorité songe à prendre les mesures nécessaires. La Commission instituée à Alep auprès du Conseil administratif pour juger les perturbateurs fonctionne d'une manière déplorable.

Loca-lités	Dates	Morts	Bles-sés	Récit des événements. Leurs causes	Attitude de la population et des autorités
Alexan-drette	7 nov.	"	"	Alep même a subi plusieurs paniques, mais a pu éviter toute effusion de sang. Malheureusement, dans tous les cazas du vilayet, des villages entiers ont disparu et une population de plusieurs milliers d'Arméniens demeure sans abri et en proie à la faim et á la misère. Une panique est causée par l'annonce d'une prétendue attaque dirigée contre la ville par les Arméniens du village de *Beilan*. L'état de la ville demeure toujours troublé. Pendant plusieurs jours, des employés de la douane ont parcouru les cafés et les rues de la ville, armés de revolvers et de fusils de contre-bande saisis en douane. Le Gouverneur ne fait rien pour rappeler ces fonctionnaires à leurs devoirs.	On signale l'attitude provocante des soldats de passage dans le port, qui se vantent hautement d'avoir pris part aux massacres de l'intérieur.
Antioche	20 nov.	"	"	La localité de *Kessab*, près d'*Antioche*, est cernée par les troupes qui menacent de massacrer les Arméniens, s'ils ne livrent pas leurs armes.	
Aitab	15 et 17 nov.	1,000	"	Les Musulmans se jettent sur les Chrétiens et en massacrent un millier. Une attaque contre le couvent des Pères Franciscains échoue. Entre *Aintab* et *Ouzoun-Yaila*, les actes commis par les Musulmans ont été particulièrement atroces. D'après les données officielles, le nombre des morts s'élèverait à 150, dont 50 Musulmans. D'après l'enquête des Consuls, un artisan arménien ayant été tué, sans aucune provocation, par un soldat venant de Biredjik, les Turcs se précipitent, en pleine foire, sur les Arméniens et en tuent immédiatement 300. La populace se porte ensuite sur les quartiers arméniens, où elle rencontre, du reste, une certaine résistance. Cependant, le lendemain et le surlendemain, le pillage continue.	Les rédifs se sont mal comportés. Plusieurs d'entre eux, déserteurs, ont été vus à Alep en possession d'objets pillés, de vases et d'ornements sacrés. Les Hamidiés ont du reste pris la part la plus active au pillage et au massacre.
Biredjik	25 déc.	"	"	Un commencement de massacre est rapidement arrêté. Depuis les derniers jours de décembre, la ville est la proie des flammes.	
Orfa	27 et 28 oct.	Plusieurs centaines	"	Les Kurdes et les Hamidiés font un grand massacre des chrétiens. Les blessés sont très nombreux. 1,500 boutiques sont pillées. On attribue l'origine des désordres à	Un grand nombre de Chrétiens ont été, sous menace de mort, contraints de se convertir à l'islamisme. Ceux qui se

Localités	Dates	Morts	Blessés	Récit des événements. Leurs causes	Attitude de la population et des autorités
Marache				une rixe entre un Turc et un Arménien; l'Arménien ayant été tué, ses compatriotes tuent à leur tour le Musulman.	sont soumis ont arboré des drapeaux blancs sur leurs maisons et se sont coiffés de turbans blancs. Ils ont été ainsi épargnés.
	28 déc.	"	"	Un nouveau massacre d'Arméniens a lieu. Les autorités avouent 900 morts. D'après les Consuls, leur nombre dépasserait 2,000. Les Kurdes et les Bédouins commettent des cruautés sans exemple et les troupes sont impuissantes à rétablir l'ordre. Ce dernier massacre a duré depuis le 28 décembre jusqu'au 1ᵉʳ janvier.	Les rédifs appelés pour rétablir l'ordre ont pris part au pillage et au massacre.
	23 oct.	40	"	A la suite d'une rixe entre un Arménien et un Musulman, les Turcs attaquent les Arméniens et en tuent 40.	La connivence des autorités et le concours des rédifs sont établis par l'enquête de différents Consuls.
	3 nov.	350	"	Nouvelle attaque des Arméniens par les Musulmans, qui en tuent près de 350.	
	18 nov.	Plus de 1,000	"	Nouveau massacre annoncé d'avance par les Musulmans. Plus de 1,000 Arméniens périssent. L'autorité affirme que le nombre de victimes ne dépasse pas 30. Les établissements de la Mission américaine, le «Theological Seminary» et l'«Academy boarding House», sont saccagés par les troupes elles-mêmes. Le séminaire est incendié. La mission franciscaine est épargnée, mais son drogman est tué devant l'établissement en face des soldats, qui demeurent impassibles. Dans la région de Marache, à un endroit appelé *El-Oglou*, une caravane de 250 Chrétiens est attaquée par des Kurdes qui la pillent et la massacrent. Dès la fin d'octobre, les religieux franciscains de la région réclament en vain le secours de l'autorité de Marache.	
Yénidjé-Kalé	17 nov.	"	"	Un détachement de troupes arrive au hammeau de *Mudjuk-Déressi*, tout près de Yénidjé-Kalé et, au son du clairon, se jette sur les Chrétiens, les massacre, pille et incendie les maisons.	C'est la troupe elle-même, sous la conduite de ses officiers, qui a procédé au massacre et au pillage.
	18 nov.	"	"	Les soldats envahissent l'hospice de Mudjuk-Déressi et tuent le père Salvatore. Puis ils se portent sur Yénidjé-Kalé où ils brûlent toutes les habitations et le couvent des Franciscains.	

Loca-lités	Dates	Morts	Bles-sés	Récit des événements. Leurs causes	Attitude de la population et des autorités
		600	"	3 religieux et une quinzaine d'orphelins réussissent à se sauver à Zeïtoun. On compte 600 morts dans les villages de *Yénidjé-Kalé, Mudjuk-Déressi, Cotekli, Tchuruk-Tach, Djeven, Bunduk* et *Barik*. Le village de *Dom-Kalé* a été saccagé et brûlé. Le couvent des Franciscains a été détruit et on est sans nouvelles des religieux.	
				VILAYET D'ADANA	
Mersina et Adana	31 oct.	"	"	Des agressions individuelles répétées des Musulmans contre les Arméniens, des arrestations de voyageurs qui sont rançonnés puis dépouillés, l'incendie et le pillage d'un grand nombre de hameaux et de fermes isolées, produisent à *Mersina*, comme dans toute la région, une panique générale. Parmi les localités saccagées, on peut citer: *Hamzalu*, où 9 maisons et 16 boutiques ont été brûlées et 6 fermes pillées et brûlées; *Témirtach*, où 7 fermes ont été pillées et brûlées: *Kimirtli*, qui a eu 40 maisons saccagées; *Ak-Pounar*, qui a eu 30 maisons saccagées; *Kara-Meriem*, qui a eu 20 maisons saccagées; *Kara-Kia*, qui a eu 10 maisons saccagées.	Le Vali d'Adana, Faïk-Pacha, au lieu de présider aux mesures propres à maintenir l'ordre, est en tournée dans le Vilayet et veut ignorer les événements. Le Defternar, gérant du Vilayet, Mehemet-Midbat, fomente l'agitation par des mesures injustifiées contre des Chrétiens inoffensifs. L'autorité désarme les Chrétiens et, par contre, tolère la présence en ville d'une foule insolite de Musulmans armés.
	13 déc.	"	"	Un mouvement anti-chrétien avait été préparé à *Mersina* pour ce jour-là, en même temps qu'à *Tarsous*, avec une évidente préméditation de la part des Musulmans. Le lieutenant-colonel Essad-Bey dissipe les rassemblements.	Nazim-Bey, Mutessarif de Mersina, agit de son mieux pour poursuivre les coupables.
Tarsous	13 déc.	"	"	Un prêtre arménien est soufleté par un Turc. Une bande de Musulmans armés de barres de fer, de couteaux et de bâtons parcourt la ville. Nazim-Bey, aidé du Caïmakam de Tarsous, du Mufti et de quelques notables arméniens réussit à les arrêter. Quelques boutiques cependant sont pillées et deux Arméniens sont tués. Le mouvement a été provoqué par des Turcs venus de *Césarée*, qui ont	Le Vali affirme au commandant du croiseur français de *Linois*, que jamais la tranquillité n'a été troublée dans le Vilayet (22 novembre). Et cependant il est à noter que les troubles ont éclaté partout où Faïk-Pacha a passé pendant sa tournée.

Loca-lités	Dates	Morts	Bles-sés	Récit des événements. Leurs causes	Attitude de la population et des autorités
Missis	Mi-nov.	"	"	fait le récit des massacres de cette ville, en reprochant aux Musulmans de *Tarsous* de ne point faire de même. L'église arménienne est profanée, la femme du prêtre violée, et le prêtre lui-même emprisonné par des Turcs, aidés de soldats et de zaptiés. L'attaque a été conduite par un officier.	
Hadjin	16 oct.	"	"	Un massacre des Chrétiens a failli se produire. Le village de *Chahr*, à 2 heures de distance de Hadjin, a été attaqué par des Kurdes. Les 800 habitants se sont refugiés à Hadjin.	Le Caïmakam avait donné l'ordre du massacre, qui n'à été empêché que par l'intervention du Cadi et du Mufti.
Païas	27 oct.	"	"	Des troubles éclatent dans la ville, causés par la nouvelle des massacres et des pillages dans toute la région.	Les Chrétiens consentent à se désarmer si les Turcs le sont aussi. Cette seconde condition n'est pas remplie. Les soldats assistent impassibles aux attaques des Kurdes et des Musulmans contre les Chrétiens. Les jeunes Arméniens, garçons et filles, sont vendus comme esclaves.
	11 nov.	"	"	Les villages d'*Odjakli* et de *Uzerli* (200 maisons) sont pillées et brûlés.	
	10 nov.	"	"	Le hameau de *Bournaz* est pillé et brûlé. Parmi les morts se trouve un Grec.	
		300	"	Parmi les villages saccagés on peut citer: *Hachzali*, où 400 têtes de bétail et une grande quantité de céréales sont pillées. *Kaczé, Kourt-Koulek, Kirchebeg, Dachir-dagh, Nadjarly*, et 4 fermes. Trois cents Chrétiens sont massacrés. Les pertes matérielles sont estimées à 50,000 Ltq.	
Tchok-Merze-men	13 nov.	"	"	Cette localité est attaquée par des bandes de Musulmans, de Kurdes et de Circassiens. Six mille Chrétiens environ, échappés aux massacres de la région, s'y étaient réfugies. Les morts et les blessés sont en très grand nombre. Les habitants, cernés de plus en plus étroitement, finissent le 21 novembre par livrer leurs armes, mais à la condition que les Turcs seront également désarmés. Cette condition n'a pas été remplie. D'après les sources officielles, il n'y aurait eu que 8 Musulmans tués et 13 blessés. On ne fait pas mention du nombre des victimes parmi les Arméniens. Dans toute cette région, de nombreux cadavres en putréfaction demeurent sans sépulture dans la campagne.	Les troupes, composées de 200, puis de 800 hommes, assistent à cette attaque sans s'y opposer.
Akbès	Fin nov.	"	"	L'établissement des religieux Laza-	Mohamed Ali Effendi,

Loca-lités	Dates	Morts	Bles-sés	Récit des événements. Leurs causes	Attitude de la population et des autorités
	24 déc.	"	"	ristes d'*Akbès* et celui des Trappistes de *Cheïklé* (Caza de *Kassa* Sandjak de *Djebel-Bereket*) sont menacés de pillage de la part des Kurdes. Dans les derniers jours de décembre, les Lazaristes sont de nouveau menacés de pillage et d'incendie. Au commencement de décembre, les Musulmans attaquent et saccagent les localités de: *Gueben*; *Derendeh*; *Killis*, dont ils menacent un grand nombre d'habitants. Le pays est terrorisé par deux Beys turcs de Taïac, caza de *Khassa*, Ali et Youssef, qui ne cessent de molester les Chrétiens et ont déjà fait piller à *Bakdachli*, entre Akbès et Alexandrette, une maison servant de chapelle aux missionnaires, où les objets de culte ont été profanés.	gérant du Caïmakamat, détourne le danger.
Angora	Oct. Nov.	"	"	Les événements de Constantinople du 30 septembre produisent une vive agitation parmi les Musulmans. On constate cependant que l'agitation recommence en novembre. Les Musulmans s'arment à Angora et dans tout le Vilayet, alors que rien dans l'attitude des Arméniens, vis-à-vis des Turcs, ne justifie ces préparatifs. Aussi la crainte augmente-t-elle chaque jour chez les Chrétiens. Angora n'ayant que 100 hommes de garnison, la situation n'est pas sûre. Les prédications des Hodjas, envoyés dans le Vilayet pour recommander la conciliation, paraissent produire un effet tout contraire chez les Musulmans.	Les autorités prennent quelques mesures de police pour maintenir l'ordre. Aucune surveillance sérieuse n'est exercée sur les Circassiens immigrés, qui parcourent en masse les villages et terrorisent Chrétiens et Musulmans.
Angora	20 déc.	"	"	Une panique très vive règne dans la ville pendant deux jours. Il paraît certain que les Turcs ont résolu d'attaquer les Chrétiens. Les Imams dans les mosquées ont recommandé aux Musulmans de s'armer et de se tenir prêts. On remarque dans la ville un nombre inusité de villageois Musulmans et de Circassiens. Les Chrétiens ferment leurs boutiques. Aucun désordre ne se produit grâce aux mesures prises.	Le Vali, maréchal Tewfik Pacha, fait circuler de nombreuses patrouilles.
Césarée	Oct.	"	"	Dès le mois d'octobre on craint des troubles.	L'autorité fait mobiliser 12 bataillons, les soldats de 8 d'entre eux se révoltent et désertent.
	Nov.	"	"	En novembre, les Kurdes Hamidiés menacent d'envahir la ville. 45 villages	

Localités	Dates	Morts	Blessés	Récit des événements. Leurs causes	Attitude de la population et des autorités
Yuzgat	30 nov.	1,000	300	chrétiens du Sandjak sont pillés et les habitants massacrés. Les localités exclusivement arméniennes d'*Ekrek* et de *Mounjoursoum*, notamment, composées de 800 det de 1,000 maisons, sont dévastées et toute la population, y compris les femmes, massacrée. Un massacre, préparé depuis plusieurs jours par les Musulmans, éclate. Les Turcs se précipitent en masse sur les bazars et les maisons des Arméniens. Des familles entières sont massacrées. Les bains sont envahis, les femmes et les enfants outragés, chassés nus dans les rues, égorgés et mutilés; des vieillards sont brûlés vifs dans leurs maisons. Des survivants sont contraints de se convertir à l'islamisme. Le pillage et l'incendie continuent deux jours.	Les autorités ont montré la plus grande inertie, et ne sont intervenues que le lendemain soir. Seules, les missions américaines et celle des Jésuites ont été protégées. Encore ceux-ci sont-ils restés 24 heures sans garde. Quelques Musulmans ont sauvé des Arméniens. Un officier supérieur de la garnison a déclaré que, si l'autorité n'y avait mis d'obstacle, il aurait étouffé sur l'heure le soulèvement et empêché ainsi le massacre.
	Oct. Nov. Déc.	"	"	Dès octobre, cette région est très troublée; 4 villages du district d'*Akàagh-Maden* et cette localité sont saccagés et leurs habitants massacrés par les Kurdes et les Circassiens. La situation demeure critique à *Yuzgat* où les Circassiens en armes circulent et sèment la terreur.	
Tchorun	20 nov.	4	12	A la suite d'une rixe, quelques désordres se produisent.	
Hadjikeui	Nov.	"	"	Une bande de 250 Circassiens pille et incendie le village et massacre 90 Chrétiens et Musulmans.	L'autorité tolère leur présence.

MUTESARRIFLIK D'ISMIDT

Localités	Dates	Morts	Blessés	Récit des événements. Leurs causes	Attitude de la population et des autorités
Ak-Hissar	3 oct.	50	33	Cette localité était habitée par 50 familles Arméniennes englobées au milieu de Circassiens et de Mohadjirs. Le jour habituel du marché, le Mudir de Ak-Hissar persuada aux Arméniens de faire la livraison de leurs armes en vue d'éviter toute cause de rixe avec les Musulmans. Puis, sous le prétexte d'une discussion survenue entre un Circassien et un marchand arménien, sur le prix d'une marchandise, les Circassiens se jetèrent sur les Arméniens, en massacrant une cinquantaine, en blessant très grièvement 33, et dévalisèrent le village. 50 autres Arméniens ont disparu.	Le Caïmakam de *Guévé*, averti des mauvaises intentions des Circassiens de Ak-Hissar, fit des efforts impuissants pour arrêter le massacre. Le Mutessarif d'*Ismidt*, prévenu de l'événement, se rendit sur les lieux et, dans un rapport qu'il fit à son retour, déclara que l'incident était sans importance. Ce ne fut qu'après, sur les instances de l'évêque arménien et des religieux

185

Loca-lités	Dates	Morts	Bles-sés	Récit des événements. Leurs causes	Attitude de la population et des autorités
				Les cadavres, horriblement mutilés, furent jetés dans deux puits et quelques-uns dans le fleuve *Saccharia*. Les religieux Assomptionnistes, venus sur les lieux, retirèrent 35 cadavres des puits. Les pertes matérielles sont estimées à 15,000 Ltq. Dans plusieurs villages aux environs de *Guévé*, des Arméniens ont été tués; à *Turcmen*, 15 jeunes gens arméniens, étant, selon leur habitude, sortis avec des Turcs, pour couper du bois dans la forêt, furent assaillis par ces derniers et tués à coups de hache.	Assomptionnistes, qu'il les autorisa à se rendre à *Ak-Hissar* pour secourir les blessés et recueillir les morts. Des arrestations furent opérées dans la suite, mais plusieurs Circassiens, les plus compromis, s'échappèrent de prison et la répression a été nulle.

Ministère des Affaires étrangères.
Documents diplomatiques. Affaires arméniennes...
Numéro 178, pp. 197–211.

★

Da: Gli Armeni e Zeitun

(...) Nel 14 settembre la Sublime Porta, con un telegramma diretto all'ambasciatore Rustem Pascià in Londra, fece dichiarare che in massima le riforme erano accettate. Ma una nota verbale del gran visir Said Pascià in data del 22 ottobre pose termine alla questione delle riforme. S. M. I. il Sultano, infine, in una sua lettera diretta a lord Salisbury, diede la sua parola d'onore, che le riforme sarebbero entrate in vigore integralmente ed immediatamente. Ed al primo massacro, preludio degli altri, successo in Costantinopoli alla fine di settembre, seguirono con vertiginosa rapidità altri massacri alla fine di ottobre nelle province, eco dell' annunzio ufficiale delle riforme. In alcuni paesi le luminarie e i gridi di gioia e di gratitudine furono la vigilia festiva del giorno nero e memorando dell'eccidio. In 11 *vilayet* il sangue corse a fiumi. Nel *vilayet* di Trebizonda: a Tebizonda nel 2, 4, 5 e 8 ottobre, e 24 novembre; a Gumuschané nel 25 e 26 ottobre; a Samsun nel 7 e 13 dicembre; a Aghgiaguné nel 13 e 14 dicembre. Nel *vilayet* di Erzerum: a Erzerum nel 6 e 30 ottobre, nel 3 e 25 novembre, e finalmente nel 10 dicembre; a Passen nel 27 e 28 Novembre, a Oga nel 27 e 28 novembre, a Erzingian nel 21 ottobre, a Baiburt nel 27 ottobre, a Kighi-Bajazid nel 14, 16 e 23 ottobre. Nel *vilayet* di Bitlis: a Bitlis nel 25 otobre, a Sassun e Talori nel 10 novembre, a Musc, distretto, nel 15 novembre, a Seert nel 19 novembre e nel dicembre. Nel *vilayet* di Van: a Van, distretto, nel 25 ottobre e 10 novembre. Nel *vilayet* di Mahmurat-el-Aziz: a Karput nel 10 e 11 novembre, a Arabkir dal 1° al

5 novembre, a Eghin nell'8 novembre, a Malatia nel 29 ottobre, 4, 5, 6, 7, 8 e 9 novembre. Nel *vilayet* di Diarbekir: a Diarbekir nel 1° e 28 novembre e nel 31 dicembre, a Mardin nel 7 novembre. Nel *vilayet* di Sivas: a Sivas il 3 ottobre e il 12 novembre, a Gurun il 12 novembre, a Sciadin Kara-Hissar Sciarki nel 27, 28 e 29 ottobre, e 1° novembre, a Tokat nel 15 novembre, a Zileh nel 28 novembre, a Amasia nel 15 e 16 novembre, a Marsiwan nel 15 novembre, a Kayzà nel 12 novembre, a Vezir-Kepru nel dicembre. Nel *vilayet* di Aleppo: a Antab nel 15 e 17 novembre, a Beregik nel 27 ottobre, a Orfa nel 28 ottobre e dal 28 dicembre al 1° gennaio 1896, a Marasc nel 23 ottobre, 3 e 18 novembre, a Ienige-kalé nel 17 e 18 novembre. Nel *vilayet* di Adana torbidi e saccheggi ebbero luogo in luoghi dipendenti da Mersina, Adana, Tarsus, Missis e Hagin: massacri a Pajas, a Ciokmerzemen. Nel *vilayet* di Angora furonvi massacri a Cesarea nel 30 novembre, a Iusgat, a Ciorun nel 20 novembre, e a Hagiköi nell'istesso mese. Nel *vilayet* d'Ismidt a Ak-Issar nel 3 ottobre. E come appendice a questi massacri, bisogna ricordare, per l'anno 1896, quello di Killis nel *vilayet* di Aleppo, che durò dal 19 al 21 marzo; quelli di Eghin, Van e Miksar in giugno e gli eccidii di Costantinopoli cominciati nel 26 agosto e che costarono la vita a circa 10,000 Armeni. Nella indicazione sommaria che abbiamo fatta, lasciammo da parte i nomi di molti villaggi, che pure ebbero massacri e saccheggi, e che vanno compresi nel nome della località maggiore. La cifra totale delle vittime non è conosciuta esattamente. Alcuni calcolano che sia di 30,000, altri di 50,000; ma è certo che volendo comprendere in una sola cifra coloro che furono uccisi e coloro che morirono per ferite, spavento e privazioni, la cifra di 100,000 vittime armene non sembrerà esagerata a chi giudichi con calma e con imparzialità. È impossibile poi di avere un numero esatto degli uomini e delle donne che furono costretti, per aver salva la vita, a convertirsi all'Islamismo.

Come svago al lettore infastidito e afflitto dalla lista dei nomi e di date, metteremo sott'occhio uno *specimen* della lealtà ottomana.

Il numero degli Armeni ammazzati in alcuni luoghi, e dei quali si possiede da fonti sicure la cifra esatta, è ridotto dal Governo ottomano a cifre insignificanti.

STATISTICA UFFICIALE OTTOMANA		STATISTICA EUROPEA
Erzingia	70	1,000
Bitlis	130	900
Karput	80	900
Arabkir	200	4,000
Amasia	80	1,000
Antab	100	1,000
Marasc	30	1,390

E non è da stupire quando dirò, che dopo il massacro di Killis, dove furono ammazzati circa 200 Armeni, un alto funzionario ottomano voleva scommettere con me che il numero delle vittime era appena di 7 persone! Anche le cifre dei morti nelle stragi saranno una eloquente smentita all'asserzione ottomana che i Cristiani furono gli aggressori, e i Musulmani gli aggrediti. Morirono:

	MUSULMANI	CRISTIANI
a Trebizonda	20	800
a Erzerum	12	900
a Erzingian	7	1,000
a Bitlis	39	900
a Karput	12	900
a Arabkir	60	4,000
a Sivas	10	1,400
a Antab	50	1,000

Ai massacrati furono superstiti i vecchi genitori, le vedove, gli orfani. Le società cristiane di soccorso calcolarono, secondo statistiche fatte sui luoghi, che 546,000 persone mancavano del necessario per vivere. Centomila cadaveri, più di un mezzo milione di mendicanti e molti milioni di ricchezza armena o distrutta o passata in possesso dei Musulmani, ecco in poche parole tutto lo schema di una riforma generale e definitiva; la miseria e la morte, il pieno esterminio di un popolo.

L'ambasciatore inglese, in un rapporto al suo governo, così riassumeva gli avvenimenti: «Si può sommariamente accertare che i recenti torbidi hanno devastato, per quanto concerne gli Armeni, la totalità delle province, alle quali si voleva applicare lo schema delle riforme. Si può sommariamente accertare, che sopra una estensione di territorio, considerevolmente più larga che la Gran Bretagna, tutte le grandi città, eccettuate Van, Samsun e Musc, sono state il teatro di massacri della popolazione armena, mentre i villaggi armeni sono stati quasi tutti interamente distrutti. Un calcolo moderato fissa per la perdita di vite umane la cifra di 30,000 (?). I superstiti sono in uno stato di assoluta miseria, ed in molti luoghi sono forzati a farsi Musulmani. L'accusa contro gli Armeni di essere stati i primi a provocare, non può essere sostenuta. La partecipazione dei soldati nei massacri è in molti luoghi accertata fuori di qualsiasi dubbio.»

Un missionario americano dipinse con un sol colpo di pennello tutta la fisonomia del Governo ottomano nei massacri: «Nothing was forbidden by that Government, but humanity; and nothing has been rewarded but ferocity.»

Anatolio Latino (Errico Vitto, Italian Consul at Aleppo): Gli Armeni e Zeitun.
Firenze 1899, Vol. I, p. 323–327.

★

M. P. Cambon, ambassadeur de la République française à Constantinople, à M. Hanotaux, Ministre des Affaires étrangères

Péra, le 14 Mai 1896

Il s'est produit, à la suite des massacres d'Arménie, de nombreuses conversions de chrétiens à l'islamisme.

Ces conversions forcées, inspirées par la terreur, non autorisées et non reconnues légalement jusqu'à ce jour, sont maintenues à peu près partout par les musulmans qui continuent à exercer sur les malheureux convertis une pression violente et menacent de traiter en renégats ceux d'entre eux qui voudraient revenir à leur foi première. Cette situation est une des plus délicates dont nous ayons à nous occuper. Elle existe à Van, à Diarbékir, à Marache, un peu partout à l'intérieur des provinces ensanglantées par des massacres; elle présente un caractère particulièrement aigu dans certaines régions comme celle de Biredjik par exemple. De même que mes collègues, j'ai appelé l'attention de la Porte sur ces conversions forcées et réclamé la protection des autorités pour ceux qui voudraient rentrer dans le sein de leur communauté. Toutes les fois que ces faits particuliers m'ont été signalés, je suis intervenu, mais nos efforts n'ont pu, jusqu'à présent, amener une modification sensible d'un état de choses en présence duquel le Gouvernement ottoman, lui-même, est embarrassé. L'ambassadeur d'Angleterre ayant fait connaître au Sultan des renseignements qui lui étaient parvenus sur l'anéantissement de la population chrétienne de Biredjik où tous les survivants avaient dû se convertir à l'islamisme, Sa Majesté avait nommé une Commission pour faire une enquête sur ces faits et avait demandé à Sir Philip Currie d'adjoindre à ses commissaires un délégué anglais.

M. Fitz-Maurice, chargé par l'ambassadeur d'Angleterre de cette mission, vient de revenir à Constantinople et a remis à Sir Philip ses rapports. D'après les instructions de son ambassade, il a, en dehors de Biredjik où il s'était rendu sur l'invitation du Sultan, visité Orfa, Adiaman, Severek, Behesni, Marache et d'autres localités du Vilayet d'Alep.

Les rapports de M. Fitz-Maurice m'ont été communiqués par mon collègue d'Angleterre.

Au total, pendant le cours de sa mission, le vice-consul anglais a noté: dans le district de Biredjik, 4,300 conversions; à Orfa, 500; à Severek, 200; à Adiaman et aux environs, 900; plusieurs centaines enfin à Albistan et dans les environs de Marache.

Dans une réunion des Ambassadeurs, il a été convenu que Sir Ph. Currie, ayant pris l'initiative de l'enquête, ferait une démarche auprès de la Porte et que ses collègues l'appuieraient. Il a demandé l'envoi à Biredjik de fonctionnaires délégués du Sultan et assez autorisés pour assurer le libre retour à leur religion des chrétiens convertis de force, ainsi que l'éloignement de cette localité des *rédifs* qui jettent la terreur autour d'eux.

Nous apprenons aujourd'hui que le renvoi des *rédifs* est décidé et que le Sultan propose l'envoi à Biredjik de la commission qui vient de terminer l'enquête sur le meurtre du Père Salvatore.

Nous sommes d'avis d'accepter cette solution.

P. CAMBON

Ministère des Affaires étrangères.
Documents diplomatiques. Affaires arméniennes...
Numéro 201 p. 229–230.

★

Armeniens Hilferuf an das Schweizervolk

Konstantinopel, den 3. Juni 1896

Herrn H. Scholder-Develay in Zürich

Ich bin sehr dankbar für das, was Sie uns gütigst übermacht haben für die unglücklichen Armenier in diesem Lande. Haben Sie die Güte, den Gebern zu danken und sie zu versichern, *daß das Geld seine Bestimmung erreicht und viel Gutes thut. Nur der Hilfe, die wir zu bringen im Stande waren während des letzten Winters, ist es zuzuschreiben, daß nicht Tausende von diesen Unglücklichen gestorben sind; man kann in Wahrheit sagen, daß die milden Gaben, die geflossen, sie am Leben erhalten haben.*

Unser Komitee hier ist ein internationales unter der Oberaufsicht des englischen Gesandten. Wir vereinigen unsere Beiträge mit denen von London und ebenso mit den hiesigen. Das austeilende Komitee besteht aus *amerikanischen Missionaren*, unterstützt von englischen und amerikanischen Konsular-Agenten. Diese Leute gehen sorgfältig um mit dem Beigesteuerten und prüfen die Liste der Hilfesuchenden vor der Austeilung. Wir können Sie versichern, daß das Geld den *Bedürftigen* zukommt und daß es *nur den Bedürftigen* zukommt. Das *Elend ist groß* ---

W. W. Peet
Quästor des internationalen Hilfskomitee

───────

Schweiz. Hilfsbund für Armenien.
Zürich 1896.

★

M. P. Cambon, ambassadeur de la République française à Constantinople, à M. Hanotaux, Ministre des Affaires étrangères

Thérapia, le 10 Juin 1896

M. Roqueferrier vient de me transmettre d'Erzeroum des détails sur les ravages commis dans le caza de Terdjan et dans le bourg de Mollah Suleyman, qui dépend du caza d'Alachguerd.

Ces informations n'ont qu'un intérêt rétrospectif puisqu'elles se rapportent à des faits remontant aux mois d'octobre et de novembre de l'année dernière.

Je crois utile toutefois de placer sous les yeux de Votre Excellence, à titre de document, un tableau succinct des méfaits dont le caza de Terdjan a été le théâtre et je le joins à ce rapport.

Pour le bourg de Mollah Suleyman, notre agent à Erzeroum a pu se procurer une liste très complète des objets ou bestiaux enlevés aux habitants arméniens.

On voit par cette liste que, outre les animaux, boeufs, vaches ou moutons, tous les objets nécessaires à la culture, tous les instruments aratoires, tout le mobilier et tous les ustensiles de ménage ont été emportés; et ce village passe pour avoir été moins éprouvé que bien d'autres.

On se rend compte par ces renseignements de l'extrême misère dans laquelle se trouvent plongés les arméniens survivants.

Cette liste a été communiquée par M. Roqueferrier au Vali, qui lui a promis de faire restituer à leurs propriétaires tout au moins les bestiaux.

Les derniers rapports de l'Ambassade vous ont fait connaître la situation qui existe à l'heure actuelle dans le district de Van. Une nouvelle lettre du P. Defrance à notre agent à Erzeroum nous tient exactement au courant de l'état de choses. Il semble qu'il y ait une légère détente ou plutôt une période d'accalmie; mais les routes sont toujours dangereuses et personne n'ose sortir. Les Quatchags continuent à faire parler d'eux; ils ont eu une rencontre avec les Zaptiés, mais, grâce à la complicité de la population arménienne, ils sont insaisissables.

Le P. Defrance résume ainsi la situation: Kurdes en armes laissés impunis, plus tranquilles pour le moment; Quatchags constituant une menace constante pour la tranquillité publique, enfin divergence de vue entre les deux fonctionnaires chargés de la sécurité du vilayet.

Saad ed Din Pacha; Commissaire impérial, veut ménager les Kurdes pour s'en servir contre les Arméniens tandis que le Gouverneur général est partisan des mesures de conciliation. Les Quatchags seraient disposés à demander l'amnistie en invoquant leur fidélité au Sultan et la nécessité où ils ont été placés de se défendre contre d'injustes attaques. Le Vali serait favorable à la réalisation d'une pareille mesure de pacification; elle offre malheureusement des difficultés pratiques très grandes en raison des défiances réciproques qui se mettront en travers de toutes les combinaisons.

M. Summaripa me communique les informations suivantes sur les désordres de cette année: dans le Vilayet d'Adana, 50 chrétiens ont été tués, 640 ont eu leurs maisons ou magasins pillés; 10,000 sont réduits au dénument le plus complet. Il signale aussi le passage à Tarsous d'une mission allemande dirigée par le docteur Leipsik, qui a fondé à Valas près de Césarée un orphelinat destiné à recueillir les Arméniens devenus orphelins à la suite des massacres; cette mission doit fonder en outre des établissements analogues à Marache et à Orfa; tous doivent être placés sous le patronage de l'Allemagne, dès que le firman nécessaire aura été obtenu. Enfin il m'adresse un tableau dressé par les soins des missions américaines sur l'étendue des dommages causés en Asie mineure par des massacres. J'en transmets ci-joint une copie à Votre Excellence.

(...)

Son remplacement produit une bonne impression dont notre influence ne peut que tirer profit. Ce n'est pas uniquement du mauvais vouloir d'Abdul Wahab que nous avions à nous plaindre; l'action funeste qu'il a exercée pendant la période des troubles ne provient pas seulement d'une absence de répression et d'équité, mais d'une participation personnelle, et directe dans l'organisation des massacres et du pillage. Le P. Salvatore est en réalité une de ses victimes; l'incendie et le pillage des couvents latins de Mudjuk-Déréssi et de Yenidjé-Kalé sont également une conséquence de la protection qu'il accordait aux ennemis des chrétiens.

C'est la conviction de M. Barthélemy, dont l'opinion est fondée sur des faits qu'il a constatés depuis qu'il vit, soit à Marache, soit à Zeïtoum au milieu des populations opprimées et en contact journalier avec leurs oppresseurs.

Le colonel de Vialar sera à Constantinople dans deux ou trois jours; je lui demanderai un rapport détaillé sur les résultats de sa mission. Il est accompagné par le Supérieur de Cheiklé dont le couvent, ainsi que celui des Lazaristes d'Akbès, eût été envahi par les Kurdes sans la présence d'esprit et le courage des deux fonctionnaires turcs que le Gouvernement de la République vient de décorer en récompense de leur belle conduite.

P. CAMBON

CAZA DE TERDJAN (OCTOBRE ET NOVEMBRE 1895)

Noms des villes ou villages	Maisons pillées	Tués	Blessés	Enlèvements et viols	Observations
Pakaridj Katchik-Ogloutou	250 12	20	30	2	L'église a été envahie, le prêtre blessé.
Kentur	130	22	30	Plusieurs	L'église a servi d'écurie.
Pariz	120	30	20	15	Le caïmakan venu pour rassurer les chrétiens les engage à se retirer dans leurs églises. Après son départ les églises sont envahies, pillées et brulées.
Sare-Kaya Teknes	90 50	20		15	
Tivnuk Astirkom Mantara	70 15 4	50	9	Presque toutes les jeunes femmes sont violées.	
Poulk	50	5	8	3	3 attaques. le pillage à été complet.
Tejan	40	14	8	3	15 femmes sont mortes de froid dans la montagne.
Zaghari	60	7	18	6	
Katchahk	50	12	18	6	
Aghatir Ileroui	40 20	5	10	6	2 églises détruites.
Abarouk	Village pillé	8	14	Nombreux	Les deux kiahias du village brûlés vifs.
Kouroukol	30	12	8	Nombreux	
Koumbar	50	27	8	1	2 prêtres tués.
Tarkiz	40	15	8	1	
Karaboulak Kenzeri Espeverigue	150	30	16	La plupart des jeunes femmes et filles violées.	Les monastères de Saint-Töros et Tasta détruits.

Noms des villes ou villages	Maisons pillées	Tués	Blessés	Enlèvements et viols	Observations
Karkhen	40	Les Arméniens conduits liés au bord du Carasou ont été massacrés et leurs cadavres jetés à la rivière.		La plupart des femmes violées.	Le Mudir Belhir agha dirigeait l'attaque; il a enlevé 4 jeunes filles. Poursuivi, il a été relâché au bout de trois jours.
Total connu					

Les différentes tribus kurdes ont pris part au pillage et au massacre avec les Musulmans des villages. Il a été vendu dans quelques villages 3 à 9 p. % des objets volés.

TABLEAU GÉNÉRAL DES PERTES (FIN FÉVRIER 1986)

Provinces	Population	Population chrétienne	Maisons pillées	Boutiques pillées	Chrétiens tués	Musulmans tués	Conversions forcés	Maisons et boutiques pillées	Malheureux	Sont peu malheureux
DES SIX PROVINCES COMPRISES DANS LES RÉFORMES											
Erzeroum	595,500	125,700	7,500	2,600	6,715	30	5,200	1,177	55,300	28,000
Sivas	1,087,500	173,000	4,830	882	3,225	45	1,600	1,540	34,000	10,400
Kharpout	524,300	81,400	10,577	915	11,584	319	12,500	6,412	41,500	8,000
Diarbékir	472,000	133,600	5,400	1,430	5,720	500	7,500	2,138	41,500	28,500
Bitlis	399,000	138,700	6,050	430	1,400	3	6,500	450	50,000	11,000
Van	431,500	175,200	2,900	255	463	"	3,000	365	25,000	5,000
Totaux	3,509,800	827,600	37,257	6,512	29,107	897	36,300	11,812	247,300	90,900
DES PROVINCES NON COMPRISES DANS LES RÉFORMES											
Alep	410,500	46,650	1,200	850	6,600	"	1,500	700	21,500	2,000
Adana	403,500	97,500	600	40	50	32	3,000	"	10,000	10,000
Angora	210,000	48,500	200	200	350	"	150	24	2,500	"
Trébizonde	115,000	14,000	492	340	978	9	"	191	9,000	3,500
Totaux	1,139,000	206,650	2,492	1,430	7,978	41	4,650	915	43,000	15,500
Totaux généraux	4,648,800	1,034,250	39,749	7,942	37,085	938	40,950	12,727	290,300	106,400
Les détails manquent du Sandjak de Bekkiani (Van).											

Ministère des Affaires étrangères.
Documents diplomatiques. Affaires arméniennes...
Numéro 210, p. 234–238.

★

Our Responsibilities for Turkey*

The Duke of Argyll has just published, in a small volume not much longer than a pamphlet, a restatement of his well-known views about Turkey, with special application to the question of Armenia. The book is, as might be expected, a vigorous and formidable indictment, showing that neither age nor illness has dimmed the Duke's zeal in the searching of Blue-Books nor quenched the indignant passion that burns through his oratory. (...) More practical and more burning are the questions raised by the Duke when he comes to handle the terrible Armenian massacres of 1894–1895, and it is here, if anywhere, that the interest and importance of his book are to be found. We shall be the last to complain of any picture that the Duke paints of those horrible scenes, since our Correspondents were among the first to bring them to the notice of Europe, and since all that was said in these columns at the time has been more than confirmed officially. (...)

---

* "Our Responsibilities for Turkey: Facts and Memories of forty years." By the Duke of Argyll, K. G., K. T. John Murray 1896.

The Times, London, 20. 6. 1896.

★

M. P. Cambon, Ambassadeur de la République française à Constantinople, à M. Hanotaux, Ministre des Affaires étrangères

Thérapia, le 29 juin 1896

D'après les renseignements du P. Defrance, l'ordre est rétabli à Van. Les Kurdes persans regagnent la frontière; mais, dans tous les villages arméniens de la région, les désastres sont considérables. Dans plusieurs localités, la population mâle au-dessus de huit ans a été supprimée; femmes et enfants se réfugient à Van. L'état de siège à été proclamé. Cette mesure tardive est plus nuisible qu'utile et entretient l'agitation dans les esprits.

A Aïn-tab, où une trentaine de Turcs étaient en prison pour crime de droit commun, la population musulmane a exigé leur mise en liberté ainsi que la cessation des perquisitions commencées pour la recherche des objets volés pendant les massacres. Les autorités ottomanes ont cédé.   P. CAMBON

Ministère des Affaires étrangères.
Documents diplomatiques. Affaires arméniennes...
Numéro 224, p. 245–246.

★

The Armenian Question

Constantinople, Aug. 19.

With the view of adding to the dramatic effect of the coming Armenian amnesty, some 200 inoffensive Armenians have been arrested since Sunday, to be liberated when the amnesty is proclaimed. – Our Correspondent.

Constantinople, Aug. 19.

It is stated that the Porte is discussing the advisability of exiling Mgr. Izmirlian, the late Armenian Patriarch, to Syria. It is hoped that the Government will not carry out this idea, since such action would greatly irritate the Armenians and might provoke disorders. – Reuter.

Vienna, Aug. 20.

Although official confirmation has not been received of the rumour that the Porte has decided to banish the ex-Armenian Patriarch, Mgr. Izmirlian, it is considered only too probable that such a decision has been taken. It is recognized that it would be quite in harmony with the mode of proceeding ususally adopted by the Ottoman authorities, who would seem to make a point of reducing their friends to despair, no less by the blind injustice than the pettiness and ineptitude of their methods. It is reluctantly admitted that the Turkish officials almost invariably miss the mark, find conspiracy where there is none, overlook it where it exists, and hope to cure all the diseases of the State by a few old and discredited quack remedies. In this instance public opinion here is entirely on the side of Mgr. Izmirlian, who is esteemed as a man of high character and whose efforts on behalf of his flock are regarded as above all suspicion of revolutionary tendency.

I may mention that nothing is know here of a memorial which, according to a German newspaper, was presented by a secret Armenian committee to the Austrian Foreign Minister. This document, a transcript of which is published by the journal in question, referred to count Goluchowski's warning to Turkey contained in his speech at the delegations, and requested him to find means for preventing the systematic persecution and destruction of the Armenian people. It is possible that a memorial to this effect has been drawn up, but, if so, it has not reached its destination. – Our Correspondent.

The Times, London, 21. 8. 1896.

★

M. de la Boulinière, Chargé d'affaires de France à Constantinople, à M. Hanotaux, Ministre des Affaires étrangères

Thérapia, le 26 août 1896

Des révolutionnaires arméniens ont envahi aujourd'hui vers 1 heure la Banque Impériale ottomane, tué les gardiens et sont restés maîtres de la Banque. Une fusillade a commencé entre la police, la troupe et les Arméniens. La populace turque a été immédiatement déchaînée et tuait froidement à coups de bâton ou de couteau les Arméniens dans les rues de Galata et de Péra. Il y a eu déjà de nombreux actes de pillage. Les révolutionnaires arméniens, maîtres de la Banque, ont fait parvenir aux Ambassadeurs une proclamation dans laquelle ils invectivent le Sultan et l'Europe qui n'a pas su les protéger, et posent leurs conditions sous la menace de faire sauter la Banque en détruisant avec eux tous les papiers d'Etat et le numéraire.

La *Flèche* va prendre son mouillage dans le port. J'arrête les mesures de précaution nécessaires pour préserver l'Ambassade à Péra et, au besoin, les réfugiés qui y trouveraient asile.

La situation est périlleuse; la troupe jusqu'ici ne s'oppose à aucun excès.

Le renvoi à Constantinople du second stationnaire actuellement en Crète me paraît très urgent.
J. DE LA BOULINIÈRE

Ministère des Affaires étrangères.
Documents diplomatiques. Affaires arméniennes...
Numéro 236, p. 264.

★

Fifty Years in Constantinople

(...) "About noon (on the 26th of August, 1896) a band of Armenians, most of them from Russia, entered the Ottoman Bank, with arms and dynamite, took the employees prisoners and barricaded themselves in the building, with threat that, unless the ambassadors secure a pledge from the sultan of certain reforms, they would blow up the bank with dynamite. To finish with this part of the story, soldiers soon surrounded the bank, and negotiations began with the captors which in the evening resulted in their being permitted to leave the bank, go on board the yacht of the chief manager and leave the country unmolested.

"Who originated this plot I do not know, but it is certain that the Turkish government knew all about it, many days before, even to the exact time when the bank was to be entered, and the minister of police had made elaborate arrangements, *not to arrest these men or prevent the attack on the bank, but to facilitate it and make it the occasion of a massacre of the Armenian population of the city*. This was to be the crown of all the massacres of the year, one worthy of the capital and the seat of the sultan, a final defiance to the Christian world. Not many minutes after the attack on the bank, the band of Turks, who had been organized by the minister of police in Stamboul and Galata, commenced the work of killing every Armenian they could find. They were protected by large bodies of troops, who in some cases took part in the slaughter. Through Wednesday, Wednesday night, Thursday, and Thursday night the massacre went on unchecked. An open telegram was sent by the ambassadors to the sultan Thursday night, which perhaps influenced him to give orders to stop the massacre, and not many were murdered on Friday. I do not care to enter at all into the horrible details of this massacre of some *ten thousand* Armenians.

"The massacre of the Armenians came to an end on Friday, (...) but the persecution of them which went on for months was worse than the massacre. The business was destroyed, they plundered and blackmailed without mercy, they were hunted like wild beasts, they were imprisoned, tortured, killed, deported, fled the country, until the Armenian population of the city was reduced by some *seventy-five thousands*, mostly men, including those massacred. (...) The poverty and distress of those left alive in Constantinople was often heartrending, and many women and children died of slow starvation.

"Sir Michael Herbert, the British *charge d'affaires*, and some of the ambassadors did what they could to stop the massacre of the Armenians, (...) but the 'concert of Europe' did nothing. It accepted the situation. The Emperor of Germany went farther. He sent a special embassy to present to the sultan a portrait of his family as a token of his esteem." (...)

G. Washburn:
Fifty Years in Constantinople and Recollection of Robert College.
Boston 1909, p. 245–249.

★

M. de la Boulinière, Chargé d'affaires de France à Constantinople, à M. Hanotaux, Ministre des Affaires étrangères

Thérapia, 28 août 1896

Ainsi que j'ai pu le constater de mes propres yeux, la situation demeure mauvaise. Toutes les boutiques de Galata et de Péra restent fermées et, malgré certaines mesures d'ordre qui on été prises, la panique augmente parmi les colonies européennes. Des massacres ont eu lieu à Hasskeui, à la porte d'Andrinople et sur le Bosphore à Bébek; à Thérapia, deux Arméniens ont été tués par les soldats du corps de garde. Dans le cimetière de Chichli, j'ai compté moi-mème plus de 400 cadavres arméniens assommés à coups de gourdins ou tués à coups de haches ou de couteaux.

Réunis ce matin de bonne heure chez l'Ambassadeur d'Autriche-Hongrie, nous avons adressé au Sultan un télégramme collectif.   J. DE LA BOULINIÈRE

Ministère des Affaires étrangères.
Documents diplomatiques. Affaires arméniennes...
Numéro 244, p. 268.

★

The Situation in Constantinople

Constantinople, Aug. 31.

Last evening the Ottoman authorities began clearing the khans of the Armenians hidden in them, and the work continues to-day. It is, however, performed in the presence of the foreign Consuls or their deputies, and under conditions laid down by the representatives of the Powers and communicated to the Porte. These conditions are: – That the evacuation shall be held to be exceptional and provisional; that no house shall be entered without a previous agreement between the Consul or his deputy and the Ottoman authorities; that all arms, infernal machines, and explosives found shall be given to the authorities; and that no Armenian shall be arrested without the consent of the Consuls or their deputies. Armenians found in possesion of arms will, of course, be handed over to the police.

This searching of houses belonging to or occupied by foreigners is likely to cause dissatisfaction and irritation among the foreign residents, but it is regarded by the Embassies as necessary if a return to anarchy is to be prevented. The throwing of bombs from the khans at the Galata-bridge on Saturday was the occasion of much ill-feeling among the troops against foreigners. In many cases foreign flags are hoisted over the khans, and the soldiers feel that they may be exposed at any moment to a volley of bombs thrown from houses which, being foreign property, they cannot enter. In the circumstances, it was felt that the clearing out of the khans was a requisite measure.

Today the representatives of the Powers met again to deliberate on the wording of the collective Note which is to be sent to the Porte on the subject of recent massacres. (…)

Every day brings fresh and terrible details of the massacres of Wednesday and Thursday and swells the number of victims, which is now estimated at about 5,000. The excesses committed in the Kassim Pasha and Haskoi quarters were horrible, scarcely a single male Armenian escaping the fury of the mob. In the first-named quarter 45 women and children who had sought refuge on the flat roof of a house were discovered and all ruthlessly put to death, their bodies being subsequently thrown into the street, while from Haskoi it is reported that the Jews assisted the Mahomedan rioters in pointing out to them the houses where Armenians lived, and that they took part in the work of pillage. The Psalmatia quarter has also suffered severely, the destruction of Armenian property there being enormous.

The arrests of 300 Mahomedans announced yesterday are understood to be connected with the agitation of the Young Turkish party.

On Saturday the Softas in the Sulimanieh quarter of Stambul attempted a demonstration, which was prevented by the troops. It is generally believed that the authorities took advantage of this demonstration to make a large number of arrests for the purpose of persuading the Embassies and Europe that the Mahomedans arrested are those who slaughtered the Armenians.

The Ottoman Bank has resolved to send all its Armenian employés abroad. This decision is in a large measure due to the discovery last Friday, under the main staircase of the building, of a large quantity of dynamite, which must have been placed there before the attack upon the bank. Some of the bank officials are, therefore, suspected of complicity in the outrage. (...) The Ambassadors are preparing a note to the Porte in which the whole blame of last week's events will be laid upon the Government. – Our Correspondent.

The Times, London, 2. 9. 1896.

★

Note Verbale collective remise à la Sublime Porte par les Représentants des Grandes Puissances

2 septembre 1896

En se référant à leur Note collective du 15/27 août, les Représentants des grandes Puissances croient devoir attirer l'attention de la Sublime Porte sur un côté exceptionnellement grave des désordres qui ont ensanglanté dernierement la Capitale et ses environs. C'est la constatation par des données positives du fait que les bandes sauvages qui ont assommé les Arméniens et pillé les maisons et les magasins où ils pénétraient en prétendant y chercher des agitateurs, n'étaient point des ramassis accidentels de gens fanatisés, mais présentaient tous les indices d'une organisation spéciale connue de certains agents de l'autorité sinon dirigée par eux.

Les circonstances suivantes le prouvent:

1° Les bandes ont surgi simultanément sur différents points de la ville à la première nouvelle de l'occupation de la Banque par les révolutionnaires arméniens, avant même que la police et la force armée aient paru sur les lieux du désordre; or la Sublime Porte reconnaît que des avis étaient parvenus d'avance à la police sur les projets criminels des agitateurs;

2° Une grande partie des gens qui composaient ces bandes étaient habillés et armés de la même manière;

3° Ils étaient conduits ou accompagnés par des softas, des soldats ou même des officiers de la police qui, non seulement assistaient impassibles à leurs excès, mais y prenaient même parfois part.

4° On a vu quelques-uns des chefs de la sûreté publique distribuer à ces bachibouzouks des gourdins et des couteaux et leur indiquer aussi la direction à prendre pour trouver des victimes;

5° Ils ont pu circuler librement et accomplir impunément leurs crimes sous les yeux des troupes et de leurs officiers aux environs mêmes du Palais impérial;

6° Un des assassins, arrêté par le drogman d'une des Ambassades, a déclaré que les soldats ne pouvaient pas l'arrêter; conduit au Palais de Yildiz, il a été accueilli par les gens de service comme une de leurs connaissances;

7° Deux Turcs employés par des Européens qui avaient disparu pendant deux jours de massacre ont déclaré à leur retour qu'ils avaient été réquisitionnés et armés de couteaux et de gourdins pour tuer des Arméniens.

Ces faits se passent de commentaires.

Les seules observations à y ajouter seraient qu'ils rappellent ceux qui ont affligé l'Anatolie, et qu'une force pareille, qui surgit sous les yeux de l'autorité et avec le concours de quelques-uns de ses agents, devient une arme extrêmement dangereuse dont le tranchant dirigé aujourd'hui contre telle ou telle nationalité du pays peut être employé demain contre les Colonies étrangères ou se retourner contre ceux-lá mêmes qui en ont toléré la création.

Les Représentants des Grandes Puissances ne se croient pas en droit de dissimuler ces faits à leurs Gouvernements et estiment qu'il est de leur devoir de réclamer de la Sublime Porte que l'origine de cette organisation soit recherchée et que ses inspirateurs et ses principaux acteurs découverts et punis avec la dernière rigueur.

Ils sont prèts, de leur côté, à faciliter l'enquête qui devra être ouverte en faisant connaître tous les faits qui leur ont été rapportés par des témoins oculaires et qu'ils prendront soin de soumettre à une investigation spéciale.

Ministère des Affaires étrangères.
Documents diplomatiques. Affaires arméniennes...
Numéro 252, p. 271–272.

★

The Situation in Constantinople

Constantinople, Sept. 1.

The Sultan was much impressed by the Ambassadors' retrenchments in regard to the accession-day observances. (...)

Now that the Turcs have been brought to their senses it becomes evident that they can keep order if they choose, and probably we are near the end of the present troubles; but before closing this painful record I must inscribe in it three names – namely, the Hon. Michael Herbert, Consul Wrench, and Mr. Thomson, Marshal of the British Consulate. (...)

Several members of the other Embassies also did excellent work. The Turkish officials and military officers were much impressed by the strength thus displayed, which powerfully conduced to bring the Turks to a proper course of action.

The Embassies adopt between 5,000 and 6,000 as the number of killed, besides 1,000 missing.

September 2.

The city is quiet today. – Our Correspondent.

Constantinople, Sept. 1.

The searching of the khans for concealed Armenians and for explosives continues under the superintendence of the foreign Consuls. Up to the present no bombs have been discovered, nor any dynamite. To-day a difficulty arose through the refusal of the Austrian Consul to give up some Armenians who were in the employ of Austrian subjects. (...)

Last evening about 150 Armenians who had taken refuge at the Russian Embassy at Pera were taken on board Russian vessels, being escorted down to the quay by a detachment of Russian sailors, wearing arms, and a Turkish force. They will be kept on board until confidence is fully restored.

Vehby Pasha, the new Commandant of Pera, accompanied by M. Maximoff, the Russian Dragoman, yesterday caused the cafés in the Tophaneh quarter to be searched, and all Mahomedans who could not give a satisfactory account of themselves to be ejected.

The two following despatches have been sent by the Porte to its representatives abroad: –

"The Imperial authorities have forwarded to he Procurators-General of the competent tribunals the documents containing reports of the cases against Ardach, son of Artin, who was arrested for firing shots and throwing bombs at the Imperial troops and police officers, and in whose house were discovered six revolvers and seven bombs; and against Artin, the son of Agop, employed by the said Ardach; against Nichan, son of Mikael, watchman at the shop of a certain Cleanto, who had fired at the officers of the Imperial army; against Agop, son of Artin, arrested on account of his suspicious demeanour; against Mahomed bin Mahomed of Chiro, charged with having killed Alexan and Agop and wounded Boghos, tobacconist; against Kurd Ali, denounced as having wounded Manouk, son of Mardiros, tobacconist; and against Ibrahim and 16 individuals, natives of Rize, who had assembled for the purpose of committing misdeeds; against the workman Halid and his nine companions; against Hamid, Mo, and Mouch, accused of having killed Artin, dealer in nails; and also against the persons accused of the murder of the priest Vertanes and of the women Sophia and Biridjik. Eleven individuals arrested on the charge of having taken part in the disorders have already been interrogated, and 14 witnesses were examined yesterday.

"The Armenian Anarchists threw bombs at the Imperial troops who passed through Galata on Saturday; an officer and some soldiers were killed. No incident having occured since that day, order and security reign in the capital as well as in the provinces of the Empire."– Reuter.

Odessa, Sept. 2.

Crowds of refugee Armenians are arriving at all the Black Sea ports from Constantinople and other parts of the Turkish Empire in a maimed or penniless condition. – Our Correspondent.

The Times, London, 3. 9. 1896.

★

M. de la Boulinière, Chargé d'affaires de France à Constantinople, à M. Hanotaux, Ministre des Affaires étrangeres

Thérapia, le 3 septembre 1896

Mes précédentes communications ont déjà rendu compte à Votre Excellence des faits dont la Banque ottomane a été le théâtre le 26 août et des troubles qui ont, de nouveau, ensanglanté Constantinople.

Aujourd'hui, la lumière se fait sur ces incidents dont les détails commencent à être mieux connus.

Les organisateurs de cet audacieux coup de main avaient averti dès la veille les différentes Ambassades qu'en présence de l'abandon dont la nation arménienne avait été l'objet de la part des Puissances, il fallait s'attendre à des événements graves. Réduite au plus extrême désespoir, elle n'hésiterait devant aucun moyen pour faire sortir l'Europe de son inaction.

Nul ne se doutait que, quelques heures à peine après l'envoi de cette lettre, les révolutionnaires arméniens passeraient à l'exécution de leurs menaces.

Leur plan, si le manque d'esprit de suite habituel aux Arméniens n'en avait empêché la réalisation, était assez habilement conduit. D'après les déclarations faites par les chefs de la bande pendant leur internement à bord du yacht de Sir Edgar Vincent, l'attaque devait partir simultanément de plusieurs points de la ville. Tandis qu'un groupe envahissait la Banque, deux autres cherchaient à faire sauter la Sublime Porte et à soulever le quartier de Psamatia dans Stamboul; un troisième s'installait «respectueusement», selon leur expression, au Crédit Lyonnais à la tête du pont qui relie Galata à Stamboul et, de là, faisait pleuvoir bombes et projectiles sur le vaste corps de garde situé en face.

Une quatrième bande occupait le poste de Voïvoda qui commande la montée de Galata à Péra; enfin une cinquième attaquait le grand corps de garde de Galata-Séraï situé au centre même de Péra. Intimider la finance, qu'ils croient puissante sur les décisions des Gouvernements, terrifier la population européene par l'emploi des bombes et de la dynamite, impressionner les Ambassades en s'installant au centre de Péra et révéler en même temps au Sultan une puissance d'organisation secrète inconnue jusqu'ici, tel était le programme. Votre Excellence sait comment il a échoué. Il semble que le coup ne devait être exécuté que le jour de la fête du Sultan, 31 août. La fièvre et l'impatience naturelles aux conspirateurs et qui précipitent souvent leurs actes avant l'heure déterminée ont, sans doute cette fois encore, agi sur les nerfs tendus des affiliés du complot et la détente s'est opérée, semble-t-il, à contre temps. La Sublime Porte n'a pas été attaquée, le Crédit Lyonnais n'a pas été inquiété et, si des bombes ont éclaté autour des postes de Voïvoda et Galata-Séraï, l'affaire, sur ces deux points, a manqué d'ensemble et de promptitude.

Quoi qu'il en soit, comme toujours en Turquie, un dénonciateur s'est trouvé pour éventer le complot. Le mardi dans la matinée, le Ministre de la police était informé qu'un coup de main se préparait dans le quartier de Psamatia.

On révélait à Nazim Pacha l'existence d'une fabrique clandestine de bombes installée dans les locaux, déserts pendant les vacances des élèves, de l'Ecole de filles de

Soulon-Monastir. La vieille construction en pierre abritait depuis quelque temps derrière des murs une bande d'ouvriers de toutes sortes occupés à la fabrication des engins et la présence de trois institutrices arméniennes demeurées dans l'établissement masquait cette sinistre besogne aux yeux de la police.

Celle-ci une fois prévenue, un détachement de troupes fut envoyé sur les lieux; le bâtiment fut cerné et sommation fut faite aux Arméniens qui l'occupaient d'avoir à se rendre. Ceux-ci refusèrent et répondirent par une fusillade nourrie. La troupe riposta et après une lutte assez vive à laquelle les trois femmes prirent part, les Arméniens se rendirent. Ils furent massacrés sur place; deux des institutrices furent arrêtées; la troisième, une toute jeune fille, parvint à se sauver et à s'embarquer pour l'Europe.

La terreur se répandit bien vite dans tout le quartier, et jusqu'au matin, la population arménienne affolée fit évacuer les femmes et les enfants sur la côte d'Asie.

Il était environ une heure et demie de l'après-midi quand les vingt-cinq Arméniens désignés pour occuper la Banque ottomane se trouvèrent réunis sans bruit aux alentours de l'édifice.

Deux d'entre eux se présentèrent tout d'abord isolément aux guichets intérieurs. Après y avoir changé de la monnaie, ils ressortirent et, ayant constaté que l'entrée était facile, sur un signe, il rassemblèrent quelques-uns des leurs et suivis à quelques pas du reste du groupe subitement rassemblé, tirèrent leurs revolvers de leurs poches et tuèrent à bout portant les sentinelles de garde. Puis ils envahirent le grand hall central, déchargeant à profusion leurs armes, tandis que dans la rue éclataient des bombes. L'émoi fut grand parmi les employés de la Banque; dans le désordre, le Directeur général de la Banque se retira aussitôt dans le local de la régie des tabacs qui communique avec celui de la Banque. Les émeutiers avaient barricadé les portes de la Banque, en interdisant l'entrée et la sortie. M. Auboyneau, Directeur général adjoint, qui se trouvait dans son bureau, s'aboucha immédiatement avec les deux chefs de la bande, hommes tout jeunes encore et parlant couramment le français. La situation était périlleuse pour les cent vingt employés qui demeuraient entre les mains des insurgés. Avec un sang-froid auquel tous les employés de la Banque rendent hommage, M. Auboyneau chercha à persuader à ces bandits de quitter les locaux de la Banque. Ceux-ci s'y refusèrent: «Nous ne vous en voulons nullement, dirent-ils, et vous n'avez rien à craindre de nous. Nous ne voulons toucher ni à votre argent ni à vos dépôts. Nous voulons seulement faire une manifestation et dicter d'ici nos conditions».

Après une longue discussion, ils consentirent à laisser M. Auboyneau quitter la Banque et se rendre au Palais pour faire part au Sultan des conditions que les émeutiers mettaient à évacuer la Banque. On ne pouvait, en effet, songer à les déloger par la force et à faire donner la troupe. C'eût été le signal du massacre de tous les employés et M. Auboyneau mérite d'être félicité pour l'énergie avec laquelle il a poursuivi, en face des Arméniens et du Sultan, le salut de son personnel et des caisses de la Banque.

La situation devenait de plus en plus critique, dans le reste de la ville; en effet, les troupes étaient tout à fait insuffisantes, le Sultan n'ayant pas consenti à distraire, pour maintenir l'ordre, un seul homme des trente bataillons casernés autour de Yldiz.

De toutes parts, à Galata, éclataient des coups de feu répondant à des bombes. Dès les premiers intants, une bande d'assommeurs partie des bas-fonds de Stamboul s'était précipitée dans les quartiers chrétiens. Une véritable chasse à l'Arménien s'organisait; ceux qui avaient l'imprudence de se montrer ou de sortir pour fuir dans des lieux plus sûrs étaient immédiatement tués à coups de gourdins, de barres de fer ou de poignards. Les magasins arméniens étaient pillés et saccagés, leurs propriétaires égorgés et la populace se ruait sur les maisons où l'on croyait trouver des Arméniens, enfonçant les portes, brisant les fenêtres. Dans les khans voisins de la Banque et des nouveaux quais, nombre de bureaux de banquiers, de gens d'affaires, d'avocats étaient saccagés de fand en comble par la populace musulmane, avide de pillage et du sang des «hammals» arméniens, gardiens habituels des locaux de Galata.

Pendant toute la soirée, sur tous les points de la ville, à Galata, à Perchembé-Bazar, à Tophané, à Bechiktache, au bas même de la colline de Yldiz, à Kassim Pacha, près de l'Ambassade d'Angleterre, les mêmes scènes se sont reproduites. Quelques bombes ayant éclaté dans ces différents quartiers, des hordes sauvages se précipitaient sur toutes les maisons arméniennes et faisaient une véritable boucherie de leurs habitants.

Deux des secrétaires de l'Ambassade, qui se trouvaient dans le haut de Péra au moment où la Banque était envahie et qui étaient aussitôt descendus à Galata pour s'informer des événements, ont été témoins de l'acharnement des assassins. Armés de leurs gourdins ensanglantés, les mains et les vêtements rougis, ceux-ci ne faisaient quartier à aucun Arménien, les assommant froidement et s'acharnant sur des cadavres. Des officiers connus de nous tous encourageaient le meurtre et le pillage des magasins et pas plus la troupe que la police ne songeaient à arrêter ces scènes de sauvagerie.

Nous nous sommes trouvés de nouveau en présence du système inauguré lors des massacres du 30 septembre 1895; déchaîner la lie de la populace, et s'en faire, après les troupes, un rempart et un appui, en laissant libre cours à ses passions fanatiques ct sanguinaires.

Je ne pourrais citer à Votre Excellence la série interminable des faits qui prouvent jusqu'à l'évidence que c'est le sultan lui-même qui arme les bras de ces assommeurs et leur enjoint de courir sus à tout ce qui est Arménien. Il est avéré que la police avait averti d'avance toute cette canaille, distribuant les gourdins, indiquant les bons endroits, et c'est presque ouvertement que les Turcs avouent la «nécessité» où ils se sont trouvés de déchaîner cette effroyable police irrégulière, du mement que le Sultan retenait auprès de sa personne toute la garnison de Constantinople.

Là était le plus grave danger de la situation, et on ne pouvait sans frémir songer aux excès d'une populace maîtresse de la ville, tandis que la police se bornait à compter les coups et à enlever les cadavres.

Pendant ce temps-là, M. Auboyneau, après avoir obtenu l'assurance que la troupe ne tenterait rien pour délivrer la Banque jusqu'à son retour du Palais, se rendait à Yldiz et y apportait les détails encore inconnus sur les événements de la Banque. Il eut quelque peine à fixer l'attention du Grand Vizir sur la nécessité de prendre les mesures propres à assurer la sécurité de la Banque et de ses employés. Halil Rifaat

Pacha paraissait se désintéresser du sort du grand établissement financier et plutôt désireux de laisser les choses en venir à un point qui justifiât les excès de colère des Musulmans contre les Arméniens.

M. Auboyneau dut représenter énergiquement au Palais la nécessité de se placer à un point de vue plus sérieux.

Mais le Sultan ne voulait pas entendre parler des concessions politiques qu'exigeait le Comité révolutionnaire arménien.

Après une longue discussion à laquelle prirent part Sir Edgar Vincent et M. Maximow, premier drogman de l'Ambassade de Russie, qui se trouvait à cette heure au Palais, le Sultan consentit à accorder la vie sauve aux vingt-cinq arméniens envahisseurs de la Banque. Aucune force ne serait employée contre eux. Ils sortiraient de la Banque sous la sauvegarde de la police et des délégués de la Banque et seraient transportés à Bord du yacht de Sir Edgar Vincent, en attendant d'être embarqués sur le premier paquebot en partance pour l'Europe. Il ne fut pas facile de faire accepter cette solution par les Arméniens. Ils s'y refusèrent pendant plusieurs heures et M. Auboyneau se loue grandement de l'assistance que lui a prêtée l'habile éloquence de M. Maximow. Enfin, à trois heures et demie du matin, les insurgés acceptaient les conditions qui leur étaient faites, évacuaient la Banque, rendant ainsi la liberté aux cent vingt employés retenus depuis quatorze heures dans de cruelles angoisses.

A la suite d'une réunion tenue chez le baron de Calice, les Représentants des Grandes Puissances consentirent à donner leur assistance à l'exécution de l'arrangement.

Cependant l'état de la ville demeurait assez inquiétant; avant même que le Doyen du Corps diplomatique eût pu réunir ses collègues, j'avais, dès la soirée du 26, adressé un télégramme à Tewlik Pacha. Le Ministre des Affaires étrangères se bornait à me répondre dans la nuit que le Gouvernement avait fait son devoir et ne pouvait être rendu «responsable des méfaits commis par des agitateurs arméniens».

Le lendemain matin 27 août, les Représentants des Grandes Puissances se réunissaient chez le baron de Calice et s'entendaient sur les termes d'une Note collective dont copie est ci-jointe. Tandis que le Premier Drogman d'Autriche-Hongrie la remettait à la Porte, ceux de France, de Russie et d'Angleterre se rendaient au Palais, y faisaient les représentations les plus sévères et réclamaient la répression immédiate des excès, librement commis sous l'œil complaisant de la police, par la populace musulmane.

Comme je revenais de Péra, où j'avais pu constater qu'aucune mesure efficace n'avait encore été prise, Tewfik Pacha m'attendait à l'Ambassade à Thérapia; je dus me montrer un peu incrédule sur les assurances qu'il m'apportait et, fort des impressions personnelles que je rapportais de la ville, je lui fis remarquer que depuis la veille on nous manquait de parole et qu'il était temps de mettre un terme à cette organisation officielle du pillage et du massacre.

Dans les autres ambassades, où le Ministre des Affaires étrangères se présenta également, les impressions étaient les mêmes et, chez le baron de Calice, le lendemain matin 28, M. de Nélidow proposa d'adresser directement au Sultan un télégramme de remontrances sévères. Les circonstances paraissaient si graves que l'emploi d'un moyen si peu conforme au protocole fut approuvé à l'unanimité. Votre Excellence trouvera également ci-joint le texte de ce télégramme.

Les excès de la populace musulmane gagnaient, en effet, les villages du Bosphore. A Bebek, à Roumélie-Hissar, à Candili où résident, au milieu des Turcs, un nombre considérable de chrétiens et d'Européens, la chasse à l'Arménien se poursuivait systématiquement et plusieurs maisons étaient pillées. Les chrétiens fuyaient en masse et venaient s'entasser dans les hôtels et les maisons de Thérapia et de Bayuk-Déré, sous la protection des Ambassades.

Dans cet intervalale, je me rendis de nouveau à Péra, afin de veiller avec M. Gazay aux mesures à prendre au cas où la situation s'aggraverait.

Je parcourus la ville, visitant plusieurs de nos établissements et rassurant de mon mieux les membres de notre colonie. Je constatai que le nombre des gens armés de gourdins avait diminué. Mais le spectacle de la ville était bien propre à augmenter la panique croissante dans Péra; on savait qu'un massacre génèal des Arméniens avait eu lieu à Hasskeuï, quartier de la Corne d'Or, habité en majorité par des juifs qui, pour racheter à bon compte les objets volés par les musulmans, guidaient ceux-ci dans leur triste besogne. On voyait passer tout le long de la rue de Péra et du faubourg de Pancaldi de longues files de tombereaux où se trouvaient entassés pêle-mêle les cadavres. J'ai vu à notre hôpital où je me rendis, après avoir compté plus de 400 cadavres, affreusement mutilés au cimetière arménien de Chichli, trois blessés qui avaient été transportés avec les morts dans ces charrettes et qui, pour sauver leur vie, avaient fait le mort en cette épouvantable compagnie jusqu'au moment où ils avaient été déchargés comme des tas de pierres à l'intérieur du cimetière.

De leur côté, les Arméniens semblaient vouloir continuer leurs provocations et je reçus d'eux, dans l'après-midi du 28, une lettre peu rassurante, au milieu des événements actuels. C'était une nouvelle preuve de l'exaspération des Arméniens contre l'Europe et peu après que cette lettre m'eut été remise, comme plusieurs bombes éclataient de nouveau dans la ville, je pus craindre de voir recommencer les scènes affreuses de la veille.

C'était à ce moment-là seulement qu'arrivaient d'Andrinople les deux seuls bataillons des troupes régulières qui avaient été chargés, avec les postes disséminés dans la ville, du rétablissement de l'ordre!

Le soir de ce même jour, Tewfik Pacha se présentait chez le Doyen du Corps diplomatique et lui remettait une Note, également ci-annexée* en copie, par laquelle la Sublime Porte cherche à établir que toutes les mesures nécessasaires ont été prises et que les observations des Puissances ne sont pas justifiées.

De l'organisation de la populace armée il est à peine question. Aussi les Représentants des Puissances, en accusant réception, de cette communication, ont-ils cru devoir insister de nouveau hier, 2 septembre, sur ce point spécial.

Tewfik Pacha était, en outre, chargé d'apporter la réponse du Sultan au télégramme direct des Ambassades.

---

* Not reproduced. The Editor.

Sa Majesté en avait été très affectée; jamais, au cours de son règne, Elle n'avait été ainsi directement interpellée par les Représentants des Grandes Puissances. Elle pensait donc qu'il devait s'être passé des faits qu'Elle ignorait et qui avaient amené ce changement dans l'attitude des Ambassades, et Elle chargeait son Ministre des Affaires étrangères de venir s'enquérir de ces faits auprès du Doyen du Corps diplomatique.

L'Ambassadeur d'Autriche-Hongrie répondit à Tewfik Pacha que Sa Majesté ne devait, pas plus que personne, douter des sentiments amicaux des Représentants des Puissances, qui venaient, dans les affaires de Crète, de Lui en donner un nouveau témoignage, mais qu'en effet il y avait quelque chose de changé; des faits inouïs venaient de se passer à Constantinople même; la Turquie ne pouvait plus désormais compter sur l'incrédulité qui, l'an dernier, avait en Europe accueilli les nouvelles des massacres d'Anatolie. Aujourd'hui, les Ambassadeurs, les membres de leurs missions, les étrangers avaient, de leurs propres yeux, constaté à Constantinople même des faits semblables à ceux que le Gouvernement ottoman avait niés l'an dernier et auxquels en Europe on avait eu peine à croire longtemps. Il n'était pas douteux à présent qu'en Europe on ne fût désormais convaincu que la Turquie ne se trouvait plus apte à maintenir dans l'Empire un gouvernement normal, capable de punir les coupables, de protéger les innocents sans distinction de race ni de religion. On y saurait à l'avenir que le Sultan voulant s'appuyer sur les Musulmans seuls, et laissant un libre cours à leurs passions, livrait de propos délibéré ses peuples chrétiens à l'oppression et aux plus cruelles persécutions, sans leur laisser espoir d'obtenir justice.

Là était le véritable danger pour l'Empire ottoman, car plus cette impression s'enracinerait dans une Europe qui, jusqu'ici, n'osait pas croire à ces choses, plus les Gouvernements seraient forcés de se demander où était le remède.

Le langage du Doyen du Corps diplomatique était bien de circonstance, car la journée du lendemain 29 demeurait encore très troublée. Des khans voisins des quais et remplis d'Arméniens réfugiés étaient attaqués par la police et la troupe, et la fusillade s'étendait de tous côtés.

Quelques bombes ayant éclaté encore, la Porte nous faisait part de son désir d'opérer des perquisitions dans les maisons étrangères. Du reste, il n'était pas question de perquisitionner des Français et jamais aucun de nos nationaux n'a été soupçonné de faire partie de comités révolutionnaires.

Pendant les journées du 30 et du 31, la panique augmentait parmi les étrangers et, bien que la Colonie française fût calme, le trouble pouvait la gagner aussi.

Le bruit s'était accrédité partout que la journée du 31, jour anniversaire de la fête du Sultan, les Arméniens se livreraient à de nouvelles procovations, suivies des inévitables représailles de la populace musulmane.

Je fis dire aux membres de la Colonie, par M. Gazay et par le Premier Député de la Nation, de ne pas sortir de chez eux ce soir-là et de s'abstenir d'illuminer.

Je passai moi-même la journée à Péra, laissant en ville un des secrétaires de l'Ambassade jusqu'au milieu de la nuit, afin de parer à toute éventualité.

La ville demeura absolument déserte; seules les patrouilles la sillonnaient á la lueur d'illuminations plus lugubres que l'obscurité. Nous nous sommes d'ailleurs abstenus de toute illumination dans les Ambassades.

Aujourd'hui le calme paraît revenu, mais pour combien de temps?

En parlant à Votre Excellence de plus de 6,000 victimes, j'ai la conscience de demeurer fort au-dessous de la réalité. 4,500 inhumations ont été faites dans le cimetière arménien.

D'après l'aveu d'un haut fonctionnaire de la Police, 750 Arméniens ont été tués dans la prison de Galata-Séraï, en pleine rue de Péra, et nombre de cadavres ont été chargés sur des mahones et jetés à la mer.

Je remercie vivement Votre Excellence du prompt envoi du *Léger*; sa présence fait le meilleur effet. Je conserve la *Flèche* à Thérapia et le commandant du *Léger* demeure à Constantinople, où son équipage assure la garde de l'Ambassade, les cavas étant en nombre insuffisant et constamment en service dehors.

Ire ANNEXE À LA DÉPÊCHE DE CONSTANTINOPLE DU 3 SEPTEMBRE 1896

Note collective à la Sublime Porte, présentée le 27 août 1896 par le Premier Drogman de l'Ambassade d'Autriche-Hongrie au nom des Représentants des Grandes Puissances

Les événements sanglants dont la ville de Constantinople a été le théâtre dans la journée et la nuit d'hier, à la suite d'une tentative criminelle des révolutionnaires arméniens, ont mis en lumière avec la dernière évidence l'absence totale de sécurité et de mesures propres à maintenir l'ordre public dans la capitale. Alors que les troubles ont éclaté peu après midi, les premières mesures militaires n'ont été prises que vers les 6 heures du soir et encore les troupes sont-elles restées impassibles en face des excès auxquels se livraient des bandes de gens sans aveu qui, armés de gourdins et de couteaux, attaquaient et assommaient des passants absolument inoffensifs.

La police, de son côté, loin d'empêcher la circulation de ces bandes, s'est associée dans plusieurs cas à leurs méfaits. Les Zaptiés, des soldats armés et même des officiers ont été vus pénétrant de force dans les maisons pour y chercher des Arméniens et envahissant des établissements étrangers dont plusieurs ont été complètement saccagés.

Les Représentants des Grandes Puissances croient devoir appeler l'attention la plus sérieuse de la Sublime Porte sur les conséquences d'un tel état de choses qui touche à l'anarchie. Ils exigent que des mesures immédiates soient prises pour désarmer la populace, punir les coupables et renforcer les moyens d'action de l'autorité chargée du maintien de l'ordre. En priant la Sublime Porte de vouloir bien leur faire connaître sans délai les dispositions qui auront été adoptées conformément à ces demandes, les Représentants des Grandes Puissances formulent dès à présent toutes leurs réserves au sujet des dommages subis par leurs ressortissants du fait des récents désordres et de l'absence de protection dont la responsabilité incombe aux autorités locales.

IIᵉ ANNEXE À LA DÉPÊCHE DE CONSTANTINOPLE DU 3 SEPTEMBRE 1896

Télégramme adressé le 28 août 1896, à midi, par les Représentants des Grandes Puissances, à S. M. I. le Sultan au Palais de Yldiz

Les Représentants des Grandes Puissances, réunis pour conférer sur la situation, se croient en devoir de signaler à l'attention la plus sérieuse de Sa Majesté Impériale les nouvelles graves qui leur parviennent au sujet de la continuation des désordres dans la capitale et dans ses environs.

Des bandes de gens armés ne cessent de poursuivre et de tuer impunément les Arméniens, et, non contents de les exterminer dans les rues, entrent dans les maisons, même dans celles occupées par les étrangers pour se saisir de leurs victimes et les massacrer. Des faits pareils se sont passés sous les yeux de quelques-uns des Représentants eux-mêmes et de plusieurs des membres de leurs Ambassades.

Outre la ville, de telles horreurs ont eu lieu encore cette nuit dans plusieurs villages du Bosphore, tels que Bébek, Roumélie-Hissar, Candili et autres.

En présence de faits semblables, les Représentants des Grandes Puissances s'adressent au nom de leurs Gouvernements, directement à la personne de Votre Majesté comme Chef de l'Etat, pour lui demander instamment de donner sans délai des ordres précis et catégoriques propres à mettre fin immédiatement à cet état de choses inouï qui est de nature à amener pour son Empire les conséquences les plus désastreuses.

Signé: BARON CALICE, NÉLIDOW, BARON SAURMA,
J. DE LA BOULINIÈRE, HERBERT

Ministère des Affaires étrangères.
Documents diplomatiques. Affaires arméniennes...
Numéro 254. pp. 272–282.

★

Two Massacres in Asia Minor

In the history of Asia Minor foreign invasion has often been accompanied by wholesale destruction of life. For example, to one who has had the misfortune to read some pages of the old historians, unquoted and unquotable in modern books, the horrors of Tamerlane's inroad are a nightmare that haunts the mind at night and in solitude. But these and other terrible incidents have the excuse of war, of passions roused, when foreign conquerors were forcing their way into the country. There stand out above them in devilishness two great massacres, when a settled Government has essayed, with calculated policy, the extermination of a section of its own subjects, and has applied to the task all the resources of civilisation, all the power that lies in organisation, plan, co-operation, all the terrors of a standing army drilled and commanded to destroy a people. One of these massacres is hidden behind a double veil of the obscurity of ancient history – I mean Diocletian's persecution of the Christians. The other is now in progress, its successive stages reported by telegraph, studied by experts, observed and recorded by consuls and ambassadors and special commissions, until we have grown sick to think of it, while we make an empty pretence of wishing that it should stop.

But, apart from the horror, the unspeakable cruelty and infamy of this last most gigantic crime in the history of the whole world, a crime in comparison with which everything that was hitherto most accursed in history sinks into insignificance, its effect in degrading the whole of Christendom and in retarding the progress of the civilised world is something that we cannot estimate, but which will surely be made manifest in the years that are to come. (...)

The policy of massacre was proved to be, then as always, not merely a crime and a stupendous folly, but also a terrible blow to the world, to civilisation, and to humanity. The penalty of the Imperial crime was the enervation and consequent destruction of the Empire. The Roman Government, with many faults, had been the most effective civiliser of barbarians, probably, that history has revealed as yet. Diocletian betrayed its destiny, and barbarised its policy; and the Empire was delivered over to the barbarians. According to the stern law of nature, the whole of humanity must suffer for the sins of a part, and the children for the parents: in that way alone can the solidarity of human nature be forced on the unwilling minds of men. The Dark Ages, when civilisation, peace, and knowledge seemed to have been overwhelmed by savagery and disorder, were the result of the massacre of Diocletian.

At the present time the same situation has recurred as in 303 A.D. The Government, or, rather, the despotic monarch acting against the advice of his responsible advisers under the instigation of private favourites, resolved to exterminate what was probably the most energetic section of the population; the policy was chosen for reasons of State (though religious bigotry was a contributory cause), and has employed and stimulated Mohammedan fanaticism for its own purposes. (...)

Had that war to the death which Bismarck spoke about broken out between France and Germany, and had Germany succeeded in the first stages of the process which Bismarck sketched out, it would have been the duty of every civilised nation to interfere and tear the victor from the throat of the vanquished; and no nation can neglect its duty without suffering the full penalty of its crime. In the present case there is the great difference that the suffering nation has been neither lovable in its character nor great in its services to humanity, as France has been; but for its faults it has surely atoned by centuries of submission to stern and unmeasured repression, culminating in an exterminating process of such fiendish character. That it should be burned alive in thousands, slain in tortures in thousands more, killed by famine and nakedness and cold in tens of thousands,* should surely gain for it some mercy in the

---

* I might say "hundreds of thousands," without the slightest fear of exaggerating. But I purposely understate, because there are many who, if they could find any excuse for believing that only 199,000 had perished in this way, would imagine that the counter-charge of exaggeration was a sufficient answer.

judgment of the Western nations; but that the scheme should be deliberately carried out to ensure by a system of outrage that no Armenian woman over a large tract of country shall become the mother of an Armenian child, is an enormity such as surely never before entered into the mind of man to devise. And yet the civilised peoples stand idly by and talk, and allow this poisoning of the fountains of life to proceed month after month unchecked; surely mere selfish apprehension of the punishment that must follow such callous indifference to crimes should have roused them to action.

Winter will soon be upon Armenia again, with snow lying deep for many months; the people will be almost naked, quite starving. Let us remember this time that the kindest way is to let them die quickly, and not dole out again enough bread to preserve them for longer misery. Let us kill them outright, rather than save them to suffer.
W. M. RAMSAY

Prof. W. M. Ramsay: Two Massacres in Asia Minor.
The Contemporary Review, New York, London, September 1896.

★

M. de la Boulinière, Chargé d'affaires de France à Constantinople, à M. Hanotaux, Ministre des Affaires étrangères

Thérapia, 16. septembre 1896

J'ai fait part à Votre Excellence des démarches effectuées au Palais et à la Porte par les Représentants des Grandes Puissances dès l'explosion des troubles de Constantinople.

A nos représentations la Porte a répondu, le 9, par la Note ci-jointe* en copie. Votre Excellence verra par quels arguments elle essaye de répondre aux faits précis que nous avions cités.

Il eût été facile de réfuter une à une les assertions de la Porte. Il nous a paru cependant préférable de ne pas continuer avec elle une discussion de détail qui ne pourrait que prolonger inutilement un vain débat et il a été décidé de répondre en termes généraux à la Note de Tewfik Pacha. Votre Excellence trouvera ci-joint le texte de la Note collective que nous avons adressée le 15 de ce mois.

Aucune réforme n'est d'ailleurs appliquée, et rien ne vient donner aux Arméniens l'apparence d'un remède aux maux dont ils se plaignent à juste titre depuis si longtemps.

Aucun Musulman, parmi les milliers de ceux que la police avait armés et a su, après deux jours de carnage, si aisément désarmer, n'a été inquiété ni puni.

J'ai parlé à Votre Excellence de la constitution d'un tribunal extraordinaire dont la mission devrait être de juger les individus arrêtés au cours des derniers événements.

---

* Not reproduced. The Editor.

Or, ce tribunal siège depuis six jours, et, tandis qu'il condamnait un certain nombre d'Arméniens, il trouvait moyen d'interroger *un seul* Musulman, accusé d'avoir tué un Arménien à coups de yatagan. Le fait a été reconnu exact, mais l'individu a été acquitté parce qu'il n'etait pas prouvé que le yatagan eût frappé un Arménien vivant.

Votre Excellence trouvera là la mesure de l'impartialité de ce tribunal. Pas un agent de police n'y a été déféré et il est absolument certain, d'avance, qu'aucun Musulman ne sera condamné.

Dans une réunion des représentants des Puissances, M. de Nelidow a émis l'idée de proposer à la Sublime Porte, la création «d'une Commission d'apaisement» dans laquelle, à côté de fonctionnaires ottomans, siégeraient les Drogmans des Ambassades. Elle aurait pour mission de visiter les prisons, les quartiers pillés, de rechercher les innocents que la peur tient encore cachés ou a forcés à fuir, et de prendre toutes les mesures propres à ramener la confiance parmi les Arméniens et tous les Chrétiens.

Nous nous sommes ralliés à cette proposition, et la Porte, comme le Palais, se sont montrés disposés à l'adopter aussi.

Le maréchal Chakir Pacha, chef de la Maison militaire du Sultan, avait été nommé président de cette Commission et il avait été convenu que les Drogmans des Ambassades y siégeraient au même titre que les Commissaires ottomans.

Une Note de la Porte, du 12 septembre, nous faisait part de la réunion de la Commission pour le lendemain, 13; les Drogmans des Ambassades étaient conviés, mais on avait soin d'ajouter «qu'ils n'auraient à s'occuper exclusivement que des affaires touchant leurs ressortissants et que la Commission fonctionnerait conformément aux instructions dont elle était munie».

Quelles étaient ces instructions? On nous le cachait. Aussi en se présentant à la séance du 13, les Drogmans des Ambassades commencèrent-ils par déclarer qu'ils ne venaient pas en qualité de délégués, la circulaire de la Porte n'étant pas conforme à l'entente établie entre les Ambassades et le Gouvernement impérial; ils venaient seulement demander communication des instructions reçues par la Commission.

Chakir Pacha s'y est refusé et a déclaré que la présence des Drogmans n'avait pour but que de permettre à celle-ci d'opérer des perquisitions dans les maisons étrangères et que tout le reste était de la compétence exclusive de la Commission ottomane.

Les Drogmans se sont retirés. Votre Excellence verra une fois de plus l'inanité des efforts que nous faisons pour prêter notre concours au Gouvernement en vue de rétablir le calme à Constantinople. Nos remontrances demeurent sans effet, nos conseils les plus amicaux sont vains, et, si l'on paraît accepter notre concours, on nous trompe toujours finalement sur le prix qu'on prétend y mettre. L'ère des représentations verbales ou écrites paraît décidément close.

J. DE LA BOULINIÈRE

ANNEXE Nº II À LA LETTRE DE CONSTANTINOPLE DU 16 SEPTEMBRE 1896

Note collective adressée à la Sublime Porte par les représentants des Grandes Puissances

Constantinople, 15. septembre 1896

Les représentants des Grandes Puissances ont l'honneur de faire remarquer à la Sublime Porte que les explications qu'elle a bien voulu leur adresser, par la note du 9 de ce mois, n'infirment en rien la valeur des observations qu'ils ont dû lui soumettre au sujet des incidents sanglants qui ont suivi l'attentat commis le 26 août dernier par des révolutionnaires arméniens.

Le fait que des Musulmans ont été arrêtés et déférés à la justice ne suffit pas pour démontrer que les bandes dont ils faisaient partie n'étaient ni organisées ni dirigées par des agents de l'Autorité. Si la Sublime Porte conteste l'uniformité du vêtement des individus qui composaient ces bandes, alles reconnaît qu'elles étaient formées de diverses corporations; or ces corporations marchaient en corps au massacre et plusieurs agents étrangers ont pu, personnellement, constater la méthode avec laquelle elles accomplissaient leur sanglante besogne. Les représentants des Puissances ont, d'autre part, de sérieux motifs de croire que l'irritation causée par les provocations arméniennes a moins contribué à guider la populace musulmane que le sentiment de l'impunité dont elle savait que ses coreligionnaires avaient joui dans des cas analogues en Anatolie; jusqu'à ce jour elle a compté avec raison sur cette impunité, puisque le tribunal militaire n'a pu encore trouver un seul coupable parmi tant de criminels.

Les représentants des Puissances ont toujours sévèrement jugé les attentats des révolutionnaires arméniens et déploré qu'il y ait eu des victimes parmi les Musulmans; mais ils persistent à déclarer que la répression devait se limiter aux actes criminels et que les autorités civiles et militaires avaient le devoir, dès le premier moment, de préserver les rues des excès qui s'y sont commis. (...)

Quant au fait qu'un assez grand nombre de Musulmans a été trouvé parmi les morts, il démontre seulement combien, dans cette œuvre sinistre, les méprises sont faciles, et combien de pareils procédés sont dangereux pour ceux-là mêmes qui les emploient.

La facilité avec laquelle les massacres ont pu être arrêtés montre le pouvoir dont l'Autorité disposait et le mauvais emploi qui en a été fait pendant près de deux jours.

Les représentants des Puissances reconnaissent la discipline des troupes impériales et leur attitude correcte dès que le rétablissement de l'ordre leur a été prescrit; ils regrettent que les instructions nécessaires ne leur aient pas été données 48 heures plus tôt.

En résumé, les représentants des Grandes Puissances n'entendent pas entrer dans de plus amples détails ni continuer la discussion; mais, s'ils réprouvent sévèrement la conduite des révolutionnaires arméniens, ils sont forcés de maintenir leurs observations au sujet des bandes et au sujet de l'attitude des Autorités. Ils signalent le danger que constitue pour l'ordre public l'impunité laissée jusqu'à ce jour à tous ceux qui ont pris part aux massacres ou qui les ont encouragés; ils constatent que la pacification des esprits est loin de se faire, que la sécurité disparaît, que les colonies étrangères sont justement inquiètes; ils appellent l'attention de la Sublime Porte sur cette situation qui engage sérieusement sa responsabilité.

Ministère des Affaires étrangères.
Documents diplomatiques. Affaires arméniennes...
Numéro 264, p. 287–291.

★

The Armenian Massacres

A great public meeting, attended by 7,000 or 8,000 people, was held yesterday afternoon in connection with the agitation on the Armenian question. The Bishop of Manchester, Dr. Moorhouse, presided, and was supported on the platform by more than a hundred leading ministers and public men, inculuding many Armenians resident in Manchester.

The CHAIRMAN said the Cyprus Convention provided that England should secure to Turkey immunity from attack on condition that Turkey on her part introduced such reforms as would satisfy England, and would secure protection to the Armenians and others. It was, therefore, clearly the duty of England to call upon the Turkish Government either to introduce these reforms or to release Turkey from any further connexion with the Cyprus Convention. (...) If the European nations were engaged in warfare one with the other, it was clear that the Sultan would be left to do with the Armenians what he liked. If the mad action of a few Armenian fanatics formed a sufficient pretext for the hideous massacre which the other day made our blood run cold, should we not have to assume that, in the case he had represented, it was too likely that the horrible creature who sat on the throne of Turkey would exterminate the Armenians? (...)

On Saturday a deputation waited on the Lord Mayor of Liverpool, the Earl of Derby, for the purpose of asking him to convene a town meeting to consider the subject of Armenian atrocities. (...)

A town meeting, convened by the mayor, was held at Darlington on Saturday night. Mr. Arthur Pease, M. P., moved a resolution expressing horror at the atrocities recently perpetrated and indignation at the conduct of the Sultan towards his Armenian subjects. The resolution was carried, with an addition supporting the Government in any right and firm measures they might see fit to take to bring to an end the present deplorable state of affairs.

A resolution to the following effect was passed yesterday at several Nonconformist places of worship at Chatham, Rochester, and the surrounding villages: –

"That this meeting, moved to shame and indignation by the long-continued and terrible sufferings inflicted on our fellow Christians in Armenia under Turkish rule, appeals earnestly to the Government to take immediate steps to bring such abominations to an end; (...)

Throughout Northamptonshire, yesterday, with very few exceptions, the following resolution, at the instance of the Northamptonshire Nonconformist Union, was submitted to the congregations from all Nonconformist pulpits: – "We, the members of this church, utter our indignant protest against the bloodshed and infamy of the Sultan of Turkey, and in the name of humanity call upon the Government, by seeking alliance with Powers or by some other immediate and effective means, to curb the sultan's power to butcher his subjects; and we further express our wonder at the present inaction of the Powers."

The Times, London, 21.9.1896.

★

M. P. Cambon, Ambassadeur de la République française à Constantinople, à M. Hanotaux, Ministre des Affaires étrangères

Thérapia, 18 octobre 1896

Aujourd'hui que des rapports consulaires sur le massacre d'Éghin sont arrivés à Constantinople, il n'est guère permis de douter que, le 15 septembre dernier, les Musulmans se soient jetés sur les Arméniens de cette ville et aient fait un affreux massacre. Près de 2,000 d'entre eux ont été tués par les troupes et parmi eux beaucoup de femmes et d'enfants. Sur les 1,150 maisons du quartier arménien, 980 ont été brûlées et toutes ont été pillées. Aucun des Kurdes, si nombreux cependant dans la région, n'a paru dans la ville, et la responsabilité du massacre incombe tout entière à la troupe. Un avancement de faveur a été donné au gouverneur d'Eghon, quelques jours après ce massacre.

Dans les vilayets voisins, la situation reste toujours des plus précaires.   P. CAMBON

Ministère des Affaires étrangères.
Documents diplomatiques. Affaires armeniennes...
Numéro 273, p. 296.

★

The Constantinople Massacre

[The following article, though for obvious reasons it cannot be signed, may be taken as thoroughly well-informed. – Ed. Contemporary Review.]

It is about two years since the massacre in Sassoon which led England, France, and Russia to intervene in a feeble way for the protection of the Armenians in Turkey. It is just a year since several hundred Armenians were beaten to death by Softas and Zabtieh in the streets of Constantinople. This brought the fleets to the vicinity of the Dardanelles, and after much negotiation brought five small gunboats to Constantinople. Beginning in October at Trebizond, there were massacres and looting in all the principal cities of seven provinces, and a general destruction of villages and rural population in the same provinces. According to the latest estimates, about 100,000 were killed, and about half a million reduced to want. The Great Powers did nothing, and, England and Italy excepted, looked on with indifference. Russia entered into a new alliance with the Sultan to guarantee the integrity of his Empire.

On the continent the people generally were in sympathy with the policy of the Governments and took no interest in the fate of the Christian subjects of the Sultan – which naturally confirmed him in his belief that he could treat them as he pleased without fear of Europe. In the spring the Cretans revolted, and in August, through the intervention of the Powers, secured all that they asked for in the way of autonomy.

The Armenian revolutionists, encouraged by the outbreaks in Crete, Syria and Macedonia, appealed anew to the Embassies and to the Turkish Government to secure some reasonable reforms for the Armenians, and accompanied this demand with the threat that they would create disturbances if their demands were not heeded. They planned outbreaks at Adana, Angora and Van. Only the last came to a head, and it resulted in the death of most of the revolutionists and the massacre of several thousand innocent persons. This outbreak at Van was utterly foolish in its conception, without any possible hope of success, and very badly managed. Then early in August came the threat of an outbreak at Constantinople, which was treated, as all such threats have been by the Ambassadors, with contempt. But those who knew the city have known for many months that some such outbreak was sure to occur if the persecution of the Armenians continued unchecked, and have foreseen the consequences. If the Armenians were not the most peaceable and submissive people in the world, this city would have been in ashes before this time, for they have had everything to drive them to desperation. They have bowed their heads and submitted to this also; but it was certain that the revolutionists would try to rouse them and to startle Europe in some way. The Turks also seem to have desired this outbreak. They were fully informed as to the plan of seizing the Ottoman Bank on August 26. This is stated in the proclamation of the Sultan, published in the Turkish papers the next day, and has been affirmed by many of the officers since. They did nothing to prevent it; but spent all their energy in preparing for the massacre which was to follow.

The theory of the Russian Armenian revolutionists who seized the Ottoman Bank was, that if they could hold it with the threat of blowing it up if their demands were not listened to, the Ambassadors would force the Sultan to grant the reasonable reforms which they demanded for the Armenians, rather than permit the destruction of the Bank and its staff. It was a scheme borrowed from the theatre, absurd in itself, and made ridiculous by the way in which they failed to carry it out. They went in bravely, and nothing hindered their destroying the Bank, but they allowed themselves to be talked out of it by Mr. Maximoff, the Russian dragoman, and would have been the laughing stock of the world if its attention had not been absorbed by the massacre which followed. The real heroism of that day was displayed in another quarter of the city, by another small party of Russian Armenians, men and women, who took possession of two stone houses and fought the Turkish troops to the death, the survivors killing themselves when they could fight no longer. There was no serious fighting anywhere else, although dynamite bombs were thrown from the windows of houses and khans upon the troops in a number of places, showing that some preparation had been made for a more extended outbreak. There is nothing to be said in justification of this attempt of the revolutionists. They had provocation enough to justify anything in reason, but there was nothing reasonable in this plan, nothing in it to attract the sympathy of the Powers or to conciliate public opinion; and if the statements are true which have been made by Armenians as to certain unexecuted parts of the plan, it was diabolical. This only can be said on behalf of these revolutionary committees. They are the natural outcome of the treatment of the Armenians by the Turkish Government during the last twenty years. When oppression passes a certain limit and men become desperate, such revolutionary organisation always appears. They are the fruit and not the cause of the existing state of things in Turkey, and if we can judge by the experience of other countries, the worse things become here, the more violent will be the action of these committees, whether Europe enjoys it or not.

Revolutionists are the same all the world over, but the Turkish Government is unique, and it is not the attack on the Bank which interests us but the action of the Government which followed it. As we have said, the authorities had full information of what was to be attempted and did nothing to prevent it, but they made every preparation for carrying out their own plan. Bands of ruffians were gathered in Stamboul, Galata, and Pera, made up of Kurds, Lazes, and the lower class of Turks, armed with clubs, knives or firearms; and care was taken that no one should kill or plunder in the quarter to which he belonged, lest he should be recognised and complaint made afterwards by the Embassies, with a demand for punishment. A large number of carts were in readiness to carry off the dead. The troops and police were in great force to prevent any resistance, and to assist the mob if necessary. It was a beautiful day, the streets were crowded, and few had any idea of what had happened at the Bank, when suddenly, without any warning, the work of slaughter and plunder began, everywhere at once. European ladies on the way to the Bosphorus steamers suddenly found themselves surrounded by assassins, and saw men beaten to death at their feet. Foreign merchants saw their own employés cut to pieces at their doors. The streets in some places literally ran with blood. Every man who was recognised as an Armenian was killed without mercy. In general, the soldiers took no part in the slaughter and behaved well, and this somewhat reassured those in the streets who were not Armenians; but in a few moments the shops were closed and a wild panic spread through the city. The one idea of every one was to get home; and as the foreigners and better classes live out of the city in summer they had to go to the Galata bridge to take the steamers, which ran as usual all through the three days of massacre. This took them through the streets where the slaughter was going on, and consequently we have the testimony of hundreds of eye-witnesses as to what took place.

The work of death and plunder continued unchecked for two days. On Friday there were isolated outbreaks, and occasional assassinations occurred up to Tuesday. The number killed will never be known. The Ambassadors put it at 5,000 or 6,000; the official report to the palace at 8,750, besides those thrown into the sea. Thousands of houses, shops and offices were plundered, including a number belonging to Greeks and foreigners. Everything was done in the most systematic way, and there was not a moment of anarchy, not a moment when the army and police had not perfect control of the city during all these days. Certain Armenian quarters – Scutari, Koom Kapou and others – were for some reason protected, and were as quiet and undisturbed as usual. The outbreaks of violence at Bebec and Candilli on the Bosphorus were probably spontaneous and contrary to orders, as was everything done after Friday morning in town.

The quarters where the slaughter and pillage were most terrible were along the Golden Horn – from the Dolma Baghtchè Palace to Hasskuei and from Seraglio Point to Aivan Serai; also at Samatia near the Seven Towers, and at the Adrianople gate. Large numbers were killed in Pera. The majority of those massacred belonged to the working class – especially the *hamals* (porters) – but a large number of gentlemen, merchants and other wealthy men, were killed, together with about fifty women and children. The savage brutality of the Moslem mob was something beyond all imagination, and in many cases the police joined in beating men to death and hacking others to death with knives, in the very face of Europeans. A friend of mine saw eighteen men dragged by the police, one after another, out of a building in Galata, and cut to pieces at the door. A lady friend saw a procession of Catholic school girls in Pera Street. An Armenian, flying from the mob, took refuge in the midst of them, and was cut to pieces there – his blood spattered over the children's dresses. Some twenty employés at the railway station were seized by the police and beaten to death on the premises. Mr. Maximoff, the Russian dragoman, saw two men beating an Armenian to death in the street. With the help of his cavass he captured one of them, took him to the nearest police station, and demanded his imprisonment. This was refused, and he took him to Yildiz – he turned out to be a well-known official there. Mr. Herbert, H. M. Chargé d'Affaires, to whom the highest honour is due for his action during the massacres, saw many terrible sights with his own eyes – among others a Moslem crowd jeering at a man on the top of a cartload of dead, who was still in the agonies of death. A man whom I knew very well was beaten to death, stripped, and a big cross cut on his breast with a sword. (...)

In many cases European officials appealed to the officers in command of the troops, who were looking on at the slaughter of helpless, unarmed men, to interfere and put a stop to it. The reply was "We have our orders." It was an officer who killed the clerk of the British Post-office on the steps. And some of the most cold-blooded and horrible murders took place in front of the guard house, at the Galata end of the bridge, in the presence of officers of the Sultan's household of the highest rank. They also had their orders.

Happily for the honour of the Turkish people, there is another side to the story. It was the Government and not the people that conducted this massacre. And although the vile instruments employed were told that they were acting in the name of the Prophet, and freely used his name, and are boasting to-day of what they did for Islam, the Sheik-ul-Islam forbad the Softas taking any part in the slaughter and many a pious Turk did what he could to protect his neighbours. Some of them sheltered scores in their own houses, and there are *Ulema* who condemn the whole thing as directly contrary to the teaching of the Koran. The common people accept it as the work of the Caliph, which is not to be criticised. One poor woman who had an Armenian family in her house said: "I will protect you against the mob, but if they demand you in the name of the Prophet I must give you up to be killed." I think that many of the common Turks are as much afraid of the Armenians as the Armenians are of them. It is not the people, not even the mob, who are responsible for this great crime. It was deliberately committed by the Government. The Ambassadors of the six Powers have declared this to be an unquestionable fact in the Joint Note addressed to the Porte.

Since the massacre this same Government has been carrying on a warfare against the Armenians which is hardly less inhuman than beating out their brains with clubs. There were from 150,000 to 200,000 Armenians in Constantinople. They were merchants, shopkeepers, confidential clerks, employés in banks and offices of every kind – the chief business men of the city. They were the bakers of the city, they had charge of the khans and bazaars and the wealth of the city; they were the porters, house-servants, and navvies. Many thousands of them were from the interior – from the provinces which have been devastated during the past two years – earning money in Constantinople to pay their taxes and support their families. It is this money which has kept alive tens of thousands of families since the massacress. Now the Government has undertaken to ruin this whole population. They are hunted about the city and over the hills, like wild beasts. Every day we see gangs of them brought in, hungry, ragged, with utter despair in their faces. The banks, the Debt Commission, the Régie, and all public companies have been required to dismiss their Armenian employés; they have taken them from the Custom House, the coal wharves, the khans, shops, and offices, and even from private houses. Thousands have been sent off at once to the Black Sea ports, to find their way as best they can without money or food to their desolated villages in the interior. Other thousands, on paying blackmail to the officers, have been allowed a few days to close up their business. Thousands have fled to foreign countries, leaving everything behind them, taking advantage of the intervention of the foreign consuls, who have put them on the steamers in the harbour without passports. The wealthy families are getting away by paying enormous bribes for passports. The terror, the distress, the hopeless anguish of these people, which we see constantly, cannot be described, but as we can do nothing for them, it makes Constantinople seem like a hell. It is not only the ruin of the Armenians, but the ruin of the city. Many kinds of business have become impossible. The wild Kurds who have taken the place of the Armenians at the Custom House cannot do the work. It takes about five times as long to coal a steamer as formerly.

There is no one in the city to fill the place of the Armenians in the offices and houses, or to run the bakeries. But these statements convey no true impression of the real state of things. It is not simply that men are wanting, or that shops are closed. The foundations of society have been overthrown and all confidence has disappeared. There is no longer any trusted power in the city to represent the principles of law and order. Any Government, however, severe, which represents these is tolerable. Every man knows what to expect. But when a so-called Government uses its power for the destruction rather than the preservation of the lives and property of its subjects; when it organises mobs to massacre quiet and unoffending men in the streets, and to plunder the town; when it destroys the means of doing business, and exiles by the thousand its most industrious subjects without a pretence of law, then we have a condition of society which is worse than anarchy. It is a reign of terror. It is the Armenians to-day. It may be the Greeks or foreigners to-morrow; and there is no power in Constantinople to resist the forces at the disposal of the palace. There is no ground of security anywhere; and no hope of relief from the present terror. Every one feels that we are on the eve of events even more terrible than what we have seen. It is this which has brought about the financial ruin of the city, which is in itself a source of danger. We have the remnant of the Armenians starving and without the means of earning a living, and the Armenian revolutionists driven to desperation by the action of the Government, and we have the whole Turkish population and the army – dependent directly or indirectly upon the Government, which has no money and is rapidly destroying all its own resources. The Turkish population is not only in destress for money, but it has been demoralised by the action of the Government. Its natural respect for law has been shaken, and we see evidence every day of disorder and disorganisation among the common people. Lawlessness in all the relations of life is an inevitable result of such events, and it is surprising to see how rapidly this spirit is developed in Constantinople. How far it has extended to the army will appear at the next massacre.

The action of the Embassies during the massacre is worthy of special attention. The Austrian, Russian, Italian and German Ambassadors were here, England and France were well represented by very able Chargés d'Affaires. So far as I can learn, all were left for ten days without any instructions from their Governments and acted on their own responsibility. They acted together in perfect harmony, and so far as words could go they acted with energy, but the experience of the past two years has not been such as to give much weight to Ambassadorial threats. It was no doubt known at the Palace that they were not acting under instructions, and it was not until they had sent an open telegram to the Sultan such as he had never seen before that, after two days of slaughter, orders were given to stop the massacre. Such use as was possible was made of the small gunboats, and men were landed to protect the embassies and other official buildings. The Ambassadors or their secretaries and dragomans went about the city and saw for themselves what was going on. They remonstrated at the Palace again and again, and finally, as we have said, threatened the overthrow of the Sultan. They sent a formal note to the Porte, declaring that the massacre was the deliberate work of the Government, and that it would be held responsible for it by the Great Powers. They still hold to this position. (...)

Yet once more the cry has gone up from this devoted city to enlightened, Christian

Europe to save it from destruction, and again a deaf ear has been turned to this cry. The city is once more left to its fate – a far more base and ignoble fate than that which befell it when it became the proud capital of the great conqueror.

To me the indifference of Europe is inexplicable. It is not true that there could be no interference here without endangering the peace of Europe. It is not true that nothing could be done without a full settlement of the Eastern question. The sultan might be deposed within a week and a responsible Government established here, to the great joy of Turks and Christians, and this without disturbing the limits of the empire, if England, France, and Russia could agree between themselves to do it – or better, if all the six Powers would consent. In my opinion, the anxiety not to disturb the peace of Europe at the present time is so great that war would not result if a single Power, either Russia, France or England, should intervene by force to put an end to this *régime* and save Constantinople. This is a matter of opinion – but it is certain that the simple reason why there has been no intervention thus far in the name of civilisation and humanity, is that no one of the Powers has been sufficiently moved by events here to be willing to make sacrifices and incur risks, or endanger prospective advantages to rescue this empire from its present ruler. That they have not been so moved is what is to me inexplicable. Is there no God in Europe but mammon? Is our boasted civilisation a degeneration rather than a development? Has Russia forgotten all her sympathy for the Christians of the East, to care only for dominion in Europe? Has England no longer any care for the oppressed? Has France abandoned her place among the nations, and her time-honoured policy in Turkey? Whatever the explanation of this incredible indifference may be, the consequences of it will not be confined to Constantinople any more than they were in 1453. The retribution will not come again in the form of Moslem conquest, but probably in that very European war which has been made the excuse for leaving the Christians of Turkey to their fate.

The Contemporary Review, New York, London, October 1896.

★

Memorandum remis, en copie, le 21 octobre 1896, par le Ministre de S. M. Britannique à Paris, à M. Hanotaux, Ministre des Affaires étrangères

Foreign Office, 20th october 1896

Sir,

The recent lamentable occurrences in Asiatic Turkey, succeeded by the massacre of Armenians in the streets of Constantinople, give evidence of a state of maladministration and insecurity in the Ottoman Empire, which cannot fail to be a subject of great solicitude to the Powers who have joined in guaranteeing that Empire.

The successive periods of urgent peril through which the Ottoman Government has passed in consequence of its inability to provide the elementary conditions of good Government for its christian subjects have powerfully affected the political history of Europe during the present Century. The European powers have, in the interests of general peace, earnestly desired to maintain the fabric of the Ottoman Empire, at least in that extensive portion of it in which the mixed character of the population makes an autonomous Christian Government impossible. But they have sought with equal earnestness, by the constant exercise of their influence and from time to time by the conclusion of special stipulations, to secure due protection in these regions to the Christian subjects of the Porte.

The Treaty of Paris of 1856, by article VII of which the Great Powers bound themselves to respect the independance and territorial integrity of the Ottoman Empire and guaranteed in common the strict observance of that engagement, contained also the following article:

Article IX. His Imperial Majesty the Sultan having, in his constant solicitude for the welfare of his subjects, issued a Firman which, while ameliorating their condition without distinction of religion or of race, records his generous intentions towards the christian populations of his Empire, and wishing to give a further proof of his sentiments in that respect, has resolved to communicate to the contracting Parties the said Firman emanating spontaneously from his sovereign will.

The contracting Powers recognize the high value of this communication. It is clearly understood that it cannot, in any case, give to the said Powers the right "to interfere, either collectively or separately, in the relations of His Majesty the Sultan with his subjects, nor in the internal administration of his Empire".

The preliminary Treaty of Peace concluded between Russia and Turkey in 1878 at San Stefano contained the following article, pledging the Sublime Porte to carry into effect the necessary reforms in the provinces inhabited by Armenians.

"**Article XVI.** As the evacuation by the Russian troops of the territory which they occupy in Armenia, and which is to be restored to Turkey, might give rise to conflicts and complications detrimental to the maintenance of good relations between the two countries, the Sublime Porte engages to carry into effect, without further delay, the improvements and reforms demanded by local requirements in the provinces inhabited by Armenians, and to guarantee their security from Kurds and Circassians."

This article was replaced in the European Treaty which resulted from the Congress of Berlin by one containing a pledge of a more stringent character to all the signatory Powers, of which the following is the text:

Article LXI. The Sublime Porte undertakes to carry out, without further delay, the improvements and reforms demanded by local requirements in the provinces inhabited by the Armenians, and to guarantee their security against the Kurds and the Circassians.

It will periodically make known the steps taken to this effect to the Powers, who will superintend their application.

The views of Her Majesty's Government in regard to the Treaty were set out by me in a despatch, in which, as one of the British Plenipotentiaries at the congress of Berlin, I described its main provisions. I observed that by the action of the Great Powers rich and extensive European provinces had been restored to the Sultan's rule, while, at the same time, careful provision against future misgovernment had been made, which would, it might be hoped, assure their loyalty and prevent a recurrence of the calamities which had brought the Ottoman Power to the verge of ruin.

I added:

"Arrangements of a different kind but having the same end in view, have provided for the Asiatic dominions of the Sultan security for the present, and the hope of prosperity and stability in the future.

Whether use will be made of this – probably the last – opportunity, which has been thus obtained for Turkey by the interposition of the Powers of Europe, and of England in particular, or whether it is to be thrown away, will depend upon the sincerity with which Turkish statesmen now address themselves to the duties of good Government and the task of reform."

The reforms promised in article LXI of the Treaty formed the subject of discussions between the Porte and the representatives of the Powers at Constantinople in 1880, but these discussions unfortunately led to no practical result.

In April 1883, Earl Granville, then Her Majesty's Secretary of State for Foreign Affairs, directed the Marquess of Dufferin, Her Majesty's Ambassador at Constantinople, again to bring the subject before the sultan. He concluded with these words:

"Her Majesty's Government are actuated by a sincere desire for the welfare and stability of the Ottoman Empire. They have pressed upon the Sultan the introduction of reforms primarily on behalf of the suffering populations, but also from the conviction that, without great improvements in general governement, and in the administration of justice, there can be no content, and that with peoples of various nationalities and different faiths, such as those who inhabit the Asiatic provinces of the Empire, the maintenance of order is rendered doubly difficult by gross misgovernment, and a total absence of justice. In fact, the present state of Asia minor is such that the grievances under which its inhabitants labour may at any moment bring about an insurrection which may lead to foreign intervention. It would then be not a question only of a further loss of territory in Asia, but the very existence of the Sultan's Empire might prove to be at stake."

Again, in 1886, a despatch was addressed by the Earl of Rosebery to Her Majesty's Ambassador to the Porte, of which the substance was communicated to the Turkish Minister for Foreign affairs in August of that year. In this despatch a hope was expressed that the attention of the sultan and his Ministers might be directed to questions of internal reform, and that, in the consideration of that subject, the means of improving the condition of the Asiatic provinces of Turkey might not be neglected.

Lord Rosebery continued.

"Her Majesty's Government have repeatedly pointed out the necessity for such measures. They have urged on the Porte the introduction of reforms in the collection of the taxes and the Administration of justice, a more careful selection and supervision of the local officials, more effectual provision for the security of life and property, for the preservation of law and order, and for the protection of the industrious and peaceful portion of the inhabitants of the Eastern provinces from the depredations of the Kurds. All these reforms, in addition to their effect on public feeling, would operate to the advantage of the Imperial revenues, and any progress towards keeping the Kurdish tribes under proper control would also tend to remove a source of constant irritation and danger on the Persian frontier.

The efforts of Her Majesty's Government during the recent troubles have been directed to the maintenance of the settlement effected under the Treaty of Berlin in the sense most favourable to the peace and tranquillity of the Ottoman Empire. Their policy in this respect has been dictated by feelings of sincere friendship for Turkey, and of respect for Treaty obligations. It is from the same motives that they feel it incumbent upon them to urge whenever the opportunity offers the duty of fulfilling the engagements of the LXIst article of the Treaty of Berlin. The absence of all serious attempt to introduce the reforms promised in that article is, in their opinion, a source of danger to the future integrity of Turkey, and might, at a critical moment, tend to embarrass and even paralyze the friendly sympathies of the signatory Powers."

The massacre of Armenians which took place in the district of Sasun in the summer of 1894 brought the subject once more into notice, and showed the urgent necessity of steps beeing taken to secure the fulfilment of the promises which had been made seventeen years before. The result of a prolonged negotiation was the acceptance by the Sultan of a scheme intended to assure to the provinces where Armenians formed a considerable proportion of the population such institutions as would afford to them the elements of equitable Government. Unfortunately, a few days before the consent of the Sultan had been obtained to this arrangement, a demonstration in the streets of Constantinople led to a disturbance in which, whether by the fault or the neglect of the authorities, numbers of Armenians who cannot be held to have been guilty of any serious offence were murdered or brutally ill treated. This occurence was followed shortly by sanguinary attacks on the Armenians in various parts of Asia Minor resulting in the loss of many thousands of lives, enormous destruction of property, and widespread distress among the survivors. The attacks may possibly in some cases have originated in disturbances commenced by Armenian agitators but it is impossible not to hold the Turkish authorities, civil and military, mainly responsible for them and for their effects. They have been secceded by a massacre at Constantinople, in which it is estimated that between 5,000 and 6,000, lives of innocent persons have been sacrificed, wich has every appearance of having been in some way organized by authority, and which certainly might, either wholly or in great part, have been prevented by timely action on the part of the turkish military force.

In the meanwhile, though the consent of the Sultan was given twelve months ago to the plan of reforms for the Armenian vilayets, no real progress has been made towards putting them in execution beyond the appointment of a few Christian officials.

It is impossible, on a review of these events, not to feel how great is the insecurity of the lives and property of the Christian subjects of the Porte, and how oppressive the misgovernment under which Christians and Moslems are suffering alike. The whole population of the Asiatic provinces is in a state of discontent and unrest, the soldiers and gendarmerie are suffering from want of pay, which is in many cases several months in arrear, the officials are powerless to exercise control. It seems that at any moment the fanatical feelings of certain sections of the Mussulman population may be excited into savage attacks on those who differ from them in creed, and that no reliance can be placed on the energy or good-will of those whose duty it is to provide for the preservation of the public peace.

The indiscriminate and wide-reaching slaughter of which the Turkish officials, and a portion of the Moslem population under their guidance or with their connivance, have been guilty, has had for its nominal aim the maintenance of the Sultan's Government. But it has had the effect of bringing the stability of that Government into greater peril than it has yet encountered. It has resulted either in exterminating or in driving away a large portion of the classes by whom the industry and trade of the country was carried on, and has reduced to the utmost extremity the material resources of the Government. Financial collapse threatens the military strength by which the Empire is supported, while the atrocious cruelty of many of those by whom the Government is administered has roused among Christian nations a sympathy and an indignation of unexampled intensity; and there is little probability that the Christian subjects of the Porte will submit again quietly to the oppression under which they have hitherto suffered. It necessarily follows that the causes which threaten the stability of the Empire are constantly gaining in force, while the forces which sustain it are melting away.

It is the common object of the European Powers that the Turkish Empire should be sustained, because no arrangement to replace it can be suggested which would not carry with it a serious risk of European conflict. The predominant importance of this consideration has led the European Powers to protect the Turkish Empire from dissolution, under the hope that the many evils by which the Ottoman rule was accompanied would be removed or mitigated by the reforming efforts of the Government. Not only has this hope been entirely disappointed, but it has become evident that unless these great evils can be abated, the forbearance of the Powers of Europe will be unable to protract the existence of a dominion which by its own vices is crumbling into ruin. It is difficult to say with confidence that any change that can be made will now prevent the threatened danger; but so long as the possibility of averting it exists, the Powers will feel it to be a matter of duty as well as matter of prudence, after satisfying themselves as to the changes which are the most urgent and best calculated to have a salutary operation, to provide effectively for those changes being carried through. Great authorities have up to this time been strenuously opposed to any measures by which Europe should become in any sense responsible for the internal administration of the Turkish Empire. The arguments against such a policy undoubtedly are very cogent, and nothing but the urgency and the imminence of the dangers which attach to a purely negative policy would justify us in disregarding them. All the Powers of Europe are at one in desiring to maintain the territorial *status quo* of the Turkish Empire, and those Powers whose territories lie nearest to that Empire are most strongly impressed with this necessity. Their convictions upon this point may be sufficient to guarantee the Empire from any possible shock arising from external aggression, but they will not save it from the effect of misgovernment and internal decay.

The consultation of the Six Ambassadors at Constantinople appears to have been accompanied with a favourable result in dealing with the disorders of the Island of Crete. Their guidance is probably superior to any other that we can command, and I think we shall do wisely to commit to them the larger problem presented to us by the general condition of the Turkish Empire, and especially those portions of the Empire which are inhabited in considerable proportion by a Christian population. I propose that the Six Powers should instruct their Representatives to consider and report to their Governments what changes in the Government and administration of the Turkish Empire are, in their judgment, likely to be most effective in maintaining the stability of the Empire, and preventing the recurrence of the frightful cruelties by which the last two years have been lamentably distinguished. But before those instructions are given, Her Majesty's Government are of opinion that provision ought to be made that any resolution to which the Powers may, in consequence, unanimously come should be carried into operation. It is an object of primary importance that the concert of Europe should be maintained; and as long as any of the Powers, or any one Power, is not satisfied with the expediency of the recommendations that are put forward, no action in respect to them can be taken. But if any recommendations made by the Ambassadors should approve themselves to all the Powers as measures suitable for adoption, it must not be admitted, at the point which we have at present reached, that the objections of the Turkish Government can be an obstacle to their being carried into effect. I trust that the Powers will, in the first instance, come to a definite understanding, that their unanimous decision in these matters is to be final, and will be executed up to the measure of such force as the Powers have at their command. A preliminary agreement to this effect will greatly facilitate the deliberations of the Ambassadors, and will prevent much of the evasion and delay by which ameliorations in Turkish administration have on former occasions been obstructed.

I request that you will read the above despatch to the French Minister for Foreign Affairs, and leave a copy of it with him.

Ministère des Affaires étrangères.
Documents diplomatiques. Affaires arméniennes…
Numéro 277, p. 298–303.

★

M. P. Cambon, Ambassadeur de la République française à Constantinople, à M. Hanotaux, Ministre des Affaires étrangères

Péra, le 5 novembre 1896

Izzet Bey est venu me voir ce matin de la part du Sultan, pour connaître mes impressions sur la séance de mardi. Il s'était fait télégraphier votre discours tout entier. J'ai tenu un langage conforme à vos instructions. J'ai réclamé des mesures de clémence, la bonne foi dans l'exécution des réformes, la révocation de certains fonctionnaires, tels que Anis Pacha, vali et organisateur des massacres de Diarbékir, l'envoi d'instructions catégoriques pour empêcher le renouvellement des massacres, la convocation de l'Assemblée générale arménienne pour l'élection d'un patriarche.

Après avoir fait son rapport à son maître, Izzet Bey est venu m'annoncer et m'a prié au nom du Sultan de vous faire savoir que les mesures suivantes seraient prises dans les plus brefs délais:

«Mise en liberté de tous les détenus contre lesquels il n'existe aucune charge;
Pubilcation du décret relatif à l'extension des réformes;
Convocation immédiate de l'Assemblée arménienne et élection du patriarche;
Révocation d'Anis Pacha;
Envoi d'instructions à tous les valis pour assurer la répression des désordres par les autorités.»

C'est la répétition des promesses qui m'avaient été faites dans mon audience du 26 septembre et dont aucune n'a été tenue.

P. CAMBON

Ministère des Affaires étrangères.
Documents diplomatiques. Affaires arméniennes...
Numéro 286, p. 319–320.

★

Turkey: At His Audience...

Constantinople, Nov. 13.

At his audience of the Sultan yesterday, which lasted nearly an hour and a-half, Signor Pansa, the Italian Ambassador, speaking in strong terms, insisted upon the execution of reforms as the only means of restoring order in the Turkish Empire. The Sultan, in reply, declared that the reforms had been executed. The Ambassador thereupon pointed out that unfortunately his own information did not show this to be the case. It did not suffice to publish the reforms, but it was necessary to carry them out. Referring to the murder of Father Salvator at the Convent of Yenidje Kaleh last year, Signor Pansa insisted upon the punishment of Colonel Mazhar Bey, the military commander, declaring that reports from the Italian Consul and the French Military Attaché clearly proved that the detachment of troops under Mazhar Bey's command was guilty of Father Salvatore's murder. The Ambassador added that it was not sufficient to bring Mazhar Bey before a court-martial; what was required was that due punishment should be meted out to him.

The Times, London, 16. 11. 1896.

★

M. P. Cambon, Ambassadeur de la République française à Constantinople, à M. Hanotaux, Ministe des Affaires étrangères

Péra, le 17 novembre 1896

Malgré l'iradé impérial suspendant la juridiction extraordinaire, qui m'avait été notifié hier matin, dix-sept condamnations, dont quatre à mort, ont été prononcées dans la journée d'hier. Un évêque arménien absolument innocent et jouissant de la considération générale est parmi les condamnés à mort; j'ai dû annoncer ce matin que j'avais reçu l'ordre de partir si cette mesure était maintenue.

Là-dessus. le tribunal extraordinaire a cessé de siéger. Quant à Mazhar-Bey, on continue d'affirmer qu'on procède à la constitution du conseil de guerre.   P. CAMBON

Ministère des Affaires étrangères.
Documents diplomatiques. Affaires arméniennes...
Numéro 301, p. 327.

★

The Massacre at Everek

Reuter's Agent in Constantinople, writing under date November 19, says:—
According to later authentic advices from Kaisarieh, the massacre at Everek already reported extended also to the village of Feiresse, not far distant from Everek. The following table, compiled from the best information procurable, gives the number of killed and wounded, together with the extent of the property pillaged and destroyed:

	KILLED	WOUNDED	HOUSES LOOTED	SHOPS LOOTED	HOUSES BURNED
Everek	30	30	40	37	38
Feiresse	23	43	15	15	3
Total	53	73	55	52	41

The Times. London, 25. 11. 1896.

M. P. Cambon, Ambassadeur de la République française à Constantinople, à M. Hanotaux, Ministre des Affaires étrangères

Péra, le 27 novembre 1896

Le bruit a couru d'un massacre d'Arméniens à Kharpout. D'après un télégramme du Consul anglais en cette ville, il s'agit d'une attaque des Kurdes contre les Turcs. La tribu nomade kurde des Kizils Bachi (têtes rouges) des montagnes du Dersim au nord de Kharpout, dont on évalue la force à 15,000 hommes, aurait brûlé trois villages et tué un grand nombre d'habitants. On envoie contre eux des troupes de Malatia.

Malgré les déclarations de Munir Bey, le Sultan garde une attitude équivoque. Douze mandats d'amener, avec menace de confiscation de biens, ont encore été lancés hier, et l'un d'eux est décerné contre M. Mosditchian, homme honorable, adversaire particulier des procédés révolutionnaires qui, depuis les événements, servait d'intermédiaire entre les Ambassadeurs et le Patriacat, et qui fort heureusement a pu prendre la fuite.

Le tribunal extraordinaire a été supprimé, mais la procédure devant la Cour criminelle a été abrégée de façon à enlever aux accusés la plupart des garanties ordinaires.

Le Patriarche arménien grégorien a été élu librement, mais son élection n'est pas ratifiée, et ce retard insolite réveille toutes les inquiétudes.

Je signale sans relâche au Sultan les dangers de cette politique.   P. CAMBON

Ministère des Affaires étrangères.
Documents diplomatiques. Affaires arméniennes...
Numéro 317, p. 333-334.

★

The Orphans...

Constantinople, Dec. 1.

Mr. Whittall, chairman of the Central Committee for the relief of the Armenians, and other persons interested in the welfare of the children made orphans by the massacres in Anatolia, assembled to-day at Sir Philip Currie's residence to consider the best means of rendering assistance. It was stated that the orphans numbered 40,000. Various charitable institutions in Germany, Holland and Switzerland have already signified their willingness to help in educating the children either by the establishment of orphanages or by the distribution of the destitue among the various countries. Repre (...)

The arrest of Turks continue daily in the capital. Persons are even seized in their beds and taken to the Central prison in Stambul. The distress in the capital, consequent upon recent events and the existing crisis, is beginning to make itself keenly felt among both the Mahomedan and Christian population. (...)

December 2.

(...) The Sublime Porte gives a categorical denial to the news of a conflict between the Imperial troops and the Armenians at Erzerum as well as to the reported Mahomedan arrests in Constantinople. – Reuter.

The Times, London, 3. 12. 1896.

★

M. P. Cambon, Ambassadeur de la République française à Constantinople, à M. Hanotaux, Ministre des Affaires étrangères.

Péra, le 10 décembre 1896

J'ai transmis à Votre Excellence les assurances maintes fois réitérées du Sultan au sujet de la mise en liberté des détenus. Jusqu'à présent, les prisons sont plus remplies que jamais; elles reçoivent tous les jours de nouveaux détenus, arrêtés sous les inculpations les plus bizarres, et elles n'en rendent jamais.

Ces poursuites, ces détentions arbitraires entretiennent la souffrance, l'inquiétude et l'irritation dans la population arménienne.

Le seul moyen de rassurer la masse pacifique qui ne demande qu'à reprendre ses affaires et à vivre tranquillement comme par le passé à côté des Turcs, serait de proclamer une amnistie générale, sans conditions et sans catégories; de vider d'un coup toutes les prisons et de rendre, sous forme de Hatti Humayoun, un édit de pacification qui donnerait satisfaction à l'opinion européenne et qui causerait ici un tel soulagement, que le Comité révolutionnaire devrait mettre bas les armes.

Tous ces temps derniers, je n'ai cessé d'agir dans ce sens auprès du Sultan et de la Porte. Mercredi matin, on me déclarait que, si je voulais demander l'amnistie générale en affirmant qu'elle produirait un heureux effet en Europe et qu'elle apaiserait la population arménienne, Sa Majesté Impériale céderait à mon désir.

J'envoyai mon premier drogman porter une demande et mon affirmation au Palais, et, après avoir pris les ordres de son Maître, Izzet Bey fit connaître à M. Rouet qu'un iradé serait envoyé le soir même au Grand Vizir pour lui enjoindre de soumettre au Conseil des Ministres un Projet d'amnistie s'appliquant à tous les Arméniens, à l'exception des membres et organisateurs des comités révolutionnaires.   P. CAMBON

Ministère des Affaires étrangères.
Documents diplomatiques. Affaires arméniennes...
Numéro 320, p. 335–336.

★

The Eastern Question

Constantinople, Dec. 20.

The Sultan still hesitates and haggles about the amnesty which was promised to the Armenians a week ago and which on Wednesday the Ministers recommended, subject to conditions which the Patriarchate accepted on Thursday. The Sultan renewed his promise yesterday to M. de Nelidoff. The delay is attributed to the Sultan's desire to make the utmost capital out of a magnanimous act of clemency towards the innocent folk to whom it exclusively applies. – Our Correspondent.

The Times, London 22. 12. 1896.

★

Note Verbale adressée à la Sublime Porte par les Représentants des Grandes Puissances à Constantinople

Constantinople, le 4 janvier 1897

Les représentants des Puissances font observer que la façon dont l'amnistie est appliquée par les autorités ottomanes, surtout à Constantinople, détruit l'effet de cette mesure de clémence.

Sa prompte exécution aurait produit un apaisement général, mais elle est appliquée avec tant de lenteur et de restriction que l'inquiétude qu'elle avait pour but de dissiper continue et s'accroit.

Les représentants des Puissances demandent, en conséquence, que, conformément aux promesses de Sa Majesté Impériale le Sultan, des ordres soient donnés à toutes les autorités pour la mise en liberté immédiate des détenus arméniens en faveur desquels l'amnistie a été proclamée.

CALICE	CURRIE
NELIDOW	SAURMA
CAMBON	PANSA

Ministère des Affaires étrangères.
Documents diplomatiques. Affaires arméniennes...
Numéro 346, p. 357.

★

Aus: Armenien und Europa

(...) Zahlen sind trocken. Das Auge des Lesers gleitet über etliche 100 oder 1000 von Toten, über etliche 10000 oder 100000 von Notleidenden leicht hinweg, und eine Null mehr oder weniger macht für die Empfindungsbilanz wenig aus. Darum ist es notwendig, den Stoff zu beleben und wenigstens an einigen Beispielen zu zeigen, wie sich trockene Zahlen in brutaler Wirklichkeit ausnehmen. Es mag uns vielleicht jemand zürnen, daß wir Dinge ans Licht ziehen, vor denen sich das Auge lieber verschließt, und selbst vor der Schilderung des Gräßlichsten nicht zurückschrecken, aber das Opfer, das wir der Gemütsruhe der Leser zumuten, ist doch nur eine gelinderte Nervenerschütterung, während die Hekatomben von Blut, Qual, Geschrei und Thränen, von denen wir eine der Wirklichkeit mehr entsprechende Vorstellung erwecken möchten, bis an die äußersten Grenzen menschlicher Leidensfähigkeit von Hunderttausenden durchgekostet wurden. Wäre es freilich so, wie man aus manchen Auslassungen unserer offiziösen Presse schließen müßte, daß diese himmelschreienden Schandtaten und Massenmorde nichts anderes sind als nichtsnutzige Phantasieprodukte englischer Diplomaten und Zeitungsschreiber, ausgeheckt, einzig zu dem Zwecke, um von Zeit zu Zeit „Europa mit einer neuen Auflage armenischer Greuel zu regalieren", so würde auch unsere Darstellung nur der Beweis eines ebenso bösartigen Charakters sein, wie er bei englischen Staatsmännern und Publizisten vorausgesetzt wird. Sind aber die Dinge auch abgesehen davon, welchen Nutzen oder Schaden sie in den Berechnungen der hohen und niedrigen Politik verursachen, zunächst nichts anderes als *wahr*, so ist doch wohl anzunehmen, daß das Recht der besseren Überzeugung auf der Seite derer ist, die die Wahrheit sagen und nicht auf der Seite derer, die die Wahrhheit verschweigen.

Wir bitten unsere Leser bei der folgenden Darstellung im Auge zu behalten, daß die armenischen Massacres, denen 100000 schuldlose Menschen zum Opfer fielen, an einem friedlichen und wehrlosen Volke verübt wurden, denn alles, was von Revolten, revolutionären Anschlägen oder auch nur Provokationen von seiten der Armenier gegen die türkische Regierung oder Bevölkerung in unseren Zeitungen zu lesen war, den einzigen Fall von Zeitung ausgenommen, so weit es das armenische Volk und nicht einige unruhige Köpfe in London, Paris, Athen oder Konstantinopel betrifft, es sei gleich rund herausgesagt, ist von A bis Z erlogen. Wir werden darauf noch zurückkommen. Vor der Hand genüge es, das unbestochene Urteil des Botschafter-Berichtes zum Zeugen aufzurufen. Wem die Thatsachen unbekannt sind, der mag sich durch Zahlen belehren lassen. Oder wie wollte man sonst erklären, daß neben den Hunderten und Tausenden von abgeschlachteten Armeniern in dem Bericht der Botschafter die Toten der Muhammedaner nur mit ganz kleinen Zahlen figurieren? Die letzteren sind noch dazu der offiziellen türkischen Statistik, die gewiß keinen Muhammedaner zu wenig zählen wird, entnommen. Wir brauchen nur diese Zahlen türkischer Herkunft mit den durch unsere Informationen vervollständigten Verlusten der Armenier zu confrontieren und können die weiteren Schlüsse vorläufig dem Nachdenken unserer Leser überlassen.

	MUHAMEDANER †	ARMENIER †
Trapezunt	20	800
Erzerum	12	900
Erzingjan	7	1000
Bitlis	39	900

	MUHAMEDANER †	ARMENIER †
Charput	12	900
Arabkir	60	4000
Sivas	(10)	1400
Aintab	50	1000

(...) Das eintönige Geschäft, Hunderte von waffen- und wehrlosen Armeniern aus ihren Häusern und Schlupfwinkeln zu zerren, Mann für Mann zu köpfen, zu erstechen, zu erdrosseln, zu erhenken, mit Knütteln, Äxten und Eisenstangen zu erschlagen, ermüdete bald. Der joviale Pöbel verlangte nach Abwechslung. Das einfache Totschlagen war zu langweilig – man mußte die Sache unterhaltender machen. Wie wäre es, ein Feuer anzuzünden und die Verwundeten drin zu braten, etliche an Pfählen die Köpfe nach unten aufzuhängen, andere mit Nägeln zu spicken oder ihrer fünfzig zusammenzubinden und in das Menschenknäuel hinein zu schießen. Wozu hat ein Armenier soviel Glieder, als dazu, daß man sie einzeln abhackt und ihm die blutigen Stümpfe in den Mund stopft. Das Ausstechen der Augen, das Abschneiden der Nasen und Ohren wird zur Spezialität ausgebildet. Besonders Priester, die sich weigern, zum Islam überzutreten, verdienen kein besseres Schicksal. Soll ich die Liste der Armen, die so ums Leben kamen, herzählen? Sie steht zur Verfügung.

Aber das alles sind noch einfache Methoden, die den Ruhm der Neuigkeit nicht in Anspruch nehmen können. Hier ist Petroleum und Kerosin! Zwar wurde es von der Behörde nur geliefert, um Häuser damit zu verbrennen und Vorräte von Lebensmitteln und Getreide zu verderben. Aber sie wird nicht zürnen, wenn man einen nützlicheren Gebrauch davon macht. Seht diesen Mann, ein Photograph, Mardiros sein Name, welch einen stattlichen Bart er hat! Gießet Petroleum hinein und zündet ihn an! Schleppt Christen zusammen, gießt Kerosin drüber her, und wenn sie brennen, werft andere in den Qualm, damit sie drin ersticken! Welch üppiges Haar hat diese Frau! Man schütte Pulver hinein – die Regierung hat noch mehr! und sengt ihr den Kopf ab. Ja, Übung macht den Meister! Da ist ein Effendi, Abdullah sein Name; im Kloster zu Kaghtzorhayatz läßt er einen jungen Mann und eine junge Frau auf einander legen und bringt das Kunststück fertig, beider Köpfe mit einem Schwertstreich abzuschlagen. Es geht aber auch ohne Eisen und ohne Feuer. Der Kurdenscheikh Djevher von Gabars beweist es, läßt zwei Brüder mit Stricken binden und mit Pfählen auf den Boden spießen. Wetteifer spornt die Trägen, und Ehrgeiz fängt an, die Köpfe zu zählen, die eine Hand erschlug. Jener Bäcker in Kesserik, der schon 97 Armenier umgebracht, wofür ihre abgeschnittenen Nasen und Ohren den Beweis erbringen, erklärt, nicht eher ruhen zu wollen, als bis er das Hundert vollgemacht. Doch er findet einen Meister in dem Hadji Begos von Tadem, der das Hundert schon überschritten und als Trophäe seiner Heldenthaten eine Frau in vier Stücke zerschneiden und die auf Pfähle gespießten Teile öffentlich zur Schau stellen läßt. Der Schlächter in Aintab, der sechs Armenierköpfe auf seine Bratspieße steckt, wird noch übertrumpft von den Türken zu Subaschigulp, die die Armenier wie die Hammel schlachten und rings an den Fleicherhaken aufhängen. Der Pöbel von

Trapezunt aber bringt Humor in die Sache. Der armenische Schlächter Adam und sein Sohn werden erschossen, in Stücke geschnitten, die Glieder einzeln aufgespießt und den Passanten feilgeboten: „Wer kauft, einen Arm, ein Bein, Füße, Köpfe, billig zu haben, kauft!"

Doch die Unschuld sollte geschont werden. Die Kinder laßt am Leben! „Nur vom siebenten Jahr ab, hat der Sultan befohlen, die Christen zu töten!" Aber wer hört auf die Stimme der Besonneneren! Was soll die unnütze Brut, die in Angst und Verwirrung von in entsetzlicher Hast geflüchteten Eltern zurückgelassen, die in den einsamen Bergschluchten der Umgebung von Musch herumirren oder nackt, frierend und bettelnd in den Städten wie Rudel von Straßenhunden herumlungern! Die Muhammedaner eines großen Dorfes bei Marasch ersparten einem einjährigen Kind dieses traurige Schicksal und warfen es ins Feuer. In Baiburt waren sie barmherzig genug, gleich die Säuglinge mit den Müttern in 14 Häusern zu verbrennen. Der reiche Ohannes Avakian von Trapezunt bietet dem stürmenden Pöbel alle seine Habe, wenn sie sein und der Seinen Leben schonen. Seinen dreijährigen Knaben hält er im Arm. Doch die Habe entgeht den Wüterichen nicht, erst den Knaben tot, damit sie an den Alten können! und ermordet werden beide vor den Augen der Mutter und Geschwister. Kinder auf dem Schoß der Mütter zu erwürgen, ficht einen tapferen Türken nicht an, und Fangball mit einem Kleinen spielen und ihn vor den Augen der Mutter von einem Bajonett aufs andre zu werfen, scheint den Soldaten von Bitlis ein heiteres Kriegsspiel. Auf der verstümmelten Leiche des Vaters, dem man zuvor ein Stück Fleisch nach dem anderen aus dem Leibe gehackt und Essig in die Wunden gegossen, noch seinen Knaben mit blutigem Spielzeug zu erschlagen, erfreute den Pöbel von Erzerum.

Wenn auch in allen Massacres Dutzende von Frauen und Kindern umkamen, wenn auch in Ksanta und Lessonk hundert Frauen zerstückelt wurden, wenn auch unter den Opfern zu Bitlis sich die fünf- bis zwölfjährigen Knaben der Pfarrschule von Surp Serkias befanden, so muß man doch den Türken die Gerechtigkeit widerfahren lassen, daß von den Spitzen der Behörden solche Greuel nicht immer gewollt wurden. Und wenn aus einer ganzen Reihe von Dörfern und Städten berichtet wird, daß man selbst die Kinder im Mutterleib nicht schonte, ihnen gewaltsam zu einem frühzeitigen Dasein verhalf, sie zerstückte und in die Brunnen warf oder in Kreuzform zerschnitten im Schoße ihrer Mütter wieder begrub, so ist dies freilich nur der entmenschten Grausamkeit einzelner Ungeheuer zuzuschreiben. Auch daß unter den 450 Leichen, die man auf dem Friedhof zu Sivas begrub, alle Frauenleiber aufgeschlitzt waren, geht weit über die Instruktionen hinaus, die dem Pöbel zuteil wurden. Im übrigen aber wurden von den Behörden der Mordlust der Massen keinerlei Schranken gesetzt, und wo die zu bewältigende Aufgabe die Kräfte des Pöbels überstieg, half das schnell requirierte Militär gar bald zum erwünschten Erfolg. (...)

Die Einwohner von zwölf Dörfern im Norden und Westen von Marasch hatten sich beim Beginn der Unruhen nach dem Flecken Turnus geflüchtet in der Absicht, von dort in die Berge von Zeitun zu fliehen. Etwa 4000 Personen waren so beisammen, als sie sich eines Morgens plötzlich von Soldaten umringt sahen. Ein furchtbares Morden begann, aus dem nur 380 Frauen und Kinder übrig blieben, die nach dem blutigen Werk auf einen Haufen gesammelt, von den Soldaten zwei Tagereisen lang wie eine Herde von Schafen nach Marasch getrieben wurde. (...)

Die Zahl von 85 000 Erschlagenen können wir nachrechnen, soweit unsere Informationen reichen, und die Totenliste ist entfernt noch nicht abgeschlossen. Aber wer zählt die Hekatomben von Schändungen und Entehrungen, zählt die Thränen der Tausende und Abertausende, die in die Berge geschleppt, in die Harems verkauft, auf dem Sklavenmarkt feilgeboten oder nach Befriedigung der Lüste in irgend einem Winkel erschlagen und verscharrt wurden? (...)

Der folgende kurze Bericht wird durch zwei von einander unabhängige Zeugnisse, die vor mir liegen, verbürgt: „In dem Dorfe Husseyinik (Vilajet Charput) versammelten ungefähr 600 Soldaten (und wo Soldaten sind, sind auch Offiziere) eine gleiche Zahl von ungefähr 600 armenischer Frauen und junger Mädchen im Militär-Depot und nachdem sie ihre gemeinen Lüste öffentlich an denselben befriedigt hatten, schlachteten sie die unglücklichen Opfer ihrer scheußlichen Notzüchigungen ab."

Sollte dieses Blut nicht gen Himmel schreien? Sollte das Jammergeschrei dieser Frauen und Mädchen nicht das Ohr des Allmächtigen erreichen, wenn auch das der Mächtigen dieser Erde taub bleibt? So wahr ein Gott im Himmel lebt, es wird's thun! (...) Ist es wirklich nur ein durch nichts motivierter Einfall der türkischen Behörden von acht großen Provinzen gewesen, ihren armenischen Unterthanen a tempo den Krieg bis aufs Messer zu erklären? Mehr als unwahrscheinlich, – unmöglich! Das türkische Reich ist absolut und centralistisch regiert. Suprema lex regis voluntas. Der Palast und nicht die Valis regieren das Reich.

Wer unsere bisherigen Ausführungen mit Aufmerksamkeit gelesen hat, wird schon längst zu dem Schluß gekommen sein, *daß die armenischen Massacres nichts anderes gewesen sind als eine administrative Maßregel, welche im Namen des Sultans vonseiten der Centralregierung angeordnet, mit nur allzu großer Bereitwilligkeit von den Provinzialbehörden angeführt wurde.* Den zwingenden Beweis hierfür zu liefern, ist jedem mit den Thatsachen Vertrauten ein Leichtes.

Der Vernichtung des armenischen Volkes liegt *ein einheitlicher, schon seit Jahren vorbereiteter Plan* zu Grunde, der in den letzten Monaten des vergangenen Jahres infolge des Vorgehens der Mächte mit überstürzter Hast zur Ausführung gebracht wurde. Während schon seit Jahren die von der Regierung bestellten Werkzeuge der Zerstörung in aller Stille und mit möglichst wenig Aufsehen arbeiteten, sah sich die Hohe Pforte durch die drohenden armenischen Reformen genötigt, den Prozeß zu beschleunigen und, selbst auf die Gefahr hin, ganz Europa in Empörung zu setzen, mit einem Schlage das armenische Volk zu vernichten und dem verhaßten Christentum, welches immer wieder die Sympathie Europas erweckte, ein schnelles Ende zu bereiten. Ein einheitlicher Plan in Bezug auf *Ort, Zeit, Nationalität der Opfer* und sogar auf die *Methode des Mordens und Plünderns*, lag der Gesamtheit der Massacres zu Grunde. (...)

2. *Was die Zeit betrifft*, so begannen die Massacres nicht von ungefähr unmittelbar bevor der Sultan nach monatelangem Widerstand jeder Art endlich durch England,

Frankreich und Rußland gezwungen wurde, dem Reform-Entwurf beizustimmen, wie um die europäischen Mächte zu warnen, daß im Falle sie auf ihrem Willen beständen, die Mine für die Vernichtung des armenischen Volkes schon gelegt sei. Von Trapezunt aus flutete die Welle von Mord und Plünderung durch jede Stadt und jedes Dorf in den sechs Provinzen, in denen den Armeniern Hilfe zugesagt war. (...)

3. Auch *in Bezug auf die Nationalität der Opfer* waren strikte Ordres gegeben. Der Schlag sollte *nur die Armenier* treffen. In vielen Städten, die Massacres hatten, sind starke griechische Bevölkerungen. Niemand hat sie angerührt. Wenn trotz vorheriger Warnung seitens der Behörden doch etliche Griechen umkamen, war es ein Zufall. Noch während der Massacres trafen stenge Befehle ein, die Griechen zu schützen. Man wußte in Konstantinopel, daß man im Falle eines Angriffs auf die griechische Konfession es sofort mit Rußland zu thun bekommen würde. Solche Ordres allein schon, die den Schutz der Behörden auf *eine* Konfession beschränkten, erklärten die *andere*, die armenische, für vogelfrei. Übrigens gelang es im Vilajet Aleppo und Diarbekir doch nicht, dem entfesselten muhammedanischen Fanatismus solche Schranken aufzuerlegen. Die *Syrer, Jakobiten und Chaldäer* wurden trotz der Befehle von oben mit den Armeniern über einen Kamm geschoren. Mit besonderer Sorgfalt hatte die Centralregierung eingeschärft, ja keinen *Unterthan fremder Nationen*, selbst den verhaßten Missionaren nicht, auch nur ein Haar zu krümmen. Man wußte, daß ein einziger Europäer der Pforte teurer zu stehen kommt als 20 000 Armenier, und war sehr darauf bedacht, auswärtige Verwicklungen und Zahlung von Entschädigungen zu vermeiden. (...)

Die einheitliche Vorbereitung und präzise Durchführung der Massacres nach einem vorbedachten und genau umgrenzten Plan läßt keine Möglichkeit offen, die Centralbehörde von der Schuld bewußter Anstiftung und allen Folgen berechnender Anordnung freizusprechen. Es ist ein vollständiger Irrtum, anzunehmen, wie man es öfter hört, daß die Behörden nicht imstande gewesen wären, den fanatischen türkischen Pöbel und die räuberischen Kurden zurückzuhalten. Thatsache ist, daß überall die Behörden wo sie nicht selbst mitwirkten, der Schlächterei und Plünderung zusahen, ohne auch nur die Hand aufzuheben, um Einhalt zu thun, und daß überall, wo Behörden eingriffen, wenn die zuvorbestimmte Zeit, ob Stunden oder Tage, abgelaufen war, das Massacre zum sofortigen Stillstand gebracht wurde. Es ist auch von Offizieren und Beamten ausgesprochen worden, daß sie imstande gewesen wären, sofort den Pöbel auseinander zu treiben, wenn sie nicht von ihren Vorgesetzten gehindert worden wären, und wo irgend einmal ein Regierungsbeamter, dem die Entscheidung zustand, nicht mitmachen wollte, oder, wie z. B. in Adana aus Furcht vor den Kriegsschiffen nicht vorzugehen wagte, sind die Massacres nicht zum Ausbruch gekommen. (...)

Armenien und Europa...
Dr. Johannes Lepsius: Berlin, 1897, S. 21–31 und S. 61–68.

★

S. Exc. Tewfik-Pacha, Ministre des Affaires étrangères de Turquie, à M. P. Cambon, Ambassadeur de la Republique française à Constantinople

Constantinople, le 19 janvier 1897

En réponse à la note que Votre Excellence a bien voulu m'adresser le 22 avril dernier, j'ai l'honneur de lui communiquer ci-après les résultats des enquêtes effectuées par les autorités impériales au sujet des cas mentionnés dans sa communication précitée.

Vilayet d'Alep: l'enquête effectuée sur les lieux par la Commission *ad hoc* au sujet du meurtre du Père Salvatore et de onze catholiques latins n'a fourni aucune preuve à l'appui de l'accusation portée contre le soldats; mais comme l'affaire se trouve en ce moment en cours d'examen devant le Conseil de guerre qui vient d'être institué à Alep, il y a lieu d'attendre sa décision.

A l'exception de la toiture d'une bâtisse que les religieux français avaient fait construire, sans autorisation, à Nassara, et d'une maisonnette à Mudjuk-Déressi, ancun établissement sis à Marache et appartenant auxdits religieux n'avait été détruit par le feu. Stefan Pittis n'était point drogman du couvent des Franciscains à Marache. Sujet ottoman et perturbateur de la pire espèce, il avait réuni chez lui, pendant les désordres, d'autres meneurs et avait tiré sur les troupes impériales et les passants des coups de feu qui avaient tué une personne et blessé une autre. Les troupes impériales ayant dû riposter, il fut tué pendant la fusillade.

Ohannès Stépanian, délégué en 1870 par Monseigneur Kupélian à Kilis, n'ayant pas été reconnu alors par la communauté catholique, avait dû depuis lors s'adonner à l'agriculture. Il n'avait aucun caractère officiel ni spirituel; Karaboch Oghlou Hussein et Abbas-Oghlou Mehemmed, dénoncés par le cordonnier Georges, frère d'Ohannès Stépanian, comme meurtriers de ce dernier, ont été arrêtés, mais l'enquête judiciaire n'ayant relevé aucune charge contre eux, une ordonnance de non-lieu fut rendue en leur faveur et Georges ne souleva aucune objection à ce sujet. Quant à l'assertion d'après laquelle le corps d'Ohannés aurait été détruit par le feu, la véracité n'a pu en être établie.

Vilayet de Trébizonde: l'enquête effectuée a établi que les Frères de la Doctrine chrétienne résidant à Trébizonde n'ont point éprouvé de pertes pendant les désordres ni pendant la période qui les a suivis. Les citoyens français établis en ladite ville n'avaient non plus subi aucun dommage. Seulement des effets d'une valeur de 360 piastres avaient été volés au gardien arménien de la maison qui sert de résidence d'été à quelques religieux catholiques dans un village arménien.

Vilayet de Diarbékir: il n'est pas exact que treize catholiques aient perdu la vie pendant les troubles survenus à Diarbékir. Quelques individus appartenant à d'autres communautés qui avaient pris part á l'agitation arménienne ont trouvé, il est vrai, la mort durant les désordres, mais ceux qui restaient tranquilles n'ont point été molestés. Les citoyens français ne furent l'objet d'aucune agression, et leurs immeubles ne subirent aucun dégât. Du reste, les autorités impériales n'ont été saisies d'aucune plainte de ce chef. Il est dit, dans la communication précitée que plusieurs catholiques arméniens auraient été emprisonnés ou soumis à des vexations, mais, comme leurs noms n'y sont point indiqués, les autorités impériales n'ont pu effectuer aucune vérification à cet égard. Seulement, à la suite de certaines dénonciations, Kazazian Oussep Effendi, membre du Conseil d'administration du vilayet, fut, sur la demande de la Sublime Porte, envoyé à Constantinople avec le dossier de l'affaire. Les objets volés pendant les désordres sont découverts et restitués à leurs propriétaires par les soins des commissions instituées à cet effet au chef-lieu de la province et dans ses dépendances.

Vilayet de Mamouret-ul-Aziz: les autorités impériales n'ont rien épargné pour la protection des Pères Capucins à Malatia. Si leurs établissements ont été détruits, c'est à la suite des incendies que les agitateurs arméniens avaient provoqués pendant les troubles.

Il en est de même de certaines petites bâtisses en briques, sises dans le villages de Kaylou, Hussenih, Sussuri et Bissidjan, et inscrits au nom de sujets ottomans. Les effets volés pendant les désordres sont restitués à leurs propriétaires au fur et à mesure qu'ils sont découverts.

Vilayet d'Angora: les fauteurs des derniers troubles de Césarée, tant musulmans que chrétiens, ont été arrêtés et déférés en justice. Quelques-uns d'entre eux ont été déjà condamnés conformément aux prescriptions da la loi. La plupart des objets volés pendant les troubles ont été déjà restitués à leurs propriétaires. Malgré les recherches minutieuses des autorités impériales, les meurtriers des dix catholiques n'ont pu être découverts. Les religieux et citoyens français résidant à Césarée ne furent l'objet d'aucune agression.

Vilayet d'Erzeroum: il n'existe, dans le district de Huns, aucun monastère appartenant aux Lazaristes et aux Pères Capucins, et aucun catholique ne s'y trouve. Pendant les désordres, les autorités impériales avaient adopté toutes les dispositions nécessaires pour la protection des religieux et citoyens français établis dans ledit district.

Tels étant les faits, j'aime à espérer que Votre Excellence voudra bien, dans ses sentiments de haute impartialité et son appréciation éclairée, reconnaître la justesse des considérations contenues dans ma note du 20 juin dernier, et ne plus insister sur les conclusions de ses communications précitées.

TEWFIK

M. P. Cambon, Ambassadeur de la République française à Constantinople, à S. Exc. Tewfik-Pacha, Ministre des Affaires étrangères de Turquie

Péra, 26 janvier 1897

Je ne puis laisser sans observations votre lettre du 19 janvier et mon devoir est de maintenir les conclusions énoncées dans mes communications précédentes, dans celles notamment des 22 avril et 20 juin dernier.

Il convient de mettre à part le cas des trois catholiques dont les noms ont été cités.

Mon attaché militaire a fait une enquête sur le meurtre du P. Salvatore; je m'en tiens aux conclusions de son rapport, Votre Excellence les connaît. Elles établissent la réalité du crime et désignent le coupable. Il appartient au Conseil de guerre d'appliquer la sanction et de prononcer la peine.

Stépan Pittiz était bien drogman du couvent des Franciscains à Yéni-Kalé, près de Marache. La Sublime Porte lui a reconnu cette qualité par une lettre vizirielle en date du 26 moharem 1296 (20 janvier 1879). C'est une excuse facile de transformer la victime en provocateur; elle ne saurait me faire illlusion. Les soldats ont tué ce drogman d'un couvent latin : il faut une réparation à sa veuve et à ses huit enfants.

Il est aussi inutile de contester à Ohannès Stépanian le caractère religieux. Il me suffit que le Patriarcat arménien catholique le reconnaisse pour un de ses prêtres. Le devoir de rechercher les meurtriers incombe aux autorités et non à la famille.

Depuis près d'un an, le crime a été commis; les assassins restent en liberté.

Tout aussi inexacts sont les résultats des enquêtes que Votre Excellence a bien voulu me communiquer, en ce qui concerne le pertes matérielles subies par nos missions.

Celle de Yéni-Kalé étaient bien reconnues officiellement. Dans une lettre dont j'ai la date et le numéro, Hassan Djémil Pacha, vali d'Alep, en invitant le mutessarif de Marache à reconnaître le sieur Stéfan, dont je viens de parler, comme protégé français et drogman, se fonde sur un mazbata du Conseil administratif de ce Sandjack qui atteste l'existence de la mission. Les dommages causés sont tout aussi réels. J'ai sur ce point non seulement le témoignage des Pères, mais celui des divers agents français qui se sont succédé à Marache. Ils ont fait leur enquête sur place et je possède des photographies des ruines.

Votre Excellence reconnait la destruction des établissements des Pères Capucins à Malatia et dans différents villages. Elle en rejette la faute sur les «agitateurs arméniens». Telle est, en effet l'excuse générale invoquée par la Sublime Porte.

Le Gouvernement ottoman ne réussira pas à écarter la responsabilité qui pèse sur lui en alléguant «les circonstances dans lesquelles ont eu lieu les désordres et les règles admises en pareille matière». C'est précisément sur ces règles que je fonde le principe de mes réclamations. Ce sont ces circonstances que j'invoque et je les résume ainsi:

Inaction ou complicité des fonctionnaires.

Participation trop souvent constatée des troupes au pillage et au massacre.

Il ne suffit pas que dans certaines localités l'ordre ait été maintenu grâce à l'energie de certains fonctionnaires ottomans ou au courage des officiers. Il faut, pour apprécier la responsabilité du Gouvernement, porter sur la période des troubles un jugement général.

L'assaillant est-il d'ordinaire du côté des chrétiens? Tout au contraire. Les circonstances les plus communes sont celle-ci: les musulmans envahissent le quartier chrétien sur plusieurs points à la fois, les troupes s'y précipitent, parfois au commandement du clairon, et loin d'attaquer, loin même de songer à se défendre, les chrétiens restent tremblants et terrifiés devant la foule déchaînée des musulmans.

Ces faits longtemps contestés, tant ils semblaient extraordinaires, ne peuvent plus être niés. Ils sont attestés non seulement par les plaintes des victimes, mais par les témoignages unanimes des consuls; ils sont aujourd'hui de notoriété européenne.

Au lieu de s'attarder dans des dénégations inutiles, il semble que la Sublime Porte serait mieux inspirée en reconnaissant loyalement les dommages qui ont été causés, en s'efforçant d'atténuer le souvenir des désastres passés par une réparation spontanée et équitable. Ce serait à la fois une attitude plus généreuse et plus politique.

Si, comme Votre Excellence m'en donne l'assurance, des objets volés ont été, dans pluseiururs vilayets, restitués à leurs propriétaires, j'en prends acte volontiers. Mais ces sortes de mesures ne produisent d'effet sérieux qu'à la condition d'être immédiates. Il fallait les prendre au lendemain du pillage et surtout poursuivre les voleurs.

Votre Excelléncé voudra bien apprécier la valeur des considérations que j'ai eu l'honneur de lui exposer. La responsabilité du Gouvernement est certaine; il ne parviendra pas à s'en dégager.

J'examine en ce moment les demandes d'indemnités dont je suis saisi à l'occasion des massacres. Je me réserve de les communiquer prochainement à Votre Excellence.

P. CAMBON

Ministère des Affaires étrangères.
Documents diplomatiques. Affaires arméniennes...
Numéro 357, p. 363–365, et Numéro 360, p. 366–367.

★

Déclaration

Les grands massacres de 1894, 1895, 1896 exécutés par les ordres du sultan Abd-ul-Hamid et qui firent plus de trois cent mille victimes commencent à peine à être connus en Europe dans tous leurs détails; et si récents, ils seraient déjà oubliés et relégués au rang de catastrophes historiques, si l'on voulait suivre les conseils de diplomates à courte mémoire.

Cependant depuis lors, l'extermination méthodique de la race arménienne se poursuit par des moyens plus lents, mais aussi sûrs; et en présence de l'universelle lâcheté, l'auteur des premiers crimes médite de parfaire son œuvre et de déchaîner à nouveau en Anatolie l'assassinat, le pillage, le viol et l'incendie.

Avec le concours d'illustres collaborateurs français et étrangers, nous dénoncerons les atrocités commises et nous rappellerons à l'Europe, sans nous lasser, qu'elle a par les traités des droits à exercer contre le Grand Assassin, des devoirs á remplir envers les victimes de sa folie.

Il ne s'agit point de réveiller ici l'esprit de croisade ni d'exciter à la haine de l'une des races ou des religions qui vivent ou sont professées sur le territoire ottoman.

Mais si nous sommes prêts à divulguer tous les attentats du Sultan contre chacun des peuples que la mauvaise fortune fit ses sujets, nous nous attacherons plus spécialement aux souffrances arméniennes, parce qu'elles excèdent infiniment toutes les autres;

parce que c'est pour une race entre toutes intelligente et apte à recevoir la civilisation occidentale, une question de vie ou de mort immédiate;

parce que, pratiquement, l'Europe est armée, par le traité de Berlin, pour mettre fin à ces horreurs et préparer ainsi la régénération de la Turquie tout entière.

La Rédaction

Comité de Rédaction:
G. Clémenceau, Anatole France, Jean Jaurès,
Francis de Pressensé, E. de Roberty

Pro Armenia, No. 1, Paris, 25. 11. 1900.

★

A nos lecteurs

Nous remercions nos confrères français et ètrangers du bon accueil qui a ètè fait au premier numéro de «Pro Armenia» et notamment l'Aurore, la Lanterne, la Petite République, le Signal, la Frankfurter Zeitung, l'Est Républicain, le Progrès de l'Est, le Mercure de France, le Parti Ouvrier, la Paix par le Droit, la Revue Bibliographique Belge, les Temps Nouveaux, Politiken (de Copenhague), l'Arménie.

Nous ne nous étonnons point outre mesure du silence prévu de certains grands journaux de Paris et de l'étranger qui entretiennent avec le Palais d'Yldiz des relations amicales et désintéressées: il est naturel qu'ils ne veulent pas contrister le Sultan et nous ne leur savons pas mauvais gré d'une fidélité qui les honore.

Pour répondre à certaines questions qui nous ont été posées, nous déclarons à nouveau:

Que nous nous occupons surtout des souffrances arméniennes parce qu'elles excèdent toute mesure et que l'Europe y peut porter remède en vertu des traités;

Que nous ne parlons au nom ni d'un parti politique français, ni d'un groupe arménien;

Que nous entendons, au contraire, faire œuvre d'union entre tous les hommes de cœur et de bonne volonté;

Que nous désirons avant tout divulguer les atrocités commises et l'effroyable martyre d'un peuple en voie de disparaître;

Que nous donnerons à nos lecteurs des faits précis et des documents authentiques plutôt que d'éloquentes considérations générales;

Qu'enfin nous espérons ainsi atteindre le but que nous nous proposons d'abord: exécution de l'article 61 du traité de Berlin et des réformes demandées dans le memorandum du 11 mai 1895, que nous reproduisons ci-dessous:

Article 61: La Sublime Porte s'engage a réaliser sans plus de retard les améliorations et les réformes qu'exigent les besoins locaux dans les provinces habitées par les Arméniens et à garantir leur sécurité contre les Tcherkesses et les Kurdes. Elle donnera périodiquement connaissance des mesures prises a cet effet aux Puissances qui en surveilleront l'application:

MEMORANDUM DU 11 MAI 1895

1° Nomination des valis soumise a l'approbation des puissances.

2° Institution d'un haut commissaire choisi par le sultan et agréé par les Puissances avec plein pouvoir sur les valis pendant la durée de sa mission.

3° Institution d'une commission permanente de controle siégéant a la Sublime Porte et où les ambassades «feraient parvenir directement par l'intermemédiaire de leurs drogmans tous les renseignements et communications qu'elles jugeraient nécessaires».
LA RÉDACTION

Pro Armenia, No. 2, Paris, 10. 12. 1900.

★

A nos lecteurs

Nous nous imaginions à tort avoir expliqué avec netteté nos intentions. Il semble cependant que nous n'ayions pas encore été compris de tout le monde. Comme nous nous sommes fait une règle absolue de n'engager ici aucune polémique personnelle, en particulier avec ceux qui souffrent d'une façon ou d'une autre de la tyrannie hamidienne, nous sommes obligés de transcrire derechef notre déclaration première, en faisant remarquer que notre programme a un caractère immédiatement pratique et s'appuie sur des textes formels, dont la valeur n'est pas devenue caduque.

Nous avons donc dit et nous disons à nouveau:

Que nous ne voulons ni réveiller l'esprit de croisade ni exciter à la haine de l'une des races ou des religions qui vivent ou sont professées sur le territoire ottoman.

Que nous nous occupons surtout des souffrances arméniennes parce qu'elles excèdent toute mesure et que l'Europe y peut porter remède en vertu des traités;

Que nous ne parlons au nom ni d'un parti politique français, ni d'un groupe arménien;

Que nous entendons, au contraire, faire œuvre d'union entre tous les hommes de cœur et de bonne volonté;

Que nous désirons avant tout divulguer les atrocités commises et l'effroyable martyre d'un peuple en voie de disparaître;

Que nous donnerons à nos lecteurs des faits précis et des documents authentiques plutôt que d'éloquentes considérations générales;

Qu'enfin nous espérons ainsi atteindre le but que nous nous proposons d'abord: exécution de l'article 61 du traité de Berlin et des réformes demandées dans le memorandum du 11 mai 1895, que nous reproduisons ci-dessous: (...) LA RÉDACTION

Pro Armenia, No. 3, Paris, 25. 12. 1900.

Die Leiden des armenischen Volkes und die Pflichten Europas

Das Volk, um dessen Geschick es sich gemäss der Tagesordnung dieser Versammlung handelt, bezw. mit dessen Leiden und Schicksal wir uns heute beschäftigen wollen, wohnt ziemlich entfernt von uns, abseits der grossen Heeresstrassen des internationalen Verkehrs, und es ist noch gar nicht lange her, da wussten verhältnismässig wenig Menschen davon, dass überhaupt dies Volk existierte. Noch viel weniger Leute aber wussten Genaueres darüber, wie es existierte, unter welchen Verhältnissen das armenische Volk sein Dasein fristet. Es nahmen an seinem Geschick nur eine verhältnismässig kleine Anzahl von Geographen, von Historikern, von Culturforschern der einen oder anderen Art stärkeren Anteil. Es mag daher vielleicht die Frage aufgeworfen werden: Haben wir nicht Leiden, Unterdrückungen aller Art viel näher bei uns, mit denen wir uns zu befassen haben, als dass wir nötig hätten, weit hinaus zu gehen in ziemlich abgelegene Districte Kleinasiens und uns mit dem zu beschäftigen, was dort geschieht? Indessen sind die Verfolgungen, die grausigen und gewaltthätigen Misshandlungen, deren Opfer das armenische Volk gewesen ist und noch ist, so unerhörter Natur, dass sie die Teilnahme und den Protest aller Culturnationen herausfordern. (...)

Europa hatte durch den Berliner Vertrag von 1878 sich verpflichtet, über die Rechtsstellung der Armenier zu wachen. Hier und da hat denn auch einmal die eine oder die andere der beteiligten Regierungen eine sanfte Mahnung an die Türkei ergehen lassen, aber geändert ward durch diese Mahnungen nichts. Die Türkei versteht es sehr gut, unbequeme Mahnungen von sich abzuwehren. Europa gegenüber hat sie die Legende, dass es sich auf seiten der bedrückten Nationalitäten nur um Agenten des Auslandes handele, und auf der anderen Seite schürt sie beim eigenen Volke von Zeit zu Zeit den Fanatismus gegen die Ungläubigen und führt ein Gemetzel herbei, das diese einschüchtern soll. Ein solches Gemetzel fand im September 1894 in *Sassun* und Umgegend statt, wo über 2000 Armenier wie wilde Tiere hingeschlachtet wurden. Die Umstände waren so schreiend, die Mitschuld türkischer Würdenträger so offenbar, dass die Mächte die Notwendigkeit eines gemeinsamen Einschreitens einsahen. Sie liessen an Ort und Stelle Untersuchungen vornehmen, Protocolle über die Gewaltthaten aufnehmen, und die Beamten – nicht etwa Agitatoren, nicht etwa Parteigänger der Armenier – nein, die Consuln der Mächte, ihre eigenen Vertreter stellten fest, dass die türkische Regierung in den Personen ihrer höchsten Beamten an den barbarischen Metzeleien schuld war. (...)

Wohlan, die Türkei versprach – und sie ist zu allen Zeiten gross gewesen im Versprechen –, sie versprach nach längeren Verhandlungen unterm 22. October 1895, die Vorschläge der Note zur Ausführung zu bringen. Der Sultan liess sogar dem englischen Premierminister, Lord Salisbury, bestellen, er stehe mit *seinem Ehrenwort* für die unverzügliche Durchführung ein. Aber wie haben er und seine Leute das Versprechen eingelöst? Es wurden nun gerade die ungeheuerlichsten Metzeleien ins Werk gesetzt, Massenabschlachtungen, die geradezu darauf gerichtet waren, das armenische Volk als solches *vollständig vom Erdboden hinwegzufegen*, Schlächtereien, wie sie die Geschichte in gleichem Umfange und gleicher Scheusslichkeit noch nicht gesehen hat.

Es ist kaum zu bezweifeln, dass diese Unmenschlichkeiten von Constantinopel aus begünstigt worden sind. Allerdings ist das eine schwere Anklage, aber wohlunterrichtete, verantwortliche Staatsmänner haben damals selbst den Sultan dafür verantwortlich gemacht, man hat ihm auf Grund einer Reihe beglaubigter Berichte die Verantwortung dafür zugeschoben, dass auf sein Anstiften, mit seiner Billigung jene Greuelthaten ins Werk gesetzt wurden, und sonst sehr gemässigte Leute haben ihm damals den Namen Mörder zugerufen.

Schon am 2. October 1895 ging das Morden von neuem los. Die Metzeleien nahmen an jenem Tage in *Trapezunt* ihren Anfang; es wurden dort 600 und in den umliegenden Dörfern 107 Armenier hingeschlachtet. Die Regierungsbeamten liessen diese Greuel ungeahndet, und angesichts dieser *Lässigkeit* und vielfach geradezu *ermuntert* durch die Behörden pflanzten sich die schädlichen Metzeleien ins Ungeheure fort. (...)

Noch eine zweite Thatsache ist hier zu erwähnen, zugleich erfreulicher und trauriger Natur. Aus den Districten Sassun und Musch in Armenien sind Nachrichten an im Auslande lebende Armenier gelangt, dass dort von neuem ein Gemetzel vorbereitet wird. Man kennt nämlich die Vorzeichen solcher Operationen. Wenn die Kurden bewaffnet werden, wenn die türkische Regierung irreguläre Truppen in armenische Districte legt, so weiss man aus teuer erkaufter Erfahrung, dass über kurz oder lang dort ein Feuer ausbrechen, dass ein Gemetzel stattfinden wird. Die Armenier sind in solchen Fällen verloren: da sie unbewaffnet sind oder nur über ungenügende Verteidigungsmittel verfügen, können sie sich gegen solche Massnahmen nicht selbst helfen. Aber sie haben die Thatsache nach dem Auslande gemeldet, und die in Paris wohnhaften armenischen Nationalisten haben sich an französische Politiker ohne Unterschied der Partei, darunter auch an mehrere Socialisten (Jaurès, Pressensé, Sembat) gewandt mit der Bitte, die Sache dem französischen Minister des Auswärtigen vorzutragen. Das ist denn auch geschehen, und Herr Delcassé hat der Deputation bestimmt versprochen, dass die französische Regierung sofort Abgesandte in jene Districte zur Überwachung der Dinge schicken werde. Eine absolute Sicherheit gegen Vergewaltigungen ist durch diesen Schritt den Armeniern ja noch nicht gegeben, aber er zeigt ihnen wenigstens die Möglichkeit eines stärkeren Schutzes. Was 1896 in Constantinopel vor den Augen der Botschafter geschehen konnte, das könnte natürlich auch 1902 in jenen entlegenen Districten vor den Augen der Abgesandten Frankreichs geschehen. Indes eine gewisse Abschreckung ist doch damit gegeben, dass Europäer da sind, die die Greuelthaten bekunden können. An der Neigung zu solchen auf seiten der Agenten des Sultans ist nicht zu zweifeln. Allerdings, Gewaltthaten auf so grosser Basis wie 1895–96 verübt man nicht jahraus, jahrein, aber hin und wieder werden auch heute noch Gewaltthaten aller Art verübt. Das armenische Volk liegt am Boden, es kann sich seiner Haut nicht wehren, und wer sich so recht als Herr fühlt, der tritt auf ihm herum, wie auf einem geknebelten Hund. (...)

Unterdrückung gegen den ganzen Körper der Menschheit, gegen den Körper des

Verbandes der Nationen ist es, wenn auch nur eine culturfähige Nation unterdrückt und zu Boden getreten wird. Und wenn das Volk, dem solches geschieht, auch noch so fern von uns wohnt, so erheben wir heute doch unsere Stimme zum flammenden Protest und rufen es so laut, dass diese Stimme gehört wird in Yildiz Kiosk und den möglich stärksten Nachhall findet im deutschen Reichskanzleramt: Die Misswirtschaft der Türkei muss ein Ende nehmen, den Armeniern muss geholfen werden, das Foltersystem des Sultans muss verschwinden von der Erde! Dazu fordere ich Sie auf, und ich hoffe, Sie werden alle einmütig unserer Protestresolution zustimmen. *(Stürmische, langanhaltende Zustimmungsbezeugungen.)*

Die folgende, von dem Redner der Versammlung unterbreitete Resolution wird ohne Debatte mit allen gegen eine Stimme angenommen:

„Die heutige Volksversammlung erklärt:

Die Leiden des armenischen Volkes in der Türkei und sein Kampf für das Recht der Selbstverwaltung, für Schutz gegen Willküracte der Regierungsagenten und gegen barbarische Grausamkeiten von seiten halbcivilisierter Bergvölker hat durchaus Anspruch auf die volle Sympathie aller freiheitlich Gesinnten, insbesondere aber auf die moralische Unterstützung seitens der für ihre Emancipation kämpfenden Arbeiterschaft der Culturwelt.

Die Versammlung drückt ihren tiefsten Abscheu aus über die blutigen Metzeleien, deren Schauplatz Armenien im Laufe der letzten Jahre wiederholt gewesen ist und immer wieder von neuem ist. Sie macht für jede Wiederholung dieser schaudererregenden Greuel in erster Linie die Regierung des Sultans, nicht minder aber die Regierungen derjenigen Grossmächte verantwortlich, die laut Artikel 61 des Berliner Vertrages von 1878 das Mandat übernommen haben, für die Einführung geordneter, Sicherheit des Lebens und der Lebensbedingungen verbürgender Zustände in Armenien Sorge zu tragen.

Sie fordert demgemäss die deutsche Regierung auf, ihren Einfluss auf die Regierung des Sultans energisch im Sinne der vorstehenden Ausführungen geltend zu machen, und drückt die Überzeugung aus, dass, wenn die Vertragsmächte der türkischen Regierung gegenüber nur einen festen Willen in dieser Sache zeigen, der Widerstand und die Verschleppungspolitik des Sultans und seiner Satrapen sehr wohl gebrochen werden kann.

Die Versammlung legt schliesslich Wert darauf, zu erklären, dass die Forderung von Recht und Sicherheit für Armenien in keiner Weise von einer Voreingenommenheit gegen die türkische Nation dictiert ist. Die Versammlung ist vielmehr der festen Überzeugung, dass die wahren Interessen der grossen Masse des türkischen Volkes die Schaffung gerechter Zustände in Armenien erheischen, dass das türkische Volk mit den Armeniern das gleiche Interesse daran hat, der heutigen verrotteten Beamtenwirtschaft im Lande ein Ende zu machen. In dieser Überzeugung verbindet sie mit der Bekundung ihrer innigen Teilnahme für die leidenden und kämpfenden Armenier den Ausdruck ihrer vollen Sympathie für alle diejenigen *ohne Unterschied der*

Nationalität, die in der Türkei, wie anderwärts, für freiheitliche Reformen, für politische Gleichheit und sociale Gerechtigkeit kämpfen."

Die Leiden des armenischen Volkes und die Pflichten Europas. Rede, gehalten in einer Berliner Volksversammlung (26. 6. 1902) von Eduard Bernstein, Mitglied des Reichstages. Berlin 1902, S. 5/ 25–27/ 34–35/ 40–42.

★

De: Les réformes en Turquie d'Asie

(...) La participation du gouvernement ottoman aux tueries de 1895 et 1896 n'est plus à démontrer. Elle éclate à chaque page du Livre Jaune qui fut publié en 1897 au sujet des affaires arméniennes. En maint endroit ce furent bien des soldats réguliers ottomans qui, avec la complicité des autorités administratives, procédèrent à cette hécatombe d'un peuple, hommes, femmes, vieillards et enfants, qui est restée la honte de l'humanité en ces dernières années. Mais il faut avouer que l'Europe porte sa part de responsabilité dans ces événements, car ils furent la conséquence directe de la non-application de l'article 61 du traité de Berlin de 1878, dont les puissances elles-mêmes avaient solennellement assumé la garantie. (...)

Le texte de l'article 61 du traite de Berlin est le suivant:

«La Sublime Porte s'engage à mettre en exécution, sans autre délai, les améliorations et les réformes nécessitées par les Arméniens; et à garantir leur sécurité contre les Circassiens et les Kurdes.

«Elle fera périodiquement connaître les mesures prises, à cet effet, aux Puissances, qui veilleront à leur application.»

Pour savoir ce qu'il en est advenu au sujet de l'exécution de cet article, le procédé le meilleur consisterait à analyser le Livre Jaune (Affaires arméniennes, 1893–1897), qui met au point la question jusqu'à cette époque, et nous pouvons même dire jusqu'à maintenant car, depuis 1897, et malgré les assurances de la Porte, rien de sérieux comme réformes n'a été fait en faveur des Arméniens. Je me trompe. Des massacres ont été renouvelés, en 1909, dans le vilayet d'Adana, sous l'œil indifférent des Jeunes-Turcs, sur lesquels les Arméniens avaient fonde de candides espoirs. (...)

La révolution jeune-turque, qui souleva au début l'enthousiasme des Arméniens et les remplit subitement d'espoir, ne devait pas leur laisser longtemps leurs illusions. Les massacres d'Adana, où le gouvernement jeune-turc montra la même bonne foi que, quatorze ans auparavant, le sultan Abdul-Hamid, vinrent tout à coup rappeler l'Europe à la réalité. Ils lui remirent devant les yeux la question arménienne, cancer brûlant placé aux flancs de l'empire ottoman en Asie, comme la question macédonienne l'était de son côté en Europe. (...)

Ludovic de Contenson: Les réformes en Turquie d'Asie.
Paris 1913, p. 21–22/35.

De: Les Turcs ont passé par là!...

Mercredi 14 avril

Mère,

Cet après-midi, j'ai envoyé Socrate à la gare dans le buggy (nous en avons un, un vrai, un américain). Herbert devait rentrer par le train de l'après-midi. Une heure plus tard, Socrate revint seul me disant que «des choses mauvaises» étaient arrivées à Adana. Le massacre commençait. Quatre Arméniennes avaient été tuées hier. Ce matin, on recommençait à tuer dans les vignobles autour de la ville. Pendant qu'il me donnait ces nouvelles arrivait heureusement un télégramme de Herbert disant: «Reviendrai demain. Aujourd'hui tout bien.» Le français de Herbert n'est certes pas brillant, mais la poste turque ne transmet avec soin que les télégrammes en turc ou en français.

Lorsque j'allai dans le salon de Mrs Christie à l'heure de thé, j'y trouvai plusieurs Arméniennes; parmi elles, les mères de deux de nos maîtres. Une mère demandait pour son fils la permission de coucher au collège. Il vint bientôt, portant son précieux violon qu'il me demanda de cacher. Je le mis derrière notre tub. L'autre mère était en larmes. Son fils passait ses vacances à Adana chez sa fiancée. Cette pauvre femme avait certes le droit d'avoir peur. Elle avait déjà perdu deux enfants pendant le massacre de 1894–1896. Une petite fille avait été piétinée à mort par les soldats turcs. Quant à son fils, notre professeur d'arménien – celui qui se trouvait à Adana – il avait été sauvé avec la plus grande difficulté: on l'avait caché pendant plusieurs jours dans le recoin sombre d'un moulin.

L'excitation a augmenté cet après-midi. Des patrouilles parcourent les rues. On nous dit que c'est en vue de calmer la population. L'inquiétude est évidente cependant. J'ai dit à Socrate de ne pas raconter ce qu'il a vu et entendu. La panique est une chose contagieuse. Mais il remua la tête, disant: «Ce sera terrible, terrible.» Je regrette que ce soit justement les vacances de Pâques. Tant de nos élèves sont dans leurs villages. Ils seraient plus en sécurité ici. Le Dr Christie, Miner et Herbert ne seraient pas à Adana. Oui, si cela devait arriver, il eût mieux valu que ce fût pendant que le collège fonctionnait, que nous étions réunis tous ensemble, nos esprits occupés par la routine quotidienne. Quand on a beaucoup à faire, on est calme, quoi qu'il arrive autour de vous.

PRÉFACE

(...) La physionomie de l'auteur de ce livre, Mme Helen Davenport Gibbons, est faite des mêmes traits. Originaire de Philadelphie, elle tient de ses ascendants, dont les uns vinrent d'Écosse et les autres d'Irlande, un mélange d'idéalisme et de sens pratique, une bonté toujours en éveil et une intelligence toujours vive et sensible, toujours apte à saisir, avec une clairvoyance qui ne se refuse pas la malice, les caractères essentiels des êtres et le côté pittoresque des choses. Avant tout, elle a l'instinct du devoir, et ce devoir, dès qu'elle le connaît, elle y court et en remplit toutes les obligations avec cette activité joyeuse et cet oubli de soi-même qui sont le signe des natures fermes et hautes. Élevée dans l'opulence et dans le luxe, elle se fiance, à vingt ans, après de brillantes études à Bryn Mawr, l'Université féminine la plus célèbre des États-Unis, à un jeune étudiant, Herbert Adams Gibbons, devenu depuis l'un des plus brillants journalistes-écrivains de son pays, mais qui n'a pour toute fortune, à ce moment, que ses espérances d'avenir. (...)

Il s'agit pour Herbert Gibbons d'aller occuper, dans un des deux cents collèges fondés depuis un siècle en Asie Mineure par l'église congréganiste américaine, *American Congregational Church*, un poste de professeur. Les émoluments sont modestes – une centaine de dollars par mois – et le travail est énorme. Il s'agit d'enseigner un peu de tout, histoire ancienne et moderne, littérature, langues grecque et latine. C'est tout un monde à porter. Mais le logement est assuré dans les bâtiments du collège, et le voyage, aller et retour, sera payé, même si le professeur ne consent à rester qu'une année.

La tentation produit d'autant mieux son effet que la jeune femme voit dans les pénibles fonctions dont son mari est tout prêt à se charger une occasion pour elle de montrer qu'elle est capable aussi de quelque chose. En assumant une partie de sa tâche, elle lui laissera toute liberté de se livrer à un travail personnel; elle aura l'orgueil, en même temps, de contribuer au revenu commun du ménage. Elle saura également se rendre utile dans cette maison de missionnaires où l'on ne fournit pas seulement à la nation arménienne opprimée le moyen de se libérer par la science et par l'éducation, mais où l'on accueille, avec une générosité que rien ne lasse, les malades et les indigents, et qui est, non moins qu'un collège, un dispensaire et un lieu de refuge.

Le télégramme d'acceptation envoyé, les deux époux s'équipent et se munissent de tout ce qui leur sera nécessaire, livres et vêtements, trousse de chirurgie élémentaire et pharmacie portative, et l'on part. On arrive à Tarsous, on s'y installe, et la jeune femme y note au jour le jour ce qu'elle voit. La plus clair de ses impressions, elle l'envoie, sous forme de lettres, à sa mère, et ces lettres ont formé la matière de ce volume. Elle ne les eût jamais publiées si les massacres dont elle avait été le témoin ne se fussent, dès 1914, reproduits, dépassant en violence, en ampleur et en horreur tragique ceux de 1909. Et c'est par là que ce livre est tout d'actualité. De toutes les âmes américaines il a fait jaillir vers le ciel un long cri d'indignation et de pitié. Nul doute que les lecteurs français ne l'accueillent avec des sentiments identiques. (...)

Fr. Thiébault-Sisson

Helen Davenport Gibbons: Les Turcs ont passé par là!...
Journal d'une américaine pendant les massacres d'Arménie.
Traduit de l'anglais par F. De Jessen. Préface de Fr. Thiébault-Sisson.
Paris 1918, p. 89–91 et préface, p. VII–XVIII.

★

Attack on Armenians

Constantinople, April 15.

Consular telegrams from Mersina (Asia Minor) state that, owing to the murder of two Moslems by an Armenian, and the non-discovery of the assasin, the Moslems have attacked the Armenians.

Later

The first news from Mersina was happily exaggerated. The disturbance really occured at Adana and only ten Armenians were killed. Martial law has been proclaimed and reinforcements of troops are being despatched from Beirut.

The Times, London, 16. 4. 1909.

★

De: Les Turcs ont passé par là!...

Mardi 15 avril

Chère mère,

Je n'ai pas eu peur la nuit dernière. J'ai dormi toute la nuit. Le matin, il y avait une véritable foule d'Arméniens dans le réfectoire de l'école. Ils nous demandent protection, abri et nourriture. Ils sont, avec raison, terrorisés. Aimeriez-vous vivre dans un pays où votre Gouvernement, non seulement ne vous protège pas, mais encourage périodiquement vos voisins à vous piller et à vous tuer *avec l'aide de l'armée?*

Socrate demanda la permission de retourner à la gare pour voir si Herbert n'était pas arrivé par le train du matin. Il partit au trot, me laissant en train de coudre. Il revint très excité. Tout n'était que confusion à la gare. Des gens sautaient du train, criant comme des fous que tout Adana était en feu. (...)

Helen D. Gibbons: Les Turcs ont passé par là!...
Paris 1918, p. 92.

★

The Disturbances in Asia Minor

Constantinople, April 16.

The latest advices from Adana and Mersina state that a large number of Christians have been killed at the former place, and that the Moslem attacks were continuing last night.

The British Vice-Consul at Mersina has proceeded to Adana.

The Times, London, 17. 4. 1909.

De: Les Turcs ont passé par là!...

Tarsous- vendredi 16 avril 1909

Chère maman,

Des hommes viennent d'arriver ici. Ils ont dit à Mrs Christie que les troubles «s'approchaient» et ils lui ont offert d'envoyer une garde à la porte du collège. Ils savaient que le Dr Christie, Miner Rogers et Herbert – trois sur les quatre hommes de la Mission – étaient partis pour Adana. Ce sont des Kurdes. Ils avaient l'air de brigands. Mrs Christie les renvoya en leur disant que nous n'avions pas peur. Elle leur dit cela avec un petit air calme comme si elle ne comprenait pas très bien. Elle me dit: «Voyez-vous, ils voulaient tout simplement s'emparer de la porte du collège.» C'est une femme de tête! Maintenant que les Arméniens arrivent ici en plus grand nombre à chaque instant, je me suis fait cette réflexion: qu'arriverait-il si les Kurdes étaient maîtres de notre porte d'entrée?

(...)

Dans la matinée, nous apprenons que des Arméniens ont été tués à la gare de Tarsous et que le chef de gare et les employés s'étaient enfuis. C'est alors que retentit le sifflet du train d'Adana. Il portait une bande de bachi-bouzoucks forcenés. Comme méchanceté, un bachi-bouzouck est comparable au microbe de la petite vérole. Je vis la train déversant ses horribles passagers. Ils ne portaient pas d'uniformes. Ils étaient vêtus de sales culottes bouffantes blanches avec, autour de leurs jambes et de leurs pieds, des morceaux de tapis tenant avec des ficelles croisées. Ils avaient l'air de sinistres marionnettes. Je vis leur foule ignoble se rassembler à l'entrée du Konak, où les autorités s'empressèrent de leur faire distribuer des fusils et des munitions. Alors, ce fut l'enfer déchaîné. Les Turcs de la ville se joignirent à la bande hurlante. Tout le long de la route qui traverse le terrain qui nous sépare du chemin de fer, ils passèrent par groupes de cinquante, marchant allégrement en brandissant leurs armes, poussant des hurlements de rage qui allaient crescendo.

Ils se dirigeaient vers le quartier arménien dont les dernières maisons sont tout près de nous, à cent cinquante mètres à peine.

Les coups de feu commencèrent à ralentir et la fusillade dura toute la journée. Son bruit se mêlait aux gémissements des mourants.

Toute la journée, a continué la procession des réfugiés. (...)

Vendredi soir.

Le ciel est rouge. La moitié de l'horizon est en flammes, tout le quartier arménien brûle. Nos professeurs du pays et les élèves essaient, sous la direction de Henri Imer, de combattre les flammes. Les étincelles volent sur nos toits, poussées par un vent violent. Il faut veiller avec soin et éteindre tout de suite chaque flammèche au moment où elle tombe. L'éclat de l'incendie est tel qu'il nous permet de lire facilement.

Télégramme de Herbert à 11 heures. Je signe le reçu à la lueur de l'incendie. Je ne puis le lire: un mélange de turc et de français. Tout ce que j'en puis conclure, c'est que, d'après la date et l'heure de l'expédition, il était encore en vie il y a vingt-quatre heures.

Notre position devient désespérée. Le feu nous menace, et l'excitation de la foule peut la mener à nous attaquer, car nous abritons plus de 4,000 réfugiés terrorisés, essayant tous d'échapper aux balles.

Impossible d'avoir des nouvelles du dehors. Nous comprenons qu'Adana est coupée. (...)

Helen D. Gibbons: Les Turcs ont passé par là!...
Paris 1918, p. 97–107.

★

De: Les Turcs ont passé par là!...

Tarsous, samedi 17 avril, matin

Chère maman,

Quand ce vent eut changé, nous pûmes dormir. Mary et moi nous dormîmes de 1 heure à 3 heures. Baby Rogers est un bon petit. Oui, «je me suis étendue et j'ai dormi. Je m'éveillai, car Dieu me soutenait».

Quand nous nous éveillâmes, il faisait jour. On entendait des cris à la porte. Je courus à la fenêtre pour jeter un regard dans la rue. Des hommes excités se battaient. On entendait des cris perçants. Le cœur me manqua. Le massacre allait-il reprendre sous nos yeux? Mais Mary dit tranquillement: «Ils vendent du pain et en veulent six métalliques la miche.» Les affaires de la vie surnagent donc sur les cataclysmes? Ils vendent du pain! Au milieu de la vie et de la mort! (...)

On dit que 800 maisons ont brûlé: beaucoup de gens étaient encore chez eux. S'ils se montraient pour s'échapper à une porte ou à une fenêtre, on les tuait à coups de fusil. Nous avons peur qu'il ne reste que peu d'Arméniens vivants à Tarsous en dehors de ceux réfugiés dans notre terrain ou dans celui de la Mission catholique tout près. Tout le quartier arménien brûle encore. La lueur rougeâtre persiste partout où il reste un aliment aux flammes. (...)

Samedi après-midi

(...) Herbert rentra bientôt, accompagné de Daddy Christie. Ils s'étaient occupés de placer en sentinelles les soldats de notre garde. Ils dirent que le massacre était fini et qu'on ne s'attendait à aucune attaque contre nous. Ce qu'ils avaient craint, c'est le feu qui aurait pu nous forcer à nous mêler à la foule. Mais pourquoi parler de ce qui aurait pu arriver? Ce qui était arrivé était bien assez terrible. Miner mort, ainsi que M. Maurer, un missionnaire de Hadjin tué raide d'une balle. Herbert et M. Lawson Chambers étaient dans la ville basse quand le massacre commença. Ils ne retournèrent pas dans le quartier arménien. Ils télégraphièrent au major Doughty-Wylie qui prit avec sa femme le dernier train pour Adana. Dans la rue on tira sur le major. Mais son bras levé le sauva. Herbert me dit qu'il l'avait laissé ce matin au lit avec de la fièvre. Daddy Christie nous raconta ce qui était arrivé à la Mission et dans le quartier arménien. Puis Herbert commença son histoire. Mais on frappa à la porte. On demandait le Dr Christie qui sortit. Puis ce fut au tour de Herbert de sortir aussi. Nous attendîmes: c'est notre destinée, à nous femmes.

Le jeune Miner pleurait dans la chambre à côté. Mary alla le calmer. Quelle consolation pour elle que cet enfant! Je dis à Jeanne d'aller lui tenir compagnie. Herbert revint seul. Il tenait un papier à la main. Il me le tendit en disant qu'on venait de l'apporter de Mersine. Il lut: «Pas de navires encore. On s'attend à un massacre à chaque instant. On ne peut compter sur les autorités.» Un Arménien l'avait apporté. Il nous dit que le pays était plein de Kurdes. Nous paraissions en sûreté pour le moment à Tarsous. Herbert me le dit franchement: la garde et l'officier albanais étaient sous ses ordres. Le train qui les avait amenés était encore en gare d'Adana. Il pouvait essayer d'aller à Mersine. Son arrivée avec des soldats pouvait peut-être retarder le massacre de quelques heures. Et les navires ne devaient pas être loin. (...)

Helen D. Gibbons: Les Turcs ont passé par là!...
Paris 1918, p. 114–122.

★

Moslem Outbreaks in Asia Minor

The situation in Cilicia is grave. Telegrams of yesterday's date from Adana describe the situation as desperate. A large part of the town has been burnt, including the quarter inhabited by the Armenians, who made a desperate resistance and inflicted heavy loss on their assailants before they were overpowered. The British Vice-Consul received slight injuries. Two American missionaries were killed and the mission is in great danger.

The town of Tarsus is on fire. The Christians are peaceable, but the Moslems murdering and looting.

At Mersina the situation is threatening owing to the paucity of troops and the activity of the Moslem agitators. The disturbances have spread to Avas and the neighbourhood of Alexandretta. As it is evident that the local authorities are quite unable to cope with the situation the commanders of the British war vessels which were ordered to Mersina have received instructions to act on their own initiative. It is hoped that the approaching concentration of eight European warships at Mersina may save the town from the horrors which have overtaken Adana.

Constantinople, April 18.

The namens of the American missionaries killed in the massacres at Adana are Maurer and Rogers. The other members of the missions there are safe, as is Mr. Christie, who is at Tarsus.

A British war vessel has been ordered to Alexandretta, which town is now threatened by the surrounding Moslems. Several Armenian farms in the neighbourhood of the town have been destroyed. There is great apprehension and excitement at Kharput owing to the depredations of the Kurds in the neighbouring villages. So far there have been no disturbances in the town itself.

The Times, London, 19. 4. 1909.

★

De: Les Turcs ont passé par là!...

Tarsous, le 22 avril

Chère maman,

Je n'ai fait que coudre et soigner les blessés. Mrs Christie m'a donné le premier argent du fonds de secours qui nous est parvenu: une livre turque en or qui vaut 4 dollars 40 cents. Elle m'a servi à acheter une pièce de flanelle.

(...)

L'arrivée du *Swiftsure* a sauvé Mersine. Le commandant vint hier à Adana par train spécial. A son retour, il s'arrêta à Tarsous et invita le Dr Christie et Herbert à l'accompagner à Mersine. Ils acceptèrent avec empressement.

De bonne heure, Herbert était à bord du *Swiftsure* et causa avec le capitaine. Le résultat fut que six officiers eurent la permission de venir à Tarsous avec Herbert par train spécial aujourd'hui. Ils déjeunèrent avec nous et nous les menâmes en ville, leur montrant l'œuvre de dévastation. Lorsque les enfants réfugiés aperçurent ces officiers, ils furent terrifiés. Ils coururent se cacher dans les jupons de leurs mères. C'étaient les uniformes qui les effrayaient: preuve irréfutable que les soldats turcs aidèrent au massacre!

Nous croyons qu'il y a eu 100 tués à Tarsous et 400 dans les villages environnants. A Adana, il y eut des milliers de victimes. Le meurtre de Miner a porté le deuil dans notre Mission. Mary est incroyablement courageuse et calme. Elle soigne son enfant et prend part de toute manière au soulagement des victimes. (...)

Qui donc a sauvé ceux de Tarsous? c'est le collège Saint-Paul. Ces gens avaient son image dans les yeux, et quelques-uns de ses rayons avaient pénétré au fond de leurs cœurs sombres. Je songe à Jésus pardonnant à ceux qui ne savent pas ce qu'ils font. Je ne crois pas une seule minute que c'est le drapeau américain qui a sauvé la population chrétienne de la ville. Il ne leur dit rien. Ce qui a sauvé tant de gens, c'est la manière dont Daddy Christie et mère Christie ont vécu parmi les Turcs depuis tant d'années.

Écoutez cette histoire et vous comprendrez. Trois cents Arméniens doivent la vie à un seul acte de bonté consciente. Quelque temps avant le massacre, le Dr Christie apprit que le fils unique du cheik d'un village voisin venait de mourir. Il monta à cheval et alla consoler le vieux père. Comme il avait appris la nouvelle tard dans la journée, il voyagea une partie de la nuit. J'ai vu moi-même le cheik plusieurs fois. Il vint un jour nous inviter, Herbert et moi, à chasser avec lui. C'est un superbe spécimen de sa race. Au milieu de l'explosion de haine de vendredi dernier, le cheik apparut tout à coup avec trois cents Arméniens. L'ordre du massacre était arrivé, dit-il, et «un massacre est une belle chasse, vous savez», ajouta-t-il crûment. «Comme j'allais me mettre à l'œuvre, j'ai réfléchi que ces gens sont des amis du Dr Christie. Je ne comprends guère pourquoi vous les aimez tant, mais puisqu'il en est ainsi, les voici.» Il est naturellement musulman. Il nous dit qu'il en avait trouvé plusieurs cachés dans les marais près de sa demeure, «enfoncés dans l'eau, avec seulement le nez dehors pour respirer», expliqua-t-il en riant.

Helen D. Gibbons: Les Turcs ont passé par là!...
Paris 1918, p. 126–132.

★

Massacre at Antioch

From our own correspondent

Constantinople, April 23.

The *Turquie* announces a massacre of Christians at Antioch by criminals escaped from the Payas prison near Alexandretta.

Constantinople, April 23.

According to the latest Consular reports, massacres are continuing in the district of Antioch, and the people are fleeing in all directions.

The French Vice-Consul at Marash telegraphs that order has been restored in that town. Two Englishmen named Gunter and Proctor have reached Adana safely from Osmanieh and Bagtcheh respectively. Both places are situated in the Adana vilayet.

The cruiser Medjidieh left this morning for the Syrian coast.

Fugitives who have arrived at Alexandretta relate that all the Armenian villages and settlements in the Alexandretta district are being destroyed. All, or nearly all, dwellings have been destroyed, and the Christian inhabitants who have escaped massacre are living in the open, starving and panic-stricken.

A British warship, which went to the relief of Durtyol, returned to Alexandretta after accomplishing nothing. The Commander applied to the Governor of the district for permission to land a relief party, but his application was refused.

The following telegram, dated yesterday, has been received from an American missionary at Adana who witnessed the massacre: –

The immediate pretext for the massacre was the action of an Armenian who shot three Turks, one of whom died, on April 10. On the evening of the following day a large Moslem crowd beat the Armenian to death. As the unrest was greatly increased by this event, the Armenian notables urgently demanded that the Gevernor should take adequate measures to preserve order.

On the morning of the 14th the situation became critical. The Armenians closed their shops, and later on the Turks followed their example.

The Armenian notables thereuopn repeated their demands for adequate precautionary measures, and the Governor assured them that perfect order would be maintained. The Moslem and Armenian notables walked through the streets and urged their co-religionists to reopen their shops. However, a Moslem crowd, armed with clubs, filled the marketplace and the other streets, and near noon began massacring, looting, and burning the shops and houses of the Armenians. The conflict raged fiercely until Friday morning. Two American missionaries were killed, and the British Vice-Consul, while riding through the streets in an attempt to restore order, was wounded. The Armenians defended themselves stoutly and killed some of the Moslems.

On Friday morning the Armenians, through a friendly mollah, begged for Government protection, and troops paraded the streets and guards were posted at various points. Order was slowly restored. At night time extensive conflagrations theatened the whole city. Thousands of Armenians have been killed and thousands more are homeless, penniless, and hungry. The devastation in the outskirts of the city is inconceivable. Extensive relief measures have been undertaken by the four hospitals, but enormous efforts will be necessary to give adequate relief.

Protestant pastors killed.

Later

During the massacres in the vilayet of Adana 19 pastors were killed.

The Times, London, 24. 4. 1909.

★

De: Les Turcs ont passé par là!...

Mersine, le 25 avril

Chère maman,

Sachez que nous sommes chez les Dodds à Mersine. Cela vous soulagera et dissipera votre anxiété. Mais nous ne pouvons encore vous envoyer un câblogramme optimiste et rassurant. D'abord, ce ne serait pas la vérité! Ensuite, il ne faut envoyer aucune nouvelle qui, publiée dans un journal, serait susceptible de faire croire au monde que tout danger est passé ici; les Puissances pourraient atténuer la pression diplomatique qu'elles exercent à Constantinople; elles pourraient même rappeler leurs navires de guerre ou arrêter ceux qui arrivent. Herbert envoie des nouvelles par Chypre en contrebande. Il se rend compte de l'importance de chaque mot télégraphié. C'est pourquoi nous ne vous câblons pas. On craint encore une seconde explosion pire que la première. Le massacre n'est pas fini. (...)

Après déjeuner, deux transports turcs apparurent au large de Mersine. Ils passèrent à travers la ligne des cuirassés et commencèrent tout de suite à débarquer des troupes dans les petits bateaux qui allèrent immédiatement à leur rencontre. Des fenêtres des Dodds nous pouvions voir les remorqueurs et les mahonnes revenir chargés de soldats. Les vagues et les fez couleur de sang étincelaient au soleil. (...)

Ils avaient bien mauvaise mine, ces soldats, mal habillés, mal chaussés, coiffés de vieux fez sales et passés. On nous dit qu'ils venaient de Beyrouth pour rétablir l'ordre en Cilicie. Ils avaient pris part au mouvement macédonien de l'été dernier. Leurs officiers adhéraient au mouvement «jeune-turc». On pouvait compter sur eux pour arrêter toute nouvelle tentative de massacres. Une effervescence régnait dans la ville. Des groupes excités discutaient à haute voix. Herbert et moi avions soif de nouvelles. Nous apprîmes que l'armée de Mahmoud Chefket pacha était en marche vers Constantinople. Les régiments étaient alignés dans la rue principale qui mène à la gare. Il y avait quelque chose, mais nous ne savions pas quoi. Tout à coup, d'une seule voix, ils poussèrent des acclamations que la foule reprit. La musique joua, puis les régiments continuèrent leur marche.

Dans une boutique grecque nous apprîmes la nouvelle. «Ne comprenez-vous pas? nous dit le propriétaire étonné. Abdul Hamid a été dépose et son frère qu'il gardait en prison a été proclamé sultan. Les soldats acclamaient Mehemed V. Les autorités ont caché la nouvelle jusqu'a l'arrivée des loyales troupes du nouveau régime.»

Il y eut, tout le reste de l'après-midi, une certaine anxiété. Les chrétiens étaient nerveux, les Grecs et les Syriens aussi bien que les Arméniens. Les Anglais ont débarqué quelques fusiliers marins et ont établi un poste de signaux au sommet d'une maison, tout près de chez nous. Des gens arrivent pour chercher un refuge à la Mission américaine. Des rumeurs circulent au sujet d'un second massacre à Adana ce matin.

Helen D. Gibbons: Les Turcs ont passé par là!...
Paris 1918, p. 133–137.

★

The Adana Massacres

Constantinople, April 27.

A telegram from Adana reports that a fresh outbreak, accompanied by looting and incendiarism, occured there during the night. The situation is described as critical.

In an account of the massacres of Christians at Adana, Mr. Gibbons, the missionary, says:–

On Friday afternoon (after the Adana outbreak) 250 so-called reserves, without officers, seized a train at Adana and compelled the engineer to convey them to Tarsus, where they contributed to the complete destruction of the Armenian quarter, the best part of Taurus. The great historic Armenian church, the most important building in the city, was sacked, the marble statues demolished, the historic tablets shattered, and everything portable carried off; but the building resisted the attempt to burn it. Fortunately few were killed, owing to the proximity of the American college, where 4,000 refugees, destitute and homeless, took shelter.

The reformed Presbyterian Churches of Ireland and Scotland have a joint mission at Antioch, Aleppo, Ildib, and Alexandretta, in Syria, and the secretary of the mission board at Belfast has received from the missionary in charge at Alexandretta, the Rev. S. H. Kennedy, the following telegram:

"At Antioch Armenians have been massacred. There are hundreds of widows and orphans. Dr. Martin and his family are safe. Here the situation is most serious. The churches are filled with refugees. Two hundred are in my house: foreigners are protected."

In view of the distress that prevails in the neighbourhood of Adana, the Friends of Armenia Society have received permission from the Foreign Office to place any funds now at their disposal for hospital or relief work, if they should wish to do so, in the hands of the British Vice-Consul for immediate use. (...)

The Times, London, 28. 4. 1909.

★

De: Les Turcs ont passé par là!...

Mersine, 29 avril

Chère mère,

Je vous ai raconté le débarquement des régiments turcs, le jour de la déposition d'Abdul Hamid. Ils allèrent à Adana le jour même et y firent un massacre plus terrible que le premier. Les Arménies avaient rendu leurs armes. Sur le conseil des oficiers des marines étrangères et confiant dans les navires se trouvant ici, à Mersine, ils acceptèrent les assurances du Gouvernement que les «désordres» étaient terminés. Ils étaient donc sans défense lorsque arrivèrent les régiments jeunes-turcs. La boucherie n'en fut que plus facile. Je vous en épargne les détails et je voudrais qu'ils m'aient été épargnés à moi aussi. La plupart de nos amis d'Adana qui avaient échappé au premier massacre ont dû périr depuis samedi dernier. Les quelques heureux qui ont réussi à gagner Mersine sont comme les envoyés qui vinrent vers Job. Adana, de nouveau envore, est un enfer. Les soldats ont mis le feu auch bâtiments de la Mission française et s'attaquent chaque nuit à quelque autre propriété étrangère. L'école américaine de jeunes filles a dû être évacuée. Les maîtresses et les élèves ont été sauvées et sont arrivées hier. Une maîtresse américaine qui avait la fièvre typhoïde arriva sur un brancard.

Herbert m'a conduite ici pour me mettre à l'abri d'une contagion possible dans une foule pareille à celle qui grouille là-bas, à Tarsous, dans notre terrain. Mais c'est maintenant pire ici, je crois. Ce matin, on nous avertit de nous préparer à gagner à tout moment le consulat de France. Les capitaines des navires, dans une réunion qu'ils ont eue hier soir, ont décidé de défendre les consulats de France et d'Allemagne en cas de désordre. Ils ont notifié aux autorités que si des massacres commençaient à Mersine, trois cents marins anglais, français et allemands débarqueraient avec des mitrailleuses pour protéger les étrangers. L'idée est de réunir tous les étrangers et d'abandonner les Arméniens et les autres chrétiens à leur sort. Naturellement, nous ne pouvons approuver un pareil plan. Les Dodds n'abandonneraient en aucun cas ceux qui se sont réfugiés chez eux. En tout cas, nous, Américains, ne sommes conviés que par courtoisie. Les navires des autres grandes puissances sont là. Les nôtres sont supposés être en route. Mais nous ne les avons pas encore vus. La nouvelle administration continuera-t-elle la politique indolente de M. Roosevelt qui refusa toujours de rien faire pour les Américains et les intérêts américains dans ces pays? Je croyais que les missionnaires attendaient aide et protection de Washington. Je sais maintenant que les États-Unis ne sont connus en Turquie que par leurs missions. Si notre drapeau a un certain prestige, nous le devons à des hommes comme Daddy Christie et pas le moins du monde à notre ambassade de Constantinople ou à quelques consuls dispersés çà et là.

À la gare, les soldats renvoient les quelques Arméniens qui se sont glissés dans les trains à Adana et à Tarsous. De très loin on voit du chemin de fer les croiseurs dans la rade, battant pavillon des puissances protectrices qui ont solennellement fait reconnaître dans le traité de Berlin le droit des Arméniens à la vie et à la liberté. On n'attend rien de la Russie à laquelle le traité fut imposé. Mais l'Angleterre, la France, l'Allemagne, l'Autriche, l'Italie ont toutes leurs navires à Mersine. Les réfugiés arméniens, fuyant les massacres d'Adana qui ont eu lieu à la barbe des puissances, voient ces cuirassés en arrivant à la gare de Mersine. Mais les soldats turcs, qui appartiennent aux mêmes régiments qui ont perpétré les massacres d'il y a trois jours, leur barrent la route et les renvoient à la mort.

Herbert et moi nous allons au-devant des trains voir s'il n'y a pas moyen de faire passer un ami en contrebande. C'est ainsi qu'hier nous avons fait passer H. B... Le chef de gare suisse, M. B..., remontra vivement à Herbert que ce n'était pas là une place pour sa femme. «Il peut, dit-il, y avoir à l'instant une effusion de sang si un réfugié résiste.» Mais je tins ferme. Je savais que H. B... était probablement dans le train. Il avait de l'argent pour acheter bien des complaisances et voyageait en première. Juste comme le train s'arrêtait, je montai dans le compartiment de première. J'en sortis de l'autre côté, m'appuyant de toutes mes forces sur le bras de H. B... Nous quittâmes la gare par la salle d'attente et personne ne nous dit rien ni ne nous arrêta. H. B... était sauvé. Herbert n'aurait pu le faire. Les Turcs, avec toute leur cruauté, ont un curieux entiment de chevalerie sur lequel j'avais compté. Je ne m'étais pas trompée. H. B... garde mon bras jusque chez les Dodds. Le malheureux avait l'esprit torturé: il venait d'apprendre que son père, un riche marchand d'Alexandrette, venait d'être tué et que sa mère et sa sœur... je vous le laisse à deviner.

Mais cela n'est rien à côté de ce qui m'arriva dans l'après-midi du 27. Herbert était allé aux nouvelles au poste de signaux établi par les Anglais en face de la résidence des Doughty-Wylie. Je pensais qu'il y avait peut-être encore des oranges dans le bazar: un prétexte pour sortir, ce n'était d'ailleurs pas loin. En revenant, j'entendis: «Ne venez-vous pas à la maison, Bill Bailey?» Cela venait de quelque part et me parut curieux. Je m'arrêtai. Le murmure reprit. Cela venait d'une étroite ruelle. J'attendis que la patrouille fût passée, puis, à mon tour je murmurai: «Chaque soir les journaux disent...» Je m'arrêtai. Immédiatement la voix reprit: «Il y a un vol dans le parc.» Je décidai d'en avoir le cœur net et m'avançai. Quellques maisons plus loin, j'entendis: «Mistress Gibbons.» Sous un auvent se dissimulait un Arménien américain que j'avais rencontré l'hiver à Adana. Il était en haillons, étant venu à pied d'Adana á travers champs. Il attendait que quelqu'un qu'il connût passât pour aller dans la rue principale. S'il essayait d'aller à la Mission il serait arrêté par une patrouille. Il en passait constamment. Je lui dis d'attendre où il était. Je revins chez les Dodds et je mis l'imperméable de Herbert, avec une casquette dans la poche. Je revins à ma ruelle. Le réfugié se revêtit du manteau qui le couvrait entièrement. Je lui dis de bien rabattre la casquette sur ses oreilles. Il revint avec moi. Tout se passa bien. Il a de l'argent et un passeport américain qui ici n'a aucune valeur. Comme il peut payer, nous espérons réussir à le faire passer à bord d'un navire.

Presque tous ceux qui parviennent à Mersine sont des femmes ou des enfants. Les hommes sont abattus aussitôt qu'on les voit. Tous les réfugiés chez les Dodds sont de mon sexe: toutes veuves, orphelines ou sans enfants. Nous savons maintenant que toute la différence entre les Jeunes et les Vieux-Turcs consiste en ce que les Jeunes sont plus énergiques et plus décidés dans leurs massacres. Aucun n'échapperait si les Arméniens ne ressemblaient tellement, par l'air et le costume – et souvent par le langage, – aux Turcs eux-mêmes.

Mon docteur a pu partir pour Chypre avec sa famille, le lendemain de son arrivée. Je l'engageai vivement à partir. N'avais-je pas miss Talbot? D'ailleurs, pouvais-je supporter la responsabilité de le faire rester juste à cause de moi? Il est parti au bon moment. Maintenant, c'est à peu près impossible. L'échelle est gardée. Les Jeunes-Turcs prennent des «mesures sévères» pour écraser la révolte. Les Arméniens qui essaient de s'échapper de l'enfer d'Adana sont traînés devant la cour martiale. D'après le raisonnement turc, essayer d'éviter la mort est une preuve de culpabilité pour un Arménien.

En écrivant ces horreurs – il y a quelques semaines j'aurais cru cela impossible – je vois de ma fenêtre la demi-lune que forme la ligne des navires de guerre dans la rade. Des pinasses font la navette entre le rivage et les navires. A cela se borne leur activité.

Helen D. Gibbons: Les Turcs ont passé par là!...
Paris 1918, p. 138–145.

★

The Massacres in Asia Minor

Narrative by Dr. Chambers

Reuter's Agency has received a telegram from Dr. W. N. Chambers, the head missionary at Adana. It is dated Mersina, May 1, and says:–

"A terrible massacre began on Wednesday, the 14th, but was somewhat mitigated on the 16th in Adana, but continued in the out-district. The following week arrangements were begun for the relief of 15,000 destitute. Over 300 wounded were crowded into the emergency hospital. The massacre was furiously renewed on Sunday. On the 25th the soldiers and Bashi-Bozouks turned a terrible fusillade on the Armenian school harbouring nearly 2,000 refugees. It was soon ablaze and the refugees escaping were shot at as they showed themselves. Many also perished in the flames. Then followed a devastating conflagration continuing unabated till Tuesday morning, destroying four churches and their schools and hundreds of houses in the most populous parts, leaving thousands of people homeless and penniless. Goods escaping the flames were stolen.

"On Monday the British Consul, his arm in a sling, was active in inducing the Government to restore order and rescue the refugees from the burning district. The American mission house and school and the Jesuit Sisters' school were in imminent danger from fire, but are so far safe. The Jesuit fathers' church and school were burnt. On Monday evening over 20,000 people took refuge in a couple of large factories... On Wednesday morning... rations were issued, one-third of a pound of rice and a quarter of a pound of bread each to the crowds who had nothing to eat for three days. The Government relief measures are absolutely inadequate, and the measures for protecting life and property are inefficient. Some troops are engaging in pillage... Over 250 pound sterling is needed daily to feed the people now starving."

The Times, London, 4. 5. 1909.

★

De: Les Turcs ont passé par là!...

Le 27 mai...

(...)
Depuis que j'ai pu tranquillement me reposer étendue sur le dos, j'ai décidé de rayer de ma vie ce mois d'avril 1909. Herbert et moi, nous n'échangeons jamais de souvenirs à ce sujet. Nous ne nous disons pas ce que nous avons vu ni ce que nous avons fait ou senti. Herbert ne m'a jamais dit son histoire complète et il ne me demande pas la mienne.

Naturellement, nous ne pouvons nous soustraire aux résultats physiques des épreuves que nous avons traversées. De même que les cheveux de Herbert ont blanchi, il doit y avoir aussi quelque chose de changé en nous-mêmes. Le temps seul nous dira cela. Mais ce que nous comprenons bien aujourd'hui, c'est notre responsabilité envers les Arméniens. Nous devons travailler en Egypte, en France, en Angleterre, en Amérique pour que le monde entier sache ce que les Arméniens ont souffert et ce qu'ils souffriront encore sous le régime turc. Nous voyons aussi trop clairement le cynisme et la cruauté de la diplomatie européenne. Les diplomates sont la cause des massacres autant que les Turcs. Toutes les grandes puissances sont également coupables, sans distinction. Oui, en Angleterre, en France, en Allemagne, tout cela est égal aux gens; cela ne les touche pas parce que cela se passe trop loin. Ils ignorent les horribles résultats de la politique égoïste poursuivie par les hommes qui sont à la tête des affaires. Je pense toujours à du sang quand on parle de la diplomatie européenne.

Nous espérons que vous viendrez nous rejoindre en France le mois prochain. Nous ne parlerons pas des massacres ni à vous ni à personne, si ce n'est pour aider le fonds de secours arménien et pour montrer la faiblesse et les méfaits de la diplomatie des puissances en Turquie. Herbert et moi sommes sauvés et nous avons eu notre cher bébé. Notre vie est devant nous et nous en sommes heureux. Nous voulons employer notre temps et notre énergie à de nouveaux devoirs et à de nouveaux problèmes. Peut-être est-ce là l'esprit de la jeunesse. Mais nous sommes jeunes et, ce qui nous intéresse, c'est la génération de notre enfant. La nouvelle vie date du 5 mai, jour où elle nous arriva.

Devineriez-vous à lire cette longue lettre que j'écris ce qui va arriver cet après-midi? Je puis écrire parce que je suis, par ordre, immobilisée au lit. Je suis étendue paresseusement dans mon lit, une île entourée de bagages de tous côtés. Près de moi, des valises. Près de la porte, des malles et des ballots. Le bateau russe part ce soir. Il nous mènera à Beyrouth où nous prendrons le bateau italien qui démarre samedi ou peut-être le *Portugal* des Messageries annoncé pour lundi. Songez! Aller en Égypte pour avoir moins chaud, en plein été!

Notre année est finie. Nous avions l'intention de quitter vers juin de toute manière. Je me porte à merveille et j'ai rapidement recouvré mes forces. La chaleur arrive et nous avons peur d'une quarantaine à Beyrouth ou à Port-Saïd si une épidémie se déclare quelque part. C'est pourquoi il est urgent pour nous de partir tout de suite. Herbert, de professeur de collège, est devenu journaliste. Il s'est arrangé pour faire passer à Chypre des nouvelles qui peuvent être télégraphiées à Paris sans passer par la censure. Il a fait tout ce qu'il a pu et beaucoup de bien a pu être fait grâce à la publicitié. Grâce à nous, quand vous ouvrez votre journal, vous ne lisez pas ces simples mots: «Nouveaux troubles en Arménie.» Maintenant, il faut que Herbert et moi racontions notre histoire et apportions notre témoignage aussi convaincant que possible. Il faut aussi qu'il passe sous les yeux du plus grand nombre d'hommes possible. Nous détestons la réclame personnelle, mais il ne s'agit pas de cela.

―――――

Helen D. Gibbons: Les Turcs ont passé par là!...
Paris 1918, p. 154–158.

★

De: La Société des Nations et les Puissances devant le Problème Arménien

(...) La division, toujours plus accentuée, des grands États européens en deux camps hostiles paralysait l'intervention d'humanité. Les réformes, accordées par Abdul-Hamid sous la pression de la France, de l'Angleterre et de la Russie, restèrent sur le papier, et la masse arménienne, en sortant de la terrible crise, se retrouva sous l'ancien régime d'exploitation systématique et d'extermination individuelle.

Devant la passivité des Puissances, les intellectuels arméniens fondèrent une dernière espérance sur une entente loyale avec les libéraux turcs qui commençaient à s'organiser contre la tyrannie d'Abdul-Hamid et qui inscrivaient sur leur drapeau l'égalité absolue de tous les citoyens de l'État ottoman. Les révolutionnaires arméniens Dachnaktzakan furent les fidèles compagnons de lutte des Jeunes-Turcs, et, au Congrès que tint, à Paris, en décembre 1907, le Comité *«Union et Progrès»*, les Arméniens seuls, de tous les allogènes de l'Empire ottoman, étaient représentés. Aussi le rétablissement de la Constitution en 1908 fut-il salué par les Arméniens avec une joie débordante et avec la ferme résolution de contribuer au maintien d'un nouvel État, non plus turc, mais vraiment ottoman. Malheureusement, en 1909, la Turquie répondit à cet enthousiasme par les *Vêpres ciliciennes*.

Les massacres d'Adana, qui coûtèrent la vie à 20,000 victimes environ, sont en effet la sombre chaîne qui lie les boucheries d'Abdul-Hamid de 1895 aux tueries organisées par les Jeunes-Turcs, en 1915. Commencés pendant le retour éphémère au pouvoir du Sultan après le coup d'Etat réactionnaire du 31 mars 1909, ils furent continués après la destitution d'Abdul-Hamid, et après l'arrivée à Adana des troupes jeunes-turques rouméliotes. L'ancien et le nouveau régime turcs communièrent dans la même haine de l'Arménien. Les sanctions furent absolument insuffisantes. Et cependant, devant les protestations d'amitié des grands chefs jeunes-turcs et devant leur promesse formelle qu'une nouvelle ère de fraternité commencerait entre les deux peuples, les hommes politiques arméniens résolurent de faire encore une fois crédit à la Jeune-Turquie et de mattre la tragédie cilicienne sur le compte de l'ancien régime.

Mais les Jeunes-Turcs tinrent si peu leur parole que, malgré la division toujours croissante entre la Triple Alliance et la Triple Entente, une nouvelle intervention d'humanité en faveur des Arméniens s'annonça dès 1912. L'initiative en fut prise par le gouvernement russe.

Voici comment s'exprime, sur l'état de la question arménienne à ce moment, une dépêche, datée du 26 novembre 1912 et émanant de M. de Giers, ambassadeur de Russie à Constantinople, dépêche qui ouvre le Livre orange russe sur les Réformes en Arménie publié en 1915:

«Depuis les mémorables années 1894–1896 où les massacres barbares des Arméniens ensanglantèrent l'Asie Mineure et Constantinople, la situation ne s'est aucunement améliorée. Le décret de réformes pour les provinces arméniennes, promulgué par le Sultan Abdul-Hamid le 20 octobre 1895, sous la pression de la Russie, de la France et de l'Angleterre, est resté lettre morte. La question agraire devient de jour en jour plus aiguë: la plus grande partie des terres a été usurpée ou est en train de l'être par les Kurdes, et les autorités, au lieu de s'opposer à ces usurpations, les protègent et les facilitent. Tous nos consuls s'accordent à dénoncer les brigandages et rapines incessants des Kurdes, les meurtres commis par eux sur les Arméniens, et les conversions forcées des femmes arméniennes à l'Islamisme».

André N. Mandelstam, Docteur en Droit International de l'Université de Pétrograd, Membre de l'Institut de Droit International, Professeur à l'Académie de Droit International de La Haye, Ancien Premier Drogman de l'Ambassade de Russie à Constantinople, Ancien Directeur au Ministère des Affaires Etrangères de Russie: La Société des Nations et les Puissances devant le Problème Arménien.
Paris 1926, p. 38–39.

★

Посолъ въ Турціи Министру Иностранныхъ Дѣлъ

Константинополь 26 Ноября 1912 года (9. 12. 1912, Новый стиль)

(Депеша)

Ваше Высокопревосходительство уже освѣдомлены о настоящемъ положеніи армянскаго вопроса въ Турціи какъ изъ донесеній Гофмейстера Чарыкова, такъ и моихъ. Съ памятныхъ годовъ 1894-1896, когда армяне подверглись варварскому избіенію въ Малой Азіи и въ самомъ Константинополѣ, - положеніе это нисколько не измѣнилось къ лучшему. Декретъ о реформахъ въ армянскихъ провинціяхъ, изданный Султаномъ Абдуломъ Хамидомъ 20 Октября 1895 г. подъ давленіемъ Россіи, Франціи и Англіи, остался мертвой буквой. Аграрный вопросъ обостряется съ каждымъ днемъ: большинство земель захвачено и захватывается курдами, и власти не только не препятствуютъ, но даже покровительствуютъ и содѣйствуютъ этимъ захватамъ. Консула наши единодушно свидѣтельствуютъ о непрекращающихся разбояхъ и грабежахъ курдовъ, объ убійствахъ ими армянъ и о насильственныхъ обращеніяхъ армянскихъ женщинъ въ исламъ, при чемъ виновники безчинствъ почти никогда не привлекаются къ отвѣтственности. Такриръ, представленный Армянскимъ Патріархатомъ въ Константинополѣ Высокой Портѣ и Министру Юстиціи, рисуетъ вѣрную картину бѣдствій и притѣсненій, которымъ подвергаются армянскіе подданные Султана. (...) (Подп.) *Гирсъ*

Ministerstvo Inostrannych Del. Sbornik Diplomatičeskich Dokumentov.
Reformy v Armenii. 26. 11. 1912–10. 5. 1914
Petrograd 1915.
Ministry of Foreign Affairs. Diplomatic Documents.
Reforms in Armenia. 26. 11. 1912 [9. 12.]–10. 5. 1914 [23. 5.]
Petrograd 1915, No. 1, p. 3.

The Kurdish Outrages

APPEAL BY THE ARMENIAN PATRIARCH

From our own Correspondent

Constantinople, Dez. 19.

A large number of Greek refugees from the Dardanelles have arrived here. They tell harrowing stories of their sufferings. I learn that the Grand Vizier has instructed the Pashas now at the Dardanelles on a tour of inspection to visit Gallipoli and Sharkeui and to report on the state of affairs there.

The Armenian Patriarch to-day visited the Minister of the Interior, to whom he protested against the violent anti-Armenian diatribes in which certain Turkish journals, notably the *Ikdam* and the *Alemdar*, have recently indulged. The phrase addressed to the Armenians in one of these newspapers, "Armenians, keep quiet, lest your blood splash higher than your heads", is an interesting sample of the style of these attacks. The Patriarch further drew the attention of the Minister to the unsatisfactory state of affairs in parts of Asia Minor. Murders and attacks on Armenian villages were of constant occurence there, but every mention of these events met with a démenti from the Military Press Bureau. "Démentis", said the Patriarch, "merely encourage assasins. Strong measures are required if the unfortunate Armenians, who shed their blood in the present war as readily as the Turks, are to be protected."

The Patriarch's statement in regard to the Armenian troops is amply borne out by Nazim Pasha, who recently made a declaration to the effect that the Armenian soldiers had done their duty as well as the Turks, and that there were practically no cases of panic among them.

But when foreign writers of the eminence of Pierre Loti repeat the calumnies made concerning the Armenian troops by certain Turks of the baser sort, repudiated by all the best elements in the country, it is too much to expect the Kurd derebeys to be much impressed with the Generalissimo's declarations.

The Times, London 20. 12. 1912.

★

Вице-Консулъ въ Баязидѣ Министру Иностранныхъ Дѣлъ

Баязидъ 20 Декабря 1912 года (2. 1. 1913, Новый стиль)

(Телеграмма)

Среди курдовъ броженіе, вызванное слухами о предстоящихъ реформахъ въ Арменіи. Проживающій здѣсь шефъ аширета Джелаль руссофобъ

Шейхъ Ибрагимъ приказалъ своимъ курдамъ приготовиться къ рѣзнѣ армянъ и приступить къ ней, какъ только онъ распорядится. Армяне въ паникѣ.
(Подп.) *Акимовичъ*

Ministerstvo Inostrannych Del. Sbornik...
Petrograd 1915, No. 9, p. 19.

★

Armenian Orphanage Burned

The Armenian orphanage at Hadjin has been partially burned, according to one account by soldiers, to another by Kurds, who were searching for deserters said to have taken refuge in the building. Telegrams from Van and Sighert state that relations between the Armenians and the surrounding Moslem population are strained.

The Times, London, 6. 2. 1913.

★

Internal Conditions of Turkey

THE STATE OF KURDISTAN

From our own Correspondent

(...) *Constantinople, April 3.*
Meanwhile the state of Kurdistan is growing rapidly worse. In the Bitlis and Diarbekir region the Kurdish chiefs and their armed followers are defying the local authorities, who are powerless owing to the lack of sufficient military force. The Kurd leaders have given their followers the mot d'ordre to abstain from all attacks upon Christians. (...)

The Times, London, 5. 4. 1913.

★

Консулъ въ Битлисѣ Послу въ Турціи

Битлисъ 31 Марта 1913 года (13. 4.)

(Телеграмма)

Въ ночь на эту субботу Курдъ Муктадъ былъ кѣмъ-то смертельно раненъ и отнесенный въ мѣстный Караколъ скончался. На другое утро курды принесли трупъ въ Хукуметъ и крича, что убійцею былъ армянинъ, требовали его повѣшенія; угрожали избіеніями армянъ и пугали властей. Полиція арестовала 7 армянъ по подозрѣнію въ убійствѣ. Возбужденные-же курды ранили въ кварталѣ Комсѣ 4 армянъ, но изъ тѣхъ курдовъ никто не арестованъ. Среди армянъ царитъ боязнь избіеній. Въ Битлисѣ имѣются лишь 120 турецкихъ солдатъ, которые въ случаѣ безпорядковъ окажутся безсильными.

(Подп.) *Ширковъ*

★

Генеральный Консулъ въ Эрзерумѣ Послу въ Константинополѣ

Эрзерумъ 6/19 Апрѣля 1913 года (19. 4.)

(Телеграмма)

Въ Редванѣ, Мидіатѣ, Джезирѣ и Хасанкефѣ на берегахъ Тигра курды возстали подъ предводительствомъ сына Бедръ-Хана-Бека; всякое сообщеніе указанныхъ мѣстностей съ Діарбекиромъ прервано. Возставшіе разграбили Яковитскій монастырь Даръ-Махоръ, церковь въ селеніи Дафнэ и армянскую церковь въ Хасанкефѣ. Мардинскій Мутесарифъ выступилъ противъ возставшихъ.

(Подп.) *Адамовъ*

Ministerstvo Inostrannych Del. Sbornik...
Petrograd 1915, No. 17, p. 28 and No. 18, p. 29.

★

The Threatened Trouble in Armenia

Constantinople, April 30.

At a special meeting to-day the Lay Council of the Armenian Patriarchate discussed the recent refusal of the Minister of the Interior to receive a deputation from the Patriarchate entrusted with the mission of bringing to the notice of the Minister the situation in the provinces inhabited by Armenians and to urge remedies. The Council decided to despatch a fresh deputation, headed by the Patriarch himself, this time to the Grand Vizier, in order to complain of the attitude of Hadji Adil Bey and to insist on the removal of a number of Valis, the prompt punishement of the brigands infesting those provinces, and the execution of the promises made that measures should be taken to ensure public security.

In the event of there being no improvement in the situation the Patriarch and both Councils of the Patriarchate have resolved to resign.

The Times, London, 1. 5. 1913.

Консулъ въ Битлисѣ Послу въ Константинополѣ

Битлисъ 1 Мая 1913 года (14. 5.)

(Телеграмма)

Курды безнаказанно убиваютъ и грабятъ армянъ.

2 Армянъ убиты въ округѣ Сливанъ Діарбекирскаго вилаета, въ Мушѣ скончался отъ нанесенныхъ курдами ранъ сборщикъ податей армянинъ Хосровъ, въ Самсунѣ убитъ армянинъ, въ округѣ Харзана курдами Чато Бешара убитъ Сиріякъ, въ Татикэ около селенія Баклана курдами Сеида Али убитъ армянинъ; курдъ по имени Ферикъ, сынъ офицера Хамидіе Али Аги, убилъ въ селеніи Авранэ Мушской долины армянина Коло. Курды угнали скотъ изъ селенія Сюремъ, курды дервиша Искана въ Сердэ угнали скотъ изъ селенія Джанэкянъ. Курды Нахіи Хоюда угрожаютъ армянамъ избіеніями, если тѣ не передадутъ своихъ полей первымъ, а сами не выселятся. Въ округахъ Хизанэ и Эруна образовались 3 банды вооруженныхъ курдовъ, которые терроризируютъ армянъ; ими изъ селенія Кіолэ уведены 4 армянъ, изъ коихъ одинъ освободился за выкупъ въ 25 лиръ. Положеніе армянъ невыносимо; въ округахъ Хизанэ, Эрунэ и Татикэ они боятся выходить изъ домовъ для обработки полей. Курды Эрунэ требуютъ съ армянъ за разрѣшеніе обработать ихъ-же поля 100 лиръ или выдачи курдамъ одной армянки изъ селенія Саруана. Армяне селенія Саруана въ округѣ Эрунэ отъ курдскихъ угрозъ и злодѣяній ушли въ числѣ 72 домовъ со всѣмъ имуществомъ въ селеніе Ваникъ Татикскаго округа, чтобы эмигрироватъ въ Россію, но каймакамъ селенія Ваника удержалъ армянъ и отправилъ старѣйшихъ изъ нихъ къ вали Битлиса. Турецкія власти безсильны.

(Подп.) *Ширковъ*

Ministerstvo Inostrannych Del. Sbornik...
Petrograd 1915, No. 21, p. 31–32.

★

Fears of the Armenians

INCITEMENTS BY COMMITTEE ORGANS

From our own Correspondent

Constantinople, May 17.

My account of the interview between the Armenian delegation under the presidency of the Patriarch and Mahmud Shevket Pasha contained certain statements to which the censor obviously objected but for which I have good warrant. Mahmud

Shevket's statement that gendarmes from the European provinces were being sent to Anatolia failed to tranquilize Mgr. Arsharuni, who remarked that these gendarmes had been accused of excesses and undue severity in the Rumelian vilayets of late, and expressed the hope that they would not repeat their previous conduct at the expense of the Armenians. The Grand Vizier replied that the population of Macedonia provoked the gendarmerie, but that the Armenians, who were loyal folk, had nothing to fear. He further expressed the opinion that the Armenian Patriarchate had not behaved quite correctly in laying its grievances before foreign Embassies.

It is difficult to resist the impression that the Government is either disinclined to take the Armenian question as seriously as it deserves or is contending with influences adverse to reform among its own supporters. The Committee organ *Tarsus* has followed the baneful precedent of the notorious *Itidal* in Cilicia, while at Baghdad a brochure of a nature to excite disturbance which had been printed by the Government printing press but withdrawn from circulation in consequence, it appears, of the complaints of the foreign Consuls-General, has been published in part, despite the official prohibition, by the local Committee organ *Ex-Zahur*. (...)

The Times, London, 19. 5. 1913.

★

Консулъ въ Битлисѣ Послу въ Константинополѣ

Битлисъ 16 Мая 1913 года (29. 5.)

(Телеграмма)

Въ селеніи Дивъ-Хизанѣ курдами убиты трое армянъ, въ деревняхъ Гаргары одинъ, въ селеніи Баниджанэ округа Нервари убиты 4 и ранено 4 армянъ; въ селеніи Джумэ округа Эруна курдами Халидомъ-Рамо-Оглу и дервишемъ Чанке Оглу убитъ армянинъ Гукасъ, которому отрѣзаны уши и съ кожею отдернуты къ подбородку. Курдъ Муса Бей угрозами, требованіями денегъ и передачи земель, заставилъ армянъ селенія Авзуда въ Мушской долинѣ бѣжать въ другія деревни. Для защиты сиріяковъ селенія Гендзу никакихъ энергичныхъ мѣръ властями не принято.

(Подп.) *Ширковъ*

Ministerstvo Inostrannych Del. Sbornik...
Petrograd 1915, No. 28, p. 37.

★

Посолъ въ Турціи Министру Иностранныхъ Дѣлъ

Константинополь 8 Іюня 1913 года (21. 6.)

(Депеша)

Имѣю честь препроводить къ Вашему Высокопревосходительству предварительный проектъ (Avant-Projet) реформъ для Арменіи, выработанный по моему порученію Первымъ Драгоманомъ ввѣреннаго мнѣ Посольства, Ст. Сов. Мандельштамомъ. Согласно моимъ указаніямъ, въ основаніе этого труда положены меморандумъ и проектъ реформъ трехъ Пословъ 1895 года, Султанскій Декретъ 20 Октября 1895 года, законопроектъ Европейской Коммиссіи 1880 года и Ливанскій Протоколъ и Регламентъ.

Предварительный проектъ, выработанный Г. Мандельштамомъ, былъ внесенъ имъ въ подготовительную коммиссію, образованную изъ делегатовъ Посольствъ Державъ Тройственнаго Согласія и состоящую, кромѣ него, изъ Перваго Драгомана Великобританскаго Посольства Г. Фицмориса и Секретаря Французскаго Посольства Графа Сенъ-Кантэн'а. Обсудивъ проектъ, подготовительная коммиссія присоединилась къ его положеніямъ.

Вслѣдъ затѣмъ предварительный проектъ былъ разсмотрѣнъ Послами Державъ Тройственнаго Согласія. Сэръ Джеральдъ Лоудеръ и Г. Боппъ всецѣло одобрили проектъ, внеся въ него лишь нѣсколько несущественныхъ измѣненій.

Такимъ образомъ, между моими Французскимъ и Англійскимъ Коллегами и мною установилось полное единомысліе во взглядахъ на основныя начала, коими намъ надлежитъ руководствоваться въ армянскомъ вопросѣ. Въ самомъ непродолжительномъ времени я предполагаю внести проектъ на обсужденіе совѣщанія Пословъ Великихъ Державъ, если ими получены будутъ необходимыя на то указанія. Какъ я имѣлъ уже честь доносить, таковыхъ еще нѣтъ у моего Великобританскаго Сотоварища. Что же касается Представителей Тройственнаго Союза, то инструкціи ихъ уже извѣстны Вашему Высокопревосходительству изъ телеграммы моей отъ 30 Мая.

(Подп.) *Гирсъ*

Приложеніе

Constantinople le 8 juin 1913

AVANT-PROJET des réformes à introduire en Arménie, élaboré par M. A. Mandelstam, Premier Drogman de l'Ambassade Impériale de Russie à Constantinople, sur la base

du *memorandum des Ambassadeurs* de France, de Grande Bretagne et de Russie à Constantinople sur les réformes en Arménie (Mars–Avril 1895),

du *Projet de réformes* administratives à introduire dans les provinces arméniennes, élaboré par les Ambassadeurs de France, de Grande Bretagne et de Russie à Constantinople (Mars–Avril 1895), du *Décret sur les réformes* en Arménie promulgué par S. M. I. le Sultan en date du 29 Octobre 1895,

du *Projet de loi des Vilayets* de la Turquie d'Europe du 11–23 Août 1880, élaboré par la Commission Européenne,

de la *Loi des Vilayels* de 1913

et des *protocoles et règlements relatifs au Liban.*

I

§ 1. – Il sera formé une seule province des six vilayets suivants: Erzeroum, Van, Bitlis, Diarbekir, Kharpout, Sivas, à l'exclusion de certaines parties situées sur les confins, savoir: Hekkiari, les parties Sud de Séert, de Bichérik et de Malatia et la partie Nord-Ouest de Sivas. (...)

XXII

Les Puissances s'assureront de l'exécution de toutes ces dispositions.

(Comp. art. VIII du memorandum de 1895; art. 32 du Décret du 20 Octobre 1895; art. 14 du Règlement Crétois de 1896).

Ministerstvo Inostrannych Del. Sbornik...
Petrograd 1915, No. 50 + Annexe, p. 51–60.

★

Reforms in Armenia

A deputation, introduced by Mr. T. P. O'Connor, M. P., and Mr. Annan Bryce, M. P., aited on Sir Edward Grey yesterday on behalf of the Armenia Committee, and presented the following Memorial in support of reforms in Armenia: –

We desire to call the attention of our fellow-countrymen and of his Majesty's Government to the duty which Europe owes to Armenia. The people of the Armenian race have long suffered as cruelly as any of the hitherto subject races of European Turkey, and it is the action of the Great Powers, and especially of Great Britain, which has caused them to remain under Turkish misgovernment for the last 30 years and more. In 1878 Russia occupied the Armenian provinces, and proposed to hold them until Turkey had established a tolerable government. The Berlin Treaty forced Russia to evacuate them, and the Powers accepted promises of reform which Turkey has never carried out. Great Britain in particular, by the Cyprus Convention, took pledges from Turkey for such good government, undertook to defend the Turkish territories in Asia Minor, and received Cyprus as a basis to enable her to carry out her obligations. From that day to this no real reforms have been carried out. ... Experience has shown that the only guarantee for the better government of any subject population in the dominions of Turkey lies in effective European control.

(...) That the Turkish Government may demur to such European control is possible; but its immediate financial necessities will require a loan, or an increase of Customs duties, or both; and for these it must look to the good will of the Great Powers. These have, therefore, ready to hand a means whereby they can secure the only real guarantee for reforms. But if Turkey has learned any wisdom from all her troubles she will need no compulsion, but will welcome European aid and control without which she can do nothing. It is evident that nothing but good government in Armenia and in Asiatic Turkey generally can save that country from early dissolution. That such a break-up of Asiatic Turkey would be of the greatest danger to the peace of Europe is another reason why the Great Powers should take the present opportunity of Ambassadorial and Financial Conferences to fulfil their long-neglected duty. We urge that the British Government, as it bears historically the greatest responsibility, shall be first among them to see that this most urgent question is not left unsolved.

The signatures to the Memorial include 14 dignitaries of the Church of England, four leading Nonconformist Divines, five peers, 24 members of the House of Commons, and a number of other prominent personages.

The Times, London, 15. 8. 1913.

★

Посолъ въ Турціи Министру Иностранныхъ Дѣлъ

Константинополь, 14 Августа 1913 года (27. 8.)

(Депеша)

По сообщеннымъ мнѣ свѣдѣніямъ, Товарищъ Великобританскаго Статсъ-Секретаря по Иностраннымъ Дѣламъ, сообщивъ на дняхъ Турецкому послу въ Лондонѣ списокъ совершенныхъ въ Арменіи преступленій, обратилъ его вниманіе на опасность для Турціи и ея восточныхъ провинцій отъ повторенія подобныхъ прискорбныхъ дѣяній, свидѣтельствующихъ объ отсутствіи спокойствія и безопасности въ тѣхъ краяхъ и могущихъ подать поводъ къ постороннему вмѣшательству. Стремясь, по его словамъ, къ сохраненію неприкосновенности азіатскихъ владѣній Турецкой Имперіи, Великобританское Правительство совѣтуетъ Портѣ произвести немедленное слѣдствіе и наказать виновныхъ.

По полученіи донесенія Тевфика Паши, Великій Везирь передалъ означенный списокъ Министерствамъ Внутреннихъ Дѣлъ, Юстиціи и Военному, давъ при этомъ распоряженіе сдѣлать все необходимое для удовлетворенія желанія Англіи и доставитъ ему свѣдѣнія о результатѣ слѣдствія для сообщенія таковыхъ Великобританскому Правительству.

(Подп.) *Гирсъ*

Ministerstvo Inostrannych Del. Sbornik...
Petrograd 1915, No. 64, p. 81–82.

Historique de la Question Arménienne

Les Arméniens qui habitent le vilayet d'Erzeroum, les parties septentrionales des vilayets de Van, de Bitlis, de Diarbékir, la partie orientale du vilayet de Sivas (Arménie turque), le vilayet d'Adana et le nord du vilayet d'Alep (Cilicie), forment une population chrétienne entourée de tous côtés de populations musulmanes comprenant, en grande partie, des tribus nomades.

Dans ces contrées lointaines et perdues de l'Asie, les Arméniens, depuis deux mille ans, sont les représentants de la civilisation occidentale, d'abord comme chrétiens, ensuite par leur culture. Placés sous la dimination ottomane depuis six siècles, leur histoire n'est qu'un long martyrologe. Beaucoup, pour conserver leur vie et leurs biens, ont dû embrasser l'islamisme (districts de Tortoum, d'Ispir, de Baïbourt, dans le vilayet d'Erzeroum, en 1820; de Khoyt, de Silvan dans le vilayet de Bitlis, en 1800; districts de Hamchène, de Yainbol et de Karadéré dans le vilayet de Trébizonde, en 1830). Un grand nombre d'entre eux a émigré en Russie (en 1830, 1856, 1878); à Marseille (de 1878 jusqu'en 1905); aux États-Unis (de 1878 jusqu'en 1912, c'est-à-dire même après la promulgation de la constitution ottomane). Mais la grande masse arménienne est restée attachée au sol natal.

C'est dans le commencement de la moitié du siècle dernier que la diplomatie européenne s'occupa d'eux, pour la première fois. Ce fut à l'occasion du soulèvement de Zeïtoun (Intervention française de 1867).

De 1867 jusqu'à la guerre russo-turque, c'est-à-dire pendant une période de dix ans, on n'entendit plus parler des Arméniens. L'Europe, bien que témoignant quelque intérêt pour les chrétiens de Turquie en général, oubliait ceux qui habitaient ses provinces orientales. Seule, la Grande-Bretagne, se tenait au courant du sort des Arméniens en Anatolie. C'était pour y faire contrepoids à l'influence russe.

Pendant la guerre russo-turque, à la suite de l'écrasement de ses armées, la Turquie, abandonnée de tous les côtés, craignit un moment que les exigences du vainqueur n'allassent jusqu'à demander l'annexion de ses vilayets asiatiques de Diarbékir et de Sivas. Elle poussa les Arméniens à réclamer, pour les provinces habitées par eux, une autonomie politique sous la souveraineté ottomane. C'était, à ses yeux, le seul moyen d'arrêter définitivement l'invasion russe dans la Turquie d'Asie, en y créant une espèce d'état tampon (novembre 1877). L'arrivée de l'escadre britannique devant Constantinople, en dissipant ses craintes, permit à la Turquie de revenir sur une décision que le désespoir seul lui avait dictée. Au cours des négociations de paix qui eurent lieu à San-Stéfano, elle repoussa le texte proposé par les plénipotentiaires russes et rédigé à la suite des sollicitations arméniennes. Dans la rédaction définitive de l'article 16 du traité de San-Stéfano, la formule «autonomie administrative» fut remplacée par celle de «réformes et améliorations» avec, pour garantie, l'occupation russe.

Au Congrès de Berlin, grâce au concours de la Grande-Bretagne, la Turquie parvint à faire supprimer aussi la clause de l'occupation russe. Les Arméniens, à ce Congrès, avaient demandé, cette fois en opposition ouverte avec le Gouvernement turc, une autonomie administrative (Projet du Patriarcat Arménien).

Cette demande ne fut pas prise en considération et c'est ainsi que l'article 61 du Traité de Berlin vit le jour. Tout espoir d'amélioration du sort des Arméniens était perdu et le silence se fit de nouveau sur eux.

La situation dans les provinces arméniennes devint alarmante. Les six puissances, par une note collective, remise à la Sublime Porte, exigèrent l'exécution des réformes promises. La note expliquait en quoi elles devaient consister (septembre 1880). La Porte laissa cette note sans réponse.

Quelques annés se passèrent. Grâce à l'indifférence de l'Europe la persécution des Arméniens put être poursuivie avec une méthode et un esprit de suite pourtant rares en Turquie. Partout, en Arménie, les Arméniens étaient dépossédés de leurs terres. Dans leur désespoir, ils se soulevèrent à plusieurs reprises (Premiers événements de Sassoun, 1894). La Sublime Porte répondit par une répression sanglante et par des massacres.

Un moment, la consience européenne et chrétienne se demanda si, de tout ce sang versé, une part de responsabilité ne pesait pas sur elle. La Grande Bretagne, la France et la Russie exigèrent l'exécution des réformes que la Turquie s'était engagée à introduire dans les provinces arméniennes en vertu de l'article 61 du Traité de Berlin. Ces trois Puissances élaborèrent même un memorandum et un projet de réformes que la Porte repoussa (avril 1895). Elle leur communiqua celles qu'elle se disait décidée à mettre à exécution (Annexe H.) Uni mission fut envoyée à cet effet en Arménie, sous les orders de Chakir pacha. Entre temps, les Arméniens faisaient une manifestation devant la Sublime Porte (septembre 1895). La police turque, informée d'avance, avait armé la population musulmane. Elle donna le signal des premiers massacres des Arméniens à Constantinople, qui furent bientôt suivis des grands massacres arméniens qui ensanglantèrent les provinces asiatiques (1895–1896). Ils dépassèrent en horreur tout ce que l'histoire avait enregistré de semblable. Plus de 100,000 Arméniens périrent. C'est une erreur de croire que ces massacres ont été l'œuvre personnelle d'Abdul-Hamid. Ils furent un acte de gouvernement où tous les hommes politiques ottomans eurent leur part. Voilà de quelle façon la Porte exécuta les réformes qu'elle avait promises aux Puissances et quelle fut la mission que Chakir Pacha eut à mener à bonne fin. En face de ces scènes épouvantables, la diplomatie européenne ne fit rien ou presque rien. Quelques voix généreuses s'élevèrent pourtant en faveur des Arméniens en France, en Angleterre et en Suisse et quelques sympathies leur furent exprimées en Russie. En réalité, les Arméniens étaient réduits à ne plus compter que sur eux-mêmes. Déjà, en 1895, le Zeïtoun s'était soulevé, et avait réussi à opposer une résistance heureuse aux troupes envoyées pour l'anéantir. En 1896, le désespoir poussa un groupe de révolutionnaires arméniens à organiser la manifestation retentissante de la Banque ottomane, qui fut suivie du grand massacre d'Arméniens à Constantinople. De nouveaux soulèvements eurent lieu plus tard à Sassoun et à Van. La nation arménienne vivait son agonie, lorsqu'à la suite de la proclamation de la constitution, elle crut enfin pouvoir respirer (1908).

Les Arméniens n'avaient jamais nourri de desseins politiques; la sécurité de leur vie, de leur honneur, de leurs biens, la possibilité de travailler et de jouir du fruit de leur travail, le droit de conserver leur culture nationale formaient, comme ils la forment encore aujourd'hui, leur seule ambition. Les Jeunes-Turcs (Comité Union et Progrès) qui voulaient délivrer leur pays des mains d'Abdul-Hamid, ne pouvaient pas ne pas respecter des droits aussi élémentaires, des désirs aussi modestes. Ils en avaient pris, vis-à-vis du comité révolutionnaire arménien Daschnaktzoutioun, l'engagement solennel (entente de Paris, décembre 1907). A défaut d'une garantie meilleure, le rétablissement de la constitution, loyalement appliquée, avait été mis à la base de leur entente.

On sait comment cette constitution déçut les espérances qu'on avait placées sur elle. Ce n'est pas ici le lieu d'en rechercher les motifs. Les épouvantables massacres d'Adana, avec leur cortège accoutumé de pillage, de viols, d'outrages de toute sorte, montrèrent que le fanatisme religieux n'avait rien perdu de sa force sous le régime constitutionnel. Plus de 20,000 Arméniens de tout âge, enfants, vieillards, femmes, furent tués à Adana et dans les environs. Tous ceux qui avaient cru pouvoir vivre en Turquie sous un régime de justice et d'égalité, renoncèrent vite à cet espoir. Dans l'Arménie proprement dite, il n'y eut pas d'extermination en masse; mais les assassinats, les pillages fleurirent grâce à l'impunité accordée à leurs auteurs et érigée en système politique. Les Arméniens commencèrent de nouveau à émigrer (1910–1912). Le Gouvernement Jeune-Turc ne s'en émut pas. Il voyait ses désirs exaucés.

Mais le vide si désiré par les hommes d'État ottomans ne s'est pas encore fait. En dépit des massacres, du pillage et des entreprises sans nombre pour chasser et pour déposséder les Arméniens de leurs terres, ceux-ci forment encore aujourd'hui, au moment précis où s'ouvre de nouveau la question d'Orient dans toute son ampleur et où la question arménienne se pose devant la conscience du monde civilisé, la nationalité la plus importante dans toutes ces provinces aussi bien par leur nombre que par leur puissance économique, leur culture intellectuelle et leur aptitude au travail. Ils restent l'unique élément de civilisation dans ces contrées où une administration qu'on ne saurait qualifier a apporté la désolation. (...)

L'Europe et les Arméniens

La question arménienne ne se pose pas devant l'Europe comme une simple question humanitaire. Elle constitue la suite naturelle, en Anatolie, de cette question de la Perse, où la Russie, la Grande-Bretagne et l'Allemagne se guettent et s'épient anxieusement.

Le massif montagneux qui s'appelle l'Arménie turque commande, au sud, toute la région qui s'étend vers le golfe Persique, à l'ouest, celle qui mène à la Méditerranée; d'un côté c'est Bagdad et Bassora, de l'autre Mersine et Alexandrette, les deux points terminus d'une route mondiale d'une importance sans égale, à trevers une contrée unique par sa fertilité à juste titre légendaire.

Quel que soit le sort que réserve l'avenir à cette contrée, la population arménienne apparaît comme devant y jouer un rôle important, parce qu'elle est le seul élément d'ordre et de civilisation sur lequel on puisse compter. En dépit de la Turquie qui avait entrepris son extermination et de l'Europe qui l'avait abandonnée, la voici plus vivante que jamais, bien résolue à défendre son existence. Elle a versé trop de sang pour n'avoir pas le droit de demander que les spéculations politiques n'aillent pas jusqu'à l'abandonner plus longtemps à un régime de persécutions et de massacres.

Personne n'y gagnerait, d'ailleurs. La Turquie, tout d'abord, y trouverait sa fin. Voudrait-elle enfin ouvrir les yeux à la vérité. On n'oserait l'espérer. Les Arméniens ont été toujours ses loyaux sujets. Toutes les fois que le Gouvernement s'est montré bienveillant à leur égard, si peu qu'il l'ait fait, ils ont répondu par le plus entier dévouement, ils ont fait plus que leur devoir. L'exemple qu'ils ont donné en Perse est à méditer. Une poignée d'Arméniens ont fait à ce pays un rempart de leur corps. En Turquie, pendant la dernière guerre, ils ont été au feu sans hésiter; et pourtant ils avaient subi les massacres d'Adana et leurs coreligionnaires continuaient à être l'objet de mille presécutions. Alors qu'ils combattaient aux premiers rangs de l'armée, les Kurdes enlevaient leurs femmes et leurs filles pour les convertir à l'islamisme et cela avec le concours du Gouvernement. Il faut que les Turcs comprennent que ces abominations doivent cesser et qu'il est de leur intérêt de rendre aux Arméniens la vie possible dans l'Empire ottoman. En 1878, la Turquie fut mieux inspirée quand elle songea, un instant, à faire de ce petit peuple le gardien de sa frontière de l'est. (…)

Marcel Léart: La Question Arménienne à la lumière des documents.
Paris 1913, p. 5–8/23.

★

Вице-Консулъ въ Ванѣ Послу въ Турціи

Ванъ 1/14 Сентября 1913 года (14. 9.)

(Телеграмма)

Въ ночь на 31 Августа турецкій патруль, встрѣтивъ на одной изъ главныхъ улицъ города возвращавшихся домой съ фонаремъ трехъ армянъ и двухъ женщинъ, внезапно открылъ по нимъ огонь, послѣдствіемъ чего было убійство дантиста Мелкона, остальные же, перепуганные, скрылись въ ближайшие дома. Горожане ждали правосудія Правительства, но разубѣдились въ этомъ и демонстративно хоронили убитаго. Вали командировалъ на похороны около 60 жандармовъ съ коммиссаромъ, приказавъ имъ допустить для сопровожденія тѣла лишь родственниковъ, но армяне, которыхъ собралось до 5.000 человѣкъ, не допустили жандармовъ подойти къ гробу и разсѣять публику. Жандармамъ было приказано зарядить ружья. Въ это время армяне вынули свои револьверы. Вали, извѣщенный объ этомъ по телефону, приказалъ жандармамъ отступить. На кладбищѣ были произнесены рѣчи противъ Правительства, желающаго устроить въ Ванскомъ вилайетѣ погромы, подобно бывшимъ въ Аданѣ и послѣднимъ погромамъ въ Румеліи, и этимъ ослабить въ вилайетѣ армянъ. Армяне предъявили по телеграфу требованіе Портѣ объ удаленіи румелійскихъ жандармовъ и Аданскихъ коммиссаровъ и обезпеченіи жизни и имущества горожанъ. Магазины въ городѣ закрыты, и до полученія отвѣта ихъ рѣшено не октрывать. Положеніе весьма тревожное. (Подп.) *Акимовичъ*

Ministerstvo Inostrannych Del. Sbornik…
Petrograd 1915, No. 70, p. 88.

★

From: Travel and Politics in Armenia

(…) There is first the question of massacre. To call this the 'policy' of a Government sounds something like romancing to modern English ears. Yet it remains true, and I have never heard the statement seriously challenged, that there are no massacres in Turkey except when ordered by the Government. The massacres of 1895–6; the massacre at Van, March 1908; the massacres at Adana and in Cilicia, 1909 – have all been by the consent of authority. We sat in a little lodging one evening after supper. Our companions became communicative. They began to recall some of the incidents. The terrors began early in the morning. Some women fled panic-stricken down the street; shots were heard – this was the first warning. Then a crowd of fugitives gathered in the little courtyard, hoping for protection from the British Consulate near by. Our friends already had made up their minds where to go. They slipped out at the back, crossed a narrow passage and gained access to one of those gardens, surrounded by high mud walls, which are attached to almost every house in this quarter of the town. So from one garden to another they hastened, expecting to be overtaken at any moment – while the awful butchery proceeded. They saw many cut down. A group of little boys fled along a lane in the same direction; in a few moments they might have reached safety, when round a corner Turkish soldiers appeared. The little boys were caught in a trap. In a minute or two, Turkish swords had done their work, and, bloodstained, were seeking further prey. Meanwhile the fugitives were providentially spared, and reached the shelter of the American Mission. Here were gathered some scores of fugitives. The compound and building were a very harbour of refuge. Yet even under American protection life was not secure. During the night, the crowded schoolrooms and outhouses were raided, and soldiers carried off some of the best-favoured both of boys and girls, never to be seen again by their relatives. The horros of those days have been told before. House after house in the Armenian quarter was ransacked, and every valuable removed, and the buildings committed to the flames. For those who were not butchered in the streets worse tortures were reserved. In some cases horseshoes were riveted on to men's feet; wild cats were attached to the bare bodies of men and of women so that they might tear the flesh with their claws; many were soaked in oil and burnt alive in the streets.

With such memories in the minds of all, can we wonder that the position of the Armenians should be described as intolerable? Can we wonder that a stream of refugees continually crosses the Russian frontier? At a frontier post we were told that more than seven thousand Armenian emigrants had arrived since January of this year. After massacres, the usual course is for Kurds to occupy Armenian lands, and refugees who attempt to return seldom have their claims made good. Only a few months ago such a case occurred at Arjush. An Armenian peasant appealed to the Court for the recovery of his stolen lands. His appeal was granted, and the land ordered to be restored to him as his rightful property. A few days later he and all his family were murdered, and (as usual) no arrests were made." (...)

Travel and Politics in Armenia.
By Noel Buxton, M. P. and the Rev. Harold Buxton.
London 1914, p. 43–45.

★

Генеральный Консулъ въ Эрзерумѣ Послу въ Турціи

Эрзерумъ 7 Декарбя 1913 года (20. 12.)

(Телеграмма)

Въ городѣ искусственно создается возбужденіе мусульманъ противъ армянъ. Въ этихъ цѣляхъ во многихъ домахъ членовъ иттихада происходятъ тайныя собранія. Иттихадскій клубъ подъ предсѣдательствомъ столичнаго комиссара, Ахмеда Хильми Бея, ведетъ дѣятельную противо-армянскую пропаганду. Мѣстные хулиганы, дабаши, глава которыхъ вызывался въ Германское Консульство, дѣятельно вооружаются. Словомъ, все указываетъ на усиленную подготовку къ смутѣ. Нѣкоторые армяне высказываютъ опасеніе, что Германія нарочно стремится создать безпо-рядки, дабы тѣмъ погубить дѣло реформъ.   (Поди.) *Адамовъ*

Ministerstvo Inostrannych Del. Sbornik...
Petrograd 1915, No. III, p. 125.

★

Armenian Reforms

THE PROBLEM OF REPRESENTATION

From our own Correspondent

Constantinople, Dec. 31.

The Porte thus far has not reached a decision concerning the scheme of reforms to be applied to the Armenian vilayets. The Grand Vizier, however, is showing a liberal and conciliatory spirit in his treatment of the Russo-German proposals, while both the Russian and German Governments have thus far proved their desire to avoid unnecessarily wounding Ottoman susceptiblities. (...)

The Times, London, 1.1.1914.

★

Генеральный Консулъ въ Эрзерумѣ Послу въ Турціи

Эрзерумъ 29 Декарбя/11 Января 1913/14 года

(Телеграмма)

На происходящихъ здѣсь тайныхъ собраніяхъ начали говорить объ армянской рѣзнѣ. По приказанію муллъ, мусульмане стали носить на головѣ бѣлыя чалмы. По слухамъ все готово къ рѣзнѣ и ждутъ лишь сигнала изъ столицы. Члены Партіи Иттихада открыто собираютъ подписи подъ протестомъ противъ контроля, заранѣе слагая на Державы вину въ рѣзнѣ, въ случаѣ ихъ вмѣшательства въ дѣло реформъ. Настроеніе тревожное и было бы желательно рѣшительными мѣрами предотвратить рѣзню.

(Поди.) *Адамовъ*

Ministerstvo Inostrannych Del. Sbornik...
Petrograd 1915, No. 120, p. 133.

★

Note adressée par le Ministre des Affaires Etrangères à l'Ambassadeur d'Allemagne à St. Pétersbourg en date du 29 Décembre 1913/11 Janvier 1914

Dans un entretien récent avec moi Votre Excellence a bien voulu me dire, entre autre, que dans ses derniers pourparlers avec la Porte au sujet des réformes à introduire dans les vilayets arméniens l'Ambassadeur Impérial aurait formulé de nouvelles exigences qui n'entraient pas dans le programme qui avait été défendu auparavant par lui d'accord avec son Collègue d'Allemagne.

Pour éviter tout malentendu possible dans une question où la coopération entre nos deux pays a pu s'affirmer si heureusement, je crois devoir Vous informer que je n'ai pas manqué de soumettre toute cette affaire à l'examen le plus minutieux.

Ainsi que Votre Excellence le sait, après de longs pourparlers avec la Porte un projet de note de la part du Gouvernement Ottoman aux Ambassadeurs à Constantinople a été élaboré, il y a tantôt six semaines. La réponse du Grand Vézir se faisant attendre, l'Ambassadeur de Russie ainsi que Mr. le Baron de Wangenheim visitèrent ensemble quelques jours avant son départ en congé le Grand Vézir qui leur fit observer que le retour à l'idée des Inspecteurs Généraux choisis par les Puissances serait à son point de vue préférable à l'institution de Conseillers européens.

Les deux Ambassadeurs ayant acquiescé au voeu du Grand Vézir, ce dernier remit il y a quelques jours à Mr. de Giers le projet d'une nouvelle note où il était question cette fois d'Inspecteurs Généraux sans toutefois tenir compte des observations précédentes de l'Ambassadeur de Russie.

L'Ambassadeur répondit qu'il ne manquerait pas de transmettre ce projet à St. Pétersbourg tout en exprimant le doute qu'il y serait accepté.

En confrontant le nouveau projet de la note avec celui qui a été élaboré au mois de Novembre et que le Gouvernement Impérial envisageait comme représentant la dernière limite des concessions auxquelles nous pourrions consentir, je n'ai pu m'empêcher de constater avec étonnement que la Porte avait omis plusieurs points des plus importants ainsi que Vous voudrez bien Vous en rendre compte du tableau ci-joint.

Je me suis vu obligé en conséquence d'inviter l'Ambassadeur Impérial à insister auprès de la Porte pour que les points en question fussent rétablis dans la nouvelle note.

En portant ce qui précède à la connaissance de Votre Excellence j'espère qu'elle voudra bien reconnaître que durant les longs pourparlers avec la Porte nous avons fait preuve d'un réel désir d'arriver à une entente sauvegardant l'amour propre légitime ainsi que les intérêts bien compris de la Turquie. Je me plais à constater en même temps que l'Allemagne ne nous a pas refusé son appui dans ces pourparlers en reconnaîssant le bien fondé de nos demandes.

ПРИЛОЖЕНІЕ

Le projet de la note redigé en Novembre.	Le nouveau projet.	Observations transmises à l'Ambassadeur Impérial à Constantionople.
Article 1. – La Sublime Porte a décidé de s'adresser aux Puissances pour leur demander de lui recommander deux Conseillers qui seront	J'ai l'honneur de porter à Votre connaissance que deux Inspecteurs Généraux seront placés à la tête des deux secteurs de l'Anatolie Orientale.	Les vilayets formant les deux secteurs devraient être énumérés, conformément au projet de Novembre.

adjoints aux deux Inspecteurs Généraux que le Governement Ottoman a placés à la tête des deux secteurs de l'Anatolie Orientale: a) Erzéroum, Trébizonde, Sivas et b) Van, Bitlis, Kharpout, Diarbékir . . . .

Art. 3. – Les Inspecteurs Généraux exercent le droit de révoquer tous le fonctionnaires de leurs secteurs, droit qui leur à été accordé par les instructions annexées à la note circulaire de la Sublime Porte en date du 1 Juillet 1913, conjointement avec les Conseillers. Ils auront également le droit de nommer conjointement tous les fonctionnaires et juges dont la nomination n'a pas besoin d'un Iradé Impérial. Quant aux fonctionnaires et juges dont la nomination exige la sanction souveraine, ils auront le droit de présenter leurs candidats à l'approbation de Sa Majesté le Sultan.

Les Inspecteurs Généraux révoquent selon le cas les fonctionnaires dont ils auront constaté l'insuffisance ou la mauvaise conduite, en déférant à la justice ceux qui se seraient rendus coupables d'un acte punissable. Ils remplacent provisoirement ces fonctionnaires par de nouveaux titulaires remplissant les conditions d'admission et de capacité prévues par les lois et règlements, la nomination définitive des dits fonctionnaires devant s'effectuer suivant les formes et dans les conditions énoncées aux dites lois et règlements. De toutes les mesures de révocation prises ils préviennent immédiatement les Ministéres compétents par des dépêches télégraphiques brièvement motivées et suivies dans la huitaine du dossier de ces fonctionnaires et d'un exposé des motifs détaillé. Dans les cas graves nécessitant des mesures urgentes les Inspecteurs Généraux jouiront d'un droit de suspension immédiate à l'égard des fonctionnaires inamovibles de l'ordre judiciaire, à la condition d'en déférer immédiatement le cas au Département de la Justice. Dans le cas ou il serait constaté des actes, commis par les Valis, nécessitant l'emploi de mesures de rigueur, les Inspecteurs Généraux soumettront le cas au Ministère de l'Intérieur

Le droit des Inspecteurs Généraux de nommer certaines catégories de fonctionnaires et de présenter à l'approbation du Sultan les candidats dont la nomination exige la sanction souveraine doit être rétabli conformément au projet de Novembre.

	qui suspendra immédiatement les Valis et en saisira le Conseil des Ministres lequel statuera dans un délai de huit jours.	
Art. 4. – Les instructions relatives aux devoirs et attributions des Inspecteurs Généraux annexées à la note circulaire de la Sublime Porte du 1 Juillet 1913 sub No 34233-75 seront revues et mises en concordance avec les intentions de la Sublime Porte experimées dans la présente note.	Les instructions plus détaillées relatives à leurs devoirs et à leurs attributions seront élaborés après leur nomination et avec leur consours.	La situation des Inspecteurs Généraux une fois qu'ils sont présentés par les Puissances, aura un caractère tout autre que celui qui a été prévu par le projet de Novembre, en vertu duquel ils devaient être nommés par la Porte et ne dépendaient que d'elle. En consequence, on ne saurait ne pas prendre en considération qu'il s'écoulera un certain temps avant que les instructions détaillées soient élaborées. Pendant ce temps les Inspecteurs Généraux devraient être autorisés à remplir leurs fonctions en se basant sur les prérogatives générales qui leur sont déférées en qualité de chefs supérieurs de l'administration des secteurs.
Art. 10. – Les membres élus aux assemblées générales et aux conseils administratifs seront par moitié musulmans et non-musulmans. Ce même principe d'égalité sera appliqué pour la répartition de toutes les fonctions publiques dans les deux secteurs.	Les membres élus aux assemblées générales et aux conseils administratifs seront par moitié musulmans et non-musulmans jusqu'à recensement effectué sous le contrôle des Inspecteurs Généraux au plus tôt possible.	Les mots jusqu'à recensement. . . . possible du nouveau projet devrait être exclus, car ils représentent une restriction du principe général énoncé dans le projet de Novembre.
Art. 12. – Les recrues domiciliées dans chaque secteur y feront en temps de paix leur service militaire.	Omis.	La clause du projet de Novembre doit être rétablie.
Art. 16. – La justice sera réorganisée.	Omis.	La clause du projet de Novembre doit être rétablie.

Ministerstvo Inostrannych Del. Sbornik...
Petrograd 1915, No. 122 + Annexe, p. 134–139.

★

Imprisonment of Armenian Editor

To the Editor of the Times

Sir, – With every desire to give credit for honest efforts to bring about reforms in Turkey, I feel sure that no one who cares for the permanent interests of that country can be other than shocked that the "Young Turk" Party, who not so long since posed as the friends of freedom, should give sanction and support to the repressive measure which is just reported from Constantinople. A few days ago the editor of *Azatamart*, the leading Armenian journal in the capital, was summoned before a Court-martial for having reproduced an article from the "Contemporary Review" for December last, in which were sketched certain grievances and disabilities suffered by the Armenians in Eastern Turkey. Although the editor had not stated whether he agreed with the article or not, he was sentenced to four months' imprisonment and a fine of T 80 pounds. He is now being treated as a common criminal, and may not be visited by any of his friends.

Thaxted, Dunmow, Essex, Jan. 10.

Yours truly,
HAROLD BUXTON

The Times, London, 14. 1. 1914.

★

Генеральный Консулъ въ Эрзерумѣ Послу въ Турціи

Эрзерумъ 6/19 Января 1914 года

(Телеграмма)

Въ пятницу утромъ большинство лавокъ было закрыто, и армяне съ минуты на минуту ждали нападенія. Мусульмане возбуждаются и подстрекаются членами иттихада подъ руководствомъ столичнаго коммиссара Хильми Бея. (...)   (Подп.) *Адамовъ*

Ministerstvo Inostrannych Del. Sbornik...
Petrograd 1915, No. 128, p 144.

★

The New Turkish Postage Stamps

A PHILATELIC PLOT

From our Constantinople Correspondent

Much surprise, not unmingeld with indignation, has been aroused in Turkish and European circles by the publication in the *Tanin* of what appears to be a covert attack on the Minister of Posts and Telegraphs, Oskian Effendi, a most able and energetic Armenian official, who during the past year has greatly improved the postal and telegraphic service of Constantinople, which is now equal to that of many European cities.

Encouraged by the successful issue of an artistic one-piastre stamp commemorative of the reoccupation of Adrianople, which is said to have already paid for the post office automobiles recently purchased with the object of improving the service in the capital, the Minister decided to order a new issue of stamps in place of that which he found in use when he entered the office, which was certainly depressingly ugly. The new stamps, which were quite recently issued, bear for the most part beautifully engraved views of the capital and its environs, within artistic frames decorated with arabic and Turkish motifs. These stamps were all engraved by Messrs. Bradbury and Wilkinson, of London. In choosing the designs the Minister was assisted by several Turkish officials.

The public astonishemt was therefore great when the *Tanin* published a statement to the effect that the cross-hatching under the words "Postes Ottomanes" engraved in Latin characters on the 10-para stamp was found, on examination with a magnifying glass, to be in part composed of Armenian characters, which according to an unnamed Armenian quoted by the *Tanin* signified "Troshm Osmanli" (Turkish post), but "with the exercise of a little imagination" might be found to contain the word "Troshak" – the name of an Armenian revolutionary society. The *Tanin's* assertions, which have caused much indignation among the many Turkish and European friends of the Minister, have been taken up by a section of the Press, though it is refreshing to find that the *Peyam*, with a sense of humour rare among its contemporaries, brings forward evidence to prove that the "characters" in question, so far from being Armenian, are in reality old Ethiopic!

The Times, London, 26. 1. 1914.

★

Текстъ русско-турецкаго соглашенія по армянскимъ реформамъ

Il est convenu entre Son Excellence Monsieur Constantin Goulkevitch, Chargé d'Affaires de Russie, et Son Altesse le Prince Said Halim Pacha Grand Vézir et Ministre des Affaires Etrangères de l'Empire Ottoman, que simultanément avec la désignation des deux Inspecteurs Généraux devant être placés à la tête des deux secteurs de l'Anatolie Orientale, la Sublime Porte adressera aux Grandes Puissances la note suivante:

«Deux Inspecteurs Généraux étrangers seront placés à la tête des deux secteurs de l'Anatolie Orientale: M-r A... à la tête de celui comprenant les vilayets d'Erzéroum,

Trébizonde et Sivas; et M-r B... à la tête de celui comprenant les vilayets de Van, Bitlis, Kharpout, Diarbékir.

Les Inspecteurs Généraux auront le contrôle de l'administration, de la justice, de la police et de la gendarmerie de leurs secteurs.

Dans les cas où les forces de sûreté publique s'y trouveraient insuffisantes et sur la demande de l'Inspecteur Général, les forces militaires devront être mises à sa disposition pour l'exécution des mesures prises dans les limites de sa compétence.

Les Inspecteurs Généraux révoquent, selon le cas, tous les fonctionnaires dont ils auront constaté l'insuffisance ou la maivaise conduite en déférant à la justice ceux qui se seraient rendus coupables d'un acte puni par les lois; ils remplacent les fonctionnaires subalternes révoqués par de nouveaux titulaires remplissant les conditions d'admission et de capacité prévues par les lois et les règlements. Ils auront le droit de présenter à la nomination du Gouvernement de Sa Majesté le Sultan les fonctionnaires supérieus. De toutes les mesures de révocation prises ils préviennent immédiatement les Ministères compétents par des dépêches télégraphiques brièvement motivées, suivies dans la huitaine du dossier de ces fonctionnaires et d'un exposé des motifs détaillés.

Dans des cas graves nécessitant des mesures urgentes, les Inspecteurs Généraux jouiront d'un droit de suspension immédiate à l'égard des fonctionnaires inamovibles de l'ordre judiciaire, à la condition d'en déférer immédiatement les cas au Departement de la Justice.

Dans les cas oú il serait constaté des actes commis par les Valis nécessitant l'emploi de mesures de rigueur urgentes, les Inspecteurs Généraux soumettront par télégraphe le cas au Ministère de l'Intérieur qui en saisira immédiatement le Conseil des Ministres lequel statuera dans un délai maximum de quatre jours après la réception du télégramme de l'Inspecteur Général.

Les conflits agraires seront tranchés sous la surveillance directe des Inspecteurs Généraux.

Des instructions plus détaillées relatives aux devoirs et aux attributions des Inspecteurs Généraux seront élaborées après leur nomination et avec leur concours.

Dans le cas où, durant le terme de dix années, les postes des Inspecteurs Généraux deviendraient vacants, la Sublime Porte compte pour le choix des dits Inspecteurs Généraux sur le concours bienveillant des Grandes Puissance.

Les lois, decrets et avis officiels seront publiés dans chaque secteur dans les langues locales. Chaque partie aura le droit devant les tribunaux et devant l'administration de faire usage de sa langue lorsque l'Inspecteur Général le jugera possible. Les jugements des tribunaux seront libellés en turc et accompagnés, si possible, d'une traduction dans la langue des parties.

La part de chaque élément ethnique (ounsour) dans le budget de l'instruction publique de chaque vilayet sera déterminée proportionnellement à sa participation aux impôts perçus pour l'instruction publique. Le Gouvernement Impérial ne fera aucune entrave à ce que dans les communautés les corréligionnaires contribuent à l'entretien de leurs écoles.

Tout ottoman devra accomplir son service militaire en temps de paix et de tranquillité dans la région de l'Inspectorat militaire qu'il habite. Toutefois, le Gouvernement Impérial enverra jusqu'à nouvel ordre dans les localités éloignées du Yemen, de l'Assir et du Nedjd des contingents de l'armée de terre prélevés de toutes les parties de l'Empire Ottoman proportionellement aux populations y établies; il enrôlera, en outre, dans l'armée de mer les conscrits pris dans tout l'Empire.

Les régiments Hamidié seront transformés en cavalerie de réserve. Leurs armes seront conservées dans les dépôts militaires et ne leur seront distribuées qu'en cas de mobilisation ou de manœuvres. Et seront placés sous les ordres des commandants de corps d'armée dont la zône comprend la circonscription où ils se trouvent. En temps de paix les commandants des régiments, des escadrons et des sections seront choisis parmi les officiers de l'Armée Impériale Ottomane active. Les soldats de ces régiments seront soumis au service militaire d'un an. Pour y être admis, ils devront se pourvoir par eux mêmes de leurs chevaux avec tout l'équipement de ceux ci. Toute personne, sans distinction de race ou de religion, se trouvant dans la circonscription qui se soumettrait à ces exigences pourra être enrôlée dans les dits régiments. Réunies en cas de manœuvres ou de mobilisation, ces troupes seront soumises aux mêmes mesures disciplinaires que les troupes régulières.

La compétence des Conseils Généraux des vilayets est fixée d'après les principes de la loi du 13 Mars 1329/1913.

Un recensement définitif – auquel il sera procédé sous la surveillance des Inspecteurs Généraux dans le plus bref délai – lequel, autant que possible, ne dépassera pas un an, – établira la proportion exacte des différentes religions, nationalités et langues, dans les deux secteurs. En attendant, les membres élus aux Conseils Généraux (Medjlissi Oumoumi) et au comités (Endjoumen) des vilayets de Van et de Bitlis seront par moitié musulmans et non-musulmans. Dans le vilayet d'Erzéroum, si le recensement définitif n'est pas effectué dans un délai d'un an, les membres du Conseil Général seront de même élus sur la base de l'égalité, comme dans les deux vilayets susnommés. Dans les vilayets de Sivas, Kharpout et Diarbékir, les membres des conseils Généraux seront dès à présent élus sur la base du principe de la proportionnalité. A cet effet, jusqu'au recensement définitif, le nombre des électeurs musulmans restera déterminé d'après les listes ayant servi de base aux dernières élections et le nombre des non-musulmans sera fixé d'après les listes qui seront présentées par leurs communautés. Si cependant des difficultés matérielles rendraient ce système électoral provisoire impraticable, les Inspecteurs Généraux auront le droit de proposer pour la répartition des sièges aux Conseils Généraux des trois vilayets Sivas, Kharpout et Diarbékir une autre proportion, plus conforme aux besoins et aux conditions actuelles des dits vilayets.

(...)

Les membres élus aux Conseils administratifs seront, comme par le passé, par moitié musulmans et non-musulmans.

A moins que les Inspecteurs Généraux n'y voient d'inconvénient, le principe d'égalité entre musulmans et non-musulmans sera appliqué pour le recrutement de la police et de la gendarmerie dans les deux secteurs, à mesure que les postes deviendraient vacants. Le même principe d'égalité sera appliqué, autant que possible, pour la répartition de toutes les autres fonctions publiques dans les deux secteurs.

En foi de quoi les susnommés ont paraphé le présent acte et y ont opposé leurs cachets.　　　　　　　　　　　Signé: GOULKÉVITCH　　Signé: SAID HALIM
Constantinople le 26 Janvier–8 Fevier 1914

Ministerstvo Inostrannych Del. Sbornik...
Petrograd 1915, No. 147, p. 158–161.

★

Aus: Deutschland und Armenien 1914–1918

KAISERLICH
DEUTSCHES KONSULAT　　　　　　　　　　　　　　　　　　*Aleppo, den 16. Oktober 1914*

Wie mir deutsche Missionarinnen aus Marasch erzählen, ist der bisher noch immer durchgesetzte aktive und passive Widerstand der Bewohner von Zeitun gegen die Einstellung der Dienstpflichtigen dieser armenischen Stadt in die Armee von türkischer Seite nunmehr gebrochen worden. Ihr Anführer Nazar Tschausch, das Haupt der schon seit Monaten in den Bergen umherstreifenden Deserteure, der sich mit der Zeit zu einem Räuberhauptmann entwickelt hatte und wegen seiner Willkür von den Armeniern selbst als Plage empfunden wurde, ist etwa Anfang Oktober von den türkischen Truppen durch List und Wortbruch gefangen und in der grausamsten Weise zu Tode gemartert worden.　　　　　　　　　　　　　　　RÖSSLER

Seiner Exzellenz dem Kaiserlichen Botschafter
　　Herrn Freiherrn v. Wangenheim

Vorwort

Als ich Ende November vorigen Jahres nach zweieinhalbjährigem Aufenthalt in Holland aus dem Haag nach Berlin zurückkehrte, suchte ich am 1. Dezember den Staatssekretär Herrn Dr. Solf im Auswärtigen Amt auf. Ich bat ihn, mir Einblick zu geben in die Akten des Auswärtigen Amtes, die über die Armenische Frage und ihre Behandlung seitens der deutschen Regierung während der Kriegsjahre Aufschluß geben.

Der Anlaß meiner Bitte war der folgende. Auf Grund von Quellen, die mir im Sommer 1915 auf einer Reise nach Konstantinopel durch persönliche Beziehungen zugänglich geworden waren, hatte ich im Jahre 1916 einen „Bericht über die Lage des armenischen Volkes in der Türkei" herausgegeben. Eine Verbreitung durch den Buchhandel oder auch nur eine Verwertung der Tatsachen, die er enthüllte, in der Presse war damals nicht möglich. Die Zensur hätte das Buch beschlagnahmt; der Presse war durch offizielle Instruktionen Schweigepflicht über die Armeniergreuel auferlegt. Ich konnte daher meinen „Bericht" nur vertraulich versenden. Die Zensur ist erst auf ihn aufmerksam geworden, nachdem 20000 Exemplare in Deutschland verbreitet worden waren. Die weitere Drucklegung und Verbreitung wurde verboten. Seit der Revolution stand dem Neudruck und dem Vertrieb durch den Buchhandel nichts mehr im Wege. Für die Neuausgabe lag mir zweierlei am Herzen, erstens mein damaliges Quellenmaterial an den mir bis dahin unzugänglichen deutschen Botschafts- und Konsularberichten nachzuprüfen und zweitens mir ein Urteil zu bilden über die Stellungnahme der deutschen Diplomatie gegenüber den Vorgängen in der Türkei.

Herr Dr. Solf erklärte sich sogleich bereit, mir den gewünschten Einblick in die Akten zu gewähren und erteilte mir die Erlaubnis, davon für meine Publikation Gebrauch zu machen. Er erwähnte dabei, daß das Amt selbst die Absicht habe, ein Weißbuch über die Armenische Frage herauszugeben.

Am nächsten Tage unterzog ich die Akten einer flüchtigen Durchsicht und überzeugte mich, daß eine Verwertung einzelner Aktenstücke nicht ausreichen würde, um die Haltung Deutschlands gegenüber den Vorgängen in der Türkei klarzustellen, sondern daß es dazu einer umfangreichen Publikation bedürfe. Noch am gleichen Tage ließ mir Herr Dr. Solf sagen, daß er von der Veröffentlichung eines Weißbuches absehen würde, wenn ich selbst die Aufgabe übernehmen würde, die Haltung Deutschlands in der Armenischen Frage auf Grund des Aktenmaterials klarzustellen. Ich nahm das Anerbieten an unter der Bedingung, 1. daß mir das Aktenmaterial des Auswärtigen Amtes und der Botschaft vollständig zugänglich gemacht würde, 2. daß die Auswahl der Aktenstücke für die Veröffentlichung ausschließlich meinem Ermessen überlassen bliebe und 3. daß die Publikation nicht im Auftrage des Amtes erfolge, sondern von mir persönlich im Buchhandel herausgegeben würde.

Ich lege Wert darauf, festzustellen, daß diese Bedingungen eingehalten wurden. *Für die hier veröffentlichte Auswahl von Aktenstücken und für die Zuverlässigkeit des Bildes, das sie von der Haltung der deutschen Regierung in der Behandlung der armenischen Frage geben, ruht die Verantwortung allein auf mir.* Um jedem Verdacht die Grundlage zu entziehen, als ob Aktenstücke, die die deutsche Regierung, die Botschafter und die Konsuln, oder deutsche Offiziere, Beamte und Privatpersonen in irgend einer Hinsicht belasten, von mir unterdrückt sein könnten, habe ich eine so vollständige Auswahl aus der diplomatischen Korrespondenz – die natürlich noch zahllose, für die Sache selbst gänzlich belanglose bureaukratische Materien umfaßt – getroffen, daß die innere Kontinuität des Schriftwechsels für ihre sachliche Vollständigkeit bürgt. Eine Anzahl von detaillierten Berichten über Vorgänge bei den Deportationen und Zustände in den Konzentrationslagern, die der Botschaft von verschiedenen Seiten zugingen und zum Teil schon in meinem „Bericht" benützt waren, habe ich, um die ohnehin schon umfangreiche Publikation nicht zu sehr zu belasten, vorläufig ausgeschieden, um sie später zu publizieren. Ich habe aber darauf gesehen, daß alle wesentlichen Vorfälle, die zur amtlichen Kenntnis gelangt sind, zur Sprache kommen, so daß auch das Bild der Tatsachen, soweit es im Sichtbereich der Konsuln lag, auf Vollständigkeit Anspruch macht.

Die Berichte der deutschen Konsulate in Anatolien, Syrien und Mesopotamien

– Trapezunt, Erzerum, Samsun, Adana, Alexandrette, Aleppo, Damaskus, Mossul – legen Zeugnis davon ab, daß die Konsuln alle wichtigen kontrollierbaren Vorgänge ihres Amtsbezirks fortlaufend, eingehend und gewissenhaft, mit Sachkenntnis und gesundem, politischem und sittlichem Urteil an die deutsche Botschaft bzw. den Reichskanzler berichtet haben. Die Berichterstattung versagt nur für diejenigen Distrikte, die außerhalb ihrer Sehweite lagen oder durch die russische Okkupation ihrem Blick entzogen waren. Es fehlen daher nähere Berichte über die Vorgänge in Suedije, Bitlis-Musch und Wan, die ich aus anderen Quellen im Anhang beigefügt habe, um ein zutreffendes Urteil über die der Deportation vorhergehenden Ereignisse zu ermöglichen. Ohne Kenntnis dieser Vorgänge kann die Grundfrage, ob die Deportation des gesamten armenischen Volkes durch militärische Notwendigkeiten begründet war, nicht beantwortet werden. Der vierte Bericht des Anhangs soll eine Vorstellung von den Konzentrationslagern am Rand der Wüste geben. Der letzte ist der erste zensurfreie Bericht über das deutsche Hilfswerk.

Ich habe es nicht für meine Aufgabe gehalten, nach irgend einer Seite hin die Rolle des Anklägers, Verteidigers oder Richters zu übernehmen. Ich glaube der Wahrheit am besten zu dienen, wenn ich mich darauf beschränke, das Aktenmaterial selbst sprechen zu lassen, aus dem sich jedermann ein Urteil über die Tatsachen und die Schuldfrage bilden kann. Auch die Einleitung, die ich vorausschicke, soll nichts mehr sein als ein Leitfaden durch die Aktenstücke; der in die wichtigsten Themata des weitschichtigen Materials einführt. DR. JOHANNES LEPSIUS

Potsdam, Ostern 1919

Deutschland und Armenien 1914–1918. Sammlung diplomatischer Aktenstücke. Herausgegeben und eingeleitet von Dr. Johannes Lepsius. Potsdam 1919, Nummer 11, S. 21, und Vorwort S. V–VII.

★

The Attack on Messrs. Buxton

A POLITICAL CRIME

From our Correspondent in the Balkan Peninsula

Bukarest, Oct. 16.

Mr. Noel and Mr. C. R. Buxton were removed last night from their hotel to the Hospital of St. Elizabeth, where they remain under the care of the doctor, M. Toma Jonescu (...) Mr. Charles Buxton's wound is serious (...)

There can be no doubt of the political character of the crime. In conversation after the arrest with the correspondent of the "Journal Universel", the prisoner stated that he could not tolerate the propaganda of the Buxtons in favour of a rapprochement between the Balkan States and England and a revival of the Balkan Alliance to the detriment of Turkey. (...)

Malevolent comment in Turkey

Constantinople, Oct. 16.

The *Ikdam* and the *Tasfiri – Efkiar* publish painful comments on the attempt to assassinate Mr. Noel and Mr. Charles Buxton in Bukarest.

The "Ikdam" states that they never allowed an opportunity to escape of levelling deadly blows against Turkey and the Moslem world. The "Tasfiri-Efkiar" entitles its article "The End of an Enemy of Islam," and, in the course of its remarks, says: – "This affair should surprise nobody, inasmuch as by their hostile and malevolent attitude the brothers Buxton have drawn upon themselves the hatred of the whole of Islam". – Reuter.

The Times, London, 18.10.1914.

★

Aus: Bericht über die Lage des Armenischen Volkes in der Türkei

(...) In *Ewerek*, 40 km südlich von Kaisarije, hatte sich am 11. Februar des Jahres, also drei Monate, bevor die allgemeine Deportation beschlossen wurde, ein Zwischenfall ereignet, der nur lokale Bedeutung hatte. In einem Hause des Ortes fand eine Explosion statt. Es stellte sich heraus, daß ein junger Armenier namens Kework, der kurz vor Kriegsausbruch von Amerika heimgekehrt war, versucht hatte, eine Bombe zu füllen, und dabei selbst verunglückt war. Der junge Mann erlag nach sechs Stunden seinen Verletzungen. Eine Deutsche, die damals in Ewerek lebte, berichtet, daß der Kaimakam und seine Beamten sich in verständiger Weise benommen hätten. Der Kaimakam, der ein vernünftiger und wohlwollender Mann war, ließ zwar einige Leute verhaften, machte aber die armenische Bevölkerung des Ortes nicht für den Vorfall verantwortlich, weil er wußte, daß dieselbe mit dem zugereisten jungen Armenier nichts zu tun hatte. Dies mißfiel dem Mutessarif von Kaisarije, der den Kaimakam absetzte und einen Tscherkessen Seki Beg, einen wahren Unmenschen, an seine Stelle setzte. Dieser kam in die Stadt, ging mit der Peitsche in der Hand und mit einem Gefolge von Gendarmen in alle Häuser, nahm massenhafte Verhaftungen vor, so daß die Gefängnisse vollgestopft waren, und ließ die Gefangenen foltern. Nicht nur daß ihnen die Bastonnade verabreicht wurde, sondern die Füße der Gefangenen wurden mit Schwefelsäure übergossen und angesteckt, die Brust mit glühenden Eisen gebrannt. Der Kaimakam ließ die Gefangenen, da sie nichts wußten und nichts aussagen konnten, nach Pausen von etlichen Tagen immer wieder aufs neue foltern und mit der Bastonnade bearbeiten, bis ihre Füße von tiefen Wunden zerrissen waren. Viele Personen starben infolge der Folterungen. Einen Transport von 14 Personen, den der Kaimakam selbst begleitete, ließ er unterwegs erschießen.

Fräulein Frieda Wolff-Hunecke, die diese Dinge berichtet, fühlte sich nicht mehr sicher am Ort und wünschte nach Deutschland zurückzukehren. Der Mutessarif von Kaisarije wollte ihr aber keine Ausreiseerlaubnis geben, da „sie das Land mit schlechten Eindrücken verlassen würde". Durch Vermittlung der Botschaft kam sie dann heraus. Damals waren in Kaisarije 640 Armenier im Gefängnis. 30 von ihnen waren die Füße im Stock dermaßen zerschlagen worden, daß die ebenfalls gefangenen Ärzte nicht wußten, was sie damit tun sollten. Das Fleisch war vom Knochen gelöst und teilweise der schwarze Brand ausgebrochen. Verschiedenen mußten die Füße abgenommen werden. „Nach Aussage eines glaubwürdigen Mannes", schreibt Frl. Wolff-Hunecke, „der selbst im Gefängnis war, sind die Füße der Gefangenen in den Stock gelegt worden; dann haben zwei Gendarmen zur Rechten, zwei zur Linken und zwei am Fußende stehend, abwechselnd die Füße mit dicken Stöcken bearbeitet, und wenn der Gefangene bewußtlos wurde, hat man ihm einen Eimer kalten Wassers über den Kopf gegossen." Einen bekannten frommen Priester hat man in diesem Zustande drei Tage liegen lassen, während neben ihm ein junger Mann nach 5 Minuten an den Verletzungen gestorben war.

Der Fall von Ewerek, der sich im Februar des Jahres ereignete, ist nach allen vorliegenden Zeugnissen *der einzige Fall*, in welchem ein Armenier mit einer Bombe betroffen wurde. Der junge Mann, der eine alte Bombe zu füllen versuchte und den Versuch mit seinem Leben bezahlte, war ein zugereister Armenier, der weder mit der Ortsbevölkerung, noch mit einer der politischen Organisationen in Verbindung stand. Man versuchte diesen jungen Mann später mit den Hintschakisten in Verbindung zu bringen, hat aber Beweise dafür nicht erbringen können.

Bericht über die Lage des Armenischen Volkes in der Türkei.
Von Dr. Johannes Lepsius, Vorsitzender der Deutschen Orient-Mission
und der Deutsch-Armenischen-Gesellschaft.
Potsdam 1916, S. 131–133.

★

The "Revolution" at Van

(...) When the war started, the Central Government recalled Tahsin Pasha, the conciliatory Governor of Van, and replaced him with Djevdet Bey, a brother-in-law of Enver Pasha. This act in itself was most disquieting. Turkish officialdom has always contained a minority of men who do not believe in massacres as a State policy and who cannot be depended upon to carry out strictly the most bloody orders of the Central Government. Whenever massacres have been planned, therefore, it has been customary first to remove such "untrustworthy" public servants and replace them with men who are regarded as more reliable. The character of Tahsin's successor made his displacement still more alarming. Djevdet had spent the larger part of his life at Van; he was a man of unstable character, friendly to non-Moslems one moment, hostile the next, hypocritical, treacheous, and ferocious according to the worst traditions of his race. He hated the Armenians and cordially sympathised with the long-established Turkish plan of solving the Armenian problem. There is little question that he came to Van with definite instructions to exterminate all Armenians in this province, but for the first few months conditions did not facilitate such operations. Djevdet himself was absent fighting the Russians in the Caucasus, and the near approach of the enemy made it a wise policy for the Turks to refrain from maltreating the Armenians of Van. But early in the spring the Russians temporarily retreated.

It is generally recognised as good military tactics for a victorious army to follow up the retreating enemy. In the eyes of the Turkish generals, however, the withdrawal of the Russians was a happy turn of war mainly because it deprived the Armenians of their protectors and left them at the mercies of the Turkish Army. Instead of following the retreating foe, therefore, the Turks' Army turned aside and invaded their own territory of Van. Instead of fighting the trained Russian Army of men, they turned their rifles, machine guns, and other weapons upon the Armenian women, children, and old men in the villages of Van. Following their usual custom, they distributed the most beautiful Armenian women among the Moslems, sacked and burned the Armenian villages, and massacred uninterruptedly for days. On April 15th about 500 young Armenian men of Akantz were mustered to hear an order of the Sultan; at sunset they were marched outside the town and every man shot in cold blood. This procedure was repeated in about eighty Armenian villages in the district north of Lake Van, and in three days 24,000 Armenians were murdered in this atrocious fashion.

A single episode illusrates the unspeakable depravity of Turkish methods. A conflict having broken out at Shadak, Djevdet Bey, who had meanwhile returned to Van, asked four of the leading Armenian citizens to go to the town and attempt to quiet the multitude. These men made the trip, stopping at all Armenian villages along the way, urging everybody to keep public order. After completing their work these four Armenians were murdered in a Kurdish village.

And so when Djevdet Bey, on his return to his official post, demanded that Van furnish him immediately 4,000 soldiers, the people were naturally in no mood to accede to his request. When we consider what had happened before and what happened subsequently, there remains little doubt concerning the purpose which underlay this demand. Djevdet, acting in obedience to orders from Constantinople, was preparing to wipe out the whole population, and his purpose in calling for 4,000 able-bodied men was merely to massacre them, so that the rest of the Armenians might have no defenders. The Armenians, parleying to gain time, offered to furnish 500 soldiers and to pay exemption money for the rest. Now, however, Djevdet began to talk aloud about "rebellion," and his determination to "crush" it at any cost. "If the rebels fire a single shot," he declared, "I shall kill every Christian man, woman, and child up to here," pointing to his knee.

For some time the Turks had been constructing entrenchments around the Armenian quarter and filling them with soldiers, and, in response to this provocation, the Armenians began to make preparations for a defence. On April 20th a band of Turkish soldiers seized several Armenian women who were entering the city: a couple of Armenians ran to their assistance and were shot dead. The Turks now opened fire on the Armenian quarters with rifles and artillery; soon a large part of the town was in flames and a regular siege had started. The whole Armenian fighting force consisted of only 1,500 men; they had only 300 rifles and a most inadequate supply of ammunition, while Djevdet had an army of 5,000 men, completely equipped and supplied; yet the Armenians fought with the utmost heroism and skill. They had little chance of holding off their enemies indefinitely, yet they knew that a Russian Army was fighting its way to Van, and their utmost hope was that they would be able to defy the besiegers until these Russians arrived.

As I am not writing the story of sieges and battles, I cannot describe in detail the numerous acts of individual heroism, the co-operation of the Armenian women, the ardour and energy of the Armenian children, the self-sacrificing zeal of the American missionaries – especially Dr. Usher and his wife and Miss Grace H. Knapp – and the thousand other circumstances that make this terrible month one of the most glorious pages in modern Armenian history. The wonderful thing about it is that the Armenians triumphed. After nearly five weeks of sleepless fighting, the Russian Army suddenly appeared, and the Turks fled into the surrounding country, where they found appeasement for their anger by again massacring unprotected Armenian villages. Dr. Usher, the American medical missionary, whose hospital at Van was destroyed by bombardment, is authority for the statement that, after driving off the Turks, the Russians began to collect and to cremate the bodies of Armenians who had been murdered in the province, with the result that 55,000 bodies were burned.

I have told this story of the "revolution" in Van not only because it marked the first stage in this organised attempt to wipe out a whole nation, but because these events are always brought forward by the Turks as a justification of their subsequent crimes. As I shall relate, Enver, Talaat, and the rest, when I appealed to them on behalf of the Armenians, invariably instanced the "revolutionists" of Van as a sample of Armenian treachery. The famous "revolution," as this recital shows, was merely the determination of the Armenians to save their women's honour and their own lives, after the Turks, by massacring thousands of their neighbours, had shown them the fate that awaited them.

Secrets of the Bosporus
By (American) Ambassador, Henry Morgenthau, Constantinople, 1913–1916
London 1918 p. 195–197.

★

Aus: Deutschland und Armenien 1914–1918

KAISERLICHES
KONSULAT ALEPPO
          Telegramm

Aleppo, den 20. April 1915

An Deutsche Botschaft, Konstantinopel

Wie aus neuen zuverlässigen Berichten des Vorstehers des amerikanischen Kollegs in Aintab, Dr. Merril, hervorgeht, wird in Marasch und Zeitun und allen Dörfern bis herunter nach Hassanbeili die armenische Bevölkerung, soweit sie Geld oder Bildung oder Einfluß hat, von der Regierung deportiert. Mit der Ausführung ist begonnen. 35 Familien aus Zeitun sind fort, eine zweite und dritte Abteilung sind unterwegs. Die Männer werden von den Frauen getrennt. Letztere werden in besonderen Trupps von Soldaten geleitet.

Alle christlichen Soldaten vom 32. bis zum 45. Lebensjahr haben ihre Einberufung erhalten, sicher zum Zweck der Deportierung. Die muselmanischen sind nicht einberufen. Offenbar beruhen diese Maßregeln der Zentralregierung auf falschen Berichten aus Marasch. Sie sind ein Unglück für das Land und auf den systematischen Ruin eines wichtigen Bevölkerungsteiles berechnet. Sie gehen von einer falschen Grundauffassung aus, welche die ganze armenische Bevölkerung als verdächtig oder gar feindlich ansieht. Ich stelle gehorsamst anheim, diesem Verfahren entgegenzuwirken.

Mein amerikanischer Kollege bittet, die amerikanische Botschaft, und Dr. Merril bittet im Auftrage der Armenier, das armenische Patriarchat zu benachrichtigen. Der hiesige stellvertretende armenische Bischof ist zum Katholikos nach Sis abgereist.

                                                                         RÖSSLER

Inhalt ist am 24. April der amerikanischen Botschaft und dem armenischen Patriarchat mitgeteilt.   MORDTMANN
25.4.

Deutschland und Armenien 1914–1918. Sammlung diplomatischer Aktenstücke...
Nummer 27, S. 49–50.

★

Comment se fait le voyage des déportés

JOURNAL D'UN SUISSE, TÉMOIN OCULAIRE DU PASSAGE DES
EXILÉS DE ZEÏTOUN À TRAVERS LA PLAINE DE CILICIE

Dimanche 14 mars 1915. – J'ai eu ce matin un long entretien avec X. au sujet de ce qui se passe à Zeïtoun. Il a réussi à se procurer quelques informations sur la petite ville arménienne, quoique toute communication ait été interrompue avec elle. En outre,

4,000, d'aucuns disent 6,000, d'autres 8,000 soldats turcs sont partis d'Alep pour Zeïtoun. Dans quelles intentions? X. qui était là-bas cet été et cet hiver m'a dit que les Arméniens ne veulent pas se révolter, et qu'ils supporteront tout de la part du gouvernement. Car contre l'usage séculaire, des soldats ont été levés parmi eux lors de la mobilisation d'août, sans qu'ils fissent la moindre résistance. Le gouvernement, cependant, les a trompés. En octobre, Nazarettchaouch, leur chef, est venu à Marache avec un sauf-conduit, afin de régler quelques points spéciaux avec les «officiels». Il a été traitreusement jeté en prison, torturé, mis à mort... Malgré cela, ceux de Zeïtoun se sont tenus coi. Des «zapthies» gendarmes trucs établis dans la ville, ont molesté les habitants, entrant dans les boutiques, expropriant, maltraitant, déshonorant les femmes. Il est évident que le gouvernement désire avoir quelque chose à repocher aux Zeïtounlis pour pouvoir les exterminer à son gré et avoir ensuite une justification devant l'opinion du monde.

...*Avril 1915*. – Trois Arméniens de Deort-Yol ont été pendus cette nuit sur les principales places d'Adana. Le gouvernement dit qu'ils ont communiqué avec le ou les navires de guerre anglais qui stationnent dans le golfe d'Alexandrette. Cela est faux; car je sais, sans oser en confier la source à ce papier, qu'un seul et unique Arménien de Deort-Yol a communiqué avec les Anglais.

...*Avril*. – Deux Arméniens de Deort-Yol ont encore été pendus à Adana.

...*Avril*. – Trois Arméniens ont été pendus à Adana.

Pendant une promenade à cheval, tandis que nous allions traverser la voie ferrée, le train entra en gare. Quelle ne fut pas notre indignation de voir un wagon à porcs plein d'Arméniens de Zeïtoun. La plupart de ces montagnards avaient leurs habits bariolés en loques, mais d'autres étaient parfaitement bien mis. Ils ont été chassés de leurs habitations et vont être transplantés, Dieu sait où, dans une ville d'Asie Mineure... Nous voici donc revenus au temps des Assyriens, pour que l'on se permette de violer ainsi la liberté sacrée de l'individu, et d'exiler des populations entières!

...*Avril, le lendemain*. – Nous avons pu voir ces malheureux, qui restent encore aujourd'hui ici. Et voici comment s'est effectué leur départ de Zeïtoun, ou plutôt, comment s'est passé la tragédie qui a précédé, mais point causé leur exil. Aprés avoir outragé quelques jeunes filles les gendarmes turcs se trouvèrent attaqués par une vingtaine de jeunes têtes chaudes.

Plusieurs policiers furent tués quoique la population de Zeïtoun fût toujours opposée à une solution sanglante du conflit et désirât ardemment éviter le moindre prétexte à la lutte. Les vingt rebelles furent chassés de la ville et ils se réfugièrent dans un monastère, à trois quarts d'heure de la cité. A ce moment-là arrivèrent les troupes envoyées d'Alep. Les Zeïtounlis les hébergèrent et tout semblait aller au mieux entre la population et les 8,000 hommes, commandés par des officiers allemands.

Alors, les Turcs cernèrent le monastère et l'attaquèrent durant toute un journée. Mais les insurgés se défendirent, tuèrent 300 soldats réguliers en ne perdant qu'un homme blessé légèrement. La nuit ils parvinrent à s'enfuir.

Leur invasion était encore inconnue à la ville, lorsque le lendemain, vers les 9 heures du matin, le commandement turc fit convoquer immédiatement au quartier général 300 personnes, dont les principaux notables; ces gens se rendirent à l'appel qui leur était adressé sans rien soupçonner, étant donné qu'ils étaient dans les meilleurs termes avec les autorités. Quelques-uns prirent un peu d'argent avec eux, d'autres, des vêtements et des couvertures, la plupart n'emportèrent rien et vinrent dans leurs habits de travail. Quelques-uns laissèrent sur les montagnes des troupeaux gardés par des enfants. Arrivés au camp turc, quelle ne fut pas leur stupéfaction lorsqu'on leur donna l'ordre de partir sur le champ, avec interdiction de retourner chez eux; partir, pour où? Ils n'avaient pas pu le savoir, mais il est probable qu'on les envoie dans le vilayet de Koniah. Ils sont venus jusqu'ici soit en voiture, soit à pied.

... *Avril*. – On disait aujourd'hui que toute la population mâle de Dört-Yol a été emmenée pour travailler aux routes. On pend tojours des Arméniens à Adana. A remarquer: Zeïtoun et Dört-Yol sont des cités arméniennes qui ont repoussé les massacreurs d'Adana en 1909. Les Turcs se vengent-ils?

... *Mai*. – De nouvelles bandes de Zeïtounlis viennent d'arriver. Je les ai vu marcher sur la route, en une file interminable, sous le gourdin des Turcs. C'est vraiment ce qu'il y a au monde de plus misérable et de plus pitoyable. A peine vêtus, affaiblis, ils se traînent plutôt qu'il ne marchent. De vieilles femmes tombent et se relèvent lorsque le zaptieh s'approche le bâton levé. D'autres sont poussées comme des ânesses. J'ai vu une femme encore jeune s'affaisser. Le Turc lui donna deux ou trois coups de bâton et elle se releva péniblement. Devant marchait son mari avec un bébé de deux ou trois jours dans les bras. Un peu plus loin, une vieille a trébuché et s'est affalée dans la boue; le gendarme la touche deux ou trois fois de son gourdin. Elle ne bouge pas, il lui donne aussitôt deux ou trois coups de pied; elle ne remue pas davantage; alors le Turc lui jette un coup de pied un peu plus fort, elle roule dans le fossé. J'espère qu'elle était déjà morte.

Ces gens sont arrivés dans la ville. Ils n'ont rien mangé depuis deux jours. Les Turcs les ont tous fait partir de Zeïtoun, hommes, femmes et enfants, avec interdiction d'emporter quoi que ce soit avec eux, si ce n'est une ou deux couvertures, un âne, une mule, une chèvre. Mais ils revendent ici toutes ces choses pour rien, une chèvre pour 1 medjidié (4 fr. 20), un mulet pour ½ livre (11 fr. 39). C'est que les Turcs les volent en route. Une jeune femme, mère depuis huit jours, a eu son âne volé la première nuit du voyage. Et quel départ!... Les officiers allemands et turcs ont obligé la population arménienne à abandonner tous leurs biens pour que les «mouhadjirs», réfugiés de Thrace, puissent prendre leur place. Dans la maison de K. se trouvent cinq familles!... La ville et les villages qui l'entouraient sont vidés. Sur 25,000 habitants à peu près 15 à 16,000 exilés ont été dirigés sur Alep; mais ils doivent aller plus loin; en Arabie? Aurait-on l'idée de les faire mourir de faim? Ceux qui ont passé par notre ville vont dans le vilayet de Koniah; la aussi se trouvent des déserts...

... *Mai*. – Des lettres viennent de confirmer mes craintes, Ce n'est pas à Alep que les Zeïtourlis seraient envoyés, c'est à Deïr-el-Zor, en Arabie, entre Alep et Babylone... Et ceux que nous avons vus doivent aller à Kara-Pounar, entre Koniah et Eregli, dans la partie la plus aride de l'Asie Mineure.

Mesdames X. ont donné des couvertures aux plus pauvres, des babouches. Les Grecs eux-mêmes se sont montrés admirables d'abnégation. Mais que peuvent-ils faire? C'est une goutte de charité dans un océan de souffrance...

… Mai. – Des nouvelles sont arrivées de Koniah… 90 Arméniens ont été emmenés à Kara-Pounar. Les Zeïtounlis sont arrivés dans cette ville. Leurs souffrances ont été augmentées par le fait qu'ils ont été forcés de rester qui huit, qui quinze, qui vingt jours à Bozanti (le point terminus du chemin de fer d'Anatolie, dans le Taurus, à 790 mètres d'altitude) par suite des énormes transports de troupes qui passent continuellement par les portes de Cilicie. C'est l'armée de Syrie rappelée pour la défense des Dardanelles.

Lorsque les exilés sont arrivés à Koniah, ils n'avaient, disent les nouvelles, rien mangé depuis trois jours. Aussitôt Grecs et Arméniens réunirent de l'argent et des vivres pour leur venir en aide. Mai, le vali de Koniah a refusé de laisser quoi que ce soit parvenir aux exilés Arméniens. Ceux-ci sont donc restés encore trois jours sans manger; après quoi, la vali leva sa défense, et des vivres purent leur être remis, sous la surveil des zaptiehs. Lors du départ des exilés de Koniah pour Kara-Pounar, celui qui m'a communiqué ces nouvelles m'a dit avoir vu une femme arménienne jeter son enfant dans un puit; une autre l'aurrait jeté par la portière du train.

… Mai. – Une lettre reçue de Kara-Pounar et dont la véracité ne peut être mise en doute parce que l'auteur m'en est connu, assure que les Arméniens de Zeïtoun exilés à Kara-Pounar, au nombre de 6 à 8,000 y meurent à raison de 150 à 200 par jour: ils manquent de nourriture.

Donc, de 15 à 19,000 Zeïtounlis ont dû être envoyés en Arabie, la population globale de la ville et des villages avoisinants étant de 25,000 habitants à peu prés.

… Mai. – Toute la garnison de X. et celle d'Adana sont parties pour les Dardanelles. Il n'y a pas de troupes pour défendre le pays s'il était attaqué del'extérieur.

… Mai, le lendemain. – De nouvelles troupes sont arrivées. Mais elles ne sont pas exercées.

… Mai. – La dernière bande de Zeïtounlis a passé aujour-d'hui par notre ville, et j'ai pu voir quelques-uns d'entre eux dans le Khan où on les a mis. J'ai vu une pauvre petite qui a marché pieds nus plus d'une semaine, avec un tablier pour tout vêtement. Elle tremblait de froid et de faim et les os lui sortaient littéralement du corps.

Une douzaine d'enfants ont du être abandonnés sur la route parce qu'ils ne pouvaient marcher. Sont-ils morts de faim? Probablement, mais on ne le saura jamais.

J'ai aussi vu deux pauvres vieilles qui n'avaient plus de cheveux, ou presque. Lorsque les Turcs les chassèrent de Zeïtoun, elles étaient riches, mais elles ne purent rien emporter avec elles, si ce n'est les vêtements qu'elles portaient. Elles parvinrent néanmoins à cacher cinq ou six pièces d'or dans leurs cheveux. Malheureusement pour elles, le soleil fit briller le métal pendant leur marche et son éclat attira les regards d'un zaptieh. Celui-ci ne perdit pas son temps à sortir les pièces d'or; il était bien plus court d'arracher toute la chevelure.

J'ai aussi vu un autre cas bien caractéristique: un ci-devant riche, de Zeïtoun, conduisait deux ânes, débris de sa fortune. Survint un gendarme, qui saisit les deux brides. L'Arménien le supplie de les lui laisser, ajoutant qu'il en était déjà réduit à la faim. Pour toute réponse, le Turc le roua de coups jusqu'à ce qu'il tombât dans la poussière, puis il continua jusqu'à ce que la poussière fût transformée en boue sanglante; alors il donna encore un coup de pied à l'Arménien et s'en alla avec les deux ânes. Quelques Turcs regardaient cela, nullement surpris. Aucun n'eut l'idée d'intervenir.

... *Mai*. – Les autorités ont envoyé une certain nombre d'habitants de Deort-Yol pour être pendus dans les différentes villes d'Adana.

... *Mai*. – Le bruit court que des exils partiels ont eu lieu à Marache. On en annonce prochainement pour notre ville.

Doert-Yol a aussi été évacuée; les habitants ont été envoyés en Arabie. Hadjin est menacée du même sort. Des exils partiels ont eu lieu aussi à Adana. Tarse et Marsine sont aussi sous la menace de même qu'Aïntab.

AVERTISSEMENT

Le lecteur trouvera dans les pages qui suivent, quelques *documents*. Ils émanent tous de *témoins oculaires*, et le comité de Secours aux Arméniens ne s'est décidé à les publier, sans la moindre prétention littéraire, qu'après avoir établi leur parfaite authenticité et l'impartialité des témoins. Ce sont donc des documents historiques que nous présentons aujourd'hui au public.   LE COMITÉ DE PUBLICATION

Quelques documents sur le sort des Arméniens en 1915.
Publié par le Comité de l'Œuvre des secours 1915 aux Arméniens.
Genève 1916, Fascicule II, pp. 99–104 et avertissement p. 88.

★

M. Ledoulx, Drogman à l'Ambassade de France à Constantinople, à M. Delcasse, Ministre des Affaires étrangères

Constantinople le 1 mai 1915
Dimanche, 25 avril

(...) Hier, dans la nuit, la police turque a procédé à de mombreuses arrestations, une centaine environ, d'Arméniens, médecins, avocats, journalistes, professeurs, grands négociants; parmi eux les docteurs Torkomian, Dag[h]avarian, ancien député de Sivas, Diran Kélékian, l'ancien rédacteur en chef du *Sabah, vartabed* Gomidas, le musicien bien connu. Quelques-uns d'entre eux sont membres des sociétés «Tachnaktzoudzioum» et «Hintchak».

Ces arrestations ont produit une impression profonde dans la communauté arménienne et chez tous les chrétiens, en général. A quel motif attribuer cette mesure prise par les autorités ottomanes contre les intellectuels, les personnalités les plus honorables de la communauté? C'est la question que tous se posent aujourd'hui. En réalité, ce sont des représailles exercées par le gouvernement contre les Arméniens, auxquels il reproche la conduite de leurs coreligionnaires à Zeïtoun et au Caucase.

Jusqu'à ce jour nous ignorons les faits qui se sont produits à Zeïtoun; nous entendons que les Arméniens du Caucase se sont distingués, dans les rangs de l'armée russe, contre les Turcs et que dans les régions d'Erzeroum et surtout de Van, les Arméniens, prenant fait et cause en faveur des Russes, auraient organisé des bandes contre les Turcs.

Quoiqu'il en soit, l'attitude des Arméniens à Constantinople a été d'une correction absolute et jusqu'ici, les autorités ottomanes ne sont pas autorisées à les frapper de suspicion.

Dans la matinée, tous les Arméniens qui avaient été arrêtés, dans la nuit de samedi à dimanche, ont été envoyés, au nombre de 250, dans l'intérieur de l'Anatolie, dit-on, à Angora; les arrestations ont continué aujourd'hui, malgré les démarches effectuées auprès du grand vizir et du ministre de l'Intérieur par le patriarche, les sénateurs et les députés arméniens. (...)

Mardi, 27 avril

On peut dire que la question arménienne est de nouveau ouverte; le gouvernement procède évidemment, contre l'élément paisible de cette communauté, à des représailles, en raison, affirme-t-on, de l'attitude des Arméniens au Caucase, dans les régions d'Erzeroum, de Van et de Zeïtoun où des centaines d'Arméniens de cette localité ont été arrêtés; ces derniers sont dirigés sur Konia où ils vont être jugés par la Cour martiale siégeant en cette ville. (...)

Archives du Ministère des Affaires étrangères.
Guerre 1914–1918, Turquie, Tome 901, ff. 1–6.

★

Aus: Bericht über die Lage des Armenischen Volkes in der Türkei

Ein Augenzeuge, der in Marasch die Deportierten durchkommen sah, beschreibt in einem Brief vom 10. Mai einen solchen Zug:

„Ich sah sie auf dem Wege. Ein endloser Zug, begleitet von Gendarmen, die sie mit Stöcken vorwärts trieben. Halb bekleidet, entkräftet, schleppten sie sich mehr als daß sie gingen. Alte Frauen brachen zusammen und rafften sich wieder auf, wenn der Saptieh mit erhobenem Stock sich nahte. Andere wurden vorwärts gestoßen wie die Esel. Ich sah, wie eine junge Frau hinsank; der Saptieh gab ihr zwei, drei Schläge, und sie stand mühsam wieder auf. Vor ihr ging ihr Mann mit einem zwei- oder dreijährigen Kind auf dem Arm. Ein wenig weiter stolperte eine Alte und fiel in den Schmutz. Der Gendarm stieß sie zwei- oder dreimal mit seinem Knüttel. Sie rührte sich nicht. Dann gab er ihr zwei oder drei Fußtritte, aber sie blieb unbeweglich liegen. Zuletzt gab ihr der Türke noch einen kräftigen Fußtritt, so daß sie in den

Straßengraben rollte. Ich hoffe, sie war tot. Die Leute, die hier in der Stadt ankamen, haben seit zwei Tagen nichts gegessen. Die Türken erlaubten ihnen nicht, irgend etwas außer etwa einer Decke, einem Maultier, einer Ziege mitzunehmen. Alles, was sie noch hatten, verkauften sie für so gut wie nichts, eine Ziege für 6 Piaster (90 Pfg.), ein Maultier für ein halbes Pfund, um sich Brot dafür zu kaufen. Die noch Geld hatten und Brot kaufen konnten, teilten es mit den Armen, bis ihr Geld zu Ende war. Das meiste war ihnen schon unterwegs gestohlen worden. Einer jungen Frau, die erst vor acht Tagen Mutter geworden war, hat man schon in der ersten Nacht der Reise ihren Esel genommen. Man zwang die Deportierten, alle ihre Habe in Zeitun zu lassen, damit die Muhadjirs (Einwanderer), muhammedanische Bosniaken, die man an ihrer Stelle ansiedeln will, sich gleich damit versehen können. Es müssen jetzt etwa 20000 bis 25000 Türken in Zeitun sein. Der Name der Stadt wurde in Sultanieh verändert. Die Stadt und die Dörfer um Zeitun sind vollständig ausgeleert. Von den ungefähr 25000 Verschickten wurden 15 bis 16000 nach Aleppo dirigiert, aber sie sollen von dort weiter gehen in die arabische Wüste. Will man sie dort Hungers sterben lassen? Die hier Durchgekommenen gehen ins Wilajet Konia. Auch da gibt es Wüsten. Zwei, drei Wochen blieben sie am Endpunkt der anatolischen Bahn bei Bosanti liegen, weil die Bahn durch Truppentransporte in Anspruch genommen war. Als die Verschickten in Konia ankamen, hatten sie seit drei Tagen nichts gegessen. Die Griechen und Armenier der Stadt taten sich zusammen, um sie mit Geld und Lebensmitteln zu unterstützen, aber der Wali von Konia weigerte sich, den Verschickten etwas zukommen zu lassen: „sie hätten alles, was sie brauchten". So blieben sie noch weitere drei Tage ohne Nahrung. Dann erst hob der Wali sein Verbot auf, und unter der Überwachung von Saptiehs durften Nahrungsmittel an sie verteilt werden. Mein Berichterstatter erzählte mir, daß auf dem Wege von Konia nach Karabunar eine junge Armenierin ihr neugeborenes Kind, das sie nicht mehr nähren konnte, in einen Brunnen warf. Eine andere hätte ihr Kind durch das Fenster aus dem Zuge geworfen." (...)

Dr. Johannes Lepsius: Bericht über die Lage des Armenischen Volkes...
Potsdam 1916, S. 8–9.

★

Communication de l'Ambassade de Russie au Département

Paris, le 11 mai 1915

Pour faire suite aux communications précédentes, les ambassadeurs de Russie à Paris et à Londres sont chargés de soumettre à l'appréciation des deux cabinets le projet ci-après d'une déclaration à la Porte au sujet des massacres des Arméniens, suggéré par M. Sazonov:

«Depuis un mois environ, la population kurde et turque de l'Arménie procède de connivence et souvent avec l'aide des autorités ottomanes à des massacres des Arméniens. De tels massacres ont eu lieu vers la mi-avril n. st. à Erzeroum, Dertchun, Eghine, Akn, Bitlis, Mouch, Sassoun, Zeïtoun et dans toute la Cilicie; les habitants d'une centaine de villages aux envrirons de Van ont été tous assassinés; dans la ville même, le quartier arménien est assiégé par les Kurdes. En même temps, à Constantinople le gouvernement ottoman sévit contre la population arménienne inoffensive. En présence de ces nouveaux crimes de la Turquie contre la chrétienté et la civilisation, les gouvernements alliés font savoir publiquement à la Sublime Porte qu'ils tiendront personnellement responsables des dits crimes tous les membres du gouvernement ottoman ainsi que ceux de ses agents qui se trouveraient impliqués dans les massacres des Arméniens».

Dans le cas où la rédaction ci-dessus rencontrerait l'approbation du gouvernement de la République, l'ambassadeur de Russie serait très obligé à son Excellence M. Delcassé de vouloir bien lui faire connaître la date de la publication de la déclaration, afin que le gouvernement impérial, de son côté, puisse la publier simultanément.

Archives du Ministère des Affaires étrangères,
Guerre 1914–1918, Turquie, Tome 887, ff. 98–98 v.

★

Aus: Bericht über die Lage des Armenischen Volkes in der Türkei

(...) Über das Schicksal der Verbannten in Karabunar wird unter dem 14. Mai geschrieben:

„Ein Brief, den ich aus Karabunar erhielt, und dessen Wahrheit nicht anzuzweifeln ist, da der Verfasser mir bekannt ist, versichert, daß von den Armeniern, die in der Zahl von 6 bis 8 Tausend von Zeitun nach Karabunar verschickt worden sind, einem der ungesundesten Orte des Wilajets, dort täglich 150 bis 200 Hungers sterben. Die Malaria richtet Verheerungen unter ihnen an, da es vollkommen an Nahrung und Unterkunft fehlt. Welche grausame Ironie, daß die Regierung vorgibt, sie zu verschicken, damit sie dort eine Kolonie gründen; sie besitzen weder Pflug noch Saat, weder Brot noch Unterkunft, denn sie sind mit völlig leeren Händen verschickt worden."

Dr. Johannes Lepsius: Bericht über die Lage des Armenischen Volkes...
Potsdam 1916, S. 10–11.

★

Aus: Deutschland und Armenien 1914–1918

KAISERLICHES
KONSULAT ERZERUM

Erzerum, den 15. Mai 1915
Eingetroffen: Konstantinopel, den 27. Mai 1915

Euerer Exzellenz
erlaubte ich mir bereits in meinen Telegrammen vom 26. und 30. April, 4. und 9. Mai über die Armenierunruhen in Wan und die Erregung im hiesigen Gebiet zu berichten.

Ich halte es für angezeigt, diesen telegraphischen Berichten folgendes hinzuzufügen:

Der äußere Anlaß zu den Unruhen in Wan ist, wie ich bereits berichtete, die Verhaftung und Ermordung einiger armenischer Notabeln, insbesondere *Ischkhans* und des armenischen Deputierten von Wan, *Wramian* gewesen, die sich unter den Armeniern eines großen Ansehens erfreuten.

Ob dieses Vorkommnis im Einverständnis mit den dortigen Behörden geschehen ist, lasse ich dahingestellt. Jedenfalls mußte sich aber die Regierung darüber klar gewesen sein, daß dadurch der letzte Anstoß gegeben wurde, die schon seit langem, besonders aber seit Kriegsausbruch gärende Erregung, die nur noch von den Führern niedergehalten werden konnte, zum Ausbruch zu bringen.

Nicht nur in Wan und dessen Umgebung, also den Grenzgebieten gegen Rußland, und den hiesigen, durch Requisitionen und Truppenansammlungen besonders in Mitleidenschaft gezogenen armenischen Gebieten, sondern auch in den mehr im Innern gelegenen armenischen Orten machte sich eine starke Unzufriedenheit bemerkbar. An vielen Stellen waren seit langem Waffen angesammelt worden, anfänglich wohl nur zu Zwecken der Selbstverteidigung bei einem eventuellen Massakre, später wohl auch für einen bewaffneten Aufstand.

Daß von türkischer Seite in der Behandlung der Armenierfrage andauernd Fehler gemacht worden sind, ist Euerer Exzellenz ja zur Genüge bekannt, desgleichen, daß diese Fehler von russischer Seite schon lange vor dem Krieg zu einer planmäßigen Verhetzung ausgenutzt wurden. (...)

Die allgemeine Stimmung der Armenier den Deutschen gegenüber war somit bei Ausbruch des Krieges wenig freundschaftlich, hat sich aber im Laufe der letzten Monate sichtlich geändert. Dazu mag der deutsche Waffenerfolg auf allen Schlachtfeldern und die Anwesenheit deutscher Offiziere in Erzerum ein Teil beigetragen haben. Besonders jedoch machte sich dieser Umschwung bemerkbar, als die hiesigen Armenier gewiß zu sein glaubten, daß – es war etwa Mitte März – der Ausbruch eines Massakres nur durch die Anwesenheit und Tätigkeit des hiesigen Konsulats verhindert worden sei. Der armenische Bischof sprach denn auch wiederholt General Posseldt und mir seinen Dank für den Schutz der Armenier aus.

Zur hiesigen Lage, wie sie sich zurzeit darbietet, bemerke ich, daß ein Aufstand der Armenier Erzerums und seiner näheren Umgebung nicht anzunehmen ist, trotz der geringen hier vorhandenen türkischen Streitkräfte. Die weiter zur russischen Grenze hin gelegenen armenischen Ortschaften sind von ihren Bewohnern längst verlassen;

letztere sind teils nach Rußland geflohen, wo sie in den Reihen der russischen Truppen – wie auch bei Wan – gegen die Türken kämpfen sollen, teils kamen sie nach Erzerum. Einzelne Vorkommnisse, wie bewaffneter Widerstand bei Requisitionen in entlegenen Dörfern, Ermordung von Türken, die die Auslieferung armenischer Mädchen und Frauen verlangten, Zerschneiden und Störung von Telegraphen- und Telephonlinien, Spionage, sind Erscheinungen, die während des Krieges in einem Grenzgebiet mit gemischter Bevölkerung nichts Außergewöhnliches darstellen.

Die ruhige Haltung der hiesigen Armenier ist meiner Meinung nach bedingt durch

1. die schon erwähnte bessere Orientierung über die allgemeine Weltlage, die sie auf einen „raschen Sieg" der Russen nicht mehr hoffen läßt;

2. die vernünftige Stellungnahme der hiesigen Regierung, welche krasse Fälle von Bedrückungen bis jetzt vermieden hat.

Außer der Ermordung des Pasdirmadjan, Direktors der Banque Ottomane, im Februar, sind Fälle von politischen Morden hier nicht vorgekommen. Der Wali Tahsin Bey hat aus seiner früheren Tätigkeit in Wan in der Behandlung der Armenierfrage große Erfahrungen und vertritt, im Gegensatz zu einigen militärischen Kreisen, die den Augenblick der Abrechnung mit den Armeniern für gekommen halten, einen maßvollen Standpunkt. Die Maßregeln der Regierung haben sich bis jetzt auch nur auf Haussuchungen und Verhaftungen beschränkt. Von den Verhafteten ist die Mehrzahl wieder freigelassen worden, einige sollen ins Innere des Landes verschickt werden. Die Haussuchungen haben, soweit mir bekannt, belastendes Material nicht ergeben. Diese Haltung der Regierung trägt viel zur Beruhigung der Armenier bei. Auch der Ausbruch eines Massakres ist hier kaum anzunehmen, es sei denn, daß Mißerfolge an der Front die türkischen Truppen zu einem Rückzuge nach Erzerum nötigen würden. Ich habe nicht versäumt, dem Gedanken einer „Abrechnung" überall energisch entgegenzutreten und auf die üblen Folgen innerer Unruhen in der Türkei in der jetzigen Zeit hinzuweisen.

Die Anwesenheit und Tätigkeit des Konsulats, verbunden mit dem guten Nachrichtendienst desselben, dürfte somit nicht wenig zu der bisherigen ruhigen Haltung der hiesigen Türken und Armenier beigetragen haben. VON SCHEUBNER-RICHTER

Seiner Exzellenz dem Herrn Botschafter
Freiherrn von Wangenheim, Konstantinopel

Deutschland und Armenien 1914–1918. Sammlung diplomatischer Aktenstücke...
Nummer 51, S. 68–71.

★

From: The Treatment of Armenians in the Ottoman Empire

INFORMATION REGARDING EVENTS IN ARMENIA
PUBLISHED IN THE "SONNENAUFGANG."
(ORGAN OF THE "GERMAN LEAGUE FOR THE PROMOTION
OF CHRISTIAN CHARITABLE WORK IN THE EAST").
OCTOBER, 1915; AND IN THE "ALLGEMEINE MISSIONS-
ZEITSCHRIFT," NOVEMBER, 1915

This testimony is especially significant because it comes from a German source, and because the German Censor made a strenuous attempt to suppress it.

The same issue of the "Sonnenaufgang" contains the following editorial note:—

"In our preceding issue we published an account by one of our sisters (Schwester Möhring) of her experiences on a journey, but we have to abstain from giving to the public the new details that are reaching us in abundance. It costs us much to do so, as our friends will understand; but the political situation of our country demands it."

In the case of the "Allgemeine Missions-Zeitschrift," the Censor was not content with putting pressure on the editor. On the 10th November, he forbade the reproduction of the present article in the German press, and did his best to confiscate the whole current issue of the magazine. Copies of both publications, however, found their way across the frontier.

Both the incriminating articles are drawn from common sources, but the extracts they make from them do not entirely coincide, so that, by putting them together, a fuller version of these sources can be compiled.

In the text printed below, the unbracketed paragraphs are those which appear both in the "Sonnenaufgang" and in the "Allgemeine Missions-Zeitschrift"; while paragraphs included in angular brackets (< >) appear only in the "Sonnenaufgang," and those in square brackets ([ ]) only in the "Allgemeine Missions-Zeitschrift.".

Between the 10th and the 30th May, 1,200 of the most prominent Armenians and other Christians, without distinction of confession, were arrested in the Vilayets of Diyarbekir and Mamouret-ul-Aziz.

<It is said that they were to be taken to Mosul, but nothing more has been heard of them.>

[On the 30th May, 674 of them were embarked on thirteen Tigris barges, under the pretext that they were to be taken to Mosul. The Vali's aide-de-camp, assisted by fifty gendarmes, was in charge of the convoy. Half the gendarmes started off on the barges, while the other half rode along the bank. A short time after the start the prisoners were stripped of all their money (about £6,0000 Turkish) and then of their clothes; after that they were thrown into the river. The gendarmes on the bank were ordered to let none of them escape. The clothes of these victims were sold in the market of Diyarbekir.]

<About the same time 700 young Armenian men were conscripted, and were then set to build the Karabagthché-Habashi road. There is no news of these 700 men either.

It is said that in Diyarbekir five or six priests were stripped naked one day, smeared with tar, and dragged through the streets.>

In the Vilayet of Aleppo they have evicted the inhabitants of Hadjin, Shar, Albustan, Göksoun, Tasholouk, Zeitoun, all the villages of Alabesh, Geben, Shivilgi, Furnus and the surrounding villages, Fundajak, Hassan-Beyli, Harni, Lappashli, Dört Yöl and others.

[They have marched them off in convoys into the desert on the pretext of settling them there. In the village of Tel-Armen (along the line of the Bagdad Railway, near Mosul) and in the neighbouring villages about 5,000 people were massacred, leaving only a few women and children. The people were thrown alive down wells or into the fire. They pretend that the Armenians are to be employed in colonising land situated at a distance of from twenty-four to thirty kilometres from the Bagdad Railway. But as it is only the women and children who are sent into exile, since all the men, with the exception of the very old, are at the war, this means nothing less than the wholesale murder of the families, since they have neither the labour nor the capital for clearing the country.]

A German met a Christian soldier of his acquaintance, who was on furlough from Jerusalem. The man was wandering up and down along the banks of the Euphrates searching for his wife and children, who were supposed to have been transferred to that neighbourhood. Such unfortunates are often to be met with in Aleppo, because they believe that there they will learn something more definite about the whereabouts of their relations. It has often happened that when a member of a family has been absent, he discovers on his return that all his family are gone – evicted from their homes.

[For a whole month corpses were observed floating down the River Euphrates nearly every day, often in batches of from two to six corpses bound together. The male corpses are in many cases hideously mutilated (sexual organs cut off, and so on), the female corpses are ripped open. The Turkish military authority in control of the Euphrates, the Kaimakam of Djerablous, refuses to allow the burial of these corpses, on the ground that he finds it impossible to establish whether they belong to Moslems or to Christians. He adds that no one has given him any orders on the subject. The corpses stranded on the bank are devoured by dogs and vultures. To this fact there are many German eye-witnesses. An employee of the Bagdad Railway has brought the information that the prisons at Biredjik are filled regularly every day and emptied every night – into the Euphrates. Between Diyarbekir and Ourfa a German cavalry captain saw innumerable corpses lying unburied all along the road.]

<The following telegram was sent to Aleppo from Arabkir: – "We have accepted the True Religion. Now we are all right." The inhabitants of a village near Anderoum went over to Islam and had to hold to it. At Hadjin six families wanted to become Mohammedans. They received the verdict: "Nothing under one hundred families will be accepted."

Aleppo and Ourfa are the assemblage-places for the convoys of exiles. There were about 5,000 of them in Aleppo during June and July, while during the whole period from April to July many more than 50,000 must have passed through the city. The girls were abducted almost without exception by the soldiers and their Arab hangers-on. One father, on the verge of despair, besought me to take with me at least his fifteen-year-old daughter, as he could no longer protect her from the persecutions inflicted upon her. The children left behind by the Armenians on their journey are past counting.

Women whose pains came upon them on the way had to continue their journey without respite. A women bore twins in the neighbourhood of Aintab; next morning she had to go on again. She very soon had to leave the children under a bush, and a little while after she collapsed herself. Another, whose pains came upon her during the march, was compelled to go on at once and fell down dead almost immediately. There were several more incidents of the same kind between Marash and Aleppo.

The villagers of Shar were permitted to carry all their household effects with them. On the road they were suddenly told: "An order has come for us to leave the high road and travel across the mountains." Everything – waggons, oxen and belongings – had to be left behind on the road, and then they went on over the mountains on foot. This year the heat has been exceptionally severe, and many women and children naturally succumbed to it even in these early stages of their journey.

There are about 30,000 exiles of whom we have no news at all, as they have arrived neither at Aleppo nor at Ourfa.>

The Treatment of Armenians in the Ottoman Empire. Documents presented to Viscount Grey of Fallodon, Secretary of State for Foreign Affairs. With a preface by Viscount Bryce. London 1916, Doc. 12, p. 25–27.

★

Aus: Deutschland und Armenien 1914–1918

KAISERLICHES
KONSULAT ERZERUM

Telegramm

Abgang aus Erzerum den 18. Mai 1915
Ankunft in Pera den 18. Mai 1915

An Deutsche Botschaft Konstantinopel

Das Elend unter den vertriebenen Armeniern ist fürchterlich. Frauen und Kinder lagern zu Tausenden ohne Nahrung um die Stadt herum. Die zwecklose Vertreibung ruft die größte Erbitterung hervor.

Darf ich deswegen bei dem Oberkommandierenden Schritte unternehmen?

SCHEUBNER

Deutschland und Armenien 1914–1918. Sammlung diplomatischer Aktenstücke...
Nummer 59, S. 73.

Allies' Stern Warning to Turkey

We have received the following from the Press Bureau: –

His Majesty's Government, in common with the Governments of France and Russia, make the following public declaration:

For about the last month the Kurds and the Turkish population of Armenia have been engaged in massacring Armenians, with the connivance and often the help of the Ottoman authorities. Such massacres took place about the middle of April at Erzerum, Dertchan, Egin, Bitlis, Sassoun, Moush, Zeitun, and in Cilicia. The inhabitants of about 100 villages near Van were all assassinated, and in the town itself the Armenian quarter is besieged by Kurds. At the same time the Ottoman Government at Constantinople is raging against the inoffensive Armenian population.

In the face of the fresh crimes, committed by Turkey, the Allied Governments announce publicly to the Sublime Porte that they will hold all the members of the Ottoman Government, as well as such agents as are implicated, personally responsible for such massacres.

The Times, London, 24. 5. 1915.

★

De: Au pays de l'épouvante. L'Arménie martyre

Notes communiquées à l'auter par M. Sbordonne

Van, le 30 mai 1915

L'agent consulatire d'Italie chargé des intérêts français à Van, à S. E. Monsieur l'Ambassadeur de France, à Petrograd.

J'ai l'honneur de porter à la connaissance de V. E. la situation creéé par les autorités ottomannes à la Mission Française Dominicaine à Van, depuis le commencement de la guerre russo-turque, jusqu'à l'occupation russe de cette ville. Il m'a été impossible, faute de moyens sûrs de communication, de'en saisir, jusqu'ici, soit l'ambasade des Etats-Unis à Constantinople, soit le consulat d'Italie, à Trébizonde.

Avant son départ, M. de Sandfort, vice-consul de France, à Van, me chargea, à défaut d'agent consulaire américain dans cette ville, des intérêts français et en fit part à l'ambassade des Etats-Unis près la Porte Ottomane et le vilayet.

Une semaine après le départ de M. de Sandfort, c'est-à-dire le 15 novembre 1914, le secrétaire du vilayet et le directeur de l'Instruction Publique, accompagnés des agents de police, se présentèrent sans aucune délégation de la part de cette agence consulaire, chez les R. Pères Dominicains et les Sœurs de la Présentation, et les sommèrent de quitter immédiatement leurs couvents et de remettre tous leurs établissements scolaires et de bienfaisance au gouvernement ottoman.

Les religieux furent obligés de quitter leurs demeures le jour même, ne pouvant obtenir des fonctionnaires ottomans que la permission d'emporter avec eux quelques objets de première nécessité.

Les autorités apposèrent alors les scellés sur toute la résidence de la mission. Sur mes démarches réitérées les autorités consentirent à ce que les sœurs restassent chez elles jusqu'à leur départ. Ordre a été donné, par le vilayet, à la police d'expulser les missionnaires français dans les vingt-quatre heures. Mes représentations énergiques auprès du gouvernement ont permis aux religieux français de partir après avoir trouvé les moyens nécessaires pour pouvoir suivre l'itinéraire très difficile que les autorités ottomanes leur désignaient. (D'après cet itinéraire, les français expulsés devaient gagner la France par Bitlis, Diarbékir, Alep, Messine).

J'ai pu obtenir également du vali que le R. P. Bernard Goordnmaghligh, supérieur de la Mission Dominicaine Française resta à Van, le voyage lui étant impossible à cause de sa santé et de son âge avancé. Les autres religieux et religieuses ont quitté Van, le 20 novembre 1914.

Après expulsion des missionnaires français, les établissements des Pères Dominicains furent occupés par une école musulmane, et ceux des sœurs devinrent une école ottomane de jeunes filles. Il va sans dire que les fonctionnaires turcs emportèrent la plus grande partie des meubles de la mission, laissés à leur pourvoir.

Pendant les derniers événements qui ont ensanglanté Van et ses environs, aux mois d'avril et de mai derniers, la résidence des Dominicains qui se trouve au bout du quartier musulman devint une des premières positions turques, les établissements des sœurs, situés dans le quartier chrétien furent occupés par les Arméniens, avant que les Turcs parvinssent à y mettre des Forces.

Durant leur séjour d'un mois les bachi-bozouks turcs et kurdes qui s'étaient barricadés dans la résidence des Dominicains, ont saccagé tout ce qui avait échappé au pillage des fonctionnaires turcs, et, lorsque les Arméniens parvinrent à y entrer, ils n'y ont trouvé que les débris de quelques meubles.

Les établissements des sœurs ont échappé au pillage, étant sous la surveillance des Arméniens. La Mission fera parvenir à V. E., par mon entremise, la liste des objets pillés.

Depuis l'occupation russe, la résidence des Dominicains est occupée par les volontaires russo-arméniens, et celle des sœurs, sert provisoirement au gouvernment comme palais gouvernemental.

Veuillez agréer, etc.

G. SBORDONE

Henry Barby, Correspondant du guerre du Journal: Au pays de l'épouvante. L'Arménie martyre. Préface de M. Paul Deschanel, de l'Académie Française, Président de la Chambre des Députés. Paris 1917, p. 248–250.

★

Aus: Deutschland und Armenien 1914–1918

KAISERLICHES
KONSULAT ERZERUM

Telegramm

Abgang aus Erzerum, den 2. Juni 1915
Ankunft in Pera, den 3. Juni 1915

An Deutsche Botschaft, Konstantinopel

Meine Rücksprache mit dem Oberkommandierenden über die Aussiedelung der Armenier führte zu keinem positiven Resultat. Die armenischen Bewohner aller Ebenen, wahrscheinlich auch Erzerums, sollen bis Der es Zor geschickt werden. Diese Aussiedelung großen Maßstabes ist gleichbedeutend mit Massakres, da mangels jeglicher Transportmittel kaum die Hälfte ihren Bestimmungsort lebend erreichen wird, und dürfte nicht nur den Ruin der Armenier, sondern ganzen Landes nach sich ziehen. Militärische Gründe können für Maßnahmen nicht angeführt werden, da Aufstand der hiesigen Armenier nicht anzunehmen ist und die Ausgewiesenen alte Männer, Frauen und Kinder sind. Armenier, die zum Islam übertreten, werden nicht ausgewiesen. Von mir besichtigte verlassene armenische Dörfer fand ich ausgeplündert, desgleichen das Kloster Kizilwang, dessen Kirche verwüstet war.   SCHEUBNER

Deutschland und Armenien 1914–1918. Sammlung diplomatischer Aktenstücke...
Nummer 73, S. 80.

★

Aus: Deutschland und Armenien 1914–1918

KAISERLICHES
KONSULAT MOSSUL

Telegramm

Abgang aus Mossul, den 10. Juni 1915
Ankunft in Pera, den 11. Juni 1915

Deutsche Botschaft, Konstantinopel

614 aus Diarbekr hierher verbannte armenische Männer, Frauen und Kinder sind auf der Floßreise sämtlich abgeschlachtet worden; die Keleks sind gestern hier leer angekommen; seit einigen Tagen treiben Leichen und menschliche Glieder im Fluß vorbei. Weitere Transporte armenischer „Ansiedler" sind hierher unterwegs, ihnen dürfte dasselbe Los bevorstehen.

Ich habe der hiesigen Regierung meinen tiefsten Abscheu über diese Verbrechen zum Ausdruck gebracht; der Wali sprach sein Bedauern darüber aus mit dem Bermerken, daß allein der Wali von Diarbekr dafür verantwortlich sei.   HOLSTEIN

Deutschland und Armenien 1914–1918. Sammlung diplomatischer Aktenstücke...
Nummer 78. S. 82.

From: Secrets of the Bosporus

(...) It is absurd for the Turkish Government to assert that it ever seriously intended to "deport the Armenians to new homes"; the treatment which was given the convoys clearly shows that extermination was the real purpose of Enver and Talaat. Howe many exiled to the south under these revolting conditions ever reached their destinations? The experiences of a single caravan shows how completely this plan of deportation developed into one of annihilation. The details in question were furnished me directly by the American Consul at Aleppo, and are now on file in the State Department at Washington. On the first of June a convoy of 3,000 Amenians, mostly women, girls, and children, left Harpoot. Following the usual custom the Government provided them an escort of seventy gendarmes, under the command of a Turkish leader – Bey. In accordance with the common experience these gendarmes proved to be not their protectors, but their tormentors and their executioners. Hardly had they got well started on the road when... Bey took 400 liras from the caravan, on the plea that he was keeping it safely until their arrival at Malatia; no sooner had he robbed them of the only thing that might have provided them with food than he ran away, leaving them all to the tender mercies of the gendarmes.

All the way to Ras-ul-Ain, the first station on the Bagdad line, the existence of these wretched travellers was one prolonged horror. The gendarmes went ahead, informing the half-savage tribes of the mountains that several thousand Armenian women and girls were approaching. The Arabs and Kurds began to carry off the girls, the mountaineers fell upon them repeatedly, killing and violating the women, and the gendarmes themselves joined in the orgy. One by one the few men that accompanied the convoy were killed. The women had succeeded in secreting money from their persecutors, keeping it in their mouths and hair; with this they would buy horses, only to have them repeatedly stolen by the Kurdish tribesmen. Finally the gendarmes, having robbed and beaten and killed and violated their charges for thirteen days, abandoned them altogether. Two days afterward the Kurds went through the party and rounded up all the males who still remained alive. They found about 150, their ages varying from fifteen to ninety years, and these they promptly took away and butchered to the last man. But that same day another convoy from Sivas joined this one from Harpoot, increasing the numbers of the whole caravan to 18,000 people.

Another Kurdish Bey now took command, and to him, as to all men placed in the same position, the opportunity was regarded merely as one for pillage, outrage, and murder. This chieftain summoned all his followers from the mountains and invited these to work their complete will upon this great mass of Armenians. Day after day and night after night the prettiest girls were carried away; sometimes they returned in a pitiable condition that told the full story of their sufferings. Any stragglers, those who were so old and infirm and sick that they could not keep up with the marches, were promptly killed. Whenever they reached a Turkish village all the local vagabonds were permitted to prey upon the Armenian girls. When the diminishing band reached the Euphrates they saw the bodies of 200 men floating upon the surface. By this time they had all been so repeatedly robbed that they had practically nothing left except a few ragged clothes, and even these the Kurds now took, the consequence being that the whole convoy marched for five days completely naked under the scorching desert sun. For another five days they did not have a morsel of bread or a drop of water. "Hundreds fell dead on the way," the report reads; "their tongues were turned to charcoal, and when, at the end of five days, they reached a fountain, the whole convoy naturally rushed toward it. But here the policemen barred the way and forebade them to take a single drop of water. Their purpose was to sell it at from one to three liras a cup, and sometimes they actually withheld the water after getting the money. At another place, where there were wells, some women threw themselves into them, as there was no rope or pail to draw up the water. These women were drowned and, in spite of that, the rest of the people drank from that well, the dead bodies still remaining there and polluting the water. Sometimes when the wells were shallow and the women could go down into them and come out again, the other people would rush to lick or suck their wet, dirty clothes, in the effort to quench their thirst. When they passed an Arab village in their naked condition the Arabs pitied them and gave them old pieces of cloth to cover themselves with. Some of the exiles who still had money bought some clothes; but some still remained who travelled thus naked all the way to the city of Aleppo. The poor women could hardly walk for shame; they all walked brent double."

On the seventieth day a few creatures reached Aleppo. Out of the combined convoy of 18,000 souls just 150 women and children reached their destination. A few of the rest, the most attractive, were still living as captives of the Kurds and Turks; all the rest were dead. (...)

Secrets of the Bosporus.
By (American) Ambassador Henry Morgenthau, Constantinople 1913–1916
London 1918. p. 209–211.

★

Aus: Bericht über die Lage des Armenischen Volkes in der Türkei

In Erzingjan wurden über 2000 Armenier, ohne daß irgend eine Beschuldigung gegen sie erhoben worden wäre, arretiert. Bei Nacht wurden sie verhaftet, bei Nacht aus dem Gefängnis geführt und in der Nachbarschaft der Stadt getötet. Sodann wurde den Armeniern der Stadt, etwa 1500 Häusern, angekündigt, daß sie in einigen Tagen die Stadt zu verlassen hätten. Sie könnten ihre Sachen verkaufen, müßten aber vor dem Abzug die Schlüssel ihrer Häuser den Behörden abliefern. Am 7. Juni ging der erste Transport ab. Er bestand hauptsächlich aus Wohlhabenderen, die sich einen

Wagen mieten konnten. Später wurde ein Telegramm vorgezeigt, daß sie ihr nächstes Reiseziel Kharput erreicht hätten. Am 8., 9. und 10. Juni verließen neue Scharen die Stadt, im ganzen 20 bis 25 000 Personen. Viele Kinder wurden von muhammedanischen Familien aufgenommen, später hieß es, auch diese müßten fort. Auch die Familien der im Lazarett diensttuenden Armenier mußten fort, sogar, *trotz des Protestes des deutschen Arztes* Dr. Neukirch, eine typhuskranke Frau. Ein im Lazarett diensttuender Armenier sagte zu der deutschen Krankenschwester: „Nun bin ich 46 Jahre alt, und bin doch, trotzdem jedes Jahr Freilassungsgeld für mich gezahlt worden ist, eingezogen worden. Ich habe nie etwas gegen die Regierung getan, und jetzt nimmt man mir meine ganze Familie, meine 70jährige kummergebeugte Mutter, meine Frau und 5 Kinder; ich weiß nicht, wohin sie gehen." Er jammerte besonders um sein 1½jähriges Töchterchen. „So ein schönes Kind hast du nie gesehen, es hatte Augen wie Teller so groß. Wenn ich nur könnte, wie eine Schlange wollte ich ihr auf dem Bauche nachkriechen." Dabei weinte er wie ein Kind. Am anderen Tage kam derselbe Mann ganz ruhig und sagte: „Jetzt weiß ich es, sie sind alle tot." Es war nur zu wahr.

Die Karawanen, die am 8., 9. und 10. Juni Erzingjan in scheinbarer Ordnung verließen (die Kinder vielfach auf Ochsenwagen untergebracht), wurden von Militär begleitet. Trotzdem sollte nur ein Bruchteil das nächste Reiseziel erreichen. Die Straße nach Kharput verläßt die Ebene von Erzingjan östlich der Stadt, um in das Defilé des Euphrat, der hier die Tauruskette durchbricht, einzutreten. In vielen Windungen folgt die Straße, zwischen steilen Bergwänden am Strom entlang laufend, dem Euphrat. Die Strecke bis Kemach, die in der Luftlinie nur 16 Kilometer beträgt, verlängert sich durch die Windungen auf 55 Kilometer. In den Engpässen der Straße wurden die zwischen Militär und herbeigerufenen Kurden eingekeilten wehrlosen Scharen, fast nur Frauen und Kinder, überfallen. Zuerst wurden sie völlig ausgeplündert, dann in der scheußlichsten Weise abgeschlachtet und die Leichen in den Fluß geworfen. Zu Tausenden zählten die Opfer bei diesem Massaker im Kemachtal, nur zwölf Stunden von der Garnisonstadt Erzingjan, dem Sitz eines Mutessarifs (Regierungspräsidenten) und des Kommandos des vierten Armeekorps entfernt. *Was hier vom 10. bis 14. Juni geschah, ist mit Wissen und Willen der Behörden geschehen. Die deutschen Krankenschwestern* erzählen:

„Die Wahrheit der Gerüchte wurde uns zuerst von unserer türkischen Köchin bestätigt. Die Frau erzählte unter Tränen, daß die Kurden die Frauen mißhandelt und getötet und die Kinder in den Euphrat geworfen hätten. Zwei junge, auf dem amerikanischen Kollege in Kharput ausgebildete Lehrerinnen zogen mit einem Zug von Deportierten durch die Kemachschlucht (Kemach-Boghasi), als sie am 10. Juni unter Kreuzfeuer genommen wurden. Vorn sperrten Kurden den Weg, hinten waren die Miliztruppen eines gewissen Talaat. In ihrem Schrecken warfen sie sich auf den Boden. Als das Schießen aufgehört hatte, gelang es ihnen und dem Bräutigam der einen, der sich als Frau verkleidet hatte, auf Umwegen nach Erzingjan zurückzukommen. Ein türkischer Klassengefährte des jungen Mannes war ihnen behilflich. Kurden, die ihnen begegneten, gaben sie Geld. Als sie die Stadt erreicht hatten, wollte ein Gendarm die eine von ihnen, die Braut war, mit in sein Haus nehmen. Als der Bräutigam dagegen Einspruch erhob, wurde er von den Gendarmen erschossen. Die beiden jungen Mädchen wurden nun durch den türkischen Freund des Bräutigams in vornehme muhammedanische Häuser gebracht, wo man sie freundlich aufnahm, aber auch sofort aufforderte, den Islam anzunehmen. Sie ließen durch den Arzt Kafaffian die deutschen Krankenschwestern flehentlich bitten, sie mit nach Kharput zu nehmen. Die eine schrieb, wenn sie nur Gift hätten, würden sie es nehmen."

Am folgenden Tage, dem 11. Juni, wurden reguläre Truppen von der 86. Kavalleriebrigade unter Führung ihrer Offiziere in die Kemachschlucht geschickt, um, wie es hieß, die Kurden zu bestrafen. Diese türkischen Truppen haben, wie es die deutschen Krankenschwestern aus dem Munde türkischer Soldaten, die selbst dabei waren, gehört haben, alles, was sie noch von den Karawanen am Leben fanden, fast nur Frauen und Kinder, niedergemacht. Die türkischen Soldaten erzählten, wie sich die Frauen auf die Knie gestürzt und um Erbarmen gefleht hätten, und dann, als keine Hilfe mehr war, ihre Kinder selbst in den Fluß geworfen hätten. Ein junger türkischer Soldat sagte: „es war ein Jammer. Ich konnte nicht schießen. Ich tat nur so." Andere rühmten sich gegenüber dem deutschen Apotheker, Herrn Gehlsen, ihrer Schandtaten. Vier Stunden dauerte die Schlächterei. Man hatte Ochsenwagen mitgebracht, um die Leichen in den Fluß zu schaffen und die Spuren des Geschehenen zu verwischen. Am Abend des 11. Juni kamen die Soldaten mit Raub beladen zurück. Nach der Metzelei wurde mehrere Tage in den Kornfeldern um Erzingjan Menschenjagd gehalten, um die vielen Flüchtlinge abzuschießen die sich darin versteckt hatten. (...)

Über *den Zustand und das Schicksal der Karawanen von Deportierten*, die aus der Gegend von Baiburt und Erzerum durch Erzingjan durchkamen, liegt ein weiteres *Zeugnis der beiden deutschen Krankenschwestern aus Erzingjan* vor:

„Am Abend des 18. Juni gingen wir mit unserem Freunde, Herrn Apotheker Gehlsen, vor unserem Hause auf und ab. Da begegnete uns ein Gendarm, der uns erzählte, daß kaum zehn Minuten oberhalb des Hospitals eine Schar Frauen und Kinder aus der Baiburtgegend übernachtete. Er hatte sie selber treiben helfen und erzählte in erschütternder Weise, wie es den Deportierten auf dem ganzen Wege ergangen sei. Kessé, Kessé früjorlar! (Schlachtend, schlachtend treibt man sie!) Jeden Tag, erzählte er, habe er zehn bis zwölf Männer getötet und in die Schluchten geworfen. Wenn die Kinder schrien und nicht mitkommen konnten, habe man ihnen die Schädel eingeschlagen. Den Frauen hätte man alles abgenommen und sie bei jedem neuen Dorf aufs neue geschändet. „Ich selber habe drei nackte Frauenleichen begraben lassen", schloß er seinen Bericht, „Gott möge es mir zurechnen." Am folgenden Morgen in aller Frühe hörten wir, wie die Totgeweihten vorüberzogen. Wir und Herr Gehlsen schlossen uns ihnen an und begleiteten sie eine Stunde weit bis zur Stadt. Der Jammer war unbeschreiblich. Es war eine große Schar. Nur zwei bis drei Männer, sonst alles Frauen und Kinder. Von den Frauen waren einige wahnsinnig geworden. Viele schrien: „Rettet uns, wir wollen Moslems werden, oder Deutsche, oder was ihr wollt, nur rettet uns. Jetzt bringen sie uns nach Kemach und schneiden uns die Hälse ab." Dabei machten sie eine bezeichnende Gebärde. Andere trabten stumpf und teilnahmslos daher, mit ihren paar Habseligkeiten auf dem Rücken und ihren Kindern an der Hand. Andere wieder flehnten uns an, ihre Kinder zu retten. Als wir uns der Stadt näherten, kamen viele Türken geritten und holten sich Kinder oder junge Mädchen. Am Eingang der Stadt, wo auch die deutschen Ärzte ihr Haus haben, machte die Schar einen Augenblick halt, ehe sie den Weg nach Kemach einschlug. *Hier war es der reine Sklavenmarkt*, nur daß nichts gezahlt wurde. Die Mütter schienen die Kinder gutwillig herzugeben, und Widerstand hätte nichts genützt."

Als die beiden deutschen Rote-Kreuz-Schwestern am 21. Juni Erzingjan verließen, sahen sie unterwegs noch mehr von dem Schicksal der Deportierten.

„Auf dem Wege begegnete uns ein großer Zug von Ausgewiesenen, die erst kürzlich ihre Dörfer verlassen hatten und noch in guter Verfassung waren. Wir mußten lange halten, um sie vorüber zu lassen, und nie werden wir den Anblick vergessen. Einige wenige Männer, sonst nur Frauen und eine Menge Kinder. Viele davon mit hellem Haar und großen blauen Augen, die uns so todernst und mit solch unbewußter Hoheit anblickten, als wären sie schon Engel des Gerichts. In lautloser Stille zogen sie dahin, die Kleinen und die Großen, bis auf die uralte Frau, die man nur mit Mühe auf dem Esel halten konnte, alle, alle, um zusammengebunden vom hohen Felsen in die Fluten des Euphrat gestürzt zu werden, in jenem Tal des Fluches Kemach-Boghasi. Ein griechischer Kutscher erzählte uns, wie man das gemacht habe. Das Herz wurde einem zu Eis. Unser Gendarm berichtete, er habe gerade erst einen solchen Zug von 3000 Frauen und Kindern von Mamachatun (aus dem Terdjan-Gebiet zwischen Erzerum und Erzingjan) nach Kemach gebracht: „Hep gitdi bitdi!" „Alle weg und hin!", sagte er. Wir: „Wenn ihr sie töten wollt, warum tut ihr es nicht in ihren Dörfern? Warum sie erst so namenlos elend machen?" – „Und wo sollten wir mit den Leichen hin, die würden ja stinken!", war die Antwort.

Die Nacht verbrachten wir in Enderes in einem armenischen Haus. Die Männer waren schon abgeführt, während die Frauen noch unten hausten. Sie sollten am folgenden Tage abgeführt werden, wurde uns gesagt. Sie selbst aber wußten es nicht und konnten sich deshalb noch freuen, als wir den Kindern Süßigkeiten schenkten. An der Wand unseres Zimmers stand auf Türkisch geschrieben:

> „Unsere Wohnung ist die Bergeshöhe,
> Ein Zimmer brauchen wir nicht mehr.
> Wir haben den bittern Todestrunk getrunken.
> Den Richter brauchen wir nicht mehr."

Es war ein heller Mondscheinabend. Kurz nach dem Zubettgehen hörte ich Gewehrschüsse mit vorangehendem Kommando. Ich verstand, was es bedeutete, und schlief förmlich beruhigt ein, froh, daß diese Opfer wenigstens einen schnellen Tod gefunden hatten und jetzt vor Gott standen. Am Morgen wurde die Zivilbevölkerung aufgerufen, um auf Flüchtlinge Jagd zu machen. In allen Richtungen ritten Bewaffnete. Unter einem schattigen Baum saßen zwei Männer und teilten die Beute, der eine hielt gerade eine blaue Tuchhose in die Höhe. Die Leichen waren alle nackt ausgezogen, eine sahen wir ohne Kopf.

In dem nächsten griechischen Dorf trafen wir einen wildaussehenden bewaffneten Mann, der uns erzählte, daß er dort postiert sei, um die Reisenden zu überwachen (d. h. die Armenier zu töten). Er haben schon viele getötet. Im Spaß fügte er hinzu, „einen von ihnen habe er zu ihrem Könige gemacht". Unser Kutscher erklärte uns, es seien die 250 armenischen Wegearbeiter (Inscha'at-Taburi, Armierungssoldaten) gewesen, deren Richtplatz wir unterwegs gesehen hatten. Es lag noch viel geronnenes Blut da, aber die Leichen waren entfernt.

Am Nachmittag kamen wir in ein Tal, wo drei Haufen Wegearbeiter saßen, Moslem, Griechen und Armenier. Vor den Letzteren standen einige Offiziere. Wir fahren weiter einen Hügel hinan. Da zeigt der Kutscher in das Tal hinunter, wo etwa hundert Männer von der Landstraße abmarschierten und neben einer Senkung in einer Reihe aufgestellt wurden. Wir wußten nun, was geschehen würde. An einem anderen Ort wiederholte sich dasselbe Schauspiel. Am Missionshospital in Siwas sahen wir einen Mann, der einem solchen Massaker entronnen war. Er war mit 95 anderen armenischen Wegearbeitern (die zum Militärdienst ausgehoben waren) in eine Reihe gestellt worden. Daraufhin hätten die zehn beigegebenen Gendarmen, soviel sie konnten, erschossen. Die übrigen wurden von andern Moslems mit Messern und Steinen getötet. Zehn waren geflohen. Der Mann selber hatte eine furchtbare Wunde im Nacken. Er war ohnmächtig geworden. Nach dem Erwachen gelang es ihm, den zwei Tage weiten Weg nach Siwas zu machen. Möge er ein Bild seines Volkes sein, daß es die ihm jetzt geschlagene tödliche Wunde verwinden könne! (...)

Dr. Johannes Lepsius: Bericht über die Lage des Armenischen Volkes...
Potsdam 1916, S. 44–47/50–54.

★

Aus: Deutschland und Armenien 1914–1918

KAISERLICHES
KONSULAT ERZERUM   Telegramm
Abgang aus Erzerum, den 26. Juni 1915
Ankunft in Pera, den 27. Juni 1915

An Deutsche Botschaft, Konstantinopel

Neuerdings hat der Oberkommandierende angeordnet, alle Armenier aus Erzerum auszuweisen. Dieser militärisch unbegründete und meines Erachtens nur auf Rassenhaß zurückzuführende Befehl dürfte, falls er wirklich zur Ausführung kommt, auch für die Armee bedenklich sein, da alle Militärhandwerker, Chauffeure etc. Armenier sind.   SCHEUBNER

Deutschland und Armenien 1914–1918. Sammlung diplomatischer Aktenstücke...
Nummer 98, S. 91.

From: The Treatment of Armenians in the Ottoman Empire

URMIA DURING THE TURCO-KURDISH OCCUPATION:
DIARY OF A MISSIONARY, EDITED BY MISS
MARY SCHAUFFLER PLATT, AND PUBLISHED BY
THE BOARD OF FOREIGN MISSIONS OF THE
PRESBYTERIAN CHURCH IN THE U.S.A.

Urmia, Persia, Saturday, 9th January, 1915

I want to start a letter telling you of the events of the last week, though I cannot tell when it will reach you. As you know, the Russians had taken possession on this part of Persia, and were maintaining order here, so that for the last year conditions were more orderly, peaceful and prosperous than for long years before. They had a consul here who was very capable, and tried to do justice to all.

When war was declared between Russia and Turkey, we knew that this meant war for Urmia, for we are right on the Turkish border, and only a few years ago Turkey tried to get this section for herself, but failed. We were told by the Russians in authority here that they would hold Urmia against all odds, so the city was fortified by trenches and defences on every side, and several thousand reinforcements came.

On New Year's Day, according to our custom, we received our friends. As many as a hundred and forty of our Moslem and Christian friends, men and women, called "to bless our New Year." On Saturday, the 2nd, like a thunderbolt from a clear sky, we were informed that the whole Russian army was withdrawing; some had gone in the night, the rest would leave immediately. There was a panic at once among the Christian (Syrian und Armenian) population. The Osmanlis, or Turks and Kurds, were but a few miles away, and the Christians were absolutely defenceless.

At once, as soon as the Russians had gone, with large numbers of Syrians and Armenians leaving at the same time, the evilminded Moslems all over the plain began to plunder the Christian villages. When the people were trying to flee to the missionaries in the city, they were robbed on the roads of everything they had, even of their outer clothing. In some of the villages the Moslem masters placed guards to prevent the people from going themselves or bringing their possessions to the city, saying they would protect them. When they tried to get away, these same guards robbed and stripped them.

The crowds had begun to pour in at our gates on Sunday; the city people were taken in by night and many others from near by. On Sunday morning we put up the American flags over the entrances. On Monday morning Mr. Packard, with American and Turkish flags, accompanied by two Syrians, started out to meet the leading Kurdish chief. He arrived at Geogtapa in time to prevent a terrible massacre. The people of Geogtapa who had not fled to the city had gone to our church and the Russian church, both of which are situated on a high hill formed of ashes, a relic of Zoroastrian times. The churchyards are enclosed by high mud walls. All finally went to the Russian church, which was on the highest ground. They barricaded the strong doors, and, when the Kurds attacked, the men defended the fort with their guns and the women crowded like sheep into the church. When Dr. Packard arrived, a lively battle was going on, with little chance for the Christians. He had great difficulty in getting to the chiefs without being shot; but he finally reached them, and they knew him. Some of these Kurds had spent weeks in our hospital and had been operated upon by Dr. Packard, so they listened to him while he pleaded for the lives of the people inside. After several hours' entreaty, they agreed to let the people go with him if they would give up their guns and ammunition. (...)

From the first the Sheikh promised protection to us and our people, and when the Osmanli officers came they immediately took possession of the city, and have tried to keep order and prevent plundering by Moslems. The other day a Moslem, terribly woundet by a Turkish guard while robbing, was brought here for treatment. This is an illustration of our position: Here is a Mussulman thief, plundering Christians, shot by the Osmanli guard, and then brought to us by his friends that we might care for him. (...)

The pitful tales we hear of murder, of narrow escape through snow and mud, hungry, sick and cold, are numberless. (...)

Wednesday, 13th January

Since Monday, the 4th, we have been giving out bread. In the morning we sell to those who have money, and in the afernoon give free bread to those who cannot buy, disposing of over four tons of bread a day. Practically all the refugees from the city have their own food, and some from the villages, too. We buy our bread from the bazaar (market), and a very efficient and willing young Syrian has been attending to the weighing and giving out, while groups of other young men have been selling and ditributing. The only things we have had for carrying the bread are our clothes-baskets and old tin bath-tubs, and they are doing good service. We have received some gifts of food for the refugees from Moslems. One man gave over six hundred pounds of meat, which we cooked and gave out in one section, but it is very difficult to distribute anything except bread among so large a number. I am speaking only of what we are doing here in this compound, where by far the larger number of refugees are. (...)

Thursday, 14th January

Mr. Allen returned last evening from his journey to the villages of the Nazlu river. Several thousands fled towards Russia; many have hidden with Moslems, who are now trying to force them to become Mohammedans and to give their girls in marriage to Moslems. In Ada perhaps as many as a hundred were killed, most of them young men. It is told that they were stood up in line, one behind another, by the Kurds, to see how many one bullet would kill. (...)

Saturday, 23rd January

Yesterday we counted three tousand three hundred in the church, and many have gone out, so there must have been four tousand people there these last two weeks. Is it any wonder that children are dying by the score? Morning and afternoon there are burials; at other times the bodies are collected and laid in a room near the gate. (...)

Dr. Packard has been gone for several days to the Nazlu villages, to gather together the remnants of the people scattered in Moslem villages, or in hiding, and to see if it be possible to put them into a few of their own places again. Most of the Kurds have left, but the Syrians are unarmed, and, just as from the beginning, their Moslem neighbours are their greatest enemies. If it isn't a Djihad (Holy War), it is very near it. It must have been planned beforehand, for there has been concerted action from one end of the plain to the other, though here and there some Moslems have been friendly throughout, have done many kindly deeds and saved many lives. (...)

(...) Friday, 5th February

Still the ghastly procession of the dead marches on. Between seven and eight hundred have died so far. A great many are able to get plain wooden coffings for their dead now, but the great mass are just dropped into the great trench of rotting humanity. As I stand at my window in the morning I see one after another of the little bodies carried by, wrapped mostly in a ragged piece of patch-work; and the condition of the living is more pitiful than that of the dead – hungry, ragged, dirty, sick, cold, wet, swarming with vermin – thousands of them! Not for all the wealth of all the rulers of Europe would I bear for one hour their responsibility for the suffering and misery of this one little corner of the world alone. A helpless, unarmed Christian community turned over to the sword and the passion of Islam! (...)

Wednesday, 17th February

A few days ago the Turkish Consul arrested all the men at the French Mission. After some examination, a hundred were sent away, leaving about sixty-three at the Consulate. A gallows with seven nooses was erected at the "Kurdish Gate" of the city, the one near us, and on Sunday the ropes were put in place. The people here on Sunday were very badly scared. The women of the men under arrest came and wept and besougth Dr. Shedd to do something, but he could do nothing. That evening the people gathered in the church for prayer, and continued praying until midnight. Each night since similar meetings have been held. As yet no one has been hanged, but the Turkish Consul is demanding money for their release. The second day after the arrest of these people, a Turkish soldier was sent to us to ask us to send bread for the prisoners, and we have been feeding them ever since. When their women-folk went to see them they were charged two krans (ninepence) admission. It has been reported that the prisoners have been tortured in various ways known to the Turks, in order to extort money from their families.

Tuesday, 23rd February

Last night one of the most terrible things that has yet happened occurred. In the evening ten or a dozen of the prisoners from the French Mission, taken ten days or more ago by the Turkish Consul, were discharged, and we all felt that probably the rest would soon be set free, as there was no special charge against them. But this morning five men, two of them Moslems, were found hanging from the gallows at the Kurdish Gate, and forty-eight others were shot beyond the Tcharbash Gate. (...)

(...) Saturday, 27th February

Just now two of the young Syrians who are the chief men in helping with the bread came in and told me that they had received warning secretly that they had better leave here and hide with some friendly Moslems, as the Turkish Consul is going to take out all the young men from our yards and other places in the city and kill them – "wipe them out." I cannot believe that it can be true, but we cannot know. (...)

Saturday Night

There was a great deal of anxiety lest something should happen here; but we woke on Sunday morning in safety and saw a rainbow in the northern sky, though there was no rain. The reports of Mr. Allen from Gulpashan were too black to be written. The soldiers sent out by the Consul to protect the villages against Kurds und Moslem looters left unviolated hardly a woman or girl of those remaining in the village, and a number of girls were carried off. It seemed quite apparent that they understood that the whole business of protecting was to be a farce. When on Sunday morning Mr. Allen returned and wanted to bring people with him, he was not permitted. Those who had been murdered in the cemetery a few nights previously had been buried under a few inches of earth, and when he wanted to have them uncovered to identify them and bury them deeper, he was refused. The soldiers had made them all sit down on the ground and then shot at them. They then looked them over, and any who were found to be breathing were shot the second time. The only reason for all this was that they bore the name of "Christian." What has the Christian world to say? (...)

(...) *Thursday, 18th March*

One of the most pitiful objects of humanity that I have ever yet seen came into the room to ask for a ticket – a boy of about twelve or fourteen, wasted to a mummy-like skeleton by hunger and sickness, so weak that he could hardly stand or speak, unbathed for these many months. I asked where he had been staying. He said: "In the school-room."

The Turks have demanded ten thousand suits of shirts and pyjamas for the army. Eight thousand were demanded from the Moslem women, and two thousand from the Christian or Syrian women. As the latter are practically all here with us and in the Christian quarter, it fell upon the missionaries to take the responsibility, so Miss Schoebel took charge. So far fifty-five bolts of calico have been sent; Miss Schoebel gave out the material to responsible women, and they in turn found others to help with the sewing (mostly by hand) and about eight hundred of the shirts are ready. How would you like to sit down and make clothes for Turks and Kurds who had robbed you, burned your homes, murdered your husbands, brothers, and fathers, dishonoured your women, and carried your girls into captivity? (...)

Thursday, 3rd June

Almost two month since I last wrote in my journal. On Sunday, the 11th April, I went to bed with typhoid or typhus, and three days later Miss Schoebel went down with it also. Rabi Elishua, a teacher of the Persian Girls'-School, came to nurse me at once. She kept up for three weeks and saw me through the worst of my sickness; then she took the disease.

(...)

Bertha Shedd, ten years old, had been sick with typhoid for several days, and now Miss Lamme is beginning; the latter went out to the hospital about two weeks ago to help there when Miss Coan went down with it. Dr. Packard, Mrs. Cochran, and Miss Coan are getting well. Oraham Badel, our financial agent and general assistant in the City Compound, is very low this morning – just as I was writing he died, leaving a wife and four little ones.

Several hundred Turkish troops have come into the city, evidently in retreat, as there are wounded among them. It is not evident from which direction they came. Last evening one of the Turkish officers came rushing in here in great distress. He had taken poison by mistake and came in here to be saved. He was given an emetic, and his life was saved. They have heard of germs and are very much afraid of typhoid, and had some corrosive sublimate in a glass for washing hands. This man saw it and, thinking it was wine or whiskey, poured it down his throat. He was terribly scared, and after being relieved of the poison, it was suggested that, as his life had been saved, he should try to save other lives. (...)

A few days ago a number of prominent Syrians, who had fled when the Russians evacuated Urmia, returned, many of them to broken and badly damaged homes. We had a service of thanksgiving in the church yesterday, the first time for many months, as it had been occupied by refuges. Thousands have lived in such terror and want, it is wonder that many have not lost their minds. It has seemed sometimes as if our tears were all dried up and our emotions were dead, we have seen and felt so much. I suppose it is nature's way of saving brain and nerve. When I look at these poor wretched creatures and little children like skeletons, I find I still have some feelings left. It is estimated that four thousand people have died from disease, hunger, and exposure, and about a thousand by violence. The suffering can never be told, nor is it ended. Hundreds, yes thousands, are destitute, and even if we empty our yard there is no one left but the missionaries to save them from starvation, and we look to America. In the name of all Christians we have tried to witness for Christianity before this Moslem people. Will the Christians of America pay the bill?

The Treatment of Armenians in the Ottoman Empire. Documents presented...
London 1916, Doc. 31, pp. 119–150.

★

Aus: Bericht über die Lage des Armenischen Volkes in der Türkei

Mersiwan

In Mersiwan waren bereits, wie überall seit dem Beginn des Krieges, die Militärpflichtigen einberufen. Bis auf eine Anzahl von wohlhabenden Armeniern, die die gesetzliche Militärbefreiungssteuer bezahlt hatten, wurde alles, was diensttauglich war, von der Regierung herangezogen. Für die Frauen und Kinder, die ohne Mittel für den Lebensunterhalt zurückblieben, war es eine schwierige Lage. In vielen Fällen wurde das letzte Geld ausgegeben, um den ausziehenden Soldaten auszustatten. Da die Bevölkerung der Stadt zur Hälfte armenisch war, blieb eine beträchtliche Anzahl von nichtmilitärpflichtigen Armeniern in der Stadt zurück. Die Bevölkerung zählte vor der Deportation etwa 22000, von denen gegen 12000 Armenier waren. Der *Bericht eines amerikanischen Missionars vom Kollege in Mersiwan* lautet:

„Die Maßregeln der Regierung gegen die armenische Bevölkerung, für die kein Anlaß vorlag, begannen Anfang Mai damit, daß mitten in der Nacht etwa 20 von den Führern der konstitutionellen armenischen Partei aufgegriffen und verschickt wurden. Im Juni fing die Regierung an, nach Waffen zu suchen. Einige Armenier wurden ergriffen und ihnen auf der Folter das Geständnis ausgepreßt, daß eine große Masse Waffen in den Händen der Armenier sei. Eine zweite Inquisition begann. Von der Bastonnade wurde häufig Gebrauch gemacht, ebenso von Torturen mit Feuer. In einigen Fällen sollen die Augen ausgestochen worden sein. Viele Gewehre wurden abgeliefert, aber nicht alle. Die Leute fürchteten, sie würden, wenn sie alle Waffen abgegeben, massakriert werden wie im Jahre 1895. Waffen waren nach der Erklärung der Konstitution mit Erlaubnis der Regierung eingeführt worden und dienten nur zur Selbstverteidigung. Die Folter wurde mehr und mehr angewendet, und unter ihrem Einfluß entstanden die angeblichen Tatsachen, die dann kolportiert wurden. Die körperlichen Leiden und die Nervenanspannung preßten den Betroffenen Aussagen ab, die sich nicht auf Tatsachen gründeten. Diejenigen, die die Torturen ausübten, pflegten den Opfern vorzusprechen, welche Bekenntnisse sie von ihnen erwarteten, und schlugen sie so lange, bis sie das Gewünschte bekannten. Der Mechaniker des amerikanischen Kollege hatte eine eiserne Kugel für Turnspiele angefertigt. Er wurde entsetzlich geschlagen, in der Absicht, durch seine Aussage dem Kollege das Anfertigen von Bomben anzuhängen. Auf einem armenischen Friedhof wurden einige Bomben entdeckt, was die Wut der Türken auf das Äußerste reizte. Es hätte aber gesagt werden sollen, daß diese Bomben in der Zeit Abdul Hamids dort vergraben worden sind.

Am Sonnabend den 26. Juni gegen 1 Uhr mittags gingen Gendarmen durch die Stadt und trieben alle armenischen Männer zusammen, die sie finden konnten, Alte und Junge, Arme und Reiche, Kranke und Gesunde. In einigen Fällen brach man die Häuser ein und riß kranke Männer aus den Betten. In den Kasernen wurden sie eingesperrt und während der nächsten Tage in Gruppen von 30 bis 150 verschickt. Sie mußten zu Fuß gehen. Viele wurden ihrer Schuhe und anderer Kleidungsstücke beraubt. Einige waren gefesselt. Die erste Gruppe erreichte Amasia und sandte aus verschiedenen Orten Nachricht. (Man sagt, es sei dies eine Maßnahme der Regierung gewesen, um die Nachfolgenden zu täuschen.) Von keinem der nach ihnen Ausziehenden hat man wieder etwas gehört. Von verschiedenen Berichten, die im Umlauf waren, lautete der einzige, der allgemein als wahr angenommen wurde, sie seien getötet worden. Ein griechischer Treiber berichtete, er habe den Hügel gesehen, unter dem sie begraben wurden. Ein anderer Mann, der zur Regierung in Beziehung stand gab auf eine direkte Frage zu, daß die Männer getötet worden seien.

Durch Verwendung eines Türken gelang es dem Kollege, diejenigen unter den Lehrern, die schon weggeholt worden waren, wieder frei zu bekommen und für alle seine Lehrer und Angestellten einen Aufschub des Vorgehens zu erlangen. Hierfür wurde der Betrag von 275 türkischen Pfund gezahlt (5000 Mark). Später erklärte derselbe Beamte, er glaube, eine dauernde Befreiung der ganzen Kollegeangestellten erwirken zu können durch Zahlung weiterer 300 Pfund. Das Geld wurde versprochen, aber nach einigen Verhandlungen, die bewiesen, daß eine endgültige Zusicherung nicht zustande kommen würde, ließ man die Sache fallen.

Die Leiter des amerikanischen Kollege hatte sich inzwischen mit dem amerikanischen Botschafter in Verbindung gesetzt. Dieser versuchte, bei dem Minister des Innern, Talaat Ben, zu erwirken, daß wenigstens die armenischen Lehrerfamilien des Kollege und gegen 100 Schülerinnen, die man im Kollege zurückbehalten hatte, um sie vor der Deportation und den damit verbundenen Schändlichkeiten zu bewahren, unter dem Schutze der türkischen Behörden in Mersiwan zurückbleiben könnten. Talaat Ben sicherte die Erfüllung dieser Bitte zu und erklärte dem Botschafter, er habe nach Mersiwan telegraphiert, daß alle, die unter dem Schutz der Amerikaner seien, verschont bleiben sollten. Trotzdem wurden zuletzt auch die armenischen Lehrerfamilien und die hundert zurückgebliebenen Schülerinnen der Amerikaner mit verschickt.

Nachdem schon einige Gruppen von Armeniern deportiert worden waren, gingen Ausrufer durch die Straßen der Stadt und verkündeten, daß alle männlichen Armenier zwischen 15 und 70 Jahren sich in den Kasernen zu melden hätten. Die Ankündigung besagte weiter, daß Gehorsamsverweigerung den Tod und das Niederbrennen der Häuser zur Folge haben würde. Die armenischen Priester gingen von Haus zu Haus und rieten den Leuten, der Anordnung zu folgen. Diejenigen, die sich meldeten, wurden in Gruppen verschickt, und der Erfolg war der, *daß innerhalb weniger Tage tatsächlich alle armenischen Männer aus der Stadt entfernt waren.*

Am 3. oder 4. Juli wurde ein Befehl ausgegeben, daß die Frauen und Kinder sich bereit halten sollten, am folgenden Mittwoch (den 7. Juli) aufzubrechen. Den Leuten wurde mitgeteilt, daß die Regierung jedem Haus einen Ochsenkarren zur Verfügung stellen würde, und daß sie Nahrung für einen Tag, einige Piaster (1 Piaster gleich 15 Pfg.) und ein kleines Bündel Kleider mitnehmen dürften. Die Leute bereiteten sich vor, diese Befehle auszuführen, indem sie alle nur möglichen Haushaltungsgegenstände auf den Straßen verkauften. Die Sachen wurden für weniger als 10% des gewöhnlichen Wertes verkauft, und Türken aus den benachbarten Dörfern füllten, erpicht auf ein gutes Geschäft, die Straßen. An einigen Stellen nahmen die Türken gewaltsam Gegenstände an sich, aber die Regierung bestrafte solche Fälle, wenn sie entdeckt wurden.

Am 5. Juli, ehe der Befehl, die Frauen auszutreiben, ausgeführt war, ging einer der Missionare zur Regierung, um im Namen der Humanität gegen die Ausführung des Befehls Einspruch zu erheben. *Es wurde ihm mitgeteilt, daß der Befehl nicht von den Ortsbehörden ausginge, sondern daß von oben Befehl gekommen sei, nicht einen einzigen Armenier in der Stadt zu lassen.* Der Kommandant versprach indessen, das Kollege bis zuletzt lassen zu wollen, und erlaubte allen, die mit den amerikanischen

Instituten in Verbindung standen, sich in den Bereich des Kolleges zu begeben. Das taten sie, un so wohnten 300 Armenier zusammen auf dem Grundstück des Kollege.

Die Bevölkerung sollte bereit sein, am Mittwoch aufzubrechen, aber am Dienstag gegen ½4 Uhr morgens erschienen die Ochsenkarren vor den Türen des ersten Bezirkes, und den Leuten wurde befohlen, sofort aufzubrechen. Einige wurden sogar ohne genügende Bekleidung aus den Betten geholt. Den ganzen Morgen zogen die Ochsenkarren knarrend zur Stadt hinaus, beladen mit Frauen und Kindern und ab und zu einem Mann, der der ersten Deportation entgangen war. Die Frauen und Mädchen trugen den türkischen Schleier, damit ihre Gesichter nicht dem Blick der Treiber und Gendarmen ausgesetzt waren, rohen Gesellen, die aus anderen Gegenden nach Mersiwan gebracht worden waren. *In vielen Fällen sind Männer und Brüder dieser selben Frauen in der Armee und kämpfen für die türkische Regierung.*

Die Panik in der Stadt war schrecklich. Die Leute fühlten, daß die Regierung entschlossen war, die armenische Rasse auszurotten, und sie hatten keinerlei Macht, sich zu widersetzen. Sie waren sicher, daß die Männer getötet und die Frauen entführt werden würden. Aus den Gefängnissen waren viele Sträflinge entlassen, und die Berge um Mersiwan waren voll von Banden und Verbrechern.

Man fürchtete, die Kinder und Frauen würden in einige Entfernung von der Stadt gebracht und der Gnade dieser Banditen überlassen werden. Wie dem auch sei, jedenfalls gibt es erweisbare Fälle, daß anziehende junge armenische Mädchen von den türkischen Beamten von Mersiwan entführt worden sind. Ein Muhammedaner berichtete, daß ein Gendarm ihm angeboten habe, ihm zwei Mädchen für einen Medjidijeh (3,60 Mk.) zu verkaufen. Die Frauen glaubten, daß sie Schlimmerem als dem Tod entgegengingen, und viele trugen Gift in der Tasche, um es im Notfalle zu gebrauchen. Einige nahmen Hacken und Schaufeln mit, um die zu begraben, die, wie zu erwarten, auf dem Wege sterben würden.

Während dieser Schreckensherrschaft wurde bekannt gemacht, daß es leicht möglich sei, der Deportation zu entgehen, und daß jeder, der den Islam annehme, friedlich zu Hause bleiben dürfe. Die Bureaus der Beamten, die die Gesuche protokollierten, waren dicht gefüllt mit Leuten, die zum Islam übertreten wollten. Viele taten es ihrer Frauen und Kinder wegen, in der Empfindung, daß es nur eine Frage der Zeit sei, bis ihnen der Rücktritt ermöglicht werden würde.

Die Deportation dauerte mit Unterbrechungen etwa zwei Wochen. Schätzungsweise sind von 12 000 Armeniern in Mersiwan nur ein paar Hundert übrig geblieben. Auch solche, die sich erboten, den Islam anzunehmen, wurden dann doch fortgeschickt. Bis zum Augenblick, wo ich dieses schreibe, ist noch keine sichere Nachricht von irgend einem der Transporte gekommen. Ein griechischer Treiber berichtete, daß in einem kleinen Dorf, einige Stunden von Mersiwan, die wenigen Männer von den Frauen getrennt; geschlagen, angekettet und als ein besonderer Transport weiter geschickt wurden. Ein türkischer Treiber erzählt, er habe die Karawane unterwegs gesehen. Die Leute waren so mit Staub und Schmutz bedeckt, daß man die Gesichtszüge kaum erkennen konnte.

Selbst wenn das Leben dieser Vertriebenen geschützt werden sollte, fragt man sich, wieviel wohl fähig sein werden, die Beschwerden einer solchen Reise zu ertragen, einer Reise über die heißen Hügel, voll Staub, ohne Schutz gegen die Sonne, mit kärglicher Nahrung und wenig Wasser, in der beständigen Furcht vor dem Tode oder einem schlimmeren Schicksal.

Die meisten Armenier im Distrikt von Mersiwan waren vollkommen hoffnunslos; manche sagten, es sei schlimmer als ein Massaker; niemand wußte, was kommen würde, aber alle spürten, daß es das Ende sei. Selbst die Priester und Führer konnten kein Wort der Ermutigung und Hoffnung finden. Viele zweifelten an der Existenz Gottes. Unter der scharfen Nervenanspannung verloren viele den Verstand, einige für immer. Es gab auch Beispiele von größtem Heroismus und Glauben, und einige traten ruhig und mutig die Reise an mit den Abschiedsworten: „Betet für uns; in dieser Welt sehen wir uns nicht wieder, aber einmal werden wir uns wiedersehen."

Soweit der Bericht des amerikanischen Missionars.

Dr. Johannes Lepsius: Bericht über die Lage des Armenischen Volkes...
Potsdam 1916, S. 56–62.

★

Aus: Deutschland und Armenien 1914–1918

KAISERLICH
DEUTSCHE BOTSCHAFT *Pera, den 16. Juli 1915*

Euerer Exzellenz beehre ich mich anbei Abschrift eines Berichts des Kaiserlichen Vizekonsuls in Samsun vom 4. d. M. über Armenieraustreibungen zu überreichen. Ich habe Herrn Kuckhoff mitgeteilt, daß ich mit seiner Haltung und seinen Ausführungen einverstanden sei, ihn auch mit Weisungen wegen Sicherstellung der deutschen Interessen versehen. Meine Einwirkungen bei der Pforte versprechen leider nur geringen Erfolg. WANGENHEIM

Seiner Exzellenz dem Reichskanzler
 Herrn von Bethmann Hollweg

ANLAGE

KAISERLICH
DEUTSCHES VIZEKONSULAT *Samsun, den 4. Juli 1915*

Die Maßregel der Deportation – anscheinend für alle anatolischen Wilajets gültig, ist von einer Härte und dem Menschlichkeitsgefühl so widerstrebend, daß sie nicht gleichgültig hingenommen werden kann. Es handelt sich um nichts weniger als um die Vernichtung oder gewaltsame Islamierung eines ganzen Volkes, dessen Angehörige an der revolutionären Bewegung keinen direkten Anteil hatten, also unschuldige Opfer sind. Die Art der Ausführung des Verbannungsbefehls droht Formen anzunehmen, die nur in der Judenverfolgung Spaniens und Portugals ein Gleichnis finden. Die Regierung entsandte fanatische, strenggläubige muhammedanische Männer und Frauen in alle armenischen Häuser behufs Propaganda für den Übertritt zum Islam, selbstverständlich unter Androhung der schwersten Folgen für diejenigen, die ihrem Glauben treu bleiben. Soviel mir bekannt, sind bis heute hier schon viele Familien übergetreten und täglich vermehrt sich deren Zahl. Die Mehrheit der Unglücklichen widerstand bis jetzt den Lockungen und wurde täglich gruppenweise ins Innere getrieben. Fast keinem verblieb Zeit zur Regelung seiner Angelegenheiten. Nur mit dem Notdürftigsten versehen, mußten sie ihr Heim und Hab und Gut im Stiche lassen. Wie ich erfahre, werden sie an nicht entfernten Punkten jetzt zurückgehalten, um dort noch gründlicher für den Islam bearbeitet zu werden; einige von ihnen kehrten zu diesem Zwecke auch nach hier zurück. In der Umgebung von Samsun sind alle armenischen Dörfer muhammedanisiert worden, ebenso in Unieh. Vergünstigungen wurden, außer den Renegaten, niemandem zuteil. Alle Armenier ohne Ausnahme: Männer, Frauen, Greise, Kinder bis zum Säugling, Altgläubige, Protestanten und Katholiken – welch letztere sich nie einer nationalen revolutonären Bewegung anschlossen und auch von Abdul Hamid verschont wurden – mußten fort. Kein christlicher Armenier darf hier bleiben; selbst nicht solche ausländischer Staatsangehörigkeit; letztere sollen ausgewiesen werden. Der Bestimmungsort der Samsuner Verbannten ist nach Aussage des Mutessarrifs Urfa.

Es ist selbstverständlich, daß kein christlicher Armenier dieses Ziel erreicht. Nachrichten aus dem Innern melden bereits das Verschwinden der abgeführten Bevölkerung ganzer Städte.

Ich habe mit allen Mitteln auf den Gouverneur dahin einzuwirken versucht, daß die Maßregel der Regierung sich auf die einstweilige Verbannung der männlichen Bevölkerung im Alter von 17–60 Jahren beschränken möge, und erst die wirklich Schuldigen zu ermitteln. Auch machte ich ihn auf den sehr peinlichen Eindruck, den seine Maßnahme bei der christlichen Bevölkerung in Deutschland und Österreich-Ungarn hervorrufen müsse, aufmerksam. Alles umsonst: Fanatiker sind Vernunftgründen unzugänglich! Was sind die Folgen? Durch Ausrottung des armenischen Elements wird aller Handel und Wandel in Anatolien zerstört und jegliche wirtschaftliche Entwicklung des Landes auf Jahre hinaus unmöglich, denn alle Kaufleute, Industrielle und Handwerker sind fast ausschließlich Armenier. Auch diesen Punkt erklärte ich dem Gouverneur; leider ohne Erfolg.

Es ist vorauszusehen, welche Folgen bei Bekanntwerden der Greuel die Armenierfrage zeitigen muß. Ein Entrüstungsschrei der ganzen christlichen Welt ist unausbleiblich. Alle Arbeit der protestantischen und katholischen Missionen in Anatolien ist vernichtet. Unsere Feinde werden davon vorzüglich Kapital schlagen, und auch bei unseren Landsleuten dürfte das Gefühl tiefster Empörung nicht ausbleiben.

Und das Schlimmste an der Sache ist, daß die ganze Welt die Schuld dafür auf Deutschland abwälzen wird, da Freund und Feind glaubt, die Macht bei der Hohen Pforte liege ganz in unseren Händen und daß eine so tiefgehende Maßregel nur mit deutscher Zustimmung ausgeführt werden konnte.

Der aufgepeitschte Fanatismus der Muhammedaner und unsere eigentümliche Stellung in der Türkei bei der heutigen Weltlage, sowie die Geistesverfassung der leitenden politischen Kreise am goldenen Horn lassen die Schwierigkeiten vorausahnen, die einer zufriedenstellenden Lösung der Armenierfrage von Menschlichkeits- und praktischen Vernunftsstandpunkt aus entgegenstehen.

Trotzdem erlaube ich mir zu hoffen, daß es Euerer Exzellenz gelingen wird, der gänzlichen Vernichtung des größten Teils eines der ältesten und unglücklichsten Völker des Erdballs Einhalt zu gebieten.   KUCKHOFF

Deutschland und Armenien 1914–1918. Sammlung diplomatischer Aktenstücke...
Nummer 116, S. 104–106.

★

From: Germany, Turkey and Armenia

REPORTS BY MOHAMMEDAN OFFICERS IN THE TURKISH ARMY AS TO INCIDENTS WITNESSED BY THEM

A. B.'s Report

In April, 1915, I was quartered at Erzeroum. An order came from Constantinople that Armenians inhabiting the frontier towns and villages be deported to the interior. It was said then that this was only a precautionary measure. I saw at that time large convoys of Armenians go through Erzeroum. They were mostly old men, women und children. Some of the able-bodied men had been recruited in the Turkish Army and many had fled to Russia. In May, 1915, I was transferred to Trebizond. In July an order came to deport to the interior all the Armenians in the Villayet of Trebizond. Being a member of the Court Martial, I knew that deportations meant massacres.

The Armenian Bishop of Trebizond was ordered to proceed under escort to Erzeroum to answer for charges trumped up against him. But instead of Erzeroum he was taken to Baipurt and from there to Gumush-Khana. The Governor of the latter place was then Colonel Abdul-Kader Aintabli, of the General Staff. He ist famous for his atrocities against the Armenians. He had the Bishop murdered at night. The Bishop of Erzeroum was also murdered at Gumush-Khana.

Besides the deportation order referred to above, an Imperial "Iradeh" was issued ordering that all deserters, when caught, should be shot without trial. *The secret order read "Armenians" in lieu of deserters.* The Sultans's "Iradeh" was accompanied by a "fetua" from Sheikh-ul-Islam stating that the Armenians had shed Moslem blood and their killing was lawful. Then the deportations started. The children were kept back at first. The Government opened up a school for the grown-up children, and the American Consul of Trebizond instituted an asylum for the infants. When the first batches of deported Armenians arrived at Gumush-Khana all able-bodied men were sorted out, with the excuse that they were going to be given work. The women und children were sent ahead under escort with the assurance by the Turkish authorities that their final destination was Mosul and that no harm will befall them.

The men kept behind were taken out of town in bachtes of 15 or 20, lined up on the edge of ditches prepared beforehand, shot, and thrown into the ditches. Hundreds of men were shot every day in a similar manner. The women and children were attacked on their way by the "Shotas" and armed bands organised by the Turkish Government, who attacked them and seized a certain number. After plundering and committing the most dastardly outrages on the women and children, they massacred them in cold blood. These attacks were a daily occurrence until every woman und child had been got rid of. The military escorts had strict orders not to interfere with the "Shotas."

The children that the Government had taken in charge were also deported and massacred.

The infants in the care of the American Consul at Trebizond were taken away on the pretext that they were going to be sent to Sivas, where an asylum had been prepared for them. They were taken out to sea in little boats. At some distance out they were stabbed to death, put in sacks and thrown into the sea. A few days later some of their little bodies were washed up on the shore of Trebizond.

In July, 1915, I was ordered to accompany a convoy of deported Armenians. It was the last batch from Trebizond. There were in the convoy 120 men, 700 children, and about 400 women. From Trebizond I took them to Gumush-Khana. Here the 120 men were taken away, and, as I was informed later, they were all killed. At Gumush-Khana I was ordered to take the women and children to Erzindjan. On the way I saw thousands of bodies of Armenians unburied. Several bands of "Shotas" met us on the way and wanted me to hand over to them women and children. But I persistently refused. I did leave on the way about 200 children with Moslem families who were willing to take care of them and educate them. The "Mutessarif" of Erzindjan ordered me to proceed with the convoy to Kamach. At the latter place the authorities refused to take charge of the women and children. I fell ill and wanted to go back, but I was told that as long as the Armenians in my charge were alive I would be sent from one place to the other. However, I managed to include my batch with the deported Armenians that had come from Erzeroum. In charge of the latter was a colleague of mine, – Effendi, from the Gendarmerie. He told me afterwards that after leaving Kamach they came to a valley where the Euphrates ran. A band of "Shotas" sprang out and stopped the convoy. They ordered the escort to keep away, and then shot every one of the Armenians and threw them into the river.

At Trebizond the Moslems were warned that if they sheltered Armenians they would be liable to the death penalty.

Government officials at Trebizond picked out some of the prettiest Armenian women of the best families. After committing the worst outrages on them, they had them killed.

Cases of rape of women and girls even publicly are very numerous. They were systematically murdered after the outrage.

The Armenians deported from Erzeroum started with their cattle and whatever possessions they could carry. When they reached Erzindjan they became suspicious, seeing that all the Armenians had already been deported. The Vali of Erzeroum allayed their fears, and assured them most solemnly that no harm would befall them. He told them that the first convoy should leave for Kamach, the others remaining at Erzeroum until they received word from their friends informing them of their safe arrival to destination. And so it happened. Word came that the first batch had arrived safely at Kamach, which was true enough. But the men were kept at Kamach and shot, and the women and children were massacred by the "Shotas" after leaving that town.

The Turkish officials in charge of the deportation and extermination of the Armenians were: At Erzeroum, Bihaa Eddin Shaker Bey; at Trebizond, Naiil Bey, Tewfik Bey Monastirly, Colonel of Gendarmerie, the Commissioner of Police; at Kamach, the member of Parliament for Erzindjan. The "Shotas" headquarters were also at Kamach. Their chief was the Kurd Muzabey, who boasted that he alone had killed 70,000 Armenians. Afterwards he was thought to be dangerous by the Turks, and thrown into prison charged with having hit a gendarme. He was eventually executed in secret.

Introduction

The blue book as to the treatment of the Armenians which has recently been issued (Miscellaneous, No. 31, 1916) contains a large mass of evidence relating to facts which, incredible as they are, have been so incontrovertibly established that no doubt as to their existence can possibly be entertained by any reasonable person. The greater part of the documents included in the blue book does not, however, throw much light on the attitude taken by the German public and the German Government with reference to the crimes which have been committed. The object of this pamphlet is to bring before the public a collection of documents specially selected for the purpose of throwing light on this subject. Some of them are included in the blue book, but the documents Nos. 1, 6, 9, 10 and 12 have not, as yet, been published in Great Britain or the United States. The two documents printed in the Appendix have no direct bearing on the questions relating to the German attitude. But as they came into the possession of the British authorities after the publication of the blue book and are of special interest as giving the impressions of two intelligent Turkish officers,* it was thought right to include them.

---

* The particulars as to name and rank are given in the original documents, but must for obvious reasons be suppressed in this pamphlet.

Germany, Turkey and Armenia. A selection of documentary evidence relating to the Armenian Atrocities from German and other sources.
London, J. J. Keliher & Co., Ltd., Appendix 1, p. 123–127, and Introduction, p. 1.

★

Aus: Deutschland und Armenien 1914–1918

KAISERLICH
DEUTSCHE BOTSCHAFT
Pera, den 7. Juli 1915

Die Austreibung und Umsiedlung der armenischen Bevölkerung beschränkte sich bis vor etwa 14 Tagen auf die dem östlichen Kriegsschauplatze benachbarten Provinzen und auf einige Bezirke der Provinz Adana. Seitdem hat die Pforte beschlossen, diese Maßregel auch auf die Provinzen Trapezunt, Mamuret ul Azis und Siwas auszudehnen, und mit der Ausführung begonnen, obwohl diese Landesteile vorläufig von keiner feindlichen Invasion bedroht sind.

Dieser Umstand und die Art, wie die Umsiedlung durchgeführt wird, zeigen, daß die Regierung tatsächlich den Zweck verfolgt, die armenische Rasse im türkischen Reiche zu vernichten.

In dieser Beziehung darf ich meinen früheren Berichten noch folgendes hinzufügen:

Am 26. Juni wurden, wie der Kaiserliche Konsul in Trapezunt meldet, die dortigen Armenier angewiesen, binnen fünf Tagen abzureisen; ihr Hab und Gut sollte unter der Obhut der Behörden zurückbleiben. Nur Kranke waren ausgenommen; hinterher wurde noch eine Ausnahme für Witwen, Waisen, Greise und Kinder unter fünf Jahren, ferner für Kranke und für die katholischen Armenier zugelassen. Nach neuerer Meldung sind aber die meisten Ausnahmen wieder aufgehoben, und es bleiben nur Kinder und Transportunfähige zurück, welch letztere in Hospitäler gebracht werden.

Im ganzen werden allein im Wilajet Trapezunt rund 30000 Personen betroffen, die über Erzindjan nach Mesopotamien abgeschoben werden sollen. Ein solcher Massentransport nach einem viele hunderte Kilometer entfernten Bestimmungsorte ohne genügende Transportmittel durch Gegenden, die weder Unterkunft noch Nahrung bieten und den epidemischen Krankheiten, namentlich vom Flecktyphus verseucht sind, dürfte besonders unter Frauen und Kindern zahlreiche Opfer fordern. Außerdem führt der Weg der Umgesiedelten durch die kurdischen Distrikte vom Dersim, und der Wali von Trapezunt erklärte offen dem Konsul, daß er ihm auf diesseitige Weisung hin darüber Vorstellungen machte, daß er nur bis Erzindjan für die Sicherheit des Transportes garantieren könnte. Von da ab läßt man die Auswanderer durch die Banden der Kurden und anderer Wegelagerer förmlich Spießruten laufen. So sind z. B. die aus der Ebene von Erzerum ausgetriebenen Armenier auf dem Wege nach Kharput angefallen worden, wobei die Männer und Kinder niedergemacht und die Frauen geraubt wurden. Der Kaiserliche Konsul in Erzerum gibt die Zahl der bei dieser Gelegenheit umgekommenen Armenier auf 3000 an.

In Trapezunt sind die Armenier massenhaft zum Islam übergetreten, um sich der drohenden Deportation zu entziehen und Leben wie Hab und Gut zu retten.

Abgesehen von dem materiellen Schaden, der dem türkischen Staate durch die Depossedierung und Vernichtung eines arbeitsamen und intelligenten Bevölkerungselementes erwächst – für das die an seine Stelle tretenden Kurden und Türken vorläufig keinen nennenswerten Ersatz bieten –, werden auch unsere Handelsinteressen und die Interessen der in jenen Landesteilen bestehenden deutschen Wohltätigkeitsanstalten empfindlich geschädigt.

Ferner verkennt die Pforte die Wirkung, welche diese und andere Gewaltmaßregeln wie z. B. die Massenhinrichtungen hier und im Innern auf die öffentliche Meinung des Auslandes ausüben, und die weiteren Folgen für die Behandlung der armenischen Frage bei den zukünftigen Friedensverhandlungen.

Ich habe es daher für geboten erachtet, die Pforte darauf aufmerksam zu machen, daß wir Deportationen der Bevölkerung nur insofern billigen, als sie durch militärische Rücksichten geboten ist und zur Sicherung gegen Aufstände dient, daß aber bei Ausführung dieser Maßregel die Deportierten vor Plünderung und Metzeleien zu schützen seien. Um diesen Vorstellungen den nötigen Nachdruck zu geben, habe ich sie schriftlich in Form eines Memorandums zusammengefaßt, das ich am 4. d. M. dem Großwesir persönlich überreicht habe; Abschriften dieses Memorandums habe ich nachträglich den Ministerien des Äußeren und des Inneren übergeben lassen.

WANGENHEIM

Seiner Exzellenz dem Reichskanzler
Herrn von Bethmann Hollweg

ANLAGE

KAISERLICH
DEUTSCHE BOTSCHAFT

Memorandum der Deutschen Botschaft in Pera,
am 4./7. 1915 dem Großwesir überreicht

Les mesures de répression décrétées par le Gouvernement Impérial contre la population arménienne des provinces de l'Anatolie Orientale ayant été dictées par des raisons militaires et constituant un moyen de défense légitime, le Gouvernement Allemand est loin de s'opposer à leur mise en exécution, tant que ces mesures ont le but de fortifier la situation intérieure de la Turquie et de la mettre à l'abri de tentatives d'insurrections.

A ce sujet, les vues du Gouvernement Allemand s'accordent tout à fait avec les explications données par la Sublime Porte en réponse aux menaces que les puissances de l'entente lui avaient adressées dernièrement à la suite des prétendues atrocités commises sur les Arméniens en Turquie.

De l'autre côté, le Gouvernement Allemand ne peut pas dissimuler les dangers créés par ces mesures de rigueur et notamment par les expatriations en masse qui comprennent indistinctement les coupables et les innocents, surtout quand ces mesures sont accompagnées d'actes de violence, tels que massacres et pillages.

Malheureusement, d'après les informations parvenues à l'Ambassade, les autorités locales n'ont pas été en état d'empêcher des incidents de ce genre, qui sont regrettables sous tout les rapports.

Les puissances ennemies en profiteront pour fomenter l'agitation parmi les Arméniens et les nouvelles qu'on en répandra à l'étranger, ne manqueront pas de causer une vive émotion dans les pays neutres, surtout dans les États-Unis d'Amérique, dont les représentants ont depuis quelque temps commencé à s'intéresser au sort des Arméniens en Turquie.

Le Gouvernement Allemand croit de son devoir, comme puissance amie et alliée de la Turquie, d'attirer l'attention de la Sublime Porte sur les conséquences qui en pourraient résulter au détriment le leurs intérêts communs tant pendant la guerre actuelle qu'à l'avenir; il est à prévoir que lors de la conclusion de la paix la question arménienne servira de nouveau de prétexte aux puissances étrangères pour s'ingérer dans les affaires internes de la Turquie.

L'Ambassade pense qu'il serait d'urgence de donner des ordres péremptoires aux autorités provinciales afin qu'elles prennent des mesures efficaces pour sauvegarder la vie et la propriété des Arméniens expatriés, aussi bien pendant leur transport que dans leurs nouveaux domiciles.

Elle pense également qu'il serait prudent de surseoir, pour le moment, à l'exécution des arrêts de mort déjà rendus ou à rendre contre des Arméniens par les cours martiales de la capitale ou dans les provinces, surtout à Darbékir et à Adana.

Enfin l'Ambassade d'Allemagne prie le Gouvernement Ottoman, de prendre en considération les nombreux intérêts du commerce allemand et des établissements de bienfaisance allemands dans les provinces où on procède actuellement à l'expulsion des Arméniens. Le départ précipité de ces derniers portant un grave préjudice à ces intérêts, l'Ambassade verrait avec reconnaissance, si la Sublime Porte voulait bien, dans certains cas, prolonger les délais de départ accordés aux explusés et permettre à ceux qui font partie du personnel des établissements de bienfaisance en question, ainsi qu'aux élèves, orphelins et autres personnes qui y sont entretenus, de continuer à habiter dans leurs anciens domiciles sauf, bien entendu, le cas où ils auraient été reconnus coupables d'actes qui nécessiteraient leur éloignement.

Deutschland und Armenien 1914–1918. Sammlung diplomatischer Aktenstücke...
Nummer 106, S. 94–97.

★

Rapport provenant du Service des Renseignements anglais au Ministère de la Guerre

Secret et confidentiel *Athènes, le 11 juillet 1915*

INFORMATION REÇUE D'UN MISSIONNAIRE BRITANNIQUE
CHASSÉ RÉCEMMENT DE TURQUIE ET AYANT
QUITTÉ CONSTANTINOPLE LE 3 JUILLET

L'informateur a remarqué une persécution systématique des Arméniens. Il pense que c'est à l'instigation des Allemands, avec l'intention délibérée d'exterminer un élément déloyal de la population.

Il y a eu des massacres à Mardine, des conversions forcées sous l'influence de la torture à Erzeroum et en général des déportations et des distributions d'Arméniens en petits nombres parmi les villages de Moslem. Les Arméniens sont forcés à marcher le long des rues en troupeaux, un grand pourcentage mourant en route. Arrivés à destination, ils sont répartis de façon à briser tous les liens de famille et autres. L'informateur pense qu'aucune intervention diplomatique ne servira à quelque chose. Le Comité, dit-il, est arrivé à la conclusion que dans le cas du succès allemand, ils seront à même de dicter à l'Entente, et que s'ils perdent, rien ne peut aggraver la situation; par conséquent ils ne s'abstiendront en aucune façon de suivre la marche qu'ils jugeront utile.

Archives du Ministère de la Guerre,
7 N 2096.

★

Extrait du Rapport d'un Consul américan

Harpout, 11 juillet 1915

La déportation commença le 1ᵉʳ juillet pour un grand nombre d'Arméniens. Le 3, plusieurs centaines suivirent. Le 11, une proclamation publique annonça que tous les Arméniens sans exección auraient à quitter la ville.

Dans les premiers jours de juillet on vit arriver à Harpout les premiers convois d'Erzeroum et d'Erzingan, en haillons, sales, affamés, malades. Ils étaient restés deux mois en route, presque sans nourriture, sans eau. On leur donna du foin, comme à des bêtes; ils étaient si affamés qu'ils se jetèrent dessus, mais les zaptiehs les repoussaient avec des bâtons et quelques-uns furent tués. Les mères offraient leurs enfants à tous ceux qui voulaient les prendre. Les Turcs envoyèrent leurs médecins pour examiner les jeunes filles au point du vue sanitaire et pour choisir les plus jolies pour leur harem. D'après les récits de ces malheureux, le plus grand nombre avait été tué en route, constamment attaqué par les Kurdes, beaucoup étaient morts de faim et d'épuisement.

Deux jours après, nouvelle arrivée de convois. Il se trouvait dans le nombre trois sœurs qui parlaient anglais, appartenant à l'une des plus riches familles d'Erzeroum. Sur vingt-cinq membres de leur famille onze avaient été tués en route. Le mari de l'une d'elles et leur vieille grand'mère avaient été massacrés par les kurdes sous leurs yeux. Un garçon de huit ans était le plus âgé des mâles survivants. En partant d'Erzeroum, ils avaient emmené des chevaux, de l'argent et des bagages. En route on leur avait tout pris, même les vêtements qu'ils avaient sur le corps; une était absolument nue, les deux autres avaient chacune un linge. Dans un village, des gendarmes leur avaient donné quelques vêtements des habitants. La fille du pasteur protestant d'Erzeroum était là, tous les membres de sa famille avaient été tués en route par les bandes kurdes qui les attendaient au passage, les hommes en premier lieu, mais aussi les femmes et les enfants. Tout était soigneusement organisé, comme dans les précédents massacres.

A Harpout, les mesures de déportation commencèrent par l'arrestation de plusieurs milliers d'hommes; on les avait conduits de nuit dans les montagnes du voisinage; parmi eux se trouvaient le prélat arménien, les professeurs du collège américain et les notables de la ville; aussi tous les soldats arméniens et ceux qui étaient soumis à la conscription mais avaient payé la taxe d'exemption. On a dit que tous ceux qui avaient été conduits dans la montagne y avaient été tués. Le matin du 5 juillet on en arrêta encore 800 et le 6 on les envoya dans les endroits déserts de la montagne. Là ils furent attachés par groupes de quatorze, c'était la longueur de la corde, et on les fusilla. Dans un village voisin, une autre troupe fut enfermée dans la mosquée et dans les maisons les plus proches, on les y laissa trois jours sans nourriture et sans eau, puis ils furent emmenés dans une vallée voisine, adossés à une paroi de rochers et fusillés, les survivants achevés à coups de baïonnettes et des couteaux; deux ou trois échapèrent et racontèrent. Dans cette troupe se trouvait le trésorier du collège américain.

On n'a formulé aucune accusation contre aucun de ces hommes, il n'y a eu aucune apparence de jugement.

Le 10 juillet, nouveau massacre du plusieurs centaines à deux heures de la ville.

Mêmes exécutions dans tous les villages arméniens des environs, 300 tués à Etschme et Habrer.

Plus tard, le gouvernement ordonna que les familles où il n'y avait plus d'homme restassent dans la ville, tous les hommes survivants devaient partir. La proposition des Américains que les enfants qui n'avaient plus de parents fussent recueillis dans un orphelinat fut nettement repoussée par le vali pour le motif que le gouvernement s'en chargerait.

Malgré la promesse faite aux femmes et aux enfants qu'ils pouvaient rester à Harpout, on fit savoir (une heure après la proposition des Américains) que le 13 juillet tous les Arméniens davaient quitter la ville. On croit qu'on renverra aussi les Américains et leurs familles. Cependant, une famille américaine ayant voulu partir, le gouverneur refusa, disant que les routes n'étaient pas sûres. On croit que les gouvernement saisira les bâtiments de la Mission; on veut supprimer toute possibilité pour la Mission de continuer son travail d'éducation. Personne ne doit avoir des rapports avec aucun étranger, le pays doit être exclusivement musulman.

INTRODUCTION

Notre époque de guerre générale nous a habitués à beaucoup de spectacles affreux. Ce qui se passe aux armées est dépassé en horreur par les souffrances des habitants des régions dévastées par la guerre. La sensibilité de celui qui lit les journaux est depuis longtemps émoussée, et il se dit que plus tard bien des récits seront reconnus faux ou exagérés et que même là où il y a des excès les gouvernements, par humanité ou par souci de l'opinion publique, se préoccupent de rétablir l'ordre. Des organisations privées de secours se forment rapidement pour le même but.

Il y a cependant une grande calamité nationale pour laquelle tout espoir de ce genre est exclu. C'est l'extermination des Arméniens en Turquie. Elle a été accomplie avec une si grande rapidité et au début avec un si grand secret que les secours quoique nécessaires, sont néanmoins tardifs. Sans que l'Europe intervienne, un vieux peuple Arien a été massacré et maintenant il ne s'agit plus que de sauver de la mort quelques restes, surtout des femmes et des enfants.

Les Arméniens ont de tout temps été un peuple malheureux parce que dans l'histoire du monde leur pays s'est toujours trouvé au point de rencontre du choc des grandes puissances de l'Asie. Celui qui voudrait critiquer les voies de la Providence pourrait dire que le grand malheur de ce peuple a été sa conversion au christianisme au commencement du IVme siècle par son Patriarche roi Grégoire l'Illuminateur. Dès lors califes et sultans ont pratiqué sur lui persécution après persécution. Les guerres séculaires entre la Turquie et la Perse, plus tard entre la Turquie et la Russie, ont toujours eu comme résultat le massacre de plusieurs milliers d'Arméniens, car les montagnes qui sont leur patrie s'élèvent sur les territoires russes, turcs et persans.

Mais les plus grandes souffrances sont venues pour eux lorsque les Grecs, le Roumains, puis les Slaves balkaniques Serbes et Bulgares ayant reconquis leur indépendance, la Turquie a reconnu combien ces chrétiens asservis étaient dangereux pour elle. Considérant froidement ces faits, Abdul Hamid a fait égorger entre 1894 et 1896 plus de 85,000 Arméniens, ravager 2,500 localités, détruire 568 églises et couvents dont 282 ont été changées en mosquées et passer à l'Islam les survivants de 559 villages.

Les matériaux que nous publions montreront que tout cela est de beaucoup dépassé par les événements de l'été et de l'automne 1915. Le lecteur en reconnaîtra de lui-même le caractère absolument digne de confiance bien que pour des raisons faciles à concevoir nous ayons dû éviter de citer des noms et d'indiquer de façon précise la source de nos informations.

Après cette lecture, que celui dont la conscience lui permettra de relégeur tout cela dans le compartiment des légendes de cruauté, le fasse... et n'y pense plus. Que celui au contraire dont la conscience parlera, se range parmi ceux qui veulent donner leur concours à *l'œuvre de secours suisse 1915 en faveur des Arméniens*. Ce ne sera pas une organisation de longue durée, elle ne veut pas couper l'herbe sous les pieds de l'œuvre permanente qui existe depuis 1896. Son seul but est, en employant les voies qui restent ouvertes, de *sauver la vie au plus grand nombre possible d'infortunés*. Plus on réunira d'argent, plus ces sauvetages seront nombreux.

Le meilleur moyen pour éveiller l'intérêt du peuple suisse, c'est la conférence, dans les cercles étendus ou restreints, même dans les plus petits villages. Ce recueil de matériaux sera mis en mains de tous les ecclésiastiques ayant charge pastorale. Il ne doit pas servir à faire des articles de journaux – la presse est déjà documentée et ses publications ne sont souvent que le point de départ de polémiques politiques infructueuses – mais il est destiné à tout homme de cœur qui voudra faire appel au cœur d'autres hommes. Quand les cœurs s'ouvrent, les mains s'ouvrent aussi.

Quelques documents sur le sort des Arméniens...
Genève 1915, Fascicule I, p. 37–39 + Introduction p. 5–7.

Brief der deutschen Missionarin
Fräulein L. Möhring vom 12. 7. 1915:

„In Deir-es-Sor, einer großen Stadt in der Wüste, etwa sechs Tagereisen von Aleppo entfernt, fanden wir den großen Khan ganz überfüllt. Alle zur Verfügung stehenden Räume, Dächer und Veranden waren von Armeniern eingenommen, in der Hauptsache Frauen und Kinder, doch auch eine Anzahl Männer hockten auf ihren Decken, wo irgend sie etwas Schatten finden konnten.

Sobald ich hörte, daß es Armenier seien, ging ich hin, um mit ihnen zu reden. Es waren die Leute von Furnus, aus der Gegend von Zeitun und Marasch, die da auf engem Raum zusammengepfercht einen überaus traurigen Anblick boten. Auf meine Frage nach Kindern aus unseren Waisenhäusern brachte man einen Zögling von Schwester Beatrice Rohner, Martha Karahaschian. Sie erzählte mir folgendes:

Türkische Polizisten waren eines Tages nach Furnus gekommen und hatten eine große Zahl Männer festgenommen und weggeführt, die Soldaten werden sollten. Wohin man sie brachte, war weder ihnen noch ihren Familien bekannt. Den Zurückgebliebenen wurde gesagt, daß sie in der Zeit von vier Stunden ihre Häuser zu verlassen hätten. Soviel sie tragen konnten, war ihnen erlaubt mitzunehmen, ebenso Reittiere. Nach Ablauf der gesetzten Frist mußten die armen Leute unter Führung von Saptiehs aus ihrem Dorf hinausziehen, nicht wissend wohin, oder ob sie es je wiedersehen würden. Anfangs, solange sie noch in ihren Bergen waren und Lebensmittel hatten, ging es ganz gut. Man hatte ihnen Geld und Brot versprochen und gab ihnen dies auch in der ersten Zeit, pro Kopf, soviel ich mich erinnere, 30 Para (12 Pfg.). Sehr bald aber hörten diese Rationen auf, und es gab nur noch Bulgur (gedörrten Weizen) 50 Dram (150 Gr.) pro Kopf und Tag. Auf diese Weise waren die Furnusleute nach vierwöchentlicher beschwerlicher Reise über Marasch und Aleppo in Deir-es-Sor angelangt. 3 Wochen lagen sie schon dort in Khan und wußten nicht, was aus ihnen werden sollte. Geld hatten sie nicht mehr, und auch die von den Türken gegebenen Lebensmittel waren sehr spärlich geworden. *Schon tagelang hatten sie kein Brot mehr gehabt.* In den Städten hatte man sie nachts eingesperrt und ihnen nicht erlaubt, mit den Einwohnern zu reden.

So hatte auch Martha in Marasch nicht ins Waisenhaus gehen dürfen. Traurig erzählte sie mir: Wir hatten zwei Häuser, und alles mußten wir lassen, jetzt sitzen Muhadjirs (aus Europa ausgewanderte Muhammedaner) darin. Ein Massaker war in Furnus nicht gewesen, und auch die Saptiehs hatten die Leute gut behandelt. Gelitten hatten sie hauptsächlich aus Mangel an Nahrung und Wasser, auf dem Marsch durch die glühend heiße Wüste. Als Yailadji (Bergbewohner), wie sie sich nannten, empfanden sie die Hitze doppelt schwer.

Die Armenier behaupten den Grund für ihre Vertreibung nicht zu kennen.

Am nächsten Tag, bei der Mittagsrast trafen wir auf ein ganzes Armenierlager. Die armen Leute hatten sich nach Art der Kurden primitive Ziegenhaarzelte gemacht und rasteten da. Zum größten Teil aber lagen sie schutzlos auf dem glühenden Sand unter sengender Sonne. Der vielen Kranken wegen hatten die Türken einen Ruhetag erlaubt. Etwas Trostloseres, wie solche Volksmenge in der Wüste, unter den gegebenen Umständen, kann man sich gar nicht vorstellen. An der Kleidung konnte man erkennen, daß sie in gewissem Wohlstande gelebt hatten, und nun stand ihnen das Elend im Gesicht geschrieben. *Brot, – Brot, – war die allgemeine Bitte.* Es waren die Leute von Geben, die man mit ihrem Prediger vertrieben hatte. Dieser erzählte mir, es stürben täglich 5 bis 6 Kinder und Kranke. An diesem Tage hat man kurz vorher die Mutter eines etwa neunjährigen Mädchens beerdigt, das nun ganz allein stand. Man bat mich flehentlich, das Kind mit ins Waisenhaus zu nehmen. Der Prediger erzählte ganz die gleiche Geschichte wie das Mädchen in Deir-es-Sor.

Wer die Wüste nicht selbst kennt, kann sich auch nicht annähernd einen Begriff von der Not und Mühsal der deportierten Armenier machen. Sie ist gebirgig, aber meist schattenlos. Tagelang führt der Weg über Felsen und ist sehr beschwerlich. Auf der linken Seite von Aleppo kommend, hat man stets den Euphrat, der sich wie ein gelber Lehmstreifen dahinzieht, jedoch nicht nahe genug, um aus ihm schöpfen zu können. Unerträglich müssen die Durstqualen der armen Menschen sein, kein Wunder, daß so viele erkranken und sterben.

Ein Beutel steinhartes Brot aus Bagdad wurde mit großem Dank hingenommen. „Wir tauchen es in Wasser, und dann essen es die Kinder", sagten die beglückten Mütter.

Am Abend im Dorfe angekommen, fanden wir wieder solch ein Armenierlager vor. Diesmal waren es die Leute aus Zeitun. Es war die gleiche Not und die gleiche Klage über Hitze, Mangel an Brot und Belästigung von seiten der Araber. Ein im Waisenhaus in Beirut von Kaiserswerter Diakonissen erzogenes Mädchen erzählte uns in gutem Deutsch von ihren Erlebnissen.

„Warum läßt Gott das zu? Warum müssen wir so leiden? Warum schlägt man uns nicht lieber gleich tot? Bei Tage haben wir kein Wasser für die Kinder, und diese schreien vor Durst. Nachts kommen die Araber und stehlen unsere Betten und Kleider. Sie haben uns Mädchen weggenommen und sich an Frauen vergangen. Können wir auf dem Marsch nicht weiter, werden wir von den Saptiehs geschlagen." Sie erzählten auch, daß sich Frauen ins Wasser gestürzt hätten, um der Schande zu entgehen, daß Mütter mit ihren neugeborenen Kindern das Gleiche getan, weil sie aus ihrer Not keinen Ausweg sahen.

Auf der ganzen Wüstenreise war Mangel an Lebensmitteln. Ein schneller Tod, zusammen mit der Familie, erscheint den Müttern leichter, als langsam dem eigenen und der Angehörigen Hungertod ins Auge zu sehen.

Am zweiten Tage nach Aleppo, im Amanusgebirge, trafen wir noch einmal Armenier; diesmal die Leute von Hadjin und Umgebung. Sie waren erst neun Tage unterwegs. Im Vergleich zu denen in der Wüste, lebten sie noch in glänzenden Verhältnissen, sie führten Wagen mit Hausrat, Pferde und Fohlen, Ochsen und Kühe und sogar Kamele mit sich. Endlos war der Zug, der sich da das Gebirge hinaufzog, und ich mußte mich fragen, wie lange sie ihre Habe noch behalten würden. Noch waren sie auf heimatlichem Boden, im Gebirge, und hatten von den Schrecken der

335

Wüste keine Ahnung. Es war dies das letzte, das ich von Armeniern sah. Vergessen lassen sich solche Erlebnisse nicht."

Sonnenaufgang. Zeitschrift des Deutschen Hülfsbunds
für christliches Liebeswerk im Orient.
Frankfurt, September 1915.

★

From: Secrets of the Bosporus

(...) Let me relate a single episode which is contained in one of the reports of our Consuls and which now forms part of the records of the American State Department. Early in July 2,000 Armenian "amélés" – such is the Turkish word for soldiers who have been reduced to workmen – were sent from Harpoot to build roads. The Armenians in that town understood what this meant and pleaded with the Governor for mercy. But this official insisted that the men were not to be harmed, and he even called upon the German missionary. Mr. Ehemann, to quiet the panic, giving that gentleman his word of honour that the ex-soldiers would be protected. Mr. Ehemann believed the Governor and assuaged the popular fear. Yet practically every man of these 2,000 was massacred, and his body thrown into a cave. A few escaped, and it was from these that news of the massacre reached the world. A few days afterwards another 2,000 soldiers were sent to Diarbekir. The only purpose of sending these men out in the open country was that they might be massacred.

In order that they might have no strength to resist and to escape by flight, these poor creatures were systematically starved. Government agents went ahead on the road, notifying the Kurds that the caravan was approaching and ordering them to do their congenial duty. Not only did the Kurdish tribesmen pour down from the mountains upon this starved and weakened regiment, but the Kurdish women came with butcher's knives in order that they might gain that merit in Allah's eyes that comes from killing a Christian. These massacres were not isolated happenings; I could detail many more episodes just as horrible as the one related above. Throughout the Turkish Empire a systematic attempt was made to kill all able-bodied men, not only for the purpose of removing all males who might propagate a new generation of Armenians, but for the purpose of rendering the weaker part of the population an easy prey. (...)

Secrets of the Bosporus.
By (American) Ambassador Henry Morgenthau, Constantinople, 1913–1916.
London 1918. p. 199–200.

★

I

II

III

IV

from "The Blight
...sia" by George
..., former consul
... Near East; the
... Merill Co., 1926.

VI

VII

VIII

IX

X

XI

XII

XIII

XIV

XV

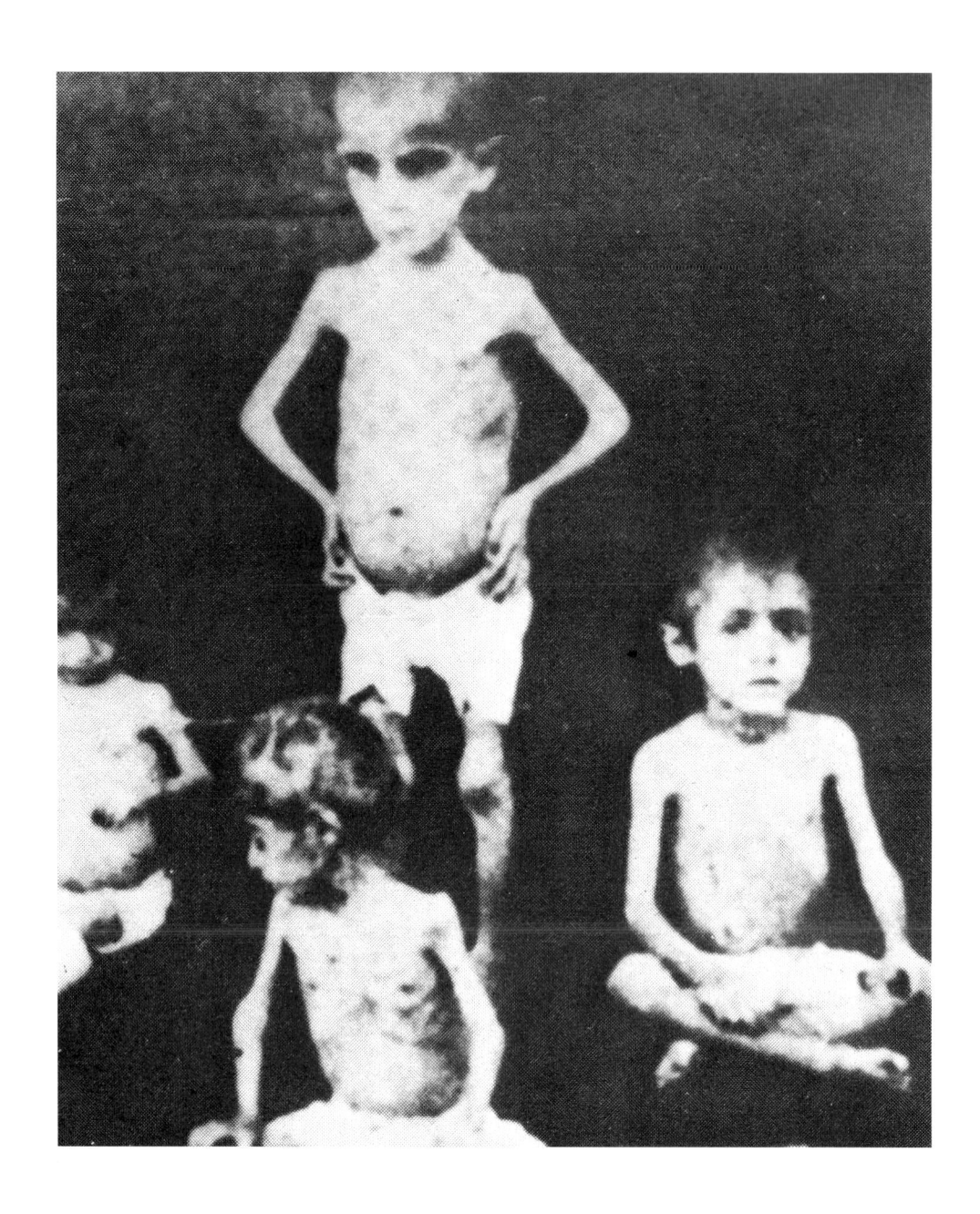

Weil die Bildquellen unsicher bzw. nicht mehr zu ermitteln waren, wurde generell auf sie verzichtet. In einzelnen Fällen kann das Armenische Institut möglicherweise Auskunft geben.

From: The Treatment of Armenians in the Ottoman Empire

ERZINDJAN: STATEMENT BY TWO RED CROSS NURSES
OF DANISH NATIONALITY, FORMERLY IN THE
SERVICE OF THE GERMAN MILITARY MISSION
AT ERZEROUM; COMMUNICATED BY A SWISS
GENTLEMAN OF GENEVA

In March, 1915, we learnt through an Armenian Doctor, who died later on of typhus, that the Turkish Government was preparing for a massacre on a grand scale. He begged us to find out from General Passelt whether the rumour were true. We heard afterwards that the General (a gallant officer) had his own fears of it, and asked, for that reason, to be relieved of his post. (...) We fell sick of typhus and (...) in consequence of a number of changes in the hospital staff (...) we were obliged to leave Erzeroum. Through the good offices of the German Consul at Erzeroum, who also possessed the confidence of the Armenians, we were engaged by the Red Cross at Erzindjan, and worked there seven weeks.

At the beginning of June, the head of the Red Cross Mission at Erzindjan, Staff-Surgeon A., told us that the Armenians had revolted at Van, that measures had been taken against them which would be put into general execution, and that the whole Armenian population of Erzindjan and the neighbourhood would be transported to Mesopotamia, where it would no longer find itself in a majority. There was, however, to be no massacre, and measures were to be taken to feed the exiles and to secure their personal safety by a military escort. Wagons loaded with arms and bombs were reported, he said, to have been discovered at Erzindjan, and many arrests were to be made. The Red Cross staff were forbidden to have any relations with the exiles, and prohibited any excursions on foot or horseback beyond a certain radius.

After that, several days' grace was given to the population of Erzindjan for the sale of their property, which was naturally realised at ludicrous prices. In the first week of June, the first convoy started; the rich people were allowed to hire carriages. They were to go to Harpout. The three succeding days, further deportations followed; many children were taken charge of by Moslem families; later on, the authorities decides that these children must go into exile as well.

The families of the Armenians employed in our hospital had to go with the rest, including a woman who was ill. A protest from Dr. Neukirch, who was attending her, had no effect except to postpone her departure two days. A soldier attached to our staff as cobbler said to Sister B.: "I am now forty-six years old, and yet I am taken for military service, although I have paid my exemption-tax regularly every year. I have never done anything against the Government, and now they are taking from me my whole family, my seventy-year-old mother, my wife and five children, and I do not know where they are going." He was especially affected by the thought of his little daughter, a year and a half old; "She is so sweet. She has such pretty eyes"; he wept like a child. The next day he came back; "I know the truth. They are all dead."

And it was only too true. Our Turkish cook came to us crying, and told us how the Kurds had attacked the unhappy convoy at Kamakh Boghaz, had pillaged it completely, and had killed a great number of the exiles. This must have been the 14th June.

Two young Armenian teachers, educated at the College of Harpout, whose lives were spared, related that the convoy had been caught under a cross-fire by the Kurds on the flanks and the Turkish irregulars in the rear. They had thrown themselves flat on the ground and pretended to be dead; afterwards they succeeded in finding their way back to Erzindjan by circuitous paths, bribing some Kurds whom they met on the way. One of them had with her her fiancé in women's clothes. He had been shielded by a Turkish class-mate. When they reached Erdzindjan a gendarme tried to abduct the girl and her fiancé interfered. He was killed, and the girls were carried off to Turkish houses, where they were treated kindly but had pressure put upon them to change their religion. They conveyed this news to us through a young doctor who attended some Armenian patients in our hospital, and was thereby enabled to get into touch with us; he brought us an appeal from them to take them with us to Harpout. If only they had poison, they said, they would poison themselves. They had no information whatever as to the fate of their companions.

The day after, Friday, the 11th June, a party of regular troops (belonging to the 86th Cavalry Brigade) were sent out „to keep the Kurds in order."

We heard subsequently from these soldiers how the defenceless Armenians had been massacred to the last one. The butchery had taken four hours. The women threw themselves on their knees, they had thrown their children into the Euphrates, and so on. "It was horrible," said a nice-looking young soldier, "I could not fire, I only pretended." For that matter, we have often heard Turks express their disapproval and their pity. The soldiers told us that there were ox-carts all ready to carry the corpses to the river and remove every trace of the massacre.

Next day there was a regular *battue* through the cornfields. (The corn was then standing, and many Armenians had hidden in it.)

From that time on, convoys of exiles were continually arriving, all on their way to the slaughter; we have not doubt about their fate, after the unanimous testimony which we have received from many different quarters. Later, our Greek driver told us that the victims had their hands tied behind their backs, and were thrown down from the cliffs into the river. This method was employed when the numbers were too great to dispose of them in any other fashion. It was also easier work for the murderers. Sister B. and I, of course, began at once to think what we could do, and we decided to travel with one of these convoys to Harpout. We did not know yet that the massacre on the road had been ordered by the Government, and we also thought that we could check the brutality of the gendarmes and stave off the assaults of the Kurds, since we speak Kurdish and have some influence over the tribesmen.

We then telegraphed to the Consul at Erzeroum, telling him that we had been dismissed from the hospital, and urging him, in the interest of Germany, to come to Erzindjan. He wired back: "Impossible to leave my post. Expect Austrians, who are due to pass here the 22nd June." (...)

On the evening of the 17th June, we went out for a walk with Mr. C., the druggist of the Red Cross Staff. He was as much horrified as we were at the cruelties that were being perpetrated, and expressed himself very plainly on the subject. He also received his dismissal. On our walk we met a gendarme, who told us that, ten minutes' distance away, a large convoy of exiles from Baibourt had been halted. He narrated to us, with appalling vividness, how one by one the men had been massacred and cast into the depths of the gorge: "Kezzé, kezzé, geliorlar! (Kill, kill, push them over)." He told how, at each village, the women had been violated; how he himself had desired to take a girl, but had been told that already she was no longer a maid; how children had had their brains battered out when they cried or hindered the march. "There were the naked bodies of three girls; I buried them to do a good deed," was his concluding remark.

The following morning, at a very early hour, we heard the procession of exiles passing in front of our house, along the high road leading in to Erzindjan. We followed them and kept up with them as far as the town, about an hour's walk. Mr. G. came with us. It was a very large gang – only two or three of them men, all the rest women and children. Many of the women looked demented. They cried out: "Spare us, we will become Moslems or Germans or whatever you will; only spare us. We are being taken to Kamakh Bohaz to have our throats cut," and they made an expressive gesture. Others kept silence, and marched patiently on with a few bundles on their backs and their children in their arms. Others begged us to save their children. Many Turks arrived on the scene to carry off children an girls, with or without their parents' consent. There was no time for reflection, for the crowd was being moved on continually by the mounted gendarmes brandishing their whips. On the outskirts of the town, the road to Kamakh Boghaz branches off from the main highway. At this point the scene turned into a regular slave market; for our part, we took a family of six children, from three to fourteen years old, who clutched hold of us, and another little girl as well. We entrusted the latter to our Turkish cook, who was on the spot. She wanted to take the child to the kitchen of Dr. A's private house, and keep her there until we could come to fetch her; but the doctor's adjutant, Riza Bey, gave the woman a beating and threw the child out into the street. Meanwhile, with cries of agony, the gang of sufferers continued its march, while we returned to the hospital with our six children. Dr. A. gave us permission to keep them in our room until we had packed our belongings; they were given food and soon became calmer. "Now we are saved," they had cried when we took them. They refused to let go of our hands. The smallest, the son of a rich citizen of Baibourt, lay huddled up in his mother's cloak; his face was swollen with crying and he seemed inconsolable. Once he rushed to the window and pointed to a gendarme: "That's the man who killed my father." The children handed over to us their money, 475 piastres (about £4), which their parents had given them with the idea that perhaps the children, at any rate, would not be shot.

We then rode into the town to obtain permission for these children to travel with us. We were told that the high authorities were in session to decide the fate of the convoy which had just arrived. Nevertheless, Sister B. succeeded in getting word with someone she knew, who gave her the authorisation to take the children with her, and offered to give them false names in the passport. This satisfied us, and, after returning to the hospital, we left the same evening with baggage and children and all, and installed ourselves in a hotel at Erzindjan. The Turkish orderlies at the hospital were very friendly, and said: "You have done a good deed in taking these children." We could get nothing but one small room for the eight of us. During the night there was a frightfull knocking at our door, and we were asked whether there were two German ladies in the room. Then all became quiet again, to the great relief of our little ones. Their first question had been, would we prevent them from being made Mohammedans? And was our cross (the nurses' Red Cross) the same as theirs? After that they were comforted. We left them in the room, and went ourselves to take our tea in the hotel café. We noticed that some discharged hospital patients of ours, who had always shown themselves full of gratitude towards us, behaved as if they no longer recognised us. The proprietor of the hotel began to hold forth, and everyone listened to what he was saying: "The death of these women and children has been decreed at Constantinople." The Hodja (Turkish priest) of our hospital came in, too, and said to us, among other things: "If God has no pity on them, why must you have pity? The Armenians have committed atrocities at Van. That happened because their religion is *ekzik* (inferior). The Moslems should not have followed their example, but should have carried out the massacre with greater humanity." We always gave the same answer – that they ought to discover the guilty and do justice upon them, but that the massacre of women and children was, and always will remain, a crime.

Then we went to the Mutessarif himself, with whom we had not succeeded in obtaining an interview before. The man looked like the devil incarnate, and his behaviour bore out his appearance. In a bellowing voice he shouted at us: "Women have no business to meddle with politics, but ought to respect the Government!" We told him that we should have acted in precisely the same way if the victims had been Mohammedans, and that politics had nothing to do with our conduct. He answered that we had been expelled from the hospital, and that we should get the same treatment from him; that he would not stand us, and that he would certainly not permit us to go to Harpout to fetch our belongings, but would send us to Sivas. Worse of all, he forbade us to take the children away, and at once sent a gendarme to carry them off from our room.

On our way back to the hotel we actually met them, but they were hurried past us so quickly that we had not even a chance to return them their money. Afterwards we asked Dr. Lindenberg to see that this money was restored to them; but, to find out where they were, he had to make enquiries of a Turkish officer, and just at the moment of our departure, when we had been told that they had already been killed, and when we had no longer any chance of making a further search for them, the aforementioned Riza Bey came and asked us for this money, on the ground that he wanted to return it to the children! We had already decided to spent it on relieving other Armenians.

At Erdzindjan we were now looked askance at. They would no longer let us stay at the hotel, but took us to a deserted Armenian house. The whole of this extensive quarter of the town seemed dead. People came and went at will to loot the contents of the houses; in some of the houses families of Moslem refugees were already installed. We had now a roof over our heads, but no one would go to get us food. However, we managed to send a note to Dr. A., who kindly allowed us to return to the hospital. The following day, the Mutessarif sent a springless baggage cart, in which we were to do the seven days' journey to Sivas. We gave him to understand that we would not have this conveyance, and, upon the representations of Dr. A., they sent us a travelling carriage, with the threat to have us arrested if we did not start at once. This was on Monday, the 21st June, and we should have liked to wait for the Austrians, who were due to arrive on the Tuesday morning, and continue the journey in their company; but Dr. A. declared that he could no longer give us protection, and so we started out. Dr. Lindenberg did us the kindness of escorting us as far as Rifahia. During the first days of our journey we saw five corpses. One was a woman's, and still had clothes on; the others were naked, one of them headless. There were two Turkish officers on the road with us who were really Armenians, as we were told by the gendarme attached to us. They preserved their incognito towards us, and maintained a very great reserve, but always took care not to get separated from us. On the fourth day they did not put in an appearance. When we enquired after them, we were given to understand that the less we concerned ourselves about them the better it would be for us. On the road, we broke our journey near a Greek village. A savage-looking man was standing by the roadside. He began to walk with us, and told us he was stationed there to kill all the Armenians that passed, and that he had already killed 250. He explained that they all deserved their fate, for they were all Anarchists – not Liberals or Socialists, but Anarchists. He told the gendarmes that he had received orders by telephone to kill our two travelling companions. So these two men with their Armenian drivers must have perished there. We could not restrain ourselves from arguing with this assassin, but when he went off our Greek driver warned us: "Don't say a word, if you do . . ." – and he made the gesture of taking aim. The rumour had, in fact, got about that we were Armenians, which was as good as to say condemned to death.

One day we met a convoy of exiles, who had said good-bye to their prosperous villages and were at that moment on their way to Kamakh Boghaz. We had to draw up a long time by the roadside while they marched past. The scene will never be forgotten by either of us: a very small number of elderly men, a large number of women – vigorous figures with energetic features – a crowd of pretty children, some of them fair and blue-eyed, one little girl smiling at the strangeness of all she was seeing, but on all the other faces the solemnity of death. There was no noise; it was all quiet, and they marched along in an orderly way, the children generally riding on the ox-carts; and so they passed, some of them greeting us on the way – all these poor people, who are now standing at the throne of God, and whose cry goes up before Him. An old woman was made to get down from her donkey – she could no longer keep the saddle. Was she killed on the spot? Our hearts had become as cold as ice.

The gendarme attached to us told us then that he had escorted a convoy of 3,000 women and children to Mamahatoun (near Erzeroum) and Kamakh Boghaz. "Hep gildi, bildi," he said: "All gone, all dead." We asked him: "Why condemm them to this frightful torment; why not kill them in their villages?" Answer: "It is best as it is. They ought to be made to suffer; and, besides, there would be not place left for us Moslems with all these corpses about. They will make a stench!"

We spent a night at Enderessi, one days's journey from Shabin Kara-Hissar. As usual, we had been given for our lodging an empty Armenian house. On the wall there was a pencil scrawl in Turkish: "Our dwelling is on the mountains, we have no longer any need of a roof to cover us; we have already drained the bitter cup of death, we have no more need of a judge."

The ground floor rooms of the house were still tenanted by the women and children. The gendarmes told us that they would be exiled next morning, but they did not know that yet; they did not know what had become of the men and of the house; they were restless, but not yet desperate.

Just after I had gone to slepp, I was awakened by shots in our immediate neighbourhood. The reports followed one another rapidly, and I distinctly heard the words of command. I realised at once what was happening, and actually experienced a feeling of relief at the idea that these poor creatures were now beyond the reach of human cruelty.

Next morning our people told us that ten Armeninas had been shot – that was the firing that we had heard – and that the Turkish civilians of the place were now being sent out to chase the fugitives. Indeed, we saw them starting off on horseback with guns. At the roadside were two armed men standing under a tree and dividing between them the clothes of a dead Armenian. We passed a place covered with clotted blood, though the corpses had been removed. It was the 250 roadmaking soldiers, of whom our gendarme had told us.

Once we met a large number of these labourers, who had so far been allowed to do their work in peace. They had been sorted into three gangs – Moslems, Greeks and Armenians. There were several officers with the latter. Our young Hassan exclaimed: "They are all going to be butchered." We continued our journey, and the road mounted a hill. Then our driver pointed with his whip towards the valley, and we saw that the Armenian gang was being made to stand out of the highroad. There were about 400 of them, and they were being made to line up on the edge of a slope. We know what happened after that.

Two days before we reached Sivas, we again saw the same sight. The soldiers' bayonets glittered in the sun.

At another place there were ten gendarmes shooting them down, while Turkish workmen were finishing off the victims with knives and stones. Here ten Armenians had succeeded in getting away.

Later on, in the Mission Hospital at Sivas, we came across one of the men who had escaped. He told us that about 100 Armenians had been slaughtered there. Our informant himself had received a terrible wound in the nape of the neck and had fainted. Afterwards he had recovered consciousness and had dragged himself in two days to Sivas.

Twelve hours' distance from Sivas, we spent the night in a government building.

For hours a gendarme, sitting in front of our door, crooned to himself over and over gain: "Ermenleri hep kesdiler – the Armenians have all been killed!" In the next room they were talking on the telephone. We made out that they were giving instructions as to how the Armenians were to be arrested. They were talking chiefly about a certain Ohannes, whom they had not succeeded in finding yet.

One night we slept in an Armenian house where the women had just heard that the men of the family had been condemned to death. It was frightful to hear their cries of anguish. It was no use our trying to speak to them. "Cannot your Emperor help us?" they cried. The gendarme saw the despair on our faces, and said: "Their crying bothers you; I will forbid them to cry." However, he let himself be mollified. He had taken particular pleasure in pointing out to us all the horrors that we encountered, and he said to young Hassan: "First we kill the Armenians, then the Greeks, then the Kurds." He would certaialy have been delighted to add: "And then the foreigners." Our Greek driver was the victim of a still more ghastly joke: "Look, down there in the ditch; there are Greeks there too!"

At last we reached Sivas. We had to wait an hour in front of the Government Building before the examination of our papers was completed and we were given permission to go to the Americans. There, too, all was trouble and sorrow.

On the 1st July we left Sivas and reached Kaisaria on the 4th. We had been given permission to go to Talas, after depositing our bagage at the Jesuit School; but when we wanted to go on from Kaisaria, we were refused leave and taken back to the Jesuit School, where a gendarme was posted in front of our door. However, the American Missionaries succeeded in getting us set at liberty.

We then returned to Talas, where we passed several days full of commotion, for there, as well as at Kaisaria, there were many arrests being made. The poor Armenians never knew what the morrow would bring, and then came the terrifying news that all Armeninas had been cleared out of Sivas. What happened there and in the villages of the surrounding districts will be reported by the American Mission.

When we discovered that they meant to keep us there – for they had prevented us from joining the Austrians for the journey – we telegraphed to the German Embassy, and so obtained permission to start. There ist nothing to tell about this part of our journey, except that the locusts had in places destroyed all the fruit and vegetables, so that the Turks are already beginning to have some experience of the Divine punishment.

The Treatment of Armenians in the Ottoman Empire. Documents presented...
London 1916. Doc. 62, pp. 246–254.

★

Aus: Deutschland und Armenien 1914–1918

KAISERLICHES
KONSULAT MOSSUL   Telegramm
Abgang aus Mossul, den 16. Juli 1915
Ankunft in Pera, den 17. Juli 1915

An Deutsche Botschaft, Konstantinopel

Der gestern hierher zurückgekehrte hiesige Wali teilte mir mit:

1. Der Kaimakam von Midiat (Muselman) wurde kürzlich auf Befehl des Wali von Diarbekr ermordet, da er sich geweigert hatte, die Christen seines Bezirks massakrieren zu lassen.

2. Von den aus dem Wilajet Diarbekr hierher verbannten Armeniern sind nur Frauen und Kinder angekommen, und von den letzteren auch nur etwa ein Drittel der ursprünglichen Anzahl; die Männer wurden sämtlich unterwegs ermordet; von den Frauen wurden die jungen unter die muselmanischen Kurden verteilt.

Der hiesige Wali hat Maßnahmen getroffen, um im Wilajet Mossul Christenmassakres zu verhindern; ich fürchte jedoch, daß diese Maßnahmen schon zu spät kommen.   HOLSTEIN

Deutschland und Armenien 1914–1918. Sammlung diplomatischer Aktenstücke...
Nummer 115, S. 104.

★

The Turkish Atrocities

The Turkish atrocities in the district of Bitlis are indescribable. After having massacred the whole male population of this district, the Turks collected 9,000 women and children from the surrounding villages, and drove them in upon Bitlis. Two days later they marched them out to the bank of the Tigris, shot them all, and threw the 9,000 corpses into the river.

"On the Euphrates, the Turks have cut down more than 1,000 Armenians, throwing their bodies into the river. At the same time, four battalions were ordered to march upon the valley of Moush, to finish with the 12,000 Armenians inhabiting this valley. According to the latest information, the massacre has already begun. The Armenians are resisting, but through lack of cartridges they will all be exterminated by the Turks. All the Armenians in the Diyarbekir region will likewise be massacred." (...)

Novoye Vryemya, Petrograd, 22.7.1915.

★

Aus: Deutschland und Armenien 1914–1918

KAISERLICHES
KONSULAT ALEPPO   *Aleppo, den 27. Juli 1915*

Über die Verschickung der Armenier und die Art ihrer Durchführung ist mir seit Abgang meines letzten Berichtes noch das folgende bekannt geworden:

1. Wie nach Absetzung des hiesigen Wali Djelal Bey zu erwarten, wird die Verschickung jetzt auf den Küstenstrich des Wilajets Aleppo ausgedehnt. Befehl zur Räumung von Alexandrette, Antiochien, Haram, Beilan, Soukluk, Kessab und anderen Ortschaften ist Nachrichten aus armenischer Quelle zufolge gegeben, doch wird eine kurze Frist in der Ausführung gewährt. – Das Kaiserliche Vizekonsulat Alexandrette hatte bis zum 17. d. M. keine Kenntnis.

2. Nachrichten zufolge, welche der Katholikos von Sis erhalten hat, sind 800–1000 Männer, die von Diarbekr nach Süden geschickt waren, nirgends angelangt. Man nimmt an, daß sie sämtlich umgebracht worden sind. Es muß sich hierbei um ein Geschehnis handeln, das schon wochenlang zurückliegt.

3. Das berichtete Vorbeitreiben von Leichen auf dem Euphrat, das in Rumkaleh, Biredjik und Djerabulus beobachtet worden ist, hatte, wie mir am 17. d. M. mitgeteilt wurde, 25 Tage lang gedauert. Die Leichen waren alle in der gleichen Weise, zwei und zwei Rücken auf Rücken, gebunden. Diese Gleichmäßigkeit deutet darauf hin, daß es sich nicht um Metzeleien, sondern um Tötung durch die Behörden handelt. Es heißt und ist wahrscheinlich, daß die Leichen durch Soldaten in Adiaman in den Fluß geworfen worden sind. Wie weiter unten zu berichten sein wird, hat das Vorbeitreiben nach einer Pause von mehreren Tagen von neuem begonnen und zwar in verstärktem Maße. Dieses Mal handelt es sich hauptsächlich um Frauen und Kinder. (...)

Die geschilderte Behandlung des armenischen Volkes verdient meines gehorsamen Erachtens außer aus anderen Erwägungen auch aus dem Grunde besondere Aufmerksamkeit von deutscher Seite, als sie von weiten Kreisen der Bevölkerung, auch der muhammedanischen, auf deutsche Einwirkung bei der türkischen Regierung zurückgeführt wird. Es heißt, Deutschland sei der Anlaß zu dem Entschluß der türkischen Regierung, das armenische Volk bis zur völligen Bedeutungslosigkeit zu zerschmettern. Die türkische Regierung wird vermutlich alles tun, dieser Ansicht Vorschub zu leisten. Sie wird froh sein, das Odium ihrer Maßregeln auf uns abwälzen zu können.

Meine bisherige telegraphische und schriftliche Berichterstattung dürfte dargetan haben, daß die türkische Regierung über den Rahmen berechtigter Abwehrmaßregeln gegen tatsächliche und mögliche armenische Umtriebe weit hinausgegangen ist, vielmehr durch die Ausdehnung ihrer Anordnungen, deren Durchführung sie in der härtesten und schroffsten Weise den Behörden zur Pflicht gemacht hat, auch gegen Frauen und Kinder, bewußt den Untergang möglichst großer Teile des armenischen Volkes mit Mitteln herbeizuführen bestrebt ist, welche dem Altertum entlehnt sind, einer Regierung aber, die mit Deutschland verbündet sein will, unwürdig sind. – Sie hat, wie wohl kein Zweifel sein kann, die Gelegenheit, da sie sich im Kriege mit dem

Vierverband befindet, dazu benutzen wollen, um sich der armenischen Frage für die Zukunft zu entledigen, dadurch, daß sie möglichst wenige geschlossene armenische Gemeinden übrig läßt. Hekatomben Unschuldiger hat sie mit den wenigen Schuldigen geopfert.

Wäre es nicht möglich, noch jetzt weiteren Greueln Einhalt zu tun und wenigstens die Armenier aus dem Küstenstrich des Wilajets Aleppo noch zu retten, deren Verschickung erst noch bevorsteht? Sollte aus militärischen Gründen ihre Verschickkung unumgänglich notwendig sein, könnte nicht wenigstens ihr Transport um ein bis zwei Monate hinausgeschoben und sorgfältig vorbereitet werden durch Bereitstellung der nötigen Tragtiere und Lebensmittel? Könnten sie nicht in den Städten Aleppo oder Urfa bleiben, mit dem schon jetzt auszusprechenden Recht späterer Rückkehr? Die türkische Regierung hat in einer in der Norddeutschen Allgemeinen Zeitung vom 9. Juni veröffentlichten Denkschrift, „Die Ottomanische Regierung gegen feindliche Beschuldigungen", behauptet, daß die Verschickungen zeitweilig seien. Sie hat erklärt: „Wenn gewisse Armenier zeitweilig auf andere Reichsgebiete übersiedeln mußten, so geschah das, weil sie im Kriegsgebiet wohnten..." Könnte sie hier beim Wort genommen werden? Sind Beilan, Soukluk, Kessab u. a. wirklich Kriegsgebiet? Ist die Anwesenheit von Frauen und Kindern dort gefährlich, da doch die Männer so gut wie alle eingezogen sind?

Die Norddeutsche Allgemeine Zeitung veröffentlicht am 13. Juli in Nr. 192, erste Ausgabe, eine Erklärung der offiziösen osmanischen Depeschenagentur „Agence Milli", welche gegen die Behauptung der „Gazette de Lausanne" protestiert, die osmanische Regierung leihe den gegen die in der Türkei lebenden Armenier begangenen Ausschreitungen ihren Schutz und diese Ausschreitungen beständen häufig in Metzeleien.

Leider wird sich vieles für diese Behauptung der „Gazette de Lausanne" sagen lassen.

Mein telegraphischer Bericht über die ungewöhnlich gut bezeugten Metzeleien in Tell Ermen lag bei Veröffentlichung des Dementis bereits vor. Diese von Kurden vorgenommenen Metzeleien sind nachgewiesenermaßen im Beisein der bewaffneten Macht der türkischen Regierung, wahrscheinlich aber unter deren aktiver Teilnahme vor sich gegangen.

Die türkische Regierung hat ihre armenischen Untertanen, wohlgemerkt unschuldige, unter dem Vorwande, sie aus dem Kriegsgebiet entfernen zu müssen, zu Tausenden und Abertausenden in die Wüste getrieben, weder Kranke noch Schwangere noch die Familien der zu den Waffen einberufenen Soldaten ausgenommen, hat sie ungenügend und unregelmäßig ernährt und mit Wasser versorgt, hat nichts gegen die unter ihnen ausgebrochenen Epidemien getan, hat die Frauen in Not und Verzweiflung getrieben, daß sie ihre Säuglinge und ihre Neugeborenen am Wege ausgesetzt, ihre dem mannbaren Alter entgegengehenden Mädchen verkauft, daß sie sich selbst mit ihren kleinen Kindern in den Fluß gestürzt haben, sie hat sie der Willkür der Begleitmannschaft und damit der Schande preisgegeben, einer Begleitmannschaft, die Mädchen an sich genommen und verkauft hat, sie hat sie den Beduinen in die Hände gejagt, die sie ausgeplündert und entführt haben, sie hat die

Männer in einsamen Gegenden ungesetzlich niederschießen lassen und läßt die Leichen ihrer Opfer den Hunden und den Raubvögeln zum Fraß, sie hat angeblich in die Verbannung geschickte Abgeordnete ermorden lassen; sie hat Sträflinge aus den Gefängnissen entlassen, in Soldatenkleider gesteckt und in die Gegenden geschickt, wo die Verbannten durchziehen mußten, sie hat tscherkessische Freiwillige angeworben und sie auf die Armenier hingelenkt. Was aber behauptet sie in ihrer halbamtlichen Erklärung? „Die Osmanische Regierung... erstreckt ihren wohlwollenden Schutz auf alle ehrlichen und friedlichen in der Türkei lebenden Christen..."

Fürwahr, ich habe meinen Augen nicht getraut, als ich diese Erklärung gesehen habe, und ich finde keinen Ausdruck, um den Abgrund ihrer Unwahrheit zu kennzeichnen. Denn die türkische Regierung wird die Verantworung für alles, was geschehen ist, auch soweit es aus mangelnder Fürsorge und Voraussicht, aus der Verderbtheit der ausführenden Organe und aus den an Anarchie grenzenden Zuständen der östlichen Teile ihres Gebietes hervorgeht, nicht ablehnen können, hat sie doch die Verbannten mit Vorbedacht in dieses Chaos hineingetrieben. Die Verantwortung wird auch dann auf ihr lasten, wenn sie die Herrschaft über die von ihr gerufenen Elemente verlieren sollte, wie es besonders im Wilajet Diarbekr leicht sich ereignen könnte. Wie hierzulande die Vernichtung der Armenier auf deutsche Anregung zurückgeführt wird, so versucht die türkische Regierung vor der europäischen Öffentlichkeit ihre Handlungsweise durch unsere Autorität zu decken.

Euerer Exzellenz aber darf ich gehorsamst anheimstellen, in Erwägung ziehen zu wollen, ob türkische Erklärungen zur Armenierfrage noch ferner zur Veröffentlichung in der deutschen Presse geeignet sind und ob nicht Gefahr besteht, daß wir durch unseren Verbündeten kompromittiert werden.

Gleichen Bericht lasse ich der Kaiserlichen Botschaft zugehen.   RÖSSLER

Seiner Exzellenz dem Reichskanzler
Herrn Dr. von Bethmann Hollweg

Deutschland und Armenien 1914–1918. Sammlung diplomatischer Aktenstücke...
Nummer 120, S. 108–112.

★

Extrait du Rapport d'un Consul américain

Trébizonde, 28. juillet 1915

Le 26 juin 1915, une proclamation officielle annonça que tous les Arméniens devaient quitter la ville. Le 1ᵉʳ juillet toutes les rues furent occupées par des gendarmes, baïonnette au canon. Des troupes d'environ 100 Arméniens furent rassemblées et conduites hors de la ville, là on forma des convois d'environ 2,000 personnes et, chacun des trois jours suivants, on fit partir un de ces convois, donc 6,000 personnes; dans les jours suivants encore 4,000 environ.

La Vali permit aux familles qui en avaient le moyen de louer des voitures; on payait pour chaque voiture environ 15 Livres Turques (350 francs). Les privilégiés qui avaient pu prendre une voiture à ce prix exorbitant, durent la quitter à 10 minutes hors de la ville et prendre leurs paquets sur leur dos, naturellement sans qu'on leur rendit leur argent.

Les Arméniens n'avaient guère de provisions, car depuis le 25 juin, le Vali avait défendu à la population de rien vendre aux Arméniens et de rien leur acheter, en sorte qu'ils n'avaient pu rien réaliser de leur avoir et durent tout abandonner dans leurs maisons. Depuis 5 ou 8 mois toute transaction commerciale était arrêtée à Trébizonde, toutes les économies étaient épuisées et presque tous partaient sans rien.

D'ailleurs, prendre quelque chose avec soi ne servait de rien, cela était volé en route; ils devaient tout porter sur leur dos, celui qui était fatigué, qui tombait ou restait en arrière, était percé à coups de baïonnettes. Dans le fleuve qui se jette dans la mer près de Trébizonde, flottaient des paquets de cadavres. Encore après 15 jours, le consul vit des cadavres nus devant la ville. Le 16 juillet les maisons de Trébizonde, environ 1,000, étaient abandonnées, vidées de tout leur contenu, ainsi que les boutiques et les magasins.

Il n'y a eu aucune enquête pour distinguer des innocents et des coupables, ceux qui étaient opposés au gouvernement de ceux qui ne l'étaient pas. Etre Arménien, c'était être coupable.

D'abord on laissa les malades à l'hôpital, on annonça qu'ils pouvaient rester à Trébizonde ainsi que les Arméniens catholiques. Puis ils furent aussi chassés.

Un grand nombre de notables – parmi lesquels un Russe nommé Vartan – environ 600 hommes furent chargés sur des bateaux-transports pur les emmener à Samsoun. Au bout de quelques heures, les bateaux rentrèrent vides. Au large d'autres bateaux avec des gendarmes les attendaient, tout avait été tué et jeté à la mer. Le susnommé Vartan; blessé à la tête, put nager jusqu'à la côte, se cacha dans l'hôpital grec, raconta tout et mourut.

A Totz, près Trébizonde, un Arménien notable Bogas Marimian, fut attaché avec ses deux fils et ainsi les trois furent simultanément fusillés par les gendarmes. La femme et les filles d'Artes furent violées par des officiers turcs qui les passèrent ensuite aux gendarmes. On tuait les enfants en leur brisant le crâne contre les rochers, les hommes ont été exécutés en masse, parmi eux le drogman arménien du consulat français.

Dans les premiers jours on avait formé le projet de fonder un orphelinat pour les enfants les plus petits, dont les parents étaient tués. Le Vali devait en être le président, l'archevêque grec le vice-président, trois notables turcs et trois notables grecs membres du Comtié; des jeunes filles arméniennes sorties des écoles devaient fonctionner pour la surveillance et les soins et par conséquent être laissées à Trébizonde et être placées dans des familles mahométanes. Quoique le consul américain et l'archevêque grec eussent fait tout ce qui était possible pour assurer l'exécution de ce plan, le Vali dut, sur l'ordre de Naïl bey, chef des Itihadistes y renoncer; les dix plus jolies des jeunes filles que l'on avait gardées, furent placées par un membre du Comité Itihadiste dans une maison pour servir à ses plaisirs et à ceux de ses amis, les autres furent dispersées dans des maisons musulmanes, quelques-uns des enfants purent être placés dans d'honnêtes familles musulmanes, les autres furent chassés dans la rue pour être déportés.

Les maisons arméniennes furent démeublées par la police. Il n'y eut point d'inventaire; tout ce qui avait de la valeur fut entassé dans des magasins. Ce qui fut laissé fut pillé par la populace... La populace suivait comme une meute de loups les convois de déportés pour s'emparer de tout ce qu'il était possible de prendre. Chaque jour nous voyions ce spectacle dans la rue. Le dépouillement des maisons arméniennes dura plusieurs semaines.

Parmi les déportés se trouvaient des marchands arabes sous protection anglaise, ainsi que tous les Arméniens, qui avaient des passeports russes, persans ou bulgares; le drogman du consulat anglais nommé John Arabian ne put emporter que ce qu'il avait sur le dos.

Quinze jours avant le commencement de la déportation les Arméniens enrôlés, qui ne servaient que comme Inshaat-taburi, c'est-à-dire employés aux constructions, aux routes, porteurs de fardeaux, environ 180, avaient été mis à part de leurs camarades. On les emmena à l'écart et on les tua. Un soldat turc envoyé ensuite pour enterrer les corps, raconta qu'on leur avait enlevé tous leurs vêtements et on les avait enterrés absolument nus.

Un haut fonctionnaire turc exprima au consul son indignation contre les ordres du gouvernement.

Quelques documents sur le sort des Arméniens...
Genève 1915, Fascicule I, p. 39–42.

★

Aus: Deutschland und Armenien 1914–1918

KAISERLICH
DEUTSCHES KOSULAT *Erzerum, den 28. Juli 1915*

Wie ich Eurer Exzellenz bereits in meinem Bericht vom 9. ds. zu unterbreiten die Ehre hatte, machte sich hier bedauerlicherweise in letzter Zeit der Einfluß einer Nebenregierung bemerkbar.

Abgesehen davon, hat nun auch der Oberkommandierende der III. Armee, Mahmud Kamil Pascha, der sein Hauptquartier hierher verlegt hat, in scharfer Weise in die Regierung des Wilajets eingegriffen.

Bisher ist in Erzerum, im Gegensatz zu den anderen Städten, einigermaßen mild gegen die Ausgewiesenen vorgegangen worden. So stellte z. B. die Regierung vielen mittellosen Familien Ochsenkarren bis Erzindjan und Siwas zur Verfügung. Der Wali erlaubte ferner, daß Kranke, Familien ohne männliche Mitglieder, alleinstehende Frauen in Erzerum bleiben dürfen.

Diesem humanen Vorgehen, für das auch ich eingetreten bin, wurde plötzlich durch irgendwelche Komitee-Einflüsse ein Ende bereitet. Nunmehr hat auch noch Mahmud Kamil Pascha die sofortige und rücksichtslose Ausweisung aller Armenier angeordnet.

Den noch in der Stadt gebliebenen Frauen und Kranken wurden die bereits erteilten Aufenthaltsscheine wieder abgenommen und sie auf die Landstraße getrieben – einem sicheren Tode entgegen.

Es geschah das, während der Wali und ich in Erzindjan waren.

Mir scheint hierbei, daß der hiesige Wali, Tahsin Bey, der in der Behandlung der Armenierfrage eine etwas humanere Auffassung wie die andern haben dürfte, gegen die schroffe Richtung machtlos ist.

Von den Anhängern letzterer wird übrigens unumwunden zugegeben, daß das Endziel ihres Vorgehens gegen die Armenier die gänzliche Ausrottung derselben in der Türkei ist. Nach dem Kriege werden wir „keine Armenier mehr in der Türkei haben" ist der wörtliche Ausspruch einer maßgebenden Persönlichkeit.

Soweit sich dieses Ziel nicht durch die verschiedenen Massakres erreichen läßt, hofft man, daß Entbehrungen auf der langen Wanderung bis Mesopotamien und das ungewohnte Klima dort ein übriges tun werden. Diese „Lösung" der Armenierfrage scheint den Anhängern der schroffen Richtung, zu der fast alle Millitär- und Regierungsbeamte gehören, eine ideale zu sein. Das türkische Volk selbst ist mit dieser Lösung der Armenierfrage keineswegs einverstanden und empfindet schon jetzt schwer die infolge der Verteibung der Armenier über das Land hier hereinbrechende wirtschaftliche Not.

v. SCHEUBNER-RICHTER

Seiner Exzellenz dem Herrn Botschafter
Freiherrn von Wangenheim, Konstantinopel

Deutschland und Armenien 1914–1918. Sammlung diplomatischer Aktenstücke...
Nummer 123, S. 113.

★

Rapport provenant du Service des Renseignements anglais au Ministère de la Guerre

Secret *Athènes, le 31 juillet 1915*

EXTRAIT D'UNE LETTRE DE DÉDÉAGATCH
EN DATE DU 22 JUILLET 1915

Des personnes dignes de foi, qui arrivent de Constantinople, dépeignent la situation des Arméniens dans l'intérieur de l'Asie Mineure comme absolument déplorable. On peut dire que d'une façon générale tous les Arméniens ont été expulsés de leurs villages dans les régions d'Erzeroum, Merzifon, Diarbékir, Kharpout et Bitlis, et qu'on leur a dit d'aller dans la direction du sud, dans le désert vers

Mossoul et Deir. Beaucoup sont morts en route et le sort des autres n'est pas connu. Les femmes, dans la plupart des cas, ont été placées dans les harems turcs. Il semble que les Jeunes Turcs ne cherchent pas autre chose que d'exterminer les Arméniens. Dans la région de Merzifon, les hommes ont été torturés. Pour les obliger à embrasser la religion musulmane, on leur a versé du plomb fondu dans les narines, on leur a empli la bouche d'ordures, etc. Dans la région de Zeïtoun, l'élément mâle a été presque entièrement détruit.

Les menaces des puissances de l'Entente sont tenues comme nulles par les Jeunes Turcs. Deux jours après la réception de la note officielle des puissances de l'Entente, 20 Arméniens furent pendus à Constantinople. On ne prête aucune attention aux protestations des ambassadeurs d'Allemagne et d'Autriche, protestations qui sont faibles d'ailleurs. On dit que l'ambassadeur d'Autriche ne s'intéresse qu'aux plaintes des seuls sujets autrichiens et qu'il laisse entre les mains des Turcs les affaires intérieures.

Archives du Ministère de la Guerre,
7 N 2096.

★

Aus: Bericht über die Lage des Armenischen Volkes in des Türkei

(...) Wir schließen das Kapitel der cilicischen und nordsyrischen Deportationen mit den Berichten von Mr. Jackson, dem amerikanischen Konsul von Aleppo. *Der Bericht sagt nichts, was nicht auch durch deutsche Quellen fest steht.*

Der amerikanische Konsularbericht

Aleppo, den 3. August

„Die Methode der direkten Angriffe und Massakers, die in früheren Zeiten üblich war, ist heute etwas abgeändert worden, insofern man die Männer und Knaben in großer Zahl aus ihrer Heimat deportiert und unterwegs verschwinden läßt, um später die Frauen und Kinder folgen zu lassen. Eine Zeitlang wurden von Reisenden, die aus dem Innern kamen, vorwiegend dahinlautende Berichte gegeben, daß die Männer getötet worden seien, daß eine große Anzahl Leichen längs der Reiseroute liege und im Euphratwasser schwimme, daß die jüngeren Frauen und Mädchen und die Kinder von den begleitenden Gendarmen den Kurden ausgeliefert würden, und daß von denselben Gendarmen und den Kurdenn unsagbare Verbrechen verübt worden seien. Anfangs schenkte man diesen Berichten wenig Glauben, aber da jetzt viele der Flüchtlinge in Aleppo ankommen, herrscht über die Wahrheit der berichteten Dinge nicht länger Zweifel. Am 2. August kamen etwa 800 Frauen in mittleren

Jahren sowie alte Frauen und Kinder unter 10 Jahren zu Fuß von Diarbekir an, in denkbar jammervollstem Zustand, nachdem sie 45 Tage unterwegs gewesen waren. Sie erzählten, daß alle jungen Mädchen und Frauen von den Kurden entführt wurden, daß selbst der letzte Heller Geld und was sie sonst noch mit hatten geraubt worden ist, erzählen von Hunger, Entbehrung und Elend jeder Art. Ihr jammervoller Zustand bürgt vollkommen für ihre Aussagen.

Ich habe erfahren, daß 4500 Personen von Soghet nach Ras-ul-Ajin geschickt worden sind, über 2000 von Mesereh nach Diarbekir, und daß weit und breit alle Städte, Bitlis, Mardin, Mosul, Sewerek, Maltia, Besne usw. von Armeniern evakuiert worden sind, daß die Männer und Knaben und viele der Frauen getötet und der Rest über das Land zerstreut worden ist. Wenn dies wahr ist, woran man kaum zweifeln kann, müssen die letzteren natürlich auch vor Hunger, Krankheit und Übermüdung zugrunde gehen. Der Gouverneur von Deir-es-Sor am Euphrat, der jetzt in Aleppo ist, sagt, daß gegenwärtig 15 000 armenische Flüchtlinge in Deir-es-Sor seien. *Kinder werden häufig verkauft, um sie vor dem Hungertode zu schützen, da die Regierung tatsächlich keinen Unterhalt gewährt.*" (...)

Dr. Johannes Lepsius: Bericht über die Lage des Armenischen Volkes...
Potsdam 1916, S. 17–19.

★

MM. Robert du Gardier et Baudouy, Gardiens des Archives de l'Ambassade de France à Constantinople, à M. Delcassé, Ministre des Affaires étrangères

Péra, le 7 août 1915
Mercredi, 4 août

Il y a quelques jours, nous signalions l'arrivée d'Alep de M. A. Guys, consul en retraite. M. Guys, qui entretient des relations très étendues en Syrie et en Anatolie, nous parut remarquablement renseigné sur la situation actuelle des populations *raya* et arménienne dans ces régions. Nous l'avons engagé à écrire un rapport que nous sommes heureux de pouvoir joindre à ces notes (annexe n° 19). Ce travail très documenté intéressera certainement la direction politique. On remarquera qu'il y est question de M. Cassapian, drogman auxiliaire à Diarbékir.

M. Ledoulx annonçait, il y a quelque temps, la déportation à Diarbékir de Zohrab effendi, député de Constantinople, et de Vartkès effendi, député d'Erzeroum, pour être jugés par la Cour martiale. D'autre part, M. Guys, arrivant d'Alep, nous certifiait que les deux députés arméniens s'y trouvaient en prison, au moment de son départ.

Par un coup de téléphone et sans lui donner d'autres détails, Talaat bey vient d'informer Madame Zohrab du décès de son mari à Ourfa.

ANNEXE

Rapport de M. Guys remis à l'Ambassade de France

Constantinople, le 24 juillet 1915

J'ai l'honneur, en ma qualité de consul de France en retraite, de passage par Constantinople, de vous adresser le rapport suivant sur les événements qui ont eu et continuent d'avoir lieu dans la Turquie d'Asie et, spécialement, dans les provinces d'Adana, d'Alep et du Kurdistan que j'ai habitées durant de longues années. Ces événements sont relatifs à la persécution des populations chrétiennes et l'extermination de l'élément arménien depuis la date néfaste du commencement des hostilités entre la France, l'Angleterre et la Russie.

Tout d'abord, je dois vous faire savoir que le bombardement de la gare du chemin de fer allemand d'Alexandrette et la détérioration des ponts, et en partie de la voie ferrée longeant le golfe de ce nom jusqu'à Deurt-Yol, par les croiseurs français et anglais, l'exécution de quelques Arméniens de cette dernière petite ville arrêtés comme porteurs compromettants émanant, dit-on, de l'amiral anglais à Chypre et destinés à de notables négociants étrangers d'Alexandrette, entre autres MM. Belfante et Cattoni, sont les causes principales du commencement de la persécution ou de l'extermination des Arméniens de la région d'Adana.

Ces faits se sont produits vers la fin du mois d'avril et depuis, comme une traînée de poudre, les autorités militaires et civiles ottomanes ont sévi sans pitié contre les habitants arméniens de Deurt-Yol en particulier, les soupçonnant de vouloir faire und coup de main ou d'aider les Anglo-Français à un débarquement, et puis, contre la population arménienne de tous les villages et villes situés dans la province d'Adana, tout le long des fleuves Djihan et Seïhoun jusqu'à Hadjin et Zeïtoun. De même qu'à Deurt-Yol, les autorités militaires ont agi d'une manière féroce et brutale contre les habitants de Zeïtoun, tous Arméniens, et dont le nom est déjà célèbre pour la résistance armée qu'ils ont opposée à maintes reprises contre la soldatesque turque. Mais cette fois-ci, ils ont bien vite été matés, car, avant de prendre les armes pour se défendre, ils ont été cernés par plusieurs bataillons envoyés en toute hâte d'Alep, au moment où ils s'y attendaient le moins. Cela s'est passé, si je ne me trompe pas, vers le milieu du mois de mai, car on apprenait quelques jours après à Alep que les Zeïtounils avaient été tous déportés, les femmes, les filles, les enfants et quelques vieillards et garçons vers la région d'Alep et les hommes du côté d'Ourfa vers le désert de Mossoul, ce qui a été fait aussi aux habitants mâles de Deurt-Yol.

On croit généralement que bien peu de ceux-ci ont pu échapper à la mort par suite des mauvais traitements et des atrocités commis contre eux par les gendarmes en cours de route. On m'a même certifié que, pendant plusieurs jours, on avait vu flotter sur la surface du fleuve Euphrate, tant à Biredjik, à Djerablous qu'ailleurs, les cadavres de ces malheureux liés deux par deux, ainsi que des membres et des tronçons de corps humains.

En même temps que ces atrocités étaient commises dans la région d'Adana et de

Zeïtoun, des rumeurs circulaient à Alep que des massacres avaient eu lieu à Van, aujourd'hui occupée par les Russes, à Bitlis, à Seert et à Diarbékir.

Voici les renseignements que j'ai pu recueillir sur ce qui s'est passé dans cette dernière ville, que j'ai habitée à titre de vice-consul de France pendant neuf ans. Ces renseignements m'ont été fournis par un habitant de Diarbékir établi depuis quatre années à Alep comme commissionnaire.

Le nouveau *vali* de cette ville, arrivé vers le mois d'avril dernier, avait fait inviter par des crieurs publics les habitants chrétiens d'avoir à livrer aux autorités les armes qu'il savait être en leur possession. A l'exception des musulmans qui n'ont jamais été molestés, tous les chrétiens, tels que: Arméniens grégoriens, Arméniens catholiques, Jacobites, Syriens catholiques et Chaldéens s'empressèrent de remettre aux autorités militaires le peu d'armes qu'ils possédaient et qu'ils s'étaient procurées sur place ou par des intermédiaires à Alep, peu de temps après la proclamation de la constitution en Turquie, il y a sept ans déjà et cela pour se défendre en cas de nouveaux massacres.

Peu de jours après, l'arrestation en masse des chrétiens commença, de sorte que les prisons du sérail contenaient au-delà de mille six cents individus qui furent, à tour de rôle, roués de coups et plusieurs même assommés et torturés, dont les corps étaient jetés chaque jour en dehors des remparts de la ville, car Diarbékir est peut-être la seule ville de l'Empire ottoman qui conserve intacts les remparts construits par les Romains sous le règne de Justinien IV. L'enquête, poursuivie par les autorités dans des conditions aussi féroces que barbares, pour découvrir de nouvelles armes continua pendant plus de six semaines. Il est difficile de décrire ici en détail les souffrances et les tortures que ces malheureux ont subies en prison pendant tout ce temps. Je me contenterai de dire que, parmi une centaine qui ont été mis à mort, on cite les noms de plusieurs négociants notables et aisés comme Mathosian, Sirikdjian, Cazazian, Tirpandjian et plusieurs autres dont j'ai oublié les noms. Il est avéré aussi que le *vartabed* arménien grégorien aurait été mis à mort en prison, après avoir été martyrisé d'une manière cruelle et barbare, car on lui a arraché quelques ongles des doigts, on lui a enfoncé des fers rougis au feu dans les yeux et finalement on l'a roué de coups jusqu'à ce qu'il eût rendu le dernier soupir. Ce martyre, il l'a subi pour avoir refusé de signer une attestation préparée d'avance, comme quoi toutes les personnes torturées et mises à mort dans les prisons avaient succombé de mort naturelle. Parmi les disparus, et dont on n'a aucune nouvelle encore, se trouveraient: M. Onnik Cazazian, notable négociant arménien catholique établi à Constantinople depuis de longues années et qui se trouvait à Diarbékir pour ses affaires et M. Cassapian (Artin), drogman du vice-consulat de France, gérant ce poste, et qui avait eu la présence d'esprit d'emmener les archives dans sa propre maison servant d'habitation au titulaire parti en congé, et cela, pour les sauver lorsque les autorités voulurent les saisir, comme cela a eu lieu dans tous les postes cunsulaires en Turquie. Une dizaine de Diarbékirlis qui demeuraient à Alep furent aussi arrêtés et renvoyés dans leur ville natale, pour être jugés par la Cour martiale, étant soupçonnés d'avoir expédié les armes possédées par leurs compatroites, ce qui est invraisemblable. Finalement sur les 1,600 individus jetés en prison à Diarbékir, 680 eviron des plus notables et aisés ayant payé leur exoneration militaire furent, menottes aux mains, expulsés dans le désert de Mossoul et l'on ignore tout à fait le lieu de leur déportation; quant aux autres, s'ils furent mis provisiorement en liberté, ce n'était que pour les faire travailler en même temps que ceux âgés de 18 à 35 ans, astreints au service militaire à des travaux forcés, comme nous l'avons déjà dit plus haut, et de manière à en assommer un ou deux par jour, ce qui fut constaté par des missionnaires américains venant de Bitlis, de Kharpout et de Méziré pour se rendre à Alep. C'est, paraît-il, aux jeunes gens que les gendarmes en voulaient le plus; car ces missionnaires, tout le long de leur route, avaient vu les cadavres de plusieurs gisant sur le sol.

On croit généralement que les habitants chrétiens de Bitlis et surtout ceux de Mardine, qui sont pourtant des Arméniens catholiques en grande partie, des Jacobites, des Chaldéens et des Syriens catholiques, auraient subi le même sort horrible que ceux de Diarbékir, puisque le partriarcat arménien catholique de la capitale, en réponse à un télégramme adressé à son archevêque de Mardine, aurait reçu la nouvelle que ce denier n'existait pas; on ignore aussi le sort de tous les évêques des rites orientaux et des religieuses arméniennes catholiques de Diarbékir. Je dois devoir ajouter que l'évêque arménien catholique de Mamouret-ul Aziz, Mgr Israélian, aurait été expulsé, avec son entourage et les quelques religieuses dépendant de lui, on ne sait pas exactement dans quelle localité. Quant aux villages situés dans les environs immédiats des villes de Diarbékir, de Bitlis, de Kharpout, ils auraient été saccagés et pillés et les habitants chrétiens qui les habitaient auraient été en partie massacrés et en partie expulsés dans diverses directions, ainsi que cela a eu lieu dans les *vilayets* de Trébizonde, de Van, de Samsoun, d'Erzeroum et de toute l'Anatolie comme on le saura plus tard.

Enfin, pour en revenir aux *vilayets* d'Adana et d'Alep, je dois signaler le passage par la ville même d'Alep, depuis le mois de mai dernier, de milliers de personnes, toutes arméniennes grégoriennes, venant de diverses localités du *vilayet* d'Adana, dans un état lamentable de dénuement et de souffrances. Après un séjour de deux ou trois jours dans les locaux réservés pour eux, ces malheureux, dont la plupart sont des garçons, des filles, des femmes et des vieillards (les jeunes ayant reçu d'autres destinations soi-disant pour accomplir leur service militaire) reçoivent l'ordre de partir pour Idlib, Ma'ara, Rakka, Deïr-ez-Zor, Ras el-Aïn ou le désert de la Mésopotamie, lieux qui sont destinés, d'après la croyance générale, à devenir leur tombeau, car, sans parler de ceux qui sont achevés en cours de route par les gendarmes les accompagnant, que deviendront ceux qui sont abandonnés dans des endroits aussi déserts et privés de tous moyens d'existence! Ils sont condamnés d'ores et déjà, à succomber par la faim, par les maladies et les privations de toutes sortes, à moins que quelque puissance n'intervienne à temps pour sauver celles [*sic*] qui se trouvent déjà dans ces lieux maudits et celles [*sic*] qui s'y rendent journellement depuis bientôt six mois.

Tout le long de la route que j'ai suivie, soit en voiture, soit en chemin de fer, j'ai vu, de mes propres yeux, de nombreuses caravanes de ces misérables gens en marche pour Alep, tant à Radjou, à Islahieh, à Osmanieh, à Toprak-Kalé et à Djihan ou d'autres points encore. Ce qui vient corroborer les atrocités commises sur les Arméniens grégoriens dans les régions dont j'ai cité les noms plus haut, et surtout dans la région d'Alep, ce sont les récits de témoins occulaires venant de l'intérieur et celui de M. Wratyslaw, sujet anglais, expulsé à Ourfa, lequel retournant à Alep en voiture, pour profiter d'une autorisation à l'effet de venir en même temps que moi à Constantinople, a dû s'arrêter pendant trois jours dans un khan pour prendre le train du chemin de fer, afin de ne pas continuer sa route en voiture devenue très dangereuse, par suite de l'insécurité qu'il y avait pour les étrangers et les chrétiens en général.

Quoi qu'il en soit, on a pu constater dès le début que la découverte d'un complot dans la capitale, le bombardement de la côte longeant le golfe d'Alexandrette par la flotte anglo-française et les soupçons portés contre la population arménienne de la région d'Adana, et puis le bombardement de plusieurs points du golfe de Smyrne jusqu'à Aïvali et des côtes de la Syrie, et le mouvement insurrectionnel des Arméniens dans la région de Van, ont provoqué une méfiance contre les chrétiens en général, et contre les Arméniens en particulier, qui s'est traduite, au fur et à mesure, par des mesures de représailles prises par le gouvernement ottoman, représailles qui n'ont d'égales que celles employées contre tous ces éléments *rayas*, lors de la conquête ou de l'invasion turque dans l'Asie Mineure et dans une partie de l'Europe orientale.

En effet, tous les *rayas* chrétiens, astreints au service militaire et incorporés dans l'armée ottomane, peu de temps après la proclamation de la constitution en Turquie, furent en premier lieu mis de côté et désarmés, il y a bientôt cinq mois, pour former des bataillons d'ouvriers, condamnés à des travaux forcés, tels que: la construction de routes et de chaussées, le terrassement de voies ferrées, le balayage des rues ou le cassage de pierres. Plusieurs d'entre eux sont aussi employés à faire des tranchées dans diverses régions que les autorités militaires considèrent comme menacées par les ennemis. Aujourd'hui même, on rencontre un peu partout de ces condamnés, dont l'habillement est bizarre, car d'aucuns sont vêtus comme soldats, d'autres portent le costume de leurs pays (ceux-ci sont les plus nombreux) et la plupart, déguenillés et sans chaussures, davant se contenter d'une maigre ration de pain qui leur est distribuée chaque jour, ce qui fait qu'ils sont obligés de courir après les voyageurs pour leur demander l'aumône. J'en ai rencontré plusieurs sur ma route entre Tarsous et Bozanti, tous Grecs, originaires des environs de Smyrne, de Vourla et Tchesmé, auxquels j'ai distribué un petit secours, car, depuis six mois, m'ont-ils dit, qu'ils se trouvaient dans ces parages, ils n'avaient reçu que leur ration de pain seulement, les autorités militaires ayant signifié de ne leur donner ni vêtements, ni souliers, ni coiffures.

En second lieu, la persécution acharnée contre les chrétiens *rayas* commença dans toutes les provinces de l'Anatolie, de sorte que des milliers de familles grecques *rayas* disséminées tout le long des côtes de la mer Égée, furent expulsées et obligées de se réfugier, lors de la guerre dans les Balkans, aux îles des Cyclades comme Chio, Metchin, Samos, etc., d'autres habitant dans l'intérieur sont, depuis bientôt six mois, dispersées de tous côtés et pourchassées à tel point que quelques-unes, pour trouver leur salut, ont été contraintes de so convertir à l'islamisme. C'est ce qui, d'ailleurs, est arrivé à l'élément arménien, comme l'avenir le prouvera.

En troisième lieu, l'élimination, ou bien mieux l'extermination des populations arméniennes de toute l'Asie Mineure so produisit à la même époque, il y a cinq mois environ. C'est surtout dans les provinces de Trébizonde, d'Erzeroum, de Bitlis, de Samsoun, de Sivas, de Mamouret-ul Aziz, de Diarbékir, d'Adana et d'Alep, et même de Constantinople, qu'elle a eu lieu par des moyens barbares et sanguinaires dépassant toute description et que les autorités, tant civiles que militaires, ottomanes continueront à employer pendant toute la durée de la présente guerre mondiale.

En résumé, telle est la déplorable et navrante situation des chrétiens *rayas* de l'Empire ottoman, malgré la devise ironique inventée par le Comité des Jeunes Turcs lors de la promulgation de la constitution, devise qui est aujourd'hui interprétée, à cause de la dictature militaire allemande, par les mots suivants: persécution à outrance des *rayas* chrétiens, extermination des populations arméniennes et guerre aux étrangers. Tout ce que je viens de dire dans le présent rapport est bien pénible à constater puisque nous nous trouvons en plein vingtième siècle, et non loin de l'abolition des capitulations par le gouvernement ottoman qui entend prendre rang parmi les gouvernements des pays civilisés.

P. S. – Je viens d'apprendre aujourd'hui que la ville de Karahissar, située dans le *vilayet* d Sivas, aurait été complètement incendiée et les habitants arméniens au nombre de onze mille, auraient été massacrés pur être entrés en collision avec l'armée turque.

Archives du Ministère des Affaires étrangères,
Guerre 1914–1918, Turquie, Tome 906, ff. 3–3v et ff. 28–33.

★

From: The Treatment of Armenians in the Ottoman Empire

DESPATCH FROM MR. HENRY WOOD, CORRESPONDENT OF THE AMERICAN "UNITED PRESS" AT CONSTANTINOPLE: PUBLISHED IN THE AMERICAN PRESS.
14TH AUGUST, 1915

So critical is the situation that Ambassador Morgenthau, who alone is fighting to prevent wholesale slaughter, has felt obliged to ask the co-operation of the Ambassadors of Turkey's two Allies. They have been successful to the extent of securing definite promises from the leading members of the Young Turk Government that no orders will be given for massacres. The citical moment for the Armenians, however, will come, it is feared, when the Turks may meet with seriours reverses in the Dardanelles or when the Armenians themselves, who not only are in open revolt but are actually in possession of Van and several other important towns, may meet with fresh successes. It is this uprising of the Armenians who ar seeking to establish an independent government that the Turks declare is alone responsible for the terrible measures now being taken against them†. In the meantime, the position of the

Armenians and the system of deportation, dispersion, and extermination that is being carried out against them beggars all description.

Although the present renewal of the Armenian atrocities has been under way for three months, it is only just now that reports creeping into Constantinople from the remotest points of the interior show that absolutley no portion of the Armenian population has been spared. It now appears that the order for the present cruelties was issued in the early part of May, and was at once put into execution with all the extreme genius of the Turkish police system – the one department of government for which the Turks have ever shown the greatest aptitude, both in organisation and administration. At that time sealed orders were sent to the police of the entire Empire. These were to be opened on a specified date that would ensure the orders being in the hands of every department at the moment they were to be opened. Once opened, they provided for a simultaneous descent at practically the same moment on the Armenian population of the entire Empire.

At Broussa, in Asiatic Turkey, the city which it is expected the Turks will select for their capital in the event of Constantinople falling, I investigated personally the manner in which the orders were carried out†. From eye-witnesses in other towns from the interior I found that the execution of them was everywhere identical. At midnight, the police authorities swooped down on the homes of all Armenians whose names had been put on the proscribed list sent out from Constantinople. The men were at once placed under arrest, and then the houses were searched for papers which might implicate them either in the present revolutionary movement of the Armenians on the frontier or in plots against the Government which the Turks declare exist. In this search, carpets were torn from the floors, draperies stripped from the walls, and even the children turned out of their beds and cradles in order that the mattresses and coverings might be searched.

Following this search, the men were then carried away, and at once there began the carrying out of the system of deportation and dispersion which has been the cruellest feature of the present anti-Armenian wave. The younger men for the most part were at once drafted into the Army. On the authority of men whose names would be known in both America and Europe if I dared mention them, I am told that hundreds if not thousands of these were sent at once to the front ranks at the Dardanelles, where death in a very short space of time is almost a certainty. The older men were then deported into the interior, while the women and children, when not carried off in an opposite direction, were left to shift for themselves as best they could. The terrible feature of this deportation up to date is that it has been carried out on such a basis as to render it practically impossible in thousands of cases that these families can ever again be reunited. Not only wives and husbands, brothers and sisters, but even mothers and their little children have been dispersed in such a manner as to preclude practically all hope that they will ever see each other again.

In defence of these terrible measures which have been taken, the Turks at Constantinople declare that no one but the Armenians themselves is to blame. They state that when the present attack began on the Dardanelles, the Armenians were notified that if they took advantage of the moment when the Turks were concentrating every energy for the maintenance of the Empire, to rise in rebellion, they would be dealt with without quarter. This warning, however, the Armenians failed to heed. They not only rose in rebellion, occupying a number of important towns, including Van, but extended important help to the Russians in the latter's campaign in the Caucasus.

While this is the Turkish side of the situation, there is also another side which I shall give on the authority of men who have passed practically their entire lives in Turkey and whose names, if I dared mention them, would be recognised in both Europe and America as competent authority. According to these men, the decision has gone out from the Young Turk party that the Armenian population of Turkey must be set back fifty years. This has been decided upon as necessary in order to ensure the supremacy of the Turkish race in the Ottoman Empire, which is one of the basic principles of the Young Turk party. The situation, I am told, is absolutley analogous to that which preceded the Armenian massacres under Abd-ul-Hamid. So far, however, the Young Turks have confined themselves to the new system of deportation, dispersion and separation of families.

Preface by Viscount Bryce

In the summer of 1915 accounts, few and scanty at first, but increasing in volume later, began to find their way out of Asiatic Turkey as to the events that were happening there. These accounts described what seemed to be an effort to exterminate a whole nation, without distinction of age or sex, whose misfortune it was to be the subjects of a Government devoid of scruples and of pity, and the pilicy they disclosed was one without precedent even in the blood-stained annals of the East. It then became the obvious duty of those who realised the gravity of these events to try to collect and put together all the data avaibable for the purpose of presenting a full and authentic record of what had occurred. This has been done in the present volume. It contains all the evidence that could be obtained up till July 1916 as to the massacres and deportations of the Armenian and other Eastern Christians dwelling in Asia Minor, Armenia and that north-western corner of Persia which was invaded by the Turkish troops. It is presented primarily as a contribution to history, but partly also for the purpose of enabling the civilised nations of Europe to comprehend the problems which will arise at the end of this war, when it will become necessary to provide for the future government of what are now the Turkish dominions. The compilation has been made in the spirit proper to an historical enquiry, that is to say, nothing has been omitted which could throw light on the facts, whatever the political bearing of the accounts might be. In such an enquiry, no racial or religious sympathies, no prejudices, not even the natural horror raised by crimes, ought to distract the mind of the enquirer from the duty of trying to ascertain the real facts.

As will be seen from the analysis which follows, the evidence here collected comes from various sources.

A large, perhaps the largest, part has been drawn from neutral witnesses who were living in or passing through Asiatic Turkey while these events were happening, and had opportunities of observing them.

Another part comes from natives of the country, nearly all Christians, who succeeded, despite the stringency of the Turkish censorship, in getting letters into neutral countries, or who themselves escaped into Greece, or Russia, or Egypt and were there able to write down what they had seen.

A third but much smaller part comes from subjects of the now belligerent Powers (mostly Germans) who were in Turkey when these events were happening, and subsequently published in their own countries accounts based on their personal knowledge.

In presenting this evidence it has been necessary in very many cases to withhold the names of the witnesses, because to publish their names would be to expose such of them as are still within the Turkish dominions, or the relations and friends of these persons, to the ruthless vengeance of the gang who now rule those dominions in the name of the unfortunate Sultan. Even in the case of those neutral witnesses who are safe in their own countries, a similar precaution must be observed, because many of them, or their friends and associates, have property in Turkey which would at once, despite their neutral character, be seized by the Turkish Government. These difficulties, inevitable in the nature of the case, are of course only temporary. The names of the great majority of the witnesses are known to the editor of this book and to myself, and also to several other persons, and they can be made public as soon as it is certain that no harm will result to these witnesses or to their friends. That certainty evidently cannot be attained till the war is over and the rule of the savage gang already referred to has come to an end.

The question now arises – What is the value of this evidence? Though the names of many of the witnesses cannot be given, I may say that most of them, and nearly all of those who belong to neutral or belligerent countries, are persons entitled to confidence in respect of their character and standing, and are, moreover, persons who have no conceivable motive for inventing or perverting facts, because they are (with extremely few exceptions) either neutrals with no national or personal or pecuniary interests involved, or else German subjects. Were I free to mention names, the trustworthiness of these neutrals and Germans would at once be recognised.

Let us, however, look at the evidence itself.

I. Nearly all of it comes from eye-witnesses, some of whom wrote it down themselves, while others gave it to persons who wrote it out at the time from the statements given to them orally. Nearly all of it, moreover, was written immadiately after the events described, when the witnesses' recollection was still fresh and clear.

II. The main facts rest upon evidence coming from different and independent sources. When the same fact is stated by witnesses who had no communication with one another, and in many cases did not even speak the same language, the presumption in favour of its truth becomes strong.

Take, for instance, the evidence (Section VIII.) regarding the particularly terrible events at Trebizond. We have a statement from the Italian Consul-General (Doc. 73), from the Kavass of the local branch of the Ottoman Bank, a Montenegrin under

Italian protection (Doc. 74), and from an Armenian girl whose family lived in the neighbourhood of the Italian Consulate, and who was brought out of Turkey by the Italian Consul-General as his maidservant. The testimony of these three witnesses exactly tallies, not only as to the public crimes committed in the city before they left it, but also as to their personal relations with one onother (for they each mention the others explicitly in their several statements). Yet they were in no touch whatever with one another when their respective testimonies were given. The Consul-General gave his at Rome, in an interview with an Italian journalist; the Kavass gave his in an interview with an Armenian gentleman in Egypt; and the girl hers in Roumania to a compatriot resident in that country. The three statements had certainly never been collated till they came, by different channels, into the hands of the editor of this book. In addition to this, there is a statement from another foreign resident at Trebizond (Doc. 72), which reached us through America.

Or take the case of the convoys of exiles deported from the Vilayet of Erzeroum, and, in particular, from the towns of Erzeroum and Baibourt. We have a second-hand account of their fate in Doc. 2, a despatch from a well-informed source at Constantinople; we have a first-hand account, which completely bears out the former, from a lady who was herself deported in the third convoy of exiles (Doc. 59); we have the narrative of two Danish nurses in the service of the German Red Cross at Erzindjan, who witnessed the passage of the Baibourt exiles through that place (Doc. 62); and finally there are three witnesses from the town of H., several days' journey further along the exiles' route, who refer independently to the arrival of convoys from Erzeroum and the neighbourhood. One of these latter witnesses is a (third) Danish Red Cross nurse (Doc. 64), one a neutral resident at H. of different nationality, and one an Armenian inhabitant of the town.

These are two typical instances in which broad groups of events are independently and consistently recorded, but there are innumerable instances of the same kind in the case of particular occurrences. The hanging of the Armenian Bishop of Baibourt, for example, is mentioned, at second-hand, in Doc. 7 (written at Constantinople) and Doc. 12 (a selection of evidence published in Germany); but it is also witnessed to by the author of Doc. 59, an actual resident at Baibourt who was present there at the time of the murder. Again, the disappearance of the Bishop of Erzeroum on the road to exile is not only recorded in Doc. 11, a memorandum from a competent source at Bukarest, but is confirmed, in Docs. 57 and 76, by testimony obtained from eye-witnesses on the spot after the Russian occupation of Erzeroum had left them free to speak out.

III. Facts of the same, or of a very similar, nature occurring in different places, are deposed to by different and independent witnesses. As there is every reason to believe – and indeed it is hardly denied – that the massacres and deportationes were carried out under general orders proceeding from Constantinopel, the fact that persons who knew only what was happening in one locality record circumstances there broadly resembling those which occurred in another locality goes to show the general correctness of both sets of accounts.

Thus, the two Danish Red Cross nurses (Doc. 62) state that they twice witnessed the massacre, in cold blood, of gangs of unarmed Armenian soldiers employed on navvy work, along the road from Erzindjan to Sivas. In Doc. 7 (written at Constantinople) we find a statement that other gangs of unarmed Armenian soldiers were similarly murdered on the roads between Ourfa and Diyarbekir, and Diyarbekir and Harpout; and the massacre on this latter section of road is confirmed by a German lady resident, at the time, at Harpout (Doc. 23).

Again, there is frequent mention of roads being lined, or littered, with the corpses of Armenian exiles who had died of exhaustion or been murdered on the way. If these allusions were merely made in general terms, they might conceivably be explained away as amplifications of some isolated case, or even as rhetorical embellishments of the exiles' story without foundation in fact. But when we find such statements made with regard to particular stretches of road in widely different localities, and often by more than one witness with regard to a given stretch, we are led to infer that this wholesale mortality by the wayside was in very deed a frequent concomitant of the Deportations, and an inevitable consequence of the method on which the general scheme of Deportation was organised from headquarters. We hear in Doc. 7, for instance, of corpses on the road from Malatia to Sivas, on the testimony of a Moslem traveller; we hear of them on the road from Diyarbekir to Ourfa in Doc. 12 (a German cavalry captain), and on the road from Ourfa to Aleppo in Doc. 9 (an Armenian witness), in Doc. 135 (an interned Englishwoman), and also in Doc. 64 (a Danish Red Cross nurse). The latter gives the detail of the corpes being mangled by wild beasts, a detail also mentioned by the German authors of Docs. 12 and 21. Similar testimony from German officers regarding the road between Baghdad and Aleppo is reported independently in Docs. 108 ans 121.

IV. The volume of this concurrent evidence from different quarters is so large as to establish the main facts beyond all question. Errors of detail in some instances may be allowed for. Exaggeration may, in the case of native witnesses, who were more likely to be excited, be also, now and then, allowed for. But the general character of the events stands out, resting on foundations too broad to be shaken, and even details comparativley unimportant in themselves are often remarkably corroborated from different quarters. The fact that the Zeitounli exiles at Sultania were for some time prevented by the local Turkish authorities from receiving relief is attested in Doc. 4 (Constantinople) and Doc. 123 (the town of B. in Cilicia), as well as in Doc. 125 from Konia. The malicious trick by which the exiles from Shar were deflected from a good road to a bad, in order that they might be compelled to abandon their carts, is recorded independently in Docs. 12 and 126.

V. In particular it is to be noted that many of the most shocking and horrible accounts are those for which there is the most abundant testimony from the most trustworthy neutral witnesses. None of the worst cruelties rest on native evidence alone. If all that class of evidence were entirely struck out, the general effect would be much the same, though some of the minor details would be wanting. One may, indeed, say that an examination of the neutral evidence tends to confirm the native evidence as a whole by showing that there is in it less of exaggeration than might have been expected.

Docs. 7 and 9, for instance, both of which are native reports at second-hand, refer in somewhat rhetorical terms to the corpses of murdered Armenians washed down by the waters of the Tigris and Euphrates. Yet their words are more than justified by many concrete and independent pieces of evidence. The description in Doc. 12 (German material) of how barge-loads of Armenians were drowned in the Tigris below Diyarbekir, renders more fully credible the accounts of how the Armenians of Trebizond were drowned wholesale in the Black Sea. Doc. 12 also contains the statement, from a German employee of the Baghdad Railway, that the Armenia exiles who reached Biredjik were drowned in batches every night in the Euphrates; and similar horrors are reported from almost every section of the Euphrates' course. Docs. 56, 57, 59 and 62 describe how the convoys of exiles from the Vilayet of Erzeroum were cast into the Kara Su (western branch of the Euphrates) at the gorge called Kamakh Boghaz, and were then either shot in the water or left to drown. The author of Doc. 59 was present at such a scene, though she was herself spared, and the information in Docs. 56 and 57 was obtained direct from a lady who was actually cast in, but managed to struggle to the bank and escape. The authors of Doc. 62 received their information from a gendarme who had been attached to a convoy and had himself participated in the massacre. Doc. 24 records the experiences of an Armenian woman deported from Moush, who was driven with her fellow-exiles into the Mourad Su (eastern branch of the Euphrates), but also managed to escape, though the rest were drowned. Doc. 66 describes corpses floating in the river in the neighbourhood of Kiakhta, and Doc. 137 the drowning of exiles in the tributaries of the Euphrates between Harpout and Aleppo. These are evidently instances of a regular practice, and when we find the exiles from Trebizond and Kerasond being disposed of in the same fashion in a comparatively distant part of the Turkish Empire, we are almost compelled to infer that the drowning of the exiles *en masse* was a definite part of the general scheme drawn out by the Young Turk leaders at Constantinople.

Perhaps the most terrible feature of all was the suffering of the women with child, who were made to march with the convoys and gave birth to their babies on the road. This is alluded to in Doc. 12, from a German source at second-hand, but in Docs. 129 and 137 we have the testimony of neutral witnesses who actually succoured these victims, so far as the extremity of their plight and the brutality of their escort made succour possible. It should be mentioned that in Doc. 68 an Armenian exile testifies to the kindness of an individual Turkish gendarme to one of her fellow-victims who was in these straits.

VI. The vast scale of these massacres and the pitiless cruelty with which the deportations were carried out may seem to some readers to throw doubt on the authenticity of the narratives. Can human beings (it may be asked) have perpetrated such crimes on innocent women and children? But a recollection of previous massacres will show that such crimes are part of the long settled and often repeated policy of Turkish rulers. In Chios, nearly a century ago, the Turks slaughtered almost the whole Greek population of the island. In European Turkey in 1876 many thousands of Bulgarians were killed on the suspicion of an intended rising, and the outrages committed on women were, on a smaller scale, as bad as those here recorded. In 1895 and 1896 more than a hundred thousand Armenian Christians were put to death by Abd-ul-Hamid, many thousands of whom died as martyrs to their Christian faith, by abjuring which they could have saved their lives. All these massacres are registered not only in the ordinary press records of current history but in the reports of British diplomatic and consular officials written at the time. They are as certain as anything else that has happened in our day. There is, therefore, no antecedent improbability to be overcome before the accounts here given can be accepted. All that happened in 1915 is in the regular line of Turkish policy. The only differences are in the scale of the present crimes, and in the fact that the lingering sufferings of deportations in which the deaths were as numerous as in the massacres, and fell with special severity upon the women, have in this latest instance been added.

The evidence is cumulative. Each part of it supports the rest because each part is independent of the others. The main facts are the same, and reveal the same plans and intentions at work. Even the varieties are instructive because they show those diversities of temper and feeling which appear in human nature everywhere.

The Turkish officials are usually heartless and callous. But here and there we see one of a finer temper, who refuses to carry out the orders given him and is sometimes dismissed for his refusal. The Moslem rabble is usually pitiless. It pillages the houses and robs the persons of the hapless exiles. But now and then there appear pious and compassionate Moslems who try to save the lives or alleviate the miseries of their Christian neighbours. We have a vivid picture of human life, where wickedness in high places deliberately lets loose the passions of racial or religious hatred, as well as the commoner passion of rapacity, yet cannot extinguish those better feelings which show as points of light in the gloom.

It is, however, for the reader to form his own judgment on these documents as he peruses them. They do not, and by the nature of the case cannot, constitute what is called judicial evidence, such as a Court of Justice obtains when it puts witnesses on oath and subjects them to cross-examination. But by far the larger part (almost all, indeed, of what is here published) does constitute historical evidence of the best kind, inasmuch as the statements come from those who saw the events they describe and recorded them in writing immediately afterwards. They corroborate one another, the narratives given by different observers showing a substantial agreement, which becomes conclusive when we find the salient facts repeated with no more variations in detail than the various opportunities of the independent observers made natural. The gravest facts are those for which the evidence is most complete, and it all tallies fatally with that which twenty years ago established the guilt of Abd-ul-Hamid for the deeds that have made his name infamous. In this case there are, moreover, what was wanting then, admissions which add weight to the testimony here presented, I mean the admissions of the Turkish Government and of their German apologists. The attempts made to find excuses for wholesale slaughter and for the removal of a whole people from its homes leave no room for doubt as to the slaughter and the removal. The main facts are established by the confession of the criminals themselves. What the evidence here presented does is to show in detail how these things were effected, what cruelties accompanied them, and how inexcusable they were. The disproval of the palliations which the Turks have put forward is as complete as the proof of the atrocities themselves.

In order to test the soundness of my own conclusions as to the value of the evidence, I have submitted it to the judgment of three friends, men for whose opinion everyone who knows them will have the highest respect – a distinguished historian, Mr. H. A. L. Fisher (Vice-Chancellor of the University of Sheffield); a distinguished scholar, Mr. Gilbert Murray (Professor of Greek in the University of Oxford); and a distinguished American lawyer of long experience and high authority, Mr. Moorfield Storey, of Boston, Mass. – men accustomed in their respective walks of life to examine and appraise evidence; and I append the letters which convey their several views.

This preface is intended to deal only with the credibility of the evidence here presented, so I will refrain from comment on the facts. A single observation, or rather a single question, may, however, be permitted from one who has closely followed the history of the Turkish East for more than forty years. European travellers have often commended the honesty and the kindliness of the Turkish peasantry, and our soldiers have said that they are fair fighters. Against them I have nothing to say, and will even add that I have known individual Turkish officials who impressed me as men of honesty and good-will. But the record of the rulers of Turkey for the last two or three centuries, from the Sultan on his throne down to the district Mutessarif, is, taken as a whole, an almost unbroken record of corruption, of injustice, of an oppression which often rises into hideous cruelty. The Young Turks, when they deposed Abd-ul-Hamid, came forward as the apostles of freedom, promising equal rights and equal treatment to all Ottoman subjects. The facts here recorded show how that promise was kept. Can any one still continue to hope that the evils of such a government are curable? Or does the evidence contained in this volume furnish the most terrible and convincing proof that it can no longer be permitted to rule over subjects of a different faith? BRYCE

Letter from Mr. H. A. L. Fisher, Vice-Chancellor of Sheffield University, to Viscount Bryce

The University, Sheffield, August 2nd, 1916

My dear Lord Bryce

The evidence here collected with respect to the sufferings of the Armenian subjects of the Ottoman Empire during the present war will carry conviction wherever and whenever it is studied by honest enquirers. It bears upon the face of it all the marks of credibility. In the first place, the transactions were recorded soon after they took place and while the memory of them was still fresh and poignant. Then the greater part of the story rests upon the word of eye-witnesses, and the remainder upon the evidence of persons who had special opportunities for obtaining correct information. It is true that some of the witnesses are Armenians, whose testimony, if otherwise unconfirmed, might be regarded as liable to be over-coloured or distorted, but the Armenian evidence does not stand alone. It is corroborated by reports received from Americans, Danes, Swiss, Germans, Italians and other foreigners. Again, this foreign testimony comes for the most part from men and women whose calling alone entitles them to be heard with respect, that is to say, from witnesses who may fairly be expected to exceed the average level of character and intelligence and to view the transactions which they record with as much detachment as is compatible with human feeling. Indeed, the foreign witnesses who happened to be spectators of the deportation, dispersion, and massacre of the Armenian nation, do not strike me as being, in any one case, blind and indiscriminate haters of the Turk. They are prompt to notice facts which strike them as creditable to individual members of the Moslem community.

I am also impressed with the cumulative effect of the evidence. Whoever speaks, and from whatever quarter in the wide region covered by these reports the voice may proceed, the story is one and the same. There are no discrepancies or contradictions of importance, but, on the contrary, countless scattered pieces of mutual corroboration. There is no contrariety as to the broad fact that the Armenian population has been uprooted from its home, dispersed, and, to a large though not exactly calculable extent, exterminated in consequence of general orders issued from Constantinople. It is clear that a catastrophe, conceived upon a scale quite unparalleled in modern history, has been contrived for the Armenian inhabitants of the Ottoman Empire. It is found that the original responsibility rests with the Ottoman Government at Constantinople, whose policy was actively seconded by the members of the Committee of Union and Progress in the Provinces. And in view of the fact that the representations of the Austrian Ambassador with the Porte were effectual in procuring a partial measure of exemption for the Armenian Catholics, we are led to surmise that the unspeakable horrors which this volume records might have been mitigated, if not wholly checked, had active and energetic remonstrances been from the first moment addressed to the Ottoman Government by the two Powers who had acquired a predominant influence in Constantinople. The evidence, on the contrary, tends to suggest that these two Powers were, in a general way, favourable to the policy of deportation.

Yours sincerely,
HERBERT FISHER

Letter from Professor Gilbert Murray, Regius Professor of Greek in the University of Oxford, to Viscount Bryce

82, Woodstock Road, Oxford, June 27th, 1916

Dear Lord Bryce,

I have spent some time studying the documents you are about to publish relative to the deportations and massacres of Armenians in the Turkish Empire during the spring and summer of 1915. I know, of course, how carefully a historian should scrutinize the evidence for events so startling in character, reported to have occurred in regions so far removed from the eyes of cilized Europe. I realize that in times of persecution passions run high, that oriental races tend to use hyperbolical language, and that the victims of oppression cannot be expected to speak with strict fairness of their oppressors. But the evidence of these letters and reports will bear any scrutiny and overpower any scepticism. Their genuineness is established beyond question, though obviously you are right in withholding certain of the names of persons and places. The statements of the Armenian refugees themselves are fully confirmed by residents of American, Scandinavian and even of German nationality; and the undesigned agreement between so many credible witnesses from widely separate districts puts all the main lines of the story beyond the possibility of doubt.

I remain,
Yours sincerely,
GILBERT MURRAY

Letter from Mr. Moorfield Storey, Ex-President of the American Bar Association, to Viscount Bryce

735, Exchange Building, Boston, U. S., 7th August, 1916

My dear Sir,

I have examined considerable portions of the volume which contains the statements regarding the treatment of the Armenians by the Turks, in order to determine the value of these statements as evidence.

I have no doubt that, while there may be inaccuracies of detail, these statements establish without any question the essential facts. It must be borne in mind that in such a case the evidence of eye-witnesses is not easily obtained; the victims, with few exceptions, are dead; the perpetrators will not confess; any casual spectators cannot be reached, and in most cases are either in sympathy with what was done or afraid to speak. There are no tribunals before which witnesses can be summoned and compelled to testify, and a rigid censorship is maintained by the authorities responsible for the crimes, which prevents the truth from coming out freely, and no investigation by impartial persons will be permitted.

Such statements as you print are the best evidence which, in the circumstances, it is possible to obtain. They come from persons holding positions which give weight to their words, and from other persons with no motive to falsify, and it is impossible that such a body of concurring evidence should have been manufactured. Moreover, it is confirmed by evidence from German sources which has with difficulty escaped the rigid censorship maintained by the German authorities – a censorship which is in itself a confession, since there is no reason why the Germans should not give full currency to such evidence unless the authorities felt themselves in some way responsible for what it discloses.

In my opinion, the evidence which you print is as reliable as that upon which rests our belief in many of the universally admitted facts of history, and I think it establishes beyond any reasonable doubt the deliberate purpose of the Turkish authorities practically to exterminate the Armenians, and their responsibility for the hideous atrocities which have been perpetrated upon that unhappy people.

Yours truly,

MOORFIELD STOREY

The Treatment of Armenians in the Ottoman Empire. Documents presented...
London 1916, Doc. 1, p. 2–3, and Preface+3 letters, pp. XXI–XXXII.

★

Bericht über die Lage des Armenischen Volkes in der Türkei

Malatia

In Malatia gab es etwa 10 bis 12000 Armenier. Ein *Deutscher*, der unmittelbar vor der Deportation Malatia verließ, berichtet über die Dinge, die der Ausführung der Maßregel vorhergingen, das Folgende:

„Der Mutessarif Rabi Beh, ein äußerst freundlicher und wohlgesinnter alter Herr, wurde etwa im Mai abgesetzt, nach unserer Vermutung, weil er die Maßregeln gegen die Armenier nicht mit der gewünschten Härte unternommen haben würde.

Sein Stellvertreter, der Kaimakam von Arrha, war der Mann dazu. Seine Armenierfeindschaft und gesetzlose Handlungsweise waren kaum zu bezweifeln. Er ist wohl neben einer Klique reicher Beys für eine willkürliche Verhaftung vieler Armenier, eine unmenschliche Anwendung der Bastonnade und auch heimliche Tötung von armenischen Männern verantwortlich zu machen. Der rechtmäßige Nachfolger, Reschid Pascha, der Ende Juni aus Konstantinopel kam, ein gewissenhafter Kurde von geradezu erstaunlicher Herzensgüte, tat vom ersten Tage seiner Amtsführung an alles, was in seinen Kräften stand, um das Los der zahlreichen armenischen Männer im Gefängnis zu mildern, Übergriffe der irregulären Soldaten und Saptiehs gegen die armenische Bevölkerung zu verhindern und eine gesetzmäßige und humane Erledigung der äußerst schwierigen Angelegenheit zu ermöglichen, teilweise nicht ohne sich selbst in Gefahr und in die übelste Lage zu bringen. Trotz seiner Strenge genoß er auch bei dem größten Teile des armenischen Volkes den Ruf eines gerechten, unbestechlichen und warmherzigen Mannes. Leider war das, was in seinen Kräften stand, nur gar zu wenig. Die Bewegung war bei seiner Ankunft schon zu sehr erstarkt, die Gegenpartei zu mächtig, die ausführenden Organe seiner Gewalt zu wenig zahlreich und zu unzuverlässig, als daß er in durchgreifender Weise den Standpunkt des Rechts hätte vertreten können. Er erlag der Gewalt seiner Gegner, brach binnen weniger Tage gesundheitlich und seelisch zusammen. Noch während seiner schweren Krankheit tat er unter Aufbietung aller Kräfte alles, um den sicheren Transport der Verbannten und ihre Verpflegung zu gewährleisten.

Den Aufbruch der Armenier von Malatia hatte er von Woche zu Woche verschoben, teils in der stillschweigenden Hoffnung, es könne ihm noch gelingen, eine Gegenordre zu erwirken, woran er sehr gearbeitet hat, teils, um alle Vorbereitungen für eine humane Durchführung der Deportation treffen zu können. Schließlich hat er den strengen Weisungen der Zentralregierung und dem Druck der Gegenpartei in der Stadt nachgeben müssen.

Vor der Deportation, die Mitte August erfolgte, fand Anfang Juli ein Massenmord unter der männlichen Bevölkerung statt."

Dr. Johannes Lepsius: Bericht über die Lage des Armenischen Volkes...
Potsdam 1916, S. 72–74.

★

De: La suppression des Arméniens

Sur les bas-reliefs de Ninive qui représentent les exploits et les conquêtes des Sargon ou des Assourbanipal, on voit les lamentables troupeaux des peuples vaincus, enchaînès, traînés en esclavage vers les palais des vainqueurs; le fouet à la main, des cavaliers assyriens font avancer le troupeau humain; ils percent de leurs lances ceux qui s'écartent et foulent ceux qui tombent aux pieds de leurs chevaux; ceux qui parviennent au terme du voyage sont égorgés ou vendus comme esclaves. Ainsi fut jadis amené à Babylone le peuple d'Israël captif. Ces temps sont revenus. La déportation des Arméniens, femmes, enfants et vieillards, n'était qu'un arrêt de mort hypocrite et déguisé. Le massacre sur place eût été plus humain et eût épargné d'épouvantables souffrances.

La scène se passe partout à peu près de la même manière. D'abord, c'est le massacre des soldats arméniens sans armes par leurs camarades armés: par centaines, par milliers, ces malheureux sont conduits en quelque endroit désert et fusillés. Ceux qu'on épargne sont astreints aux plus durs travaux, et, peu à peu, décimés. Dans les villes et les villages, l'ordre de déportation arrive: on l'affiche, aucun délai n'est en général accordé; les Arméniens ne peuvent pas emporter leurs biens, rarement les vendre à vil prix; ceux qui parviennent à sauver quelque argent, ne l'emportent pas loin; soldats, gendarmes turcs, Kurdes, se jettent sur les tristes convois comme une bande de loups sur leur proie; ils pillent tout ce qui peut avoir une valeur; les vieillards sont tués ou périssent de faim et de fatigue; les jeunes femmes et les jeunes filles sont entraînées de force dans le harem des Turcs ou servent aux plaisirs des soldats; les enfants en bas âge sont arrachés à leurs mères et donnés à des Musulmans. Les Kurdes pillent et tuent ce qui a échappé à la rapacité féroce des soldats et des gendarmes. La plupart du temps les tristes caravanes ne vont pas loin; le fusil, la baïonnette, la faim, la fatigue éclaircissent les rangs à mesure qu'elles s'avancent. Toutes les passions les plus hideuses de la bête humaine s'assouvissent aux dépens du lamentable troupeau. Il fond et disparaît. Si quelques débris parviennent jusqu'en Mésopotamie, ils y sont laissés sans abris et sans vivres dans des pays désertiques ou marécageux; la chaleur, l'humidité tuent à coup sûr les malheureux habitués au climat rude et sain des montagnes. Toute colonisation est impossible sans ressources, sans instruments, sans aide, sans hommes valides: les derniers restes des caravanes arméniennes achèvent de mourir de fièvre et de misère.

En présence de ces scènes d'horreur et d'épouvante, il faut laisser parler les témoins oculaires. Voici d'abord le résumé d'un document qui nous vient d'Arménie; c'est un simple énoncé de faits, dans une forme sèche, presque administrative. Il est daté d'août 1915.

«Environ un million d'Arméniens, qui peuplaient les provinces, ont été déportés de leur patrie et exilés vers le Sud. Ces déportations ont été faites très systématiquement par les autorités locales, depuis le commencement du mois d'avril. D'abord, dans tous les villages et dans toutes les villes, la population a été désarmée par les gendarmes et par les criminels élargis des prisons à cet effet et qui commettaient, sous prétexte de désarmement, des assassinats, et faisaient endurer des tortures horribles. Ensuite, on a emprisonné en masse les Arméniens, sous prétexte qu'on trouvait chez eux des armes, des livres, un nom de parti politique; à défaut, la richesse ou une situation sociale quelconque suffisait comme prétexte.

«Et enfin, on commença la déportation. D'abord, sous prétexte d'envoyer en exil, on expatria ceux qui n'avaient pas été emprisonnés, ou ceux qui avaient été mis en liberté faute d'une accusation; puis on les massacra. De ceux-ci, personne n'a échappé à la mort. Avant leur départ, l'autorité les a officiellement fouillés et a retenu tout argent ou objet de valeur. Ils étaient ordinairement liés séparément ou par groupes de cinq à dix. Le reste, vieillards, femmes et enfants, a été considéré comme épave et mis à la disposition du peuple musulman; le plus haut fonctionnaire, comme le plus simple paysan, choisissait la femme ou la fille qui lui plaisait et la prenait comme femme, la convertissant par force à l'islamisme; quant aux petits enfants, on en prit autant qu'on en voulait et le reste fut mis en route, affamé et sans provisions, pour être victime de la faim, si ce n'est de la cruauté des bandes. Les choses se sont passées ainsi à Kharpout. Il y a eu massacres dans la province de Diarbékir, particulièrement à Mardin, et la population a subi les mêmes atrocités.

«Dans les provinces d'Erzeroum, de Bitlis, de Sivas et de Diarbékir, les autorités locales ont donné des facilités aux déportés: délai de cinq à dix jours, autorisations de ventes partielles de biens et liberté de louer une charrette pour quelques familles; mais, au bout de quelques jours, les charretiers les laissaient à mi-chemin et revenaient en ville. Les caravanes ainsi formées rencontraient le lendemain, ou parfois quelques jours après, des bandes kurdes ou des paysans musulmans qui les dépouillaient entièrement. Les bandes s'unissaient aux gendarmes et tuaient les rares hommes ou jeunes gens qui se trouvaient dans les caravanes. Ils enlevaient les femmes, les jeunes filles et les enfants, ne laissant que les vieilles femmes, qui sont poussées par les gendarmes à coups de fouet et qui meurent de faim à mi-chemin. Un témoin oculaire raconte que les femmes déportées de la province d'Erzeroum ont été laissées dans la plaine de Kharpout, où toutes sont mortes de faim (quarante à cinquante par jour) et l'autorité n'a envoyé que quelques personnes pour les enterrer, afin de ne pas compromettre la santé de la population musulmane.

«Une petite fillette nous raconte que, lorsque les populations de Marsouan, Amasia et Tokat sont arrivées à Sarkischla (entre Sivas et Césarée), devant le Gouvernement même, on arracha les enfants des deux sexes à leurs mères, on les enferma dans des salles et on obligea la caravane à poursuivre son chemin; ensuite, on fit savoir aux villages voisins que chacun pouvait en prendre à son choix; elle et sa compagne ont été enlevées et emmenées par un officier turc. Les caravanes de femmes et d'enfants sont exposées devant le gouvernement de chaque village où elles arrivent, pour que les musulmans fassent leur choix. La caravane partie de Baibourt (Papert) fut ainsi diminuée et les femmes et les enfants qui restaient furent ensuite précipités dans l'Euphrate, devant Erzingian.

«... Ces barbaries ont été commises partout, et les voyageurs ne rencontrent, sur toutes les routes de ces provinces, que des milliers de cadavres arméniens. Un voyageur musulman, pendant son trajet de Malatia à Sivas, qui dura neuf heures, n'a rencontré que des cadavres d'hommes et de femmes. Tous les mâles de Malatia ont été amenés là et y ont été massacrés; les femmes et les enfants sont tous convertis à l'islamisme. Zohrab et Vartkès, les députés arméniens au Parlement ottoman, qui ont été envoyés à Diarbékir pour être jugés par le Conseil de guerre, ont été, avant d'y arriver, tués près d'Alep.

«Les soldats arméniens aussi ont subi le même sort. D'ailleurs, tous ont été désarmés et ils travaillent pour construire des routes. Nous savons de source certaine que les soldats arméniens de la province d'Erzeroum, qui travaillaient sur la route Erzeroum-Erzingian, ont été tous massacrés. De Kharpout seul, 1,800 jeunes Arméniens furent expédiés comme soldats à Diarbékir pour y travailler; tous ont été massacrés aux environs d'Argana. On n'a aucune nouvelle des autres localités, mais certes on leur a fait subir le même sort.

«Dans diverses villes, les Arméniens qui étaient oubliés au fond des prisons sont pendus. En un mois seulement, quelques dizaines d'Arméniens ont été pendus dans la seule ville de Cécarée (Kaisarieh). Dans beaucoup d'endroits, la population arménienne, pour sauver sa vie, a voulu se convertir à l'islamisme, mais ces démarches n'ont pas été facilement accueillies, comme lors des grands massacres précédents. A Sivas, on a fait les propositions suivantes à ceux qui voulaient se convertir à l'islamisme: confier leurs enfants, jusqu'à l'âge de douze ans, au gouvernement qui se chargera de les placer dans des orphelinats et accepter de s'expatrier pour aller s'établir là où le gouvernement leur indiquera.

«A Kharpout, on n'a pas accepté la conversion des hommes; quant aux femmes, on a exigé, pour leur conversion, la présence d'un musulman ayant accepté de prendre chacune comme femme en mariage. Beaucoup de femmes arméniennes ont préféré se jeter dans l'Euphrate avec leurs nourrissons, ou se sont suicidées chez elles. L'Euphrate et le Tigre sont devenus le tombeau de milliers d'Arméniens.

«Ceux qui, dans les villes de la Mer-Noire, comme Trébizonde, Samsoun,

Kerasonde, etc., se sont convertis, ont été envoyés à l'intérieur, dans des villes habitées entièrement par des musulmans. Chabin-Karahissar s'étant opposée au désarmement et à la déportation, a été bombardée, et toute la population, celle de la ville comme celle des champs, de même que l'évêque, a été massacrée impitoyablement.

«Enfin, de Samsoun jusqu'à Seghert et Diarbékir, aucun Arménien n'existe actuellement. La plupart sont massacrés, une partie a été enlevée et une partie s'est convertie à l'Islam.

«L'histoire n'a jamais enregistré, n'a jamais parlé de pareille hécatombe; on est porté à croire que, sous le règne du sultan Abd-ul-Hamid, les Arméniens étaient heureux. Mgr Ananis Hazarabedian, évêque de Baibourt, a été pendu sans que le jugement ait été confirmé par le gouvernement central. Mgr Besak Der-Khorenian, évêque de Kharpout, est parti au mois de mai pour aller en exil et à peine était-il éloigné de la ville qu'il fut cruellement tué. On n'a aucune nouvelle des autres évêques. Il est inutile de parler des prêtres martyrisés. Quand la population a été déportée, les églises ont été pillées et converties en mosquées, écuries, etc. On a commencé à vendre à Constantinople les objets de culte et les meubles des églises arméniennes, de même que les Turcs ont commencé à emmener à Constantinople les enfants des malheureuses mères arméniennes.

«La population de Cilicie a été exilée dans la province d'Alep, ou à Damas, où elle périra certes de faim. Le gouvernement n'a pas voulu garder dans leur ville même la petite colonie arménienne d'Alep et d'Ourfa, pour qu'elle puisse secourir ses malheureux frères qui ont été poussés vers le Sud.

«Le projet du gouvernement est évidemment, pour en finir une fois pour toutes avec la question arménienne, d'évacuer les Arméniens des six provinces arméniennes et de la Cilicie. Malheureusement, ce projet est plus vaste encore et plus radical; il consiste à exterminer toute la population arménienne dans toute la Turquie. Et il vient d'être mis à exécution même dans la banlieue de Constantinople. La plupart des Arméniens du district d'Ismidt et de la province de Brousse, d'Adabazar, de Gueyvé, d'Armache, sont, par force, envoyés en Mésopotamie, abandonnant leurs foyers et leurs biens.

«A Constantinople, la population, prise d'une grande frayeur, attend l'exécution de sa condamnation d'un moment à l'autre. Les arrestations sont illimitées et les personnes arrêtées sont aussitôt éloignées de la capitale; la plupart certes ne sauveront pas leur vie. Ce sont les commerçants en vue, nés dans les provinces, mais établis à Constantinople, qui sont pour le moment éloignés...» (...)

René Pinon: La suppression des Arméniens.
Paris 1916, p. 28–37.

★

From: The Treatment of Armenians in the Ottoman Empire

OURFA: INTERVIEW WITH MRS. J. VANCE YOUNG,
AN EYEWITNESS OF THE EVENTS AT OURFA;
PUPLISHED IN THE "EGYPTIAN GAZETTE,"
28TH SEPTEMBER/11TH OCTOBER, AND REPRODUCED
IN THE ARMENIAN JOURNAL "HOUSSAPER" OF CAIRO,
30TH SEPTEMBER/13TH OCTOBER, 1915

Mrs. J. Vance Young is the wife of an English doctor at Beirout, and arrived in Egypt on board the American cruiser "Chester." She was among the last arrivals in this country from Alexandretta, and brought with her terrible details regarding the martyrdom of the Armenians at Ourfa. She was an eye-witness of the occurrences in this ill-famed town, which has been drenched so many times in Armenian blood.

An interview with Mrs. Young was published in the "Egyptian Gazette" of the 28th September, and we reproduce the following lines, which present the ghastly picture of the massacre: –

"On the 19th August the fusillade began, about five o'clock in the evening. We heard it during supper-time, and it lasted far into the night.

"Next morning Dr. J. Vance Young ventured to make his way into the town to see if he could be of any service. He saw all the streets littered with corpses. He got the impression that there was not a single Armenian left in Ourfa.

"It appeared that the massacres had been organised in advance, for a systematic domiciliary visit was made to every Armenian house; the men were shot or otherwise assassinated, while the women were driven from their houses with their children, to be marched away to the desert and perish there of hunger.

"All along the road from Ourfa to the coast Mrs. Young saw hundreds of putrified corpses, and also a few miserable survivors. the latter looked more like wild beasts than human creatures. She described this spectacle as being literally sufficient to unhinge one's reason.

"Almost all the business men at Ourfa were Armenians. Now they have all been massacred, including the sole chemist capable of mixing drugs."

The Treatment of Armenians in the Ottoman Empire. Documents presented ...
London 1916, Doc. 135, p. 531.

★

M. Séon, Consul de France à Salonique, à M. Delcassé, Ministre des Affaires étrangères

Salonique, le 20 août 1915, 18 h 30

COMMUNIQUÉ À LA LÉGATION

J'apprends de différentes sources bien renseignées qu'une violente persécution sévit aussi bien à Constantinople qu'en province contre les Arméniens. On estime à près de deux cent mille le nombre des Arméniens massacrés dans l'Empire et l'on craint, si cette situation dure encore quelque temps, que cette population soit anéantie entièrement.

Mon télégramme 109 a été communiqué à l'amiral commandant dans la mer Égée.

Archives du Ministère des Affaires étrangères,
Guerre 1914–1918, Turquie, Tome 887, f. 179.

★

Aus: Deutschland und Armenien 1914–1918

(OBERSTLEUTNANT STANGE) *Erzerum, den 23. August 1915*

Bericht über die Armeniervertreibung

Die Armenieraustreibungen begannen etwa Mitte Mai 1915. Bis dahin war alles ziemlich ruhig geblieben; die Armenier konnten ihrem Handel und Gewerbe nachgehen, übten ungestört ihre Religion aus und waren im allgemeinen mit ihrer Lage zufrieden. Allerdings wurde am 10. Februar d. J. der 2. Direktor der hiesigen Ottomanbank, ein Armenier, gegen 6 Uhr abends auf offener Straße erschossen. Trotz angeblicher Bemühungen der Regierung ist der Täter nie ermittelt worden; heute ist kein Zweifel mehr darüber, daß der Anlaß zu diesem Morde ein rein politischer war. Um die damalige Zeit wurde auch der armenische Bischof von Ersindjan ermordet.

Gegen den 20. Mai war vom Oberkommandierenden Kamil Pascha die Räumung der armenischen Dörfer nördlich Erzerum befohlen worden, was von den türkischen Organen in rohester Weise ausgeführt wurde; hierüber liegt die Abschrift eines Briefes der armenischen Dorfbewohner an ihren Bischof vor: Die Leute wurden in kürzester Zeit von Haus, Hof und Feld verjagt und zusammengetrieben, einem großen Teil ließen die Gendarmen nicht die Zeit, das Nötigste zusammenzupacken und mitzunehmen. Zurückgelassenes und mitgenommenes Gut wurde von den begleitenden Gendarmen und Soldaten den Eigentümern abgenommen oder aus den Häusern gestohlen. Bei dem damaligen schlechten Wetter mußten die Vertriebenen unter freiem Himmel nächtigen; sie erhielten von den Gendarmen meist nur gegen besondere Bezahlung die Erlaubnis, die Ortschaften zur Besorgung von Lebensmitteln oder zur Entnahme von Wasser betreten zu dürfen. Vergewaltigungen sind vorgekommen und tatsächlich haben verzweifelte Mütter ihre Säuglinge in den Euphrat geworfen, weil sie keine Möglichkeit mehr sahen, sie zu ernähren. Der deutsche Konsul ließ mehrmals durch seine deutschen Konsulatsangestellten Brot verteilen, und letztere sind in der Lage, über das Elend der Verjagten zu berichten.

Es steht einwandfrei fest, daß diese Armenier fast ohne Ausnahme in der Gegend von Mamachatun (Terdjan) von sogenannten Tschettäs (Freiwilligen), Aschirets und ähnlichem Gesindel ermordet worden sind, und zwar unter Duldung der militärischen Begleitung, sogar mit deren Mithilfe. Der Wali gab diese Tatsachen – natürlich nur in beschränktem Umfange – dem deutschen Konsul zu, und letzterer hat über die Begebenheiten einen dem Gemetzel verwundet entkommenen alten Armenier eingehend vernommen. Eine größere Anzahl von Leichen wurde vom Konsulatsdiener Kriegsfreiwilligen Schlimme dort gesehen.

Anfangs Juni wurde mit der Ausweisung der Armenier aus der Stadt Erzerum begonnen. Die Art und Weise, wie sie von den Regierungs- und Polizeibehörden und deren Organen durchgeführt wurde, läßt jegliche Organisation und Ordnung vermissen. Im Gegenteil ist sie ein Musterbeispiel für rücksichtslose, unmenschliche und gesetzwidrige Willkür, für tierische Roheit sämtlicher beteiligter Türken gegenüber der ihnen tief verhaßten und als vogelfrei angesehenen Bevölkerungsklasse. Hierüber liegt eine große Zahl von sicheren Beispielen vor. Die Regierung tat nicht das geringste, den Ausgewiesenen irgendwie behilflich zu sein, und da die Polizisten die Gesinnung ihrer Vorgesetzten kannten, so taten sie auch ihrerseits alles, was die Quälereien der Armenier vermehren konnte. Ausweisungen wurden verfügt und wieder aufgehoben, dann die ausgestellten Aufenthaltserlaubnisscheine von der Polizei nach wenigen Tagen wieder abverlangt und vernichtet und neue Ausweisungsbefehle erteilt; in vielen Fällen wurden letztere vom Abend zum Morgen gegeben. Einsprüche und Beschwerden wurden nicht beachtet und nicht selten mit Mißhandlungen beantwortet.

Die Regierung gab den Ausgewiesenen keinen Bestimmungsort an. Sie ließ zu, daß die Preise der Beförderungsmittel eine fast unerschwingliche Höhe erreichten, sie gab meist eine unzureichende Zahl Begleitmannschaften mit, die schlecht ausgebildet waren und ihre Pflicht, die Vertriebenen zu schützen, keinesfalls ernst nahmen, wie sich später oft herausstellte. Und doch war es allgemein bekannt, daß die Unsicherheit auf den Landstraßen einen hohen Grad erreicht hatte, was die Behörde aber nicht abhielt, die Armenier hinauszujagen. Sie sollten eben umkommen. In Trapezunt war es den Armeniern nach erhaltenem Ausweisungsbefehl sogar verboten worden, irgend etwas von ihrem Eigentum zu veräußern oder mitzunehmen. Der Diener des hiesigen Konsulats, deutscher Kriegsfreiwilliger Schlimme (Schlimme hatte eine Dienstreise im Auftrag des Konsulats über Baiburt Ersindjan nach Trapezunt unternommen) hat selbst in Trapezunt gesehen, wie Polizeimannschaften den an der Polizeiwache vorüberziehenden ihre ärmlichen Bündel abnahmen.

Vorstehendes möge genügen, um einen, wenn auch nur schwachen Begriff von der rohen Behandlung zu geben, der die Armenier ausgesetzt waren. Zahlreiche weitere Einzelheiten stehen zur Verfügung.

Soweit es bei dem Bestreben der Regierung, die Ereignisse zu verheimlichen oder abzuschwächen, übersehen werden kann, ist die Lage folgendermaßen:

Von dem ersten Trupp, der am 16. Juni auf dem direkten Weg nach Kharput abging, und der vorwiegend aus armenischen Notabeln bestand, die ziemlich viel Gepäck mitführten, sind alle Männer mit wenigen Ausnahmen umgebracht, was vom Wali für eine Anzahl von 13 Armeniern zugegeben wurde. Die Frauen scheinen mit den kleinsten Kindern in Kharput angekommen zu sein, von den erwachsenen Mädchen ist nichts sicheres bekannt. Die übrigen Trupps wurden über Baiburt und Ersindjan und weiter in Richtung Kemach (Euphrattal) geleitet. Sie „sollen" im allgemeinen glücklich durch das Euphrattal durchgekommen sein, haben aber noch eine gefährliche Gegend auf dem Marsch nach Kharput und in die Gegend von Urfa zu durchqueren.

Von den Armeniern von Trapezunt wurden die Männer abseits ins Gebirge geführt und unter Mithilfe von Militär abgeschlachtet, während die Frauen in bejammernswertem Zustande nach Ersindjan getrieben wurden. Was weiter mit ihnen geschah ist zur Zeit nicht bekannt. In Trapezunt wurden Armenier aufs Meer hinausgefahren und dann über Bord geworfen. Der Bischof von Trapezunt wurde vor das Kriegsgericht in Erzerum geladen und auf der Reise dahin samt seinen Kawassen erdrosselt. Ein armenischer Militärarzt wurde zwischen Trapezunt und Baiburt ermordet.

Die Armenier von Ersindjan wurden allesamt ins Kemach-(Euphrat)Tal getrieben, und dort abgeschlachtet. Es wird ziemlich glaubwürdig berichtet, daß die Leichname auf schon vorher bereit gehaltenen Wagen nach dem Euphrat geschafft und in den Fluß geworfen wurden. Der Bischof von Ersindjan hat seine Glaubensgenossen begleitet und wird ihr Los geteilt haben.(...)

Nach allem vorgefallenem kann folgendes als sicher angenommen werden:

Die Austreibung und Vernichtung der Armenier war vom jungtürkischen Komitee in Konstantinopel beschlossen, wohl organisiert und mit Hilfe von Angehörigen des Heeres und von Freiwilligenbanden durchgeführt. Hierzu befanden sich Mitglieder des Komitees hier an Ort und Stelle.

Hilmi Bey, Schakir Bey, der Abgeordnete für Erzerum, Seyfulla Bey; außerdem hier im Amt: Der Polizeidirektor Chulussi Bey und der Oberkommandierende Mahmud Kamil Pascha.

STANGE,
Oberstleutnant

An die deutsche Militärmission
Konstantinopel

Deutschland und Armenien 1914–1918, Sammlung diplomatischer Aktenstücke...
Nummer 149, S. 138–142.

★

Interview with G. Gorrini
Late Italian Consul-General at Trebizond

Translation

For over four years I was Consul-General at Trebizond, with jurisdiction over practically the whole Black Sea littoral, from the Russo-Turkish frontier to the neighbourhood of Constantinople, and over five provinces in the interior of Asia Minor (Eastern Anatolia, Armenia and Kurdistan) – districts chiefly inhabited by Turks, Armenians and Kurds, with a considerable sprinkling of Persians, Russians, Greeks and Arabs. For the last ten months, moreover, I had also been responsible for the protection of the very numerous Russian subjects and Russian interests, as well as the Greek and Montenegrin, and also, to some extent, the French, the English, and the American, with others of minor account. (...)

As for the Armenians, they were treated differently in the different vilayets. They were suspect and spied upon everywhere, but they suffered a real extermination, worse than massacre, in the so-called "Armenian Vilayets." There are seven of these, and five of them (including the most important and most thickly populated) unhappily for me formed part of my own Consular jurisdiction. These were the Vilayets of Trebizond, Erzeroum, Van, Bitlis and Sivas.

In my district, from the 24th June onwards, the Armenians were all "interned" – that is, ejected by force from their various residences and despatched under the guard of the gendarmerie to distant, unknown destinations, which for a few will mean the interior of Mesopotamia, but for four-fifths of them has meant already a death accompanied by unheard-of cruelties.

The official proclamation of internment came from Constantinople. It is the work of the Central Government and the "Committee of Union and Progress." The local authorities, and indeed the Moslem population in general, tried to resist, to mitigate it, to make omissions, to hush it up. But the orders of the Central Government were categorically confirmed, and all were compelled to resign themselves and obey.

The Consular Body intervened, and attempted to save at least the women and children. We did, in fact, secure numerous exemptions, but these were not subsequently respected, owing to the interference of the local branch of the "Union and Progress Committee" and to fresh orders from Constantinople.

It was a real extermination and slaughter of the innocents, an unheard-of thing, a black page stained with the flagrant violation of the most sacred rights of humanity, of Christianity, of nationality. The Armenian Catholics, too, who in the past had always been respected and excepted from the massacres and persecutions, were this time treated worse than any – again by the orders of the Central Government. There were about 14,000 Armenians at Trebizond – Gregorians, Catholics, and Protestants. They had never caused disorders or given occasion for collective measures of police. When I left Trebizond, not a hundred of them remained.

From the 24th June, the date of the publication of the infamous decree, until the 23rd July, the date of my own departure from Trebizond, I no longer slept or ate;

I was given over to nerves and nausea, so terrible was the torment of having to look on at the wholesale execution of these defenceless, innocent creatures.

The passing of the gangs of Armenian exiles beneath the windows and before the door of the Consulate; their prayers for help, when neither I nor any other could do anything to answer them; the city in a state of siege, guarded at every point by 15,000 troops in complete war equipment, by thousands of police agents, by bands of volunteers and by the members of the "Committee of Union and Progress"; the lamentations, the tears, the abandonments, the imprecations, the many suicides, the instantaneous deaths from sheer terror, the sudden unhingeing of men's reason, the conflagrations, the shooting of victims in the city, the ruthless searches through the houses and in the countryside; the hundreds of corpses found every day along the exile road; the young women converted by force to Islam or exiled like the rest; the children torn away from their families or from the Christian schools, and handed over by force to Moslem families, or else placed by hundreds on board ship in nothing but their shirts, and then capsized and drowned in the Black Sea and the River Deyirmen Deré – these are my last ineffaceable memories of Trebizond, memories which still, at a month's distance, torment my soul and almost drive me frantic. When one has had to look on for a whole month at such horrors, at such protracted tortures, with absolutely no power of acting as one longed to act, the question naturally and spontaneously suggests itself, whether all the cannibals and all the wild beasts in the world have not left their hiding places and retreats, left the virgin forests of Africa, Asia, America and Oceania, to make their rendezvous at Stamboul. I should prefer to close our interview at this point, with the solemn asseveration that this black page in Turkey's history calls for the most uncompromising reproach and for the vengeance of all Christendom. If they knew all the things that I know, all that I have had to see with my eyes and hear with my ears, all Christian powers that are still neutral would be impelled to rise up against Turkey and cry anathema against her inhuman Government and her ferocious "Committee of Union and Progress," and they would extend the responsibility to Turkey's Allies, who tolerate or even shield with their strong arm these execrable crimes, which have not their equal in history, either modern or ancient. Shame, horror and disgrace!

Il Messagero, Rome, 25. 8. 1915.

★

From: Germany, Turkey and Armenia

REPORTS BY MOHAMMEDAN OFFICERS IN THE TURKISH ARMY AS TO THE INCIDENTS WITNESSED BY THEM

C. D.'s Report

In August, 1915, in the suburbs of Mush I saw large numbers of dead bodies of Armenians, men, women and children, lying in the fields. Some had been shot, some stabbed, and most of them had been horribly mutilated. The women were mostly naked.

In the villages around Mush I saw old women and children wandering in the streets, haggard and emaciated.

In the same month, in a camp outside Bitlis, I saw collected about 500 women, girls, and children, guarded by gendarmes. I asked the latter what was to become of these people. *They said that they were being deported, but that they had orders to let the Bands deal with them on the way. The Bands had been organized by the Turkish Government for the purpose of massacring the Armenians. They were formed by Kurds, Turkish gendarmes and criminals who had been specially set free.*

On the river at Bitlis I saw quite a number of bodies of Armenians floating on the water, and some washed up on the banks. The smell was pestilential and the water undrinkable.

In the same month of August, in the country at a distance of about two hours from Zaart, I saw the bodies of about 15,000 massacred Armenians. They were piled up on top of each other in two ravines. (...)

Germany, Turkey and Armenia. A selection of documentary evidence...
London 1917, Appendix 2, p. 127, and Introduction p. 1.

★

From: The Treatment of Armenians in the Ottoman Empire

MOUSH: STATEMENT BY A GERMAN EYE-WITNESS OF OCCURRENCES AT MOUSH; COMMUNICATED BY THE AMERICAN COMMITTEE FOR ARMENIAN AND SYRIAN RELIEF

Towards the end of October (1914), when the Turkish war began, the Turkish officials started to take everything they needed for the war from the Armenians. Their goods, their money, all was confiscated. Later on, every Turk was free to go to an Armenian shop and take out what he needed or thought he would like to have. Only a tenth perhaps was really for the war, the rest was pure robbery. It was necessary to have food, &c., carried to the front, on the Caucasian frontier. For this purpose the Government sent out about 300 old Armenian men, many cripples amongst them, and boys not more than twelve years old, to carry the goods – a three weeks' journey from Moush to the Russian frontier. As every individual Armenian was robbed of everything he ever had, these poor people soon died of hunger and cold on the way. They had no clothes at all, for even these were stolen on the way. If out of these 300 Armenians thirty or forty returned, it was a marvel; the rest were either beaten to death or died form the causes stated above.

The winter was most severe in Moush; the gendarmes were sent to levy high taxes, and as the Armenians had already given everything to the Turks, and were therefore powerless to pay these enormous taxes, they were beaten to death. The Armenians never defended themselves except when they saw the gendarmes ill-treating their wives and children, and the result in such cases was that the whole village was burnt down, merely because a few Armenians had tried to protect their families.

Toward the middle of April we heard rumours that there were great disturbances in Van. We have heard statements both from Turks and from Armenians, and as these reports agree in every respect, it is quite plain that there is some truth in them. They state that the Ottoman Government sent orders that all Armenians were to give up their arms, which the Armenians refused to do on the ground that they required their arms in case of necessity. This caused a regular massacre. All villages inhabited by Armenians were burnt down. The Turks boasted of having now got rid of all the Armenians. I heard it from the officers myself, how they revelled in the thought that the Armenians had been got rid of.

Thus the winter passed, with things happening every day more terrible than one can possibly describe. We then heard that massacres had started in Bitlis. In Moush everything was being prepared for one, when the Russians arrived at Liz, which is about 14 to 16 hours' journey from Moush. This occupied the attention of the Turks, so that the massacre was put off for the time being. Hardly had the Russians left Liz, however, when all the districts inhabited by Armenians were pillaged and destroyed.

This was in the month of May. At the beginning of June, we heard that the whole Armenian population of Bitlis had been got rid of. It was at this time that we received news that the American Missionary, Dr. Knapp, had been wounded in an Armenian house and that the Turkish Government had sent him to Diyarbekir. The very first night in Diyarbekir he died, and the Government explained his death as a result of having overeaten, which of course nobody believed.

When there was no one left in Bitlis to massacre, their attention was diverted to Moush. Cruelties had already been committed, but so far not too publicly; now, however, they started to shoot people down without any cause, and beat them to death simply for the pleasure of doing so. In Moush itself, which is a big town, there are 25,000 Armenians; in the neighbourhood there are 300 villages, each containing about 500 houses. In all these not a single male Armenian is now to be seen, and hardly a woman either, except for a few here and there.

In the first week of July 20,000 soldiers arrived from Constantinople by way of Harpout with munitions and eleven guns, and laid siege to Moush. As a matter of fact, the town had already been beleaguered since the middle of June. At this stage the Mutessarif gave orders that we should leave the town and go to Harpout. We pleaded with him to let us stay, for we had in our charge all the orphans and patients; but he was angry and threatened to remove us by force if we did not do as instructed. As we both fell sick, however, we were allowed to remain at Moush. I received permission, in the event of our leaving Moush, to take the Armenians of our orphanage with us; but when we asked for assurances of their safety, his only reply was: "You can take them with you, but being Armenians their heads may and will be cut off on the way."

On the 10th July Moush was bombarded for several hours, on the pretext that some Armenians had tried to escape. I went to see the Mutessarif and asked him to protect our buildings; his reply was: "It serves you right for staying instead of leaving as instructed. The guns are here to make an end of Moush. Take refuge with the Turks." This, of course, was impossible, as we could not leave our charges. Next day a new order was promulgated for the expulsion of the Armenians, and three days' grace was given them to make ready. They were told to register themselves at the Government Buildung before they left. Their families could remain, but their property and their money were to be confiscated. The Armenians were unable to go, for they had no money to defray the journey, and they preferred to die in their houses rather than be separated from their families and endure a lingering death on the road.

As stated above, three days' grace was given to the Armenians, but two hours had scarcely elapsed when the soldiers began breaking into the houses, arresting the inmates and throwing them into prison. The guns began to fire and thus the people were effectually prevented from registering themselves at the Government Buildung. We all had to take refuge in the cellar for fear of our orphanage catching fire. It was heart-rending to hear the cries of the people and children who were being burnt to death in their houses. The soldiers took great delight in hearing them, and when people who were out in the street during the bombardment fell dead, the soldiers merely laughed at them.

The survivors were sent to Ourfa (there were none left but sick women and children); I went to the Mutessarif and begged him to have mercy on the children at least, but in vain. He replied that the Armenian children must perish with their nation. All our people were taken from our hospital and orphanage; they left us three female servants. Under these atrocious circumstances, Moush was burnt to the ground. Every officer boasted of the number he had personally massacred as his share in ridding Turkey of the Armenian race.

We left for Harpout. Harpout has become the cemetery of the Armenians; from all directions they have been brought to Harpout to be buried. There they lie, and the dogs and the vultures devour their bodies. Now and then some man throws some earth over the bodies. In Harpout and Mezré the people have had to endure terrible tortures. They have had their eye-brows plucked out, their breasts cut off, their nails torn off; their torturers hew off their feet or else hammer nails into them just as they do in shoeing horses. This is all done at night time, and in order that the people may not hear their screams and know of their agony, soldiers are stationed round the prisons, beating drums and blowing whistles. It is needless to relate that many died of these tortures. When they die, the soldiers cry: "Now let your Christ help you."

One old priest was tortured so cruelly to extract a confession that, believing that the torture would cease and that he would be left alone if he did it, he cried out in his desperation: "We are revolutionists." He expected his tortures to cease, but on the contrary the soldiers cried: "What further do we seek? We have it here from his own lips." And instead of picking their victims as they did before, the officials had all the Armenians tortured without sparing a soul.

Early in July, 2,000 Armenian soldiers were ordered to leave for Aleppo to build roads. The people of Harpout were terrified on hearing this, and a panic started in the town. The Vali sent for the German missionary, Mr. Ehemann, and begged him to quiet the people, repeating over and over again that no harm whatever would befall these soldiers. Mr. Ehemann took the Vali's word and quieted the people. But they had scarecely left when we heard that they had all been murdered and thrown into a cave. Just a few managed to escape, and we got the reports from them. It was useless to protest to the Vali. The American Consul at Harpout protested several times, but the Vali makes no account of him, and treats him in a most shameful manner. A few days later another 2,000 Armenian soldiers were despatched via Diyarbekir, and, in order to hinder them the more surely from escaping, they were left to starve on the way, so that they had no strength left in them to flee. The Kurds were given notice that the Armenians were on the way, and the Kurdish women came with their butcher's knives to help the men. In Mezré a public brothel was erected for the Turks, and all the beautiful Armenian girls and women were placed there. At night the Turks were allowed free entrance. The permission for the Protestant and Catholic Armenians to be exempted from deportation only arrived after their deportation had taken place. The Government wanted to force the few remaining Armenians to accept the Mohammedan faith. A few did so in order to save their wives and children from the terrible sufferings already witnessed in the case of others. The people begged us to leave for Constantinople and obtain some security for them. On our way to Constantinople we only encountered old women. No young women or girls were to be seen.

Already by November we had known that there would be a massacre. The Mutessarif of Moush, who was a very intimate friend of Enver Pasha, declared quite openly that they would massacre the Armenians at the first opportune moment and exterminate the whole race. Before the Russians arrived they intended first to butcher the Armenians, and then fight the Russians afterwards. Towards the beginning of April, in the presence of a Major Lange and several other high officials, including the American and German Consuls, Ekran Bey quite openly declared the Government's intention of exterminating the Armenian race. All these details plainly show that the massacre was deliberately planned.

In a few villages destitute women come begging, naked and sick, for alms and protection. We are not allowed to give them anything, we are not allowed to take them in, in fact we are forbidden to do anything for them, and they die outside. If only permission could be obtained from the authorities to help them! If we cannot endure the sight of these poor people's sufferings, what must it be like for the sufferers themselves?

It is a story written in blood. Two old missionaries and a younger lady (an American) were sent away from Mardin. They were treated just like prisoners, dogged continually by the gendarmes, and were brought in this fashion to Sivas. For missionaries of that age a journey of this kind in the present circumstances was obviously a terrible hardship.

The Treatment of Armenians in the Ottoman Empire. Documents presented...
London 1916, Doc. 23, p. 88–91.

★

Talaat tells why he "annihilates" the Armenians

It was some time before the story of the Armenian atrocities reached the American Embassy in all their horrible details. In January and February fragmentary reports began to filter in, but the tendency was at first to regard them as mere manifestations of the disorders that had prevailed in the Armenian provinces for many years. When the reports came from Urumia both Enver and Talaat dismissed them as wild exaggerations, and when for the first time we heard of the disturbances at Van, these Turkish officials declared that they were nothing more than a mob uprising which they would soon have under control. I now see what was not apparent in those early months, that the Turkish Government was determined to keep the news, as long as possible, from the outside world. It was clearly the intention that Europe and America should hear of the annihilation of the Armenian race only after that annihilation had been accomplished. As the country which the Turks particularly wished to keep in ignorance was the United States, they resorted to most shameless prevarications when discussing the situation with myself and with my staff.

In early April the authorities arrested about two hundred Armenians in Constantinople and sent them into the interior. Many of those who were then deported were educational and social leaders and men who were prominent in industry and in finance. I knew many of these men and therefore felt a personal interest in their misfortunes. But when I spoke to Talaat about their expulsion, he replied that the Government was acting in self-defence. The Armenians at Van, he said, had already shown their abilities as revolutionists; he knew that these leaders in Constantinople were corresponding with the Russians, and he had every reason to fear that they would start an insurrection against the Central Government. The safest plan, therefore, was to send them to Angora and other interior towns. Talaat denied that this was part of any general concerted scheme to rid the city of its Armenian population, and insisted that the Armenian masses in Constantinople would not be disturbed.

But soon the accounts from the interior became more specific and more disquieting. The withdrawal of the Allied fleet from the Dardanelles produced a distinct change in the atmosphere. Until then there were numerous indications that all was not going wll in the Armenian provinces; when it at last became definitely established, however, that the traditional friends of Armenia, Great Britain, France, and Russia, could do nothing to help that suffering people, the mask began to disappear. In April I was suddenly deprived of the privilege of using the cipher for communicating with American Consuls. The most rigorous censorship also was applied to letters. Such measures could mean only that things were happening in Asia Minor which the authorities were determined to conceal. But they did not succeed. Though all sorts of impediments were placed to travelling, certain Americans, chiefly missionaries, succeeded in getting through. For hours they would sit in my office and, with tears streaming down their faces, tell me of the horrors through which they had passed. Many of these, both men and women, were almost broken in health from the scenes which they had witnessed. In many cases they brought me letters from American Consuls, confirming the most dreadful of their narrations and adding many unprintable details. The general purport of all these first-hand reports was that the utter depravity and fiendishness of the Turkish nature, already sufficiently celebrated through the centuries, had now surpassed itself. There was only one hope of saving nearly 2,000,000 people from massacre, starvation, and even worse, I was told – that was the moral power of the United States. These spokesmen of a condemned nation declared that, unless the American Ambassador could persuade the Turk to stay his destroying arm, the whole Armenian nation must disappear. It was not only American and Canadian missionaries who made this personal appeal. Several of their German associates begged me to intercede. These men and women confirmed all the worst things which I had heard, and they were unsparing in denouncing their own Fatherland. They did not conceal the humiliaton which they felt as Germans in the fact that their own nation was allied with a people that could perpetrate such infamies, but they understood German policy well enough to know that Germany would not intercede. There was no use in expecting aid from the Kaiser, they said – America must stop the massacres, or they would go on.

Technically, of course, I had no right to interfere. According to the cold-blooded legalities of the situation, the treatment of Turkish subjects by the Turkish Government was purely a domestic affair; unless it directly affected American lives and American interests it was outside the concern of the American Government. When I first approached Talaat on the subject he called my attention to this fact in no uncertain terms. This interview was one of the most exciting which I had had up to that time. Two missionaries had just called upon me, giving the full details of the frightful happenings at Konia. After listening to their stories I could not restrain myself, and went immediately to the Sublime Porte. I saw at once that Talaat was in one of his most ferocious states of mind. For months he had been attempting to secure the release of two of his closest friends, Ayoub Sabri and Zinnoun, who were held as prisoners by the English at Malta. His failure in this matter was a constant grievance and irritation; he was always talking about it, always making new suggestions for getting his friends back to Turkey, and always appealing to me for help. So furious did the Turkish Boss become when thinking about his absent friends that we usually referred to these manifestations as Talaat in his "Ayoub Sabri moods." This particular morning the Minister of the Interior was in one of his worst "Ayoub Sabri moods." Once more he had been working for the release of the exiles, and once more he had failed. As usual, he attempted to preserve outer calm and courtesy to me, but his short, snappy phrases, his bulldog rigidity, and his wrists planted on the table showed that it was an unfavourable moment to stir him to any sense of pity or remorse. I first spoke to him about a Canadian missionary, Dr. McNaughton, who was receiving harsh treatment in Asia Minor.

"The man is an English agent," he replied, "and we have the evidence for it."

"Let me see it," I asked.

"We'll do nothing for any Englishman or any Canadian," he replied, "until they release Ayoub and Zinnoun."

"But you promised to treat English in the employ of Americans as Americans," I replied.

"That may be," rejoined the Minister, "but a promise is not made to be kept for ever. I withdraw that promise now. There is a time limit on a promise."

"But if a promise is not binding, what is?" I asked.

"A guarantee," Talaat answered quickly.

This fine Turkish distinction had a certain metaphysical interest, but I had more practical matters to discuss at that time. So I began to talk about the Armenians at Konia. I had started, when Talaat's attitude became even more belligerent. His eyes lighted up, he brought his jaws together, leaned over toward me, and snapped out: "Are *they* Americans?"

The implications of this question were hardly diplomatic; it was merely a way of telling me that the matter was none of my business. In a moment Talaat said this in so many words.

"The Armenians are not to be trusted," he said; "besides, what we do with them does not concern the United States."

I replied that I regarded myself as the friend of the Armenians and was shocked at the way that they were being treated. But he shook his head and refused to discuss the matter. I saw that nothing could be gained by forcing the issue at that time. I spoke on behalf of another British subject who was not being treated properly.

"He's English, isn't he?" answered Talaat. "Then I shall do as I like with him!"

"Eat him, if you wish!" I replied.

"Oh," said Talaat, "he would go against my digestion."

He was altogether in a reckless mood. *"Gott strafe England!"* he shouted, using one of the few German phrases that he knew. "As to your Armenians, we don't give a rap for the future! We live only in the present! As to the English, I wish you would telegraph Washington that we shall not do a thing for them until they let out Ayoub Sabri and Zinnoun!"

Then, leaning over, he struck a pose, pressed his hand to his head, and said in English – I think this must have been almost all the English he knew:

"Ayoub Sabri – he – my – brudder!"

Despite this, I made another plea for Dr. McNaughton.

"He's not American," said Talaat, "he's a Canadian."

"It's almost the same thing," I said.

"Well," replied Talaat, "if I let him go will you promise that the United States will annex Canada?"

"I promise," said I, and we both laughed at this little joke.

"Every time you come here," Talaat finally said, "you always steal something from me. All right, you can have your McNaughton!"

Certainly this interview was not an encouraging beginning, so far as the Armenians were concerned. But Talaat was not always in an "Ayoub Sabri mood." He went from one emotion to another as lightly as a child; I would find him fierce and unyielding one day, and uproariously good-natured and accommodating the next. Prudence indicted, therefore, that I should await one of his more congenial moments before approaching him on the subject that aroused all the barbarity in his nature. Such an opportunity soon presented itself. One day, soon after the interview chronicled above, I called on Talaat again. The first thing he did was to open his desk and pull out a handful of yellow cablegrams.

"Why don't you give this money to us?" he said, with a grin.

"What money?" I asked.

"Here is a cablegram for you from America, sending you a lot of money for the Armenians. You ought not to use it that way; give it to us Turks, we need it as badly as they do."

"I have not received any such cablegram," I replied.

"Oh no, but you will," he answered. "I always get all your cablegrams first, you know. After I have finnished reading them I send them around to you."

This statement was the literal truth. Every morning all the open cablegrams received in Constantinople were forwarded to Talaat, who read them all before consenting to their being torwarded to their destination. Even the cablegrams of the Ambassadors were apparently not exempt, though, of course, the ciphered messages were not interfered with. Ordinarily I might have protested against this infringement of my rights, but Talaat's engaging frankness in pilfering my correspondence, and in even waving my own cablegrams in my face, gave me an excellent opening to introduce the forbidden subject.

I thought I would be a little tactful, and so began by suggesting that the Central Government was probably not to blame for the massacres.

But on this occasion, as on many others, Talaat was evasive and non-committal, and showed much hostility to the interest which the American people were manifesting in the Armenians. He explained his policy on the ground that the Armenians were in constant correspondence with the Russians. The definite impression which these conversations left upon me was that Talaat was the most implacable enemy of this persecuted race. "He gave me the impression," such is the entry which I find in my diary on August 3rd, "that Talaat is the one who desires to crush the poor Armenians." He told me that the Union and Progress Committee had carefully considered the matter in all its details, and that the policy which was being pursued was that which they had officially adopted. He said that I must not get the idea that the deportations had been decided upon hastily; in reality they were the result of prolonged and careful deliberation. To my repeated appeals that he should show mercy to these people he sometimes responded seriously, sometimes angrily, and sometimes flippantly.

"Some day," he once said, "I will come and discuss the whole Armenian subject with you," and then he added in a low tone in Turkish, "But that day will never come."

"Why are you interested in the Armenians, anyway?" he said on another occasion. "You are a Jew; these people are Christinas. The Mohammedans and the Jews always get on harmoniously. We are treating the Jews here all right. What have you to complain of? Why can't you let us do with these Christians as we please?"

I had always remarked that the Turks regard practically every question as a personal matter, yet this point of view rather stunned me. It was, however, a complete revelation of Turkish mentality; the fact that, above all considerations of race and religion, there are such things as humanity and civilisation never for a moment enters their mind. They can understand a Christian fighting for a Christian and a Jew fighting for a Jew, but such abstractions as justice and decency form no part of their conception of things.

"You don't seem to realise," I replied, "that I am not here as a Jew, but as American Ambassador. My country contains something more than 97,000,000 Christians and something less than 3,000,000 Jews. So, at least in my ambassadorial capacity, I am 97 per cent Christian. But, after all, that is not the point, I do not appeal to you in the name of any race or any religion, but merely as a human being. You have told me many times that you want to make Turkey a part of the modern progressive world. The way you are treating the Armenians will not help you to realise that ambition; it puts you in the class of backward, reactionary peoples."

"We treat the Americans all right, too," said Talaat, "I don't see why you should complain."

"But Americans are outraged at your persecutions of the Armenians." I replied. "You must base your principles on humanitarianism, not racial discrimination, or the United States will not regard you as a friend and an equal. And you should understand the great changes that are taking place among Christians all over the world. They are forgetting their differences and all sects are coming together as one. You look down on American missionaries, but don't forget that it is the best element in America that supports their work, especially their educational institutions. Americans are not mere materialists always chasing money – they are broadly humanitarian, and interested in the spread of justice and civilisation throughout the world. After this war is over you will face a new situation. You say that if victorious you can defy the world, but you are wrong. You will have to meet public opinion everywhere, especially in the United States. Our people will never forget these massacres. They will always resent the wilful destruction of Christians in Turkey. They will look upon it as nothing but wilful murder, and will seriously condemn all the men who are responsible for it. You will not be able to protect yourself under your political status and say that you acted as Minister of the Interior and not as Talaat. You are defying all ideas of justice as we understand the term in our country."

Strangely enough, these remarks did not offend Talaat, but they did not shake his determination. I might as well have been talking to a stone wall. From my abstractions he immediately came down to something definite.

"These people," he said, "refused to disarm when we told them to. They opposed us at Van and at Zeitoun, and they helped the Russians. There is only one way in which we can defend ourselves against them in the future, and that is just to deport them."

"Suppose a few Armenians did betray you," I said. "Is that a reason for destroying a whole race? Is that an excuse for making innocent women and children suffer?"

"Those things are inevitable," he replied.

This remark to me was not quite so illuminating as one which he made subsequently to a reporter of the *Berliner Tageblatt*, who asked him the same question. "We have been reproached," he said, according to this interviewer, "for making no distinction beween the innocent Armenians and the guilty; but that was utterly impossible in view of the fact that those who were innocent to-day might be guilty to-morrow"!

My repeated protestations evidently persuaded Talaat that at least I was entitled to an explanation of the official attitude of the Ottoman Government. In the early part of August, therefore, he sent a personal messenger to me, asking me if I could not see him alone, as he wished to go over the whole Armenian situation. This was the first time that Talaat had admitted that his treatment of the Armenians was a matter with which I had any concern. The interview took place two days afterwards. It so happened that since the last time I had visited Talaat I had shaved my beard. As soon as I came in the burly Minister began talking in his customary bantering fashion. "You have become a young man again," he said; "you are so young now that I cannot come to you for advice any more."

"I have shaved my beard," I replied, "because it had become very grey – made grey by your treatment of the Armenians."

After this exchange of compliments we settled down to the business in hand. "Whenever you have any Armenian matters to discuss," Talaat began, "I should always prefer that you see me alone. I have asked you to come to-day so that I can explain our position on the whole Armenian subject. We base our objections to the Armenians on three distinct grounds. In the first place, they have enriched themselves at the expense of the Turks. In the second place, they are determined to domineer over us and to establish a separate State. In the third place, they have openly encouraged our enemies. They have assisted the Russians in the Caucasus, and our failure there is largely explained by their actions. We have therefore come to the irrevocable decision that we shall make them powerless before this war is ended."

On every one of these points I had plenty of arguments and rebuttal. Talaat's first objection was merely an admission that the Armenians were more industrious and more able than the thick-witted and lazy Turk. Massacre as a means of destroying business competition was certainly an original conception! His general charge that the Armenians were "conspiring" against Turkey, and that they openly sympathised with Turkey's enemies, merely meant, when reduced to its original elements, that the Armenians were constantly appealing to the European Powers to protect them against robbery, murder, and outrage. The Armenian problem, like all race problems, was the result of centuries of ill-treatment and injustice. There could be only one solution for it, the creation of an orderly system of government, in which all citizens were to be treated upon an equality, and in which all offences were to be punished as the acts of individuals, and not as of peoples. I argued for a long time along these and similar lines.

"It is no use for you to argue," Talaat answered, "we have already disposed of three-quarters of the Armenians: there are none at all left in Bitlis, Van, and Erzeroum. The hatred between the Turks and the Armenians is now so intense that we have got to finish with them. If we don't, they will plan their revenge."

"If you are not influenced by humane considerations," I replied, "think of the material loss. These people are your business men. They control many of your industries. They are your largest tax-payers. What would become of you commercially without them?"

"We care nothing about the commercial loss," replied Talaat. "We have figured all that out and we know that it will not exceed five million pounds. We don't worry about that. I have asked you to come here so as to let you know that our Armenian policy is absolutely fixed and that nothing can change it. We will not have the Armenians anywhere in Anatolia. They can live in the desert, but nowhere else."

I still attempted to persuade Talaat that the treatment of the Armenians was destroying Turkey in the eyes of the world, and that his country would never be able to recover from this infamy.

"You are making a terrible mistake," I said, and repeated the statement three times.

"Yes, we may make mistakes," he replied, "but" – and he firmly closed his lips and shook his head – "we never regret."

I had many talks with Talaat on the Armenians, but I never succeeded in moving him in the slightest degree. He always came back to the points which he made in this interview. He was very willing to grant any request I made on behalf of the Americans, or even of the French and English, but I could obtain no general concessions for the Armenians. He seemed to me always to have the deepest personal feeling in this matter. His antagonism to the Armenians seemed to increase as their sufferings increased. One day, discussing a particular Armenian, I told Talaat that he was mistaken in regarding this man as an enemy of the Turks; that in reality he was their friend.

"No Armenian," replied Talaat, "can be our friend after what we have done to them."

One day Talaat made what was perhaps the most astonishing request I had ever heard. The New York Life Insurance Company and the Equitable Life of New York had for years done considerable business among the Armenians. The extent to which they insured their lives was merely another indication of their thrifty habits.

"I wish," Talaat now said, "that you would get the American life insurance companies to send us a complete list of their Armenian policy-holders. They are practically all dead now, and have left no heirs to collect the money. It, of course, all escheats to the State. The Government is the beneficiary now. Will you do so?"

This was almost too much, an I lost my temper.

"You will get no such lists from me," I said, and got up and left him.

One other episode involving the Armenians stirred Talaat to one of his most ferocious moods. In the latter part of September Mrs. Morgenthau left for America. The sufferings of the Armenians had greatly preyed upon her mind, and she really left for home because she could not any longer endure to live in such a country. But she determined to make one last intercession for this poor people on her own account. Her way home took her through Bulgaria, and she had received an intimation that Queen Eleanor of that country would be glad to receive her. Perhaps it was Mrs. Morgenthau's well-known interest in social work that led to this invitation. Queen Eleanor was a high-minded woman, who had led a sad and lonely existence, and who was spending most of her time attempting to improve the condition of the poor in Bulgaria. She knew all about social work in the American cities, and a few years before she had made all her plans to visit the United States in order to study our settlements at first hand. At the time of Mrs. Morgenthau's visit the Queen had two American nurses from the Henry Street Settlement of New York instructing a group of Bulgarian girls in the methods of the American Red Cross.

My wife was mainly interested in visiting the Queen in order that, as one woman to another, she might make a plea for the Armenians. At that time the question of Bulgaria's entrance into the war had reached a critical stage, and Turkey was prepared to make concessions to gain her as an ally. It was therefore a propitious moment to make such an appeal.

The Queen received Mrs. Morgenthau informally, and my wife spent about an hour telling her all about the Armenians. Most of what she said was entirely new to the Queen. Little had yet appeared in the European Press on this subject, and Queen Eleanor was precisely the kind of woman from whom the truth would be concealed as long as possible. Mrs. Morgenthau gave her all the facts about the treatment of Armenian women and children and asked her to intercede on their behalf. She even went so far as to suggest that it would be a terrible thing for Bulgaria, which in the past had herself suffered such atrocities at the hands of the Turks, now to become their allies in war. Queen Eleanor was greatly moved. She thanked my wife for telling her these truths and said that she would intercede immediately and see if something could not be done.

Just as Mrs. Morgenthau was getting ready to leave she saw the Duke of Mecklenburg standing near the door. The Duke was in Sofia at that time attempting to arrange for Bulgaria's participation in the war. The Queen introduced him to Mrs. Morgenthau; his Highness was polite, but his air was rather cold and injured. His whole manner, particularly the stern glances which he cast on Mrs. Morgenthau, showed that he had heard a considerable part of the conversation! As he was exerting all his efforts to bring Bulgaria in on Germany's side, it is not surprising that he did not relish the hope which Mrs. Morgenthau expressed to the Queen that Bulgaria should not ally herself with Turkey.

Queen Eleanor immediately interested herself in the Armenian cause, and, as a result, the Bulgarian Minister to Turkey was instructed to protest against the atrocities. This protest accomplished nothing, but it did arouse Talaat's momentary wrath against the American Ambassador. A few days afterward, when routine business called me to the Sublime Porte, I found him in an exceedingly ugly humour. He answered most of my questions savagely and in monosyllables, and I was afterward told that Mrs. Morgenthau's intercession with the Queen had put him into this mood. In a few days, however, he was as good-natured as ever; for Bulgaria had taken sides with Turkey.

Talaat's attitude toward the Armenians was summed up in the proud boast which he made to his friends: "I have accomplished more toward solving the Armenian problem in three months than Abdul Hamid accomplished in thirty years!"

Secrets of the Bosporus.
By (American) Ambassador Henry Morgenthau, Constantinople, 1913–1916.
London 1918. p. 215–225.

★

Aus: Bericht über die Lage des Armenischen Volkes in der Türkei

Dem Bericht eines deutschen Beamten von der Bagdadbahn entnehmen wir folgendes:

„Als die Bewohner der cilicischen Dörfer auszogen, hatten diese noch Esel als Reit- oder Packtiere mit sich. Die die Transporte begleitenden Soldaten ließen aber die Katerdschis (Eseltreiber) auf ihnen reiten, weil Befehl gegeben sei, kein Deportierter, sei es Mann oder Frau, dürfe reiten. Bei dem Transport aus Hadjin brachten die Katerdschis diejenigen Lasttiere, in deren Gepäck sie Geld oder wertvollere Sachen vermuteten, gleich direkt auf ihre Dörfer. Sonstiges Vieh, das die Leute mitgenommen hatten, wurde ihnen unterwegs mit Gewalt genommen oder für einen so lächerlichen Preis abgekauft, daß sie es ebenso umsonst hätten hergeben können. Eine Frau, deren Familie ich kenne, verkaufte 90 Stück Schafe für 100 Piaster, die zu anderer Zeit 60–70 türkische Pfund (etwa 1300 Mk.) gebracht hätten, d. h. sie erhielt für 90 Stück den Preis von einem Stück. Den Dorfbewohnern von Schehr war erlaubt worden, ihre Ochsen, Wagen und Lasttiere mitzunehmen. Bei Gökpunar wurden sie gezwungen, den Fahrweg zu verlassen und den kürzeren Fußweg durchs Gebirge einzuschlagen. Ohne irgendwelche Wegzehrung oder sonstige Habe mußten sie weiter wandern. Die sie begleitenden Soldaten erklärten rundweg, sie hätten solchen Befehl.

Am Anfang erhielten die Deportierten von der Regierung *pro Kopf und Monat* (nicht pro Tag!) *ein Kilogramm Brot.* Sie lebten von dem, was sie noch mitgenommen hatten. Sodann wurden ihnen kleine Geldbeträge gezahlt. Ich hörte von 30 Personen, die früher wohlhabend waren, in dem Tscherkessendorf Bumbudch (Membidsch, auf den Ruinen des alten Bambyke), 1 ½ Tagereisen von Aleppo, daß sie *in 30 Tagen 20 Piaster* erhalten hatten, nicht etwa pro Kopf, sondern *die 30 Personen zusammen. Also für jede Person 10 Pfennig pro Monat.* Durch Marasch kamen in den ersten Tagen etwa 400 barfüßige Frauen, auf dem Arm ein Kind, auf dem Rücken ein Kind (oft genug ein totes), ein anderes an der Hand. Von den Armeniern von Marasch, die später selbst deportiert wurden, wurden für 50 Pfd. (ca. 900 Mark) Schuhe gekauft, um die Durchziehenden damit zu versehen. Zwischen Marasch und Aintab wollte die muhammedanische Bevölkerung in einem türkischen Dorfe einen Transport von etwa 100 Familien Wasser und Brot verabreichen. Die Soldaten ließen es nicht zu. Die amerikanische Mission und die Armenier von Aintab, die später auch deportiert wurden, machten es möglich, *während der Nacht* den Transporten, die an Aintab vorüber kamen – sie zählten insgesamt etwa 20 000, meist Frauen und Kinder – Brot und Geld zu bringen. Es waren dies die Dörfer aus dem Sandschak Marasch. Die Transporte durften nicht nach Aintab hereinkommen, sondern lagerten auf freiem Felde. Bis nach Risib (9 Stunden südöstlich von Aintab auf dem Wege zum Euphrat) konnten die amerikanischen Missionare solche nächtlichen Verproviantierungen vornehmen. (...)

Am schwersten *ist das Los der Frauen, die unterwegs niederkommen.* Man läßt ihnen kaum Zeit, ihr Kind zur Welt zu bringen. Eine Frau gab in einer Nacht einem Zwillingspaar das Leben. Am Morgen mußte sie mit zwei Kindern auf dem Rücken zu Fuß weiterziehen. Nach zweistündigem Marsch brach sie zusammen. Sie mußte die beiden Kinder unter einem Busch niederlegen und wurde von den Soldaten gezwungen, mit den andern Reisegefährten weiterzuziehen. Eine andere Frau kam während des Marsches nieder, mußte sofort weitergehen und brach tot zusammen. Eine weitere Frau wurde in der Nähe von Aintab von amerikanischen Missionarinnen umringt, als sie niederkam. Man konnte nur erreichen, daß sie ein Tier besteigen durfte und mit ihrem in Lumpen gehüllten Kind im Schoß weiterzog. Diese Beispiele wurden allein auf der Strecke von Marasch bis Aintab beobachtet. Hier fand man beim Aufräumen des eine Stunde zuvor von einem Transport verlassenen Khans ein neugeborenes Kind. In Marasch fand man im Tasch-Khan 3 neugeborene Kinder in Mist eingebettet.

Unzählige Kinderleichen findet man unbeerdigt am Wege liegen. Ein türkischer Major, der vor 3 Tagen mit mir zurückkam, sagte, daß viele Kinder von ihren Müttern unterwegs zurückgelassen würden, weil sie sie nicht mehr nähren könnten. Größere Kinder werden den Müttern von den Türken weggenommen. Der Major hatte ebenso wie seine Brüder je ein Kind bei sich; sie wollten dieselben als Muhammedaner aufziehen. Eins der Kinder spricht deutsch. *Es muß ein Waisenkind aus einem deutschen Waisenhaus sein. Die unterwegs niedergekommenen Frauen der Transporte, die hier durchkamen, schätzt man auf 300.*

Hier verkaufte eine Familie in bitterster Armut und Verzweiflung ihr 18jähriges Mädchen für 6 Lira (ca. 110 Mark) an einen Türken. Die Männer der meisten Frauen waren zum Heeresdienst eingezogen worden. Wer die Stellungsorder nicht befolgt hat, wird erhängt oder erschossen, so kürzlich sieben in Marasch. Die Militärpflichtigen werden aber meist nur zum Straßenbau herangezogen und dürfen keine Waffen tragen. Die Heimkehrenden finden ihr Haus leer. Vor zwei Tagen traf ich in Djerabulus einen armenischen Soldaten, der von Jerusalem kam, um auf Heimaturlaub in sein Dorf Geben (zwischen Zeitun und Sis) zu gehen. Ich kenne den Mann seit Jahren. Hier erfuhr er, daß seine Mutter, seine Frau und seine 3 Kinder in die Wüste deportiert seien. Alle Erkundigungen nach seinen Angehörigen waren fruchtlos.

Seit 28 Tagen beobachtet man täglich *Leichen im Euphrat*, die stromabwärts treiben, zu zweien mit dem Rücken zusammengebunden, zu drei bis acht an den Armen zusammengebunden. Ein türkischer Oberst, der in Djerabulus stationiert ist, wurde gefragt, warum er die Leichen nicht beerdigen lasse, worauf er erwiderte, er habe keinen Auftrag, und zudem könne man nicht feststellen, ob es Muhammedaner oder Christen seien, da ihnen die Geschlechtsteile abgeschnitten seien. (Muhammedaner würden sie beerdigen, Christen nicht.) Leichen, die ans Ufer angeschwemmt waren, fraßen die Hunde. Auf andere, die an den Sandbänken hängen blieben, ließen sich die Geier nieder. Ein Deutscher sah bei einem einzigen Ritt sechs Paar Leichen den Strom hinabtreiben. Ein deutscher Rittmeister erzählte, er habe auf seinem Ritt von Diarbekir nach Urfa zu beiden Seiten des Weges zahllose Leichen unbeerdigt liegen sehen, *lauter junge Männer mit durchschnittenen Hälsen.* (Es waren die zum Militärdienst eingezogenen Straßenarbeiter. Vergl. Seite 76.) Ein türkischer Pascha äußerte sich gegen einen angesehenen Armenier: ‚Seid froh, wenn ihr wenigstens in der Wüste ein Grab findet, das haben viele von euch nicht.'

Nicht die Hälfte der Deportierten bleibt am Leben. Vorgestern starb am Bahnhof hier eine Frau, gestern 14 und heute vormittag weitere 10. Ein protestantischer Pfarrer von Hadjin sagte zu einem Türken in Osmanieh: ‚*Von diesen Deportierten bleibt nicht die Hälfte am Leben.*' Der Türke antwortete: ‚*Das bezwecken wir ja nur.*'

Es soll nicht vergessen sein, daß es auch Muhammedaner gibt, die die Greuel, die man an den Armeniern verübt, mißbilligen. Ein muhammedanischer Scheich, eine angesehene Persönlichkeit in Aleppo, äußerte in meiner Gegenwart: ‚*Wenn man über die Behandlung der Armenier spricht, so schäme ich mich, daß ich ein Türke bin.*'

Wer am Leben bleiben will, ist gezwungen, den Islam anzunehmen. Um dies zu befördern, werden hie und da einzelne Familien auf rein muhammedanische Dörfer geschickt. Die Zahl der Deportierten, die hier und in Aintab durchgekommen sind, beträgt bis jetzt etwa 50000. Von diesen erhielten neun Zehntel am Abend vor der Abreise den Befehl, daß sie am Morgen aufzubrechen hätten. Der größere Teil der Transporte geht über Urfa, der kleinere über Aleppo. Jene in der Richtung auf Mosul, diese in der Richtung nach Deir-es-Sor. *Die Behörden sagen, sie sollen dort angesiedelt werden, aber, was dem Messer entgeht, wird zweifellos verhungern.* In Deir-es-Sor am Euphrat sind von den Transporten etwa 10000 angelangt. Von den übrigen hat man bisher keine Nachricht. Von denen die in der Richtung auf Mosul geschickt werden, sagt man, sie sollen 25 Kilometer von der Bahnstrecke entfernt angesiedelt werden; das soll wohl heißen, man will sie in die Wüste treiben, wo ihre Ausrottung ohne Zeugen vor sich gehen kann.

Was ich schreibe, ist *nur ein geringer Bruchteil all der Grausamkeiten, die seit zwei Monaten hier geschehen, und die mit jedem Tage an Umfang zunehmen.* Es ist nur ein Bruchteil von dem, was ich selbst gesehen und von Bekannten und Freunden, die Augenzeugen waren, erfahren habe. *Für das, was ich berichte, kann ich jederzeit die Daten und die Personen, welche Zeuge waren, angeben."*

Dr. Johannes Lepsius: Bericht über die Lage des Armenischen Volkes...
Potsdam 1916, S. 140–145.

★

From: The Treatment of Armenians in the Ottoman Empire

Q.: REPORT FROM DR. E., DATED Q., 3RD SEPTEMBER, 1915:
COMMUNICATED BY THE AMERICAN COMMITTEE
FOR ARMENIAN AND SYRIAN RELIEF

Although you are already well informed as to the Armenian situation in this region, I am taking the liberty to add a few notes from personal observation on the way here, chiefly from what I saw at Eski Shehr, Alayund and Tchai.

At Eski Shehr there are about 12,000 to 15,000 exiles in the fields about the station, evidently in great need and distress. The majority of them appear to be without shelter, and what shelter they have consists of the flimsiest kind of tent, improvised out of a few sticks covered with rugs or carpets in a few instances, but often only with cotton cloth – absolutely no protection from the heavy autumn rains which will soon be coming. The stationmaster, whom I have known as a reliable man for several years, told me that the people had been treated with every kind of brutality, the police ostensibly trying to prevent the Turks from molesting them by day, but aiding and abetting them by night. I myself noticed that in several places large groups of young women and girls were being kept separate from the rest and guarded (?) by the police, and was told that in several instances the police had allowed them to be outraged. At the present, instances of actual violence were not so common, but there was no provision made for feeding them and the people were quickly spending what little cash they had to buy provisions at exorbitant rates. Certainly they seemed to have little or nothing in the way of supplies, and many looked pinched and sickly. About thirty to forty deaths were taking place every day. Germans whom I overheard talking while on the way to Eski Shehr, and also the German hotel-proprietress at Eski Shehr, were loud in their condemnation of the whole affair as being conducted in the most brutal and horrible way.

At Alayund there were perhaps 5,000 exiles in about the same condition. They were from Broussa for the most part, and those with whom I was able to converse told the same tales. Within two weeks the Government had made two distributions of bread, neither of them sufficient for more than one day, and had given nothing else. I myself saw police beating the people with whips and sticks when a few of them, in a perfectly orderly way, attempted to talk to some of their fellow-exiles on the train, and they were treated in general as though they were criminals who had no claim to consideration of any kind. What talking I did, I had to do with them rather surreptitiously, of course.

At Tchai I saw perhaps a couple of thousand in the same condition. Here the men and women were together, and the Turks had not succeeded in carrying off more than two girls. By keeping constant guard the Armenians, although unarmed, had been able to frighten the assailants away. They said that all the men there would die rather than give up any of their women, and that, as the Turks were not so numerous, they felt safer, but dreaded what was awaiting them when the order came to move on. A heavy rain had fallen at Tchai and occasioned great suffering, followed by sickness and some deaths, especially among the children. A good many of the people had gone insane.

A conductor on the train told me that, although the order had come for the return of the Protestants and the Catholics, he had seen about 100 to 150 of the latter from Ismid re-deported towards Angora and in this direction, even after they had gone through the form of having been returned to their homes. In their second deportation they were to be scattered – a few to each Turkish village in the region.

At Q. about the same conditions exist, although we are fortunate in having a good Vali. However, he is much handicapped by some powerful men of the Committee, who are opposed to him and accuse him of undue clemency. Even a prominent Armenian of this city warned him not to be too kind lest he be sent away (the above was an Armenian connected with the railway, and therefore not deported). The Protestants here are very grateful to you for securing them exemption from deportation. However, they are in much distress, for the Government has sealed up all their shops and will not let them conduct any business, so that what little cash they have is rapidly being exhausted.

All of the above and much that I might add is as nothing, however, to what the railway employees report as going on at the end of the line, where the people leave the railway and set out on foot, only to be set upon by brigands, who rob , outrage and kill all the way from Bozanti to Adana and beyond. At Angora also there has been great slaughter, according to all reports.

Whether these unfortunate people are sent on towards the east or whether they remain where they are along the road, their future is very dark, and it means annihilation for the whole race unless they can be quickly reinstated in their homes with permission to carry on their business, or else taken out of the country altogether. Even if they are left just as they are, two or three months will probably see the end of most of them. The climate of the interior is very different from that of Constantinople, and the nights are already cold. We shall do the best we can here, but can hardly touch the outer edge of the national wretchedness and misery, which is written so clearly on the despairing faces of the people, especially of the women and girls, that enquiry and investigation are almost unnecessary to confirm the horrible truth. We are using every means we can, however, to see as much as possible ourselves and get reliable information of the rest. (...)

P. S. – I have had to wait several days to find a suitable messenger, and the delay has enabled me to get a pretty comprehensive view of the situation. There are at present in Q. about 5,000 to 10,000 Armenian refugees, mostly from the Broussa, Ismid and Bardezag regions; a few hundreds come from Eski Shehr, Ak Shehr and other places nearer by. The people are, for the most part, encamped in the fields near the railway station, much as they are at the places above described. The protection is, for the most part, very flimsy, and there is an considerable proportion of the people whose things have been stolen from them and who are simply lying out in the open with no protection from the scorching sun by day or from the dew and dampness by night. This state of affairs produces a vast number of cases of malaria and dysentery, and also of heat prostration, and one cannot walk a few paces through the camp without seeing sick lying everywhere, especially children. There are, of course, no sanitary arrangements at all, and last night the stench that came from the camp was overpowering. Conditions are ripe for an epidemic at any time, especially as these people have not, like the soldiers, received any prophylactic treatment. Until very recently the Government had done absolutely nothing for the refugees; during the last few days they have been giving the adults one piastre and the children twenty paras a day, which is, of course, insufficient to feed them adequately. The people have no occupation and stand and lie about listlessly; a steady stream of them passes up and down the main street, begging or peddling their small remaining stock of clothing, rugs, embroidery, &c. At night the people are not molested as much as they were at first, but this is probably due chiefly to the fact that the best of everything has been taken away from them by this time and that a vast assemblage of sickly and half-starved people is naturally comparatively safe from molestation. There are a fair proportion of the Armenians who have managed to keep some money and goods, and who are fairly comfortable for the time being in houses and rooms that they rent. These, however, have troubles of their own, for the police try to get money out of them by frightening them, saying that they are next on the list to be sent off to Bozanti, that their papers are made out wrong, &c. Numbers of anxious parents have been to us, beseeching us to take their daughters as nurses or servants in order to protect them from the Turks. We have employed as many as we dared – not that we are afraid for ourselves, but that we have to think of our own regular nurses and employees, who would be in danger if we overstepped the mark. But it is terrible to refuse asylum to girls whom we know to be in danger. Yesterday an unusually pretty and refined young girl of fifteen was brought to us by her parents; she had been pursued all the way from Broussa by an Army officer, but they had been able to elude him and the police as well. Our hospital is too public to shelter her, and we are still looking for a place for her. Most of the people in town are scared to do anything at all, foreigners included, but we do not propose to show the white feather, and are only waiting for certain official persons to return from P., where they went a few days ago in order to get larger liberties for Red Cross activities. At present our hospital has taken in all the soldiers and refugees that it can, and we are seeing sick refugees in the clinic all day long. To-day I counted 21 women and children in one of our waiting-rooms, mostly lying on the floor from sheer exhaustion, one child moribund, two others nearly so, and half the rest of the group quite likely to die in a few days, if they are allowed to remain where they are in the camp. Many of the villagers are mountaineers, and, lying out on the hot dusty plain by day and exposed to the cold of night, they quickly succumb. To-day I took a little girl into the hospital who had been perfectly well until four days ago, when everything was stolen from the mother and she had no place to lay her except on the ground, so that she quickly got up a dysentery and died a few hours after admission to the ward. The family were respectable Protestant people from Ismid. Hardly had the little girl died and the sheets been changed than another child, this time a boy, was put into the same bed; his leg had been cut off by a railway-truck and apparently there was nobody to take care of him. We found that the mother had been forcibly separated from her children further back on the road. In that same ward lies a young girl who has recently had her leg amputated for the same accident, and who to-day was crying and screaming because some friends had told her that her parents had suddenly been deported to P. without having been given a chance to see her. It is all horrible, horrible – no mere description can adequately portray the awful suffering of these unfortunate people, whose only crime is that they are Armenians.

If a few of the men have had revolutionary ideas, I am convinced that the vast majority of them have had no more idea of rising against the Government than have their helpless wives and children. The suffering we see is utterly unlike anything confronting the Americans in Constantinople. Sad as is the lot of many of the poor soldiers, they at least have the comfort of kindness and sympathy, and the realisation that the enemy is sharing the same lot. But these people are being deliberately done to death at a sufficiently slow pace to allow their oppressors the opportunity of choosing out such of their women and their goods as they care for and getting all their money away from them before they die. Dr. and Mrs. D. went through the massacres of '94 and '96, and they and Miss H. and I have been through two revolutions, one massacre and two wars since then, but we all agree that we have never seen anything like this. Another outrageous side of it is that many of the fathers and brothers of these women and children are in the Army, fighting the country's battles. Such was the case with the dying child that was brought to the clinic this afternoon, and with another who will probably be in the same condition soon.

In addition to the medical work, we have begun distributing bread and fruit at the hospital twice a day, and a few quilts to those who are most needy. But this is very inadequate, and we hope to get the Government's permission to keep a large number of the sick in the city under our supervision with a couple of Armenian physicians to assist us. Many of the people had heard of the offer of transportation to America some time before I came here, and sigh that it might be realised. Unless political circumstances allow of their speedy restoration to their homes or their *bona fide* establishment in new places, transportation to America seems their only hope, or else the nation will be annihilated, and that very soon.

The Treatment of Armenians in the Ottoman Empire. Documents presented...
London 1916, Doc. 110, p. 426–430.

L'extermination d'un peuple

Un fait qui dépasse en horreur tout ce que l'humanité contemple depuis un an s'accomplit à cette heure: l'extermination violente et systématique de tout un peuple.

L'acte est peut-être sans précédents dans l'historie. Lorsque les Assyriens réduisirent les Juifs en esclaves, ils leur laissèrent la vie sauve et Cyrus leur permit plus tard de rentrer à Jérusalem et d'y reconstruire le temple. Sous Abdul Hamid – qui vit encore et qui assiste, dans son palais blanc du Bosphore, à la renaissance triomphale de son programme – les massacres se limitèrent à certaines localités. Aujourd'hui, c'est le peuple entier, partout où il réside, sur tout le territoire de l'empire ottoman, qu'il s'agit d'anéantir. Enver pacha l'a déclaré lui-même avec un cynisme souriant.

Nous avons accueilli avec une prudence extrême et beaucoup de réserves les premières nouvelles qui nous parvenaient d'Arménie. Nous savons combien facilement se répandant dans ce moment troublé les nouvelles imaginaires. Malheureusement les renseignements que nous possédons et que nous avons publiés en partie ne permettent plus aucun doute. Le forfait est en train de s'accomplir.

L'ordre a été donné sur une décision du comité jeune-turc, par Enver pacha, ministre de la guerre, de déporter la population arménienne de toutes le provinces d'Anatolie et de Cilicie dans les déserts de l'Arabie, au sud du chemin de fer de Bagdad.

Les provinces (vilayets) de Trébizonde, Erzeroum, Sivas, Bitlis, Karpout, Diarbékir, Adana ont été complètement évacuées. Dans la province d'Ismidt, l'opération est en bonne voie. Seuls ont été épargnés jusqu'ici les Arméniens de Constantinople, de Smyrne et de la ville d'Adana, ceux qui sont dispersés en dehors des districts arméniens et 250,000 habitants du vilayet de Van qui ont fui dans le Caucase.

Il résulte en outre de témoignages incontestables que des centaines de mille Arméniens ont été massacrés depuis la proclamation de la guerre sainte, des centaines de mille ont été convertis de force à l'islam. Les hommes valides sont enrôlés pour la guerre, et ne peuvent même pas défendre leurs foyers. Désarmés, employés à la construction de routes, beaucoup auraient été fusillés par leurs camarades armés. Les Arméniens qu'on déporte dans le désert ne sont plus qu'un troupeau misérable de vieillards, de femmes, d'enfants, poussés en avant sous le fouet des gendarmes. Cette déportation n'est qu'un massacre déguisé.

Pour empêcher les Arméniens de faire entendre leur cri de détresse, on a arrêté dans la nuit du 28 au 29 avril, à Constantinople, leurs chefs intellectuels, députés, écrivains, médecins, professeurs; ils ont été envoyés dans l'intérieur, à Angora, Konia, Diarbekir. On a procédé de même dans d'autres villes importantes.

La déportation en masse et les massacres dans les provinces arméniennes ont commencé le 20 mai. On a donné aux familles quelques heures à peine pour laisser leur maison. On calcule que le quart de ces malheureux est arrivé à destination. Les autres sont morts ou ont été massacrés en route.

Il s'agit ici d'un peuple d'un niveau supérieur qui détient presque tout le commerce et la plupart des métiers manuels, en Asie Mineure. Parmi ces jeunes filles et ces femmes vouées aux traitements les plus honteux, des milliers ont fréquenté nos écoles européennes en Suisse, en France, en Allemagne et les collèges européens et américains en Asie Mineure.

Le gouvernement ottoman ne manquera pas, comme Abdul Hamid, d'alléguer de prétendus complots pour justifier ses actes. En réalité, il s'agit d'extirper de l'empire tout élément non musulman. C'est le programme du sultan rouge appliqué par d'autres hommes.

Ces hommes étainet arrivés au pouvoir, il y a sept ans, salués avec enthousiasme par tous les chrétiens de Turquie et par tous les partis libéraux d'Europe. Reçu par Talaat bey, ministre actuel de l'intérieur, il y a deux ans, dans les bureaux du *Tanine*, nous avions recueilli de sa bouche des assurances admirables. Démocratie, égalité, justice, progrès... Dans la même pièce, Ismaïl Hakki bey, professeur de philosophie, autre chef de parti, approuvait de la tête: «Toute notre révolution, s'écria-t-il, a été faite contre un homme qui incarnait un régime détesté.»

Or c'est ce régime qui sévit plus horrible, plus terrible que jamais. Nous avions cru à la sincérité de ces jeunes-turcs. Etaient-ils sincères? Sont-ils entraînés par l'orgueuil de leurs victoires, l'instinct de race ou la fatalité historique? Sont-ils le jouet d'Enver, ce jeune ambitieux, dont l'extraordinaire carrière fait penser à quelque conte des mille et une nuit? C'est ce que l'historie nous révèlera.

Nous savons que des hommes de cœur tentent à cette heure d'empêcher que le crime s'accomplisse jusqu'au bout. Il nous paraît impossible que les deux empires alliés de la Turquie restent indifférents. L'inaction de leur part serait de la complicité.

G. W.

Journal de Genève, 9.9.1915.

★

MM. Robert du Gardier et Baudouy, Gardiens des Archives de l'Ambassade de France à Constantinople, à M. Delcassé, Ministre des Affaires étrangères

Péra, le 11 septembre 1915
Vendredi, 10 septembre 1915

(...) Nous devions rédiger une note spéciale sur la question arménienne. L'impossibilité de réunir, en ce moment, des renseignements précis, nous fait y renoncer. Quelques Arméniens de nos amis, peut-être en mesure de nous documenter, sont l'objet d'une surveillance si étroite, vivent dans de telles anxiétés, qu'il faut craindre, nous disent-ils, de les compromettre en allant chez eux ou leur donnant rendez-vous. Certains nous ont bien fait passer quelques notes, mais sans précisions suffisantes, et on ne peut songer donner, dès maintenant, une idée exacte et complète des excès commis ces derniers mois contre les populations arméniennes dans toutes les régions de l'empire.

Un rapport de M. Guys[1], consul en retraite à Alep, que nous avons envoyé il y a quelques semaines, a donné un premier aperçu de la situation. Elle est pire qu'on ne le dit, pensons-nous. Aujourd'hui encore on apprend de nouveaux massacres récemment organisés à Kharpout (où l'on parle de 40,000 tués), Angora (10,000), Ismid, Brousse.

A Constantinople, tous les sujets russes, d'origine arménienne, ont été mis la nuit dernière, en état d'arrestation. On estime à 700,000 le nombre des Arméniens qui, dans l'intérieur, ont été l'objet de mesures d'expulsion; à plus de 400,000, le nombre de ceux qui n'y ont pas survécu.

Les autorités procèdent partout de la manière suivante: Les Arméniens d'une région ou d'une localité quelconque reçoivent l'ordre de partir à telle date, pour telle destination lointaine. On les organise en caravanes; on les met en route. Sur le chemin, des bandes, postées à l'avance, attaquent le convoi, le pillent et en massacrent la plus grande partie.

Archives du Ministère des Affaires étrangères,
Guerre 1914-1918, Turquie, Tome 907, f.39v-40.

★

Die Ausrottung eines Volkes

Noch sind die armenischen Massakres des Sultans Abdul Hamid in aller Gedächtnis, noch schmerzt uns die Erinnerung an das Blutbad in Adana, mit dem sich die junge Türkei befleckte, und schon wieder müssen wir unsere Stimme erheben für das unglückliche Armenien, das nun zum dritten Mal innerhalb eines Menschenlebens das Opfer von Akten schändlichster Brutalität geworden ist, die nichts geringeres als die völlige Vernichtung des armenischen Volkes in der Türkei bedeuten, falls ihnen nicht Einhalt geboten wird.

Was ist geschehen?

Seit dem 20. Mai ist auf Beschluss des jungtürkischen Komitees von dem Kriegsminister Enver Pascha die Deportation der gesamten armenischen Bevölkerung aus allen anatolischen Vilajets und aus Cilizien in die arabischen Steppen südlich der Bagdadbahn angeordnet worden.

Die Vilajets Trapezunt, Erzerum, Sivas, Bitlis, Charput, Diarbekir, Adana sind vollständig von Armeniern evakuiert worden. Im Vilajet Ismid ist das Werk noch im Gange. Verschont wurden bisher nur die Armenier von Konstantinopel, Smyrna, der Stadt Adana und einige ausserhalb der armenischen Provinzen gelegenen Distrikte (Marasch, Aintab, Urfa, Aleppo), ausserdem 250 000 Bewohner des Vilajets Wan, die über die türkische Grenze in den Kaukasus geflohen sind. Die unmenschliche Massregel der Deportation, welche verbunden war mit einer Beraubung aller beweglichen und unbeweglichen Habe, hat das arbeitsamste, strebsamste und kultivierteste Volk der asiatischen Türkei, das fast alle Handwerke und den ganzen Handel im Innern in der Hand hatte, zu einem Volk von Bettlern gemacht. Ja mehr als das, Hunderttausende von Armeniern sind seit der Erklärung des heiligen Krieges massakriert, Hunderttausende zwangsweise zum Islam konvertiert worden und der Rest, ein elender Haufe halbnackter, kranker, sterbender Frauen, Kinder und Greise in die Steppe getrieben worden, um dort zu verenden.

Die Massregel der Deportation war nichts anderes als ein verschleiertes Massakre allergrössten Stiles und allerfurchtbarster Wirkung. Die jungtürkische Clique, welche vorgab, mit der Aufrichtung der Konstitution der Schreckensherrschaft der Autokratie ein Ende zu machen, welche sich vor ganz Europa als ein Hort der Freiheit und Menschlichkeit feiern liess, hat die Maske der Toleranz und jede Scham vor dem gesitteten Europa von sich geworfen und ein ebenso feiges als grausames System zur Vernichtung eines christlichen Volkes ersonnen, ein System, das in seiner Ausführung auch die grössten Schandtaten Abdul Hamids in den Schatten stellt. Während die wehrhaften Armenier scheinbar zum Kriegsdienst ausgehoben, in Wahrheit entwaffnet und als Lastträger und Chausseearbeiter in die einsamen Bergtäler Anatoliens gesandt, und dort von ihren bewaffneten Kameraden einzeln und massenweise füseliert wurden, verhängte die Regierung über das wehrlose Volk von Frauen und Kindern die Massregel der Deportation, die nichts anderes als eine raffinierte Form der Ausrottung war.

Um das armenische Volk, ehe man es ausplünderte und dem Untergang weihte, mundtot zu machen, wurden bereits in der Nacht vom 28. auf den 29. April alle geistigen Führer der Armenier in Konstantinopel, Deputierte, Politiker, Schriftsteller, Ärzte, Künstler, Professoren usw. ohne Unterschied der Partei und Konfession verhaftet und, noch ehe der Morgen graute, in das Innere nach Angora, Konia und Diarbekir verschickt. Dasselbe Schicksal betraf alle Intellektuellen in den Städten des Inneren, die ohne Anklage und Gerichtsverfahren und ohne selbst den Vorwand einer Schuld, nur weil sie Armenier waren, getötet oder deportiert wurden. Vorhergegangen war die Entwaffnung der ganzen armenischen Bevölkerung, mit der die Bewaffnung der mohammedanischen Bevölkerung und die Organisation türkischer und kurdischer Banden, für die auch die Gefängnisse entleert wurden, Hand in Hand ging. Durch diese Banden waren seit Beginn des Krieges in den Monaten März bis April im Vilajet Wan und Erzerum bereits über 500 armenische Dörfer geplündert und mehr als 26000 Menschen getötet worden.

Mit dem 20. Mai begann die allgemeine Deportation. Durch öffentliche Ausrufer wurde in allen Städten und Dörfern die gesamte armenische Bevölkerung aufgefordert, binnen weniger Stunden ihre Häuser zu verlassen, um unter Eskortierung von Saptiehs in ferne ungenannte Gebiete auf monatelangen Märschen deportiert zu werden. Haus, Hof und jedes Besitztum der Armenier wurde von der Regierung beschlagnahmt und an Muhammedaner verteilt. Den Wohlhabenden wurde oft gestattet, sich für hohe Summen Wagen oder Reittiere zu mieten, die ihnen meist schon unmittelbar vor der Stadt wieder abgenommen wurden. Gleich den Ärmsten blieb auch den Reichsten nichts übrig, als das, was sie auf dem Rücken tragen konnten. Der muhammedanischen Bevölkerung war verboten, den Armeniern

Lebensmittel zu verkaufen oder ihnen ihre Habe abzukaufen, so dass sie sich für die Reise oft nicht einmal verproviantieren konnten. Die erste Massregel war überall, die Männer von den Frauen, ja auch die einzelnen Familienmitglieder und oft auch die Eltern von den Kindern zu trennen. Schon vor der Abreise wurden die hübschesten unter den jungen Frauen und Mädchen, meist aus den besten Familien, in die muhammedanischen Harems geschleppt und viele Kinder von muhammedanischen Familien mit oder gegen den Willen der Eltern zurückbehalten. Durch die einsamen Bergtäler Anatoliens, in der Gluthitze des Sommers wurden die Menschenmassen hungernder, verschmachtender, barfüssiger, weinender Kinder und Frauen von rohen Saptiehs mit Peitschen und Stöcken wie die Viehherden vorwärts getrieben. Was liegen blieb, wurde erstochen. An bestimmten Stellen des Weges, so bei Kemageh-Boghaz am Euphrat, zwischen Erzingian und Charput, wurden Massenabschlachtungen vorgenommen. Im Gebiete der Dersim-Kurden waren Überfälle vorbereitet, denen fast alle noch übriggebliebenen Männer und viele Frauen und Kinder zum Opfer fielen. Die Karawane der Deportierten wurde ein Zug des Todes. Weniger als ein Viertel der Abtransportierten kam am Bestimmungsort an. Frauen und Mädchen wurden von türkischen Bauern und kurdischen Räubern weggeschleppt. Vor den Städten wurden Sklavenmärkte abgehalten und Kinder und junge Mädchen zu Spottpreisen an Muhammedaner verkauft. Den Familien, die Christenkinder aufnahmen, um sie als Muhammedaner zu erziehen, wurden von den Behörden Unterstützungen versprochen. Es braucht nicht gesagt zu werden, dass all den Zehntausenden von Frauen, Mädchen und Kindern, die in den muhammedanischen Harems und Familien verschwunden sind, nichts anderes übrig bleibt, als den Islam anzunehmen. Auch dadurch wurde ein Zwang zum Übertritte ausgeübt, dass alle Familien, die sich bereit erklärten, zum Islam überzutreten von der Deportation verschont wurden.

Man darf nicht vergessen, dass all diese Massregeln der Verschickung, der Beraubung, der Verschleppung in muhammedanische Harems, des Kinderverkaufs, Tausende von Familien betroffen haben, deren Frauen und Töchter in Frankreich, England, Deutschland und der Schweiz ihre Erziehung genossen hatten, deren Kinder in amerikanischen, französischen und deutschen Schulen und Colleges herangebildet waren; Familien, die weit über dem Bildungsniveau auch der wohlhabenden Türken, in ihrem Gefühl und Geistesleben, auf der Stufe unserer europäischen Bildung stehen.

Die türkische Regierung hat bisher mit Glück versucht, durch ihre offiziellen Communiqués und durch die Ableugnungen ihrer europäischen Vertreter die Tatsache der allgemeinen Deportation und der systematischen Vernichtung des armenischen Volkes zu verschleiern.

Man hat strategische Massnahmen vorgeschützt und einzelne Akte notgedrungener Selbstverteidigung der Armenier, die durch hinterlistige Meuchelmorde und planmässige Vorbereitung der Massakres provoziert wurden, wie z. B. in Wan und Schabin-Karahissar, für revolutionäre Erhebungen und Konspirationen mit dem Feinde ausgegeben. Man hat Dokumente gefälscht und durch die Folter Unterschriften erpresst, aber man hat nirgends den Beweis zu führen vermocht, dass durch irgend eine der armenischen, politischen oder kirchlichen Organisationen der Plan oder auch nur der Gedanke an eine revolutionäre, oder vaterlandsfeindliche Erhebung gehegt worden ist.

Das armenische Volk und seine Führer haben gegenüber diesen lügenhaften Beschuldigungen ein reines Gewissen. Die politischen Führer der Armenier und ihre Abgeordneten haben seit Beginn der Konstitution unentwegt zum Komitee für Einheit und Fortschritt gehalten. Sie waren die persönlichen Freunde der jungtürkischen Führer und haben diesen in der Zeit der Reaktion, als sie in ihre Häuser flüchteten, mit eigener Lebensgefahr das Leben gerettet. Sie haben nun den Lohn für ihre Loyalität und Treue empfangen. Sie schmachten im Gefängnis oder liegen unter der Erde.

Nicht militärische, nicht strategische Gesichtspunkte können den Vorwand für die Vernichtung des armenischen Volkes hergeben. Der Massenraubmord, den man an dem armenischen Volk begangen hat, ist der Ausfluss jenes Systems der Turkifizierung und Islamisierung des osmanischen Reiches, dessen Teilerscheinung unter anderem die Judenpogrome in Palästina vom Februar des Jahres und die vorjährigen Griechenvertreibungen in der Umgebung von Smyrna waren. Das System Abdul Hamids ist geblieben, nur die Personen haben gewechselt. Die nicht islamischen Völker sollen vernichtet, die nichttürkischen Rassen geknechtet werden.

Vor der ganzen zivilisierten Welt fordern wir hiermit die Regierungen, die Botschafter und die Konsulen derjenigen Mächte, die noch in der Türkei vertreten sind, auf, die ganze Autorität zivilisierter und christlicher Staatswesen, die sie in dem Masse besitzen, als sie sie besitzen wollen, bei der türkischen Regierung geltend zu machen, um der planmässigen Vernichtung des armenischen Volkes Einhalt zu tun und die Erhaltung des noch überlebenden Restes der deportierten Bevölkerung sicher zu stellen.

Sollte die Wahrheit der von uns auf Grund unantastbarer Zeugnisse europäischer Augenzeugen aufgeführten Tatsachen von irgend einer Seite bestritten werden, so fordern wir die in der Türkei vertretenen Mächte auf, durch unverkürzte Veröffentlichung ihrer Konsularberichte aus dem Innern den Gegenbeweis zu liefern.

Basler Nachrichten, Beilage No. 469., 16. September 1915.

★

«Union et Progrès» et les Arméniens

Paris, 10 septembre 1915

Monsieur le Directeur,

Voudriez-vous me permettre d'ajouter, à l'éloquent article qui a paru dans votre très estimable journal du 9 courant: *L'extermination d'un peuple*, mes indignations personnelles contre les procédés de ce sanguinaire Comité «Union et Progrès» qui, au vingtième siècle, renouvelant les tristes exploits qu'on croyait devoir n'appartenir plus jamais qu'à un passé d'ignorance et de barbarie, a dépassé la sauvagerie des Djenguis-Khan et de Timour-Ling.

Certes l'état d'âme des unionistes ne s'est révélé au monde civilisé que depuis qu'ils ont ostensiblement pris parti pour l'Allemagne: mais depuis plus de six ans je n'ai cessé de la révéler dans le *Mecheroutiette* et dans différents journaux et revues, en prévenant la France et l'Angleterre du complot qui se tramait contre elles et contre les nationalités ottomanes, notamment les Arméniens.

S'il est une race qui tient de près aux Turcs par sa fidélité, par les services rendus au pays par les hommes d'Etat et les fonctionnaires de talent qu'elle lui a fournis, par son intelligence qui se manifeste dans tous les domaines, le commerce, l'industrie, la science et les arts, c'est bien la race Arménienne.

Ce sont eux qui ont introduit l'imprimerie en Turquie, ainsi que l'art dramatique. Ses poètes, ses littérateurs, ses grands financiers ne se comptent pas et beaucoup d'entre leurs grands hommes feraient l'honneur d'un pays d'Occident, tels que jadis les Moise de Khorène, historien et poëte, Aristache de Lasdiverde que l'on compare à Jérémie; et, dans les temps contemporains: Raffi, Soundoukiantz, Chirvansadé, Aharonian, Tchohanian, Novayr, et des dizaines d'autres. N'est-ce pas un Arménien, Odian, effendi, qui fut le collaborateur de Midhat Pacha, l'auteur de la constitution ottomane? C'est Ephrem Khan, «le Garibaldi de l'Orient», qui fut le grand héros de la revolution persane qu'avait préparée un autre Arménien Malcolm Kahn. Et, pour être juste, il faut reconnaître que le régime despotique en Turquie, comme en Perse, n'a pas trouvé de plus ardents adversaires que les Arméniens, qui ont contribué pour une bonne part à l'avènement du régime constitutionnel.

Il n'est pas un Turc éclairé qui ne souscrive à ce jugement que portait, il y a treize ans, feu mon ami Lynch, député au Parlement britannique:

Les Arméniens sont particulièrement aptes à être les intermédiaires de la nouvelle civilisation. Ils sont familiarisés avec nos idéals les plus élevés et s'assimilent toutes les productions nouvelles de la culture européenne avec une avidité et une perfection qu'aucune autre race ne s'est jamais montrée capable d'égaler.

Eh bien! à la pensée qu'un peuple aussi bien doué et qui aurait servi comme un humus bienfaisant à la rénovation de l'Empire ottoman, est sur le point de disparaître de l'Histoire, non pas asservi comme le peuple juif le fut par les Assyriens, mais anéanti, le cœur doit saigner aux plus endurcis; et je voudrais, pour ma part, par l'intermédiaire de votre estimable organe, adresser à cette race qui meurt assassinée l'expression de ma colère contre les bourreaux et de mon immense pitié pour les victimes.

Ayant accompli ce devoir pieux, oserai-je faire quelques réserves touchant, non pas la malheureuse nation arménienne, mais quelques personnalités arméniennes et quelques groupes de propagande, qui se sont si maladroitement, pendant six ans, constitués les défenseurs et les apologistes de ce Comité «Union et Progrès», l'auteur de tous leurs maux actuels.

Combien de fois je les ai mis en garde contre la mauvaise foi des unionistes, dont je connaissais l'âme noire et la perversité; au reste les massacres d'Adana, provoqués par ordre, auraient dû les ramener au sens de la réalité. Quelques-uns par intérêt mal entendu, d'autres inspirés par des combinaisons politiques de mauvais aloi, comme ce pauvre député de Constantinople, Zohrab effendi, qui a payé ses erreurs de la potence, tous les dirigeants arméniens, en un mot, ou presque tous, en se solidarisant avec la politique du Comité «Union et Progrès», ont compromis, au lieu de la servir, la cause de leur nation.

Si, au lieu de servir sous la bannière de cette association aussi funeste qu'occulte, ils s'étaient rangés franchement aux côtés des vrais libéraux qui ont dénoncé le danger depuis longtemps, même au péril de leur vie, non seulement ils seraient restés dans la logique de leurs principes, mais encore ils auraient épargné à leurs infortunés frères les persécutions d'avant la guerre, et à leur nation entière la perspective d'une extermination unique dans les annales de l'histoire. GÉNÉRAL CHERIF PACHA

Journal de Genève 18.9.1915.

★

Augenzeugenbericht

Der „Morning Post" wird aus Athen gemeldet: Die vom Inneren Armeniens zurückgekehrten Reisenden erzählen, dass sie mit Leichen von Armeniern angefüllte Schluchten gesehen hätten. Sie fügen bei, dass in den Wilajets Sivas, Erzerum und Trebizond die armenische Bevölkerung fast vollständig ausgerottet sei.

Neue Zürcher Zeitung, 22. September 1915, Morgenblatt.

★

Le témoignage accablant du Consul des Etats-Unis à Erzeroum

Représentant des Etats-Unis d'Amérique et en même temps missionnaire, le Révérend Robt. S. Stapleton a vécu, à Erzeroum, toutes les heures du drame.

Ce n'est pas en spectateur impassible qu'il a assisté au martyre de la population arménienne. Au risque d'être massacré lui-même comme le fut son collègue, Georges Kneip, missionnaire américain à Bitlis, qui s'était généreusement fait le protecteur des malheureux Arméniens dans cette ville, M. Stapleton, secondé énergiquement par sa courageuse femme, a fait tout ce qui était humainement en son pouvoir, pour sauver le plus grand nombre possible de victimes.

C'est à lui que doivent de vivre encore les cent vingt Arméniens (Arméniennes plutôt, car, sur ce nombre, il n'y avait, je l'ai dit, que *six hommes*) que l'on retrouva à

Erzeroum. C'est à sa protection que dix-sept jeunes filles, élèves de l'école américaine, doivent d'avoir échappé au déshonneur ou à la mort.

Témoin de toutes les atrocités commises par les bourreaux, M. Stapleton a bien voulu m'en faire le tragique récit. Mme Stapleton, présente à notre entretien, précise quelques souvenirs, et le révérend, pour fixer certaines dates, se reporte au carnet où il a, au jour le jour, noté les événements et qui constitue le plus terrible des réquisitoires contre les Jeunes Turcs et contre les Allemands, leurs complices.

Mon interlocuteur, tout d'abord, me confirme les faits que j'ai déjà racontés et sur lesquels je ne reviendrai pas. Il me donne ensuite quelques précisions:

Dès le 19 mai 1915, les Kurdes massacrèrent, à Khnis-Kalé, les Arméniens. C'est le 1er juin que les Arméniens de tout le vilayet d'Erzéroum reçoivent l'ordre d'exil. Cet ordre, ensuite, arrive pour les habitants d'Erzéroum même.

Le vali de la ville fait ce qu'il peut en adoucir la rigueur. Il permet aux Arméniens de se procurer des moyens de transport, charriots, ou voitures. Ici je laisse la parole à M. Stapleton.

– «Le vali, me dit-il, m'expliqua, sur ma demande, que la décision de son gouvernement ne visait pas seulement la déportation des Arméniens mais, pour des raisons militaires, l'évacuation de la ville, par toute la population, sans distinction de race. Cette affirmation était fausse, les événements me le démontrèrent par la suite.

«Le premier groupe d'émigrants, environ quarante familles, quitta la ville le 16 juin. Je sais que parmi ceux-ci, *un homme et une quarantaine de femmes seulement* arrivèrent à Kharpout.

«La grande masse des exilés partit le 19 juin. Ils emmenaient un immense convoi de chars, et des gendarmes turcs escortaient chaque groupe.

«Le 28 juillet, l'archevêque arménien Sembad Saadetain, l'archevêque catholique et le pasteur protestant furent, à leur tour, forcés de quitter la ville avec la dernière caravane des déportés.»

Mon interlocuteur s'interrompt. Une petite fille entre dans la pièce et vient se jeter dans ses bras. C'est une petite Arménienne échappée aux massacres. Elle a quatre ans. Elle fut trouvée à Erzéroum, dans la rue, après la fuite des Turcs et l'entrée des Russes. Elle mourait de faim et, interrogée, elle balbutia seulement: – Je m'appelle Ankinn (sans prix, inestimable). Mon père est tué. Ma mère est tuée. Les petits (ses frères et sœurs) ont été mis dans l'eau. (On sait qu'un grand nombre d'enfants arméniens ont été noyés par les bourreaux.)

M. Stapleton la recueillit et l'adopta. Maintenant, elle est heureuse, mais des visions d'horreurs subsistent encore dans sa mémoire enfantine et, un jour où les enfants de Mme Stapleton étaient absents, elle s'approcha de celle-ci et, à demi-voix, lui demanda:

– Dis-donc, où sont-ils, les petits? Est-ce qu'on les a aussi mis dans l'eau?...

M. Stapleton reprend son récit:

«– Ce n'est qu'au mois de septembre, me dit-il, que, pour la première fois, j'ai reçu des nouvelles des exilés. C'étaient uniquement des femmes qui m'écrivaient. Elles me demandaient si je savais ce qu'étaient devenus leurs maris, dont on les avait séparées et dont elles ignoraient le sort. La plupart m'annonçaient le massacre de toute leur famille. Toutes ces femmes ont été dirigés vers Séroudy, Ourfa, Alep et Raka. Les exilés devaient primitivement être dirigés vers Erzindjan et Kharpout. A Erzindjan, tous leurs moyens de transports furent confisqués et on changea la direction de ceux qui passèrent par cette ville pour les expédier vers Kémakh.

«La caravane qui marcha vers Kharpout fut victime d'atrocités indescriptibles. L'une des deux filles d'un de mes amis, un médecin arménien d'Erzeroum, le docteur Tachdjian, folle d'horreur, réussit deux fois à s'échapper et deux fois fut reprise. Elle et sa soeur se trouvent maintenant dans des harems de Kharpout...»

M. Stapleton poursuit son récit. Les scènes de férocité, de massacre et de mort se succèdent. Il précise les dates, les noms, les détails des crimes. Il me confirme le massacre, avant l'entrée des Russes, de cinquante artisans arméniens gardés à Erzéroum pour le service de l'armée turque. Il m'apprend que, à la même époque, sur l'ordre de Khémal pacha, commandant en chef des troupes turques d'Erzéroum, quarante familles grecques durent partir pour l'exil malgré un froid terrible. On ignore leur sort. Il fut sans doute celui des Arméniens.» (...)

Henry Barby: Au pays de l'épouvante. L'Arménie martyre.
Paris 1917 p.29-34.

★

Urfa. – Récit d'un témoin oculaire européen

Houssaper, 25 septembre

Le 19 août, la fusillade commença vers 5 heures du soir et se prolongea tard dans la nuit.

Le lendemain, M. X. alla en ville et vit les rues jonchées de cadavres; il eut l'impression que pas un Arménien n'était resté vivant. Tout était organisé d'avance, visite systématique des maisons, les hommes assassinés et les femmes chassées des maisons pour être envoyées au désert.

Dans son voyage, jusqu'à la mer, le témoin a vu des centaines de cadavres tout le long du chemin et quelques misérables dont la figure rappelait plus celle d'une bête que d'une créature humaine.

Presque tous les marchands d'Urfa étaient des Arméniens; maintenant tous sont morts, entre autres le seul pharmacien qui pût préparer des remèdes.

Quelques documents sur le sort des Arméniens...
Genève 1915, Fascicule I, p.63-64.

★

Aus: Deutschland und Armenien 1914–1918

KAISERLICH
DEUTSCHE BOTSCHAFT
                                                  Pera, den 25. September 1915

Weitere Meldungen der Kaiserlichen Konsuln in Adana und Aleppo bestätigen, daß die bekannten telegraphischen Weisungen der Pforte, um das Los der ausgesiedelten Armenier zu verbessern, infolge der verschiedenen Ausnahmen, die die Pforte selber von vornherein und nachträglich von den gewährten Vergünstigungen gemacht hat, und durch die Willkür der Provinzialbehören, ihren Zweck zum größten Teil verfehlt haben.

Wie Herr Dr. Büge unter dem 13. d. M. berichtet, sollten in Adana Witwen, Waisen, Soldatenfamilien, selbst Kranke und Blinde verschickt werden.

Gleichzeitig meldet Herr Rößler aus Aleppo, daß trotz des Befehls der Pforte, die Deportierten mit Nahrungsmitteln zu versehen, die Mehrzahl derselben an Hunger zugrunde gehen müßten, da die Behörden nicht imstande seien, eine solche Massenernährung zu organisieren.

Letzthin ging von Herrn Rößler noch das folgende Telegramm vom 18. d. M. ein:

„Lange Züge fast verhungerter armenischer Frauen und Kinder sind dieser Tage vom Osten zu Fuß hier eingetroffen und weiter transportiert, soweit sie nicht alsbald hier starben.

Der Befehl der Pforte, die noch an ihrem Wohnsitz befindlichen zu belassen, wird illusorisch, da jeder beliebige als verdächtig bezeichnet werden kann. Davon wird vielfach Gebrauch gemacht.

Entgegen dem Befehl werden Soldatenfamilien nicht ausgenommen. Auch schwer Kranke werden unbarmherzig abtransportiert.

Transporte erfolgen neuerdings auch wieder nach Mossul und Der es Zor. Trotz gegenteiliger Versicherung der Pforte läuft alles auf Vernichtung des armenischen Volkes hinaus.

Armenier haben mich gebeten, Ew. Durchlaucht dies noch einmal vorzustellen."

Talaat Bey, den ich auf diese Zustände habe aufmerksam machen lassen, hat zwar bereitwilligst Abhilfe zugesagt; ich glaube indes kaum, daß die Befehle der Zentrale eine wesentliche Besserung in der Lage der ausgesiedelten Armenier herbeiführen werden.
                                                  HOHENLOHE

Seiner Exzellenz dem Reichskanzler
  Herrn von Bethmann Hollweg

Deutschland und Armenien 1914–1918. Sammlung diplomatischer Aktenstücke…
Nummer 175, S. 155–156.

★

Zustände in Armenien

Korrespondenz aus Etschmiadzin vom 6. September

Berichte bestätigen, daß der Plan zur Vernichtung der Armenier („Armenien ohne Armenier") buchstäblich in Erfüllung geht. Das armenische Volk in Ordu, Tokat, Marsewan, Amasia und Sivas hat, um sich vor Metzeleien zu retten, formell den Islam angenommen. Aber selbst diese Apostasie hat ihnen nichts genützt. Die Türken haben viele Männer und Frauen über 14 Jahre niedergemetzelt, die Kleineren beschnitten und in ihre Häuser aufgenommen. Einen anderen Teil von Erwachsenen führten sie an den Euphrat und warfen sie nachher in den Fluß. Einen andern Teil der Bevölkerung haben die Mohammedaner nach Mesopotamien geführt, den größten Teil aber unterwegs vernichtet, und der Rest kommt infolge des ungewohnten Klimas nach und nach ums Leben.

Neue Züricher Zeitung, 30. September 1915, Abendblatt.

★

From: The Treatment of Armenians in the Ottoman Empire

VAN AFTER THE TURKISH RETREAT: LETTER FROM HERR SPÖRRI OF THE GERMAN MISSION AT VAN, PUBLISHED IN THE GERMAN JOURNAL "SONNENAUFGANG," OCTOBER 1915

There lies Artamid before us, adorned by its delicious gardens; but how does the village look? The greater part of it is nothing now but a heap of ruins. We talked there with three of our former orphan protégées, who had had fearful experiences during the recent events. We rode on across the mountain of Artamid. Even in time of peace one crosses the pass with one's heart in one's mouth, because the Kurds ply their robber trade there. Now it is all uncannily still. Our glance swept over the magnificent valley of Haiotz-Tzor. There lay Antananz before us, now utterly destroyed like the rest. We gave shelter, at the time, to the people from Antananz who had managed to escape. Further on in the magnificent green landscape lay Vostan. At first sight one might call it a paradise, but during these latter days it has also been a hell. What rivers of blood must have flowed there; it was one of the chief strongholds of the armed Kurds. At the foot of the mountain we came to Angegh. There again there were many houses destroyed. We found here a young woman who, after many years of widowhood, had married a native of the village. Things have been going well with her; now her husband, too, was slaughtered. One hundred and thirty people are said to have been murdered thus. We pitched our camp here in face of the blackened ruins. Straight in front of us stood an "amrodz," a tower built of cakes of manure – a common enough sight in these parts. We were told that the Kurds had burnt the corpses of the slaughtered Armenians in it. Horrible! And yet that is at least better than if the corpses of the slain, as has happened in other places, are allowed to lie for an indefinite period unburied, so that they are devoured by dogs and poison the air. There we were met by some soldiers; they were Armenian "Volunteers" who had come from Russia and were now fighting on the side of the Russians for the liberation of their Haiasdan. They were coming now from the neighbourhood of Bitlis, where heavy fighting was in progress. They had brought some sick back to the town, and proposed to rest here awhile. After that we rode on to Ten, where people we already knew came out to meet us from the village and informed us of what had happened there. There, too, the scenes of our former activity, the school and the church, lay in ruins, and many dwelling houses as well. The man who used to put us up was also among the slain; his widow is still quite distraught. Here about 150 are said to have been murdered. There were so many orphans in the place, they said to us – Should we now be inclined to take charge of any again? We were unable to give them any definite answer. As we rode on and on over the mountains, the splendid air did us much good and we thanked God for it, for little by little we have come to be in sore need of recuperation. We had a wonderful view from the mountain heights, but everywhere in the villages one sees blackened and ruined houses.

The Treatment of Armenians in the Ottoman Empire. Documents presented...
London 1916, Doc. 18, p. 71.

★

The Armenian Massacres

By Lord Bryce[*]

As His Majesty's Government have, of course, been unable to obtain, except from one or two quarters, such as the Consul at Tiflis quoted by Lord Cromer, any official information with regard to what has been passing in Armenia and Asiatic Turkey, I think it's right to make public some further information which has reached me from various sources – sources which I can trust, though for obvious reasons I cannot, by mentioning them here, expose my informants to danger. The accounts come from different quarters, but they agree in essentials, and in fact confirm one another. The time is past when any harm can be done by publicity; and the fuller publicity that is given to the events that have happened the better it will be, because herein lies the only possible chance that exists of arresting these massacres, if they have not yet been completed.

---

[*] The version here printed embodies Lord Bryce's own revision and enlargment of the official report of his speech delivered in the House of Lords on October 6th 1915.

I am grieved to say that such information as has reached me from several quarters goes to show that the number of those who have perished in the various ways to which I shall refer is very large. It has been estimated at the figure of 800,000. Though hoping that figure to be far beyond the mark, I cannot venture to pronounce it incredible, for there has been an unparalleled destruction of life all over the country from the frontiers of Persia to the Sea of Marmora, only a very few of the cities on the Aegean Coast having so far escaped. This is so, because the proccedings taken have been so carefully premeditated and systematically carried out with a ruthless efficiency previously unknown among the Turks. The massacres are the result of a policy which, as far as can be ascertained, has been entertained for some considerable time by the gang of unscrupulous adventurers who are now in possession of the Government of the Turkish Empire. They hesitated to put it in practice until they thought the favourable moment had come, and that moment seems to have arrived about the month of April. That was the time when these orders were issued, orders which came down in every case from Constantinople, and which the officials found themselves obliged to carry out on pain of dismissal.

There was no Moslem passion against the Armenian Christians. All was done by the will of the Government, and done not from any religious fanaticism, but simply because they wished, for reasons purely political, to get rid of a non-Moslem element which impaired the homogeneity of the Empire, and constituted an element that might not always submit to oppression. All that I have learned confirms what has already been said elsewhere, that there is no reason to believe that in this case Musulman fanaticism came into play at all. So far as can be made out, though of course the baser natures have welcomed and used the opportunities for plunder which slaughter and deportations afford, these massacres have been viewed by the better sort of religious Moslems with horror rather than with sympathy. It would be too much to say that they have often attempted to interfere, but at any rate they do not seem to have shown approval of the conduct of the Turkish Government.

There is nothing in the precepts of Islam which justifies the slaughter which has been perpetrated. I am told on good authority that high Moslem religious authorities condemned the massacres ordered by Abdul Hamid, and these are far more atrocious. In some cases the Governors, being pious and humane men, refused to execute the orders that had reached them, and endeavoured to give what protection they could to the unfortunate Armenians. In two cases I have heard of the Governors being immediately dismissed for refusing to obey the orders. Others more pliant were substituted, and the massacres were carried out. (...)

To give one instance of the thorough and remorseless way in which the massacres were carried out, it may suffice to refer to the case of Trebizond, a case vouched for by the Italian Consul who was present when the slaughter was carried out, his country not having then declared war against Turkey. Orders came from Constantinople that all the Armenian Christians in Trebizond were to be killed. Many of the Moslems tried to save their Christian neighbours, and offered them shelter in their houses, but the Turkish authorities were implacable. Obeying the orders which they had received, they hunted out all the Christians, gathered them together, and drove a great crowd of them down the streets of Trebizond, past the fortress, to the edge of the sea. There they were all put on board sailing boats, carried out some distance on the Black Sea, and there thrown overboard and drowned. Nearly the whole Armenian population of from 8,000 to 10,000 were destroyed – some in this way, some by slaughter, some by being sent to death elsewhere. After that, any other story becomes credible; and I am sorry to say that all the stories that I have received contain similar elements of horror, intensified in some cases by stories of shocking torture. But the most pitiable case is not that of those whose misery was ended by swift death, but of those unfortunate women who, after their husband had been killed and their daughters violated, were driven out with their young children to perish in the desert – where they have no sustenance, and where they are the victims of the wild Arab tribes around them. It would seem that three-fourths or four-fifths of the whole nation has been wiped out, and there is no case in history, certainly not since the time of Tamerlane, in which any crime so hideous and upon so large a scale has been recorded. (...)

There are still, I believe, a few places in which the Armenians, driven into the mountains, are defending themselves as best they can. About 5,000 were taken off lately by French cruisers on the coast of Syria, and have now been conveyed to Egypt, and they tell us that in the heights of Sassoon and in Northern Syria, possibly also in the mountains of Cilicia, there are still a few bands, with very limited provision of arms and munitions, valiantly defending themselves as best they can against their enemies. The whole nation, therefore, is not yet extinct, so far as regards these refugees in the mountains, and those who have escaped into Trans-Caucasia; and I am sure we are all heartily agreed that every effort should be made that can be made to send help to the unfortunate survivors, hundreds of whom are daily perishing by want and disease. It is all that we in England can now do; let us do it, and do it quickly.

I have not so far been able to obtain any authentic information regarding the part said to have been taken by German officials in directing or encouraging these massacres, and therefore it would not be right to express any opinion on the subject. But it is perfectly clear that the only chance of saving the unfortunate remnants of this ancient Christian nation is to be found in an expression of the public opinion of the world, especially that of neutral nations, which may possibly exert some influence even upon the German Government and induce them to take the only step by which the massacres can be arrested. They have hitherto stood by with callous equanimity. Let them now tell the Turkish Government that they are preparing for themselves a well-earned retribution, and that there are some things which the outraged opinion of the world will not tolerate. BRYCE

Arnold J. Toynbee: Armenian Atrocities. The Murder of a Nation.
With a speech delivered by Lord Bryce in the House of Lords.
London 1915, p. 5–14.

★

The Armenian Massacres. Exterminating a Race
A Record of Horrors

From a Correspondent

To one who remembers the rejoicings which welcomed the bloodless Turkish Revolution of 1908, the fraternization of Moslem and Christian, the confidence in a better future for the Armenians which survived even the Adana massacre of 1909, the story of the systematic persecution of the Armenians of Turkey is a bitter tale to tell. Talaat Bey and his extremist Allies have out-Hamided Abdul Hamid. They have even shocked their German friends, thus attaining an eminence in "frightfulness" to which the "Red Sultan" never soared.

When the Committee of Union and Progress finally decided to mobilize its forces against the Triple Entente, one of its first steps was to make an end of "all that nonsense about Armenian reforms", as the Grand Visier styled the latest reform scheme imposed by the Powers. One of the two European Inspectors-General, who were to watch over the Administration of the six Eastern Provinces of Turkey-in-Asia, had already set forth on his journey, greeted on his way by salaaming officials and escorted by respectful gendarmes. Then came the mobilization of the Turkish Army, and before he had even reached his destination he was bundled off, returning to Constantinople with a minimum of pomp and ceremony. At once occasional raids on Armenian villages began to be reported from the "Six Vilayets".

No massacre took place during the Turkish mobilization or the early stages of the Caucasus campaign. It was not till Enver Pasha's Army had invaded Russian territory, and another Turkish force, composed in part of Kurdish irregulars, had invaded Azerbaijan, that massacres began. At Ardahan the Turkish regulars are said by the Russians to have killed only 15 civilians during their brief occupation of the town, but their irregular allies and bands of Turkish fedais committed horrible crimes at Olty, Ardanush, Artum, and other places which they occupied, unchecked by regulars. Armenians were thrown over cliffs, their women violated and abducted, their children frequently Islamised. The invasion of Azerbaijan was attended by similar excesses. The bulk of the Armenian population, after suffering great privations, escaped into Russian territory. According to Russian newspapers and American missionaries, over 2,000 were killed, often by order of Turkish Consuls, in North-West Persia. Kurdish tribesmen committed gruesome atrocities near Bayezid, and, when the worst of the winter was over, began to raid the Armenian villages near Van. The defeat of Sary Kamish, inflicted by an army which included many Armenians, had infuriated Enver's ruthless temper. The systematic massacre of the 25,000 Armenians of the Bashkala district, of whom less than 10 per cent are said by Russian newspapers to have escaped slaughter or forced conversion, appears to have been ordered and carried out at this period.

The full description of the horrors that ensued along the frontier must be left to our Russian Allies. Suffice it to say that late in April the Armenians in the Van district who had collected arms to defend themselves against the Kurds before the war were attacked by Kurds and Turkish gendarmes. In some places they were massacred: in others they more than held their own, and finally they captured the town of Van and took a bloody vengeance on their enemies. Early in May a Russo-Armenian Army entered Van.

Talaat Bey's Policy

It is said by the Turcs in their defence that the decision to deport the Eastern Armenians was only arrived at after the discovery of an Armenian plot in Constantinople and after the Van outbreak. But the Armenians executed in Constantinople in April were men of the Hintchak Society who had been in prison for over a year, and the deportation and massacre of Armenians had begun before the Van Armenians were criminal enough to help themselves. There can be no doubt that Enver, who had never shrunk from violent methods, approved of the policy that was adopted. Commanding officers in the provinces received orders in April and May authorizing them to deport all individuals or families whose presence might be regarded as politically or militarily dangerous, and in the case of some of the Cilician Armenians, deportation had begun earlier.

But Talaat, who was in all probability the chief mover in the expulsion of the Greeks from Western Anatolia, who has never scrupled to lie to an Ambassador or to encourage pro-Turkish intrigue in the dominions of friendly Powers, is the chief author of these crimes. "I intend to prevent any talk of Armenian autonomy for 50 years" and "The Armenians are a... race; their disappearance would be no loss" are sayings attributed to him on excellent auhority. He has had worthy supporters among the extremists of the Committee of Union and Progress, such as Mukhlis Bey, Carasso Effendi, and his Jewish revolutionary supporters, Midhat Shukri and others, among officials such as the Valis of Diarbekir and Angora, and among the officers of gendarmerie, who, if one-tenth of the tales told by European and American refugees is true, have cast off all trace of the European training which French and British officers laboriously tried to instil into them and have too often become little better than licentious banditti.

Massacre Areas

Eastern Anatolia, Cilicia, and the Anti-Taurus region have been the scene of the worst cruelties on the part of the authorities and the population. In many cases the massacres were absolutely unprovoked. Thus at Marsovan, where there is an important American college, the authorities early in June ordered the Armenians to meet outside the town. They surrounded them there and the police and an armed mob killed, according to the Americans, 1,200 of the younger and more active Armenians whom the local Committee leaders and the gendarmerie most feared. The richer Armenians were allowed to avoid death by conversion to Islam, for which doubtful privilege they paid heavily. The poorer in some cases begged to be allowed to deny their faith and thus save their families, but as they had no money they were killed, or exiled. The younger women were distributed among the rabble. The rest of the community were driven across the country to Northern Mesopotamia.

At Angora the Vali arrested the Armenian manager of the Imperial Ottoman Bank, who was sent away in a carriage and killed by the Vali's orders some miles from the town. Mukhis Bey, a prominent member of the Committee of Union and Progress, then produced an order from the Central Executive of the Committee ordering the slaughter of the most prominent Armenians whether Gregorian or Catholic. The order was served on the Military Commandant, who refused to obey it. Mukhlis then armed the rabble and 683 unarmed Armenians were killed. Many were Catholics, whose cruel fate is known to have aroused vigorous protests on the part of the Vatican. At Bitlis and Mush a large number, according to some accounts 12,000 Armenians, many of them women, are reported to have been shot or drowned. At Sivas, Kaisari, and Diarbekir there were many executions, and several Armenian vilages are reported completely wiped out. At Mosul the unhappy Armenians who were brought from the north in gangs were set upon by the mob. Many were killed and Turks and Kurds came from as far as the Persian border to buy the women.

At Urfa, where the male Allied subjects formerly resident in Syria and one or two prisoners of war are now interned by Djemal Pasha's orders, the first massacre took place in the third week of August. It was witnessed by some of the Allied women and children who recently escaped from Syria. An English girl of ten years of age saw an Armenian's brains blown out and the bodies of women and children burnt with kerosene. Several smaller massacres followed the first outbreak, in which about 150 Armenians were killed. The military took no part in it, but left freedom to the rabble, who slightly wounded several French prisoners who had been allowed to walk in the town. It is not surprising that the British, French and Russian women who have escaped from Urfa should express the liveliest apprehensions as to the fate of their menfolk, prisoners in what is probably the most fanatical town in Turkey, and the scene of the burning of about 6,000 Armenians of both sexes in the Cathedral during the Hamidian massacres.

A Desperate Resistance

The massacred Armenians had mostly given up their arms in accordance with the advice of their clergy. At four widely separated places resistance was offered. At Shaban Karahissar in North-East Anatolia, the Armenians took up arms, held off the Turkish troops for some time and were finally overwhelmed. Some 4,000 were believed to have been killed or sold – the fate of the women and children – at this place. At Kharput, on hearing of the intention of the authorities to deport them, the Armenians rose on June 3, and for a week held the town. They were overpowered by troops with artillery, and were mostly killed. The outbreak at Zeitun seems to have taken place in March and to have been a very trivial affair. The Armenians of the town of Zeitun, though formerly a turbulent race, handed over the few insurgents to the Turks, hoping thus to be spared, but Fakhry Pasha, the author of the second Adana massacre, nevertheless killed a few of the townsmen on the spot, and may have drafted the rest into labour battalions. The women, children and infirm were sent to Zor – described by a most competent authority as a "human dustbin" where they are reported to be dying in large numbers.

The Armenians of Jebel Musa were ordered to quit their homes late in July. Believing very naturally that the Turks proposed to make away with them, they rose in revolt to the number of 600. Though poorly provided with arms, they held out for a month against about 4,000 Turkish troops. Their losses were slight. Those of the Turks, who seem to have been troops of inferior quality, are said by refugees from Syria to have amounted to from 300 to 400. The fighting was ruthlessly waged. The Turks carried off some 20 Armenian women and children, and executed two prisoners before the Armenian position. The Armenians retaliated by executing a Turkish major, a notable who had plundered one of their villages, and other prisoners whom they took. Ammunition was running low early in September, and a massacre seemed inevitable when French warships and a British vessel arrived and took off the Armenians to the number of 4,000, mostly women and children.

It may be noted that the only massacres reported in the Arab countries – namely, north of Baghdad, where about 1,000 Armenians are said on American authority to have been killed at the end of their long journey from the North; and at Kebusié, in the Homs district, where a body of 250 Armenian deportees were killed, forcibly converted or, in the case of the girls, sold – were committed by the military, apparently Kurds and Turks.

Deportation or Starvation

It remains to describe Talaat Bey's methods in detail. Massacre was followed by a crueller system of persecution than Abdul Hamid ever invented. The Red Sultan's abominations were seldom accompanied by the wholesale deportation of the survivors; the violation and abduction of women and the conversion of children, though sadly frequent in some places, were by no means general in the massacres of 1894–1896. Then the wild beast was allowed to run amok for 24 hours, and was then usually chained up.

In Talaat Bey's campaign the preliminary massacre, which was sometimes omitted, was followed by the separation of the able-bodied men from their women folk. The former were drafted into labour battalions or simply disappeared. The women, children, and old men were next driven slowly across country. They were permitted to take no carts, baggage, animals, or any large stock of provisions with them. They were shepherded from place to place by gendarmes, who violated some of the women, sold others, and robbed most. Infirm or aged folk, women great with child, and children were driven along till they dropped and died by the way. Gendarmes who returned to Alexandretta described with glee to the Europeans how they robbed the fugitives. If these refused to give up their money their escort sometimes pushed them into streams or abandoned them in desolate places.

A European who witnessed the exodus of some of the Armenians of Cilicia says that most of them were footsore, all looked half starved, and no able-bodied man could be seen among them. At Osmanie on the road between Aleppo and Adana they were given only eight hours' notice by the town crier to make ready for their departure.

The French and British refugees from Urfa saw the bodies of "hundreds" of women and children lying by the road and met another of these lamentable half-starved caravans. An American who accompanied a group of Armenian exiles from Malatia reports that the road to Urfa was marked all along its course by the bodies of those who had died. Travellers by the Anatolian Railway report that the hills near Bilejik Geive, and other stations in the hinterland of Brusa were crowded with Armenians from Brusa, Ismid, and other settlements near Constantinople, who had no shelter and were begging their bread. Large bodies of the exiles are said to have been simply led into the desert south of the Euphrates and left there to starve.

The Tallest Poppies

The policy which lost the Committee leaders Macedonia, and is as old as King Tarquin, seems to have been revived by Talaat. Just as in Macedonia notable Greeks and Bulgars who had been amnestied fell frequent victims to the bravi of the Committee, so now Armenians who had cooperated most loyally with the Turkish Revolutionaries were among the first to feel the weight of Talaat's hand. Haladjian Effendi, ex-Minister of Public Works, was arrested in Constantinople after the discovery of an alleged Armenian plot, and in spite of his friendly relations with the Committee, of which he was a member, and his friendship with Talaat and Djavid Beys, was hurried into Anatolia, where he has disappeared. It is not known whether he is dead or alive. Garo Pasdermatjian, who took part in the attack on the Imperial Ottoman Bank in 1896, joined the Young Turks before the Revolution, and was one of Talaat's intimates, was also arrested. So were Vartkes, as popular a member of the Turkish Chamber of Deputies as Pasdermatjian, Aghnuni, the very able leader of the Dashnakist Society in Constantinople, Zohrab Effendi, M. P. for Constantinople, an able but unpopular lawyer, who belonged to the Committee Party, Vartan Papazian, and other Armenians, several of whom were members of Parliament.

According to Armenian refugees from Syria, whose story is largely borne out by independent evidence, several of the prisoners arrived at Urfa in July. They were there entertained to dinner by the Chief of Police, who during the meal received a telegram from the Vali of Diarbekir bidding him send the prisoners to Diarbekir at once. They started before midnight, and early next morning were killed on the way by "brigands". Zohrab is known to have met his fate there, and it is believed that Aghnuni, Vartkes, Papazian, and Pasdermatjian died with him. Of Aghnuni's death and that of Vartkes and Papazian there seems no doubt. A number of priests and at least one bishop are reported executed by military Courts.

Women and Children Sold

Torture has been frequently used in the case of Armenian prisoners and suspects. The sale by Bedri's police of Armenian children of both sexes to the keepers of disorderly houses and Turks of bad moral character has provoked protests in Constantinople. The object of the conversion of children from some districts and the very general sale of women and girls appears to be political. Foreigners believe that Talaat has countenanced these crimes with the object of breaking up the strong social structure of the Armenian community in Turkey.

There are Turcophils who aver that the Armenians do not really object to such proceedings. One is reminded of a youthful and "highly well-born" traveller who, returning from Macedonia in the days of band warfare, reported as a proof of Ottoman lenity that he had seen Slav girls dancing with Turkish irregulars. This cruel comedy had, of course, been arrranged by an officer of gendarmerie, for the average Christian peasant girl in Macedonia would as soon dance with a Turk as an Anglo-Indian lady would consent to divert an Afghan with the danse du ventre. The belief that Armenians "do not mind" is a cruel falsehood. The Armenian woman of the country towns is nowadays often quite well educated and always strictly brought up, and her sufferings are doubtless as great as those of the average English or French farmer's daughter would be were she subject to similar cruelty.

German and Turkish Protests

The attempts of the American Ambassador to procure some alleviation of the lot of the Armenians have thus far proved unsuccessful. Mr. Morgenthau, in the opinion of good observers, wasted too much diplomatic energy on behalf of the Zionists of Palestine, who were in no danger of massacre, to have any force to spare. Talaat and Bedri simply own that persecuting Armenians amuses them and turn a deaf ear to American pleadings. German and Austro-Hungarian residents in Turkey at first approved of the punishment of Armenian "traitors", but the methods of the Turkish extremists have sickened even Prussian stomachs. True the Jewish Baron von Oppenheim, now in Syria, has been preaching massacre, and the German Consular officials have followed suit, perhaps with the idea of planting German colonists in the void left by the disappearance of the Armenians when the war is over. But the German Government has grown nervous. On August 31 the German and Austro-Hungarian Ambassadors protested to the Grand Vizier against the massacre of Armenians and demanded a written communication to the effect that neither of their Governments had any connection with these crimes. Turkey has not, so far, given her Allies a certificate of unblemished character, and the bestowal of the Ordre pour le Mérite on Enver Pasha by the Kaiser is not likely to give the impression that Germany is earnest.

There have been some Turkish protests against these abominations. The Turks of Aintab refused to permit the exile of the local Armenians. One of the Turkish Provincial Governors-General, whose name had best not be mentioned lest he be transferred to another post or world, has saved many exiles from starvation. Rahmi Bey, the bold Vali of Smyrna who has treated the interned British and French residents of the town right well, has repeatedly protested to the Porte against these crimes and has refused to hand over suspected Armenians for trial. The Sheikh-ul-

Islam has salved his conscience by a tardy resignation, and Djahid and Djavid Beys have uttered plaintive protests when it was too late. In a few days' time Parliament will meet and Talaat and his colleagues will then explain and defend their Armenian policy to the House. One can imagine what line their defence will follow – the necessity of securing national unity at this critical hour, the importance of checking dangerous and unpatriotic agitation, the deplorable crimes committed by the Armenians, the sufferings of tortured Moslems under British and Russian rule, and much more rhetoric of this kind. One cannot, unfortunately, imagine the Chamber of Deputies refusing to vote the fullest confidence in Talaat and Enver. Massacres will probably cease and the Armenians be left to starve quietly.

The Times, London, 8. 10. 1915.

★

Bericht eines schweizerischen Augenzeugen über die Deportationen der Armenier

Von Dr. Ed. Gräter, Basel

Herr Dr. Ed. Gräter aus Basel, ehemaliger Lehrer an der deutschen Realschule in Aleppo, stellt uns einen umfangreichen Bericht über seine Erlebnisse und Beobachtungen in Armenien während der Deportationszeit zur Verfügung. Da derselbe wertvolle Ergänzungen zu den von anderen Augenzeugen gemachten Mitteilungen enthält, so sind wir dem Verfasser für die Überlassung seiner Aufzeichnungen dankbar und bedauern nur, daß wir nicht den ganzen Bericht, sondern bloß einen Auszug unsern Lesern bieten können.

Unser Gewährsmann berichtet zum Eingang, wie bereits im Frühjahr 1915 die Kunde von Armenierunruhen in Aleppo eintraf, wie er bald darauf Zeuge der ersten Ausweisungen wurde, von der Größe der Katastrophe aber auch dann noch keinen Begriff bekam, als er Ende Juni Syrien verließ. Erst bei seiner Rückkehr im September gleichen Jahres sollte sich ihm diese durch eine lange Reihe schrecklicher Reisebilder und Erlebnisse in ihrem ganzen Umfng darstellen. Doch lassen wir ihn nun selbst reden:

„Bei meiner Ankunft in Konstantinopel erzählte mir der Hotelwirt: „Heut' sind wieder 2000 Armenier weggeführt worden; alle, die nicht Bürger der Stadt sind, werden deportiert."

Später hörte ich, daß von 100000 Armeniern der Hauptstadt 20000 weggeführt worden seien. Am anderen Tag sah ich die Polizei an der Arbeit. Überall kleinere Gruppen von Menschen, die aus Häusern geholt oder auf der Straße angehalten und nach den Polizeiwachen geführt wurden.

Der armenische Patriarch erzählte mir, daß viele jungen Frauen und Mädchen aus Armenien, deren Männer und Väter getötet worden waren, in die Harems von

Stambul gebracht worden seien. Er habe selbst mit einigen gesprochen, denen es gelungen sei, zu fliehen. Das einzige, was er tun könne, sei Geld nach Aleppo und Mossul zur Linderung der Not zu schicken; er verkaufe alles Gold, das die Kirche besitze. Der würdige Geistliche, der ziemlich gut französisch sprach, war sehr traurig über das Unglück seines Volkes.

Dann sah ich einen schweizerischen Kaufmann, der mir klagte, seine besten Kunden, reelle Kaufleute, seien zur Auswanderung gezwungen, und ihre Güter konfisziert worden. Die europäischen, vor allem die deutschen Fabrikanten seien dadurch auch schwer geschädigt.

Auf der Polizei wurde mir ein Inlandspaß verweigert, mit der Begründung, es dürfe jetzt niemand reisen. Mit Hilfe der deutschen Botschaft erhielt ich nach 10 Tagen meinen Paß doch und reiste auf der anatolischen Bahn weiter. Da zeigte sich nun längs der Bahn ein Armenierlager nach dem andern. Auf freiem Felde lagerten die armen Leute zu Hunderten unter dürftigen Zelten, die sie kaum gegen Regengüsse und die in dieser Jahreszeit schon starken Nachtfröste schützten. Überall machte sich der für den Armenier typische praktische Sinn für Ordnung und Reinlichkeit geltend.

Ich sprach mit einigen Leuten. Besorgte Mütter ließen mich durch ihre französisch sprechenden rotbackigen Mädchen fragen, wie lange der Krieg noch dauern werde. Man hatte, wie es scheint, den Leuten freigestellt, für die Dauer des Krieges in Anatolien zu bleiben oder nach Cilicien und Syrien zu wandern. Der kommende Winter sprach für den zweiten Ausweg. Aber die Hoffnung, sie könnten bald wieder nach Brussa zurückkehren, hielt die Leute davon ab. Sie fragten mich, was ich dazu meine. Da war guter Rat teuer, war mir doch selbst dieser Exodus völlig unklar. Ich hörte, es gebe viele Kranke und Tote, und durch alle Lager hörte man husten.

Je näher ich zum Taurus kam, desto elender, d. h. abgerissener, ausgehungerter und ermatteter sahen die Vertriebenen aus. Am Ende des dritten Tages erreichte ich Belemedik, wo mich der schweizerische Oberingenieur L. erwartete. Belemedik liegt 7 km abseits von der großen Heerstraße über den Taurus. Herr L. hatte deshalb nur ab und zu Gelegenheit gehabt, die Züge der Auswanderer zu sehen. Doch hatte das, was er sah, dermaßen sein Mitleid erregt, daß er einen seiner Angestellten beauftragte, täglich auf seine Kosten den hungrigen Leuten 200 Brotlaibe zu verteilen.

In Adana vermißte ich fast alle meine armenischen Bekannten. Die Schüler der deutschen Schule waren so wenig verschont worden als der armenische Lehrer, welcher im Schulhaus wohnte und den abwesenden Direktor während der Sommerferien zu vertreten hatte. Nur mit der größten Mühe hatte der Konsul seinen Dragoman (Dolmetscher) vor der Ausweisung schützen können.

Das Wiedersehn mit meinen deutschen Kollegen in Aleppo und namentlich mit meinen Schülern war traurig; trauriger noch gestalteten sich die nun folgenden Ereignisse.

Täglich rückten in Aleppo Wanderer an, ganze Familien, Großmütter, Mütter, kleine Kinder, Großväter und Buben. Auf Ochsenwagen führten sie die nötigsten Habseligkeiten mit sich. Wer etwas Geld hatte, mietete Häuser und Zimmer; wer Verwandte hatte, wohnte bei diesen; der Rest hauste im Hof der armenischen Kirche oder in den Khans, großen quadratischen Höfen mit Ställen an den Seiten. Da die meisten dieser Massenquartiere sich im Christenviertel befanden, wo auch unsere Schule steht, so bekamen wir mehr Elend zu Gesicht, als wir ertragen konnten. Oft wurde mein Schulunterricht durch Gejammer von Leuten unterbrochen, die von der unerbittlichen Polizei zum Verlassen ihrer Herbergen genötigt wurden. Besonders nahm ein Gehöft neben unserer Schule unsere Aufmerksamkeit in Anspruch. Es war eine frühere Weberei, welche die Regierung kranken Auswanderern zur Verfügung gestellt hatte. Da lagen und saßen sie nun zu Hunderten, Lebende, Sterbende und Tote, kaum voneinander zu unterscheiden, in ihrem Unrat, wimmernd, röchelnd oder verstummt. Das war das letzte Stadium der unverdienten Todesstrafe.

Als ich das erstemal das Totenhaus betrat, erfaßte mich ein solches Grauen, daß ich mir vornahm, meinen Besuch nie zu wiederholen. Als ich aber tagsdarauf einen Kollegen, der ahnungslos von Jerusalem nach Deutschland zurückreiste, über die Armenier, wie dies so oft geschieht, aburteilen hörte, führte ich ihn zu jener Stätte. Angesichts solchen Elends konnte kein Vorwurf mehr laut werden.

War dieser Totentanz unser täglicher Anblick, so vernahmen wir ebenso schreckliche Nachrichten von den Ingenieuren und Angestellten der Bagdadbahn, den einzigen Europäern, die weiter ins Innere kamen.

Im Oktober 1915 hatte ich eine Reise nach *Der el Zor*, 5 Tagesreisen in der Richtung nach Bagdad, zu machen. Die Straße berührte einige Male den Euphrat. Bei einem Halt am Strom sah ich ein halbes Dutzend Armenierleichen dahertreiben. Die muselmanischen Anwohner machten darüber ihre Späße. Wir ließen uns auf eine Insel hinüberrudern, um im Tamariskenwald all den erlebten Jammer zu vergessen, da entdeckten wir angeschwemmte, verwesende Leichen. Am Endziel unserer Reise wollte ich in *Der* die Armenierlager besuchen, aber seit meiner Abreise von Aleppo hatte ich Fieber gehabt, das nach dreitägiger Ruhe nicht wich. Während der Rückreise war ich bewußtlos; ich hatte Flecktyphus.

Als ich wieder zum Bewußtsein kam, lag ich in einem armenischen Hospital. Ich hatte Armenier retten wollen, statt dessen rettete ein Armenier mich. Im gleichen Zimmer waren etwa ein Dutzend andere Typhuskranke, fast ausschließlich ausgewiesene Armenier. Im Fieber glaubten sie sich von türkischen Gendarmen verfolgt und mehrere erlagen, trotz der trefflichen Spitalbehandlung, infolge der ausgestandenen Strapazen, der tückischen Krankheit.

Als ich zum erstenmal wieder ausging, fand ich die Straßen Aleppos vereinsamt und den Khan neben unserer Schule von den 700 Sterbenden geräumt. Ich fühlte etwas wie Dankbarkeit, obschon ich mir sagen mußte, daß dem Aussterben der armen Gebirgsbewohner kein Einhalt geboten war. Die Anstrengungen der Zivilbehörden zielten jetzt überhaupt darauf hin, die Etappenlinie zu säubern, da nicht nur die Brunnen verseucht, sondern auch die Luft vom Leichengeruch verpestet war und man große Truppenkontingente aller drei Zentralmächte erwartete. Statt nach Aleppo dirigierte man die lebenden Massengräber in südöstlicher Richtung gegen das Städtchen Bab und von dort weiter nach dem Euphrat; von Ras e Ain in Mesopotamien trieb man sie in südlicher Richtung gleichfalls an den Euphrat. Natürlich können die spärlichen Wohnsitze an diesem Fluß so viele Einwohner nicht fassen, auch starben unterwegs viele Hunderte und unter denen, die bereits schon hier unten lebten, hielt der Tod ebenfalls reiche Ernte.

Trotz der Reinigung der Etappenstraße und trotzdem ich nur noch wenig ausging und außer meiner täglichen Arbeit nur noch meinen Studien oblag, verstrich kaum ein Tag, ohne daß ich an das waltende Unglück gemahnt wurde.

Es darf niemanden wundern, wenn viele Leute, namentlich Deutsche, aus dem Orient zurückkehren, ohne die von mir geschilderten Zustände und Vorgänge zu bestätigen. Die Soldaten z. B. verkehren fast ausschließlich in ihren Soldatenheimen. Ihren Sold bekommen sie in deutschen Markscheinen ausbezahlt. Dazu kommt ihre Unkenntnis von Sprache und Verhältnissen. In Gesellschaft von Offizieren ist es verpönt, die Armenierfrage zu berühren; man stößt auf eisiges Schweigen, als hätte man eine Ungehörigkeit gesagt, oder man hört die unglaublichsten Theorien. So antwortete mir ein Herr, der am Euphrat die Flotillen ausrüstet, auf die Frage, ob noch immer Leichen den Strom heruntertreiben – es war nach Neujahr – „ja ab und zu, aber es handelt sich wohl um Verunglückte, die im Hochwasser ertrunken sind".

Um so mehr werden Fehler einzelner Armenier verallgemeinert. Über die Tausende, die klaglos und widerstandslos nach ihrer Schädelstätte wandeln, wird kein Wort verloren. Aber wehe, wenn in diesem entsetzlichen Massensterben einige Verzweifelte, die sich vom Leben nicht trennen wollen, sich in der Wahl ihrer Mittel wenig wählerisch zeigen! „Der Armenier verkauft seinen Bruder für eine Zigarette!" und wie die fertigen Formeln, die um so mehr gebraucht werden, je weniger man mit den Armeniern zu tun hat, alle heißen.

Wehe auch, wenn Armenier das taten, was schließlich das sanfteste Tier tut, wenn es fortgesetzt gepeinigt wird, und was die Armenier unbegreiflicherweise nur in ganz vereinzelten Fällen getan haben, nämlich sich zur Wehr zu setzen!" –

Wir müssen hier leider wegen Raummangel abbrechen, hoffen aber bei einer späteren Gelegenheit auf den Bericht zurückzukommen.

Mitteilungen über Armenien. Periodisch erscheinendes Blatt
zur Orientierung der Armenierfreunde in der Schweiz,
zugleich Organ des Schweiz. Hilfswerks 1915 für
Armenien und des Vereins der Freunde Urfas Basel.
Basel, No. 3, Januar 1917.

★

L'horrible forfait

La misère et le désespoir des Armeniens vont croissants.

Dans toute l'Asie Mineure, on chercherait vainement une ville dans laquelle la persécution n'ait sévi.

Les premières mesures ont consisté à enrôler tous les hommes astreints au service militaire. On n'en a envoyé qu'une faible partie à l'armée. Les autres, non armés, ont été employés à des travaux de routes, à constructions, à des transports de munitions.

Puis, dans la population, ainsi affaiblie par l'absence de ses éléments les plus vigoureux, on a procédé à des arrestations en masse des hommes les plus en vue, médecins, avocats, commerçants, instituteurs, plus de 1,400 à Sivas, 600 à Marsovan, des centaines ou des milliers dans chaque ville.

Un grand nombre de ces détenus ont été graduellement exécutés sans jugement. Puis est venu l'ordre à toute la population de quitter leurs villes et leurs villages. Par longs convois, on les a successivement acheminés vers des destinations diverses, avec de rares moyens de transport qui leur ont été rapidement enlevés, les femmes traînant leurs enfants après elles et les perdant en route ou les jetant dans des rivières, les vieillards succombant à la fatigue, sans nourriture, poussés en avant à coups de bâtons et de baïonnette.

Ces marches doivent durer des semaines et aboutir à des régions sans aucune ressource où ceux qui sont arrivés meurent par centaines. Rien n'égale l'horreur de ces convois et le désespoir des victimes.

Toute la population arménienne du nord de l'Asie Mineure, d'Erzeroum à Erzingan, a passé par cette dernière ville; un marché aux esclaves était établi à la porte de cette ville et les Turcs s'y servaient de femmes et d'enfants. D'Erzingan on les dirigeait vers le sud pour gagner Harpout par une contrée sauvage. Dans un des défilés que traverse l'Euphrate, les Kourdes attendaient les convois au passage et ouvraient sur eux un feu croisé, ou s'emparaient des hommes et les précipitaient dans le fleuve. Deux voyageuses avaient recueilli six enfants et les croyaient sauvés. On vint les leur enlever pour les mettre à mort. Plus loin, elles virent sur leur route un Turc posté en observation qui leur dit avoir tué près de 300 Arméniens isolés qui cherchaient à fuir. Dans un village où elles couchèrent, après avoir entendu dans la nuit les salves d'un peloton d'exécution, elles virent un matin les Turcs partant à cheval à la chasse des Arméniens qui s'étaient sauvés dans la montagne.

La veille, elles avaient assisté aux préparatifs de l'exécution de 400 jeunes Arméniens que l'on avait employés à la construction des routes.

A Trébizonde, 600 hommes furent chargés sur des bateaux à destination de Samsoun, ce qui aurait nécessité une longue navigation. Deux heures après les bateaux rentraient à vide, la cargaison avait été massacrée et jetée à la mer. A Trébizonde aussi quelques personnes, Turcs et Grecs, avaient avec l'autorisation du gouverneur recueilli un grand nombre d'enfants et obtenu l'autorisation de garder un certain nombre de jeunes filles arméniennes comme institutrices et gardiennes. L'ordre formel arriva de Constantinople de déporter tous les enfants; dix des jeunes filles arméniennes furent gardées pour être livrées aux Turcs. 180 des enrôlés arméniens furent exécutés en un seul jour.

Ces convois d'Erzeroum et Erzingan arrivèrent à Harpout dans les premiers jours de juillet en haillons, sales, affamés, malades. Ils avaient mis deux mois à parcourir cette route presque sans nourriture et sans eau. Ils se jetèrent sur le foin qu'on leur donna comme à des bêtes; dans la bagarre quelques uns furent tués à coups de bâton par les gendarmes turcs. Les mères offraient leurs enfants à qui voulait les prendre.

On envoya des médecins turcs pour examiner spécialement les jeunes filles que les Turcs voulaient garder chez eux. Il n'était arivé à Harpout qu'une faible partie de ceux qui étaient partis d'Erzingan.

Dans la population de Harpout même, la déportation avait été précédée par l'arrestation de plusieurs milliers d'hommes de la région, on les avait conduits dans la montagne, d'où ils n'étaient pas revenus. Ces exécutions se renouvelaient fréquemment, 4 à 500 par jour.

A Diarbekir les perquisitions dans les maisons furent accompagnées de terribles violences, femmes battues jusqu'à avoir plusieurs membres brisés, vols d'effets par la police, nombreux viols, les prisons regorgeaient et le typhus s'y déclara sans aucun secours médical, nombreux assassinats d'Arméniens isolés, peine de mort à qui ne livrait pas ses armes. Les villages des environs étaient pillés et dévastés par les Kourdes et la population massacrée.

Puis vinrent les déportations en masse. Mille Arméniens furent chargés sur des radeaux qui devaient descendre le Tigre jusqu'à Mossoul à travers une région sauvage infestée de Kourdes. Pas un n'est arrivé à destination. L'archevêque arménien a été torturé de la façon la plus effroyable, puis brûlé vif; quatre autres prêtres promenés nus dans les rues enduits d'ordures.

Tout essai de résistance, bientôt réprimé par des forces supérieures ne sert qu'à provoquer un massacre plus général encore, ainsi que cela est arrivés par places, entre autres dans le nord à Shabin Karahissar et dans le sud près de Marash au village de Foundadjak, qui a été réduit en cendres.

Après cela, le *Journal de Genève* se doit-il à lui-même de répondre à un article paru dans les *Süddeutsche Monatsheften* de septembre, qu'on lui signale tardivement et dans lequel il est pris à partie par M. Fr. W. von Bissing. Celui-ci reproche au journal de publier une correspondance dont l'auteur ne signe pas. Il est facile de comprendre que si les témoins qui commencent à éclairer l'opinion publique européenne ont encore en Turquie des personnes qui leur tiennent de près, ils ne peuvent les désigner à la vindicte d'un gouvernement tel qu'est le gouvernement turc. M. de Bissing soutient que les Arméniens sont des révolutionnaires qui ont comploté contre le gouvernement. Rien n'est plus faux. Si les massacres précédents ont, comme cela est naturel, suscité parmi la jeunesse arménienne quelque excitation révolutionnaire, ce parti n'a jamais été qu'une infime minorité, désavouée par les autorités religieuses et par tout le parti constitutionnel (Tachhagzoutioun). C'est avec ce parti qu'au moment de la révolution de 1908 les meneurs jeunes-turcs ont fraternisé dans une commune exécration pour le régime hamidien et dans une entente libérale entre Turcs et Arméniens qui devait faire la prospérité de l'empire.

Au moment de la contre-révolution de 1909 qui ramenait pour quelques jours Abdul Hamid an pouvoir, les Jeunes-Turcs se cachèrent chez leurs frères arméniens. Par une coïncidence extraordinaire, juste au même moment éclatait le terrible massacre d'Adana (avril 1909) qui avait été préparé par les Jeunes-Turcs et qui passa quelque temps au compte d'Abdul Hamid.

Malgré cette effroyable déception, les Arméniens ne renoncèrent point à leur alliance avec les Jeunes-Turcs et continuèrent à espérer qu'avec le contrôle de l'Europe et la nomination d'inspecteurs européens pour les provinces arméniennes, une ère de paix et de concorde pourrait s'ouvrir.

Le prétexte donné par les Turcs pour leurs atrocités actuelles est ce qu'ils appellent la révolte de Van d'avril 1915. La vérité est que les Kourdes et les Turcs ayant dévasté pendant l'hiver les villages de cette région, les habitants arméniens de Van, sachant à quoi on voulait en venir, refusèrent de laisser commencer dans leur ville le régime des perquisitions et des arrestations, qu'ils se barricadèrent dans leurs deux quartiers principaux et soutinrent héroïquement un siège de quatre semaines jusqu'à l'arrivée des corps arméniens du Caucase, précédant l'armée russe. Révolte légitime et qui d'ailleurs ne justifierait pas, même si elle avait été coupable, une répression qui a porté sur un million d'innocents.

Nous ne pouvons croire que l'opinion de M. de Bissing représente celle du peuple et du gouvernement allemands. Il nous est revenu que les dirigeants allemands avaient depuis longtemps déclaré que pour la grande œuvre économique que l'Allemagne projetait en Asie Mineure, pour la prospérité de son chemin de fer de Bagdad, elle avait besoin de la coopération intelligente, active de l'Arménien, seul capable de donner à ces contrées l'essor qu'on pouvait y espérer et lorsque le peuple allemand connaîtra ces faits, si bien cachés pendant longtemps, mais que l'on ne peut plus nier, il ne restera pas impassible. Sans doute, d'autres puissances neutres devront chercher à intervenir, mais l'Allemagne seule peut dire le mot et faire le geste décisifs qui sauveront ce qui reste encore de ce peuple dont le martyre est peut-être sans précédent dans l'histoire.

Le temps presse, les déportations ont déjà commencé de Constantinople même par chiffres considérables.

Journal de Genève, 13. 10. 1915.

★

L'extermination des Arméniens

Si l'on veut se rendre compte de l'étendue du désastre arménien, il faut savoir qu'il s'est produit sur deux théâtres distincts.

1° Ce que le gouvernement turc a fait de la population arménienne sur presque toute l'étendue de l'Asie Mineure de la mer Noire à la mer Méditerranée, d'Erzeroum, Harpout, Alep à l'est jusqu'à Brousse, Konia, Tarse à l'ouest, y compris les villes intermédiaires de Tokat, Amasia, Sivas, Albistan, Zeitun, etc., cela est maintenant, et malgré toutes les dénégations, de notoriété publique. Dans les plus pauvres villages, dans les localités les plus florissantes, tous les intellectuels, les commerçants et toute la population rurale ont été anéantis par une pseudo-conscription militaire qui aboutissait à des exécutions collectives, par les arrestations en masse, par le pillage accompagné de massacres, par les cruautés exercées sur les colonnes de déportés. Les maisons, les magasins, les champs des Arméniens ont été donnés à des Turcs habitant la localité ou précédemment émigrés des régions balkaniques.

Les épaves, femmes, enfants, vieillards, meurent ou sont assassinés dans leur lamentable trajet vers la Mésopotamie où il n'arrive qu'une faible proportion de ceux qui se sont mis en route.

Il faut connaître aussi ce qui s'est passé dans les provinces du nord est de la Turquie d'Asie, dans la partie qui confine au nord à la partie russe de l'Arménie.

2° Pendant l'hiver 1914–15, 100 à 150,000 Arméniens de la région située à l'est d'Erzeroum avaient dû fuir au Caucase en plein hiver, au prix d'affreuses souffrances. Les comités arméniens russes furent débordés et matériellement incapables de subvenir à l'écrasante tâche des secours.

Pareil désastre a atteint ensuite la province de Van, cœur de l'Arménie, dont elle est une des plus belles parties. La population y est énergique, fière, résistante et entreprenante, remarquablement intelligente aussi. Dans toutes les vallées, dans les îles du beau lac, se dressent des monastères souvent remarquables par leur architecture, témoins d'un passé de vie nationale et d'anciennes traditions.

Malgré les massacres de 1896, malgré les spoliations sournoises qui, avec la complicité des autorités, faisaient peu à peu passer entre les mains des grands beys turcs ou kourdes des maisons, des champs authentiquement arméniens, la population arménienne était en nombre à peu près égal à celui de la population musulmane, supérieur même dans la ville de Van. A l'ouest du lac se trouve la fertile vallée de Mouch, bordée au sud par les montagnes du Sassoun, dont les vaillants montagnards opposèrent, en 1894, une longue résistance aux premiers massacres d'Abdul-Hamid.

Dès décembre 1914, les Turcs exécutèrent de sanglantes hécatombes à Baskala, à Abagha et plus tard au nord du lac Van. Lorsqu'ils voulurent s'attaquer à la population de la ville de Van, lorsque, selon leur méthode perfectionnée, ils procédèrent à la saisie des armes accompagnée de brutales visites domiciliaires et d'arrestations à tort et à travers, les Arméniens résolurent de ne pas se laisser anéantir sans avoir au moins essayé de résister. Il se fortifièrent dans leurs deux quartiers, séparés l'un de l'autre par la ville turque. Ils nommèrent un gouverneur; nous avons, par la mission américaine qui fut assiégée avec eux, le récit de leur organisation et de leur résistance; ils improvisèrent la fabrication des munitions et même de mortiers primitifs. Le gouverneur turc de Van était Jevdet bey, beau-frère d'Enver pacha. Le siège avait commencé le 20 avril.

Les Turcs bombardèrent le quartier arménien et arrosèrent abondamment les bâtiments de la Mission américaine, qui, située au milieu d'un des quartiers arméniens, avait, tout en maintenant sa neutralité, servi de refuge à une multitude de femmes et d'enfants. Le 15 mai les assiégés perçurent les signes avant-coureurs de la délivrance. Les Turcs semblaient abandonner la ville; le 18, l'avant-garde des volontaires arméniens recrutés parmi les Arméniens sujets russes arrivait au milieu de l'allégresse générale et à sa suite l'armée russe.

Au témoignage de la mission américaine il n'y eut que fort peu de représailles des Arméniens contre les Turcs.

Puis vint une période de réorganistion et de confiance. Un gouvernement arménien commença à fonctionner régulièrement.

Hélas! le plus tragique devait venir: le 2 juillet les Russes craignant une avance des Turcs par le nord, se décident à évacuer Van et ordonnent à toute la population de la ville et des villages de les précéder et de gagner la frontière du Caucase. Cet exode fut effroyable, 250,000 hommes, femmes et enfants quittèrent leurs demeures, la plupart à pied; beaucoup mouraient en route, leurs cadavres remplissaient les rivières et bloquaient les routes, les enfants se trouvaient séparés de leurs parents et ne les retrouvaient plus, se couchaient et mouraient. A Bergi Kala, cet immense cortège fut attaqué par les Kourdes, un tronçon de la colonne comprenant 20,000 personnes fut séparé de la tête de la colonne et l'on ne sait ce qu'ils sont devenus.

La plupart franchirent la frontière à Igdir. Beaucoup s'arrêtèrent là épuisés, d'autres continuèrent jusqu'à Etchmiadzin, siège du grand catholicos arménien, et à Erivan. Malgré le dévouement de la population arménienne du Caucase et des comités arméniens de Tiflis et de la région, on ne pouvait venir en aide à des masses pareilles. Typhus, dyssenterie, épuisement emportaient des centaines de malheureux chaque jour. Il n'y avait pas de pain, pas de nourriture chaude. Les hôpitaux étaient pleins, les cours du patriarcat, les jardins, les rues encombrés de malades et de mourants.

Le 9 juillet, les Russes réoccupaient la ville de Van, ne l'ayant quittée que pour sept jours; ils la retrouvèrent en grande partie incendiée, les canaux étaient encombrés de cadavres des Arméniens qui n'avaient pas pu fuir. Les Turcs étaient en retraite. Durant quelques semaines, les Russes rappelèrent du Caucase une partie des réfugiés: il fallait des hommes pour les moissons sous peine de famine. Peu à peu des femmes et des enfants vinrent se réinstaller dans les ruines de leurs villages. Mais de nouveau, quelques semaines plus tard, l'armée russe décidait une nouvelle évacuation et les 25 ou 30,000 Arméniens qui étaient revenus étaient contraints à un nouvel exode au prix de nouvelles et effroyables souffrances.

Il n'est donc pas un point du territoire turc où le peuple arménien ait été epargné. Le voisinage de ceux qui pouvaient les protéger ne leur a guère été moins funeste que la cohabitation avec leurs persécuteurs. Du moins peut-on venir en aide à ces 400,000 réfugiés au Caucase. Les comités arméniens organisés à Tiflis, à Erivan, à Etchmiadzin multiplient leurs efforts mais ils manquent de ressources en présence d'aussi collossales misères.

Journal de Genève, 24. 10. 1915.

★

Arménie!

ASSEMBLÉE POPULAIRE DU 2 NOVEMBRE 1915,
SALLE DE LA RÉFORMATION GENÈVE

Présidence de M. le Prof. Robert Chodat

Orateurs: MM. Georges Wagnière, directeu du *Journal de Genève*
Alfred De Meuron, ancien député. Emile Dusseiller,
curé de Notre-Dame. Auguste Gampert, pasteur.

L'Assemblée comptant plus de 2,000 personnes, réunie le 2 novembre 1915, à la Salle de la Réformation, à Genève,

«considérant ques des rapports d'une véracité incontestable attestent les souffrances cruelles infligées au peuple arménien,

«considérant ques les Arméniens, dans leur grande généralité se sont montrés fidèles et loyaux envers le gouvernement turc et que les actes isolés de légitime défense, qualifiés à tort d'insurrection ne justifient en rien les barbares traitements infligés à la population arménienne, hommes, femmes et enfants, sur toute l'étendue des régions qu'elle habite,

«proteste contre l'extermination systémtiquement ordonnée d'un peuple chrétien,

«invite le peuple suisse à donner au peuple arménien la preuve de sa profonde sympathie par l'envoi de secours qui pourront sauver beaucoup des Arméniens survivants,

«exprime le vœu que, dans tous les pays, l'opinion publique pousse sans retard ceux qui peuvent exercer une influence à Constantinople à prendre en mains la sauvegarde des restes de la nation arménienne.»

Quelques documents sur le sort des Arméniens...
Genève 1915 Déc., Fascicule I, p. 3.

★

Rapport provenant du Service des Renseignements anglais au Ministère de la Guerre

N° 379, Secret *Athènes, le 5 novembre 1915*

(...) RAPPORT D'UN AMÉRICAIN DE SAMSOUN
ARRIVÉ À DÉDÉAGATCH LE 27 OCTOBRE 1915

Notre informateur a vu des sujets britanniques dans la plupart des villages entre Samsoun et Angora.

Tous les Arméniens de Samsoun ont été déportés. Entre Samsoun et Angora on rencontre tout le long de la route de nombreux cadavres d'Arméniens.

Archives du Minstère de la Guerre,
7 N 2096.

★

Aus: Deutschland und Armenien 1914–1918

DER REICHSKANZLER *Berlin, den 10. November 1915*

In der abschriftlich anliegenden Eingabe haben namhafte Vertreter protestantischer Kreise Deutschlands die Armenierfrage bei mir zur Sprache gebracht. Mit dem gleichen Gegenstande beschäftigt sich die in Abschrift beigefügte Entschließung der Missionskonferenz des Zentralkomitees der deutschen Katholiken. Beide Kundgebungen zeigen die steigende Sorge und Erregung, mit der auch in Deutschland das Vorgehen der Türken gegen die Armenier verfolgt wird.

Euer Hochwohlgeboren bitte ich, unter Berücksichtigung der in den Anlagen dargelegten Gesichtspunkte und Wünsche weiter bei jeder sich bietenden Gelegenheit und mit allem Nachdruck Ihren Einfluß bei der Pforte zugunsten der Armenier geltend zu machen und insbesondere Ihr Augenmerk darauf zu richten, daß die Maßregeln der Pforte nicht etwa noch auf andere Teile der christlichen Bevölkerung in der Türkei ausgedehnt werden.

Über die Entwicklung der Angelegenheit wollen Euer Hochwohlgeboren mich fortlaufend unterrichten. VON BETHMANN HOLLWEG

Seiner Hochwohlgeboren
dem Kaiserlichen Geschäftsträger Herrn
Freiherrn von Neurath, Konstantinopel

ANLAGE 1

Berlin, den 15. Oktober 1915

Euer Exzellenz!

Die Unterzeichneten fühlen sich in ihrem Gewissen gedrängt, der Unruhe Ausdruck zu geben, in die sie und wachsende Kreise deutscher Christen durch das jammervolle Geschick des armenischen Volkes in der Türkei versetzt sind, dem nach glaubhaften Nachrichten die Ausrottung droht, wenn den unmenschlichen Maßregeln, denen es unterworfen ist, nicht schleunigst Einhalt geboten wird.

Diese Nachrichten zeichnen uns folgendes Bild:

Nachdem bereits seit Ausbruch des russisch-türkischen Krieges Hunderte von armenischen Dörfern durch Kurden und irreguläre Milizen in den östlichen Wilajets geplündert und Tausende von wehrlosen Armeniern ermordet worden, ist seit Ende Mai die Deportation der gesamten armenischen Bevölkerung aus allen anatolischen Wilajets und Cilizien in die arabischen Steppen südlich der Bagdadbahn angeordnet worden. Diese Maßregel ist mit unmenschlicher Härte in den vergangenen Monaten durchgeführt worden. Während die wehrhaften Männer des armenischen Volkes zur Armee eingezogen und unbewaffnet auf den Etappenstraßen des Innern als Lastträger und Chausseearbeiter verwendet wurden, hat man die des männlichen Schutzes beraubten Frauen, Kinder, Kranke und Greise aus ihren Wohnsitzen ausgetrieben, ihrer Habe beraubt und ohne Ausrüstung und Proviant, barfüßig, hungernd, verschmachtend und fortgesetzten Mißhandlungen und Schändungen ausgesetzt, in Haufen von Hunderten und Tausenden gleich Viehherden durch rohe Saptiehs mehr als hundert Meilen weit in die Verbannung treiben lassen. Die Maßregel wurde dadurch eingeleitet, daß in der Hauptstadt und in den Zentren des Innern die Führer des Volkes, Intellektuelle, Notable und kirchliche Würdenträger, über Nacht ins Gefängnis geworfen und ohne Verhör und Gerichtsverfahren erschossen oder deportiert wurden. Zum Arbeitsdienst einberufene Militärpflichtige sind auf den Straßen überfallen und erschossen worden. Von den deportierten Frauen, Kindern und Greisen sollen weniger als die Hälfte an ihren Bestimmungsorten angekommen sein. Mädchen und junge Frauen wurden in türkische Harems und kurdische Dörfer verschleppt, wo ihnen keine andere Wahl bleibt, als den Islam anzunehmen. Ebenso sind zahllose Kinder ihren christlichen Eltern abgenommen worden und werden nun als Muslims aufgezogen. Von der Deportation verschont wurden nur viele Hunderte von christlichen Familien, die sich entschlossen, den Islam anzunehmen. Die Maßregel der Verschickung hatte in Wahrheit den Charakter eines Massakres von allergrößtem Maßstabe. Durch Schlächtereien an bestimmten Stellen des Weges, durch Verhungern und Verschmachten sind die Deportierten, wie es scheint, auf die Hälfte ihrer Zahl vermindert worden. (...)

Die Erregung im neutralen und feindlichen Auslande hierüber ist im Wachsen und muß zu leidenschaftlichem Ausdruck kommen, sobald die Tatsachen in vollem Umfange bekannt werden. Wird sich nicht diese Entrüstung mit ganzer Schärfe gegen Deutschland wenden, dem allein die Welt zutraut, daß es durch sein Verhältnis zur Türkei diese furchtbaren Dinge verhüten und etwa notwendige Maßnahmen auf das strategisch Gebotene einschränken konnte? Wie man Deutschland für den Eintritt der Türkei in den Krieg und für die Erklärung des „heiligen Krieges" verantwortlich gemacht hat, so wird man ihm die ganze Schuld an der Vernichtung eines christlichen Volkes beimessen. Die Wirkung wird, wie wir fürchten, noch tiefer gehen, als bei der Agitation wegen der angeblichen belgischen Greuel.

Während aber bisher alle Anschuldigungen des Auslandes an dem einmütigen guten Gewissen unseres Volkes wirkungslos abprallten, werden diese Nachrichten, deren Bekanntwerden niemand verhindern kann, auf die deutschen Christen die unheilvollste Wirkung haben. Schon bei der Erklärung des heiligen Krieges regten sich in manchen Kreisen Gewissensbedenken; wir vermochten sie durch den Hinweis zu beschwichtigen, daß dieser heilige Krieg nicht gegen die Christen als solche, sondern in Gemeinschaft mit christlichen Völkern gegen die Feinde der Türkei geführt werde. Niemand vermag aber die lähmende Wirkung auf die Freudigkeit der deutschen Christen zu verhindern, wenn sie es mit ansehen müssen, wie von ihren Bundesgenossen ein ganzes Christenvolk vernichtet wird. In dem guten Gewissen, mit dem wir alle Gott um den Sieg für unsere Waffen anrufen, wurzelt die Widerstandskraft unseres Volkes. Diese Einmütigkeit und Freudigkeit droht erschüttert zu werden, wenn bekannt wird, daß von unseren andersgläubigen Bundesgenossen Hunderttausende unserer Glaubensgenossen grundlos und sinnlos zu Tode gehetzt werden, ohne daß unsererseits das Mögliche zu ihrer Rettung geschah.

Es ist uns bekannt, daß seitens der deutschen Regierung wiederholt Schritte getan sind, um, auch im eigenen Interesse der Türkei, der Vernichtung der Armenier zu steuern. Die Tatsachen zeigen leider, daß diese Schritte das Verhängnis nicht haben aufhalten können. Die türkische Regierung hat, soweit wir unterrichtet sind, bisher nicht das Erforderliche getan, um die Deportierten vor dem Hungertode zu bewahren, ja sogar Versuche, den notleidenden Frauen und Kindern Hilfe zu bringen, abgelehnt. Es ist zu befürchten, daß auch die noch überlebenden Deportierten, in der Hauptsache Frauen und Kinder, dem Untergange geweiht werden. (...)

Wir bitten Euer Exzellenz in Ehrerbietung, uns möglichst bald in die Lage zu versetzen, daß wir der Beunruhigung unter den deutschen Christen entgegentreten und die Anklagen des Auslandes wirksam entkräften können.

Euer Exzellenz ganz gehorsamste

Dr. KARL AXENFELD, Direktor der Berliner Missionsgesellschaft, Berlin
Professor D. BAUMGARTEN, Kiel
Professor Dr. JOHANNES BURCHARD, Professor der Rechtswissenschaften
   an der Königlichen Akademie zu Posen
Superintendent D. A. CORDES, Leipzig
D. ADOLF DEISSMANN, ord. Professor der Theologie an der Universität Berlin,
   Vorstandsmitglied der deutschen Orientmission
Oberhofprediger D. DIBELIUS, Dresden, Vizepräsident des
   Evangelisch-lutherischen Landeskonsistoriums
Konsistorialrat Pfarrer D. ERICH FOERSTER, Frankfurt a. M.
TH. HAARBECK, Pfarrer, 1. Vorsitzender des deutschen Verbandes
   für Gemeinschaftspflege und Evangelisation, Barmen
Direktor D. G. HACCIUS, Hermannsberg i. Hannover
A. HACCIUS, Geh. Justizrat, Hannover
HAENDLER, Propst und Generalsuperintendent, Berlin
Professor D. v. HARNACK, Wirkl. Geh. Rat., Berlin-Grunewald
Professor D. G. HAUSSLEITER, Halle a. d. S.
HELD, Missionsinspektor der Sudan-Pioniermission, Wiesbaden
P. O. HENNIG, Missionsdirektor der Brüdergemeinde, Herrnhut
Professor Dr. W. HERRMANN, Marburg
D. HESEKIEL, Generalsuperintendent, Wernigrode
Dr. HORNEMANN, Landgerichtsrat, Berlin
Generalsuperintendent D. KAFTAN, Kiel
Pastor D. Dr. KIND, Präsident des Allg. Ev. Prot. Missionsvereins Berlin
D. W. L. KÖLBING in Herrnhut, Vorsitzender der Verwaltung des
   Aussätzigenasyls der Evangelischen Brüdergemeinde in Jerusalem
Dr. JOHANNES LEPSIUS, Potsdam

Geh. Konsistorialrat Professor Dr. Loofs, Halle
Professor D. Mahling, Berlin-Charlottenburg
D. Philipps, Berlin-Charlottenburg
Stadtpfarrer Pfisterer, Weinsberg, Württemberg
Professor D. Julius Richter, Berlin-Steglitz
Pastor Röbbelen, Hermannsberg i. H., Vorsitzender des Vereins
  für lutherische Mission in Persien
Roedenbeck, Superintendent der Diözese Postdam I, Direktor der
  deutschen Orientmission, Klein-Glienicke bei Potsdam
Lic. Dr. Paul Rohrbach, Berlin
Pastor Johs. Spiecker, Direktor der Rheinischen Missionsgesellschaft Barmen
Missionsinspektor Lic. Schlunk, Hamburg
Schlicht, Superintendent, früher Pfarrer der deutschen evangelischen
  Gemeinde in Jerusalem, Rudow b. Berlin
A. W. Schreiber, Missionsdirektor, Berlin-Steglitz
D. Dr. Hans von Schubert, Geh. Kirchenrat, ord. Professor der Theologie,
  zurzeit Dekan der theologischen Fakultät zu Heidelberg
Professor D. Dr. R. Seeberg, Berlin
Direktor D. F. A. Spiecker in Berlin-Grunewald
Pfarrer Ewald Stier, Alten bei Dessau, für die „Deutsche Armenische
  Gesellschaft" und den Verein „Notwendiges Liebeswerk"
F. Schuchardt, Deutscher Hilfsbund für christliches Liebeswerk im Orient
  E. V., Frankfurt a. M.
Martin Urban, Missionsinspektor, Vorsitzender der Mission für
  Süd-Ost-Europa, E. V., Hausdorf Kr. Neurode
Professor Dr. Weckesser, Karlsruhe
Geh. Kirchenrat H. H. Wendt, Professor der Theologie in Jena
A. Winkler, Pfarrer, Berlin, Mitglied des Kuratoriums der Deutschen
  Orientmission
Adolf Zeller, Pastor, Zehlendorf, früher Marasch, Wilajet Aleppo
Gerhard von Zezschwitz, Pfarrer und Senior in Burgbernheim, Bayern
Professor D. Dr. Dalman aus Jerusalem
Gustav Gerock, Stadtpfarrer in Stuttgart
Johannes Lohmann, Pastor am Diakonissenhaus Friedenshort in Miechowitz
Lic. R. Mumm, Mitglied des Reichstags, Berlin NW. 87
    An den Kanzler des Deutschen Reiches
Herrn Dr. von Bethmann Hollweg, Exzellenz, Berlin W.

ANLAGE 2

Berlin, den 29. Oktober 1915

Der Missionsausschuß des Zentralkomitees für die Generalversammlungen der Katholiken Deutschlands, versammelt zu Berlin am 29. Oktober 1915, hält es für seine unabweisbare Pflicht, seine Stimme zu erheben, damit den überaus harten

Maßregeln, welche zurzeit von seiten der türkischen Regierung gegen die Armenier zur Anwendung gebracht werden, sofort ein Ende gemacht werde. Was immer auch den Armeniern zur Last fällt, so verlangt doch das Gebot der Menschlichkeit, welchem auch die türkische Regierung ihr Ohr nicht versagen darf, daß der drohenden Ausrottung des ganzen armenischen Volkes gesteuert werde.

Die Versammlung hat das Vertrauen zu der Leitung des Deutschen Reiches, daß sie auch bisher schon zur Linderung des Loses der Armenier alles getan hat, was in ihren Kräften stand. Sie bittet aber angesichts der fortdauernden Schrecknisse in Armenien, daß sie unausgesetzt auf diplomatischem Wege, durch Einwirkung auf die Regierung der uns verbündeten Türkei, alles zur Linderung des Loses der Armenier aufbiete, was ohne Gefährdung des militärischen Bündnisverhältnisses geschehen kann.

Die türkische Regierung wird begreifen müssen, daß die christliche Bevölkerung Deutschlands trotz ihrer politischen Bundesfreudigkeit zur Türkei in Aufregung geraten muß, wenn ihre Glaubensgenossen in der Türkei so schwer bedrückt werden. Dies um so mehr, als alle deutschen Katholiken, wie es sich aus den Besprechungen des Missionsausschusses als springender Punkt ergab, auf dem Standpunkt stehen, von allen christlichen Völkern der Türkei volle Loyalität gegenüber dem türkischen Staate zu verlangen, sie auch ihrerseits bereit sind, in dieser Richtung auf die orientalischen Christen einzuwirken und bei ihnen das Verständnis für staatsbürgerliche Gesinnung zu wecken.

Übrigens erfordert es das richtig verstandene Interesse der Türkei selbst, daß diese sich nicht so wertvoller Mitarbeiter beraubt, wie die Armenier bisher es auf dem Gebiete der Staatsverwaltung und des wirtschaftlichen Fortschrittes für sie gewesen sind.

Vor allem aber bitten wir den Herrn Reichskanzler, darauf ein wachsames Auge zu halten, daß unter keinen Umständen auch in anderen Teilen des türkischen Reiches ähnliche Ereignisse gegenüber der christlichen Bevölkerung Platz ergreifen.

Die im unterzeichneten Missionsausschuß vertretenen deutschen Katholiken hegen volles Vertrauen zur Leitung des Deutschen Reiches und zur befreundeten Regierung der Türkei, daß durch Beseitigung der erwähnten Mißstände unser Bündnis mit der Türkei auch weiterhin beim christlichen Volke Deutschlands freudige Stimmung und Teilnahme finden kann.

Im Namen aller im Missionsausschuß vertretenen Organisation der deutschen Katholiken zeichnen:

Prälat Dr. WERTHMANN, Vorsitzender
Justizrat Dr. jur. CARL BACHEM
ERZBERGER, M. d. R.

Seiner Exzellenz dem Herrn Reichskanzler
von Bethmann Hollweg

Deutschland und Armenien 1914–1918. Sammlung diplomatischer Aktenstücke...
Nummer 197, S. 183–190.

★

From: Armenian Atrocities. The Murder of a Nation

All this horror, both the concerted crime and its local embellishments, was inflicted upon the Armenians without a shadow of provocation. "We are at war," the Turkish Government will probably reply; "We are fighting for our existence. The Armenians were hoping for the victory of our enemies; the were plotting to bring that victory about. They were traitors at large in a war-zone, and we were compelled to proceed against them with military severity." But such excuses are entirely contradicted by the facts. These Armenians were not inhabitants of a war-zone. None of the towns and villages from which they were systematically deported to their death were anywhere near the seat of hostilities. They were all in the interior of Anatolia, equally far removed from the Caucasian frontier and from the Dardanelles. There was no possibility of their co-operating with the armies of the Entente, aud it was equally impossible that they should attempt an insurrection by themselves, for they were not a compact community. They were scattered in small settlements over a wide country, and were everywhere in a minority as compared with their Turkish neighbours. Civil and military power were safely in Turkish hands, and the Armenians were particularly unlikely to attempt a coup de main. It must be repeated that these Armenian townsfolk were essentially peaceable, industrious people, as unpractised in arms and as unfamiliar with the idea of violence as the urban population in Western Europe. The Ottoman Government cannot possibly disguise its crime as a preventive measure, for the Armenians were so far from harbouring designs against it beforehand, that they actually forebore resistance even after the Government had issued their death-warrant. In fact, there are actually only two cases recorded in which the deportation scheme encountered active opposition at all. There was the successful opposition in the Antioch district, where the Armenian villagers took to the hills, and fought for seven weeks with their backs to the sea till they were almost miraculously rescued by the French fleet, under circumstances already related above. And there was the desperate heroism of Shabin Karahissar, a town in the hinter land of Trebizond, where 4,000 Armenians took up arms at the summons to deportation, and held out against the Turkish troops from the middle of May to the beginning of July. Then the Turks brought up reinforcements and artillery and overwhelmed the town with ease. "Karahissar," it is stated in the letter to the Armenian ecclesiastic, "was bombarded; and the whole population, of the country districts as well as the town, has been massacred without pity, not excepting the bishop himself." Nothing could show better than this how little the Turkish Government had to fear from the Armenians, and how eagerly it seized upon the quickest means to their extermination, as soon as an opportunity appeared.

And this was the Government's procedure towards the helpless, unsuspecting Armenians in the towns. When it had to deal with the less tractable peasant communities in the hills, it gave up any pretence of concealing its intentions, and without waiting to summon them for deportation, at once attacked them nakedy with the sword. Such was the treatment of Zeitoun, an Armenian settlement which for eight hundred years had lived and prospered in virtual independence among the mountains that overlook the Cilician plain.

The Zeitounlis were distinguished from the other Armenians of Cilicia by the possession of arms, and they seem to have girded themselves betimes for the approaching death-struggle. But they were disarmed, it is said, by the promise that, if they submitted, their defenceless brethren in the lowland villages would be ransomed from destruction by their act. The Turkish promise was broken, of course, as soon as the Turkish object was secured; and, taken at such a disadvantage, the heroic mountaineers inevitably succumbed. (...)

Arnold J. Toynbee: Armenian Atrocities. The Murder of a Nation.
London 1915, p. 69–72.

★

Aus: Deutschland und Armenien 1914–1918

KAISERLICH
DEUTSCHES KONSULAT   *Aleppo, den 16. November 1915*

Die türkische Botschaft in Berlin hat über den Aufruhr in Urfa die in der Anlage beigefügte Erklärung veröffentlicht, die in der Norddeutschen Allgemeinen Zeitung vom 28. Oktober, Nr. 299 (2. Ausgabe), zum Abdruck gekommen ist und mir zu den folgenden Bemerkungen Anlaß gibt. Sie besagt u. a.:

„Der Zweck, den die Banden mit dem Aufruhr verfolgten, war einerseits der, Schaden anzurichten, fremde Niederlassungen zu zerstören und Untertanen der mit der Türkei im Kriege befindlichen Staaten zu töten, um die Folge dieser Morde auf die Türkei abzuwälzen. Andererseits wollten sie einen Teil der Kaiserlichen Truppen an die befestigten Schlupfwinkel fesseln und sie vom Kriegsschauplatz abziehen."

Demgegenüber wird daran festzuhalten sein, daß der Zweck des Aufruhrs nicht ohne seine Vorgeschichte verstanden werden kann. Urfa hat unter den Armeniermetzeleien vor 20 Jahren schwer gelitten. Damals wurden u. a. 1000 Menschen in der Kirche, in die sie unter dem Vorwande, ein Asyl zu finden, hineingelockt waren, vorsätzlich verbrannt. Die Armenier haben seitdem in steter Furcht vor einer Wiederholung der Metzeleien gelebt und sich mit Waffen versehen, um nicht wehrlos zu sein.

Als im Frühsommer d. J. die Armenierverschickungen angeordnet wurden, sagte mir der hiesige Wali Djelal Bey, der sich weigerte, sie auszuführen und deswegen versetzt wurde, „es ist das natürlichste Recht des Menschen, zu leben. Der Wurm, den man tritt, krümmt sich. Die Armenier werden sich wehren."

Welcher Art die Vorbeugungsmaßregeln sind, die von der türkischen Regierung in der gegenwärtigen Weltkrisis gegen die Armenier ergriffen wurden, hatten die Bewohner von Urfa bereits erfahren. Gegen Mitte Juni sind 50 der angesehensten von ihnen verhaftet und einer von ihnen mit 100 Stockschlägen fast zu Tode geprügelt worden. Kurz darauf wurden sie nach Diarbekr in Marsch gesetzt, woselbst angeblich ihre Aburteilung erfolgen sollte, sind aber unterwegs – also ohne Urteil – umgebracht worden. Darunter befand sich der langjährige Apotheker des deutschen Hospitals, der nach dem Zeugnis der deutschen Missionare, wie übrigens viele unter den 50 Abgeführten, loyaler ottomanischer Untertan gewesen ist. Auch das Schicksal der aus dem Norden und Osten angekommenen Verschickten hatten die Urfaleute vor Augen. Sie wußten, daß die Männer ermordet, Frauen und Mädchen geschändet, günstigstenfalls in muslimische Harems aufgenommen, und daß der Rest, nämlich Kinder und ältere Frauen dem Hungertode preisgegeben waren. Daher ihr Entschluß, lieber mit der Waffe in der Hand zu sterben, und ihr Leben so teuer wie möglich zu verkaufen, als sich und ihre Familie wehrlos vernichten oder entehren zu lassen. Es ist richtig, daß die allgemeine Verschickung der Armenier Urfas noch nicht beschlossen war, als der Aufruhr losbrach. Die einzigen Städte der Türkei, welche bis dahin dieses Geschick noch nicht erlitten hatten, waren, soweit hier bekannt, Konstantinopel, Smyrna, Aleppo und Urfa. Welche Gewähr aber bestand, daß Urfa nicht auch an die Reihe kommen würde? 18 Familien waren im Mai bereits verbannt, von der Vernichtung der 50 im Juni habe ich soeben gesprochen. Es lag nahe, daß, wie überall, auch die Masse verschickt werden würde, nachdem die Führer beseitigt waren. Haussuchungen nach Waffen erfolgten. Dabei wurde eine Patrouille niedergeschossen. Eine zweite, nicht aufgeklärte Schießerei hat dann die Krisis ausgelöst.

Die Armenier haben sich nicht, wie die Erklärung verallgemeinernd behauptet, „der fremden Niederlassungen" bemächtigt, woraus ein mit den Verhältnissen vertrauter Deutscher schließen müßte, daß auch die deutschen Missionshäuser in den Kampf hineingezogen worden sind, sondern sie haben nur die für ihre Verteidigung günstig gelegene amerikanische Mission benutzt.

Auch haben die Armenier den amerikanischen Missionar Leslie und sieben französische Untertanen in ihrem Stadtviertel als Geiseln zurückbehalten, aber nicht, um sie zu töten. Hätten sie dies gewollt, so hätten sie reichlich dazu Gelegenheit gehabt, da sie tagelang diese Fremden in ihrer Gewalt hatten. Verständlicherweise wäre es gewesen, wenn die Erklärung gesagt hätte, „um sie durch türkische Kugeln töten zu lassen". Denn die Zurückbehaltung war allerdings ein verzweifelter Versuch, das Schicksal der Fremden an das der Armenier zu ketten, um auf diese Weise irgendwie ihre Lage zu verbessern.

Was schließlich die Behauptung betrifft, daß die Armenier sich der Stadtteile der Muslimen bemächtigt und begonnen hätten, die Einwohner niederzumetzeln, so ist sie erfunden. Sie erinnert mich an folgenden Vorfall: Als ich Anfang April in Marasch war, und die wenigen Armenier, die sich überhaupt aus den Häusern wagten, unter dem Druck des verhängten Belagerungszustandes und der Furcht vor dem Kommenden sich nur ängstlich an den Häusern entlang drückten, versuchten muslimische Intriganten ein Telegramm nach Konstantinopel zu schicken, des Inhalts, die Armenier hätten die Moscheen in Marasch besetzt und in Kirchen verwandelt!

Die in der türkischen Erklärung gegebenen Daten sind diejenigen des orientalischen Kalenders. Die Schießerei war also nach westlichem Kalender am 29. September und der Aufstand war am 16. Oktober unterdrückt. Die türkischen Verluste an Toten betrugen nicht 20, sondern 50, außerdem 120 bis 150 an Verwundeten.

Ich beabsichtige mit meiner Darstellung nicht, der einen oder der anderen Partei zu Liebe oder zu Leide zu schreiben, halte es aber für meine Pflicht über Dinge, die sich in meinem Amtsbezirk ereignet haben, Euerer Exzellenz vorzulegen, was ich für die Wahrheit halte.

Gleichen Bericht lasse ich der Kaiserlichen Botschaft in Konstantinopel zugehen.

RÖSSLER

Seiner Exzellenz dem Reichskanzler
Herrn Dr. von Bethmann Hollweg

ANLAGE

Norddeutsche
Allgemeine Zeitung   *Berlin, den 27. Oktober 1915*

Die Kaiserlich Türkische Botschaft teilt mit: In der Nacht vom 16. September haben armenische Banden einen Aufruhr veranstaltet. Sie hatten sich in starken Gebäuden auf den beherrschenden Punkten der Stadt Urfa verschanzt und eröffneten das Feuer gegen unsere Gendarmeriepatroillen, von denen zwei Mann getötet und acht verwundet wurden. Unsere Gendarmerie wurde überall mit Feuer empfangen. Nachdem die Armenier sich der fremden Niederlassungen bemächtigt und deren Besitzer mit Gewalt zurückgehalten hatten, stellten sie dort Schießscharten her. Da diese Tatsachen bewiesen, daß die aufrührerischen Banden entschlossen waren, bewaffneten Widerstand zu leisten und die Unzulänglichkeit der in geringer Zahl vorhandenen Gendarmerie auszunützen, und da sie sich schließlich der Stadtteile der Muselmanen bemächtigt hatten und die Einwohner niederzumetzeln begannen, wurden einige für die Front bestimmte Truppen nach Urfa abgeschickt. Die Schlupfwinkel der Banden wurden zerstört, und der Aufruhr war am 3. Oktober unterdrückt. Die Zahl der bei diesem Vorfall getöteten Soldaten und Gendarmen beträgt 20, die der Verwundeten 50.

Der Zweck, den die Banden mit ihrem Aufruhr verfolgten, war einerseits der, Schaden anzurichten, fremde Niederlassungen zu zerstören und Untertanen der mit der Türkei im Kriege befindlichen Staaten zu töten, um die Folgen dieser Morde dann auf die Türkei abzuwälzen, andererseits wollten sie einen Teil der Kaiserlichen Truppen an ihre befestigten Schlupfwinkel fesseln und sie so vom Kriegsschauplatz abziehen.

Dank den kräftigen und schnellen Maßnahmen der Kaiserlichen Behörden hatte der Aufruhr nicht den erwünschten Erfolg. Er wurde unterdrückt, ohne daß einem Untertanen der mit der Türkei im Kriege befindlichen Länder oder einem Neutralen Schaden zugefügt worden ist.

Deutschland und Armenien 1914–1918. Sammlung diplomatischer Aktenstücke... Nummer 202, S. 192–195.

★

Feldmarschall Freiherr v. d. Goltz über den Untergang der Armenier

Oberstleutnant a. D. Archivrat Dr. Förster hat nach Tagebuchaufzeichnungen, Privatbriefen und Berichten des Feldmarschalls v. d. Goltz eine Reihe von Mitteilungen in der „Deutschen Allgemeinen Zeitung" veröffentlicht, von denen sich das folgende Stück (Nr. vom 28. 4. 1927) auf die Armenier bezieht:

„Aleppo, 22. 11. 1915
… Von Bosanti fuhren wir im Auto durch den Taurus und den Ruelek Boghaz, den alten Engpaß, den noch heute römische Meilensteine zieren, in die Ebene nach Tarsus hinab und von dort wieder mit der Bahn durch Adana nach dem Amanus hinüber, der wie der Taurus von einem langen Tunnel durchbohrt wird. Der Tunnel ist noch nicht betriebsfähig, aber die Baugesellschaft hat ihn auf einer kühn in schwindelnden Höhen an den Hängen emporkletternden Förderbahn umgangen. Mit dieser führte sie unsere Reisegesellschaft zur Paßhöhe nach der Station Aisan hinauf. Leider fiel diese höchst romantische Tour, ebenso wie die schöne Saccariafahrt und der Taurusaufstieg in die Nacht, so daß wir nur wenig davon sahen. Aber auch der Mondschein ließ schon die herrlichen Naturschönheiten ahnen, durch die wir hindurchzogen. Der Haupttunnel wurde am nächsten Morgen durchfahren, und dann ging es in die nordsyrische Ebene hinab.

In dieser bot sich uns der harmvolle Anblick der flüchtenden Armenier, die am Südfuß des Taurus angesiedelt werden sollen und bei denen natürlich, da menschliche Fürsorge bei so großen Massen nicht viel vermag, grenzenloses Elend herrscht. Eine fürchterliche Völkertragödie. Ohne Nahrung, ohne Versorgung, schutzlos strömten Tausende und Abertausende einem unbekannten Ziele entgegen. Viele sterben an der Straße und bleiben lange unbeerdigt liegen. Man mußte in tiefster Seele Mitleid empfinden und konnte doch nicht helfen. Welche Tragödien dieser unheilvolle Krieg schon hervorgerufen hat, ist kaum aufzuzählen, und wie viele wird er noch verursachen."

Wenn ein Mann in der offiziellen Position und von der türkenfreundlichen Einstellung v. d. Goltz's sich schon so über das Gesehene ausdrückte, so kann man sich denken, um was es sich in Wirklichkeit handelte. Nicht um „fehlende Fürsorge", sondern um planmäßiges Umbringen.

Armenien. Ein Bericht der Deutsch-Armenischen Gesellschaft
zur Tagung des Völkerbundes im September 1927.
Potsdam 1927, S. 32.

★

Aus: Der Weg ohne Heimkehr

...Ras-el-Ain, 26. November 1915

(...) Ich fühle, daß ich lange nicht so lebendig gewesen bin, wie in diesen Tagen, trotz alles Elends, das mich umgibt. Denn die Ränder aller Straßen sind mit den jammernden und hungernden Gestalten armenischer Flüchtlinge besetzt, durch deren wimmernde, schreiende, bettelnde Hecke, aus der sich tausend flehende Hände recken, unsere Seelen ein schmerzliches Spießrutenlaufen beginnen.

Eben, da ich diese Zeilen schreibe, bin ich von einem Gang durch das Lager zurückgekehrt. Von allen Seiten schrien Hunger, Tod, Krankheit, Verzweiflung auf mich ein. Geruch von Kot und Verwesung stieg auf. Aus einem Zelte klang das Wimmern einer sterbenden Frau. Eine Mutter, die an den dunkelvioletten Aufschlägen meiner Uniform meine Zugehörigkeit zur Sanitätstruppe erkannte, eilte mit erhobenen Händen auf mich zu. Mich für einen Arzt haltend, klammerte sie sich mit letzter Kraft an mich Ärmsten, der ich weder Verbandmittel noch Arzneien bei mir trug und dem es verboten war, ihr zu helfen.

Dies alles aber wurde übertroffen durch den furchtbaren Anblick der täglich wachsenden Schar verwaiser Kinder. Am Rande der Zeltstadt hatte man ihnen eine Reihe von Löchern in die Erde gegraben, die mit alten Lappen bedeckt waren. Darunter saßen sie, Kopf an Kopf, Knaben und Mädchen in jedem Alter, verwahrlost, vertiert, verhungert, ohne Nahrung und Brot, der niedrigsten menschlichen Hilfe beraubt und vor der Nachtkälte schaudernd aneinander gedrängt, ein kleines Stückchen glimmende Holzasche in der erstarrten Hand haltend, an dem sie vergeblich versuchten, sich zu wärmen. Einige weinten unaufhörlich. Ihr gelbes Haar hing ungeschnitten über die Stirn, ihre Gesichter waren von Schmutz und Tränen verklebt. Andere lagen im Sterben. Ihre Kinderaugen waren unergründlich und von Leiden ausgegraben, und obwohl sie stumm vor sich hinblickten, schienen sie doch den bittersten Vorwurf gegen die Welt im Antlitz zu tragen. Ja, es war, als hätte das Schicksal alle Schrecken der Erde an den Eingang dieser Wüste gestellt, uns noch einmal zu zeigen, was uns erwartet. Entsetzen ergriff mich, daß ich klopfenden Herzens aus dem Lager eilte, und obwohl ich auf flacher Erde dahinschritt, erfaßte mich Schwindel, als bräche der Boden zu beiden Seiten in einen Abgrund zusammen.

Die Täler aller Berge, die Ufer aller Flüsse sind von diesen Lagern des Elends erfüllt. Über die Pässe des Taurus und Amanus zieht sich dieser gewaltige Strom eines vertriebenen Volkes, jener Hunderttausende von Verfluchten, der um den Fuß der Berge brandet, um, schmäler und schmäler werdend, in unabsehbaren Zügen in die Ebene hinabzugleiten und in der Wüste zu versickern. Wohin? Wohin? Dies ist ein Weg, von dem es keine Heimkehr gibt. Und ihnen nach blicke ich auf den Weg, den ich selber beschreiten werde, und denke mit einer mir ungewohnten und merkwürdigen Härte des Gefühls: diese erfüllen ihr Schicksal, erfülle du das deine!

So sitze ich denn in dieser offenen Bretterbaracke, vor der langhaarige Kinder mit wilder Gier die fortgeworfenen Schalen der von uns verzehrten Orangen verschlingen (...)

Diese Briefe reden vom Tode, manche sind an Tote gerichtet. Als ich sie schrieb, wußte ich nicht, daß ich sie einmal zu einem Buche vereinen würde. Aber im Angesicht der Vernichtung, unter dem fahlen Horizont einer ausgebrannten Steppe, wurde unwillkürlich der Wunsch in mir wach, in diesen vielleicht letzten Äußerungen des Daseins über die persönlichen Freunde hinaus einer größeren, unsichtbaren Gemeinde etwas von dem zu sagen, das mich bewegte. Dieser Wunsch schlief auch dann nicht ein, als ich in schwerer Stunde aus den Mauern einer auf viele Meilen in die Einsamkeit verbannten Stadt jenen letzten Abschiedsbrief schrieb und nach menschlichen Überzeugungen mit dem Tode rechnen mußte. Damals wurden einige dieser Briefe in Deutschland gedruckt, wo sie leidenschaftliche Erregung erweckten; einer, den die Zensur aufgriff, verursachte später meine Rückberufung aus der Türkei. Dies, sowie die empörte Anteilnahme, die mich zu jenem unglücklichen Volke zog, dessen furchtbaren Untergang ich erleben mußte, waren der Grund, daß man mir nach meiner Rückkehr aus Bagdad die Bitte, auch weiterhin in diesem Lande zu verbleiben, das ich durch die Erhabenheit seiner heroischen Landschaft, die Fülle der erfahrenen Leiden liebgewonnen hatte, versagte. Als sich meine Abreise von Konstantinopel durch die Schwierigkeiten der Behörden verzögerte, wurde ich durch Soldaten der deutschen Militärmission verhaftet und bis zu meiner zwangsweisen Abfahrt auf einem Dampfer im Goldenen Horn interniert.

So blieben diese Briefe nicht nur Angelegenheit der Wenigen, für die sie bestimmt waren, sondern wurden zu dem Bekenntnis eines von Schmerzen erfüllten Weges, bemüht, einen Ausdruck zu finden für die Kämpfe des Menschen dieser Zeit, als noch der Glaube einsamer Seelen war, was viele jetzt laut auf den Lippen tragen. Zwar: die alte Erde umgibt mich wieder. Dennoch sollte auch ich von jener traurigen Straße, auf der ein unbekanntes Schicksal mich verschont hatte, nicht wieder zurückkehren. Ist es das eigene Herz, das ich verwandelt sehe? Ist es der Atem der getöteten Heimat, die mich vergeblich nach Menschen, Gedanken, Zuständen suchen läßt, die ich verlassen habe, um sie nie mehr zu finden?   A. T. W.
Berlin, Januar 1919

Armin T. Wegner: Der Weg ohne Heimkehr. Ein Martyrium in Briefen.
Dresden 1919, S. 18–21 und Vorwort S. 1–2.

★

Aus: Deutschland und Armenien 1914–1918

DEUTSCH-ARMENISCHE
GESELLSCHAFT

Potsdam, den 29. November 1915
Gr. Weinmeisterstraße 45

Euer Exzellenz.

Bezugnehmend auf den in der Eingabe zugunsten der Armenier in der Türkei ausgesprochenen Wunsch, daß der Deportation der bisher verschonten armenischen Bevölkerung von Konstantinopel ein Riegel vorgeschoben werden möchte, beehre ich mich, die folgende mir von dem armenischen Komitee in Sofia zugegangene Mitteilung zur Kenntnis zu bringen:

«Malgré les assurances faites aux représentants des Grandes Puissances à Constantinople le Gouvernement Turc a commencé inexorablement l'expulsion des Arméniens de Constantinople. Jusqu'à présent on a expulsé déjà 10,000 personnes, dont la majorité est assassinée dans les montagnes d'Ismid. La liste de 70,000 hommes est préparée.

Au nom du christianisme et de l'humanité sauvez les derniers débris d'un peuple, qu'on extermine et par une intervention efficace arrêtez le martyr des innocents.

An Seine Exzellenz den Herrn Reichskanzler
Dr. von Bethmann Hollweg, Berlin

Comité arménien»
Dr. JOHANNES LEPSIUS
Vorsitzender

Deutschland und Armenien 1914–1918. Sammlung diplomatischer Aktenstücke...
Nummer 206, S. 200.

★

From: The Treatment of the Armenians in the Ottoman Empire

ADANA: STATEMENT, DATED 3RD DECEMBER, 1915,
BY A FOREIGN RESIDENT AT ADANA; COMMUNICATED BY THE AMERICAN COMMITTEE
FOR ARMENIAN AND SYRIAN RELIEF

When Turkey became a belligerent in the November of last year (1914), there were Armenians and other Christians serving in the Army under arms. Many of these came under fire both at the Dardanelles and in the expedition against Egypt. Later, the arms were taken away from the Armenians, and those in the Army were converted into "Labour Regiments," to which were attached the very considerable number of Armenians drafted into the Army later. These men were employed in road building, transport, trenching, etc., and rendered extensive and very important service. When the arms were taken from them, a feeling of anxiety took possession of the Armenians, in the thought that this action of the authorities might portend something. However, much was done in the Adana Province to reassure the people that Governmental action would be discriminating and severity exercised only against blameworthy or suspected people. In pursuance of this policy a number of men whose names had been listed during and after the massacre period of 1909 were put under arrest or surveillance.

In the early winter, the British and French war-vessels in the Eastern Mediterranean bombarded some points on the Gulf of Alexandretta, notably the town of Alexandretta and the branch line of the Bagdhad Railway that runs to Alexandretta. The town of Dört Yöl – almost entirely Armenian – lies quite near the head of the Gulf on the plain of Issus about 20 miles from Alexandretta, and is a station on the line. That branch line of the railway was put out of commission. The Government officials made charge that the Dört Yöl people had communication with the hostile ships, affording them valuable information. A number of them were brought before the court-martial and imprisoned, of whom some were executed by hanging. Men were arrested and imprisoned in other places, notably Hadjin, and brought before the court-martial. These and other acts of the Government officals increased the anxiety, but in April the exiles from Zeitoun on their way to Konia (Issonium) passed through the city of Adana. They had suffered terribly, but they had considerable property with them, and also cattle and sheep. It was announced that these people would be settled on lands in the Konia district. This was somewhat reassuring, and there was hope that wholesale deportation or massacre was not in contemplation.

However, this assurance was converted into consternation. At midnight, in the latter part of April, gendarmes went through the city rapping at certain doors, searching the houses for arms and informing the inmates that in three days they were to be deported. In the third week in May, 70 families (three to four hundred people – men, women and children) were sent off in the direction of Konia. They had not reached the Cilician Gates Pass in the Taurus Mountains when they were turned back with the announcement that they had been pardoned and were to return to their homes. The joy of their return was almost equal to the consternation caused by the order for deportation. However, exiles from north of the Taurus (Marsovan, Kaisaria, etc.) in considerable numbers were passing through Adana to the Aleppo district. The explanation given was that that was being done because of revolutionary agitation in those districts. As nothing of overt import had been done on the part of the Armenians in Cilicia, the people of the district were reassured. There was an influential element among the Moslems – including influential officials – who opposed oppressive measures. The Governor was, to all appearances, strongly opposed. Insistent orders from Constantinople forced the deportation of groups of Armenians. Early in the movement towards Aleppo, men were left free to take their families or leave them. No massacring was done, though there was an uneasy feeling that it might occur. In this way various batches were deported, from whom word was received of their safe arrival in the Aleppo district. However, the suffering of deportation – abandonment of home and property and friends, the exposure and hunger on the road, the insanitary state of the concentration camps, and the rough treatment by gendarmes, and in many cases outrage and pillage – all this, though heart-breaking in itself, was not as bad as, or rather was much less horrible than, the torture of the crowds that suffered in the north and east.

Later in the year there was a distinct effort to save many of the Armenians. This effort synchronised with the order to exempt Catholics and Protestants. It seemed a success, and everybody was grately encouraged. But an emissary from the Committee of Union and Progress at Constantinple arrived at that time, and was able to overturn the arrangement and secure an order for the immediate deportation of all. Exception was later made of some widows, of the wives and children of men serving in the labour regiments, and of men working in mills under Government contract and in the Baghdad Railway construction.

The great drive took place in the first week of September, when two-thirds of the Armenian population of Adana City were deported. Hadjin and Dört Yöl were treated very much more harshly, both in the process of eviction and on the road. The people were allowed to dispose of some of their properties, which they did at a great sacrifice; still, they had to abandon the great mass of their properties which was later confiscated. I would call attention to the fact that the appalling nature of the deportation is none the less appalling because there was comparatively less torture and ourtage. It is only fair to state that one Moslem was scourged to death for participation in the robbery of some Christians that were being deported.

It is not merely the suffering of the outlawed and deported people that is appalling, but the effect of it all on the country. Two-thirds of the business of Adana City was dependent on Armenians, and the market seemed deserted after they were driven out. The disaster to the whole province from the material standpoint is beyond calculation. However, it would appear that the whole scheme was intended to be a relentless effort on the part of the central authorities either to exterminate the Armenian nation or to reduce them to a condition like that of the people of Moab, as described by Isaiah in the last clause of the 16th chapter: "A remnant very small and of no account." The enormity is not so much in the torture, massacring, outrage, etc., as in the intention and effort to exterminate a nation. The Armenians have endured massacre and outrage and persecution and oppression; this, however, shatters all hope of life and a future.

The Armenian Protestant communities are all deported with the pastors and leaders, but the men deported are a tower of strength to the suffering people in their exile. Let me quote from W. Effendi, from a letter he wrote a day before his deportation with his young wife and infant child, and with the whole congregation: "We now understand that it is a great miracle that our nation has lived so many years amongst such a nation as this. From this we realise that God can and has shut the mouths of lions for many years. May God restrain them! I am afraid they mean to kill some of us, cast some of us into most cruel starvation and send the rest out of this country; so I have very little hope of seeing you again in this world. But be sure that, by God's special help, I will do my best to encourage others to die manly. I will also look for God's help for myself to die as a Christian. May this country see that, if we cannot live here as men, we can die as men. May many die as men of God. May God forgive this nation all their sin which they do without knowing. May the Armenians teach Jesus' life by their death, which they could not teach by their life or have failed in showing forth. It is my great desire to see a Reverend Ali, or Osman, or Mohammed. May Jesus soon see many Turkish Christians as the fruit of his blood.

"May the war soon end, in order to save tho Moslems from their cruelty (for they increase in that from day to day), and from their ingrained habit of torturing others. Therefore we are waiting on God, for the sake of the Moslems as well as of the Armenians. May He appear soon."

The Treatment of Armenians in the Ottoman Empire. Documents presented...
London 1916, Doc. 128, p. 502–504.

Rapport provenant du Service des Renseignements anglais au Ministère de la Guerre

N° 505. Secret et confidentiel   Athènes, le 24 décembre 1915

(...) DÉPORTATION DES ARMÉNIENS D'ISMID

Massacres arméniens: Un député grec de Smyrne confirme nos informations au sujet des massacres. On évalue, qu'au mois d'août, environ 180,000 Arméniens ont été expulsés d'Ismid et chassés vers le sud dans la direction de Karamanli.

Archives du Ministère de la Guerre,
7 N 2096.

★

Letter Written from Malatia by Miss Mary L. Graffam, Principal of the Girls' High School at Sivas

When we were ready to leave Sivas, the Government gave forty-five ox-carts for the Protestant townspeople and eighty horses, but none at all for our pupils and teachers; so we bought ten ox-carts, two horse arabas, and five or six donkeys, and started out. In the company were all our teachers in the college, about twenty boys from the college and about thirty of the girls'-school. It was as a special favour to the Sivas people, who had not done anything revolutionary, that the Vali allowed the men who were not yet in prison to go with their families.

The first night we were so tired that we just ate a piece of bread and slept on the ground wherever we could find a place to spread a *yorgan* (blanket). It was after dark when we stopped, anyway. We were so near Sivas that the gendarmes protected us, and no special harm was done; but the secound night we began to see what was before us. The gendarmes would go ahead and have long conversations with the villagers, and then stand back and let them rob and trouble the people until we all began to scream, and then they would come and drive them away. *Yorgans* and rugs, and all such things, disappeared by the dozen, and donkeys were sure to be lost. Many had brought cows; but from the first day those were carried off, one by one, until not a single one remained.

We got accustomed to being robded, but the third day a new fear took possession of us, and that was that the men were to be separated from us at Kangal. We passed there at noon and, apart from fear, nothing special happened. Our teacher from Mandjaluk was there, with his mother and sisters. They had left the village with the rest of the women and children, and when they saw the men were being taken off to be killed the teacher fled to another village, four hours away, where he was found by the police and brought safely with his family to Kangal, because the tchaoush who had taken them from Mandjaluk wanted his sister. I found them confined in one room. I went to the Kaimakam and got an order for them all to come with us.

At Kangal some Armenians had become Mohammedans, and had not left the village, but the others were all gone. The night before we had spent at Kazi Mahara, which was empty. They said that a valley near there was full of corpses. At Kangal we also began to see exiles from Tokat. The sight was one to strike horror to any heart; they were a company of old women, who had been robded of absolutely everything. At Tokat the Government had first imprisoned the men, and from the prison had taken them on the road. The preacher's wife was in the company, and told us the story. After the men had gone, they arrested the old women and the older brides, perhaps about thirty or thirtyfive years old. There were very few young women or children. All the younger women and children were left in Tokat. Badvelli Avedis has seven children; one was with our schoolgirls and the other six remained in Tokat, without father or mother to look after them. For three days these Tokat people had been without food, and after that had lived on the Sivas company, who had not yet lost much.

When we looked at them we could not imagine that even the sprinkling of men that were with us would be allowed to remain. We did not long remain in doubt; the next day we heard that a special kaimakam had come to Hassan Tchelebi to separate the men, and it was with terror in our hearts that we passed through that village about noon. But we encamped and ate our supper in peace, and even began to think that perhaps it was not so, when the Mudir came round with gendarmes and began to collect the men, saying that the Kaimakam wanted to write their names and that they would be back soon.

The nigh passed, and only one man came back to tell the story of how every man was compelled to give up all his money, and all were taken to prison. The next morning they collected the men who had escaped the night before and extorted forty-five liras from our company, on the promise that they would give us gendarmes to protect us. One "company" is supposed to be from 1,000 to 3,000 persons. Ours was perhaps 2,000, and the greatest number of gendarmes would be five or six. In addition to these they sewed a red rag on the arm of a Kurdish villager and gave him a gun, and he had the right to rob and bully us all he pleased.

Broken-hearted, the women continued their journey. Our boys were not touched, and two of our teachers being small escaped, and will be a great help as long as they can stay with the company. The Mudir said that the men had gone back to Sivas; the villagers whom we saw all declared that all those men were killed at once. The question of what becomes of the men who are taken out of the prisons and of those who are taken from the convoy is a profound mystery. I have talked with many Turks, and I cannot make up my mind what to believe.

As soon as the men left us, the Turkish drivers began to rob the women, saying: "You are all going to be thrown into the Tokma Su, so you might as well give your things to us, and then we will stay by you and try to protect you." Every Turkish woman that we met said the same thing. The worst were the gendarmes, who really did more or less bad things. One of our schoolgrils was carried off by the Kurds twice, but her companions made so much fuss that she was brought back. I was on the run all the time from one end of the company to the other. These robbing, murdering Kurds are certainly the best-looking men I have seen in this country. They steal your goods, but not everything. They do not take your bread or your stick.

As we approached the bridge over the Tokma Su, it was certainly a fearful sight. As far as the eye could see over the plain was this slow-moving line of ox-carts. For hours there was not a drop of water on the road, and the sun poured down its very hottest. As we went on wo began to see the dead from yesterday's company, and the weak began to fall by the way. The Kurds working in the fields made attacks continually, and we were half-distracted. I piled as many as I could on our wagons, and our pupils, both boys and girls, worked like heroes. One girl took a baby from its dead mother and carried it until evening. Another carried a dying woman until she died. We bought water from the Kurds, not minding the beating that the boys were sure to get with it. I counted forty-nine deaths, but there must have been many more. One naked body of a woman was covered with bruises. I saw the Kurds robbing the bodies of those not yet entirely dead. I walked, or, rather, ran, back and forth until we could see the bridge.

The hills on each side were white with Kurds, who were throwing stones on the Armenians, who were slowly wending their way to the bridge. I ran ahead and stood on the bridge in the midst of a crowd of Kurds, until I was used up. I did not see anyone thrown into the water, but they said, and I believe it, that a certain Elmas, who has done handwork for me for years, was thrown over the bridge by a Kurd. Our Badvelli's wife was riding on a horse with a baby in her arms, and a Kurd took hold of her to throw her over, when another Kurd said: "She has a baby in her arms", and they let her go. After crossing the bridge, we found all the Sivas people who had left before us waiting by the river, as well as companies from Samsoun, Amasia and other places.

The police for the first time began to interfere with me here, and it was evident that something was decided about me. The next morning after we arrived at this bridge, they wanted me to go to Malatia; but I insisted that I had permission to stay with the Armenians. During the day, however, they said that the Mutessarif had ordered me to come to Malatia, and that the others were going to Kiakhta. Soon after we heard that they were going to Ourfa, there to build villages and cities, &c.

In Malatia I went at once to the commandant, a captain who they say has made a fortune out of these exiles. I told him how I had gone to Erzeroum last winter, and how we pitied these women and children and wished to help them, and finally he sent me to the Mutessarif. The latter is a Kurd, apparently anxious to do the right thing; but he has been sick most of the time since he came, and the "beys" here have had things more or less their own way, and certainly horrors have been committed. I suggested that they should telegraph to Sivas and understand that I had permission to go with these exiles all the way, and the answer is said to have come from Sivas that I am not to go beyond here.

My friends here are very glad to have me with them, for they have a very difficult problem on their hands and are nearly crazy with the horrors they have been through here. The Mutessarif and other officials here and at Sivas have read me orders from Constantinople again and again to the effect that the lives of these exiles are to be protected, and from their actions I should judge that they must have received such orders; but they certainly have murdered a great many in every city. Here there were great trenches dug by the soldiers for drilling purposes. Now these trenches are all filled up, and our friends saw carts going back from the city by night. A man I know told me that when he was out to inspect some work he was having done, he saw a dead body which had evidently been pulled out of one of these trenches, probably by dogs. He gave word to the Government, with the result that his two servants, who were with him, were sent for by under-officers, saying that the Pasha wanted them, and they were murdered. The Beledia Reis here says that every male over ten years old is being murdered, that not one is to live, and no woman over fifteen. The truth seems to be somewhere between these two extremes.

My greatest object in going with these exiles was to help them to get started there. Many have relatives in all sorts of places, to whom I could write; and I could, in my own estimation, be a channel by which aid could get to them. I am not criticising the Government. Most of the higher officials are at their wit's end to stop these abuses and carry out the orders which they have received; but this is a flood, and it carries everything before it.

I have tried to write only what I have seen and know to be true. The reports and possibilities are very many, but the exact truth that we know, at best, calls for our most earnest prayer and effort. God has come very near to many during these days.

The Missionary Herald, Boston, December 1915.

★

From: The Blackest Page of Modern History

FOREWORD

The war that started on August 1, 1914, has gradually involved nations, large and small, not originally participants. Other nations, large and small, while still managing to maintain an official neutrality, have found themselves drawn into diplomatic controversies with both groups of belligerents. With the exception of South America, the continents of the world have sent contingents to fight in Europe. The destinies of Africa, Asia, and Australia are at stake, and the destinies of the western hemisphere will, long before the end is reached, be influenced vitally by the tremendous events that are taking place in Europe. We can, then, without exaggeration, call the war that was provoked by the Austro-Hungarian ultimatum to Servia, a world war.

Still in the midst of war, still prejudiced by our sympathies and our interests, neither participants nor spectators are in a position to form a definitive judgment upon the many problems of the origin of the war, and upon controversial points that have arisen between the belligerents and between belligerents and neutrals, because of acts of war.

But can we assume the attitude of suspending judgement in regard to *all* that has happened since August, 1914, and *all* that is happening to-day? The world at heart is not cold-blooded. The world at heart is not hopelessly selfish. The world at heart is not deaf to the appeal of the innocent and helpless. Else we should have reason indeed to believe in the complete disappearance of our twentieth-century Christian civilization. If some issues are debatable, if some events are obscure, if some charges and counter-charges cannot be determined, there are others that can be determined.

It is because the Armenian massacres in Turkey are clearly established, because responsibilities can be definitely fixed, and because an appeal to humanity can be made on behalf of the remnant of the Armenian race in the Ottoman Empire without the slightest suspicion of political interest, that I feel it advisable *and imperative* at this moment to call attention to what is undoubtedly the blackest page in modern history, to set forth the facts, and to point out the responsibilities.

Paris, December 1, 1915   HERBERT ADAMS GIBBONS

In April, 1915, the Ottoman Government began to put into execution throughout Turkey a systematic and carefully-prepared plan to exterminate the Armenian race. In six months nearly a million Armenians have been killed. The number of the victims and the manner of their destruction are without parallel in modern history.

In the autumm of 1914, the Turks began to mobilize Christians as well as Moslems for the army. For six months, in every part of Turkey, they called upon the Armenians for military service. Exemption money was accepted from those who could pay. A few weeks later the exemption certificates were disregarded, and their holders enrolled. The younger classes of Armenians, who did not live too far form Constantinople, were placed, as in the Balkan wars, in the active army. The older ones, and all the Armenians enrolled in the more distant regions, were utilized for road, railway, and fortification building. Wherever they were called, and to whatever task they were put, the Armenians did their duty, and worked for the defence of Turkey. They proved themselves brave soldiers and intelligent and industrious labourers.

In April, 1915, orders were sent out from Constantinople to the local authorities in Asia Minor to take whatever measures were deemed best to paralyse in advance an attempt at rebellion on the part of the Armenians. The orders impressed upon the local authorities that the Armenians were an extreme danger to the safety of the empire, and suggested that national defence demanded imperatively *anticipatory* severity in order that the Armenians might be rendered harmless.

In some places, the local authorities replied that they had observed no suspicious activity on the part of the Armenians and reminded the Government that the Armenians were harmless because they possessed no arms and because the most vigorous masculine element had alrady been taken for the army. There are some Turks who have a sense of pity and a sense of shame! But the majority of the Turkish officials responded with alacrity to the hint from Constantinople, and those who did not were very soon replaced.

A new era of Armenian massacres began.

At first, in oder that the task might be accomplished with the least possible risk, the virile masculine Armenian population still left in the cities and villages was summoned to assemble at a convenient place, generally outside the town, and gendarmes and police saw to it that the summons was obeyed. None was overlooked. When they had rounded up the Armenian men, they butchered them. This method of procedure was generally feasible in small places. In larger cities, it was not always possible to fulfil the orders from Constantinople so simply and promptly. The Armenian notables were assassinated in the streets or in their homes. If it was an interior city, the men were sent off under guard to "another town". In a few hours the guard would return without their prisoners. If it was a coast city, the Armenians were taken away in boats outside the harbour to "another port". The boats returned astonishingly soon without the passengers.

Then, in order to prevent the possibility of trouble from Armenians mobilized for railway and road construction, they were divided in companies of from three hundred to five hundred and put to work at intervals of several miles. Regiments of the Turkish regular army were sent "to put down the Armenian revolution," and came suddenly upon the little groups of workers plying pickaxe, crowbar, and shovel. The "rebels" were riddled with bullets before they knew what was happening. The few who managed to flee were followed by mounted men, and shot or sabred.

Telegrams began to pour in upon Talaat bey at Constantinople, announcing that here, there, and everywhere Armenian uprisings had been put down, and telegrams were returend, congratulating the local officials upon the success of their prompt measures. To neutral newspaper men at Constantinople, to neutral diplomats, who had heard vaguely of a recurrence of Armenian massacres, this telegraphic correspondence was shown as proof that an imminent danger had been averted. "We have not been cruel, but we admit having been severe," declared Talaat bey. "This is war time."

Having thus rid themselves of the active manhood of the Armenian race, the Turkish Government still felt unesay. The old men and boys, the women and children, were an element of danger to the Ottoman Empire. The Armenians must be rooted out of Turkey. But how accomplish this in such a way that the Turkish Ambassador at Washington and the German newspapers might be able to say, as they have said and are still saying, "All those who have been killed were of that rebellious element caught red-handed or while otherwise committing traitorous acts against the Turkish Government, and *not women and children*, as some of these *fabricated* reports would have the Armenians believe?" Talaat bey was ready with his plan. Deportation – a regrettable measure, a military necessity – but perfectly humane.

From May until October the Ottoman Government pursued methodically a plan of extermination far more hellish than the worst possible massacre. Orders for deportation of the entire Armenian population to Mesopotamia were despatched to every province of Asia Minor. These orders were explicit and detailed. No hamlet was too insignificant to be missed. The news was given by town criers that *every* Armenian was to be ready to leave at a certain hour for an unknown destination.

There were no exceptions for the aged, the ill, the women in pregnancy. Only rich merchants and bankers and good-looking women and girls were allowed to escape by professing Islâm, and let it be said to their everlasting honour that few availed themselves of this means of escape. The time given varied from two days to six hours. No household goods, no animals, no extra clothing could be taken along. Food supply and bedding was limited to what a person could carry. And they had to go *on foot* under the burning sun through parched valleys and over snow-covered mountain passes, a journey of from three to eight weeks.

When they passed through Christian villages where the deportation order had not yet been received, the travellers were not allowed to receive food or ministrations of any sort. The sick and the aged and the wee children fell by the roadside, and did not rise again. Women in childbirth were urged along by bayonets and whips until the moment of deliverance came, and were left to bleed to death. The likely girls were seized for harems, or raped day after day by the guards until death came as a merciful release. Those who could committed suicide. Mothers went crazy, and threw their children into the river to end their sufferings. Hundreds of thousands of women and children died of hunger, of thirst, of exposure, of shame.

The pitiful caravans thinned out, first daily, and later hourly. Death became the one thing to be longed for: for how can hope live, how can strength remain, even to the fittest, in a journey that has no end? And if they turned to right or left from that road to hell, they were shot or speared. Kurds and mounted peasants hunted down those who succeeded in escaping the roadside guards.

They are still putting down the Armenian revolution out there in Asia Minor. I had just written the above paragraph when an English woman whom I have known for many years came to my home. She left Adana, in Cilicia, only a month ago. Her story is the same as that of a hundred others. I have the identical facts, one eye-witness testimony corroborating the other, from American, English, German, and Swiss sources. This English woman said to me, "The deportation is still going on. From the interior along the Bagdad Railway they are still being sent through Adana on the journey of death. As far as the railway exists, it is being used to hurry the work of extermination faster than the caravans from the regions where there are no railways. Oh! if they would only massacre them, and be done with it, as in the Hamidian days! I stood there at the Adana railway station, and from the carriages the women would hold up their children, and cry for water. They had got beyond a desire for bread. Only water! There was a pump. I went down on my knees to beg the Turkish guard to let me give them a drink. But the train moved on, and the last I heard was the cry of those lost souls. That was not once. It was almost every day the same thing. Did Lord Bryce say eight hundred thousand? Well, it must be a million now. Could you conceive of human beings allowing wild animals to die a death like that?"

But the Turkish Ambassador in Washington declares that these stories are "fabrications," and that "no women and children have been killed."

Herbert Adams Gibbons: The Blackest Page of Modern History.
New York 1916, Preface p. 5–8, and p. 17–29.

Aus: Deutschland und Armenien 1914–1918

KAISERLICH
DEUTSCHES KONSULAT *Aleppo, den 3. Januar 1916*

Euerer Exzellenz überreiche ich gehorsamst in der Anlage* die folgenden Nachrichten zur Armenierverschickung:

1. Abschrift eines Berichtes des Diakons Künzler aus Urfa über die dortigen Vorgänge seit Anfang August bis Anfang Dezember. Der Bericht wiederholt zwar zum Teil schon Bekanntes, verdient aber doch eine Wiedergabe. Insbesondere ist daraus zu entnehmen, daß gegen 600 Armenier bereits abgeschlachtet waren, ehe die Kämpfe Anfang Oktober begannen, nämlich 100 in der Stadt, ungefähr 100 eines Arbeiterbataillons im Norden der Stadt, und 400 eines Arbeiterbataillons im Süden der Stadt, abgesehen von den bereits vorher Verschickten und auf dem Wege nach Diarbekr Ermordeten. Neu ist auch, was er über das Geschick der Stadt nach ihrer militärischen Niederzwingung berichtet.

2. Ein deutscher Ingenieur, der während der entscheidenden Ereignisse wochenlang in Ras-ul-Ain und Tell-Abiad für den Bau der Bagdadbahn beschäftigt war und dessen Glaubwürdigkeit die allerbeste ist, gab erschütternde Berichte, die einen Einblick in die bewußte und gewollte Vernichtung der Verschickten durch türkische Regierungsorgane gewährten. Die von den Armeniern immer wieder vorgebrachte Erzählung, daß sie Züge der Verbannten absichtlich kreuz und quer geführt worden sind, um sie „zu Tode zu wandern" fand an einem Beispiel ihre Bestätigung. Ein Trupp Verschickter aus Urfa hat folgenden Weg zurücklegen müssen:

Von Urfa nach Tell-Abiad,
von Tell-Abiad nach Rakka,
von Rakka nach Tell-Abiad,
von Tell-Abiad nach Rakka.

Die Strecke von Tell-Abiad nach Rakka beträgt in der Luftlinie rund 90 km.

3. Die schon öfter gemeldete und soeben wieder bestätigte Tatsache, daß Regierungsorgane die Bevölkerung zur Vertilgung der Armenier aufgefordert und ermutigt haben, kann dahin eingeschränkt werden, daß Djemal Pascha, der Höchstkommandierende der 4. Armee, persönlich die Vernichtung der Armenier nicht gewollt hat. Sein Wille hat sie nicht aufzuhalten vermocht, aber es ist eine Erleichterung, in dem grauenhaften Bilde auch einmal einen versöhnlichen Zug entdecken zu können. Das Sammellager der Armenier in Islahije ist 6 Wochen lang, trotz der Verteidigung durch deutsche Ingenieure, der Gegenstand zahlreicher Raubüberfälle durch Kurden gewesen, bei denen Frauen und Kinder abgeschlachtet wurden. Als Djemal Pascha durchkam und ihm darüber Vortrag gehalten wurde, stellte er seine 12 Leibgendarmen zur Verfügung, die sehr energisch gegen die Kurden vorgingen und einige gefangen einbrachten. Diese sind dann gehängt worden. Wenn die Zustände im Bereich der 4. Armee, obwohl sie schlimm genug sind, doch nicht an diejenigen im Bereiche der 3. Armee heranreichen, so wird neben den durch die geographische und

---
* Not reproduced. The Editor.

politische Lage sowie durch den verschiedenen Stand der Verkehrswege bedingten Unterschieden auch der Einfluß Djemal Paschas in Anschlag zu bringen sein.

4. Während ich früher wiederholt berichtet habe, daß Leichen der Armenier unbeerdigt geblieben sind und den Raubtieren zum Opfer fielen, kann nach neuerdings mir erstatteten mündlichen Berichten kein Zweifel mehr sein, daß auch noch lebende Armenier, die im Krankheits- und Erschöpfungszustande im Freien lagerten und um die sich niemand kümmerte, von Hunden angefressen worden sind.

Es liegt dafür das Zeugnis eines älteren deutschen Ingenieurs von unbedingter Zuverlässigkeit vor, der, in Arab-Punar stationiert, die Strecke zwischen dort und Harab-Nass unter sich hatte. Die Beobachtung ist sowohl von ihm selbst, wie von seinen eingeborenen Angestellten gemacht worden. Sein Name steht auf Erfordern zur Verfügung.

Der Leichengeruch auf der Straße zwischen diesen beiden Stationen war derartig stark, daß er sich mehrfach das Gesicht verbunden hat, wenn er sie zu Pferde zurückzulegen hatte.

Gleichen Bericht lasse ich dem Herrn Reichskanzler zugehen. RÖSSLER

Seiner Exzellenz dem Kaiserlichen Botschafter
Herrn Grafen Wolff-Metternich, Hochgeboren

Deutschland und Armenien 1914–1918. Sammlung diplomatischer Aktenstücke...
Nummer 226, S. 223–227.

★

De: L'Arménie. Les Massacres et la Question d'Orient

(...) Entre les lignes du traité de Berlin, un démon avait tracé en lettres à peine visibles tout le programme de 1873 à 1916. Et les lettres allaient peu à peu apparaître rouges comme le sang des massacres, comme le feu des incendies. Le sort de l'Arménie et du monde en était jeté.

Après la tampête bulgare, il y eut une accalmie et la situation dite «normale», c'est-à-dire la persécution habituelle, reprit en Arménie.

Abdul-Hamid réfléchissait sur les événements accomplis, sur l'intervention des Puissances et sur le traité de Berlin. Il arriva à cette conclusion: pour supprimer contrôle, humiliations et menaces futures, le plus sûr est de supprimer la question arménienne. Comment? En supprimant les Arméniens.

Abdul-Hamid fit son favori de l'inventeur du panislamisme, Seyyed qui devait mourir à ses côtés en 1896; et, s'écartant de plus en plus des puissances qui avaient eu jusque-là le plus d'influence à Constantinople, mais qui dominaient sur des pays musulmans, la France et l'Angleterre, il se rapprocha de plus en plus de la seule puissance qui n'avait pas de musulmans sous sa domination, et qui lui paraissait se désintéresser des choses d'Orient, l'Allemagne. Enfin, en 1890, il eut une idée geniale: il transforma les bandes kurdes en «cavalerie hamidienne», avec uniformes et fusils modernes. En baptisant ainsi gendarmes ces pillards cruels, il leur donnait toute force et toute licence, et il enlevait à leurs victimes tout droit à la résistance, même à la réclamation... Magnifique coup double. Et quand arriva l'été de 1894, tout était prêt.

Pour se faire la main, Abdul-Hamid ordonna le massacre de Sassoun, un massacre préalable, un petit massacre, qui dura seulement trois semaines, dans la ville et ses environs.

Ici, trois à quatre cents femmes; là deux cents, après avoir été livrées à la soldatesque, sont exterminées à coups d'épées ou de baïonnettes.

Ailleurs, une soixantaine de femmes et de jeunes filles sont enfermées pendant plusieurs jours dans une petite église, livrées aux soldats, et finalement égorgées: un torrent de sang s'échappe de la porte de l'église. – Ailleurs, sur une montagne, quelques milliers de réfugiés résistent pendant une dizaine de jours; c'est en vain. Une femme s'avance sur un rocher et crie: «Mes sœurs, il faut choisir. Ou bien tomber aux mains de ces Turcs, oublier nos maris, nos maisons, notre religion, ou bien me suivre.» Et, tenant dans ses bras son enfant d'un an, elle se précipita dans l'abîme. Ses compagnes la suivirent. Le Sultan décora l'officier commandant et envoya une bannière d'argent aux chefs.

L'Europe faillit s'émouvoir. Pendant des mois les diplomates conversèrent, et ils arrivèrent au fameux Memorandum, un projet de réformes pour les *six vilayets* de la vieille Arménie. Le Sultan donna ses approbations, (18 septembre et 22 octobre 1895), car il en donna plusieurs; et même il envoya à Lord Salisbury... sa parole d'honneur!

Mais cette dernière intervention de l'Europe allait être seulement le signal de la mise à exécution du projet d'Abdul-Hamid. Une fois de plus, au lieu de protéger les Arméniens, l'Europe humiliait le Sultan; au lieu de dompter la bête féroce, l'Europe l'agaçait; la bête féroce bondit sur sa victime. Et à Trébizonde commença la série des massacres qui, en trois mois, allaient ensanglanter et dévaster les six vilayets, désignés pour les réformes. La réponse aux Puissances était claire (...)

Une révolution s'était opérée en Turquie (24 juillet 1908). Abdul-Hamid avait été détrôné (25 avril 1909), en attendant qu'un coup de revolver rendit Enver-Pacha maître du pouvoir (1913): les Jeunes Turcs! Dix ans avant, à Paris, leur premier dîner révolutionnaire avait été présidé par le vénérable chef du positivisme français, Pierre Laffite. Ils répétaient: «la Turquie sera sauvée par le positivisme, ou elle périra». Et c'est la parole pacifiste d'Aug. Comte mourant à Pierre Laffite, qu'ils avaient prise pour devise: *«Union et Progrès»*.

Quand ils rentrèrent à Constantinople, les Comités révolutionnaires rapportaient des doctrines socialistes, de la libre-pensée, et même, a-t-on dit, la Marseillaise. Mais la comédie dura juste ce qu'il fallait pour ravir d'une admiration suffisamment attendrie... quelques diplomates. Peu de temps. Le pan-islamisme, indifférent à des politiciens se piquant d'irréligion, fut remplacé par le pan-turquisme, c'est-à-dire par le nationalisme le plus féroce que le monde puisse jamais imaginer. «Plus de chrétiens en Turquie», a déclaré Enver-Pacha. Et un Arménien m'a dit: «Abdul-Hamid avait été Cartouche, les Jeunes-Turcs furent Bonnot.» C'est l'opinon de Lord Bryce qui, à la Chambre des Lords, a parlé de la bande d'aventuriers sans scrupules, des bandits qui composent ce qu'on appelle «le Gouvernement de la Turquie».

Parmi les amis de la premiere heure, les plus ardents et les plus fidèles avaient été les Arméniens. Or, au moment précis où les Jeunes-Turcs déposaient Abdul-Hamid, éclata le massacre d'Adana, en Cilicie: des villes entières anéanties; 25,000 Arméniens assassinés. Etait-ce l'adieu du régime qui s'en allait? Non, c'était le salut du régime qui venait!

A partir de ce moment, le plan d'extermination totale de la race arménienne fut préparé dans un secret complet et le massacre fut organisé avec un soin, avec un calcul, avec une méthode, capables de ravir d'aise un Ostvald lui-mème, le chantre hiératique de l'organisation allemande.

Dans la nuit du 28 au 29 avril 1915, tous les chefs Arméniens à Constantinople – et bientôt ailleurs – écrivains, médecins, professeurs, furent arrêtés. On procéda au désarmement de la population arménienne et à l'armement de la population musulmane. 30,000 criminels furent libérés des prisons. Les *Capitulations*, dernière barrière légale, qui avait quelquefois protégé les populations chrétiennes, furent abolies. On prévit même, et très minutieusement, le remplacement des populations chrétiennes, qui allaient être exterminées, par certaines populations turques, qui furent réparties proportionnellement à l'importance des places marquées pour elles. Enfin, Enver-Pacha envoya Djevet bey, son beau-frère, opérer au cœur de la vieille Arménie; et déjà en mars et avril, plus de 500 villages étaient pillés, plus de 25,000 Arméniens étaient massacrés dans les vilayets de Van et d'Erzeroum.

Alors, le 20 mai, parut l'ordre du Comité Jeune-Turc et d'Enver-Pacha, relatif à la déportation générale. Et la déportation, c'était l'extermination en trois actes successifs: le *massacre*, la *caravane* et le *désert*. (...)

Le quart des caravanes seulement arrivait à destination, passant du climat froid au climat torride. Et tous les récits sont d'accord sur ce point: impossible de se faire une idée de l'horreur de ces déserts.

Une première partie du désert Arabique est formée de marécages, où règne la malaria, au point que les indigènes l'ont abandonnée. Et les Arméniens ausaient bien voulu rester dans ces marais mortellement malsains. Mais cette grâce leur était refusée; ils devaient avancer encore; et alors, voici le dernier soupir qu'une femme, voix suprême de sa race, pousse: «Pourquoi ne nous a-t-on pas tués du premier coup? Le jour, nous n'avons pas d'eau pour boire, et nos enfants crient: mère, de l'eau! La nuit, les Arabes du désert nous pillent, prennent ce que nous avons pu nous procurer, enlèvent nos jeunes filles et nous outragent». Jusqu'à ce que dans le désert sec et brûlant, peu à peu, la plainte s'éteigne; le silence se fasse; et, penchant la tête, l'Arménie expire.

Plus un Arménien en Arménie! 8 à 900,000, peut-être un million de morts et environ 300,000 réfugiés mourant de détresse et de misère en Egypte, surtout en Russie. *Consummatum est*. Tout est accompli.

En vérité, Mesdames et Messieurs, lorsque l'Arménien, que j'ai cité, comparait les Jeunes-Turcs à un Bonnot, il se rendait coupable d'une calomnie... vis-à-vis de Bonnot. «Si l'on savait tout ce que je sais, tout ce que j'ai vu de mes yeux et entendu de mes oreilles – a dit le Consul général d'Italie à Trébizonde – la chrétienté entière se demanderait si tous les cannibales et toutes les bêtes féroces du monde ne se sont pas réfugiés à Stamboul». Faire mourir peu à peu par le fusil, par le sabre, par l'eau, par le feu, par la faim, par l'infamie, tout un peuple, c'est une abomination qui a beau être vraie, vraie, vraie, elle reste invraisemblable, impossible, même pour l'imagination du plus déséquilibré.

La pensée demeure stupide! Et quand je reprends conscience de la réalité – en face des représentants de l'Arménie, qui m'écoutent – la première parole qui sort, balbutiée, de mes lèvres, c'est: Frères arméniens, pardon! (...)

L'Arménie. Les Massacres et la Question d'Orient.
Conférence (16. 1. 1916), Etudes et Documents par G. Doumergue.
Doyen de la Faculté de Théologie protestante de Montauban.
Paris 1916, pp. 11–14/23–25/31–33.

★

From: The Treatment of Armenians in the Ottoman Empire

ALEPPO: MESSAGE DATED 17TH FEBRUARY, 1916
FRAULEIN O.; PUBLISHED IN THE GERMAN JOURNAL
"SONNENAUFGANG," APRIL, 1916

I want to beg our friends at home not to grow weary of making intercession for the members of the Armenian nation who are in exile here. If there is no visible prospect of a change for the better, a few months more will see the end of them all. They are succumbing in thousands to famine, pestilence and the inclemency of the weather. The exiles at Hama, Homs and in the neighbourhood of Damascus are comparatively better of. They are left where they are, and can look about for means of subsistence. But further East, along the Euphrates, they are driven from place to place, plundered and maltreated. Many of our friends are dead.

The Treatment of Armenians in the Ottoman Empire. Documents presented...
London 1916, Doc. 142, p. 555.

★

Hadjin et les Turcs des villages

Extrait du «Missionary Herald», février 1916

La déportation des Arméniens de la région de Hadjin commença vers le milieu de mai. Deux dames américaines: Miss Olive M. Vaughan, d'Adana, qui avait la charge des écoles de Hadjin, et Miss Edith Cold, du «Central Turkey Girls' College» à Marash, se trouvaient à Hadjin à ce moment et y restèrent jusqu'en octobre.

Miss Cold, rentrée en Amérique, raconte les expériences de cet été. – Nous abrégeons en partie son récit, mais nous donnons littéralement quelques-unes des pages qui montrent de quel œil un grand nombre de Turcs regardent les ordres de déportation donnés par le gouvernement.

Les commencements

Miss Cold raconte l'arrivée à Hadjin, le 14. mai, de l'Alai Bey, un juge de la Cour martiale, venant d'Alep. Il demanda d'abord courtoisement que tous les habitants de la ville donnassent leurs armes et livrassent les déserteurs, etc., ajoutant que, si l'on obéissait, tout le monde serait en sûreté, mais que si l'on refusait, 3,000 soldats forceraient à l'obéissance.

Les pauvres gens étaient très perplexes; s'ils donnaient leurs armes et étaient trahis, ils seraient massacrés; si au contraire ils gardaient leurs armes, ils se trouvaient en opposition avec le gouvernement. Enfin ils décidèrent d'obéir complètement aux ordres de l'Alai Bey. Il en parut satisfait et le peuple commença à se sentir plus tranquille. Cependant le 23 mai arrivèrent 2,000 soldats. Les Turcs prirent possession de divers monastères, orphelinats et bâtiments d'écoles dont l'un se trouvait être la propriété du Comité américain. Miss Vaughan protesta, et bien qu'on lui refusât d'évacuer le bâtiment, il lui fut permis de fermer à clef quelques chambres et on ne fit aucun dégât à l'édifice. Une escouade de soldats fut placée, nuit et jour, pour garder l'entrée du chemin privé qui conduit aux terrains du Comité américain. L'Alai Bey accorda gracieusement quelques privilèges, en particulier, il défendit que des étrangers entrassent dans l'enceinte, et il permit au personnel des écoles d'aller et de venir, comme ces deux dames le lui demandaient.

Le 27 mai, les arrestations commencèrent, et les gens arrivèrent en foule à la mission pour implorer les dames de s'entremettre en faveur de leurs parents. Miss Vaughan et Miss Cold allèrent auprès des autorités militaires, leur demandant de faire une distinction entre l'innocent et le coupable et d'épargner les femmes et les enfants, mais elles n'obtinrent aucune satisfaction. L'Alai Bey leur expliqua que *comme elles venaient d'un pays de liberté elles ne pouvaient comprendre les mesures que la nécessité obligeait le gouvernement turc à prendre.*

Les déportations

Le 4 juin, l'exode commença. On essaya d'obtenir pour les écolières la permission de rester avec les missionnaires, mais elle fut refusée. Le juge, cependant, accorda à Miss Vaughan et à Miss Cold la permission de recevoir des dons de leurs amis qui partaient, et de garder trois jeunes filles comme femmes de chambre. Trente familles parmi les plus aisées furent déportées en premier; le 10 juin, cent cinquante familles étaient parties, et les groupes continuèrent à quitter à un intervalle de quelques jours, de sorte que le 1er octobre, il ne restait plus que quelques hommes avec leurs familles, et environ deux cent cinquante veuves et familles de soldats.

Quelques problèmes de solution difficile

Miss Cold raconte ainsi quelques-unes de ses expériences. Miss Vaughan et moi trouvions notre position très difficile. Nous nous sentions obligées d'aider les Arméniens de toutes manières, et en même temps nous ne voulions ni nous brouiller avec le gouvernement, ni rompre nos relations avec des familles musulmanes. Nous nous sentions responsables pour les propriétés américaines situées à Hadjin et aux alentours, et de plus, nous avions avec nous les institutrices arméniennes et les orphelines, et il nous fallait les protéger, même au prix de nos vies. Un autre problème concernait la propriété des familles exilées. On leur avait dit qu'elles pouvaient placer où elles voulaient les biens qu'elles devaient laisser. Naturellement chacun avait désiré les mettre sous notre protection. Nous aurions pu remplir tous nos bâtiments avec tous les trésors domestiques imaginables, sans parler des chevaux, des vaches, des chèvres, etc. Comme nous n'avions pas un Américain de bon conseil à proximité, et que de plus nous désirions agir de façon à ne pas compromettre le consul ou l'ambassade, nous nous décidâmes à ne rien accepter en dépôt. Ce que nous acceptions, nous le payions, et nous ne faisions cet achat que pour aider ceux qui étaient dans le besoin.

Du commencement de juin jusqu'en octobre nous fûmes assez heureuses pour pouvoir donner quelque aide financière. Miss Vaughan passa à travers le cordon de gendarmes qui gardaient les villages de Shar et Roumlou et put ainsi donner quelques livres sterlings à quelques notables, afin qu'ils secourussent avec cet argent les plus misérables. Quand aux gens d'Hadjin qui partaient, nous les secourûmes selon nos moyens trop limités, et même nous pûmes aider à l'occasion les gens d'autres villages qui passaient, venant des environs de Césarée. Nous réussimes aussi, avec l'aide d'un Grec et d'un Turc, à envoyer quelques secours aux villages de Yerebakan et de Fekke avant le départ de leurs habitants.

Nos domestiques avaient presque tous été déportés, aussi un ouvrage auquel nous n'étions pas habituées nous échut en partage. Une autre épreuve pour nos forces, ce fut la lutte contre les essaims de sauterelles qui s'abattirent sur la Syrie et la Cilicie. Ils apparurent d'abord au commencement de juin et ravagèrent le pays jusqu'en septembre. Ils détruisirent nos vignobles et nous eûmes à combattre jour après jour pour les empêcher de pénétrer dans notre enclos.

Un autre problème était celui de soulager en quelque mesure les gens qui manquaient de nourriture. De nombreuses veuves, des orphelins et des familles de soldats se trouvaient sans aucune ressource depuis que les familles aisées avaient dû partir. De plus, le travail industriel, qui avait occupé un nombre considérable de veuves, avait été suspendu depuis l'arrivée du Juge militaire.

L'attitude des Turcs

Miss Vaughan et moi ne souffrîmes jamais personnellement aucune impolitesse de la part soit des fonctionnaires, soit des villageois turcs. Notre situation était souvent délicate, mais en somme, nous fûmes toujours bien traitées. Quand nous demandâmes à M. Lyman de venir de Marash à notre aide et que le gouvernement ne le permit pas, le Kaïmakan envoya le chef de la police pour nous expliquer le cas et pour nous assurer que nous n'avions rien à craindre, que nous étions les hôtes du gouvernement et qu'on ne toucherait pas à un cheveu de nos têtes. Quand je quittai Hadjin, bien que j'eusse l'escorte de Miss Webb, le kavass du consul et leur gendarme, le capitaine des troupes d'Hadjin m'envoya comme escorte personnelle son meilleur cavalier. L'office postal nous fit maintes faveurs. Quand on nous envoyait de l'argent par la poste, le fonctionnaire faisait son possible pour nous le payer en or ou en argent et de telle façon que nous puissions facilement le donner aux pauvres gens. Il savait que nous nous en servions pour aider les pauvres exilés. Quand les premières caravanes de déportés furent chassées, la mère de cet homme ne put pas quitter son lit pendant deux semaines, tant elle était malade de ce qu'elle avait vu et entendu.

Notre maîtresse principale, Miss Hagopian et sa mère, descendaient avec nous. Elles avaient des parents musulmans, dont quelques-uns parmi des familles d'officiers à Hadjin. Ils nous firent des visites fréquentes. Ils s'élevaient fortement contre les horribles cruautés. Nous avons vu des femmes musulmanes se lamenter à haute voix avec les chrétiennes quand partirent les premières familles.

Quand l'Alai Bey était arrivé, il avait fait venir le Mufti et avait demandé son approbation pour ce qu'il allait faire. Mais le Multe refusa, disant qu'il ne voyait rien de bon dans cette mesure. Ce Mufti était un grand ami d'un de nos plus éminents Arméniens protestants (notre ami et conseiller spécial), et il essaya, mais en vain, de le sauver de l'exil. Quand Vartavar Agha partit, le Mufti prit possession de sa maison et de tous ses biens pour les lui garder. Il dit aussi qu'il serait le protecteur des Américains et des bâtiments leur appartenant puisque Vartavar Agha ne pouvait plus l'être.

Quelques-uns aussi des Aghas des villages nous exprimèrent librement leur opinion, aussi bien sur la guerre que sur la calamité qui s'était abattue sur les Arméniens. Ils nous dirent que de telles cruautés seraient punies et que le jour du châtiment viendrait. *Ils se plaignaient aussi amèrement qu'il n'y eût plus maintenant ni ouvriers, ni marchands pour pourvoir à leurs besoins et disaient que dans peu de temps eux-mêmes allaient tomber dans la misère.*

Un Cheik kurde, Dorsoun Effendi, d'un village peu éloigné de Hadjin, visita deux fois la ville pendant l'été. La première fois, il resta environ une heure, et, les larmes coulant sur son visage, il déclara qu'il partait à l'instant, parce qu'il ne pouvait supporter de voir de telles choses. La seconde fois, il vint dire adieu à Vartan Effendi, son ami arménien. Il baisa chacun des enfants de celui-ci, les serrant sur son cœur, et partit de nouveau tout en larmes. Un Kurde aussi nous apporta secrètement la nouvelle que l'église neuve de Shar avait été en partie détruite à la dynamite.

Les Musulmans de Fekke et de Yerebakan étaient très opposés à ce que l'on exilât les Arméniens de ces villages. Ils disaient qu'ils n'avaient rien fait de mal, qu'ils ne possédaient pas d'armes, vivaient paisiblement; qu'ils étaient leurs amis, et de plus, leurs ouvriers et leurs marchands. Par leurs efforts, la déportation fut évitée pendant environ trois mois, mais à la fin, eux aussi ne purent les sauver. Les Turcs de Fekke doivent être cités pour leur honorable conduite pendant toute l'affaire. Un Musulman, fonctionnaire à Fekke, cassa une cruche à eau sur la tête d'un jeune musulman qui était entré dans une chambre pour insulter la femme d'un soldat arménien. Il disait qu'il se croyait obligé de defendre le pauvre sans protection qui habitait à l'ombre de sa maison.

Un jour que Miss Vaughan passait dans une rue de Hadjin, deux gendarmes l'interpellèrent; on leur avait ordonné de faire sortir de leur maison, pour les envoyer en exil, un vieillard, sa femme et leur fils invalide. Les gendarmes disaient: «Comment pouvons-nous faire cela!» et ils priaient Miss Vaughan d'implorer les autorités de faire grâce. Il y a donc de faibles rayons de lumière qui brillent à travers l'horrible obscurité de ces quatre mois.

L'attitude des Arméniens

Miss Vaughan et moi, nous avons vu le départ de centaines d'Arméniens pour leur exil sans espoir. C'était à fendre le cœur. Cependant, nous louons le Dieu de toute la terre de nous avoir permis de voir la foi chrétienne et l'humilité manifestées par tant de ces pauvres gens, dans la plus sombre époque de l'histoire arménienne. Peut-être y a-t-il eu des cas de dureté de cœur, de malédiction contre Dieu et de naufrage de la foi, mais nous ne les avons jamais constatés personnellement. Combien de fois avons-nous prié avec ceux qui alleient partir, et les larmes coulant sur nos visages, avons-nous imploré Dieu de les aider à garder ferme leur foi. Combien de fois les hommes et les femmes, nous serrant la main avant de nous quitter, nous-ont dit: «Que la volonté de Dieu soit faite! nous n'avons pas d'autre espérance!» Asadour Effendi Solokian, le prédicateur protestant, vint à la mission le matin de son départ et nous demanda qu'avec les jeunes filles et les maîtres, nous eussions encore une fois notre culte tous ensemble. Sa jeune femme, sur le point de devenir mère, fut laissée à nos soins. Avec le plus grand calme, il lut la parole de Dieu et demanda la protection du Tout-Puissant pour tous ceux qui étaient laissés en arrière. A la fin il demanda aux jeunes filles de chanter: «Il me conduit... même s'il me tuait... je me confierais en Lui».

Au sujet de l'attitude de la population turque un témoin oculaire raconte le fait suivant: Le 7 sepbtembre, comme on vidait systématiquement les maisons, que les femmes, les enfants, les vieillards, les malades étaient tous jetés dehors et poussés brutalement sur la route, un Turc déjà âgé, à l'air respectable, s'arrêta dans un coin, près d'un garde-malade de l'hôpital qui regardait ce triste spectacle, et il commença à parler, moitié à lui-même, moitié au passant: «Allah ne peut tolérer cela, dit-il. Ce n'est pas l'ordre d'Allah. Peut-être les hommes sont-ils des traîtres, qui sait? Mais pas ces femmes, et ces enfants, et ces vieillards. Non, nous verrons ce que nous recevrons pour ceci. Ce n'est pas la volonté d'Allah!»

AVERTISSEMENT

Le lecteur trouvera dans les pages qui suivent, quelques *documents*. Ils émanent tous de *témoins oculaires*, et le comité de Secours aux Arméniens ne s'est décidé à les publier, sans la moindre prétention littéraire, qu'après avoir établie leur parfaite authenticité et l'impartialité des témoins. Ce sont donc des documents historiques que nous présentons aujourd'hui au public.   LE COMITÉ DE PUBLICATION

Quelques documents sur le sort des Arméniens...
Genève 1916, Fascicule II, p. 126–132 et avertissement p. 88.

★

Hommage à l'Arménie

COMPTE-RENDU DE LA MANIFESTATION
QUI EUT LIEU LE 9 AVRIL 1916 DANS LE GRAND
AMPHITHÉATRE DE LA SORBONNE

Discours de MM. Paul Deschanel, Paul Painlevé,
l'abbé Wetterlé, Anatole France

(...) Discours de M. Anatole France, Membre de l'Académie Française
Président de l'Association des «Amitiés Franco-Etrangères»

Messieurs, Mesdames,
Il y a vingt ans, lorsque les massacres ordonnés par le sultan Abdul-Hamid ensanglantèrent l'Arménie, quelques voix seulement en Europe, quelques voix indignées protestèrent contre l'égorgement d'un peuple. En France, un très petit nombre d'hommes appartenant aux partis les plus opposés s'unirent pour revendiquer les droits de l'humanité grandement offensée. Vous les connaissez: Jaurès, Denys Cochin, Gabriel Séailles, Ernest Lavisse, Jean Finot, Victor Bérard, Francis de Pressensé, le Père Charmetant, Pierre Quillard, Clemenceau, Albert Vandal, quelques autres encore que je m'excuse de ne pas nommer. Le reste demeura muet. Plusieurs se sentaient émus d'une grande pitié; mais comme les malheureux inspirent de l'éloignement à la plupart des hommes, on chercha des torts aux victimes; on leur reprocha leur faiblesse. Quelquesuns, prenant la défense des bourreaux, les mon-

traient châtiant des séditieux ou vengeant les populations turques ruinées par des usuriers chrétiens. D'autres enfin voyaient dans ce carnage la main de l'Angleterre ou celle de la Russie.

Cependant, malgré les protestations des Arménophiles et les prepréentations timides de quelques Puissances, en dépit des promesses du gouvernement turc, la persécution, parfois assourdie et voilée, ne cessait pas. En vain une révolution de palais changea les chefs de l'Empire. Les Jeunes Turcs, parvenus au pouvoir, surpassèrent Abdul-Hamid en férocité, dans l'organisation des massacres d'Adana. A la longue, les malheurs de ces chrétiens d'Orient lassèrent la pitié. Ils demeuraient incompréhensibles à l'Europe civilisée. Le peuple Arménien ne nous était connu que par les coups qui la frappaient. On ignorait tout de lui: son passé, son génie, sa foi, ses espérances. Le sens de son extermination échappait. Il en allait encore ainsi il y a deux ans. La grande guerre éclata. La Turquie s'y comporta comme une vassale de l'Allemagne. Et la lumière se fit soudain en France sur l'esprit de l'Arménie et les causes de son martyre. On comprit que la longue lutte inégale du Turc oppresseur et de l'Arménien était, à la bien comprendre, la lutte du despotisme, la lutte de la barbarie contre l'esprit de justice et de liberté. Et, quand nous vîmes la victime du Turc tourner vers nous des yeux éteints où passait une lueur d'espérance, nous comprîmes enfin que c'était notre sœur d'Orient qui mourait, et qui mourait parce qu'elle était notre sœur et pour le crime d'avoir partagé nos sentiments, d'avoir aimé ce que nous aimons, pensé ce que nous pensons, cru ce que nous croyons, goûté comme nous la sagesse, l'équité, la poésie, les arts. Tel fut son crime inexpiable.

Il convient donc, Mesdames et Messieurs, qu'une assemblée de Français rende à ce peuple, dans sa grande et noble infortune, un solennel hommage. Nous accomplissons ici un devoir sacré. Nous rendons à l'Arménie les honneurs dûs moins encore à ses illustres infortunes qu'à la constance avec laquelle elle les a supportées. Nous la louons de cet invincible amour qui l'attache à la civilisation des peuples représentés dans cette salle, à notre civilisation. Car l'Arménie est unie à nous par les liens de famille et, comme l'a dit un patriote arménien, elle prolonge en Orient le génie latin. Son histoire, telle que M. Paul Deschanel vient de nous en donner un vigoureux raccourci, se résume dans un effort séculaire pour conserver l'héritage intellectuel et moral de la Grèce et de Rome. Puissante, l'Arménie le défendit par ses armes et ses lois; vaincue, asservie, elle en garda le culte dans son cœur. L'on peut dire que, en ces heures récentes dont M. Painlevé nous a retracé éloquemment l'horreur sans exemple, plus de cinq cent mille Arméniens sont morts pour notre cause et notre nom sur les lèvres. «Ces chrétiens, disent les Turcs, organisaient une vaste insurrection et tendaient la main aux ennemis du Croissant». Les assassins ne sauraient légitimer leur crime par cette imputation. Mais il est vrai que les Arméniens appelaient de leurs vœux la victoire de la France et des Alliés.

Au reste, la destruction de ce peuple, qui nous aime, était résolue dans les conseils du Gouvernement turc. Tout ce qu'il y avait, de Samsoun à Diarbékir, de jeunes hommes, de vieillards, de femmes, d'enfants, périt assassiné par ordre du Sultan, avec la complicité de l'Allemagne.

L'Arménie expire. Mais elle renaîtra.

Le peu de sang qui lui reste est un sang précieux dont sortira une postérité héroïque. Un peuple qui ne veut pas mourir ne meurt pas.

Après la victoire de nos armées, qui combattent pour la justice et la liberté, les Alliés auront de grands devoirs à remplir. Et le plus sacré de ces devoirs sera de rendre la vie aux peuples martyrs, à la Belgique, à la Serbie. Alors, ils assureront la sûreté et l'indépendance de l'Arménie. Penchés sur elle, il lui diront: «Ma sœur, lève-toi! ne souffre plus. Tu es désormais libre de vivre selon ton génie et ta foi.»

Revue Franco-Etrangère, Paris, mai/juin 1916.

★

De: Quelques documents sur le sort des Arméniens en 1915

INTRODUCTION

Une première brochure, parue en décembre 1915, a apporté au public les premiers documents qui nous soient parvenus.

Ils ont montré comment le gouvernement turc s'y est pris pour anéantir la nation arménienne. Des massacres en masse, exécutés par surprise en 1895 et 1909 ont fait périr 200,000 personnes la première fois, 36,000 la deuxième. Mais un grand nombre échappait et grâce à la vitalité de la nation, le peuple se reconstituait.

Les Jeunes Turcs ont organisé une œuvre de destruction plus méthodique et plus complète.

La levée en masse des jeunes gens et des hommes en état de porter les armes, exécutée pendant les cinq derniers mois de 1914, priva la nation arménienne de ses défenseurs naturels: les conscrits ne reçurent pas d'armes, mais furent employés à la réfection des routes et des voies de communication. Plus tard, depuis juin 1915, on les fusilla, on les abattit par petits groupes, en détail, et on finit par les exterminer complètement.

Dès avril 1915, le gouvernement turc prit les mesures nécessaires pour se débarrasser de la nation arménienne en bloc. Ceux des hommes qui n'étaient pas à l'armée furent arrachés à leurs foyers et jetés en prison sans jugement, pour en être plus tard extraits et égorgés. Quant aux femmes, aux enfants et aux vieillards, un sort plus atroce encore leur était réservé. Dans toutes les villes, dans les plus petits villages, les familles reçurent subitement l'ordre de se transporter dans les déserts de Mésopotamie et d'Anatolie (entre Konia et Kaïzarieh). On ne leur permit pas d'emporter leurs biens avec eux, et des Turcs furent immédiatement installés dans leurs maisons, et s'emparèrent de tout ce qu'ils possédaient. Les exilés furent pillés par les nomades et semèrent de leurs cadavres les routes te toute la Turquie d'Asie: un quart seulement d'entr'eux arriva à destination, pour y périr misérablement de faim. Un grand nombre fut tué en route avec tous les raffinements de la cruauté turque. Smyrne et Constantinople seules ont été épargnées.

Parallèlement à cette extermination, tous les moyens étaient employés pour faire passer à l'islamisme cette race qui a si souvent donné des preuves de sa fidélité à sa foi chrétienne, et malgré les promesses qui étaient faites à ceux qui abjuraient, on en a fait périr ou on en a déporté un très grand nombre.

Aujourd'hui, des centaines de mille, un million peut-être, d'innocents sont morts. Il en reste pourtant en Mésopotamie, mais les privations, les intempéries et les mauvais traitements les déciment rapidement.

Il suffit de quelques francs pour faire vivre une semaine une famille entière. Maintenant que les secours peuvent parvenir aux épaves de la nation arménienne, nous nous adressons, encore une fois, à la générosité suisse. Nous savons que ce ne sera pas en vain. Il s'agit de sauver de pauvres femmes et de faibles enfants, fidèles à leur foi chrétienne.

PRÉFACE

Réponses à quelques calomnies

De nouveaux documents nous sont arrivés concernant le caractère atroce de la déportation arménienne en Mésopotamie. Les uns nous ont été transmis directement, et sont inédits, d'autres ont déjà été publiés aux Etats-Unis et ailleurs. Ils viennent, non pas confirmer des faits qui n'ont plus besoin de confirmation, mais donner un cachet de réalité plus intense encore au drame de cette agonie de tout un peuple. Tous les hommes massacrés, des cadavres de femmes et d'enfants jonchant les routes de l'Asie-Mineure, les survivants, nous devrions dire les survivantes, soit celles qui sont arrivées en Mésopotamie, soit celles qui ont été prélevées en cours de route sur les convois, sont réservées à un sort pire que la mort.

A la preuve faite et archifaite de la méthodique et savante préméditation du meurtrier, un devoir sacré nous oblige aujourd'hui, vis-à-vis de sa victime, le peuple arménien, d'arriver au tribunal de l'histoire avec une accusation de complicité contre ceux qui ont assumé la triste besogne de noircir la victime pour blanchir le bourreau.

Nous n'incriminons pas les gouvernements alliés de la Turquie, mais nous dénonçons l'attitude de certains avocats des agissements turcs, avocats aussi mal informés et maladroits du reste qu'abominablement intentionnés.

Lorsque les premiers cris des victimes parvinrent en Europe en août 1915, on commença par traiter ces bruits de mensonges, puis on parla de flagrantes exagérations, puis, quand l'évidence fut devenue irrésistible, ordre fut donné dans les pays alliés de la Turquie, d'avoir à faire silence. Ce silence pouvait à la rigueur, sinon s'excuser, du moins s'expliquer par des raisons politiques.

Cependant à la faveur de ce silence, des voix commencèrent à se faire entendre en Allemagne pour accuser les Arméniens d'avoir préparé une révolution et pour ridiculiser ceux qui dans les pays neutres avaient pris leur défense.

La brochure de M. Bratter et la réponse du professeur Ragaz de Zurich

Nous avons en particulier à signaler une brochure parue à Berlin à la fin de 1915 et largement répandue dans la Suisse alémanique. Elle expose à sa manière ce qui est arrivé aux Arméniens, et pourquoi cela leur est arrivé. Elle passe l'éponge sur les pires atrocités du gouvernement turc, et les justifie quand elle ne peut les nier. Elle semble avoir été écrite en réponse à l'appel d'un certain nombre de citoyens suisses, en octobre dernier, appel par lequel les signataires, tous des plus honorablement connus dans le pays, adjuraient les gouvernements qui étaient encore représentés à Constantinople, d'intervenir en faveur des Arméniens*. M. Bratter les excuse ironiquement de s'être, soit par haine pour l'Allemagne, soit par naïve sensiblerie humanitaire, laisser tromper par des «mensonges anglais».

APPEL

Tandis que la guerre absorbe toutes les forces des grands Etats d'Europe et distrait l'attention du monde, la Turquie est le théâtre d'évènements qui dépassent en horreur tous ceux auxquels nous assistons ailleurs et aussi tout ce qui s'est précédemment accompli dans les mêmes régions.

Il ne s'agit de rien moins que de l'anéantissement systématique et officiellement décrété d'un peuple, les Arméniens, dans l'intention arrêtée d'établir dans l'Empire turc la domination exclusive de l'Islam.

Déjà des centaines de mille Arméniens ont été massacrés, ou expulsés en masse de leurs villes et de leurs villages, transportés dans des lieux déserts en Mésopotamie et dans d'autres régions, où ils périssent misérablement. Un très grand nombre, surtout les femmes et les enfants, sont contraints de se convertir à l'Islam.

Ces faits sont établis par l'affirmation de témoins oculaires impartiaux, irrécusables en raison de leur caractère et de leur situation.

Les soussignés, tout en appelant le peuple suisse à venir matériellement en aide à ce qui reste du malheureux peuple arménien, attire l'attention du monde entier sur ces faits, et font appel à l'opinion publique dans tous les pays, afin que la sauvegarde des Arméniens survivants soit sans retard prise en mains par ceux qui peuvent exercer une influence à Constantinople.

N. B. – Des Comités existent ou sont en voie d'organisation en Suisse pour recueillir sans retard des secours en faveur des Arméniens survivants.

Pour les personnes qui ne seraient pas encore édifiées sur la nature et le but de cette campagne pro-turque et anti-arménienne, et qui pourraient être influencées par les sophismes et certaines allégations aussi mal fondées que spécieuse de M. Bratter, il suffit de signaler ce qu'il y a de gratuit dans son affirmation sur l'influence anglaise qu'auraient subie les signataires, pour montrer ce qu'on est en droit de penser de ses autres affirmation concernant la culpabilité des Arméniens. Nous donnons donc ici la parole à l'un des signataires, le Professeur Ragaz, de Zurich, qui dans sa Revue des *Neue Wege* numéro de janvier 1916, sous le titre de «Zu den Armeniermetzeleien»

---

* Nous donnons ici le texte de cet appel, qui rédigé en commun par les comités pro-arméniens de Bâle et de Genève, a été signé par une centaine de citoyens, environs ⅔ de Suisse alémanique et ⅓ de la Suisse romande.

répond à M. Bratter, et nous nous faisons un devoir et un plaisir de donner ici la traduction intégrale de ces nobles et courageuses lignes de protestation. Voici comment s'exprime le Prof. Ragaz:

«Un certain Bratter a fait paraître une brochure (Die armenische Frage, Berlin, Concordia-Verlag) contre l'«Appel suisse en faveur des Arméniens», publié dans les *Neue Wege*. Il reproche aux signataires de cet appel de s'être dans leur ignorance, laissé prendre à une intrigue anglaise, et il émet l'affirmation que les Arméniens eux-mêmes se seraient attirés leur sort par leurs menées révolutionnaires, et qu'ils l'auraient donc bien mérité. Le pamphlet a dû être adressé à tous les signataires; il a été en outre abondamment répandu dans le public. C'est un méchant ouvrage, de qualité inférieure, pas même digne d'une réponse. Cette réponse, autant qu'elle était nécessaire, a été donnée dans le journal spécialement bien informé des *Basler Nachrichten*. Mais, comme nous avons reproduit l'Appel, nous donnons encore quelques précisions à ce sujet.

«La réalité des faits exposés dans l'Appel est indiscutable, nous garantissons la véracité des hommes desquels il émane. Par suite d'un travail de plusieurs années sur les lieux, ces hommes possèdent une connaissance des affaires turques et arméniennes en tous cas bien supérieure à celle de M. Bratter; la pureté et la scrupuleuse intégrité de leur caractère font de leur verdict un témoignage digne de la confiance la plus absolue. Si un jugement impartial a été émis dans cette affaire, c'est bien le leur. L'accusation que les signataires soient des victimes de machinations anglaises est trop stupide pour mériter un démenti. Si l'auteur de la brochure en question était quelque peu versé dans l'histoire des affaires arméniennes, lui qui reproche leur ignorance aux autres, il saurait quelle émotion puissante et absolument étrangère à toute espèce de motif politique, les massacres des Arméniens en 1895–96 ont fait éprouver à notre peuple. L'indignation d'alors nous fait encore vibrer. Car les sauvages ignominies de la guerre actuelle ne nous ont pas encore hébétés au point que nous soyons devenus indifférents à l'extermination préméditée de nations entières.

«M. Bratter, en métamorphosant la victime en coupable, a eu le courage d'entreprendre véritablement une triste besogne. Il se sert à cet effet de fables méchantes et surannées cuisinées à la façon des Jeunes-Turcs («aus der jungtürkischen Lügenküche») et démenties depuis lontemps. Ce qui prouve le peu de solidité de sa méthode, c'est que sa principale source est un «rapport officiel *turc*» et quelques obscurs articles de journaux et de prétendues déclarations de missionnaires. Mais comme principal argument, c'est la simple et gratuite affirmation que l'avenir se chargera de lui donner raison. «Il sera démontré», répète-t-il constamment. Pour des gens qui ne se sentent par le droit de fausser l'avenir, il est clair que l'horrible forfait de 1895–96 est dû au système politique d'Abdul-Hamid, auquel une circonstance accidentelle favorable fournit l'occasion désirée. Même en Allemagne, bien peu de personnes l'ont contesté. Il est universellement admis, et cela même en Allemagne avant la guerre, que l'hécatombe (Blutbad) d'Adana en 1909, qui pour être moins étendue que celle de 1895, n'en a pas moins été suffisamment atroce, est due à l'initiative des Jeunes-Turcs. Il est avéré aussi qu'il ne peut pas être question d'un soulèvement arménien concerté d'avance contre la Turquie, et cela tout d'abord, parce que les hommes en état de porter les armes étaient mobilisés; en outre, ce n'est que dans la contrée de Van, qu'on en vint à une résistance armée. Il est bien évident, n'est-ce pas, que l'Angleterre porte la responsabilité de toute l'affaire, car de quoi l'Angleterre n'est-elle pas coupable? En réalité, l'aide anglaise, aussi bien que les secours venus d'Amérique ou de Suisse, est indispensable après chaque persécution des Arméniens. Il y eut des centaines de milliers d'orphelins et d'autres victimes dont on dut prendre soins. Le docteur Lepsius, bon patriote Allemand, celui-là, auquel M. Bratter décerne tout spécialement l'épithète de «diffamé», a entrepris sa grande œuvre dans le même but. Et vous verrez que pour finir, ce seront les Arméniens eux-mêmes qui auront exercé les plus indignes cruautés. O méchant agneau! O pauvre loup!

«La triste brochure de M. Bratter mérite beaucoup d'attention, si on la considère comme type d'un certain genre de publications actuelles: la littérature de diffamation et de calomnie. Quel est donc le but de M. Bratter? Excuser l'Allemagne d'être l'alliée de la Turquie? L'alliance de l'Allemagne avec les assassins de l'Arménie nous a toujours causé une douleur profonde, mais il n'incombe à personne de mettre à la charge de l'Allemagne les dernières atrocités arméniennes, non plus que celles des années précédentes. Mais aussitôt que l'Allemagne les excuse, elle en devient complice. Quant à nous Suisses, il est inutile de le dire, nous n'avons en cet affaire pas le moindre mobile politique. Il suffit pour le prouver de savoir qu'un certain nombre des signataires de l'appel en faveur des Arméniens, et parmi eux l'auteur de ces lignes, se sont élevés avec la plus grande énergie contre l'Angleterre dans l'affaire des Boers. Lorsque M. Bratter nous reproche d'avoir alors gardé le silence, il ne fait que nous donner une nouvelle preuve de son ignorance.

«C'est assez, c'est plus qu'assez parlé de cette tentative pour laver des mains souillées de sang. Ajouter la calomnie aux plus effroyables malheurs qui puissent frapper des êtres humains, c'est l'action la plus misérable qu'un homme puisse commettre.»

Réponse aux accusations de Bratter contre la Mission américaine

Nous tenons à ajouter à l'exposé du Prof. Ragaz, quelques mots sur la mission américaine parmi les Arméniens; ce sera un exemple de plus pour montrer ce que valent les allégations de M. Bratter quand il prétend s'appuyer sur des témoignages missionnaires. Le jugement qu'il porte sur le rôle de la mission américaine en Turquie est caractéristique de son ignorance.

La mission américaine est représentée en Turquie par une élite au point de vue de la culture générale, du jugement et du caractère. A côté de beaucoup d'autres mérites, elle a celui d'être absolument dégagée de toute préoccupation étrangère à son but religieux et éducatif, l'Amérique n'ayant sur la Turquie aucune visée, ni politique, ni commerciale. C'est un grand privilège pour une œuvre missionnaire et elle est seule à en jouir en Turquie, où travaillent aussi des missions d'autres pays, entr'autres de France, d'Italie et d'Allemagne. Elle compte, il est vrai, parmi ses membres les meilleurs, une très faible proportion de Canadiens, donc Anglais, mais ceux-ci sont aussi impartiaux, aussi Yankees que les autres.

Il est évident que le développement, chez une race opprimée, de puissantes œuvres d'éducation, dirigées par des hommes imbus eux-mêmes de principes de liberté, doit nécessairement amener les élèves à faire des comparaisons, et leur montrer un ideal qui est bien éloigné des dures réalités de leurs vies.

C'est l'effet nécessaire de l'instruction et de la civilisation lorsqu'elles sont apportées dans un tel milieu. Mais il faut le dire et le proclamer à la louange de la mission américaine, ce n'est pas parmi ses élèves, ni parmi les centres protestants qui se développaient sous son influence que se sont recrutés certains éléments révolutionnaires dont on ne peut nier l'existence en Arménie. Il se sont recrutés parmi les adeptes des idées socialistes et anarchistes du nihilisme russe et aussi dans des milieux occidentaux imbus d'idées socialistes*. C'est dire qu'ils n'ont jamais été dans le pays qu'une infime minorité redoutée par la grande masse de la population, répudiée par le clergé arménien, par les milieux protestants qui comptent parmi les plus éclairés; lorsqu'ils ont cherché à étendre leur influence sur les collèges américains, les missionnaires les ont combattus avec la dernière énergie. Hôtes du gouvernement turc qui leur permettait d'exercer sur son territoire leur mission éducative, les missionnaires ont toujours pensé qu'ils manqueraient à leur devoir en le combattant, et se sont montrés parfaitement loyaux à l'engagement moral qu'ils avaient pris en venant travailler en Turquie.

---

* Quant au prétendu mouvement révolutionnaire de Van qui a servi de prétexte aux barbaries de 1915, la vérité est que les Turcs avaient massacré au début de 1915, la population de nombreux villages de la région et ce fut lorsque le gouverneur commença à exercer à Van même des perquisitons domiciliaires accompagnées des pires violences que les Arméniens se barricadèrent dans leurs quartiers, préférant mourir les armes à la main. Ils n'avaient aucune organisation, très peu d'armes et presque pas de munitions et soutinrent héroïquement un siège de quatre semaines. Puis ils furent dégagés par l'armée russe.

Quelques documents sur le sort des Arméniens...
Genève, avril 1916, Fascicule II, Introduction + préface pp. 79–87.

★

Aus: Bericht über die Lage des Armenischen Volkes in der Türkei

Liebe Missionsfreunde!

Der folgende Bericht, den ich Ihnen *streng vertraulich* zugehen lasse, ist *„als Manuskript gedruckt"*. Er darf weder im Ganzen noch in Teilen der Öffentlichkeit zugänglich gemacht oder benutzt werden. Die Zensur kann während des Krieges Veröffentlichungen über die Vorgänge in der Türkei nicht gestatten. Unser politisches und militärisches Interesse zwingt uns gebieterische Rücksichten auf. Die Türkei ist unser Bundesgenosse. Sie hat nächst der Verteidigung ihres eignen Landes auch uns durch die tapfere Behauptung der Dardanellen Dienste geleistet. Die beherrschende Stellung, die der Vierbund gegenwärtig auf dem Balkan einnimmt, ist nächst den deutsch-österreichischen und bulgarischen Waffentaten auch den territorialen Zugeständnissen der Türkei an Bulgarien zu danken.

Legt uns so die Waffenbrüderschaft mit der Türkei Verpflichtungen auf, so darf sie uns doch nicht hindern, die Gebote der Menschlichkeit zu erfüllen. Müssen wir auch in der Öffentlichkeit schweigen, so hört doch unser Gewissen nicht auf zu reden.

Das älteste Volk der Christenheit ist, soweit es unter türkischer Herrschaft steht, in Gefahr vernichtet zu werden. Sechs Siebentel des armenischen Volkes wurden ihrer Habe beraubt, von Haus und Hof vertrieben und, soweit sie nicht zum Islam übertraten, entweder getötet oder in die Wüste geschickt. Nur ein Siebentel des Volkes blieb von der Deportation verschont. Wie die Armenier, so sind auch die syrischen Nestorianer und zum Teil auch die griechischen Christen heimgesucht worden. Die deutsche Reichsregierung, der die Tatsachen bekannt sind, hat getan, was sie konnte, um das Verderben aufzuhalten.

Eine Eingabe von etwa fünfzig angesehenen Vertretern der evangelischen Kirche, der theologischen Wissenschaft und der Mission und eine entsprechende Eingabe von katholischer Seite an den Reichskanzler haben den Sorgen und Wünschen der deutschen Christen Ausdruck gegeben. Der Reichskanzler hat darauf folgende Antwort erteilt:

Die Kaiserliche Regierung wird wie bisher, so auch in Zukunft es stets als eine ihrer vornehmsten Pflichten ansehen, ihren Einfluß dahin geltend zu machen, daß christliche Völker nicht ihres Glaubens wegen verfolgt werden. Die deutschen Christen können darauf vertrauen, daß ich alles, was in meiner Macht steht, tun werde, um den mir von Ihnen vorgetragenen Sorgen und Wünschen Rechnung zu tragen.

Dazu ist von amtlicher Seite ausdrücklich versichert worden, daß die Bestrebungen zur Linderung der Not von seiten der Reichsregierung nachdrückliche Unterstützung finden werden.

Mein Bericht *soll ausschließlich dazu dienen, die* Überzeugung wachzurufen, daß uns deutschen Christen die Pflicht einer umfassenden Hilfeleistung obliegt, damit wenigstens die noch überlebende Masse von Frauen und Kindern in den mesopotamischen Wüsten am Leben erhalten wird.

Von allen christlichen Völkern sind wir Deutschen die nächsten dazu, den Unglücklichen Samariterdienste zu leisten. Wir haben die Vernichtung der halben Nation nicht hindern können. Die Rettung der andern Hälfte liegt auf unserm Gewissen. Bisher konnte für die Notleidenden nichts geschehen. Jetzt muß etwas geschehen.

Wir bitten um Brot für hungernde Frauen und Kinder, um Hilfe für Kranke und Sterbende. Ein Volk von Witwen und Waisen streckt seine Arme aus nach dem deutschen Volke als dem einzigen, das in der Lage ist ihm zu helfen. Anderen christlichen Nationen, die hilfsbereit wären, ist der Weg zu den Unglücklichen versperrt.

Wir bitten nicht nur um einmalige, sondern um *dauernde* Hilfe. Soll auch nur ein Teil von den Zehntausenden verwaister Kinder, die niemand mehr haben, der für sie sorgen kann, am Leben erhalten werden, so kann dies nur in der Weise geschehen, daß einzelne Wohltäter, Gemeinden oder Vereine die Bürgschaft für dauernde Zahlung von Pflegegeldern übernehmen. Ich bitte, sich dazu der folgenden Formulare zu bedienen.

Wir wissen, in welchem Maße die Kräfte aller Daheimgebliebenen angespannt sind, um die nächstliegenden Anforderungen, die der Kampf für das Vaterland stellt, zu erfüllen. Aber auch hier handelt es sich um eine Ehrenpflicht unseres Volkes und um den Beweis, daß wir über dem Willen zur Selbsterhaltung und zum Siege die Pflichten der Menschlichkeit und des christlichen Gewissens nicht verleugnen können.

Aus den dargelegten Gründen *verpflichte ich die Empfänger, den ihnen hiermit übersandten Bericht streng vertraulich zu behandeln und nur soweit davon Gebrauch zu machen, als es erforderlich ist, die Überzeugung von der Notwendigkeit der Hilfe zu erwecken und das Recht der Unglücklichen auf Teilnahme zu begründen.* In keinem Fall darf unser politisches Interesse durch eine Diskreditierung der Türkei geschädigt werden.

Möge der allmächtige Gott das furchtbare Ringen der Völker zu dem Ende führen, das er vorgesehen hat. Möchten auch unter den Schrecken des Krieges unsere Herzen nicht erkalten und wir nicht aufhören, uns an jedem, der unsrer Hilfe bedarf, als Menschen und Christen zu beweisen.　　　　　　　　　　Dr. Johannes Lepsius

Im April 1916
Potsdam, Gr. Weinmeisterstr. 45

Ergebnis

Die Tatsachen, die wir ermitteln konnten, ergeben das folgende Bild:

Die Zahl der Armenier in der Türkei betrug vor dem Kriege nach der Statistik des Patriarchats ca. 1 845 000. Von der Maßregel der Deportation wurden alle von Armeniern bewohnten Wilajets in Ost- und West-Anatolien, Cilicien und Mesopotamien betroffen. Verschont blieb außer Konstantinopel, Bagdad und Jerusalem nur das Wilajet Aidin mit Smyrna. Der Deportation entgingen die Armenier des Wilajets Wan und der angrenzenden Bezirke, die, soweit sie nicht von den Kurden getötet wurden, teils über die Grenze flohen, teils von den Russen ausquartiert wurden. Als verschont können auch die Familien gelten, die sich unter dem Druck der Behörden durch den Übertritt zum Islam der Deportation entzogen und die zahllosen Mädchen, jungen Frauen und Kinder, die in türkische Harems verkauft und in kurdische Dörfer abgeführt wurden.

Höchstens ein Drittel der Bevölkerung mag durch Flucht, Islamisierung oder durch Belassung in ihren Wohnsitzen der Deportation entgangen sein. Zwei Drittel der Bevölkerung (ca. 1 200 000) sind von der Deportation betroffen worden. In den östlichen Provinzen waren die Deportationen meist von systematischen Massakers begleitet, durch die hauptsächlich die männliche Bevölkerung, zum nicht geringen Teil auch Frauen und Kinder vernichtet wurden.

Von offizieller türkischer Seite ist die Zahl der getöteten Armenier auf 300 000 angegeben worden. Rechnet man hinzu, was von den Massen der Deportierten unterwegs und am Verschickunsziel durch Hunger und Krankheit umgekommen ist, so muß der Verlust an Menschenleben weit höher veranschlagt werden.

Nimmt man an, daß von den acht- bis neunhunderttausend Deportierten noch ein Drittel auf der Landstraße liegt, in muhammedanische Dörfer versprengt oder in die Berge geflüchtet ist, so bleiben sechshunderttausend, zumeist Frauen und Kinder, die am Ziel der Verschickung in der mesopotamischen Wüste angekommen sein müßten.

Von der türkischen Regierung wurde die Maßregel der Deportation als „Ansiedlung nicht einwandfreier Familien in Mesopotamien" charakterisiert. Eine Ansiedlung würde erfordern, daß den Deportierten Land, Häuser, Vieh, Ackergerät, Saatgut usw. zugewiesen würde. Nichts dergleichen ist geschehen.

Die Expropriation betraf anderthalb Millionen Untertanen der Türkei, die Äcker, Häuser, Werkstätten, Kaufläden, Hausrat usw. besaßen. Sie mußten alles zurücklassen. Auf Entschädigung können sie nicht hoffen. Für einen Unterhalt der Überlebenden wird, von geringen Ausnahmen abgesehen, nicht gesorgt, so daß sie auf den Bettel angewiesen sind und in steigender Zahl dem Tode durch Hunger und Krankheit verfallen.

Da 80 Prozent des armenischen Volkes Ackerbauer waren, bleibt ein beträchtlicher Teil der sonst bebauten Bodenfläche der Türkei unbestellt, so daß auch die muhammedanische Bevölkerung dieser Gebiete von einer Hungersnot bedroht ist.

Den Schaden der Vernichtung des Wohlstandes der armenischen Nation trägt außer dem osmanischen Reich auch der deutsche Handel. Die Armenier hatten über 60 Prozent des Imports, 40 Prozent des Exports, wenigstens 80 Prozent des inländischen Handels und den größten Teil der Handwerke und freien Berufe in Händen. Die Arbeiter und Angestellten der deutschen Firmen in der Türkei waren größtenteils Armenier.

Gregorianer, Katholiken und Protestanten wurden gleichermaßen betroffen. Die Organisation der Kirche ist zerstört. Dem Patriarchat wurde die geistliche Versorgung der Deportierten nicht gestattet. Über tausend Kirchen stehen leer. Sie werden, wenn nicht zu profanen Zwecken verwendet, in Moscheen verwandelt oder dem Verfall überlassen.

Das blühende Schulwesen des armenischen Volkes, das mehr als 120 000 Volksschüler*) zählte, ist vernichtet. Schulgebäude und Schulmittel sind konfisziert, die Lehrer vielfach getötet, die Lehrerinnen verschleppt oder verschickt.

Selbst die Familien hat man auseinandergerissen und die Männer von den Frauen, die Kinder von den Eltern getrennt.

Die politischen Folgen der Vernichtung der armenischen Nation treten jetzt schon zutage. Die russischen Armenier des Kaukasus, ca. 1½ Millionen, hatten bisher keinen Grund, sich mit Rußland zu identifizieren. Sie wünschten vielmehr die Erhaltung der Türkei, die ihrer Nation mehr Bürgschaften für den Fortbestand ihrer Kirche, Schule, Sprache und nationalen Sitte zu gewähren schien als Rußland. Durch die Verfolgung der Armenier in der Türkei wurden die russischen Armenier genötigt, sich Rußland in die Arme zu werfen. Von den syrischen Nestorianern gilt das gleiche.

Die moralischen Folgen der armenischen Massakers und Deportationen werden erst nach dem Kriege fühlbar werden. Die Welt wird sich nicht davon überzeugen lassen, daß strategische Rücksichten die Deportation einer halben Million von Frauen und Kindern, Massenkonversionen zum Islam und die Vernichtung Hunderttausender von Wehrlosen erforderten.

Alle Bemühungen, die Türkei wirtschaftlich und kulturell zu heben, werden durch die Expropriierung des intelligenten und fleißigen armenischen Volkes und durch die Vernichtung der wertvollsten Arbeitskräfte der Türkei aufs schwerste geschädigt werden.

Die politischen Führer des armenischen Volkes hatten sich nicht nur aller illoyalen Handlungen gegen die türkische Regierung enthalten, sondern schon seit Begründung der Verfassung die gegenwärtig herrschende jungtürkische Partei unterstützt. Die armenischen Intellektuellen werden nicht unterlassen, die völlige Aufklärung der Vorgänge herbeizuführen, denn sie sind der Überzeugung, daß die vernichtenden Maßregeln, die ihr Volk betroffen haben, in den panislamischen Tendenzen der gegenwärtigen türkischen Regierung und nicht in illoyalen Handlungen des armenischen Volkes begründet sind.

Der Verfasser ist für jede Berichtigung und Vervollständigung des Materials dankbar.

4. STATISTIK DER ARMENISCHEN BEVÖLKERUNG DER TÜRKEI

Wilajet Name	Provinz Bev.-Zahl	Sprengel Name	Gregor.	Kath.	Protest.	Gesamtzahl	Verschont	Geflüchtet	Deportiert/getötet
1. Cilicien und Nordsyrien									
Adana	79 600	Sis	9 000		500	9 500			7 500
		Adana	35 000	2 000	900	37 900			37 900
		Hadjin	20 000	1 000	200	21 200			21 200
		Payas	11 000			11 000			11 000
Aleppo	163 350	Aleppo	15 000	5 000	2 000	22 000			22 000
		Marasch ...	30 000	4 000	3 500	37 500			37 500
		Furnus	7 000			7 200			7 200
		Zeitun	20 000	500	550	21 050			21 050
		Aintab.....	30 000	1 000	4 000	35 000			35 000
		Urfa	24 000	1 000	800	25 800			25 800
		Antiochia ..	12 000	2 000	1 000	15 000	4 000		11 000
	242 950		213 000	16 500	13 450	242 950	4 000		238 950
2. Ost-Anatolien									
Trapezunt	53 500	Trapezunt ..	30 000	2 000	700	32 700			32 700
		Samsun	20 000	500	300	20 800			20 800
Erzerum	203 400	Erzerum ...	75 000	8 000	2 000	85 000		25 000	60 000
		Erzingjan ..	25 000		500	25 500			25 500
Übertrag	256 900		150 000	10 500	3 500	164 000		25 000	139 000

Wilajet Name	Provinz Bev.-Zahl	Sprengel Name	Gregor.	Kath.	Protest.	Gesamtzahl	Verschont	Geflüchtet	Deportiert/getötet
Übertrag	256900		150000	10500	3500	164000		25000	139000
		Baiburt	17000			17000			17000
		Hassankale	10000			10500			10500
		Terdjan	15000	500		15000			15000
		Kemach	10000		200	10200			10200
		Khortzian	24000			25000			25000
		Bajasid	14000	1000	200	15200			
				1000				15200	
Siwas	200000	Siwas	80000	5000	1000	86000			86000
		Tokat	21000	2000	500	23500			23500
		Amasia	25000	500	3000	28500			28500
		Nekopolis	25000		200	25200			25200
		Dewrigh	11000		300	11300			11300
		Gurun	17000	500	1000	18500			18500
		Darende	7000			7000			7000
Kharput (Mamuret ül Asis)	131200	Kharput	45000	2000	4000	51000			51000
		Egin	10000		200	10200			10200
		Arabkir	18000	500	1000	19500			19500
		Tschimischkesek	9000			9000			9000
		Tscharsandjak	18000		500	18500			18500
		Malatia	20000	2000	1000	23000			23000
Diarbekir	81700	Diarbekir	45000	1000	1000	47000			47000
		Palu	22000		300	22300			22300
		Argana	6000	500	200	6700			6700
		Tschingusch	5000		700	5700			5700
Wan	192200	Wan	100000	500	200	100700		100700	
		Lim u. Ktutz	11000			11000		11000	
		Baschkale	10000			10000		10000	
		Achtamar	70000		500	70500		70500	
Bitlis	196000	Bitlis	50000	500	1000	51500		8000	43500
		Musch	90000	3000	1000	94000			94000
		Selert	25000	500		25500			25500
		Khizan	25000			25000			25000
	1058000		1005000	31500	21500	1058000		240400	817600
3. West-Anatolien Ismid	71100	Nikomedien	65000	500	600	66100			66100
		Armasch	5000			5000			5000
Brussa (Khodawendigiar)	91200	Brussa	35000	3000	500	38500			38500
		Biledjik	17000	1000		18000			18000
		Panderma	15000	500		15500			15500
		Katuhia	18000	1000	200	19200			19200
Smyrna (Aidin)	27200	Smyrna	25000	2000	200	27200	27200		
Kastamuni	14000	Kastamuni	14000			14000			14000
Angora	108500	Angora	16000	7000	500	23500			23500
		Kaisarje	40000	2000	2000	44000			44000
		Josgad	40000		1000	41000			41000
Konia	25000	Konia	25000			25000			25000
	337000		315000	17000	5000	337000	27200		309800

Wilajet Name	Provinz Bev.-Zahl	Sprengel Name	Gregor.	Kath.	Protest.	Gesamtzahl	Verschont	Geflüchtet	Deportiert/getötet
4. Europäische Türkei Konstantinopel	161 000	Konstantinopel	150 000	10 000	1 000	161 000	151 000		10 000
Adrianopel	33 000	Adrianopel	8 000			8 000	4 000		4 000
		Rodosto	25 000			25 000	9 000		16 000
	194 000		183 000	10 000	1 000	194 000	164 000		30 000
5. Syrien Palästina, Bagdad Jerusalem	4 200	Jerusalem	3 000	200		3 200	3 200		
		Jaffa	1 000			1 000	1 000		
Syrien	2 000	Damaskus	2 000			2 000	2 000		
Beyrut	1 300	Beyrut	1 000	300		1 300	1 300		
Bagdad	6 000	Bagdad	5 000	1 000		6 000	6 200		
	13 500		12 000	1 500		13 500	13 500		
ZUSAMMENSTELLUNG OBIGER STATISTIK									
1. Cilicien u. Nordpersien	242 950		213 000	16 500	13 450	242 950		4 000	238 950
2. Ost-Anatolien	1 058 000		1 005 000	31 500	21 500	1 058 000		240 400	817 600
3. West-Anatolien	337 000		315 000	17 000	5 000	337 000	27 200		309 800
4. Konstantinopel und Adrianopel	194 000		183 000	10 000	1 000	194 000	164 000		30 000
5. Syrien, Palästina, Bagdad	13 500		12 000	1 500		13 500	13 500		
	1 845 450		1 728 000	76 500	40 950	1 845 450	204 700	244 400	1 396 350

In der Zahl der aus den Vilajets Erzerum, Wan und Bitlis Geflüchteten (vorletzte Spalte) sind die, die von den Kurden massakriert wurden oder auf der Flucht umgekommen sind, eingeschlossen. In der Zahl der Deportierten oder Getöteten (letzte Spalte) sind die Islamisierten mit enthalten.

Streng vertraulich!
Dr. Johannes Lepsius: Bericht über die Lage des Armenischen Volkes in der Türkei.
Potsdam 1916, Einleitung S. V–VIII, Ergebnis S. 294–297, Statistik S. 298–303.

★

Les quatorze mille assassinés de Trébizonde

Avril 1916

Même lors de la sinistre période des grands massacres (1894-96) ordonnés par Abdul-Hamid, même au moment des hécatombes d'Adana (1909), sous les Jeunes-Turcs, jamais le peuple arménien n'avait connu un martyre comparable à celui qu'il vient de souffrir et qu'il souffre encore actuellement.

La prise de Trébizonde par les Russes m'a permis d'apprendre ce qui s'est passé dans cette ville lorsque, fin juin 1915, les Turcs, froidement et délibérément, se mirent à leur œuvre d'extermination. (...)

Escale de tous les paquebots naviguant dans la mer Noire, voisine de Batoum, en relations continuelles avec Odessa, Novo-Rossisk et tous les grands ports de la Méditerranée, tête de ligne des caravanes se rendant à l'intérieur de la Turquie, et en Perse, à Erzeroum, Khoï, Tauris et Téhéran, Trébizonde semblait une ville civilisée.

Non seulement on rencontrait dans ses rues des Turcs, des Grecs, des Arméniens, des Persans, quelques Lazes descendus de leurs montagnes, mais les Européens y étaient nombreux, et l'on était bien loin des bandes farouches du Kurdistan. Ce sont donc les Turcs, et les Turcs seuls, qui ont fait couler, ici, des flots de sang.

Après la défaite de Sarikamèch on désarma, comme je l'ai déjà indiqué, tous les soldats chrétiens, grecs ou arméniens, et on les envoya travailler sur la route de Trébizonde à Gumuch-Khané, où presque tous périrent, tués par la disette ou par la rigueur du climat.

Le 28 juin 1915, ordre est signifié à la population arménienne, toute entière, d'avoir à quitter Trébizonde dans les cinq jours. En même temps, les autorités turques font arrêter les notables et intellectuels arméniens, environ six cents hommes. «Ils sont embarqués sur des bateaux-transports pour être conduits à Samsoun. Au bout de quelques heures, les bateaux rentrèrent vides. Au large, d'autres bateaux avec des gendarmes les attendaient: *tout avait été tué et jeté à la mer...*»

Quand fut passé le délai fixé, la population arménienne, par petits paquets, encadrés de Kurdes et de brigands (c'est-à-dire de gendarmes), est conduite hors de la ville, et, au premier coude du chemin, les meurtres et les enlèvements commencent.

Dès les portes de la ville, en effet, près du village de Djévizlik, ont lieu des scènes d'indicible horreur:

Les hommes sont séparés de leurs compagnes et de leurs enfants, dont les cris d'effroi emplissent la campagne. A coups de sabre, à coups de couteau, à coups de fusil, avec mille raffinements de cruauté, on les massacre. La terre, l'herbe sont trempées de sang. Les enfants, les yeux agrandis par la terreur, poussent de longs hurlements; les femmes se tordent les bras, supplient, s'évanouissent. L'odeur fade du sang répandu se sent à plusieurs centaines de mètres à la ronde. La sinistre besogne est bientôt finie. Quelques derniers coups de feu retentissant isolés indiquent que, de loin en loin, un Kurde achève un blessé qui s'obstine à ne pas mourir.

Les bourreaux s'avancent alors vers le lamentable troupeau que forment les femmes, les jeunes filles et les enfants. A moitié folles de terreur, serrant les petits contre leurs poitrines, les mères regardent venir ces Turcs, dont quelques-uns sont rouges de sang des pieds à la tête. Les voici au milieu d'elles: leurs yeux luisent... ils ricanent... Les femmes, qui viennent de voir mourir leurs maris, leurs pères et leurs fils, ne sont pas au bout de leur martyre! Déjà, les barbares ont saisi quelques enfants et, les emportant jusqu'aux rochers voisins, les ont jetés dans la mer. A présent, ils dénouent furieusement les bras maternels qui enserrent des bébés. Les yeux secs, des mères étranglent elles-mêmes leurs petits, pour que le Turc ne les torture pas. Des cris déchirants, des cris de terreur et de douleur montent vers le ciel, des supplications ardentes, des clameurs de folie et d'agonie...

Les enfants, les uns après les autres, sont arrachés à leurs mères. Les bourreaux les tenant par les pieds, leur brisent le crâne sur les rochers, ou bien, les saisissant à deux mains, d'un seul coup, leur cassent les reins sur leurs genoux. (...)

Quand les petits sont tous morts, la horde passe aux femmes. La plupart meurent égorgées à coups de couteau, éventrés à coups de sabre... Les hurlements des victimes sont si effroyables qu'on les entend de Trébizonde.

Un médecin grec, le Dr Métaxa, témoin de ces scènes d'épouvante, en devint fou sur place.

Le métropolite grec et M. Crawford, consul des Etats-Unis, avaient réussi à sauver, le premier, deux cents, le second, trois cents enfants, mais, un beau jour, sur l'ordre de Naïl bey, chef du comité Union et Progrès, le vali les leur retire pour les placer dans de soi-disant orphelinats ouverts sous le contrôle du gouvernement.

Là, les pauvres petits, privés de soins et de nourriture, périssent en grand nombre. Sur la protestation du métropolite grec et du consul américain, les autorités, déclarant que le climat insalubre était cause de tant de morts, envoient les survivants hors de la ville et, là, s'en débarrassent définitivement en les faisant massacrer.

Aucun Arménien de Trébizonde ne fut volontairement épargné. Ceux qui s'étaient réfugiés dans des familles amies grecques ou turques, en furent arrachés et mis à mort. Cent cinquante jeunes filles avaient réussi à se cacher en ville, grâce à la protection du métropolite grec. Les autorités turques en eurent connaissance; elles les firent enlever «manu militari» et toutes furent violentées ou égorgées, quelques-unes en pleine rue, devant la porte même du métropolite.

Je dois mentionner, enfin, le meurtre de l'archevêque arménien, Mgr Tourian, qui, invité à se rendre à Erzéroum pour comparaître devant le tribunal, fut assassiné en cours de route. (...)

Les horreurs commises furent telles qu'elles indignèrent et terrifièrent une partie de la population musulmane qui s'efforça, au moins pendant les premiers jours, de sauver quelques victimes. Un Turc, Echadir Oglou, tenta même de s'opposer, les armes à la main, aux tueries, mais il fut tué, dans les montagnes, avec quelques Arméniens des villages environnants, qui s'étaient joints à lui. (...)

A Trébizonde, l'œuvre d'extermination a été complète. Sur les 14,000 Arméniens qui habitaient la ville, il ne reste plus que *deux familles* arméniennes et *quatorze femmes* isolées qui, grâce à la protection de Grecs, ont réussi à échapper à la férocité turque. En outre, selon l'opinion du consul américain, on pourrait espérer retrouver dans les villages environnants quelques centaines de petits enfants arméniens. (...)

Henry Barby: Au pays de l'épouvante. L'Arménie martyre.
Paris 1917, pp. 43–53.

★

Rapport provenant du Service des Renseignements anglais au Ministère de la Guerre

Secret *General Headquarters, Cairo, 16th April 1916*

(...) *Armenian massacres:* According to the Amsterdam newspaper *Tyi* the Cologne Catholic Mission has informed the German Ecclesiastical authorities that the Turks have caused the death of over one million Armenians by famine and violence, including one hundred thousand Catholics among whom four Bishops.

Archives du Ministère de la Guerre, 7 N 1283.

★

From: Treatment of Armenians in the Ottoman Empire

H.: STATEMENT MADE BY MISS DA., A DANISH LADY IN THE SERVICE OF THE GERMAN RED CROSS AT H., TO MR. DB. AT BASLE, AND COMMUNICATED BY MR. DB. TO LORD BRYCE

Sister DA. left the German Red Cross Mission at H. in April, 1916, travelling through Ourfa to Aleppo, and thence by road and railway across Anatolia to Constantinople. Mr. DB. met her at Basle, on her way from Constantinople to Denmark, in the house of a mutual friend.

Sister DA. told Mr. DB. that on the 16th March, 1915, the German Vice-Consul appointed provisionally to Erzeroum (the Consul himself being interned in Russia) was passing through the town of H., accompanied by two German officers, and arranged to dine that evening with the German Red Cross Staff, after paying his respects to the Vali. At the hour fixed, only the two officers appeared. They said that they had called, with the Vice-Consul, upon the Vali, but that after a time the Vali had shewn signs of being irked by their presence, and so they had taken their departure, leaving the Vali and the Vice-Consul together. The company waited for the Vice-Consul about two hours. He arrived about 9.30 p.m., in a state of great agitation, and told them at once the purport of his interview. The Vali had declared to him that the Armenians in Turkey must be, and were going to be, exterminated. They had grown, he said, in wealth and numbers until they had become a menace to the ruling Turkish race; extermination was the only remedy. The Vice-Consul had expostulated and represented that persecution always increased the spiritual vitality of a subject race, and on grounds of expediency was the worst policy for the rulers. "Well, we shall see," said the Vali, and closed the conversation.

This incident occurred on the 16th March, 1915, and Mr. DB. points out that it must have been practically simultaneous with an interview given by Enver Pasha at Constantinople to the Gregorian Bishop of Konia in the course of February, 1915, Old Style. In this interview the Bishop had asked Enver whether he were satisfied with the conduct of the Armenian soldiers in the Ottoman Army, and Enver had testified warmly to their energy, courage and loyalty – so warmly, in fact, that the Bishop at once asked whether he might publish this testimonial over Enver's name. Enver readily consented, and the Gregorian Patriarchate at Constantinople accordingly circulated an authorised account of the interview to the Armenian, and even to the Turkish, press. Thus, in the latter part of February, 1915, the Central Government at Constantinople was advertising its friendly feelings towards its Armenian subjects, while by the 16th March, less than a month later, it had given its representative in a remote province to understand that a general massacre of these same Armenians was imminent.

To return to Sister DA.'s narrative – she told Mr. DB. that between February and the beginning of May, 1915, about 400 Armenians had been arrested and imprisoned at H. They were the young men, the strong in body and the intellectuals. Most of their kind had been taken for the Army in the mobilisation of the previous autumn, but these 400 had been left, and were now thrown into prison instead of being conscribed.

At the beginning of May, the Vali of H. sent for the head of the German Protestant Mission Station in the town, and requested him to tell the Armenians that they must surrender their arms. Otherwise, he said, the most stringent measures would be taken against them. The missionaries must persuade them to deliver up the arms quickly. The head of the Mission Station called a meeting of Armenian notables, and put to them what the Vali had said. The Armenians decided to consult with their Turkish fellow-townsmen, and so a mixed meeting was held of all the Turkish and Armenian notables of H. At this meeting the Turkish notables urged the Armenians to give up their arms and promised that, if they did so, they themselves would guarantee their security, and would see that they suffered nothing at the Government's hands.

This promise induced the Armenians to comply. They collected their arms and presented them to the Vali, but the Vali declared that all had not been brought. The newest and most dangerous weapons, he said, had been in the hands of the 400 prisoners. These must be surrendered also, or the penalties he had threatened would still be inflicted on the whole Armenian community at H. So the notables went to the men in prison, and besought them to reveal where their arms were hidden; all the

Gregorian priests went, and the head of the German Mission Station went with them. The 400 were obstinate at first, but it was represented to them that, if they refused, they would be responsible for the destruction of the whole community, and at last they gave in. They revealed the hiding-places, and the arms were duly found and delivered up to the Vali.

The Vali immediately had photographs taken of all the arms collected, and sent them to Constantinople as evidence that an Armenian revolution was on the point of breaking out at H. He asked for a free hand to suppress it, and an order came back from Constantinople that he was to take whatever measures he considered necessary on the spot.

After that, the 400 young men were conveyed out of the town by night and never heard of again. Shots were said to have been heard in the distance.

Three days later, the rest of the Armenian community at H. was summoned by bugle to assemble before the Government Building, and then deported. The men were first sent off in one direction, and later the women and children, on ox-carts, in another. They were only given a few hours to make their preparations, and Sister DA. described their consternation as being terrible. They tried to dispose of their property, which the Turks bought up for practically nothing. Sewing-machines, for instance, sold for two or three piastres (4d. to 6d.). The process of deportation was extended to the whole Vilayet.

The Armenian children in the German Orphanage at H. were sent away with the rest. "My orders," said the Vali, "are to deport *all* Armenians. I cannot make an exception of these." He announced, however, that a Government Orphanage was to be established for any children that remained, and shortly afterwards he called on Sister DA. and asked her to come and visit it. Sister DA. went with him, and found about 700 Armenian children in a good building. For every twelve or fifteen children there was one Armenian nurse, and they were well clothed and fed. "See what care the Government is taking of the Armenians," the Vali said, and she returned home surprised and pleased; but when she visited the Orphanage again several days later, there were only thirteen of the 700 children left – the rest had disappeared. They had been taken, she learnt, to a lake six hours' journey by road from the town and drowned. Three hundred fresh children were subsequently collected at the "Orphanage," and Sister DA. believed that they suffered the same fate as their predecessors. These victims were the residue of the Armenian children at H. The finest boys and prettiest girls had been picked out and carried off by the Turks and Kurds of the district, and it was the remainder, who had been left on the Government's hands, that were disposed of in this way.

As soon as the Armenians had been deported from H., convoys of other exiles began to pass through from the districts further north. Sister DA. did not see these convoys, because they made a detour round the town, and she never left the town precincts; but she talked with many people who did see them, and they gave a terrible description of their plight. The roads near the town, they said, were littered with the corpses of those who had died of sickness or exhaustion, or from the violence of their guards. And these accounts were confirmed by her own experience last April (1916), on her journey to Aleppo. On the road to Aleppo from Ourfa she passed numbers of corpses lightly buried under a layer of soil. The extremities of the limbs were protruding, and had been gnawed by dogs. She was told by people she met that unheard-of atrocities had been committed, and that there were cases of women who had drowned themselves to escape their tormentors.

It was Sister DA.'s impression that the deportation and massacre of the Armenians had ruined Turkey economically. The Armenians had been the only skilled workers in the country, and industry came to a standstill when they were gone. You could not replace copper vessels for your household; you could not get your roof re-tiled. The Government had actually retained a few Armenian artisans – bakers, masons, &c. – to work for the Army, and whatever work was still done was done by these and by a few others who had gone over to Islam. But though the sources of production were cut off, the Turks had not begun to feel the pinch. Having laid hands on all the property of the Armenians, they were richer, for the moment, than before. During the past year bread had been plentiful and cheap, cattle and meat had been abundant, and there were still enough supplies, she thought, to last for some time yet. Under these circumstances, the Turkish peasantry were well content – except for the women, who resented the absence of their husbands at the war. The dearth of men, Sister DA. said, was everywhere noticeable. She had been told, however, that some Kurdish tribes had refused to furnish recruits, and that the Kizil Bashis of the Dersim had furnished none at all. The Government had been preparing an expedition against the Kizil Bashis to extort a toll of conscripts, but the plan had been thwarted by the Russian advance. In the Turkish villages agricultural work was being largely carried on by the Armenian women and children, who had been handed over to the Moslem peasants by the authorities. Sister DA. saw quantities of them everywhere, practically in the condition of slaves. They were never allowed to rest in peace, but were constantly chivied about from one village to another.

As she came down to Aleppo she found the country under good cultivation. Great stores of bread had been accumulated for the army in Mesopotamia. In Anatolia, on the other hand, the fields were neglected, and she thought that there famine was not far off. But it was not till she reached Constantinople that she found any present scarcity. In the provinces only sugar and petrol had been scarce; at Constantinople all commodities were both scarce and dear.

Sister DA. was told at Constantinople that Turks of all parties were united in their approval of what was being done to the Armenians, and that Enver Pasha openly boasted of it as his personal achievement. Talaat Bey, too, was reported to have remarked, on receiving the news of Vartkes' assassination: "There is no room in the Empire for both Armenians and Turks. Either they had to go or we."

The Treatment of Armenians in the Ottoman Empire. Documents presented...
London 1916, Doc. 64, p. 258–261.

★

Aus: Deutschland und Armenien 1914–1918

KAISERLICH
DEUTSCHES KONSULAT   *Aleppo, den 27. April 1916*

Über die Verschickung der Armenier, ihre Folgen und Begleiterscheinungen habe ich zuletzt unter dem 9. Februar d. J. berichtet. Das Sterben des Volkes hält seitdem an. Manche der nachfolgend berichteten Einzelzüge tun von neuem dar, daß es planvoll auf seine Aufreibung abgesehen ist.

1. Um die Mitte Februar wurden alle Kinder aus Killis nach Bab überführt, nachdem schon früher die Frauen weiterverschickt waren.

2. Am 16. April sind die in Maarra und den umliegenden Dörfern „angesiedelten" Armenier, die größtenteils durch Hunger und Entbehrungen schon stark entkräftet waren, in Richtung Der-es-Zor weiterverschickt worden.

3. Am 19. April wurde hier bekannt, daß Befehl ergangen war, die bis dahin in Marasch verschont gebliebenen 9000 Armenier, den Rest von ehemals 24000, gleichfalls zu verschicken. Diese Leute hatten bei den ersten Verbannungen, in Ausführung des Befehls, sich zur Wanderung bereit zu halten, ihr letztes Hab und Gut verkauft und sind seitdem durch Entbehrungen sehr entkräftet. Mit der Ausführung des Befehls ist begonnen worden. 120 Familien sind bis zum 25. April in Aintab angekommen, von wo sie über Biredjik nach Der-es-Zor weiter sollen. Am 26. oder 27. wird ein zweiter größerer Schub in Aintab erwartet.

4. Wie ich am 20. April von einem aus Der-es-Zor kommenden türkischen Offizier erfahren habe, hat der Mutessarrif von Der-es-Zor Befehl erhalten, nur so viel Armenier dort zu lassen, als 10 Prozent der ansässigen Bevölkerung entspricht, den Rest aber nach Mossul weiter zu schicken. Die ansässige Bevölkerung von Der-es-Zor mag vielleicht 20000 betragen. Die Zahl der dorthin verschickten Armenier wird auf wenigstens 15000 zu schätzen sein, so daß also mindestens 13000 fortzuschicken wären. Der Mutessarrif Suad Bey, ein menschenfreundlicher Mann, der jahrelang in Ägypten gelebt hat, ist einer der wenigen türkischen Beamten, welche die grausamen Befehle der Regierung in ihrer Ausführung zu mildern suchen; trotzdem war der Offizier der Ansicht, daß der größte Teil der Unglücklichen verschickt werden müsse und die wenigsten davon in Mossul ankommen würden. Was Beduinen, Yesiden und Kurden übrig lassen sollten, das wird Hunger, Entbehrung und Krankheit dahinraffen.

Nachrichten vom 19. April besagen, daß in jeder der Stationen zwischen Aleppo und Der-es-Zor, also in Meskene, Abu Hrere, Hamam, Sabkha, täglich 50–100 Menschen sterben, davon der größte Teil an Hunger.

5. Am 6. April war hier bekannt geworden, daß bei Ras ul Ain wieder Massakre vorgekommen seien. Die eine Nachricht besagte, daß der größte Teil des aus 14000 Personen bestehenden Konzentrationslagers niedergemacht sei, während nach einer anderen Nachricht 400 Familien aus dem Lager geführt und unterwegs umgebracht worden seien. – Nach zuverlässigen Erkundigungen eines Deutschen, der mehrere Tage in Ras ul Ain und Umgegend gewesen ist und mich bei seiner Rückkehr von dort am 22. April besuchte, muß ich folgendes annehmen: Das Lager besteht noch

aus höchstens 2000 Verbannten. – Es sind einen Monat lang täglich oder fast täglich 300–500 Verbannte aus dem Lager geführt und in einer Entfernung von etwa 10 km von Ras ul Ain niedergemacht worden. Die Leichen wurden in den Fluß geworfen, der auf der großen Kiepertschen Karte von Klein-Asien, Blatt Nsebin (D VI), als Djirdjib el Hamar eingezeichnet ist und der um diese Jahreszeit viel Wasser führte. Ein türkischer Offizier, welcher wegen dieser Vorgänge den Kaimakam von Ras ul Ain zur Rede stellte, habe die ruhige Antwort erhalten, er handle auf Befehl. Durch jene Gegend führt die Etappenstraße der VI. Armee von Ras ul Ain nach Mossul. Da sich dort der Bau von zwei Brücken als notwendig herausgestellt hatte, die VI. Armee aber nicht die nötigen Kräfte dafür bereit hatte, so wurde von der IV. Armee etwa am 15. April ein syrisch-muhammedanisches Pionierbataillon dafür abgegeben. Diese Leute, welche in zwei Tagen von Damaskus nach Ras ul Ain befördert worden sind, von der Lage der verschickten Armenier nichts wußten und unterwegs, wie anzunehmen, nicht beeinflußt worden sind, waren bei Ankunft an Ort und Stelle ganz entsetzt. Sie waren der Ansicht, daß die Armenier durch Soldaten niedergemetzelt seien. Darin kehrt also die Auffassung wieder, daß das Werk auf Befehl vollbracht worden sei. Jedenfalls war dies die in der Gegend allgemein verbreitete Ansicht. Als Henker hat der bei Ras ul Ain ansässige Tscherkessenstamm der Tschetschen gedient. (...)

Gleichen Bericht lasse ich der Kaiserlichen Botschaft zugehen. RÖSSLER

Seiner Exzellenz dem Reichskanzler
 Herrn Dr. von Bethmann Hollweg

Deutschland und Armenien 1914–1918. Sammlung diplomatischer Aktenstücke...
Nummer 260, S. 254–257.

★

Rapport provenant du Service des Renseignements anglais au Ministère de la Guerre

Secret *General Headquarters,*
Cairo, 20th May 1916

(...) An agent who recently visited Syria reports as follows:

Note by Port Said: Agent was at Damascus on April 15th and was stopping in an hotel close to the barracks. Hearing a noise of a big crowd in the Midan, he went out to see what was going on. He found that soldiers were pushing in front of them 300 or 400 naked Armenian girls and women. These were put up for auction and the whole lot disposed of, some for 2, 3 and 4 francs. Only Mohammedans were allowed to buy. The salesmen kept on exclaiming: "Rejoice, oh ye faithful in the shame of the Christians".

No Armenian men were brought to Damascus, only women.

Note by Cairo: There is reason to suppose that Djemal Pasha was responsible for this horror as he directs everything at Damascus; according to agent, the troops responsible were Turks not Arabs.

Enver Pasha, when at Aley, is said to have remarked in the presence of Djemal Pasha: "The Ottoman Government can only regain its liberty and its honour when it has cleared the Turkish Empire of the Armenians and the Lebanese. We have destroyed the Armenians with the sword; we shall destroy the Lebanese by famine". It almost looks as if the threat were being made good.

Talaat Bey and the Armenians: Extract from the *Arev*. – Berne, May 5th. The special Balkan correspondent of the *Berliner Tageblatt* has had an interview with Talaat Bey, Minister of Interior. Speaking of the Armenians, he said:

"The Armenian deportation was a military necessity. While being deported to Mesopotamia they were attacked by the Kurds on the way and partly massacred. It was likewise necessary, last year in March, during the Dardanelles campaign, to remove the Armenians from Constantinople and neighbourhood to distant regions. The Government had ordered their deportation to Zov. Unhappily bad officials into whose hands the execution of these orders had been committed, went into unreasonable excesses in doing their duty."

The correspondent then adds: "Here, Talaat Bey paused a moment, passed his hand over his eyes as if he wished to drive away a bad vision, and then continued: We are not savages. The reports of these tragic events have caused me more than one sleepless night".

Note by Cairo: The evidence of American and German Missionaries in Asia Minor shows considerably that the so-called deportation of Armenians to Mesopotamia was carried out by the local authorities under orders from Talaat Bey himself as Minister of the Interior. After the able-bodied men had been butchered by gendarmes and soldiers, the old men, women and children were herded like cattle in the direction of Mesopotamia. Many thousands dropped by the way, many were drowned in convenient rivers and many girls and younger women were distributed among the Moslem population. Something of a parallel to these proceedings, but in a less brutal form is to be found in the deportation in 1910 of the dogs of Constantinople to an unhabited island in the sea of Marmara, where they were left to die of hunger and thirst by Turkish authorities [being] too tender hearted to have them killed outright. Talaat Bey blames bad officials for excesses committed in the execution of their orders but we have not heard of any such having been punished for their misdeeds. He also accuses the Kurds of having attacked the deported Armenians on their way, and massacred them, but he does not mention the fact that the Bedouin tribes of Zor have interfered to protect the miserable remnant of Armenians who reached their country from their Turkish persecutors. The occasion was hardly a well chosen one for Talaat Bey to defend the Turks from the accusation of being savages, a point on which the Young Turks are very sensitive. As for the sleepless nights which the reports of Armenian massacres have caused him, they remind us of the Kaiser's crocodile tears over the suffering of the Belgians of Liege and Louvain.

Archives du Ministère de la Guerre, 7 N 1283.

The Extent of the Catastrophe

The most extensive and most difficult work carried on by the American Committee for Armenian and Syrian Relief lies within the borders of the Turkish Empire. Here, in January, 1915, the Armenians numbered between sixteen hundred thousand and two million. Precise statistics do not exist. The estimates of the Turkish Government are usually considered to be too low and those of the Armenian Patriarchate sometimes too high, suggesting a tendency in the one case to minimize and in the other to exaggerate the size and consequent importance of the Armenian population.

Twelve months later, in January, 1916, from one-third to one-half of the Armenians in Turkey had fallen victims of deportation, disease, starvation or massacre.

As we note from a letter of Dr. Willson's, dated Erivan, Russian Caucasus, 4th February, 1916, there were then 182,800 Armenian refugees in the Caucasus and 12,100 in the districts of Turkey at that time conquered by the Russians. The subsequent extensions of the Russian conquests towards the west and south have brought to light numbers of Armenians who were in hiding. At the end of 1915, there were also 9,000 Armenian refugees in Salmas, Persia.

All these statistics are subject to fluctuation, due to the removal of the refugees from one region to another and also to the varying dates on which the enumerations or estimates were made. Bearing these critical considerations in mind we may tabulate the best figures as follows:–

Aleppo, Damascus, Zor	486,000
Refugees in other parts of Turkey	300,000
Russian Caucasus	182,800
Armenians in districts of Turkey conquered by Russia	12,100
Armenians in Salmas, Persia	9,000
	989,900

If we may add to these numbers the underported Armenian populations in Constantinople and Smyrna, perhaps 150,000 in all, we can perhaps estimate the total number of survivors at under 1,150,000. If we accept the estimate that the Armenian population of Turkey at the beginning of 1915 was between 1,600,000 and 2,000,000 we should compute the number of deaths at between 450,000 and 850,000. We shall probably be safe in saying that the Armenian dead number at least 600,000.

Six hundred thousand men, women and children died within a year. There was recently held in New York City a Preparedness Parade, which marched up Fifth Avenue twenty abreast and took about thirteen hours to pass a given point. From 10 a. m. till well into the evening, this great army of over 125,000 continued to tramp up the street. If the Armenian men, women and children who died in Turkey within a twelvemonth should rise again and march in solemn procession to beg the assistance of the American people for their surviving brothers, the procession would not be

125,000, but 600,000, four times as long. Marching twenty abreast it would take two days and two nights to pass Great Reviewing Stand.

The mortality was higher in some regions than in others. From certain Armenian villages in the neighbourhood of Harpout, whose population was about two thousand, only 15.2 per cent. reached the goal of their deportation. Even if we make generous allowance for the number of men from these villages who may be still alive in the Army, and for the women and children who may have saved their lives by becoming Moslems, the mortality is unspeakably high. From other regions perhaps 25 per cent. have reached their goal, after marching hundreds of miles across the mountains down into the hot plains. From those portions of Asia Minor which are so situated that the Railway could assist in the deportation, the percentage of loss of life was far smaller, though here insufficient food and insanitary concentration camps have swollen the tolls of death. Especially from the cities on or near the coast of Cilicia, namely, Mersina, Tarsus and Adana, the deportation did not involve great loss of life. The Armenian inhabitants of Constantinople and of Smyrna, who really live in those cities and had not recently moved thither from the country, have not been deported. (...)

Fifth Bulletin of the American Committee for Armenian and Syrian Relief.
New-York, May 1916.

★

Rapport provenant du Service des Renseignements anglais au Ministère de la Guerre

Secret *General Headquarters,
Cairo, 30th May 1916*

(...) *Armenian massacres:* – Informant who actually saw massacres at Urfa and was in a specially favoured position for obtaining information, asserts that all Turks agree that the minimum number of those slaughtered up to the end of 1915 must have been at least 500,000. At Diarbekir the Armenian Archbishop had his eyes and nails dragged out before he was killed. The men where taken in batches of 600 each day and killed in one of the valleys near the town.

After the early massacres at Urfa the Armenians in several houses rose and held out against the Turks, until Fahri Bey, second in command to Djemal, arrived, bombarded the town and massacred the Armenians to the last soul. Urfa was used as a collecting station for the Armenians from other towns in Asia Minor. They were sent by rail and on foot and on arrival were divided into three groups. The first group, including old men, old women and younger children, were sent under the charge of gendarmes over a hundred miles of desert to Rakka and Deir ez Zor where they were handed over to the Bedouins. Few, if any, survived.

On one occasion in July 1915, the Bedouins themselves revolted against the appalling cruelty shown to the Armenian women and attacked the military granaries at the station of Tel Abyad, on the Bagdad line, in order to obtain food for the starving Armenians. The second group, consisting of the able-bodied men, were led off in batches and slaughtered in the neighbourhood of Urfa. The third group consisted of the young marriageable girls and their fate needs no description.

Urfa was one of several places used as a collecting centre.

The two Armenian Deputies, Zohrab and Vartkes, were killed at Urfa close to where informant was standing. They had been brought from Constantinople for this purpose and during part of the journey were treated as the honoured guests of the Turkish Government.

The Governors of Ismid, Angora and Diarbekir completely wiped out all the Armenians in their districts, although in the case of Angora the first Governor refused and was dismissed.

At Konia, Djelal Pasha refused and after his dismissal, under the new Governor, the Armenians were deported rather than massacred.

At Kutahia, the Governor absolutely refused to carry out his instructions and threatened to arrest and put to death any man who laid his hands on the Armenians.

In Syria, Djemal actually hanged twelve of the worst assassins sent by Enver as ringleaders of the massacres, while at Aleppo, Bekir Sami guarded the 50,000 Armenians whom he had collected from the neighbouring places that were menaced.

With regard to the part that the Germans played in these massacres, it is known that the German Ambassador Metternich, when he succeeded Wangenheim, had a speech drawn up in Berlin which, on the Kaiser's orders, he was to read when presented to the Sultan. This contained a sentence implied [sic] that Germany had been unable to stop the Armenian massacres. Talaat refused to allow the speech and Metternich returned to the Princes Islands saying that the German Government must first agree with the Sublime Porte as to what he was to say. A compromise was eventually reached and the speech *in toto* was read privately, that part of it referring to the Armenian question not being published.

There is no Turk of standing who will not readily declare that it would have been perfectly possible for Germany to have vetoed the massacres if she had chosen to do so. Some Turks, however, declare definitely that it was the Germans themselves who concerted the massacres with Talaat.

Caucasus and Mesopotamia: – Information from a Greek deserter.

Armenian massacres from censored "Reuter" wire:

"Petrograd reports that the Turkish atrocities at the expense of the Armenians at Trebizond surpass all cruelties reported elsewhere. The expulsion of the Trebizond Armenians began in July 1915 when hundreds of young influential Armenians were arrested on charges of treason and of aiding the Russians and were embarked on boats and drowned at sea, while the others were sent to a neighbouring village where the women were violated and killed and the children bayoneted. The Turks used the children's heads for target practice. The survivors were sent to Erzerum. The whole road thither was strewn with bodies of children and adults. The surviving children are being collected by Russian benevolent societies and present a terrible spectacle, clad in rags, sickly and haggard always asking if they are going to be massacred.

The Greeks of Trebizond believe that these massacres were organised by the Turkish Government which mercilessly persecuted any one assisting Armenians".

Archives du Ministère de la Guerre, 7 N 1283.

★

Aus: Deutschland und Armenien 1914–1918

KAISERLICH
DEUTSCHE BOTSCHAFT *Therapia, den 19. Juni 1916*
       Abschriftlich
Seiner Exzellenz dem Reichskanzler
Herrn von Bethmann Hollweg gehorsamst überreicht   METTERNICH

KAISERLICHES KONSULAT *Damaskus, den 30. Mai 1916*

Wie ich im März d. J. telegraphisch zu melden die Ehre hatte, hat Djemal Pascha ein Hilfswerk für die hierher ausgewiesenen Armenier organisiert, das seit etwas sechs Wochen an der Arbeit ist. An der Spitze dieser Organisation steht der ehemalige Wali von Salonik und Aleppo, Hussein Kasim Bey, der allgemein als gediegener Charakter und rührig geschätzt wird. Ihm zur Seite stehen zwei höhere außer Dienst befindliche Beamte und der stellvertretende Wali von Damaskus. Auch diese drei Kommissionsmitglieder genießen einen guten Ruf.

Hussein Kasim Bey bereiste seit vorigem Monat die im Hauran und südlich davon gelegenen Gebiete, in denen sich Armenier befinden. In Dera hat er zunächst Brot an die Armenier verteilen lassen und eine Entlausungs- und Badeanstalt mit Krankenhaus errichtet. Von dort aus wurden nach erfolgter Reinigung viele Armenier nach verschiedenen Orten verschickt, in denen sie Arbeit finden konnten. Gegen 700 Witwen und Waisen kamen nach Hama, wo sie in einer Wirkfabrik arbeiten.

Vorgestern traf ich gelegentlich eines Essens, das Djemal Pascha gab, den Hussein Kasim Bey. Als er mich sah, sagte er mir, daß er mich dringend sprechen möchte. Er erklärte mir in sehr erregtem Tone, daß er sein Amt als Vorsitzender der Armenierkommission niederlegen wolle, da er nicht mehr arbeiten könne. Seine Maßregeln werden nicht nur nicht ausgeführt, sondern die Behörden handeln ihnen entgegen. Die Armenier, die er programmäßig von Deraa nach Damaskus schicke, werden von den hiesigen Stadtbehörden wieder zurückgeschickt. Die Regierung stelle ihm viel zu wenig Geldmittel zur Verfügung, um wirksam der großen Not der Armenier entgegentreten zu können. Er sei ganz verzagt und glaube überhaupt nicht mehr an den ernsten Willen der türkischen Regierung, den ausgewiesenen Armeniern helfen zu wollen. Er fürchte sogar, daß man sie systematisch ausrotten wolle. Er höre, daß die nach Aleppo geleiteten Armenier wieder nach dem Osten in der Richtung nach Mossul und Der-es-Zor gebracht würden, wahrscheinlich um den Beduinen zum Opfer zu fallen. Diese grausame Vernichtungspolitik sei eine Schmach für die Türkei und würde nach dem Frieden der Türkei sehr schaden und auch Deutschland in Verlegenheit bringen, weil es von der Welt beschuldigt würde, nicht wirkungsvoller für die Armenier eingetreten zu sein. Er finde keinen anderen Ausweg, als daß Deutschland dahin wirke, daß alle Armenier nach irgend einem Land – er meinte Südamerika – baldigst verschickt würden. Auf diese Weise würde man der Türkei und den Armeniern am besten helfen.

Ich wies ihn auf die armenierfeindliche Stimmung bei den maßgebenden Komiteemitgliedern in Konstantinopel hin, gegen die selbst Djemal Pascha scheinbar nicht aufkommen könne. Ich machte ihn darauf aufmerksam, daß Deutschland, soweit die gegenwärtige Lage es erlaube, den Armeniern nach Möglichkeit helfe, und bat ihn, im Interesse der Sache sein gedachtes Amt nicht niederzulegen und trotz aller Gegenströmungen weiter zu arbeiten. Er wird, sobald Djemal Pascha in einigen Tagen von Aleppo zurückkommt, mit ihm weiter verhandeln und, wenn ihm nicht mehr Machtvollkommenheit und Geldmittel zur Verfügung gestellt werden, auf sein Ehrenamt verzichten. Nach seiner Schätzung befinden sich zwischen Aleppo und dem Hedjas 60 000 Armenier. Falls das Schweizerische Hilfswerk Geldmittel für die hiesigen Armenier zur Verfügung stellen will, würde ich empfehlen, durch das Konsulat unter der Hand dem Hussein Kasim Bey, zu dem ich volles Vertrauen habe, Geld für den gedachten Zweck zu geben. Es scheint Eile dringend geboten, weil die Not groß ist.
LOYTVED HARDEGG

Seiner Exzellenx dem Kaiserlichen Herrn Botschafter
Grafen von Wolff-Metternich, Konstantinopel

Deutschland und Armenien 1914–1918. Sammlung diplomatischer Aktenstücke…
Nummer 275, S. 272–274.

★

De: Au pays de l'épouvante. L'Arménie martyre

PRÉFACE

M. Henry Barby a donné pour titre à ce volume: *«Au Pays de l'Epouvante»*.

C'est l'histoire d'un nouveau martyre de l'Arménie, plus odieux encore que tous ceux qu'elle a déjà endurés. Au commencement de 1915, il y avait en Turquie deux millions d'Arméniens, il en survit aujourd'hui à peine 900,000. Et l'assassinat de ce million d'hommes a été perpétré avec la cruauté la plus honteuse. Ces hommes sont morts, comme le dit M. Barby, «par étapes». On ne les a pas tous envoyés au peloton d'exécution : ceux qui ont été fusillés ont été les moins malheureux, parce que leurs souffrances furent courtes. Plusieurs centaines de mille ont été déportés et ont fourni ces sinistres caravanes de la mort, dont la Turquie, alliée de l'Allemagne, portera à tout jamais l'opprobre, lamentables troupeaux qui s'en sont allés dépouillés, épuisés, poussés par leurs bourreaux vers l'exil, la faim ou la pendaison.

M. Henry Barby décrit la lamentable existence de ces déportés mourant d'inanition, implorant en vain du secours, en proie aux pires souffrances morales et physiques. Il a vu des troupes d'enfants errant, hâves, décharnés, à la recherche de leurs parents assassinés et de leurs villages détruits. Il peint les camps de supplice établis le long des rives de l'Euphrates ou, sans abri, presque sans nourriture, exposés aux froids mortels de l'hiver ou aux chaleurs aussi redoutables de l'été, hommes et femmes meurent lentement sous l'œil satisfait du Turc qui les garde. Tous les chapitres de ce livre constituent des documents tragiques. C'est un acte formel d'accusation dressé par un témoin oculaire. A Constantinople ou à Berlin, on pourra chercher des excuses; on pourra prétendre, suivant la méthode trop souvent employée, qu'on a tué pour se défendre: Mais le mensonge ne prévaudra pas : les Arméniens n'ont pas été des provocateurs, ils ont été des victimes. Leur assassinat a été consommé suivant un plan établi soigneusement à l'avance ; l'œuvre infâme a été systématiquement poursuivie, et pas une ville, pas un village, pas une famille n'ont été épargnés. Le sang a coulé partout. Le témoignage de M. Barby sera l'un de ceux qui pèseront le plus lourdement sur les meurtriers de ce grand peuple sans tache. (...)

Le martyre de l'Arménie, dénoncé au monde civilisé, devra être vengé. Il n'est pas possible que les crimes dont M. Henry Barby a dressé la longue liste demeurent impunis. Le monde ne pourra pas oublier. Le Turc, dans sa fureur, ne s'en est pas pris seulement au peuple aarménien. Notre mission dominicaine française à Van a été, elle aussi, cruellement atteinte. L'évêque arménien catholique de Mardin a été massacré avec une partie de sa communauté, l'on est sans nouvelles des Pères français installés dans cette ville. Mgr Israélian, évêque catholique de Kharpout, a été massacré sur la route de l'exil entre Orfa et Diarbékir, avec les prêtres, les religieuses et une partie du groupe qui l'accompagnait. Mgr Khatchadourian, de Malatia, a été étranglé. Etranglés, tous les prêtres chaldéens et syriens de Séert. Assassinés, l'évêque chaldéen et l'évêque syrien de Djezireh, les prêtres de Médéath, de Suévak, de Déréké, de Véran-Chahir. Tous les établissements de nos missions ont été abattus ou pillés: à Van notamment, la résidence des Dominicains français a servi de fort, en avril et mai 1915, aux bachibouzouks. De tous ces forfaits la Turquie et l'Allemagne devront réparation.

En délivrant l'Arménie du joug ottoman, les Alliés répareront une grande iniquité. Le Droit ne peut être plus longtemps mêconnu. Après les martyres sanglants qu'elle a endurés, la nation arménienne, à laquelle nous attachent tant de souvenirs, connaîtra, comme les utres peuples opprimés, l'heure radieuse de a liberté.   PAUL DESCHANEL

L'effroyable calvaire des déportés

Le crime épouvantable de la Turquie, cette extermination systématique de tout un peuple chrétien, est, je le répète, le crime du gouvernement turc et de l'Allemagne.

Presque partout, en effet, à mesure que l'avance des armées russes a permis de connaître toute la vérité et l'ampleur du désastre, presque partout, dis-je, il apparaît qu'une partie de la population musulmane, comme à Trébizonde et à Erzeroum, vivait en bonne intelligence avec les Arméniens et ne désirait qu'à continuer à vivre ainsi. Il se trouva même certains fonctionnaires, malheureusement peu nombreux, qui se montrèrent pitoyables, firent ce qui était en leur pouvoir, pour atténuer l'atroce rigueur des ordres, qu'ils recevaient du gouvernement turc, et n'obéirent à ses injonctions qu'à contre-cœur.

A celui-ci incombe donc tout entière la responsabilité du fortfait. (...)

A Constantinople, dans la nuit du 28 au 29 avril 1915, toutes les notabilités intellectuelles arméniennes, dont il importait d'étouffer la voix: députés, professeurs, médecins, artistes, hommes de lettres, etc., sans distinction de parti ni de religion, furent arrêtées, expédiées dans l'intérieur, et, en général, assassinées en cours de route. Tous les intellectuels de l'intérieur subirent le même sort. Sans actes d'accusation, sans aucun jugement, sans même l'ombre d'un prétexte, sinon qu'ils étaient Arméniens, tous furent emprisonnés, tués ou déportés... En même temps, on procédait au désarmement de toute la population arménienne et à l'armement des musulmans; on organisait des bandes de Kurdes; on faisait sortir des prisons les malfaiteurs, pour en faire des «tchétas» chargés, par la suite, d'escorter les déportés.

Le décret monstrueux du 20 mai (2 juin) 1915 par lequel Enver Pacha, ministre de la guerre, ordonna, au nom du comité jeune-turc, la déportation de tous les Arméniens des vilayets d'Arménie, d'Anatolie et de Cilicie, dans les déserts arabiques, situés au sud de la ligne de Bagdad, sonna le glas de ce peuple.

Cette déportation, en effet, ne fut pas autre chose que l'extermination en trois actes successifs: le massacre – la caravane – le désert. L'assassinat d'un peuple par étapes!

L'opération commença par un ordre venu de la capitale et affiché dans toutes les villes et tous les vilages. Les hauts fonctionnaires turcs reçurent les instructions «utiles». Le téléphone et le télégraphe apportèrent leur rapidité dans la transmission des ordres d'assassinat.

Toute la population arménienne dut se tenir prête, dans un délai extrêmement court, pour être déportée dans des districts éloignés qu'on ne pouvait atteindre qu'en marchant, non pas des jours, ni même des semaines, mais des mois entiers!

A cette mesure inhumaine, s'ajouta, on l'a vu, la confiscation de tous les biens et propriétés, confiscation qui devait transformer le peuple le plus actif, le plus travailleur et le plus cultivé de l'Orient, en un peuple de mendiants.

Dans quelques villes, on autorisa ceux qui en avaient les moyens à se procurer – à prix d'or – des voitures ou des bêtes de somme; mais chaque fois, ou presque chaque fois, ces moyens de transport leur furent enlevés dès la sortie même des villes. Et les plus riches, comme les plus pauvres, ne purent ainsi conserver que ce qu'ils avaient sur le dos. Or, comme défense expresse avait été faite à la population musulmane de leur vendre ou de leur acheter quoi que ce soit, tout fut du même coup perdu pour eux, et ils ne purent acheter aucune provision, ni avant de partir, ni au cours de leur effroyable et lointain exil.

Partout, la première mesure consista à séparer les femmes de leurs maris, à écarter tous les hommes, à retirer les enfants à leurs parents. Partout, en cours de route, parfois dès le départt et même avant le départ, les femmes et les jeunes filles les plus jolies, surtout celles des familles aisées, furent enlevées, enfermées dans des maisons particulières, et souvent même dans des maisons publiques.

Puis les malheureux durent se mettre en route à travers les montagnes arides et les vallées désertes d'Anatolie. Sous la chaleur accablante de l'été, sous le soleil mortel, ces masses humaines, affamées, épuisées, bientôt en guenilles et nu-pieds, durent partir vers l'exil inconnu où, elles le savaient, il n'y avait pour elles aucune espérance.

C'est sous le fouet et le bâton que les gendarmes d'escorte faisaient marcher les infortunés, et ceux qui tombaient d'épuisement étaient achevés à coups de baïonnette et de sabre.

Les caravanes étaient harcelées sans trêve par des bandes kurdes, qui massacrèrent la plupart des survivants et enlevèrent les jeunes femmes et les jeunes filles. En de nombreux endroits, enfin, comme dans le défilé de Kémagh-Bhogaz, où, à douze heures d'Erzindjan, l'Euphrate coule dans une gorge étroite, entre des parois de rochers escarpés, on procéda, pour en finir plus vite, à des exécutions collectives, à des massacres en masse. C'est à peine si un quart des déportés arrivèrent à desination (…)

Tout ce que je rapporte dans le cours de cette enquête tragique, toutes les scènes d'horreur et de mort que je raconte, tout cela ne saurait être contesté. J'ai en mains toutes les preuves de ce que j'écris.

Le gouvernement turc ne peut nier son crime, qu'aucune raison militaire ni stratégique ne saurait excuser. (…)

Les contrées d'épouvante

Juillet 1916

Quiconque, actuellement, parcourt l'Arménie désolée, ne peut s'empêcher de frissonner devant la saisissante éloquence de ses horizons infinis de ruines, de dévastation et de mort! Pas un feuillage, pas une mousse, pas une roche, qui n'aient vu égorger des êtres humains et qui n'aient été éclaboussés par le sang répandu à torrent. Pas un cours d'eau, fleuve ou rivière, qui n'ait charrié vers l'éternel oubli des centaines, des milliers de cadavres. Pas un précipice, pas une gorge qui ne soit une tombe à ciel ouvert, dans laquelle les squelettes blanchissent entassés, en plein air, car presque nulle part, en effet, les massacreurs n'ont pris le temps, ou la peine, d'enterrer leurs victimes.

Dans ces vastes contrées, animées naguère par de nombreuses et florissantes agglomérations arméniennes, règne, aujourd'hui, la désolation et la solitude. De la mer Noire à la frontière persane tout est ravage et désert. (…)

Sur le chemin de Sivas à Kharpout – un demi-million environ d'Arméniens ont été déportés par cette voie – des officiers turcs ordonnèrent de séparer les hommes des femmes. Les femmes, terrorisées, sont réunies en un groupe et à quelques pas d'elles, on fait placer sur un rang les hommes, liés l'un à l'autre avec des cordes. Tout cela se fait sans hâte, avec méthode, pendant que les officiers turcs fument tranquillement des cigarettes, causent avec les femmes, serrent de près les plus jolies de ces malheureuses, qui, craignant qu'un geste de révolte ne provoque la mort de leur mari, de leur frère, ou de leur père, restent tremblantes, soumises…

Tout à coup l'un des officiers, donne un ordre. Un gendarme de l'escorte, *un seul*, charge son fusil, va se placer devant l'une des extrémités de la longue file des hommes, épaule et fait feu. Un Arménien tombe… Le gendarme recharge, tire de nouveau… Les femmes jettent des cris d'horreur. Les hommes terrifiés comptent les coups de feu qui les abattent *un à un*…

Quand le dernier Arménien est tombé, les gendarmes rassemblent, en les frappant sans pitié, les femmes, atterrées, horrifiées, et les poussent en avant.

Celles qui refusent d'avancerr sont assommées sur place, et la caravane s'éloigne, laissant sur la route les victimes, dont quelques-unes tressaillent encore dans les spasmes de l'agonie.

Cette route de Sivas à Kharpout a été le théâtre de telles hécatombes d'Arméniens, que les voyageurs qui, l'été dernier, y passèrent, rapportèrent qu'elle était un «enfer de putréfaction». On ne pouvait plus même s'y arrêter pour abreuver les chevaux. Une odeur effroyable s'exhalait des milliers de cadavres sans sépulture. Tout était infesté et l'eau des rivières et des puits eux-mêmes était corrompue.

Aujourd'hui, dans toute cette région, les crânes humains sont si nombreux, que le voyageur, de loin, croit apercevoir d'immenses champs de melons mûrs.

Dans les districts de Bitlis, de Mouch et de Sassoun, où vivaient environ 150,000 Arméniens, il n'en existe plus aujourd'hui qu'une dizaine de mille, encore ne sont-ce, en général, que des femmes et des enfants, dont l'état de misère est lamentable. Quelques hommes, en outre, survivent, esclaves dans les tribus kurdes.

A Bitlis, les massacres ne commencèrent qu'en juillet 1915, après la retraite provisoire des troupes russes de Van. Ils prirent, dans cette ville, un caractère périodique, les Arméniens réfugiés dans les villages kurdes ou turcs, ou dans les montagnes, étant par séries ramenés à la ville pour y être mis à mort. Les artisans, charrons, maréchaux-ferrants, tailleurs, cordonniers, dont l'armée turque avait besoin, furent tout d'abord épargnés, mais, quelques jours avant la prise de Bitlis, par les volontaires arméniens et les soldats russes, tous furent égorgés.

Et là aussi, dans tous les villages de cette région et dans Bitlis même, on retrouve des tas d'ossemens humains: ce sont les squelettes de ces malheureuses victimes arméniennes.

Presque tous les puits de blé – dans la région le grain est conservé dans des trous profonds creusés dans le sol – sont comblés d'ossements humains entassés!

Des 18,000 Arméniens qui habitaient Bitlis, il ne survit que trois à quatre cents femmes et enfants, tous islamisés. (…)

Certains musulmans, eux-mêmes, reconnaissent que les crimes du gouvernement turc sont sans excuse.

Ils disent que ni le Coran ni le Chériat ne permettent de telles choses et que le ciel, tôt ou tard, punira la Turquie.

Un fait significatif s'est, à ce sujet, passé au village d'Avzoud. Lorsque les «tchétas», ayant d'abord enlevé les plus jolies et les plus jeunes parmi les Arméniennes, enfermèrent, sur l'ordre de Moussa-Beg, toutes les autres et tous leurs enfants dans une maison du village, et se préparèrent à y mettre le feu, un moula (prêtre musulman kurde), intervint à ce moment.

«Il n'y a aucune religion, musulmane ou chrétienne, qui permette de brûler vifs des femmes et des enfants!» déclara-t-il avec énergie, et, persuadé qu'il empêcherait le crime, il s'enferma lui-même dans la maison. Mais le tchétas ne firent que rire de son intervention; ils mirent le feu tout de même et le moula périt dans les flammes avec les malheureuses qu'il avait voulu sauver. (...)

Henry Barby: Au pays de l'épouvante. L'Arménie martyre.
Paris 1917, Préface de M. Paul Deschanel, p. I–V., et pp. 55–61/89–96.

★

Aus: Deutschland und Armenien 1914–1918

KAISERLICH
DEUTSCHES KONSULAT *Aleppo, den 29. Juli 1916*

Die von allen Seiten einlaufenden Nachrichten tun dar, daß die Armenierverfolgung unvermindert und unerbittlich anhält. Von den Deutschen, die den Euphratweg von Bagdad her zurückkehren, ist keiner, der nicht von dieser Katastrophe den tiefsten Eindruck empfinge.

1. Ein Beamter des höheren deutschen Reichsdienstes hat mir am 18. Juli erzählt, die Strecke von Sabkha über Hammam nach Meskene sei mit Resten von Kleidungsstücken übersät; sie sähe aus, als ob dort eine Armee zurückgegangen wäre.

Der türkische Militärapotheker in Meskene, der dort seit 6 Monaten stationiert ist, hat ihm erzählt, daß allein in Meskene 55 000 Armenier begraben seien. Dieselbe Zahl ist ihm unabhängig davon von einem türkischen Offiziersstellvertreter dortselbst gleichfalls genannt worden.

2. Aus Der-es-Zor kam unter dem 16. Juli Nachricht, daß die Armenier den Befehl zum Weiterwandern erhalten hatten. Am 17. wurden alle Geistlichen und führenden Männer verhaftet. Bis zum 22. Juli, so war der Befehl, sollten alle Armenier wieder zum Wanderstab gegriffen haben. Nachdem schon früher von der Zentralregierung angeordnet worden war, daß nur soviel Armenier in Der-es-Zor bleiben sollten, als 10 Prozent der ansässigen Bevölkerung entsprach, soll nun auch der letzte Rest vertilgt werden, eine Änderung, die möglicherweise damit zusammenhängt, daß der menschliche Mutessarrif Suad Bey nach Bagdad versetzt ist und einen unbarmherzigen Nachfolger erhalten hat.

Mit Peitsche und Knüppel werden wehrlose erschöpfte Frauen und Kinder von Gendarmen geprügelt, eine Beobachtung, die schon oft gemacht und mir auch jetzt wieder von einem des Wegs gekommenen deutschen Offizier aus eigener Anschauung bestätigt worden ist. (...) RÖSSLER

Seiner Exzellenz dem Reichskanzler
Herrn Dr. von Bethmann Hollweg

Deutschland und Armenien 1914–1918. Sammlung diplomatischer Aktenstücke...
Nummer 290, S. 283–285.

Un témoignage allemand sur les atrocités arméniennes

Les *Basler Nachrichten* publient la lettre suivante, adressée par quelques professures de l'école allemande d'Alep en Syrie à l'Office des affaires étrangères de Berlin.

«Il nous paraît être de notre devoir d'attirer l'attention de l'office des affaires étrangères sur le fait que notre œuvre scolaire manquera désormais de base morale et perdra toute autorité aux yeux des indigènes, si le gouvernement allemand est effectivement hors d'état d'adoucir la brutalité avec laquelle on procède ici contre les femmes et les enfants expulsés des Armeniens tués.

«En présence des scènes d'horreur qui se déroulent chaque jour sous nos yeux à côté de notre école, notre travail d'instituteurs devient un défi à l'humanité. Comment pouvons-nous faire lire à nos élèves arméniens les contes des 7 nains, comment pouvons-nous leur apprendre à conjuguer et à décliner, quand, dans les cours voisines de notre école, la mort fauche leurs compatriotes mourant de faim! Quand des jeunes filles, des femmes, des enfants, presque nus, les uns gisant sur le sol, les autres couchés entre des mourants ou des cercueils déjà préparés, exhalant leur dernier souffle!

«Des 2,000 à 3,000 paysannes de la haute Arménie amenées ici en bonne santé, il reste 40 à 50 squelettes. Les plus belles sont les victimes de la lubricité de leurs gardiens. Les laides succombent aux coups, à la faim, à la soif; car étendues au bord de l'eau, elles n'ont pas la permission d'étancher leur soif. On défend aux Européens de distribuer du pain aux affamées. On emporte chaque jour d'Alep plus de cent cadavres.

«Et tout cela se passe sous les yeux de hauts fonctionnaires turcs. 40 à 50 fantômes squelettiques sont entassés dans la cour vis-à-vis de notre école. Ce sont des folles; elles ne savent plus manger: quand on leur tend du pain, elles le jettent de côté avec indifférence. Elles gémissent en attendant la mort.

«Voilà, disent les indigènes, Ta-à-lim el alman (l'enseignement des Allemands).»

«L'écusson allemand risque de rester irrémédiablement taché dans le souvenir des peuples d'Orient. Quelques habitants d'Alep, plus éclairés que les autres, disent: «Les Allemands ne veulent pas ces horreurs. Peut-être le peuple allemand les ignore-t-il. Sinon, comment les journaux allemands, amis de la vérité, pourraient-ils parler de l'humanité avec laquelle sont traités les Arméniens coupables de haute trahison. Peut-être aussi, le gouvernement allemand a-t-il les mains liées par un contrat réglant les compétences mutuelles des Etats?

«Non, quand il s'agit de livrer à la mort par la faim des milliers de femmes et d'enfants, les mots d' «opportunisme» et de «compétences» n'ont plus de sens. Tout civilisé est compétent dans ce cas et a le devoir sacré d'intervenir. C'est notre prestige en Orient qui est en jeu. Même des Turcs et des Arabes restés humains secouent avec tristesse la tête, lorsqu'ils voient, dans les convois qui traversent la ville, les soldats brutaux accabler de coups de fouet des femmes enceintes qui ne peuvent plus avancer.

«On peut s'attendre encore à de plus horribles hécatombes humaines d'après l'ordonnance publiée par Djemal pacha. (Il est interdit aux ingénieurs du chemin de fer de Bagdad de photographier les convois d'Arméniens; les plaques utilisées doivent être livrées dans les 24 heures, sous peine de poursuites devant le conseil de guerre). C'est une preuve que les autorités influentes craignent la lumière, mais ne veulent point mettre fin à ces scènes déshonorantes pour l'humanité.

«Nous savons que l'Office des affaires étrangères a reçu déjà, d'autre part, des descriptions détaillées de ce qui se passe ici. Mais comme aucun changement ne s'est produit dans le système des déportations, nous nous sentons doublement obligés à ce rapport, d'autant plus que notre situation à l'étranger nous permet de voir plus clairement l'immense danger qui menace ici le nom allemand».

Journal de Genève, 17. 8. 1916.

★

From: Martyred Armenia

FOREWORD

I am a Bedouin, a son of one of the Heads of the tribe of El-Sulût, who dwell in El-Lejât, in the Haurân territory. Like other sons of tribal Chiefs. I entered the Tribal School at Constantinople, and subsequently the Royal College. On the completion of my education, I was attached to the staff of the Vali of Syria (or Damascus), on which I remained for a long while. I was then Kaimakâm of Mamouret-el-Azîz (Kharpout), holding this post for three and a half years, after which I practised as a lawyer at Damascus, my partners being Skukri Bey El-Asli and Abdul-Wahhâb Bey El-Inglizi. I next became a member of the General Assembly at that place, representing Haurân, and later a member of the Committee of that Assembly. On the outbreak of the war, I was ordered to resume my previous career, that is, the duties of Kaimakâm, but I did not comply, as I found the practice of the law more advantageous in many ways and more tranquil.

I was denounced by an informer as being a delegate of a Society constituted in the Lebanon with the object of achieving the independende of the Arab people, under the protection of England and France, and of inciting the tribes against the Turkish Government. On receipt of this denunciation, I was arrested by the Government, thrown into prison, and subsequently sent in chains, with a company of police and gendarmes, to Aaliya, where persons accused of political offences, were tried. I was acquitted, but as the Government disregarded the decisions given in such cases, and was resolved on the removal and destruction of all enlightened Arabs – whatever the circumstances might be – it was thought necessary that I should be despatched to Erzeroum, and Jemâl Pasha sent me thither with an officer and five of the regular troops. When I reached Diarbekir, Hasan Kaleh, at Erzeroum, was being pressed by the Russians, and the Vali of Diarbekir was ordered to detain me at that place.

After twenty-two days' confinement in prison for no reason, I was released; I hired a house and remained at Diarbekir for six and a half months, seeing and hearing from the most reliable sources all that took place in regard to the Armenians, the majority of my informants being superior officers and officials, or Notables of Diarbekir and its dependencies, as well as others from Van, Bitlis, Mamouret-el-Azîs, Aleppo and Erzeroum. The people of Van had been in Diarbekir since the occupation of their territory by the Russians, whilst the people and officials of Bitlis had recently emigrated thither. Many of the Erzeroum officers came to Diarbekir on military or private business, whilst Mamouret-el-Azîs was near by, and many people came to us from thence. As I had formerly been a Kaimakâm in that Vilayet, I had a large acquaintance there and heard all the news. More especially, the time which I passed in prison with the heads of the tribes in Diarbekir enabled me to study the movement in its smallest details. The war must needs come to an end after a while, and it will then be plain to readers of this book that all I haven written ist the truth, and that it contains only a small part of the atrocities committed by the Turks against the hapless Armenian people.

After passing this time at Diarbekir I fled, both to escape from captivity and from fear induced by what had befallen me from some of the fanatical Turks. After great sufferings, during which I was often exposed to death and slaughter, I reached Basra, and conceived the idea of publishing this book, as a service to the cause of truth and of a people oppressed by the Turks, and also, as I have stated at the close, to defend the faith of Islam against the clarge of fanaticism which will be brought against it by Europeans. May God guide us in the right way.

I have written this preface at Bombay, on the 1st of September, 1916.

FÀ'IZ EL-GHUSEIN

(...) After my arrival at Aleppo, and two day's stay there, we took the train to a place called Ser-Arab-Pounâri. I was accompanied by five Armenians, closely guarded, and despatched to Diarbekir. We walked on our feet thence to Serûj, where we stopped at a *khân* [rest-house] filled with Armenian women and children, with a few sick men. These women were in a deplorable state, as they had done the journey from Erzeroum on foot, taking a long while to arrive at Serûj., I talked with them in Turkish, and they told me that the gendarmes with them had brought them to places where there was no water, refusing to tell them where water was to be found until they had received money as the price. Some of them, who were pregnant, had given birth on the way, and had abandoned their infants in the uninhabited wastes. Most of these women had left their children behind, either in despair, or owing to illness or weakness which made them unable to carry them, so they threw them on the ground; some from natural affection could not do this and so perished in the desert, not parted from their infants. They told me that there were some among them who had not been used to walk for a single hour, having been brought up in luxury, with men to wait on them and women to attend them. These had fallen into the hands of the Kurds, who recognize no divine law, and who live on lofty mountains and in dense forests like beasts of prey; their honour was outraged and they died by brutal violence, many of them killing themselves rather than sacrifice their virtue to these ravening wolves.

We then proceeded in carts from Serûj to El-Raha (Urfa). On the way I saw crowds going on foot, whom from a distance I took for troops marching to the field of battle. On approaching, I found they were Armenian women, walking barefoot and weary, placed in ranks like the gendarmes who preceded and followed them. Whenever one of them lagged behind, a gendarme would beat her with the butt of his rifle, throwing her on her face, till she rose terrified and rejoined her companions. But if one lagged from sickness, she was either abandoned, alone in this wilderness, without help or comfort, to be a prey to wild beasts, or a gendarme ended her life by a bullet.

On arrival at Urfa, we learned that the Government had sent a force of gendarmes and police to the Armenian quarters of the town to collect their arms, subsequently dealing with these people as with others. As they were aware of what had happened to their kinsinen – the *khâns* at Urfa being full of women and children – they did not give up their arms, but showed armed resistance, killing one man of the police and three gendarmes. The authorities of Urfa applied for a force from Aleppo, and by order of Jemâl Pasha – the executioner of Syria – Fakhry Pasha came with cannon. He turned the Armenian quarters into a waste place, killing the men and the children, and great numbers of the women, except such as yielded themselves to share the fate of their sisters – expulsion on foot to Deirel-Zûr, after the Pasha and his officers had selected the prettiest amongst them. Disease was raging among them; they were outraged by the Turks and Kurds; and hunger and thirst completed their extermination.

After leaving Urfa, we again saw throngs of women, exhausted by fatigue and misery, dying of hunger and thirst, and we saw the bodies of the dead lying by the roadside.

On our arrival at a place near a village called Kara Jevren, about six hours distant from Urfa, we stopped at a spring to breakfast and drink. I went al little apart, towards the source, and came upon a most appalling spectacle. A woman, partly unclothed, was lying prone, her chemise disordered and red with blood, with four bullet-wounds in her breast. I could not restrain myself, but wept bitterly. As I drew out a handkerchief to wipe away my tears, and looked round to see whether any of my companions had observed me, I saw a child not more than eight years old, lying on his face, his head cloven by an axe. This made my grief the more vehement, but my companions cut short my lamentations, for I heard the officer, Aarif Effendi, calling to the priest Isaac, and saying, "Come here at once," and I knew that he had seen something which had startled him. I went towards him, and what did I behold? Three children lying in the water, in terror of their lives from the Kurds, who had stripped them of their clothes and tortured them in various ways, their mother near by, moaning with pain and hunger. She told us her story, saying that she was from Erzeroum, and had been brought by the troops to this place with many other women after a journey of many days. After they had been plundered of money and clothing, and the prettiest women had been picked out and handed over to the Kurds, they reached this place, where Kurdish men and women collected and robbed them of all the clothes that remained on them. She herself had stayed here, as she was sick and her children would not leave her. The Kurds came upon them again and left them naked. The children had lain in the water in their terror, and she was at the point of death. The priest collected some articles of clothing and gave them to the woman and the children; the officer sent a man to the post of gendarmes which was near by, and ordered the gendarme whom the man brought with him to send on the woman and children to Urfa, and to bury the bodies which were near the guardhouse. The sick woman told me that the dead woman refused to yield herself to outrage, so they killed her and she died nobly, chaste and pure from defilement; to induce her to yield they killed her son beside her but she was firm in her resolve and died heart-broken.

In the afternoon we went on towards Kara Jevren, and one of the drivers pointed out to us some high mounds, surrounded by stones and rocks, saying that here Zohrâb and Vartakis had been killed, they having been leading Notables among the Armenians, and their Deputies. (...)

In the evening we arrived at Kara Jevren, and slept there till morning. At sunrise we went on towards Sivrek, and half-way on the road we saw a terrible spectacle. The corpses of the killed were lying in great numbers on both sides of the road; here we saw a woman outstretched on the ground, her body half veiled by her long hair; there, women lying on their faces, the dried blood blackening their delicate forms; there again, the corpses of men, parched to the semblance of charcoal by the heat of the sun. As we approached Sivrek, the corpses became more numerous, the bodies of children being in a great majority. (...)

After passing the night at Sivrek we left early in the morning. As we approached Diarbekir the corpses became more numerous, and on our route we met companies of women going to Sivrek under guard of gendarmes, weary and wretched, the traces of tears and misery plain on their faces – a plight to bring tears of blood from stones, and move the compassion of beasts of prey.

What, in God's name, had these women done? Had they made war on the Turks, or killed even one of them? What was the crime of these hapless creatures, whose sole offence was that they were Armenians, skilled in the management of their home and the training of their children, with no thought beyond the comfort of their husbands and sons, and the fulfilment of their duties towards them.

I ask you, O Moslems – is this to be counted as a crime? Think for a moment. What was the fault of these poor women? Was it in their being superior to the Turkish women in every respect? Even assuming that their men had merited such treatment, is it right that these women should be dealt with in a manner from which wild beasts would recoil? God has said in the Koran: "Do not load one with another's burthens," that is, Let not one be punished for another.

What had these weak women done, and what had their infants done? Can the men of the Turkish Government bring forward even a feeble proof to justify their action and to convince the people of Islam, who hold that action for unlawful and reject it? No; they can find no word to say before a people whose usages are founded on justice, and their laws on wisdom and reason.

Is it right that these imposters, who pretend to be the supports of Islam and the *Khilâfat*, the protectors of the Moslems, should transgress the command of God, transgress the Koran, the Traditions of the Prophet, and humanity? Truly, they have committed an act at which Islam is revolted, as well as all Moslems and all the peoples of the earth, be they Moslems, Christians, Jews, or idolators. As God lives, it is a shameful deed, the like of which has not been done by any people counting themselves as civilised. (...)

(...) our hearts burning within us, and full of grief and anguish, we arrived before sunset at a *khân* some hours distant from Diarbekir. There we passed the night, and in the morning we went on amid the mangled forms of the slain. The same sight met our view on every side; a man lying, his breast pierced by a bullet; a woman torn open by lead; a child sleeping his last sleep beside his mother; a girl in the flower of her age, in a posture which told its own story. Such was ours journey until we arrived at a canal, called Kara Pounâr, near Diarbekir, and here we found a change in the method of murder and savagery.

We saw here bodies burned to ashes. God, from whom no secrets are hid, knows how many young men and fair girls, who should have led happy lives together had been consumed by fire in this illomened place.

We had expected not to find corpses of the killed near to the walls of Diarbekir, but we were mistaken, for we journeyed among the bodies until we entered the city gate. As I was informed by some Europeans who returned from Armenia after the massacres, the Government ordered the burial of all the bodies from the roadside when the matter had become the subject of comment in European newspapers.

In Prison. – On our arrival at Diarbekir the officer handed us over to the authorities and we were thrown into prison, where I remained for twenty-two days. During this time I obtained full information about the movement from one of the prisoners, who was a Moslem of Diarbekir, and who related to me what had happened to the Armenians there. I asked him what was the reason of the affair, why the Government had treated them in this way, and whether they had committed any act calling for their complete extermination. He said that, after the declaration of war, the Armenians, especially the younger men, had failed to comply with the orders of the Government, that most of them had evaded military service by flight, and had formed companies which they called "Roof Companies." These took money from the wealthy Armenians for the purchase of arms, which they did not deliver to the authorities, but sent to their companies, until the leading Armenians and Notables assembled, went to the Government offices, and requested that these men should be punished as they were displeased at their proceedings.

I asked whether the Armenians had killed any Government official, or any Turks or Kurds in Diarbekir. He replied that they had killed no one, but that a few days after the arrival of the Vali, Reshîd Bey, and the Commandant of Gendarmerie, Rushdi Bey, prohibited arms had been found in some Armenian houses, and also in the church. On the discovery of these arms, the Government summoned some of the principal Armenians and flung them into prison; the spiritual authorities made repeated representations, asking for the release of these men, but the Government, far from complying with the request, imprisoned the ecclesiastics also, the number of

Notables thus imprisoned amounting to nearly seven hundred. One day the Commandant of Gendarmerie came and informed them that an Imperial Order had been issued for their banishment to Mosul, where they were to remain until the end of the war. They were rejoiced at this, procured all they required in the way of money, clothes, and furniture, and embarked on the *keleks* (wooden rafts resting on inflated skins, used by the inhabitants of that region for travelling on the Euphrates and Tigris) to proceed to Mosul. After a while it was understood that they had all been drowned in the Tigris, and that none of them had reached Mosul. The authorities continued to send off and kill the Armenians, family by family, men, women and children, the first families sent from Diarbekir being those of Kazaziân, Tirpanjiân, Minassiân, and Kechijiân, who were the wealthiest families in the place. Among the 700 individuals was a bishop named – as far as I recollect – Homandriâs; he was the Armenian Catholic Bishop, a venerable and learned old man of about eighty; they showed no respect to his white beard, but drowned him in the Tigris. (...)

Despatch of the Armenians to the Slaughter. – This was a most shocking proceeding, appalling in its atrocity. One of the gendarmes in Diarbekir related to me how it was done. He said that, when orders were given for the removal and destruction of a family, an official went to the house, counted the members of the family, and delivered them to the Commandant of Militia or one of the officers of Gendarmerie. Men were posted to keep guard over the house and its occupants during the night until 8 o'clock, thereby giving notice to the wretched family that they must prepare for death. The women shrieked and wailed, anguish and despair showed on the faces of all, and they died even before death came upon them.... After 3 o'clock waggons arrived and conveyed the families to a place near by, where they were killed by rifle fire, or massacred like sheep with knives, daggers, and axes.

Sale of Armenian Effects and Removal of Crosses from the Churches. – After the Armenians had been destroyed, all the furniture of their houses, their linen, effects, and implements of all kinds, as well as all the contents of their shops and storehouses, were collected in the churches or other large builldings. The authorities appointed committees for the sale of these goods, which were disposed of at the lowest price, as might be the case with the effects of those who died a natural death, but with this difference, that the money realised went to the Treasury of the Turkish Government, instead of to the heirs of the deceased.

You might see a carpet, worth thirty pounds, sold for five, a man's costume, worth four pounds, sold for two medjidies, and so on with the rest of the articles, this being especially the case with musical instruments, such as pianos, etc., which had no value at all. All money and valuables were collected by the Commandant of Gendarmerie and the Vali, Reshîd Bey, the latter taking them with him when he went to Constantinople, and delivering them to Talaat Bey...

The mind is confounded by the reflection that this people of Armenia, this brave race who astonished the world by their courage, resolution, progress and knowledge, who yesterday were the most powerful and most highly cultivated of the Ottoman peoples, have become merely a memory, as though they had never flourished. Their learned books are waste paper, used to wrap up cheese or dates, and I was told that one high official had bought thirty volumes of French literature for 50 piastres. Their schools are closed, after being thronged with pupils. Such is the evil end of the Armenian race: let it be a warning to those peoples who are striving for freedom, and let them understand that freedom is not to be achieved but by the shedding of blood, and that words are the stock-in-trade of the weak alone.

I observed that the crosses had been removed from the lofty steeples of the churches, which are used as storehouses and markets for the keeping and sale of the effects of the dead.

Methods of Slaughter. – These were of various kinds. An officer told me that in the Vilayet of Bitlis the authorities collected the Armenians in barns full of straw (or chaff), piling up straw in front of the door and setting it on fire, so that the Armenians inside perished in the smoke. He said that sometimes hundreds were put together in one barn. Other modes of killing were also employed (at Bitlis). He told me, to my deep sorrow, how he had seen a girl hold her lover in her embrace, and so enter the barn to meet her death without a tremor.

At Moush, a part were killed in straw-barns, but the greater number by shooting or stabbing with knives, the Government hiring butchers, who received a Turkish pound each day as wages. A doctor, named Azîz Bey, told me that when he was at Marzifûn, in the Vilayet of Sivas, he heard that a caravan of Armenians was being sent to execution. He went to the Kaimakâm and said to him: "You know I am a doctor, and there is no difference between doctors and butchers, as doctors are mostly occupied in cutting up mankind. And as the duties of a Kaimakâm at this time are also like our own – cutting up human bodies – I beg you to let me see this surgical operation myself." Permission was given, and the doctor went. He found four butchers, each with a long knife; the gendarmes divided the Armenians into parties of ten, and sent them up to the butchers one by one. The butcher told the Armenian to stretch out his neck; he did so, and was slaughtered like a sheep. The doctor was amazed at their steadfastness in presence of death, not saying a word, or showing any sign of fear.

The gendarmes used also to bind the women and children and throw them down from a very lofty eminence, so that they reached the ground shattered to pieces. This place is said to be between Diarbekir and Mardîn, and the bones of the slain are there in heaps to this day.

Another informant told me that the Diarbekir authorities had killed the Armenians either by shooting, by the butchers, or at times by putting numbers of them in wells and caves, which were blocked up so that they perished. Also they threw them into the Tigris and the Euphrates, and the bodies caused an epidemic of typhus fever. Two thousand Armenians were slaughtered at a place outside the walls of Diarbekir, between the Castle of Sultan Murad and the Tigris, and at not more than half an hour's distance from the city.

Brutality of the Gendarmes and Kurdish Tribes. – There is no doubt that what is related as to the proceedings of the gendarmes and the Kurdish tribes actually took place. On receiving a caravan or Armenians the gendarmes searched them one by one, men and women, taking any money they might find, and stripping them of the better portions of their clothing. When they were satisfied that there remained no money, good clothes, or other things of value, they sold the Armenians in thousands to the Kurds, on the stipulation that none should be left alive. The price was in accordance with the number of the party; I was told by a reliable informant of cases where the price had varied between 2,000 and 200 liras.

After purchasing the caravans, the Kurds stripped all the Armenians, men and women, of their clothes, so that they remained entirely naked. They then shot them down, every one, after which they cut open their stomachs to search for money amongst the entrails, also cutting up the clothing, boots, etc., with the same object.

Such were the dealings of the official gendarmerie and the Kurds with their fellow-creatures. The reason of the sale of the parties by the gendarmes was to save themselves trouble, and to obtain delivery of further parties to plunder of their money.

Woe to him who had teeth of gold, or gold-plated. The gendarmes and Kurds used to violently draw out his teeth before arriving at the place of execution, thus inflicting tortures before actual death. (...)

Narrative of Shevket Bey. – Shevket Bey, one of the officials charged with the extermination of the Armenians, told me, in company with others, the following story: "I was proceeding with a party, and when we had arrived outside the walls of Diarbekir and were beginning to shoot down the Armenians, a Kurd came up to me, kissed my hand, and begged me to give him a girl of about ten years old. I stopped the firing and sent a gendarme to bring the girl to me. When she came I pointed out a spot to her and said, 'Sit there. I have given you to this man, and you will be saved from death.' After a while, I saw that she had thrown herself amongst the dead Armenians, so I ordered the gendarmes to cease firing and bring her up. I said to her, 'I have had pity on you and brought you out from among the others to spare your life. Why do you throw yourself with them? Go with this man and he will bring you up like a daughter.' She said: 'I am the daughter of an Armenian; my parents and kinsfolk are killed among these; I will have no others in their place, and I do not wish to live any longer without them.' Then she cried and lamented; I tried hard to persuade her, but she would not listen, so I let her go her way. She left me joyfully, put herself between her father and mother, who were at the last grasp, and she was killed there." And he added: "If such was the behaviour of the children, what was that of their elders?" (...)

"The Reward of Hard Labour." – The Turks had collected all those of military age and dispersed amongst the battalions to perform their army service. When the Government determined on the deportation and destruction of the Armenians – as stated in their official declaration – orders were given for the formation of separate battalions of Armenians, to be employed on roads and municipal works. The battalions were formed and sent to the roads and other kinds of hard labour. They were employed in this manner for eight months, when the severity of winter set in.

The Government, being then unable to make further use of them, despatched them to Diarbekir. Before their arrival, the officers telegraphed that the Armenian troops were on their way, and the autorities sent gendarmes, well furnished with cartridges, to meet the poor wretches. The gendarmes received them with rifle-fire, and 840 men perished in this manner, shot close to the city of Diarbekir. (...)

Photographs of Armenians lying in the road, dressed in turbans, for despatch to Constantinople. The Turkish Government thought that European nations might get to hear of the destruction of the Armenians and publish the news abroad so as to excite prejudice against the Turks. So after the gendarmes had killed a number of Armenian men, they put on them turbans and brought Kurdish women to weep and lament over them, saying that the Armenians had killed their men. They also brought a photographer to photograph the bodies and the weeping women, so that at a future time they might be able to convince Europe that it was the Armenians who had attacked the Kurds and killed them, that the Kurdish tribes had risen against them in revenge, and that the Turkish Government had had no part in the matter. But the secret of these proceedings was not hidden from men of intelligence, and after all this had been done, the truth became known and was spread abroad in Diarbekir. (...)

The Killing of the Two Kaimakâms. – When the Government at Diarbekir gave orders to the officials to kill the Armenians, a native of Baghdad was Kaimakâm of El-Beshîri, in that Vilayet, and an Albanian was Kaimakâm of Lîjeh. These two telegraphed to the Vilayet that their consciences would not permit them to do such work, and that they resigned their posts. Their resignations were accepted, but they were both secretly assassinated. I investigated this matter carefully, and ascertained that the name of the Baghdad Arab was Sabat Bey El-Sueidi, but I could not learn that of the Albanian, which I much regret, as they performed a noble act for which they should be commemorated in history ... (...)

Conclusion

If the Turkish Government were asked the reasons for which the Armenian men, women, and children were killed, and their honour and property placed at any man's mercy, they would reply that this people have murdered Moslems in the Vilayet of Van, and that there have been found in their possession prohibited arms, explosive bombs, and indications of steps towards the formation of an Armenian State, such as flags and the like, all pointing to the fact that this race has not turned from its evil ways, but on the first opportunity will kill the Moslems, rise in revolt, and invoke the help of Russia, the enemy of Turkey, against its rulers. That is what the Turkish Government would say. I have followed the matter from its source. I have enquired from inhabitants and officials of Van, who were in Diarbekir, whether any Moslem had been killed by Armenians in the town of Van, or in the districts of the Vilayet. They answered in the negative, saying that the Government had ordered the population to quit the town before the arrival of the Russians and before anyone was killed; but that the Armenians had been summoned to give up their arms and had not done so, dreading an attack by the Kurds, and dreading the Government also; the Government had further demanded that the principal Notables and leading men should be given up to them as hostages, but the Armenians had not complied.

All this took place during the approach of the Russians towards the city of Van. As to the adjacent districts, the authorities collected the Armenians and drove them into the interior, where they were all slaughtered, no Government official or private man, Turk or Kurd, having been killed.

As regards Diarbekir, you have read the whole story in this book, and no insignificant event took place there, let alone murders or breaches of the peace, which could lead the Turkish Government to deal with the Armenians in this atrocious manner.

At Constantinople, we hear of no murder or other unlawful act committed by the Armenians, except the unauthenticated story about the twenty bravoes, to which I have already referred.

They have not done the least wrong in the Vilayets of Kharpout, Trebizond, Sivas, Adana, or Bitlis, nor in the province of Moush.

I have related the episode at Zeitoun, which was unimportant, and that at Urfa, where they acted in self-defence, seeing what had befallen their people, and preferring death to surrender.

As to their preparations, the flags, bombs and the like, even assuming there to be some truth in the statement, it does not justify the annihilation of the whole people, men and women, old men and children, in a way which revolts all humanity and more especially Islam and the whole body of Moslems, as those unacquainted with the true facts might impute these deeds to Mohammedan fanaticism. (...)

I have published this pamphlet in order to refute beforehand inventions and slanders against the faith of Islam and against Moslems generally, and I affirm that what the Armenians have suffered is to be attributed to the Committee of Union and Progress, who deal with the empire as they please; it has been due to their nationalist fanaticism and their jealousy of the Armenians, and to these alone; the Faith of Islam is guiltless of their deeds. (...)

It is incumbent on the Moslems to declare themselves guiltless of such a Government, and not to render obedience to those who trample under foot the Verses of the Koran and the Tradition of the Prophet, and shed the innocent blood of women, old men and infants, who have done no wrong. Otherwise they make themselves accomplices in this crime, which stands unequalled in history.

In conclusion, I would address myself to the Powers of Europe, and say that it is they themselves who have encouraged the Turkish Government to this deed, for they were aware of the evil administration of that Government, and its barbarous proceedings on many occasions in the past, but did not check it.

Completed at Bombay on the 3rd September, 1916 FÀ'IZ EL-GHUSEIN

Fà'iz El-Ghusein, Bedouin Notable of Damaskus:
Martyred Armenia. (Translated from the Original Arabic.)
New York 1918, Foreword, p. V-VII, p. 7–11/13/25–29/33–35/38/40/ and Conclusion p. 47–52.

Aus: Deutschland und Armenien 1914–1918

KAISERLICHES
KONSULAT ALEPPO   *Aleppo, den 5. September 1916*

Die Angaben des Berichts vom 29. v. M. über die Verhältnisse der Armenierverschickung in der Gegend von Der-es-Zor sind mir inzwischen aus anderen vertrauenswürdigen Quellen im wesentlichen bestätigt worden. So berichtete mir ein soeben von dort zurückgekehrter deutscher Angestellter einer amerikanischen Firma, der gelegentlich einer Geschäftsreise die meisten dortigen Lager besucht hat, folgendes:

„Längs der Euphratstraße ziehen sich bis Der-es-Zor nur noch kleine Lager von je 1000–2000 Seelen hin. Die 20–30000 Armenier, die ich bei meiner letzten Reise in Der-es-Zor sah und die unter dem menschlich denkenden Mutessarrif aufzuatmen begannen, sind seit dessen vor einigen Monaten erfolgten Ersetzung durch den brutalen Mutessarrif Sekki Bey, einen Tscherkessen, bis auf einige Handwerker und etwa 1200 Kinder, weiterverschickt, und zwar, wie ich hörte, in die Gegend des Flusses Chabur. Dort werden sie, allgemeiner Ansicht nach, niedergemetzelt oder kommen sonstwie um. Die erwähnten 1200 Kinder sind ganz verelendet; was man sieht, trägt den Hunger im Gesicht. (...) Die Winterkälte wird unter den Verschickten wohl endgültig aufräumen." Soweit der oben erwähnte Gewährsmann.

Was das Schicksal der von Der-es-Zor weiter Verschickten angeht, die nach amtlicher Angabe nach Mossul gehen, so habe ich mich beim Konsulat Mossul erkundigt, wieviel Verschickte von Der-es-Zor in den letzten Monaten schätzungsweise angekommen seien. Nach der daraufhin erteilten Auskunft sind am 15. April vier Transporte auf zwei Wegen von Der-es-Zor abgegangen und, 19000 an der Zahl, in einem Lager am Flusse Chabur vereinigt worden. Am 22. Mai, also 5 Wochen später, sind von diesen Transporten etwa 2500, darunter auch einige hundert Männer, in Mossul angelangt. Ein Teil der Frauen und Mädchen ist unterwegs an die Beduinen verkauft worden; alles übrige ist durch Hunger und Durst unterwegs umgekommen.

Seit 3½ Monaten sind demnach keine neuen Transporte in Mossul angekommen. Auch diese Tatsache dürfte die Volksmeinung in Der-es-Zor und die ihr entsprechenden tatsächlichen Angaben bestätigen, daß unter der Herrschaft des neuen tscherkessischen Mutessarrifs von Der-es-Zor mit den weiter Verschickten neuerdings im Euphrat-Chabur-Winkel kurzer Prozeß gemacht wird.

Die Auflösung der hiesigen Waisenhäuser für Kinder umgekommener Verschickter hat noch nicht begonnen. Jedoch hat der Vertreter des hiesigen Verschickungskommissars der einen leitenden Schwester jetzt auch amtlich erklärt, diese Waisen würden in ein neues großes nationales Waisenhaus in Konia verbracht werden; dort würden sie selbstredend türkische Namen bekommen und als Türken (d. h. Muhammedaner) erzogen werden.   I. V.: HOFFMANN

An die Kaiserliche Botschaft in Konstantinopel

Deutschland und Armenien 1914–1918. Sammlung diplomatischer Aktenstücke...
Nummer 298, S. 292-293.

Le Colonel de La Panouse; Attaché Militaire de France à Londres, au Général Joffre, Commandant en Chef les Armées françaises

D. n° 2939. Secret   *Londres, le 30 septembre 1916*

J'ai l'honneur de vous adresser ci-joint la copie des déclarations faites devant sir Mark Sykes par deux officiers arabes qui viennent d'arriver en Angleterre venant de Kermanchah et du Caucase.

ANNEXE

Information from the two Arab Officers recently arrived in England from Kermanshah, *via* the Caucasus and examined by Sir Mark Sykes

War Office, 25th September 1916

(...) Henceforth the narrative gives the joint experiences of the two Officers.

The Battalion left Aleppo on the 3rd February and reached Ras-ul-Ain in 12 hours, passing the great bridge over the Euphrates, which was well guarded. At Ras-ul-Ain some 12,000 Armenians were concentrated under the guardianship of some hundreds of Kurds, drawn not only from the local tribes, but from the urban riff-raff of Mosul, Bitlis and Diarbekir. These Kurds were called Gendarmes, but were in reality mere butchers; bands of them were publicly ordered to take parties of Armenians of both sexes to various destinations, but had secret instructions to destroy the males, children and old women, and dispose of the young women among the villagers of the Urfa plain. These Kurds always returned after absence of 3 or 4 days on such expeditions. One of these gendarmes confessed to killing 100 Armenian men himself on the various journeys he had taken.

The Armenians were dying of typhus and dysentery, and the roads were littered with their decomposing bodies. The empty desert cisterns and caves were also filled with corpses. Both Officers agree that this was the most appalling state of affairs, and that unless it had been a matter of ocular demonstration, it would be incredible. The Turkish Officers of the Battalion were horrified at the sights they saw, and the Regimental Chaplain on coming across a number of bodies dismounted his horse and publicly prayed that the Divine punishment of these crimes should be averted from the Moslems, and by way of expiation, himself worked at digging graves for the dead bodies. When marching from Ras-ul-Ain to Er-Radi, the soldiers of the Battalion often put up their hands to avert the sight of the numerous bloated naked corpses of murdered women who lay by the road side. Two sayings were common among the common soldiers: "Ras-ul-Ain is a shambles" and "No man can ever think of woman's body except as a matter of horror instead of attraction, after Ras-ul-Ain". Ras-ul-Ain was used as a place of concentration for Armenians, and 12,000 was the number usually there, the average number of the incoming parties and outgoing parties (*viz:* – those going to be murdered) cannot be estimated accurately.

Archives du Ministère de la Guerre, 16 N 2946.

De: Quelques documents sur le sort des Arméniens en 1915

INTRODUCTION

Nous publions ici deux rapports particulièrement importants. Écrits par des Allemands habitant la Turquie, ils ne peuvent être suspectés de partialité ni en faveur des Arméniens, ni contre les Alliés de la Turquie. L'un d'eux a été adressé par son auteur, le Dr Niepage, maître supérieur à l'école allemande d'Alep (Syrie), aux représentants du peuple allemand. Les déclarations que ce document contient parlent si haut et si clairement qu'en publiant le second document, nous pouvons, pour des raisons spéciales, taire le nom de son auteur, mort maintenant, ainsi que celui des personnes dont il invoque le témoignage. L'auteur nous était connu. Ses notes portent tout le caractère de choses vues et entendues et nous nous en portons garants.

Les deux fascicules que nous avons déjà publiés sur les persécutions arméniennes donnaient une série de tableaux des massacres, des expulsions dont les villes de l'Asie Mineure ont toutes été le théâtre et des souffrances sans nom des déportés.

Dès lors les renseignements les plus précies, collectifs et individuels n'ont cessé d'affluer confirmant que les faits que nous avons racontés à propos d'un certain nombre de localités se sont passés *sans exception* dans toute la Turquie d'Asie du nord au sud, de l'orient à l'occident. Pas un hameau, pas un village, pas une ville n'ont été épargnés. Un plan général et uniforme, provenant d'une seule volonté centrale a été suivi: Recrutement militaire de la jeunesse masculine arménienne que toutefois on n'arme pas, mais qu'on emploie à des travaux spéciaux au cours desquels on en fait froidement des hécatombes – mesures de rigueur contre le reste de la population, visites domiciliaires accompagnées de meurtres et de viols, arrestations, pendaisons, tortures abominables des notables, professeurs, médecins etc., et spécialement des Arméniens en vue qui avaient loyalement collaboré à l'avénement du régime Jeune-Turc – arrestation en masse de toute la population masculine, que l'on massacre ou entasse dans des prisons – chantages et extorsions par tous les fonctionnaires, même les plus hauts – ordre à toute la population féminine, aux vieillards et aux enfants de quitter la ville, mise en marche d'interminables convois que l'on affame, que l'on fait marcher à coups de bâton, de fouet ou de baïonnette; les femmes trainent ou portent leurs petits enfants, on les pille. Les quelques hardes, le peu d'argent qu'elles ont emportés leur sont arrachés, certains convois sont complètement nus, la route est bordée de mourants et de cadavres, tous les fleuves en charrient. Les femmes sont en proie à toutes les brutalités, les moins malheureuses sont amenées dans les maisons des Turcs et des Kurdes, beaucoup meurent ou deviennent folles après avoir servi de jouets à des troupes de misérables. On promet à ceux qui se feront musulmans, qu'ils seront exemptés de la déportation, qu'ils auront la vie sauve. Beaucoup refusent. D'ailleurs la promesse n'est presque jamais tenue.

Une fois la ville vidée de ses habitants arméniens, le muezzin monte sur le toit de l'église chrétienne et appelle les *fidèles* à la prière. C'est maintenant une mosquée; les Turcs du voisinage ou des réfugiés de régions éloignées (mohadjirs), s'installent dans les maisons arméniennes, s'emparent de tout, maisons, champs, magasins, argent, et pendant ce temps, ou même déjà avant l'exode des femmes, on extrait successivement des prisons tous les hommes; on les emmène dans quelque vallée voisine, on leur fait creuser leur fosse et on les massacre froidement par centaines et quelquefois par milliers à la fois.

Plus d'un million de créatures humaines, riches et pauvres, intellectuels, ouvriers et paysans est ainsi précipité à tous les degrés du désespoir.

Ces fleuves humains qui ont leurs sources dans toutes les régions de l'Asie Mineure, se déversent dans deux réservoirs principaux, les déserts malsains des environs de Konia et le nord de la Syrie où ils aboutissent à Alep. Là, ils stationnent plus ou moins longtemps, et on les écoule ensuite plus à l'est dans les déserts de la Mésopotamie. C'est à Alep que le docteur Niepage les a vus et nous les fait voir, des affamés, des mourants et des morts pêle-mêle et des bourreaux s'acharnent sur eux.

En publiant ces nouveaux documents, nous n'avons *qu'un seul but*, mettre sous les yeux de tous de nouveaux récits authentiques et complètement impartiaux des forfaits commis sur le peuple arménien.

Ce peuple, avant-garde de l'Europe en Orient, placé au point géographique où se rencontrent les races de l'Europe et celles de l'Asie, est le seul peuple de ces régions qui soit capable de s'assimiler notre civilisation et de la développer. Souvent méconnu et calomnié par les Européens intéressés à en médire, il a été sans cesse la victime de la diplomatie égoïste des puissances. Pendant des siècles du misères, il a maintenu sa religion, sa vie da famille, ses habitudes patriarcales, son amour du progrès, son idéalisme, détesté par ses oppresseurs qui se rendaient compte de sa supériorité et du rôle qu'il pouvait être appelé à jouer dans l'avenir et cependant cherchant sans cesse à vivre en frères avec les Turcs et à travailler avec eux au salut de l'empire menacé de toutes parts.

Les révoltes, les trahisons dont les Turcs l'accusent ne sont que de vains et rares essais locaux de résistance d'une population qui se sent traquée et, qui en but à d'odieuses mesures préliminaires à l'extermination qu'on sent venir, préfère mourir après avoir fait usage des quelques armes dont elle dispose. Les affirmations contraires sont d'odieux mensonges; les journalistes qui les répètent ne voient-ils pas se dresser devant eux les spectres de ces centaines de mille victimes innocentes au carnage desquels ils applaudissent?

APPEL

Tel est le peuple que le monde civilisé ne doit pas laisser périr. Les déportés étaient encore, il y a quelque temps, 4 à 500,000; ils agonisent et nous pouvons encore sauver un grand nombre de ces malheureux.

Notre peuple s'est montré généreux et bienfaisant envers une foule de victimes de la guerre qui appartiennent pour la plupart à des nations riches et puissantes. Souvenons-nous que les Arméniens là-bas, si loin, que toutes ces femmes et ces enfants n'ont pour les sauver que la charité et la compassion de peuples qui leur sont étrangers.

I. Quelques mots aux représentants officiels du peuple allemand

IMPRESSIONS D'UN ALLEMAND, MAÎTRE D'ÉCOLE EN TURQUIE

par le Dr. Martin Niepage,
Maître supérieur à l'Ecole réale
allemande d'Alep

Lorsqu'en septembre 1915, je revins de Beirout à Alep après des vacances de trois mois, j'appris avec horreur qu'une nouvelle période de massacres arméniens avait commencé; beaucoup plus terribles que sous Abdul Hamid, ils avaient pour but d'exterminer radicalement le peuple arménien, peuple intelligent, industrieux, épris de progrès, et de faire passer tout ce qu'il possédait aux mains des Turcs.

Au premier moment je me refusai à le croire. On me disait que dans différents quartiers d'Alep, il se trouvait des masses de gens affamés, misérables restes de ce qu'on appelait «les convois de déportation». Pour couvrir du manteau de la politique cette extermination du peuple arménien, on invoquait des raisons militaires qui auraient rendu nécessaire de chasser les Arméniens des demeures qu'ils occupaient dupuis 2,500 ans, pour les transporter dans le désert arabique, et l'on disait aussi que quelques Arméniens s'étaient rendus coupables d'actes d'espionnage.

Je m'informai des faits, je pris de tous côtés des renseignements, et j'arrivai à la conclusion que les accusations portées contre les Arméniens n'étaient que des faits isolés et peu importants, dont on se servait comme prétexte pour frapper dix mille innocents pour un coupable, pour sévir de la façon la plus cruelle contre des femmes et des enfants, pour organiser contre les déportés une campagne de famine dont le but était l'extermination totale. (...)

II. Notes de voyage d'un allemand mort en Turquie

Du 28 juillet au 20 août 1915, je fis un voyage à Marasch. A Beschgös, entre Kilis et Aintab, les gens du village s'entretenaient de l'expulsion des Arméniens, qui devait commencer le lendemain à Aintab. Un personnage bien habillé vint se joindre à la conversation, il avait l'air d'un Tcherkesse, avec son costume à moitié civil, à moitié militaire. Il demanda: De quel quartier de la ville partent-ils? quelle route suivront-ils? quelle sorte de gens sont-ils? possèdent-ils quelque avoir? Comme l'un des assistants lui demandait s'il était un civil ou un militaire, il répondit en riant: «Y a-t-il une meilleure occasion que celle-ci pour devenir soldat?» Ce grossier personnage aurait mérité une leçon qu'il n'eût point oubliée. Mais je m'abstins de lui répondre; c'eût été souiller le nom allemand, que de le traiter comme il aurait fallu le faire. A mon retour de voyage, j'appris que les premiers déportés d'Aintab, appartenant presque tous à des familles aisées, avaient été entièrement dépouillés, comme on me l'assura de tous côtés, ce qui me fut confirmé par les autorités, avec lesquelles le douteux personnage mentionné plus haut devait être, selon toute apparence, en relation. A Karaböjuk, entre Aintab et Marasch, je rencontrai 40 femmes et enfants et 5 ou 6 hommes. Devant eux, à 200 mètres, marchaient une centaine de soldats nouvellement recrutés. Parmi les femmes se trouvait une jeune fille institutrice qui, pendant plusieurs années, avait été dans des familles allemandes; elle était à peine guérie d'un grave typhus. Les soldats réclamèrent avec violence pour la nuit cette jeune fille et une jeune femme, dont le mari est soldat à Damas. Il fallut que les muletiers musulmans prissent la défense de ces femmes pour retenir, à trois reprises, les soldats.

Le 6 août, le village arménien de Fundaschak, près de Marasch, avec 3,000 habitants, fut complètement détruit. La population, presque entièrement composée de muletiers, avait dû transporter dans les trois derniers mois, un grand nombre d'Arméniens vers l'Euphrate. Ils avaient vu de leurs propres yeux les morts dans l'Euphrate, et avaient été témoins de la vente des femmes et des jeunes filles et des violences exercées contre elles.

Dans une école américaine à Marasch, j'ai vu plus de 100 femmes et enfants estropiés (jambes ou bras), mutilés de toutes les façons possibles, et parmi eux des enfants de un et deux ans.

Le 14 août, 34 Arméniens furent fusillés à Marasch; parmi eux se trouvaient deux enfants de douze ans. Le 15 août, on en fusilla 24 et 14 furent pendus plus tard. Les vingt-quatre fusillés étaient liés les uns aux autres par une lourde chaîne au cou et on les avait mis en tas. En présence de la population musulmane, ils furent exécutés derrière le collège américain. Témoin oculaire, j'ai vu comment furent livrés aux violences d'une populace barbare les cadavres qui étaient encore dans les spasmes de la mort; on les tirait par les mains et par les pieds, et, pour amuser la foule musulmane, les policiers et les gendarmes, pendant une demi-heure, déchargèrent leurs revolvers sur les cadavres horriblement mutilés. Ensuite, ces gens allèrent devant l'hôpital allemand et crièrent: *Jaschasin almanya*, (Vive l'Allemagne). Des musulmans m'ont dit et répété que c'était l'Allemagne qui faisait détruire les Arméniens de cette façon.

Sur la route de la ville à notre ferme, j'ai vu près des maisons, sur un tas d'ordures une tête humaine, qui servait de cible à des enfants turcs. A Marasch même, pendant mon séjour, journellement des Arméniens étaient abattus par des civils, et leurs cadavres gisaient, toute la durée du jour, dans les égoûts ou n'importe où.

A Marasch, Kadin Pacha me disait: «Je sais que dans la région du 4° corps d'armée, d'après des ordres reçus de l'autorité, toute la population masculine a été tuée».

Le 20 août 1915, à 6 h. du soir, il fut notifié à Marasch, sur l'ordre du vali d'Adana, que jusqu'au samedi à midi, la population masculine au-dessus de quinze ans, soit 5,600 hommes, devaient se tenir en dehors de la ville, prêts à partir. Quiconque serait trouvé dans la ville, passé midi, serait sans autre formalité, abattu. Chacun savait ce que signifiait cet ordre de l'autorité, et nous vécûmes des heures d'une horrible panique. Au dernier moment, l'ordre du vali fut modifié grâce à l'intervention du très humain gouverneur de Marasch, en ce sens que les hommes purent partir avec leurs familles. Le 28 août, encore, le vali avait fait appeler les autorités ecclésiastiques, et leur avait assuré que les Arméniens ne seraient pas expulsés. Ces malheureux furent obligés de partir sans aucuns préparatifs.

Dans le village de Böveren, près d'Albistan, tous les habitants arméniens, au nombre de 82, furent tués; un enfant de douze ans, qui s'était jeté à l'eau, fut sauvé.

Dans le voisinge de Zeitun, les habitants d'un village où régnait la petite vérole, furent expulsés. Les varioleux, dont plusieurs étaient aveuglés par les pustules, furent placés à Marasch dans les caravansérails où trouvaient déjà des déportés d'autres régions.

A Marasch, je vis un convoi de 200 personnes peut-être, parmi lesquelles plusieurs étaient aveugles. Une femme de soixante ans environ tenait par la main sa fille paralysée depuis sa naissance. Tous allaient à pied. Après une heure de marche, un homme tomba près du pont d'Erkeness; il fut dépouillé et tué. Quatre jours plus tard, nous vimes encore son cadavre dans un fossé.

Hier soir, je faisais une visite à une personne de ma connaissance. Il y avait chez elle comme hôtes, une mère et son enfant, chassés de Siwas; c'étaient les survivants d'une famille de 26 personnes, qui avaient été expulsés de Siwas trois mois auparavant, et qui étaient arrivés récemment ici.

A Aintab, j'ai vu l'ordre écrit par le gouverneur, dans lequel il interdisait aux Musulmans de vendre quoi que ce fût aux Arméniens expulsés qui traversaient la ville. Le même gouverneur faisait prendre des mesures pour attaquer les convois de déportés! Deux convois furent dépouillés jusqu'à la chemise.

2,800 expulsés de Gurun furent dépouillés à Airan-Punar (à 12 heures de Marasch) par huit brigands, portant, les uns l'uniforme d'officier, les autres celui de soldat. A Kysyl-Getschid, à 1 h. ½ de Airan-Punar, les gendarmes firent séparer les gens, les quelques hommes d'un côté, les femmes de l'autre. Les femmes furent mises nues et dépouillées; quatre femmes et deux filles furent emportées pendant la nuit et violées; cinq revinrent le lendemain matin. Dans un défilé de l'Engissek-Dagh le convoi fut complètement pillé par les Turcs et les Kurdes. Dans cette attaque 200 personnes environ furent tuées; 70 grièvement blessées durent être laissées en arrière, et plus de 50 blessés furent enlevés avec le convoi. Je rencontrai les 2,500 personnes qui restait à Karaböjuk. Ces gens se trouvaient dans un état lamentable, indescriptible. A une heure de Karaböjuk, deux hommes tombèrent sur la route, l'un avec deux blessures de sabre, l'autre avec sept. Plus loin tombèrent deux femmes épuisées, plus loin quatre autres; parmi elles une fille de dix-sept ans, ayant dans les bras, enveloppé de haillons, un enfant de deux jours. (...)

Toutes ses bêtes et ses marchandises lui avaient été prises à Airan-Punar, et il s'était traîné à pied jusqu'à une heure de Karaböjuk, où il s'était affaissé, épuisé. Tous ces gens avaient été dans l'aisance; on estime la valeur des animaux, des marchandises et de l'argent volés à plus de 6,000 livres turques (la livre turque vaut environ 23 francs). Les épuisés étaient laissés sur la route, des deux côtés du chemin on apercevait des cadavres. Dans ce convoi de 2,500 personnes, je ne vis que 30 à 40 hommes. Les hommes au-dessus de 15 ans, furent emmenés avant les femmes et vraisemblablement tués. Ces malheureux furent intentionnellement poussés sur des chemins détournés et dangereux; au lieu d'atteindre directement Marasch en quatre jours, ils furent près d'un mois en route. Ils durent voyager sans animaux, sans lits, sans nourriture; ils recevaient une fois par jour un pain mince et insuffisant pour pouvoir se nourrir; 400

personnes de ce convoi, des protestants, atteignirent Alep, il en mourait deux ou trois chaque jour.

L'attaque d'Airan-Punar eut lieu d'accord avec le Kaimakan d'Albistan, qui s'était fait payer 200 L.T. en promettant aux Arméniens qu'il prendrait soin qu'ils arrivassent en sécurité à Aintab. Le Kaimakan de Gurun se fit remettre 1,020 L.T. et donna la même assurance. J'ai vu un homme qui se trouvait avec d'autres dans une salle de club à Gurun et qui versa cette somme au Kaimakan. Près d'Aintab, plusieurs femmes de ce convoi furnt violentées pendant la nuit par des individus d'Aintab. Dans l'attaque d'Airan-Punar, des hommes furent liés à des arbres et brûlés. Pendant l'exode de Gurun, des mollahs du haut des toits des églises chrétiennes, faisaient l'appel à la prière des musulmans. Un témoin oculaire me racontait comment, dans les environs d'Airan-Punar, deux individus, deux frères, se disputaient au sujet du butin. L'un disait à l'autre: «Pour ces quatre paquets, j'ai tué 40 femmes».

Un musulman nommé Hadji, que je connaissais depuis de longues année à Marasch, m'a raconté ce qui suit: «A Nissibin, je me trouvais avec les muletiers enfermé dans un caravansérail dont les portes étaient closes; plusieurs jeunes femmes de Furnus y furent violentées pendant la nuit par les gendarmes accompagnant le convoi et par les civils aussi.»

A Aintab, dans le bureau du commissaire de police, un Agha musulman dit, en ma présence à un Arménien: «Ici et là on a trouvé des lettres. Quels rapports as-tu avec ces lettres? Je te l'ai souvent dit, tu aurais dû te faire musulman; si tu m'avais écouté, tu aurais échappé à tous ces désagréments auxquels ton peuple est exposé.»

Des 18,000 expulsés de Charput et de Sivas, 350 (femmes et enfants) arrivèrent à Alep, et des 19,000 chassés d'Erzerum, 11 y parvinrent, un enfant malade, quatre jeunes filles et six femmes. Un convoi de femmes et de jeunes filles dut faire à pied, le long de la voie ferrée, les 65 heures de route de Ras-el-Aïn à Alep, bien que pendant ce temps les trains servant au transport des troupes revinssent à vide. Des voyageurs musulmans, qui ont suivi ce chemin, racontent que la route est impraticable par suite des nombreux cadavres qui y gisent des deux côtés et dont l'odeur empoisonne l'air. De ceux qui stationnet à Alep, il est mort jusqu'à présent de 100 à 200 déportés par suite des fatigues du voyage. Lorsque les femmes et les enfants affamés et amaigris au point d'avoir l'apparence de squelettes, arrivent à Alep, ils se précipitent comme des bêtes sur la nourriture. Mais pour beaucoup, les organes intérieurs ne fonctionnent plus, et, après une ou deux bouchées, la cuillère est jetée de côté. L'autorité a prétendu qu'elle avait fourni la nourriture aux expulsés; le convoi de Charput, cité plus haut, n'a reçu en trois mois, qu'une seule fois du pain.

(...) A Ras-el-Aïn, arrive un convoi de 200 femmes et jeunes filles complètement nues; chaussures, chemises, tout leur a été pris, et, pendant quatre jours, on les laisse nues sous les rayons brûlants du soleil (40° à l'ombre), livrées aux railleries et aux moqueries des soldats qui les accompagnent. M... disait qu'il avait vu lui-même dans le même état un convoi de 400 femmes et enfants. Si les malheureux en appelaient aux sentiments de charité des fonctionnaires, il leur était répondu: «Nous avons reçu l'ordre formel de vous traiter ainsi.»

Au commencement, à Alep, les morts étaient portés au cimetière dans les cercueils préparés à cet effet par l'Eglise arménienne. Des porteurs s'acquittaient de cet office et recevaient pour chaque mort 2 piastres. Lorsque les porteurs ne purent plus suffire à la tâche, les femmes portèrent elles-mêmes leurs morts au cimetière, les petits enfants sur les bras, les plus grands sur un sac que quatre femmes tenaient par les coins. J'ai vu des morts qui, placés en travers sur un âne, allaient ainsi au champ du repos. Une personne de ma connaissance vit un cadavre attaché à un bâton que deux hommes portaient. Un autre a vu un char à bœufs plein de morts se diriger vers le cimetière. Le char à deux roues ne pouvait pas passer par la porte étroite du cimetière. Le charretier tourna son char et le vida; puis il traina les morts, par les bras, par les jambes, jusqu'à la fosse. Parfois, il y avait par jour cinq à six chariots en activité, pour porter les cadavres au cimetière. Dans un caravansérail, servant d'hôpital, j'ai vu un dimanche 30 cadavres dans une cour de 20 mètres de large sur 40 de long. On en avait déjà enseveli une vingtaine ce jour-là. Ces 30 cadavres restèrent jusqu'au soir. Ma femme les fit enterrer dans l'obscurité en donnant à chacun des trois porteurs un medjidié (environ 4 fr. 40). La peau d'un corps resta attachée aux mains des porteurs, tant la décomposition était avancée. Entre les morts étaient couchés les mourants et ceux qui étaient gravement atteints, sous un soleil brûlant, au nombre de 1,000 environ. C'était un spectacle épouvantable, que je n'avais jamais vu auparavant, même à Marasch en été, lorsque j'avais été témoin, comme je l'ai raconté, de l'exécution de 24 Arméniens.

Ces pauvres gens avaient presque tous la diarrhée. On avait creusé dans la cour des rigoles, le long desquelles étaient couchés les mourants, le dos tourné contre la rigole, pour que les matières pussent y couler. Celui qui mourait était enlevé, et sa place prise aussitôt par un autre. Il est arrivé souvent qu'on a porté comme morts au cimetière des hommes qui donnaient encore des signes de vie; on les mettait alors de côté, jusqu'à ce qu'on fût convaincu que la mort avait fait son œuvre. Une jeune fille revint si vite à elle, qu'on put la ramener dans la ville, et un homme, enseveli le soir, fut trouvé le lendemain matin, assis vivant sur son tombeau. On mettait plusieurs morts dans la même fosse et lui avait été enseveli le dernier; dans l'obscurité du soir, on n'avait à la hâte jeté que peu de terre sur lui. A Tel-Abiad, M... a vu des fosses ouvertes avec 20 à 30 cadavres; quand elles étaient pleines de corps, on jetait dessus quelques pelletées de terre. M... me disait que l'odeur de la putréfaction était telle qu'il était impossible de rester dans le voisinage, et c'était près de là que devaient camper les expulsés. De 35 orphelins mis dans une chambre, 30 moururent á Alep en une semaine, faute de soins. M... raconte qu'à son retour de voyage, il a vu partout des cadavres sur la route; un Kurde s'est vanté devant lui d'avoir tué 14 enfants.

Le dimanche 12 août 1915, j'avais affaire à la gare de Damas à Alep, et j'eus l'occasion de voir comment un millier de femmes et d'enfants furent chargés dans des wagons à bestiaux.

Chez nous, en Allemagne, le bétail a droit à plus de place que ces pauvres gens.(...) Il y avait parmi eux des gens auxquels on ne laissait vraiment pas le temps de mourir. La veille on avait transporté un convoi; le lendemain matin on trouva deux morts, des enfants d'âge moyen, qui avaient succombé pendant le chargement et dont les corps étaient restés dans le wagon.

Le 13 septembre 1915, il fut donné connaissance d'une dépêche du commandant de la 4° armée Djemal Pacha, ainsi rédigée: «Toutes les photographies prises des convois d'Arméniens par les ingénieurs ou d'autres fonctionnaires de la société pour la construction du chemin de fer de Bagdad doivent être remises dans les 48 heures, avec les clichés, au commissariat militaire du chemin de fer de Bagdad à Alep. Tout contrevenant à cet ordre sera poursuivi devant le conseil de guerre.»

J'ai vu quelquefois des femmes et des enfants chercher dans des tas d'immondices des débris de nourriture, qu'ils dévoraient aussitôt. J'ai vu des enfants ronger des os, qu'ils avaient ramasés dans de coins, où les passants allaient satisfaire leurs besoins.

Entre Marasch et Aintab, la population musulmane d'un village voulait donner de l'eau et du pain à un convoi de 400 familles; mais les soldats accompagnant le convoi s'y opposèrent. Les 4/5 des expulsés sont des femmes et des enfants; la plus grande partie des hommes sont enrôlés dans l'armée.

20,000 expulsés, passant par Marasch, n'eurent pas la permission de se rendre directement à Aintab ni d'être ravitaillés, bien que la route de caravane conduise en droite ligne à Aintab.

A Ras-el-aïn se trouvent près de 1,500 femmes et enfants, survivants de plusieurs milliers, déportés avec leurs maris de Charput et des environs. Parmi ces 1,500 personnes il n'y a plus un seul homme ni garçon au dessus de 10 à 12 ans. Sans soins et sans protection quelconque contre le soleil, les bien portants comme les malades sont soumis à une chaleur de 43°C. (à l'ombre) du matin jusqu'au soir, abandonnés au caprice des soldats qui les gardent. M. L. qui parlait devant moi, le mois dernier, de ces «canailles d'Arméniens», me dit textuellement: «Je ne suis pas un homme facile à émouvoir, mais depuis ce que j'ai vu à Ras-el-aïn, je ne puis retenir mes larmes. Je ne croyais pas possibles à notre époque de tels forfaits et de semblables actes de violence infligeant un pareil opprobre à toute l'humanité».

Un Tschaoush (maréchal des logis), du nom de Suleiman s'empara de 18 femmes et enfants qu'il livra à des Arabes pour deux ou trois medjidié (huit à douze francs). Un commissaire turc me disait: «Nous n'avons plus aucune idée du nombre de femmes et de jeunes filles qui ont été enlevées par les Arabes et les Kurdes, de force ou après entente avec l'autorité. Cette fois nous avons accompli notre travail avec les Arméniens comme nous le souhaitions: de 10 il n'en reste plus un seul vivant».

Pendant que j'écris ces lignes, ma femme revient d'une course en ville et, tout en larmes, me raconte qu'elle a rencontré un convoi de plus de 800 Arméniens, les pieds nus et les vêtements déchirés, se traînant en portant sur leurs épaules les petits enfants et le peu de choses qui leur restent.

A Besne, 1,800 personnes (toute la population), surtout des femmes et des enfants, furent expulsés; ils devaient être déportés, disait-on, à Urfa. Au Göksü, affluent de l'Euphrate, ils durent se déshabiller; puis on les abattit tous, et on jeta leurs corps dans la rivière.

Récemment on a vu flotter un jour sur l'Euphrate 170 cadavres, un autre jour 50 ou 60. M. l'ingénieur A., dans une course, en aperçut 40. Les corps qui s'arrêtaient sur les rives étaient dévorés par les chiens; sur les bancs de sable, dans le fleuve, les vautours s'en rassasiaient.

Les 800 Arméniens mentionnés plus haut avaient été chassés des environs de Marasch. On leur avait dit qu'ils seraient déportés à Aintab et qu'ils devaient s'approvisionner pour deux jours. Lorsqu'ils approchèrent d'Aintab, on leur dit: «Nous nous sommes trompés; nous devons aller à Nissibin». L'autorité ne leur avait pas préparé de vivres, et on ne leur avait pas fourni l'occasion d'en acheter. A Nissibin on leur dit: «Nous sommes dans l'erreur; nous devon aller à Membidj». Là, on leur dit de nouveau: «Il y a erreur: il faut aller à Bab..., etc.». Ils durent ainsi errer 17 jours, abandonnés au caprice des soldats qui les accompagnaient. Pendant ce temps ils ne reçurent rien, en fait de vivres, de l'autorité, et durent échanger contre du pain le peu qu'ils possédaient.

A une femme, on enleva de force sa fille ainée. Désespérée, elle prit avec elle ses deux autres enfants et se précipita dans l'Euphrate.

Saïd, émigré de Tripoli, depuis quatre ans palfrenier chez M. L., avec un salaire mensuel de 400 piastres (80 fr.), s'engagea comme volontaire, afin de pouvoir, comme il le disait, abattre lui aussi quelques Arméniens. Comme récompense on lui promit une jolie maison dans un village arménien des environs d'Urfa.

Deux Tcherkesses chez M. l'administrateur E. s'engagèrent comme volontaires pour le même motif.

Le cheikh d'une colonie tcherkesse, Tschordekli, déclarait à une personne de ma connaissance au sujet des volontaires de cette localité: «Ew jikmak itschun giderler.» (Ceux-si s'en vont pour ruiner des familles.)

A Arab-Punar, un major turc parlant allemand s'exprime en ces termes: «Moi et mon frère nous avons recueilli à Ras-el-Aïn une jeune fille qui était restée en route. Nous sommes très fâchés contre les Allemands de ce qu'ils agissent ainsi.» Et comme je protestais, il dirent: «Le chef d'état-major général est allemand, von der Goltz est commandant, et il y a tant d'officiers allemands dans notre armée! Notre Coran ne permet pas des traitements tels que ceux qu'on inflige maintenant aux Arméniens.» A Nuss Tell un inspecteur musulman parlait dans les mêmes termes à un secrétaire des mines. Comme je l'interrogeais sur ce sujet devant d'autres personnes, il déclara: «Ce n'est pas moi seulement qui le dis, c'est tout le monde».

A Biredjik, les prisons sont remplies pendant le jour, et la nuit, on les vide. Tell Armen, village de 3,000 habitants, fut subitement attaqué; les habitants furent massacrés, morts ou vivants jetés dans les puits ou brûlés. Le major von Mikusch fut témoin de ce ravage. Un chef d'escadron allemand vit entre Diarbekir et Urfa des deux côtés de la route des cadavres avec la gorge tranchée. M. S. vit aussi, en chemin d'innombrables cadavres d'enfants.

Le 5 octobre 1915, M. revint de Nuss Tell et fit le récit suivant:

«Entre Tell Abiad et Kultepe j'ai vu près de la route, à six places différentes, des femmes mortes nues, plus loin une femme morte nue dont les pieds étaient mutilés, une femme morte encore vêtue, plus loin deux enfants morts, plus loin une jeune fille plus grande morte, et près d'elle un enfant mort, enfin une femme morte baillonnée, en tout 18 cadavres. Les femmes étaient, sauf une, complètement nues, et plusieurs d'entre elles portaient, autant qu'on pouvait juger par les traits du visage, les traces des violences dont elles avaient été victimes. Tous les enfants morts étaient habillés.»

Entre Kultepe et Harab-nass, M. vit à côté d'un poteau télégraphique un enfant mourant, plus loin six morts, des femmes complètement nues et deux enfants morts. Une femme complètement nue se montra sous un pont, implorant, les bras tendus, qu'on la prit; elle fut laissée.

A Tell-Abiad, après le départ d'un convoi, il resta près de la voie 17 morts et mourants. Deux employés du chemin de fer firent plus tard ensevelir ces 17 cadavres.

On amène dans cette région depuis plusieurs jours des convois d'Arméniens. Les déclarations de M. coïncident avec ce que me disait le président de la commission de déportation, lorsque je lui présentai une requête en faveur de quatre enfants arméniens: «Vous ne comprenez pas ce que nous nous proposons. Nous voulons détruire le nom arménien. De même que l'Allemagne ne veut laisser subsister que des Allemands, nous Turcs nous ne voulons que des Turcs.»

Quelques documents sur le sort des Arméniens…
Genève, septembre 1916, Fascicule III.

★

Aus: Deutschland und Armenien 1914–1918

KAISERLICH
DEUTSCHE BOTSCHAFT *Therapia, den 4. Oktober 1916*

Die in Abschrift beigefügte, vom Kaiserlichen Konsul in Aleppo hierher mitgeteilte statistische Aufzeichnung der Schwester Beatrice Rohner vom Deutschen Hilfsbunde für christliches Liebeswerk im Orient über die ihr überwiesenen 720 armenischen Waisen verdient in mehrfacher Beziehung Beachtung. Sie gibt den ersten einigermaßen sicheren Anhalt, um die Zahl der bei der Aussiedlung umgekommenen Armenier wenigstens prozentual annähernd zu schätzen. Die 720 Pfleglinge der Schwester Rohner sind die Überreste von 3336 Personen; wenn man nun die Gesamtzahl der türkischen Armenier auf 2 Millionen und die Zahl der Verschickten auf 1½ Million veranschlagt und dasselbe Verhältnis zwischen Überlebenden und Umgekommenen wie bei den Waisen der Schwester Rohner annimmt, so gelangt man zu einer Zahl von über 1 175 000 von Umgekommenen und 325 000 Überlebenden. Die bisherigen Schätzungen der Umgekommenen bewegten sich zwischen 800 000 und 1 Million und scheinen nach Vorstehendem nicht übertrieben.

Ein anderer Punkt, der hervorgehoben werden muß, betrifft die erschreckend große Zahl der Mütter, die einen gewaltsamen Tod gefunden haben (379), während nur 321 Väter als unnatürlichen Todes verstorben aufgeführt werden; endlich bestätigt die vorliegende Statistik die auch sonst berichtete Tatsache, daß gegen die ausdrücklichen Weisungen der Zentralregierung die Familien von Männern deportiert worden sind, die zum Militärdienst eingezogen waren; die Statistik führt nicht weniger als 246 solcher Fälle auf. RADOWITZ

Seiner Exzellenz dem Reichskanzler
Herrn von Bethmann Hollweg

ANLAGE 1

KAISERLICH
DEUTSCHES KONSULAT   Aleppo, den 15. September 1916

Euerer Exzellenz beehre ich mich, eine von der Schwester Beatrice Rohner für den Monat August aufgestellte Statistik über die ihr infolge der Armenierverschickung unterstellten 720 Waisenkinder zur geneigten Kenntnisnahme anliegend zu überreichen.
                                                                RÖSSLER

Seiner Exzellenz dem Kaiserlichen Botschafter
  Herrn Grafen Wolff-Metternich

ANLAGE 2

Statistischer Bericht über 720 in unserem Waisenhaus befindlichen Kinder im August 1916

HEIMAT		ZAHL
Wilajet	Siwas	142
"	Erzerum	50
"	Aleppo	189
"	Adana	162
"	Angora	21
"	Kharput	34
"	Konia	11
"	Brussa	22
"	Diarbekr	30
"	Konstantinopel	3
Mesereh		9
Adiaman		3
Smyrna		1
Ismid		2
Ägypten		1
Heimat unbekannt		40
		720

VÄTER DER KINDER

	ZAHL
Getötet	152
Den Entbehrungen und Strapazen auf dem Wege erlegen	85
Im Adanamassaker umgekommen	32
Zum Militär eingezogen	107
In der Verbannung	52
Übertrag	428

Übertrag 428
Im Gefängnis 11
Noch lebend 80
In Amerika 10
Vor der Ausweisung gestorben 129
Verschollen 62
　　　　　　　　　　　　　　　　　　　　720

MÜTTER DER KINDER

In der Verbannung gestorben 282
Noch in der Verbannung 91
Zum Islam übergetreten 4
Lebend 97
Vor der Ausweisung gestorben 53
Kinder, die keine Auskunft über ihre Mutter
　　geben konnten 193
　　　　　　　　　　　　　　　　　　　　720

KONFESSION DER KINDER

Gregorianisch 554
Protestantisch 106
Katholiken 20
Sabbatisten 1
Konfession nicht zu ermitteln 39
　　　　　　　　　　　　　　　　　　　　720

Durchschnittsalter der Kinder 9 $^{17}/_{36}$ Jahre.
Kinder, die früher in Waisenhäusern waren: 40.
Zahl der Väter, die eines unnatürlichen Todes starben 321
　"　　"　　"　　"　　"　natürlichen　　"　　"　. 129
　"　　"　　"　deren Leben gefährdet ist 170
　"　　"　　"　die durch den Kriegsdienst von den Kindern ent-
　　　　　　　fernt sind 107
　"　　"　　"　infolge der Ausweisung den Kindern verlorengingen 394
Mütter, die eines unnatürlichen Todes starben 379
　"　　"　　"　natürlichen　　"　　"　. 53
　"　deren Leben gefährdet ist 91
Mütter, die durch Deportation den Kindern verloren gingen 474
　"　die deportiert wurden, während der Mann im Heere diente 246
Angehörige der Kinder, die während der Deportation umkamen 2616

　　Es blieben von 3336 Deportierten übrig: 720; also betrug der Verlust: . . . . 78,5 %

Kinder von 1–6 Jahren, die keine Auskunft geben konnten 126
Vollwaisen 258

Von der ganzen Familie nur   zu zweit übriggeblieben 144
   "   "   "   "   allein   "   239
                                                      BEATRICE ROHNER

Deutschland und Armenien 1914–1918. Sammlung diplomatischer Aktenstücke...
Nummer 302, S. 295–298.

★

Aus: Der Weg ohne Heimkehr

Abu Herera, den 11. Oktober

Der letzte Leichnam? Als wir in die verlassene Karawanserei treten, die von Unrat und üblen Gerüchen erfüllt ist, liegt er in der offenen Tür. Die ausgehungerte Gestalt eines zwölfjährigen armenischen Knaben. Mit strohblondem Haar, den Leib bis auf die Knochen abgemagert, Hände und Füße wie Keulen. Nur der linke Arm steckt noch in Lumpen. Als ich an den Fluß trete, finde ich viele Gräber, zahllose alte Feuerstellen. Ist dieses das Ende einer furchtbaren und grausamen Jagd?

Wieder tritt jener Auszug eines vertriebenen Volkes vor meine Augen, durch dessen schmerzliche Lager ich im vergangenen Jahr mit erschrockener Seele geirrt bin. Bald begegnen wir den ersten Flüchtlingen. Die Ränder aller Wege sind mit ihren Knochen besät, die grell in der Sonne bleichen. In Maden treffen wir das erste Lager. Kinder und Frauen umdrängen unsern Wagen, schlagen sich wund um ein Stück Brot oder eine leere Melonenschale. In Tibini haben sie einen kleinen Basar errichtet. Bäcker, Fleischer und Schuster sitzen in der grellen Sonne unter den ausgespannten Lumpen eines zerrissenen Tuches auf dem nackten Steinboden und bieten ihre Ware aus. Einen türkischen Offizier sah ich beim Garkoch ein gebratenes Stück Fleisch kaufen, und nicht ohne Bewunderung dachte ich: sie haben dich in den Tod getrieben, du aber bietest deinem Mörder für einen Metalik noch in der Wüste ein Stück Fleisch an!

Bei Rakka, in einem völlig verwahrlosten schmutzigen Lager, traf ich einen dreizehnjährigen Knaben. Er hatte seine Mutter und seinen Bruder verloren, nur sein Vater lebte. Er hieß Manuel. Einen weißen Lappen gegen die Sonne um den Kopf gebunden, lief er, auf einem Kuhhorn blasend, lachend zwischen den Haufen der Hungernden, Kranken und Sterbenden umher, die reglos dalagen oder, dem Wahnsinn nahe, ihren Kot als Speise verzehrten. Seine wohlgebaute, noch kräftige Gestalt, sein offenes Gesicht gefielen mir. Ich wollte ihn in unsern Wagen nehmen, um ihn mit nach Deutschland zu bringen. Seine geraden Augen leuchteten dunkel zu mir auf. (Meine Mutter, dachte ich einen Augenblick, ich will dir einen neuen Sohn schenken!) Ich ließ mich zu seinem Vater führen, einem Händler aus Alexandrette, den sie zum Wächter des Lagers gemacht hatten, weil er lesen und schreiben konnte. Aber obwohl sein Gesicht sich vor Freude verklärte, war er so müde und abgestumpft, und seine Angst vor den Gendarmen, die Furcht um das eigene Leben waren so groß, daß er keinen Ausweg finden konnte.

Da ging ich selbst zu dem arabischen Aufseher. Ich saß zwei Stunden auf seiner Matte und bot ihm den Rest meiner Barschaft an. Aber sie wollten ihn nicht freigeben. Ich versprach, in Aleppo bei Hakki Ben, dem Leiter der Ansiedlungen, für ihn zu bitten. Wieder und wieder drückte ich ihre Hände, ich sagte: ich werde in Deutschland an Euch denken. Manuel begleitete mich bis an den Ausgang des Lagers. Er wollte versuchen, in der kommenden Nacht unserer Karawane nachzulaufen. Aber ich glaube nicht, daß es ihm gelingen wird, unter den Flintenschüssen der Gendarmen zu entfliehen.

Armin T. Wegner: Der Weg ohne Heimkehr. Ein Martyrium in Briefen. Dresden 1919, S. 161–164.

★

From: Armenia: Past and Present

(...) "The Armenians and Kurds have lived together from the earliest times. The adoption of Islam by the latter and by many Armenians divided the people sharply into Christian and Moslem, and placed the Christians in a position of inferiority. But the relations between the two sects were not unfriendly previously to the Russian campaigns in Persia and Turkey. Afer 1829 the relations became less friendly: and later, when the Armenians attracted the sympathies of the European Powers after the war of 1877–78, they became bitterly hostile." [Ency. Brit., vol. 2, p. 567 note].

On the same authority we learn that "when Abdul Hamid came to the throne, in 1876, the condition of the Armenians was better than it had ever been under the Osmanlis." That may be accepted as on the whole true, though it must not be forgotten that our ignorance of actual occurrences in the remote parts of Turkish Armenia may very easily lead us to assume "better conditions" than the Christian population really enjoyed. Still there can be no doubt on the main fact indicated in the closing words of the preceding paragraph. The Russo-Turkish War of 1877 won freedom for the Bulgarian people, and ended the reign of the Turkish terror in Bulgaria. But the Treaty of San Stefano went further. It stipulated (Article 16) that Turkey should "carry into effect, without further delay, the improvements and reforms demanded by local requirements in the provinces inhabited by Armenians, and to guarantee their security from Kurds and Circassians." (Subsequent massacres form a striking comment on this Article.) That stipulation drew Armenia and the Armenians into the orb of European politics and policies. It was bitterly resented by the Ottomann Government, especially as it was accompanied by a provision that Russian troops should occupy territory in Turkish Armenia until these reforms should be fully carried out. The war cost Turkey Kars and the territory known as Turkish Armenia. But Turkish diplomacy supported by the Western Great Powers succeeded in overthrowing the San Stefano Treaty, and in substituting for it the Treaty of Berlin (Juli 13th, 1878). The six Signatory Powers were substituted for

Russia, and her troops were to be withdrawn before the period of reform began! Great Britain went further. By the *secret* Cyprus Convention (June 4th, 1878), the Sultan promised to introduce necessary reforms "for the protection of Christians and other subjects of the Porte" in Asia Minor. As the price for guaranteeing the integrity of Turkish territory in Asia Minor, Cyprus was ceded to Great Britain. It was a rebuff for Russia. It was then regarded as a diplomatic triumph for this country. Time and events have shown it to be one of the gravest diplomatic blunders in our annals. But what were its immediate practical effects? It encouraged the Armenians to look to the European Powers and not to Russia alone for protection; and the Convention, which did not mention the Armenians, was regarded as placing them under the special protection of Great Britain. It was a betrayal of the Armenians by the Power to which they were bidden look for deliverance from the basest and cruellest tyranny. It closed the door against the only Power which had shown the faintest interest in the improvement of their conditions, or made the slightest effort and sacrifice to secure this improvement. Has anything more futile in the region of diplomacy ever been witnessed than the efforts of the Powers to enforce the reforms in Asia Minor to which the Treaty of Berlin solemnly agreed and undertook to carry out? Effort after effort by the Concert of Europe was nullified by Turkish diplomacy, and when, in 1883, Bismarck told the British Government that Germany cared nothing about Armenian reforms, it was evident that any relief from this quarter was hopeless. The ill-fated Treaty of Berlin had altered Russia's policy in the Near East, and the hope of succour from that quarter for the Armenians was abandoned. Great Britain's attempts single-handed to effect the longdelayed reforms were vain. It was highly embarrassing for some of the Powers – for Great Britain especially. But it was fatal for the Armenians. The Sultan was furious with them because their question had been forced to the front, and their social and political conditions revealed to the eyes of the civilised world. The reply of the Turkish Government the whole world knows. Then began the series of massacres, organised deliberately and carried out by the regular and irregular forces. For forty years those periodical slaughterings of an unarmed, helpless, unoffending people have continued. Sir Edwin Pears declares that in the years which have elapsed no less than 500,000 have been sacrificed. During the Erzeroum massacres in 1895–6 alone, at least 100,000 were sacrificed. No possible excuse was forthcoming. There was no local disturbance, much less any organised revolt. The Balkans, in 1876, were in open revolt. There the people had arms and munitions, and were incited to use them by friends and sympathisers. On the other hand, the Armenians were isolated, a minority in every one of the so-called Armenian vilayets save that of Van. The utmost in the way of disturbance was the revenge taken by some exasperated and despairing rayah for some unusually brutal outrage or intolerable exaction. The Turkish Commission sent to Armenia in November, 1894, did not allege any revolt which would justify the action of the authorities. Notwithstanding this, officials implicated in the infamous Sasun massacres were decorated and rewarded. It was a despairing people who lent their ears to the emissaries of revolutionary propaganda. Secret societies, such as the Dashnaktsutioun and Hunctakist, were formed. Armenian leaders, clergy, and American missionaries, openly opposed the whole movement. It afforded, they held, the Government the very excuses they desired. The very list of organised massacres is appalling.

They culminated in 1896, when, after an attack on the Imperial Ottoman Bank, Constantinople, by armed revolutionaries, "the rabble, presumably armed and instructed, were turned loose in the streets." Under the very eye of the Sultan and of the representatives of the Powers, some 6,000 or 7,000 persons were slaughtered! Equally ruthless butcheries took place at regular intervals over the six vilayets, and in certain other districts. They were confined to Gregorian and Protestant Christians. Any attempt at self-defence was met with more extended slaughter. The only successful defence was that made by the gallant Zeytoonlis, who for three months fought with the courage born of despair, and won for themselves honourable terms. During all these years of deliberate massacre no single official was punished, whilst many were openly rewarded for participation in them. How could the Government punish for carrying out its fixed policy? It was the Sultan's personal plan. "The only way of ending the Armenian question," said Abdul Hamid, "is to put an end to the Armenians"! Even while the "Young Turk" propaganda was going forward the massacres continued – notably at Mush (1904) and Van (1908). The Adana massacres in 1909 rank among the most terrible even in the blood-stained records of Turkish history.

Any attempt to influence the policy of the Sultan only inflamed his anger against his victims, only led to an increase of the area and the severity of the massacres. The total effect upon the country was disastrous in the extreme. The peasants in a steady stream flowed over the Russian frontier. At least 100,000 went to the United States during these years. By massacres and emigration the estimated Armenian population, in 1878, was reduced 50 per cent. Nor was this the only impoverishment the country suffered. "The destruction of property was enormous, the hardest-working and best tax-paying element in the country was destroyed or impoverished, and when the bread-winners were killed the women and children were left destitute." [Ency. Brit., vol. 2, p. 568].

That Armenians sympathised with the "Young Turk" Reform movement is wellknown. At Constantinople, and in all parts of European and Asiatic Turkey, they warmly supported and financed the movement. No one rejoiced more heartily when, in 1908, the Constitution was granted. They hailed it as the dawn of a new day. The "Young Turk" leaders boldly proclaimed equal rights and privileges for all creeds and every race. Armenians freely took service for the State in the cause of Reform. The whole movement was hollow. The reforms were but "paper reforms." The Adana massacres in 1909 ought to have opened the eyes of the Armenian people as to what they might expect. The "Young Turk" party came into power simultaneously with this organised massacre, yet they allowed the two chief culprits to escape. It was prophetic of the conduct of the "unscrupulous gang," to use Lord Bryce's words, who had snatched at the reins of government in the Ottoman Empire. They reproduced the worst methods of the government they had overturned when they suppressed the Albanian revolt in 1911. To retain and maintain the power they had wrested from other hands, they were, and are, willing to use any weapon, however blood-stained.

Their conduct in Armenia during these last month is too notorious to call for lengthy notice. Lord Bryce, in his speech in the House of Lords (October 6th), indicted the Turkish Government, which boasts as moving spirits such perjured politicians as Enver Pasha and Talaat Bey, before the civilised world. These men have out-Heroded Herod. Humanity stands aghast at the enormity of their crime – the unparalleled extent of their butcheries. Even the blood-curdling atrocities of Tamerlane are rivalled by the men who are fit allies of the German Huns! It cannot be doubted but that from 800,000 to 1,000,000 Armenians in Turkish Asia Minor have been murdered, outraged, deported, under circumstances of unimaginable cruelty, to desert places where they can only die from hunger and thirst! The roads which lead to the deserts south of Diarbekir and Bitlis were crowded with old men, women, and children, driven by Kurds, unfed, waterless, robbed by their brutal guards of their poor possessions – the women even of their clothes! Their path is indicated by the bodies of the dead. Exhaustion, hunger, thirst, have exacted terrible toll. The body of the newly-born child lies there – thrown aside by its demented mother! Thousands have sought in self-inflicted death escape from the horror and dishonour. In very truth it seems as though Talaat Bey's threat that he would "deal the Armenians such a blow as would stop them talking of autonomy for fifty years" has been literally fulfilled. Remonstrances, protests, appeals from the United States, from Rome, have been contemptuously ignored. (...)

The war in which the "Young Turk" party have elected to stand in with and share the fortunes of the Central Powers has precipitated the crisis. There is good reason to believe that leading Armenians strained every nerve to dissuade the Young Turks from taking an active part in the war. They pointed out, what they saw clearly, that if Turkey joined in, she was bound to lose whichever side came out victorious. They also foresaw the peril of their own people in the event of Turkey going to war. Their counsels, in which many experienced old Turks concurred, fell on deaf ears. Turkey entered the war, and simultaneously began an organised massacre of Armenians all over the territory it still governed. It is the avowed purpose of the gang who govern at Constantinople to "rid themselves of the Armenian question by ridding themselves of the Armenians." Their official paper, the "Tanine" openly advocated the extermination or forcible conversion *of all Armenian women* "the only means of saving the Empire." "The Great Assassin" conceived the policy, but he had neither the capacity nor the willing instruments to secure its complete application. But to-day all that was ever attempted during the regime of the Sultan Abdul Hamid is easily surpassed by the cool, calculating, reckless crowd who direct the policy of the Turkish Empire in Europe and Asia Minor. Where Sultan Abdul Hamid slew tens they slay hundreds, where he slayed hundreds they slay thousands. The world has never seen anything like the extent of it, the horror of it, since the days of Tamerlane. (...)

Armenia: Past and Present.
By W. Llew. Williams, formerly Editor of "The Sunday Strand"
With an introduction by T. P. O'Connor, M. P.
London 1916, pp. 88–98 / 150–151.

Aus: Der Weg ohne Heimkehr

Meskene, den 15. Oktober

Als es Abend wird, sitze ich mit dem Priester Père Arslan Dadschad in der offenen Tür seines Zeltes, und sie erzählen mir von ihren Leiden. Von den 800 Familien der Stadt, mit denen sie auszogen, von den vielen Tausenden, die er in der Wüste begraben hat, darunter dreiundzwanzig Priester und einen Bischof. Ihre Blicke schreien mich an. „Du bist doch ein Deutscher", sagen sie, „und mit den Türken verbündet... so ist es also wahr, daß ihr selbst es gewollt habt!" Ich schlage die Augen herab. Was kann ich ihnen erwidern, um sie Lügen zu strafen? Aus einer Tasche seines Gewandes, in einen zerlumpten Fetzen gehüllt, holt der Priester sein Christuskreuz, und als er es andächtig mit Küssen bedeckt, kann ich, von Rührung ergriffen, mich nicht enthalten, es gleichfalls an die Lippen zu führen, dieses Kreuz, das der Zeuge so vielen menschlichen Kummers und Leidens gewesen ist.

Ich sehe nach den abendlich rauchenden Zelten und dem hellen Mond, der über der dämmerigen Ebene aufsteigt. Das alles ist so anheimelnd, daß ich mir einen Augenblick ein friedliches Bild vortäuschen könnte. Frauen in geschürzten Unterröcken und offenen Blusen machen einen kleinen Abendspaziergang. Das Geschrei spielender Kinder tönt herüber. Da höre ich wieder ihre ängstlich forschende Stimme: ob ich Armenier in den Städten am Euphrat getroffen habe? „...Wir werden sterben, wir wissen es." Er deutet auf sein zerlumptes Gewand: «Une fois j'étais un prêtre, maintenant je suis un mouton, qui va à mourir.»

Ich gehe im Dunkel an den Fluß hinunter. In einer Schlucht finde ich einen Haufen übereinandergetürmter Menschengerippe. Weiße Schädel, die noch mit Haaren bedeckt sind, ein Becken, die Brustrippe eines Kindes, zierlich gebogen wie eine Spange. Einen Augenblick überkommt mich eine dumpfe Verzweiflung, die mir die Tränen in die Augen treibt, als müßte ich alle Hoffnungen, alle Keime der Liebe vernichten, die mich je an das Lebendige banden. Unendlich märchenhaft aber fließt der Fluß in die weite Einsamkeit hinaus, in den unterspülte Erdschollen zuweilen donnernd hinabfallen, und an dessen Ufern ich verlassen dahinschreite, als wäre ich der letzte Mensch.

Armin T. Wegner: Der Weg ohne Heimkehr. Ein Martyrium in Briefen. Dresden 1919, S. 164–167.

★

Un document tragique

Un nouveau document – irréfutable et précis, – m'est parvenu plus tard, sur le sort affreux de ces infortunés déportés, qui succombent lentement, torturés par la faim, terrassés par l'équisement et la maladie. Il émane du «Comité américain de secours aux Arméniens et aux Syriens». C'est le dernier rapport envoyé, *l'automne dernier* (1916), à ce comité par un personnage qui n'est pas américain mais qui appartient à une nation neutre.

«... Il m'est impossible, écrit le rapporteur, de rendre l'impression d'horreur que m'a laissée cette visite des camps arméniens, surtout de ceux qui, à l'est de l'Euphrate, se trouvent entre Meskéné et Deïr-el-Zor. Dans cette région, du reste, on ne peut même pas appeler «camps» les endroits où les déportés, à peu près nus pour la plupart et presque sans nourriture, sont parqués comme du bétail, en plein air, sans aucun abri, sous le climat terrible ment rigoureux du désert, torride l'été, glacial l'hiver.

«Seuls, quelques-uns, les moins affaiblis, ont réussi à se creuser des abris, sous terre au bord du fleuve. D'autres, en très petit nombre, qui ont pu sauver du désastre quelques hardes, en ont fabriqué des tentes rudimentaires.

«Tous sont affamés, tous, avec leurs faces creuses, blêmes, hagardes, avec leur corps décharné et desséché, ont l'apparence de squelettes mouvants, que dévorent les plus affreuses maladies.

«Il semble que la volonté du gouvernement soit de les faire périr par la faim.»

Le rapporteur rappelle que ces restes de la population de l'Arménie turque, jetés sur les bords de l'Euphrate se composent exclusivement de femmes, de vieillards et d'enfants. Les hommes d'âge moyen et les jeunes gens ont été assassinés pour la plupart; les survivants cassent des pierres, dispersés sur les routes de l'empire. Les jeunes filles, même les plus jeunes, sont devenues la proie des musulmans, lorsqu'elles n'ont pas été tuées, elles aussi, durant le trajet des caravanes.

Puis le rapporteur continue:

«... Des gendarmes à cheval, rôdent autour des camps de concentration pour empêcher les évasions dans ce désert, où pourtant la mort est certaine.

«J'ai rencontré, en divers endroits, plusieurs de ces évadés, que les gendarmes avaient abandonnés à leur sort et autour desquels des chiens affamés se tenaient, attendant qu'ils aient exhalé leur dernier soupir.»

C'est à Meskéné, choisi à cause de sa position géographique, aux confins de la Syrie et de la Mésopotamie, qu'ont été rassemblées les caravanes de déportés avant qu'elles soient échelonnées le long de l'Euphrate.

«... Ils sont arrivés ici par milliers, écrit le rapporteur, mais le plus grand nombre y ont laissé leurs ossements.

«J'ai pris mes renseignements sur les lieux mêmes et je puis affirmer qu'environ *soixante mille* Arméniens sont enterrés ici, victimes de la faim, des fatigues, des mauvais traitements et des maladies.

«L'impression qu'on éprouve devant cette immense plaine de Meskéné est sinistre, *Aperte de vue, on aperçoit des monticules, à la file,* sous chacun desquels sont enterrés, pêle-mêle, deux ou trois cents cadavres de femmes, de vieillards et d'enfants.

«Actuellement, quatre ou cinq mille Arméniens campent entre le bourg de Meskéné et l'Euphrate: ce ne sont que des fantômes. Les Turcs qui en ont la garde, ne leur distribuent qu'irrégulièrement un peu de pain, et toujours en quantité insuffisante. *Parfois ces malheureux n'ont rien à manger pendant trois et quatre jours.*

«Une terrible dysenterie y fait de nombreuses victimes, surtout parmi les enfants, qui se jettent avidement sur tout ce qui leur tombe sous la main et qui mangent de l'herbe, de la terre, voir même leurs propres excréments!

«Sous une grande hutte, près de *six cents orphelins* subsistent entassés dans l'ordure, rougés de vermine! Ces enfants ne reçoivent que 150 grammes de pain par jour. Souvent ils restent deux jours sans rien recevoir. La mortalité fait de tels ravages que, après huit jours, lorsque je suis repassé près de cette hutte, *dixsept de ces orphelins* étaient morts de maladies intestinales depuis mon premier passage.

«Abou-Herréra est une petite localité, au nord de Meskéné, sur les bords de l'Euphrate. C'est l'endroit le plus malsain du désert. Là, à deux cents mètres du fleuve, deux cent quarante Arméniens sont parqués sur une petite colline. Ils meurent de faim littéralement. A l'endroit où ma voiture s'était arrêtée quelques femmes se mirent à chercher, dans le crottin des chevaux, les grains d'orge afin de les manger. Je leur ai donné un peu de pain. Elles se sont jetées dessus comme des bêtes affamées et l'ont dévoré avec des hoquets et des tremblements d'épileptiques. Informés par l'une d'elles de la distribution que je venais de faire, les deux cent quarante malheureux descendirent de leur colline et, tendant vers moi leurs bras décharnés, me supplièrent de leur donner du pain. *Ils n'avaient rien mangé depuis sept jours.* C'étaient, pour la plupart, des femmes et des enfants; il y avait aussi cinq ou six vieillards.

«... Au petit village de Hama, où se trouvent mille six cent Arméniens, la situation est identique. Le plus grand nombre des déportés couche sur le sol, sans abri, et se nourrit de pastèques. Les plus malheureux mangent les épluchures jetées par les autres. La mortalité est grande, surtout parmi les enfants.

«A Rakka, bourg assez important, sur la rive gauche de l'Euphrate, cinq à six mille Arméniens, pour la plupart des femmes et des enfants, vivent entassés, *cinquante à soixante par maison*, et ceci est une faveur due à la bienveillance du gouverneur.

«Cette bienveillance d'un fonctionnaire ottoman à l'égard des déportés, pourtant sujets ottomans, doit être considérée, dans les circonstances actuelles, comme de la générosité et même comme de l'héroïsme. Pourtant leur misère est quand même terrible. On ne leur distribue de la farine que d'une manière irrégulière et en quantité insuffisante; aussi peut-on voir des centaines de femmes et d'enfants mendier dans la rue.

Henry Barby: Au pays de l'épouvante. L'Arménie martyre.
Paris 1917, p. 171–176.

★

Aus: Der Weg ohne Heimkehr

Aleppo, den 19. Oktober
Bei den deutschen Schwestern

Als das schwarze Haupt der Zitadelle sich hiner den sanften Erdwellen aufreckt, geraten die Pferde in schnellere Bewegung. Lächelnd neigen die Kranken sich aus den Wagen, deren hölzerne Kästen mit zerrissenen Planen klappernd in die steinernen Straßen rollen, windbrüchige Schiffe, die den letzten Sturm überstanden. Wir haben die Bahnlinie erreicht, die uns wieder mit Stambul verbindet.

Mein erster Gang führt mich zu den Schwestern. Sie haben für die armenischen Flüchtlinge zwei Häuser eingerichtet, die mit Waisenkindern überfüllt sind, die an der Straße liegen blieben. Die meisten kommen aus Van oder Erzerum und waren länger als sechs Monate unterwegs. In den ersten Wochen war der Hof so dicht von dem nackten Gestrüpp ihrer Scharen überwuchert, daß sie sich gegenseitig zu ersticken drohten. Als man das Haus reinigte, fand man im Brunnenschacht die Leiche eines Kleinen, der zwischen der Wildnis der Menschen dort schweigend verschwunden war. Auch Frauen und Männer halten sich unter ihnen versteckt. Ich habe angefangen, ihre Schicksale aufzuzeichnen, wobei Schwester Beatrix mir als Dolmetscher dient. Nur mühsam beginnen sie aus Schwäche und Angst vor neuen Leiden zu reden, bis die Fülle ihres Elends sie fortreißt und sie in Tränen ausbrechen.

In den letzten Tagen habe ich zahlreiche fotografische Aufnahmen gemacht. Man erzählt mir, daß Dschemal Pascha, der Henker von Syrien, bei Todesstrafe verboten hat, in den Flüchtlingslagern zu fotografieren. Zusammengerollt trage ich diese Bilder des Entsetzens und der Anklage unter meiner Bauchbinde versteckt. In den Lagern von Meskene und Aleppo sammelte ich viele Bittbriefe, die ich in meinem Tornister verborgen habe, um sie an die amerikanische Botschaft in Konstantinopel zu bringen, da die Post sie nicht befördern würde. Ich zweifle keinen Augenblick, damit eine hochverräterische Handlung zu begehen, und doch erfüllt mich das Bewußtsein, diesen Ärmsten wenigstens in einer schwachen Hinsicht geholfen zu haben, mit dem Gefühl größeren Glückes als jede andere Tat es vermöchte.

Armin T. Wegner: Der Weg ohne Heimkehr. Ein Martyrium in Briefen. Dresden 1919, S. 168–170.

★

Lettre de M. Briand, Président du Conseil, à M. Louis Martin, sénateur du Var

«Monsieur le Sénateur,

Ainsi que vous le déclarez dans la lettre que vous avez bien voulu m'adresser au sujet de la situation des Arméniens, la France, oubliant ses propres épreuves, a partagé l'émotion douloureuse des nations civilisées devant l'horreur des atrocités commises contre les Arméniens. Elle a détourné un moment ses pensées des crimes perpétrés sur son territoire contre la population civile pour adresser l'hommage de sa pitié à ces pauvres martyrs du droit et de la justice. Le Gouvernement de la République a tenu dans les circonstances solennelles à flétrir les crimes des Jeunes-Turcs et à livrer au jugement de la conscience humaine leur monstreux projet d'extermination de toute une race, coupable à leurs yeux d'avoir aimé le progrès et la civilisation. Les représentants de la France auprès des Puissances neutres ont été mis en possession de tous les documents qui devaient leur permettre de fair connaître autour d'eux les événements survenus. Pour l'honneur de l'humanité, nous devons conserver l'espoir que les protestations indignées que certaines de ces Puissances ont déjà fait entendre à Constantinople contribueront à soustraire la Nation Arménienne à de nouveaux attentats.

«Pour la première fois, notre pays s'est trouvé impuissant à poursuivre en Turquie sa mission civilisatrice et à s'y dresser en face de la barbarie de ses gouvernants. Il n'a laissé passer cependant aucune occasion de donner au peuple arménien le témoignage de sa profonde sympathie. Ses escadres ont pu arracher à la mort plus de 5.000 fugitifs qui ont été conduits en Egypte où ils ont reçu un accueil pouvant atténuer la rigueur de leur malheureux sort.

«Le Gouvernement de la République a déjà pris soin de faire notifier officiellement à la Sublime Porte que les Puissances alliées tiendront personnellement responsables des crimes commis tous les membres du Gouvernement ottoman, ainsi que ceux de ses agents qui se trouveraient impliqués dans les massacres. Quand l'heure aura sonné des réparations légitimes, il ne mettra pas en oubli les douloureuses épreuves de la Nation Arménienne et, d'accord avec ses alliés, il prendra les mesures nécessaires pour lui assurer une vie de paix et de progrès.

«Agréez, Monsieur le Sénateur, les assurances de ma haute considération.»

Signé: BRIAND

Le Temps, Paris, 7. 11. 1916.

★

Aus: Deutschland und Armenien 1914–1918

KAISERLICH
DEUTSCHES KONSULAT *Aleppo, den 14. Mai 1917*

Euer Exzellenz überreiche ich gehorsamst in der Anlage eine Aufzeichnung des Diplomingenieurs Bünte über Beobachtungen gelegentlich einer vom 1. bis 6. April am Chabur ausgeführten Reise. Es ist kein Zweifel, daß die dort in großen Mengen liegenden menschlichen Schädel und Gebeine von den Armeniermetzeleien des vorigen Juli und August herrühren, über die ich zuletzt am 5. September v. J. berichtet habe. Die aus armenischer Quelle stammenden Erzählungen der Anlagen jenes Berichtes, welche als eine Stelle, bei der hauptsächlich die Metzeleien erfolgt seien, Schedadie (Kalat Scheddad) genannt hatten, finden dadurch ihre Bestätigung.

Gleichen Bericht lasse ich der Kaiserlichen Botschaft zugehen. RÖSSLER

Seiner Exzellenz dem Reichskanzler
Herrn Dr. von Bethmann Hollweg

ANLAGE

Aleppo, den 11. Mai 1917

Ich bin in der Zeit vom 1. bis 6. April zusammen mit Herrn Hauptmann Loeschebrand und Herrn Unteroffizier Langenegger von Buseir am Euphrat den Chabur hinaufgegangen und fand am linken Ufer große Mengen von ausgebleichten Menschenschädeln und Gerippen, zum Teil waren die Schädel mit Schußlöchern. An einigen Stellen fanden wir Scheiterhaufen, ebenfalls mit menschlichen Knochen und Schädeln. – Gegenüber der Kischla Scheddade waren die größten Anhäufungen. Die Bevölkerung sprach von 12 000 Armeniern, die hier allein niedergemetzelt, erschossen oder ertränkt seien.

An dieser Stelle verließen wir den Fluß und fanden auf dem Wege zum Sindjar keine Spuren mehr. BÜNTE,
Diplomingenieur, K. O. Oberleutnant

Deutschland und Armenien 1914–1918. Sammlung diplomatischer Aktenstücke...
Nummer 345, S. 346.

★

From: The Scourge of Summer Follows

AMERICAN COMMITTEE FOR ARMENIAN
AND SYRIAN RELIEF

One Madison Avenue, New York

James L. Barton, Chairman; Samuel T. Dutton, Vice-Chairman; Charles R. Crane, Treasurer; Charles V. Vickrey, Secretary

William Howard Taft; Charles E. Hughes; Frederick H. Allen; Simeon Baldwin; Arthur J. Brown; George Warren Brown; Edwin M. Bulkley; John B. Calvert; Wm. I. Chamberlain; John D. Crimmins; Cleveland H. Dodge; Charles W. Eliot; William T. Ellis; James Cardinal Gibbons; Rt. Rev. David H. Greer; Fred P. Haggard; Ralph W. Harbison; Wm. I. Haven; Myron T. Herrick; Hamilton Holt; Arthur Curtiss James; Woodbury G. Langdon; Frederick Lynch; Vance McCormick; Chas. S. Macfarland; William B. Millar; Henry Morgenthau; John R. Mott; Frank Mason North; George A. Plimpton; William Cooper Proctor; Rt. Rev. P.

Rhinelander; Karl Davis Robinson; William W. Rockwell; Wm. Jay Schieffelin; George T. Scott; Isaac N. Seligman; Albert A. Shaw; William Sloane; Edward Lincoln Smith; James M. Speers; Oscar S. Straus; John Wanamaker; Harry A. Wheeler; Stanley White; Ray Lyman Wilbur; Talcott Williams; Stephen S. Wise

Chairmen of all local committees members ex-officio
Depository: – NATIONAL CITY BANK, New York

The Deepening Tragedy

To many it seemed that the world's cup of suffering was full to the brim during the past winter and that not a drop could be added. But the war goes on. Hate increases, areas of suffering and destitution widen, and the coming of summer only reveals an increasing and awful need. To cold and hunger are added "the pestilence that walketh in darkness, the destruction that wasteth at noon day."

The Principal Facts

Here is a country blessed with every gift of nature; fertile soil, mines of iron, copper, silver and coal; a land of exquisite beauty, once studded with flourishing cities and filled with a happy people.

"This once thriving and prosperous population; innocent, unoffending, industrious; possessed of homes, of business property, farms and gardens; living in comfort and in many cases in affluence, have suddenly been stripped of all possessions, driven from their homes and left to wander in the interior, or to find such a livelihood as they can obtain in places already overcrowded and among people to whom they are strangers and where their coming seriously complicates an already well-nigh insoluble food problem."

All this has taken place in Bible lands, from which we have our highest ideals of brotherhood and service.

Conservative estimates indicate that at least two millions are dependent upon American charity to provide them with the barest necessities of life, to save them from starvation.

These people can cherish no hope of grants-in-aid or government subsidies such as the dispossessed in other lands enjoy to a greater or less degree.

Channels heretofore used for distribution of relief among Armenians and Syrians in the Turkish Empire are still open and it is believed will remain open.

Even war with Turkey cannot stop relief work in regions under the control of Russia and Great Britain. Hundreds of thousands are now refugees in those regions – Caucasus, Persia, Mesopotamia, Egypt, Salonika.

Money sent by the Committee is being received.

Individuals and committees on the field are hard at work trying to meet the need.

Gratitude is unbounded and pathetic.

Ten cents per day will save a life.

*Details from Reliable Sources Authentic Cablegrams
Official Reports*

Tabriz, Persia, May 12, 1917
"Relief funds finished. Unprecedented need. Require $ 100,000 this month."
VANNEMAN

Erivan, Caucasus
"Urge committee to assume responsibility for ten thousand Fatherless Children at rate of two dollars per month per child."

[Note: – The above cables were received just as this pamphlet was going to press. There are no funds with which to respond.]

"The American Consular Agent at Damascus estimates that 500,000 people have been pushed into the provinces of Aleppo and Damascus. The majority are women and children, and they are slowly dying of starvation."

"In every tent there are sick and dying. Anyone who cannot get a piece of bread by begging, eats grass, raw and without salt. The people gather locusts and eat them raw. They catch stray dogs, and like savages, pounce upon dead animals, whose flesh they eat eagerly and without cooking."

"The refugees are in a critical condition, naked and bodily exhausted. Wherever we go we hear the same cry – If you did not help us our position would be hopeless. Everywhere we see the signs of hunger and physical faintness. It is impossible to see their deplorable condition without being deeply moved."

"The condition of the inhabitants is becoming daily worse and worse."

"One responsibility of the women workers at Alexandropol is to find mothers of new born babes. There are many little ones who have only a manger to lie in and the mother sometimes tears up her own clothing for swaddling clothes. To these mothers the young women give $ 5.00 and a blanket for the little one. Another work for which they are responsible is that of listing fatherless children to whom we make a monthly grant of $ 2.00.

"Awful havoc has been wrought amongst the Armenian artisans so that when they return to their country there will be a great dearth of tradesmen. We thought if we could begin to train the boys in handicrafts while they are here in exile they would be more able to support themselves when they return."

"Many thousands of families have been coming from* ____ during the last few days. I saw them coming like flocks of sheep from the mountains amid the rains and snows. The poor have been compelled in the heart of winter to abandon their towns in a miserable condition, poor, hungry, sick, old, girls, small children needing protection to save their lives from starvation after escaping death from cold and exposure."

"The problem, you see, increases in magnitude and complexity. To what extent

---

* In certain areas it is necessary, for political reasons, to omit names in publishing these cablegrams and reports.

shall we attempt to meet the wants of the suffering people of Asia Minor? You have granted my request for a hundred thousand dollars a month, but already these new features spoken of above, have carried the demands for relief funds far beyond this figure.

"The difficult question is where to stop. At what point among equally deserving people can we draw the line between those who may be assisted, and those to whom we must refuse the means for obtaining daily bread?"

Tiflis, April 17, 1917

"Have had conference with members Provisional Russian Government here regarding relief. They appreciate Committee's work. Conditions outlined in Committee's cablegram of fifteenth fully confirmed. Need of Orphans particularly great. Orphanages should be established immediately.   WILLOUGHBY SMITH, Consul

Alexandropol, Russian Caucasus

"Conditions this district very bad. Able give clothing new refugees only, while old have not received employment anticipated. Where no industrial relief distress acute. Women walk twenty-five miles for wool to spin. Conditions worse than last year due to capital and stores now eaten up and the small allowances necessarily given."

GRACEY

Erivan, Caucasus

"Condition refugees has reached critical stage. Two years exiled from homes. Only small number able find work in new environment. Money or possessions brought with them exhausted. Great distress from hunger. Housing bad. Bedding entirely lacking among large proportion. Many districts signs of exhaustion appearing. Large numbers old or sick or weak men with families to support. Appalling numbers widows with dependent children. Majority will not be able return old homes for at least one year. Need for aid at this time greater than ever before. Urge and implore that New York Committee continue its efforts with renewed vigor if the many thousand it has helped are to be saved.

"We need million dollars next twelve months."   RAYNOLDS, YARROW, Maynard

American Consulate, Tiflis

"Caucasus Committee already supporting thousand Orphans. Investigations indicate 40,000 FATHERLESS CHILDREN await your answer to our request for support. Cotton and wool industries in full swing. Distribution of bedding and clothing well under way."   F. WILLOUGHBY SMITH, Consul

Erivan

"Rough estimates place number of orphans or fatherless children between 15,000 and 20,000. About 7,000 of these in orphanages. Strongly urge appropriation $275,000 for destitute fatherless children."

RAYNOLDS, YARROW, GRACEY, Maynard.

"Consul ___ of ___ has telegraphed that eighty thousand refugees have lately appeared in the towns and villages in the vicinity of ___. Information which I have lately received from the German Embassy confirms this and states that these refugees have come from the ___ region. Similar refugees are appearing in the region of ___."

"We now have upwards of *three hundred thousand* Armenians on our relief lists and probably two hundred thousand more from the Greek and other communities, making in all *five hundred thousand* people, chiefly women and children."

"In Ourfa, Marash, Dores, Aintab districts, *one hundred thousand* look to us for bread, while large numbers which cannot yet be approximately estimated are coming from the desert seeking food, shelter and clothing."

Damascus

"I saw thirteen dead in one little alley. Wherever you go in the streets of Damascus you see hundreds of such sights."

"I had an interview with the head of the municipality and talked over the question of distribution. By him I was informed that 120,000 have died during the last two years in the city alone. He told me that they have arranged to have fifty wagons carry the dead from the streets, but the number of dead is much more than they can handle, and many are left in the streets helping to spread disease."

The Lebanon, Syria

"I called upon the Governor of Lebanon who thanked us for work done and begged that I ask for more relief. He informed me that 200,000 had died in Lebanon alone and God only knows how many more thousands will have starved by the time you receive this letter."

"On my recent visit to Jumieh I met a representative of the relief work, who informed me that 5,000 have starved to death in Jumieh and its surroundings. To see hundreds of corpses carried away has become an every day occurrence."

Erivan, Caucasus

"Those who have come to the Caucasus as a result of recent retreat are quite destitute, lacking food and bedding and sometimes even clothing."

"We have opened a shop to employ as many as possible. Thus many provide for their own needs and have the moral benefit which comes from occupation."

American Hospital

"With the taking off of many breadwinners the general distress is increasing and now the people are pouring in from the villages in wretched condition, sick, barefoot, ragged and hungry. New Orphans are coming to us every day with the alternative of perishing or else being taken into Moslem houses, unless we can adopt them. Must we turn them away? We dislike to force new appeals upon you all the time but the stern facts confront us and what else can we do? We thank you most warmly for the financial backing that you have given us thus far."

Urumia, Persia

"The number of refugees is from 25,000 to 30,000. The hardships of this year are greater than last year. The price of everything is nearly six times more than three years ago."

Der-el-Zor, Syria Desert

"What I have seen and heard passes all imagination. I thought I was passing through a part of hell. They arrive by the thousands. The majority leave their bones here. As far as the eye can reach are to be seen mounds where 200 to 300 corpses are buried in the ground pell mell. Thousands have perished here."

"Near the place where my carriage stopped, women who had not seen me arriving, were searching in the dung of horses for barley seeds, not yet digested, to feed on. I gave them some bread. They threw themselves on it like dogs dying of hunger. Instantly informed by one of them, 240 persons, or rather hungry wolves, who had nothing to eat for seven days, rushed to me from the hill, extending their emaciated arms, imploring with tears and cries a piece, of bread. They were mostly women and children, but there were about a dozen old people. On my return I brought them bread."

"After consultation with the Consul, we beg you to send us immediately $ 50,000. The amount you sent us is sufficient for only one of our districts."

"I am longing for an answer regarding the Armenian orphanage in ___ is it not possible for you to give something per month for this orphanage?"

"Our hopes are tied to the friends in America. If possible we urge that funds be raised bearing in mind that it is the widows and Orphan girls whom we hope especially to serve."

Mesopotamia

"The poor are dying of hunger, and those of the men left at home and able to work, are unable to secure enough to sustain the lives of their families."

"We wait in intense expectancy for reassuring reports from America. We are in a position of terrible responsibility. Hundreds of thousands are dependent on us for a little bread day by day. We have brought these thus far. Any let up now would mean disaster and defeat and indescribable suffering. We cannot hesitate, rather must there be larger contributions and increased activities to partially meet the needs."

"I spent a week in Van. For a distance of 15 miles the road, even after a year, was strewn with all sorts of garments and shoes and headgear, and skeletons, bones and skulls of what a year ago had been human beings." YARROW

"The conduct of the refugees was all that could be desired, quiet, patient and of good behavior, which, of course, greatly facilitated our work of distribution. Many would offer us little chains or something dear to themselves, which, of course, we could not accept, but all showing their gratitude. Many were the prayers that went up for the American people who had helped them in their day of need." GRACEY

Relief Channels Still Open

Channels heretofore used for distribution of relief among Armenians and Syrians in the Turkish Empire are still open and it is believed will remain open.

Representatives of the Committee in Turkey are finding government officials increasingly sympathetic with the distinctively humanitarian work of the Committee.

War Cannot Stop Work

Even though the last American should leave the Turkish Empire, the relief work of the Committee would still be carried forward by other reliable, sympathetic neutrals who have heretofore been cooperating and will accept additional responsibilities.

Aside from the situation in the Turkish Empire, there are hundreds of thousands of Armenian and Syrian refugees in The Russian Caucasus, in Persia, in Egypt and in the portion of the Turkish Empire now occupied by the Russian army. These large areas represented by the dispatches printed in this leaflet from Tiflis, Erivan, Urumia and Tabriz could use all the resources of the Committee without meeting the need.

Moreover, when peace is once more declared und freedom of intercourse between the nations is restored, there will be revealed a desolation of poverty such as the world has never known and America cannot understand, – broken families, homeless Orphans, defenceless women, helpless multitudes, exiled from their destroyed villages, and barren fields. Seed and simple implements must be provided and at least six months continued warfare waged with gaunt famine and disease before the exiles can find new lodgings, and reap the first fruits.

Unless large sums are available to provide food, seed and other help in the rehabilitation period, many thousands more will perish in the process. (...)

The Scourge of Summer Follows. The Most Terrible Winter the World Has Ever Known.
American Committee for Armenian and Syrian Relief.
New York, 1917.

★

Aus: Deutschland und Armenien 1914–1918

Deutsche Evangelische Missionshilfe *Berlin-Steglitz, den 14. Juli 1917*
An das Auswärtige Amt, Berlin

Als Vorstandsmitglied der Deutschen Blindenmission im Orient ging mir von dem Leiter unseres Blindenheims in Malatia, Ernst J. Christoffel, ein Brief vom 26. März d. J. zu, der die Anschauung des Herrn Christoffel über die Lage und Zukunft der Armenier in Kleinasien enthält. Ich erlaube mir, denselben in Abschrift zur Kenntnisnahme vorzulegen, ohne zu den Mitteilungen Stellung zu nehmen.

A. W. Schreiber,
Direktor der Deutschen Evangelischen Missionshilfe

ANLAGE

Bericht des Herrn J. Christoffel, Vorsteher des Blindenheims Malatia, über die
Lage der Armenier, an Pastor G. Stoevesandt, Berlin

Malatia, den 26. März 1917

Ich benutze eine günstige Gelegenheit, um Nachricht zu geben. In der Hauptsache die Lage der orientalischen Christen Betreffendes.

Die Verluste des armenischen Volkes seit der Verschickung Sommer 1915 bis heute übersteigen 1 Million. Ein Teil wurde in den Gefängnissen, nach fürchterlichen Folterqualen, getötet. Von Frauen und Kindern starben die meisten auf dem Wege in die Verbannung, an Hunger, Seuche und Mord. Auf Einzelheiten kann ich nicht eingehen. Sollte A. K. Gelegenheit haben, Sie zu sehen, so kann er mehr oder weniger meine nackten Sätze illustrieren.

Ein kümmerlicher Rest der Verschickten fristet in den Ebenen Syriens und Nordmesopotamiens ein elendes Dasein und wird durch Seuchen und Zwangsbekehrungen täglich kleiner. Männer sind nur vereinzelt übrig geblieben. In den Städten Anatoliens befindet sich noch eine Anzahl Versprengter, Geflüchteter, die aber meistens zum Islam übergetreten sind. Neben den Zwangsbekehrungen, die in Massen stattfanden, stand als ein anderes charakteristisches Zeichen die Massenadoption armenischer Kinder. Es handelt sich da um viele Tausende. Sie werden künstlich zu fanatischen Muhammedanern gemacht. Das Morden hat nachgelassen, aber der Vernichtungsprozeß hat nicht aufgehört, hat nur andere Formen angenommen.

Den Leuten ist alles geraubt worden. Eigentum, Familie, Ehre, Religion, Leben. Im Herbst 1915 kam für die protestantischen und katholischen Armenier, wahrscheinlich auf Veranlassung der deutschen und österreichischen Botschaft, ein Gnadenerlaß heraus, der diese vor der Verschickung bewahren und sie in Besitz ihres Eigentums lassen sollte. Er war nur wie ein Schlag ins Wasser. Meistenteils wurde er unterdrückt, bis die protestantischen Männer getötet waren, und auch für die Frauen und Kinder hatte er kaum praktische Bedeutung.

Vom Schwarzen Meer bis nach Syrien ist die Predigt des Evangeliums verstummt, ausgenommen in den deutschen Anstalten. Die protestantischen Gemeinden sind vernichtet. Ihre Prediger, bis auf einzelne Ausnahmen (vielleicht 4 bis 5), getötet. Ihre Kapellen und Schulen weggenommen, geschändet oder zerstört. Dasselbe gilt von den katholischen und altarmenischen Gemeinden.

Den armenischen revolutionären Kreisen die Verantwortung zuzuschieben, ist ein Unsinn. Die haben vom türkischen Standpunkt aus gefehlt, nicht so vom armenischen aus. Die Nation als solche war nicht schuldig. Das weiß die türkische Regierung so gut wie jeder in diesem Lande. Für uns deutsche Missionare ist es unsagbar schwer, daß Deutschland von Christen und Muhammedanern als der Urheber der Greuel angesehen wird. Die Ansicht wird von türkischer Seite genährt und gestärkt. Bleibt dieser Vorwurf auf Deutschland haften, dann wird er auf Jahrzehnte hinaus das größte Hindernis deutscher Mission sein, sowohl den Christen wie den Muhammedanern gegenüber. Nachrichten aus türkischen oder turkophilen

Kreisen sind entweder glatt abzulehnen oder mit größtem Mißtrauen zu behandeln. Wenn jemals diese Verfolgung untersucht werden sollte, so müßte von deutscher Seite darauf gedrungen werden, daß damit

1. Unparteiische, unabhängige Männer beauftragt würden, die auch Verständnis für die religiöse Seite der Frage haben.
2. Den Armeniern, die zwangsweise zum Islam bekehrt wurden, muß Gelegenheit gegeben werden, den Übertritt rückgängig zu machen, und zwar dieses, ohne daß sie für Leib und Leben zu fürchten haben.
3. Die Verwandten derjenigen Kinder, die in muhammedanischen Häusern weilen, müssen das Recht haben, dieselben zurückzufordern.
4. Die gottesdienstlichen und Schulgebäude müssen zurückgegeben werden.
5. Das immobile Eigentum muß zurückgegeben oder der Wert ersetzt werden.
6. Den Armeniern muß die Auswanderung erlaubt sein.
7. Der christliche Gottesdienst darf nicht verhindert werden.

Wir deutschen Missionare hier im Innern können nicht viel mehr tun, als das unsagbare Leid der orientalischen Christenheit, mehr oder weniger passiv, mitzutragen. Aktivität aber ist Sache der deutschen evangelischen Christenheit und bei den deutschen evangelischen Missionskreisen.

Ich bin überzeugt, wenn man die Wahrheit wüßte, würde ein einziger Schrei der Entrüstung durch unser Volk gehen. Es ist kein Zweifel, das, was dem armenischen Volk angetan wurde und noch angetan wird, ist das größte Verbrechen der Weltgeschichte. Wird das Volk der Reformation die gänzliche Vernichtung einer christlichen Nation als gegebene Tatsache hinnehmen? Wird die deutsch-evangelische Kirche, die in diesem Jahr ihre Reformationsjahrhundertfeier begehen will, kein Wort des Protestes dafür haben, daß hier eine Schwesterkirche von sadistischen Fanatikern zerstört wurde? Das wäre nicht deutsch, nicht christlich.

Bitte machen Sie von meinem Brief Gebrauch, wo Sie können. Womöglich lassen Sie auch Exzellenz Dryander Einsicht nehmen.

Gott aber, der Herr der Kirche, wolle Sie in allem leiten!

Und dann noch eins: Wir brauchen materielle Hilfe, und wieder Hilfe und nochmals Hilfe. Es stehen missionarische Güter von höchstem Wert auf dem Spiel.

ERNST J. CHRISTOFFEL

Deutschland und Armenien 1914–1918. Sammlung diplomatischer Aktenstücke...
Nummer 356, S. 353–355.

★

From: Germany, Turkey and Armenia

"A word to the accredited representatives of the German people," by Dr. Martin Niepage, Higher Grade Teacher at the German Technical School at Aleppo, at present at Wernigerode.

On my return in September, 1915, from Beirut to Aleppo, after a three months' holiday, I heard, to my horror, that a new period of Armenian massacres had been initiated. I was told that they were far more terrible than those under Abdul Hamid; and that their object was to exterminate, root and branch, the intelligent, prosperous and progressive nation of the Armenians and to transfer their property to Turkish hands.

At first I was unable to believe such a monstrous report. I was told that in various quarters of Aleppo there were masses of half-famished human beings, the survivors of so-called "deportation-convoys," and that in order to cover the extermination of the Armenian people with a political cloak, military reasons had been put forward, which were alleged to necessitate the expulsion of the Armenians from the homes they had occupied for over 2,500 years, and their deportation into the Arabian Desert. It was also said that individual Armenians had lent themselves to acts of espionage.

After having investigated the facts and made enquiries on all sides, I came to the conclusion that the accusations against the Armenians related in all cases to trifling matters, which were taken as a pretext to slay ten thousand innocent persons for one who was guilty, to commit the most savage outrages against women and children, and to carry on a war of starvation against the deported persons with the object of destroying the whole nation.

In order to test the judgment which I had formed from the information I had obtained, I visited every place in the town in which there were any Armenians who had formed part of one of the convoys and had been left behind. I found in dilapidated caravansaries (hans) heaps of dead bodies, many of which were in an advanced state of decomposition, with living persons interspersed among them who were all near to the agony of death. In other yards I found heaps of sick and famished persons who were absolutely uncared for. Near the German Technical School, of which I am one of the higher grade teachers, there were four hans of this class with 700–800 deported persons who were starving. We, the teachers at the school, and our pupils had to pass them every day. Through the open windows we saw, each time we went out, the emaciated forms, covered with rags, of these miserable beings. Our school children had every morning almost to touch the two-wheeled carts drawn by oxen which they had to pass in the narrow streets, and in which every day 8–10 rigid corpses were carted away without coffins and without covering of any sort, the arms and legs protruding from the cart.

After having been a witness of these scenes during several days, I thought it my duty to draft the following report –

"As teachers at the German Technical School at Aleppo we take leave humbly to submit the following report: –

"We deem it our duty to call attention to the fact that our educational work will lose its moral foundation and the esteem of the natives, if the German Government is not in a position to prevent the brutality with which the wives and children of slaughtered Armenians are treated in this place. The convoys which, on the departure of the exiles from their homes in Upper Armenia, consisted of 2,000–3,000 persons

– men, women and children – arrive here in the south with a remnant of only two or three hundred survivors. The men are killed on the way, the women and children, excepting those of unattractive appearance and those who are quite old or quite young, are first abused by Turkish soldiers and officers, and then brought into Turkish or Kurd villages, where they have to go over to Islam. As regards the remnant of the caravans, every effort is made to reduce them by hunger and thirst. Even when a river is passed, those who are dying of thirst are not permitted to drink. As their only food a small quantity of flour is strewn on their hands as a daily ration; this they greedily lick off, but its only effect is to delay death from starvation for a little while longer.

"Opposite to the German Technical School at Aleppo in which we do our work as teachers, a remnant of some of these convoys is lying in one of the hans; there are about 400 emaciated forms; about 100 boys and girls, from five to seven years old, are among them. Most of them are suffering from typhoid and dysentery. On entering the yard one has the impression of coming into a lunatic asylum. When food is brought to them, one notices that they have lost the habit of eating. The stomach, weakened by months of starvation, has ceased to be able to receive food. Any bread that is given to them is laid aside with an air of indifference. They just lie there quietly, waiting for death.

"How can we teachers read German fairy tales with our pupils, or, indeed, the story of the Good Samaritan in the Bible? How can we ask them to decline and conjugate, indifferent words, while round about in the neighbouring yards the starving brothers and sisters of our Armenian pupils are succumbing to a lingering death? In these circumstances our educational work flies in the face of all true morality and becomes a mockery of human feeling.

"And those poor creatures who in their thousands have been driven through the town and the neighbouring districts into the desert; nearly all of them are women and children, and what becomes of them? They are driven on from place to place, until the thousands dwindle into hundreds and until the hundreds dwindle into insignificant remnants. And these remnants are again driven on until the last survivors have ceased to live. Then only the final goal of the migration has been reached. Then the wanderers have arrived at 'the new homes assigned to the Armenians', as the newspapers express it.

"'Ta'alim el aleman' ('that is the teaching of the Germans') says the simple Turk, when asked about the authors of these measures. The educated Moslems are convinced that, though the German people may disapprove of such horrors, the German Government is taking no steps to prevent them, out of consideration for its Turkish Allies.

"Mohammedans of more refined feelings, Turks as well as Arabs, shake their heads disapprovingly; they do not even conceal their tears when, in the passage of a convoy of deported Armenians through the town, they see Turkish soldiers inflicting blows with heavy sticks on women in advanced pregnancy or dying persons, who cannot drag themselves any further. *They cannot imagine that their Government has ordered these cruelties, and ascribe all excesses to the guilt of the Germans, who during the war are held to be the teachers of the Turks in all matters.* Even the Mollahs declare in the Mosques that it was not the Sublime Porte but the German officers who had ordered the ill-treatment and annihilation of the Armenians.

"The things which in this place have been before everybody's eyes during many months, must indeed remain a blot on Germany's shield of honour in the memory of Oriental nations.

"Many educated persons, who do not wish to be obliged to give up their faith in the character of the Germans whom they have hitherto respected, explain the matter to themselves in the following manner: they say, 'The German nation probably knows nothing of the horrible massacres which are on foot at the present time against the native Christians all over Turkey. How is it possible otherwise, having regard to the veracity of the German nation, that articles should appear in German papers showing complete ignorance of all these events, and only stating that some individual Armenians were deservedly shot by martial law as spies and traitors?' Others say: 'Perhaps the hands of the German Government are tied by some convention regulating the limits of its competence, or intervention does not appear opportune at the present moment.'

"*It is known to us that the Embassy at Constantinople was informed of all these events by the German Consulates. As, notwithstanding this fact, nothing has been altered in the system of deportation, our conscience compels us to make this report.*"

At the time I composed this report, the German Consul at Aleppo was represented by his colleague from Alexandretta, Consul Hoffmann. The latter told me that the Embassy at Constantinople was fully informed of what was happening in the country by repeated reports from the Consulates at Aleppo, Alexandretta and Mosul, but that a report about the things which I had seen with my own eyes would be welcome as a supplement to the existing records, and as filling in the details. He promised to send my report by a sure agency to the Embassy at Constantinople. I thereupon drafted a report in the desired manner, giving a detailed description of the state of things in the han opposite our school. The Consul wished to add some photographs which he himself had taken in the han. They revealed heaps of corpses, between which young children, still alive, were crawling about or relieving nature.

In this revised form the report was signed not only by me, but also by my colleagues, Dr. Graeter (higher grade teacher) and Frau Marie Spiecker. The Director of our Institution, Herr Huber, also added his name and the following words: "The report of my colleague, Dr. Niepage, is not in any way exaggerated. For many weeks we have lived here in an air poisoned with sickness and the stench of corpses. Only the hope for a speedy change of things makes it possible for us to continue our work."

The hoped-for change of things did not occur. I then thought of resigning my post as higher grade teacher at the German Technical School, stating as the ground for my decision that it appeared senseless and morally indefensible to give instruction and education as a representative of European culture, and at the same time to have to sit with folded hands while the Government of the country abandoned persons belonging to the same nation as our pupils to an agonizing death by starvation. But those around me, as well as the Director of the Institution, Herr Huber, dissuaded me from this intention. My attention was called to the fact that it would be useful for us to remain in the country as eye-witnesses of the events which were occurring. Perhaps our presence would have the effect of inducing the Turks, out of consideration for us Germans, to behave somewhat more humanely towards their unfortunate victims. I see now that I have far too long remained a silent witness of all these wrongs.

Nothing was improved by our presence, and we ourselves were able to give only very little help. Frau Spiecker, our energetic, brave fellow teacher, purchased some soap, and the lice-covered bodies of the women and children who were still alive in our neighbourhood were washed and freed from vermin (there were no men left). Frau Spiecker engaged some women, who prepared soup for those of the patients who were still able to eat. I myself distributed, every evening for six weeks, among the dying children the contents of two pails filled with tea, cheese and soaked bread. But when the hunger-typhus or spotted-typhus spread into the town from these charnel-houses, we succumbed, together with five of our colleagues, and had to stop our relief work. Moreover, no help given to the exiles who came to Aleppo was of any use. We could only afford those condemned to death a few slight alleviations of their death agony.

What we saw here in Aleppo with our own eyes was, in fact, only the last scene of the great tragedy of the extirpation of the Armenians; only a trifling fraction of the horrors which were being perpetrated simultaneously in the other Turkish provinces. The engineers of the Bagdad railway, on their return from the section under construction, and German travellers, who on their way had met the caravans of the deported, spoke of still more abominable horrors. Many of these men could eat nothing for days; the impression of the loathsome things they had seen was too overpowering.

One of them (Herr Greif, of Aleppo) reported that heaps of corpses of violated women were lying naked on the railway embankment near Abiad and Ras-el-Ain. In the case of many, sticks had been driven into the anus. Another (Herr Spiecker, of Aleppo) saw Turks tie Armenian men together, fire several volleys of small shot with fowling pieces into the human mass, and go off laughing, while their victims slowly perished in frightful convulsions. Other men were sent rolling down steep slopes with their hands tied behind their backs. Below there were women, who slashed those who had rolled down with knives until they were dead. A Protestant minister who two years ago had given a most cordial reception to my colleague, Dr. Graeter, had his finger nails torn out.

The German Consul at Mosul said in my presence in the German Club at Aleppo that he had seen so many children's hands lying hacked off on his way from Mosul to Aleppo, that one could have paved the road with them.

In the German Hospital at Ourfa there is also a little girl, both of whose hands have been hacked off. Herr Holstein, the German Consul at Mosul, also saw, in the neighbourhood of an Arab village, shortly before reaching Aleppo, shallow graves with freshly-buried Armenian corpses. The Arab villagers asserted that they had killed these Armenians by order of the Government. One of them said proudly that he personally had killed eight.

In many houses in Aleppo, inhabited by Christians, I found Armenian girls hidden away, whom some accidental circumstances had enabled to escape death; they had either remained behind in a state of exhaustion, having been taken for dead when their convoy was driven on; or some European had found an opportunity to purchase these miserable beings for a few shillings from the Turkish soldier who had last violated them. All these girls are in a state of mental collapse. Many had been compelled to look on while their parents had their throats cut. I know some of these pitiable creatures, who for months were unable to utter a word, and even now cannot be coaxed into a smile. A girl of the age of 14 was received into the home of the depôtmanager of the Bagdad railway at Aleppo, Herr Krause. The child had been raped so many times by Turkish soldiers during one night that she had completely lost her reason. I saw her tossing on her pillow in delirium with hot lips, and I found it difficult to make her drink some water.

A German who is known to me witnessed the following incident in the neighbourhood of Ourfa; hundreds of Christian peasant women were forced by Turkish soldiers to take off all their clothes. For the amusement of the soldiers they had to drag themselves through the desert for days together in a temperature of 40° Centigrade, until their skin was completely burnt. Another person saw a Turk tear a child out of the womb of its Armenian mother, and throw it against the wall.

Other facts, some of them worse than the few instances given here, are recorded in the numerous reports of the German Consuls at Alexandretta, Aleppo and Mosul. The Consuls are of opinion that, up to the present date, about a million Armenians have perished by the massacres of the last months. Women and children, who either were killed or died from starvation, probably form one half of this number.

Conscience compels us to call attention to these things. Though the Government, by the annihilation of the Armenian people, only intends to further internal political objects, the execution of the scheme has in many respects the character of a persecution of Christians.

All the tens of thousands of young girls and women, who have been dragged away to Turkish harems, and the masses of children who have been collected by the Government and distributed among Turks and Kurds, are lost to the Christian Churches and are compelled to go over to Islam. The opprobrious name of "Giaour" is again used against the Germans.

In Adana I saw a troop of Armenian orphans marching through the streets under the escort of Turkish soldiers. The parents have been slaughtered; the children must become Mohammedans. It has happened everywhere that adult Armenians were able to save their lives by declaring their readiness to go over to Islam. In some places, however, Turkish officials, wishing to throw dust in the eyes of Europeans, replied grandiloquently to Christians who had applied for admission into the Mohammedan fold, that religion is not a thing to play with, and preferred to have the petitioners killed. Men like Talaat Bey and Enver Pasha have repeatedly said, thanking distinguished Armenians, who brought them gifts, that they would have been still better pleased if the givers had presented them as Mohammedans. One of these gentlemen said to a newspaper reporter: "Certainly we are now punishing many innocent people, but we must protect ourselves, even from those who might become guilty in the future." Such reasons are adduced by Turkish statesmen in justification of the indiscriminate slaughter of defenceless women and children. A German Catholic priest reports that Enver Pasha had told Monsignore Dolci, the Papal representative at Constantinople, that he would not rest while one single Armenian was still living.

The object of the deportations is the extirpation of the entire Armenian nation. This intention is also evidenced by the fact that the Turkish Government refuses all help from missionaries, Sisters of Mercy, and Europeans settled in the country, and tries systematically to prevent the giving of any such help. A Swiss engineer was to have come before a court-martial, because he had distributed bread in Anatolia among the starving women and children belonging to a convoy of deported persons. The Government did not scruple to deport Armenian pupils and teachers from the German schools at Adana and Aleppo, and Armenian children from the German orphanages; the protests of the Consuls and of the heads of the institutions were left unheeded. The offer of the American Government to take the deported persons to America on American ships and at America's expense was refused.

What our German Consuls and many foreigners residing in Turkey think about the massacres of Armenians will one day be known from their reports. *As regards the opinion of the German officers in Turkey I am unable to say anything. I often noticed when in their company an ominous silence or a convulsive effort to change the subject whenever any German of strong feelings and independent judgment began to speak about the fearful sufferings of the Armenians.*

When Field-Marshal von der Goltz travelled to Bagdad and had to cross the Euphrates at Djerabulus, there was a large encampment of half-starved, deported Armenians there. Shortly before the Field-Marshal's arrival these wretched people, as I was told in Djerabulus, were driven under the whip a few miles off over the hills, sick and dying persons among the number. When von der Goltz passed through, all traces of the repulsive spectacle had been removed. When, soon afterwards, I visited the place with a few colleagues, we still found in the more out of the way places corpses of men and children, remnants of clothes, and skulls and bones which had been partly stripped of the flesh by jackals and birds of prey.

The author of this report considers it out of the question that the German Government, if it were seriously inclined to stem the tide of destruction even at this eleventh hour, could find it impossible to bring the Turkish Government to reason. If the Turks are really so well disposed to us Germans as people say, then it is surely permissible to show them to what an extent they compromise us before the whole civilized world, if we, as their Allies, are to look on calmly, when hundreds of thousands of our fellow-Christians in Turkey are slaughtered, when their wives and daughters are violated, and their children brought up in the faith of Islam.* Do not the Turks understand that their barbarous acts are imputed to us, and that we Germans shall be accused either of criminal connivance or of contemptible weakness if we shut our eyes to the abominable horrors which this war has brought forth, and attempt to ignore facts which are already known to the whole world? If the Turks are really as intelligent as people say, it should surely not be impossible to convince them of the fact that, by extirpating the Christan nations in Turkey, they are exterminating the productive factors and the intermediaries of European trade and general civilisation? If the Turks are really as far-seeing as people say, they will not be blind to the danger, that all civilized European States, after having discovered the things which were done in Turkey during the war, must form the conclusion that Turkey has forfeited the right of governing herself, and has, once for all, destroyed all belief in her capacity for becoming civilized, and in her tolerance. Will not the German Government be acting in Turkey's own best interests, if she prevents her from committing economic and moral suicide?

With this report I am attempting to reach the ear of the Government through the accredited representatives of the German people. These things, painful as they are, must no longer be passed over in silence at the sittings of the Committees of the Reichstag. Nothing would be more humiliating for us than the erection of a costly palace at Constantinople commemorating German-Turkish friendship, while we are unable to protect our fellow-Christians from barbarities unparalleled even in the blood-stained history of Turkey. Would not the funds collected be better spent in building orphanages for the innocent victims of Turkish barbarism?

When, after the Adana massacres in 1909, a sort of "reconciliation banquet" took place, in which high Turkish officials as well as the heads of the Armenian clergy took part, an Armenian ecclesiastic made a speech, the contents of which were communicated to me by the German Consul, Büge, who was present. He said: "It is true we Armenians have lost much in the days of these massacres, our men, our women, our children, and our possessions. But you Turks have lost more. You have lost your honour."

If we persist in treating the massacres of Christians in Turkey as an internal affair, of no importance for us except as making us sure of Turkey's friendship, then it will be necessary to alter the whole orientation of our German cultural policy. We must cease to send German teachers to Turkey, and we teachers must no longer speak to our pupils in Turkey of German poets and German philosophers, of German culture and German ideals, and least of all of German Christianity.

Three years ago the German Foreign Office sent me as higher grade teacher to the German Technical School at Aleppo. The Royal Provincial Education Board at Madgeburg, on my departure, specially enjoined me to show myself worthy of the confidence reposed in me by the granting of leave of absence to take up the office of teacher at Aleppo. I should not perform my duty as a German official and as an authorised representative of German culture if, in face of the atrocities of which I was a witness, I were to remain silent and passively look on while the pupils entrusted to me are driven out to die of starvation in the desert.

To a person inquiring into the reasons which have induced the Young Turkish Government to order and carry out these terrible measures against the Armenians, the following answer might be given: –

The Young Turk has before him the European ideal of a united national State. He hopes to be able to "Turkify" the non-Turkish Mohammedan races – Kurds, Persians, Arabs, and so on – by administrative measures and by Turkish school education and by appeals to the common Mohammedan interest. He is afraid of the Christian nations – Armenians, Syrians and Greeks – on account of their cultural and economic superiority, and their religion appears to him an obstacle impeding "Turkification" by peaceful measures. Therefore they must be extirpated or forced into Mohammedanism. The Turks do not realise that they are sawing off the branch on which they themselves are sitting. Who is to bring progress to Turkey, except the Greeks, the Armenians and the Syrians, who constitute more than a quarter of the population of the Turkish Empire? The Turks, the least gifted among the races living in Turkey, themselves form only a minority of the population, and are still far behind even the Arabs in civilisation. Is there anywhere any Turkish commerce, Turkish handicraft, Turkish manufacture, Turkish art, Turkish science? Even law and religion, even the literary language, is borrowed from the subjected Arabs.

We teachters, who for years have taught Greeks, Armenians, Arabs, Turks and Jews in German schools in Turkey, can only declare that of all our pupils the pure Turks are the least willing and the least capable. Whenever one hears about anything accomplished by a Turk, one can be sure, in nine cases out of ten, that the person concerned is a Circassian, or an Albanian, or a Turk with Bulgar blood in his veins. Judging from my own personal experience, I can only prophesy that the real Turk will never accomplish anything in commerce, manufacture or science.

The German newspapers have told us a great deal lately about the Turkish "hunger for education;" it is said that the Turks are thronging eagerly to learn German, and even that courses of instruction in that languarge for adults are being arranged in Turkey. No doubt they are being arranged, but with what result? They go on to tell one of a language course at a Technical School, which started with twelve Turkish teachers as pupils. The author of this story, however, forgets to add that after four lessons only six, after five lessons only five, after six lessons only four, and after seven lessons only three pupils presented themselves, so that after the eighth lesson the course hat to be abandoned, before it had properly begun, owing to thc indolence of the pupils. If the pupils had been Armenians, they would have persevered down to the end of the school year, learnt patiently, and come away with a fair knowledge of the German language.

What is the duty of Germany, as well as of every civilized Christian nation, in face of the Armenian massacres? We must do all we can to preserve the lives of the 500,000 Armenian women and children who may now [beginnig of 1916] be still in existence in Turkey and who are abandoned to starvation – to preserve them from a fate which would be a disgrace to the whole civilized world. The hundreds of thousands of deported women and children, who have been left lying on the borders of the Mesopotamian desert, or on the roads which lead there, will not be able to preserve their miserable existence much longer. How long can people support life by picking grains of corn out of horse dung and depending for the rest upon grass? Many of them will be beyond help on account of the underfeeding, which has continued for many months, and of the attacks of dysentery which are so prevalent. In Konia there are still a few thousand Armenians alive – educated people from Constantinople, who were in easy circumstances before their deportation, physicians, authors and merchants; help for them would still be possible, before they succumb to the fate that threatens all. There are still 1,500 healthy Armenians – men, women and children, including grandmothers 60 years old and many children of six and seven – who are at work breaking stones and shovelling earth, on the part of the Bagdad Railway between Eiran and Entilli, near the big tunnel. At the present moment Superintendent Engineer Morf, of the Bagdad Railway, is still providing for them, but their names too have already been registered by the Turkish Government. As soon as their work is completed, that is to say, probably in two or tree months, and they are no longer wanted, "new homes will be assigned to them" – which means that the men will be taken away and slaughtered, the good-looking women und girls will find their way into the harems, and the orthers will be driven abaut in the desert without food, until the end comes.

The Armenian people has a claim to German help. When a few years ago massacres of Armenians threatened to break out in Cilicia, a German warship appeared off Mersina. The commander called on the Armenian "Katholikos" in Adana and assured him *that as long as there was any German influence in Turkey, massacres like those perpetrated under Abdul Hamid would be impossible.* The same assurance was given by the German Ambassador von Wangenheim [since deceased] at an audience given to the Armenian Patriarch and the President of the Armenian National Council in April, 1915.

Even apart from our common duty as Christians, we Germans are under a special obligation to put a stop to the complete extirpation of the surviving half million of Armenian Christians. We are the Allies of Turkey, and having eliminated the influence of the French, English and Russians, we are the only foreigners who have any say in Turkey. We may indignantly repudiate the lies circulated in enemy countries accusing the German Consuls of having organised the massacres. We shall not, however, destroy the belief of the Turkish people that Germany has ordered the Armenian massacres, unless energetic action be at last taken by German diplomatists and German officers. If only the one reproach remained that our timidity and our weakness in dealing with our Ally had prevented us from preserving half a million women and children from death by starvation, the image of the German War in the mirror of history would be disfigured, for all time, by an ugly feature. It would be a serious mistake to imagine that the Turkish Government would, of its own accord, desist from the extermination of the women and children, unless the strongest pressure were to be exercised by the German Government. A short time before my departure from Aleppo in May, 1916, all the women and children encamped at Ras-el-Ain, on the Bagdad railway, whose number was estimated at 20,000, were mercilessly slaughtered.

Germany, Turkey and Armenia.
A selection of documentary evidence...
London, J. J. Keliher & Co., Ltd., 1917, No. 12, p. 93–111.

★

Le Président du Conseil, Ministre de la Guerre, à M. Ribot, Ministre des Affaires étrangères

N° 684-2/11.R.G. *Paris, le 24 septembre 1917*
Renseignements au sujet de la Turquie

ANNEXE

M. Clarence C. Stetson à Mme Edward Stetson

L. Traduction. Copie *Genève, le 26 août 1917*

Hier, je donnais à déjeuner à quelques-uns de mes amis qui avaient été pour moi fort aimables. C'était un déjeuner de 6 personnes. Il y avait Mr. et Mrs. Irwin. Ce dernier est ici correspondant du *Saturday Evening Post*, et sa femme écrit de son côté pour quelqu'autre magazine américain. Il y avait aussi Mr. et Mrs. Edwards du consulat britannique et enfin, pour la symétrie de la table, une charmante dame anglaise, Mrs. Forster, qui est justement une grande amie de Mrs. Magrunder.

Pour compléter le récit de ce repas, je devrais assurément faire une description de mon costume. Sans quoi, ce ne serait pas une vraie lettre de mémoires; mais je n'en parlerai pas, faute d'intérêt. Je vous dirai, cependant, que le déjeuner fut fort gai et intéressant car Mr. et Mrs. Irwin sont tous deux de charmants conteurs. Lui surtout a vu bien des choses intéressantes depuis la déclaration de guerre. Il était à Louvain lorsque cette ville tomba entre les mains de l'ennemi et il y fut fait prisonnier par les Allemands. Depuis lors, il a beaucoup voyagé et visité tous les fronts de l'Entente.

Il n'était pas non plus dépourvu d'intérêt de rencontrer des gens qui avaient pu quitter la Turquie depuis que les États-Unis ont rompu leurs relations avec elle. Ils nous dirent les épouvantables traitements subis par les Arméniens. Ce furent apparemment les pires outrages encourus depuis la guerre. Plus d'un million de ces malheureux furent tués par les Turcs. On ne peut se faire une idée des tortures et des massacres qui eurent lieu. Les Turcs s'étaient évidemment décidés à en finir avec la race arménienne et, systématiquement, ils exécutaient leur projet.

Les jeunes gens d'âge militaire furent mobilisés avec les Turcs de leur classe. On les employa à des travaux militaires, constructions de routes ou autres semblables. Les Turcs prirent l'habitude de les réunir en escouades ou groupes. Ils les emmenaient à marche forcée dans la montagne et là, de sang-froid, les abattaient au fusil. Femmes, enfants, jeunes garçons et vieillards, trop âgés pour produire ou pour se battre, furent chassés du pays et dirigés à pied vers le sud, avec l'Arabie comme ultime destination. En cours de route, ces malheureux passaient de durs moments, surtout les femmes jeunes et belles, certaines femmes d'un milieu relevé comme par exemple cette jeune institutrice du Collège américain de Constantinople.

On les emmenait vers le sud en longues colonnes sous une petite escorte de soldats. Ils trouvaient quelquefois, dans certaines villes, des officiers turcs enclins à la sympathie, mais ceux-ci, de peur de perdre leur place, les renvoyaient à d'autres. Le plus souvent ces officiers des villes étaient cruels. Pendant la nuit, ils jetaient ce peuple misérable dans des chambres grillées où il s'entassait jusqu'au matin pour repartir vers d'autres villes où le même traitement attendait ceux que la vie n'avait pas abandonnés.

Ces cachots, nous dit-on, offraient un spectacle atroce car, pendant la nuit, beaucoup mouraient de fatigue, épuisés par le voyage, et les cadavres restaient là jusqu'au lendemain, attendant que des charrettes vinssent les enlever pour les enterrer dans des fosses comme des chiens. Toute la nuit, les vivants se mêlaient aux morts. Ces mahlheureux étaient, pour la plupart, dépourvus des vêtements.

Pendant le voyage de ville en ville, ils souffraient d'horribles traitements car la caravane subissait les attaques des tribus sauvages, des Kurdes et des Kopts [sic] qui descendaient des montagnes pour outrager, tuer ou emmener en captivité toute femme qui plaisait à leur fantaisie.

En peu de temps, les femmes furent privées de tous leurs vêtements et durent marcher pendant 300 milles complètement nues sous le soleil brûlant. Elles mouraient comme des mouches le long des chemins, qui, en plus des tribus sauvages, étaient infestés de chacals. Ceux-ci, descendant des montagnes, devinrent bientôt si domestiqués qu'on pouvait presque les toucher comme des chiens.

En passant le long des chemins, où les malheureux réfugiés s'en étaient allés, on rencontrait souvent des corps de femmes mortes ici et là, dans toutes les postures; car les malheureuses avaient rendu le dernier souffle tandis qu'elles s'asseyaient pour se reposer. Si l'on passait là quelques heures plus tard, dans la même journée, on trouvait au lieu de corps, quelques restes d'ossements: le travail des chacals.

Les Turcs se figuraient, apparemment, que les Arbaes tueraient les survivants de ce troupeau humain. Mais ils faisaient un faux calcul car les Arabes firent preuve à leur égard d'une grande sympathie.

Les Turcs sont les grandes responsables de ces crimes. Les missionnaires allemands travaillèrent avec nous jusqu'au moment où les relations furent rompues et envoyèrent rapport sur rapport en Allemagne, y décrivant ces crimes et demandant du secours. Ces relations furent publiées dans les journaux allemands, mais censurées de telle façon qu'elles perdirent tout effet. C'est ainsi que les Allemands peuvent être, eux aussi, considérés comme responsables.

La pauvre institutrice, dont j'ai parlé plus haut, comme élevant les jeunes Arméniens au Robert College ou dans une autre institution américaine, passa par de terribles vicissitudes. Elle marchait le long de la route avec sa sœur, une jeune fille, quand une attaque fut tentée par les Kurdes. Un cavalier kurde jetant son dévolu sur cette jeune fille, la saisit, la mit en travers de sa selle et s'enfuit. L'institutrice, voulant sauver sa sœur, résista au Kurde qui lui envoya dans la tête un coup de son fouet. La malheureuse tomba inanimée. Lorsqu'elle revint à elle, elle était seule sur la route, dépouillée de ses vêtements et la caravane était loin. Elle réussit à trouver son chemin vers un de nos missionnaires qui lui donna un abri. Elle arriva chez cet homme, habillée d'un vêtement primitif. Le missionnaire, qui la reçut l'avait connue autrefois dans la société à Constantinople. Tel fut l'un des incidents entre mille autres.

Il serait impossible d'ajouter foi à des histoires aussi incroyables si elles ne nous étaient rapportées par des témoins oculaires et des personnes occupant des positions officielles. Le peuple américain aime la vérité. Nous pouvons prendre pour vrai ce qu'il dit et l'en croire. Il n'y a qu'une place pour le Turc après de tels méfaits, c'est le pays du non-être. Il n'existe pas de place pour lui dans un monde civilisé.

Je vous engagerais à faire lire cette lettre dans notre pays, par ceux que le salut des Arméniens occupe, bien que les données du problème soient déjà connues.

Je termine, chère Mère. J'espère que ma lettre vous intéressera, vous et d'autres, si terribles que soient mes histoires. Puissions-nous bientôt être libérés de ces visions hideuses et vivre encore une fois selon la destinée des peuples civilisés, but suprême des combats de nos frères et de leurs alliés.

Votre fils affectionné,
Signé: Clarence C. Stetson

Archives du Ministère des Affaires étrangères,
Guerre 1914–1918, Turquie, Tome 978, ff. 80–84.

★

Das Hilfswerk in Urfa

Von Dr. Andreas Vischer, Basel

In Urfa konnte Bruder Jakob Künzler seine Hilfstätigkeit, von der in den früheren Nummern dieser „Mitteilungen" berichtet worden ist, fortsetzen. Die Zahl der Hilfesuchenden wächst beständig, sodaß die übersandten Mittel nirgends reichen wollen. Am 1. Mai schreibt Herr Künzler: „Die Zahl der Waisen, die ich unterstütze, beträgt jetzt 2440", und am 4. Juni: „Die Zahl der Waisenkinder ist jetzt auf 2520 festgesetzt. Ich nehme nicht mehr auf, auf die Gefahr hin, daß eben einige umkommen. Besser einige als alle. Im Monat Mai waren die von uns Unterstützten ca. 3000 oder mehr. Vor Hunger ist, glaube ich, bis jetzt noch keines gestorben, das ist vorläufig das einzige, was wir verhüten konnten. *Gebe Gott, daß die Mittel nicht weniger sondern mehr werden!*"

Bis jetzt hat Bruder Künzler vom Hilfswerk 1915 für Armenien ziemlich regelmäßig Fr. 10000 im Monat erhalten, dazu eine ungefähr gleich große Summe von Amerika und von anderer Seite. Am 26. Juni schreibt er: „Diesen Monat habe ich infolge Ausbleibens der gewohnten Zuweisungen aus Deutschland und Amerika nur die Hälfte meiner Kinder unterstützen können. Die andere Hälfte kann wohl erst im Juli drankommen, wenn von Ihnen wieder Fr. 10000 eintreffen. Mit Fr. 20000 pro Monat kann man kaum auskommen, wenn man überhaupt eine einigermaßen leidlich genügende Hilfe ausrichten will."

Ich glaube diese kurzen Mitteilungen von Bruder Künzler sind so vielsagend, daß es überflüssig ist, etwas beizufügen.

Wenn auch Hoffnung vorhanden ist, daß trotz dem Abbruch der diplomatischen Beziehungen zwischen Amerika und der Türkei auch weiterhin wieder amerikanische Hilfsgelder in die Türkei gelangen werden, so ist Herr Künzler doch vor allem auf die Unterstützung aus der Schweiz angewiesen. An uns liegt es zu sorgen, daß der tapfere Mann nicht mit leeren Händen den großen Ansprüchen seines Hilfswerks gegenübersteht.

Mitteilungen über Armenien...
Basel, No. 5, Oktober 1917.

★

La Turquie libérale
A nos compatriotes Arméniens

Depuis environ quarante ans un vent de folie souffle sur la Turquie, aveuglant ses gouvernants jeunes et vieux, les poussant à une rage de destruction inouïe et indescriptible. Les massacres et les spoliations de toutes sortes ont remplacé cette ère de paix et de condorde dans laquelle nous vivions, en une mutuelle fraternisation, depuis plus de 600 ans, vous Arméniens et nous Turcs musulmans.

A vous Arméniens, citoyens fidèles, loyaux et utiles de L'Empire, la Turquie est redevable des services éminents que vous lui avez rendus tant pour son développement économique et commercial qu'intellectuel et artistique.

A l'heure actuelle, une bande d'aventuriers s'intitulant «Jeunes Turcs» détiennent le pouvoir à Constantinople et, pour s'y maintenir, ils ont journellement recours aux moyens les plus sanguinaires qui n'ont jamais été vus, mêne sous le règne d'Abdul-Hamid!

Et nous avons été témoins impuissants de cette lâche extermination de nos frères Arméniens que ces bandits ont déportés et massacrés par centaines de mille.

Pour justifier ces crimes, le gouvernement actuel de Turquie a fait publier plus d'une brochure cyniquement mensongère contre les Arméniens. Après avoir égorgé femmes et enfants, il était nécessaire d'inventer toutes sortes d'accusations contre le malheureux peuple arménien.

Si, parmi les Arméniens, il s'est trouvé quelques fauteurs, le devoir du gouvernement était de les faire rechercher et de les punir selon les lois du pays, mais à cause de quelques révolutionnaires, si toutefois il y en avait, – déporter, massacrer, piller, égorger, plus d'un million de paisibles citoyens forts de leur innocence, est un acte inqualifiable que nous, libéraux et vrais patriotes turcs, condamnons de toutes nos forces et que notre religion réprouve d'une façon énergique.

Arméniens!

Vous avez été persécutés et massacrés parce que vous demandiez justice, parce que vous revendiquiez le droit de vivre en sécurité, et de garantir vos biens. Et nous libéraux turcs, n'avons-nous pas subi, tant soit peu, votre sort pour le même idéal?

Nous croyons donc, aujourd'hui, nous acquitter d'une dette sacrée, en déclarant au monde civilisé que vous Arméniens avez été toujours les fidèles et loyaux sujets de l'Empire ottoman.

Arméniens!

Vous avez été injustement martyrisés jusqu'ici, nous ne demandons qu'à vous assurer à l'avenir cette liberté à laquelle vous avez droit, comme nous y avons droit, nous Turcs musulmans ainsi que tous les Ottomans sans exception. Et puisque nous avons été persécutés pour la même raison, nous devons être unis pour la même cause afin de reverser de nouveau la tyrannie de nos oppresseurs.

Nous vous tendons donc loyalement et sincèrement notre main qui n'est entachée d'aucune souillure. Cette main, acceptez-la franchement et sans aucune crainte, pour nous unir d'un commun effort afin d'obtenir bientôt la réalisation de notre idéal: «Notre liberté et notre prospérité nationale». KÉMAL MIDHAT BEY

Journal de Genève, 1. 1. 1918.

★

The Greatest Horror in History

Few nations have suffered as much as Armenia. So terrible and continuous have been the atrocities to which it has fallen victim that the very name of Armenia has, to most of us, become synonymous with martyrdom. Its sufferings during the present catastrophe have been greater than any known in the history of the world. None of the fearful horrors perpetrated in the various zones of the war can compare with the tragic lot of the Armenians. Is is my purpose to outline in this article the nature of the Armenian Question and to state briefly the reasons for which the present Turkish Government sought to annihillate these peace-loving, industrious, harmless and intelligent people, and the methods resortd to by the authorities for extermination.

Armenian characteristics

Though deprived of their political independence, the Armenians have never been assimilated by their conquerors, the Turks. They have tenaciously clung to their racial traditions, religion, language and ideals. Their early – embracing periods contemporaneous with the ancient Assyrians, Babylonians, Medes and Parthians – is still a source of pride to them. and their religion – Christanity – is and has been the great moral force sustaining and inspiring them against the attacks of the many hordes that have emerged from Central Asia and passed through their territory on their way to Europe.

Treatment of Armenians by Young Turks

The successful revolution of the Young Turks in 1908, which resulted in the deposition of Sultan Abdul Hamid, was hailed by all the world as the dawn of a new era for Turkey. Everyone was delighted at the substitution of a modern, progressive government in place of the much detested, tyrannous rule of Abdul Hamid. The greatest rejoicings were amongst the Armenians. They promptly offered their assistance to the new Party, which promised equal rights to all citizens under a constitutional government. I have not the space here to elaborate on the fact that the performance of the Government was a terrible disappointment after everyone's expectations had been so great. The massacres at Adana in 1909, and the rapid development of the domineering and Chauvinistic attitude of the Young Turks soon dispelled all the illusions of the Armenians and convinced them that the old relations of conquering and conquered races would continue. The long-hoped-for equality and liberty failed to materialise. The treatment of the Armenians became so intolerable in 1913 that they appealed to the European Governments for relief. After months of negotiation an arrangement was consummated whereby the Sublime Porte permitted of two European Inspectors who were to have supervisory powers in the six Armenian vilayets. Messrs. Hoff and Westeneng, the former a Swede and the latter a Hollander, were appointed. They came to Constantinople for instructions and had not yet been fully installed when the European War broke out and the Turkish Government promptly revoked their authority and asked them to leave the country.

The months of August, September and October 1914, while Turkey was still neutral, proved to be a time which marked great turning-points in the history of Turkey. The Turks promptly mobilised, abrogated the capitulatory rights of the foreign subjects, abolished all foreign post-offices, increased their customs duties, and in every other way took advantage of the fact that the Great Powers were at war with each other. Their success in preventing the Allies from piercing the Dardanelles made them feel like conquerors and awakened in them the hope that they would again become a world-power.

The conditions of the War gave to the Turkish Government its longed-for opportunity to lay hold of the Armenians. At the very beginning they sent for some of the Armenian leaders and notified them that, if any Armenians should render the slightest assistance to the Russians when they invaded Turkey, they would not stop to investigate but would punish the entire race for it. During the spring of 1914 they evolved their plan to destroy the Armenian race. They criticised their ancestors for neglecting to destroy or convert the Christian races to Mohammedanism at the time when they first subjugated them. Now, as four of the Great Powers were at war with them and the two others were their allies, they thought the time opportune to make good the oversight of their ancestors in the fifteenth century. They concluded that, once they had carried out their plan, the Great Powers would find themselves before an accomplished fact and that their crime would be condoned, as was done in the case of the massacres of 1895–96, when the Great Powers did not even reprimand the Sultan.

They had drafted the able-bodied Armenians into the army without, however, giving them arms; they used them simply to build roads or do similar menial work. Then, under pretext of searching the houses for arms, they pillaged the belongings of the villagers. They requisitioned for the use of their army all that they could get from the Armenians, without paying for it. They asked them to make exorbitant contributions for the benefit of the National Defence Committee.

Wholesale Deportations

The final and worst measure used against the Armenians was the wholesale deportation of the entire population from their homes and their exile, to the desert, with all the accompanying horrors on the way. No means were provided for their transportation or nourishment. The victims, who included educated men and women of standing, had to walk on foot, exposed to the attacks of bands of criminals especially organised for that purpose. Homes were literally uprooted; families were separated; men killed, women and girls violated daily on the way or taken to harems. Children were thrown into the rivers or sold to stragers by their mothers to save them from starvation. *The facts contained in the reports received at the Embassy from absolutely trustworthy eye-witnesses surpass the most beastly an diabolical cruelties ever before perpetrated or imagined in the history of the world.* The Turkish authorities had stopped all communication between the provinces and the capital in the naïve belief that they could consummate this crime of ages before the outside world could hear of it. But the information filtered through the Consuls, missionaries, foreign travellers and even Turks. We soon learned that orders had been issued to the governors of the provinces to send into exile the entire Armenian population in their jurisdiction, irrespective of age and sex. The local officers, with a few exceptions, carried out literally those instructions. All the able-bodied men had either been drafted into the army or disarmed. The remaining people, old men, women and children, were subjected to the most cruel and outrageous treatment.

I took occasion, in order that the facts might be accurately recorded, to have careful records kept of the statements which were made to me by eye-witnesses of the massacres. These statements included the reports of refugees of all sorts, of Christian missionaries, and of other witnesses. Taken together, they form an account of certain phases of the great massacre which cannot be questioned and which condemns the brutal assassinators of this race before all the world. Much if the material which I collected has already been published in the excellent volume of documentary material collected by Viscount Bryce.

Statement of a German missionary

I have space here to quote from only one document. Strange to say, this report was made to me by a German missionary. The statement was made to me personally and put in writing at the Embassy.

"We often did not know where to hide ourselves. From all sides, neighbours were able to shoot into our windows; during the nights, it was still worse. The sick nurse and myself lay on the floor in order to avoid the shots. The walls of the orphanage were broken through by cannon shots. I was obliged to leave the orphans all alone. There came an order from the government that we were to hand over to them all our people in the house, big or small. All my requests and petitions were in vain; they assured us on their word of honour that they would be provided with comforts and sent to Ourfa. I then went to appeal to the Mutessarif. He stood, as First Commander, bey the side of a cannon. He would not even listen to me; he had become a perfect monster. When I pleaded with him to at least spare the children, he replied: 'You cannot expect the Armenian children to remain alone with the Mohammedans; they must leave with their nation.' We were allowed only to retain three girls as servants.

Extermination of males

"It was that very afternoon that I received the first terrible reports, but I did not fully believe them. A few millers and bakers, whose services were needed by the Government, had remained and they received the news first. The men had all been tied together and shot outside of the town. The women and children were taken to the neighbouring villages, placed in houses by the hundred, and either burned alive or thrown into the river. (Our buildings being in the main quarter of the town we could receive the news quite promptly.) Furthermore, one could see women and children pass by with blood streaming down, weeping... Who can describe such pictures? Add to all this the sight of burning houses and the smell of many burning corpses.

Murder of women und children

"Within a week everything was nearly over. The officers beasted now of their bravery, in that they had succeeded in exterminating the whole Armenian race. Three weeks later, when we left Mush, the villages were still burning. Nothing that belonged to the Armenians, either in the city or in the villages, was allowed to remain.

In Mush alone there were 25,000 Armenians; besides, Mush had 300 villages with a large Armenian population.

"We left for Mezreh. The soldiers who accompanied us showed us with pride *where* and *how* and *how many* women and children they had killed.

"We were very pleased to see, upon our arrival at Harput, that the orphanages were full. This was, however, all that could be said. Mamuret-ul-Aziz has become the cemetery of all the Armenians; all the Armenians from the various vilayets were sent there, and those who had not died on the way came there simply to find their graves.

Tortures of Victims

"Another terrible thing in Mamuret-ul-Aziz was the tortures to which the people had been subjected for two months; and they had generally treated so harshly the families of the better class. Feet, hands, chests were nailed to a piece of wood; nails of fingers and toes were torn out; beards and eyebrows pulled out; feet were hammered with nails, as they do with horses; others were hung with their feet up and heads down over closets... Oh! How one would wish that all these facts were not true. In order that people outside might not hear the screams of agony of the poor victims, men stood around the prison wherein these atrocities were committed, with drums and whistles.

Massacres on the March

"On July Ist, the first 2,000 were dispatched from Harput. They were soldiers, and it was rumoured tha they would build roads. People became frightened. Whereupon the Vali called the German missionary, Mr. –, and begged him to quiet the people; he was so very sorry that they all had such fears, etc., etc. They had hardly been away for a day when they were all killed in a mountain pass. They were bound together and, when the Kurds and soldiers started to shoot at them, some managed to escape in the dark. The next day another 2,000 were sent in the direction of Diarbekir. Among those deported were several of our orphans (boys) who had been working for the Government all the year round. Even the wives of the Kurds came with their knives and murdered the Armenians. Some of the latter succeeded in fleeing. When the Government heard that some Armenians had managed to escape, they left those who were to be deported without food for two days, in order that they might be too weak to be able to flee.

"All the high Catholic Armenians, together with their Archbishop, were murdered.

"Up to now there still remained a number of tradesmen whom the Government needed, and therefore had not deported; now these, too, were ordered to leave and were murdered."

Numbers of the Victims

As this massacre of the Armenians, judged both by the numbers involved and the methods used, was the greatest single horror ever perpetrated in the history of humanity, the questions will often be asked. How many Armenians were actually murdered or died of starvation or exposure? How many were driven into a miserable exile? Following the important collection of documents made by Viscount Bryce is a careful summary of the facts. The total Armenian population in the Turkish Empire in 1912 is here placed at between 1,600,000 and 2,000,000. Of these 182,000 escaped into the Russian Caucasus and 4,200 into Egypt. One hundred and fifty thousand still remain in Constantinople. To this figure must be added the relatively small number of survivors who escaped death and are now living in hiding or are scattered in distant provinces. We must conclude that a million Armenians were harried out of their homes in the peaceful villages and populous towns of Asia Minor. The murdered number from 600,000 to 800,000. The remainder, in pitiful want of the barest necessities of life, hold out their hands to the Christian fellowship of America. (...)

Armenia must be severed from Turkey

No definite solution may as yet be ventured as to the Armenian problem. One thing ought to be certain: The Armenians should be freed from the yoke of the Turkish rule.

I wonder if four hundred millions of Christians, in full control of all the governments of Europe and America, are going again to condone these offences by the Turkish Government? Will they, like Germany, take the bloody hand of the Turk, forgive him and decorate him, as Kaiser Wilhelm has done, with the highest orders? Will the outrageous terrorising, the cruel torturing, the driving of women into the harems, the debauchery of innocent girls, the sale of many of them at eighty cents each, the murdering of hundreds of thousands and the deportation to, and starvation in, the deserts of other hundreds of thousands, the destruction of hundreds of villages and cities, will the wilful execution of this whole devilish scheme to annihilate the Armenian, Greek and Syrian Christians of Turkey – will all this go unpunished? Will the Turks be permitted, aye, even encouraged, by our cowardice in not striking back, to continue to treat all Christians in their power as "unbelieving dogs"? Or will definite steps be promptly taken to rescue permanently the remnants of these fine, old, civilised, Christian people from the fangs of the Turk?

The Tragedy of Armenia.
By the late American Ambassador at Constantinople Henry Morgenthau.
London 1918.

★

Rapport de l'Agent secret X à l'Ambassade de France à Berne

18 mars 1918

LA LUTTE EN ARMÉNIE

Les bandes kurdes qui, sur le front du Caucase, ont pour object de lutter contre les bandes arméniennes, seraient commandées par Djemil pacha, Kurde lui-même.

La nationalité des troupes et de leur chef est de nature à montrer le but d'extermination sans merci et de rapines poursuivi par le gouvernement de Constantinople.

A ce sujet, l'on peut relever cette boutade échappée de la bouche du ministre de Turquie à Berne, quand on lui soumit ces jours derniers la carte d'Asie Mineure, du n° 8 de la *Revue de Turquie*, voyant le mot «Arménie», il se récria, objectant le mauvais effet que cela pourrait produire à Constantinople et il ajouta qu'il n'y avait pas lieu d'ailleurs de donner ce nom à un territoire qui ne renfermait plus d'Arméniens.

Archives du Ministère des Affaires étrangères,
Guerre 1914–1918, Turquie, Tome 895, f. 160.

Aus: Deutschland und Armenien 1914-1918

Auswärtiges Amt   Telegramm

Berlin, den 15. April 1918

An die Deutsche Botschaft, Pera

Die Nachrichten über Greueltaten der vorrückenden türkischen Truppen mehren sich neuerdings. Euere Exzellenz darf ich um baldige Äußerung bitten, wie Sie diese Nachrichten beurteilen und was für Meldungen dort etwa aus dem ehemals russischen Gebiet eingegangen sind.

Da wir die Bestimmung des Brester Vertrages über Kars, Ardahan und Batum für die Türken durchgesetzt haben, wären wir in einer äußerst peinlichen Lage, wenn die jetzt erhobenen Beschuldigungen auf Wahrheit beruhten. Wir müssen verlangen, daß die Türkei schonend mit der christlichen Bevölkerung umgeht und ihre Rechte in jeder Hinsicht achtet. Auch haben wir ein Recht darauf, von den Türken über alle Vorgänge in den genannten Gebieten auf dem Laufenden erhalten zu werden. Euere Exzellenz wollen in diesem Sinne mit Großwesir und Minister des Äußern sprechen und Talaat Pascha an seine Zusage erinnern, alsbald nach der Rückkehr aus Bukarest eine Amnestie für die Armenier zu erlassen. Von einer solchen Maßnahme versprechen wir uns im gegenwärtigen Augenblick eine beruhigende Wirkung auf die überall bereits stark erregte öffentliche Meinung. Auch auf die Armenier in dem ehemals russischen Gebiete dürfte sie ihren Eindruck nicht verfehlen. Es wäre erwünscht, wenn General von Seeckt die Entsendung deutscher Offiziere durchsetzen würde.

Unterstaatssekretär v. d. Bussche

Deutschland und Armenien 1914-1918. Sammlung diplomatischer Aktenstücke...
Nummer 383, S. 379.

★

Van: Marteling der Armeniërs in Turkije

WOORD VOORAF

Van alle volkeren, die in den wereldoorlog betrokken zijn, heeft geen enkel naar verhouding zoo zwaar geleden als het Armenische volk. Ofschoon het met de oorzaken van den oorlog niets had uit te staan, noch ook in belangrijke mate bij de eigenlijke oorlogvoering betrokken was, heeft het in den loop van den oorlog de helft van zijn onder Turksche heerschappij levende mannen, vrouwen en kinderen verloren.

Het Armenische volk telde voor den oorlog ongeveer 3.600.000 zielen, waarvan bijna de eene helft in Turkije, de andere in Rusland, en een klein deel in Perzië woonde.

Armenië mist sedert de veertiende eeuw zijne onafhankelijkheid. Het is in den loop der tijden tusschen Rusland, Turkije en Perzië verdeeld en heeft, gelijk bekend is, steeds onder zeer grooten druk geleefd. Hervormingen, waardoor de Armeniërs meer bestaanszekerheid zouden krijgen, zijn vaak toegezegd, doch nimmer tot stand gekomen. Het eenige wat door de Armeniërs verlangd werd, was veiligheid van leven en eigendom, en bescherming tegen de roofzuchtige Koerden.

De laatste groote moordpartijen in 1909 van Turksche zijde te Adana aangericht, hebben opnieuw op de noodzakelijkheid van een beteren toestand de opmerkzaamheid gevestigd, en onder de pressie der groote mogendheden werd in 1914 een hervormingsplan aangenomen, dat onder toezicht van de hoofdinspecteuren Westenenk (een Hollander) en Hoff (een Noor) tot stand zoude worden gebracht.

Terstond bij den aanvang van den oorlog werden de beide hoofdinspecteurs ontslagen.

De Turksche Armeniërs hebben bij de mobiliseering van het Turksche leger, en in de eerste oorlogsmaanden, hun plicht op loyale wijze vervuld. Niettemin schijnt de Jong-Turksche Partij, die in haren strijd tegen Abdul Hamid van de hulp der Armeniërs in ruime mate partij had getrokken, het oogenblik geschikt te hebben geacht om de Armeniche kwestie, welke na den oorlog vanzelf weder op het tapijt moest komen, bij voorbaat op eenvoudige en radicale wijze op te lossen, door achter den rug van Europa de uitroeiings-politiek van Abdul Hamid – in versterkte mate – weder op te vatten. In de afschaffing der Kapitulatiën en in den oorlogstoestand in geheel Europa, schijnen zij daartoe een gelegenheid te hebben gezien, als zich niet licht weder zoude voordoen. De christelijke bevolking werd ontwapend, het Turksche gepeupel daarentegen gewapend. Koerden en georganiseerde benden, samengesteld uit ontslagen misdadigers, mochten ongestraft de christelijke dorpen overvallen en uitplunderen.

Maar dit was nog slechts een begin. In het voorjaar van 1915 werd het bevel uitgevaardigd, dat alle Armeniërs uit hun woonplaatsen in Hoog-Armenië, Cilicië, West-Anatolië en Mesopotamië naar elders zouden worden overgebracht. Op de rechteloosheid der eerste oorlogsmaanden volgde dus het verschrikkelijke noodlot van de uitroeiing, door middel van deportatie. Niet de mohamedaansche bevolking, noch de plaatselijke autoriteiten – welke integendeel zich meestal tegen den maatregel verzetten – maar de Regeering heeft de uitroeiingspolitiek voor hare rekening. Voorwendsels van strategischen aard en insinuaties omtrent een voorgenomen Armenische revolutie, deden dienst om de deportatie van een bevolking van 1.400.000 mannen, vrouwen en kinderen uit alle standen, te rechtvaardigen.

Wat beteekende deze deportatie nu in werkelijkheid voor de bevolking? Naar het voorgeven van de autoriteiten, een vreedzame en ordelijke verhuizing naar hare nieuwe woonplaatsen, in waarheid echter: de roof van de geheele have van het volk, het vermoorden van het mannelijk deel der bevolking, het wegslepen van de jonge vrouwen en meisjes naar Turksche harems en Koerdische dorpen, het verkoopen van de kinderen op slavenmarkten en het overleveren van de overigen, voor zoover zij nog in leven zijn gebleven, aan een langzamen dood door ziekte en honger. Slechts wie tot den Islam overging kon leven en bezittingen redden. Gespaard bleven slechts de in Constantinopel en Smyrna woonachtige Armeniërs, ten getale van ongeveer

200.000 menschen, welke men niet onder de oogen van Europa durfde aangrijpen; en voorts de vluchtelingen uit de grensdistricten, die bij den inval der Russen naar den Kaukasus wisten te ontkomen. De voor den krijgsdienst opgeroepen jonge mannen werden ontwapend en naar het binnenland gezonden, om te werken bij het onderhoud van wegen, en daar bij troepen vermoord. Van de gedeporteerde massa der bevolking zijn naar schatting, 800.000 door systematische slachting en uithongering omgekomen.

De rest van het Armenische volk is een hongerlijdend bedelaarsvolk, in hoofdzaak uit grijsaards, oudere vrouwen en kinderen bestaande. Aan den rand van de woestijn van Mesopotamië zijn groote troepen van deze ongelukkigen in concentratiekampen bijeen gedreven, waar honger en ziekte het werk van de Turksche wapenen voortzetten; andere zijn over mohamedaansche dorpen verdeeld, waar zij met bedelen hun ellendig bestaan voortslepen. Het nog in leven gebleven deel van de Turksch-Armenische bevolking, zal nog ongeveer 300.000 à 400.000 in getal zijn; daarbij komen nog wel 200.000 vrouwen, meisjes en kinderen, die met geweld geïslamiseerd zijn. Het aantal kinderen, dat van hun naastbestaanden gescheiden, op de karavanenwegen is blijven liggen en in de steden, welke men voorbijgekomen is, als honden rondloopt, gaat tot in de tienduizenden. Het bloeiende schoolwezen der Armeniërs met meer dan 120.000 leerlingen, bestaat niet meer; meer dan 1.000 christelijke kerken staan leeg, of zijn in moskeeën veranderd.

Zonder schroom kan worden gezegd, dat hetgeen hier aan een geheel volk is overkomen, in verscheidene voorafgaande eeuwen zijn wedergade niet vindt. Het is nauwlijks te gelooven, dat in de twintigste eeuw de uitroeiing van nagenoeg een geheel volk onder zoo ontzettende omstandigheden, op onzen aardbodem nog mogelijk was. Doch alleszins geloofwaardige getuigenissen van neutrale consulaire ambtenaren, van Duitsche en Zwitsersche hoofden en ondergeschikten van zending en onderwijs, zijn bij boekdeelen aanwezig en nemen allen twijfel weg.

Na het ontzettende, dat geschied ist, het verschrikkelijkste wel wat deze aan vreeselijkheden zoo rijke oorlog te zien gegeven heeft, blijft slechts de vraag over, of aan de overlevenden of althans aan een deel van hen, nog hulp kan worden geboden.

Reeds terwijl de deportatie nog aan den gang was, zijn er in Turkije menschenvrienden, consuls, zendelingen en andere aldaar wonende Europeanen geweest, die het mogelijke gedaan hebben om het lot van de van huis en have verjaagden te verzachten. Er is sedert dien, veel geschied om voor zoover de Turksche autoriteiten zulks toelieten, te voorkomen dat nog meer menschen door honger te gronde gingen. In bijna alle landen van Europa en van Amerika (ook in Duitschland, waar vele kringen met ontzettend leedwezen den loop van zaken hebben gezien en waar groote bedragen zijn bijeengebracht) hebben zich hulpcomités gevormd en zijn gelden verzameld, welke georganiseerde hulp aan de vluchtelingen in den Kaukasus en onder de, aan den rand van de woestijn te zamen gedreven, ongelukkigen mogelijk maakten.

De ondergeteekenden hebben gemeend, dat Nederland bij dit werk niet achter kon en wilde blijven, en doen een beroep op allen om bijdragen, groot of klein, te willen afzonderen voor het werk van het in stand houden van de resten van het zoo oontzettend zwaar getroffen Armenische volk. Zij hebben zich, waar rechtstreeksche relatiën van Nederland met personen in de streken, waar het hulpwerk te verrichten valt niet bestaan, in verbinding gesteld met het Zwitsersche Comité, dat over zulke relatiën wèl beschikt, doordat vele zendelingen en onderwijzers van deze nationaliteit in die streken werkzaam waren vóór den oorlog en zich aldaar thans voor de hulpverleening hebben beschikbaar gesteld.

Het Zwitsersche Comité, dat bereids belangrijke sommen sedert 1915 heeft overgemaakt, geeft volledige garantie, dat de gelden tot zijne beschikking gesteld, ten volle aan hun doel ten goede komen.

Niet twijfelende, of het bovenstaande, voor welks juistheid de leden van het Uitvoerend Comité, na kennisneming van talrijke geschriften en rapporten, durven in te staan, U aanleiding zal geven een bedrag voor de instandhouding van het Armenische volk af te zonderen, noodigen de ondergeteekenden U uit, bijgaand inschrijvingsbiljet aan een van hen te doen toekomen.

Februari 1918   Het Nederlandsche Comité:
                                                       (Zie hierachter.)

Uitvoerend Comité

Mr. ANT. VAN GIJN, *Voorzitter*, te 's-Gravenhage
Oud-Minister van Financiën

Jhr. Mr. A. F. DE SAVORNIN LOHMAN, te 's-Gravenhage
Minister van Staat, lid van de 2e Kamer der Staten-Generaal

Mr. R. J. H. PATIJN, te 's-Gravenhage
Lid van de 2e Kamer der Staten-Generaal

Mejuffrouw E. J. VAN DER HOOP, te 's-Gravenhage
Secretaresse-Penningmeesteresse

Mejuffrouw L. C. A. VAN EEGHEN, te Amsterdam

S. P. VAN EEGHEN, te Amsterdam
President van de Kamer van Koophandel

E. SILLEM, te Amsterdam
Lid van de firma Hope & Co.

Dr. J. C. J. BIERENS DE HAAN, te Rotterdam
Arts

Mr. W. C. MEES, te Rotterdam
Secretaris Ned. Handels-Hoogeschool

Professor J. DE ZWAAN, te Groningen

Jhr. Mr. D. R. DE MAREES VAN SWINDEREN, te Groningen
Rechter in de Arr. Rechtbank

Mr. J. A. STOOP, te Leeuwarden
Advocaat, lid van de Provinciale Staten

Mr. G. W. BARON VAN DER FELTZ, te Assen
Lid van de 1e Kamer der Staten-Generaal

Mr. W. BARON DE VOS VAN STEENWIJK, te Wijhe
Lid van de 1e Kamer der Staten-Generaal

Mevrouw van Kretschmar van Veen – van de Poll, de Utrecht

Mr. C. J. Baron van Tuyll van Serooskerken, te Arnhem
Rentmeester van het Kroondomein

Mr. A. F. Baron van Lynden, te Baarn
Oud-Burgemeester van Utrecht

Jhr. Mr. P. J. J. S. M. van der Does de Willebois, te 's-Hertogenbosch
Lid van de 1e Kamer der Staten-Generaal

Jhr. Mr. Ch. Ruijs de Beerenbrouck, te Maastricht
Lid van de 2e Kamer der Staten-Generaal

A. Bierens de Haan, te Haarlem

Professor Dr. J. Ph. Vogel, te Leiden

Ds. H. Koffijberg, te Muiderberg
Predikant, Generaal-Agent voor Nederland

Marteling der Armeniërs in Turkije.
Naar Berichten van Ooggetuigen. Uitgegeven door het Nederlandsch Comité tot hulpbetoon aan de noodlijdende Armeniërs.
Haarlem 1918, p. 3 – 8.

★

Aus: Deutschland und Armenien 1914–1918

Kaiserlich
Deutsche Botschaft

Telegramm

Abgang aus Konstantinopel, den 23. Mai 1918
Ankunft, den 24. Mai 1918

An Auswärtiges Amt

General von Lossow drahtet:

Eine Deputation armenischer Vertrauensmänner sowie die armenischen Vertreter in transkaukasischer Delegation, die gleichzeitig als Minister der Regierung angehören, hatten mehrfach Besprechungen mit mir. Armenier erwarten von Deutschland Rettung und Hilfe in ihrer verzweifelten Lage.

Das Ziel der türkischen Politik ist, wie ich immer wiederhole, dauernde Besitznahme der armenischen Distrikte und Ausrottung der Armenier. Alle gegenteiligen Versicherungen Talaats und Envers sind wertlos. In Konstantinopel herrscht die extreme armenierfeindliche Richtung. Türkischer Plan liegt vor mir: den muhammedanischen Bezirk von Achalzich glauben sie sicher zu bekommen, den völlig armenischen Bezirk von Achalkalaki suchen sie unter Verschleierung der Tatsachen als zum Bezirk Achalzich gehörig hinzustellen. Die Stadt Alexandropol ist von ihnen besetzt. Die Bahnstrecke nach Djulfa wollen sie einschließlich eines Geländestreifens 25 Kilometer östlich der Bahn okkupieren; um ihn nie wieder mehr zurückzugeben.

Die Annexion des Gouvernements Elisabethpol und Baku haben die Türken mit Einverständnis tatarischer Bevölkerung bewirkt, zugleich vorgehen sie auf Baku, um dortige Bolschewiki zu vertreiben und sich dort festzusetzen. Ferner sind türkische Truppen auf Front südlich Achalkalaki im Vorrücken gegen Tiflis und Eriwan. Die Armee begleitende kurdische und tatarische Freiwillige rauben und morden in armenischen Ortschaften. Männer werden alle abgeführt. Die armenischen Truppen weichen, um Konflikte zu vermeiden, nach Osten aus. Armenische Bevölkerung flieht nach Osten, wo sie alsbald auf Tataren stoßen muß, was zu Massakers führen muß. Türkische Politik hat offenbar das Ziel, unter Vermeidung von Ultimatum bezüglich des Territorialbesitzes ein fait accompli zu schaffen. Für armenische Bevölkerung bleibt kein Platz zum Leben. Dies muß zu Guerillakrieg führen, der Transport und Nachschub auf Linie Alexandropol – Djulfa unmöglich machen wird. Wie ich vermute, liegt dies in türkischer Absicht. Der Bevollmächtigte der Delegation armenischen Volkes, armenischen Nationalrates nachsucht Schutz Deutschlands gegen völlige Vernichtung und bittet, den Rest armenischen Territoriums unter deutsches Protektorat zu nehmen. Offizielles Schriftstück hierfür befindet sich in meiner Hand. Wenn die Ausrottung der Armenier verhindert werden soll, ist sofortiger ständigster Druck auf Türkei notwendig. Erbitte baldigst deutsches Kriegsschiff, damit ein Bataillon nach Poti, ferner Instruktionen über Stellungnahme zu offizieller armenischer Erörterung. Sofortige Aktion erforderlich.

Deutschland und Armenien 1914–1918. Sammlung diplomatischer Aktenstücke…
Nummer 395, S. 388–389.

★

Aufruf zu Gunsten der notleidenden Armenier

Nach Bekanntwerden der schweren Verfolgungen, welche die Armenier in der Türkei erlitten haben, sind in der Schweiz namhafte Summen zur Linderung des ungeheuren Elends gesammelt worden. Sie konnten auf sicherem Wege in die Türkei gesandt und vorwiegend durch dort ansäßige Schweizer an die Notleidenden verteilt werden. Naturgemäß flossen die Gaben im Beginn, unter dem frischen Eindruck der furchtbaren Leiden des armenischen Volkes, am reichlichsten. Jetzt sind sie spärlicher geworden, was wohl zum Teil auf die zunehmenden Schwierigkeiten im eigenen Lande, zum Teil auf die vielen Ansprüche von allen Seiten zurückzuführen ist. Andrerseits mag auch mangelhafte Kenntnis der unter den übriggebliebenen Armeniern herrschenden Verhältnisse daran Schuld sein, daß das Interesse für diese Unglücklichen abgenommen hat. Darum halten wir es für unsere Pflicht, von Neuem die Lage darzulegen und mit einer dringenden Bitte das Mitgefühl mit dem armen unterdrückten Volke wachzurufen.

Wir bedürfen nicht weniger Mittel als im Beginn, sondern, da die Not beständig wächst, stets vermehrter Hilfe. Noch gibt es an vielen Orten zahlreiche Armenier, namentlich Witwen und Waisen, die bei der herrschenden Lebensmittelnot und Teuerung den größten Entbehrungen, ja dem Hungertode ausgesetzt sind. Diese Unglücklichen können wir mit unserer Hilfe erreichen. Alle aus Amerika, Deutschland, der Schweiz und andern neutralen Ländern gesandten Mittel haben aber bis jetzt nicht ausgereicht, um auch nur der dringendsten Not zu steuern. Wir bitten deshalb herzlich, uns wieder reichlicher Gaben zukommen zu lassen, damit wir den Hilferufen, die beständig an uns gelangen, entsprechen können. Wir hoffen, daß trotz der Schwierigkeiten im eigenen Lande und neben Allem, was für alle möglichen Opfer des Krieges in der Schweiz geleistet wurde und geleistet wird, die von den Folgen des Weltkrieges am schwersten getroffenen Armenier nicht vergessen werden.

Gaben nehmen dankbar entgegen alle kantonalen Hilfskomitees, sowie Herr C. Zahn-Sarasin, Zentralkassier des Schweiz. Hilfswerks für Armenien, Albangraben 5, Basel (Postscheckkonto V 2636) und Herr. R. Gisler, Hilfsstelle für Armenien, Jurastraße 57, Basel (Postscheckkonto V 3221).

Schweizerisches Hilfswerk 1915 für Armenien
Geschäftsführender Ausschuß:
Dr. W. Vischer, Dr. A. Oeri, C. Zahn-Sarasin, Dr. Andreas Vischer, Basel,
Leopold Favre, Genève, H. Du Bois, past. Neuchâtel,
Leo von Wyss, Pfarrer Thalwil

Mitteilungen über Armenien...
Basel, No. 8, Juli 1918.

★

Aus: Deutschland und Armenien 1914–1918

Kaiserlich Deutsche
Delegation im Kaukasus *Tiflis, den 5. August 1918*

Am 30. v. M. abends fuhr ich mit Baron Frankenstein und einigen Herren meines Stabes von Tiflis über Alexandropol nach Eriwan, um mich der armenischen Regierung vorzustellen. Essad Pascha hatte sein Versprechen gehalten und dafür gesorgt, daß unser Zug ohne ernstliche Belästigung das von den Türken besetzte Gebiet passieren konnte. Die Fahrzeit betrug etwa 22 Stunden. Wir trafen um 9 Uhr abends in Eriwan ein und wurden noch zu einem vom Bürgermeister gegebenen Essen eingeladen. Am 21. vormittags machten wir den Ministern und dem Vorsitzenden des Nationalrats unseren Besuch und fuhren dann nach Etschmiadzin, um dem Katholikos unsere Aufwartung zu machen. Seine Heiligkeit lud uns zu Tisch. Nachmittags kamen der Ministerpräsident und der Präsident des Nationalrats zu einer langen vertraulichen Besprechung zu uns. Abends wurde uns zu Ehren ein Bankett gegeben, an dem alle Würdenträger der Republik Armenien teilnahmen.

Ich trat noch am gleichen Abend die Rückreise an, während Baron Frankenstein die Einladung zur Teilnahme an der am nächsten Tage stattfindenden Parlamentseröffnung annahm. Ich konnte mich nicht dazu entschließen, meinen Aufenthalt in Eriwan zu verlängern, weil die zurzeit bestehende Spannung zwischen Aserbeidschan und Georgien meine sofortige Rückkehr nach Tiflis wünschenswert machte.

Die Aufnahme, die uns von der Regierung und der Bevölkerung zuteil wurde, war warm und sympathisch. Mir fiel besonders vorteilhaft die gute Haltung und Straßendisziplin der armenischen Offiziere und Soldaten auf. Der Oberkommandierende General Nazarbekow macht einen sehr guten Eindruck; er soll auch in der russischen Armee den Ruf eines besonders tüchtigen Generals besessen haben.

Der Bolschewismus scheint beim armenischen Volke und beim armenischen Soldaten nur wenig Anhänger gefunden zu haben.

An der Spitze der Regierung steht als Ministerpräsident Herr Ruben Katschasnuni, ein etwa 60jähriger, verständiger, sympathischer Mann, Minister des Innern ist Herr Aram Marukian, Minister des Auswärtigen Herr Alexander Chatissian, Kriegsminister General Aschwerdian und Finanzminister Herr Chatschatur Kartschikian.

Die Herren scheinen ruhige, besonnene und zielbewußte Arbeiter zu sein. Eine imponierende Persönlichkeit ist der Katholikos. Ein schöner stattlicher Greis von etwa 70 Jahren, von der Würde seiner Hohen Stellung und dem ganzen Gewicht der auf ihm lastenden Verantwortung durchdrungen, klug und zielbewußt, während der Verhandlungen von einer geradezu abweisenden Zurückhaltung und Kälte, bei Tisch der aufmerksamste und liebenswürdigste Hausherr.

Die Unterredung des Katholikos mit Baron Frankenstein und mir nahm einen geradezu dramatischen Verlauf. Während von draußen das Summen und Brausen der tausendköpfigen Menge von Flüchtlingen, die in den weiten Höfen des Klosters biwakieren, in das klösterliche Gemach hereindrang, sprach sich der greise Katholikos bei der ergreifenden Schilderung des Elends seines Volkes, das der Vernichtung preisgegeben sei, und dem er als oberster geistlicher Hirte nicht helfen könne, in eine solche Erregung hinein, daß er am ganzen Körper zitterte. Er beruhigte sich wieder, als ich die Rolle schilderte, die die Mittelmächte bei den Armeniergreueln 1915 gespielt haben und ihm auseinandersetzte, wie Deutschland, das mit einer Welt von Feinden um seine Existenz kämpfte, der Armenier halber nicht das Bündnis mit den Türken auf das Spiel setzen konnte, und deshalb gezwungen war, sich auf Proteste gegen das Vorgehen der Türken in der Armenierfrage zu beschränken.

Im folgenden erlaube ich mir, die augenblickliche Lage Armeniens zu skizzieren, wie sie sich mir auf Grund persönlicher Beobachtung und auf Grund der Besprechungen mit den maßgebenden Persönlichkeiten darstellt.

Die Armenier sind zurzeit von den Türken auf einem ganz kleinen Gebiete eingekreist, das mit Ausnahme des Beckens von Eriwan vollkommen Hochgebirgscharakter trägt und nahezu völlig unproduktiv ist. Ebenso wenig wie gegenüber Georgien haben die Türken Armenien gegenüber die Bestimmungen des von ihnen selbst diktierten Friedens von Batum eingehalten. Sie haben jenseits der von ihnen festgesetzten Grenze eine Reihe von Gebieten besetzt, deren Verlust für Armenien ganz besonders schmerzlich ist, weil ihnen dadurch auch noch die letzten Produktionsgebiete abgenommen wurden.

Zurzeit scheinen die Türken von Aserbeidschan aus gegen die zu 90 Prozent von Armeniern besiedelte Provinz Karabach vorgehen und die dortige Bevölkerung entwaffnen zu wollen, unter dem Vorwand, daß dort neuerdings die Armenier gegen die Muselmanen aggressiv geworden seien.

Die türkische Politik gegen die Armenier zeichnet sich klar ab. Die Türken haben ihre Absicht, die Armenier auszurotten, noch keineswegs aufgegeben, sie haben nur ihre Taktik gewechselt. Man reizt die Armenier, wo nur irgend möglich, man provoziert sie in der Hoffnung, dadurch einen Vorwand zu neuen Angriffen auf Armenien zu erhalten. Gelingt dies nicht, so will man sie aushungern und wirtschaftlich völlig ruinieren. Zu diesem Zwecke wird das unter nichtigen Vorwänden entgegen dem Vertrag von Batum besetzte Gebiet systematisch und planmäßig ausgeplündert und alles, was nicht niet- und nagelfest ist, abgeführt. Die Beute an Kriegsmaterial, die die Türken in und bei Alexandropol gefunden haben, ist außerordentlich groß. Daß sie entgegen den Bestimmungen des Aprilvertrages auch alle Baumwolle ausführen, deren sie habhaft werden können, habe ich bereits gemeldet. Baron Frankenstein, der im Kraftwagen über Akstafa hierher zuückreiste, begegnete einer Kolonne von 3–400 schwer mit Baumwolle beladenen Bauernwagen, die aus Aserbeidschan nach Karakilissa fuhren.

Der Widerstand, den die Türken allen Aufforderungen zum Räumen des widerrechtlich besetzten Gebietes entgegensetzten, ist meines Erachtens lediglich darauf zurückzuführen, daß es ihnen noch nicht gelungen ist, alle Beute aus diesen Gebieten wegzuführen. Armenien befindet sich demgegenüber in einer sehr schwierigen Lage. Die Regierung ist fest entschlossen, alles zu vermeiden, was den Türken einen Vorwand zu neuen Angriffen geben könnte; aber sie besitzt nicht die Macht, zu verhindern, daß sie immer wieder neue Banden bilden. Es sind weniger politische Motive, aus denen heraus diese Banden entstehen, als der Hunger, der die Leute zwingt, auf Raub auszuziehen. Die Armenier in Karabach sind wilde Bergstämme, die niemals freiwillig ihre Waffen ausliefern werden. Wenn die Türken trotz meiner Warnungen die Entwaffnung durchführen wollen, so sind heftige Kämpfe mit allen den hier üblichen Begleiterscheinungen unvermeidlich. Der bekannte Bandenführer Andranik sollte in Armenien verhaftet werden. Man konnte aber nur eines Teiles seiner Bande habhaft werden, der Rest, unter Andraniks Führung, ist aus der Republik Armenien geflohen und führt nun auf eigene Faust Krieg gegen die Türken. Die armenische Regierung ist sich der Gefahr, in der sich ihr Land dauernd befindet, wohl bewußt. Sie ist entschlossen, dem Kampf auszuweichen und ihn solange wie irgend möglich zu vermeiden. Sie ist aber ebenso fest entschlossen und weiß sich darin mit dem ganzen armenischen Volke eines, sich bis zum letzten Mann zu verteidigen, falls die Türken ihr Land nochmals angreifen sollten. Die Türken würden dann in einen Gebirgskampf verwickelt, der unter Umständen recht beträchtliche Kräfte auf längere Zeit bindet – falls die Armenier nicht durch den Hunger besiegt werden.

Die Behauptung Envers, die Türken müßten die Bezirke von Alexandropol,

Karakilissa usw. besitzen, um Zusammenstöße zwischen Armeniern und Georgiern zu verhindern, ist darauf berechnet, soviel Zeit zu gewinnen, daß die Ernte aus diesen Gebieten weggeführt und die Gebiete noch völlig ausgeraubt werden können.

Was die innere Lage Armeniens angeht, so wird sie außerordentlich erschwert durch die große Anzahl von Flüchtlingen, die sich gegenwärtig auf dem kleinen Gebiet Armeniens und insbesondere in der Gegend von Eriwan angesammelt haben.

Die eingesessene Bevölkerung des derzeitigen Gebietes der Republik Armenien wird auf 750000 Köpfe geschätzt. Auf dem Gebiet, das schon diese Leute nicht annähernd ernähren kann, befinden sich zurzeit aber außerdem noch 300–500000 Flüchtlinge. Diese Leute sind Hals über Kopf vor den Türken geflüchtet und mußten vielfach ihr ganzes Hab und Gut zurücklassen. Die geringen Vorräte, die sie mitgebracht haben, sind schon längst verzehrt. Sie schlachten nach und nach ihr Vieh und berauben sich damit der letzten Möglichkeit zu Gründung einer neuen Existenz. Die Regierung schreitet energisch gegen Marodeure ein, aber der Hunger ist stärker als die Furcht vor der Strafe. Auf diese Weise geht auch der eingesessenen Bevölkerung der größere Teil ihrer Ernte verloren. Mit gebundenen Händen müssen inzwischen die Armenier zusehen, wie in den von Türken besetzten Gebieten die Ernte weggeführt wird oder zugrunde geht. Die armenische Regierung und den Katholikos bedrückt die doppelte Sorge, wie die Bevölkerung im laufenden Jahr ernährt werden soll und wie sich die Ernährungsfrage in der Zukunft gestalten wird. Wenn es den Zentralmächten Ernst ist mit ihrer Absicht, die Armenier vor der Vernichtung zu schützen, so müssen sie ihnen auch so viel Grund und Boden verschaffen, daß wenigstens die Hauptmenge des Verpflegungsbedarfes aus dem Lande gedeckt werden kann. Über das laufende Jahr aber müssen wohl oder übel die Zentralmächte durch Getreidelieferungen hinweghelfen. Ich kann mir nicht vorstellen, daß das Deutsche Reich ruhig zusehen kann, wie die Muhammedaner ein christliches Volk der Vernichtung durch Hunger preisgeben.

Nachdem die Türken trotz unserer Vorstellungen die armenische Ernte zugrunde gehen ließen, ist es wohl nicht mehr wie recht und billig, daß das zum Unterhalt des armenischen Volkes benötigte Getreide jenen Beständen entnommen wird, die die Türken sonst aus der Ukraine oder aus Rumänien erhalten würden.

Die armenischen Flüchtlinge leben im Freien. In kürzester Zeit werden die Nächte kalt. Dann wird sich zum Hunger der Frost gesellen, um die Flüchtlinge zu dezimieren, wenn sie nicht vorher in ihre Heimat zurückkehren durften. Unsere Hilfe muß bald wirksam werden, sonst kommt sie zu spät. Wenn die Konferenz von Konstantinopel noch lange auf sich warten läßt, sind viele Tausende von Menschen zum Tode verurteilt.

Die Frage, was zu geschehen hat, um Armenien lebensfähig zu machen und ihm zu ermöglichen, unter Anlehnung an eine der Mittelmächte ein selbständiges Dasein zu führen, möchte ich dahin beantworten, daß Armenien die Grenzen des Brest-Litowsker Vertrages erhalten muß, aber ohne daß den Türken die von ihnen angestrebten Grenzberichtigungen bewilligt werden. Gerade die Grenzberichtigungen würden Armenien seiner besten Grenzgebiete berauben. Wenn diese Gebiete den Türken überlassen werden, so geht ihre Produktion infolge der geschäftlichen Untüchtigkeit der Türken sofort zurück und ist für den Markt verloren.

Bei entsprechendem Ausbau der Bewässerungsanlagen, bei Einfuhr der nötigen Maschinen usw. werden die Armenier, aber niemals die Türken, aus diesen fruchtbaren Gebieten eine reiche Ernte von Seide, Baumwolle, Reis, Wein, Kognak, Spiritus und Obst, wahrscheinlich auch an Montanprodukten, herausholen.

Ich werde mir in Bälde erlauben, Euerer Exzellenz einen ausführlichen Bericht über die wirtschaftlichen Verhältnisse in Armenien vorzulegen.   KRESS

Seiner Exzellenz dem Reichskanzler
Herrn Grafen von Hertling, Berlin

Deutschland und Armenien 1914–1918. Sammlung diplomatischer Aktenstücke...
Nummer 426, S. 423–427.

★

Le Commandant Sciard, Détaché auprès du Commandement des Forces britanniques en Mésopotamie, à M. Clemenceau, Président du Conseil, Ministre de la Guerre

T. n° 64. Secret   *Bagdad, le 10 octobre 1918, 9 h 55*

1° D'après nouvelles Bakou, 15,000 Arméniens auraient été massacrés par Turcs, presque totalité des magasins pillés, puits pétrole seraient intacts. Turcs s'efforceraient se concilier éléments russes population. Gouvernement provisoire Azerbijan [sic] russe a été transféré d'Elisabethpol à Bakou.

2° Turcs, probablement armée Caucase, ont pris Derbent.

3° Bruit court soulèvement Tachkent contre bolcheviks.

Archives du Ministère de la Guerre,
5 N 209.

★

Da: La Questione Armena

(...) La Sublime Porta però non si è accontentata di utilizzare il Curdo nel suo banditismo, ma, tanto per attuare qualcuna delle riforme prevedute dal trattato di Berlino, pensò di elevarlo alla dignità di soldato regolare; e di Curdi costituì i famosi reggimenti di cavalleria Hamidiè. La prepotenza e la brutalità di queste truppe in Anatolia, l'aumento arbitrario delle imposte, l'imprigionamento dei notabili sotto pretesto di complotto contro la sicurezza dello Stato, le torture inflitte con qualunque pretesto per estorcere danaro, avevano estremamente esasperate le popolazioni armene: il fuoco covava da lungo tempo, e l'incidente di Sassun lo fece divampare. Nell'agosto del 1894, due tribù curde avevano razziato alcuni villaggi dipendenti da Sassun e si erano impadronite di una gran quantità di bestiame. Come sempre, le autorità imperiali si dichiararono impotenti a far rendere giustizia ai derubati: gli Armeni allora si armarono, assalirono i saccheggiatori, e ripresero il loro bestiame. Ma due curdi erano rimasti uccisi e la tribù reclamava vendetta; onde Zeki-Pacha, comandante del terzo corpo d'esercito, chiese duemila uomini di truppa: li ebbe, e così soldati regolari e curdi mossero tosto contro gli Armeni coll'artiglieria e ne fecero esempio: seicento di essi, che si erano rifugiati coi figli e colle donne sulle alture, furono attirati in una imboscata sotto pretesto di parlamentare; e ne nacquero orrori ed infamie, inaudite anche nel mondo turco; fu allora che si videro delle donne precipitarsi giù dalla rupe coi loro figli per sottrarsi alle estreme ignominie.

Questi fatti commossero finalmente le potenze; Francia, Russia e Inghilterra vollero un'inchiesta, e nominarono perciò ciascuna un proprio funzionario; tutti e tre recatisi sul posto a Sassun constatarono la esattezza degli avvenimenti riferti; gli ambasciatori scrissero anzi una nota per chiedere al Sultano la nomina di un cristiano a governatore delle provincie armene, e la immediata costituzione della Commissione per le riforme. Ma il Sultano al solito oppose molte risposte dilatorie, e vinse lui, perchè le potenze acconsentirono che governatore generale degli Armeni fosse un mussulmano, e che i loro delegati venissero esclusi dalla Commissione delle riforme.

Come era inevitabile, le stragi continuarono in tutta l'Anatolia; le popolazioni perseguitate nel settembre del 1895 rivolsero agli ambasciatori delle potenze e alla Sublime Porta un *memorandum* in cui esponevano la loro spaventevole situazione: alcuni armeni anzi, riunitisi a Costantinopli, ebbero la temerità di andare in massa il 30 settembre a presentare la loro petizione alla Sublime Porta: ma trovarono sulla via delle truppe che sbarrarono loro il passo; l'ufficiale comandante si fece dare la petizione, la lacerò, e poi ordinò la carica; e ne seguì un eccidio tra i più spaventosi che ricordino le cronache del Bosforo: durante tre giorni, delle bande di *softà* saccheggiarono, uccisero, violarono: i feriti venivano finiti a morte negli angoli delle vie: le truppe regolari stavano a vedere, e all'occorrenza prestavano mano: si disse che fossero stati ammazzati in città seicento armeni e un migliaio nelle campagne circostanti.

E purtroppo la manifestazione di Costantinopli fu il segnale di un nouvo incendio che rapidamente arse in tutte le provincie, e assunse proporzioni incalcolabili. Le prime notizie di esso giunsero in Europa per il tramite dei dispacci ufficiosi, ispirati da due propositi sempre facili per un governo disonesto: attenuare la gravità dei disordini, e farli credere provocati dalle vittime stesse; e fu solo quando si ebbero per lettera le relazioni dei testimoni oculari, che si potè farsi una idea meno diversa dalla realtà. Senza attendere però ai rapporti dei missionari e dei giornalisti bastò, per misurare la enormità del delitto, il rapporto inviato dalle sei ambasciate di Costantinopoli nel gennaio 1896 ai loro rispettivi governi; ciascun ambasciatore trasmettendolo al dicastero degli esteri del proprio paese ebbe cura di far notare come esso fosse

567

stato redatto da un Comitato di delegati delle sei ambasciate sui rapporti ufficiali dei consoli, tutti testimoni degli avvenimenti, e solo in via eccezionale sulle deposizioni dei missionari cattolici e protestanti; escluse in ogni caso le deposizioni degli indigeni e del clero nazionale.

Nel rapporto c'erano gravi lacune; il numero dei morti sopratutto, non sempre essendosi trovato valutabile almeno in modo approssimativo, fu spesso tralasciato per uno scrupolo di verità, e tralasciato specialmente per i distretti in cui i massacri erano stati più estesi, lunghi e feroci: ma fu accolta concordemente la cifra di 300,000 vittime, come sintesi dei tristissimi avvenimenti. Non si seppe quale effetto quel documento abbia prodotto; esso giacque e giace negli archivi delle capitali, e l'opinione pubblica non ne avrebbe avuto neppure notizia, se non l'avesse dato alle stampe il padre Felice Charmettant, direttore generale dell'*Oeuvre d'Orient*.

E quando noi nei primi mesi del 1896 lo leggevamo, continuavano, malgrado il silenzio ufficioso, le informazioni insospettabili assicuranti che la persecuzione proseguiva intensa: gli autori delle stragi continuavano a circolare, armati fino ai denti, nelle vie delle città e nei villaggi, e le autorità tolleravano, limitandosi ad esigere il disarmo dei soli cristiani; i quali in parecchi luoghi non osavano uscire dalle case asserragliate; di più quotidianamente si operavano arresti di armeni, cattolici, gregoriani e protestanti, a centinaia; sottoposti di giorno a lavori superiori alle forze umane e costrettivi colle verghe, di notte giacevano in camere umide e schifose; verso mezzanotte per turno parecchi erano tratti al dipartimento di polizia per esservi flagellati a sangue, poi si sottoponevano a raffinate torture, durante le quali venivano loro presentate dichiarazioni enfatiche da firmare, piene di elogi e di gratitudine verso le autorità, e di confessioni della propria colpevolezza; ed erano queste dichiarazioni che poi servivano a far tacere i diplomatici europei, del resto pochissimo desiderosi di parlare.

Inoltre in tutti i luoghi devastati dalle orde fanatiche, il Corano era stato imposto come unico mezzo di salvezza; migliaia di cristiani cedevano alle minaccie, ma moltissimi sospettati di poca sincerità venivano subito dopo l'apostasia immolati, allo scopo, dicevano i Turchi, di assicurar loro il paradiso mentre si trovavano per un momento in grazia di Maometto; altri si obbligavano a farsi carnefici dei propri parenti, che non avessero voluto rinunciare alla fede dei padri; inqualificabile la forma di persecuzione speciale adottata verso le donne; il mussulmano toglieva loro dal fianco cogli assassinii i mariti, i padri, i fratelli che le potessero difendere; poi ne facevano strazio: e v'erano villaggi abitati ormai soltanto da donne e da fanciulle tenuti come *harem* a disposizione dei soldati di passaggio.

I poveri Armeni erano impotenti a tentare per loro conto una resistenza qualsiasi: ogni atto di legittima difesa era loro imputato a provocazione e preso a pretesto di persecuzioni sempre maggiori; non mancò tuttavia qualche esempio che scosse l'Europa: così a Zeitun nel Tauro presso Marach, gli abitanti si armarono e sostennero vigorosamente un assedio di tre mesi, il quale richiamò l'intromissione delle potenze, e finì con una onorevole capitolazione.

(...) ed a dispetto delle illusioni che anche in Armenia avevano accompagnato nel 1908 i moti che portarono al governo i Giovani Turchi, e l'appoggio che costoro ebbero nei Comitati rivoluzionari armeni, le sorti dell'infelice paese non mutarono: basterà ricordare la tragedia di Adana nel 1909, e le sue 20,000 vittime. (...)

Ma scoppiata la guerra europea, nell'autunno del 1914 la Turchia ordinò una leva generale, prima degli uomini dai 20 ai 45 anni, poi dai 18 ai 50; e gli Armeni vi dovettero ottemperare avessero o no pagata la tassa d'esenzione: nè meno grave fu il tributo economico che a loro venne chiesto, perchè avendo essi nelle mani i maggiori commerci, su di loro principalmente si riversò il peso delle rigorose requisizioni militari. Fin qui però si sarebbe potuto trattare di sacrifici inevitabili o giustificati postochè lo Stato era trascinato alla guerra, nè i mezzi violenti e barbarici con cui furono domate le resistenze che in alcuni luoghi opposero le popolazioni armene, avrebbero motivo di commuovere il mondo, uso ormai agli orrori della guerra moderna.

Ma presto le cose assunsero un ben diverso andamento. Dopo i primi successi dell'inverno nel Caucaso sul fronte da Erzerum al Mar Nero, le sorti dell'esercito turco precipitarono nei primi giorni del 1915 colla sconfitta di Sarikamisch; i Russi sulla fine di gennaio occuparono Tabriz; ed i Turchi dovettero rinunciare alla offensiva e ridursi a difendere la frontiera.

È di questo tempo il decreto che ordinava il disarmo generale degli Armeni; esso per quelli che si trovavano inquadrati nelle truppe significò il ritiro dal fronte e l'impiego in battaglioni di lavoro; ma per quelli che abitavano le città e le campagne volle dire l'obbligo di somministrare un determinato contingente di armi; chi non ne possedeva era torturato perchè le trovasse; chi per sfuggire alla tortura ne comperava a caro prezzo dai vicini mussulmani veniva arrestato sotto l'accusa di cospirazione: quasi sempre trattavasi dei notabili e dei ricchi, che per tal modo venivano staccati dalle loro comunità e che più tardi perivano nel carcere o per mano dei carnefici o di fame, perchè deliberatamente dimenticati e lasciati privi di qualsiasi cibo; così il disarmo divenne grado grado una requisizione forzata, che si compiva con visite domiciliari notturne, accompagnate da uccisioni, da stupri, da rapine, secondo il sistema pur troppo antico della gendarmeria ottomana e delle truppe impiegate in queste funzioni di polizia, più che politica, sanguinaria.

La persecuzione che culminò a Zeitun e per la ferocia del governatore Dievdat-Bey, nel distretto e nella città di Van, dove gli Armeni poterono tuttavia organizzare la propria difesa e resistere fino al sopraggiungere dei Russi vittoriosi, dai primi di aprile divenne generale e metodica, e fu attuata in tutti i centri armeni dell'Impero ottomano, con una procedura uniforme. In un giorno determinato il banditore pubblico percorreva le vie intimando a tutti gli uomini di nazionalità armena di presentarsi immediatamente all'ufficio del governo: i citati, ben sapendo che non era il caso di esitare, ma pur non prevedendo quel che li aspettava, interrompevano le loro faccende, abbandonavano i commerci o i lavori dei campi e correvano a presentarsi: del resto dove non lo facevano immediatamente v'erano cacciati a forza dai gendarmi e dai soldati che si sostituivano al banditore: ma appena giunti al luogo della convocazione, erano chiusi in carcere per uno o due giorni, poi legati l'uno all'altro, incolonnati, e spinti fuori dai centri abitati, nella campagna: si diceva loro che dovevano essere condotti a Mossul o a Bagdad; ma gli infelici non avevano quasi il tempo di spaventarsi all'idea del lungo penoso viaggio, al pensiero delle famiglie abbandonate senza neppure un saluto, e dei loro affari rimasti senza assetto alcuno, perchè appena le colonne giungevano in un punto remoto e nascosto della strada, venivano fermate, e i prigionieri massacrati tutti: tali gli ordini, le istruzioni del ministro dell'interno Talaat-Bey; contemporanei a quelli di Enver Pascià ministro della guerra, il quale si era incaricato di sterminare la parte di popolazione alle sue dipendenze: difatti fu in aprile del 1915 che i battaglioni di armeni adibiti ai lavori di fortificazione o di costruzione di strade, furono circondati da distaccamenti composti di loro compagni d'arme mussolmani, e fucilati in massa.

Dopo la deportazione e la distruzione della popolazione maschile valida, veniva la volta delle donne, dei fanciulli, dei vecchi, degli infermi: il banditore ricompariva; e si affiggevano anche dei manifesti alle cantonate: l'ordine era che i rimasti della popolazione armena si preparassero alla deportazione entro il termine di pochi giorni, termine che talora veniva poi abbreviato, e magari sospeso, sicchè donne ed infermi si vedevano strappati d'un tratto dalle botteghe, dalle case, dai letti. Alle donne per verità il bando concedeva di evitare la deportazione qualora si convertissero all'islamismo; ma occorre sapere che tale conversione importava l'obbligo nelle nubili di immediata ratifica mediante il matrimonio con un mussulmano; per le maritate e per le vedove quello di consegnare i loro figli all'orfanotrofio governativo per esservi allevati nella religione di Maometto; e che in fatto poi nè le convertite trovavano dei turchi disposte a sposarle, nè nella maggior parte delle città, e tanto meno dei villaggi, esistevano gli orfanotrofi governativi preveduti dai bandi; allora la conversione rimaneva priva di effetto, e donne e fanciulli venivano incorporati nelle masse avviate alla deportazione. Si diceva dalle autorità che l'esiglio sarebbe stato provvisorio, onde non si permetteva la vendita dei beni se non per una piccola somma che potesse occorrere per il viaggio; ed alle case, ai magazzini, alle botteghe si apponevano suggelli per conservarli a disposizione dei proprietari quando tornassero; ma subito dopo venivano invece o ceduti per poco prezzo o senz'altro consegnati a mussulmani piovuti da ogni dove e pronti a raccogliere il bottino.

Il viaggio si faceva in carovane separate, talora di trecento o quattrocento persone, talora anche di parecchie migliaia; e ogni carovana partiva composta di un certo numero di carri tirati da buoi, di solito uno per famiglia, e aveva una scorta di gendarmeria; ma dopo qualche giorno di cammino, e qualche volta prima che tramontasse il giorno stesso in cui erano partite, i conducenti dei carri si rifiutavano di andare più oltre, scaricavano la merce umana sulla strada e tornavano vuoti ai loro villaggi: così gli esigliati dovevano proseguire a piedi per strade spesso impraticabili, sotto un sole infocato che accendeva il tormento della sete: i testimoni raccontano ogni sorta di episodi spaventosi che si possono immaginare; ma certo nessuno eguaglia in orrore quello delle donne incinte che si sgravavano sulla strada, e che quando non morivano erano dai gendarmi obbligate a rimettersi in cammino abbandonando sul suolo i loro nati. In queste condizioni le morti per sete, per fame, per insolazioni, per infezioni furono innumerevoli; ma ben può dirsi che, per le donne specialmente, il rimanere sulla via era ancora la sorte migliore: oltrechè costrette a servire tutte le voglie dei gendarmi di scorta, le povere armene si trovavano alla mercè dei contadini mussulmani accorrenti al loro passaggio; e quando la carovana faceva sosta in un villaggio, esse venivano esposte sulla piazza, e ad ogni abitante era data licenza di esaminarle e di fare delle scelte per il proprio *harem*.

Quando poi le carovane entravano nella regione delle montagne, subivano l'aggressione dalle bande dei Curdi, che si gettavano sui vecchi e sui giovanetti e ne uccidevano la più parte: neppure le donne risparmiavano, le più belle però trascinavano seco come preda nei loro covi. Nessuna difesa opponevano i gendarmi che ben sapevano come tutto rispondesse ad un programma e che dovevano senza dubbio avere analoghe istruzioni dai funzionari locali: ed anzi venivano facendosi essi stessi assassini, sia finendo a colpi di baionetta chi o cadeva o s'attardava per la via, sia gettandone in acqua al passaggio dei fiumi, e specialmente dell'Eufrate.

Arrivavano così le carovane ad Aleppo composte ormai di pochi superstiti, disfatti, inebetiti, i più senza neppure un brandello d'abito indosso: e vi arrivavano in condizioni non diverse anche quelle che provenivano dai distretti metropolitani e dal nord-est, e che avevano fatto il viaggio, o una parte almeno, in ferrovia: perchè in questo caso gli esigliati si caricavano, anzi si stipavano, nei carri da bestiame, chiusi e talvolta abbandonati per intere giornate senza nutrimento, senz'acqua, sui binari morti, essendo la linea continuamente congestionata per i trasporti militari, oppure raccolti in campi di concentrazione per delle settimane in attesa che venissero disponibili i carri in cui far loro raggiungere una tappa successiva: inutile dire che i campi di concentrazione si trasformavano rapidamente in cimiteri.

Da Aleppo i superstiti venivano ripartiti o meglio dispersi in località malsane, fra genti ostili di cui non conoscevano la lingua, privi di ogni soccorso, d'ogni mezzo di sostentamento; per tal modo le poche schiere residue di esigliati si assottigliavano ancora, se pure non scomparivano del tutto.

Ma a fianco di questo lento sterminio con cui il Governo turco potè sbarazzarsi delle popolazioni dei centri in cui la ragion militare non avrebbe offerto il modo dello sterminio violento e immediato, quest'ultimo venne pure applicato su larga scala; così accadde nei distretti di Bitlis, di Mouch, di Sassun o di Hekkiari vicini a Van, nei quali tutti i villaggi armeni, numerosissimi, vennero distrutti man mano che la loro evacuazione si *rendeva necessaria* per l'avanzata dei Russi: in altri centri, per esempio a Trebisonda, le deportazioni furono appena incominciate, ma le intere masse di esigliati vennero o massacrate alla prima tappa, o accatastate su barche, che spinte poi al largo andavano a naufragare a poca distanza dalla costa sotto i vigili occhi dei gendarmi pronti a finire colle fucilate chi tentasse di riguadagnare la terra.

Ora che il dissolvimento dello Stato moscovita sta per togliere agli Armeni la speranza che essi avevano concepita di sottrarsi al giogo della Turchia, e forse sta per rimetterli alla mercè della vendetta mussulmana, si impone alla Europa civile di volgere un pensiero sempre più vigile a questo popolo cristiano, e di rievocare le sue tragedie, sicchè l'opinione pubblica sia preparata colla propria forza ad impedirne la rinnovazione.

Quando le prime e frammentarie notizie degli orrori che oggi sono fuor di contestazione, perchè attestate da prove storiche di innegabile valore, corsero in Europa ed in America, Talaat-Bey coi communicati alle agenzie ufficiose, e specialmente al berlinese *Wolf Bureau*, cercò di presentare la repressione come necessaria a sventare un piano di insurrezione che gli Armeni avrebbero da lungo tempo preparato per venire in aiuto alla invasione russa; mentre con la condanna e colla esecuzione capitale di venti socialisti a Costantinopoli accusati di aver voluto un'Armenia indipendente cercava di porre in essere una impellente esigenza di tutelare l'ordine interno. Analogamente il von Stumm, capo del dipartimento politico degli affari esteri in Germania, l'11 gennaio 1916 interpellato da Liebknecht così rispondeva al Reichstag: «È a conoscenza del cancelliere imperiale che delle dimostrazioni rivoluzionarie, organizzate dai nostri nemici, hanno avuto luogo in Armenia, e che esse hanno indotto il Governo turco a deportare le popolazioni armene di certi distretti e ad assegnare loro altri territori di residenza. Uno scambio di vedute avviene in questo momento a proposito della reazione che queste misure hanno prodotto nelle popolazioni: ma non possiamo dare notizie più ampie».

Lo stesso motivo ritorna nella circolare che Talaat-Bey trovò di dover spedire nel settembre del 1915 ai governatori provinciali per ordinare che si sospendessero le deportazioni non ancora intraprese e che si proteggessero e si soccorressero le carovane che già trovavansi in viaggio, in seguito all'intervento diretto di Benedetto XV per il tramite di monsignor Dolci delegato apostolico a Costantinopoli; in questa circolare infatti per spiegare le nuove istruzioni si ricordava ai governi dell'Impero come lo scopo delle misure prese in riguardo degli Armeni era soltanto di impedire l'attività e le intraprese antigovernative di questa nazionalità e le sue aspirazioni alla formazione di uno Stato autonomo, e non già la distruzione di essa.

Ma nessuno potè e potrà mai credere a tali giustificazioni, se pur avessero un valore, di fronte alla incontestata estensione e brutalità delle persecuzioni, inferite anche questa volta con tutti i caratteri della guerra di religione e di razza: tanto che le stesse autorità religiose scismatiche, insieme ad alcune comunità cattoliche, presero l'iniziativa di sollecitare l'intervento di Benedetto XV, il quale, come già Leone XIII vent'anni innanzi, sentì il dovere di prendere a cuore le sorti di una gente cristiana così duramente provata ed in pericolo di totale sterminio.

È dunque necessario che la questione armena non sia dimenticata, perchè non è possibile che il nuovo assetto politico, quale sta per uscire dalla conflagrazione mondiale, non metta fine anche ad una delle onte maggiore inflitte finora alla civiltà umana col tentativo di estinguere nel sangue una razza infelice, e di cancellare dalla storia futura un popolo, che in quella passata conta pagine di benemerenze e di glorie non superate se non dalle sue successive sventure. (...)

Filippo Meda: La Questione Armena.
Le Pagine dell'Ora, Milano 1918, pp. 10-20/24/32-50.

★

Telegramm an Präsident Wilson

Wie früher, so hat sich auch dieses Jahr die *evangelische Landeskirche* der Schweiz an der Liebestätigkeit für Armenien lebhaft beteiligt. Alle ihre Pfarrämter erhalten die „Mitteilungen über Armenien", manche haben in ihren Gemeinden besondere Kollekten zu Gunsten der notleidenden Armenier veranstaltet und auch sonst Gaben gesammelt oder vermittelt. Als Ende Oktober der Waffenstillstand der Alliierten mit der Türkei die Armenierfrage wieder in den Vordergrund rückte, da haben sich die Vertreter der evangelisch-kirchlichen Institutionen unseres Landes für Armenien verwendet, indem sie folgendes Telegramm an Präsident Wilson richteten:

«A l'heure où tous les peuples opprimés regardent à vous et implorent votre secours et votre bienveillante intervention, nous nous adressons à vous, Monsieur le Président, au nom des églises protestantes et des associations chrétiennes suisses que nous avons l'honneur de représenter, pour vous prier respectueusement de prendre la défense de l'Arménie chrétienne, victime de la tyrannie turque.

Que sa libération complète du joug turc soit une des conditions essentielles du traité de la paix générale, tel est le voeu de tous ceux qui connaissent les atrocités dont les Arméniens ont été les victimes.

Pour répondre à la plainte de ce peuple martyr, pour réparer et pour soulager dans la mesure du possible, nous demandons que les déportés puissent réintégrer leurs foyers, que les jeunes filles enfermées dans les harems soient délivrées, que les enfants retenus dans des familles turques soient rendus, que ceux qui ont été contraints d'abjurer le chrisatiansime soient affranchis du joug odieux qu'ils subissent. Tout cela sous la surveillance de l'Entente et particulièrement avec l'aide des Etats-Unis qui ont de si anciennes attaches avec ce peuple.

La consience chrétienne exige impérieusement que cet acte de libération s'accomplisse sans retard. ‹Dieu le veut!›

Nous croyons, Monsieur le Président, que vous êtes appelé à donner le mot d'ordre nécessaire, et nous ne doutons pas que vous saurez choisir l'heure propice et les moyens efficaces pour qu'il soit entendu et exécuté.

Veuillez agréer, Monsieur le Président, l'assurance de notre considération respectueuse.»

Mitteilungen über Armenien…
Basel, No. 10, Januar 1919.

★

Durfte man dazu schweigen?

Das *amerikanische Hilfskomitee für Armenien und Syrien* mit dem Sitz in New York, 8 Avenue 70, hat den Bericht eines Augenzeugen empfangen über die Leiden der *deportierten Armenier*, die nach Nordsyrien und Arabien verbannt wurden.

Der Verfasser des Berichtes ist *weder Amerikaner noch Untertan der Türkei*, sondern Angehöriger eines neutralen Landes. Er ist quer durch das Gebiet längs des Euphrat in das Innere des Landes gereist. In seinem Bericht schildert er, was er in den verschiedenen Zentren, die er besuchte, gesehen und festgehalten hat.

Der Präsident des amerikanischen Komitees, Dr. James L. Barton, erklärt, daß dieser Bericht in gewisser Hinsicht der beweglichste von allen sei, die das Komitee bis dahin empfangen hat. Obwohl ihm der Verfasser bekannt ist, ist er aus begreiflichen Gründen nicht in der Lage, seinen Namen zu nennen. Er bemerkt aber, daß keine Rede davon sein könne, die Zuverlässigkeit des Berichtes und die genaue Wiedergabe der Tatsachen in Frage zu stellen.

Der Bericht lautet folgendermaßen:

„Ich hatte die Erlaubnis erlangt, die Lager der Armenier längs des Euphrat von Meskene bis Deir-es-Sor zu besuchen und Rechenschaft zu geben von dem Zustande, in dem sich die dorthin deportierten Armenier befinden, von den Bedingungen, unter denen sie leben, und, wo möglich von der annähernden Auswahl der Verschickten.

Die Aufgabe des gegenwärtigen Berichtes ist, die Ergebnisse dieser Mission darzustellen. Ich nehme mir die Freiheit, Ihnen meinen Bericht zu übersenden, indem ich Sie zugleich bitte, die sich daraus ergebenden Schlußfolgerungen in Erwägung zu ziehen. Auch wenn Sie dieselben annehmen, werden sie nur in sehr geringem Maße dazu dienen, die täglich andauernden Leiden eines unglücklichen Volkes zu lindern, das im Begriff ist zu verschwinden.

Es ist unmöglich, eine Vorstellung von den entsetzlichen Eindrücken zu geben, die ich auf der Reise durch die verstreuten Lager längs des Euphrat empfing. Ich reise auf dem rechten Ufer des Stromes. Von „Lagern" zu sprechen ist eigentlich nicht möglich. Der allergrößte Teil dieser Unglücklichen, die in brutaler Weise aus ihrer Heimat von Haus und Hof fortgetrieben worden, getrennt von ihren Familien, noch im Augenblick ihrer Austreibung alles dessen beraubt, was sie besessen, unterwegs entblößt auch von allem, was sie noch mitgenommen hatten, ist unter freiem Himmel wie Vieh zusammengepfercht, *ohne den geringsten Schutz gegen Hitze und Kälte, beinahe ohne Kleidung, sehr unregelmäßig und durchgängig in völlig unzureichender Weise ernährt.* Jedem Wechsel der Witterung ausgesetzt, im Sommer dem glühenden Sonnenbrand der Wüste, im Frühjahr und Herbst dem Wind und Regen, im Winter der bitteren Kälte, durch die äußersten Entbehrungen geschwächt, durch endlose Märsche entkräftet, übelster Behandlung, grausamen Torturen und der beständig drohenden Todesangst ausgesetzt, haben sich diejenigen, die noch einen Rest ihrer Kräfte behielten, an den Ufern des Stromes Löcher in die Erde gegraben, in die sie sich verkriechen.

Die äußerst Wenigen, denen es gelungen ist, einige Kleider und etwas Geld bei sich zu behalten und die in der Lage sind, etwas Mehl zu kaufen, werden als glückliche und reiche Leute angesehen. Glücklich auch die, welche sich von den Landleuten einige Wassermelonen oder eine kranke und magere Ziege, die sich die Nomaden mit Gold aufwiegen lassen, erstehen können. *Überall sieht man nur blasse Gesichter und ausgemergelte Gestalten, herumirrende Skelette, die von Krankheiten geschlagen sind und sicherlich dem Hungertode zum Opfer fallen werden.*

Bei den Maßnahmen, die man getroffen hat, um diese ganze Bevölkerung in die Wüste zu transportieren, hat man in keiner Weise für irgend welche Ernährung Sorge getragen. Im Gegenteil, es ist ersichtlich, daß die Regierung den Plan verfolgt hat, sie Hungers sterben zu lassen. Selbst ein organisiertes Massentöten wie in der Zeit, da man in Konstantinopel noch nicht Freiheit, Gleichheit und Brüderlichkeit proklamiert hatte, würde eine sehr viel menschlichere Maßregel gewesen sein, denn es würde diesem erbarmungswerten Volk die Schrecken des Hungers, den langsamen Tod und die entsetzlichsten Schmerzen unter raffinierten Torturen, wie sie grausame Mongolen nicht erdacht haben würden, erspart worden sein. Aber ein Massaker ist weniger konstitutionell als der Hungertod. Die Zivilisation ist gerettet!

Was noch übrig ist von der armenischen Nation, die an die Ufer des Euphrat versprengt ist, setzt sich zusammen aus Greisen, Frauen und Kindern. Männer mittleren Alters und junge Leute, soweit sie noch nicht abgeschlachtet sind, wurden auf den Landstraßen des Reiches zerstreut, wo sie Steine klopfen oder für den Bedarf der Armee für andere Arbeiten auf Rechnung des Staates requiriert sind.

Die jungen Mädchen, oft noch Kinder, sind die Beute der Muhammedaner geworden. Auf den langen Märschen zum Ziel ihrer Verschickung hat man sie verschleppt, bei Gelegenheit vergewaltigt, verkauft, soweit sie nicht bereits von den Gendarmen, welche die düsteren Karawanen begleiteten, umgebracht wurden. Viele sind von ihren Räubern in die Sklaverei des Harems geschleppt worden.

Wie an die Pforte von Dantes Hölle kann man an die Eingänge des Konzentrationslagers schreiben: „Die ihr hier eintretet, lasset alle Hoffnung fahren."

Berittene Gendarmen machen die Runde, um alle, die zu entweichen suchen, festzunehmen und mit der Knute zu bestrafen. Die Straßen sind gut bewacht. Und was für Straßen! Sie führen in die Wüste, wo sie ein eben so gewisser Tod erwartet, wie unter der Bastonade ihrer ottomanischen Gefängniswärter.

Ich begegnete in der Wüste, an verschiedenen Orten, sechs solcher Flüchtlinge, die im Sterben lagen. Sie waren ihren Wächtern entschlüpft. *Nun waren sie von ausgehungerten Hunden umgeben, die auf die letzten Zuckungen ihres Todeskampfes warteten, um sich auf sie zu stürzen, und sie zu verzehren.*

Am Wege findet man überall die Überbleibsel solcher unglücklichen Armenier, die hier liegen geblieben sind. Zu Hunderten zählen die Erdhaufen, unter denen sie ruhen und namenlos entschlafen sind, diese Opfer einer unqualifizierbaren Barbarei.

Auf der einen Seite hindert man sie, die Konzentrationslager zu verlassen, um sich irgend welche Nahrung zu suchen, auf der anderen Seite macht man es ihnen unmöglich, die natürlichen Fähigkeiten, die dieser Rasse eigen sind, zu gebrauchen, um sich an ihr schreckliches Schicksal anzupassen und ihre traurige Lage in erfinderischer Weise zu verbessern.

Man könnte irgend welche Unterschlupfe, Stein- oder Erdhütten bauen. Wenn sie wenigstens irgendwo unterkommen könnten, wäre es ihnen möglich, sich mit Landarbeit zu beschäftigen. *Aber auch diese Hoffnung hat man ihnen genommen, denn sie werden beständig unter Bedrohung des Todes von einem Ort zum andern geschleppt,* um Abwechslung in ihre Qualen zu bringen. *Man scheucht sie auf zu neuen Gewaltmärschen, ohne Brot, ohne Wasser, unter der Peitsche ihrer Treiber neuen Leiden, neuen Mißhandlungen ausgesetzt, wie sie nicht einmal die Sklavenhändler des Sudan ihren Opfern zufügen würden,* und die ganze Strecke des Weges, eine fürchterliche Reihe von Leidensstationen, ist durch die Opfer dieser Transporte bezeichnet.

Diejenigen, die noch etwas Geld bei sich haben, werden unablässig von ihren Wärtern ausgeplündert, die sie mit einer noch weiteren Verschickung bedrohen, und wenn ihre kleinen Mittel erschöpft sind, diese Drohungen auch in Ausführung bringen. Hier von „Tausend und eine Nacht" des Schreckens zu reden, heißt nichts sagen. Ich glaube buchstäblich die Hölle zu durchqueren. Die wenigen Züge, die ich wiedergeben will, sind zufällig und in der Eile zusammengelesen. *Sie können nur eine schwache Vorstellung von dem entsetzlichen und grauenhaften Bild geben, das ich vor Augen gehabt habe.* Überall, wo ich gereist bin, habe ich dieselben Szenen gesehen; überall, wo das Schreckensregiment der Barbarei herrscht, das die systematische Ausrottung der armenischen Rasse zum Ziel hat. Überall findet man dieselbe unmenschliche Bestialität der Henker, dieselben Torturen, mit denen man die unglücklichen Opfer quält. Von Meskene bis Deir es Sor, überall sind die Ufer des Euphrat Zeugen derselben Scheußlichkeiten.

Meskene, durch seine geographische Lage an der Grenze von Syrien und Mesopotamien, ist der gegebene Konzentrationspunkt für die Transporte der deportierten Armenier aus den anatolischen Wilajets, von wo aus sie längs des Euphrat verteilt wurden. Sie kamen dort zu Zehntausenden an, aber der größte Teil von ihnen ließ dort sein Leben. Der Eindruck, den die große Ebene von Meskene hinterläßt, ist tieftraurig und deprimierend. Die Auskünfte, die ich an Ort und Stelle empfangen habe, gaben mir das Recht zu sagen, daß gegen 60000 Armenier hier begraben sind, die dem Hunger, den Entbehrungen, der Dysenterie und dem Typhus erlagen. Soweit das Auge reicht, sieht man Erdhügel, von denen jeder etwa zweihundert bis dreihundert Leichen enthält. Frauen, Greise, Kinder, alles durcheinander, von jedem Stand und jeder Familie.

Gegenwärtig sind noch 4400 Armenier zwischen der Stadt Meskene und dem Euphrat eingepfercht. Sie sind nicht mehr als lebende Gespenster. Ihre Oberwächter verteilen ihnen sehr unregelmäßig und sparsam ein kleines Stück Brot. Es kommt oft vor, daß sie im Lauf von drei und vier Tagen absolut nichts erhalten.

Eine entsetzliche Dysenterie wütet und fordert besonders unter den Kindern schreckliche Opfer. *Diese unglücklichen Kleinen fallen in ihrem Hunger über alles her, was sie finden, sie essen Gras, Erde und selbst Exkremente.*

Ich sah unter einem Zelt, das nur einen Raum von fünf zu sechs Metern im Quadrat bedeckte, ungefähr vierhundert Waisenkinder, die am Verhungern waren. Diese unglücklichen Kinder *sollen* täglich 150 Gramm Brot erhalten. Es kommt nicht nur vor, sondern geschieht oft, daß man sie zwei oder drei Tage ohne jede Nahrung läßt. Natürlich ist die Sterblichkeit fürchterlich. In acht Tagen hatte die Dysenterie, wie ich selbst feststellen konnte, siebzig dahingerafft.

Abu Herrera ist eine kleine Ortschaft nördlich von Meskene am Ufer des Euphrat. Es ist der ungesundeste Ort der Wüste. Auf einem Hügel zweihundert Meter vom Fluß fand ich 240 Armenier, von zwei Gendarmen bewacht, *die sie mitleidslos unter gräßlichen Qualen des Hungers sterben ließen. Die Szenen, welche ich gesehen habe, lassen jede Vorstellung denkbaren Grausens hinter sich.* Nahe dem Ort, wo mein Wagen hielt, sah ich Frauen, die kaum, daß sie mich hatten kommen sehen, sich daran machten, aus dem Kot der Pferde die wenigen unverdauten Gerstenkörner, die sich noch darin fanden, auszulesen, um sie zu essen. Ich gab ihnen Brot. Sie warfen sich darüber, wie verhungerte Hunde, und zerrissen es in grauenhafter Gefräßigkeit mit ihren Zähnen, unter Zuckungen und epileptischen Konvulsionen, und sobald jemand diesen 240 Unglücklichen, oder besser gesagt, diesen 240 hungrigen Wölfen, die seit 7 Tagen nichts gegessen hatten, meine Ankunft mitgeteilt hatte, stürzte sich die ganze Herde von der Höhe des Hügels herabrasend, auf mich, streckten mir ihre Skelette von Armen entgegen und flehten mich mit heiserem Geschrei und Schluchzen *um ein Stück Brot* an. *Es waren nur Frauen und Kinder, etwa ein Dutzend Greise darunter.*

Bei meiner Rückkehr brachte ich ihnen Brot, und mehr als eine Stunde lang war ich der *mitleidige aber ohnmächtige Zuschauer einer wahren Schlacht um ein Stück Brot,* wie sie selbst verhungerte wilde Tiere nicht aufführen können.

Hammam ist ein kleines Dorf, wo 1600 Armenier eingeschlossen sind. Auch da jeden Tag dasselbe Schauspiel des Hungers und Entsetzens. Die Männer sind in Strafabteilungen zu Erdarbeiten auf den Straßen requiriert worden. Als Lohn ihrer Arbeit empfangen sie täglich ein ungenießbares und unverdauliches Stück Brot, das absolut unzureichend ist, um ihnen für ihre schwere Arbeit die nötige Kraft zu geben.

An diesem Ort traf ich einige Familien, die noch etwas Geld hatten und auf eine nicht ganz so jämmerliche Weise ihr Leben zu fristen suchten. Aber die große Masse hatte kein anderes Quartier als die nackte Erde, ohne den geringsten Schutz und nährte sich von Wassermelonen. Die Elendesten unter ihnen suchen ihren Hunger zu betrügen, indem sie die Schalen, die die anderen wegwerfen, essen. Die Sterblichkeit ist enorm, besonders unter den Kindern.

Rakka ist ein bedeutender Platz am linken Ufer des Euphrat. Dort sind 5–6000 Armenier, hauptsächlich Frauen und Kinder, die auf die verschiedenen Stadtviertel verteilt sind, in Gruppen von fünfzig bis sechzig, in verfallenen Häusern untergebracht, die die Güte des Gouverneurs diesen Unglücklichen angewiesen hat. Man soll das Verdienst ehren, wo man es findet. Was als nichts anderes als die Erfüllung elementarster Pflichten gegenüber ottomanischen Untertanen von seiten eines türkischen Beamten gelten sollte, muß unter den gegenwärtigen Umständen für einen Akt eines besonderen, ja fast heroischen Edelmutes angesehen werden. Obwohl die

Armenier in Rakka besser behandelt werden, als sonst irgendwo, ist ihr Elend gleichwohl schrecklich genug. *Brot wird ihnen nur sehr unregelmäßig und in völlig unzureichenden Quantitäten von den Behörden ausgeteilt.* Alle Tage sieht man Frauen und Kinder vor den Bäckereien angesammelt, die um ein wenig Mehl betteln. Hunderten von Bettlern begegnet man in den Straßen. Immer diese entsetzliche Qual des Hungers! Dabei muß man bedenken, daß sich unter der verhungerten Bevölkerung nicht wenige befinden, die eine hohe Stellung im sozialen Leben eingenommen haben, die begreiflicherweise unter diesem Elend doppelt leiden müssen. Gestern waren sie reich und beneidet. Heute betteln sie gleich den Ärmsten um ein Stück Brot.

Auf dem rechten Ufer des Euphrat, gegenüber von Rakka, fand ich ebenfalls Tausende Armenier unter Zelten zusammengepfercht und von Soldaten bewacht. Sie waren gleichermaßen ausgehungert. Sie warteten darauf, an andere Plätze weitertransportiert zu werden, wo sie die ausgestorbenen Reihen ihrer Vorgänger ausfüllen sollen. Aber wie viele werden auch nur an ihren Bestimmungsort gelangen?

Sierrat liegt nördlich von Rakka. Dort kampieren 1800 Armenier. *Sie leiden dort mehr als anderwärts unter dem Hunger.* Denn in Sierrat ist nichts als Wüste. Gruppen von Frauen und Kindern irren am Fluße entlang und suchen einige Halme von Kräutern, um ihren Hunger zu stillen. Andere brechen unter den Augen ihrer gleichgültigen, mitleidlosen Wächter ohnmächtig zusammen. Eine barbarische Order, barbarisch in jedem Sinn, verbietet jedermann die Grenze des Lagers zu verlassen ohne spezielle Erlaubnis, bei Strafe der Bastonade.

Semga ist ein kleines Dorf, wo 250 bis 300 Armenier eingesperrt sind, unter denselben Bedingungen, in derselben traurigen Lage wie überall.

Deir-es-Sor ist der Sitz des Gouverneurs der Provinz gleichen Namens. Vor einigen Monaten waren hier 30000 Armenier in verschiedenen Lagern außerhalb der Stadt unter dem Schutze des Gouverneurs Mutessarif Aly Sound Bey untergebracht. Obwohl ich mich der persönlichen Bemerkungen enthalten will, möchte ich mir doch den Namen dieses Mannes einprägen, denn er besitzt ein Herz, und die Deportierten sind ihm dankbar, weil er versucht hat, ihr Elend zu erleichtern. Ihm ist es zu danken, daß einige unter ihnen sich etwas durch Straßenhandel verdienen konnten und sich erträglich dabei standen. – Dies beweist, daß, selbst wenn man einen Augenblick zugestehen will, daß irgend eine Staatsraison die Massen-Deportation der Armenier forderte, um den Schwierigkeiten, denen die Lösung der armenischen Frage begegnen konnte, zuvorzukommen, gleichwohl die türkische Behörde, im eigenen Interesse des Reiches, die Menschlichkeit nicht hätte zu verleugnen brauchen, wenn sie die Armenier in Gegenden transportiert hätte, wo sie Arbeit finden und sich dem Handwerk oder Handel hätten widmen können. Man hätte sie in kultivierbare Gegenden schicken können, wo sie in dieser Zeit, wo der Ackerbau so darniederliegt, reichliche Arbeit gefunden hätten. Aber nein, es war ein vorbedachter Plan, die armenische Rasse zu vernichten und so mit einem Schlage die armenische Frage aus der Welt zu schaffen. Diesen Zweck würde man bei einem anderen Vorgehen nicht erreicht haben. – Die günstigeren Umstände, deren sich die Armenier von Deir-es-Sor erfreuten, wurden der Anlaß zu einer Denunziation bei der Zentralbehörde in Konstantinopel. Der „schuldige" Aly Sound Bey wurde nach

Bagdad geschickt und durch Zekki Bey ersetzt, der durch seine Grausamkeit und Barbarei genügend bekannt ist. Man hat mir entsetzliche Dinge erzählt, die unter diesem neuen Gouverneur passiert sind. Einkerkerung, scheußliche Torturen, Bastonaden, Hängen waren an der Tagesordnung. Sie waren das tägliche Brot der Deportierten in dieser Stadt. Die jungen Mädchen wurden vergewaltigt und den arabischen Nomaden der Umgegend überlassen. Die Kinder wurden in den Fluß geworfen. Weder Krankheit noch Unschuld wurde geschont. *Aly Sound Bey, dieser seltene türkische Beamte, hatte etwa Tausend Waisenkinder in einem großen Hause untergebracht und gab ihnen auf Kosten der Munizipalität ihren Unterhalt. Sein Nachfolger Zekki Bey warf sie auf die Straße,* und die meisten von ihnen starben wie Hunde vor Hunger und entsetzlichen Entbehrungen. Noch mehr. Die 30000 Armenier, die in Deir-es-Sor waren, wurden in das Gebiet längs des Flusses Chabur, eines Nebenflusses des Euphrat, verschickt. Es ist die schlimmste Gegend der Wüste, wo es unmöglich ist, irgend etwas zum Lebensunterhalt zu finden. *Nach den Nachrichten, die ich eingezogen habe, ist ein großer Teil dieser Deportierten bereits dem Tode erlegen.* Was davon noch übrig ist, wird dasselbe Schicksal erleiden. –

SCHLUSS

Ich glaube, daß sich gegenwärtig noch 15 000 Armenier auf der Strecke zwischen Meskene und Deir-es-Sor, wenn man von Rakka kommt, befinden. Wie ich bereits gesagt habe, bleibt diesen Unglücklichen, Verlassenen, Mißhandelten, die jeder Möglichkeit, sich Nahrung zu verschaffen, beraubt sind, nichts anderes übrig als Hungers zu sterben. Der Winter, die Kälte, die Nässe, werden die Zahl der Opfer, die der Hunger fordert, vermehren. Sie könnten immer noch etwas zu essen finden, wenn auch zu sehr hohen Preisen, wenn sie Geld hätten. Es ist wahr, die Schwierigkeiten, ihnen Geld oder Hilfe zu bringen, sind groß. Die größte ist der böse Wille der türkischen Behörde. *Gleichwohl ist es immer noch möglich, ihnen auf indirektem Wege Hilfsmittel zukommen zu lassen, die aus den verschiedenen Konzentrationslagern verteilt werden könnten,* um ihnen ein zureichendes Quantum von Mehl zu verschaffen. Wenn ihnen keine Hilfe geschickt wird, sind die Unglücklichen zum Tode verurteilt. Wird ihnen Hilfe zuteil, so kann man hoffen, daß viele dieser Unglücklichen noch bis zum Friedensschluß, der allein ihr Schicksal wenden kann, am Leben erhalten werden können.

Die Pflicht der deutschen Christenheit, der Vernichtung des ältesten Christenvolkes entgegenzuwirken, kann nicht geringer sein als die Pflicht der Christen anderer Länder, welche schon während des Krieges tatkräftig Hand angelegt haben und an ihrem Teile an dem großen Rettungswerke tätig sind.

Die oben erwähnten Schwierigkeiten bei der Hilfeleistung bestehen heute nicht mehr. Die Überweisung von Mitteln, die Beschaffung von Brotgetreide für die Hungernden, die Darreichung von Kleidung für die Nackenden, die ärztliche Hilfe für die Kranken und Entkräfteten durch die Hand zuverlässiger Mitarbeiter im Notstandsgebiete ist uns möglich. Während des Krieges standen tausende hilfsbedürftiger Kinder und bedrängter Witwen mit hungernden Kindern in unserer Fürsorge. Für den jämmerlichen Rest des alten Christenvolkes müssen wir sorgen. Schnelle Hilfe ist doppelte Hilfe. Dr. JOHANNES LEPSIUS

Potsdam, Weihnachten 1918
Roonstraße 13

Bericht aus den Armenischen Hungerlagern.
Potsdam 1918.

★

From: Crescent and Iron Cross

In compiling the following pages I have had access to certain sources of official information, the nature of which I am not at liberty to specify further. I have used these freely in such chapters of this book as deal with recent and contemporary events in Turkey (...)

Fresh items of news respecting internal conditions in Turkey are continually coming in, and if one waited for them all, one would have to wait to the end of the war before beginning to write at all on this subject. But since such usefulness as this book may possibly have is involved with the necessity of its appearance before the end of the war, I set a term to the gathering of material, and, with the exception of two or three notes inserted later, ceased to collect it after June 1917. But up to then anything that should have been inserted in surveys and arguments, and is not, constitutes a culpable omission on my part. E. F. BENSON

(...) The comparatively humane neglect of the unfortunate alien peoples herded within the frontiers of earlier Sultans was improved upon by Abdul Hamid, who struck out the swifter and superior methods of maintaining the dominating strenght of the Turkish element in the kingdom not by the absorption of subject peoples, but by their extermination. This in turn, this new and effective idea, served as a first sketch of an artist with regard to his finished picture, and starting with that the Nationalist party enlarged and elaborated it into that masterpiece of massacre which they exhibited to the world in the years 1915 and 1916 of the Christian Era, when from end to end of the Empire there flashed the signal for the extermination of the Armenian race. (...) Perhaps a few thousand innocent men might suffer the inconvenience of having their nails torn out, of being bastinadoed to death, of being shot, burned or hanged, perhaps a few thousand girls and women might die by the wayside in being deported to 'agricultural colonies,' might fall victims to the lusts of Turkish soldiers, or have babes torn from their wombs, but these paltry individual pains signified nothing compared to the national duty of 'suffering the state to run no risks'. As one of this party of Union and Progress said, 'The innocent of to-day may be the guilty of to-morrow,' and it was therefore wise to provide that for innocent and guilty alike there should be no to-morrow at all. Years before the statesmanship of Abdul Hamid had prophetically foreseen the dawning of this day, when he remarked 'The way to get rid of the Armenian question is to get rid of the Armenians', and temporarily for twenty years he did get rid of the Armenian question. But when, in 1915, Talaat Bey completed his arrangements for a further contribution to the solution of the same problem, he said, 'After this, there will be no Armenian question for fifty years.' As far as we can judge, he rather under-estimated the thoroughness of his arrangements. (…)

Turkism, as administered by Abdul Hamid first, then, far more efficiently, by Enver Pasha and Talaat Bey, has solved the Armenian question.

The history of its solution falls under two heads, of which the first concerns the manner in which it was solved in Armenia itself, where the population was almost exclusively Armenian, both in towns and in the country. Here the eastern and northeastern frontiers of Turkey, across which lie the province of Russian Trans-Caucasia and Persia, pass through the middle of districts peopled by men of Armenian blood, and when, in the autumn of 1914, the Turks made their entry into the European War, their eastern armies, operating against Russia, found themselves confronted by troops among whom were many Armenians, while in their advance into the Persian province of Adarbaijan, there were in the ranks of their opponents, Armenians and Syriac Christians. They advanced in fact, in the first weeks of the war, into a country largely peopled with men of the same blood as those on their own side of the frontier. Though the edict had not yet come from Constantinople for the massacre of the Armenians (Talaat Bey did not complete his arrangements till the following April), the slaughter of them began then, first in the advance of the Turkish armies, and following on that movement, which lasted but a few weeks, in their subsequent retreat before the Russians. All villages through which the Turkish armies passed were plundered and burned, all the inhabitants on whom the Turks could lay their hands were killed. Sometimes women and children were given to the Kurds, who formed bands of irregular troops in conjunction with the Turkish army, and these were outraged before they were slaughtered. A price was put on every Christian head, and in the Turkish retreat the corpses were thrust into the wells in order to pollute them. The excuse for this, as given by German apologists (not apologists, perhaps, so much as supporters and adherents of the policy), was that since behind the Turkish lines the country was populated by a race of the same blood as that through which they advanced, and then retreated, extermination was necessary in order to prevent or to punish treachery and collusion. But I have been nowhere able to find that there were instances of such, nor that the Turks put forward that excuse themselves. Indeed it would have been an unnecessary explanation, for but a few months after the opening of the war, Talaat Bey's plans were complete, and the extermination of Armenians hundreds of miles from any sphere of military operations rendered it needless to say anything about it, or to invent instances of treachery if there were actually none to hand.

Simultaneously the massacre of Armenians behind the Turkish lines began. The whole male population of the district round Bitlis was murdered, so too were all males in Bitlis itself. Then all women and children were driven in, as a herdsman might drive sheep, from the reeking villages round, and, for purposes of convenience, concentrated in Bitlis. When they were all collected, they were driven in a flock to the edge of the Tigris, shot, and the corpses were thrown into the river. That was the solution of the Armenian question in Bitlis.

North-west of Bitlis, and some sixty miles distant, lies the town of Mush. It used to contain about 25,000 Armenian inhabitants, and in the district round there were some three hundred villages chiefly consisting of Armenians. Arrangements were on foot for a general massacre there when the arrival of Russian troops at Liz, some fifteen hours' march away, caused the execution of it to be put off for a while, and up till July a few folk only had been shot, and a few beaten to death, as a warning to those treacherously inclined. Then the Russians, in the face of superior forces, had to retire again, and the massacres were put on a systematic footing. (...)

Northward from Mush and Bitlis lies the province of Erzerum, with the town of the same name, that contained in the autumn of 1914 some 20,000 Armenians. Here the first hint of coming trouble was the order that all Armenian soldiers serving in Turkish ranks should be disarmed. This was followed in June by another order that all the inhabitants of the hundred villages in the district should leave their homes at two hours' notice. They numbered between 10,000 and 15,000 persons. Of these a few took refuge with friendly Kurds, but of the remainder a few only lived to reach Erzinjan, where they were again deported, and the rest were murdred as they marched. In Erzerum itself orders were received by Tahsin Bey, the Vali of the town, that all Armenians were to be killed without distinction of age or sex. He refused to carry this order out, but his unwillingness was overruled. Simultaneously, the German Consul telegraphed protests to his Ambassador at Constantinople, and was told that Germany could not interfere in the internal affairs of Turkey.

Here the method employed was deportation: the victims were murdered, not in the town itself, but were given orders to leave their homes, and under guard march (for no conveyances were given them) to other districts. The first company was to go to Diarbekr. All these, with the exception of one man and forty women, were murdered on the first day's march. The remainder reached Kharput, which was another station or collecting place for the deported. (...)

And so the ghastly record went on all over Armenia. At one place only, the town of Van, was any resitance organised. There, after the massacre had begun, some 1500 Armenians got hold of arms (probably many of these men were soldiers who had not yet had their arms taken from them), and for the space of twenty-seven days defended themselves against five thousand Turkish troops, till the Russian advance relieved them. During that advance Armenian refugees, into whose districts the massacres had not yet penetrated, fled for refuge to the invading army, and in all some 250,000 Armenians under its protection crossed in safety the Russian frontier into Trans-Caucasia. How many died on the way from hunger and exhaustion is not known. Cholera, dysentery, and spotted fever broke out among them, and the path of their passage was lined with dead and dying. Companies of Kurds made descents upon them, taking toll of their maidenhood, but, with the Russian line to protect them at their rear, they struggled on out of the cemetery and brothel of their native country, and out of the accursed confines of that hell on earth, the Ottoman Empire, leaving behind them the murdered myriads of their husbands and their sons, their violated wives and daughters. Through incredible hardships they passed, but, unlike the other pilgrimages we have briefly traced, they moved not towards death, but towards safety and life, and their dark steps were lightened with Hope.

Before the last of those who survived the hunger and the pestilence of that pilgrimage had reached Russian soil, it is probable that in all Armenia there was not a man of their race left alive, nor a woman either unless she had accepted Islamism and the life of the harem. A peaceful and progressive nation had been wiped out with every accompaniment of horror and cruelty and bestial lust, and in Armenia itself there would never more be an Armenian question. (...)

E. F. Benson: Crescent and Iron Cross.
London, New York 1918, Preface p. V–VII, pp. 60–63/66–70/75–76/80–81.

★

Offener Brief an Woodrow Wilson

Berlin, Januar 1919

Herr Präsident!
Verschließen Sie Ihre Ohren nicht, weil ein Unbekannter zu Ihnen redet. In Ihrer Botschaft an den Kongreß vom 8. Januar des vergangenen Jahres haben Sie die Forderung der Befreiung aller nichttürkischen Völker des osmanischen Reiches aufgestellt. Zu diesen Völkern gehört ohne Zweifel auch das armenische. Diese Nation ist es, für die ich rede.

Als einer der wenigen Europäer, die ihren furchtbaren Untergang von seinem ersten Beginn in den blühenden Städten, auf den fruchtbaren Äckern Anatoliens bis zu der Vernichtung ihrer kläglichen Reste an den Ufern des Euphrats, in den Steinöden der mesopotamischen Wüste mit eigenen Augen erlebt hat, wage ich es, mir das Recht zuzuerkennen, diese Bilder der Not und des Entsetzens vor Ihnen heraufzurufen, die fast durch zwei Jahre an meinen Blicken vorübergingen und die mich nie mehr verlassen werden. Ich tue dies in dem Augenblick, da die Ihnen verbündeten Regierungen sich rüsten, die Friedensverhandlungen in Paris zu beginnen, die über das Schicksal der Welt für viele Jahrzehnte entscheiden werden. Aber das armenische Volk ist nur ein geringes unter vielen; die Zukunft größerer und ruhmreicherer Staaten steht zur Verhandlung. Da liegt es nahe, daß die Bedeutung einer kleinen, so auf das äußerste geschwächten Nation von den gewaltsamen und selbstsüchtigen Zielen der großen europäischen Staaten zurückgedrängt oder beiseite geschoben wird, daß sich so für Armenien das gleiche Spiel der Nichtachtung und des Vergessens wiederholt, das ihm im Laufe der Geschichte so oft widerfuhr. Dies aber wäre auf das tiefste zu bedauern; denn keinem Volke der Erde ist je ein Unrecht geschehen wie dem armenischen. Es ist eine Frage des Christentums, es ist eine Frage der ganzen Menschheit.

Das armenische Volk als solches war nicht an diesem Feldzuge beteiligt, es war ihm nicht einmal die Möglichkeit gegeben, handelnd in ihn einzugreifen. Es war ein Opfer dieses Krieges. Als die türkische Regierung im Frühjahr 1915 an die Ausführung ihres unfaßbaren Planes ging, zwei Millionen Armenier vom Erdboden auszurotten, da waren die Hände ihrer europäischen Brüder Frankreichs, Englands und Deutschlands vom eigenen unseligen Blute feucht, das sie in der traurigen Blindheit ihres Mißverständnisses in Strömen vergossen, und niemand hinderte die finsteren Machthaber der Türkei, ihre qualvollen Folterungen zu beenden, deren Ausführung man in der Tat nur der Handlung eines wahnsinnigen Verbrechers vergleichen kann. So haben sie ein ganzes Volk, Männer, Frauen, Greise, Kinder, schwangere Mütter, unmündige Säuglinge in die arabische Wüste getrieben mit keiner anderen Absicht als der – sie verhungern zu lassen. In Europa gewöhnte man sich seit langem daran, Sibirien als eines der unwirtlichsten Länder der Erde zu betrachten, in dem zu leben als die härteste Strafe gilt. Und doch gibt es in diesem Lande noch fruchtbare Äcker, weht trotz der Kälte des Winters eine gesunde Luft. Was aber ist Sibirien gegen die mesopotamische Steppe? Ein Land breitet sich, ohne Gras, ohne Bäume, ohne Vieh, voll spärlichen Krauts, ohne Menschen, die auch nur den Schatten eines Mitleids haben, graue Ebenen voll Lehm auf viele Meilen, kahle Wüsten von Felsen und Stein, zerfallene Ufer, auf die die Glut einer unbarmherzigen Sonne herabfällt, endlose Regen im Herbst und die Kälte der Winternächte mit Frost und eisigem Reif. Abseits seiner zwei großen Flüsse gibt es kein Wasser. Die wenigen kleinen Dörfer reichen kaum aus, um eine Hand voll arabischer Beduinen zu nähren, die in ihrer kümmerlichen Armut jeden Fremden als ein willkommenes Wild betrachten. Aus ihren Wohnsitzen, die sie länger als zweitausend Jahre inne hatten, aus allen Teilen des Reiches, aus den steinernen Pässen des Hochgebirges bis an die Küsten der Marmara und den Palmenvasen des Südens, trieb man sie in diesen trostlosen Kessel zusammen mit der Entschuldigung, die jedem menschlichen Empfinden Hohn spricht, nichts zu tun, als ihnen andere Wohnsitze anzuweisen; metzelte die Scharen ihrer Männer in Massen nieder, stürzte sie mit Ketten und Seilen aneinandergefesselt in den Fluß, rollte sie mit gebundenen Gliedern die Berge hinab, verkaufte ihre Frauen und Kinder auf den öffentlichen Märkten oder hetzte Greise und Knaben unter tötlichen Bastonaden auf die Straßen für Zwangsarbeit. Nicht genug damit, seine verbrecherischen Hände so für alle Zeiten beschmutzt zu haben, jagte man das Volk, seiner Häupter und Wortführer beraubt, aus den Städten, zu jeder Stunde des Tages und der Nacht halb nackt aus den Betten, plünderte seine Häuser, verbrannte die Dörfer, zerstörte die Kirchen oder verwandelte sie in Moscheen, raubte sein Vieh, nahm ihnen Esel und Wagen, riß ihnen das Brot aus den Händen, die Kleider von den Gliedern, das Gold aus den Haaren und aus dem Mund. Beamte, Offiziere, Soldaten, Hirten wetteiferten in ihrem wilden Delirium des Blutes, schleppten die zarten Gestalten der Waisenmädchen zu ihrem tierischen Vergnügen aus den Schulen, schlugen mit den Knüppeln auf hochschwangere Weiber oder Sterbende ein, die sich nicht weiter schleppten, bis die Frau auf der Landstraße niederkommt und verendet und der Staub sich unter ihr in einen blutigen Schlamm verwandelt. Reisende, die die Straßen entlang fuhren, wandten ihre Augen entsetzt von diesen Wanderzügen teuflischer Grausamkeit, um in ihren Herbergen die neugeborenen Kinder in den Mist der Höfe gebettet zu finden und die Wege mit abgehackten Knabenhänden bedeckt, die sie flehentlich zu ihren Peinigern erhoben hatten. Karawanen, die bei ihrem Aufbruch in der Heimat Hocharmeniens mehrere Tausende von Köpfen umfaßten, zählten bei ihrer Ankunft an den Stadtgrenzen Aleppos nur noch wenige Hunderte, während die Felder mit angeschwollenen und schwarz gewordenen Leichen besät waren, die die Luft mit ihrem Geruch verpestend, geschändet, nackt und ihrer Kleider beraubt, umherlagen oder Rücken an Rücken gefesselt den Euphrat hinabtrieben, den Fischen zum Fraß. Zuweilen streuten Gendarmen zum Hohn ein wenig Mehl in die abgezehrten Hände der Hungernden, das sie begierig ableckten, und das nur die Wirkung hatte, ihren Tod hinauszuziehen. Aber auch vor den Toren Aleppos ließ man ihnen keine Ruhe, jagte aus unbegreiflichen Gründen des Krieges, die niemand verteidigen kann, ihre zusammengeschrumpften Horden mit bloßen Füßen unermüdlich über Hunderte von Meilen auf sonnendurchglühten Straßen, durch steinerne Schluchten, weglose Hügel, von Krankheit und Fieber geschüttelt, zu halbtropischen Sümpfen, in die Öde des Nichts. Hier starben sie, von Kurden erschlagen, von Gendarmen beraubt, erschossen, erhängt, vergiftet, erdolcht, erdrosselt, von Seuchen verzehrt, ertränkt, erfroren, verdurstet, verhungert, verfault, von Schakalen angefressen. Kinder weinten sich in den Tod, Männer zerschmetterten sich an den Felsen, Mütter warfen ihre Kleinen in die Brunnen, Schwangere stürzten sich mit Gesang in den Euphrat. Alle Tode der Erde, die Tode aller Jahrhunderte starben sie. Ich habe Wahnsinnige gesehen, die den Auswurf ihres Leibes als Speise aßen, Frauen, die den Leib ihrer neugeborenen Kinder kochten, Mädchen, die die noch warme Leiche ihrer Mutter sezierten, um das aus Furcht vor den räuberischen Gendarmen verschluckte Gold aus den Därmen der Toten zu suchen. In zerfallenen Karawansereien lagen sie zwischen Haufen von Leichen und Halbverwesten teilnahmslos da und warteten auf den Tod; denn wie lange konnten sie ihr elendes Dasein damit fristen, sich Körner aus dem Mist der Pferde zu suchen oder Gras zu essen? Das alles aber ist nur ein Bruchteil von dem, was ich selbst gesehen habe, was Bekannte oder Reisende mir erzählten, oder was ich aus dem Munde der Vertriebenen selber vernahm.

Herr Präsident, wenn Sie jene furchtbaren Kataloge des Grauens durchblättern, die Lord Bryce in England, Johannes Lepsius in Deutschland über diese Ereignisse gesammelt haben, so werden Sie sehen, daß ich nicht übertreibe. Wenn ich aber annehmen darf, daß diese Bilder des Entsetzens, von denen alle Welt außer in Deutschland gehört hat, das man auf das schändlichste belog, sich bereits in Ihren Händen befinden, mit welchem Recht beschwöre gerade ich sie herauf? Ich tue das mit dem Recht der menschlichen Gemeinschaft, mit der Pflicht eines heiligen Versprechens. Als ich in der Wüste durch die Flüchtlingslager der Vertriebenen ging, als ich in ihren Zelten mit den Hungernden und Sterbenden auf ihrer Matte saß, da fühlte ich ihre flehenden Hände in den meinen, da beschwor mich die Stimme ihrer

Priester, die viele Hunderte von Toten auf ihrer letzten Reise in das Grab gesegnet hatten, für sie zu bitten, wenn ich wieder in Europa wäre. Aber das Land, in das ich heimkehrte, ist ein armes Land; Deutschland ist eine besiegte Nation. Mein eigenes Volk ist dem Hunger nahe, Elende und Arme bedecken die Straßen. Soll ich ein Volk, das vielleicht bald nicht in der Lage ist, sich selber zu retten, um Hilfe bitten für ein noch ärmeres? Die Stimme des Gewissens und der Menschlichkeit wird niemals schweigen in mir, und darum spreche ich diese Worte zu Ihnen. Dieses Schreiben ist ein Vermächtnis. Es ist der Mund von tausend Toten, der aus mir redet.

Herr Präsident, das Unrecht dieses Volkes ist maßlos gewesen. Ich habe alles gelesen, was über diesen Krieg geschrieben wurde, ich habe die Greuel aller Länder dieser Erde verfolgt, die furchtbaren Metzeleien aller Schlachten, die von den Torpedos zerrissenen Schiffe, die von den Flugzeugen auf die Städte herabgeworfenen Bomben, die abscheulichen Ermordungen in Belgien, das Elend der französischen Flüchtlinge, die entsetzliche Not der verschleppten Deutschen und Gefangenen in Sibirien, die grauenvollen Krankheiten und Seuchen in Rumänien. Hier aber gilt es ein Unrecht wieder gutzumachen, wie es keines dieser Völker erlitt, nicht das französische, nicht das belgische, nicht das englische, nicht das russische, nicht das serbische, nicht das rumänische und auch nicht das deutsche, das doch so viel in diesem Kriege erdulden mußte. Nur die wilden Völker des Altertums haben vielleicht annähernd ein ähnliches Schicksal ertragen. Hier aber handelte es sich um eine Nation von hoher Kultur, von reicher und ruhmvoller Vergangenheit, von unvergeßlichen Verdiensten um die Werke der Kunst, Literatur, Wissenschaft, mit zahlreichen bedeutenden und geistvollen Männern, voll tiefer Religion, voll erhabenem Priestertum, ein christliches Volk, dessen Anhänger über die ganze Erde zerstreut sind, von denen manche viele Jahre in Ihrem Lande gelebt hatten, Herr Präsident, und die alle Sprachen der Erde kannten, dessen Frauen und Töchter wohl eher gewöhnt waren, in einem Schaukelstuhl vor einem reinlich gedeckten Tische zu sitzen, als um ein Erdloch in der Wüste zu kauern, kluge Kaufleute, Ärzte, Gelehrte, Künstler, aufrechte und glückliche Bauern, die das Land fruchtbar machten, und deren einzige Schuld es war, wehrlos zu sein, eine andere Sprache zu sprechen, und als die Kinder eines anderen Glaubens geboren zu sein. Jeder, der die Vorgänge dieses Krieges in Anatolien kennt, der das Schicksal dieser Nation mit offenen Augen verfolgt hat, weiß, daß alle jene Beschuldigungen, die man mit Weisheit und vieler Mühe gegen die armenische Rasse erhob, nichts sind als eine Abscheu erregende Verleumdung ihrer gewissenlosen Machthaber, die sie zum Schutze ihrer rasenden und brutalen Gewalt erfanden, die sich mit dem Geist der Wahrhaftigkeit und des Menschentums niemals vereinen lassen. Aber selbst wenn alle diese Vorwürfe auf Wahrheit beruhen sollten, würden sie niemals jene grauenhaften Taten rechtfertigen, die man gegen Hunderttausende Unschuldiger begangen hat. Ich klage nicht den Islam an; der Geist jeder großen Religion ist edel, und die Handlung manchen Mohammedaners hat uns die Augen vor den Taten Europas niederschlagen lassen. Ich klage nicht das einfache Volk dieses Landes an, dessen Seele von tiefer Sittlichkeit erfüllt ist; aber ich glaube nicht, daß die Kreise seiner führenden Herrenkaste jemals im Laufe der Geschichte fähig sein werden, es glücklich zu machen, nachdem sie unseren Glauben an ihre Kulturfähigkeit so tief zerstörten, und die Türkei das Recht, sich selbst zu regieren, für alle Zeiten verwirkt hat.

Herr Präsident, Sie werden mir die Unparteilichkeit meiner Stimme glauben, wenn ich als Deutscher zu Ihnen darüber rede, als der Angehörige eines Volkes, das auf das Tiefste mit der Türkei befreundet war, dem man infolge dieser Freundschaft in ungerechtester Weise die Mitschuld an diesen mörderischen Menschenjagden vorgeworfen hat. Das deutsche Volk hat nichts von diesem Verbrechen gewußt. Wenn seine Regierung, die zu allen Zeiten in heftigster Leidenschaft gegen das Unfaßbare dieser Vorgänge protestiert hat, eine Schuld trifft, so ist es die der Unkenntnis der türkischen Psyche und menschlicher Rücksicht gewesen, in Angst und Sorge um die Zukunft ihres eigenen Volkes zu leben. Ich verschweige es nicht: auch Schwäche ist eine Schuld im Leben der Völker. Aber der bittere Vorwurf, die unverzeihliche Möglichkeit dieser Austreibung hervorgerufen zu haben, trifft sie nicht allein. Im Berliner Vertrage vom Juli 1878 hat ganz Europa die heiligsten Garantien übernommen, die Ruhe und Sicherheit des armenischen Volkes zu schützen. Aber hat es jemals dieses Versprechen eingelöst? Selbst die Massenmorde Abdul Hamids haben es nicht zur Besinnung gebracht, und in blinder Begierte verfolgte es die Ziele seines Eigennutzes, nicht gewillt, sich zum Beschützer eines unterdrückten Volkes zu machen. In den Waffenstillstandsbedingungen zwischen der Türkei und den Ihnen verbündeten Völkern, die von den Armeniern der ganzen Erde mit fieberhafter Spannung erwartet wurden, ist die armenische Frage nur kurz berührt worden. Soll sich dieses unwürdige Spiel ein zweites Mal wiederholen und die Armenier wieder die enttäuschenden Lehren aus der Vergangenheit ziehen? Die Zukunft dieses kleinen Volkes darf nicht zurücktreten hinter den selbstsüchtigen Plänen und Ansprüchen der großen Staaten: Herr Präsident, retten Sie die Ehre Europas!

Der Rat der russischen Volkskommissare hat den Armeniern das Recht der freien Selbstbestimmung zuerkannt, ihre Nationaldelegierten in Paris haben die Unabhängigkeit Armeniens proklamiert. Aber bei der Anerkennung dieses Rechtes dürfen es die Völker nicht bewenden lassen; denn die armenischen Gebiete der Türkei sind ein menschenverödetes Land, in das zwei Drittel seiner Bewohner niemals zurückkehren werden. Es würde einen nie wieder gutzumachenden Fehler bedeuten, wenn die armenischen Gebiete Rußlands nicht für immer von diesem Reiche gelöst würden, um mit den armenischen Provinzen Anatoliens und Ziliziens zu einem gemeinsamen Lande vereint zu werden, das von jeder türkischen Herrschaft befreit, seinen Ausgang zum Meere hat. Nur so wäre die Möglichkeit eines Ausgleiches gegeben, nicht nur die zahlreichen Flüchtlinge jenseits der russischen Grenze zurückzuführen auf ihre Scholle, sondern auch die verödeten Städte und Dörfer neu zu beleben. Es genügt nicht, Herr Präsident, daß Sie das Elend dieses Volkes kennen. Es genügt nicht, daß Sie ihm einen Staat geben, dessen Häuser zerstört, dessen Felder verwüstet, dessen Bürger ermordet sind. Die Erschöpfung dieses Landes ist so groß, daß es sich aus eigener Kraft nicht wieder emporraffen kann. Der Handel ist niedergebrochen, das Handwerk, die Industrie ohne Arbeit. Das Kapital, das an Menschen vernichtet wurde, kann niemals ersetzt werden. Die unermeßlichen Reichtümer, die die grausamen Machthaber dieses Landes in ihrer unersättlichen Gier aus den

Schätzen der Vertriebenen angehäuft haben, sind nur ein geringes Pfand. Viele Tausende von Armeniern wurden mit Gewalt zum Islam bekehrt, Tausende von Kindern sind verschleppt und Tausende von Frauen geraubt und in türkischen Harems zu Sklavinnen gemacht worden. Ihnen allen muß die unverbrüchliche Versicherung ihrer Rückkehr in die Freiheit gegeben werden. Alle Opfer der Verfolgung, die ihre Heimat betreten, die zwei Jahre und mehr in der Wüste gelebt haben, müssen an Reichtümern und Gütern, die sie verloren, entschädigt, alle Waisen erzogen werden. Wessen dieses Volk bedarf, das ist die Liebe, die es so lange entbehrt hat. Das ist die Erkenntnis der Schuld unserer aller.

Herr Präsident, für mein eigenes Volk zu bitten, verbietet mir der Stolz. Ich zweifle nicht, daß es aus der Fülle seines Schmerzes die Kraft gewinnen wird, sich opfernd mitzuwirken an der künftigen Erlösung der Welt. Für die armenische Nation aber, die so furchtbar gedemütigt wurde, wage ich einzutreten; denn wenn sie auch nach diesem Kriege nicht die Genugtuung ihrer furchtbaren Leiden erfahren sollte, wird sie für immer verloren sein. Mit der Inbrunst dessen, der die unausdenkbare Schmach seiner Leiden an der eigenen gefolterten Seele erfuhr, erhebe ich die Stimme jener Elenden, deren verzweifelte Klagen ich hilflos hören, deren grauenvollen Tod ich ohnmächtig beweinen mußte, deren Knochen die Wüsten des Euphrats bedecken und deren Beine noch einmal Fleisch werden in meinem Herzen und mich mahnen zu Ihnen zu reden. Schon einmal habe ich an die Tür des amerikanischen Volkes geklopft, als ich die Bittbriefe der Vertriebenen aus den Flüchtlingslagern von Meskene und Aleppo auf Ihre Botschaft nach Konstantinopel brachte und ich weiß, daß dies nicht vergeblich gewesen ist. Ich schmeichle mir nicht, jemals eine Antwort auf diesen Brief zu erhalten; aber wenn Sie, Herr Präsident, die erhabene Idee, den unterworfenen Völkern Hilfe zu bringen, in der Tat zur Richtschnur Ihrer Politik gemacht haben, so werden Sie nicht verkennen, daß auch aus diesen Worten eine machtvolle Stimme spricht, die einzige, die das Recht hat, zu allen Zeiten gehört zu werden, die Stimme der Menschlichkeit.
ARMIN T. WEGNER

Armin T. Wegner: Offener Brief an den Präsidenten der Vereinigten
Staaten von Nord-Amerika, Herrn Woodrow Wilson, über die
Austreibung des armenischen Volkes in die Wüste.
Berlin 1919.

★

Aus: Die Schweiz und Armenien

Von 1895 bis 1915

> Ein reiner und unbefleckter Gottesdienst vor Gott dem Vater ist der: die Witwen und Waisen in ihrer Trübsal besuchen... Jak. 1, 27

Seit den in den Jahren 1894 bis 1896 durch Abdul Hamid veranlassten grossen Massakres hat die Schweiz ihre Teilnahme dem armenischen Volke gegenüber unablässig bezeugt. Als die schrecklichen Nachrichten aus dem Orient eintrafen, reichte das Schweizer Volk, durch zahlreiche Versammlungen aufgeklärt, dem hohen Bundesrat eine mit 430000 Unterschriften bedeckte Petition ein, welche die Bitte um eine Intervention zugunsten dieses verfolgten christlichen Volkes enthielt.

„Wenn die Mächte nichts tun, so würde das für sie, für Europa, für die Christenheit, für die Zivilisation ein beschämender Bankerott sein."

Der diese Worte schon am 28. Dezember 1893 schrieb, war der Journalist Albert Bonnard. Er gehörte zu den ersten und scharfsinnigsten Verteidigern der armenischen Sache. Wenn er als einer der Initianten der Bewegung Pro Armenia zu gelten hat, so muss Herr Prof. Georges Godet von Neuenburg als erster Organisator derselben angesehen werden. Ihm gelang es, da und dort Hilfskomitees zu gründen, die sich in der Folgezeit zur *„Konferenz der schweiz. Hilfskomitees für Armenien"* zusammenschlossen. Der Sitz dieser Konferenz war Neuenburg. Die Leitung bestand aus den Herren Georges Godet, Präsident, Pfarrer Hugendubel, Bern, und Leopold Favre in Genf. Ihre Tätigkeit erstreckte sich vorerst auf Geldsendungen für Ernährung und Bekleidung der Bevölkerung, Wiederaufbau der Häuser, Ersetzung der landwirtschaftlichen und industriellen Werkzeuge, Ankauf von Sämereien, Unterstützung von Spitälern usw., dies alles durch Vermittlung der amerikanischen Missionare, welche an den wichtigsten Punkten des Landes tätig waren.

Dann schuf man weiterhin ein dauerndes Werk des Schutzes und der Erziehung der gesammelten Waisen in den verschiedenen Waisenhäusern Kleinasiens, wovon die einen von Amerikanern, die andern von Schweizern gegründet und geleitet wurden unter der moralischen und finanziellen Verantwortung der Konferenz.

Der Bericht vom März 1898 gibt folgende Einzelheiten: „Brussa 25 Waisenmädchen, Bardezag 21 Waisen, Marsowan 12, Sivas und Gürün 230, Marasch-Zeitun 37, Arabkir 23, Aïntab 5, Smyrna 9, Jerusalem 16; total der aufgenommenen Waisen: 380. Ausserdem werden durch uns ca. 200 Waisen unterhalten, welche in Waisenhäusern oder Familien in Gürün, Marasch, Zeitun und Arabkir untergebracht sind."

Nachdem die Kinder grösser geworden waren und sich ihren Lebensunterhalt meist selbst verdienen konnten, waren die meisten Waisenhäuser entweder geschlossen oder fast entleert. Da brachen 1909 in Cilicien neue Massakres aus. Die Konferenz sah sich deshalb genötigt, aufs neue Kinder aufzunehmen. Sie versorgte deren damals 101. Bei dieser Gelegenheit machte wiederum Herr Leopold Favre eine Reise nach Armenien, um eine direkte Verteilung der Gaben zu ermöglichen.

Dankbar nennen wir hier die Namen einiger Schweizer: Frl. Stucky, Marie und

Lina Zenger, Herr und Frau Felix Margot, dann der Frl. Linder, Reineck, Quintal und Maillefer, welche sich alle für längere oder kürzere Zeit den verschiedenen Waisenhäusern gewidmet haben. Mit tiefer Rührung gedenken wir auch unserer bedauernswerten Frl. Marie Zenger, welche am 23. März 1915 in Erzingjian bei der Pflege verwundeter türkischer Soldaten dem Typhus erlegen ist. Wir erwähnen auch noch die Herren Dr. Hermann Christ und Dr. Andreas Vischer aus Basel nebst Gemahlinnen, die nacheinander in dem schönen Werke des Dr. Lepsius in Urfa gearbeitet haben.

Zum Schluss sei noch bemerkt, dass der Konferenz ein besonderes Komitee angegliedert wurde, das sich speziell mit dem Schutze und der Erziehung armenischer Waisen befasste, die in schweizerischen Familien untergebracht worden waren und heute zum grössten Teile nach Armenien zurückgekehrt oder in der Schweiz naturalisiert sind.

Von 1915 bis 1918

Im Herbste 1915 erhielten mehrere unserer Hilfskomitees durch direkte persönliche Berichte Kenntnis von den neuen Schrecknissen, welche sich in Armenien abspielten. Man veröffentlichte dieselben alsbald. Ein von Konstantinopel kommender Freund der Armenier versicherte, dass durch einen Regierungsbeschluss die systematische Ausrottung der armenischen Rasse durch Massakres und Deportationen erzielt werden solle. Da schien es rätlich, schweizerischer Tradition gemäss, eine allgemeine Hilfsaktion zu unternehmen. Man gründete zu diesem Zwecke das *„Hilfswerk 1915 für Armenien"*. Die Leitung dieses neuen Werkes wurde dem Basler Komitee anvertraut, dessen Präsident Herr Dr. Wilhelm Vischer war. Seine Tätigkeit hatte rein philanthropischen Charakter und bestand in der Sammlung von Gaben und in der Sendung von Geld an die Deportierten, an die Witwen und Waisen. Namhafte Summen wurden durch bekannte Vertrauenspersonen an die unglücklichen, in Mesopotamien und im Kaukasus zerstreuten Opfer verteilt. Das Komitee hat auch intensiv durch die Presse gewirkt, Broschüren veröffentlicht, welche die Schandtaten der türkischen Machthaber in der ganzen Schweiz und über ihre Grenzen hinaus bekannt gemacht haben. Rufen wir auch in Erinnerung zurück, dass im Jahre 1915 ein Appell an die öffentliche Meinung der ganzen zivilisierten Welt erschien, unterzeichnet von 100 Intellektuellen aus allen Teilen der Schweiz.

Am 2. November 1918 wurde ein von den meisten schweizerischen Kirchen und kirchlichen Vereinigungen unterzeichnetes Telegramm an den Präsidenten Wilson gesandt, das ihn dringlich um ein Machtwort zugunsten der sofortigen Befreiung der Armenier ersuchte.

Unsere Komitees haben ständige Beziehungen zu ausländischen Vereinigungen für Armenien unterhalten, namentlich mit denen Englands, Amerikas, Deutschlands und der neutralen Länder. Sie haben sich auch der Armenier in der Schweiz angenommen.

Zu verschiedenen Malen wurden Schritte bei den verantwortlichen politischen Stellen unternommen, um die Wiederholung der verabscheuungswürdigen Behandlung eines Volkes zu vermeiden, die die Geschichte zu den beschämendsten Erscheinungen des Weltkrieges brandmarken wird.

Trotz aller dieser Anstrengungen hat man während der letzten grausamen Jahre unaufhörlich von neuer Zerstreuung und dem Verschwinden ganzer Familien gehört, von der Zerstörung der Dörfer, der Plünderung der Habe, kurz, der Vernichtung des Volkes, das als erstes im Orient das Christentum angenommen hat, das in seiner Geschichte glanzvolle Abschnitte aufweist und das trotz all den vielen Heimsuchungen eine eigenartige und glänzende Zivilisation entfaltet und den Beweis für seinen intellektuellen und moralischen Wert längst geleistet hat.

Als der 11. November 1918 den Waffenstillstand brachte, da erfasste die Armenier, welche im Namen der Menschlichkeit und auf Grund ihrer wertvollen Beteiligung am Kriege auf Seiten der Alliierten auf deren Unterstützung zählen konnten, zuversichtliche Hoffnung. Und wirklich, die armenische Frage wurde auf das Tagesprogramm der Pariser Konferenz gesetzt. Die Verhandlungen haben begonnen. Die Stunde der Befreiung wird schlagen! Unmöglich ist's daran zu zweifeln! Europa wird antworten und die Armenier von dem türkischen Joche befreien, das sie seit Jahrhunderten so hart bedrückte. Bald werden wir ein neues Armenien entstehen sehen mit den nötigen Garantien und dem nötigen Schutze.

Die Schweiz und Armenien. Das schweizerische Liebeswerk in Armenien in seiner Vergangenheit und Zukunft. Zentralkomitee des Bundes der Schweizerischen Armenierfreunde. Genf, März 1919, S. 1–4.

★

Bericht des amerikanischen Roten Kreuzes aus Aleppo

Der „Bund der schweizerischen Armenierfreunde" ist beauftragt worden, dem amerikanischen Roten Kreuz in Aleppo zur Unterstützung der armenischen Waisen und Flüchtlinge, die sich in Hama (Syrien) angesammelt hatten, eine Gabe von Fr. 15 000.– zu überweisen. Er hat daraufhin folgenden Bericht erhalten:

23. April 1919

„Die Lage in Hama hat sich seit meinem Briefe und meinem Telegramm vor ungefähr 6 Wochen gänzlich geändert. Die 6000 armenischen Flüchtlinge, die Waisen eingerechnet, wurden von Hama je 150 im Tag in Militärzügen nach Aleppo verbracht. Von hier werden viele nach Aintab, Marasch und Adana weitergeschickt. Wir behalten in Aleppo diejenigen zurück, deren Heimatort im Innern des Landes liegt, in Regionen, welche noch nicht von den französischen und englischen Truppen besetzt sind. Für die Knaben haben wir ein Lager von 60 großen Zelten mit dem unerläßlichen Bettzeug, Küchengerät, mit Bänken und Tischen ausgerüstet.

Unser Komitee hat nun beschlossen, für die von Ihnen erhaltenen Fr. 15 000.– drei oder vier große Holzbaracken in der Nähe von Hassan Beily zu kaufen, welche früher den deutschen Soldaten als Kasernen dienten. Hassan Beily ist ein schönes Dorf im Amanusgebirge, das schon bei den Massakres von 1905 zerstört, von seiner rührigen Bevölkerung wieder aufgebaut, bei den letzten Deportationen jedoch fast wieder gänzlich dem Erdboden gleichgemacht wurde. Man wird die Holzbaracken in das Dorf transportieren, um darin ein Knabenwaisenhaus zu errichten, dem 3 Amerikaner, 2 Damen und 1 Offizier vorstehen werden. Die Ausführung dieses Projektes ist jedoch noch von der allgemeinen Lage abhängig. Es wird sich in der Türkei kaum ein günstigerer Ort als Hassan Beily finden, sowohl in gesundheitlicher Hinsicht als auch mit Rücksicht auf die Bebauung des Bodens.

In Aintab haben wir ein Zufluchtshaus für Frauen und Töchter eröffnet, die man aus den türkischen Häusern entlassen hat. Wir besitzen daselbst auch ein Waisenhaus für 300 Mädchen. Das Knabenwaisenhaus, das im Jahre 1909 nach den Massakres erbaut wurde und an das die Schweiz so reichlich beigesteuert hat, ist heute mit Neuangekommenen gefüllt. Man lehrt sie dort ein Handwerk und unterrichtet sie in der armenischen Sprache. Die Knaben wünschen nichts sehnlicher als das. Die türkische Sprache war nämlich in Cilicien die vorherrschende, selbst unter den Armeniern.

Wir arbeiten jetzt auch in Urfa, wo es mehr als 1000 Waisen hat.

In Marasch haben wir 5 Waisenhäuser. Trotzdem gibt es dort noch über 2000 obdachlose Kinder, die auf den Straßen umherirren und von den englischen Besatzungstruppen zu essen erhalten.

Antoura ist ein hübsches Dorf im Libanon, 15 km nördlich von Beyrut. Während des zweiten und dritten Kriegsjahres haben die Jungtürken dort über 2000 Armenier- und Kurdenwaisen gesammelt. Man unterrichtete sie in der türkischen Sprache, in der türkischen Geschichte und der mohammedanischen Religion. Keine Spur sollte mehr an ihre armenische oder kurdische Abstammung erinnern. Man gab ihnen türkische Namen und zwang die Kinder, sich allen Riten islamitischen Gesetzes und islamitischer Überlieferung zu unterziehen. Die jüngern Mädchen wurden in die Harems türkischer Notabeln und Offiziere verteilt. Diejenigen Kinder, welche ihrem alten Namen treu blieben oder unter sich mit Wehmut von ihrer entfernten Heimat sprachen, wurden strenge bestraft. Sie durften kein einziges Wort in ihrer Muttersprache mehr hören lassen. Die kleinen Kreuze, welche viele auf sich trugen, wurden zerstört. Jeden Tag starben 3 bis 4, manchmal 6 Kinder. Die nachlässig durchgeführten Leichenfeierlichkeiten vollzogen sich nach mohammedanischem Ritus. Diese Kinder rührten von den unaufhörlichen Zügen hunderttausender von deportierten Armeniern her, welche aus allen Teilen Kleinasiens und Armeniens in die Wüsten Nordmesopotamiens und des Hauran verschickt wurden. Aleppo, Hama, Damaskus und Der-el-Zor waren die hauptsächlichsten Orte, wo sich die Züge anhäuften und wo man nicht ruhte, bis auch das letzte Band zwischen Eltern und Kindern zerschnitten war. Keine Feder vermag den Todeskampf dieses armen Volkes in den Konzentrationslagern zu beschreiben und auch das, was die geretteten Kinder von ihren Leiden erzählen, ist teilweise so schrecklich, daß es schwer wiederzugeben ist. (...)

Mitteilungen über Armenien...
Basel, No. 11, Juli 1919.

De: Histoire du peuple arménien

(...) L'Europe s'était émue de la situation que les Turcs faisaient aux chrétiens et, loin de parvenir par ses remontrances à calmer les colères de la Porte, elle ne fit que de les aviver. Les Turcs ne craignaient plus seulement de voir leurs rayas leur échapper, mais ils redoutaient l'intervention des puissances. Dans tout l'Empire, la sévérité redoubla envers les infidèles. Deux provinces, la Bosnie et l'Herzégovine, s'insurgèrent en 1875 et 1876 et, en décembre de cette dernière année, Lord Salisbury présentait au Gouvernement impérial un mémoire relatif à l'Arménie, qui devint par la suite la base de la *question arménienne*. On était alors à la veille de la guerre turco-russe. En prévision d'événements qui menaçaient de tourner pour les Osmanlis d'une manière fâcheuse, et pour attacher à sa cause les chrétiens de ses frontières asiatiques vers la Russie, le Sultan poussa les Arméniens à réclamer, dans les provinces qu'ils habitaient, une certaine autonomie politique, tout en conservant ces vilayets sous la souveraineté ottomane (novembre 1877), et la Porte semblait fort bien disposée en faveur de cette concession. Mais l'arrivée de l'escadre britannique, en dissipant les craintes de la cour turque, lui permit de revenir sur une décision dictée par la crainte.

Lors du traité de San Stéfano (10 juillet 1878), les plénipotentiaires russes présentèrent un texte relatif à l'Arménie, rédigé sur la demande des Arméniens eux-mêmes, mais les représentants turcs repoussèrent cette demande et, dans la rédaction de l'article 16 de l'instrument diplomatique, la formule «autonomie administrative» fut remplacée par celle de «réformes et améliorations» avec, pour garantie, l'occupation de l'Arménie par les troupes du Tsar; et, au Congrès de Berlin, le Sultan obtint que la clause de garantie fût supprimée. Les Arméniens alors, poussés par le Gouvernement ottoman, demandèrent à ce congrès l'autonomie administrative; alors la diplomatie allemande, d'accord avec le Sultan, ayant fait en sorte que cette demande ne fût pas prise en considération, non seulement tout espoir de réformes fut perdu pour les Arméniens, mais leurs vœux exprimés avec sincérité, inspirés même par la Porte elle-même, excitèrent chez les Turcs de sourdes colères.

Dans le traité de San Stéfano, la Russie bien certainement servait ses propres intérêts; cependant ces intérêts étaient conformes à la justice, à l'humanité, aux aspirations des peuples chrétiens soumis au joug des Turcs. C'était une belle page de l'histoire que les délégués du Tsar venaient de signer, c'était un acheminement vers le démembrement de cet empire musulman qui faisait la honte de l'Europe depuis tant de siècles, le règlement de la question d'Orient au profit des Tsars. Mais la Grande-Bretagne, turcophile par intérêt, et la Double Monarchie, qui depuis Sadowa avait inauguré une nouvelle politique orientale, ne voyaient pas sans déplaisir la suprématie des Moscovites s'établir dans les Balkans; elles imposèrent à la Russie le Congrès de Berlin, et le prince de Bismarck, tout-puissant dans cette réunion, qui méprisait la question d'Orient, subordonna les décisions à ses vues sur la politique générale; c'est ainsi que le traité de Berlin, en faisant perdre à la Russie les avantages de ses victoires, prépara l'alliance franco-russe et attira l'Autriche dans les bras de l'Allemagne, en lui ouvrant la barrière que la diplomatie du Tsar venait d'élever dans les Balkans.

Toutes les puissances se firent charger du contrôle des réformes qui devaient avoir lieu dans l'Empire turc, quant à la situation des populations chrétiennes, et, par suite, la question arménienne cessant d'être une question intérieure, devenait internationale. Or, cet internationalisme ne pouvait que rendre ce contrôle illusoire; c'est ce qu'il en advint.

Le 4 juin 1878, une convention secrète dite de Chypre parce que la Grande-Bretagne recevait cette île du Sultan, mettait l'Angleterre à même d'user de son droit de surveillance des réformes pour arrêter les progrès de l'influence des Russes dans l'Asie Antérieure. A cette époque, ces deux puissances, le léopard et l'aigle à deux têtes, se regardaient avec méfiance sur toutes les frontières de la Turquie, de la Perse et de l'Afghanistan, depuis les rivages du Pont-Euxin jusqu'aux montagnes du Pamir.

(...) Les clauses de cette convention, de même que celles du traité de Berlin concernant la protection des chrétiens en Turquie, ne trouvèrent en réalité aucune exécution, et la situation des rayas, des Arméniens en particulier, empira même de plus en plus à tel point que la situation dans les provinces arméniennes devint très alarmante. En 1880, les six puissances, par une note collective remise à la Sublime Porte, exigèrent l'exécution des réformes promises. La note expliquait en quoi elles devaient consister. La Porte laissa cette note sans réponse et, grâce à l'indifférence de l'Europe, la persécution des Arméniens put être poursuivie. Partout, en Arménie, les Arméniens étaient dépossédés de leurs terres, et dans leur désespoir, ils se soulevèrent à plusieurs reprises. C'est alors qu'eurent lieu les événements de Sassoun (1894) auxquels la Sublime Porte répondit par une répression sanglante et par des massacres. Ces atrocités provoquèrent un mouvement d'indignation en Europe, et la Grande-Bretagne, la France et la Russie exigèrent l'exécution des améliorations que la Turquie s'était engagée, par l'article 61 du traité de Berlin, à introduire dans les provinces arméniennes. Les trois puissances élaborèrent même en 1895 un mémorandum et un projet de réformes. La Porte accepta ce projet sous une forme modifiée, mais, au lieu de l'exécuter, ordonna les grands massacres qui ensanglantèrent l'Arménie tout entière (1895-1896), et qui dépassèrent en horreur tout ce que l'histoire avait enregistré de semblable. (...)

On était alors à la fin de l'année 1895, des officiers partirent de Yildiz-Kiosk, et les exécutions marquèrent, dans les provinces, le passage des messagers impériaux.

Décrire les atrocités qui furent alors commises obligerait à publier un gros volume. (...)

De 1894 à 1896 plus de 200,000 Arméniens trouvèrent la mort. 100,000 furent islamisés de force, plus de 100,000 femmes et jeunes filles furent ravies et envoyées dans les harems. L'Arménie dévastée ne produisant pas de récoltes, le reste de la population souffrit atrocement de la famine. Réfugiés dans les montagnes, cachés dans les lieux inaccessibles, les campagnards assistaient au pillage et à l'incendie de leurs villages qui, par milliers, furent réduits en cendres.

Un immense cri d'indignation s'éleva dans toute l'Europe, répondant aux gémissements des martyrs; mais aucune puissance n'osait intervenir avec l'énergie que réclamaient les circonstances: débarquer un corps expéditionnaire sur les côtes de Turquie était provoquer la guerre européenne: on s'abstint.

L'indignation des Arméniens habitant l'étranger était à son comble. Ils protestèrent à Paris, à Londres, à Rome, à Genève, à Washington, et quelques Arméniens de Turquie se joignant à des jeunes gens venus des Etats-Unis, désespérés, pensèrent à témoigner leur colère et à aider leurs frères en faisant une action d'éclat, capable d'entrainer l'assistance de l'Europe. Au cours de l'été 1896 ils s'emparèrent de la banque ottomane, à Galata, et soutinrent un siège contre la police et les soldats turcs.

Hélas! Cette propagande par le fait ne fut pas entendue en Europe et, dans sa colère, le Sultan ordonna de poursuivre avec plus de rigueur les massacres dans toute l'Arménie. A Constantinople même, sous les yeux des ambassadeurs, 10,000 Arméniens furent lâchement assassinés.

Mais voici qu'en 1909 l'horizon semble s'éclaircir pour les Arméniens; l'armée ottomane, gagnée à la cause des Jeunes Turcs, assiége dans son palais le Sultan qui, cependant, neuf mois auparavant, avait accepté la Constitution, et, bientôt, Abdul-Hamid, arraché de Yildiz-Kiosk, est emprisonné à Salonique. L'Europe entière applaudit à cette punition trop douce cependant du Sultan sanguinaire, et les Arméniens entrevoient la fin de leurs malheurs, l'exécution de ces fameuses réformes qui ont coûté tant de sang. N'ont-ils pas été les collaborateurs des Jeunes Turcs, n'ont-ils pas fait preuve de loyalisme envers le parti de la Turquie libérale? L'élément arménien, qui avait dans une large part contribué au succès de cette révolution, avait tous les droits à recueillir les fruits de ses sacrifices.

Ce qu'on jugeait être l'aurore de la liberté avait causé un délire fou dans toute la Turquie: musulmans, chrétiens et israélites s'abandonnaient à la réconciliation la plus sincère, prêtres et oulémas s'embrassaient dans les rues, salués par les cris enthousiastes de la foule. L'Europe soutenait le mouvement libéral, en envoyant des hommes de valeur pour diriger les pas du jeune Comité «Union et Progrès», devenu maître; elle ouvrait ses caisses, pour lui fournir les moyens de réaliser l'idéal de la Turquie moderne.

Hélas! aux protestations de dévouement des Arméniens, les Jeunes Turcs répondirent, avant même qu'Abdul-Hamid fût détrôné, par les massacres d'Adana qui commencent la série des forfaits les plus épouvantables que jamais l'histoire eut à enregistrer. (...)

En raison de la guerre qui venait d'être déclarée aux puissances de l'Entente, toute la jeunesse chrétienne de l'Empire fut appelée. Mais on ne l'envoya pas sur le front; divisés en escouades de quelques centaines, ces hommes furent employés à la construction et à l'entretien des routes; puis, leur travail achevé, on en exécuta un grand nombre.

Les villes et les villages qui ne renfermaient plus que les vieillards, les femmes et les enfants hors d'état de se défendre, furent alors occupés par la troupe. On mit à mort la plupart des hommes et des enfants mâles; quant au reste de la population, il reçut l'ordre de quitter ses maisons pour se réunir en colonnes de 1,000 à 2,000 personnes, qui furent emmenées en exil. Ces formalités ne s'accomplissaient pas sans sommations d'apostasier et sans que la soldatesque se livrât à tous les excès. Les biens des exilés furent distribués ou vendus à des musulmans pour des prix illusoires.

Les colonnes partirent, escortées par des soldats et par des cavaliers kurdes qui, chemin faisant, se livraient à toutes les brutalités, tuaient suivant leur bon plaisir et vendaient les femmes comme esclaves dans les bourgades rencontrées en cours de route.

Pour cette vente, on procédait encore avec méthode. Dans chaque ville les femmes et les jeunes filles alignées devant le konak étaient offertes aux acheteurs et, le jour suivant, ce qui restait de la colonne reprenait sa marche. Beaucoup de ces malheureux, épuisés par la fatigue et la faim, tombaient de faiblesse sur la route; pour la plupart ils ne se relevaient pas: un coup de lance ou de baïonnette mettait fin à leurs souffrances.

Beaucoup de ces colonnes ont été entièrement massacrées, plus spécialement au lieu dit Kémagh-Boghaz, sur l'Euphrate, en aval d'Erzindjan, mais d'autres gagnèrent, très diminuées, la Mésopotamie où peu à peu elles se décimèrent, sous le rude climat du désert, sans abri, à peine nourries. (...)

Dans toutes les provinces de l'Arménie les massacres furent effroyables, mais les horreurs qui se passèrent à Mouch dépassent en barbarie tout ce qui s'est commis d'atrocités dans les autres villes. «Le jour vint, dit un témoin de ce terrible drame, c'était le 2 juillet 1915, jour de douleur, de malédiction, de terreur pour les malheureux Arméniens. Dès le matin, de bonne heure, les Kurdes et les soldats réguliers parcoururent la ville en poussant de grands cris et se rendaient dans les quartiers arméniens. Ils commencèrent par tuer ceux qui s'y trouvaient encore, depuis le départ de cette colonne de 1,300 personnes qui la veille avait été exterminée. La plupart des habitants, ne se faisant plus d'illusions sur le sort qui les attendait, s'étaient réunis dans les maisons du centre de la ville, où ils se croyaient plus en sûreté. Là, ils étaient groupés par familles, 40, 50, jusqu'à 100 personnes se pressaient dans des chambres étroites, barricadaient les portes, les fenêtres, toutes les issues.

«Bientôt les hurlements se rapprochèrent; la bande des forcenés envahit les rues, tirant des coups de feu, et, armés de haches, les bandits attaquèrent les portes qui volèrent en éclats. Ce fut alors un indescriptible carnage. Les cris de terreur et d'agonie se mêlaient au bruit des coups de hache et aux excitations adressées aux assassins. Les rues s'inondèrent de sang, les cadavres s'entassèrent devant les maisons et sans cesse les Turcs répétaient: «Vour! Vour!» (frappe! frappe!); les Kurdes vociféraient, hurlaient des cris de mort, et ces bêtes féroces passaient de maison en maison, brandissant leurs haches ensanglantées.

«Les malheureux Arméniens, affolés, serrés les uns contre les autres, s'écrasaient, s'étouffaient; on entendait les plaintes et les cris de terreur des femmes. Les enfants étaient piétinés par ceux-là mêmes qui voulaient les sauver.

«Une jeune femme tend à l'un de ces bourreaux son enfant qu'elle portait dans ses bras. «Prends-le, supplie-t-elle, je te le donne; mais ne le tue pas.» Le soldat saisit l'enfant, le jette à terre et d'un seul coup de hache lui tranche la tête; puis, se tournant vers la malheureuse mère, d'un second coup de son arme lui fend le crâne.

«Quelques instants encore, et un silence sinistre succède aux plaintes, aux cris, aux gémissements. Il ne reste plus qu'un monceau de cadavres éventrés, de débris informes et sanglants.

«De différents côtés, s'élèvent vers le ciel des tourbillons de fumée. Ce sont des maisons qui brûlent, remplies d'Arméniens qui vont périr dans les flammes. L'un de ces gens s'échappe, court vers la rivière, les soldats le saisissent, l'arrosent de pétrole et le regardent brûler avec une joie féroce. Plus loin on rit aux éclats devant un enfant de six ans qui, transpercé d'un coup de baïonnette, se tord dans les convulsions de l'agonie. Ici ce sont de malheureuses femmes dont les Kurdes ont ouvert le ventre pour en tirer les enfants. Là, des soldats se battent pour la possession d'une jeune fille que le plus fort emporte pour l'égorger après en avoir abusé.»

La nuit venue, les survivants s'enfuient en foule vers la rivière, espérant la traverser et gagner la campagne. Ils sont pris entre deux feux par les Turcs, et ceux qui s'élancent dans l'eau se noient pour la plupart. La ville était en feu, et le canon ne cessait de tonner, lançant ses projectiles sur le quartier des Arméniens.

Il n'est pas au monde de langue qui soit assez riche, assez colorée pour dépeindre de pareilles horreurs, pour exprimer les souffrances morales et physiques endurées par ces innocents martyrs, avant que le ciel leur eût envoyé l'éternel sommeil. Epaves désespérées d'affreux massacres, témoins de la mort de tous les leurs, des êtres qui leur étaient chers, les privilégiées du sort étaient envoyées dans des camps de concentration et là, soumises à des tortures, à des hontes pires que la mort.

Lors de la prise d'assaut de Constantinople par Mahomet II, 50,000 Grecs sont tombés sous le glaive des barbares et le Sultan a fait cesser le massacre: l'Europe alors en a tressailli d'horreur. Que ne doit-on pas penser aujourd'hui de ce supplice de la nation arménienne qui dure depuis tant d'années, depuis vingt-deux ans (1894–1916), et qui a déjà fait plus d'un million de victimes! (...)

Jacques de Morgan: Histoire du peuple arménien.
Paris 1919, pp. 255–259/ 267–272/ 274–276.

★

Urfa im Sommer 1919

Von Dr. med. Andreas Vischer, Urfa

Als im Herbst 1915 nach erbitterten Kämpfen das Armenierviertel in Urfa eingenommen, viele Männer und Frauen niedergemacht und der Rest deportiert war, gab es eine Zeitlang in Urfa, wenigstens offiziell, keine armenischen Männer und nur wenige Frauen und Kinder mehr. Die armenischen Häuser, die schon durch die Kämpfe stark gelitten hatten, wurden durch die nachfolgende Plünderung noch mehr zerstört. Zum Teil wurden sie nach verstecktem Gut durchwühlt, namentlich aber alles Holzwerkes, der Fensterrahmen, Türen, Läden und Dachbalken, beraubt. So stürzten viele noch nachträglich ein. Ein Teil der Häuser wurde zuerst noch von mohammedanischen Flüchtlingsfamilien bewohnt. Da diese aber, durch Krankheiten und namentlich durch Hunger aufgerieben, allmählich wieder verschwanden, so fielen auch diese Häuser noch der Zerstörung anheim. Nur wenige Gebäude an der

Grenze des Armenienviertels blieben erhalten. Sie wurden von den Türken mit Beschlag belegt.

So bieten die Straßen in dem einst volksreichen Armenierquartier, in dem ich früher an allen Ecken Bekannte grüßte und in dem ich einst so manchen Kranken besucht hatte, ein trostloses Bild. Überall halbzerfallene Mauern, öde Fensterhöhlen, eingestürzte Gewölbe. In einem solchen zeigte mir ein armenischer Knabe noch Schädel erschlagener Armenier, wahrscheinlich die seines Vaters und Onkels, meinte er; er selber sei an dieser Stätte verwundet worden und kaum dem Tode entgangen. Die Straßen sind vielfach durch Schutt und Trümmer gesperrt. Am besten sind noch die Kirchen erhalten, da sie mit soliden Quadern ausgeführte Gewölbebauten sind. Die protestantische Kirche, die den Glockenturm eingebüßt hat, ist wieder hergestellt und dient Kindern des amerikanischen Waisenhauses als Unterkunft. Auch wird Gottesdienst darin abgehalten. Die große gregorianische Kirche, an der zwar nur eine äußere Ecke eingestürzt ist, bietet in ihrem gänzlich ausgeraubten Innern mit aufgerissenem Steinboden noch ein traurigeres Bild. Unter diesen Ruinen trifft man jetzt wieder hie und da Armenier. Man sieht Backöfen im Betrieb, einige Verkaufsläden und hie und da eines der weniger beschädigten Häuser notdürftig eingerichtet. Oft sind nur einzelne Zimmer erhalten und bewohnt. – Woher kommen die Armenier, die sich jetzt in Urfa finden? Da gibt es noch Reste von Deportierten aus anderen Gegenden. Die Armenier aus den Provinzen, die jetzt von Truppen der alliierten Mächte besetzt sind – wir haben anfangs noch Leute aus Brussa, Ismid usw. hier gesehen –, sind wohl jetzt meist mit Unterstützung der Briten in ihre Heimat zurückgekehrt. Noch finden wir hier aber alle aus den Orten, die noch keine ausländische Besatzung haben, in denen die mohammedanische Bevölkerung noch eine drohende Haltung gegen die Armenier einnimmt und in die zu reisen noch mit großen Schwierigkeiten und Gefahren verbunden ist: so aus Kaisaria, Erzerum, Wan, Bitlis, Siwas, Musch, Charput-Mesereh. Diese Armenier, meist Frauen und Kinder, sind zum Teil schon während des Krieges, ein Teil erst nach Abschluß des Waffenstillstandes, als für die Armenier eine bessere Zeit begann, nach Urfa gekommen, ebenso eine Anzahl von Frauen und Kindern, die aus Urfa selber stammen. Alle erzählen ungefähr die gleiche Geschichte. Sie haben in Türkenhäusern, in Araber- und Kurdendörfern, ja selbst unter Beduinen gelebt. Viele Mädchen und Frauen sind Gattinnen von Mohammedanern geworden. Viele haben unsägliche körperliche und seelische Leiden erduldet, andere sind gut und menschenfreundlich behandelt worden. Ein mir wohlbekannter Kurdenagha, bei dem ich einst eine Nacht zu Gaste war, hat z.B. in seinem Gebiet hunderte von Armeniern, darunter sogar Männer, geschützt und gerettet. Wenn seit dem Waffenstillstand auch viele armenische Frauen und Kinder aus mohammedanischen Häusern zu Stadt und Land entlassen worden sind, so gibt es gewiß noch Unzählige, die als Mohammedaner weiter leben. Die Armenier bemühen sich, sie herauszufinden und ihrem Volke zurückzugeben. Dabei genießen sie die Unterstützung der britischen Behörden.

Die jetzt in Urfa sich befindenden armenischen Männer waren, einige ausgenommen, die auf wunderbare Weise erhalten blieben, zur Zeit der Verfolgungen nicht hier. Die meisten verdanken ihr Leben dem Umstand, daß sie Soldaten waren.

Allerdings sind auch solche von den Türken umgebracht worden, so christliche Arbeitertruppen in einem Dorfe nahe bei Urfa, andere in der Harranebene. An andern Orten dagegen, z. B. in Konstantinopel, Aleppo usw., mußten die christlichen Soldaten zwar viel ausstehen, blieben aber am Leben. Eine siegreiche Türkei hätte sie vielleicht zum Schlusse auch noch auf die Seite geschafft. Andere Armenier wurden als Arbeiter der Bagdadbahn oder als unentbehrliche Handwerker am Leben gelassen, wenige haben bei Kurden oder Arabern Unterschlupf gefunden. Mehrere sind jetzt aus Ägypten, wohin sie sich retten konnten, nach Urfa zurückgekehrt. Es sind alles junge Leute; von den ältern Armeniern, von den Angesehenen des Volkes, habe ich keinen einzigen wiedergefunden. Diese Trümmer des armenischen Volkes zeigen, wie begreiflich, zum Teil wenig erfreuliche Verhältnisse. Die Kinder sind vielfach in physisch wie moralisch sehr ungesunder Umgebung aufgewachsen. Viele haben vergessen, daß sie Christen waren. Die, denen es bei den Mohammedanern gut gegangen ist, sind oft wenig erfreut, ein behagliches Türkenhaus mit dem Waisenhaus zu vertauschen. Gelegentlich findet eine armenische Mutter wieder ein Kind, von dem sie seit der Deportation nichts mehr gehört hat. Aber natürlich kennen die kleinen Kinder ihre Mütter nicht mehr, und es dauert eine Zeitlang, bis sie sich an sie gewöhnt haben. So schimpfte ein Armenierkind, das kürzlich aus türkischem Hause entlassen worden war, seine Mutter verächtlich „Giaur". Es kommt auch vor, daß junge Armenierinnen, die mit Mohammedanern verheiratet waren, es vorziehen, deren Frauen zu bleiben. Ja, aus Harems „befreite" Armenierinnen wollen gelegentlich dorthin zurückkehren, und in gewissen Fällen ist es besser, ihnen den Willen zu lassen. Auch die aus Verbindungen zwischen Mohammedanern und Armenierinnen hervorgegangenen Kinder bilden Anlaß zu Schwierigkeiten. Meist bleiben sie bei den Müttern, doch macht manchmal auch der Vater Anspruch auf sie. Hie und da findet ein Armenier seine Frau wieder, die gezwungen war, mit einem Mohammedaner eine Ehe einzugehen. Andererseits sind mir mehrere Fälle bekannt geworden, in denen Armenier, die ihre Frau tot geglaubt hatten, sich wieder verheirateten, während später die erste Frau wieder zum Vorschein kam. Die aus der Armee entlassenen armenischen Soldaten sind durch die Kriegsjahre häufig auch physisch und moralisch geschädigt, und es wird ihnen schwer, sich wieder an geregelte Arbeit zu gewöhnen.

Alle diese Umstände, auch die Abstumpfung aller Gefühle, die notwendig als Folge der unsagbaren Leiden – wie hätten sie sonst ertragen werden können! – bei vielen eintraten, bilden große Schwierigkeiten für die Zukunft und das neu anzufangende Leben des armenischen Volkes. Die älteren Personen sind auch so durch die Erinnerungen an die furchtbaren Erlebnisse belastet, daß es ihnen außerordentlich schwer fallen muß, sich wieder zu neuen Hoffnungen aufzuraffen. Die Jungen können vergessen, und wir sehen sie schon wieder lachen und fröhlich sein. Aber sie müssen erzogen werden. Das wird noch ein großes Stück Arbeit sein. Aber in dieser Jugend liegt die Hoffnung der Armenier.

Die Zahl der jetzt in Urfa vorhandenen Armenier wird auf mehrere Tausend geschätzt, sie vermehrt sich täglich. Über die Zukunft dieser Leute läßt sich bis jetzt, solange man über die politische Lage noch nichts weiß, sehr wenig sagen. Natürlich ist es der Wunsch aller Armenier, die aus anderen Gegenden, namentlich dem eigentlichen Armenien stammen, sobald als möglich in ihre alte Heimat zurückzukehren, aber auch der Rest der Urfa-Armenier scheint wenig geneigt, hier zu bleiben, wo die schrecklichen Erinnerungen täglich neu werden, wo man die Mörder der nächsten Verwandten täglich antreffen kann und wo alles in Ruinen liegt. Deswegen zeigt sich kein großer Eifer, in Urfa wieder aufzubauen. Auch sagen die Armenier, eigentlich mit Recht, die Türken sollten selbst wieder herstellen, was sie zerstört haben. Auch mit der Rückgabe der den Armeniern geraubten Güter scheint es noch langsam vorwärts zu gehen. Alles wartet auf die Friedensbedingungen, auf den festen, durch sie in Kraft tretenden Zustand. Gibt es ein unabhängiges Armenien, dem ja Urfa jedenfalls nicht angehören wird, so werden wohl die meisten jetzt in Urfa sich befindenden Armenier dorthin auswandern mit der Hoffnung, endlich die Bedingungen zu einer selbständigen, ungehinderten und glücklichen Entwicklung zu finden. Einstweilen sind wir aber noch nicht so weit und die hiesigen Armenier brauchen noch kräftige Hilfe. Die verhältnismäßig wenig zahlreichen Männer, die allerdings meist völlig mittellos hier ankommen, arbeiten zum Teil auf eigene Kosten, zum Teil als Handwerker. Die britische Regierung unterstützt mittellose, arbeitsunfähige Armenier, hauptsächlich Frauen, durch Abgabe von Weizen und Geld. Außerdem gewährt sie kleine Anleihen an armenische Männer, um diese in den Stand zu setzen, ein Gewerbe anzufangen. Eine große Zahl von deportierten Familien wohnt in dem großen, der gregorianischen Kirche gehörenden Chan (von Gewölben und Zimmern umgebener Hof, ursprünglich für Karawanen und ihre Waren bestimmt), in dem sich seinerzeit das Waisenhaus von Dr. Lepsius befand. Die Waisenkinder, die zu sammeln schon Bruder Künzler und seine Frau begonnen hatten, sind jetzt zum größten Teil von den Amerikanern übernommen worden (American Commission for Relief in the Near East). Die stets wachsende Zahl (bereits über 1000) ist in den Gebäuden der früheren amerikanischen Mission und in angrenzenden Häusern untergebracht. Es ist keine kleine Aufgabe, diese vielen Kinder, die meist ganz zerlumpt und verwildert und oft krank ankommen, schon nur zu kleiden und zu nähren. Man beschäftigt sie auf alle mögliche Weise und erteilt ihnen soweit möglich auch Schule. Eine kleinere Zahl von Witwen und Waisen, etwa 150–200, ist im ehemaligen armenischen Kloster vor der Stadt untergebracht. Ihr Unterhalt wird vom armenischen Nationalkomitee bestritten. Etwas über 100 Waisen werden mit Hilfe der britischen Regierung von den Franziskanerinnen in ihrem Klostergebäude verpflegt. Die Amerikaner beschäftigen auch viele Armenier, meist Frauen, mit Spinnen, Weben und Nähen; auch in einer Gerberei in den Gebäuden der ehemaligen Lepsius'schen Teppichmanufaktur finden manche Arbeit. Auch diese Hilfstätigkeit ist schon durch Bruder Künzler angefangen worden. Im Waisenhaus ist eine Schusterei eingerichtet. In allen diesen Betrieben sind einige der wenigen übrig gebliebenen Zöglinge des deutschen Waisenhauses als geschätzte Vorarbeiter beschäftigt. Zum Teil sind es Schüler von Fräulein Jeppe, der dänischen Vorsteherin des Waisenhauses. Die in diesen Werkstätten hergestellten Kleider, Matratzen, Bettdecken usw. werden an Bedürftige zu sehr billigen Preisen abgegeben.

Diesen verschiedenen Hilfswerken fügt sich unser *Krankenhaus* ein. Es ist natürlich nicht nur für die Armenier da, sondern steht allen offen: den Armen und Reichen, Syrern wie Armeniern, Juden wie Mohammedanern. Trotz ihrer geringen Zahl nehmen doch die Armenier am meisten unsere Hilfe in Anspruch. An drei Morgen der Woche wird von einem meiner armenischen Assistenzärzte im amerikanischen Waisenhaus für die Kinder Sprechstunde abgehalten. Im Monat Juli hat er dort nicht weniger als 703 Patienten behandelt. Die ernstern Fälle, alle, welche Operationen oder besondere Behandlung erfordern, werden dem Spital zugewiesen. Die meisten Armenier, die aus den Dörfern kommen, leiden an chronischer Malaria, zum Teil mit enorm vergrößerter Milz und großer Blutarmut. Diese Fälle sind oft schwer ganz zu heilen. Viele sind mit den so verbreiteten Augenkrankheiten behaftet. Die beklagenswerten mißbrauchten Frauen und Mädchen sind oft mit Geschlechtskrankheiten angesteckt. Die Krätze war erst unheimlich verbreitet, hat aber jetzt durch die Behandlung sehr abgenommen. Die Tuberkulose ist unter den Armeniern, wie mir schon ein amerikanischer Arzt in Aleppo mitgeteilt hatte, und ich hier bestätigen konnte, verhältnismäßig selten. Die tuberkulösen Individuen sind offenbar meist an den Strapazen der Deportation zu Grunde gegangen. (...)

Mitteilungen über Armenien... Beilage.
Basel, No. 12, Oktober 1919.

★

De: La Société des Nations et les Puissances devant le Problème Arménien

Le gouvernement jeune-turc n'a pu réaliser qu'en partie son plan de profiter de la Grande Guerre pour établir la turquification radicale de l'Empire ottoman. Il a toutefois réussi à détruire environ un million d'Arméniens, et des centaines de milliers de Grecs (1), de Libanais (2) et d'Assyro-Chaldéens (3).

Ces crimes atroces n'ont pas été niés, devant la Conférence de la Paix, par les représentants du gouvernement turc qui, après la débâcle, avait remplacé au pouvoir le Comité. Dans sa Note du 17 juin 1919 au Conseil suprême, le porte-parole de ce gouvernement, le Grand Vizir Damad Férid Pacha, déclare loin de lui «la pensée de travestir ces forfaits qui sont de nature à faire pour toujours tressaillir d'horreur la conscience humaine». Mais il en rejette la responsabilité sur les Jeunes-Turcs et soutient «qu'il serait plus équitable de juger la nation ottomane par l'ensemble de sa longue histoire et non pas sur une période des plus désavantageuses pour elle». Il invoque aussi «l'intérêt suprême de plus de trois cent millions de Musulmans» du monde entier. (...)

(1) Un Mémoire de M. Vénizelos présenté, le 30 décembre 1918, à la Conférence de la Paix, déclare que, pendant la durée de la guerre mondiale, 300,000 Grecs ont été exterminés; qu'en outre,

pendant la période de 1914 à 1918, 450,000 Grecs ont été expulsés par le gouvernement turc et ont dû se réfugier provisoirement en Grèce; que plusieurs autres centaines de milliers ont été déportés des côtes à l'intérieur, où la plupart ont trouvé la mort.

(2) Au Liban, les Turcs ont remplacé les massacres par la famine. D'après les *Documents économiques, politiques et scientifiques* publiés par l'*Asie française*, n° 2, on évalue à plus de 100,000 le nombre des Libanais morts de la famine. «On a parlé de 130,000 et même de 180,000 Libanais morts faute de pain». Cette famine avait été organisée artificiellement par les autorités turques qui avaient établi un blocus complet de la montagne libanaise (V. l'article du journal arabe *Al-Ahram* reproduit dans le *Temps* du 11 juin 1916 et la correspondance du Caire dans le *Temps* du 27 juin 1916; notre *Sort de l'Empire ottoman*, p. 337 et suiv.).

(3) D'après l'évaluation de M. Nikitine, ancien consul de Russie en Perse, le peuple chaldéen «qui ne compte qu'environ 100,000 âmes, en a perdu au moins le quart pendant la guerre» (V. l'intéressant article de M. Nikitine, dans la *Revue des sciences politiques*, octobre-décembre 1921, sous le titre *Une petite nation victime de la guerre*). Comp. aussi sur le sort des Assyro-Chaldéens, le *Livre bleu* anglais de 1916 sur le traitement des Arméniens dans l'Empire ottoman.

André N. Mandelstam: La Société des Nations et les
Puissances devant le Problème Arménien.
Paris 1926, p. 23–24.

★

Report of the American Military Mission to Armenia

ON BOARD U. S. S. MARTHA WASHINGTON

October 16, 1919

From: Maj. Gen. James G. Harbord, United States Army
To: The Secretary of State
Subject: Report of the American Military Mission to Armenia

The undersigned submits herewith the report of the American Military Mission to Armenia. The mission, organized under authority of the President, consisted of Maj. Gen. James G. Harbord, United States Army; Brig. Gen. Frank R. McCoy, United States Army; Brig. Gen. George Van Horn Moseley, United States Army; Col. Henry Beeuwkes, Medical Corps, United States Army; Lieut. Col. John Price Jackson, United States Engineers; Lieut. Col. Jasper Y. Brinton, judge advocate, United States Army; Lieut. Col. Edward Bowditch, Jr., Infantry, United States Army; Commander W. W. Bertholf, United States Navy; Maj. Lawrence Martin, General Staff, United States Army; Maj. Harold Clark, Infantry, United States Army; Capt. Stanley K. Hornbeck, Ordnance Department, United States Army (chief of Far Eastern Division, American Commission to Negotiate Peace); Mr. William B. Poland, chief of the American Relief Commission for Belgium and

Northern France; Prof. W. W. Cumberland, economic advisor to the American Commission to Negotiate Peace; Mr. Eliot Grinnell Mears, trade commissioner, Department of Commerce, with other officers, clerks, interpreters, etc.

The instructions to the mission were to —

Proceed without delay on a Government vessel to Constantinople, Batum, and such other places in Armenia, Russian Transcaucasia, and Syria, as will enable you to carry out instructions already discussed with you. It is desired that you investigate and report on political, military, geographical, administrative, economic, and other considerations involved in possible American interests and responsibilities in that region.

The mission proceeded by ship to Constantinople. From there it traveled by the Bagdad Railway to Adana, near the northeastern coast of the Mediterranean Sea, the scene of the massacres of 1909, and the principal city of the rich Province of Cilicia, where two days were spent visiting Tarsus and the ports of Ayas and Mersina; thence continued by rail via Aleppo to Mardin; from there by motor car to Diarbekir, Kharput, Malatia, Sivas, Erzinjan, Erzerum, Kars, Erivan, and Tiflis; thence by rail to Baku and Batum. Erivan, Tiflis, and Baku are the capitals, respectively, of the Republics of Armenia, Georgia, and Azarbaijan, and Batum is the seat of the British military government of the Georgian district of that name. Members of the mission also traveled by carriage from Ula-Kishla to Sivas; from Sivas to Samsun; visiting Marsovan, where there is much apprehension among the Armenian population at this time; from Trebizond to Erzerum; by horseback from Khorasan to Bayazid; from Erivan to Nakhichevan, near the Persian border. The Armenian Catholicos, His Holiness Kevork V, was visited at Etchmiadzin, the historic seat of the Armenian Church, with its ancient cathedral, dated from 301 A.D. The mission traversed Asia Minor for its entire length and the Transcaucasus from north to south and east to west. All of the vilayets of Turkish Armenia were visited except Van and Bitlis, which were inaccessible in the time available, but which have been well covered by Capt. Niles, an Army officer, who inspected them on horseback in August, and whose report corroborates our observations in the neighboring regions; as well as both Provinces of the Armenian Republic and the Republics of Azarbaijan and Georgia. The Turkish frontier was paralleled from the Black Sea to Persia. On the return voyage from Batum the mission visited Samsun, the port of one of the world's great tobacco regions, and Trebizond, the latter a principal port on the south shore of the Black Sea, terminus of the ancient caravan route to Persia, of historic interest as the point where the Greek 10,000 reached the sea under Xenophon over 2,300 years ago.

The mission spent thirty days in Asia Minor and Transcaucasia, and interviewed at length representatives of every government exercising sovereignty in that region, as well as individual Turks, Armenians, Greeks, Kurds, Tartars, Georgians, Russians, Persians, Jews, Arabs, British, and French, including Americans for some time domiciled in the country. It also gave consideration to the views of the various educational, religious and charitable organizations supported by America. In addition to this personal contact the mission before leaving Paris was in frequent conference with the various delegations to the peace conference from the regions visited. It has had before it numerous reports of the American Committee for Relief in the Near East, and Food Administration, and that of the mission of Mr. Benjamin B. Moore, sent by the peace conference to Transcaucasia, as well as the very complete library on the region, its geography, history and governments, loaned by the Librarian of Congress, the American Mission to Negotiate Peace, and others. It has listened to the personal experiences of many witnesses to the atrocities of 1915, and benefited by the views of many persons whose knowledge of the various peoples in the regions visited is that obtained by years spent among them.

The interest, the horror and sympathy of the civilized world are so centered on Armenia, and the purpose and work of this mission so focus on the blood-soaked region and its tragic remnant of a Christian population that this report should seem to fall naturally under the following heads: (a) History and present situation of the Armenian people; (b) the political situation and suggestions for readjustment; (c) the conditions and problems involved in a mandatory; (d) the considerations for and against the undertaking of a mandate.

The report is accordingly so presented. (...)

The foregoing inadequately sketches the story of the wrongs of Armenia down to our own times. From 1876 it is a story of massacre and of broken and violated guaranties.

The Russo-Turkish War ended in 1877 by the treaty of San Stefano, under which Russia was to occupy certain regions until actual reforms had taken place in Turkey. This treaty, through British jealousy of Russia, was torn up the following year and the futile treaty of Berlin substituted, asking protection but without guaranties. Meantime there had been the convention of Cyprus, by which that island passed to Great Britain, and the protection of Turkey was promised for the Armenians in return for Great Britain's agreement to come to the aid of Turkey against Russia. A collective note of the powers in 1880 was ignored by Turkey. Then followed the agreement of 1895, which was never carried out, and the restoration of the constitution of 1876 in 1908. A further agreement in 1914 was abrogated at the entrance of Turkey in the war – and the last of the series is a secret treaty of 1916 between Great Britain, France, and Russia, the existence and publication of which rest on bolshevik authority, by which Armenia was to be divided between Russia and France. Meanwhile there have been organized official massacres of the Armenians ordered every few years since Abdul Hamid ascended the throne. In 1895, 100,000 perished. At Van in 1908, and at Adana and elsewhere in Cilicia in 1909, over 30,000 were murdered. The last and greatest of these tragedies was in 1915. Conservative estimates place the number of Armenians in Asiatic Turkey in 1914 over 1,500,000, though some make it higher. Massacres and deportations were organized in the spring of 1915 under definite system, the soldiers going from town to town. The official reports of the Turkish Government show 1,100,000 as having been deported. Young men were first summoned to the government building in each village and then marched out and killed. The women, the old men and children were, after a few days, deported to what Talaat Pasha called "agricultural colonies," from the high, cool, breeze-swept plateau of Armenia to the malarial flats of the Euphrates and the burning sands of Syria and Arabia. The dead from this wholesale attempt on the race are variously estimated from 500,000 to more than a million, the usual figure being about 800,000.

Driven on foot under a fierce summer sun, robbed of their clothing and such petty articles as they carried, prodded by bayonet if they lagged, starvation, typhus and dysentery left thousands dead by the trail side. The ration was a pound of bread every alternate day, which many did not receive, and later a small daily sprinkling of meal on the palm of the out-stretched hand was the only food. Many perished from thirst or were killed as they attempted to slake thirst at the crossing of running streams. Numbers were murdered by savage Kurds, against whom the Turkish soldiery afforded no protection. Little girls of nine or ten were sold to Kurdish brigands for a few piasters, and women were promiscuously violated. At Sivas an instance was related of a teacher in the Sivas Teachers' College, a gentle, refined Armenian girl, speaking English, knowing music, attractive by the standards of any land, who was given in enforced marriage to the beg of a neighboring Kurdish village, a filthy, ragged ruffian three times her age, with whom she still has to live, and by whom she has borne a child. In the orphanage there maintained under American relief auspices there were 150 "brides," being girls, many of them of tender age, who had been living as wives in Moslem homes and had been rescued. Of the female refugees among some 75,000 repatriated from Syria and Mesopotamia we were informed at Aleppo that forty per cent are infected with venereal disease from the lives to which they have been forced. The women of this race were free from such diseases before the deportation. Mutilation, violation, torture and death have left their haunting memories in a hundred beautiful Armenian valleys, and the traveler in that region is seldom free from the evidence of this most colossal crime of all the ages. Yet immunity from it all might have been purchased for any Armenian girl or comely woman by abjuring her religion and turning Moslem. Surely no faith has ever been put to harder test or has been cherished at greater cost. (...)

There is much to show that, left to themselves, the Turk and the Armenian when left without official instigation have hitherto been able to live together in peace. Their existence side by side on the same soil for five centuries unmistakably indicates their interdependence and mutual interest. The aged Vali of Erzerum, a man old in years and in official experience, informed us that in his youth, before massacres began under Abdul Hamid, the Turk and the Armenian lived in peace and confidence. The Turk making the pilgrimage to the holy cities of Mecca and Medina left his family and property with his Armenian neighbor; similarly the Armenian on the eve of a journey intrusted his treasures to his Turkish friend. Testimony is universal that the massacres have always been ordered from Constantinople. Some Turkish officials were pointed out to us by American missionaries as having refused to carry out the 1915 order for deportation. That order is universally attributed to the Committee of Union and Progress, of which Enver Bey, Talaat Bey, and Djemal Pasha were the leaders. A court has been sitting in the capital practically since the armistice, and one man, an unimportant subordinate, has been hung. Talaat, Enver and Djemal are at large, and a group of men charged with various crimes against the laws of war are at Malta in custody of the British, unpunished, except as restrained from personal liberty. Various rumors place Enver Bey as scheming in the Transcaucasus, and a French officer is authority for the statement that he has been in Tiflis within two months conferring with government officials. This man is in Turkish eyes a heroic figure; risen from obscurity by his own efforts, allied by marriage to the Imperial House of Osman, credited with military ability, the possibilities of disturbance are very great should he appear in command of Moslem irregulars on the Azarbaijan-Armenian frontier.

Such are conditions today in the regions where the remnant of the Armenian people exist; roads and lands almost back to the wild; starvation only kept off by American relief; villages and towns in ruins; brigandage rampant in the Transcaucasus; lack of medicines and warm clothing; winter doming on in a treeless land without coal. We saw nothing to prove that the Armenians who have returned to their homes in Turkey are in danger of their lives, but their natural apprehension has been greatly increased by unbalanced advice given by officers on the withdrawal of foreign troops from certain regions. The events of Smyrna have undoubtedly cheapened every Christian life in Turkey, the landing of the Greeks there being looked upon by the Turks as deliberate violation by the Allies of the terms of their armistice and the probable forerunner of further unwarranted aggression. The moral responsibility for present unrest throughout Turkey is very heavy on foreign powers. Meantime, the Armenian, unarmed at the time of the deportations and massacres, a brave soldier by thousands in the armies of Russia, France, and America during the war, is still unarmed in a land where every man but himself carries a rifle.

The political situation and suggestion for readjustment

In seeking a remedy for political conditions which shriek of misery, ruin, starvation, and all the melancholy aftermath, not only of honorable warfare but of bestial brutality, unrestrained by God or man, but which nevertheless prevail under an existing government with which the powers of Europe have long been willing to treat on terms of equality, one's first impulse is to inquire as to the possibility of reform from within. The machinery of government existing, can it be repaired and made a going concern, affording to its people the guarantees of life, liberty and the pursuit of happiness which the modern world expects of its governments? The case of the Turkish Empire was duly presented to the peace conference in Paris on June 17 last by the Turkish grand vizier, Damad Ferid Pasha, in which he admitted for the Turkish Government of the unhappy region under consideration the commission of "misdeeds which are such as to make the conscience of mankind shudder with horror forever," and that "Asia Minor is today nothing but a vast heap of ruins". In the reply made by the council of ten of the peace conference to the plea of the grand vizier for the life of his empire, the probability of that government being able to accomplish reforms from within which will satisfy modern requirements and perhaps make amends for past crimes is well weighed in the following words:

Yet in all these changes there has been no case found, either in Europe or in Asia or in Africa, in which the establishment of Turkish rule in any country has not been followed by a diminution of prosperity in that country. Neither is there any case to be found in which the withdrawal of Turkish rule has not been followed by material prosperity and a rise in culture. Never among the Christians in Europe, nor among the Moslems in Syria, Arabia, or Africa, has the Turk done other than destroy wherever he has conquered. Never has he shown that he is able to develop in peace what he has gained in war. Not in this direction do his talents lie.

It seems likely, therefore, that, as far as the Armenians are concerned, the Turk has had his day, and that further uncontrolled opportunity will be denied him. (...)

International Conciliation.
Published Monthly by the American Association for International Conciliation.
New York, June 1920, No. 151, p. 17–19 / 22–23 / 27–29.

★

Telegramm des „Bundes der schweizerischen Armenierfreunde" an Präsident Wilson und den Präsidenten des Senates der Vereinigten Staaten

Herr Präsident!

Kein Volk hat während des Weltkrieges seine Hoffnungen auf Freiheit teurer erkaufen müssen als die Armenier. Armenien liegt im Sterben. In keiner Weise läßt man dem Hilferuf der Überlebenden Gerechtigkeit widerfahren. Alle Klagen, so berechtigt sie auch sein mögen, bleiben unbeantwortet. Das kann nicht mehr so weiter gehen. Man muß dem Verbrechen ein Ende machen. Dieses christliche, tatkräftige und kulturfördernde Volk noch länger unter dem Joch einer Regierung zu lassen, die es unaufhörlich quält und unterdrückt, hieße einen Feuerherd erhalten, der früher oder später die Welt in Flammen setzen würde. Die Menschheit bittet Sie, verehrter Herr Präsident, dieses heldenhafte Volk unter Ihren Schutz zu nehmen. Seit 100 Jahren bemühen sich angesehene Persönlichkeiten von Amerika um die Befreiung dieses Volkes und sorgen für dessen geistige und moralische Entwicklung. Dieses Werk hat schon schöne Früchte gezeigt. Außerdem hat Amerika diesem Volke beigestanden zur Zeit seiner schrecklichsten Not. Sie kennen also dieses Volk und Sie lieben es. Lassen Sie die Armenier nicht im Stiche, retten Sie, Sie können es! Aller Menschen Blicke sind mit Bangen auf Sie gerichtet, sie erwarten voller

Hoffnung Ihren Entscheid. Übernehmen Sie, bitte, das Amt des Beschützers und dann wird Armenien leben und gedeihen.

Genf, den 31. Oktober 1919
Namens des Centralkomites des „Bundes der schweizerischen Armenierfreunde"
Der Präsident: LEOPOLD FAVRE
Der Hauptsekretär: U. KRAFFT-BONNARD

Mitteilungen über Armenien...
Basel, No. 13, Januar 1920.

★

Aus: Die Entstehung und Wiederherstellung der armenischen Nation

(...) Auch nach der Einführung der „Verfassung" blieb für die osmanische Staatskunst die Losung maßgebend: *wenn es keine Armenier mehr gibt, gibt es keine armenische Frage mehr*. Die furchtbaren Metzeleien von Adana haben gezeigt, daß die in Europa seltsamerweise für liberal verschrieenen Jungtürken dem Massenmörder 'Abdul H'amid an zielbewußter Bestialität nichts nachgaben. Auf ihrem Parteitag in Saloniki 1910 faßte das Komitee für „Einheit und Fortschritt" einen geheimen Beschluß, der darauf hinauslief, das Reich durch Säuberung von fremden, namentlich christlichen Elementen zu einem *einheitlichen* nationaltürkischen zu machen. Dieses Bestreben kam der seit dem Balkankrieg immer ungestümer erhobenen Forderung unserer Alldeutschen und Generalstäbler entgegen, die Türkei müsse die Schlagfertigkeit ihres Heeres vor allem durch Entfernung der Christen aus demselben wiederherstellen. Es ist daher selbstverständlich, daß die auf erneutes Drängen Rußlands geführten Verhandlungen über die Durchführung der Reformen im Jahre 1913/14 seitens der Türkei von vornherein nicht ehrlich gemeint waren, und es muß auch ausgesprochen werden, daß die durch die Molluske Baron von Wangenheim vertretene deutsche Regierung mindestens den hergebrachten Winkelzügen und Ausflüchten des türkischen Bundesgenossen nichts in den Weg legte. Inwieweit die Verhandlungen seitens der deutschen Regierung ehrlich, d. h. nicht allzu einseitig im Interesse möglichster Schonung der Türkei geführt wurden, werden wohl einst die Archive noch lehren.

Als Rußland gegenüber der herkömmlichen Taktik der Winkelzüge, zu welcher die Türkei, um Zeit zu gewinnen, ihre Zuflucht nahm, die Geduld auszugehen drohte und es Miene machte seinen Forderungen durch einen Vormarsch gegen Erzerum Nachdruck zu verleihen, bemächtigte sich der turkomanen deutschen Politiker eine große, vom Auswärtigen Amte eher geschürte als gedämpfte Erregung, ja es fehlte im Parlament und in der Presse nicht an drohenden Stimmen, die durchblicken ließen, ein solcher Schritt Rußlands würde deutscherseits mit einem Einmarsch in Polen beantwortet werden.

Damit hatte man, wenn auch nicht formell, so doch tatsächlich, Rußland den Krieg erklärt: der Weg nach Byzanz führte über Berlin. Ohne Zweifel hatte die osmanische Regierung schon damals den herannahenden Weltkrieg als den günstigsten Zeitpunkt für die endgültige Ausführung des lange gehegten Planes ins Auge gefaßt.

Der Džihād, der *Raubmord auf dem Pfade Allahs*, euphemistisch der „heilige Krieg" genannt, welchen die Türkei auf Veranlassung oder jedenfalls im Einverständnis mit der deutschen Regierung verkündigte und auf welchen man hier so überschwängliche Hoffnungen setzte, hat nur den einen Erfolg gehabt, den Türken die Ausführung ihrer Mordpläne zu erleichtern und die fast völlige Ausrottung der orientalischen Christen, vor allem der Armenier zu gestatten. Um dieses bestialische Vorgehen der Muselmänner gegen ein geknechtetes Volk zu rechtfertigen, dem keine andere Schuld nachzuweisen war als daß es sein angestammtes christliches Bekenntnis durchaus nicht verleugnen und nicht zum Islam abfallen und sein eigenes Volkstum nicht aufgeben wollte, wurde der deutsche Michel immer wieder von seiner Presse mit einer Flut von Nachrichten und Verleumdungen teils türkischer, teils aber auch eigener Erfindung überschüttet. Die Armenier wurden in den schwärzesten Farben geschildert und allgemein als Wucherer und Empörer hingestellt, die „herrlichen osmanischen Bundesgenossen" aber, wie schon im Balkankriege, wegen ihrer angeblichen Tugenden schier in den Himmel gehoben. Es war in der Tat nur eine neue Variation des Wirbels, mit dem man wie auf Kommando schon den Todesschrei der Opfer der hamidischen Schlächtereien zu übertönen gesucht hatte. Damals leistete sich Alfred Körte, der im Auftrage der anatolischen Bahngesellschaft das Wilajet Konia bereiste, folgendes Werturteil, das man heute nur mit tiefster Beschämung lesen wird: „Aber fast jeder, der in den asiatischen Provinzen mit dem Kern des Volkes in Berührung kommt, lernt die Türken achten und lieben, die Griechen geringschätzen, die Armenier hassen und verachten." Den Vogel in der Gemeinheit und Liebedienerei gegen die Türken hat neben dem berüchtigten Herrn Jäckh ohne Frage die *„Deutsche Tageszeitung"* abgeschossen, die sich nicht entblödet hat, die Ausmordung der Armenier nicht bloß zu entschuldigen und gutzuheißen, sondern ausdrücklich zu rechtfertigen. Alle den Armeniern günstig lautenden Nachrichten, sowie jede Richtigstellung der türkischen Lügen und jede Aufklärung der öffentlichen Meinung über die wirklichen Vorgänge durch Broschüren und in der Tagespresse hat die Regierung bis in den Oktober 1918 streng unterdrückt. Auftauchende Nachrichten über die an den Armeniern begangenen Greueltaten wurden als böswillige Erfindungen unserer Feinde hingestellt, ja der *deutsche Matin*, die *Kölnische Zeitung*, hat sich sogar dazu verstiegen, die Existenz des Dr. Martin Niepage, des Verfassers der unbequemen Broschüre „Ein Wort an die berufenen Vertreter des deutschen Volkes" glatt zu leugnen. Die diesbezügliche Richtlinie, welche das von der Oberzensurstelle des Kriegspresseamtes Anfang des Jahres 1917 herausgegebene Zensurbuch der Presse vorschrieb, lautete wörtlich:

„Über die Armeniergreuel ist folgendes zu sagen: Unsere freundschaftlichen Beziehungen zur Türkei dürfen durch diese innertürkische [!] Verwaltungsangelegenheit nicht nur nicht gefährdet, sondern im gegenwärtigen, schwierigen Augenblick nicht einmal geprüft werden. Deshalb ist es einstweilen Pflicht zu schweigen.

Später, wenn direkte Angriffe des Auslandes wegen deutscher Mitschuld erfolgen sollten, muß man die Sache mit größter Vorsicht und Zurückhaltung behandeln und stets hervorheben, daß die Türken schwer von den Armeniern gereizt wurden [so!] – *Über die armenische Frage wird am besten geschwiegen. Besonders löblich ist das Verhalten der türkischen Machthaber in dieser Frage nicht"* [!] (...)

Die Vertreter der turkomanen Politik wagen es angesichts dieser unsagbaren Schandtaten von pharisäischer Entrüstung zu reden, finden es also in der Ordnung, daß noch im 20. Jahrhundert

1. zahlreiche Christen zum Abfall zum Islam gezwungen, Hunderte von christlichen Kirchen und Klöstern zerstört oder in Moscheen verwandelt,

2. christliche Frauen und Mädchen zu Tausenden geschändet und in türkische Harems verkauft,

3. viele Tausende christlicher Häuser und Dörfer zerstört, das Eigentum der Bewohner geraubt und geplündert, ihre Ländereien von den Muselmännern in Besitz genommen,

4. 1⅓ Millionen Christen ohne Unterschied des Alters und Geschlechtes nicht etwa als Feinde in regelrechtem Kampfe gefallen oder bei Aufständen oder Volksaufläufen ermordet, sondern auf Befehl ihrer Regierung planmäßig teils kaltblütig abgeschlachtet, teils in die Wüste hinausgetrieben und einem elenden Tode durch Hunger und Seuchen überantwortet worden sind, und dies alles aus keinem andern Grunde, als weil sie Christen waren und keine Muhammedaner und Türken werden wollten.

Die Entstehung und Wiederherstellung der armenischen Nation.
Prof. Dr. Marquart: Berlin 1919, S. 45–48/57.

★

Das Komite des Internationalen Roten Kreuzes an den Präsidenten und das Volk von Amerika

Herr Präsident!

An Ihre mächtige Hilfe und an die des gesamten amerikanischen Volkes richtet sich heute der Appell des Komites des Internationalen Roten Kreuzes zu Gunsten der Armenier.

Das Internationale Komite hat keinen andern leitenden Grundsatz als die Wahrung der Gesetze der Menschlichkeit; es verfolgt keinen politischen Zweck, ihm steht kein anderes Mittel zur Verfügung, seine Wirkung auszuüben, als seine Stimme. Während der letzten 5 Jahre hat das Rote Kreuz oft eingegriffen, wenn die Gesetze der Menschlichkeit verletzt wurden. Das Rote Kreuz trat ein für die Sache der Kriegsgefangenen und Verwundeten. Wie könnte es sich daher taub stellen beim Hilferuf eines Volkes, das nicht nur eine Unmenge von Verwundeten und Toten zählt, sondern sogar der Vernichtung preisgegeben ist?

Es ist nicht nötig, von neuem das schreckliche Los zu schildern, das die Armenier während der letzten 5 Jahre erlitten haben, besonders während des Krieges. Zeitungen, verschiedene Dokumente, Bücher und Berichte von Augenzeugen haben die systematische Niedermetzelung von mehr als 1 Million dieser unglücklichen Christen beschrieben; sie haben uns von den unerhörten Leiden berichtet, welche die Überlebenden erduldet haben, deren Familie vernichtet wurden. Durch die ganze gebildete Welt ging ein Schrei der Entrüstung, und mit Recht konnten sich die Armenier der Hoffnung hingeben, der Sieg der Alliierten würde ihnen die Erlösung von dem entsetzlichen Elend bringen. Im Verlauf des Krieges schien es, als ob für sie der Tag der Befreiung anbrechen sollte und als ob dank der Fürsorge der alliierten Mächte, die Überreste dieses verfolgten Volkes, frei von jedem Druck, unter dem es während Jahrhunderten geschmachtet hat, sich erheben sollten zu neuem Leben, zur Freiheit, um schließlich ein hoch entwickelter und glücklicher Staat zu werden. Wie anders ist doch heute die Lage. Die türkische Armee hat sich wieder organisiert, der größte Teil des Landes, der befreit war, ist wieder besetzt, die Armenier können ihre Wohnstätten, von denen sie mit Gewalt fortgetrieben wurden, nicht wieder erreichen. Tausende befinden sich noch auf der Flucht. Sie haben vorübergehend ein Obdach gefunden und führen ein erbarmungswürdiges Leben, beständig bedroht von neuen Niedermetzelungen. Wenn die alliierten Mächte nicht energisch die Sache in die Hand nehmen, so werden die Armenier nicht nur unter die türkische Herrschaft zurückkehren müssen, sondern gänzlich ausgerottet werden, wie es ja die jetzigen Niedermetzelungen nur zu deutlich beweisen. Armenien wird nicht mehr sein, Armenien wird aus dem Kreis christlicher Völker ausgetilgt sein.

In solch trauriger Lage strecken die Armenier ihre blutenden Hände Hilfe suchend gegen Amerika. Sie wissen, daß Amerika allein sie retten kann, und sie bitten uns, unsere Stimme zu erheben, um ihrem Hilferuf Nachdruck zu verleihen. Wir wenden uns deshalb an den Edelmut und an das Gerechtigkeitsgefühl der amerikanischen Nation. Wir wissen, daß Amerika in den Krieg eingetreten ist nicht eines egoistischen Zieles willen, nicht in der Absicht, zu erobern und sich zu vergrößern, sondern einzig und allein für die Sache des Rechtes und der Gerechtigkeit. Amerika war mehreren Völkern behilflich, sich vom Joche fremder Herren und Eroberer zu befreien. Die Armenier sind ein Volk, das, trotz der Unterdrückung durch Andersgläubige seine Vaterlandsliebe, seinen Glauben bewahrt hat und auch die Hoffnung, es würden eines Tages seine Ketten fallen und dann die Freiheit ihm zuteil werden. Soll diese Hoffnung zuschanden werden? Soll der Tag, an dem andere Völker freudig die Freiheitsfahne hissen, dazu bestimmt sein, für Armenien ein Todestag zu werden? Wir können nicht glauben, daß Amerika, angesichts solcher himmelschreiender Ungerechtigkeit, gleichgültig zusehen wird, und daß der Hilferuf der Armenier nicht Widerhall finden soll in vielen Herzen des amerikanischen Volkes.

Möge Amerika noch einmal sich aufraffen, die Gerechtigkeit zu verteidigen. Möge es ein sterbendes Volk vor völligem Untergang bewahren. Dieses Gelingen wird eine der herrlichsten Früchte seines Sieges sein.

Wir sagen es noch einmal, die Politik ist uns fern, nur menschliches Mitgefühl und Mitleid – sie führten zur Gründung des Roten Kreuzes – heißen uns, unsere Stimme

zu erheben, und daher bitten wir Amerika, alle Maßnahmen zu ergreifen, die geeignet sind, den Armeniern das Leben zu gewährleisten und ihnen ihre Unabhängigkeit und Freiheit zu sichern.
    Namens des Komites des Internationalen Roten Kreuzes:
    EDUARD NAVILLE

Mitteilungen über Armenien...
Basel, No. 13, Januar 1920.

★

Message of President Wilson to the Congress, May 24, 1920

Gentlemen of the Congress:
On the 14th of May an official communication was received at the Executive Office from the Secretary of the Senate of the United States, conveying the following preambles and resolutions:
Whereas, the testimony adduced at the hearings conducted by the sub-committee of the Senate Committee on Foreign Relations has clearly established the truth of the reported massacres and other atrocities from which the Armenian people have suffered; and
Whereas, the people of the United States are deeply depressed by the deplorable conditions of insecurity, starvation, and misery now prevalent in Armenia; and
Whereas, the independence of the Republic of Armenia has been duly recognized by the Supreme Council of the Peace Conference and by the Government of the United States of America; therefore be it
Resolved, that the sincere congratulations of the Senate of the United States are hereby extended to the people of Armenia on the recognition of the independence of the Republic of Armenia, without prejudice respecting the territorial boundaries involved; and be it further
Resolved, that the Senate of the United States hereby expresses the hope that stable government, proper protection of individual liberties and rights, and the full realization of nationalistic aspirations may soon be attained by the Armenian people; and be it further
Resolved, that in order to afford necessary protection for the lives and property of citizens of the United States at the port of Baku and along the line of the railroad leading to Baku, the President is hereby requested, if not incompatible with the public interest, to cause a United States warship and a force of marines to be dispatched to such port, with instructions to such marines to disembark and protect American lives and property. I received and read this document with great interest and with genuine gratification, not only because it embodied my own convictions

and feelings with regard to Armenia and its people, but also, and more particularly, because it seemed to me the voice of the American people, expressing their genuine convictions and deep Christian sympathies and intimating the line of duty which seemed to them to lie clearly before us. (...)

In response to the invitation of the Council at San Remo, I urgently advise and request that the Congress grant the Executive power to accept for the United States a mandate over Armenia. I make this suggestion in the earnest belief that it will be the wish of the people of the United States that this should be done. The sympathy with Armenia has proceeded from no single portion of our people, but has come with extraordinary spontaneity and sincerity from the whole of the great body of Christian men and women in this country, by whose free-will offerings Armenia has practically been saved at the most critical juncture of its existence. At their hearts, this great and generous people have made the cause of Armenia their own. It is to this people and to their Government that the hopes and earnest expectations of the struggling people of Armenia turn as they now emerge from a period of indescribable suffering and peril, and I hope that the Congress will think it wise to meet this hope and expectation with the utmost liberality. I know from unmistakable evidence given by responsible representatives of many peoples struggling toward independence and peaceful life again, that the Government of the United States is looked to with extraordinary trust and confidence, and I believe that it would do nothing less than arrest the hopeful processes of civilization if we were to refuse the request to become the helpful friends and advisers of such of these people as we may be authoritatively and formally requested to guide and assist.

I am conscious that I am urging upon the Congress a very critical choice, but I make the suggestion in the confidence that I am speaking in the spirit and in accordance with the wishes of the greatest of the Christian peoples. The sympathy for Armenia among our people has sprung from untainted consciences, pure Christian faith and an earnest desire to see Christian people everywhere succored in their time of suffering and lifted from their abject subjection and distress and enabled to stand upon their feet and take their place among the free nations of the world. Our recognition of the independence of Armenia will mean genuine liberty and assured happiness for her people, if we fearlessly undertake the duties of guidance and assistance involved in the functions of a mandatory. It is, therefore, with the most earnest hopefulness, and with the feeling that I am giving advice from which the Congress will not willingly turn away, that I urge the acceptance of the invitation now formally and solemnly extended to us by the Council at San Remo, into whose hands has passed the difficult task of composing the many complexities and difficulties of government in the one-time Ottoman Empire, and the maintenance of order and tolerable conditions of life in those portions of that empire which it is no longer possible in the interest of civilization to leave under the Government of the Turkish authorities themselves. Signed: WOODROW WILSON

The White House, 24 May, 1920

The Congressional Record, 24. 5. 1920.

Gutachten über die armenischen Massakres

Auf Veranlassung der Staatsanwaltschaft, nach Leistung des Sachverständigen-Eides, abgegeben von Dr. Johannes Lepsius am 2. Juni 1920, dem ersten Tage der Gerichtsverhandlung des Teilirian-Prozesses.

Vorsitzender: Sie wissen, worum es sich handelt. Ich bitte Sie, nicht zu weit auszuholen, sondern sich nur darüber zu äußern: Sind derartige Greuel in größtem Umfange bei den armenischen Massakres im Jahre 1915 vorgekommen und verdienen die Schilderungen der Zeugen und die Angaben des Angeklagten über seine persönlichen Erlebnisse nach den Studien und Erfahrungen, die Sie gemacht haben, Glauben?

Sachverständiger *Dr. Johannes Lepsius:*
Die allgemeine Deportation wurde vom Jungtürkischen Komitee beschlossen, durch Talaat Pascha als Minister des Innern (andererseits wohl auch durch Enver Pascha als Kriegsminister) angeordnet und mit Hilfe der Organisation des Jungtürkischen Komitees durchgeführt. Die Deportation, die allgemeine Verschickung, die wohl schon im April 1915 beschlossen war, betraf die gesamte armenische Bevölkerung der Türkei, mit geringen Ausnahmen, die ich noch nennen werde. Die Bevölkerung der Türkei zählte vor dem Kriege 1 850 000 Armenier. Eine absolut sichere Statistik gibt es in einem Lande wie die Türkei natürlich nicht. Die genannte Ziffer ergibt sich aus dem vorhandenen statistischen Material und entspricht auch der Schätzung des armenischen Patriarchats. Die armenische Bevölkerung verteilte sich vor dem Kriege auf die europäische Türkei (Konstantinopel, Adrianopel, Rodosto) und auf die asiatische Türkei (Anatolien, Cilicien, Nordsyrien, Mesopotamien). Der größte Teil der Armenier lebte in Ostanatolien, auf dem armenischen Hochgebirge, der alten Heimat des Volkes, in den Wilajets (Provinzen) von Erserum, Wan, Bitlis, Diarbekr, Siwas und Charput. In Westanatolien bildet sie einen starken Bruchteil der Bevölkerung in dem Gebiet gegenüber von Konstantinopel südlich des Marmarameeres. In Südanatolien war Cilicien mit dem Hinterlande des Taurus und den angrenzenden nordsyrischen Gebieten um den Golf von Alexandrette ein Stück alter armenischer Heimat.

Die gesamte armenische Bevölkerung von Anatolien ist auf obrigkeitlichen Befehl deportiert worden an den Nord- und Ostrand der mesopotamischen Wüste: Der-es Sor, Rakka, Meskene, Ras-el-Ain bis nach Mossul hin. Es sind schätzungsweise deportiert worden 1 400 000 Armenier. Was bedeutet diese Verschickung?

In einem von Talaat unterzeichneten Befehl kommt das Wort vor: „Das Verschikkungsziel ist das Nichts." Im Sinne dieses Befehls wurde dafür gesorgt, daß von der gesamten Bevölkerung, die aus den ostanatolischen Provinzen nach Süden transportiert wurde, etwa nur 10% am Verschickungsziel ankam. Die übrigen 90% sind schon unterwegs ermordet worden oder, soweit nicht Frauen oder Mädchen von den Gendarmen verkauft und von Türken und Kurden verschleppt wurden, durch

Hunger und Erschöpfung umgekommen. Die Armenier, die aus Westanatolien, Cilicien und Nordsyrien an den Rand der Wüste befördert wurden, bildeten in den Konzentrationslagern nach und nach eine beträchtliche Menschenmenge von einigen hunderttausend. Diese sind dann größtenteils durch systematische Aushungerung und periodische Massakres vernichtet worden. So oft sich nämlich die Konzentrationslager durch neue Züge füllten, so daß für die Menschenmengen nicht mehr Raum war, hat man sie truppweise in die Wüste geführt und dort abgeschlachtet. Türken haben erklärt, man sei durch das Beispiel, das die Engländer mit den Buren in Südafrika gegeben hätten, auf den Gedanken der Konzentrationslager gekommen. Offiziell wurde vorgegeben, daß es sich bei den Verschickungen nur um Vorbeugungsmaßregeln handele, privatim wurde von autoritativen Personen ganz offen ausgesprochen, daß es sich darum handele, das armenische Volk zu vernichten.

Was ich Ihnen sage, ergibt sich auch aus den Dokumenten, die ich aus den Akten der Kaiserlichen Botschaft und des Auswärtigen Amtes herausgegeben habe. Es sind dies vornehmlich die Berichte der deutschen Konsuln und der deutschen Botschafter in Konstantinopel.

Sie haben hier zwei Berichte gehört von Teilirian und von Frau Tersibaschian über ihre Erlebnisse bei der Deportation. Solche Berichte mit realistischen Details, die alle Merkmale des Selbsterlebten tragen, liegen zu hunderten gedruckt vor, zum großen Teil in deutschen, zum Teil auch in amerikanischen und englischen Publikationen. Die Tatsachen selbst sind nicht zu bezweifeln. Die Methoden der Ausführung gleichen überall denen, die uns hier von Teilirian und der Frau Tersibaschian beschrieben worden sind. Andernfalls würde man sich fragen müssen: Wie war es möglich, in einer so kurzen Zeit eine Million Menschen umzubringen? Das war nur denkbar mit den allerbrutalsten Methoden, wie auch durch die Verhandlung des Prozesses, der gegen Talaat Pascha und Genossen in Konstantinopel vor dem Kriegsgericht geführt wurde, erwiesen ist. Der Gerichtshof setzte sich zusammen aus einem Divisionsgeneral als Vorsitzenden, drei Brigade-Generälen, darunter bekannte Heerführer aus dem Kriege, und einem Hauptmann. Der erste von den fünf Punkten der Anklage betraf die armenischen Massakres. Durch Urteil des Kriegsgerichts vom 5. Juli 1919 wurden zum Tode verurteilt als Haupturheber: Talaat, Enver, Djemal und Dr. Nazim.

Die Durchführung der Vernichtungsmaßregel gegen die Armenier wurde dadurch sichergestellt, daß von Konstantinopel aus die Walis, Mutessarifs und Kaimakams, d. h. sozusagen die Oberpräsidenten, Regierungspräsidenten und Landräte mit der Ausführung betraut wurden. Beamte, die sich weigerten, wurden abgesetzt. So lehnte z. B. der Wali Djesal Pascha von Aleppo es ab, in seinem Wilajet die Deportationsbefehle zur Ausführung zu bringen. Er wurde von Talaat seines Amtes enthoben und nach Konia versetzt. Dort verhielt er sich ebenso wie in Aleppo, schützte die dortigen Armenier und nahm sich der Deportierten an. Die Folge war, daß er wiederum abgesetzt wurde und nun ohne Amt blieb. Er war einer der bedeutendsten und rechtschaffensten Walis, die die Türkei besaß. Ein anderer Wali, Reschid Bey von Diarbekr, hat zwei Kaimakams, die sich weigerten, die vorgeschrie-

615

benen Deportationen auszuführen, durch Meuchelmörder töten lassen. Gegen die türkische Bevölkerung, die vielfältig die Maßregeln der Regierung mißbilligte, wurde, wie auch gegen Beamte und Militärs, ein Terror ausgeübt. Vom Kommandeur des 3. Armeekorps wurde ein Befehl ausgegeben, daß jeder Türke, der den Armeniern Unterstützung leihe, vor seinem Hause getötet werden und sein Haus verbrannt werden sollte. Wenn Beamte sich irgendeiner Unterstützung der Armenier „schuldig" machten, so sollten sie entlassen und vor ein Kriegsgericht gestellt werden.

Von der ursprünglichen Zahl von 1 850 000 Armeniern sind etwa 1 400 000 deportiert worden. Es bleiben 450 000 Menschen. Davon sind etwa 200 000 von der Verschickung verschont worden, in der Hauptsache die Stadtbevölkerung von Konstantinopel, Smyrna und Aleppo. Um die Erhaltung der Armenier von Aleppo hat sich der deutsche Konsul Rößler verdient gemacht, derselbe, der in der Ententepresse verleumdet wurde, er habe in eigener Person Massakres organisiert. In Smyrna verhinderte General Liman von Sanders, wie Sie von ihm selber hören werden, die Deportationen der Armenier. Dasselbe tat Generalfeldmarschall von der Goltz. Als er nach Bagdad kam, erfuhr er, daß die Armenier von Bagdad nach Mossul verschickt worden seien und von dort samt den Armeniern von Mossul nach dem Euphrat deportiert, d. h. in den Tod geschickt werden sollten. Von der Goltz ließ dem Wali von Mossul erklären, er verbiete die Deportation. Als der Wali erneuten Befehl erhielt, die Deportation auszuführen, reichte von der Goltz seine Demission ein. Erst jetzt gab Enver Pascha nach, nicht ohne seinem Schreiben an von der Goltz hinzuzufügen: daß ihn „seine Oberbefehlshaberbefugnisse nicht berechtigten, sich in die inneren Angelegenheiten des türkischen Reiches einzumischen".

In Konstantinopel verhinderten die Botschafter die Deportation der Armenier. Ich darf hier vielleicht eine Zwischenbemerkung machen. Man liest oft, die armenischen Massakres seien eine Folge davon, daß die armenische Kaufmannschaft die Türken ausgebeutet habe, und daß die türkische Bevölkerung darüber erbittert, sich spontan gegen die Armenier erhoben hätte. Zunächst ist erwiesen, daß weder die Massakres von 1895/96, noch die letzten Massakres irgendwie in spontanen Volksbewegungen ihren Ursprung gehabt haben. Sowohl damals, wie letzthin handelte es sich um administrative Maßregeln der türkischen Regierung. Gerade die armenische Kaufmannschaft der Haupthandelsplätze Konstantinopel, Smyrna, Aleppo ist damals wie jetzt verschont geblieben, zum Teil wohl auch, weil sie in der Lage waren, sich loszukaufen. Dagegen ist die gesamte Bauernschaft von Anatolien, die 80% der armenischen Bevölkerung ausmacht, samt den Handwerkern, die größtenteils Armenier sind, in die Wüste geschickt und vernichtet worden.

Der Rest der armenischen Bevölkerung, zirka 250 000 Menschen aus den östlichen Wilajets, ist durch die russische Okkupation der Grenzwilajets von der Deportation verschont geblieben und in den Kaukasus geflüchtet. Die Russen rückten damals bis an das Westufer des Wansees vor. Als sie später zurückgingen, nahmen sie die Armenier mit, nicht aus Liebe zu den Armeniern. Denn als die Russen wieder in dieselben Wilajets vordrangen, erlaubten sie den armenischen Familien nicht, in ihre Heimat zurückzukehren. Januschkewitsch, der Generalstabschef von Nikolai Nikolaijewitsch, der damals im Kaukasus kommandierte, erklärte, daß Rußland in den evakuierten Gebieten statt Armenier Kurden und Kosaken ansiedeln würde, um einen breiten Militärgürtel gegen die Türkei zu bilden. Miljukow, der Führer der russischen Kadettenpartei, erhob damals in der Duma die heftigsten Vorwürfe: die russische Regierung tue genau dasselbe, was die Türken zuvor getan hätten, sie wolle ein „Armenien ohne die Armenier". Immerhin rettete der russische Vormarsch 250000 Armeniern das Leben; der russische Rückzug brachte sie um ihr Land. Sie sitzen noch jetzt im Kaukasus auf einem viel zu engen Gebiet und haben jahrelang Hunger gelitten und große Not erduldet.

Unwillkürlich muß man sich fragen: wie sind solche Vorgänge historisch möglich gewesen? Ich will versuchen, in aller Kürze darauf zu antworten.

Die armenische Frage ist nicht ein autochthones Gewächs, sie ist eine Schöpfung der europäischen Diplomatie. Das armenische Volk ist ein Opfer der gegensätzlichen politischen Interessen Rußlands und Englands. Die Rivalität der beiden Mächte im Orient datiert vom Krimkrieg und vom Berliner Kongreß. In dem diplomatischen Schachspiel zwischen London und Petersburg war der Armenier der Bauer, der bald vorgeschoben, bald geopfert wurde. Die humanitären Gründe, der „Schutz der Christen", waren Vorwände. Als Abdul Hamid 1895 den Reformplan, den ihm England, Rußland und Frankreich aufoktroyiert hatten, unterschrieben und schon mit einer ganzen Reihe armenischer Massakres beantwortet hatte, erklärte Lord Salisbury, daß die armenische Frage für England erledigt sei. Fürst Lobanow gab dem Sultan zu verstehen, er brauche sich keine Sorge zu machen, da Rußland auf die Ausführung der Reformen keinen Wert lege. Der Sultan zog die Konsequenzen… Das Massakre von Sassun 1894, das den Reformplan veranlaßte, kostete 1000 Armeniern das Leben, das Massakre von 1895/96, das dem Reformplan folgte, 100000 Armeniern. Das Massakre von 1915/18, dem der Reformplan von 1913 vorherging, brachte es auf eine Million von Opfern! Diese Skala von 1894, 1895 und 1915: 1000, 100000, 1000000 stellt eine Fieberkurve dar, die in der Geschichte welthistorischer Massakres schwerlich ihresgleichen hat. In die Zwischenzeit, ins Jahr 1909, fällt noch das cilicische Massakre mit 25 900 Opfern.

Trotz des § 61 des Berliner Vertrages, den sechs Großmächte unterschrieben, trotz der Cyprischen Konvention von 1878, in der sich England für den Schutz der Christen und für armenische Reformen verbürgte, trotz der Unterschrift des Sultans unter den englisch-russisch-französischen Reformplan, hat keine dieser Großmächte auch nur einen Finger gerührt, um ihre Schutzbefohlenen zu retten, oder auch nur die Bestrafung der Mörder zu erreichen. Bis auf den heutigen Tag sind die Armenier immer nur Mittel zum Zweck in dem diplomatischen Spiel zwischen England, Rußland und Frankreich gewesen. Deutschland hat, wie die Publikation der deutschen Dokumente beweisen wird, seit dem Berliner Kongreß in der armenischen Frage immer eine wohlwollende und verständige Haltung eingenommen und ist dafür in der ganzen Welt angeschwärzt worden als eine Macht, die hinter allen bösen Taten des Sultans und der türkischen Regierung stehe.

Das diplomatische Spiel Englands und Rußlands hat erst den Sultan und dann die Jungtürken dahin gebracht, die Armenier als das für den Bestand der Türkei gefährlichste Volkselement anzusehen. Abdul Hamid zog den folgenden Schluß: „Durch das Eintreten Europas für Bulgarien habe ich Bulgarien verloren. Jetzt kommen sie mit den Armeniern und wollen mir Ostanatolien nehmen, um ein Stück nach dem andern von der Türkei loszureißen." Daher die Massakres und der Verfolgungswahnsinn gegen die Armenier.

Trotzdem blieben die armenischen Reformen im politischen Programm der Mächte. Im Jahre 1913 kamen sie wieder auf die Tagesordnung. Der russische und der deutsche Botschafter führten die Verhandlungen. England hielt sich zurück. Aus diesen Verhandlungen ging ein Reformplan hervor, den die Pforte unterschrieb, und mit dem die Armenier zufrieden waren. Zwei europäische General-Inspektoren sollten mit der Überwachung der Reformen betraut werden. Es kam nicht dazu. Der Krieg brach aus, und beide Reformer wurden nach Haus geschickt. Ich war 1913 in Konstantinopel. Während der Verhandlungen waren die Jungtürken aufs äußerste erregt darüber, daß die armenische Reformfrage wieder die Mächte beschäftigte, und doppelt erbittert, als sie infolge der Verständigung zwischen Deutschland und Rußland in einer den Armeniern erwünschten Weise geordnet wurde. Damals wurde von jungtürkischer Seite geäußert: „Wenn ihr Armenier von den Reformen nicht die Finger laßt, wird etwas passieren, demgegenüber die Massakres Abdul Hamids ein Kinderspiel waren."

Jungtürken und Armenier hatten zusammen die Revolution gemacht. Die Führer waren befreundet und unterstützten sich gegenseitig bei den Wahlen. In den ersten Monaten des Krieges sah zwischen ihnen alles friedlich aus. Da plötzlich in der Nacht vom 24. auf den 25. April 1915 wurden, zur Überraschung von ganz Konstantinopel, 235 Intellektuelle der besten armenischen Gesellschaft verhaftet, ins Gefängnis geführt und nach Kleinasien deportiert. In den nächsten Tagen kamen noch ein paar Hundert hinzu, im ganzen waren es gegen 600. Von all diesen sind nur 15 mit dem Leben davongekommen. Es war die armenische Intelligenz von Konstantinopel. Das armenische Parlamentsmitglied Wartkes, ein persönlicher Freund von Talaat war noch auf freiem Fuß geblieben. Er ging zu Talaat, um zu fragen, was eigentlich vorläge. Talaat sagte zu Wartkes: „In den Tagen unserer Schwäche seid ihr uns an die Kehle gefahren und habt die armenische Reformfrage aufgeworfen, darum werden wir die Gunst der Lage, in der wir uns jetzt befinden, dazu benutzen, euer Volk derart zu zerstreuen, daß ihr euch für 50 Jahre den Gedanken an Reformen aus dem Kopfe schlagt!" Wartkes erwiderte: „Also beabsichtigt man, das Werk Abdul Hamids fortzusetzen?" Talaat antwortete: „Ja."

Wie versprochen, ist es geschehen. Die Verhandlungen des Kriegsgerichts in Konstantinopel bringen nach dem Bericht des „Journal Officiel" den Beweis, daß die Verschickung vom jungtürkischen Komitee beschlossen wurde und daß Talaat Pascha, die Seele des Komitees und ihr stärkster Mann, die Ausrottung befohlen und nichts getan hat, um sie zu verhindern. Dafür kann der aktenmäßige Beweis geführt werden auf Grund deutscher und türkischer Dokumente.

Ich habe diese Ausführungen gemacht, um zu zeigen, daß das diplomatische Spiel der Mächte dahin geführt hat, daß zuerst Abdul Hamid und dann die Jungtürken derartig mißtrauisch gegen die Armenier gemacht worden sind, daß sie zu dem

Schluß kamen, man könne mit den Armeniern nichts Besseres tun, als sie zu vernichten. Diese Vernichtung hat in tausenden und zehntausenden von Fällen die Formen angenommen, von denen Sie eben aus dem Munde von Augenzeugen gehört haben.

Verteidiger Justizrat *Dr. Werthauer*: Sie sagten, daß das diplomatische Spiel zwischen Rußland und England dazu beigetragen habe, daß die Armenier vernichtet wurden. Warum denn?

Sachverständiger *Dr. Lepsius*: Weil sie den Türken die Furcht einflößten, daß sie Armenien selbständig machen wollten, wodurch der Bestand der asiatischen Türkei gefährdet worden wäre.

Verteidiger Justizrat *Dr. Werthauer*: Man hat früher gehört, der Grund sei der, daß die Türken Muhammedaner und die Armenier Christen seien, und daß der Haß hunderte von Jahren zurückliege.

Sachverständiger *Dr. Lepsius*: Die phantastische Idee, ein pantürkisches, panislamisches Reich zu schaffen, in dem es für Christen keinen Platz gäbe, geht erst auf das Komitee und auf Enver Pascha zurück.

Verteidiger Justizrat *Dr. Werthauer*: Also wie man „alldeutsch" oder „allrussisch" oder „alltürkisch" sagt, wollte man alles vernichten, was nicht rein türkisch war?

Sachverständiger *Dr. Lepsius*: Ja.

Verteidiger Geheimrat *Dr. Niemeyer*: Ist es nicht so: Die Armenier waren das letzte unterdrückte Christenvolk, auf deren Gebiet und auf deren Beherrschung die Türkei noch rechnen konnte. Alle Balkanvölker und die anderen, früher von der Türkei beherrschten Völker hatten sich der Reihe nach erhoben und sich von der türkischen Oberherrschaft befreit. Um zu verhindern, daß es auch die Armenier tun, wurde deren Vernichtung beschlossen. Ist diese Ansicht richtig?

Sachverständiger *Dr. Lepsius*: Ja. Graf Metternich, der 1918 deutscher Botschafter in Konstantinopel war, schrieb in einem Bericht vom 30. Juni: „Die Armenier sind erledigt. Die jungtürkische Meute bereitet sich schon mit Ungeduld auf den Augenblick vor, wo Griechenland sich gegen die Türkei wenden wird. Das Griechentum bildet das Kulturelement der Türkei. Es wird dann vernichtet werden, ebenso wie das armenische." So sah es Graf Metternich an.

Erlebnisse eines zwölfjährigen Knaben während der armenischen Deportationen.
Aufgezeichnet nach dem mündlichen Bericht des Knaben von Therese Lehmann-Haupt.
Mit einem Anhang: „Gutachten über die armenischen Massakres".
(Das vollständige Protokoll des Prozesses ist im Druck erschienen).
Potsdam 1921.

★

Zirkular des Zentralkomitees des „Bundes der schweizerischen Armenierfreunde"

MITTEILUNGEN DES ZENTRALKOMITEES

Am 23. Juni 1920 sandte das Zentralkomitee ein Zirkular in alle Welt, in dem es alle civilisierten Nationen auffordert, Abgesandte an eine internationale Konferenz der Armenierfreunde zu schicken, die am 6. Juli in Paris abgehalten wurde. Es heisst darin unter anderem:

„Die Lage der Armenier verschlimmert sich von Woche zu Woche. Dieses Märtyrervolk wird immer mehr verlassen. Die Massaker dauern fort... Das scheussliche Verbrechen darf nicht länger währen.

Wir halten eine allgemeine Beeinflussung der öffentlichen Meinung für unbedingt nötig... Sie soll durch berufene Vertreter einen letzten, dringenden und energischen Aufruf ergehen lassen, damit endlich den Armeniern das Recht zu leben ohne Verzug zuerkannt werde..."

Durch diese Konferenz „soll ein Schreiben dem Obersten Rat und dem Völkerbund überreicht werden. Es wird dasselbe auch den amerikanischen und europäischen Kirchenverbänden mitgeteilt werden sowie anderen internationalen Vereinigungen, denen es möglich ist, diesen Beschluss zu unterstützen, der ein Ruf des Gewissens wie des Herzens sein soll und über allen politischen Fragen und nationalen Rivalitäten steht".

Mitteilungen über Armenien...
Genf, No. 14, Juli 1920.

★

Misplaced Clemency for Turk Officials

From our own Correspondent

Constantinople, July 26.

The Public Debt Administration learns that the Nationalists have perpetrated a cruel and unprovoked massacre of several hundred Greek and Armenian silk cultivators at Geive (southeast of Ismid, Anatolia). (...)

Such disagreeable developments might, it is thought, be prevented if the British Government took prompt steps to bring to trial the Turks now interned at Malta on charges of massacre or the ill-treatment of war prisoners. Massacres by Turks are almost always inspired from above, and, as long as those who inspire and organize them remain unpunished the officer or effendi will always be tempted to adopt this short way of suppressing inconvenient minorities. So far one official has been hanged, and that was over a year ago, on a charge of massacre. If the Nationalist officer or official realizes that he risks his neck if he organizes further "events" (the local euphemism for horrors) word will quickly be passed to avoid such methods.

The Times, London, 27. 7. 1920.

★

Nachrichten aus Cilicien

Nach Monaten eines fast völligen Stillschweigens erhielten wir endlich aus indirekter Quelle einige Neuigkeiten über die Lage in Armenien, besonders in Cilicien, wo die amerikanische Mission arbeitet. Die armenischen Pfarrer, welche im Dienste dieser Mission stehen, konnten sich seit 1909 nicht mehr versammeln. Erst am 7. April 1920 trafen sich etwas zwanzig armenische Pastoren und Missionare in Adana. Sie alle waren durch ein wahres Wunder ihren Verfolgern entkommen.

Der Bericht, welchen uns Herr Chambers über jene Konferenz sandte, bestätigt, dass die religiösen Funktionen in den Kirchen aufrecht erhalten wurden, wenigstens so gut, als es die traurige Lage ermöglichte.

Die unglückliche armenische Bevölkerung, die trotz der Gegenwart der europäischen Garnisonen verbluten muss, fühlt, dass all ihre Geduld und Hoffnung sie am ende doch noch verlässt. Die französischen Truppen, welche das Land besetzt halten, aber machtlos sind, es zu beschützen, raten ihnen mit den Banden Mustapha Kemals direkt zu verhandeln. Aber diese sind es gerade, die sie grausam verfolgen. In gewissen Provinzen sind die Armenier fast gänzlich ausgerottet worden; in den Distrikten Adana, Hadjin und Marasch, die sich nicht unter den meist heimgesuchten befinden, wurden seit 1915 auf 195 000 Personen 107 000 ermordet; in Marasch selbst kamen 70% der Armenier in den letzten Massakern um; in den umliegenden Dörfern sind von 8800 Deportierten heute nur noch 800 Personen am Leben. Die Türken haben eine grosse Anzahl von Ortschaften gänzlich isoliert, so dass man die grössten Befürchtungen über das Schicksal ihrer Einwohner hat. Die Kirchen und Schulen sind samt den Frauen und Kindern, die in ihnen Schutz suchten, in Asche verwandelt. Die Flüchtlinge wurden sogar bis in die Klöster, wo sie ein Obdach suchten, verfolgt und wie wilde Tiere aufs Land gejagt. Die Lage der Überlebenden ist trauriger als man sich vorstellen kann, und noch ist kein Schimmer einer Besserung zu erblicken. Der Stillstand des ganzen Verkehrs verhindert die gesunden Männer zu arbeiten und zieht das allgemeine Elend nach sich. Der Mangel der nötigen Gegenstände, der von der Unterbrechung alles Transportes herstammt und die ungeheueren Preise der unentbehrlichsten Artikel machen das Leben in diesem heimgesuchten Lande fast unmöglich. Diejenigen, welche das Vaterland verlassen können, suchen deshalb eine Unterkunft in Cypern, Smyrna und sogar in Amerika. Ein einziger Lichtstrahl leuchtet in die Tiefen dieser Finsternis: Die harte Prüfung hat viele

Herzen dem Evangelium genähert und ihnen im Wort Gottes eine Quelle des Trostes und der Hoffnung eröffnet.

Aber man fragt sich mit Entsetzen, ob die Regierungen Europas warten wollen, Armenien Beistand zu leisten, bis kein Armenier mehr vorhanden ist.   E. M.

Mitteilungen über Armenien...
Genf, No. 14, Juli 1920.

★

Treaty of Peace with Turkey

THE BRITISH EMPIRE, FRANCE, ITALY and JAPAN,

These Powers being described in the present Treaty as the Principal Allied Powers;

ARMENIA, BELGIUM, GREECE, THE HEDJAZ, POLAND, PORTUGAL, ROUMANIA, THE SERB-CROAT-SLOVENE STATE and CZECHO-SLOVAKIA,

These Powers constituting, with the Principal Powers mentioned above, the Allied Powers,

of the one part;

And TURKEY,

of the other part,

Whereas on the request of the Imperial Ottoman Government an Armistice was granted to Turkey on October 30, 1918, by the Principal Allied Powers in order that a Treaty of Peace might be concluded, and

Whereas the Allied Powers are equally desirous that war in which certain among them were successively involved, directly or indirectly, against Turkey, and which originated in the declaration of war against Serbia on July 28, 1914, by the former Imperial and Royal Austro-Hungarian Government, and in the hostilities opened by Turkey against the Allied Powers on October 29, 1914, and conducted by Germany in alliance with Turkey, should be replaced by a firm, just and durable Peace, (...)

ARMENIA

Article 88

Turkey, in accordance with the action already taken by the Allied Powers, hereby recognises Armenia as a free and independent State.

Article 89

Turkey and Armenia as well as the other High Contracting Parties agree to submit to the arbitration of the President of the Unites States of America the question of the frontier to be fixed between Turkey and Armenia in the Vilayets of Erzerum, Trebizond, Van and Bitlis, and to accept his decision thereupon, as well as any stipulations he may prescribe as to access for Armenia to the sea, and as to the demilitarisation of any portion of Turkish territory adjacent to the said frontier.

Article 90

In the event of the determination of the frontier under Article 89 involving the transfer of the whole or any part of the territory of the said Vilayets to Armenia, Turkey hereby renounces as from the date of such decision all rights and title over the territory so transferred. The provisions of the present Treaty applicable to territory detached from Turkey shall thereupon become applicable to the said territory.

The proportion and nature of the financial obligations of Turkey which Armenia will have to assume, or of the rights which will pass to her, on account of the transfer of the said territory will be determined in accordance with Articles 241 to 244, Part VIII (Financial Clauses) of the present Treaty.

Subsequent agreements will, if necessary, decide all questions which are not decided by the present Treaty and which may arise in consequence of the transfer of the said territory.

Article 91

In the event of any portion of the territory referred to in Article 89 being transferred to Armenia, a Boundary Commission, whose composition will be determined subsequently, will be constituted within three months from the delivery of the decision referred to in the said Article to trace on the spot the frontier between Armenia and Turkey as established by such decision. (...)

Article 142

Whereas, in view of the terrorist régime which has existed in Turkey since November 1, 1914, conversions to Islam could not take place under normal conditions, no conversions since that date are recognised and all persons who were non-Moslems before November 1, 1914, will be considered as still remaining such, unless after regaining their liberty, they voluntarily perform the necessary formalities for embracing the Islamic faith.

In order to repair so far as possible the wrongs inflicted on individuals in the course of the massacres perpetrated in Turkey during the war, the Turkish Gouvernment undertakes to afford all the assistance in its power or in that of the Turkish authorities in the search for and deliverance of all persons, of whatever race or religion, who have disappeared, been carried off, interned or placed in captivity since November 1, 1914.

The Turkish Government undertakes to facilitate the operations of mixed commissions appointed by the Council of the League of Nations to receive the complaints of the victims themselves, their families or their relations, to make the necessary enquiries, and to order the liberation of the persons in question.

The Turkish Government undertakes to ensure the execution of the decicions of these commissions, and to assure the security and the liberty of the persons thus restored to the full enjoyment of their rights.

Article 143

Turkey undertakes to recognise such provisions as the Allied Powers may consider opportune with respect to the reciprocal and voluntary emigration of persons belonging to racial minorities.

Turkey renounces any right to avail herself of the provisions of Article 16 of the Convention between Greece and Bulgaria relating to reciprocal emigration, signed at Neuilly-sur-Seine on November 27, 1919. Within six months from the coming into force of the present Treaty Greece and Turkey will enter into a special arrangement relating to the reciprocal and voluntary emigration of the populations of Turkish and Greek race in the territories transferred to Greece and remaining Turkish respectively.

In case agreement cannot be reached as to such arrangement, Greece and Turkey will be entitled to apply to the Council of the League of Nations, which will fix the terms of such arrangement.

Article 144

The Turkish Government recognises the injustice of the law of 1915 relating to Abandoned Properties (Emval-i-Metroukeh), and of the supplementary provisions thereof, and declares them to be null and void, in the past as in the future.

The Turkish Gouvernment solemnly undertakes to facilitate to the greatest possible extent the return to their homes and re-establishment in their businesses of the Turkish subjects of non-Turkish race who have been forcibly driven from their homes by fear of massacre or any other form of pressure since January 1, 1914. It recognises that any immovable or movable property of the said Turkish subjects or of the communities to which they belong, which can be recovered, must be restored to them as soon as possible, in whatever hands it may be found. Such property shall be restored free of all charges or servitudes with which it may have been burdened and without compensation of any kind to the present owners or occupiers, subject to any action which they may be able to bring against the persons from whom they derived title.

The Turkish Government agrees that arbitral commissions shall be appointed by the Council of the League of Nations wherever found necessary. These commissions shall each be composed of one representative of the Turkish Government, one representative of the community which claims that it or one of its members has been injured, and a chairman appointed by the Council of the League of Nations. These arbitral commissions shall hear all claims covered by this Article and decide them by summary procedure.

The arbitral commissions will have power to order:

(1) the provision by the Turkish Government of labour for any work of reconstruction or restoration seemed necessary. This labour shall be recruited from the races inhabiting the territory where the arbitral commission considers the execution of the said works to be necessary;

(2) the removal of any person who, after enquiry, shall be recognised as having taken an active part in massacres or deportations or as having provoked them; the measures to be taken with regard to such person's possessions will be indicated by the commission;

(3) the disposal of property belonging to members of a community who have died or disappeared since January 1, 1914, without leaving heirs; such property may be handed over to the community instead of to the State;

(4) the cancellation of all acts of sale or any acts creating rights over immovable property concluded after January 1, 1914. The indemnification of the holders will be a charge upon the Turkish Government, but must not serve as a pretext for delaying the restitution. The arbitral commission will however have the power to impose equitable arrangemants between the interested parties, if any sum has been paid by the present holder of such property.

The Turkish Government undertakes to facilitate in the fullest possible measure the work of the commissions and to ensure the execution of their decisions, which will be final. No decision of the Turkish judicial or administrative authorities shall prevail over such decisions. (...)

Treaty of Peace with Turkey.
Signed at Sèvres, August 10, 1920. Treaty Series No. 11 (1920).
London 1920.

★

Für Armenien

Die internationale philarmenische Liga ist zu Anfang September mit folgendem Schreiben an den in Genf tagenden Völkerbund gelangt:

Genf, den 3. September 1921

An den Herrn Präsidenten des Völkerbundes, Genf

Hochgeehrter Herr Präsident!

Die internationale philarmenische Liga gestattet sich von neuem zugunsten Armeniens an den Hohen Rat des Völkerbundes zu gelangen.

Im vergangenen Jahr hat die Versammlung des Völkerbundes eine Kommission von sechs Mitgliedern bestellt, die die Aufgabe hatte, ihr Möglichstes zu tun, um dem unglücklichen Lande zu seiner Unabhängigkeit und Sicherheit zu verhelfen. In der letzten Sitzung wurde diese Kommission aufgelöst und der Rat wurde beauftragt, sie zu ersetzen und sich für die Interessen Armeniens zu verwenden.

Inzwischen haben die Ereignisse ihren Gang genommen und die Verhältnisse haben sich weiter verschlimmert. Nicht nur die Türken besetzten einen Teil der durch den Vertrag von Sèvres anerkannten armenischen Republik, sondern auch die Bolschewisten sind eingedrungen und haben fast das ganze Gebiet der armenischen Republik ihrer Herrschaft unterstellt.

Es ist wohl nicht nötig, daran zu erinnern, daß ein Armenien noch vorhanden ist, daß somit die armenische Frage in ihrer ganzen Größe besteht und sich von Tag zu Tag durch die Ereignisse in Rußland und der Türkei verwickelter gestaltet.

Was ist daher zu tun, um es Armenien zu ermöglichen, zu leben und sich zu organisieren?

Wir wissen aus verschiedenen Quellen, daß das Wichtigste wäre, die Grenze des Landes festzulegen und dafür zu sorgen, daß diese Grenzen von den Nachbarn respektiert würden. Das kann aber nur geschehen, wenn die türkischen Truppen sowohl aus dem Gebiet der eigentlichen armenischen Republik zurückgezogen würden, als auch aus den Provinzen, welche seinerzeit durch Präsident Wilson im Auftrag des Obersten Rates Armenien zugewiesen wurden.

Wären einmal diese Provinzen frei, so würde sich ein starker Zugang von Armeniern aus Mesopotamien, Cypern und dem Ausland einstellen. Im Falle man die Provinzen nicht schon jetzt mit der armenischen Republik vereinigen könnte, wären sie bis zur Einverleibung in gesonderte Verwaltung zu nehmen.

Man sagt uns, daß die angestammte Bevölkerung sich bald erholen könnte und daß dadurch die bolschewistischen Elemente sich rasch verringern oder ganz verlieren würden. Ein unabhängiges Armenien dürfte bald zu neuem Leben erstehen und sich vielleicht schneller entfalten, als man denkt.

Die Armenier sind um das Schicksal ihrer Landsleute in Cilicien sehr besorgt. Sie bitten dringend, es mögen die französischen Truppen nicht zurückgezogen werden, bevor sichere Garantien für die im Lande verbleibenden Armenier vorliegen. Massaker wären unvermeidlich, wenn die Türken volle Freiheit erlangten, unter diesen völlig Wehrlosen nach Belieben zu schalten und zu walten. Man sagt uns, daß sogar bereits ein Befehl an die türkische Armee ergangen sei, alle armenischen Intellektuellen hinter der griechisch-türkischen Front zu massakrieren.

Darum ist es der größte Wunsch der christlichen Bevölkerung Ciliciens, die meist aus Armeniern besteht und über 250000 Seelen zählt, daß die französischen Truppen im Lande bleiben und diesem eine Konstitution geben, wie die des Libanon. Eine eingeborene Gendarmerie unter französischem Kommando würde dann zum Schutz des Landes genügen.

Nun erfordert die Lösung des armenischen Problems allerdings in erster Linie große finanzielle Mittel. Es hätten unseres Erachtens die alliierten Mächte oder die Vereinigten Staaten von Nordamerika einen Kredit von 25 Millionen Dollars zu eröffnen und derjenigen Macht zur Verfügung zu stellen, die das Mandat über Armenien übernimmt.

Das sind, geehrter Herr Präsident, die Wünsche, die wir uns erlauben, von neuem dem Hohen Rate des Völkerbundes vorzulegen. Indem wir sie Ihnen zu gütiger Aufnahme empfehlen, begrüßen wir Sie in aller Hochachtung.

Der Präsident der internationalen philarmenischen Liga
gez. EDUARD RAVILLE

Mitteilungen über Armenien...
Basel, No. 19, Oktober 1921.

★

Turkish Display of Temper

AN INCIDENT AT LAUSANNE
RIZA NUR LEAVES THE CONFERENCE ROOM

From our special Correspondent

Lausanne, Jan, 7.

No progress whatever was made on Saturday. The egregious Riza Nur treated the Minorities Sub-Commission to another of those exhibitions of bad manners or bad temper which have become only too familiar, and finally bounded out of the room.

A deadlock had been reached on the question of military service and amnesties when Signor Montagna, who was in the chair, read a statement in regard to the Armenian National Home and the Assyro-Chaldeans. This statement, very moderate in tone, emphasized the interest taken by the world in the Armenian question, and suggested that Turkey should work out a solution of the question in cooperation with the League of Nations, the idea being that the Armenians should enjoy a sort of autonomy under Turkish Governors-General.

Sir Horace Rumbold then read a similar statement and supported Signor Montagna's appeal to the Turks. Ismet Pasha had declared that the discontented condition of minorities was mainly the result of the Imperial Russian intrigues. He now said that he had no fear that these Russian manoeuvres would be continued under the present Government. With regard to the national home, Sir Horace Rumbold pointed out that owing to the very slight density of population of Turkey it should not be difficult to assign a strip of territory for the home, and he proposed that the Armenians should be given an area in Cilicia between the sea and the Euphrates, which would include Sis and Albistan, and which would accommodate between two hundred and three hundred thousand people. He addad an appeal on behalf of the Uniat Syrians and Nestorians.

A Scene

It was then M. de Lacroix's turn to speak, but Riza Nur interrupted and demanded to be heard. Signor Montagna explained that it was the French delegate's turn, but Riza Nur insisted, and became very violent, saying: "If you do not let me speak I leave the room. I wish to put in a few words and insist on speaking now." Signor Montagna informed Riza Nur that his attitude was quite incorrect, and that he could not be allowed to speak. Riza Nur, however, still insisted, becoming yet more violent, and in order to prevent an incident, it was agreed to let him speak at once.

He said that the Allies were quite right in taking up the cause of the Armenians and Assyro-Chaldeans, as they were under a serious moral obligation towards those people. The Allies, he said, had used them as instruments, and by inciting them to rebel against the Turks had involved them in ruin.

"As for the declarations I have just heard," he added, "I consider them null and void, and I refuse to hear anything further on the subject." He then made as though he would leave the room, but Signor Montagna pointed out that the French delegate had not yet spoken. Riza Nur merely said, "I will not listen," and got up.

Signor Montagna insisted that he could not possibly leave the room without stating his reasons for his action, as otherwise he would make himself an outlaw. It would be an injustice to leave before hearing the French statement, more especially as he (Riza Nur) had been allowed the privilege to speak out of his turn. Riza Nur replied "I leave the room," and out he went. (...)

The Times, London 8. 1. 1923.

★

De: La Nation arménienne...

Abd-ul-Hamid II. – Le sultan de Constantinople, Abd-ul-Hamid II, voyait se détacher successivement de son empire les diverses provinces non musulmanes. On venait de lui arracher la Bulgarie et la Roumélie orientale; on lui avait complètement soustrait la Serbie et la Roumanie.

Il vit donc dans le mouvement insurrectionnel des Arméniens une tendance nettement séparatiste. Il était persuadé que les Arméniens voulaient, non pas des réformes, mais une indépendance complète, voire même «un royaume».

Pour ne pas se voir déposséder des provinces arméniennes connues sous le nom des six vilayets, il trouva tout naturel d'en supprimer les Arméniens; ainsi, pensa-t-il, il n'y aura plus ni réformes à accomplir, ni «royaume d'Arménie» à redouter.

La demande des Arméniens était des plus modestes, pour leur pays et pour leurs nationaux. Pour nous autres Français, la chose paraît enfantine. Que demandaient-ils, en effet? Tout simplement, la sécurité de leur vie, de leur honneur et de leurs biens. Ils demandaient que les ressources naturelles du pays fussent exploitées et mises en valeur. Comme ils comptaient un grand nombre d'ingénieurs, de médecins, d'avocats, d'autres intellectuels, dont la plupart étaient sortis de nos écoles, ces hommes instruits et intelligents auraient voulu pouvoir appliquer leurs connaissances et leurs ressources cérébrales à l'industrie, au commerce, à l'agriculture, au développement général de leur patrie. Les dirigeants turcs s'y opposaient aveuglément, parce qu'ils ne comprenaient rien à ces sortes de revendications.

Les massacres, organisés et ordonnés par Abd-ul-Hamid II, commencèrent par Sassoun, où un petit groupe de patriotes arméniens était retranché. Pour réduire ce groupe, le sultan envoya un régiment. Le groupement arménien résista et l'armée turque en profita pour détruire aussi bien le foyer de résistance arménien que tous les villages de cette province. Ce fut le signal des grands massacres de 1894–1896, qui se continuèrent pendant deux ans, dans les grands centres comme dans les campagnes de toute l'Arménie turque. Les villes le plus éprouvées et qui fournirent le plus de victimes furent: Van, Mouch, Bitlis, Arabkir, Kharpout, Akn, Palou (Balou), Diarbékir, Tokat, Sivas, Chabin Karahissar, Samsoun, Kérassound, Trébizonde. Ces massacres étaient méthodiques et parfaitement organisés.

Trois cent mille victimes, des milliers de maisons détruites, plusieurs centaines d'églises et de couvents saccagés, démollis ou convertis en mosquées ou en écuries, tel est le bilan de ces premiers massacres hamidiens.

On a constaté, à cette époque, que les massacreurs étaient partout les mêmes. Ils procédaient de la même façon. La plupart de ces massacreurs étaient des gens sans aveu, affublés de constumes kurdes. Leur façon de procéder était la suivante: un beau jour, ils arrivaient en grand nombre dans une ville; à leur vue, la population s'affolait. Le gouvernement local feignait de rassurer la population, en faisant sonner du clairon. Alors, les gens, moins inquiets, sortaient des maisons, et le carnage commençait: il durait jusqu'à huit jours, comme à Arabkir et à Diarbékir.

Une fois la besogne de sang terminée, les autorités locales faisaient de nouveau sonner du clairon, pour informer la population qui avait survécu que tout danger était écarté. Et en effet, les massacreurs, chargés de butin, quittaient la localité pour se rendre ailleurs et recommencer le même carnage, suivant ponctuellement les instructions qu'Abd-ul-Hamid leur adressait télégraphiquement, avec toutes les précisions souhaitables.

L'écho de ces horreurs, parvenu en Europe, trouva plus de retentissement en France qu'ailleurs, grâce à quelques Français généreux, qui se firent les avocats du peuple martyr. Mgr d'Hulst, le P. Charmetant, les pasteurs Sauter, Louis Vernes, les hommes politiques de Mun, Rolle, Denys Cochin, Clémenceau, de Pressensé, Jaurès, Sembat, les intellectuels Vandal, Paul et Anatole Leroy-Beaulieu, Anatole France, Paul Doumergue, Victor Bérard, Georges Gaulis, baron Carre de Vaux, baron Ludovic de Contenson, Louis Martin, Pierre Quillard, et tant d'autres que je m'excuse de ne pouvoir citer ici, essayèrent de défendre la cause sacrée des Arméniens, les uns au point de vue purement chrétien, d'autres au point de vue humanitaire, d'autres enfin essayant de réagir du point du vue politique, afin de décider le gouvernement français à intervenir en faveur de l'Arménie (…)

Un an à peine, après la Nouvelle Constitution turque, un cri d'horreur fut poussé dans une autre province arménienne, qui avait été épargnée par Abd-ul-Hamid. Plus de 30,000 Arméniens venaient d'être massacrés à Adana, en Cilicie, avec la connivence et sur le conseil du gouvernement jeune-turc (avril 1909).

Les Jeunes-Turcs démontraient ainsi qu'ils ne valaient pas mieux que les Vieux-Turcs. La politique de massacres faisait méthodiquement le tour des provinces chrétiennes de l'Empire ottoman.

Abd-ul-Hamid avait volontairement et méthodiquement exsangué les six provinces arméniennes (les six vilayets); mais la prospérité de la province arménienne de Cilicie était une épine qui blessait le Jeune-Turc. C'est pour cette raison qu'on avait décidé et réalisé l'affaiblissement de cette province (...)

Quand la guerre mondiale éclata, la Turquie n'y prit pas part immédiatement. Mais, dès le jour où les Turcs prirent le parti des Centraux et se rangèrent à leur côté, les sujets arméniens de l'Empire ottoman firent tout pour se montrer des citoyens loyaux et fidèles. Les hommes en âge de porter les armes furent mobilisés de force. La population arménienne elle-même ne fit preuve d'aucune mauvaise humeur, tout en sachant que les deux puissances protectrices, la France et la Russie, se trouvaient dans le camp adverse.

Deux raisons principales poussèrent les dirigeants turcs à agir d'une façon cruelle et monstrueuse avec la nation arménienne.

La première est qu'il y avait une partie de l'Arménie (l'Arménie orientale) qui se trouvait sous la domination russe, leur ennemi d'alors, et qui était dans un état très prospère. Ces Arméniens de Russie avaient montré dès le début de la guerre une énergie remarquable comme citoyens de l'empire des tsars. Or ces Arméniens se trouvaient être les voisins immédiats de ceux qui étaient sujets ottomans: cela parut constituer un danger très grand au gouvernement jeune-turc.

La deuxième raison était la Question arménienne, qui était sur le tapis depuis plus de 40 ans, et qui, à la veille de la guerre mondiale, avait reçu une solution qui n'était pas en faveur des Turcs, et ce, grâce aux deux Puissances (France et Russie), contre lesquelles la Turquie partait en guerre.

Les dirigeants turcs trouvèrent le moment opportun de se débarrasser une fois pour toutes de l'épineuse Question arménienne, en supprimant les Arméniens. La chose leur paraissait d'autant plus aisée, que les protecteurs (Français et Russes) étaient impuissants d'intervenir en leur faveur.

Les Turcs employèrent les procédés les plus barbares. Suivant les instructions télégraphiques, émanées de Constantinople, on donna l'ordre d'évacuer toutes les localités. Si cette précaution pouvait paraître utile pour les provinces turques qui étaient en lisière de l'empire russe, elle perdait tout son sens pour les provinces qui en étaient éloignées de 700 à 1,000 kilomètres.

C'est à la suite de ces ordres émanés de Constantinople, que la population arménienne des villes et des campagnes de l'Arménie turque fut déportée dans les déserts de Syrie et de Mésopotamie.

On commença par réunir tous les intellectuels arméniens en vue, au nombre d'environ 300, et on les dirigea sur Diarbékir et de là sur la Syrie. Avant d'arriver à

Diarbékir, ils furent presque tous massacrés, dans d'horribles tortures; c'étaient des députés, des journalistes, des professeurs, des publicistes, des hommes de lettres, des avocats, enfin des médecins dont quarante sortaient de nos facultés françaises.

On déporta ensuite les urbains et les paysans. Les hommes furent impitoyablement massacrés, soit individuellement, soit par groupes.

La déportation se faisait à pied, sous le soleil torride, sous la pluie, par le froid. Des centaines de milliers de femmes, d'enfants et de vieillards, en caravanes interminables, mirent des mois pour se rendre en Syrie. En cours de route, un très grand nombre de ces malheureux furent massacrés, ou tombèrent de faim, de soif et de misère.

Les jeunes filles et les femmes jeunes étaient constamment convoitées, enlevées et violées. Les enfants étaient vendus ou éventrés et foulés au pied comme des vermines. Nombre de ces petits furent abandonnés; ils se mirent à errer dans les campagnes. Les femmes enceintes étaient éventrées à coup de poignard; on les laissait gisantes sur le sol jusqu'à ce que la mort les délivrât; les ecclésiastiques étaient ferrés comme les mulets et, une fois qu'on leur avait cloué les fers aux pieds, on le forçait à avancer, à coups de fouet.

En cours de route, les déportés arméniens étaient constamment attaqués et dépouillés même de leurs vêtements par leurs guides et par les populations musulmanes, au point qu'un très grand nombre de femmes étaient complètement nues (ceci d'après les témoignages allemands et américains). Les déportés ne recevaient aucune nourriture et on ne leur permettait pas toujours de se nourrir d'herbes et de racines. On a même cité des cas où, comme en Russie, des parents mangèrent la chair de leurs enfants.

Une bonne partie de ces déportés mourut en cours de route; ceux qui purent arriver dans les déserts de Syrie et de Mésopotamie furent massacrés, sur l'ordre du gouvernement turc. Rien qu'à Deir-el-Zor, de sinistre mémoire, 200,000 Arméniens furent anéantis en quelques jours.

Les deux tiers de la population arménienne des six provinces furent ainsi exterminés «par les méthodes les plus infernales et avec sang-froid», comme le déclara lord Robert Cecil, dans sa lettre du 3 octobre 1918, adressée à lord Bryce.

Nous ne pousserons pas plus avant la description de ces déportations et de cette extermination sauvage (...)

Frédéric Macler:
La Nation arménienne, son passé, ses malheurs.
Paris 1923, pp. 43–46/48–49/53–56.

★

De: La Société des Nations et les Puissances devant le Problème Arménien

Confrontée avec le redoutable problème arménien, qui pose en entier celui des rapports entre le droit et la politique, la première Assemblée de la Société des Nations a pris une attitude où se réflétait une exagération manifeste de son impuissance. Elle n'a non seulement donné aucune suite à la proposition roumaine d'une intervention armée internationale en faveur de l'Arménie, mais elle a même refusé de courir les risques de l'admission de l'Arménie dans son sein, risques qui ne comportaient cependant pour ses membres aucune action militaire, mais uniquement l'application éventuelle à la Turquie kémaliste d'un blocus économique et financier. Il est néanmoins infiniment probable, sinon certain, que la proclamation d'un pareil blocus aurait produit sur le gouvernement de Moustapha Kemal l'effet le plus salutaire et l'aurait amené en tout cas à certaines concessions. Plus encore, la Société des Nations aurait pu avoir recours à un boycottage moral et proclamer hautement que la Turquie ne serait pas reçue dans son sein avant d'avoir réparé ses crimes envers l'Arménie, en lui rendant son indépendance. La Turquie kémaliste a eu beau, à plusieurs reprises, feindre son indifférence ou même son hostilité pour la Société des Nations, il est certain qu'une pareille exclusion l'aurait atteinte dans sa dignité et l'aurait, ne fut-ce qu'avec le temps, amenée à composer avec l'Arménie. En tout cas, pareil avertissement aurait été dans le rôle d'une Société créée pour «entretenir au grand jour des relations internationales, fondées sur la justice et l'honneur».

La Société des Nations s'est toutefois ressaisie au fur et à mesure qu'elle prenait conscience de son incomparable force morale qui ne lui était peut-être pas apparue clairement au moment même de sa naissance. La seconde et la troisième Assemblées de la Société ont, en effet, énergiquement insisté sur la nécessité d'un foyer national pour l'Arménie et la cinquième Assemblée a adopté, à la date du 25 septembre 1924, une résolution qui a éclairé les cœurs arméniens d'une nouvelle lueur d'espérance.

Chargé d'exposer à l'Assemblée l'opinion de la cinquième Commission sur la question des réfugiés arméniens soumise à l'attention de la Société par le gouvernement hellénique, le Rapporteur M. de Brouckère (Belgique) trouva les accents les plus émouvants pour élever le problème arménien au-dessus d'un niveau purement philanthropique.

«Ce problème, dit-il, n'est pas celui du secours aux réfugiés arméniens: c'est celui du rétablissement sur son sol, dans la plénitude de ses droits, dans la plénitude de sa sécurité, de la nation arménienne, qui a droit à l'existence nationale.

«Je dis qu'elle a droit à l'existence nationale: elle y a droit comme toutes les autres nations; elle y a peut-être, vis-à-vis de nous, un droit particulier: la Société des Nations a la garde de tous les peuples, mais elle a pris, vis-à-vis des Arméniens, des engagement précis.

«Lorsque le Conseil suprême a demandé à la Société des Nations d'accepter le mandat pour l'Arménie, la Société de Nations, n'ayant pas la possibilité d'assurer un protectorat matériel, a, tout au moins, assumé un protectorat moral, et je ne rappellerai pas ces résolutions que toutes nos Assemblées successives ont prises, affirmant le droit de l'Arménie à retrouver un foyer arménien.

«A ces résolutions, nous demeurerons fidèles! *(Applaudissements.)*

«La seule chose qui nous reste à voir, c'est la manière dont nous parviendrons à dégager notre promesse.

«Ramener les Arméniens chez eux! Où cela? On a d'abord songé au Caucase. Le rapport que vous avez sous les yeux vous indique pourquoi la cinquième Commission estime qu'on ne peut, sans nouvel examen, sans nouvelle étude, décider l'envoi au Caucase d'un nombre considérable de réfugiés arméniens.

«Il y a là un problème technique extrêmement compliqué. Le Caucase Arménien paraît déjà surpeuplé et rien ne prouve qu'il se trouve aujourd'hui dans des conditions de sécurité suffisantes; rien ne prouve que l'établissement là-bas d'un nombre, même minime, de réfugiés n'absorberait pas des sommes si considérables que nous n'en puissions pas disposer.

«En pareille matière, il faut être prudent et la cinquième Commission vous propose de conclure simplement à une étude – non pas pour écarter la question ou en retarder la solution, mais simplement pour pouvoir vous apporter cette solution d'une façon plus ferme et plus éclairée.

«Etablissement des refugiés arméniens au Caucase! Etablissement des réfugiés arméniens dans le reste du domaine arménien! Où est-il? Quelles en sont les limites?»

«Ah! mesdames et messieurs, nous aurions pu croire, il y a peu de temps, que ces limites étaient tracées: elles avaient été tracées par une haute autorité, par ce Président Wilson dont nous conservons tous pieusement la mémoire.

«Nous sommes bien obligés de reconnaître aujourd'hui qu'elles ne sont plus tracées, mais tout au moins convient-il d'affirmer bien haut qu'elles ne sont pas tracées, qu'elles n'ont été fixées ni en faveur des Arméniens ni contre eux et que le problème reste ouvert.

«Il y a là un problème politique que je me garderais bien d'examiner car je me souviens que le rapport est présenté au nom de la cinquième Commission et pas au nom de la sixième Commission.

«Nous reconnaîtrons tous qu'il semble que le moment ne soit pas venu de tenter la solution politique du problème: les circonstances ne paraissent pas favorables.

«Il faut donc attendre. Mais il y a deux manières d'attendre: attendre dans l'inaction, attendre en préparant.

«C'est cette seconde manière d'attendre que recommande la cinquième Commission. Elle vous invite à attendre en prenant les mesures préparatoires nécessaires pour que les Arméniens retrouvent un jour leur foyer.

«Pour qu'il soit possible d'atteindre ce but, il faut d'abord que les Arméniens demeurent un peuple.

«Nous pourrions nous contenter de demander à l'organisation que dirige, avec l'autorité à laquelle on a justement rendu hommage, le docteur Nansen, de prendre en faveur des Arméniens quelques mesures humanitaires, d'essayer de leur trouver quelque nourriture et quelque travail. Au bout d'un certain nombre d'années, les

Arméniens se trouveraient disséminés dans différentes parties du monde. Ils se perdraient dans la masse humaine et cesseraient de former une nation.

«Cette solution ne serait pas digne de la Société des Nations. Elle ne nous dégagerait pas de notre promesse.

«Nous devons, au contraire, faire en sorte que le peuple arménien garde sa nationalité. Ce serait un crime contre l'humanité, un crime contre les principes qui nous réunissent ici, que de permettre la disparition d'un peuple. Jaurès a prononcé un jour ces belles paroles qui doivent nous faire réfléchir: ‹Nous en sommes venus au temps où l'humanité ne peut plus vivre avec, dans sa cave, le cadavre d'un peuple assassiné.› *(Applaudissements.)*

«Si nous voulons le maintien de la paix, souvenons-nous des leçons de l'histoire. On ne fait pas disparaître un peuple pour jamais. Un peuple assassiné ressuscite. Mais il ressuscite au milieu des convulsions. Depuis un siècle, rien n'a entraîné en Europe plus de guerres que l'effort des peuples victimes de l'oppression, qui voulaient renaître et reprendre leur existence nationale.

«Préparons donc le retour normal, pacifique, des Arméniens à leur existence nationale. En prenant soin de leur conservation matérielle, pensons à leur conservation nationale. Plaçons-les dans des conditions qui leur permettent de mener non seulement leur vie humaine, mais aussi leur vie d'arméniens. Si nous ne pouvons leur garantir l'exercice de tous leurs droits politiques, pensons au moins à leur conserver leurs droits civils; efforçons-nous de les protéger chaque fois que se posent les innombrables problèmes juridiques à l'occasion desquels nous pouvons agir. Faisons en sorte qu'il puissent parler arménien, conserver leurs institutions et leurs traditions arméniennes.

«Ainsi, nous n'aurons pas fait seulement un acte d'humanité, nous aurons préparé un acte de justice. Nous aurons dit à ce peuple qui souffre: ‹Prenez patience! La Société des Nations ne vous abandonne pas. Pour vous aussi, l'heure de la justice sonnera et vous retrouverez en toute sécurité votre existence nationale au foyer qui vous a été promis.›» *(Vifs applaudissements.)*

Le Comte Tosti di Valminuta, délégué de l'Italie, prononça à son tour un discours où se reflétait «toute la sympathie agissante du peuple italien» pour la race arménienne:

«Le premier point à envisager, dit-il, est celui qui concerne la dispersion et le dénuement actuel du peuple arménien.

«Une race très ancienne, décimée par un martyre séculaire, est contrainte de quitter les terres de ses aïeux, foyer de traditions glorieuses, de tenaces vitalités et d'efforts héroïques, et elle transporte de pays en pays les signes de son indicible douleur et de ses souffrances infinies.

«C'est une nation qui se meurt. Si la solidarité internationale n'est pas un vain mot, il faut la sauver. Il faut que les peuples fassent preuve de leur volonté unanime d'assistance réciproque en accourant à l'aide d'une des races qui a tant contribué à la civilisation du monde. Voici l'occasion de démontrer que cette solidarité internationale n'est pas une formule dont on abuse trop souvent, mais est, au contraire, une vivante et merveilleuse réalité.

«La Société des Nations ne s'est d'ailleurs jamais désintéressée du sort du peuple arménien. Dans chacune de ses sessions, notamment à partir de 1921, l'Assemblée a insisté sur la nécessité de donner une solution à ce problème angoissant.

«En vertu du Pacte et des principes essentiels de justice et d'humanité qui l'inspirent, la Société des Nations est appelée à prendre soin des nations faibles et menacées et, dans l'espèce, à porter secours aux débris de cette race noble et ancienne que l'on a laissée aller à la dérive après la grande tourmente.

«Je crois devoir ajouter que le problème des secours aux Arméniens ne se pose pas seulement du point de vue humanitaire et philanthropique. Ce peuple malheureux a aussi qualité pour invoquer le droit à l'existence, qui est sacré et imprescriptible.

«Je ne saurais retenir trop longuement l'attention de cette Assemblée, qui va être saisie sous peu d'un aspect plus précis de ce même problème, et je me bornerai à rappeler en passant le traité de Sèvres dans lequel l'Arménie était reconnue comme une Haute Partie contractante. Ce traité n'a pas été ratifié et a cessé par là d'avoir une valeur juridique. Il s'y reflétait pourtant une situation de fait dont quelque chose subsiste encore en ce qui concerne le peuple arménien. *(Applaudissements.)*

«Je ne saurais non plus oublier que le Président Wilson avait consacré au sort de ces malheureux une attention soutenue au point de tracer les frontières du territoire qu'il comptait leur réserver et qui dépassait de beaucoup les limites actuelles de la République d'Erivan...

«Différents projets ont été mis à l'étude: quelques-uns apparaissent comme étant d'une réalisation à peu près impossible et les résultats de certains autres semblent devoir être bien douteux. L'attention des intéressés s'est concentrée jusqu'à présent sur deux de ces projects; la création d'un Foyer arménien au Caucase, en dehors des limites actuelles de la République d'Erivan et le transfert de 50,000 réfugiés arméniens dans le territoire de Sardarabad, qui devrait être préalablement assaini par de grands travaux d'irrigation et par la construction d'habitations rurales.

«Pour des raisons de tous ordres, je ne crois pas que ces projets puissent donner l'espoir d'une application facile, et moins encore rapide.

«Je suis tout à fait d'accord, à cet égard, avec l'éminent rapporteur. L'Assemblée sera d'ailleurs appelée à se prononcer aujourd'hui même sur ce point spécial.

«Dans la crainte que les deux projets sus-mentionnés ne puissent recevoir une réalisation pratique, sauf dans un avenir très éloigné, il semble nécessaire d'apporter sans délai aux réfugiés arméniens tous les secours dont nous pouvons disposer.

«Deux voies se présentent à l'activité de la Société des Nations. En premier lieu, il est possible de rapatrier un certain nombre de réfugiés arméniens qui étaient fixés auparavant dans le territoire reconnu à la Turquie.

«Il me paraît incontestable que les articles 37 à 45 du traité de Lausanne donnent à la Société des Nations le pouvoir d'assister les minorités ethniques dans les démarches que les réfugiés, appartenent à ces minorités, pourraient entreprendre dans le but de rentrer dans leur pays.

«Il m'est impossible de douter que, sur ce point, on ne puisse compter non seulement sur le zèle éprouvé des organes de la Société des Nations mais aussi sur la bonne volonté du gouvernement ottoman.

«Je ne fais pas de propositions concrètes à cet égard, m'en rapportant aux avis que le Conseil, dans sa sagesse, croira devoir adopter.

«Une seconde tâche de la Société des Nations consiste dans le placement de la main-d'œuvre arménienne dans les pays où les réfugiés se seront fixés, dans une mesure compatible avec la capacité d'absorption de ces pays...

Finalement l'Assemblée vota la résolution suivante:

«L'Assemblée, tenant compte des résolutions adoptées en faveur des Arméniens par les première, deuxième et troisième Assemblées, ainsi que par le Conseil;

Désireuse de manifester sa sympathie envers ces malheureuses populations;

Ayant examiné les propositions formulées en vue de l'établissement des réfugiés arméniens au Caucase et dans d'autres régions;

Estimant qu'il est toutefois inopportun d'exprimer une opinion quelconque sur ces propositions avant qu'elles n'aient fait l'objet d'études approfondies et impartiales;

Invite le Bureau international du Travail, en collaboration avec le docteur Nansen, à procéder à une enquête qui aura pour but d'étudier la possibilité d'établir en grand nombre des réfugiés arméniens au Caucase ou ailleurs;

Et ajoute, à cet effet, un crédit supplémentaire de 50,000 francs au budget des réfugiés pour l'année 1925; étant entendu que, par ce vote, les Membres de la Société des Nations ne prennent aucun engagement quant à l'exécution d'un projet quelconque à ce sujet.

L'Assemblée déclare, en outre, qu'en attendant que puisse être constitué un Foyer national arménien, il importe que toutes facilités soient accordées aux réfugiés pour leur permettre de se procurer des emplois productifs dans d'autres pays, afin de maintenir et de sauvegarder leur existence nationale.

Enfin, l'Assemblée propose de remercier et de féliciter le gouvernement et le peuple helléniques pour les efforts admirables qu'ils ont accomplis en faveur des Arméniens, et d'exprimer aux Etats-Unis et aux autres pays sa vive gratitude pour la générosité dont ils n'ont jamais cessé de faire preuve à l'égard des Arméniens. Elle propose, en outre, d'inviter ces pays à continuer à cette malheureuse population une aide qui lui est précieuse et indispensable dans la dure épreuve qu'elle traverse actuellement.»

La cinquième Assemblée de la Société des Nations a ainsi solennellement confirmé les résolutions antérieures de ses devancières en faveur d'un Foyer national arménien et a proclamé la nécessité de maintenir et de sauvegarder l'existence nationale des Arméniens en attendant que ce foyer pût être constitué.

André N. Mandelstam: La Société des Nations et les
Puissances devant le Problème Arménien.
Paris 1926, p. 333–339.

★

De: Plan d'établissement des réfugiés arméniens

PROCÈS-VERBAUX DE LA CINQUIÈME COMMISSION
DE L'ASSEMBLÉE, 1926

Dixième Séance
Tenue le mercredi 22 septembre, à 22 heures
Présidence: M. Mensdorff-Pouilly-Dietrichstein (Autriche)

29. Etablissement des réfugiés arméniens

M. Breitscheid (Allemagne), rapporteur, donne lecture du projet de résolution par lequel se termine son rapport à la Commission (page 177).

Le Dr Nansen, Haut Commissaire pour les réfugiés, rappelle que, malgré tous les efforts déployés jusqu'ici, il n'a pas encore été possible de créer un foyer national pour les Arméniens. Pourtant, il n'y a pas de peuple qui ait enduré des souffrances plus terribles; il mérite un soulagement à ses maux. Il est impossible que les résolutions solennelles de l'Assemblée de la Société des Nations à cet égard restent lettre morte. (...)

Dame Edith Lyttelton (Empire Britannique) prononce le discours suivant dont l'insertion *in extenso* au procès-verbal est décidée sur la proposition de M. Parra-Pérez, vice-président:

«Durant toute ma vie je me suis trouvée en contact avec des personnes s'intéressant à l'Arménie; aussi cette question ne présente-t-elle rien de nouveau pour moi. J'éprouve en ce moment dans mon cœur et dans mon âme le besoin d'aborder ce problème d'un point de vue large et humanitaire, non seulement dans l'intérêt des Arméniens, mais aussi pour la réputation, l'honneur et le prestige de la Société des Nations. Une nation ne veut pas dire seulement un territoire et bien d'autres attributs que souvent l'on suppose nécessaires, mais une âme, une littérature, une langue et une espérance.

Appliquez ces critères aux Arméniens, qui ont peut-être été plus maltraités qu'aucun autre peuple. Au cours de toutes les épreuves de leur histoire et pendant la grande guerre, les Arméniens ont été tués, massacrés, séparés, et, malgré tout, ils ont conservé leur langue, leur religion et leur espérance. La nation arménienne existe depuis des siècles et elle a produit une civilistaion très remarquable, de grand hommes de science et de grands poètes. Aujourd'hui un espoir lui est donné de se créer un foyer.

«Or, il y a parmi les Membres de la Société des Nations de nombreux peuples qui savent ce que c'est que d'avoir été sans nationalité pendant bien des années et qui ont connu de dures épreuves pour réaliser leurs aspirations. Ce sont précisément ces peuples qui devraient se placer à la tête de l'œuvre entreprise en faveur des Arméniens, en vue de leur offrir un moyen de reprendre leur existence comme nation. Toutes les grandes nations ont connu la souffrance et le malheur: ne doivent-elles pas sentir le besoin de venir en aide à ce peuple et le mettre enfin en mesure de constituer son foyer?» (...)

Société des Nations: Plan d'établissement des réfugiés arméniens.
Exposé général et documents principaux.
Publications de la SDN, Genève, janvier 1927, p. 172–174.

★

De: La Société des Nations et les Puissances devant le Problème Arménien

PRÉFACE

Lorsque éclata la grande guerre, la Sublime Porte venait, par un accord avec la Russie, de s'engager à introduire des réformes dans ses provinces arméniennes qui se mouraient lentement sous les violences et les exactions du régime jeune-turc. Mais la tourmente guerrière déchaînée sur le monde permit au gouvernement jeune-turc, débarrassé de toutes les entraves de l'intervention d'humanité, de faire un nouveau et grand pas vers la solution du problème arménien selon la méthode, autrement radicale, inaugurée par le Sultan Abdul-Hamid: l'extermination de la nation, objet de la sollicitude gênante des Puissances. Les Jeunes-Turcs réussirent en effet à détruire environ un million des Arméniens de Turquie et à porter la mort et la dévastation dans l'Arménie russe.

L'attitude qu'observèrent devant cette catastrophe les Puissances, champions attitrés du droit et libérateurs effectifs de toute une série de peuples, peut, au premier abord, si on l'envisage dans son ensemble, paraître confuse et déconcertante.

Jusqu'à la conclusion de la paix de Versailles, les dirigeants des nations alliées donnèrent libre cours à leur indignation. A maintes reprises, ils s'engagèrent solennellement à libérer de la domination turque les restes du malheureux peuple arménien. Ils ont, cependant, totalement manqué à leurs promesses. Les gouvernements alliés ont bien commencé par reconnaître de fait un Etat arménien; et, après avoir échoué dans leur tentative de trouver le mandataire préconisé par le Pacte de la Société des Nations pour guider les peuples «non encore capables de se diriger eux-mêmes», ils ont bien déclaré reconnaître comme «État souverain et indépendant» l'Arménie qu'ils avaient créée. Mais cet État ne devait être formé en réalité que des régions arméniennes de l'ancien Empire russe. Quant aux Arméniens *turcs*, au lieu de les libérer directement de la domination de l'Empire ottoman, comme les Syriens et les Arabes, les Puissances, par le Traité de Sèvres, mirent leur sort entre les mains du président Wilson, qu'elles chargèrent de fixer les frontières entre la Turquie et la République arménienne. Et quand la sentence du chef des États-Unis, favorable à l'incorporation de vastes territoires ottomans dans la République, eut été rendue, elle ne fut suivie d'aucun effet d'exécution. L'extension des frontières décrétée par le

Président parut, au contraire, aux trois principales Puissances alliées, trop grande pour leur permettre d'accepter la responsabilité de les garantir. Ceci les amena à se prononcer contre l'admission de l'Arménie dans le sein de la Société des Nations. Au moment même où la première assemblée de la Société des Nations, se rangeant, à une forte majorité, à cet avis, rejetait la demande d'admission de l'Arménie, cette petite République, bénéficiaire théorique de la généreuse sentence du Président de l'Amérique, succombait, d'ailleurs, sans la moindre protection internationale, sous les coups des Bolchéviks et des Kémalistes.

Après s'être ainsi declarées, quelques mois seulement après le Traité de Sèvres, hors d'état de protéger l'indépandance de l'Arménie *russe*, que ce Traité avait confirmée, les Puissances abandonnèrent graduellement la cause de la délivrance des Arméniens *turcs*. La Conférence de Londres de mars 1921, faisant complètement abstraction de la sentence du Président Wilson, préconisa simplement la constitution d'un foyer national arménien sur les frontières orientales de la Turquie, sans se prononcer sur les relations juridiques de celle-ci avec ce foyer. Un an plus tard, en mars 1922, la Conférence de Paris tout en maintenant la demande d'un foyer, proclama en même temps la pleine souveraineté turque, des frontières de la Transcaucasie jusqu'à la mer Egée, c'est-à-dire renonça, sans aucun doute possible, à l'indépendance des Arméniens turcs. Enfin, à la Conférence de Lausanne, en 1923, les vainqueurs, devant l'insistance de la Turquie vaincue, abandonnèrent jusqu'à l'idée d'un foyer arménien autonome. Le traité de Lausanne ne mentionna même pas l'Arménie, et les Arméniens n'en peuvent tirer d'autres droits que ceux qui découlent de ses dispositions générales sur la protection des minorités.

A l'heure actuelle, la situation des Arméniens est donc infiniment pire qu'elle n'était à la veille de la grande guerre, alors que la Porte, en signant l'accord russo-turc du 8 fevrier 1914, venait d'accepter des réformes pour l'Arménie et que deux inspecteurs généraux avaient été déjà nommés, sur la proposition des Puissances, pour surveiller l'application de ces réformes.

Cette situation du peuple arménien après la guerre mondiale appelle incontestablement la compassion universelle pour ses cruelles souffrances. Mais elle soulève en outre un problème général des plus inquiétants sur l'orientation nouvelle du droit international. Cette orientation semblait avoir été indiquée par le préambule du Pacte de la Société des Nations, car celui-ci déclarait qu'il importe «de faire régner la justice» et «d'entretenir au grand jour des relations internationales fondées sur la justice et l'honneur». Et en fait, en ressuscitant la Pologne et en constituant la Tchécoslovaquie, en libérant les Alsaciens-Lorrains, les Danois du Slesvig, les Yougo-Slaves et les Roumains de Transylvanie, en émancipant du joug turc les Syriens et les Arabes, les Puissances avaient fait honneur à la glorieuse devise inscrite sur le fronton de l'édifice de la Société des Nations. D'où vient donc qu'une équitable application du principe des nationalités, soucieuse en même temps des droits des peuples et des intérêts généraux de l'humanité, n'ait pas été étendue jusqu'à l'Arménie? A quoi attribuer le maintien définitif dans la servitude turque, pas même mitigée, des restes de la Nation arménienne?

Les causes de l'abandon de l'Arménie ne doivent pas être cherchées dans le domaine du *droit*. Les titres à la liberté du peuple arménien, écrits avec le sang de ses martyrs de 1895, de 1909, de 1915 et solennellement reconnus par les Puissances alliées, n'étaient pas moindres que ceux de n'importe quelle nation qui s'était autrefois trouvée sous le joug des Turcs. Durant les quatre années qui séparèrent le Traité de Sèvres du Traité de Lausanne, l'État turc ne s'est point, d'autre part, régénéré à un degré qui devait autoriser les Puissances à revenir sur leur décision en lui confiant ne fût-ce qu'une tutelle provisoire du peuple arménien. Certes, l'essor vigoureux du nationalisme turc, s'il restait dans ses limites naturelles, pouvait préparer les voies à une Turquie vraiment nouvelle. Malheureusement, la Turquie Kémaliste s'est montrée à l'égard des allogènes empreinte d'un fanatisme racial qui ne le cède en rien à celui des Jeunes-Turcs. Le martyre des Grecs du Pont et le sort de Smyrne ont été, de ce fait, les preuves palpitantes. Le droit des Arméniens à la séparation intégrale de la Turquie demeure donc intact. (...)

A un autre point de vue, notre conclusion est de nature à réconforter tous ceux qui espèrent dans les progrès du droit international, tels que les a envisagés le Pacte de la Société des Nations. L'attitude des Puissances envers l'Arménie apparaît en effet comme une déviation accidentelle et momentanée des grands principes du Pacte, et non pas comme le redoutable point de départ d'un nouveau recul général du droit humain et du droit des gens. Nous sommes confirmés dans cette conviction par l'attitude dernière de la Société des Nations elle-même: si cette Société à ses débuts, il faut bien le reconnaître, n'a pas répondu aux espoirs ardents de l'Arménie, elle n'a pas, depuis lors, forte de l'augmentation continuelle de son prestige et de son influence dans le monde, cessé d'élever bien haut sa voix en faveur de la nation inutilement sacrifiée, c'est-à-dire en faveur du triomphe du droit sur une politique erronée.

André N. Mandelstam: La Société des Nations et les
Puissances devant le Problème Arménien.
Paris 1926, Préface p. III–VIII.

★

De: L'Arménie et le Proche Orient

(...) Le 31 août 1915, Talaat bey déclara aux diplomates allemands que «La question arménienne n'existe plus». Il disait vrai, car à ce moment, toute les déportations étaient finies. Il ne restait plus qu'à se défaire des rares victimes qui avaient survécu, par miracle, aux marches meurtrières. Comme on l'a vu, rien n'avait été préparé pour les recevoir. On se contenta de les rassembler dans de vastes camps de concentration, presque sans nourriture et sans aucun moyen de gagner leur vie.

En janvier 1916, 5 à 6,000 Arméniens de Aïntab furent envoyés dans le désert; en avril, 14,000 déportés furent massacrés au camp de Rasul Aïn. Sur l'ordre du Kaïmakam de la ville, ils étaient emmenés chaque jour, par groupes de 300 à 500, à 10 kilom., au bord de la rivière, et là, des bandes de Tchétchènes, loués pour cela, les égorgaient et jetaient leurs corps dans le fleuve.

A l'est d'Alep, au camp de Meskéné sur l'Euphrate, au dire des Turcs eux-mêmes, 55,000 Arméniens, morts de faim, sont enterrés. On estime que, pendant l'année 1915, 60,000 déportés furent envoyés à Der-es-Zor, sur l'Euphrate et presque tous ont disparu. Le 15 avril 1916, on en expédiait en quatre convois 19,000 à Mossoul, 300 kilomètres à travers le désert; 2,500 seulement y arrivèrent le 22 mai; une partie des femmes et des jeunes filles avaient été vendues aux Bédouins au cours du chemin, le reste était mort de faim et de soif. En juillet 1916, il y avait à Der-es-Zor 20,000 déportés huit semaines plus tard, un officier allemand n'y trouvait plus que quelques centaines d'artisans; des autres, aucune trace. Par groupes de 200 à 300 ils avaient été enlevés et mis à mort par des bandes Tchétchènes. Mais la mort par la faim était pire; un témoin a raconté que 1029 Arméniens périrent de cette façon, pendant deux jours et demi qu'il passa à Bab.

Les descriptions qui nous sont parvenues de ces scènes de famine et d'agonie paraissent un véritable cauchemar. De misérables ombres, – qui avaient, peut-être, une fois, été des hommes et des femmes cultivés, – se disputaient la moindre bribe de nourriture, tandis que leurs gardiens, impassibles à leurs souffrances, les regardaient mourir. C'était l'enfer. Et les autorités turques firent tout pour empêcher qu'on assistât ces malheureux. (...)

(...) Les Arméniens résistèrent courageusement, et, parfois, avec un certain succès, comme à Van, par exemple, et dans les montagnes de Cilicie, près de Suédié, où ils disposaient encore de quelques vieux fusils. A Ourfa, les Arméniens périrent après une lutte désespérée. Au reste, un peuple qui a pu combattre pour une cause qu'il croyait juste, comme les milliers de volontaires que l'Arménie envoya sur les fonts du Caucase et de la Syrie, peut dédaigner toute accusation de lâcheté.

Quand, tard dans l'année 1915, la nouvelle des atrocités d'Anatolie parvint à la connaissance de l'Europe, elle souleva, même au milieu des horreurs de la grande guerre, une tempête d'indignation contre les Turcs, et aussi contre les Allemands qui n'avaient pas su empêcher leurs alliés de commettre ces crimes. Cette émotion s'exprima en discours violents et en promesses solennelles. Lorsque la justice et la liberté auraient triomphé, les Arméniens recevraient ample compensation; on leur garantissait leur indépendance et leur liberté, à condition qu'ils s'allient à l'Entente et lui envoient leurs hommes valides pour combattre sous ses drapeaux. De toutes les parties du monde, les volontaires arméniens affluèrent. Dans l'armée syrienne, des légions arméniennes furent créés, qui devaient, plus tard, assurer la sécurité d'une Arménie indépendante. Sur le front russo-caucasien, de jeunes Arméniens, révoltés des cruautés turques, accouraient au drapeau. A coté des 150,000 Arméniens que comptait l'armée régulière russe, on dut former des compagnies de volontaires qui, sous leurs propres chefs, et tout particulièrement l'héroïque Andranik, se distinguèrent dans les combats. Après les massacres d'Anatolie, ces compagnies comptèrent un grand nombre d'Arméniens de Turquie, et les Turcs eurent l'effronterie de les traiter de traîtres et de rebelles, parce qu'ils osaient combattre contre les bourreaux de leur peuple. En somme, plus de 200,000 Arméniens sont morts pour la cause des puissances de l'Entente.

Cependant la guerre continuait. Quant l'armée russe avançant prit successivement Van, Bitlis et Mousch, puis, Erzeroum et Erzindjan en janvier 1916, et Trébizonde deux mois plus tard, ce fut le tour des turcs de s'enfuir, par crainte de la juste vengeance des Arméniens. Dans une panique inexprimable, au cœur de l'hiver, ils se précipitèrent à l'ouest, dans les montagnes où beaucoup périrent de besoin, après de grandes souffrances. Sans doute, il arriva que des compagnies de volontaires ne résistèrent pas à la tentation de venger leurs compatriotes en tuant des Mahométans, mais ces cas isolés ne peuvent être comparés à ce qui s'était passé sous la domination turque. Des milliers de fugitifs quittèrent les montagnes où ils s'étaient réfugiés. Il en revint aussi de Russie, même de Mésopotamie; ils se mirent sans désemparer à reconstruire leurs fermes et leurs villages dévastés.

C'est alors que survint la révolution russe de mars 1917. A ce qui a déjà été dit au chapitre IV sur les événements en Transcaucasie, il convient d'ajouter ici quelques détails concernant plus particulièrement l'Arménie. Au début de 1918, les Ottomans s'étaient avancés en Arménie turque. Les troupes arméniennes, abandonnées par les Russes, résistèrent désespérément, tandis que les Géorgiens se retiraient, ne voulant donner leur sang que pour leur propre pays. Le 11 mars 1918, les Turcs, prirent Erzeroum et, après avoir occupé le reste du pays, s'avancèrent vers Kars. La République Transcaucasienne choisit ce moment pour se séparer de la Russie et se déclarer indépendante et elle se rallia enfin aux clauses du traité des Brest-Litovsk, suivant lesquelles le territoire de Kars était attribué à la Turquie. Le 27 avril, les Ottomans occupèrent Kars et le mirent au pillage. De nouveaux pourparlers de paix ayant été engagés à Batoum, en mai 1918, ils refusèrent de s'en tenir aux conditions qu'ils avaient acceptées à Brest-Litovsk et demandèrent davantage. Ils attaquèrent Alexandropol qui tomba le 15 mai. Dans tout le pays conquis par eux, les massacres recommencèrent, malgré les protestations énergiques du gouvernement allemand et du haut commandement qui exigea que les Turcs s'en tinssent aux conditions qu'ils avaient acceptées et se retirassent à la frontière qui leur avait été fixée. Leur marche en avant ne s'arrêta pas, accompagnées de pillages et de tueries, la famine et les souffrances des Arméniens étaient indescriptibles, le pays couvert de fugitifs, les blés volés ou détruits, les maisons saccagées et pillées. Il était évident que les Turcs cherchaient aussi, en Arménie russe à exterminer les Arméniens. (...)

Le 28 mai 1919, le gouvernement d'Erivan proclama l'unité et l'indépendance des terres arméniennnes en Transcaucasie russe et dans l'empire ottoman. Mais en juillet et août de cette même année, une conférence nationaliste turque, convoquée par Mustapha Kemal à Erzeroum et Sivas, déclara que «pas un pouce du sol de nos vilayets» ne serait cédé à «l'Arménie ou aucun autre Etat». (...).

Le traité de Sèvres entre la Turquie et les Alliés, dont le Président de l'Arménie fut un des signataires, reconnaît l'Arménie (de jure), comme état *libre, indépendant* et *souverain*, laissant à l'arbitrage du président Wilson le soin de délimiter les frontières entre le nouvel état et la Turquie dans les vilayets d'Erzeroum, Van, Trébizonde et

Bitlis. Les Puissances se déclaraient prêtes à accepter ses décisions, ainsi que «toutes les dispositions qu'il jugerait bon de prendre pour assurer l'accès de l'Arménie à la mer et relativement au désarmement des territoires ottomans avoisinant la dite frontière». Ceci peut paraître risible lorsque l'on considère qu'on n'avait pas encore exigé même le désarmement des districts concédés aux Arméniens. Environ trois mois plus tard, le président Wilson détermina les frontières. L'Aménie recevait un territoire embrassant sur la carte, à peu près 87,000 kilom. carrés. C'était beaucoup moins qu'on n'avait été en droit d'espérer d'abord, mais les Arméniens s'en seraient cependant contentés. Malheureusement, comme nous l'avons dit, ces territoires étaient encore occupés par les Turcs, et les Puissances négligeaient d'indiquer aux Arméniens le moyen de s'en rendre maîtres. Elles ne firent rien pour remplir les nouvelles obligations qu'elles avaient assumées et pour mettre les Arméniens en possession des territoires qui leur avaient été octroyés sur le papier. Toutes ces transactions donnent l'impression d'une sinistre farce, comme si les hommes d'état des Grandes Puissances étaient partis du principe que les promesses faites à un petit peuple, sans richesses naturelles, peuvent être annulées dès que leur accomplissement présente des inconvénients. Encouragé par cette surprenante indifférence, Mustapha Kemal se refusa à reconnaître le traité, signé, cependant par le gouvernement légal de la Turquie, et s'empressa d'attaquer l'Arménie. Les Puissances ne firent pas mine de s'en apercevoir. Elles avaient permis aux Arméniens de verser leur sang pour la cause des Alliés et les récompensaient par un document sans valeur.

Avec la déroute de l'armée de Dénikine, au début de 1920, la situation, en Transcaucasie, se trouva complètemetnt changée. Le 27 avril 1920, les bolchevistes avaient pris Bakou. Les troupes britanniques ayant été retirées de Batoum, le 6 juillet 1920, l'Arménie et la Géorgie furent livrées à leurs propres ressources, dans leur lutte pour leur indépendance. En septembre de la même année, les Turcs s'avancèrent de nouveau sur la frontière occidentale. Les Arméniens manquaient de munitions, d'approvisionnements, d'uniformes, il n'avaient aucune aide à attendre de personne. La Géorgie avait les mains pleines et les Alliés, comme d'habitude, ne faisaient rien. Kars fut pris, presque sans un coup de fusil, et les tueries recommencèrent. Alexandropol tomba aussi, le pays fut pillé et les habitants massacrés. Erivan échappa au même sort, au dernier moment, en formant un soviet et acceptant l'alliance avec Moscou, tandis que l'ancien gouvernement s'enfuyait dans la montagne.

Le 2 décembre 1920, le gouvernement établi à Erivan conclut la paix à Alexandropol avec celui d'Angora. Le territoire de la Républiqne arméniennne était réduit de moitié, en même temps qu'il était inondé de réfugiés. Ceci se passait quelques jours seulement après que le président des Etats-Unis avait solennellement arrêté les frontières de l'Etat libre d'Arménie, et tandis que la Société des Nations, siégeant à Genève, délibérait sur l'admission du nouvel Etat comme membre de la Société et que des voix autorisées s'élevaient pour appuyer la proposition de prêter main-forte à ce peuple si éprouvé, dans sa lutte inégale contre Kémal et les Turcs. Cette initiative ne rencontra guère d'écho; deux membres de la Société seulement, auxquels se joignit le président Wilson, se déclarèrent prêts à intervenir. Par une ironie du sort, cette offre fut communiquée à l'Assemblée le jour même où la paix d'Alexandropol était signée.

La nouvelle administration bolcheviste à Erivan dirigée par le communiste Kassian ne réussit pas, et au bout de quelques mois elle fut chassée et l'ancien gouvernement rappelé. Mais en avril 1921, les troupes rouges entrèrent dans la ville. (...)

Lors d'une conférence tenue à Kars en Octobre-Novembre 1921, les questions pendantes entre le gouvernement d'Angora et les Républiques transcaucasiennes furent définitivement réglées et la Turquie garda Kars et Ardahan. Un décret du Gouvernement soviétique de Moscou réunit les trois républiques transcaucasiennes en une fédération qui adhéra à la grande Union russe des républiques soviétiques dont le gouvernement central siège à Moscou.

Comme nous l'avons dit plus haut, cette solution était la seule susceptible de sauver ces peuples de la ruine. Mais chose étrange, ce sont justement les gouvernements qui manquèrent à leurs obligations envers l'Arménie, qui oublièrent toutes leurs promesses, qui ne firent rien pour aider les Arméniens persécutés au moment où cette aide aurait pu être efficace, qui aujourd'hui leur reprochent d'avoir accepté la forme soviétique et de s'être unis à l'U.R.S.S. Ce reproche sert également d'excuse aux nations pour ne plus rien faire pour eux. Leur intérêt pour ce peuple est éteint comme le souvenir des promesses qui lui ont été faites.

Peu à peu les Arméniens, qui avaient survécu aux déportations et aux massacres, revinrent en grand nombre en Anatolie arménienne. Encouragés par les Puissances alliées, 200,000 réfugiés étaient aussi rentrés en Cilicie où ils étaient protégés par les troupes françaises. Mais en février 1920, celles-ci furent attaquées par les Turcs de Mustapha Kemal et 30,000 Arméniens furent tués à Hadjin et à Marash. Aussi quand les Français, par une convention signée en octobre 1921, s'engagèrent à évacuer la Cilicie, les promesses des Puissances ne purent y retenir les Arméniens, qui émigrèrent en masse vers la Syrie et vers d'autres pays.

Puis vint enfin le dernier acte de la sombre tragédie arménienne. En automne 1922, les Turcs, sous Mustapha Kemal, expulsèrent tous les Grecs d'Asie-Mineure. De nouveau, des milliers et des milliers d'Arméniens durent aussi prendre le chemin de l'exil et, chassés de la contrée comme des parias, dénués de tout, ils affluèrent en Grèce, en Bulgarie, à Constantinople, en Syrie, tandis qu'un grand nombre s'enfuyait en Arménie russe. De nouveau, ils avaient dû abandonner tous leurs biens, mobiliers et immobiliers, dont les Turcs s'étaient aussitôt emparés. (...)

Mais, non contents d'expulser et d'anéantir ces masses infinies d'hommes désespérés, les autorités turques s'approprièrent toutes les possessions des Arméniens en Anatolie, dont la valeur se chiffre par milliards. Ces traitements inhumains et ces pillages successifs n'étaient pas motivés par le fanatisme religieux des chefs ni du peuple turcs. Les Jeunes-Turcs, en effet, étaient indifférents au point de vue religieux, et, il faut le dire à son honneur, la population ottomane ne se montra pas tout de suite disposée à tuer et à dévaster autant que les autorités le prétendirent ; à certains endroits, elle s'opposa même à «l'expulsion» des Arméniens. Nombreux furent aussi les fonctionnaaires turcs qui ne voulurent pas obéir aux ordres qu'ils avaient reçus et qui cherchèrent à sauver les chrétiens. Mais les autorités triomphèrent bientôt de ces difficultés et les fonctionnaires charitables furent déplacés ou même exécutés. En réalité, le plan d'extermination des Arméniens est le résultat d'un calcul de froide politique: il fallait expurger la nation ottomane d'un élément supérieur à la masse du peuple et qui aurait pu devenir dangereux. A cela nous ajouterons la cupidité.

Les atrocités dépassent en étendue et en écœurante cruauté, tout ce que nous connaissons dans l'histoire. Il peut difficilement en être autrement, quand un peuple dont l'éthique est encore moyenageuse, a à sa disposition, les méthodes et les moyens des temps modernes. La lettre que nous avons citée plus haut, prouve que le Comité directeur des Jeunes-Turcs, était prêt à prendre sur lui toute la responsabilité de l'extermination du peuple arménien, c'est-à-dire de sujets turcs et de «la honte qui entachera l'histoire ottomane». Aux représentations de l'ambassadeur d'Allemagne, Enver Pacha répondit qu'il prenait l'entière responsabilité de tout ce qui s'était passé en Antolie. Lui et les autres chefs du Gouvernement portent donc toute la honte d'avoir ajouté à la sanglante histoire turque un chapitre si horrible, qu'il laisse tous les autres dans l'ombre. Les massacres d'Abdul-Hamid deviennent des bagatelles, comparés à ce qu'ont accompli ces «Turcs modernes». (...)

Mais les Jeunes-Turcs ont atteint leur but: nettoyer l'Anatolie du peuple arménien, et il peuvent dire avec Talaat pacha que la question arménienne «n'existe plus». Aucun gouvernement ou homme d'Etat, américain ou européenn, ne s'occupe plus de ce qui s'y passe; il semble que pour eux aussi cette éternelle question arménienne est résolue, noyée dans le sang.

Nous avons vu que les puissances européennes occidentales et les Etats-Unis d'Amérique n'ont donné que des paroles lorsqu'il s'est agi de remplir les promesses faites avec beaucoup de solennité au peuple arménien, quand il s'agissait pour elles d'être aidées dans la lutte. Et la Société des Nations? Dès sa première assemblée, elle déclara à l'unanimité qu'il fallait faire quelque chose pour «arrêter aussitôt que possible l'horrible tragédie arménienne» et pour assurer l'avenir du peuple – à la deuxième assemblée, en septembre 1921, une résolution de Lord Robert Cecil fut adoptée a l'unanimité. Celle-ci faisait ressortir la nécessité pour le Conseil Suprême des Puissances «d'assurer l'avenir de l'Arménie et en particulier de donner aux Arméniens un foyer national (a national home) entièrement libéré de la domination ottomane». – La troisième assemblée de la Société, en septembre 1922, décida une fois de plus à l'unanimité «que pendant les délibérations de paix avec la Turquie, il ne fallait pas perdre de vue la nécessité de créer un foyer national pour les Arméniens. L'Assemblée invitait le Conseil à prendre toutes les mesures utiles dans ce but».

Puis vinrent les négociations de la Paix de Lausanne, de novembre 1922 à juin 1923. Les représentants des Puissances abandonnèrent bientôt les stipulations du traité de Sèvres concernant l'Arménie; mais en leur nom, Lord Curzon demanda la création d'un foyer national indépendant pour les Arméniens et il caractérisa la question arménienne comme «un des plus grands scandales du monde». Les Turcs repoussèrent catégoriquement cette proposition, et peu à peu, les Puissances diminuèrent leurs exigences de telle façon qu'il ne s'agît plus que de la création d'un foyer pour les Arméniens «en Turquie» et dont le gouvernement ne serait même pas autonome, ce serait plutôt «un territoire» régi par les lois et l'administration turques, les Arméniens pourraient se rassembler et conserver leur race, leur langue, et leur culture. Mais même cette demande fut repoussée par les négociateurs turcs; et aprés cet échec, les représentants des Puissances trouvèrent qu'ils avaient assez fait pour ce peuple qui avait versé son sang pour eux. Le traité de Lausanne fut signé le 24 juillet 1923, il ne contenait pas un mot sur la création d'un foyer quelconque pour les Arméniens. Cette paix fut «conclue tout à fait comme s'ils n'existaient pas», est-il dit avec raison dans la protestation qu'ils élevèrent contre ce traité.

Voilà comment finirent les timides essais des Grandes Puissances de l'Europe occidentale et des Etats-Unis pour faire face à ces promesses de liberté et d'indépendance qu'elles avaient prodiguées au peuple arménien, quand il s'est agi de les encourager à lutter pour leur cause.

Pourquoi la Société des Nations nomme-t-elle des commissions pour rechercher ce qui pourrait être fait pour les réfugiés arméniens sans foyer? est-ce pour apaiser les remords de certains, à supposer que quelqu'un en ait encore? mais à quoi bon, puisque toutes les propositions faites après des examens consciencieux et recommandées chaudement par tous les experts, n'obtiennent pas l'appui des grands gouvernements, qui refusent froidement de faire le moindre sacrifice pour aider les misérables réfugiés envers lesquels ils ont contracté de si grandes obligations? On répond à cela que dans les difficiles circonstances actuelles il ne faut pas demander l'impossible : et qu'on ne peut rien faire pour les autres quand on se suffit à peine à soi-même. Mais il aurait fallu penser à cela au moment où avec des promesses dorées et des engagements d'honneur, on fit appel à ces malheureux, et qu'on les plongea dans une misère encore plus profonde en les poussant à sacrifier non seulement leur argent et leurs biens, mais aussi leurs vies, pour la cause de l'Entente. (...)

Et la S. D. N., n'a-t-elle pas, elle aussi, le sentiment de sa responsabilité? En priant à plusieurs reprises, son haut commissaire pour les réfugiés de s'occuper des Arméniens, la Société des Nations a sans doute empêché d'autres bonnes volontés d'offrir une aide effective à ces malheureux, car personne ne pourrait supposer qu'elle puisse adopter une telle cause sans se sentir obligée de la mener à bien, surtout si on prend encore en considération les engagements des Puissances. La S. D. N. croit-elle avoir fait maintenant tout son devoir, et pense-t-elle qu'elle puisse abandonner les Arméniens sans qu'en soient ébranlés son autorité et son prestige en Orient?

Les peuples d'Europe, les hommes d'Etat sont fatigués de cette éternelle question. C'est naturel. Elle ne leur a jusqu'ici rapporté que des déboires; le mot seul d'Arménie réveille dans leur conscience endormie une série de promesses inexécutées et qu'il n'ont jamais cherché sérieusement à tenir. Il s'agissait en effet seulement d'un petit peuple ensanglanté, et industrieux, mais qui ne possédait pas de gisements de pétrole ou de mines d'or.

Malheur au peuple arménien qui fut impliqué dans la politique européenne! Il eut mieux valu pour lui que son nom n'eût jamais été prononcé par un diplomate européen! Mais le peuple arménien n'a jamais perdu l'espoir; et tandis qu'il se dépensait en un travail énergique et persévérant, il a attendu, il a attendu longtemps. Il attend toujours.

Fridtjof Nansen, Haut-Commissaire de la Société des Nations pour les réfugiés:
L'Arménie et le Proche Orient (Traduction du texte norvégien). Paris 1928, pp. 344–364.

Aus: Für Armenien Gerechtigkeit und Genugtuung

EINLEITUNG

Nach einer weit verbreiteten Meinung sind die Armenier niedergemetzelt. Sind noch welche am Leben, so sind sie geborgen und vielleicht schon wohlhabend; den bedürftigen aber gebe man Almosen. Auf jeden Fall sind sie nicht interessant, im Gegenteil, sie sind „lästig", nach dem Wort eines Staatsmannes. (Les Arméniens m'embêtent.)

Solche Urteile, wie man sie täglich zu hören bekommt, bekunden eine derartige Unkenntnis der wirklichen Tatsachen, eine dermaßen grenzenlose Gleichgültigkeit den Leiden der Bedrückten und Hilflosen gegenüber, daß wir auf den folgenden Seiten den Versuch machen wollen, die allzu rasch vergessene Vergangenheit wieder zu beleben, die Gegenwart, die man nur allzu gerne im Dunkel ließe, zu beleuchten und durch einen Hilferuf für die Zukunft zu sorgen. Dieses Unterfangen ist um so dringlicher, als wir einer teilnehmenden öffentlichen Meinung bedürfen. Wir fürchten die Gleichgültigkeit, der das Schweigen folgt. Wir fürchten, daß die armenische Frage allzufrüh in den Archiven der Staaten und des Völkerbundes verschwinde.

Kann man der armenischen Frage das Ohr und das Herz verschließen?

Lieber Leser, es handelt sich um nichts Geringeres als um das Schicksal eines Volkes, das von den Weltmächten geopfert und zertreten wurde.

Und das geschah im zwanzigsten Jahrhundert!

Kann man wirklich die Stimme eines Volkes ersticken?

Niemals! –

Die armenische Frage mit ihren zahllosen Problemen bleibt offen. Für alle jene, die Gerechtigkeit und Frieden suchen, muß sie auf der Tagesordnung stehen.

Die Stimme dieses Volkes umfaßt alle, die ihr angehören und warten – – bis wann?

Gestern

Gestern bedeutet Jahrhunderte türkischer Gewaltherrschaft, Ringen und Kämpfen nach Freiheit, vergebliche Hoffnungen, grausame Enttäuschungen! Der Armenier war der Spielball eigennütziger Politiker und diente als Bauer auf dem Schachbrett der Nationen. Man braucht die kleinen Figuren zuerst und opfert sie dann.

Gestern bedeutet von der türkischen Regierung angeordnete Massenmorde:

„Wir empfehlen euch ausdrücklich, angesichts ihres elenden Zustandes sich nicht vom Mitleid bewegen zu lassen und durch ihre Ausrottung mit ganzer Seele an der Unterdrückung des armenischen Namens in der Türkei zu arbeiten..."

Gestern bedeutet Deportationen:

„Beschleunigt die Märsche, damit, wer nicht am Sterben ist, noch ein paar Stunden Entfernung von der Stadt tot hinfällt..."

„Es wurde festgestellt, daß kaum 10 Prozent der zur allgemeinen Deportation verurteilten Armenier ihren Bestimmungsort erreichten, und daß die übrigen unterwegs durch Hunger oder Krankheit und sonstige scheinbar natürliche Ursachen umkamen. Ich hoffe, durch gleiche Strenge dasselbe Ereignis für die, welche folgen, zu erhalten..." Das Ergebnis dieser Politik war anderthalb Millionen Opfer, mit andern Worten die Ausrottung des halben Volkes. (...)

Am 24. Juli 1923, Vertrag von Lausanne. Hier werden in Wirklichkeit die Alliierten von der Türkei, welche von Sowjet-Rußland unterstützt ist, besiegt. Sie sehen sich gezwungen, die kleine Nation zu opfern, die nunmehr endgültig aus der dreitausendjährigen Heimat ausgewiesen werden soll. Der schmachvolle Vertrag darf mit keiner Silbe der armenischen Nation Erwähnung tun.

So sieht die große Feigheit aus! Alles ist verloren, sogar die Ehre!

Sie zweifeln vielleicht daran? Vernehmen Sie denn die eigenen Worte der in Lausanne versammelten Diplomaten: „Man verlangt von uns, das Unabänderliche zu ändern. Wir sind nicht hier, um Bedingungen aufzuerlegen, sondern um anzunehmen. Der Türke weicht nur der Gewalt. Wir haben ihm aber keine entgegenzusetzen. Man kann nicht wieder Krieg anfangen. Man kann nicht wegen der Armenier Krieg führen! Wir anerkennen alle unsere Versprechungen, sind indes ohnmächtig, dieselben zu halten und unseren Verpflichtungen nachzukommen. Daran ist nichts zu ändern. Man muß sich ergeben und um jeden Preis zu einem Friedensschluß kommen. In der Tat die Armenier sind geopfert."

Mit dem Vertrag von Sèvres erhielt die armenische Nation alles, was sie nur wünschen konnte. Durch den Sieg der Türken über die Griechen, aber besser gesagt, über die Alliierten, war obiger Vertrag zu einem Papierfetzen geworden.

Mit dem Lausanner Vertrag verliert die armenische Nation ihre Besitztümer, ihr Land, ihre Heimat und alle ihre Freiheiten. So wird ein Volk amtlich gestrichen.

Und der Völkerbund? Wie war seine Haltung? Bei jeder Tagung hat sich die Versammlung mit Armenien befaßt. In den ersten Sitzungen wurden Erklärungen angenommen, die sämtliche den Willen bekundeten, für die Befreiung des armenischen Volkes durch die Gründung einer Heimstätte in der Türkei zu wirken

Nach dem Lausanner Vertrag sah sich der Völkerbund gezwungen, diese politische Niederlage zu registrieren und die verhängnisvollen Folgen für sein Werk der Gerechtigkeit und des Friedens durch das Recht auf sich zu nehmen. Es lag nicht in seiner Macht, dieses Versagen zu verhindern.

Wir haben alle Achtung vor denjenigen Delegierten, welche den Mut besaßen, unablässig für die Rechte Armeniens einzutreten. Sie stießen indes auf Widerspruch und Böswilligkeit, die deutlich zeigen, mit welch furchtbaren Schwierigkeiten der Völkerbund bei der Durchführung seiner Aufgabe zu kämpfen hat. Wie nötig ist es doch, daß er von der öffentlichen Meinung unterstützt und getragen wird!

Unter den Ereignissen der Vergangenheit muß man noch das verfehlte Unternehmen erwähnen, in der armenischen Republik in Rußland etlichen tausend Flüchtlingen, welche sonst nirgends untergebracht werden konnten, eine Heimstätte zu schaffen. Es brauchte dazu Geld, aber man wandte sich vergeblich an die Regierungen!

„Wenden Sie sich doch an die Kirchen, oder veranstalten Sie Wohltätigkeitsvorstellungen", riet uns einmal ein ehemaliger Minister und Völkerbundsdelegierter.

Viel verlorene Zeit und Mühe!

Letzten Herbst mußte Dr. Nansen, der Oberkommissar der Flüchtlingsabteilung, mit tieftraurigem Herzen mitteilen, daß der Plan, für den er fünf Jahre lang gekämpft hatte, endgültig aufgegeben sei.

Das sind die Ereignisse der Vergangenheit, die soviel Blut und Tränen fließen ließen, die namenloses Leid schufen und Enttäuschungen auf Enttäuschungen häuften, und die schließlich das armenische Volk in die traurigste Verbannung trieben! –

Wir wollten dem Leser die Tatsachen nur kurz ins Gedächtnis zurückrufen, nicht aus Freude am Schrecklichen oder gar aus Rachegefühl; keineswegs, sondern nur deshalb, weil sie der Vergessenheit anheimfallen, das Urteil der öffentlichen Meinung beirren und den Sieg des Rechtes in dem tragischen armenischen Problem endgültig gefährden würden.

Aus dieser Vergangenheit schält sich für jedes unabhängige Gewissen ein Gefühl der Verantwortung heraus, dem man sich, so dünkt es uns wenigstens, unmöglich entziehen darf.

Darauf gestützt, wollen wir nun alles erörtern, was für die Gegenwart von Nutzen sein kann, und wir wollen um Hilfe bitten, damit das Unrecht wieder gut gemacht werde.

Heute

Heute bedeutet die Verbannung.

Gibt man sich auch ordentlich Rechenschaft über das Außerordentliche und Ungewöhnliche der Verbannung eines Volkes, dem jede Rückkehr in die Heimat verweigert wird und dem jeder Hilferuf an sie unmöglich ist?

Victor Hugo sagt: „Wir wollen niemanden in die Verbannung schicken, die Verbannung ist von Gott verlassen!"

Die armenische Verbannung ist noch schrecklicher als die, welche der Dichter im Auge hatte. Es handelt sich heute nicht bloß um ein paar Einzelpersonen, sondern um ein ganzes Volk, welches vertrieben ist und dem man sein Vaterland entrissen hat.

Es gibt für den Armenier kein Land, keine politische Behörde, keine Regierung, keinen Minister, keinen Konsul, keine Ausweispapiere; es gibt für den Verbannten niemanden, der die Pflicht oder den Auftrag übernommen hätte, ihm Gehör zu schenken oder ihm in seinen elenden Verhältnissen zu helfen. Man kann sich keinen Begriff machen von den Schwierigkeiten und Plackereien, von den Sorgen und Demütigungen, die ein solcher Zustand schafft!

In der Amtssprache des Völkerbundes, Abteilung Flüchtlingswesen, bezeichnet man die Armenier meist als „Vaterlandslose".

Kann man denn heute, wo man soviel vom Recht der Völker, von der Achtung der Nationalitäten spricht, dulden, daß für eine ganze Kategorie menschlicher Wesen die entehrende Verzeichnung, die eine Fülle von Ungerechtigkeit umschließt, „Heimatlose" gebraucht wird?

Es leiden und kämpfen heute in Europa, in den Vereinigten Staaten, in Südamerika und im nahen Orient mehr als eine Million Vertriebener und leben – und halten den unnatürlichen, übrigens sehr verschiedenartigen Verhältnissen stand. Man muß die Lage in den zahlreichen Flüchtlingszentren in der Tat sehr genau auseinanderhalten.

Ist der Verbannte erwachsen, kräftig, begabt, so kommt er durchs Leben. Handelt es sich aber um Witwen, Greise, Kranke und Tuberkulöse, um Blinde und Kinder, was geschieht dann? Am meisten von ihnen allen leidet das Kind. „Sind denn wir an unsrer Armut schuld?" fragte neulich ein kleiner Bub aus der Armenier Schule in Begnins.

Die Bedingungen des Exils wechseln aber auch nach dem Grade der Gastlichkeit der Länder, in welchen die Flüchtlinge Obdach gefunden haben. Es gibt Länder, die ihre Türen vollständig verschlossen halten. Zur Erklärung oder Entschuldigung wird Überbevölkerung, Arbeitslosigkeit, engherziger Nationalismus oder Fremdenfurcht vorgeschützt. Die engen und hartnäckigen Vorurteile gegen den Orientalen wirken auch mit. Oft machen sich noch Unwissenheit, Mangel an Verständnis von seiten gewisser Behörden und beschränkter und hartnäckiger Amtsgeist fühlbar.

Es ist wahrlich schwer, jedermann begreiflich zu machen, daß das außerordentliche Schicksal des Armeniers, genau wie dasjenige des russischen Auswanderers, auch außerordentliche Maßregeln erfordert. (...)

Demnach mahnt uns ein klar ausgeprägtes Pflichtgefühl auszuführen, was wir zu tun schuldig sind. Wir müssen heute allen denen dort drüben helfen, die auf den zerstörten Trümmern bauen und die vom Joch der Zerstörer glücklicherweise befreiten Länder wieder neu aufrichten wollen.

Der Armenier eignet sich ganz besonders gut, an diesem Wiederaufbauwerk mitzuarbeiten. Es entspricht seinen innersten Bestrebungen und läßt sich verwirklichen. Die Beweise dafür sind vorhanden. In Beyruth hörten wir folgende Worte aus dem Munde eines hochstehenden Politikers: „Wir sahen 130000–140000 von den Türken vertriebene Armenier kommen. Sie waren nackt oder halbnackt, aber keiner von ihnen streckte die Hand aus. Es waren keine Bettler. Sie machten sich sofort an die Arbeit, und alles, was in meinem Land, seit wir unabhängig sind, in Stadt und Land, an Wiederaufbauarbeit geleistet wurde, danken wir ihnen. Wenn Sie uns verlassen sollten, verlören wir ein Stück unserer selbst."

Wohlan, das ist die beste Art, am heutigen Tage das Morgen vorzubereiten!

Morgen

Gestern Unterdrückung. *Heute* Verbannung. Und *morgen*? Rückkehr ins Vaterland? Wohin? Nach Van, Erzerum, Bitlis, an den Fuß des Ararat, jenem altarmenischen Boden, wo heute kein menschliches Wesen mehr haust, nur Wildschweine ihr Unwesen treiben?! In jenes Land, dessen Grenzen durch den Schiedsspruch des Präsidenten Wilson bezeichnet wurden?

Dorthin, worauf sich alle Ansprüche der türkischen Armenier vereinigen? Dorthin, wo man die berühmte, heißversprochene Heimstätte errichten und durch ein besonderes politisches Statut Beziehungen mit der armenischen Republik des Kaukasus oder mit der Türkei anknüpfen sollte?

Große Hoffnungen fürwahr, aber welche Geduld verlangen sie!

Doch dank welcher Ereignisse und politischer Umwälzungen, welcher Einmischung von Nord oder Süd, von West oder Ost, lassen sie sich verwirklichen?

Das ist das Geheimnis einer Zukunft, deren Schleier wir nicht zu lüften vermögen. Sollen wir mit gekreuzten Armen abwarten?

Haben jene Verbannten recht, die der Axt den Stiel nachwerfen und, des Kampfes müde, ihr Vaterland aufgeben?

Soll man die Haltung der Regierungen, der Politiker und Finanzmänner billigen, welche die armenische Frage als abgeschlossen betrachten und den Lausanner Vertrag für endgültig erklären?

Es gibt allerdings Gründe, um die Türken zu schonen: Die vielen Konzessionen, die man ihnen abmarkten will! Übrigens tragen die Türken jetzt Hüte! Das braucht ein paar Schiffsladungen Kopfbedeckungen! Kein schlechtes Geschäft für die Händler! (...)

Erneute Propagandaanstrengungen und neues, ausdauerndes Einstehen ist deshalb unser Programm für morgen.

Möge doch der internationale Verband der Vereinigungen für den Völkerbund des Beschlusses gedenken, den er am 3. Juli 1924 in Lyon gefaßt hat, aus dem wir die noch heute geltenden Teile anführen:

1. „Die achte Versammlung der Völkerbundsvereinigungen stellt mit Bedauern fest, daß die armenische Frage trotz wiederholter und einmütiger Abstimmung des Völkerbundes weit davon entfernt ist, durch den Lausanner Vertrag geregelt zu sein, sondern im Gegenteil offen bleibt und ihrer Lösung harrt;

2. wünscht, daß das armenische Problem solange auf dem Programm des ‚Internationalen Verbandes der Vereinigungen für den Völkerbund' stehe, bis ihm eine der Gerechtigkeit und dem Völkerrecht entsprechende Lösung zuteil werde;

3. verlangt von der öffentlichen Meinung sowie von allen Regierungen die unentbehrliche Hilfe für Tausende von Flüchtlingen zu unterstützen und zu mehren."

Wir erwarten von diesem Verband einen Druck auf die öffentliche Meinung und dadurch auf den Völkerbund. Gustav Ador sagte uns einmal:

„Man muß den ‚Internationalen Verband der Vereinigungen für den Völkerbund' in Bewegung bringen. Er ist eine Hilfsmacht, die viel zur Rettung der Armenier tun könnte."

Auch die Kirchen müssen ihrerseits handeln. Möchte doch die Presse, welche ihre Freiheit gewahrt hat, im Bewußtsein ihrer Ehre und Kraft ihre Pflicht erfüllen!

Es gibt reichlich Arbeit für die Hilfskomitee, für den „Allgemeinen armenischen Verband für wohltätige Zwecke", für die Regierungen und die finanziellen, industriellen und Handelsgesellschaften, es gibt auch Arbeit für den Flüchtlingsdienst des Völkerbundes.

Eine Riesenarbeit harrt da unser, aber mit herrlichen Aussichten auf Erfolg! Es handelt sich tatsächlich darum, ganzen Völkerschaften Sicherheit, Arbeit und Freiheit zu verschaffen, ausgedehnte Landstriche, die seit Jahrhunderten wüst und öde sind, urbar zu machen und jenen Orient, den wir mit gutem Recht als den Nahen Orient bezeichnen, der Zivilisation zuzuführen.

Für Armenien Gerechtigkeit und Genugtuung. Von Pfarrer A. Krafft-Bonnard, Präsident der internationalen philarmenischen Liga. Zürich 1930.

Quellenregister

Archives du Ministère de la Guerre; S. 330, 350, 428, 444, 474, 481, 484, 505, 566

Archives du Ministère des Affaires étrangères. Guerre 1914–1918. Turquie; S. 297, 299, 352, 374, 399, 546, 555

Armenien. Ein Bericht der Deutsch-Armenischen Gesellschaft zur Tagung des Völkerbundes im September 1927. Potsdam 1927; S. 438

Barby, Henry; Au pays de l'épouvante. L'Arménie martyre. Préface de M. Paul Deschanel. Paris 1917; S. 306, 405, 474, 487, 523

Basler Nachrichten, Beilage No. 469., 16. 9. 1915; S. 400

Benson, E. F.: Crescent and Iron Cross. London, New York 1918; S. 580

Bernstein, Eduard: Die Leiden des armenischen Volkes und die Pflichten Europas. Rede, gehalten in einer Berliner Volksversammlung (26. 6. 1902). Berlin 1902; S. 243

Bey, Kémal Midhat: La Turquie libérale. A nos compatriotes Arméniens. In: Journal de Genève, 1. 1. 1918; S. 549

Bishop, Isabella L.: The Shadow of the Kurd. In: The Contemporary Review. New York, London, May/June 1891; S. 27

Blue-Book, Turkey, No. V., 1896. Correspondence relating to the Asiatic Provinces of Turkey; S. 154

Briand, M.: Lettre. In: Le Temps, Paris, 7. 11. 1916; S. 526

Buxton, Harold, to the Editor of the Times. In: The Times, London, 14. 1. 1914; S. 282

Buxton, Noel, and Buxton, Harold: Travel and Politics in Armenia. London 1914; S. 276

Chambers, W. N.: The Massacres at Asia Minor. In: The Times, London, 4. 5. 1909; S. 259

The Congressional Record, 24. 5. 1920; S. 612

The Contemporary Review, New York, London 1891/1896; S. 27, 114, 136, 155, 209, 215

Contenson, Ludovic de: Les réformes en Turquie d'Asie. Paris 1913; S. 246

Dillon, E. J.: Armenia: An Appeal. In: The Contemporary Review, New York, London, January 1896; S. 155

Ders.: The Condition of Armenia. In: The Contemporary Review, New York, London, August 1895; S. 114

Doumergue, G.: L'Arménie. Les Massacres et la Question d'Orient. Conférence (16. 1. 1916), Etudes et Documents. Paris 1916; S. 452

Fifth Bulletin of the American Committee for Armenian and Syrian Relief. New York, May 1916; S. 483

Fitzmaurice: Report to Sir Phillip Currie. In: Blue-Book, Turkey, No. V., 1896. Correspondence relating to the Asiatic Provinces of Turkey; S. 154

France, Anatole: Discours. In: Revue Franco-Étrangère, Paris, mai/juin 1916; S. 460

Germany, Turkey and Armenia. A selection of documentary evidence relating to the Armenian Atrocities from German and other sources. London 1917; S. 325, 379, 536

El-Ghusein, Fà'iz: Martyred Armenia. (Translated from the Original Arabic.) New York 1918; S. 494

Gibbons, Helen Davenport: Les Turcs ont passé par là!... Journal d'une américaine pendant les massacres d'Armenie. Traduit de l'anglais par F. De Jessen. Préface de Fr. Thiébault-Sisson. Paris 1918; S. 247, 249, 250, 251, 253, 255, 257, 260

Gibbons, Herbert Adams: The Blackest Page of Modern History. New York 1916; S. 447

Gorrini, G. (Interview). In: Il Messagero, Rome, 25. 8. 1915; S. 377

Gräter, Ed.: Bericht eines schweizerischen Augenzeugen über die Deportationen der Armenier. In: Mitteilungen über Armenien, Basel, No. 3, Januar 1917; S. 419

Graffam, Mary L.: Letter. In: The Missionary Herald, Boston, December 1915; S. 444

Greene, Frederick Davis: The Armenian Crisis in Turkey. New York 1895; S. 50, 51, 54, 57, 58, 60

Harbord, James G.: Report of the American Military Mission to Armenia. In: International Conciliation. Published Monthly by the American Association for International Conciliation. New York, June 1920; S. 602

International Conciliation. Published Monthly by the American Association for International Conciliation. New York, June 1920; S. 602

Journal de Genève, 1915–1918; S. 398, 403, 422, 425, 493, 549

Krafft-Bonnard, A.: Für Armenien Gerechtigkeit und Genugtuung. Zürich 1930; S. 647

Latino, Anatolio (Errico Vitto): Gli Armeni e Zeitun. Firenze 1899; S. 41, 131, 143, 186

Léart, Marcel: La Question Arménienne à la lumière des documents. Paris 1913; S. 25, 272

Lehmann-Haupt, Therese: Erlebnisse eines zwölfjährigen Knaben während der armenischen Deportationen. Aufgezeichnet nach dem mündlichen Bericht des Knaben. Mit einem Anhang: „Gutachten über die armenischen Massakres". Potsdam 1921; S. 614

Lepsius, Johannes: Armenien und Europa. Eine Anklageschrift wider die christlichen Großmächte und ein Aufruf an das christliche Deutschland. Berlin 1897; S. 125, 231

Ders.: Bericht aus den Armenischen Hungerlagern. Potsdam 1918; S. 574

Ders.: Bericht über die Lage des Armenischen Volkes in der Türkei. Potsdam 1916; S. 289, 298, 300, 310, 319, 351, 368, 391, 467

Ders. (Hg.): Deutschland und Armenien 1914–1918. Sammlung diplomatischer Aktenstücke. Potsdam 1919; S. 286, 293, 301, 305, 308, 314, 323, 328, 344, 345, 349, 374, 408, 429, 435, 440, 451, 480, 486, 492, 504, 515, 527, 534, 556, 560, 562

MacColl, Malcolm: The Constantinople Massacre and its Lesson. In: The Contemporary Review, New York, London, November 1895; S. 136

Macler, Frédéric: La Nation arménienne, son passé, ses malheurs. Paris 1923; S. 628

Mandelstam, André N.: La Société des Nations et les Puissances devant le Problème Arménien. Paris 1926; S. 262, 601, 632, 638

Marquart: Die Entstehung und Wiederherstellung der armenischen Nation. Berlin 1919; S. 608

Marteling der Armeniërs in Turkije. Naar Berichten van Ooggetuigen. Uitgegeven door het Nederlandsch Comité tot hulpbetoon aan de noodlijdende Armeniërs. Haarlem 1918; S. 556

Meda, Filippo: La Questione Armena. Le Pagine dell'Ora. Milano 1918; S. 566

Il Messagero, Rome, 25. 8. 1915; S. 377

Ministère des Affaires étrangères. Documents diplomatiques. Affaires arméniennes. Projets de reformes dans l'Empire Ottoman. 1893–1897. Paris 1897; S. 38, 39, 48, 52, 55, 60, 61, 64, 117, 120, 122, 126, 131, 153, 155, 165, 188, 190, 194, 195, 197, 199, 202, 211, 215, 221, 227, 228, 229, 230, 231, 237

Ministerstvo Inostrannych Del. Sbornik Diplomatičeskich Dokumentov. Reformy v Armenii. (Ministry of Foreign Affairs. Diplomatic Documents. Reforms in Armenia.) 26. 11. 1912–10. 5. 1914. Petrograd 1915; S. 263, 264, 265, 267, 268, 269, 271, 275, 277, 278, 282, 283

The Missionary Herald, Boston, December 1915; S. 444

Mitteilungen über Armenien. Periodisch erscheinendes Blatt zur Orientierung der Armenierfreunde in der Schweiz, zugleich Organ des Schweiz. Hilfswerks 1915 für Armenien und des Vereins der Freunde Urfas Basel. Basel, Genf 1917–1921; S. 419, 548, 561, 573, 591, 597, 607, 610, 620, 621, 625

Möhring, L.: Brief v. 12. 7. 1915. In: Sonnenaufgang. Zeitschrift des Deutschen Hülfsbunds für christliches Liebeswerk im Orient. Frankfurt, September 1915; S. 334

Morgan, Jacques de: Histoire du peuple arménien. Paris 1919; S. 593

Morgenthau, Henry: Secrets of the Bosporus. London 1918; S. 290, 309, 336, 383

Ders.: The Tragedy of Armenia. London 1918; S. 550

Nansen, Fridtjof: L'Arménie et le Proche Orient (Traduction du texte norvégien). Paris 1928; S. 640

Neue Züricher Zeitung, 22. 9./30. 9. 1915; S. 405, 409

Novoye Vryemya, Petrograd, 22. 7. 1915; S. 344

Pacha, Cherif: «Union et Progrès» et les Arméniens. In: Journal de Genève, 18. 9. 1915; S. 403

Pinon, René: La suppression des Arméniens. Paris 1916; S. 369

Pro Armenia, No. 1–3, Paris, 25. 11./10. 12./25. 12. 1900; S. 240, 241, 242

Quelques documents sur le sort des Arméniens en 1915. Publié par le Comité de l'Œuvre des secours 1915 aux Arméniens. Genève 1916; S. 293, 331, 347, 407, 428, 456, 462, 506

Ramsay, W. M.: Two Massacres in Asia Minor. In: The Contemporary Review, New York, London, September 1896; S. 209

Revue Franco-Étrangère, Paris, mai/juin 1916; S. 460

Die Schweiz und Armenien. Das schweizerische Liebeswerk in Armenien in seiner Vergangenheit und Zukunft. Zentralkomitee des Bundes der Schweizerischen Armenierfreunde. Genf, März 1919; S. 589

Schweiz. Hilfsbund für Armenien. Zürich 1896; S. 190

The Scourge of Summer Follows. The Most Terrible Winter the World Has Ever Known. American Committee for Armenian and Syrian Relief. New York 1917; S. 528

Société des Nations: Plan d'établissement des réfugiés arméniens. Exposé général et documents principaux. Publications de la SDN, Genève, janvier 1927; S. 637

Sonnenaufgang. Zeitschrift des Deutschen Hülfsbunds für christliches Liebeswerk im Orient, Frankfurt, September 1915; S. 334

Le Temps, Paris, 7. 11. 1916; S. 526

The Times, London, 1894–1923; S. 56, 59, 63, 64, 118, 121, 124, 194, 195, 198, 200, 214, 227, 228, 229, 231, 249, 252, 254, 256, 259, 264, 265, 266, 267, 270, 278, 282, 288, 306, 413, 620, 627

Toynbee, Arnold J.: Armenian Atrocities. The Murder of a Nation. With a speech delivered by Lord Bryce in the House of Lords. London 1915; S. 410, 434

The Treatment of Armenians in the Ottoman Empire. Documents presented to Viscount Grey of Fallodon. With a preface by Viscount Bryce. London 1916; S. 303, 315, 337, 357, 373, 379, 394, 409, 441, 455, 479

Treaty of Peace with Turkey. Signed at Sèvres, August 10, 1920. Treaty Series No. 11 (1920). London 1920; S. 622

Vischer, Andreas: Das Hilfswerk in Urfa. In: Mitteilungen über Armenien, Basel, No. 5, Oktober 1917; S. 548

Ders.: Urfa im Sommer 1919. In: Mitteilungen über Armenien. Beilage. Basel, No. 12, Oktober 1919; S. 597

Washburn, G.: Fifty Years in Constantinople and Recollection of Robert College. Boston 1909; S. 196

Wegner, Armin T.: Offener Brief an den Präsidenten der Vereinigten Staaten von Nord-Amerika, Herrn Woodrow Wilson, über die Austreibung des armenischen Volkes in die Wüste. Berlin 1919; S. 583

Ders.: Der Weg ohne Heimkehr. Ein Martyrium in Briefen. Dresden 1919; S. 439, 518, 523, 526

The Westminster Gazette, 12. 12. 1894; S. 58

Williams, W. Llew: Armenia: Past and Present. With an introduction by T. P. O'Connor. London 1916; S. 519

Wilson, Woodrow: Message to the Congress, May 24, 1920. In: The Congressional Record, 24. 5. 1920; S. 612

Inhalt

Vorwort des Herausgebers (engl./frz./dt.) 5

Vorwort von Felix Ermacora (engl./frz./dt.) 11

Artikel 61 des Berliner Vertrages, 1878 (engl./frz./dt.) 21

Genocid, Def. (engl./frz./dt.) 23

Die Dokumente 25

Quellenregister 652

MAP OF THE ARM

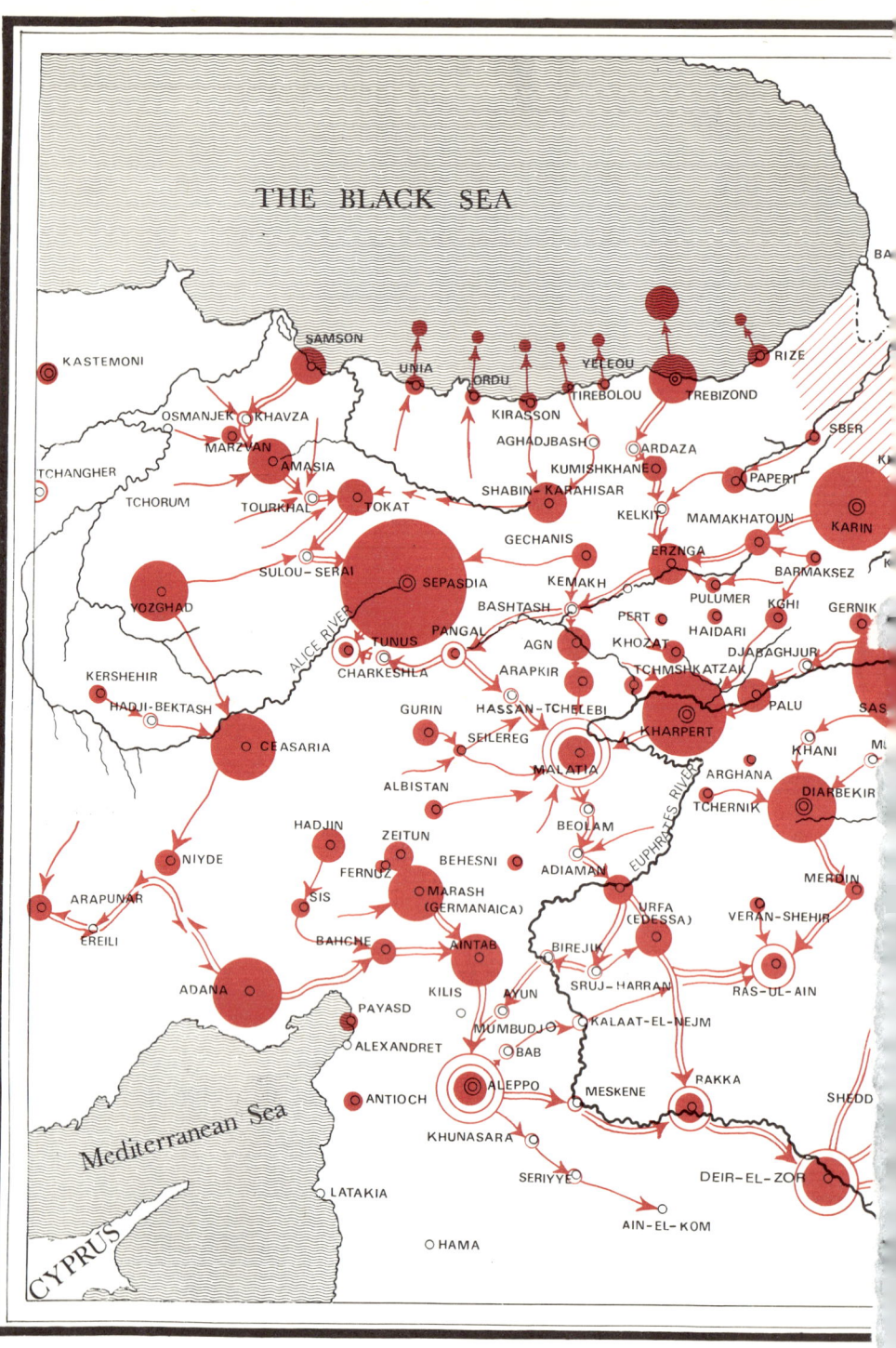

THE MEMORY OF THE 1,500,000 MARTYRED ARMENIANS WHO WERE MASSACRED BY THE TURKS IN APRIL 1915.

A starved Armenian mother with her two starved children. (Arabian Desert. Photograph by a Viennese Officer in Turkey, 1916.)

Turkish hangmen and their victims. (A scene in a public square in Aleppo, 1915.)

Torture and degradation of Armenian women.

A public square of Erzinjan in Turkey. (An Armenian theatre had been planned for this square; now the remains of the murdered Armenians are the relics of their tragedy.)

REMEMBER

APR

THE DAY THE ARMENIANS MOURN THE DEATH OF THE V